॥ श्रीहरिः ॥

संक्षिप्त

ब्रह्मपुराण

(सचित्र, मोटा टाइप, केवल हिन्दी)

त्वमेव माता च पिता त्वमेव
त्वमेव बन्धुश्च सखा त्वमेव।
त्वमेव विद्या द्रविणं त्वमेव
त्वमेव सर्वं मम देवदेव॥

गीताप्रेस, गोरखपुर

संवत् २०८२ छब्बीसवाँ पुनर्मुद्रण ४,०००

कुल मुद्रण ९३,५००

❖ मूल्य—₹ [redacted])

Price charged is inclusive of delivery

कूरियर/डाकसे मँगवानेके लिये
गीताप्रेस, गोरखपुर—273005
www.gitapress.org
gitapressbookshop.in

gitapress_since1923
gitapress_since1923
@GitaPress
@gitapress1923

प्रकाशक एवं मुद्रक—

गीताप्रेस, गोरखपुर—273005

(गोबिन्दभवन-कार्यालय, कोलकाता का संस्थान)

✆ + 91-9235400242 / 244 ✆+91-9235400244

e-mail : **booksales@gitapress.org**

॥ श्रीहरिः ॥

निवेदन

भारतीय संस्कृति और शास्त्रोंमें पुराणोंकी बड़ी महिमा है। पुराण अनन्त ज्ञान-राशिके भण्डार हैं। इनके श्रवण, मनन, पठन, पारायण और अनुशीलनसे अन्तःकरणकी परिशुद्धिके साथ, विषयोंसे विरक्ति, वैराग्यमें प्रवृत्ति तथा भगवान्‌में स्वाभाविक रति (अनुरागा भक्ति) उत्पन्न होती है। फलस्वरूप इनके सेवनसे मनुष्य-जीवनके एकमात्र ध्येय—'भगवत्प्राप्ति' अथवा 'मोक्ष-प्राप्ति' भी सहज सुलभ है। इसीलिये पुराणोंको (दुर्लभ आध्यात्मिक ज्ञान-लाभकी दृष्टिसे) अत्यधिक लोकप्रियता प्राप्त है।

पुराणोंकी ऐसी विशिष्ट महिमा और महत्त्वको सादर स्वीकार करते हुए गीताप्रेसने 'कल्याण' के माध्यमसे समय-समयपर विशेषाङ्कोंके रूपमें अनेक पुराणोंका सरल हिन्दी-अनुवाद जनहितमें प्रकाशित किया है। उनमें 'संक्षिप्त मार्कण्डेय-ब्रह्मपुराण' भी एक है। ये दोनों पुराण प्रथम बार 'कल्याण' के इक्कीसवें (सन् १९४७ ई०) वर्षके विशेषाङ्कोंकी तरह इसके भी कुछ पुनर्मुद्रित संस्करण समय-समयपर प्रकाशित हो चुके हैं।

अब पाठकोंके प्रेमाग्रह और सुविधाको ध्यानमें रखते हुए इस प्रकारके संयुक्त पुराण-विशेषाङ्कोंको अलग-अलग छापनेका निर्णय लिया गया है। तदनुसार उपर्युक्त संयुक्त विशेषाङ्कोंमेंसे एक—'ब्रह्मपुराण' का यह ग्रन्थाकार स्वरूप आपकी सेवामें प्रस्तुत है। इसमें पूर्व सम्मिलित 'मार्कण्डेयपुराण' भी स्वतन्त्ररूपसे शीघ्र ही प्रकाशित करनेका विचार है।

'ब्रह्मपुराण' में भारतवर्षकी महिमा तथा भगवन्नामका अलौकिक माहात्म्य, सूर्य आदि ग्रहों एवं लोकोंकी स्थिति एवं भगवान् विष्णुके परब्रह्म स्वरूप और प्रभावका वर्णन है। इसके अतिरिक्त देवी पार्वतीका अनुपम चरित्र और उनकी धर्मनिष्ठा, गौतमी तथा गङ्गाका माहात्म्य, गोदावरी-स्नानका फल और अनेक तीर्थोंके माहात्म्य, व्रत, अनुष्ठान, दान तथा श्राद्ध आदिका महत्त्व इसमें विस्तारसे वर्णित है। साथ ही इसमें अच्छे-बुरे कर्मोंका फल, स्वर्ग-नरक और वैकुण्ठादिका भी विशद वर्णन है। इस पुराणमें अनेक ऐसी शिक्षाप्रद, कल्याणकारी, रोचक कथाएँ हैं, जो मनुष्य-जीवनको उन्नत बनानेमें बड़ी सहायक और उपयोगी हैं। विशेषतः भगवान् श्रीकृष्णकी परम पावन माधुर्यपूर्ण व्रजकी लीलाओंका विस्तृत वर्णन इसमें बड़ा मनोहारी तथा विशेषरूपसे उल्लेखनीय है। योग और सांख्यकी सूक्ष्म चर्चाके साथ, गृहस्थोचित सदाचार तथा कर्तव्याकर्तव्य आदिका निरूपण भी इसमें किया गया है। इस प्रकार यह सभी श्रेणियोंके पाठकों—गृहस्थ, ब्रह्मचारी, संन्यासी एवं साधकों और जिज्ञासुओंके लिये (इसका अध्ययन) सर्वथा उपयोगी है।

अतएव सभी पाठकों और श्रद्धालुओंसे विनम्रतापूर्वक निवेदन है कि इसके अध्ययनसे अधिकाधिक रूपमें उन्हें विशेष लाभ उठाना चाहिये।

—प्रकाशक

॥ श्रीहरि: ॥

संक्षिप्त ब्रह्मपुराणकी विषय-सूची

चित्र-सूची

॥ ॐ नमो भगवते वासुदेवाय॥

संक्षिप्त ब्रह्मपुराण

नैमिषारण्यमें सूतजीका आगमन, पुराणका आरम्भ तथा सृष्टिका वर्णन

यस्मात्सर्वमिदं प्रपञ्चरचितं मायाजगज्जायते
यस्मिंस्तिष्ठति याति चान्तसमये कल्पानुकल्पे पुनः।
यं ध्यात्वा मुनयः प्रपञ्चरहितं विन्दन्ति मोक्षं ध्रुवं
तं वन्दे पुरुषोत्तमाख्यममलं नित्यं विभुं निश्चलम्॥
यं ध्यायन्ति बुधाः समाधिसमये शुद्धं वियत्संनिभं
नित्यानन्दमयं प्रसन्नममलं सर्वेश्वरं निर्गुणम्।
व्यक्ताव्यक्तपरं प्रपञ्चरहितं ध्यानैकगम्यं विभुं
तं संसारविनाशहेतुमजरं वन्दे हरिं मुक्तिदम्॥*

पूर्वकालकी बात है, परम पुण्यमय पवित्र नैमिषारण्यक्षेत्र बड़ा मनोहर जान पड़ता था। वहाँ बहुत-से मुनि एकत्रित हुए थे, भाँति-भाँतिके पुष्प उस स्थानकी शोभा बढ़ा रहे थे। पीपल, पारिजात, चन्दन, अगर, गुलाब तथा चम्पा आदि अन्य बहुत-से वृक्ष उसकी शोभा-वृद्धिमें सहायक हो रहे थे। भाँति-भाँतिके पक्षी, नाना प्रकारके मृगोंका झुंड, अनेक पवित्र जलाशय तथा बहुत-सी बावलियाँ उस वनको विभूषित कर रही थीं। ब्राह्मण, क्षत्रिय, वैश्य, शूद्र तथा अन्य जातिके लोग भी वहाँ उपस्थित थे। ब्रह्मचारी, गृहस्थ, वानप्रस्थ और संन्यासी—सभी जुटे हुए थे। झुंड-की-झुंड गौएँ उस वनकी शोभा बढ़ा रही थीं। नैमिषारण्यवासी मुनियोंका द्वादशवार्षिक (बारह वर्षोंतक चालू रहनेवाला) यज्ञ आरम्भ था। जौ, गेहूँ, चना, उड़द, मूँग और तिल आदि पवित्र अन्नोंसे यज्ञमण्डप सुशोभित था। वहाँ होमकुण्डमें अग्निदेव प्रज्वलित थे और आहुतियाँ डाली जा रही थीं। उस महायज्ञमें सम्मिलित होनेके लिये बहुत-से मुनि और ब्राह्मण अन्य स्थानोंसे आये। स्थानीय महर्षियोंने उन सबका यथायोग्य सत्कार किया। ऋत्विजोंसहित वे सब लोग जब आरामसे बैठ गये, तब परम बुद्धिमान् लोमहर्षण सूतजी वहाँ पधारे। उन्हें देखकर मुनिवरोंको बड़ी प्रसन्नता हुई, उन सबने उनका यथावत् सत्कार किया। सूतजी भी उनके प्रति आदरका भाव प्रकट करके एक श्रेष्ठ आसनपर विराजमान हुए। उस समय सब ब्राह्मण सूतजीके साथ वार्तालाप करने लगे। बातचीतके अन्तमें सबने व्यास-शिष्य लोमहर्षणजीसे अपना संदेह पूछा।

---

* प्रत्येक कल्प और अनुकल्पमें विस्तारपूर्वक रचा हुआ यह समस्त मायामय जगत् जिनसे प्रकट होता, जिनमें स्थित रहता और अन्तकालमें जिनके भीतर पुनः लीन हो जाता है, जो इस दृश्य-प्रपञ्चसे सर्वथा पृथक् हैं, जिनका ध्यान करके मुनिजन सनातन मोक्षपद प्राप्त कर लेते हैं, उन नित्य, निर्मल, निश्चल तथा व्यापक भगवान् पुरुषोत्तम (जगन्नाथजी)-को मैं प्रणाम करता हूँ। जो शुद्ध, आकाशके समान निर्लेप, नित्यानन्दमय, सदा प्रसन्न, निर्मल, सबके स्वामी, निर्गुण, व्यक्त और अव्यक्तसे परे, प्रपञ्चसे रहित, एकमात्र ध्यानमें ही अनुभव करनेयोग्य तथा व्यापक हैं, समाधिकालमें विद्वान् पुरुष इसी रूपमें जिनका ध्यान करते हैं, जो संसारकी उत्पत्ति और विनाशके एकमात्र कारण हैं, जरा-अवस्था जिनका स्पर्श भी नहीं कर सकती तथा जो मोक्ष प्रदान करनेवाले हैं, उन भगवान् श्रीहरिकी मैं वन्दना करता हूँ।

मुनि बोले—साधुशिरोमणे! आप पुराण, तन्त्र, छहों शास्त्र, इतिहास तथा देवताओं और दैत्योंके जन्म-कर्म एवं चरित्र—सब जानते हैं। वेद, शास्त्र, पुराण, महाभारत तथा मोक्षशास्त्रमें कोई भी बात ऐसी नहीं है, जो आपको ज्ञात न हो।

महामते! आप सर्वज्ञ हैं, अतः हम आपसे कुछ प्रश्नोंका उत्तर सुनना चाहते हैं; बताइये, यह समस्त जगत् कैसे उत्पन्न हुआ? भविष्यमें इसकी क्या दशा होगी? स्थावर-जङ्गमरूप संसार सृष्टिसे पहले कहाँ लीन था और फिर कहाँ लीन होगा?

लोमहर्षणजीने कहा—जो निर्विकार, शुद्ध, नित्य, परमात्मा, सदा एकरूप और सर्वविजयी हैं, उन भगवान् विष्णुको नमस्कार है। जो ब्रह्मा, विष्णु और शिवरूपसे जगत्की उत्पत्ति, पालन तथा संहार करनेवाले हैं तथा जो भक्तोंको संसार-सागरसे तारनेवाले हैं, उन भगवान्को प्रणाम है। जो एक होकर भी अनेक रूप धारण करते हैं, स्थूल और सूक्ष्म सब जिनके ही स्वरूप हैं, जो अव्यक्त (कारण) और व्यक्त (कार्य)-रूप तथा मोक्षके हेतु हैं, उन भगवान् विष्णुको नमस्कार है। जो जगत्की उत्पत्ति, पालन और संहार करनेवाले हैं, जरा और मृत्यु जिनका स्पर्श नहीं करतीं, जो सबके मूल कारण हैं, उन परमात्मा विष्णुको नमस्कार है। जो इस विश्वके आधार हैं, अत्यन्त सूक्ष्मसे भी सूक्ष्म हैं, सब प्राणियोंके भीतर विराजमान हैं, क्षर और अक्षर पुरुषसे उत्तम तथा अविनाशी हैं, उन भगवान् विष्णुको प्रणाम करता हूँ। जो वास्तवमें अत्यन्त निर्मल ज्ञानस्वरूप हैं, किन्तु अज्ञानवश नाना पदार्थोंके रूपमें प्रतीत हो रहे हैं, जो विश्वकी सृष्टि और पालनमें समर्थ एवं उसका संहार करनेवाले हैं, सर्वज्ञ हैं, जगत्के अधीश्वर हैं, जिनके जन्म और विनाश नहीं होते, जो अव्यय, आदि, अत्यन्त सूक्ष्म तथा विश्वेश्वर हैं, उन श्रीहरिको तथा ब्रह्मा आदि देवताओंको मैं प्रणाम करता हूँ। तत्पश्चात् इतिहास-पुराणोंके ज्ञाता, वेद-वेदाङ्गोंके पारङ्गत विद्वान्, सम्पूर्ण शास्त्रोंके तत्त्वज्ञ पराशरनन्दन भगवान् व्यासको, जो मेरे गुरुदेव हैं, प्रणाम करके मैं वेदके तुल्य माननीय पुराणका वर्णन करूँगा। पूर्वकालमें दक्ष आदि श्रेष्ठ मुनियोंके पूछनेपर कमलयोनि भगवान् ब्रह्माजीने जो सुनायी थी, वही पापनाशिनी कथा मैं इस समय कहूँगा। मेरी वह कथा बहुत ही विचित्र और अनेक अर्थोंवाली होगी। उसमें श्रुतियोंके अर्थका विस्तार होगा। जो इस कथाको सदा अपने हृदयमें धारण करेगा अथवा निरन्तर सुनेगा, वह अपनी वंश-परम्पराको कायम रखते हुए स्वर्गलोकमें प्रतिष्ठित होगा।

जो नित्य, सदसत्स्वरूप तथा कारणभूत अव्यक्त प्रकृति है, उसीको प्रधान कहते हैं। उसीसे पुरुषने इस विश्वका निर्माण किया है। मुनिवरो! अमिततेजस्वी ब्रह्माजीको ही पुरुष समझो। वे समस्त प्राणियोंकी सृष्टि करनेवाले तथा भगवान्

नारायणके आश्रित हैं। प्रकृतिसे महत्तत्त्व, महत्तत्त्वसे अहङ्कार तथा अहङ्कारसे सब सूक्ष्म भूत उत्पन्न हुए। भूतोंके जो भेद हैं, वे भी उन सूक्ष्म भूतोंसे ही प्रकट हुए हैं। यह सनातन सर्ग है। तदनन्तर स्वयम्भू भगवान् नारायणने नाना प्रकारकी प्रजा उत्पन्न करनेकी इच्छासे सबसे पहले जलकी ही सृष्टि की। फिर जलमें अपनी शक्तिका आधान किया। जलका दूसरा नाम 'नार' है, क्योंकि उसकी उत्पत्ति भगवान् नरसे हुई है। वह जल पूर्वकालमें भगवान्‌का अयन (निवासस्थान) हुआ, इसलिये वे नारायण कहलाते हैं। भगवान्‌ने जो जलमें अपनी शक्तिका आधान किया, उससे एक बहुत विशाल सुवर्णमय अण्ड प्रकट हुआ। उसीमें स्वयम्भू ब्रह्माजी उत्पन्न हुए—ऐसा सुना जाता है। सुवर्णके समान कान्तिमान् भगवान् ब्रह्माने एक वर्षतक उस अण्डमें निवास करके उसके दो टुकड़े कर दिये। फिर एक टुकड़ेसे द्युलोक बनाया और दूसरेसे भूलोक। उन दोनोंके बीचमें आकाश रखा। जलके ऊपर तैरती हुई पृथ्वीको स्थापित किया। फिर दसों दिशाएँ निश्चित कीं। साथ ही काल, मन, वाणी, काम, क्रोध और रतिकी सृष्टि की। इन भावोंके अनुरूप सृष्टि करनेकी इच्छासे ब्रह्माजीने सात प्रजापतियोंको अपने मनसे उत्पन्न किया। उनके नाम इस प्रकार हैं—मरीचि, अत्रि, अङ्गिरा, पुलस्त्य, पुलह, क्रतु तथा वसिष्ठ। पुराणोंमें ये सात ब्रह्मा निश्चित किये गये हैं।

तत्पश्चात् ब्रह्माजीने अपने रोषसे रुद्रको प्रकट किया। फिर पूर्वजोंके भी पूर्वज सनत्कुमारजीको उत्पन्न किया। इन्हीं सात महर्षियोंसे समस्त प्रजा तथा ग्यारह रुद्रोंका प्रादुर्भाव हुआ। उक्त सात महर्षियोंके सात बड़े-बड़े दिव्य वंश हैं, देवता भी इन्हींके अन्तर्गत हैं। उक्त सातों वंशोंके लोग कर्मनिष्ठ एवं संतानवान् हैं। उन वंशोंको बड़े-बड़े ऋषियोंने सुशोभित किया है। इसके बाद ब्रह्माजीने विद्युत्, वज्र, मेघ, रोहित, इन्द्रधनुष, पक्षी तथा मेघोंकी सृष्टि की। फिर यज्ञोंकी सिद्धिके लिये उन्होंने ऋग्वेद, यजुर्वेद तथा सामवेद प्रकट किये। तदनन्तर साध्य देवताओंकी उत्पत्ति बतायी जाती है। छोटे-बड़े सभी भूत भगवान् ब्रह्माके अङ्गोंसे उत्पन्न हुए हैं। इस प्रकार प्रजाकी सृष्टि करते रहनेपर भी जब प्रजाकी वृद्धि नहीं हुई, तब प्रजापति अपने शरीरके दो भाग करके आधेसे पुरुष और आधेसे स्त्री हो गये। पुरुषका नाम मनु हुआ। उन्हींके नामपर 'मन्वन्तर' काल माना गया है। स्त्री अयोनिजा शतरूपा थी, जो मनुको पत्नीरूपमें प्राप्त हुई। उसने दस हजार वर्षोंतक अत्यन्त दुष्कर तपस्या करके परम

तेजस्वी पुरुषको पतिरूपमें प्राप्त किया। वे ही पुरुष स्वायम्भुव मनु कहे गये हैं (वैराज पुरुष भी उन्हींका नाम है)। उनका 'मन्वन्तर-काल' इकहत्तर चतुर्युगीका बताया जाता है।

शतरूपाने वैराज पुरुषके अंशसे वीर, प्रियव्रत और उत्तानपाद नामक पुत्र उत्पन्न किये। वीरसे काम्या नामक श्रेष्ठ कन्या उत्पन्न हुई जो कर्दम प्रजापतिकी धर्मपत्नी हुई। काम्याके गर्भसे चार पुत्र हुए—सम्राट्, कुक्षि, विराट् और प्रभु। प्रजापति अत्रिने राजा उत्तानपादको गोद ले लिया। प्रजापति उत्तानपादने अपनी पत्नी सूनृताके गर्भसे ध्रुव, कीर्तिमान् आयुष्मान् तथा वसु—ये चार पुत्र उत्पन्न किये। ध्रुवसे उनकी पत्नी शम्भुने श्लिष्टि और भव्य—इन दो पुत्रोंको जन्म दिया। श्लिष्टिके उसकी पत्नी सुछायाके गर्भसे रिपु, रिपुञ्जय, वीर, वृकल और वृकतेजा—ये पाँच पुत्र उत्पन्न हुए। रिपुसे बृहतीने चक्षुष् नामके तेजस्वी पुत्रको जन्म दिया। चक्षुष्के उनकी पत्नी पुष्करिणीसे, जो महात्मा प्रजापति वीरणकी कन्या थी, चाक्षुष् मनु उत्पन्न हुए। चाक्षुष मनुसे वैराज प्रजापतिकी कन्या नड्वलाके गर्भसे दस महाबली पुत्र हुए, जिनके नाम इस प्रकार हैं—कुत्स, पुरु शतद्युम्न, तपस्वी, सत्यवाक्, कवि, अग्निष्टुत्, अतिरात्र, सुद्युम्न तथा अभिमन्यु। पुरुसे आग्नेयीने अङ्ग, सुमना, स्वाति, क्रतु, अङ्गिरा तथा मय—ये छः पुत्र उत्पन्न किये। अङ्गसे सुनीथाने वेन नामक एक पुत्र पैदा किया। वेनके अत्याचारसे ऋषियोंको बड़ा क्रोध हुआ; अतः प्रजाजनोंकी रक्षाके लिये उन्होंने उसके दाहिने हाथका मन्थन किया, उससे महाराज पृथु प्रकट हुए। उन्हें देखकर मुनियोंने कहा—'ये महातेजस्वी नरेश प्रजाको प्रसन्न रखेंगे तथा महान् यशके भागी होंगे।' वेनकुमार पृथु धनुष और कवच धारण किये अग्निके समान तेजस्वीरूपमें प्रकट हुए थे। उन्होंने इस पृथ्वीका पालन किया। राजसूय-यज्ञके लिये अभिषिक्त होनेवाले राजाओंमें वे सर्वप्रथम थे। उनसे ही स्तुति-गानमें निपुण सूत और मागध प्रकट हुए। उन्होंने इस पृथ्वीसे सब प्रकारके अनाज दुहे थे। प्रजाकी जीविका चले, इसी उद्देश्यसे उन्होंने देवताओं, ऋषियों, पितरों, दानवों, गन्धर्वों तथा अप्सराओं आदिके साथ पृथ्वीका दोहन किया था।

राजा पृथुका चरित्र

मुनियोंने कहा—लोमहर्षणजी! पृथुके जन्मकी कथा विस्तारपूर्वक कहिये। उन महात्माने इस पृथ्वीका किस प्रकार दोहन किया था?

लोमहर्षणजी बोले—द्विजवरो! मैं वेनकुमार पृथुकी कथा विस्तारके साथ सुनाता हूँ। आप लोग एकाग्रचित्त होकर सुनें। ब्राह्मणो! जो पवित्र नहीं रहता, जिसका हृदय खोटा है, जो अपने शासनमें नहीं है, जो व्रतका पालन नहीं करता तथा जो कृतघ्न और अहितकारी है—ऐसे पुरुषको मैं यह प्रसङ्ग नहीं सुना सकता। यह स्वर्ग देनेवाला, यश और आयुकी वृद्धि करनेवाला, परम धन्य, वेदोंके तुल्य, माननीय तथा गूढ़ रहस्य है। ऋषियोंने जैसा कहा है, वह सब मैं ज्यों-का-त्यों सुना रहा हूँ; सुनो। जो प्रतिदिन ब्राह्मणोंको नमस्कार करके वेनकुमार पृथुके चरित्रका विस्तारपूर्वक कीर्तन करता है, उसे 'अमुक कर्म मैंने किया और अमुक नहीं किया'—इस बातका शोक नहीं होता। पूर्वकालकी बात है, अत्रि-कुलमें उत्पन्न प्रजापति अङ्ग बड़े धर्मात्मा और धर्मके रक्षक थे। वे अत्रिके समान ही तेजस्वी थे। उनका पुत्र वेन था, जो धर्मके तत्त्वको बिलकुल नहीं समझता था। उसका जन्म मृत्युकन्या सुनीथाके गर्भसे हुआ था। अपने नानाके स्वभावदोषके कारण वह धर्मको पीछे रखकर काम और लोभमें

प्रवृत्त हो गया। उसने धर्मकी मर्यादा भङ्ग कर दी और वैदिक धर्मोंका उल्लङ्घन करके वह अधर्ममें तत्पर हो गया। विनाशकाल उपस्थित होनेके कारण उसने यह क्रूर प्रतिज्ञा कर ली थी कि 'किसीको यज्ञ और होम नहीं करने दिया जायगा। यजन करने योग्य, यज्ञ करनेवाला तथा यज्ञ भी मैं ही हूँ। मेरे ही लिये यज्ञ करना चाहिये। मेरे ही उद्देश्यसे हवन होना चाहिये।' इस प्रकार मर्यादाका उल्लङ्घन करके सब कुछ ग्रहण करनेवाले अयोग्य वेनसे मरीचि आदि सब महर्षियोंने कहा—'वेन! हम अनेक वर्षोंके लिये यज्ञकी दीक्षा ग्रहण करनेवाले हैं। तुम अधर्म न करो। यह यज्ञ आदि कार्य सनातन धर्म है।'

महर्षियोंको यों कहते देख खोटी बुद्धिवाले

वेनने हँसकर कहा—'अरे! मेरे सिवा दूसरा कौन धर्मका स्रष्टा है। मैं किसकी बात सुनूँ। विद्या, पराक्रम, तपस्या और सत्यके द्वारा मेरी समानता करनेवाला इस भूतलपर कौन है? मैं ही सम्पूर्ण प्राणियोंकी और विशेषतः सब धर्मोंकी उत्पत्तिका कारण हूँ। तुम सब लोग मूर्ख और अचेत हो, इसलिये मुझे नहीं जानते। यदि मैं चाहूँ तो इस पृथ्वीको भस्म कर दूँ, जलमें बहा दूँ या भूलोक तथा द्युलोकको भी रूँध डालूँ। इसमें तनिक भी अन्यथा विचार करनेकी आवश्यकता नहीं है।' जब महर्षिगण वेनको मोह और अहङ्कारसे किसी तरह हटा न सके, तब उन्हें बड़ा क्रोध हुआ। उन महात्माओंने महाबली वेनको पकड़कर बाँध लिया। उस समय वह बहुत उछल-कूद मचा रहा था। महर्षि कुपित तो थे ही, वेनकी बायीं जङ्घाका मन्थन करने लगे। इससे एक काले रंगका पुरुष उत्पन्न हुआ, जो बहुत ही नाटा था। वह भयभीत हो हाथ जोड़कर खड़ा हो गया। उसे व्याकुल देख अत्रिने कहा—'निषीद (बैठ जा)।' इससे वह निषादवंशका प्रवर्त्तक हुआ और वेनके पापसे उत्पन्न हुए धीवरोंकी सृष्टि करने लगा। तत्पश्चात् महात्माओंने पुनः अरणीकी भाँति वेनकी दाहिनी भुजाका मन्थन किया। उससे अग्निके

समान तेजस्वी पृथुका प्रादुर्भाव हुआ। वे भयानक टंकार करनेवाले आजगव नामक धनुष, दिव्य बाण तथा रक्षार्थ कवच धारण किये प्रकट हुए थे। उनके उत्पन्न होनेपर समस्त प्राणी बड़े प्रसन्न हुए और सब ओरसे वहाँ एकत्रित होने लगे। वेन स्वर्गगामी हुआ।

महात्मा पृथु-जैसे सत्पुत्रने उत्पन्न होकर वेनको 'पुम्' नामक नरकसे छुड़ा दिया। उनका अभिषेक करनेके लिये समुद्र और सभी नदियाँ रत्न एवं जल लेकर स्वयं ही उपस्थित हुईं। आङ्गिरस देवताओंके साथ भगवान् ब्रह्माजी तथा समस्त चराचर भूतोंने वहाँ आकर राजा पृथुका राज्याभिषेक किया। उन महाराजने सभी प्रजाका मनोरञ्जन किया। उनके पिताने प्रजाको बहुत दुःखी किया था, किन्तु पृथुने उन सबको प्रसन्न कर लिया; प्रजाका मनोरञ्जन करनेके कारण ही उनका नाम राजा हुआ। वे जब समुद्रकी यात्रा करते, तब उसका जल स्थिर हो जाता था। पर्वत उन्हें जानेके लिये मार्ग दे देते थे और उनके रथकी ध्वजा कभी भङ्ग नहीं हुई। उनके राज्यमें पृथ्वी बिना जोते-बोये ही अन्न पैदा करती थी। राजाका चिन्तन करनेमात्रसे अन्न सिद्ध हो जाता था। सभी गौएँ कामधेनु बन गयी थीं और पत्तोंके दोने-दोनेमें मधु भरा रहता था। उसी समय पृथुने पैतामह (ब्रह्माजीसे सम्बन्ध रखनेवाला)—यज्ञ किया। उसमें सोमाभिषवके दिन सूति (सोमरस निकालनेकी भूमि)-से परम बुद्धिमान् सूतकी उत्पत्ति हुई। उसी महायज्ञमें विद्वान् मागधका भी प्रादुर्भाव हुआ। उन दोनोंको महर्षियोंने पृथुकी स्तुति करनेके लिये बुलाया और कहा—'तुमलोग इन महाराजकी स्तुति करो। यह कार्य तुम्हारे अनुरूप है और ये महाराज भी इसके योग्य पात्र हैं।' यह सुनकर सूत और मागधने उन महर्षियोंसे कहा—'हम अपने कर्मोंसे देवताओं तथा ऋषियोंको प्रसन्न करते हैं। इन महाराजका नाम, कर्म, लक्षण और यश—कुछ भी हमें ज्ञात नहीं है, जिससे इन तेजस्वी नरेशकी हम स्तुति कर सकें। तब ऋषियोंने कहा—'भविष्यमें होनेवाले गुणोंका उल्लेख करते हुए स्तुति करो।' उन्होंने वैसा ही किया। उन्होंने जो-जो कर्म बताये, उन्हींको महाबली पृथुने पीछेसे पूर्ण किया। तभीसे लोकमें सूत, मागध और वन्दीजनोंके द्वारा आशीर्वाद दिलानेकी परिपाटी चल पड़ी। वे दोनों जब स्तुति कर चुके, तब महाराज पृथुने अत्यन्त प्रसन्न होकर अनूप देशका राज्य सूतको और मगधका मागधको दिया। पृथुको देखकर अत्यन्त प्रसन्न हुई प्रजासे महर्षियोंने कहा—'ये महाराज तुम्हें जीविका प्रदान करनेवाले होंगे।' यह सुनकर सारी प्रजा महात्मा राजा पृथुकी ओर दौड़ी और बोली—'आप हमारे लिये जीविकाका प्रबन्ध कर दें।' जब प्रजाओंने उन्हें इस प्रकार घेरा, तब वे उनका हित करनेकी इच्छासे धनुष-बाण हाथमें ले पृथ्वीकी ओर दौड़े। पृथ्वी उनके भयसे थर्रा उठी और गौका रूप धारण करके भागी। तब पृथुने धनुष लेकर भागती हुई पृथ्वीका पीछा किया। पृथ्वी उनके भयसे ब्रह्मलोक आदि अनेक लोकोंमें गयी, किन्तु सब जगह उसने धनुष लिये हुए पृथुको अपने आगे ही देखा। अग्निके समान प्रज्वलित तीखे बाणोंके कारण उनका तेज और भी उद्दीप्त दिखायी देता था। वे महान् योगी महात्मा देवताओंके लिये भी दुर्धर्ष प्रतीत होते थे। जब और कहीं रक्षा न हो सकी, तब तीनों लोकोंकी पूजनीया पृथ्वी हाथ जोड़कर फिर महाराज पृथुकी ही शरणमें आयी और इस प्रकार बोली—'राजन्! सब लोक मेरे ही ऊपर स्थित हैं। मैं ही इस जगत्को धारण करती हूँ। यदि

मेरा नाश हो जाय तो समस्त प्रजा नष्ट हो जायगी। इस बातको अच्छी तरह समझ लेना। भूपाल! यदि तुम प्रजाका कल्याण चाहते हो तो मेरा वध न करो। मैं जो बात कहती हूँ, उसे सुनो; ठीक उपायसे आरम्भ किये हुए सब कार्य सिद्ध होते हैं। तुम उस उपायपर ही दृष्टिपात करो, जिससे इस प्रजाको जीवित रख सकोगे। मेरी हत्या करके भी तुम प्रजाके पालन-पोषणमें समर्थ न होगे। महामते! तुम क्रोध त्याग दो, मैं तुम्हारे अनुकूल हो जाऊँगी। तिर्यग्योनिमें भी स्त्रीको अवध्य बताया गया है; यदि यह बात सत्य है तो तुम्हें धर्मका त्याग नहीं करना चाहिये।'

पृथुने कहा—भद्रे! जो अपने या पराये किसी एकके लिये बहुत-से प्राणियोंका वध करता है, उसे अनन्त पातक लगता है; परन्तु जिस अशुभ व्यक्तिका वध करनेपर बहुत-से लोग सुखी हों, उसको मारनेसे पातक या उपपातक कुछ नहीं लगता। अतः वसुन्धरे। मैं प्रजाका कल्याण करनेके लिये तुम्हारा वध करूँगा। यदि मेरे कहनेसे आज संसारका कल्याण नहीं करोगी तो अपने बाणसे तुम्हारा नाश कर दूँगा और अपनेको ही पृथ्वीरूपमें प्रकट करके स्वयं ही प्रजाको धारण करूँगा; इसलिये तुम मेरी आज्ञा मानकर समस्त प्रजाकी जीवन-रक्षा करो; क्योंकि तुम सबके धारणमें समर्थ हो। इस समय मेरी पुत्री बन जाओ; तभी मैं इस भयङ्कर बाणको, जो तुम्हारे वधके लिये लिये उद्यत है, रोकूँगा।

पृथ्वी बोली—वीर! निःसंदेह मैं यह सब कुछ करूँगी। मेरे लिये कोई बछड़ा देखो, जिसके प्रति स्नेहयुक्त होकर मैं दूध दे सकूँ। धर्मात्माओंमें श्रेष्ठ भूपाल! तुम मुझे सब ओर बराबर कर दो, जिससे मेरा दूध सब ओर बह सके।

तब राजा पृथुने अपने धनुषकी नोकसे लाखों पर्वतोंको उखाड़ा और उन्हें एक स्थानपर एकत्रित किया। इससे पर्वत बढ़ गये। इससे पहलेकी सृष्टिमें भूमि समतल न होनेके कारण पुरों अथवा ग्रामोंका कोई सीमाबद्ध विभाग नहीं हो सका था। उस समय अन्न, गोरक्षा, खेती और व्यापार भी नहीं होते थे। यह सब तो वेन-कुमार पृथुके समयसे ही आरम्भ हुआ है। भूमिका जो-जो भाग समतल था, वहीं-वहींपर समस्त प्रजाने निवास करना पसंद किया। उस समयतक प्रजाका आहार केवल फल-मूल ही था और वह भी बड़ी कठिनाईसे मिलता था। राजा पृथुने स्वायम्भुव मनुको बछड़ा बनाकर अपने हाथमें ही पृथ्वीको दुहा। उन प्रतापी नरेशने पृथ्वीसे सब प्रकारके अन्नोंका दोहन किया। उसी अन्नसे आज भी सब प्रजा जीवन धारण करती है। उस समय ऋषि, देवता, पितर, नाग, दैत्य, यक्ष, पुण्यजन, गन्धर्व, पर्वत और वृक्ष—सबने पृथ्वीको

दुहा। उनके दूध, बछड़ा, पात्र और दुहनेवाला—ये सभी पृथक्-पृथक् थे। ऋषियोंके चन्द्रमा बछड़ा बने, बृहस्पतिने दुहनेका काम किया, तपोमय ब्रह्म उनका दूध था और वेद ही उनके पात्र थे। देवताओंने सुवर्णमय पात्र लेकर पुष्टिकारक दूध दुहा। उनके लिये इन्द्र बछड़ा बने और भगवान् सूर्यने दुहनेका काम किया। पितरोंका चाँदीका पात्र था। प्रतापी यम बछड़ा बने, अन्तकने दूध दुहा। उनके दूधको 'स्वधा' नाम दिया गया है। नागोंने तक्षकको बछड़ा बनाया। तुम्बीका पात्र रखा। ऐरावत नागसे दुहनेका काम लिया और विषरूपी दुग्धका दोहन किया। असुरोंमें मधु दुहनेवाला बना। उसने मायामय दूध दुहा। उस समय विरोचन बछड़ा बना था और लोहेके पात्रमें दूध दुहा गया था। यक्षोंका कच्चा पात्र था। कुबेर बछड़ा बने थे। रजतनाभ यक्ष दुहनेवाला था और अन्तर्धान होनेकी विद्या ही उनका दूध था। राक्षसेन्द्रोंमें सुमाली नामका राक्षस बछड़ा बना। रजतनाभ दुहनेवाला था। उसने कपालरूपी पात्रमें शोणितरूपी दूधका दोहन किया। गन्धर्वोंमें चित्ररथने बछड़ेका काम पूरा किया। कमल ही उनका पात्र था। सुरुचि दुहनेवाला था और पवित्र सुगन्ध ही उनका दूध था। पर्वतोंमें महागिरि मेरुने हिमवान्को बछड़ा बनाया और स्वयं दुहनेवाला बनकर शिलामय पात्रमें रत्नों एवं ओषधियोंको दूधके रूपमें दूहा। वृक्षोंमें प्लक्ष (पाकड़) बछड़ा था। खिले हुए शालके वृक्षने दुहनेका काम किया। पलाशका पात्र था और जलने तथा कटनेपर पुनः अङ्कुरित हो जाना ही उनका दूध था।

इस प्रकार सबका धारण-पोषण करनेवाली यह पावन वसुन्धरा समस्त चराचर जगत्की आधारभूता तथा उत्पत्तिस्थान है। यह सब कामनाओंको देनेवाली तथा सब प्रकारके अन्नोंको अङ्कुरित करनेवाली है। गोरूपा पृथ्वी मेदिनीके नामसे विख्यात है। यह समुद्रतक पृथुके ही अधिकारमें थी। मधु और कैटभके मेदसे व्याप्त होनेके कारण

यह मेदिनी कहलाती है। फिर राजा पृथुकी आज्ञाके अनुसार भूदेवी उनकी पुत्री बन गयी, इसलिये इसे पृथ्वी भी कहते हैं। पृथुने इस पृथ्वीका विभाग और शोधन किया, जिससे यह अन्नकी खान और समृद्धिशालिनी बन गयी। गाँवों और नगरोंके कारण इसकी बड़ी शोभा होने लगी। वेन-कुमार महाराज पृथुका ऐसा ही प्रभाव था। इसमें संदेह नहीं कि वे समस्त प्राणियोंके पूजनीय और वन्दनीय हैं। वेद-वेदाङ्गोंके पारङ्गत विद्वान् ब्राह्मणोंको भी महाराज पृथुकी ही वन्दना करनी चाहिये, क्योंकि वे सनातन ब्रह्मयोनि हैं। राज्यकी इच्छा रखनेवाले राजाओंके लिये भी परम प्रतापी महाराज पृथु ही वन्दनीय हैं। युद्धमें विजयकी कामना करनेवाले पराक्रमी योद्धाओंको भी उन्हें मस्तक झुकाना चाहिये। क्योंकि योद्धाओंमें

भगवान् सूर्यका अदितिपर अनुग्रह

राजा इन्द्रद्युम्नको स्वप्नमें भगवद्दर्शन

मार्कण्डेय मुनिको प्रलय-समुद्रमें बालमुकुन्दके दर्शन

देवताओंका भगवान् विष्णुकी शरणमें जाना

वे अग्रगण्य थे। जो सैनिक राजा पृथुका नाम लेकर संग्राममें जाता है, वह भयङ्कर संग्रामसे भी सकुशल लौटता है और यशस्वी होता है। वैश्यवृत्ति करनेवाले धनी वैश्योंको भी चाहिये कि वे महाराज पृथुको नमस्कार करें, क्योंकि राजा पृथु सबके वृत्तिदाता और परम यशस्वी थे। इस संसारमें परमकल्याणकी इच्छा रखनेवाले तथा तीनों वर्णोंकी सेवामें लगे रहनेवाले पवित्र शूद्रोंके लिये भी राजा पृथु ही वन्दनीय हैं। इस प्रकार जहाँ पृथ्वीको दुहनेके लिये जो विशेष-विशेष बछड़े, दुहनेवाले, दूध तथा पात्र कल्पित किये गये थे, उन सबका मैंने वर्णन किया।

चौदह मन्वन्तरों तथा विवस्वान्‌की संततिका वर्णन

ऋषि बोले—महामते सूतजी! अब समस्त मन्वन्तरोंका विस्तारपूर्वक वर्णन कीजिये तथा उनकी प्राथमिक सृष्टि भी बतलाइये।

लोमहर्षण (सूत)-ने कहा—विप्रगण! समस्त मन्वन्तरोंका विस्तृत वर्णन तो सौ वर्षोंमें भी नहीं हो सकता, अतः संक्षेपमें ही सुनो। प्रथम स्वायम्भुव मनु हैं, दूसरे स्वारोचिष, तीसरे उत्तम, चौथे तामस, पाँचवें रैवत, छठे चाक्षुष तथा सातवें वैवस्वत मनु कहलाते हैं। वैवस्वत मनु ही वर्तमान कल्पके मनु हैं। इनके बाद सावर्णि, भौत्य, रौच्य तथा चार मेरुसावर्ण्य नामके मनु होंगे। ये भूत, वर्तमान और भविष्यके सब मिलकर चौदह मनु हैं। मैंने जैसा सुना है, उसके अनुसार सब मनुओंके नाम बताये। अब इनके समयमें होनेवाले ऋषियों, मनु-पुत्रों तथा देवताओंका वर्णन करूँगा। मरीचि, अत्रि, अङ्गिरा, पुलह, क्रतु, पुलस्त्य तथा वसिष्ठ—ये सात ब्रह्माजीके पुत्र उत्तर दिशामें स्थित हैं, जो स्वायम्भुव मन्वन्तरके सप्तर्षि हैं। आग्नीध्र, अग्निबाहु, मेध्य, मेधातिथि, वसु, ज्योतिष्मान्, द्युतिमान्, हव्य, सबल और पुत्र—ये दस स्वायम्भुव मनुके महाबली पुत्र थे। विप्रगण! यह प्रथम मन्वन्तर बतलाया गया। स्वारोचिष मन्वन्तरमें प्राण, बृहस्पति, दत्तात्रेय, अत्रि, च्यवन, वायुप्रोक्त तथा महाव्रत—ये सात सप्तर्षि थे। तुषित नामवाले देवता थे और हविर्घ्न, सुकृति, ज्योति, आप, मूर्ति, प्रतीत, नभस्य, नभ तथा ऊर्ज—ये महात्मा स्वारोचिष मनुके पुत्र बताये गये हैं, जो महान् बलवान् और पराक्रमी थे। यह द्वितीय मन्वन्तरका वर्णन हुआ; अब तीसरा मन्वन्तर बतलाया जाता है, सुनो। वसिष्ठके सात पुत्र वासिष्ठ तथा हिरण्यगर्भके तेजस्वी पुत्र ऊर्ज—ये ही उत्तम मन्वन्तरके ऋषि थे। इष, ऊर्ज, तनूर्ज, मधु, माधव, शुचि, शुक्र, सह, नभस्य तथा नभ—ये उत्तम मनुके पराक्रमी पुत्र थे। इस मन्वन्तरमें भानु नामवाले देवता थे। इस प्रकार तीसरा मन्वन्तर बताया गया। अब चौथेका वर्णन करता हूँ। काव्य, पृथु, अग्नि, जह्नु, धाता, कपीवान् और अकपीवान्—ये सात उस समयके सप्तर्षि थे। सत्य नामवाले देवता थे। द्युति, तपस्य, सुतपा, तपोभूत, सनातन, तपोरति, अकल्माष, तन्वी, धन्वी और परंतप—ये दस तामस मनुके पुत्र कहे गये हैं। यह चौथे मन्वन्तरका वर्णन हुआ। पाँचवाँ रैवत मन्वन्तर है। उसमें देवबाहु, यदुध्र, वेदशिरा, हिरण्यरोमा, पर्जन्य, सोमनन्दन ऊर्ध्वबाहु तथा अत्रिकुमार सत्यनेत्र—ये सप्तर्षि थे। अभूतरजा और प्रकृति नामवाले देवता थे। धृतिमान्, अव्यय, युक्त, तत्त्वदर्शी, निरुत्सुक, आरण्य, प्रकाश, निर्मोह, सत्यवाक् और कृती—ये रैवत मनुके पुत्र थे। यह पाँचवाँ मन्वन्तर बताया गया। अब छठे चाक्षुष

मन्वन्तरका वर्णन करता हूँ, सुनो। उसमें भृगु, नभ, विवस्वान्, सुधामा, विरजा, अतिनामा और सहिष्णु—ये ही सप्तर्षि थे। लेख नामवाले पाँच देवता थे। नाड्वलेय नामसे प्रसिद्ध रुरु आदि चाक्षुष मनुके दस पुत्र बतलाये जाते हैं। यहाँतक छठे मन्वन्तरका वर्णन हुआ। अब सातवें वैवस्वत मन्वन्तरका वर्णन सुनो। अत्रि, वसिष्ठ, कश्यप, गौतम, भरद्वाज, विश्वामित्र तथा जमदग्नि—ये इस वर्तमान मन्वन्तरमें सप्तर्षि होकर आकाशमें विराजमान हैं। साध्य, रुद्र, विश्वेदेव, वसु, मरुद्गण, आदित्य और अश्विनीकुमार—ये इस वर्तमान मन्वन्तरके देवता माने गये हैं। वैवस्वत मनुके इक्ष्वाकु आदि दस पुत्र हुए। ऊपर जिन महातेजस्वी महर्षियोंके नाम बताये गये हैं, उन्हींके पुत्र और पौत्र आदि सम्पूर्ण दिशाओंमें फैले हुए हैं। प्रत्येक मन्वन्तरमें धर्मकी व्यवस्था तथा लोकरक्षाके लिये जो सात सप्तर्षि रहते हैं, मन्वन्तर बीतनेके बाद उनमें चार महर्षि अपना कार्य पूरा करके रोग-शोकसे रहित ब्रह्मलोकमें चले जाते हैं। तत्पश्चात् दूसरे चार तपस्वी आकर उनके स्थानकी पूर्ति करते हैं। भूत और वर्तमान कालके सप्तर्षिगण इसी क्रमसे होते आये हैं। सावर्णि मन्वन्तरमें होनेवाले सप्तर्षि ये हैं—परशुराम, व्यास, आत्रेय, भरद्वाजकुलमें उत्पन्न द्रोणकुमार अश्वत्थामा, गौतमवंशी शरद्वान्, कौशिककुलमें उत्पन्न गालव तथा कश्यपनन्दन और्व। वैरी, अध्वरीवान्, शमन, धृतिमान्, वसु, अरिष्ट, अधृष्ट, वाजी तथा सुमति—ये भविष्यमें सावर्णिक मनुके पुत्र होंगे। प्रातःकाल उठकर इनका नाम लेनेसे मनुष्य सुखी, यशस्वी तथा दीर्घायु होता है।

भविष्यमें होनेवाले अन्य मन्वन्तरोंका संक्षेपसे वर्णन किया जाता है, सुनो। सावर्ण नामके पाँच मनु होंगे; उनमेंसे एक तो सूर्यके पुत्र हैं और शेष चार प्रजापतिके। ये चारों मेरुगिरिके शिखरपर भारी तपस्या करनेके कारण 'मेरु सावर्ण्य' के नामसे विख्यात होंगे। ये दक्षके धेवते और प्रियाके पुत्र हैं। इन पाँच मनुओंके अतिरिक्त भविष्यमें रौच्य और भौत्य नामके दो मनु और होंगे। प्रजापति रुचिके पुत्र ही 'रौच्य' कहे गये हैं। रुचिके दूसरे पुत्र, जो भूतिके गर्भसे उत्पन्न होंगे 'भौत्य मनु' कहलायेंगे। इस कल्पमें होनेवाले ये सात भावी मनु हैं। इन सबके द्वारा द्वीपों और नगरोंसहित सम्पूर्ण पृथिवीका एक सहस्र युगोंतक पालन होगा। सत्ययुग, त्रेता आदि चारों युग इकहत्तर बार बीतकर जब कुछ अधिक काल हो जाय, तब वह एक मन्वन्तर कहलाता है। इस प्रकार ये चौदह मनु बतलाये गये। ये यशकी वृद्धि करनेवाले हैं। समस्त वेदों और पुराणोंमें भी इनका प्रभुत्व वर्णित है। ये प्रजाओंके पालक हैं। इनके यशका कीर्तन श्रेयस्कर है। मन्वन्तरोंमें कितने ही संहार होते हैं और संहारके बाद कितनी ही सृष्टियाँ होती रहती हैं; इन सबका पूरा-पूरा वर्णन सैकड़ों वर्षोंमें भी नहीं हो सकता। मन्वन्तरोंके बाद जो संहार होता है, उसमें तपस्या, ब्रह्मचर्य और शास्त्रज्ञानसे सम्पन्न कुछ देवता और सप्तर्षि शेष रह जाते हैं। एक हजार चतुर्युग पूर्ण होनेपर कल्प समाप्त हो जाता है। उस समय सूर्यकी प्रचण्ड किरणोंसे समस्त प्राणी दग्ध हो जाते हैं। तब सब देवता आदित्यगणोंके साथ ब्रह्माजीको आगे करके सुरश्रेष्ठ भगवान् नारायणमें लीन हो जाते हैं। वे भगवान् ही कल्पके अन्तमें पुनः सब भूतोंकी सृष्टि करते हैं। वे अव्यक्त सनातन देवता हैं। यह सम्पूर्ण जगत् उन्हींका है।

मुनिवरो! अब मैं इस समय वर्तमान महातेजस्वी वैवस्वत मनुकी सृष्टिका वर्णन करूँगा। महर्षि कश्यपसे उनकी भार्या दक्षकन्या अदितिके गर्भसे विवस्वान् (सूर्य)-का जन्म हुआ। विश्वकर्माकी

पुत्री संज्ञा विवस्वान्की पत्नी हुई। उसके गर्भसे सूर्यने तीन संतानें उत्पन्न कीं, जिनमें एक कन्या और दो पुत्र थे। सबसे पहले प्रजापति श्राद्धदेव, जिन्हें वैवस्वत मनु कहते हैं, उत्पन्न हुए। तत्पश्चात् यम और यमुना—ये जुड़वीं संतानें हुईं। भगवान् सूर्यके तेजस्वी स्वरूपको देखकर संज्ञा उसे सह न सकी। उसने अपने ही समान वर्णवाली अपनी छाया प्रकट की। वह छाया संज्ञा अथवा सवर्णा नामसे विख्यात हुई। उसको भी संज्ञा ही समझकर सूर्यने उसके गर्भसे अपने ही समान तेजस्वी पुत्र उत्पन्न किया। वह अपने बड़े भाई मनुके ही समान था, इसलिये सावर्ण मनुके नामसे प्रसिद्ध हुआ। छाया-संज्ञासे जो दूसरा पुत्र हुआ, उसकी शनैश्चरके नामसे प्रसिद्धि हुई। यम धर्मराजके पदपर प्रतिष्ठित हुए और उन्होंने समस्त प्रजाको धर्मसे संतुष्ट किया। इस शुभकर्मके कारण उन्हें पितरोंका आधिपत्य और लोकपालका पद प्राप्त हुआ। सावर्ण मनु प्रजापति हुए। आनेवाले सावर्णिक मन्वन्तरके वे ही स्वामी होंगे। वे आज भी मेरुगिरिके शिखरपर नित्य तपस्या करते हैं। उनके भाई शनैश्चरने ग्रहकी पदवी पायी।

वैवस्वत मनुके वंशजोंका वर्णन

लोमहर्षणजी कहते हैं—वैवस्वत मनुके नौ पुत्र उन्हींके समान हुए; उनके नाम इस प्रकार हैं—इक्ष्वाकु, नाभाग, धृष्ट, शर्याति, नरिष्यन्त, प्रांशु, अरिष्ट, करूष तथा पृषध्र। एक समयकी

बात है, प्रजापति मनु पुत्रकी इच्छासे मैत्रावरुण-याग कर रहे थे। उस समयतक उन्हें कोई पुत्र नहीं हुआ था। उस यज्ञमें मनुने मित्रावरुणके अंशकी आहुति डाली। उसमेंसे दिव्य वस्त्र एवं दिव्य आभूषणोंसे विभूषित दिव्य रूपवाली इला नामकी कन्या उत्पन्न हुई। महाराज मनुने उसे 'इला' कहकर सम्बोधित किया और कहा—'कल्याणी! तुम मेरे पास आओ।' तब इलाने पुत्रकी इच्छा रखनेवाले प्रजापति मनुसे यह धर्मयुक्त वचन कहा—'महाराज! मैं मित्रावरुणके अंशसे उत्पन्न हुई हूँ, अतः पहले उन्हींके पास जाऊँगी। आप मेरे धर्ममें बाधा न डालिये।' यों कहकर वह सुन्दरी कन्या मित्रावरुणके समीप गयी और हाथ जोड़कर बोली—'भगवन्! मैं आप दोनोंके अंशसे उत्पन्न हुई हूँ। आपलोगोंकी किस आज्ञाका पालन करूँ? मनुने मुझे अपने पास बुलाया है।'

मित्रावरुण बोले—सुन्दरी! तुम्हारे इस धर्म, विनय, इन्द्रियसंयम और सत्यसे हमलोग प्रसन्न हैं। महाभागे! तुम हम दोनोंकी कन्याके रूपमें प्रसिद्ध होगी तथा तुम्हीं मनुके वंशका विस्तार करनेवाला पुत्र हो जाओगी। उस समय तीनों

लोकोंमें सुद्युम्नके नामसे तुम्हारी ख्याति होगी।

यह सुनकर वह पिताके समीपसे लौट पड़ी। मार्गमें उसकी बुधसे भेंट हो गयी। बुधने उसे मैथुनके लिये आमन्त्रित किया। उनके वीर्यसे उसने पुरूरवाको जन्म दिया। तत्पश्चात् वह सुद्युम्नके रूपमें परिणत हो गयी। सुद्युम्नके तीन बड़े धर्मात्मा पुत्र हुए—उत्कल, गय और विनताश्व। उत्कलकी राजधानी उत्कला (उड़ीसा) हुई। विनताश्वको पश्चिम दिशाका राज्य मिला तथा गय पूर्व दिशाके राजा हुए। उनकी राजधानी गयाके नामसे प्रसिद्ध हुई। जब मनु भगवान् सूर्यके तेजमें प्रवेश करने लगे, तब उन्होंने अपने राज्यको दस भागोंमें बाँट दिया। सुद्युम्नके बाद उनके पुत्रोंमें इक्ष्वाकु सबसे बड़े थे, इसलिये उन्हें मध्यदेशका राज्य मिला। सुद्युम्न कन्याके रूपमें उत्पन्न हुए थे, इसलिये उन्हें राज्यका भाग नहीं मिला। फिर वसिष्ठजीके कहनेसे प्रतिष्ठानपुरमें उनकी स्थिति हुई। प्रतिष्ठानपुरका राज्य पाकर महायशस्वी सुद्युम्नने उसे पुरूरवाको दे दिया। मनुकुमार सुद्युम्न क्रमशः स्त्री और पुरुष दोनोंके लक्षणोंसे युक्त हुए, इसलिये इला और सुद्युम्न दोनों नामोंसे उनकी प्रसिद्धि हुई। नरिष्यन्तके पुत्र शक हुए। नाभागके राजा अम्बरीष हुए। धृष्टसे धार्ष्टक नामवाले क्षत्रियोंकी उत्पत्ति हुई, जो युद्धमें उन्मत होकर लड़ते थे। करूषके पुत्र कारूष नामसे विख्यात हुए। वे भी रणोन्मत्त थे। प्रांशुके एक ही पुत्र थे, जो प्रजापतिके नामसे प्रकट हुए। शर्यातिके दो जुड़वीं संतानें हुईं। उनमें अनर्त नामसे प्रसिद्ध पुत्र तथा सुकन्या नामवाली कन्या थी। यही सुकन्या महर्षि च्यवनकी पत्नी हुई। अनर्तके पुत्रका नाम रैव था। उन्हें अनर्त देशका राज्य मिला। उनकी राजधानी कुशस्थली (द्वारका) हुई। रैवके पुत्र रैवत हुए, जो बड़े धर्मात्मा थे। उनका दूसरा नाम ककुद्मी भी था। अपने पिताके ज्येष्ठ पुत्र होनेके कारण उन्हें कुशस्थलीका राज्य मिला। एक बार वे अपनी कन्याको साथ ले ब्रह्माजीके पास गये और वहाँ गन्धर्वोंके गीत सुनते हुए दो घड़ी ठहरे रहे। इतने ही समयमें मानवलोकमें अनेक युग बीत गये। रैवत जब वहाँसे लौटे, तब अपनी राजधानी कुशस्थलीमें आये; परन्तु अब वहाँ यादवोंका अधिकार हो गया था। यदुवंशियोंने उसका नाम बदलकर द्वारवती रख दिया था। उसमें बहुत-से द्वार बने थे। वह पुरी बड़ी मनोहर दिखायी देती थी। भोज, वृष्णि और अन्धक वंशके वसुदेव आदि यादव उसकी रक्षा करते थे। रैवतने वहाँका सब वृत्तान्त ठीक-ठीक जानकर अपनी रेवती नामकी कन्या बलदेवजीको ब्याह दी और स्वयं मेरुपर्वतके शिखरपर जाकर वे तपस्यामें लग गये। धर्मात्मा बलरामजी रेवतीके साथ सुखपूर्वक विहार करने लगे।

पृषध्रने अपने गुरुकी गायका वध किया था, इसलिये वे शापसे शूद्र हो गये। इस प्रकार ये वैवस्वत मनुके नौ पुत्र बताये गये हैं। मनु जब छींक रहे थे, उस समय इक्ष्वाकुकी उत्पत्ति हुई थी। इक्ष्वाकुके सौ पुत्र हुए। उनमें विकुक्षि सबसे बड़े थे। वे अपने पराक्रमके कारण अयोध्य नामसे प्रसिद्ध हुए। उन्हें अयोध्याका राज्य प्राप्त हुआ। उनके शकुनि आदि पाँच सौ पुत्र हुए, जो अत्यन्त बलवान् और उत्तर-भारतके रक्षक थे। उनमेंसे वशाति आदि अट्ठावन राजपुत्र दक्षिण दिशाके पालक हुए। विकुक्षिका दूसरा नाम शशाद था। इक्ष्वाकुके मरनेपर वे ही राजा हुए। शशादके पुत्र ककुत्स्थ, ककुत्स्थके अनेना, अनेनाके पृथु, पृथुके विष्टराश्व, विष्टराश्वके आर्द्र, आर्द्रके युवनाश्व और युवनाश्वके पुत्र श्रावस्त हुए। उन्होंने ही श्रावस्तीपुरी बसायी थी। श्रावस्तके पुत्र बृहदश्व और उनके पुत्र कुवलाश्व हुए। ये बड़े धर्मात्मा राजा थे। इन्होंने धुन्धु नामक दैत्यका वध करनेके कारण धुन्धुमार नामसे प्रसिद्धि प्राप्त की।

मुनि बोले—महाप्राज्ञ सूतजी! हम धुन्धुवधका वृत्तान्त ठीक-ठीक सुनना चाहते हैं, जिससे कुवलाश्वका नाम धुन्धुमार हो गया।

लोमहर्षणजीने कहा—कुवलाश्वके सौ पुत्र थे। वे सभी अच्छे धनुर्धर, विद्याओंमें प्रवीण, बलवान् और दुर्धर्ष थे। सबकी धर्ममें निष्ठा थी। सभी यज्ञकर्ता तथा प्रचुर दक्षिणा देनेवाले थे। राजा बृहदश्वने कुवलाश्वको राजपदपर अभिषिक्त किया और स्वयं वनमें तपस्या करनेके लिये जाने लगे। उन्हें जाते देख ब्रह्मर्षि उत्तङ्कने रोका और इस प्रकार कहा—'राजन्! आपका कर्तव्य है प्रजाकी रक्षा, अतः वही कीजिये। मेरे आश्रमके समीप मधु नामक राक्षसका पुत्र महान् असुर धुन्धु रहता है। वह सम्पूर्ण लोकोंका संहार करनेके लिये कठोर तपस्या करता और बालूके भीतर सोता है। वर्षभरमें एक बार वह बड़े जोरसे साँस छोड़ता है। उस समय वहाँकी पृथ्वी डोलने लगती है। उसके श्वासकी हवासे बड़े जोरकी धूल उड़ती है और सूर्यका मार्ग ढँक लेती है। लगातार सात दिनोंतक भूकम्प होता रहता है। इसलिये अब मैं अपने उस आश्रममें रह नहीं सकता। आप समस्त लोकोंके हितकी इच्छासे उस विशालकाय दैत्यको मार डालिये। उसके मारे जानेपर सब सुखी हो जायँगे।'

बृहदश्व बोले—भगवन्! मैंने तो अब अस्त्र-शस्त्रोंका त्याग कर दिया। यह मेरा पुत्र है। यही धुन्धु दैत्यका वध करेगा।

राजर्षि बृहदश्व अपने पुत्र कुवलाश्वको धुन्धुके वधकी आज्ञा दे स्वयं पर्वतके समीप चले गये। कुवलाश्व अपने सब पुत्रोंको साथ ले धुन्धुको मारने चले। साथमें महर्षि उत्तङ्क भी थे। उत्तङ्कके

अनुरोधसे सम्पूर्ण लोकोंका हित करनेके लिये साक्षात् भगवान् विष्णुने कुवलाश्वके शरीरमें अपना तेज प्रविष्ट किया। दुर्धर्ष वीर कुवलाश्व जब युद्धके लिये प्रस्थित हुए, तब देवताओंका यह महान् शब्द गूँज उठा—'ये श्रीमान् नरेश अवध्य हैं। इनके हाथसे आज धुन्धु अवश्य मारा जायगा।'

पुत्रोंके साथ वहाँ जाकर वीरवर कुवलाश्वने समुद्रको खुदवाया। खोदनेवाले राजकुमारोंने बालूके भीतर धुन्धुका पता लगा लिया। वह पश्चिम दिशाको घेरकर पड़ा था। वह अपने मुखकी आगसे सम्पूर्ण लोकोंका संहार-सा करता हुआ जलका स्रोत बहाने लगा। जैसे चन्द्रमाके उदयकालमें समुद्रमें ज्वार आता है, उसकी उत्ताल तरङ्गें बढ़ने लगती हैं, उसी प्रकार वहाँ जलका वेग बढ़ने लगा। कुवलाश्वके पुत्रोंमेंसे तीनको छोड़कर शेष सभी धुन्धुकी मुखाग्निसे जलकर भस्म हो गये। तदनन्तर महातेजस्वी राजा कुवलाश्वने उस महाबली धुन्धुपर आक्रमण किया। वे योगी थे; इसलिये उन्होंने योगशक्तिके द्वारा वेगसे प्रवाहित होनेवाले जलको पी लिया और आगको भी बुझा दिया। फिर बलपूर्वक उस महाकाय जलचर राक्षसको मारकर महर्षि उत्तङ्कका दर्शन किया। उत्तङ्कने उन महात्मा राजाको वर दिया कि 'तुम्हारा धन अक्षय होगा और शत्रु तुम्हें पराजित न कर सकेंगे। धर्ममें सदा तुम्हारा प्रेम बना रहेगा तथा अन्तमें तुम्हें स्वर्गलोकका अक्षय निवास प्राप्त होगा। युद्धमें तुम्हारे जो पुत्र

राक्षसद्वारा मारे गये हैं, उन्हें भी स्वर्गमें अक्षयलोक प्राप्त होंगे।'

धुन्धुमारके जो तीन पुत्र युद्धसे जीवित बच गये थे, उनमें दृढाश्व सबसे ज्येष्ठ थे और चन्द्राश्व तथा कपिलाश्व उनके छोटे भाई थे। दृढाश्वके पुत्रका नाम हर्यश्व था। हर्यश्वका पुत्र निकुम्भ हुआ, जो सदा क्षत्रिय-धर्ममें तत्पर रहता था। निकुम्भका युद्धविशारद पुत्र संहताश्व था। संहताश्वके दो पुत्र हुए—अकृशाश्व और कृशाश्व। उसके हेमवती नामकी एक कन्या भी हुई, जो आगे चलकर दृषद्वतीके नामसे प्रसिद्ध हुई। उसका पुत्र प्रसेनजित् हुआ, जो तीनों लोकोंमें विख्यात था।

प्रसेनजित्‌ने गौरी नामवाली पतिव्रता स्त्रीसे ब्याह किया था, जो बादमें पतिके शापसे बाहुदा नामकी नदी हो गयी। प्रसेनजित्‌के पुत्र राजा युवनाश्व हुए। युवनाश्वके पुत्र मान्धाता हुए। वे त्रिभुवनविजयी थे। शशबिन्दुकी सुशीला कन्या चैत्ररथी, जिसका दूसरा नाम बिन्दुमती भी था, मान्धाताकी पत्नी हुई। इस भूतलपर उसके समान रूपवती स्त्री दूसरी नहीं थी। बिन्दुमती बड़ी पतिव्रता थी। वह दस हजार भाइयोंकी ज्येष्ठ भगिनी थी। मान्धाताने उसके गर्भसे धर्मज्ञ पुरुकुत्स्थ और राजा मुचुकुन्द—ये दो पुत्र उत्पन्न किये। पुरुकुत्स्थके उनकी स्त्री नर्मदाके गर्भसे राजा त्रसदस्यु उत्पन्न हुए, उनसे सम्भूतका जन्म हुआ। सम्भूतके पुत्र शत्रुदमन त्रिधन्वा हुए। राजा त्रिधन्वासे विद्वान् त्र्य्यारुण हुए। उनका पुत्र महाबली सत्यव्रत हुआ। उसकी बुद्धि बड़ी खोटी थी। उसने वैवाहिक मन्त्रोंमें विघ्न डालकर दूसरेकी पत्नीका अपहरण कर लिया। बालस्वभाव, कामासक्ति, मोह, साहस और चञ्चलतावश उसने ऐसा कुकर्म किया था। जिसका अपहरण हुआ था, वह उसके किसी पुरवासीकी ही कन्या थी। इस अधर्मरूपी शङ्कु (काँटे)-के कारण कुपित होकर त्र्य्यारुणने अपने उस पुत्रको त्याग दिया। उस समय उसने पूछा—'पिताजी! आपके त्याग देनेपर मैं कहाँ जाऊँ?' पिताने कहा—'ओ कुलकलङ्क! जा, चाण्डालोंके साथ रह। मुझे तेरे-जैसे पुत्रकी आवश्यकता नहीं है।' यह सुनकर वह पिताके कथनानुसार नगरसे बाहर निकल गया। उस समय महर्षि वसिष्ठने उसे मना नहीं किया। वह सत्यव्रत चाण्डालके घरके पास रहने लगा। उसके पिता भी वनमें चले गये। तदनन्तर उसी अधर्मके कारण इन्द्रने उस राज्यमें वर्षा बंद कर दी। महातपस्वी विश्वामित्र उसी राज्यमें अपनी

पत्नीको रखकर स्वयं समुद्रके निकट भारी तपस्या कर रहे थे। उनकी पत्नीने अकालग्रस्त हो अपने मझले औरस पुत्रके गलेमें रस्सी डाल दी और शेष परिवारके भरण-पोषणके लिये सौ गायें लेकर उसे बेच दिया। राजकुमार सत्यव्रतने देखा

कि विक्रयके लिये इसके गलेमें रस्सी बँधी हुई है; तब उस धर्मात्माने दया करके महर्षि विश्वामित्रके उस पुत्रको छुड़ा लिया और स्वयं ही उसका भरण-पोषण किया। ऐसा करनेमें उसका उद्देश्य था महर्षि विश्वामित्रको संतुष्ट करके उनकी कृपा प्राप्त करना। महर्षिका वह पुत्र गलेमें बन्धन पड़नेके कारण महातपस्वी गालवके नामसे प्रसिद्ध हुआ।

राजा सगरका चरित्र तथा इक्ष्वाकुवंशके मुख्य-मुख्य राजाओंका परिचय

लोमहर्षणजी कहते हैं—राजकुमार सत्यव्रत भक्ति, दया और प्रतिज्ञावश विनयपूर्वक विश्वामित्रजीकी स्त्रीका पालन करने लगा। इससे मुनि बहुत संतुष्ट हुए। उन्होंने सत्यव्रतसे इच्छानुसार वर माँगनेके लिये कहा। राजकुमार बोला—'मैं इस शरीरके साथ ही स्वर्गलोकमें चला जाऊँ।' जब अनावृष्टिका भय दूर हो गया, तब विश्वामित्रने उसे पिताके राज्यपर अभिषिक्त करके उसके द्वारा यज्ञ कराया। वे महातपस्वी थे, उन्होंने देवताओं तथा वसिष्ठके देखते-देखते सत्यव्रतको शरीरसहित स्वर्गलोकमें भेज दिया। उसकी पत्नीका नाम सत्यरथा

था। वह केकयकुलकी कन्या थी। उसने हरिश्चन्द्र नामक निष्पाप पुत्रको जन्म दिया। राजसूय-यज्ञका अनुष्ठान करके वे सम्राट् कहलाये। हरिश्चन्द्रके पुत्रका नाम रोहित था। रोहितके हरित और हरितके पुत्र चञ्चु हुए। चञ्चुके पुत्रका नाम विजय था। वे सम्पूर्ण पृथ्वीपर विजय प्राप्त करनेके कारण विजय कहलाये। विजयके पुत्र राजा रुरुक हुए, जो धर्म और अर्थके ज्ञाता थे। रुरुकके वृक, वृकके बाहु और बाहुके सगर हुए। वे गर अर्थात् विषके साथ प्रकट हुए थे, इसलिये उनका नाम सगर हुआ। उन्होंने भृगुवंशी और्वमुनिसे आग्नेय अस्त्र प्राप्तकर तालजङ्घ और हैहय नामक क्षत्रियोंको युद्धमें हराया और समूची पृथ्वीपर विजय प्राप्त की। फिर शक, पह्लव तथा पारदोंके धर्मका निराकरण किया।

मुनियोंने पूछा—सगरकी उत्पत्ति गरके साथ कैसे हुई? उन्होंने क्रोधमें आकर शक आदि महातेजस्वी क्षत्रियोंके कुलोचित धर्मोंका निराकरण क्यों किया? यह सब विस्तारपूर्वक सुनाइये।

लोमहर्षणजीने कहा—राजा बाहु व्यसनी थे, अतः पहले हैहय नामक क्षत्रियोंने तालजङ्घों और शकोंकी सहायतासे उनका राज्य छीन लिया। यवन, पारद, काम्बोज तथा पह्लव नामके गणोंने भी हैहयोंके लिये पराक्रम दिखाया। राज्य छिन जानेपर राजा बाहु दुःखी हो पत्नीके साथ वनमें चले गये। वहीं उन्होंने अपने प्राण त्याग

दिये। बाहुकी पत्नी यादवी गर्भवती थीं। वे भी राजाका सहगमन करनेको प्रस्तुत हो गयीं। उन्हें उनकी सौतने पहलेसे ही जहर दे रखा था। उन्होंने वनमें चिता बनायी और उसपर आरूढ़ हो पतिके साथ भस्म हो जानेका विचार किया। भृगुवंशी और्वमुनिको उनकी दशापर बड़ी दया आयी। उन्होंने रानीको चितामें जलनेसे रोक

दिया। उन्हींके आश्रममें वह गर्भ जहरके साथ ही प्रकट हुआ। वही महाराज सगर हुए। और्वने बालकके जातकर्म आदि संस्कार किये, वेद-शास्त्र पढ़ाये तथा आग्नेय अस्त्र भी प्रदान किया, जो देवताओंके लिये भी दुःसह है। उसीसे सगरने हैहयवंशी क्षत्रियोंका विनाश किया और लोकमें बड़ी भारी कीर्ति पायी। तदनन्तर उन्होंने शक, यवन, काम्बोज, पारद तथा पह्लवगणोंका सर्वनाश करनेके लिये उद्योग किया। वीरवर महात्मा सगरकी मार पड़नेपर वे सभी महर्षि वसिष्ठकी शरणमें गये और उनके चरणोंपर गिर पड़े। तब महातेजस्वी वसिष्ठने कुछ शर्तके साथ उन्हें अभय-दान दिया और राजा सगरको रोका। सगरने अपनी प्रतिज्ञा तथा गुरुके वचनका विचार करके केवल उनके धर्मका निराकरण किया और उनके वेष बदल दिये। शकोंके आधे मस्तकको मूँड़कर विदा कर दिया। यवनों और काम्बोजोंका सारा सिर मुँड़ा दिया। पारदोंके सारे केश उड़ा दिये।

धर्मविजयी राजा सगरने इस पृथ्वीको जीतकर अश्वमेध-यज्ञकी दीक्षा ली और अश्वको देशमें विचरनेके लिये छोड़ा। वह अश्व जब पूर्व-दक्षिण समुद्रके तटपर विचर रहा था, उस समय किसीने उसको चुरा लिया और पृथ्वीके भीतर छिपा दिया। राजाने अपने पुत्रोंसे उस प्रदेशको खुदवाया। महासागरकी खुदाई होते समय उन्होंने वहाँ आदिपुरुष भगवान् विष्णुको जो हरि, कृष्ण और प्रजापति नामसे भी प्रसिद्ध हैं, महर्षि कपिलके रूपमें शयन करते देखा। जागनेपर उनके नेत्रोंके तेजसे

वे सभी जलकर भस्म हो गये। केवल चार ही बचे, जिनके नाम हैं—बर्हिकेतु, सुकेतु, धर्मरथ

और पञ्चनद। ये ही राजाके वंश चलानेवाले हुए। कपिलरूपधारी भगवान् नारायणने उन्हें वरदान दिया कि 'राजा इक्ष्वाकुका वंश अक्षय होगा और इसकी कीर्ति कभी मिट नहीं सकती।' भगवान्ने समुद्रको सगरका पुत्र बना दिया और अन्तमें उन्हें अक्षय स्वर्गवासके लिये भी आशीर्वाद दिया। उस समय समुद्रने अर्घ्य लेकर महाराज सगरका वन्दन किया। सगरका पुत्र होनेके कारण ही समुद्रका नाम सागर हुआ। उन्होंने अश्वमेध-यज्ञके उस अश्वको पुनः समुद्रसे प्राप्त किया और उसके द्वारा सौ अश्वमेध-यज्ञके अनुष्ठान पूर्ण किये। हमने सुना है, राजा सगरके साठ हजार पुत्र थे।

मुनियोंने पूछा—साधुवर! सगरके साठ हजार पुत्र कैसे हुए। वे अत्यन्त बलवान् और वीर किस प्रकार हुए?

लोमहर्षणजीने कहा—सगरकी दो रानियाँ थीं, जो तपस्या करके अपने पाप दग्ध कर चुकी थीं। उनमें बड़ी रानी विदर्भनरेशकी कन्या थीं। उनका नाम केशिनी था। छोटी रानीका नाम महती था। वह अरिष्टनेमिकी पुत्री तथा परम धर्मपरायणा थी। इस पृथ्वीपर उसके रूपकी समता करनेवाली दूसरी कोई स्त्री नहीं थी। महर्षि और्वने उन दोनोंको इस प्रकार वरदान दिया—'एक रानी साठ हजार पुत्र प्राप्त करेगी और दूसरीको एक ही पुत्र होगा, किंतु वह वंश चलानेवाला होगा। इन दो वरोंमेंसे जिसकी जिसे इच्छा हो, वह वही ले ले।' तब उनमेंसे एकने साठ हजार पुत्रोंका वरदान ग्रहण किया और दूसरीने वंश चलानेवाले एक ही पुत्रको प्राप्त करना चाहा। मुनिने 'तथास्तु' कहकर वरदान दे दिया; फिर एक रानीके राजा पञ्चजन हुए और दूसरीने बीजसे भरी हुई एक तूँबी उत्पन्न की। उसके भीतर तिलके बराबर साठ हजार गर्भ थे। वे समयानुसार सुखपूर्वक बढ़ने लगे। राजाने उन सब गर्भोंको घीसे भरे हुए घड़ोंमें रखवा दिया और उनका पोषण करनेके लिये प्रत्येकके पीछे एक-एक धाय नियुक्त कर दी। तत्पश्चात् क्रमशः दस महीनोंमें सगरकी प्रसन्नता बढ़ानेवाले वे सभी कुमार उठ खड़े हुए। पञ्चजन ही राजा बनाये गये। पञ्चजनके पुत्र अंशुमान् हुए, जो बड़े पराक्रमी थे। उनके पुत्र दिलीप हुए, जो खट्वाङ्गके नामसे भी प्रसिद्ध हैं, जिन्होंने स्वर्गसे यहाँ आकर दो घड़ीके ही जीवनमें अपनी बुद्धि तथा सत्यके प्रभावसे परमार्थ-साधनके द्वारा तीनों लोक जीत लिये। दिलीपके पुत्र महाराज भगीरथ हुए, जिन्होंने नदियोंमें श्रेष्ठ गङ्गाको स्वर्गसे पृथ्वीपर उतारकर समुद्रतक पहुँचाया और उन्हें अपनी पुत्री बना लिया। भगीरथकी पुत्री होनेके कारण ही गङ्गाको भागीरथी कहते हैं। भगीरथके पुत्र राजा श्रुत हुए। श्रुतके पुत्र नाभाग हुए, जो बड़े धर्मात्मा थे। नाभागके पुत्र अम्बरीष हुए, जो सिन्धुद्वीपके पिता थे। सिन्धुद्वीपके पुत्र अयुताजित् हुए और अयुताजित्से महायशस्वी ऋतुपर्णकी उत्पत्ति हुई, जो द्यूतविद्याके रहस्यको जानते थे। राजा ऋतुपर्ण महाराज नलके सखा तथा बड़े बलवान् थे। ऋतुपर्णके पुत्र महायशस्वी आर्तुपर्णि हुए। उनके पुत्र सुदास हुए, जो इन्द्रके मित्र थे। सुदासके पुत्रको सौदास बताया गया है; वे ही कल्माषपादके नामसे विख्यात हुए तथा राजा मित्रसह भी उन्हींका नाम था। कल्माषपादके पुत्र सर्वकर्मा हुए, सर्वकर्माके पुत्र अनरण्य थे। अनरण्यके दो पुत्र हुए—अनमित्र और रघु। अनमित्रके पुत्र राजा दुलिदुह थे। उनके पुत्रका

नाम दिलीप हुआ, जो भगवान् श्रीरामचन्द्रजीके प्रपितामह थे। दिलीपके पुत्र महाबाहु रघु हुए, जो अयोध्याके महाबली सम्राट् थे। रघुके अज और अजके पुत्र दशरथ हुए। दशरथसे महायशस्वी धर्मात्मा श्रीरामका प्रादुर्भाव हुआ। श्रीरामचन्द्रजीके पुत्र कुशके नामसे विख्यात हुए। कुशसे अतिथिका जन्म हुआ, जो बड़े यशस्वी और धर्मात्मा थे। अतिथिके पुत्र महापराक्रमी निषध थे। निषधके नल और नलके नभ हुए। नभके पुण्डरीक और पुण्डरीकके क्षेमधन्वा हुए। क्षेमधन्वाके पुत्र महाप्रतापी देवानीक थे। देवानीकसे अहीनगु, अहीनगुसे सुधन्वा, सुधन्वासे राजा शल, शलसे धर्मात्मा उक्थ, उक्थसे वज्रनाभ और वज्रनाभसे नलका जन्म हुआ। मुनिवरो! पुराणमें दो ही नल प्रसिद्ध हैं—एक तो चन्द्रवंशीय वीरसेनके पुत्र थे और दूसरे इक्ष्वाकुवंशके धुरंधर वीर थे। इक्ष्वाकुवंशके मुख्य-मुख्य पुरुषोंके नाम बताये गये। ये सूर्यवंशके अत्यन्त तेजस्वी राजा थे। अदितिनन्दन सूर्यकी तथा प्रजाओंके पोषक श्राद्धदेव मनुकी इस सृष्टि-परम्पराका पाठ करनेवाला मनुष्य संतानवान् होता और सूर्यका सायुज्य प्राप्त करता है।

चन्द्रवंशके अन्तर्गत जह्नु, कुशिक तथा भृगुवंशका संक्षिप्त वर्णन

लोमहर्षणजी कहते हैं—पूर्वकालमें जब ब्रह्माजी सृष्टिका विस्तार करना चाहते थे, उस समय उनके मनसे महर्षि अत्रिका प्रादुर्भाव हुआ, जो चन्द्रमाके पिता थे। सुननेमें आया है कि अत्रिने तीन हजार दिव्य वर्षोंतक अनुत्तर नामकी तपस्या की थी, उसमें उनका वीर्य ऊर्ध्वगामी हो गया था। वही चन्द्रमाके रूपमें प्रकट हुआ। महर्षिका वह तेज ऊर्ध्वगामी होनेपर उनके नेत्रोंसे जलके रूपमें गिरा और दसों दिशाओंको प्रकाशित करने लगा। चन्द्रमाको गिरा देख लोकपितामह ब्रह्माजीने सम्पूर्ण लोकोंके हितकी इच्छासे उसे रथपर बिठाया। अत्रिके पुत्र महात्मा सोमके गिरनेपर ब्रह्माजीके पुत्र तथा अन्य महर्षि उनकी स्तुति करने लगे। स्तुति करनेपर उन्होंने अपना तेज समस्त लोकोंकी पुष्टिके लिये सब ओर फैला दिया। चन्द्रमाने उस श्रेष्ठ रथपर बैठकर समुद्रपर्यन्त समूची पृथ्वीकी इक्कीस बार परिक्रमा की। उस समय उनका जो तेज चूकर पृथ्वीपर गिरा, उससे सब प्रकारके अन्न आदि उत्पन्न हुए, जिनसे यह जगत् जीवन धारण करता है। इस प्रकार महर्षियोंके स्तवनसे तेजको पाकर महाभाग चन्द्रमाने बहुत वर्षोंतक तपस्या की; उससे संतुष्ट होकर ब्रह्मवेत्ताओंमें श्रेष्ठ ब्रह्माजीने उन्हें बीज, ओषधि, जल तथा ब्राह्मणोंका राजा बना दिया। मृदुल स्वभाववालोंमें सबसे श्रेष्ठ सोमने वह विशाल राज्य पाकर राजसूय-यज्ञका

अनुष्ठान किया, जिसमें लाखोंकी दक्षिणा बाँटी गयी। उस यज्ञमें सिनी, कुहू, द्युति, पुष्टि, प्रभा, वसु, कीर्ति, धृति तथा लक्ष्मी—इन नौ देवियोंने चन्द्रमाका सेवन किया। यज्ञके अन्तमें अवभृथ-स्नानके पश्चात् सम्पूर्ण देवताओं तथा ऋषियोंने उनका पूजन किया। राजाधिराज सोम दसों दिशाओंको प्रकाशित करने लगे। महर्षियोंद्वारा सत्कृत वह दुर्लभ ऐश्वर्य पाकर चन्द्रमाकी बुद्धि भ्रान्त हो गयी। उनमें विनयका भाव दूर हो गया और अनीति आ गयी; फिर तो ऐश्वर्यके मदसे मोहित होकर उन्होंने बृहस्पतिजीकी पत्नी ताराका अपहरण कर लिया। देवताओं और देवर्षियोंके बारंबार प्रार्थना करनेपर भी उन्होंने बृहस्पतिजीको तारा नहीं लौटायी। तब ब्रह्माजीने स्वयं ही बीचमें पड़कर ताराको वापस कराया। उस समय वह गर्भिणी थी, यह देख बृहस्पतिजीने कुपित होकर कहा—'मेरे क्षेत्रमें तुम्हें दूसरेका गर्भ नहीं धारण करना चाहिये।' तब उसने तृणके समूहपर उस गर्भको त्याग दिया। पैदा होते ही उसने अपने तेजसे देवताओंके विग्रहको लज्जित कर दिया। उस समय ब्रह्माजीने तारासे पूछा—'ठीक-ठीक बताओ, यह किसका पुत्र है?' तब वह हाथ जोड़कर बोली—'चन्द्रमाका है।' इतना सुनते ही राजा सोमने उस बालकको गोदमें उठा लिया और उसका मस्तक सूँघकर बुध नाम रखा। यह बालक बड़ा बुद्धिमान् था। बुध आकाशमें चन्द्रमासे प्रतिकूल दिशामें उदित होते हैं।

मुनिवरो! बुधके पुत्र पुरूरवा हुए, जो बड़े विद्वान्, तेजस्वी, दानशील, यज्ञकर्ता तथा अधिक दक्षिणा देनेवाले थे। वे ब्रह्मवादी, पराक्रमी तथा शत्रुओंके लिये दुर्धर्ष थे। निरन्तर अग्निहोत्र करते और यज्ञोंके अनुष्ठानमें संलग्न रहते थे। सत्य बोलते और बुद्धिको पवित्र रखते थे। तीनों लोकोंमें उनके समान यशस्वी दूसरा कोई नहीं था। वे ब्रह्मवादी, शान्त, धर्मज्ञ तथा सत्यवादी थे। इसीलिये यशस्विनी उर्वशीने मान छोड़कर उनका वरण किया। राजा पुरूरवा उर्वशीके साथ पवित्र स्थानोंमें उनसठ वर्षोंतक विहार करते रहे। उन्होंने महर्षियोंद्वारा प्रशंसित प्रयागमें राज्य किया। उनका ऐसा ही प्रभाव था। पुरूरवाके सात पुत्र हुए, जो गन्धर्वलोकमें प्रसिद्ध और देवकुमारोंके समान सुन्दर थे। उनके नाम इस प्रकार हैं—आयु, अमावसु, विश्वायु, धर्मात्मा श्रुतायु, दृढायु, वनायु तथा बह्वायु—ये सब उर्वशीके गर्भसे उत्पन्न हुए थे। अमावसुके पुत्र राजा भीम हुए। भीमके पुत्र काञ्चनप्रभ और उनके पुत्र महाबली सुहोत्र हुए। सुहोत्रके पुत्रका नाम जह्नु था, जो केशिनीके गर्भसे उत्पन्न हुए थे। उन्होंने सर्पमेध नामक महान् यज्ञका अनुष्ठान किया। एक बार गङ्गा उन्हें पति बनानेके लोभसे उनके पास गयीं, किन्तु उन्होंने अनिच्छा प्रकट कर दी। तब गङ्गाने उनकी यज्ञशाला बहा दी। यह देख जह्नुने क्रोधमें भरकर कहा—'गङ्गे! मैं तेरा जल पीकर तेरे इस प्रयत्नको अभी व्यर्थ किये देता हूँ। तू अपने इस घमंडका फल शीघ्र पा ले।' यों कहकर उन्होंने गङ्गाको पी लिया। यह देख महर्षियोंने बड़ी अनुनय करके गङ्गाको जह्नुकी पुत्रीके रूपमें प्राप्त किया, तबसे वे जाह्नवी कहलाने लगीं। तत्पश्चात् जह्नुने युवनाश्वकी पुत्री कावेरीके साथ विवाह किया। युवनाश्वके शापवश गङ्गा अपने आधे स्वरूपसे सरिताओंमें श्रेष्ठ कावेरीमें मिल गयी थीं। जह्नुने कावेरीके गर्भसे सुनद्य नामक धार्मिक पुत्रको जन्म दिया। सुनद्यके पुत्र अजक, अजकके बलाकाश्व और बलाकाश्वके पुत्र कुश हुए। कुशके देवताओंके समान तेजस्वी

चार पुत्र हुए—कुशिक, कुशनाभ, कुशाम्ब और मूर्तिमान्। राजा कुशिक वनमें रहकर ग्वालोंके साथ पले थे। उन्होंने इन्द्रके समान पुत्र प्राप्त करनेकी इच्छासे तप किया। एक हजार वर्ष पूर्ण होनेपर इन्द्र भयभीत होकर उनके पास आये। उन्होंने स्वयं अपनेको ही उनके पुत्ररूपमें प्रकट किया। उस समय वे राजा गाधिके नामसे प्रसिद्ध हुए। कुशिककी पत्नी पौरा थी। उसीके गर्भसे गाधिका जन्म हुआ था। गाधिके एक परम सौभाग्यशालिनी कन्या हुई, जिसका नाम सत्यवती था। गाधिने उस कन्याका विवाह शुक्राचार्यके पुत्र ऋचीकके साथ किया था। ऋचीक अपनी पत्नीसे बहुत प्रसन्न रहते थे। उन्होंने अपने तथा राजा गाधिके पुत्र होनेके लिये पृथक्-पृथक् चरु तैयार किये और अपनी पत्नीको बुलाकर कहा—'शुभे! इस चरुका उपयोग तुम करना और इसका उपयोग अपनी मातासे कराना। तुम्हारी माताको जो पुत्र

होगा, वह तेजस्वी क्षत्रिय होगा। लोकमें दूसरे क्षत्रिय उसे जीत नहीं सकेंगे। वह बड़े-बड़े क्षत्रियोंका संहार करनेवाला होगा तथा तुम्हारे लिये जो चरु है, वह तुम्हारे पुत्रको धीर, तपस्वी, शान्तिपरायण एवं श्रेष्ठ ब्राह्मण बनायेगा।' अपनी पत्नीसे यों कहकर भृगुनन्दन ऋचीक घने जंगलमें चले गये और वहाँ प्रतिदिन तपस्यामें संलग्न रहने लगे। उस समय राजा गाधि अपनी स्त्रीके साथ तीर्थयात्राके प्रसङ्गमें घूमते हुए ऋचीक मुनिके आश्रमपर अपनी पुत्रीसे मिलनेके लिये आये थे। सत्यवतीने दोनों चरु ऋषिसे ले लिये थे। उसने उन्हें हाथमें लेकर अपनी माताको निवेदन किया। उसकी माताने दैववश अपना चरु पुत्रीको दे दिया और उसका चरु स्वयं ग्रहण कर लिया।

तदनन्तर सत्यवतीने समस्त क्षत्रियोंका विनाश करनेवाला गर्भ धारण किया। उसका शरीर अत्यन्त उद्दीप्त हो रहा था। देखनेमें वह बड़ी भयङ्कर जान पड़ती थी। ऋचीकने उसे देखकर योगके द्वारा सब कुछ जान लिया और उससे कहा—'भद्रे! तुम्हारी माताने चरु बदलकर तुम्हें ठग लिया। तुम्हारा पुत्र कठोर कर्म करनेवाला और अत्यन्त दारुण होगा तथा तुम्हारा भाई ब्रह्मभूत तपस्वी होगा; क्योंकि मैंने तपस्यासे सर्वरूप ब्रह्मका भाव उसमें स्थापित किया था। तब सत्यवतीने अपने पतिको प्रसन्न करते हुए कहा—'मुने! मेरा पुत्र ऐसा न हो; आप-जैसे महर्षिसे ब्राह्मणाधमकी उत्पत्ति हो, यह मैं नहीं चाहती।' यह सुनकर मुनि बोले—'भद्रे! मेरा पुत्र ऐसा हो, यह संकल्प मैंने नहीं किया है; तथापि पिता और माताके कारण पुत्र कठोर कर्म करनेवाला हो सकता है।' उनके यों कहनेपर सत्यवती बोली—'मुने! आप चाहें तो नूतन लोकोंकी भी सृष्टि कर सकते हैं। फिर योग्य पुत्र उत्पन्न करना कौन बड़ी बात है। आप मुझे शान्तिपरायण कोमल स्वभाववाला पुत्र देनेकी कृपा करें। यदि चरुका प्रभाव अन्यथा न

किया जा सके तो वैसे उग्र स्वभावका पौत्र भले ही हो जाय, पुत्र वैसा कदापि न हो।' तब मुनिने अपने तपोबलसे वैसा ही करनेका आश्वासन देते हुए सत्यवतीके प्रति प्रसन्नता प्रकट की और कहा—'सुन्दरि! पुत्र अथवा पौत्रमें मैं कोई अन्तर नहीं मानता। तुमने जो कहा है, वैसा ही होगा।' तत्पश्चात् सत्यवतीने भृगुवंशी जमदग्निको जन्म दिया, जो तपस्यापरायण, जितेन्द्रिय तथा सर्वत्र समभाव रखनेवाले थे। सत्यवती भी सत्यधर्ममें तत्पर रहनेवाली पुण्यात्मा स्त्री थी। वही कौशिकी नामसे प्रसिद्ध महानदी हुई। इक्ष्वाकुवंशमें रेणु नामके एक राजा थे। उनकी कन्याका नाम रेणुका था। रेणुकाको कामली भी कहते हैं। तप और विद्यासे सम्पन्न जमदग्निने रेणुकाके गर्भसे अत्यन्त भयङ्कर परशुरामजीको प्रकट किया, जो समस्त विद्याओंमें पारङ्गत, धनुर्वेदमें प्रवीण, क्षत्रिय-कुलका संहार करनेवाले तथा प्रज्वलित अग्निके समान तेजस्वी थे। ऋचीकके सत्यवतीसे प्रथम तो ब्रह्मवेत्ताओंमें श्रेष्ठ जमदग्नि हुए। मध्यम पुत्र शुनःशेप और कनिष्ठ पुत्र शुनःपुच्छ थे। कुशिकनन्दन गाधिने विश्वामित्रको पुत्ररूपमें प्राप्त किया, जो तपस्वी, विद्वान् और शान्त थे। वे ब्रह्मर्षिकी समानता पाकर वास्तवमें ब्रह्मर्षि हो गये। धर्मात्मा विश्वामित्रका दूसरा नाम विश्वरथ था। विश्वामित्रके देवरात आदि कई पुत्र हुए, जो सम्पूर्ण विश्वमें विख्यात थे। उनके नाम इस प्रकार बतलाये जाते हैं—देवरात, कात्यायन गोत्रके प्रवर्तक कति, हिरण्याक्ष, रेणु, रेणुक, सांकृति, गालव, मुद्गल मधुच्छन्द, जय, देवल, अष्टक, कच्छप और हारीत—ये सभी विश्वामित्रके पुत्र थे। इन कौशिकवंशी महात्माओंके प्रसिद्ध गोत्र इस प्रकार हैं—पाणिनि, बभ्रु, ध्यानजप्य, पार्थिव, देवरात, शालङ्कायन, बाष्कल, लोहितायन, हारीत और अष्टकाद्याजन। इस वंशमें ब्राह्मण और क्षत्रियका सम्बन्ध विख्यात है। विश्वामित्रके पुत्रोंमें शुनःशेप सबसे बड़ा माना गया है; यद्यपि उसका जन्म भृगुकुलमें हुआ था, तथापि वह कौशिक गोत्रवाला हो गया। हरिदश्वके यज्ञमें वह पशु बनाकर लाया गया था, किन्तु देवताओंने उसे विश्वामित्रको समर्पित कर दिया। देवताओंद्वारा प्रदत्त होनेके कारण वह देवरात नामसे विख्यात हुआ। देवरात आदि विश्वामित्रके अनेक पुत्र थे। विश्वामित्रकी पत्नी दृषद्वतीके गर्भसे अष्टकका जन्म हुआ था। अष्टकका पुत्र लौहि बताया गया है। इस प्रकार मैंने जह्नुकुलका वर्णन किया। इसके बाद महात्मा आयुके वंशका वर्णन करूँगा।

आयु और नहुषके वंशका वर्णन, रजि एवं ययातिका चरित्र

लोमहर्षणजी कहते हैं—आयुके उनकी पत्नी स्वर्भानुकुमारी प्रभाके गर्भसे पाँच पुत्र उत्पन्न हुए। वे सभी वीर और महारथी थे। सर्वप्रथम नहुषका जन्म हुआ। उनके बाद वृद्धशर्मा उत्पन्न हुए। तत्पश्चात् क्रमशः रम्भ, रजि तथा अनेना हुए। ये तीनों लोकोंमें विख्यात थे। रजिने पाँच सौ पुत्रोंको जन्म दिया। वे सभी राजेय क्षत्रियके नामसे विख्यात हुए। उनसे इन्द्र भी डरते थे। पूर्वकालमें देवताओं तथा असुरोंमें भयंकर युद्ध आरम्भ होनेपर दोनों पक्षोंके लोगोंने ब्रह्माजीसे पूछा—'भगवन्! आप सब भूतोंके स्वामी हैं; बताइये, हमारे युद्धमें कौन विजयी होगा? हम इस बातको ठीक-ठीक सुनना चाहते हैं।'

ब्रह्माजीने कहा—राजा रजि हथियार हाथमें

लेकर जिनके लिये युद्ध करेंगे, वे निःसंदेह

तीनों लोकोंपर विजय प्राप्त कर सकते हैं। जिस पक्षमें रजि हैं, उधर ही धृति है। जहाँ धृति है, वहीं लक्ष्मी है तथा जहाँ धृति और लक्ष्मी हैं, वहीं धर्म एवं विजय है।

यह सुनकर देवता और दानव दोनोंका मन प्रसन्न हो गया। वे रजिके पास आकर बोले—'राजन्! आप हमारी विजयके लिये श्रेष्ठ धनुष धारण कीजिये।' तब रजिने स्वार्थको सामने रखकर अपने यशको प्रकाशमें लाते हुए उभय पक्षके लोगोंसे कहा—'देवताओ! यदि मैं अपने पराक्रमसे समस्त दैत्योंको जीतकर धर्मतः इन्द्र बन सकूँ तो तुम्हारी ओरसे युद्ध करूँगा।' देवताओंने इस शर्तको पहले ही प्रसन्नतापूर्वक मान लिया। वे बोले—'राजन्! ऐसा ही करो। तुम्हारी मनः-कामना पूर्ण हो।' देवताओंकी यह बात सुनकर राजा रजिने असुरोंसे भी वही बात पूछी। तब अहंकारी दानवोंने स्वार्थको ही सोचकर उन्हें अभिमानपूर्वक उत्तर दिया—'राजन्! तुम इस युद्धमें चुपचाप खड़े रहो। हमारे इन्द्र तो प्रह्लाद ही होंगे। इनके लिये हम विजय करनेको प्रस्तुत हैं।' देवताओंने फिर कहा—'राजन्! तुम दैत्यपक्षको जीतकर देवेन्द्र हो सकते हो।' तब रजिने उन सब दानवोंका, जो देवराज इन्द्रके लिये अवध्य थे, संहार कर डाला और देवताओंकी नष्ट हुई सम्पत्तिको पुनः उनसे छीन लिया। उस समय देवताओंसहित इन्द्र महाराज रजिके पास आये और अपनेको उनका पुत्र घोषित करते हुए बोले—'तात! आप निःसंदेह हम सब लोगोंके इन्द्र हैं, क्योंकि मैं इन्द्र आजसे आपका पुत्र

कहलाऊँगा।' इन्द्रकी बात सुनकर उनकी मायासे वञ्चित हो महाराज रजिने 'तथास्तु' कह दिया। वे इन्द्रपर बहुत प्रसन्न थे।

रम्भके कोई पुत्र नहीं था। अब अनेनाके वंशका वर्णन करूँगा। अनेनाके पुत्र महायशस्वी राजा प्रतिक्षत्र हुए। प्रतिक्षत्रके पुत्र संजय, संजयके जय, जयके विजय, विजयके कृति, कृतिके हर्यश्व, हर्यश्वके प्रतापी सहदेव, सहदेवके धर्मात्मा

नदीन, नदीनके जयत्सेन, जयत्सेनके संकृति तथा संकृतिके पुत्र महायशस्वी धर्मात्मा क्षत्रवृद्ध हुए। क्षत्रवृद्धका पुत्र सुनहोत्र था। उसके काश, शल और गृत्समद—ये तीन परम धर्मात्मा पुत्र हुए। गृत्समदके पुत्र शुनक थे। शुनकसे शौनकका जन्म हुआ। शलके पुत्रका नाम आर्ष्टिषेण था। उनके काश्य हुए। काश्यके पुत्रका नाम काशिप हुआ। काशिपके दीर्घतपा, दीर्घतपाके धनु और धनुके पुत्र धन्वन्तरि हुए। वे काशीके महाराज और सब रोगोंका नाश करनेवाले थे। उन्होंने भरद्वाजसे आयुर्वेदका अध्ययन करके चिकित्साका कार्य किया और उसके आठ भाग करके शिष्योंको पढ़ाया। धन्वन्तरिके पुत्र केतुमान् हुए और केतुमान्के वीर पुत्र भीमरथके नामसे प्रसिद्ध हुए। भीमरथके पुत्र राजा दिवोदास हुए, जो काशीके सम्राट् और धर्मात्मा थे। दिवोदासके उनकी पत्नी दृषद्वतीके गर्भसे प्रतर्दन नामक पुत्र हुआ। प्रतर्दनके दो पुत्र थे—वत्स और भार्ग। वत्सके पुत्र अलर्क और अलर्कके संनति हुए। अलर्क बड़े ब्राह्मणभक्त और सत्यप्रतिज्ञ थे। संनतिके पुत्र धर्मात्मा सुनीथ हुए। सुनीथके महायशस्वी क्षेम, क्षेमके केतुमान्, केतुमान्के सुकेतु, सुकेतुके धर्मकेतु, धर्मकेतुके महारथी सत्यकेतु, सत्यकेतुके राजा विभु, विभुके आनर्त, आनर्तके सुकुमार, सुकुमारके धर्मात्मा धृष्टकेतु, धृष्टकेतुके राजा वेणुहोत्र और वेणुहोत्रके पुत्र राजा भार्ग हुए। प्रतर्दनके जो वत्स और भार्ग नामक दो पुत्र बतलाये गये हैं, उनमें वत्सके वत्सभूमि और भार्गके भार्गभूमि नामक पुत्र हुए थे। काश्यके कुलमें ब्राह्मण, क्षत्रिय और वैश्यजातिके हजारों पुत्र हुए। अब नहुषकी संतानोंका वर्णन सुनो।

नहुषके उनकी पत्नी पितृकन्या विरजाके गर्भसे पाँच महाबली पुत्र हुए, जो इन्द्रके समान तेजस्वी थे। उनके नाम ये हैं—यति, ययाति, संयाति, आयाति तथा पार्श्वक। उनमें यति ज्येष्ठ थे। उनके बाद ययाति उत्पन्न हुए थे। यतिने ककुत्स्थकी कन्या गौसे विवाह किया था। वे मोक्षधर्मका आश्रय ले ब्रह्मस्वरूप मुनि हो गये। उन पाँच भाइयोंमें ययातिने इस पृथ्वीको जीतकर शुक्राचार्यकी पुत्री देवयानी तथा असुर-कन्या शर्मिष्ठाको पत्नीरूपमें प्राप्त किये। देवयानीने यदु और तुर्वसुको जन्म दिया तथा वृषपर्वाकी पुत्री शर्मिष्ठाने द्रुह्य, अनु तथा पूरु नामक पुत्र उत्पन्न किये। ययातिपर प्रसन्न हो इन्द्रने उन्हें अत्यन्त प्रकाशमान रथ प्रदान किया। उसमें मनके समान वेगशाली दिव्य अश्व जुते हुए थे। ययातिने उस श्रेष्ठ रथके द्वारा छः रातोंमें ही सम्पूर्ण पृथ्वी तथा देवताओं और दानवोंको भी जीत लिया। वे युद्धमें शत्रुओंके लिये दुर्धर्ष थे। समुद्र और सातों द्वीपोंसहित समूची पृथ्वीको अपने अधिकारमें करके उन्होंने उसके पाँच भाग किये और उन्हें अपने पाँचों पुत्रोंमें बाँट दिया। तत्पश्चात् एक दिन उन्होंने यदुसे कहा—'बेटा! कुछ आवश्यकतावश मुझे तुम्हारी युवावस्था चाहिये। तुम मेरा बुढ़ापा ग्रहण करो और मैं तुम्हारे रूपसे तरुण होकर इस पृथ्वीपर विचरूँगा।' यह सुनकर यदुने उत्तर दिया—'राजन्! बुढ़ापेमें खान-पान-सम्बन्धी बहुत-से दोष हैं। अतः मैं उसे नहीं ले सकता। आपके अनेक पुत्र हैं, जो मुझसे भी बढ़कर प्रिय हैं। अतः युवावस्था ग्रहण करनेके लिये किसी दूसरे पुत्रको बुलाइये।'

ययाति बोले—ओ मूर्ख! मेरा अनादर करके तेरे लिये कौन-सा आश्रम है? अथवा किस धर्मका विधान है? मैं तो तेरा गुरु हूँ, फिर मेरी बात क्यों नहीं मानता?

यों कहकर ययातिने कुपित हो यदुको शाप दिया—'ओ मूर्ख! तेरी संततिको कभी राज्य नहीं

मिलेगा।' तत्पश्चात् ययातिने क्रमशः द्रुह्यु, तुर्वसु तथा अनुसे भी यही बात कही; परन्तु उन्होंने भी युवावस्था देनेसे इन्कार कर दिया। तब ययातिने अत्यन्त क्रोधमें भरकर उन सबको भी पूर्ववत्

शाप दे दिया। इस प्रकार सबको शाप दे राजाने अपने छोटे पुत्र पूरुसे भी वही प्रस्ताव किया—'वत्स! यदि तुम्हें स्वीकार हो तो अपना बुढ़ापा तुम्हें देकर और तुम्हारी युवावस्था स्वयं लेकर इस पृथ्वीपर विचरूँ।' पिताकी आज्ञाके अनुसार प्रतापी पूरुने उनका बुढ़ापा ले लिया। ययाति भी पूरुके तरुण रूपसे पृथ्वीपर विचरने लगे। वे कामनाओंका अन्त ढूँढ़ते हुए चैत्ररथ नामक वनमें गये और वहाँ विश्वाची नामक अप्सराके साथ रमण करने लगे। जब काम और भोगसे तृप्त हो चुके, तब पूरुके समीप जाकर उन्होंने अपना बुढ़ापा ले लिया। उस समय ययातिने जो उद्गार प्रकट किया, उसपर ध्यान देनेसे मनुष्य सब भोगोंकी ओरसे अपने मनको उसी प्रकार हटा सकता है, जैसे कछुआ अपने अङ्गोंको सब ओरसे समेट लेता है। ययाति बोले—

न जातु कामः कामानामुपभोगेन शाम्यति।
हविषा कृष्णवर्त्मेव भूय एवाभिवर्धते॥
यत्पृथिव्यां व्रीहियवं हिरण्यं पशवः स्त्रियः।
नालमेकस्य तत्सर्वमिति कृत्वा न मुह्यति॥
यदा भावं न कुरुते सर्वभूतेषु पापकम्।
कर्मणा मनसा वाचा ब्रह्म सम्पद्यते तदा॥
यदा तेभ्यो न बिभेति यदा चास्मान्न बिभ्यति।
यदा नेच्छति न द्वेष्टि ब्रह्म सम्पद्यते तदा॥
या दुस्त्यजा दुर्मतिभिर्या न जीर्यति जीर्यतः।
योऽसौ प्राणान्तिको रोगस्तां तृष्णां त्यजतः सुखम्॥
जीर्यन्ति जीर्यतः केशा दन्ता जीर्यन्ति जीर्यतः।
धनाशा जीविताशा च जीर्यतोऽपि न जीर्यति॥
यच्च कामसुखं लोके यच्च दिव्यं महत्सुखम्।
तृष्णाक्षयसुखस्यैते नार्हन्ति षोडशीं कलाम्॥

(१२।४०—४६)

'भोगोंकी इच्छा उन्हें भोगनेसे कभी शान्त नहीं होती, अपितु घीसे आगकी भाँति और भी बढ़ती ही जाती है। इस पृथ्वीपर जितने भी धान, जौ, सुवर्ण, पशु तथा स्त्रियाँ हैं, वे सब एक

मनुष्यके लिये भी पर्याप्त नहीं हैं—ऐसा समझकर विद्वान् पुरुष मोहमें नहीं पड़ता। जब जीव मन, वाणी और क्रियाद्वारा किसी भी प्राणीके प्रति पाप-बुद्धि नहीं करता, तब वह ब्रह्मभावको प्राप्त होता है। जब वह किसी भी प्राणीसे नहीं डरता तथा उससे भी कोई प्राणी नहीं डरते, जब वह इच्छा और द्वेषसे परे हो जाता है, उस समय ब्रह्मभावको प्राप्त होता है। खोटी बुद्धिवाले पुरुषोंद्वारा जिसका त्याग होना कठिन है, जो मनुष्यके बूढ़े होनेपर भी बूढ़ी नहीं होती तथा जो प्राणनाशक रोगके समान है, उस तृष्णाका त्याग करनेवालेको ही सुख मिलता है। बूढ़े होनेवाले मनुष्यके बाल पक जाते हैं, दाँत टूट जाते हैं; परन्तु धन और जीवनकी आशा उस समय भी शिथिल नहीं होती। संसारमें जो कामजनित सुख है तथा जो दिव्य लोकका महान् सुख है, वे सब मिलकर तृष्णा-क्षयसे होनेवाले सुखकी सोलहवीं कलाके बराबर भी नहीं हो सकते।'

यों कहकर राजर्षि ययाति स्त्रीसहित वनमें चले गये। वहाँ बहुत दिनोंतक उन्होंने भारी तपस्या की। तपस्याके अन्तमें भृगुतुङ्ग नामक तीर्थके भीतर उन्होंने सद्गति प्राप्त की। महायशस्वी ययातिने स्त्रीसहित उपवास करके देहका त्याग किया और स्वर्गलोकको प्राप्त कर लिया।

ययाति-पुत्रोंके वंशका वर्णन

ब्राह्मण बोले—सूतजी! हमलोग पूरु, द्रुह्य, अनु, यदु तथा तुर्वसुके वंशोंका पृथक्-पृथक् वर्णन सुनना चाहते हैं।

लोमहर्षणजीने कहा—मुनिवरो! आपलोग महात्मा पूरुके वंशका विस्तारपूर्वक वर्णन सुनें, मैं क्रमशः सुनाता हूँ। पूरुके पुत्र सुवीर हुए, उनके पुत्रका नाम मनस्यु था। मनस्युके पुत्र राजा अभयद थे। अभयदके सुधन्वा, सुधन्वाके सुबाहु, सुबाहुके रौद्राश्व तथा रौद्राश्वके दशार्णेयु, कृकणेयु, कक्षेयु, स्थण्डिलेयु, संनतेयु, ऋचेयु, जलेयु, स्थलेयु, धनेयु एवं वनेयु—ये दस पुत्र हुए। इसी प्रकार भद्रा, शूद्रा, मद्रा, शलदा, मलदा, खलदा, नलदा, सुरसा, गोचपला तथा स्त्रीरत्नकूटा—ये दस कन्याएँ हुईं। अत्रिकुलमें उत्पन्न महर्षि प्रभाकर उन सबके पति हुए। उन्होंने भद्राके गर्भसे परम यशस्वी सोमको पुत्ररूपमें उत्पन्न किया। राहुसे आहत होकर जब सूर्य आकाशसे पृथ्वीपर गिरने लगे और समस्त संसारमें अन्धकार छा गया, उस समय प्रभाकरने ही अपनी प्रभा फैलायी। महर्षिने गिरते हुए सूर्यको 'तुम्हारा कल्याण हो' यह कहकर आशीर्वाद दिया। उनके इस कथनसे सूर्य पृथ्वीपर नहीं गिरे। महातपस्वी प्रभाकरने सब गोत्रोंमें अत्रिको ही श्रेष्ठ बनाया। अत्रिके यज्ञमें देवताओंने उनके बलकी प्रतिष्ठा की। उन्होंने रौद्राश्वकी कन्याओंसे दस पुत्र उत्पन्न किये, जो महान् सत्त्वशाली तथा उग्र तपस्यामें तत्पर रहनेवाले थे। वे सभी वेदोंके पारङ्गत विद्वान् तथा गोत्रप्रवर्तक हुए। स्वस्त्यात्रेय नामसे उनकी ख्याति हुई। कक्षेयुके सभानर, चाक्षुष तथा परमन्यु—ये तीन महारथी पुत्र हुए। सभानरके पुत्र कालानल तथा कालानलके धर्मज्ञ सृञ्जय हुए। सृञ्जयके पुत्र वीर राजा पुरञ्जय थे। पुरञ्जयके पुत्रका नाम जनमेजय हुआ। जनमेजयके पुत्र महाशाल थे, जो देवताओंमें भी विख्यात हुए और इस पृथ्वीपर भी उनका यश फैला था। महाशालके पुत्र महामनाके नामसे विख्यात थे।

देवताओंने भी उनका सत्कार किया था। उन्होंने धर्मज्ञ उशीनर तथा महाबली तितिक्षु—ये दो पुत्र उत्पन्न किये। उशीनरकी पाँच पत्नियाँ थीं, जो राजर्षियोंके कुलमें उत्पन्न हुई थीं। उनके नाम इस प्रकार हैं—नृगा, कृमि, नवा, दर्वा तथा दृषद्वती। उनसे उशीनरके पाँच पुत्र हुए—नृगाके पुत्र नृग थे, कृमिके गर्भसे कृमिका ही जन्म हुआ था। नवाके नव तथा दर्वाके सुव्रत हुए। दृषद्वतीके गर्भसे उशीनरकुमार शिबिकी उत्पत्ति हुई। शिबिको शिबिदेशका राज्य मिला। नृगके अधिकारमें यौधेय प्रदेश आया। नवको नवराष्ट्र तथा कृमिको कृमिलापुरीका राज्य प्राप्त हुआ। सुव्रतके अधिकारमें अम्बष्ठ देश आया। शिबिके विश्वविख्यात चार पुत्र हुए— वृषदर्भ, सुवीर, केकय तथा मद्रक। उनके समृद्धिशाली जनपद उन्हींके नामसे प्रसिद्ध हुए।

अब महामनाके दूसरे पुत्र तितिक्षुकी संतानोंका वर्णन किया जाता है। तितिक्षु पूर्व दिशाके राजा थे। उनके पुत्र महापराक्रमी उषद्रथ हुए। उषद्रथके पुत्र फेन, फेनके सुतपा तथा सुतपाके बलि हुए। राजा बलि सोनेका तरकस रखते थे। वे बहुत बड़े योगी थे। उन्होंने इस भूतलपर वंशकी वृद्धि करनेवाले पाँच पुत्र उत्पन्न किये। उनमें सबसे पहले अङ्गकी उत्पत्ति हुई। तत्पश्चात् क्रमशः—वङ्ग, सुह्म, पुण्ड्र तथा कलिङ्ग उत्पन्न हुए। ये सब लोग बालेय क्षत्रिय कहलाते हैं। बलिके कुलमें बालेय ब्राह्मण भी हुए, जो वंशकी वृद्धि करनेवाले थे। ब्रह्माजीने प्रसन्न होकर बलिको यह वर दिया कि 'तुम महायोगी होओगे। एक कल्पकी तुम्हारी आयु होगी। बलमें तुम्हारी समानता करनेवाला कोई न होगा। तुम धर्म-तत्त्वके ज्ञाता होओगे। संग्राममें तुम्हें कोई जीत न सकेगा। धर्ममें तुम्हारी प्रधानता होगी। तुम तीनों लोकोंकी देखभाल करोगे। सर्वत्र श्रेष्ठ माने जाओगे और चारों वर्णोंको मर्यादाके भीतर स्थापित करोगे।'

भगवान् ब्रह्माजीके यों कहनेपर बलिको बड़ी शान्ति मिली। वे दीर्घ कालके बाद मरकर स्वर्गको गये। उनके पाँच पुत्रोंके अधिकारमें जो जनपद थे, उनके नाम इस प्रकार हैं—अङ्ग, वङ्ग सुह्म, कलिङ्ग और पुण्ड्रक। अब अङ्गकी संतानका वर्णन करता हूँ। अङ्गके पुत्र महाराज दधिवाहन हुए। दधिवाहनके पुत्र राजा दिविरथ। दिविरथके इन्द्रतुल्य पराक्रमी और विद्वान् धर्मरथ तथा धर्मरथके पुत्र चित्ररथ हुए। राजा धर्मरथ जब कालञ्जर पर्वतपर यज्ञ करते थे, उस समय महात्मा इन्द्रने उनके साथ बैठकर सोमपान किया था। चित्ररथके पुत्र दशरथ हुए, जो लोमपादके नामसे विख्यात थे। उन्हींकी पुत्री शान्ता थी। दशरथके पुत्र महायशस्वी वीर चतुरङ्ग हुए, जो ऋष्यशृङ्ग मुनिकी कृपासे उत्पन्न हुए थे। चतुरङ्गके पुत्रका नाम पृथुलाक्ष था। पृथुलाक्षके पुत्र महायशस्वी चम्प थे। चम्पकी राजधानी चम्पा थी, जो पहले मालिनीके नामसे प्रसिद्ध थी। चम्पके पुत्र हर्यश्व हुए। हर्यश्वके पुत्र वैभाण्डकि थे, जिनका वाहन इन्द्रका ऐरावत हाथी था। उन्होंने मन्त्रद्वारा उस उत्तम हाथीको पृथ्वीपर उतारा था। हर्यश्वके पुत्र राजा भद्ररथ हुए, भद्ररथके बृहत्कर्मा, बृहत्कर्माके बृहद्दर्भ और बृहद्दर्भसे बृहन्मनाकी उत्पत्ति हुई थी। महाराज बृहन्मनाने जयद्रथ नामक पुत्र उत्पन्न किया। जयद्रथके दृढरथ, दृढरथके विश्वविजयी जनमेजय। उनके पुत्र वैकर्ण, वैकर्णके विकर्ण तथा विकर्णके सौ पुत्र हुए, जो अङ्गवंशका विस्तार करनेवाले थे। ये सब अङ्गवंशी राजा बतलाये गये, जो सत्यव्रती, महात्मा, पुत्रवान् तथा महारथी थे।

अब रौद्राश्वकुमार राजा ऋचेयुके वंशका वर्णन

करूँगा, सुनो। ऋचेयुके पुत्र राजा मतिनार हुए। मतिनारके तीन बड़े धर्मात्मा पुत्र थे—वसुरोध, प्रतिरथ और सुबाहु। ये सभी वेदवेत्ता तथा सत्यवादी थे। मतिनारकी एक कन्या भी थी, जिसका नाम इला था। वह ब्रह्मवादिनी थी। उसका विवाह तंसुसे हुआ। तंसुके पुत्र राजर्षि धर्मनेत्र हुए। इनकी स्त्री उपदानवी थी। उपदानवीसे उन्होंने चार पुत्र उत्पन्न किये—दुष्यन्त, सुष्मन्त, प्रवीर और अनघ। दुष्यन्तके पुत्र पराक्रमी भरत हुए, जो सर्वदमनके नामसे विख्यात थे। उनमें दस हजार हाथियोंका बल था। वे शकुन्तलाके गर्भसे उत्पन्न चक्रवर्ती राजा थे। उन्हींके नामपर इस देशको भारतवर्ष कहते हैं। अङ्गिरानन्दन बृहस्पतिजीके पुत्र महामुनि भरद्वाजने भरतसे पुत्रोत्पत्तिके लिये बड़े-बड़े यज्ञोंका अनुष्ठान कराया। इसके पहले पुत्र-जन्मका सारा प्रयास व्यर्थ हो चुका था। अतः भरद्वाजके प्रयत्नसे जो पुत्र उत्पन्न हुआ, उसका नाम वितथ हुआ। वितथके जन्मके बाद राजा भरत स्वर्गवासी हो गये, तब भरद्वाजजी वितथको राज्यपर अभिषिक्त करके वनमें चले गये। वितथने पाँच पुत्र उत्पन्न किये—सुहोत्र, सुहोता, गय, गर्ग तथा महात्मा कपिल। सुहोत्रके दो पुत्र थे—महासत्यवादी काशिक तथा राजा गृत्समति। गृत्समतिके पुत्र ब्राह्मण, क्षत्रिय और वैश्य—तीनों वर्णोंके लोग हुए।

मुनिवरो! अब आजमीढ नामक दूसरे वंशका वर्णन सुनो। सुहोत्रका एक पुत्र था—बृहत्। उसके तीन पुत्र हुए—अजमीढ, द्विमीढ और पुरुमीढ। अजमीढसे नीलीके गर्भसे सुशान्ति नामक पुत्र उत्पन्न हुआ। सुशान्तिसे पुरुजाति और पुरुजातिसे बाह्याश्वका जन्म हुआ। बाह्याश्वके पाँच पुत्र हुए, जो समृद्धिशाली पाँच जनपदोंसे युक्त थे। उनके नाम यों हैं—मुद्गल, सृञ्जय, राजा बृहदिषु, पराक्रमी यवीनर तथा कृमिलाश्व। ये पाँचों देशोंकी रक्षाके लिये अलम् (समर्थ) थे; इसलिये उनके अधिकारमें आये हुए जनपद पञ्चाल कहलाये। मुद्गलके पुत्र महायशस्वी मौद्गल्य थे। महात्मा सृञ्जयके पुत्र पञ्चजन हुए। पञ्चजनके सोमदत्त, सोमदत्तके सहदेव और सहदेवके सोमक हुए। सोमकके पुत्रका नाम जन्तु था, जिसके सौ पुत्र हुए। उन सबमें छोटे पृषत् थे, जिनके पुत्र द्रुपद हुए। ये सभी आजमीढ तथा सोमक क्षत्रिय कहलाते हैं। अजमीढके एक और पत्नी थीं, जिनका नाम था—धूमिनी। रानी धूमिनी बड़ी पतिव्रता थीं। ये पुत्रकी कामनासे व्रत करने लगीं। दस हजार वर्षोंतक अत्यन्त दुष्कर तपस्या करके उन्होंने विधिपूर्वक अग्निमें हवन किया तथा पवित्रतापूर्वक नियमित भोजन करके वे अग्निहोत्रके कुशोंपर ही लेट गयीं। उसी अवस्थामें राजा अजमीढने धूमिनीदेवीके साथ समागम किया। इससे ऋक्ष नामक पुत्रकी उत्पत्ति हुई। ऋक्ष धूम्रके समान वर्णवाले एवं दर्शनीय पुरुष थे। ऋक्षसे संवरण और संवरणसे कुरु उत्पन्न हुए, जिन्होंने प्रयागसे जाकर कुरुक्षेत्रकी स्थापना की। वह बड़ा ही पवित्र एवं रमणीय क्षेत्र है। कितने ही पुण्यात्मा पुरुष उसका सेवन करते हैं। कुरुका महान् वंश उन्हींके नामपर कौरव कहलाया। कुरुके चार पुत्र हुए—सुधन्वा, सुधनु, परीक्षित् और अरिमेजय। परीक्षित्के पुत्र जनमेजय, श्रुतसेन, अग्रसेन और भीमसेन हुए। ये सभी बलशाली और पराक्रमी थे। जनमेजयके पुत्र सुरथ हुए, सुरथके विदूरथ, विदूरथके महारथी ऋक्ष हुए। ये दूसरे ऋक्ष थे। इस सोमवंशमें दो ऋक्ष, दो ही परीक्षित्, तीन भीमसेन तथा दो जनमेजय नामके राजा हुए। द्वितीय ऋक्षके पुत्र

भीमसेन थे। भीमसेनसे प्रतीप और प्रतीपसे शान्तनु, देवापि तथा बाह्लिक—ये तीन महारथी पुत्र हुए।

अब राजर्षि बाह्लिकके वंशका वृत्तान्त सुनो। बाह्लिकके पुत्र महायशस्वी सोमदत्त थे। सोमदत्तसे भूरि, भूरिश्रवा और शल—ये तीन पुत्र हुए। देवापि देवताओंके उपाध्याय और मुनि हुए। शान्तनु कौरववंशका भार वहन करनेवाले राजा हुए। अब मैं शान्तनुके त्रिभुवनविख्यात वंशका वर्णन करूँगा। शान्तनुने गङ्गाके गर्भसे देवव्रत नामक पुत्र उत्पन्न किया। देवव्रत ही भीष्म नामसे विख्यात पाण्डवोंके पितामह थे। तत्पश्चात् शान्तनुकी काली नामवाली पत्नीने विचित्रवीर्य नामक पुत्र उत्पन्न किया, जो पिताका प्यारा तथा धर्मात्मा था। विचित्रवीर्यकी स्त्रियोंसे श्रीकृष्णद्वैपायनने धृतराष्ट्र, पाण्डु तथा विदुरको जन्म दिया। धृतराष्ट्रने गान्धारीके गर्भसे सौ पुत्र उत्पन्न किये। उन सबमें दुर्योधन ज्येष्ठ था। पाण्डुके पुत्र अर्जुन हुए। अर्जुनसे सुभद्राकुमार अभिमन्युकी उत्पत्ति हुई। अभिमन्युसे परीक्षित् और परीक्षित्से जनमेजयका जन्म हुआ। जनमेजयके काश्या नामकी पत्नीसे चन्द्रापीड़ तथा सूर्यापीड़ नामक दो पुत्र हुए। उनमें सूर्यापीड़ मोक्ष-धर्मके ज्ञाता थे। चन्द्रापीड़के महान् धनुर्धर सौ पुत्र थे। ये सब इस पृथ्वीपर जानमेजय क्षत्रियके नामसे प्रसिद्ध हुए। उन सौ पुत्रोंमें सबसे बड़ा सत्यकर्ण था, जो हस्तिनापुरमें रहा करता था। महाबाहु सत्यकर्ण प्रचुर दक्षिणा देनेवाले थे। सत्यकर्णके पुत्र प्रतापी श्वेतकर्ण हुए। वे पुत्र न होनेके कारण तपोवनमें चले गये। वहाँ सुचारुकी पुत्री मालिनी, जो यदुकुलमें उत्पन्न हुई थी, वनमें आयी थी। उसने श्वेतकर्णसे गर्भ धारण किया। उस गर्भके स्थापित हो जानेपर राजा श्वेतकर्ण पहलेके किये हुए संकल्पके अनुसार महाप्रस्थानको चले। अपने प्रियतमको जाते देख मालिनी भी उनके पीछे लग गयी। मार्गमें उसने एक सुकुमार शिशुको जन्म दिया, किन्तु उसको भी छोड़कर वह पतिव्रता पतिके पीछे चल दी। नवजात शिशु पर्वतकी घाटीपर रो रहा था। तब उसपर कृपा करनेके लिये आकाशमें मेघ प्रकट हो गये। श्रविष्ठाके दो पुत्र थे—पैप्पलादि और कौशिक। वे दोनों उस शिशुको देख दयासे द्रवीभूत हो गये। उन्होंने उसे उठाकर जलसे धोया और रक्तमें डूबे हुए उसके पार्श्वभागको शिलापर रगड़कर साफ किया। रगड़नेपर उसकी दोनों पसलियाँ बकरेकी भाँति श्यामवर्णकी हो गयीं। इसलिये उन दोनोंने उस बालकका नाम अजपार्श्व रख दिया। उसे रेमककी शालामें दो ब्राह्मणोंने पाल-पोसकर बड़ा किया। रेमककी पत्नीने अपना पुत्र बनानेके लिये उसे गोद ले लिया। तबसे वह रेमकीका पुत्र माना जाने लगा। दोनों ब्राह्मण उसके सचिव हुए। उन सबके पुत्र और पौत्र एक ही समयमें—समान आयुवाले हुए। यह महात्मा पाण्डवोंका पौरववंश बतलाया गया। नहुषनन्दन ययातिने अपनी वृद्धावस्थाका परिवर्तन करते समय अत्यन्त प्रसन्न हो यह उद्गार प्रकट किया था—'सम्भव है यह पृथ्वी चन्द्रमा, सूर्य और ग्रहोंके प्रकाशसे रहित हो जाय; किन्तु पौरववंशसे सूनी यह कभी नहीं होगी।' इस प्रकार मैंने राजा पूरुके विख्यात वंशका वर्णन किया। अब तुर्वसु, द्रुह्य, अनु और यदुके वंशका वर्णन करूँगा।

तुर्वसुके पुत्र वह्नि, वह्निके गोभानु, गोभानुके राजा त्रैशानु, त्रैशानुके करंधम तथा करंधमके मरुत्त हुए। अवीक्षित्-नन्दन राजा मरुत्त इस मरुत्तसे भिन्न हैं। करंधमकुमार मरुत्तके कोई पुत्र नहीं था। उन्होंने बहुत दक्षिणा देकर यज्ञ किया, उसमें उन्होंने दक्षिणाके रूपमें महात्मा संवर्तको अपनी संयता नामकी कन्या दे दी। तत्पश्चात् उन्होंने

पूरुवंशी दुष्यन्तको गोद ले लिया। इस प्रकार ययातिके शापवश जब तुर्वसुका वंश नहीं चला, तब उसमें पौरववंशका प्रवेश हुआ। दुष्यन्तके पुत्र राजा करूरोम हुए। करूरोमसे अह्वीदकी उत्पत्ति हुई। अह्वीदके चार पुत्र हुए—पाण्ड्य, केरल, कोल तथा चोल। द्रुह्युके पुत्र बभ्रुसेतु, बभ्रुसेतुके अङ्गारसेतु और अङ्गारसेतुके मरुत्पति हुए, जो युद्धमें युवनाश्वकुमार मान्धाताके हाथसे मारे गये। अङ्गारसेतुके पुत्र राजा गान्धार हुए, जिनके नामपर गान्धार प्रदेश विख्यात है। गान्धारदेशके घोड़े सब घोड़ोंसे अच्छे होते हैं। अनुके पुत्र धर्म, धर्मके द्यूत, द्यूतके वनदुह, वनदुहके प्रचेता और प्रचेताके सुचेता हुए। ये अनुके वंशज बतलाये गये। यदुके पाँच पुत्र हुए, जो देवकुमारोंके समान सुन्दर थे। उनके नाम हैं—सहस्राद, पयोद, क्रोष्टु, नील और अञ्जिक। सहस्रादके तीन परम धर्मात्मा पुत्र हुए—हैहय, हय तथा वेणुहय। हैहयका पुत्र धर्मनेत्र हुआ। धर्मनेत्रके कार्त और कार्तके साहञ्ज नामक पुत्र हुए। साहञ्जने साहञ्जनी नामकी नगरी बसायी। साहञ्जका दूसरा नाम महिष्मान् भी था। उनके पुत्र प्रतापी भद्रश्रेण्य थे। भद्रश्रेण्यके दुर्दम और दुर्दमके कनक हुए। कनकके चार पुत्र हुए, जो सम्पूर्ण विश्वमें विख्यात थे। उनके नाम इस प्रकार हैं—कृतवीर्य, कृतौजा, कृतधन्वा तथा कृताग्नि।

कृतवीर्यसे अर्जुनकी उत्पत्ति हुई, जो सहस्र भुजाओंसे युक्त हो सात द्वीपोंका राजा हुआ। उसने अकेले ही सूर्यके समान तेजस्वी रथद्वारा सम्पूर्ण पृथ्वीको जीत लिया था। उसने दस हजार वर्षोंतक अत्यन्त कठोर तपस्या करके दत्तात्रेयजीकी आराधना की। दत्तात्रेयजीने उसे कई वरदान दिये। पहले तो उसने युद्धकालमें एक हजार भुजाएँ माँगी। युद्ध करते समय किसी योगीश्वरकी भाँति उसके एक सहस्र भुजाएँ प्रकट हो जाती थीं, उसने द्वीप, समुद्र और नगरोंसहित सम्पूर्ण पृथ्वीको कठोरतापूर्वक जीता तथा सात द्वीपोंमें सात सौ यज्ञ किये, उन सभी यज्ञोंमें एक-एक लाखकी दक्षिणा दी गयी थी। सबमें सोनेके यूप गड़े थे, सोनेकी ही वेदियाँ बनी थीं। वहाँ दिव्य वस्त्राभूषणोंसे अलंकृत देवताओं और गन्धर्वोंके साथ महर्षिगण भी विमानपर बैठकर सुशोभित होते थे। कार्तवीर्यके यज्ञमें नारद नामक गन्धर्वने इस गाथाका गान किया—'अन्य राजालोग यज्ञ, दान, तपस्या, पराक्रम और शास्त्र-ज्ञानमें कार्तवीर्य अर्जुनकी स्थितिको नहीं पहुँच सकते।' वह योगी था; इसलिये सातों द्वीपोंमें ढाल, तलवार, धनुष-बाण और रथ लिये सदा चारों ओर विचरता दिखायी देता था, धर्मपूर्वक प्रजाकी रक्षा करनेवाले महाराज कार्तवीर्यके प्रभावसे किसीका धन नष्ट नहीं होता था, किसीको रोग नहीं सताता था तथा कोई भ्रममें नहीं पड़ता था। वे सब प्रकारके रत्नोंसे सम्पन्न चक्रवर्ती सम्राट् थे। वे ही पशुओं तथा खेतोंके भी रक्षक थे और वे ही योगी होनेके कारण वर्षा करते हुए मेघ बन जाते थे। जैसे शरद्-ऋतुमें भगवान् भास्कर अपनी सहस्रों किरणोंसे शोभायमान होते हैं, उसी प्रकार राजा कार्तवीर्य अर्जुन अपनी सहस्रों भुजाओंसे शोभा पाते थे। उन्होंने कर्कोटक नागके पुत्रोंको जीतकर उन्हें अपनी नगरी माहिष्मतीपुरीमें मनुष्योंके साथ बसाया था। वे वर्षाकालमें समुद्रमें जलक्रीड़ा करते समय अपनी भुजाओंसे रोककर उसकी जलराशिके वेगको पीछेकी ओर लौटा देते थे। उनकी राजधानीको घेरकर बहनेवाली नर्मदा नदीमें जब वे जलक्रीड़ा करते समय लोटते थे, उस समय वह नदी अपनी सहस्रों चञ्चल लहरोंके साथ डरती-डरती उनके पास आती थी। महासागरमें

जब वे अपनी सहस्रों भुजाएँ पटकते थे, उस समय पातालनिवासी महादैत्य निश्चेष्ट होकर भयसे

छिप जाते थे। ऊँची उठती हुई उत्ताल तरङ्गें विचूर्णित हो जाती थीं। बड़े-बड़े मीन और तिमि आदि जलजन्तु छटपटाने लगते थे। सागरके जलमें फेन जम जाता था। समुद्र बड़ी-बड़ी भँवरोंके कारण क्षुब्ध दिखायी देता था। देवताओं और असुरोंके डाले हुए मन्दराचल पर्वतसे क्षीरसमुद्रकी जो दशा हुई थी; वही दशा वे अपने सहस्र बाहुओंसे महासागरकी कर देते थे। उस समय मन्दराचलके द्वारा समुद्र-मन्थनकी बात सोचकर चकित और अमृतोत्पत्तिसे आशङ्कित हुए बड़े-बड़े नाग सहसा ऊपर उछलकर देखते और भयंकर कार्तवीर्य नरेशपर दृष्टि पड़ते ही मस्तक झुकाकर निश्चेष्ट पड़ जाते थे। जैसे संध्याके समय वायुके झोंकेसे कदलीखण्ड काँपते हैं, उसी प्रकार वे भी काँपने लगते थे। राजा कार्तवीर्यने अभिमानसे भरे हुए लङ्कापति रावणको अपने पाँच ही बाणोंसे सेनासहित मूर्च्छित करके धनुषकी प्रत्यञ्चासे बाँध लिया और माहिष्मतीपुरीमें लाकर बंदी बना लिया। यह समाचार सुनकर महर्षि पुलस्त्य उनके पास गये। महर्षिके याचना करनेपर उन्होंने रावणको मुक्त कर दिया। अर्जुनकी हजार भुजाओंमें धारण

किये हुए धनुषोंकी प्रत्यञ्चाका इतना घोर शब्द होता था, मानो प्रलयकालीन मेघ गर्जते हों अथवा वज्र फट पड़ा हो। अहो! परशुरामजीका पराक्रम धन्य है, जिन्होंने सुवर्णमय तालवनके समान राजा कार्तवीर्यकी सहस्रों भुजाओंको काट डाला था। एक दिनकी बात है, प्यासे अग्निदेवने राजा कार्तवीर्यसे भिक्षा माँगी। उन्होंने सातों द्वीप, नगर, गाँव, गोष्ठ तथा सारा राज्य उन्हें भिक्षामें दे दिये। अग्निदेव सर्वत्र प्रज्वलित हो उठे और महाराज कार्तवीर्यके प्रभावसे समस्त पर्वतों एवं वनोंको जलाने लगे। उन्होंने वरुणपुत्रके रमणीय आश्रमको भी जला दिया। पूर्वकालमें वरुणने जिस तेजस्वी महर्षिको अपने पुत्ररूपमें प्राप्त किया था, वे वसिष्ठके नामसे विख्यात हुए। उन्हींका नाम आपव भी है। महर्षि वसिष्ठका शून्य आश्रम जलाया गया था, इसलिये

उन्होंने शाप दिया—'हैहय! तूने मेरे इस वनको भी जलाये बिना न छोड़ा, अतः तेरे द्वारा यह महान् पाप हुआ है। इस कारण मेरे-जैसा एक दूसरा तपस्वी ब्राह्मण तेरा वध करेगा। जमदग्निनन्दन महाबाहु परशुराम, जो बलवान् और प्रतापी हैं, तेरा बलपूर्वक मान-मर्दन करके तेरी हजार भुजाओंको काट डालेंगे और तुझे मौतके घाट उतारेंगे।'

जो शत्रुओंके नाशक और धर्मपूर्वक प्रजाके रक्षक थे, जिनके प्रतापसे किसीके धनका नाश नहीं होने पाता था, वे महाराज कार्तवीर्य महामुनि वसिष्ठके शापवश परशुरामजीके हाथसे मृत्युको प्राप्त हुए। उन्होंने स्वयं ही पहले इसी तरहका वर माँगा था। कार्तवीर्यके सौ पुत्र थे, किन्तु उनमें पाँच ही शेष बचे। वे सभी अस्त्र-शस्त्रोंके ज्ञाता, बलवान्, शूर, धर्मात्मा और यशस्वी थे। उनके नाम ये हैं—शूरसेन, शूर, वृषण, मधुपध्वज और जयध्वज। जयध्वज अवन्तीके महाराज थे। जयध्वजके पुत्र महाबली तालजङ्घ हुए। उनके सौ पुत्र थे, जो तालजङ्घके नामसे विख्यात थे। हैहयवंशमें वीतिहोत्र, सुजात, भोज, अवन्ति, तौण्डिकेर, तालजङ्घ तथा भरत आदि क्षत्रियोंका समुदाय हुआ। इनकी संख्या बहुत होनेसे पृथक्-पृथक् नाम नहीं बतलाये गये।

वृष आदि बहुत-से पुण्यात्मा यादव इस पृथ्वीपर उत्पन्न हुए। उनमें वृष वंशके प्रवर्तक थे। वृषके पुत्र मधु थे। मधुके सौ पुत्र हुए, जिनमें वृषण वंश चलानेवाले हुए; वृषणके वृष्णि और मधुके वंशज माधव कहलाये। इसी प्रकार यदुके नामपर यादव तथा हैहयके नामसे हैहय क्षत्रिय कहलाते हैं। जो प्रतिदिन कार्तवीर्य अर्जुनके जन्मका वृत्तान्त यहाँ कहेगा, उसके धनका नाश नहीं होगा, उसका नष्ट हुआ धन भी मिल जायगा। इस प्रकार ययाति-पुत्रोंके पाँच वंश यहाँ बतलाये गये, जो समस्त लोकोंको धारण करते हैं। यदुके वंशधर पुण्यात्मा क्रोष्टुके, जिनके कुलमें वृष्णिवंशावतंस श्रीहरि श्रीकृष्णरूपमें प्रकट हुए थे, वंशका वर्णन सुनकर मनुष्य सब पापोंसे मुक्त हो जाता है।

क्रोष्टु आदिके वंशका वर्णन तथा स्यमन्तकमणिकी कथा

लोमहर्षणजी कहते हैं—क्रोष्टुके गान्धारी और माद्री दो पत्नियाँ थीं। गान्धारीने महाबली अनमित्रको जन्म दिया तथा माद्रीके युधाजित् एवं देवमीढुष्—ये दो पुत्र हुए; इन तीनोंका वंश पृथक्-पृथक् चला, जो वृष्णिकुलकी वृद्धि करनेवाला था। माद्रीके दो पुत्र और सुने जाते हैं—वृष्णि तथा अन्धक। वृष्णिके भी दो पुत्र थे—श्वफल्क और चित्रक। श्वफल्क बड़े धर्मात्मा थे। वे जहाँ रहते, वहाँ रोगका भय नहीं होता तथा वहाँ अवृष्टि कभी नहीं होती थी। एक बार काशी-

नरेशके राज्यमें पूरे तीन वर्षोंतक इन्द्रने वर्षा नहीं की; तब उन्होंने श्वफल्कको बुलवाया और उनका बड़ा आदर-सत्कार किया। श्वफल्कके वहाँ पहुँचते ही इन्द्रने वृष्टि आरम्भ कर दी। काशिराजके एक कन्या थी, जिसका नाम गान्दिनी रखा गया था। वह प्रतिदिन ब्राह्मणको एक गौ दान किया करती थी, इसीलिये उसका ऐसा नाम पड़ा था। वह श्वफल्कको पत्नीरूपमें प्राप्त हुई और उसके गर्भसे अक्रूरका जन्म हुआ, जो दानी, यज्ञकर्ता, वीर, शास्त्रज्ञ, अतिथिप्रेमी तथा अधिक दक्षिणा देनेवाले थे। इनके अतिरिक्त उपमद्गु, मद्गु, मेदुर, अरिमेजय, अविक्षित, आक्षेप, शत्रुघ्न, अरिमर्दन, धर्मधृक्, यतिधर्मा, धर्मोक्षा, अन्धकरु, आवाह तथा प्रतिवाह नामक पुत्र एवं वराङ्गना नामकी सुन्दरी कन्या हुई। अक्रूरके उग्रसेनकन्या सुगात्रीके गर्भसे प्रसेन और उपदेव नामक दो पुत्र हुए, जो देवताओंके समान कान्तिमान् थे।

चित्रकके पृथु, विपृथु, अश्वग्रीव, अश्वबाहु, स्वपार्श्वक, गवेषण, अरिष्टनेमि, अश्व, सुधर्मा, धर्मभृत्, सुबाहु तथा बहुबाहु नामक पुत्र एवं श्रविष्ठा और श्रवणा नामकी दो कन्याएँ हुईं। देवमीढुष्ने असिक्नी नामकी पत्नीके गर्भसे शूर नामक पुत्र उत्पन्न किया। शूरसे रानी भोज्याके गर्भसे दस पुत्र उत्पन्न हुए। उनमें सबसे पहले महाबाहु वसुदेव उत्पन्न हुए, जिन्हें आनकदुन्दुभि भी कहते हैं। उनके जन्म लेनेके बाद देवलोकमें दुन्दुभियाँ बजी थीं और आनकों (मृदङ्गों)-की गम्भीर ध्वनि हुई थी; इसलिये उनका नाम आनकदुन्दुभि पड़ गया था। उनके जन्म-कालमें फूलोंकी वर्षा भी हुई थी। समस्त मानव-लोकमें उनके समान रूपवान् दूसरा कोई नहीं था। नरश्रेष्ठ वसुदेवकी कान्ति चन्द्रमाके समान थी। वसुदेवके बाद क्रमशः—देवभाग, देवश्रवा, अनाधृष्टि, कनवक, वत्सवान्, गृञ्जम, श्याम, शमीक और गण्डूष उत्पन्न हुए। शूरके पाँच सुन्दरी कन्याएँ भी हुईं, जिनके नाम इस प्रकार हैं—पृथुकीर्ति, पृथा, श्रुतदेवा, श्रुतश्रवा तथा राजाधिदेवी। ये पाँचों वीर पुत्रोंकी जननी हुईं। वृष्णिके छोटे पुत्र अनमित्रसे शिनिका जन्म हुआ। शिनिके पुत्र सत्यक हुए। सत्यकसे सात्यकि उत्पन्न हुए, जिनका दूसरा नाम युयुधान था। देवभागके पुत्र महाभाग उद्धव हुए। गण्डूषके कोई पुत्र नहीं था, अतः विष्वक्सेनने उन्हें अनेक पुत्र दिये। उनके नाम इस प्रकार हैं—चारुदेष्ण, सुदेष्ण तथा सर्वलक्षणसम्पन्न पञ्चाल आदि। उन सबमें छोटे थे—महाबाहु रौक्मिणेय, जो युद्धसे कभी पीछे नहीं हटते थे। कनवकके दो पुत्र हुए—तन्त्रिज और तन्त्रिपाल। गृञ्जमके भी दो पुत्र थे—वीरु तथा अश्वहनु। श्यामके पुत्र शमीक थे। शमीक राजा हुए। उन्होंने राजसूययज्ञ किया था, उनके पुत्र अजातशत्रु हुए।

अब वसुदेवके वीर पुत्रोंका वर्णन करूँगा। वृष्णिवंशकी अनेक शाखाएँ हैं। जो उसका स्मरण करता है, उसे कभी अनर्थकी प्राप्ति नहीं होती। वसुदेवजीके चौदह सुन्दरी पत्नियाँ थीं। पुरुवंशकी कन्या रोहिणी, मदिरादि, वैशाखी, भद्रा, सुनाम्नी, सहदेवा, शान्तिदेवा, श्रीदेवी, देवरक्षिता, वृकदेवी, उपदेवी तथा देवकी—ये बारह तो राजकुमारियाँ थीं और सुतनु तथा बड़वा—ये दो दासियाँ थीं ज्येष्ठ पत्नी रोहिणीने, जो बाह्लिककी पुत्री थी, वसुदेवजीसे ज्येष्ठ पुत्रके रूपमें बलरामजीको प्राप्त किया। तत्पश्चात् उनके गर्भसे शरण्य, शठ, दुर्दम, दमन, शुभ्र, पिण्डारक और उशीनर नामक पुत्र तथा चित्रा नामकी कन्या हुई। इस प्रकार रोहिणीकी नौ संतानें थीं। चित्रा ही आगे चलकर

सुभद्राके नामसे विख्यात हुई। वसुदेवके देवकीके गर्भसे महायशस्वी भगवान् श्रीकृष्ण अवतीर्ण हुए। बलरामके रेवतीके गर्भसे निशठ उत्पन्न हुए, जो माता-पिताके बड़े लाड़ले थे। सुभद्राके अर्जुनके सम्बन्धसे महारथी अभिमन्यु उत्पन्न हुआ। वसुदेवजीकी परम सौभाग्यशालिनी सात पत्नियोंसे जो पुत्र उत्पन्न हुए, उनके नाम बतलाता हूँ; सुनो। शान्तिदेवाके भोज और विजय, सुनामाके वृकदेव और गद तथा त्रिगर्तराजकन्या वृकदेवीके महात्मा अगावह नामक पुत्र हुए।

क्रोष्टुके एक और पुत्र महायशस्वी वृजिनीवान् हुए। उनके पुत्र स्वाहि थे। स्वाहिके पुत्र राजा उषद्गु हुए, जिन्होंने प्रचुर दक्षिणावाले अनेक महायज्ञोंका अनुष्ठान किया था। उषद्गुके पुत्र चित्ररथ हुए, चित्ररथके शशबिन्दु, शशबिन्दुके पृथुश्रवा, पृथुश्रवाके अन्तर, अन्तरके सुयज्ञ तथा सुयज्ञके उषत् हुए। उषत्का अपने धर्मके प्रति बड़ा आदर था। उषत्के पुत्र शिनेयु, शिनेयुके मरुत्, मरुत्के कम्बलबर्हिष्, कम्बलबर्हिष्के रुक्मकवच, रुक्मकवचके परजित् तथा परजित्के पाँच पुत्र हुए—रुक्मेषु, पृथुरुक्म, ज्यामघ, पालित तथा हरि। पालित और हरिको पिताने विदेह प्रान्तकी रक्षामें नियुक्त कर दिया। रुक्मेषु पृथुरुक्मकी सहायतासे राजा हुए। इन दोनों भाइयोंने राजा ज्यामघको घरसे निकाल दिया। तब वे वनमें आश्रम बनाकर रहने लगे। उस समय शान्तिपरायण राजाको ब्राह्मणोंने बहुत कुछ समझाया। तब वे धनुष लेकर रथपर आरूढ हो दूसरे देशमें गये। अकेले ही नर्मदाके तटपर जाकर उन्होंने मेकला, मृत्तिकावती तथा ऋक्षवान् पर्वतको जीतकर शुक्तिमती नगरीमें निवास किया। ज्यामघकी पत्नी शैब्या थी, जो पतिव्रता होनेके साथ ही बड़ी प्रबल थी। यद्यपि राजाको कोई पुत्र नहीं था, तथापि उन्होंने पत्नीके भयसे दूसरी स्त्रीसे विवाह नहीं किया। एक बार किसी युद्धमें विजयी होनेपर उन्हें एक कन्या मिली। उसे रथपर बैठी देख स्त्रीने पूछा—'यह कौन है?' तब वे डरकर बोले—'यह तुम्हारी पुत्रवधू है।' यह सुनकर रानी बोली—'मेरे तो कोई पुत्र

नहीं, फिर यह किसकी पत्नी होनेसे पुत्रवधू हुई?' यह सुनकर ज्यामघने कहा—'तुम्हें जो पुत्र उत्पन्न होगा, उसके लिये यह पत्नी प्रस्तुत की गयी है।' तत्पश्चात् रानी शैब्याने कठोर तपस्या करके एक विदर्भ नामक पुत्र उत्पन्न किया। उसका विवाह उक्त राजकन्यासे हुआ। उसके गर्भसे क्रथ और कौशिक नामक पुत्र उत्पन्न हुए। वे दोनों बड़े ही शूर तथा युद्धविशारद थे। उसके बाद विदर्भके भीम नामक पुत्र हुआ। उसके पुत्रका नाम कुन्ति हुआ। कुन्तिसे धृष्टका जन्म हुआ, जो संग्राममें धृष्ट और प्रतापी था। धृष्टके आवन्त, दशार्ह तथा विषहर नामक तीन पुत्र हुए, जो बड़े धर्मात्मा और शूरवीर थे। दशार्हके व्योमा और व्योमाके

पुत्र जीमूत बतलाये जाते हैं। जीमूतके विकृति, विकृतिके भीमरथ, भीमरथके नवरथ और नवरथके पुत्र दशरथ हुए। दशरथके पुत्रका नाम शकुनि था। शकुनिसे करम्भ तथा करम्भसे देवरातका जन्म हुआ। देवरातके पुत्र देवक्षत्र तथा देवक्षत्रके महायशस्वी वृद्धक्षत्र हुए। वे देवकुमारके समान कान्तिमान् थे। इनके सिवा मधुरभाषी राजा मधुका भी जन्म हुआ, जो मधुवंशके प्रवर्तक थे। मधुके उनकी पत्नी वैदर्भीसे नरश्रेष्ठ पुरुद्वान्‌की उत्पत्ति हुई। मधुकी दूसरी पत्नी इक्ष्वाकुवंशकी कन्या थी। उससे सर्वगुणसम्पन्न सत्त्वान् हुए, जो सात्त्वत कुलकी कीर्तिको बढ़ानेवाले थे।

सत्त्वान्‌से सत्त्वगुणसम्पन्ना कौसल्याने भजमान, देवावृध, अन्धक तथा वृष्णि नामक पुत्र उत्पन्न किये। इनके चार कुल यहाँ विस्तारपूर्वक बतलाये गये हैं। भजमानके दो स्त्रियाँ थीं। एकका नाम था बाह्यकसृञ्जयी और दूसरीका उपबाह्यकसृञ्जयी। उन दोनोंके गर्भसे बहुत-से पुत्र हुए। क्रिमि, क्रमण, धृष्ट, शूर तथा पुरञ्जय—ये भजमानके बाह्यकसृञ्जयीसे उत्पन्न हुए पुत्र थे। अयुताजित्, सहस्राजित्, शताजित् और दासक—ये भजमानद्वारा उपबाह्यकसृञ्जयीके गर्भसे उत्पन्न हुए पुत्र थे। राजा देवावृध यज्ञपरायण रहते थे। उन्होंने सर्वगुणसम्पन्न पुत्र होनेके उद्देश्यसे भारी तपस्या की। तपस्यामें संलग्न होकर वे पर्णाशाके जलका आचमन करते थे। सदा ऐसा ही करनेके कारण उस नदीने उनका प्रिय करना चाहा। कल्याणमय नरेश देवावृधके अभीष्टकी सिद्धि कैसे हो—इस चिन्तामें देरतक पड़ी रहनेपर भी पर्णाशा सहसा किसी निश्चयपर न पहुँच सकी। उसे ऐसी कोई स्त्री नहीं मिली, जिसके गर्भसे वैसा सुयोग्य पुत्र उत्पन्न हो सके। तब उसने यह निश्चय किया कि मैं स्वयं ही चलकर इनकी सहधर्मिणी बनूँगी। यह विचारकर पर्णाशाने एक परम सुन्दरी कुमारीका रूप धारण करके राजाको पतिरूपमें वरण किया। राजाने भी उसकी कामना की। तदनन्तर उन उदारबुद्धि नरेशने उसमें एक तेजस्वी गर्भकी स्थापना की। तत्पश्चात् दसवें महीनेमें पर्णाशाने देवावृधके सर्वगुणसम्पन्न पुत्र बभ्रुको जन्म दिया। इस वंशके विषयमें पुराणोंके ज्ञाता देवावृधके गुणोंका बखान करते हुए निम्नाङ्कित प्रसिद्ध गाथाका गान करते हैं। 'हम जैसे आगे देखते हैं, वैसे ही दूर और निकट भी देखते हैं। हमारी दृष्टिमें बभ्रु सब मनुष्योंमें श्रेष्ठ हैं और देवावृध तो देवताओंके तुल्य हैं। बभ्रु और देवावृधके सम्पर्कमें आकर एक हजार चौहत्तर मनुष्य अमृतत्वको प्राप्त हो चुके हैं।'

बभ्रुका वंश बहुत बड़ा था। उसमें सब-के-सब यज्ञपरायण, महादानी, बुद्धिमान्, ब्राह्मणभक्त तथा सुदृढ आयुध धारण करनेवाले थे। मृत्तिकावती-पुरीमें भोजवंशके क्षत्रिय रहते थे। अन्धकसे काश्यकी कन्याने चार पुत्र प्राप्त किये—कुकुर, भजमान, शशक और बलबर्हिष्। कुकुरके पुत्र वृष्टि, वृष्टिके कपोतरोमा, कपोतरोमाके तित्तिरि, उसके पुनर्वसु, पुनर्वसुके अभिजित् तथा अभिजित्‌के आहुक एवं श्राहुक नाम दो जुड़वाँ पुत्र हुए। इनके विषयमें ऐसी गाथा प्रसिद्ध है—'आहुक किशोरावस्थाके समान आकृतिवाले थे। वे अस्सी कवच धारण किये हुए अपने श्वेतवर्णवाले परिवारके साथ पहले यात्रा करते थे। जो भोजवंशी आहुकके दोनों ओर चलते थे, उनमेंसे कोई ऐसा नहीं था, जो पुत्रवान् न हो, सौसे कम दान करता हो, हजार या सौसे कम आयुवाला हो, अशुद्ध कर्म करता हो अथवा यज्ञ न करता हो। भोजवंशी आहुकको पूर्व दिशामें इक्कीस हजार हाथी चलते थे, जिनपर सोने-चाँदीके हौदे कसे होते थे। उत्तर दिशामें भी उनकी उतनी ही संख्या होती थी। भोजवंशी प्रत्येक भूपालकी भुजामें धनुषकी प्रत्यञ्चाके चिह्न होते थे।

अन्धकवंशियोंने अपनी बहिन आहुकीका विवाह अवन्तीनरेशसे किया था।' आहुकके काश्याके गर्भसे देवक और उग्रसेन नामक दो पुत्र हुए। देवकके चार पुत्र थे—देववान्, उपदेव, संदेव तथा देवरक्षक। इनके सिवा सात कन्याएँ भी थीं, जिनका विवाह वसुदेवजीके साथ हुआ। इनके नाम इस प्रकार हैं—देवकी, शान्तिदेवा, सुदेवा, देवरक्षिता, वृकदेवी, उपदेवी और सुनाम्नी। उग्रसेनके नौ पुत्र थे, जिनमें कंस बड़ा था। उससे छोटे न्यग्रोध, सुनामा, कङ्क, सुभूषण, राष्ट्रपाल, सुतनु, अनावृष्टि तथा पुष्टिमान् थे। इनकी पाँच बहिनें थीं—कंसा, कंसवती, सुतनु, राष्ट्रपाली तथा कङ्का। यहाँतक कुकुरवंशी उग्रसेन और उनकी संतानोंका वर्णन हुआ।

भजमानके पुत्र विदूरथ हुए, जो रथियोंमें प्रधान थे। विदूरथके शूरवीर राजाधिदेव हुए। राजाधिदेवके पुत्र बड़े पराक्रमी थे। उनके नाम इस प्रकार हैं—दत्त, अतिदत्त, शोणाश्व, श्वेतवाहन, शमी, दण्डशर्मा, दन्तशत्रु तथा शत्रुजित्। इन सबकी दो बहिनें थीं, जो श्रवणा और श्रविष्ठाके नामसे विख्यात हुईं। शमीके पुत्र प्रतिक्षत्र थे, प्रतिक्षत्रके पुत्र स्वयम्भोज, स्वयम्भोजसे हृदीक हुए। हृदीकके बहुत-से पुत्र हुए, जो भयानक पराक्रम करनेवाले थे। उनमें कृतवर्मा सबसे ज्येष्ठ और शतधन्वा मध्यम था। शेष भाइयोंके नाम इस प्रकार हैं—देवान्त, नरान्त, भिषग्, वैतरण, सुदान्त, अतिदान्त, निकाश्य और कामदम्भक। देवान्तके पुत्र विद्वान् कम्बलबर्हिष् हुए। उनके दो पुत्र थे— असमौजा तथा तामसौजा। असमौजाके कोई पुत्र नहीं हुआ; अतः उन्हें सुदंष्ट्र, सुचारु और कृष्ण—ये पुत्र गोदमें प्राप्त हुए। इस प्रकार अन्धकवंशी क्षत्रियोंका वर्णन किया गया।

ऊपर कह आये हैं कि क्रोष्टुके दो पत्नियाँ थीं—गान्धारी और माद्री। गान्धारीने महाबली अनमित्रको जन्म दिया और माद्रीने युधाजित्को। अनमित्रके निघ्न हुए। निघ्नके दो पुत्र थे—प्रसेन और सत्राजित्। ये दोनों ही शत्रुसेनाको परास्त करनेवाले थे। भगवान् सूर्य सत्राजित्के प्राणोपम सखा थे। एक दिन रात्रि बीतनेपर रथियोंमें श्रेष्ठ सत्राजित् रथपर आरूढ हो स्नान एवं सूर्योपस्थान करनेके लिये जलके किनारे गये। वहाँ पहुँचकर जब वे सूर्योपस्थान करने लगे, उस समय भगवान् सूर्य तेजोमण्डलसे युक्त स्पष्ट दिखायी देनेवाला रूप धारण करके उनके आगे प्रकट हो गये। तब राजा सत्राजित्ने सामने खड़े हुए सूर्यदेवसे कहा—'प्रभो! आप जिसके द्वारा सदा सम्पूर्ण लोकोंको प्रकाशित करते हैं, वह मणिरत्न मुझे देनेकी कृपा करें।' उनके यों कहनेपर भगवान् भास्करने उन्हें दिव्य स्यमन्तकमणि प्रदान की। सत्राजित्ने उसे गलेमें पहनकर अपने नगरमें प्रवेश किया। उन्हें देखकर सब लोग यों कहते हुए दौड़ने लगे—'यह देखो, सूर्य जा रहे हैं।' इस प्रकार नगरके

लोगोंको आश्चर्यमें डालकर वे अन्त:पुरमें पहुँचे। सत्राजित्ने वह उत्तम मणि अपने छोटे भाई प्रसेनजित्को दे दी, क्योंकि उसको वे बहुत प्यार करते थे। वह मणि अन्धकवंशी यादवोंके घरमें सुवर्ण उत्पन्न करती थी। वह जहाँ रहती, उसके निकटवर्ती जनपदोंमें मेघ समयपर वर्षा करता तथा किसीको रोगका भय नहीं रहता था। एक बार भगवान् श्रीकृष्णने प्रसेनके सम्मुख वह स्यमन्तक नामक मणिरत्न लेनेकी इच्छा प्रकट की; किन्तु उसे वे नहीं पा सके। समर्थ होनेपर भी भगवान्ने उसका बलपूर्वक अपहरण नहीं किया।

एक दिन प्रसेन उस मणिरत्नसे विभूषित हो वनमें शिकार खेलनेके लिये गये। वहाँ स्यमन्तकके लिये ही एक सिंहके हाथसे मारे गये। सिंह उस मणिको मुखमें दबाये भागा जा रहा था। इतनेमें ही महाबली ऋक्षराज जाम्बवान् उधर आ निकले। वे सिंहको मारकर मणिरत्न ले अपनी गुफामें चले गये। इधर वृष्णि और अन्धक-वंशके लोग यह संदेह करने लगे कि हो-न-हो श्रीकृष्णने ही मणिके लिये प्रसेनका वध किया है; क्योंकि उन्होंने एक बार वह मणि प्रसेनसे माँगी थी। भगवान् श्रीकृष्णने यह कार्य नहीं किया था तो भी उनपर संदेह किया गया; अत: अपने कलंकका मार्जन करनेके लिये वे मणिको ढूँढ़ लानेकी प्रतिज्ञा करके वनमें गये। कुछ विश्वसनीय पुरुषोंके साथ प्रसेनके चरण-चिह्नोंका पता लगाते हुए वे उस स्थानपर गये, जहाँ प्रसेन शिकार खेल रहे थे। गिरिवर ऋक्षवान् तथा उत्तम पर्वत विन्ध्यपर उनका अन्वेषण करते हुए वे लोग थक गये। अन्तमें श्रीकृष्णने एक स्थानपर घोड़ेसहित मरे हुए प्रसेनकी लाश देखी, किन्तु वहाँ मणि नहीं मिली। तदनन्तर थोड़ी ही दूरपर ऋक्षके द्वारा मारे गये सिंहका शरीर दिखायी पड़ा। ऋक्ष अपने चरण-चिह्नोंसे पहचाना गया। उन्हीं चिह्नोंके द्वारा भगवान् श्रीकृष्ण जाम्बवान्की गुफाके द्वारपर पहुँचे। वहाँ उन्हें बिलके भीतरसे किसी धायकी कही हुई यह वाणी सुनायी दी—'मेरे सुकुमार बच्चे! तू मत रो। सिंहने प्रसेनको मारा और सिंह जाम्बवान्के हाथसे मारा गया। अब यह स्यमन्तकमणि तेरी ही है।'

यह आवाज सुनकर भगवान् श्रीकृष्णने उस गुफाके द्वारपर बलरामजीके साथ अन्य यादवोंको बिठा दिया और स्वयं उन्होंने गुफाके भीतर प्रवेश किया। बिलके भीतर जाम्बवान् दिखायी दिये। भगवान् वासुदेवने लगातार इक्कीस दिनोंतक उनके साथ बाहुयुद्ध किया। इसी बीचमें बलदेव आदि यादव द्वारका लौट गये और सबको श्रीकृष्णके मारे जानेकी सूचना दे दी। इधर भगवान् वासुदेवने महाबली जाम्बवान्को परास्त करके उनकी कन्या जाम्बवतीको उन्हींके अनुरोधसे ग्रहण किया। साथ ही अपनी सफाई देनेके लिये वह स्यमन्तकमणि भी ले ली। तत्पश्चात् ऋक्षराजकी अभ्यर्थना करके

वे बिलसे निकले और विनीत सेवकोंके साथ द्वारकामें गये। वहाँ सब यादवोंसे भरी हुई सभामें श्रीकृष्णने वह मणि सत्राजित्को दे दी। इस प्रकार

मिथ्या कलङ्क लगनेपर भगवान् श्रीकृष्णने स्यमन्तकमणिको ढूँढ़ निकाला और उसे देकर अपने ऊपर आये हुए कलङ्कका मार्जन किया। सत्राजित्के दस पत्नियाँ थीं। उनके गर्भसे उन्हें सौ पुत्र प्राप्त हुए, जिनमें तीन अधिक प्रसिद्ध थे—भंगकार, वातपति और वसुमेध। सत्राजित्के तीन कन्याएँ भी थीं, जो सब दिशाओंमें विख्यात थीं—सत्यभामा, व्रतिनी तथा प्रस्वापिनी। इनमें सत्यभामा सबसे उत्तम थीं। उसका विवाह पिताने श्रीकृष्णके साथ कर दिया। जो भगवान् श्रीकृष्णके इस मिथ्या कलङ्कका श्रवण करता है, उसे मिथ्या कलङ्क कभी स्पर्श नहीं करते।

श्रीकृष्णने सत्राजित्को जो स्यमन्तकमणि दी थी, उसका अक्रूरने भोजवंशी शतधन्वाके द्वारा अपहरण करा दिया। महाबली शतधन्वा सत्राजित्को मारकर वह मणि ले आया तथा अक्रूरको दे दी। अक्रूरने उस उत्तम रत्नको लेते हुए शतधन्वासे प्रतिज्ञा करा ली कि 'मेरा नाम न बताना।'

पिताके मारे जानेपर मनस्विनी सत्यभामा दुःखसे आतुर हो उठी और रथपर आरूढ़ हो वारणावत नगरमें गयी। वहाँ अपने स्वामी श्रीकृष्णको शतधन्वाकी सारी करतूतें बतलाकर उनके पास खड़ी हो आँसू बहाने लगी। तब भगवान् श्रीकृष्ण तुरंत ही द्वारका आ पहुँचे और अपने बड़े भाई बलरामजीसे बोले—'प्रभो! प्रसेनको तो सिंहने मार डाला और सत्राजित्को शतधन्वाने। अब स्यमन्तकमणि मेरे अधिकारमें आनेवाली है। अब मैं ही उसका उत्तराधिकारी हूँ; इसलिये शीघ्र ही रथपर बैठिये और महारथी शतधन्वाको मारकर मणि छीन लीजिये। महाबाहो! अब स्यमन्तक हमलोगोंका ही होगा।' तदनन्तर शतधन्वा और श्रीकृष्णमें घोर युद्ध हुआ। शतधन्वा सब ओर अक्रूरके आनेकी बाट देखने लगा। वह और भगवान् श्रीकृष्ण दोनों ही एक-दूसरेपर कुपित हो रहे थे। जब अक्रूरने साथ नहीं दिया, तब शतधन्वाने भयभीत हो भाग जानेका विचार किया। उसके पास हृदया नामकी एक घोड़ी थी, जो सौ योजन चलती थी। वह उसीपर आरूढ़ हो श्रीकृष्णसे युद्ध कर रहा था। सौ योजनका मार्ग वेगसे तै करनेके कारण वह घोड़ी थककर शिथिल हो गयी। यह देख भगवान् श्रीकृष्णने बलरामजीसे कहा—'महाबाहो! आप यहीं खड़े रहें। मैंने उस घोड़ीकी कमजोरी देख ली है। अब तो मैं पैदल ही जाकर मणिरत्न स्यमन्तकको छीन लाऊँगा' यह कहकर भगवान् पैदल ही शतधन्वाके पास गये और मिथिलाके समीप उन्होंने उसका वध कर डाला, परंतु उसके पास स्यमन्तक नहीं दिखायी दिया। महाबली शतधन्वाको मारकर जब श्रीकृष्ण लौटे, तब बलरामजीने कहा—'मणि

मुझको दे दो।' भगवान् श्रीकृष्णने उत्तर दिया—'मणि नहीं मिली।' कुछ दिनके बाद नरश्रेष्ठ अक्रूर अन्धकवंशी वीरोंके साथ द्वारकामें लौट आये। भगवान् श्रीकृष्णने योगके द्वारा यह जान लिया कि मणि वास्तवमें अक्रूरके ही पास है। तब उन्होंने सभामें बैठकर अक्रूरसे कहा—'आर्य! मणिश्रेष्ठ स्यमन्तक आपके हाथ लग गया है। उसे मुझे दे दीजिये। उसकी प्रतीक्षामें बहुत समय व्यतीत हो चुका है।'

सम्पूर्ण यादवोंकी सभामें श्रीकृष्णके यों कहनेपर महामति अक्रूरजीने बिना किसी कष्टके वह मणि दे दी। सरलतासे उसकी प्राप्ति हो जानेपर भगवान् श्रीकृष्ण बहुत प्रसन्न हुए और उन्होंने वह मणि फिर अक्रूरको ही लौटा दी। भगवान् श्रीकृष्णके हाथसे प्राप्त हुए मणिरत्न स्यमन्तकको गलेमें पहनकर अक्रूर सूर्यकी भाँति प्रकाशित होने लगे।

जम्बूद्वीप तथा उसके विभिन्न वर्षोंसहित भारतवर्षका वर्णन

मुनियोंने कहा—अहो! आपने समस्त भरतवंशी राजाओंका यह बहुत बड़ा इतिहास कह सुनाया। अब हम समस्त भूमण्डलका वर्णन सुनना चाहते हैं। जितने समुद्र, द्वीप, वर्ष, पर्वत, वन, नदियाँ तथा पवित्र देवताओंके स्थान हैं, समस्त भूतलका मान जितना बड़ा है, जिसके आधारपर यह टिका हुआ है तथा जो इसका उपादान कारण है, वह सब यथार्थरूपसे बतलाइये।

लोमहर्षणजी बोले—मुनिवरो! सुनो, मैं इस भूमण्डलका वृत्तान्त संक्षेपमें सुनाता हूँ। जम्बू, प्लक्ष, शाल्मल, कुश, क्रौञ्च, शाक तथा पुष्कर—ये सात द्वीप हैं, जो क्रमशः—लवण, इक्षुरस, सुरा, घृत, दधि, दुग्ध तथा जलरूप सात समुद्रोंसे घिरे हुए हैं। इन सबके बीचमें जम्बूद्वीपकी स्थिति है। उसके मध्यभागमें सुवर्णमय मेरुपर्वत है, जिसकी ऊँचाई चौरासी हजार योजन है। वह पृथ्वीके भीतर सोलह हजार योजनतक चला गया है तथा उसके शिखरकी चौड़ाई बत्तीस हजार योजन है। उसके मूलका विस्तार सोलह हजार योजन है। वह पर्वत पृथ्वीरूपी कमलकी कर्णिकाके रूपमें स्थित है। उसके दक्षिणमें हिमवान्, हेमकूट और निषध पर्वत हैं तथा उत्तरमें नील, श्वेत और शृङ्गवान् गिरि हैं। मध्यके दो पर्वत (निषध और नील) एक-एक लाख योजन लंबे हैं। शेष पर्वत क्रमशः दस-दस हजार योजन छोटे होते गये हैं। उन सबकी ऊँचाई और चौड़ाई दो-दो हजार योजन है। मेरुके दक्षिणमें भारतवर्ष है। उससे उत्तर किम्पुरुषवर्ष तथा उससे भी उत्तर हरिवर्ष है। इसी प्रकार मेरुके उत्तर भागमें सबके अन्तमें रम्यकवर्ष, उससे दक्षिण हिरण्मयवर्ष तथा उससे

भी दक्षिण उत्तरकुरु है। इन छहों वर्षोंके बीचमें इलावृतवर्ष है, जिसके मध्यभागमें सुवर्णमय ऊँचा मेरुपर्वत खड़ा है। यह वर्ष मेरुके चारों ओर नौ हजार योजनतक फैला हुआ है। उसमें मेरुसे पूर्व मन्दराचल, दक्षिणमें गन्धमादन, पश्चिममें विपुल तथा उत्तरमें सुपार्श्वपर्वतकी स्थिति है। इन चारों पर्वतोंपर क्रमशः—कदम्ब, जम्बू, पीपल और वट—ये चार वृक्ष हैं, जो ग्यारह-ग्यारह सौ योजन विस्तारके हैं। वे वृक्ष उन पर्वतोंकी ध्वजाके रूपमें सुशोभित हैं। वह जम्बू-वृक्ष ही इस द्वीपके जम्बूद्वीप नाम पड़नेका कारण है। उसके फल विशाल गजराजके बराबर होते हैं। वे गन्धमादनपर्वतपर सब ओर गिरकर फूट जाते हैं। उनके रससे वहाँ जम्बू नामकी नदी बहती है। वहाँके निवासी उसी नदीका जल पीते हैं। उसके पीनेसे लोगोंके शरीर और मन स्वस्थ रहते हैं। उन्हें खेद नहीं होता। उनके शरीरमें दुर्गन्ध नहीं होती तथा उनकी इन्द्रियाँ कभी क्षीण नहीं होती। जम्बूके रसको पाकर उस नदीके तटकी मिट्टी जाम्बूनद नामक सुवर्णके रूपमें परिणत हो जाती है, जो सिद्धोंके आभूषणके काम आती है। मेरुसे पूर्व भद्राश्व और पश्चिममें केतुमालवर्ष हैं। इन दोनोंके बीचमें इलावृतवर्ष है। मेरुके पूर्व चैत्ररथ, दक्षिणमें गन्धमादन, पश्चिममें वैभ्राज तथा उत्तरमें नन्दनवन है। इसी प्रकार भिन्न-भिन्न दिशाओंमें अरुणोद, महाभद्र, असितोद तथा मानस—ये चार सरोवर हैं, जो सदा देवताओंके उपभोगमें आते हैं। शान्तवान्, चक्रकुञ्ज, कुररी, माल्यवान् तथा वैकङ्क आदि पर्वत मेरुके पूर्वभागमें केसराचलके रूपमें स्थित हैं। त्रिकूट, शिशिर, पतङ्ग, रुचक तथा निषध आदि दक्षिणभागके केसर-पर्वत हैं। शिखिवास, वैदूर्य, कपिल, गन्धमादन और जारुधि आदि पश्चिमभागके केसराचल हैं। शङ्खकूट, ऋषभ, हंस, नाग तथा कालञ्जर आदि अन्य पर्वत उत्तरभागके केसराचल हैं। मेरुगिरिके ऊपर चौदह हजार योजनके विस्तारवाली एक विशाल पुरी है, जो ब्रह्माजीकी सभा कहलाती है। उसमें सब ओर आठों दिशाओं और विदिशाओंमें इन्द्र आदि लोकपालोंके विख्यात नगर हैं।

भगवान् विष्णुके चरणोंसे निकलकर चन्द्रमण्डलको आप्लावित करनेवाली गङ्गा ब्रह्मपुरीके चारों ओर गिरती हैं। वहाँ गिरकर वे चार भागोंमें बँट जाती हैं। उस समय उनके क्रमशः—सीता, अलकनन्दा, चक्षु और भद्रा नाम होते हैं। पूर्व ओर सीता एक पर्वतसे दूसरे पर्वतपर होती हुई पूर्ववर्ती भद्राश्ववर्षके मार्गसे समुद्रमें जा मिलती है। इसी प्रकार अलकनन्दा दक्षिण-पथसे भारतवर्षमें आती और वहाँ सात भेदोंमें विभक्त होकर समुद्रमें मिल जाती है। चक्षुकी धारा पश्चिमके सम्पूर्ण पर्वतोंको लाँघकर केतुमालवर्षमें आती और समुद्रमें मिल जाती है। इसी प्रकार भद्रा उत्तरगिरि तथा उत्तरकुरुको लाँघकर उत्तरसमुद्रमें मिलती है। माल्यवान् और गन्धमादनपर्वत नीलगिरिसे लेकर निषधपर्वततक फैले हुए हैं। उन दोनोंके मध्यभागमें मेरु कर्णिकाके आकारमें स्थित है। भारत, केतुमाल, भद्राश्व तथा कुरु—ये द्वीप लोकरूपी कमलके पत्र हैं। जठर और देवकूट—ये दो मर्यादा-पर्वत हैं। ये नीलसे निषध पर्वततक उत्तर-दक्षिण फैले हुए हैं। ये दोनों मेरुके पश्चिमभागमें पूर्ववत् स्थित हैं। त्रिशृङ्ग और जारुधि—ये उत्तर-दिशाके वर्षपर्वत हैं, जो पूर्वसे पश्चिम ओर समुद्रके भीतरतक चले गये हैं। ब्राह्मणो! इस प्रकार मैंने मर्यादापर्वतोंका वर्णन किया, जो मेरुके चारों ओर दो-दो करके स्थित हैं। मेरुपर्वतके सब ओर जो केसरपर्वत बतलाये गये हैं, उनकी गुफाएँ बड़ी मनोहर हैं, जिनमें सिद्ध और चारण निवास करते हैं। वहाँ सुरम्य

वन और नगर हैं। लक्ष्मी, विष्णु, अग्नि, सूर्य तथा इन्द्र आदि देवताओंके बड़े-बड़े मन्दिर हैं, जो किन्नरोंसे सेवित हैं। उन पर्वतोंकी रमणीय गुफाओंमें गन्धर्व, यक्ष, राक्षस, दैत्य और दानव दिन-रात विहार किया करते हैं। वे पर्वत इस पृथ्वीके स्वर्ग माने गये हैं। वहाँ धर्मात्माओंका निवास है, पापी मनुष्य सैकड़ों जन्म धारण करनेपर भी वहाँ नहीं जा सकते। भद्राश्ववर्षमें भगवान् विष्णु हयग्रीवरूपसे विराजमान हैं। केतुमालमें वाराह, भारतवर्षमें कच्छप तथा उत्तरकुरुमें मत्स्यरूप धारण करके रहते हैं। सर्वेश्वर भगवान् श्रीहरि सर्वस्वरूप हैं तथा विश्वरूपमें वे सर्वत्र सुशोभित होते हैं। अखिल जगत्स्वरूप भगवान् विष्णु सबके आधारभूत हैं। किम्पुरुष आदि जो आठ वर्ष हैं, उनमें शोक, आयास, उद्वेग तथा क्षुधाका भय आदि दोष नहीं हैं। वहाँकी प्रजा सब प्रकारसे स्वस्थ निर्भय तथा सब प्रकारके दुःखोंसे रहित हैं। उन सबकी स्थिर आयु दस-बारह हजार वर्षोंतककी होती है। इन स्थानोंमें पृथ्वीके क्षुधा, पिपासा आदि अन्य दोष भी नहीं प्रकट होते। इन सभी वर्षोंमें सात-सात कुल-पर्वत हैं, जिनसे सैकड़ों नदियाँ प्रकट हुई हैं।

समुद्रके उत्तर और हिमालयके दक्षिणका जो देश है, उसका नाम भारतवर्ष है। उसीमें राजा भरतकी संतान तथा प्रजा रहती है। उसका विस्तार नौ हजार योजन है। भारतवर्ष कर्मभूमि है। वहाँ इच्छानुसार साधन करनेवालोंको स्वर्ग तथा मोक्ष प्राप्त होते हैं। भारतमें महेन्द्र, मलय, सह्य, शुक्तिमान्, ऋक्ष, विन्ध्य और पारियात्र—ये सात कुलपर्वत हैं। यहाँ सकाम साधनसे स्वर्ग प्राप्त होता है, निष्काम साधनसे मोक्ष मिलता है तथा यहाँके लोग पाप करनेपर तिर्यग्योनि और नरकोंमें भी पड़ते हैं। भारतके सिवा अन्यत्र मनुष्योंके लिये कर्मभूमि नहीं है। इस भारतवर्षके नौ भेद हैं—इन्द्रद्वीप, कसेतुमान, ताम्रवर्ण, गभस्तिमान्, नागद्वीप, सौम्यद्वीप, गन्धर्वद्वीप, वारुणद्वीप तथा समुद्रसे घिरा हुआ यह नवाँ द्वीप भारत। यह नवम द्वीप दक्षिणसे उत्तरतक एक हजार योजन लंबा है। इसके अंदर पूर्व-दिशामें किरात तथा पश्चिम-दिशामें यवन रहते हैं; मध्यमें ब्राह्मण, क्षत्रिय, वैश्य तथा शूद्र जातिके लोग रहते हैं, जिनकी क्रमशः—यज्ञ, युद्ध, वाणिज्य तथा सेवा—ये चार वृत्तियाँ हैं। शतद्रू (सतलज) और चन्द्रभागा (चनाब) आदि नदियाँ हिमालयकी शाखाओंसे निकली हैं। वेदस्मृति आदि सरिताओंका उद्गम पारियात्र-पर्वत है। नर्मदा और सुरमा आदि नदियाँ विन्ध्यपर्वतसे प्रकट हुई हैं। तापी, पयोष्णी, निर्विन्ध्या तथा कावेरी आदि सरिताएँ ऋक्षकी शाखासे निकली हैं। इनका नाम श्रवण करनेमात्रसे ये सब पापोंको हर लेती हैं। गोदावरी, भीमरथी तथा कृष्णवेणी आदि पापनाशिनी नदियाँ सह्यपर्वतकी संतानें हैं। कृतमाला, ताम्रपर्णी आदिका उद्गमस्थान मलयपर्वत है। त्रिसांध्य, ऋषिकुल्या आदि नदियाँ महेन्द्रपर्वतसे प्रकट हुई हैं। ऋषिकुल्या और कुमारा आदि नदियाँ शुक्तिमान्के शाखापर्वतोंसे निकली हैं। इन नदियोंकी शाखाभूत सहस्रों उपनदियाँ भी हैं। इनके मध्यमें कुरु, पाञ्चाल, मध्यप्रदेश, पूर्वदेश, कामरूप (आसाम), पौण्ड्र, कलिङ्ग (उड़ीसा), मगध, दक्षिणके प्रदेश, अपरान्त, सौराष्ट्र (काठियावाड़), शूद्र, आभीर, अर्बुद (आबू), मरु (मारवाड़), मालवा, पारियात्र, सौवीर, सिंध, शाल्व, शाकल्य, मद्र, अम्बष्ठ तथा पारसीक आदि प्रदेश और वहाँके निवासी रहते हैं। वे उपर्युक्त नदियोंके जल पीते तथा समभावसे रहते हैं। उक्त

प्रदेशोंके लोग बड़े सौभाग्यशाली एवं हृष्ट-पुष्ट हैं। उन सबका निवास भारतवर्षमें ही है। महामुने! सत्ययुग, त्रेता, द्वापर और कलियुग—ये चार युग इस भारतवर्षमें ही होते हैं, अन्यत्र कहीं नहीं होते। यहीं पारलौकिक लाभके लिये यति तपस्या करते, यज्ञकर्ता अग्निमें आहुति डालते तथा दाता आदरपूर्वक दान देते हैं। जम्बूद्वीपमें मनुष्य सदा अनेक यज्ञोंद्वारा यज्ञमय यज्ञपुरुष भगवान् विष्णुका यजन करते हैं। अन्य द्वीपोंमें दूसरे प्रकारकी उपासनाएँ हैं। महामुने! जम्बूद्वीपमें भी भारतवर्ष सबसे श्रेष्ठ है; क्योंकि यह कर्मभूमि है और अन्य देश भोगभूमि हैं। यहाँ लाखों जन्म धारण करनेके बाद बहुत बड़े पुण्यके संचयसे जीव कभी मनुष्य-जन्म पाता है। देवता यह गीत गाते हैं कि 'जो जीव स्वर्ग और मोक्षके हेतुभूत भारतवर्षके भूभागमें बारंबार मनुष्यरूपमें उत्पन्न होते हैं और फलेच्छासे रहित कर्मका अनुष्ठान करके उन्हें परमात्मस्वरूप श्रीविष्णुको अर्पण कर देते हैं, वे धन्य हैं।* जो इस कर्मभूमिमें उत्पन्न हो सत्कर्मोंद्वारा अपने अन्तःकरणको शुद्ध करके भगवान् अनन्तमें लीन होते हैं, उनका जीवन धन्य है। हमें पता नहीं, इस स्वर्गलोककी प्राप्ति करानेवाले पुण्यलोकके क्षीण होनेपर हम फिर कहाँ देह धारण करेंगे। वे मनुष्य, जो भारतवर्षमें जन्म लेकर सम्पूर्ण इन्द्रियोंसे सम्पन्न हैं, धन्य हैं।' विप्रवरो! यह नौ वर्षोंसे युक्त जम्बूद्वीपका वर्णन किया गया। उसका विस्तार एक लाख योजन है तथापि यहाँ संक्षेपसे ही बताया गया है। जम्बूद्वीपको गोलाकारमें चारों ओरसे घेरकर खारे पानीका समुद्र स्थित है। उसका विस्तार भी एक लाख योजन है।

प्लक्ष आदि छः द्वीपोंका वर्णन और भूमिका मान

लोमहर्षणजी कहते हैं—जिस प्रकार जम्बूद्वीप खारे पानीके समुद्रसे घिरा हुआ है, उसी प्रकार उस समुद्रको भी घेरकर प्लक्षद्वीप स्थित है। जम्बूद्वीपका विस्तार एक लाख योजन बताया गया है। प्लक्षद्वीपका विस्तार उससे दुगुना है। प्लक्षद्वीपके स्वामी राजा मेधातिथिके सात पुत्र हुए। उनमें ज्येष्ठ पुत्रका नाम शान्तमय है। उससे छोटे क्रमशः शिशिर, सुखोदय, आनन्द, शिव, क्षेमक तथा ध्रुव हैं। ये सभी प्लक्षद्वीपके राजा हुए। इन्हींके नामपर उस द्वीपके सात वर्ष हैं। उनकी सीमा बनानेवाले सात ही वर्षपर्वत हैं। उनके नाम बतलाता हूँ, सुनो। गोमेद, चन्द्र, नारद, दुन्दुभि, सोमक, सुमना तथा वैभ्राज—ये सात वर्षपर्वत हैं। इन रमणीय पर्वतोंपर देवताओं और गन्धर्वोंसहित वहाँकी प्रजा निवास करती है। उन सबमें पवित्र जनपद हैं, वीर पुरुष हैं। वहाँ किसीकी मृत्यु नहीं होती। मानसिक चिन्ताएँ तथा व्याधियाँ भी नहीं सतातीं। वहाँ हर समय सुख मिलता है। प्लक्षद्वीपके वर्षोंमें सात ही ऐसी नदियाँ हैं, जो समुद्रमें जा मिलती हैं। अनुतप्ता,

---

* अत्रापि भारतं श्रेष्ठं जम्बूद्वीपे महामुने। यतो हि कर्मभूरेषा यतोऽन्या भोगभूमयः।
अत्र जन्मसहस्राणां सहस्रैरपि सत्तम। कदाचिल्लभते जन्तुर्मानुष्यं पुण्यसञ्चयात्॥
गायन्ति देवाः किल गीतकानि धन्यास्तु ये भारतभूमिभागे। स्वर्गापवर्गास्पदहेतुभूते भवन्ति भूयः पुरुषा मनुष्याः॥
कर्माण्यसंकल्पिततत्फलानि संन्यस्य विष्णौ परमात्मरूपे।
(१९। २३—२६)

शिखा, विप्राशा, त्रिदिवा, क्रमु, अमृता तथा सुकृता—ये सात वहाँकी नदियाँ हैं। इस प्रकार प्लक्षद्वीपके प्रधान-प्रधान पर्वतों और नदियोंका वर्णन किया गया। छोटी-छोटी नदियाँ और छोटे-छोटे पहाड़ तो वहाँ हजारों हैं। उन वर्षोंमें युगोंकी व्यवस्था नहीं है। वहाँ सदा ही त्रेतायुगके समान समय रहता है। प्लक्षद्वीपसे लेकर शाकद्वीपतकके लोग पाँच हजार वर्षोंतक नीरोग जीवन व्यतीत करते हैं। उन द्वीपोंमें वर्णाश्रम-विभागपूर्वक चार प्रकारका धर्म है तथा वहाँ चार ही वर्ण हैं, जिनके नाम इस प्रकार हैं—आर्यक, कुरु, विविश्व तथा भावी। ये क्रमशः ब्राह्मण, क्षत्रिय, वैश्य तथा शूद्रकी कोटिके हैं। उस द्वीपके मध्यभागमें प्लक्ष (पाकड़) नामका बहुत विशाल वृक्ष है, जो जम्बूद्वीपमें स्थित जम्बू (जामुन) वृक्षके ही बराबर है। उसीके नामपर उस द्वीपका प्लक्षद्वीप नाम रखा गया है। प्लक्षद्वीपमें आर्यक आदि वर्णोंके लोग जगत्स्रष्टा सर्वेश्वर भगवान् श्रीहरिका चन्द्रमाके रूपमें यजन करते हैं। प्लक्षद्वीप अपने ही बराबर विस्तारवाले मण्डलाकार इक्षुरसके समुद्रसे घिरा हुआ है। अब शाल्मलद्वीपका वर्णन सुनो।

शाल्मलद्वीपके स्वामी वीर वपुष्मान् हैं। उनके सात पुत्र हैं और उन्हींके नामपर वहाँ सात वर्ष स्थित हैं। जिनके नाम इस प्रकार हैं—श्वेत, हरित, जीमूत, रोहित, वैद्युत, मानस तथा सुप्रभ। इक्षुरसका जो समुद्र बताया गया है, वह अपने दुगुने विस्तारवाले शाल्मलद्वीपके द्वारा सब ओरसे घिरा हुआ है। वहाँ भी सात ही वर्षपर्वत हैं, जहाँ रत्नोंकी खानें हैं। नदियाँ भी सात ही हैं। पहले पर्वतोंके नाम सुनो—कुमुद, उन्नत, वलाहक, द्रोण, कङ्क, महिष तथा पर्वतश्रेष्ठ ककुद्मान्—ये सात पर्वत हैं। इनमें द्रोणपर्वतपर कितनी ही महौषधियाँ हैं। नदियोंके नाम इस प्रकार हैं—श्रोणी, तोया, वितृष्णा, चन्द्रा, शुक्रा, विमोचनी तथा निवृत्ति। वहाँ श्वेत आदि सात वर्ष हैं, जिनमें चारों वर्णोंके लोग निवास करते हैं। शाल्मलद्वीपमें कपिल, अरुण, पीत तथा कृष्ण वर्णके लोग होते हैं, जो क्रमशः ब्राह्मण, क्षत्रिय, वैश्य और शूद्र माने जाते हैं। वे सब लोग यज्ञपरायण हो सबके आत्मा, अविनाशी एवं यज्ञमें स्थित भगवान् विष्णुकी वायुरूपमें आराधना करते हैं। इस अत्यन्त मनोहर द्वीपमें देवताओंका सांनिध्य बना रहता है। वहाँ शाल्मलि नामका महान् वृक्ष है, जो उस द्वीपके नामकरणका कारण बना है। यह द्वीप अपने समान विस्तारवाले सुराके समुद्रसे घिरा हुआ है और वह सुराका समुद्र शाल्मलद्वीपसे दुगुने विस्तारवाले कुशद्वीपद्वारा सब ओरसे आवृत है। कुशद्वीपमें ज्योतिष्मान् राजा हैं; अब उनके पुत्रोंके नाम बतलाये जाते हैं, सुनो—उद्भिद्, वेणुमान्, सुरथ, रन्धन, धृति, प्रभाकर और कपिल। इन्हींके नामोंपर वहाँके सात वर्ष प्रसिद्ध हैं। वहाँ मनुष्योंके साथ-साथ दैत्य, दानव, देवता, गन्धर्व, यक्ष और किंनर आदि भी निवास करते हैं। वहाँके मनुष्योंमें भी चार ही वर्ण हैं, जो अपने-अपने कर्तव्यके पालनमें तत्पर रहते हैं। उन वर्णोंके नाम इस प्रकार हैं—दमी, शुष्मी, स्नेह तथा मन्देह। ये क्रमशः ब्राह्मण, क्षत्रिय, वैश्य तथा शूद्रकी श्रेणीमें बताये गये हैं। वे शास्त्रोक्त कर्मोंका ठीक-ठीक पालन करते और अपने अधिकारके आरम्भक कर्मोंका क्षय होनेके लिये कुशद्वीपमें ब्रह्मारूपी भगवान् जनार्दनका यजन करते हैं। विद्रुम, हेमशैल, द्युतिमान्, पुष्टिमान्, कुशेशय, हरि और मन्दराचल—ये सात उस द्वीपके वर्षपर्वत हैं। नदियाँ भी सात ही हैं, जिनके नाम इस प्रकार हैं—धूतपापा, शिवा, पवित्रा, सम्मति, विद्युत्,

अम्भस् तथा मही। ये सब पापोंका अपहरण करनेवाली नदियाँ हैं। इनके अतिरिक्त भी वहाँ बहुत-सी छोटी-छोटी नदियाँ और पर्वत हैं। कुशद्वीपमें कुशोंका बहुत बड़ा वन है, अतः उसीके नामपर उस द्वीपकी प्रसिद्धि हुई है। वह द्वीप अपने ही बराबर विस्तारवाले घीके समुद्रसे घिरा हुआ है।

मुनिवरो! उपर्युक्त घीका समुद्र क्रौञ्चद्वीपसे घिरा हुआ है। उसका विस्तार कुशद्वीपसे दुगुना है। क्रौञ्चद्वीपके राजा द्युतिमान् हैं। महात्मा द्युतिमान्के सात पुत्र हैं। महामना द्युतिमान्ने अपने पुत्रोंके ही नामसे क्रौञ्चद्वीपके सात विभाग किये, जिनके नाम ये हैं—कुशग, मन्दग, उष्ण, पीवर, अन्धकारक, मुनि और दुन्दुभि। क्रौञ्चद्वीपमें भी बड़े ही मनोरम सात वर्षपर्वत हैं, जिनपर देवता और गन्धर्व निवास करते हैं। उनके नाम ये हैं—क्रौञ्च, वामन, अन्धकारक, देवव्रत, धर्म, पुण्डरीकवान् तथा दुन्दुभि। ये एक-दूसरेसे दुगुने बड़े हैं। जितने द्वीप हैं, द्वीपोंमें जितने पर्वत हैं तथा पर्वतोंद्वारा सीमित जितने वर्ष हैं, उन सभी रमणीय प्रदेशोंमें देवताओंसहित समस्त प्रजा बेखटके निवास करती है। क्रौञ्चद्वीपमें पुष्कल, पुष्कर, धन्य तथा ख्यात—ये चार वर्ण हैं, जो क्रमशः ब्राह्मण, क्षत्रिय, वैश्य एवं शूद्रकी कोटिके माने गये हैं। वहाँ छोटी-बड़ी सैकड़ों नदियाँ हैं, जिनमें सात प्रधान हैं—गौरी, कुमुद्वती, संध्या, रात्रि, मनोजवा, ख्याति तथा पुण्डरीका। क्रौञ्चद्वीपके निवासी इन्हीं नदियोंका जल पीते हैं। वहाँ पुष्कर आदि वर्णोंके लोग यज्ञके समीप ध्यानयोगके द्वारा रुद्रस्वरूप भगवान् जनार्दनका यजन करते हैं। क्रौञ्चद्वीप अपने समान परिमाणवाले दधिमण्डोद नामक समुद्रसे घिरा हुआ है तथा वह समुद्र भी शाकद्वीपसे आवृत है। शाकद्वीपका विस्तार क्रौञ्चद्वीपसे दूना है। उसके स्वामी महात्मा भव्य हैं। उनके सात पुत्र हैं, जिन्हें राजाने उस द्वीपके सात विभाग करके वहाँका राज्य दिया है। राजपुत्रोंके नाम ये हैं—जलद, कुमार, सुकुमार, मनीरक, कुसुमोद, मोदाकि तथा महाद्रुम। इन्हींके नामोंपर वहाँके सात वर्ष प्रसिद्ध हुए हैं। वहाँ भी सात पर्वत हैं, जो जलद आदि वर्षोंकी सीमा निर्धारित करते हैं। उनके नाम इस प्रकार हैं—उदयगिरि, जलधार, रैवतक, श्याम, अम्भोगिरि, आस्तिकेय तथा केसरी। वहाँ शाक (सागवान) का बहुत बड़ा वृक्ष है, जहाँ सिद्ध और गन्धर्व निवास करते हैं। उसके पत्तोंको छूकर बहनेवाली वायुका स्पर्श होनेसे बड़ा आनन्द मिलता है। वहाँके पवित्र जनपद चार वर्णोंके लोगोंसे सुशोभित हैं। शाकद्वीपमें महात्मा पुरुष निर्भय एवं नीरोग होकर निवास करते हैं। वहाँकी नदियाँ भी परम पवित्र तथा सब पापोंका नाश करनेवाली हैं। उनके नाम ये हैं—सुकुमारी, कुमारी, नलिनी, रेणुका, इक्षु, धेनुका तथा गभस्ति। इनके अतिरिक्त वहाँ छोटी-छोटी हजारों नदियाँ हैं। पर्वत भी सहस्रोंकी संख्यामें हैं, जलदादि वर्षोंके निवासी बड़ी प्रसन्नताके साथ पूर्वोक्त नदियोंका जल पीते हैं। मग, मागध, मानस तथा मन्दग—ये ही वहाँके चार वर्ण हैं—मग ब्राह्मण, मागध क्षत्रिय, मानस वैश्य तथा मन्दग शूद्र जानने चाहिये। शाकद्वीपमें रहनेवाले लोग अपने मन और इन्द्रियोंको संयममें रखकर शास्त्रोक्त सत्कर्मोंके द्वारा सूर्यरूपधारी भगवान् विष्णुका पूजन करते हैं। शाकद्वीप अपने ही बराबर विस्तारवाले क्षीरसागरद्वारा सब ओरसे घिरा हुआ है।

क्षीरसागरको पुष्करद्वीपने चारों ओरसे घेर रखा है। उसका विस्तार शाकद्वीपसे दुगुना है। पुष्करके महाराज सवनको दो पुत्र हुए—महावीत और धातकि। उन्हीं दोनोंके नामपर उस द्वीपके दो विभाग हुए हैं एकका नाम महावीतवर्ष और

दूसरेका धातकिवर्ष है। उस द्वीपमें एक ही वर्ष-पर्वत है, जो मानसोत्तरके नामसे विख्यात है। मानसोत्तरपर्वत पुष्करद्वीपके मध्यभागमें वलयाकार स्थित है। उसकी ऊँचाई पचास हजार योजनकी है, चौड़ाई भी उतनी ही है। वह उस द्वीपके चारों ओर मण्डलाकार स्थित है। वह पुष्करद्वीपको बीचसे चीरता हुआ-सा खड़ा है। उसीसे विभक्त होकर उस द्वीपके दो खण्ड हो गये हैं। प्रत्येक खण्ड गोलाकार है और उन दोनों खण्डोंके बीचमें वह महापर्वत स्थित है। वहाँके मनुष्य दस हजार वर्षोंतक जीवित रहते हैं। वे सब लोग रोग-शोकसे वर्जित तथा राग-द्वेषसे शून्य होते हैं। उनमें ऊँच-नीचका कोई भेद नहीं है। वहाँ न कोई वध्य है, न वधिक। वहाँके लोगोंमें ईर्ष्या, असूया, भय, रोष, दोष और लोभ आदि नहीं होते। महावीतवर्ष मानसोत्तरपर्वतके बाहर है और धातकिवर्ष भीतर। उसमें देवता और दैत्य आदि सभी निवास करते हैं। पुष्करद्वीपमें सत्य और असत्य नहीं हैं। उसके दोनों खण्डोंमें न कोई नदी है न दूसरा पर्वत। वहाँके मनुष्य देवताओंके समान रूप और वेषवाले होते हैं। उन दोनों वर्षोंमें वर्ण और आश्रमका आचार नहीं है। वहाँ किसीके धर्मका अपहरण नहीं होता। वेदत्रयी, वार्ता (कृषि-वाणिज्य आदि), दण्डनीति तथा शुश्रूषा आदिका व्यवहार भी नहीं देखा जाता; अतः उक्त दोनों वर्ष भूमण्डलके उत्तम स्वर्ग समझे जाते हैं। वहाँका प्रत्येक समय सबके लिये सुखद होता है। किसीको जरा-अवस्था या रोगका कष्ट नहीं होता। पुष्करद्वीपमें एक बरगदका विशाल वृक्ष है, जो ब्रह्माजीका उत्तम स्थान माना गया है। उसके नीचे देवता और असुरोंसे पूजित भगवान् ब्रह्मा निवास करते हैं। पुष्करद्वीप अपने समान विस्तारवाले मीठे जलके समुद्रसे घिरा है। इस प्रकार सातों द्वीप सात समुद्रोंसे आवृत हैं। एक द्वीप और समुद्रका विस्तार समान माना गया है। उसकी अपेक्षा दूसरे समुद्र और द्वीप दुगुने बड़े हैं। सब समुद्रोंमें सदा समान जल रहता है। उसमें कभी न्यूनता या अधिकता नहीं होती। जैसे बटलोईमें रखा हुआ जल आगका संयोग होनेसे उफन उठता है, उसी प्रकार चन्द्रमाकी वृद्धि होनेपर समुद्रके जलमें ज्वार आता है। उसका जल बढ़ता है और फिर घट जाता है; तथापि उसमें न्यूनता या अधिकता नहीं होती। शुक्ल और कृष्णपक्षमें चन्द्रमाके उदय और अस्त होनेपर समुद्रके जलका उत्थान पंद्रह सौ अंगुल ऊँचेतक देखा गया है। उत्थानके बाद जल पुनः उतारमें आ जाता है। पुष्करद्वीपमें सबके लिये भोजन स्वतः उपस्थित हो जाता है। वहाँकी समस्त प्रजा सदा षड्रसयुक्त भोजन करती है। स्वादिष्ठ जलवाले समुद्रके दोनों तटोंपर लोकोंकी स्थिति देखी जाती है। उसके आगेकी भूमि सुवर्णमयी है, जिसका विस्तार पुष्करद्वीपसे दुगुना है। वहाँ किसी भी जीव-जन्तुका निवास नहीं है। उसके आगे लोकालोकपर्वत है, जो दस हजार योजनतक फैला हुआ है। उसकी ऊँचाई भी उतने ही योजनोंकी है। लोकालोकपर्वतके बाद अन्धकार है, जो उस पर्वतको सब ओरसे आच्छादित करके स्थित है। अन्धकार भी अण्डकटाहके द्वारा सब ओरसे घिरा है। इस प्रकार अण्डकटाह, द्वीप तथा पर्वतोंसहित इस सम्पूर्ण पृथ्वीका विस्तार पचास करोड़ योजन है। यह भूमि सबका धारण-पोषण करनेवाली है। इसमें सब भूतोंकी अपेक्षा अधिक गुण हैं। यह सम्पूर्ण जगत्की आधारभूता है।

पाताल और नरकोंका वर्णन तथा हरिनाम-कीर्तनकी महिमा

लोमहर्षणजी कहते हैं—मुनिवरो! इस प्रकार यह पृथ्वीका विस्तार बतलाया गया। इसकी ऊँचाई भी सत्तर हजार योजन है। पृथ्वीके भीतर सात तल हैं, जिनमेंसे प्रत्येकको ऊँचाई दस-दस हजार योजनकी है। उन सातों तलोंके नाम ये हैं—अतल, वितल, नितल, सुतल, तलातल, रसातल तथा पाताल। इनकी भूमि क्रमशः काली, सफेद, लाल, पीली, कँकरीली, पथरीली तथा सुवर्णमयी है। सातों ही तल बड़े-बड़े महलोंसे सुशोभित हैं। उनमें दानव और दैत्योंकी सैकड़ों जातियाँ निवास करती हैं। विशालकाय नागोंके कुटुम्ब भी उनके भीतर रहते हैं। एक समय पातालसे लौटे हुए देवर्षि नारदजीने स्वर्गलोककी सभामें कहा था—'पाताललोक स्वर्गलोकसे भी रमणीय है। वहाँ सुन्दर प्रभायुक्त चमकीली मणियाँ हैं, जो परम आनन्द प्रदान करनेवाली हैं। वे नागोंके अलंकारों एवं आभूषणोंके काम आती हैं। भला, पातालकी तुलना किससे हो सकती है। वहाँ सूर्यकी किरणें दिनमें केवल प्रकाश फैलाती हैं, धूप नहीं। इसी प्रकार चन्द्रमाकी किरणें रातमें केवल उजाला करती हैं, सर्दी नहीं फैलातीं। वहाँ सर्प और दैत्य आदि भक्ष्य, भोज्य तथा सुरापानके मदसे उन्मत्त होकर यह नहीं जान पाते कि कब कितना समय बीता है। वहाँ वन, नदियाँ, रमणीय सरोवर, कमलवन तथा अन्य मनोहर वस्तुएँ हैं, जो बड़े सौभाग्यसे भोगनेको मिलती हैं। पाताल-निवासी दानव, दैत्य तथा सर्पगण सदा ही उन सबका उपभोग करते हैं। सब पातालोंके नीचे भगवान् विष्णुका तमोमय विग्रह है, जिसे शेषनाग कहते हैं। दैत्य और दानव उनके गुणोंका वर्णन करनेमें समर्थ नहीं हैं। सिद्ध पुरुष उन्हें अनन्त कहते हैं, देवता और देवर्षि उनकी पूजा करते हैं। वे सहस्त्रों मस्तकोंसे सुशोभित हैं। स्वस्तिकाकार निर्मल आभूषण उनकी शोभा बढ़ाते हैं। वे अपने फणोंकी सहस्त्रों मणियोंसे सम्पूर्ण दिशाओंको प्रकाशित करते हैं तथा संसारका कल्याण करनेके लिये सम्पूर्ण असुरोंकी शक्ति हर लेते हैं। उनके कानोंमें एक ही कुण्डल शोभा पाता है। मस्तकपर किरीट और गलेमें मणियोंकी माला धारण किये भगवान् अनन्त अग्निकी ज्वालासे प्रकाशमान श्वेत पर्वतकी भाँति शोभा पाते। वे नील वस्त्र धारण करते, मदसे मत्त रहते और श्वेत हारसे ऐसे सुशोभित होते हैं, मानो आकाशगङ्गाके प्रपातसे युक्त उत्तम कैलास पर्वत शोभा पा रहा हो। उनके एक हाथका अग्रभाग हलपर टिका रहता है और दूसरे हाथमें वे उत्तम मूसल धारण किये हुए है। प्रलयकालमें विषाग्निकी ज्वालाओंसे युक्त संकर्षणात्मक रुद्र उन्हींके मुखोंसे निकलकर तीनों लोकोंका संहार करते हैं। सम्पूर्ण देवताओंसे पूजित वे भगवान् शेष पातालके मूलभागमें स्थित हो अपने मस्तकपर समस्त भूमण्डलको धारण किये रहते हैं। उनके वीर्य, प्रभाव, स्वरूप तथा रूपका वर्णन देवता भी नहीं कर सकते। जिनके मस्तकपर रखी हुई समूची पृथ्वी उनके फणोंकी मणियोंके प्रकाशसे लाल रंगकी फूलमाला-सी दिखायी देती है, उनके पराक्रमका वर्णन कौन कर सकता है? भगवान् अनन्त जब जँभाई लेते हैं, उस समय पर्वत, समुद्र और वनोंसहित यह सारी पृथ्वी डोलने लगती है। गन्धर्व, अप्सरा, सिद्ध, किन्नर और सर्प—कोई भी उनके गुणोंका अन्त नहीं पाते; इसीलिये उन अविनाशी प्रभुको अनन्त कहते हैं। जिनके ऊपर नागवधुओंके हाथोंसे चढ़ाया हुआ हरिचन्दन

बारंबार श्वास-वायुके लगनेसे सम्पूर्ण दिशाओंको सुवासित करता रहता है, प्राचीन ऋषि गर्गने जिनकी आराधना करके सम्पूर्ण ज्योतिष-शास्त्रका यथार्थ ज्ञान प्राप्त किया था, उन्हीं नागश्रेष्ठ भगवान् शेषने इस पृथ्वीको धारण कर रखा है और वे ही देवता, असुर तथा मनुष्योंके सहित समस्त लोकोंका भरण-पोषण करते हैं।'

ब्राह्मणो! पातालके अनन्तर रौरव आदि नरक हैं, जिनमें पापियोंको गिराया जाता है। उन नरकोंके नाम बतलाता हूँ, सुनो। रौरव, शौकर, रोध, तान, विशसन, महाज्वाल, तप्तकुम्भ, महालोभ, विमोहन, रुधिरान्ध, वसातप्त, कृमीश, कृमिभोजन, असिपत्रवन, लालाभक्ष्य, पूयवह, वह्निज्वाल, अध:शिरा, संदंश, कृष्णसूत्र, तम, अवीचि, श्वभोजन, तथा अप्रतिष्ठ इत्यादि बहुत-से नरक हैं, जो अत्यन्त भयंकर हैं। ये सब यमके राज्यमें हैं। शस्त्र, अग्नि और विषके द्वारा यातना देनेके कारण वे सभी नरक अत्यन्त भयंकर हैं। जो मनुष्य पापकर्मोंमें लगे रहते हैं, वे ही उन नरकोंमें गिरते हैं। जो झूठी गवाही देता, पक्षपातपूर्वक बोलता तथा असत्य भाषण करता है, वह मनुष्य रौरव-नरकमें पड़ता है। जो गर्भके बच्चेकी हत्या कराता, गुरुके प्राण लेता, गायको मारता तथा दूसरोंके श्वास रोककर मार डालता है, वे सभी घोर रौरव नरकमें गिरते हैं। शराबी, ब्रह्महत्यारा, सुवर्णकी चोरी करनेवाला तथा इन पापियोंसे संसर्ग रखनेवाला मानव शौकर नरकमें जाता है। जो क्षत्रिय और वैश्यकी हत्या करता, गुरुपत्नीसे संसर्ग रखता, बहनके साथ व्यभिचार करता तथा राजदूतके प्राण लेता है, वह तप्तकुम्भ नामक नरकमें पड़ता है। जो शराब तथा सिंहको बेचता और अपने भक्तका त्याग करता है, वह तप्तलोह नामक नरकमें गिरता है। पुत्री और पुत्र-वधूके साथ समागम करनेवाला पापी महाज्वाल नामक नरकमें गिराया जाता है। जो नीच अपने गुरुजनोंका अपमान करता, उन्हें गालियाँ देता, वेदोंको दूषित करता, उन्हें बेचता तथा अगम्या स्त्रियोंके साथ समागम करता है, वे सभी शबल नामक नरकमें जाते हैं। चोर तथा मर्यादामें कलङ्क लगानेवाला मनुष्य विमोह नामक नरकमें गिरता है। देवताओं, द्विजों तथा पितरोंसे द्वेष रखनेवाला एवं रत्नको दूषित करनेवाला मनुष्य कृमिभक्ष्य नामक नरकमें पड़ता है। जो दूषित यज्ञ करता और देवताओं, पितरों एवं अतिथियोंको दिये बिना ही स्वयं खा लेता है, वह लालाभक्ष्य नामक भयंकर नरकमें जाता है। बाण बनानेवाला बेधक नामके नरकमें गिरता है। जो कर्णी नामक बाण तथा खड्ग आदि आयुधोंका निर्माण करता है। वह अत्यन्त भयंकर विशसन नामक नरकमें गिराया जाता है। जो द्विज नीच प्रतिग्रह स्वीकार करता है। यज्ञके अनधिकारियोंसे यज्ञ करवाता है तथा केवल नक्षत्र बताकर जीविका चलाता है, वह अधोमुख नामक नरकमें जाता है। जो अकेला ही मिठाई खाता है, वह मनुष्य कृमिपूय नामक नरकमें जाता है। लाख, मांस, रस, तिल और नमक बेचनेवाला ब्राह्मण भी उसी नरकमें पड़ता है। बिल्ली, मुर्गी, बकरा, कुत्ता, सूअर तथा चिड़िया पालनेवाला भी कृमिपूयमें ही गिरता है। जो ब्राह्मण रङ्गमञ्चपर नाचकर जीविका चलाता, नाव चलाता, जारज मनुष्यका अन्न खाता, दूसरोंको जहर देता, चुगली खाता, भैंससे जीविका चलाता, पर्वके दिन स्त्रीसम्भोग करता, दूसरोंके घरमें आग लगाता, मित्रोंकी हत्या करता, शकुन बताकर पैसे लेता, गाँवभरकी पुरोहिती करता

तथा सोमरस बेचता है, वह रुधिरान्ध नामक नरकमें गिरता है। भाईको मारनेवाला और समूचे गाँवको नष्ट करनेवाला मनुष्य वैतरणी नदीमें जाता है। जो वीर्य पान करते, मर्यादा तोड़ते, अपवित्र रहते और बाजीगरीसे जीविका चलाते हैं, वे कृच्छ्र नामक नरकमें गिरते हैं। जो अकारण ही जंगल कटवाता है, वह असिपत्रवन नामक नरकमें जाता है। भेड़के व्यापारसे जीविका चलानेवाले और मृगोंका वध करनेवाले वह्निज्वाल नामक नरकमें गिराये जाते हैं। जो व्रतका लोप करनेवाले तथा अपने आश्रमसे भ्रष्ट हैं, वे दोनों ही संदंश-नरककी यातनामें पड़ते हैं। जो मनुष्य ब्रह्मचारी होकर दिनमें सोते और स्वप्नमें वीर्यपात करते हैं तथा जो लोग अपने पुत्रोंद्वारा पढ़ाये जाते हैं, वे श्वभोजन नामक नरकमें गिरते हैं। ये तथा और भी सहस्त्रों नरक हैं, जिनमें पापी मनुष्य यातनामें डालकर पीड़ित किये जाते हैं। ऊपर जो पाप गिनाये गये हैं, उनके अतिरिक्त दूसरे भी सहस्त्रों प्रकारके पाप हैं, जिनका फल नरकमें पड़े हुए पापी जीव भोगते हैं।

जो लोग मन, वाणी और क्रियाद्वारा अपने वर्ण और आश्रमके विपरीत आचरण करते हैं, वे नरकोंमें पड़ते हैं। नरकमें पड़े हुए जीव नीचे मुँह करके लटका दिये जाते हैं और उसी अवस्थामें वे स्वर्गमें सुख भोगनेवाले देवताओंको देखते हैं। इसी प्रकार देवता भी उक्त अवस्थामें पड़े हुए नरकके जीवोंको देखते रहते हैं। ऐसा होनेसे उनकी धर्मके प्रति श्रद्धा और पापके प्रति विरक्ति बढ़ती है। स्थावर, कीट, जलचर पक्षी, पशु, मनुष्य, धर्मात्मा, देवता तथा मोक्षप्राप्त महात्मा—ये क्रमशः एकसे दूसरे सहस्त्रगुने श्रेष्ठ हैं। महर्षियोंने पापोंके अनुरूप प्रायश्चित्त भी बतलाये हैं। स्वायम्भुव मनु आदि स्मृतिकारोंने बड़े पापके लिये बड़े और छोटे पापके लिये छोटे प्रायश्चित्त बतलाये हैं। वे सब तपस्यारूप हैं। तपस्यारूप जो समस्त प्रायश्चित्त हैं, उन सबमें भगवान् श्रीकृष्णका निरन्तर स्मरण श्रेष्ठ है। पाप कर लेनेपर जिस पुरुषको उसके लिये पश्चात्ताप होता है, उसके लिये एक बार भगवान् श्रीहरिका स्मरण कर लेना ही सर्वोत्तम प्रायश्चित्त है। प्रातःकाल, रात्रि, संध्या तथा मध्याह्न आदिमें भगवान् नारायणका स्मरण करनेवाला मनुष्य तत्काल पापमुक्त हो जाता है। भगवान् विष्णुके स्मरण और कीर्तनसे समस्त क्लेशराशिके क्षीण हो जानेपर मनुष्य मुक्त हो जाता है। विप्रवरो! जप, होम और अर्चन आदिके समय जिसका मन भगवान् वासुदेवमें लगा होता है, वह तो मोक्षका अधिकारी है। उसके लिये फलरूपसे इन्द्र आदिके पदकी प्राप्ति विघ्नमात्र है। कहाँ तो जहाँसे पुनः लौटना पड़ता है, ऐसे स्वर्गलोकमें जाना और कहाँ मोक्षके सर्वोत्तम बीज वासुदेवमन्त्रका जप! इनमें कोई तुलना ही नहीं है।* इसलिये जो पुरुष रात-दिन भगवान् विष्णुका स्मरण करता है, वह

* प्रायश्चित्तान्यशेषाणि तपःकर्मात्मकानि वै। यानि तेषामशेषाणां कृष्णानुस्मरणं परम्॥
कृते पापेऽनुतापो वै यस्य पुंसः प्रजायते। प्रायश्चित्तं तु तस्यैकं हरिसंस्मरणं परम्॥
प्रातर्निशि तथा संध्यामध्याह्नादिषु संस्मरन्। नारायणमवाप्नोति सद्यः पापक्षयं नरः॥
विष्णुसंस्मरणात् क्षीणसमस्तक्लेशसंचयः। मुक्तिं प्रयाति भो विप्रा विष्णोस्तस्यानुकीर्तनात्॥
वासुदेवे मनो यस्य जपहोमार्चनादिषु। तस्यान्तरायो विप्रेन्द्रा देवेन्द्रत्वादिकं फलम्॥
क्व नाकपृष्ठगमनं पुनरावृत्तिलक्षणम्। क्व जपो वासुदेवेति मुक्तिबीजमनुत्तमम्॥
(२२। ३७—४२)

अपने समस्त पातकोंका नाश हो जानेके कारण कभी नरकमें नहीं पड़ता। एक ही वस्तु समय-समयपर दुःख-सुख, ईर्ष्या और क्रोधका कारण बनती है। अतः केवल दुःखरूप वस्तु कहाँसे आयी? वही वस्तु पहले प्रसन्नताका कारण होकर फिर दुःख देनेवाली बन जाती है। फिर वही क्रोध और प्रसन्नताका भी हेतु बनती है। इसलिये कोई भी वस्तु न तो दुःखरूप है न सुखरूप। यह सुख और दुःख आदि तो मनका विकारमात्र है।* ज्ञान ही परब्रह्मका स्वरूप है और अज्ञान बन्धनका कारण है। यह सम्पूर्ण विश्व ज्ञानस्वरूप है। ज्ञानसे बढ़कर कुछ भी नहीं है। ब्राह्मणो! विद्या और अविद्याको भी ज्ञानरूप ही समझो। इस प्रकार मैंने तुमसे समस्त भूमण्डल, पाताल, नरक, समुद्र, पर्वत, द्वीप, वर्ष तथा नदियोंका संक्षेपसे वर्णन किया। अब और क्या सुनना चाहते हो?

ग्रहों तथा भुवः आदि लोकोंकी स्थिति, श्रीविष्णुशक्तिका प्रभाव तथा शिशुमारचक्रका वर्णन

मुनियोंने कहा—महाभाग लोमहर्षणजी! अब हम भुवः आदि लोकोंका, ग्रहोंकी स्थितिका तथा उनके परिमाणका यथार्थ वर्णन सुनना चाहते हैं। आप कृपापूर्वक बतलायें।

लोमहर्षणजी बोले—सूर्य और चन्द्रमाकी किरणोंसे समुद्र, नदी और पर्वतोंसहित जितने भागमें प्रकाश फैलता है, उतने भागको पृथ्वी कहते हैं। पृथ्वी विस्तृत होनेके साथ ही गोलाकार है। पृथ्वीसे एक लाख योजन ऊपर सूर्यमण्डलकी स्थिति है और सूर्यमण्डलसे लाख योजन दूर चन्द्रमण्डल स्थित है। चन्द्रमण्डलसे लाख योजन ऊपर सम्पूर्ण नक्षत्रमण्डल प्रकाशित होता है। नक्षत्रमण्डलसे दो लाख योजन ऊँचे बुधकी स्थिति है। बुधसे दो लाख योजन ऊपर शुक्र स्थित हैं। शुक्रसे दो लाख योजन मङ्गल तथा मङ्गलसे दो लाख योजन ऊँचे देवगुरु बृहस्पति स्थित हैं। बृहस्पतिसे दो लाख योजन ऊपर शनैश्चर हैं और उनसे एक लाख योजन ऊँचे सप्तर्षिमण्डल स्थित है। सप्तर्षियोंसे लाख योजन ऊपर ध्रुव हैं, जो समस्त ज्योतिर्मण्डलके केन्द्र हैं। ध्रुवसे ऊपर महर्लोक है, जहाँ एक कल्पतक जीवित रहनेवाले महात्मा पुरुष निवास करते हैं। उसका विस्तार एक करोड़ योजन है। उसके ऊपर जनलोक है, जिसका विस्तार दो करोड़ योजन है। वहीं शुद्ध अन्तःकरणवाले ब्रह्मकुमार सनन्दन आदि महात्मा वास करते हैं। जनलोकसे ऊपर उससे चौगुने विस्तारवाला तपोलोक स्थित है, जहाँ शरीररहित वैराज आदि देवता रहते हैं। तपोलोकसे ऊपर सत्यलोक प्रकाशित होता है, जो उससे छः गुना बड़ा है। वहाँ सिद्ध आदि एवं मुनिजन निवास करते हैं। वह पुनर्जन्म एवं पुनर्मृत्युका निवारण करनेवाला लोक है। जहाँतक पैरोंसे जाने योग्य पार्थिव वस्तु है, उसे भूलोक कहा गया है; उसका विस्तार पहले बताया जा चुका है। भूमि और

*वस्त्वेकमेव दुःखाय सुखायेर्ष्योदयाय च। कोपाय च यतस्तस्माद् वस्तु दुःखात्मकं कुतः॥
तदेव प्रीतये भूत्वा पुनर्दुःखाय जायते। तदेव कोपाय यतः प्रसादाय च जायते॥
तस्माद्दुःखात्मकं नास्ति न च किञ्चित्सुखात्मकम्। मनसः परिणामोऽयं सुखदुःखादिलक्षणः॥
(२२।४५—४७)

सूर्यके बीचमें जो सिद्ध एवं मुनियोंसे सेवित प्रदेश है, वह भुवर्लोक कहा गया है। यही दूसरा लोक है। ध्रुव और सूर्यके बीचमें जो चौदह लाख योजन विस्तृत स्थान है, उसे लोक-स्थितिका विचार करनेवाले पुरुषोंने स्वर्गलोक बतलाया है। भूः, भुवः और स्वः—इन्हीं तीनोंको त्रैलोक्य कहते हैं। विद्वान् ब्राह्मण इन तीनों लोकोंको कृतक (नाशवान्) कहते हैं। इसी प्रकार ऊपरके जो जन, तप और सत्य नामक लोक हैं, वे तीनों अकृतक (अविनाशी) कहलाते हैं। कृतक और अकृतकके बीचमें महर्लोक है, जो कृतकाकृतक कहलाता है। यह कल्पान्तमें जनशून्य हो जाता है, किंतु नष्ट नही होता। ब्राह्मणो! इस प्रकार ये सात महालोक बतलाये गये हैं। पाताल भी सात ही हैं। यही समूचे ब्रह्माण्डका विस्तार है।

यह ब्रह्माण्ड ऊपर, नीचे तथा किनारेकी ओरसे अण्डकटाहद्वारा घिरा हुआ है—ठीक उसी तरह, जैसे कैथका बीज सब ओर छिलकेसे ढका रहता है। उसके बाद समूचे अण्डकटाहसे दसगुने विस्तारवाले जलके आवरणद्वारा यह ब्रह्माण्ड आवृत है। इसी प्रकार जलका आवरण भी बाहरकी ओरसे अग्निमय आवरणद्वारा घिरा हुआ है। अग्नि वायुसे, वायु आकाशसे और आकाश महत्तत्त्वसे आवृत है। इस प्रकार ये सातों आवरण उत्तरोत्तर दसगुने बड़े हैं। महत्तत्त्वको आवृत करके प्रधान—प्रकृति स्थित है। प्रधान अनन्त है। उसका अन्त नहीं है और न उसके मापकी कोई संख्या ही है। वह अनन्त एवं असंख्यात बताया गया है। वही सम्पूर्ण जगत्का उपादान है। उसे ही परा प्रकृति कहा गया है। उसके भीतर ऐसे-ऐसे कोटि-कोटि ब्रह्माण्ड स्थित हैं। जैसे लकड़ीमें आग और तिलमें तेल व्याप्त रहता है, उसी प्रकार प्रधान अर्थात् प्रकृतिमें चेतन पुरुष व्याप्त है। ये प्रकृति और पुरुष एक-दूसरेके आश्रित हो भगवान् विष्णुकी शक्तिसे टिके हुए हैं। श्रीविष्णुकी शक्ति ही प्रकृति और पुरुषके पृथक् एवं संयुक्त होनेमें कारण है। विप्रवरो! वही सृष्टिके समय प्रकृतिमें क्षोभका कारण होती है। जैसे वायु जलके कणोंसे रहनेवाली शीतलताको धारण करती है, उसी प्रकार भगवान् विष्णुकी शक्ति प्रकृति-पुरुषरूप सम्पूर्ण जगत्को धारण करती है। जैसे प्रथम बीजसे मूल, तने और शाखा आदिसहित विशाल वृक्ष उत्पन्न होता है, फिर उस वृक्षसे अन्यान्य बीज प्रकट होते हैं और उन बीजोंसे भी पहले ही-जैसे वृक्ष उत्पन्न होते रहते हैं, उसी प्रकार पहले अव्याकृत प्रकृतिसे महत्तत्त्व आदि उत्पन्न होते हैं, फिर उनसे देवता आदि प्रकट होते हैं, देवताओंसे उनके पुत्र और उन पुत्रोंके भी पुत्र होते रहते हैं। जैसे एक वृक्षसे दूसरा वृक्ष उत्पन्न होनेपर पहले वृक्षकी कोई हानि नहीं होती, उसी प्रकार नूतन भूतोंकी सृष्टिसे भूतोंका ह्रास नहीं होता। जैसे समीपवर्ती होनेमात्रसे आकाश और काल आदि भी वृक्षके कारण हैं, उसी प्रकार भगवान् श्रीहरि स्वयं विकृत न होते हुए ही सम्पूर्ण विश्वके कारण होते हैं। जैसे धानके बीजमें जड़, नाल, पत्ते, अङ्कुर, काण्ड, कोप, फूल, दूध, चावल, भूसी और कन—सभी रहते हैं तथा अङ्कुरित होनेके योग्य कारण-सामग्री पाकर प्रकट हो जाते हैं, उसी प्रकार भिन्न-भिन्न कर्मोंमें देव आदि सभी शरीर स्थित रहते हैं तथा कारणभूत श्रीविष्णुशक्तिका सहारा पाकर प्रकट हो जाते हैं।

वे भगवान् विष्णु परब्रह्म हैं; उन्हींसे यह सम्पूर्ण जगत् उत्पन्न हुआ है, वे ही जगत्स्वरूप हैं तथा उन्हींमें इस जगत्का लय होगा। वे परब्रह्म और परम धामस्वरूप हैं, सत् और असत् भी वे

ही हैं, वे ही परम पद हैं। यह सम्पूर्ण चराचर जगत् उनसे भिन्न नहीं है। वे ही अव्याकृत मूल प्रकृति और व्याकृत जगत्स्वरूप हैं। यह सब कुछ उन्हींमें लय होता और उन्हींके आधारपर स्थित रहता है। वे ही क्रियाओंके कर्ता (यजमान) हैं, उन्हींका यज्ञोंद्वारा यजन किया जाता है, यज्ञ और उसके फल भी वे ही हैं। युग आदि सब कुछ उन्हींसे प्रवृत्त होता है। उन श्रीहरिसे भिन्न कुछ भी नहीं है।*

लोमहर्षणजी कहते हैं—आकाशमें शिशुमार (गोह)-के आकारमें जो भगवान्‌का तारामय स्वरूप है, उसके पुच्छभागमें ध्रुवकी स्थिति है। ध्रुव स्वयं अपनी परिधिमें भ्रमण करते हुए सूर्य, चन्द्र आदि अन्य ग्रहोंको भी घुमाते हैं। ध्रुवके घूमनेपर उनके साथ ही समस्त नक्षत्र चक्रकी भाँति घूमने लगते हैं। सूर्य, चन्द्रमा, तारे, नक्षत्र और ग्रह—ये सभी वायुमयी डोरीसे ध्रुवमें बँधे हुए हैं। शिशुमारके आकारका आकाशमें जो तारामय रूप बताया गया है, उसके आधार परम धामस्वरूप साक्षात् भगवान् नारायण हैं, जो शिशुमारके हृदय-देशमें स्थित हैं। देवता, असुर और मनुष्योंसहित यह सम्पूर्ण जगत् भगवान् नारायणके ही आधारपर टिका हुआ है। सूर्य आठ महीनोंमें अपनी किरणोंद्वारा रसात्मक जलका संग्रह करते हैं और उसे वर्षाकालमें बरसा देते हैं। उस वृष्टिके जलसे अन्न पैदा होता है और अन्नसे सम्पूर्ण जगत्‌का भरण-पोषण होता है। सूर्य अपनी तीखी किरणोंसे जगत्‌का जल लेकर उसके द्वारा चन्द्रमाकी पुष्टि करते हैं। धूम, अग्नि और वायुरूप मेघोंमें स्थापित किया हुआ जल अपभ्रष्ट नहीं होता, अतएव मेघोंको अभ्र कहते हैं। वायुकी प्रेरणासे मेघस्थ जल पृथ्वीपर गिरता है। नदी, समुद्र, पृथ्वी तथा प्राणियोंके शरीरसे निकला हुआ—ये चार प्रकारके जल सूर्य अपनी किरणोंद्वारा ग्रहण करते हैं और उन्हींको समयपर बरसाते हैं। इसके सिवा वे आकाशगङ्गाके जलको भी लेकर उसे बादलोंमें स्थापित किये बिना ही शीघ्र पृथ्वीपर बरसा देते हैं। उस जलका स्पर्श होनेसे मनुष्यके पाप-पङ्क धुल जाते हैं, जिससे वह नरकमें नहीं पड़ता। यह दिव्य स्नान माना गया है। कृत्तिका आदि विषम नक्षत्रोंमें सूर्यके दिखायी देते हुए आकाशसे जो जल गिरता है, उसे दिग्गजोंद्वारा फेंका हुआ आकाशगङ्गाका जल समझना चाहिये। इसी प्रकार भरणी आदि सम संख्यावाले नक्षत्रोंमें सूर्यके दिखायी देते हुए आकाशसे जो जल गिरता है, वह भी आकाशगङ्गाका ही जल है, जिसे सूर्यकी किरणें तत्काल ले आकर बरसाती हैं। यह दोनों ही प्रकारका जल अत्यन्त पवित्र और मनुष्योंका पाप दूर करनेवाला है। आकाशगङ्गाके जलका स्पर्श दिव्य स्नान है। बादलोंके द्वारा जो जलकी वर्षा होती है, वह प्राणियोंके जीवनके लिये सब प्रकारके अन्न आदिकी पुष्टि करती है। अतः वह जल अमृत माना गया है। उसके द्वारा अत्यन्त पुष्ट हुई सब प्रकारकी ओषधियाँ फलती, पकती एवं प्रजाके उपयोगमें आती हैं। उन ओषधियोंसे शास्त्रदर्शी मनुष्य प्रतिदिन विहित यज्ञोंका अनुष्ठान करके देवताओंको तृप्त करते हैं। इस प्रकार यज्ञ, वेद,

* स च विष्णुः परं ब्रह्म यतः सर्वमिदं जगत्। जगच्च यो यत्र चेदं यस्मिन् विलयमेष्यति॥
तद् ब्रह्म परमं धाम सदसत्परमं पदम्। यस्य सर्वमभेदेन जगदेतच्चराचरम्॥
स एव मूलप्रकृतिर्व्यक्तरूपी जगच्च सः। तस्मिन्नेव लयं सर्वं याति तत्र च तिष्ठति॥
कर्ता क्रियाणां स च इज्यते क्रतुः स एव तत्कर्मफलं च तस्य यत्। युगादि यस्माच्च भवेदशेषतो हरेर्न किञ्चिद् व्यतिरिक्तमस्ति तत्॥
(२३। ४१—४४)

ब्राह्मण आदि वर्ण, सम्पूर्ण देवता, पशु, भूतगण तथा स्थावर-जङ्गमरूप सम्पूर्ण जगत्—ये सब वृष्टिके द्वारा ही धारण किये गये हैं। वृष्टि सूर्यके द्वारा होती है। सूर्यके आधार ध्रुव, ध्रुवके शिशुमारचक्र तथा शिशुमारचक्रके आश्रय साक्षात् भगवान् नारायण हैं। वे शिशुमारचक्रके हृदय-देशमें स्थित हैं। वे ही सम्पूर्ण भूतोंके आदि, पालक तथा सनातन प्रभु हैं। मुनिवरो! इस प्रकार मैंने पृथ्वी, समुद्र आदिसे युक्त ब्रह्माण्डका वर्णन किया। अब और क्या सुनना चाहते हो?

तीर्थ-वर्णन

मुनियोंने कहा—धर्मके ज्ञाता सूतजी! पृथ्वी-पर जो-जो पवित्र तीर्थ और मन्दिर हैं, उनका वर्णन कीजिये। इस समय हमारे मनमें उन्हींका वर्णन सुननेकी इच्छा है।

लोमहर्षणजी बोले—जिसके हाथ, पैर और मन काबूमें हों तथा जिसमें विद्या, तप और कीर्ति हो, वह मनुष्य तीर्थके फलका भागी होता है। पुरुषका शुद्ध मन, शुद्ध वाणी तथा वशमें की हुई इन्द्रियाँ—ये शारीरिक तीर्थ हैं, जो स्वर्गका मार्ग सूचित करती हैं। भीतरका दूषित चित्त तीर्थस्नानसे शुद्ध नहीं होता। जिसका अन्तःकरण दूषित है, जो दम्भमें रुचि रखता है तथा जिसकी इन्द्रियाँ चञ्चल हैं, उसे तीर्थ, दान, व्रत और आश्रम भी पवित्र नहीं कर सकते। मनुष्य इन्द्रियोंको अपने वशमें करके जहाँ-जहाँ निवास करता है, वहीं-वहीं कुरुक्षेत्र, प्रयाग और पुष्कर आदि तीर्थ वास करने लगते हैं। द्विजवरो! अब मैं पृथ्वीके पवित्र तीर्थों और मन्दिरोंका संक्षेपसे वर्णन आरम्भ करता हूँ, सुनो। पुष्कर, नैमिषारण्य, प्रयाग, धर्मारण्य, धेनुक, चम्पकारण्य, सैन्धवारण्य, मगधारण्य, दण्डकारण्य, गया, प्रभास, श्रीतीर्थ, कनखल, भृगुतुङ्ग, हिरण्याक्ष, भीमारण्य, कुशस्थली, लोहाकुल, केदार, मन्दरारण्य, महाबल, कोटितीर्थ, रूपतीर्थ, शूकर, चक्रतीर्थ, योगतीर्थ, सोमतीर्थ शाखोटक, कोकामुख, बदरीशैल, तुङ्गकूट, स्कन्दाश्रम, अग्निपद, पञ्चशिख, धर्मोद्भव, बन्धप्रमोचन, गङ्गाद्वार, पञ्चकूट, मध्यकेसर, चक्रप्रभ, मतङ्ग, कुशदण्ड, दंष्ट्राकुण्ड, विष्णुतीर्थ, सार्वकामिकतीर्थ, मत्स्यतिल, ब्रह्मकुण्ड, वह्निकुण्ड, सत्यपद, चतुःस्रोत, चतुःशृङ्ग, द्वादशधार, मानस, स्थूलशृङ्ग, स्थूलदण्ड, उर्वशी, लोकपाल, मनुवर, सोमशैल, सदाप्रभ, मेरुकुण्ड, सोमाभिषेचनतीर्थ, महास्रोत, कोटरक, पञ्चधार, त्रिधार, सप्तधार, एकधार, अमरकण्टक, शालग्राम, कोटिद्रुम, बिल्वप्रभ, देवह्रद, विष्णुह्रद, शङ्खप्रभ, देवकुण्ड, वज्रायुध, अग्निप्रभ, पुंनाग, देवप्रभ, विद्याधरतीर्थ, गान्धर्वतीर्थ, मणिपुर गिरि, पञ्चह्रद, पिण्डारक, मलव्य, गोप्रभाव, गोवर, वटमूल, स्नानदण्ड, विष्णुपद, कन्याश्रम, वायुकुण्ड, जम्बूमार्ग, गभस्तितीर्थ, यजातिपतन, भद्रवट, महाकालवन, नर्मदातीर्थ, तीर्थवज्र, अर्बुद, पिङ्गतीर्थ, वासिष्ठतीर्थ, पृथुसंगम, दौर्वासिक, पिञ्जरक, ऋषितीर्थ, ब्रह्मतुङ्ग, वसुतीर्थ, कुमारिक, शक्रतीर्थ, पञ्चनद, रेणुकातीर्थ, पैतामह, विमलतीर्थ, रुद्रपाद, मणिमान्, कामाख्य, कृष्णतीर्थ, कुलिङ्गक, यजनतीर्थ, याजनतीर्थ, ब्रह्मवालुक, पुष्पन्यास, पुण्डरीक, मणिपूर, दीर्घसत्र, हयपद, अनशनतीर्थ, गङ्गोद्भेद, शिवोद्भेद, नर्मदोद्भेद, वस्त्रापद, दारुबल, छायारोहण, सिद्धेश्वर, मित्रबल, कालिकाश्रम, वटावट, भद्रवट, कौशाम्बी, दिवाकर, सारस्वतद्वीप, विजयतीर्थ,

कामदतीर्थ, रुद्रकोटि, सुमनस्तीर्थ, समन्तपञ्चक, ब्रह्मतीर्थ, सुदर्शनतीर्थ, पारिप्लव, पृथूदक, दशाश्वमेधिक, साक्षिद, विजय, पञ्चनद, वाराह, यक्षिणीह्रद, पुण्डरीक, सोमतीर्थ, मुञ्जवट, बदरीवन, रत्नमूलक, स्वर्लोकद्वार, पञ्चतीर्थ, कपिलातीर्थ, सूर्यतीर्थ, शङ्खिनीतीर्थ, गोभवनतीर्थ, यक्षराजतीर्थ, ब्रह्मावर्त, कामेश्वर, मातृतीर्थ, शातवनतीर्थ, स्नानलोमापह, माससंसरक, केदार, ब्रह्मोदुम्बर, सप्तर्षिकुण्ड, देवीतीर्थ, जम्बुकतीर्थ, ईहास्पद, कोटिकूट, किंदान, किंजय, कारण्डव, अवेध्य, त्रिविष्टप, पाणिखात, मिश्रक, मधुवट, मनोजव, कौशिकीतीर्थ, देवतीर्थ, ऋणमोचनतीर्थ, नृगधूम, अमरह्रद, श्रीकुञ्ज, शालितीर्थ, नैमिषेयतीर्थ, ब्रह्मस्थान, कन्यातीर्थ, मनसतीर्थ, कारुपावनतीर्थ, सौगन्धिकवन, मणितीर्थ, सरस्वतीतीर्थ, ईशानतीर्थ, पाञ्चयज्ञिकतीर्थ, त्रिशूलधार, माहेन्द्र, देवस्थान, कृतालय, शाकम्भरी, देवतीर्थ, सुवर्णतीर्थ, कलिह्रद, क्षीरस्रव, विरूपाक्ष, भृगुतीर्थ, कुशोद्भवतीर्थ, ब्रह्मयोनि, नीलपर्वत, कुब्जाम्बक, वसिष्ठपद, स्वर्गद्वार, प्रजाद्वार, कलिकाश्रम, रुद्रावर्त, सुगन्धाश्व, कपिलावन, भद्रकर्णह्रद, शङ्कुकर्णह्रद, सप्तसारस्वत, औशनसतीर्थ, कपालमोचन, अवकीर्ण, काम्यक, चतुःसामुद्रिक, शतिक, सहस्रिक, रेणुक, पञ्चवटक, विमोचन, स्थाणुतीर्थ, कुरुतीर्थ, कुशध्वज, विश्वेश्वर, मानवकूप, नारायणाश्रम, गङ्गाह्रद, बदरीपावन, इन्द्रमार्ग, एकरात्र, क्षीरकावास, दधीच, श्रुततीर्थ, कोटितीर्थस्थली, भद्रकालीह्रद, अरुन्धतीवन, ब्रह्मावर्त, अश्ववेदी, कुब्जावन, यमुनाप्रभव, वीर, प्रमोक्ष, सिन्धूत्थ, ऋषिकुल्या, कृत्तिका, उर्वीसंक्रमण, मायाविद्योद्भव, महाश्रम, वेतसिका, सुन्दरिकाश्रम, बाहुतीर्थ, चारुनदी, विमलाशोक, मार्कण्डेयतीर्थ, सितोद, मत्स्योदरी, सूर्यप्रभ, अशोकवन, अरुणास्पद, शुक्रतीर्थ, वालुकातीर्थ, पिशाचमोचन, सुभद्राह्रद, विरलदण्डकुण्ड, चण्डेश्वरतीर्थ, ज्येष्ठस्थानह्रद, ब्रह्मसर, जैगीषव्यगुहा, हरिकेशवन, अजामुखसर, घण्टाकर्णह्रद, कर्कोटकवापी, सपर्णास्योदपान, श्वेततीर्थह्रद, घर्घरिकाकुण्ड, श्यामाकूप, चन्द्रिकातीर्थ, श्मशानस्तम्भकूप, विनायकह्रद, सिन्धूद्भवकूप, ब्रह्मसर, रुद्रावास, नागतीर्थ, पुलोमतीर्थ, भक्तह्रद, क्षीरसर, प्रेताधार, कुमारतीर्थ, कुशावर्त, दधिकर्णोदपानक, शृङ्गतीर्थ, महातीर्थ, महानदी, गयशीर्ष, अक्षयवट, कपिलाह्रद, गृध्रवट, सावित्रीह्रद, प्रभासन, शीतवन, योनिद्वार, धन्यक, कोकिलातीर्थ, मतङ्गह्रद, पितृकूप, सप्तकुण्ड, मणिरत्नह्रद, कौशिक्यतीर्थ, भरततीर्थ, ज्येष्ठालिकातीर्थ, कल्पसर, कुमारधारा, श्रीधारा, गौरीशिखर, शुनःकुण्ड, नन्दितीर्थ, कुमारवास, श्रीवास, कुम्भकर्णह्रद, कौशिकीह्रद, धर्मतीर्थ, कामतीर्थ, उद्दालकतीर्थ, संध्यातीर्थ, लोहितार्णव, शोणोद्भव, वंशगुल्म, ऋषभ, कालतीर्थ, पुण्यावर्तिह्रद, बदरिकाश्रम, रामतीर्थ, पितृवन, विरजातीर्थ, कृष्णतीर्थ, कृष्णवट, रोहिणीकूप, इन्द्रद्युम्नसरोवर, सानुगर्त, माहेन्द्र, श्रीनद, इषुतीर्थ, वार्षभतीर्थ, कावेरीह्रद, गोकर्ण, गायत्रीस्थान, बदरीह्रद, मध्यस्थान, विकर्णक, जातीह्रद, देवकूप, कुशप्रथन, सर्वदेवव्रत, कन्याश्रमह्रद, वालखिल्यह्रद तथा अखण्डितह्रद—ये सब पवित्र तीर्थ हैं। जो मनुष्य इन तीर्थोंमें उत्तम श्रद्धासे सम्पन्न हो उपवास एवं इन्द्रियसंयमपूर्वक विधिवत् स्नान, देवता, ऋषि, मनुष्य तथा पितरोंका तर्पण, देवताओंका पूजन एवं तीन रात्रितक निवास करता है, वह प्रत्येक तीर्थके पृथक्-पृथक् फलरूपसे अश्वमेध-यज्ञका पुण्य प्राप्त करता है—इसमें तनिक भी संदेह नहीं है। जो प्रतिदिन इस उत्तम तीर्थ-माहात्म्यको सुनता, पढ़ता अथवा सुनाता है, वह सब पापोंसे मुक्त हो जाता है।

भारतवर्षका वर्णन

मुनियोंने कहा—वक्ताओंमें श्रेष्ठ सूतजी! इस पृथ्वीपर धर्म, अर्थ, काम एवं मोक्ष प्रदान करनेवाली जो उत्तम भूमि एवं श्रेष्ठ तीर्थ हो, उसे बतलाइये।

लोमहर्षणजी बोले—ब्राह्मणो! पूर्वकालमें महर्षियोंने मेरे गुरु व्यासजीसे यही प्रश्न पूछा था। मैं वही प्रसंग कहता हूँ। कुरुक्षेत्रकी बात है, बुद्धिमानोंमें श्रेष्ठ व्यासजी, जो सब शास्त्रोंके विद्वान्, महाभारतके रचयिता, अध्यात्मनिष्ठ, सर्वज्ञ, सब भूतोंके हितमें संलग्न, पुराण और आगमोंके वक्ता तथा वेद-वेदाङ्गोंके पारंगत पण्डित हैं, अपने परम पवित्र आश्रममें बैठे हुए थे। भाँति-भाँतिके पुष्प उस आश्रमकी शोभा बढ़ा रहे थे। उसी समय उत्तम व्रतका पालन करनेवाले अनेक महर्षि उनके दर्शनके लिये आये। कश्यप, जमदग्नि, भरद्वाज, गौतम, वसिष्ठ, जैमिनि, धौम्य, मार्कण्डेय, वाल्मीकि, विश्वामित्र, शतानन्द, वात्स्य, गार्ग्य, आसुरि, सुमन्तु, भार्गव, कण्व, मेधातिथि, माण्डव्य, च्यवन, धूम्र, असित, देवल, मौद्गल्य, तृणयज्ञ, पिप्पलाद, अकृतव्रण, संवर्त, कौशिक, रैभ्य, मैत्रेय, हरित, शाण्डिल्य, विभाण्ड, दुर्वासा, लोमश, नारद, पर्वत, वैशम्पायन, गालव, भास्करि, पूरण, सूत, पुलस्त्य, कपिल, पुलह, देवस्थान, सनत्कुमार, पैल, कृष्ण तथा कृष्णानुभौतिक—ये तथा और भी बहुत-से मुनिवर सत्यवतीनन्दन व्यासको घेरकर बैठ गये। उनके बीचमें व्यासजी नक्षत्रोंसे घिरे हुए चन्द्रमाकी भाँति शोभा पाते थे। कुछ बातचीतके बाद उन्होंने व्यासजीसे अपना सन्देह इस प्रकार पूछा।

मुनि बोले—मुने! आप वेद, शास्त्र, पुराण, तन्त्रशास्त्र, महाभारत, भूत, वर्तमान, भविष्य तथा सम्पूर्ण वाङ्मयका ज्ञान रखते हैं। यह संसार एक

समुद्रके समान है। इसमें दुःख-ही-दुःख भरा है। यह कष्टमय एवं निःसार है। इस भयानक भवसागरमें रागरूपी ग्राह रहते हैं। यह विषयरूपी जलसे भरा रहता है। इन्द्रियाँ ही इसमें भँवर हैं। यह क्षुधा, पिपासा आदि सैकड़ों ऊर्मियोंसे व्याप्त है। इसे मोहरूपी कीचड़ने मलिन बना रखा है। लोभकी गहराईके कारण इसके पार जाना अत्यन्त कठिन है। हम देखते हैं कि सम्पूर्ण जगत् इसमें डूबकर कोई सहारा न पा सकनेके कारण अचेत बहा जा रहा है। अतः आपसे पूछते हैं, इस भयंकर संसारमें कौन-सा साधन कल्याणकारी है? इस बातका उपदेश देकर आप सम्पूर्ण लोकोंका उद्धार कीजिये। इस पृथ्वीपर जो परम दुर्लभ मोक्षदायक क्षेत्र एवं कर्मभूमि है, उसे बतलाइये। हम उसका श्रवण करना चाहते हैं।

व्यासजीने कहा—पूर्वकालमें महर्षियोंका ब्रह्माजीके साथ जो संवाद हुआ था, उसे आप

सब लोग सुनें। नाना रत्नोंसे विभूषित मेरुगिरिके विशाल शिखरपर भगवान् ब्रह्माजी विराजमान थे। देवता, दानव, गन्धर्व, यक्ष, विद्याधर, नाग, मुनि तथा सिद्ध उनकी सेवामें उपस्थित थे। उस समय भृगु आदि महर्षियोंने पितामहको प्रणाम करके इस प्रकार प्रश्न किया—'भगवन्! इस पृथ्वीपर कर्मभूमि कौन है तथा दुर्लभ मोक्ष-क्षेत्र कौन है? यह बतानेकी कृपा करें।'

ब्रह्माजी बोले—मुनिवरो! सुनो, इस पृथ्वीपर भारतवर्षको कर्मभूमि बतलाया गया है। वह परम प्राचीन, वेदोंसे सम्बन्ध रखनेवाला तथा भोग और मोक्ष प्रदान करनेवाला उत्तम क्षेत्र है। वहीं किये हुए कर्मोंके फलरूपसे स्वर्ग और नरक प्राप्त होते हैं। भारतवर्षमें पाप या पुण्य करके मनुष्य निश्चय ही उसके अशुभ अथवा शुभ फलका भागी होता है। वहाँ ब्राह्मण आदि वर्ण भलीभाँति संयमपूर्वक रहते हुए अपने-अपने कर्मोंका अनुष्ठान करके उत्तम सिद्धिको प्राप्त होते हैं। भारतवर्षमें संयमशील पुरुष धर्म, अर्थ, काम और मोक्ष—सब कुछ प्राप्त करता है। इन्द्र आदि देवताओंने भारतवर्षमें शुभ कर्मोंका अनुष्ठान करके देवत्व प्राप्त किया है। इनके सिवा अन्य जितेन्द्रिय पुरुषोंने भी भारतवर्षमें शान्त, वीतराग एवं मात्सर्यरहित जीवन बिताते हुए मोक्ष प्राप्त किया है। देवता सदा इस बातकी अभिलाषा करते हैं कि हमलोग कब स्वर्ग एवं मोक्ष प्रदान करनेवाले भारतवर्षमें जन्म लेकर निरन्तर उसका दर्शन करेंगे।

इसके पूर्वमें किरात और पश्चिममें यवन रहते हैं। मध्यभागमें ब्राह्मण, क्षत्रिय, वैश्य तथा शूद्रोंका निवास है। वे क्रमशः यज्ञ, युद्ध और व्यापार आदि विशुद्ध कर्मोंके द्वारा अपनेको पवित्र करते हैं। उनका जीवन-निर्वाह भी इन्हीं कर्मोंसे होता है। यहाँ किया हुआ पुण्य सकाम होनेपर स्वर्ग आदिका तथा निष्काम होनेपर मोक्षका साधक होता है। इसी प्रकार पाप भी अपना फल प्रदान करता है। महेन्द्र, मलय, सह्य, शुक्तिमान्, ऋक्षपर्वत, विन्ध्य और पारियात्र—ये ही सात यहाँ कुल-पर्वत हैं। उनके आस-पास और भी हजारों पर्वत हैं। वे सभी विस्तृत, ऊँचे और रमणीय हैं। उनके शिखर भाँति-भाँतिके और सुन्दर हैं। कोलाहल, वैभ्राज, मन्दर, दर्दुराचल, वातंधय, वैद्युत, मैनाक, सुरस, तुङ्गप्रस्थ, नागगिरि, गोधन, पाण्डुराचल, पुष्पगिरि, वैजयन्त, रैवत, अर्बुद, ऋष्यमूक, गोमन्त, कृतशैल, कृताचल, श्रीपर्वत, चकोर तथा अन्य अनेक पर्वत ऐसे हैं, जिनसे मिले हुए म्लेच्छ आदि जनपद पृथक्-पृथक् बसे हुए हैं। वहाँके लोग जिन श्रेष्ठ नदियोंका जल पीते हैं, उनके नाम इस प्रकार जानो—गङ्गा, सरस्वती, सिन्धु, चन्द्रभागा (चनाब), यमुना, शतद्रु (सतलज), विपाशा (व्यास), वितस्ता (झेलम), इरावती (रावी), कुहू (गोमती), धूतपापा, बाहुदा, दृषद्वती, देविका,

चक्षु, निष्ठीवा, गण्डकी तथा कौशिकी। ये हिमालयकी घाटीसे निकली हुई नदियाँ हैं। देवस्मृति, देववती, वातघ्नी, सिन्धु, वेण्या, चन्दना, सदानीरा, मही, चर्मण्वती (चंबल), वृषी, विदिशा, वेदवती, क्षिप्रा तथा अवन्ती—ये पारियात्रपर्वतका अनुसरण करनेवाली नदियाँ हैं। शोणा (सोन), महानदी, नर्मदा, सुरथा, क्रिया, मन्दाकिनी, दशार्णा, चित्रकूटा, चित्रोत्पला, वेत्रवती (बेतवा), कर्मोदा, पिशाचिका, अतिलघुश्रोणी, विपाप्मा, शैवला, सधेरुजा, शक्तिमती, शकुनी, त्रिदिवा, क्रमु तथा वेगवाहिनी—ये नदियाँ ऋक्षपर्वतकी संतानें हैं। चित्रा, पयोष्णी, निर्विन्ध्या, तापी, वेणा, वैतरणी, सिनीवाली, कुमुद्वती, तोया, महागौरी, दुर्गा तथा अन्तश्शिला—ये पुण्यसलिला सरिताएँ विन्ध्याचलकी घाटियोंसे निकली हैं। गोदावरी, भीमरथी, कृष्णवेणा, तुङ्गभद्रा, सुप्रयोगा तथा पापनाशिनी—ये श्रेष्ठ नदियाँ सह्यगिरिकी शाखासे प्रकट हुई हैं। कृतमाला, ताम्रपर्णी, पुष्पवती, उत्पलावती—ये शीतल जलवाली पवित्र नदियाँ मलयाचलसे निकली हैं। पितृकुल्या, सोमकुल्या, ऋषिकुल्या, वञ्जुला, त्रिदिवा, लाङ्गलिनी तथा वंशकरा—इनका प्राकट्य महेन्द्रपर्वतसे हुआ है। सुविकाला, कुमारी, मनुगा, मन्दगामिनी, क्षया और पलाशिनी—ये शुक्तिमान्पर्वतसे निकली हैं। समुद्रमें मिलनेवाली सभी नदियाँ पुण्यसलिला सरस्वती तथा गङ्गाके समान हैं। सभी इस विश्वकी जननी एवं पापहारिणी मानी गयी हैं। इनके अतिरिक्त भी सहस्रों छोटी-छोटी नदियाँ बतायी गयी हैं, जिनमेंसे कुछ तो केवल वर्षाकालमें बहती हैं और कुछ सदा ही जलसे पूर्ण रहती हैं। मत्स्य, मुकुटकुल्य, कुन्तल, काशी, कोसल, अन्ध्रक, कलिङ्ग, शमक तथा वृक—ये प्रायः मध्यदेशके जनपद बताये गये हैं। सह्य पर्वतके उत्तरका प्रदेश, जहाँ गोदावरी नदी बहती है, सम्पूर्ण भूमण्डलमें सर्वाधिक मनोरम है।

वानप्रस्थ और संन्यास-आश्रमके धर्मोंका पालन करनेसे जो फल होता है, कुआँ, बावली आदि खुदवाने, बगीचे लगाने, यज्ञ करने तथा अन्य शुभ कर्मोंके अनुष्ठानसे जो फल मिलता है, वह सब केवल भारतवर्षमें ही सुलभ है। ब्राह्मणो! भारतवर्षके समस्त गुणोंका वर्णन करनेमें कौन समर्थ हो सकता है? इस प्रकार मैंने भारतवर्षका वर्णन किया। यह सबसे उत्तम, सब पापोंका नाश करनेवाला, पवित्र, धन्य तथा बुद्धिको बढ़ानेवाला है। जो सदा अपनी इन्द्रियोंको वशमें रखकर इस प्रसंगका पाठ या श्रवण करता है, वह सब पापोंसे मुक्त हो भगवान् विष्णुके लोकमें जाता है।

कोणादित्यकी महिमा

ब्रह्माजी कहते हैं—भारतवर्षमें दक्षिणसमुद्रके किनारे ओण्ड्र देशके नामसे विख्यात एक प्रदेश है, जो स्वर्ग एवं मोक्ष देनेवाला है। समुद्रसे उत्तर विरज मण्डलतकका प्रदेश पुण्यात्माओंके सम्पूर्ण गुणोंद्वारा सुशोभित है। उस देशमें उत्पन्न जो जितेन्द्रिय ब्राह्मण तपस्या एवं स्वाध्यायमें संलग्न रहते हैं, वे सदा ही वन्दनीय एवं पूजनीय हैं। उस देशके ब्राह्मण श्राद्ध, दान, विवाह, यज्ञ अथवा आचार्यकर्म—सभी कार्योंके लिये उत्तम हैं। वे षट्कर्मपरायण, वेदोंके पारंगत विद्वान्, इतिहासवेत्ता, पुराणार्थविशारद, सर्वशास्त्रार्थकुशल, यज्ञशील और राग-द्वेषसे रहित होते हैं। कोई वैदिक अग्निहोत्रमें लगे रहते और कोई स्मार्त अग्निकी उपासना करते हैं। वे स्त्री, पुत्र और धनसे सम्पन्न, दानी और सत्यवादी

होते हैं तथा यज्ञोत्सवसे विभूषित पवित्र उत्कल देशमें निवास करते हैं। वहाँ क्षत्रिय आदि अन्य तीन वर्णोंके लोग भी परम संयमी, स्वकर्मपरायण, शान्त और धार्मिक होते हैं। उक्त प्रदेशमें भगवान् सूर्य कोणादित्यके नामसे विख्यात होकर रहते हैं। उनका दर्शन करके मनुष्य सब पापोंसे मुक्त हो जाता है।

मुनियोंने कहा—सुरश्रेष्ठ! पूर्वोक्त ओण्ड्र देशमें जो सूर्यका क्षेत्र है, जहाँ भगवान् भास्कर निवास करते हैं, उसका वर्णन कीजिये। इस समय हम उसे ही सुनना चाहते हैं।

ब्रह्माजी बोले—मुनिवरो! लवणसमुद्रका उत्तरतट अत्यन्त मनोहर और पवित्र है। वह सब ओर वालुकाराशिसे आच्छादित है। उस सर्वगुणसम्पन्न प्रदेशमें चम्पा, अशोक, मौलसिरी, करवीर (कनेर), गुलाब, नागकेसर, ताड़, सुपारी, नारियल, कैथ और अन्य नाना प्रकारके वृक्ष चारों ओर शोभा पाते हैं। वहाँ भगवान् सूर्यका पुण्यक्षेत्र है, जो सम्पूर्ण जगत्में विख्यात है। उसका विस्तार सब ओरसे एक योजनसे अधिक है। वहाँ सहस्र किरणोंसे सुशोभित साक्षात् भगवान् सूर्य निवास करते हैं, वे 'कोणादित्य' के नामसे विख्यात एवं भोग और मोक्ष प्रदान करनेवाले हैं। वहाँ माघमासके शुक्लपक्षकी सप्तमी तिथिको इन्द्रिय-संयमपूर्वक उपवास करे। फिर प्रातःकाल शौच आदिसे निवृत्त एवं विशुद्धचित्त हो सूर्यदेवका स्मरण करते हुए विधिपूर्वक समुद्रमें स्नान करे। देवता, ऋषि और मनुष्योंका तर्पण करे। तत्पश्चात् जलसे बाहर आकर दो स्वच्छ वस्त्र धारण करे। फिर आचमन करके पवित्रतापूर्वक सूर्योदयके समय समुद्रके तटपर पूर्वाभिमुख होकर बैठे। लाल चन्दन और जलसे ताँबेके पात्रमें एक अष्टदल कमलकी आकृति बनाये, जो केसरयुक्त और गोलाकार हो। उसकी कर्णिका ऊपरकी ओर उठी हो। फिर तिल, चावल, जल, लाल चन्दन, लाल फूल और कुशा उस पात्रमें रख दे। ताँबेका बर्तन न मिले तो मदारके पत्तेका दोना बनाकर उसीमें तिल आदि रखे। उस पात्रको एक दूसरे पात्रसे ढककर रखे। इसके बाद हृदय आदि अङ्गोंके क्रमसे अङ्गन्यास और करन्यास करके पूर्ण श्रद्धाके साथ अपने आत्मस्वरूप भगवान् सूर्यका ध्यान करे, पूर्वोक्त अष्टदल कमलके मध्यभागमें तथा अग्नि, नैर्ऋत्य, वायव्य और ईशान कोणोंके दलोंमें एवं पुनः मध्यभागमें क्रमशः प्रभूत, विमल, सार, आराध्य, परम और सुखरूप सूर्यदेवका पूजन करे। इसके अनन्तर वहाँ आकाशसे सूर्यदेवका आवाहन करके कर्णिकाके ऊपर उनकी स्थापना करे। तत्पश्चात् हाथोंसे सुमुख-संपुट आदि मुद्राएँ दिखाये। फिर देवताका स्नान आदि कराकर एकाग्रचित्त हो इस प्रकार ध्यान करे—भगवान् सूर्य श्वेत कमलके आसनपर तेजोमण्डलमें विराजमान हैं। उनकी आँखें पीली और शरीरका रंग लाल है। उनके दो भुजाएँ हैं। उनका वस्त्र कमलके समान लाल है। वे सब प्रकारके शुभ लक्षणोंसे युक्त और सभी तरहके आभूषणोंसे विभूषित हैं। उनका रूप सुन्दर है। वे वर देनेवाले, शान्त एवं प्रभापुञ्जसे देदीप्यमान हैं। तदनन्तर उदयकालमें स्निग्ध सिन्दूरके समान अरुण वर्णवाले भगवान् सूर्यका दर्शन करके अर्घ्यपात्र ले। उसे सिरके पास लगाये और पृथ्वीपर घुटने टेककर मौन हो एकाग्रचित्तसे त्र्यक्षर-मन्त्रका उच्चारण करते हुए सूर्यको अर्घ्य दे। जिस पुरुषको दीक्षा नहीं दी गयी है, वह भावयुक्त श्रद्धाके साथ सूर्यका नाम लेकर ही अर्घ्य दे; क्योंकि भगवान् सूर्य भक्तिके द्वारा ही वशमें होते हैं।

अग्नि, नैर्ऋत्य, वायव्य एवं ईशान कोण, मध्यभाग

तथा पूर्व आदि दिशाओंमें क्रमशः हृदय, सिर, शिखा, कवच, नेत्र और अस्त्रकी पूजा करे।[१] फिर अर्घ्य दे, गन्ध, धूप, दीप और नैवेद्य निवेदन कर जप, स्तुति, नमस्कार तथा मुद्रा करके देवताका विसर्जन करे। जो ब्राह्मण, क्षत्रिय, वैश्य, स्त्री और शूद्र अपनी इन्द्रियोंको वशमें रखते हुए सदा संयमपूर्वक भक्तिभाव और विशुद्ध चित्तसे भगवान् सूर्यको अर्घ्य देते हैं, वे मनोवाञ्छित भोगोंका उपभोग करके परम गतिको प्राप्त होते हैं।[२] जो मनुष्य तीनों लोकोंको प्रकाशित करनेवाले आकाशविहारी भगवान् सूर्यकी शरण लेते हैं, वे सुखके भागी होते हैं। जबतक भगवान् सूर्यको विधिपूर्वक अर्घ्य न दे लिया जाय, तबतक श्रीविष्णु, शङ्कर अथवा इन्द्रका पूजन नहीं करना चाहिये। अतः प्रतिदिन पवित्र हो प्रयत्न करके मनोहर फूलों और चन्दन आदिके द्वारा सूर्यदेवको अर्घ्य देना चाहिये। इस प्रकार जो सप्तमी तिथिको स्नान करके शुद्ध एवं एकाग्रचित्त हो सूर्यको अर्घ्य देता है, उसे मनोवाञ्छित फल प्राप्त होता है। रोगी पुरुष रोगसे मुक्त हो जाता है, धनकी इच्छा रखनेवालेको धन मिलता है, विद्यार्थीको विद्या प्राप्त होती है और पुत्रकी कामना रखनेवाला मनुष्य पुत्रवान् होता है।

इस प्रकार समुद्रमें स्नान करके सूर्यको अर्घ्य दे, उन्हें प्रणाम करे, फिर हाथमें फूल लेकर मौन हो सूर्यके मन्दिरमें जाय। मन्दिरके भीतर प्रवेश करके भगवान् कोणादित्यकी तीन बार प्रदक्षिणा करे और अत्यन्त भक्तिके साथ गन्ध, पुष्प, धूप, दीप, नैवेद्य, साष्टाङ्ग प्रणाम, जय-जयकार तथा स्तोत्रोंद्वारा उनकी पूजा करे। इस प्रकार सहस्र किरणोंद्वारा मण्डित जगदीश्वर सूर्यदेवका पूजन करके मनुष्य दस अश्वमेध-यज्ञोंका फल पाता है। इतना ही नहीं, वह सब पापोंसे मुक्त हो दिव्य शरीर धारण करता है और अपने आगे-पीछेकी सात-सात पीढ़ियोंका उद्धार करके सूर्यके समान तेजस्वी एवं इच्छानुसार गमन करनेवाले विमानपर बैठकर सूर्यके लोकमें जाता है। उस समय गन्धर्वगण उसका यशोगान करते हैं। वहाँ एक कल्पतक श्रेष्ठ भोगोंका उपभोग करके पुण्य क्षीण होनेपर वह पुनः इस संसारमें आता और योगियोंके उत्तम कुलमें जन्म ले चारों वेदोंका विद्वान्, स्वधर्मपरायण तथा पवित्र ब्राह्मण होता है। तदनन्तर भगवान् सूर्यसे ही योगकी शिक्षा प्राप्त करके मोक्ष पा लेता है। चैत्रमासके शुक्लपक्षमें भगवान् कोणादित्यकी यात्रा होती है। यह यात्रा दमनभञ्जिकाके नामसे विख्यात है। जो मनुष्य यह यात्रा करता है, उसे भी पूर्वोक्त फलकी प्राप्ति होती है। भगवान् सूर्यके शयन और जागरणके समय, संक्रान्तिके दिन, विषुव योगमें, उत्तरायण या दक्षिणायन आरम्भ होनेपर, रविवारको, सप्तमी तिथिको अथवा पर्वके समय जो जितेन्द्रिय पुरुष वहाँकी श्रद्धापूर्वक यात्रा करते हैं, वे सूर्यकी ही भाँति तेजस्वी विमानके द्वारा उनके लोकमें जाते हैं। वहाँ (पूर्वोक्त क्षेत्रमें) समुद्रके तटपर रामेश्वर नामसे विख्यात भगवान् महादेवजी विराजमान हैं, जो समस्त अभिलक्षित फलोंके देनेवाले हैं। जो

१. पूजनके वाक्य इस प्रकार हैं—'ह्रां हृदयाय नमः, अग्निकोणे। ह्रीं शिरसे नमः, नैर्ऋत्ये। ह्रूं शिखायै नमः,' वायव्ये। ह्रैं कवचाय नमः, ऐशाने। ह्रौं नेत्रत्रयाय नमः, मध्यभागे। ह्रः अस्त्राय नमः, चतुर्दिक्षु' इति।

२. ये वार्घ्यं सम्प्रयच्छन्ति सूर्याय नियतेन्द्रियाः। ब्राह्मणाः क्षत्रिया वैश्याः स्त्रियः शूद्राश्च संयताः॥ भक्तिभावेन सततं विशुद्धेनान्तरात्मना। ते भुक्त्वाभिमतान् कामान् प्राप्नुवन्ति परां गतिम्॥ (२८। ३७-३८)

समुद्रमें स्नान करके वहाँ श्रीरामेश्वरका दर्शन करते और गन्ध, पुष्प, धूप, दीप, नैवेद्य, नमस्कार, स्तोत्र, गीत और मनोहर वाद्योंद्वारा उनकी पूजा करते हैं, वे महात्मा पुरुष राजसूय तथा अश्वमेध-यज्ञोंका फल पाते और परम सिद्धिको प्राप्त होते हैं।

भगवान् सूर्यकी महिमा

मुनियोंने कहा—सुरश्रेष्ठ! आपने भोग और मोक्ष प्रदान करनेवाले भगवान् भास्करोंके उत्तम क्षेत्रका जो वर्णन किया है, वह सब हमलोगोंने सुना। अब यह बताइये कि उनकी भक्ति कैसे की जाती है और वे किस प्रकार प्रसन्न होते हैं? इस समय यही सब सुननेकी हमारी इच्छा है।

ब्रह्माजी बोले—मनके द्वारा इष्टदेवके प्रति जो भावना होती है, उसे ही भक्ति और श्रद्धा कहते हैं। जो इष्टदेवकी कथा सुनता, उनके भक्तोंकी पूजा करता तथा अग्निकी उपासनामें संलग्न रहता है वह सनातन भक्त है। जो इष्टदेवका चिन्तन करता, उन्हींमें मन लगाता, उन्हींकी पूजामें रत रहता तथा उन्हींके लिये कर्म करता है, वह निश्चय ही सनातन भक्त है। जो इष्टदेवके लिये किये जानेवाले कर्मोंका अनुमोदन करता, उनके भक्तोंमें दोष नहीं देखता, अन्य देवताकी निन्दा नहीं करता, सूर्यके व्रत रखता तथा चलते, फिरते, ठहरते, सोते, सूँघते और आँख खोलते-मीचते समय भगवान् भास्करका स्मरण करता है, वह मनुष्य अधिक भक्त माना गया है। विज्ञ पुरुषको सदा ऐसी ही भक्ति करनी चाहिये। भक्ति, समाधि, स्तुति और मनसे जो नियम किया जाता और जो ब्राह्मणको दान दिया जाता है, उसे देवता, मनुष्य और पितर—सभी ग्रहण करते हैं। पत्र, पुष्प, फल और जल—जो कुछ भी भक्तिपूर्वक अर्पण किया जाता है, उसे देवता ग्रहण करते हैं; परंतु वे नास्तिकोंकी दी हुई वस्तु नहीं स्वीकार करते। नियम और आचारके साथ भावशुद्धिका भी उपयोग करना चाहिये। हृदयके भावको शुद्ध रखते हुए जो कुछ किया जाता है, वह सब सफल होता है। भगवान् सूर्यके स्तवन, जप, उपहार-समर्पण, पूजन, उपवास (व्रत) और भजनसे मनुष्य सब पापोंसे मुक्त हो जाता है। जो पृथ्वीपर मस्तक रखकर भगवान् सूर्यको नमस्कार करता है, वह तत्काल सब पापोंसे छूट जाता है, इसमें तनिक भी संदेह नहीं है। जो मनुष्य भक्तिपूर्वक सूर्यदेवकी प्रदक्षिणा करता है, उसके द्वारा सातों द्वीपोंसहित पृथ्वीकी परिक्रमा हो जाती है। जो सूर्यदेवको अपने हृदयमें धारण करके केवल आकाशकी प्रदक्षिणा करता है, उसके द्वारा निश्चय ही सम्पूर्ण देवताओंकी परिक्रमा हो जाती है।* जो षष्ठी या सप्तमीको एक समय भोजन करके नियम और व्रतका पालन करते हुए सूर्यदेवका भक्तिपूर्वक पूजन करता है, उसे अश्वमेध-यज्ञका फल मिलता

* भावशुद्धिः प्रयोक्तव्या नियमाचारसंयुता। भावशुद्ध्या क्रियते यत्तत्सर्वं सफलं भवेत्॥
स्तुतिजप्योपहारेण पूजयापि विवस्वतः। उपवासेन भक्त्या वै सर्वपापैः प्रमुच्यते॥
प्रणिधाय शिरो भूम्यां नमस्कारं करोति यः। तत्क्षणात्सर्वपापेभ्यो मुच्यते नात्र संशयः॥
भक्तियुक्तो नरो योऽसौ रवेः कुर्यात्प्रदक्षिणाम्। प्रदक्षिणीकृता तेन सप्तद्वीपा वसुंधरा॥
सूर्यं मनसि यः कृत्वा कुर्याद् व्योमप्रदक्षिणाम्। प्रदक्षिणीकृतास्तेन सर्वे देवा भवन्ति हि॥
(२९। १७—२१)

है। जो षष्ठी अथवा सप्तमीको दिन-रात उपवास करके भगवान् भास्करका पूजन करता है, वह परम गतिको प्राप्त होता है।

जब शुक्लपक्षकी सप्तमीको रविवार हो, उस दिन विजयासप्तमी होती है। उसमें दिया हुआ दान महान् फल देनेवाला है। विजयासप्तमीको किया हुआ स्नान, दान, तप, होम और उपवास— सब कुछ बड़े-बड़े पातकोंका नाश करनेवाला है। जो मनुष्य रविवारके दिन श्राद्ध करते और महातेजस्वी सूर्यका यजन करते हैं, उन्हें अभीष्ट फलकी प्राप्ति होती है। जिनके समस्त धार्मिक कार्य सदा भगवान् सूर्यके उद्देश्यसे होते हैं, उनके कुलमें कोई दरिद्र अथवा रोगी नहीं होता। जो सफेद, लाल अथवा पीली मिट्टीसे भगवान् सूर्यके मन्दिरको लीपता है, उसे मनोवाञ्छित फलकी प्राप्ति होती है। जो निराहार रहकर भाँति-भाँतिके सुगन्धित पुष्पोंद्वारा सूर्यदेवका पूजन करता है, उसे अभीष्ट फलकी प्राप्ति होती है। जो घी अथवा तिलके तेलसे दीपक जलाकर भगवान् सूर्यकी पूजा करता है, वह कभी अंधा नहीं होता। दीप-दान करनेवाला मनुष्य सदा ज्ञानके प्रकाशसे प्रकाशित रहता है। जो सदा देव-मन्दिरों, चौराहों और सड़कोंपर दीप-दान करता है, वह रूपवान् तथा सौभाग्यशाली होता है। दीपकी शिखा सदा ऊपरकी ही ओर उठती है, उसकी गति कभी नीचेकी ओर नहीं होती। इसी प्रकार दीप-दान करनेवाला पुरुष भी दिव्य तेजसे प्रकाशित होता है। वह कभी तिर्यग्योनिमें नहीं पड़ता। जलते हुए दीपकको न कभी चुराये, न नष्ट करे। दीपहर्ता मनुष्य बन्धन, नाश, क्रोध एवं तमोमय नरकको प्राप्त होता है। उदयकालमें प्रतिदिन सूर्यको अर्घ्य देनेसे एक ही वर्षमें सिद्धि प्राप्त होती है। सूर्यके उदयसे लेकर अस्ततक उनकी ओर मुँह करके खड़ा हो किसी मन्त्र अथवा स्तोत्रका जप करना आदित्यव्रत कहलाता है। यह बड़े-बड़े पातकोंका नाश करनेवाला है। सूर्योदयके समय श्रद्धापूर्वक अर्घ्य देकर सब कुछ साङ्गोपाङ्ग दान करे। इससे सब पापोंसे छुटकारा मिल जाता है।[१] अग्नि, जल, आकाश, पवित्र भूमि, प्रतिमा तथा पिण्डी (प्रतिमाकी वेदी)-में यत्नपूर्वक सूर्यदेवको अर्घ्य देना चाहिये[२]। उत्तरायण अथवा दक्षिणायनमें सूर्यदेवका विशेषरूपसे पूजन करके मनुष्य सब पापोंसे मुक्त हो जाता है। इस प्रकार जो मानव प्रत्येक वेलामें अथवा कुवेलामें भी भक्तिपूर्वक श्रीसूर्यदेवका पूजन करता है, वह उन्हींके लोकमें प्रतिष्ठित होता है। जो तीर्थोंमें पवित्र हो भगवान् सूर्यको स्नान करानेके लिये एकाग्रतापूर्वक जल भरकर लाता है, वह परम गतिको प्राप्त होता है। छत्र, ध्वजा, चँदोवा, पताका और चँवर आदि वस्तुएँ सूर्यदेवको श्रद्धापूर्वक समर्पित करके मनुष्य अभीष्ट गतिको प्राप्त होता है। मनुष्य जो-जो पदार्थ भगवान् सूर्यको भक्तिपूर्वक अर्पित करता है, उसे वे लाखगुना करके उस पुरुषको देते हैं। भगवान् सूर्यकी कृपासे मानसिक, वाचिक तथा शारीरिक समस्त पाप नष्ट हो जाते हैं। सूर्यदेवके एक दिनके पूजनसे भी जो फल प्राप्त होता है, वह शास्त्रोक्त दक्षिणासे युक्त सैकड़ों यज्ञोंके अनुष्ठानसे भी नहीं मिलता।

मुनियोंने कहा—जगत्पते! भगवान् सूर्यका यह अद्भुत माहात्म्य हमने सुन लिया। अब पुनः हम जो कुछ पूछते हैं, उसे बतलाइये। गृहस्थ, ब्रह्मचारी, वानप्रस्थ और संन्यासी—जो भी मोक्ष प्राप्त करना चाहे, उसे किस देवताका पूजन करना

१. अर्घ्येण सहितं चैव सर्वं साङ्गं प्रदापयेत्। उदये श्रद्धया युक्तः सर्वपापैः प्रमुच्यते॥ (२९।४६)
२. अग्नौ तोयेऽन्तरिक्षे च शुचौ भूम्यां तथैव च। प्रतिमायां तथा पिण्ड्यां देवमर्घ्यं प्रयत्नतः॥ (२९।४८)

चाहिये? कैसे उसे अक्षय स्वर्गकी प्राप्ति होगी? किस उपायसे वह उत्तम मोक्षका भागी होगा तथा वह किस साधनका अनुष्ठान करे, जिससे स्वर्गमें जानेपर उसे पुन: नीचे न गिरना पड़े?

ब्रह्माजी बोले—द्विजवरो! भगवान् सूर्य उदय होते ही अपनी किरणोंसे संसारका अन्धकार दूर कर देते हैं। अत: उनसे बढ़कर दूसरा कोई देवता नहीं है। वे आदि-अन्तसे रहित, सनातन पुरुष एवं अविनाशी हैं तथा अपनी किरणोंसे प्रचण्ड रूप धारणकर तीनों लोकोंको ताप देते हैं। सम्पूर्ण देवता इन्हींके स्वरूप हैं। ये तपनेवालोंमें श्रेष्ठ, सम्पूर्ण जगत्के स्वामी, साक्षी तथा पालक हैं। ये ही बारम्बार जीवोंकी सृष्टि और संहार करते हैं तथा ये ही अपनी किरणोंसे प्रकाशित होते, तपते और वर्षा करते हैं। ये धाता, विधाता, सम्पूर्ण भूतोंके आदि कारण और सब जीवोंको उत्पन्न करनेवाले हैं। ये कभी क्षीण नहीं होते। इनका मण्डल सदा अक्षय बना रहता है। ये पितरोंके भी पिता और देवताओंके भी देवता हैं। इनका स्थान ध्रुव माना गया है, जहाँसे फिर नीचे नहीं गिरना पड़ता। सृष्टिके समय सम्पूर्ण जगत् सूर्यसे ही उत्पन्न होता है और प्रलयके समय अत्यन्त तेजस्वी भगवान् भास्करमें ही उसका लय होता है। असंख्य योगिजन अपने कलेवरका परित्याग करके वायुस्वरूप हो तेजोराशि भगवान् सूर्यमें ही प्रवेश करते हैं। राजा जनक आदि गृहस्थ योगी, वालखिल्य आदि ब्रह्मवादी महर्षि, व्यास आदि वानप्रस्थ ऋषि तथा कितने ही संन्यासी योगका आश्रय ले सूर्यमण्डलमें प्रवेश कर चुके हैं। व्यासपुत्र श्रीमान् शुकदेवजी भी योगधर्म प्राप्त करनेके अनन्तर सूर्यकी किरणोंमें पहुँचकर ही मोक्षपदमें स्थित हुए। इसलिये आप सब लोग सदा भगवान् सूर्यकी आराधना करें; क्योंकि वे सम्पूर्ण जगत्के माता, पिता और गुरु हैं।

अव्यक्त परमात्मा समस्त प्रजापतियों और नाना प्रकारकी प्रजाओंकी सृष्टि करके अपनेको बारह रूपोंमें विभक्त करके आदित्यरूपसे प्रकट होते हैं। इन्द्र, धाता, पर्जन्य, त्वष्टा, पूषा, अर्यमा, भग, विवस्वान्, विष्णु, अंशुमान्, वरुण और मित्र—इन बारह मूर्तियोंद्वारा परमात्मा सूर्यने सम्पूर्ण जगत्को व्याप्त कर रखा है। भगवान् आदित्यकी जो प्रथम मूर्ति है, उसका नाम इन्द्र है। वह देवराजके पदपर प्रतिष्ठित है। वह देवशत्रुओंका नाश करनेवाली मूर्ति है। भगवान्के दूसरे विग्रहका नाम धाता है, जो प्रजापतिके पदपर स्थित हो नाना प्रकारके प्रजावर्गकी सृष्टि करते हैं। सूर्यदेवकी तीसरी मूर्ति पर्जन्यके नामसे विख्यात है, जो बादलोंमें स्थित हो अपनी किरणोंद्वारा वर्षा करती है। उनके चतुर्थ विग्रहको त्वष्टा कहते हैं। त्वष्टा सम्पूर्ण वनस्पतियों और ओषधियोंमें स्थित रहते हैं। उनकी पाँचवीं मूर्ति पूषाके नामसे प्रसिद्ध है, जो अन्नमें स्थित हो सर्वदा प्रजाजनोंकी पुष्टि करती है। सूर्यकी जो छठी मूर्ति है, उसका नाम अर्यमा बताया गया है। वह वायुके सहारे सम्पूर्ण देवताओंमें स्थित रहती है। भानुका सातवाँ विग्रह भगके नामसे विख्यात है। वह ऐश्वर्य तथा देहधारियोंके शरीरोंमें स्थित होता है। सूर्यदेवकी आठवीं मूर्ति विवस्वान् कहलाती है, वह अग्निमें स्थित हो जीवोंके खाये हुए अन्नको पचाती है। उनकी नवीं मूर्ति विष्णुके नामसे विख्यात है, जो सदा देवशत्रुओंका नाश करनेके लिये अवतार लेती है। सूर्यकी दसवीं मूर्तिका नाम अंशुमान् है, जो वायुमें प्रतिष्ठित होकर समस्त प्रजाको आनन्द प्रदान करती है। सूर्यका ग्यारहवाँ स्वरूप वरुणके नामसे प्रसिद्ध है, जो सदा जलमें स्थित होकर प्रजाका पोषण करता है। भानुके बारहवें विग्रहका नाम मित्र है,

जिसने सम्पूर्ण लोकोंका हित करनेके लिये चन्द्र नदीके तटपर स्थित होकर तपस्या की। परमात्मा सूर्यदेवने इन बारह मूर्तियोंके द्वारा सम्पूर्ण जगत्‌को व्याप्त कर रखा है। इसलिये भक्त पुरुषोंको उचित है कि वे भगवान् सूर्यमें मन लगाकर पूर्वोक्त बारह मूर्तियोंमें उनका ध्यान और नमस्कार करें। इस प्रकार मनुष्य बारह आदित्योंको नमस्कार करके उनके नामोंका प्रतिदिन पाठ और श्रवण करनेसे सूर्यलोकमें प्रतिष्ठित होता है।

मुनियोंने पूछा—यदि ये सूर्य सनातन आदिदेव हैं तो इन्होंने वर पानेकी इच्छासे प्राकृत मनुष्योंकी भाँति तपस्या क्यों की?

ब्रह्माजी बोले—ब्राह्मणो! यह सूर्यका परम गोपनीय रहस्य है। पूर्वकालमें मित्र देवताने महात्मा नारदको जो बात बतलायी थी, वही मैं तुम लोगोंसे कहता हूँ। एक समयकी बात है, अपनी इन्द्रियोंको वशमें रखनेवाले महायोगी नारदजी मेरुगिरिके शिखरसे गन्धमादन नामक पर्वतपर उतरे और सम्पूर्ण लोकोंमें विचरते हुए उस स्थानपर आये, जहाँ मित्र देवता तपस्या करते थे। उन्हें तपस्यामें संलग्न देख नारदजीके मनमें कौतूहल हुआ। वे सोचने लगे, 'जो अक्षय, अविकारी, व्यक्ताव्यक्तस्वरूप और सनातन पुरुष हैं, जिन महात्माने तीनों लोकोंको धारण कर रखा है, जो सब देवताओंके पिता एवं परोंसे भी पर हैं, वे किन देवताओं अथवा पितरोंका यजन करते रहे हैं और करेंगे?' इस प्रकार मन-ही-मन विचार करके नारदजी मित्र देवतासे बोले—'भगवन्! अङ्गोपाङ्गोंसहित सम्पूर्ण वेदों एवं पुराणोंमें आपकी महिमाका गान किया जाता है। आप अजन्मा, सनातन, धाता तथा उत्तम अधिष्ठान हैं। भूत, भविष्य और वर्तमान—सब कुछ आपमें ही प्रतिष्ठित है। गृहस्थ आदि चारों आश्रम प्रतिदिन आपका ही यजन करते हैं। आप ही सबके पिता, माता और सनातन देवता हैं। फिर भी आप किस देवता अथवा पितरकी आराधना करते हैं, यह हमारी समझमें नहीं आता।'

मित्रने कहा—ब्रह्मन्! यह परम गोपनीय सनातन रहस्य कहने योग्य तो नहीं है; परंतु आप भक्त हैं, इसलिये आपके सामने मैं उसका यथावत् वर्णन करता हूँ। वह जो सूक्ष्म, अविज्ञेय, अव्यक्त, अचल, ध्रुव, इन्द्रियरहित, इन्द्रियोंके विषयोंसे रहित तथा सम्पूर्ण भूतोंसे पृथक् है, वही समस्त जीवोंका अन्तरात्मा है; उसीको क्षेत्रज्ञ भी कहते हैं। वह तीनों गुणोंसे भिन्न पुरुष कहा गया है, उसीका नाम भगवान् हिरण्यगर्भ है। वह सम्पूर्ण विश्वका आत्मा, शर्व (संहारकारी) और अक्षर (अविनाशी) माना गया है। उसने इस एकात्मक त्रिलोकीको अपने आत्माके द्वारा धारण कर रखा है। वह स्वयं शरीरसे रहित है, किंतु समस्त शरीरोंमें निवास करता है। शरीरमें रहते हुए भी वह उसके कर्मोंसे लिप्त नहीं होता। वह मेरा, तुम्हारा तथा अन्य जितने भी देहधारी हैं, उनका भी आत्मा है। सबका साक्षी है, कोई भी उसका ग्रहण नहीं कर सकता। वह सगुण, निर्गुण, विश्वरूप तथा ज्ञानगम्य माना गया है। उसके सब ओर हाथ-पैर हैं, सब ओर नेत्र, सिर और मुख हैं तथा सब ओर कान हैं, वह संसारमें सबको व्याप्त करके स्थित है।*

---

* वसन्नपि शरीरेषु न स लिप्येत कर्मभिः। ममान्तरात्मा तव च ये चान्ये देहसंस्थिताः॥
सर्वेषां साक्षिभूतोऽसौ न ग्राह्यः केनचित् क्वचित्। सगुणो निर्गुणो विश्वो ज्ञानगम्यो ह्यसौ स्मृतः॥
सर्वतःपाणिपादान्तः सर्वतोऽक्षिशिरोमुखः। सर्वतःश्रुतिमाँल्लोके सर्वमावृत्य तिष्ठति॥
(३०।६३—६५)

सम्पूर्ण मस्तक उसके मस्तक, सम्पूर्ण भुजाएँ उसकी भुजा, सम्पूर्ण पैर उसके पैर, सम्पूर्ण नेत्र उसके नेत्र एवं सम्पूर्ण नासिकाएँ उसकी नासिका हैं। वह स्वेच्छाचारी है और अकेला ही सम्पूर्ण क्षेत्रमें सुखपूर्वक विचरता है। यहाँ जितने शरीर हैं, वे सभी क्षेत्र कहलाते हैं। उन सबको वह योगात्मा जानता है, इसलिये क्षेत्रज्ञ कहलाता है। अव्यक्त पुरमें शयन करता है, अतः उसे पुरुष कहते हैं। विश्वका अर्थ है बहुविध; वह परमात्मा सर्वत्र बतलाया जाता है, इसलिये बहुविधरूप होनेके कारण वह विश्वरूप माना गया है। एकमात्र वही महान् है और एकमात्र वही पुरुष कहलाता है; अतः वह एकमात्र सनातन परमात्मा ही महापुरुष नाम धारण करता है। वह परमात्मा स्वयं ही अपने-आपको सौ, हजार, लाख और करोड़ों रूपोंमें प्रकट कर लेता है। जैसे आकाशसे गिरा हुआ जल भूमिके रसविशेषसे दूसरे स्वादका हो जाता है, उसी प्रकार गुणमय रसके सम्पर्कसे वह परात्मा अनेक रूप प्रतीत होने लगता है। जैसे एक ही वायु समस्त शरीरोंमें पाँच रूपोंमें स्थित है, उसी प्रकार आत्माकी भी एकता और अनेकता मानी गयी है। जैसे अग्नि दूसरे स्थानकी विशेषतासे अन्य नाम धारण करती है, उसी प्रकार वह परमात्मा ब्रह्मा आदिके रूपोंमें भिन्न-भिन्न नाम धारण करता है। जैसे एक दीप हजारों दीपोंको प्रकट करता है, वैसे ही वह एक ही परमात्मा हजारों रूपोंको उत्पन्न करता है। संसारमें जो चराचर भूत हैं, वे नित्य नहीं हैं; परंतु वह परमात्मा अक्षय, अप्रमेय तथा सर्वव्यापी कहा जाता है। वह ब्रह्म सदसत्स्वरूप है। लोकमें देवकार्य तथा पितृकार्यके अवसरपर उसीकी पूजा होती है। उससे बढ़कर दूसरा कोई देवता या पितर नहीं है। उसका ज्ञान अपने आत्माके द्वारा होता है। अतः मैं उसी सर्वात्माका पूजन करता हूँ। देवर्षे! स्वर्गमें भी जो जीव उस परमेश्वरको नमस्कार करते हैं, वे उसीके द्वारा दिये हुए अभीष्ट गतिको प्राप्त होते हैं। देवता और अपने-अपने आश्रमोंमें स्थित मनुष्य भक्तिपूर्वक सबके आदिभूत उस परमात्माका पूजा करते हैं और वे उन्हें सद्गति प्रदान करते हैं। वे सर्वात्मा, सर्वगत और निर्गुण कहलाते हैं। मैं भगवान् सूर्यको ऐसा मानकर अपने ज्ञानके अनुसार उनका पूजन करता हूँ। नारदजी! यह गोपनीय उपदेश मैंने अपनी भक्तिके कारण आपको बतलाया है। आपने भी इस उत्तम रहस्यको भलीभाँति समझ लिया। देवता, मुनि और पुराण—सभी उस परमात्माको वरदायक मानते हैं और इसी भावसे सब लोग भगवान् दिवाकरका पूजन करते हैं।

ब्रह्माजी कहते हैं—इस प्रकार मित्र देवताने पूर्वकालमें नारदजीको यह उपदेश दिया था। भानुके उपदेशको मैंने भी आपलोगोंसे कह सुनाया। जो सूर्यका भक्त न हो, उसे इसका उपदेश नहीं देना चाहिये। जो मनुष्य प्रतिदिन इस प्रसंगको सुनाता और जो सुनता है, वह निःसंदेह भगवान् सूर्यमें प्रवेश करता है। आरम्भसे ही इस कथाको सुनकर रोगी मनुष्य रोगसे मुक्त हो जाता है और जिज्ञासुको उत्तम ज्ञान एवं अभीष्ट गतिकी प्राप्ति होती है। मुनियो! जो इसका पाठ करता है, वह जिस-जिस वस्तुकी कामना करता है, उसे निश्चय ही प्राप्त कर लेता है।

सूर्यकी महिमा तथा अदितिके गर्भसे उनके अवतारका वर्णन

ब्रह्माजी कहते हैं—भगवान् सूर्य सबके आत्मा, सम्पूर्ण लोकोंके ईश्वर, देवताओंके भी देवता और प्रजापति हैं। वे ही तीनों लोकोंकी जड़ हैं, परम देवता हैं। अग्निमें विधिपूर्वक डाली हुई आहुति सूर्यके पास ही पहुँचती है। सूर्यसे वृष्टि होती, वृष्टिसे अन्न पैदा होता और अन्नसे प्रजा जीवन-निर्वाह करती है। क्षण, मुहूर्त, दिन, रात, पक्ष, मास, संवत्सर, ऋतु और युग—इनकी काल-संख्या सूर्यके बिना नहीं हो सकती। कालका ज्ञान हुए बिना न कोई नियम चल सकता है और न अग्निहोत्र आदि ही हो सकते हैं। सूर्यके बिना ऋतुओंका विभाग भी नहीं होगा और उसके बिना वृक्षोंमें फल और फूल कैसे लग सकते हैं? खेती कैसे पक सकती है और नाना प्रकारके अन्न कैसे उत्पन्न हो सकते हैं? उस दशामें स्वर्गलोक तथा भूलोकमें जीवोंके व्यवहारका भी लोप हो जायगा। आदित्य, सविता, सूर्य, मिहिर, अर्क, प्रभाकर, मार्तण्ड, भास्कर, भानु, चित्रभानु, दिवाकर तथा रवि—इन बारह सामान्य नामोंके द्वारा भगवान् सूर्यका ही बोध होता है। विष्णु, धाता, भग, पूषा, मित्र, इन्द्र, वरुण, अर्यमा, विवस्वान्, अंशुमान्, त्वष्टा तथा पर्जन्य—ये बारह सूर्य पृथक्-पृथक् माने गये हैं। चैत्रमासमें विष्णु, वैशाखमें अर्यमा, ज्येष्ठमें विवस्वान्, आषाढ़में अंशुमान्, श्रावणमें पर्जन्य, भादोंमें वरुण, आश्विनमें इन्द्र, कार्तिकमें धाता, अगहनमें मित्र, पौषमें पूषा, माघमें भग और फाल्गुनमें त्वष्टा नामक सूर्य तपते हैं। इस प्रकार यहाँ एक ही सूर्यके चौबीस नाम बताये गये हैं। इनके अतिरिक्त और भी हजारों नाम विस्तारपूर्वक कहे गये हैं।

मुनियोंने पूछा—प्रजापते! जो एक हजार नामोंके द्वारा भगवान् सूर्यकी स्तुति करते हैं, उन्हें क्या पुण्य होता है? तथा उनकी कैसी गति होती है?

ब्रह्माजी बोले—मुनिवरो! मैं भगवान् सूर्यका कल्याणमय सनातन स्तोत्र कहता हूँ, जो सब स्तुतियोंका सारभूत है। इसका पाठ करनेवालेको सहस्रनामोंकी आवश्यकता नहीं रह जाती। भगवान् भास्करके जो पवित्र, शुभ एवं गोपनीय नाम हैं, उन्हींका वर्णन करता हूँ; सुनो। विकर्तन, विवस्वान्, मार्तण्ड, भास्कर, रवि, लोकप्रकाशक, श्रीमान्, लोकचक्षु, महेश्वर, लोकसाक्षी, त्रिलोकेश, कर्ता, हर्ता, तमिस्रहा, तपन, तापन, शुचि, सप्ताश्ववाहन, गभस्तिहस्त, ब्रह्मा और सर्वदेवनमस्कृत—इस प्रकार इक्कीस नामोंका यह स्तोत्र भगवान् सूर्यको सदा प्रिय है।* यह शरीरको नीरोग बनानेवाला, धनकी वृद्धि करनेवाला और यश फैलानेवाला स्तोत्रराज है। इसकी तीनों लोकोंमें प्रसिद्धि है। द्विजवरो! जो सूर्यके उदय और अस्तकालमें—दोनों संध्याओंके समय इस स्तोत्रके द्वारा भगवान् सूर्यकी स्तुति करता है, वह सब पापोंसे मुक्त हो जाता है। भगवान् सूर्यके समीप एक बार भी इसका जप करनेसे मानसिक, वाचिक, शारीरिक तथा कर्मजनित सब पाप नष्ट हो जाते हैं। अतः ब्राह्मणो! आप लोग यत्नपूर्वक सम्पूर्ण अभिलषित फलोंके देनेवाले

---

* विकर्तनो विवस्वांश्च मार्तण्डो भास्करो रविः। लोकप्रकाशकः श्रीमाँल्लोकचक्षुर्महेश्वरः॥
लोकसाक्षी त्रिलोकेशः कर्ता हर्ता तमिस्रहा। तपनस्तापनश्चैव शुचिः सप्ताश्ववाहनः॥
गभस्तिहस्तो ब्रह्मा च सर्वदेवनमस्कृतः। एकविंशतिरित्येष स्तव इष्टः सदा रवेः॥
(३१। ३१—३३)

भगवान् सूर्यका इस स्तोत्रके द्वारा स्तवन करें।

मुनियोंने पूछा—भगवन्! आपने भगवान् सूर्यको निर्गुण एवं सनातन देवता बतलाया है; फिर आपके ही मुँहसे हमने यह भी सुना है कि वे बारह स्वरूपोंमें प्रकट हुए। वे तेजकी राशि और महान् तेजस्वी होकर किसी स्त्रीके गर्भमें कैसे प्रकट हुए, इस विषयमें हमें बड़ा संदेह है।

ब्रह्माजी बोले—प्रजापति दक्षके साठ कन्याएँ हुईं, जो श्रेष्ठ और सुन्दरी थीं। उनके नाम अदिति, दिति, दनु और विनता आदि थे। उनमेंसे तेरह कन्याओंका विवाह दक्षने कश्यपजीसे किया था। अदितिने तीनों लोकोंके स्वामी देवताओंको जन्म दिया। दितिसे दैत्य और दनुसे बलाभिमानी भयंकर दानव उत्पन्न हुए। विनता आदि अन्य स्त्रियोंने भी स्थावर-जङ्गम भूतोंको जन्म दिया। इन दक्षसुताओंके पुत्र, पौत्र और दौहित्र आदिके द्वारा यह सम्पूर्ण जगत् व्याप्त हो गया। कश्यपके पुत्रोंमें देवता प्रधान हैं, वे सात्त्विक हैं; इनके अतिरिक्त दैत्य आदि राजस और तामस हैं। देवताओंको यज्ञका भागी बनाया गया है। परंतु दैत्य और दानव उनसे शत्रुता रखते थे, अत: वे मिलकर उन्हें कष्ट पहुँचाने लगे। माता अदितिने देखा, दैत्यों और दानवोंने मेरे पुत्रोंको अपने स्थानसे हटा दिया और सारी त्रिलोकी नष्टप्राय कर दी। तब उन्होंने भगवान् सूर्यकी आराधनाके लिये महान् प्रयत्न किया। वे नियमित आहार करके कठोर नियमका पालन करती हुई एकाग्रचित्त हो आकाशमें स्थित तेजोराशि भगवान् भास्करका स्तवन करने लगीं।

अदिति बोलीं—भगवन्! आप अत्यन्त सूक्ष्म, परम पवित्र और अनुपम तेज धारण करते हैं। तेजस्वियोंके ईश्वर, तेजके आधार तथा सनातन देवता हैं। आपको नमस्कार है। गोपते! जगत्का उपकार करनेके लिये मैं आपकी स्तुति—आपसे प्रार्थना करती हूँ। प्रचण्ड रूप धारण करते समय आपकी जैसी आकृति होती है, उसको मैं प्रणाम करती हूँ। क्रमशः आठ मासतक पृथ्वीके जलरूप रसको ग्रहण करनेके लिये आप जिस अत्यन्त तीव्र रूपको धारण करते हैं, उसे मैं प्रणाम करती हूँ। आपका वह स्वरूप अग्नि और सोमसे संयुक्त होता है। आप गुणात्माको नमस्कार है। विभावसो! आपका जो रूप ऋक्, यजुष् और सामकी एकतासे त्रयीसंज्ञक इस विश्वके रूपमें तपता है उसको नमस्कार है। सनातन! उससे भी परे जो 'ॐ' नामसे प्रतिपादित स्थूल एवं सूक्ष्मरूप निर्मल स्वरूप है, उसको मेरा प्रणाम है।*

ब्रह्माजी कहते हैं—इस प्रकार बहुत दिनोंतक आराधना करनेपर भगवान् सूर्यने दक्षकन्या अदितिको अपने तेजोमय स्वरूपका प्रत्यक्ष दर्शन कराया।

अदिति बोलीं—जगत्के आदि कारण भगवान् सूर्य! आप मुझपर प्रसन्न हों। गोपते! मैं आपको भलीभाँति देख नहीं पाती। दिवाकर! आप ऐसी

* नमस्तुभ्यं परं सूक्ष्मं सुपुण्यं बिभ्रतेऽतुलम्। धाम धामवतामीशं धामाधारं च शाश्वतम्॥
जगतामुपकाराय त्वामहं स्तौमि गोपते। आददानस्य यद्रूपं तीव्रं तस्मै नमाम्यहम्॥
ग्रहीतुमष्टमासेन कालेनाम्बुमयं रसम्। बिभ्रतस्तव यद्रूपमतितीव्रं नतास्मि तत्॥
समेतमग्निसोमाभ्यां नमस्तस्मै गुणात्मने। यद्रूपमृग्यजु:साम्नामैक्येन तपते तव॥
विश्वमेतत्त्रयीसंज्ञं नमस्तस्मै विभावसो। यत्तु तस्मात्परं रूपमोमित्युक्त्वाभिसंहितम्।
अस्थूलं स्थूलममलं नमस्तस्मै सनातन॥
(३२। १२—१६)

कृपा करें, जिससे मुझे आपके रूपका भलीभाँति दर्शन हो सके। भक्तोंपर दया करनेवाले प्रभो! मेरे पुत्र आपके भक्त हैं। आप उनपर कृपा करें।

तब भगवान् भास्करने अपने सामने पड़ी हुई देवीको स्पष्ट दर्शन देकर कहा—'देवि! आपकी जो इच्छा हो, उसके अनुसार मुझसे कोई एक वर माँग लें।'

अदिति बोलीं—देव! आप प्रसन्न हों। अधिक बलवान् दैत्यों और दानवोंने मेरे पुत्रोंके हाथसे त्रिलोकीका राज्य और यज्ञभाग छीन लिये हैं। गोपते! उन्हींके लिये आप मेरे ऊपर कृपा करें। अपने अंशसे मेरे पुत्रोंके भाई होकर आप उनके शत्रुओंका नाश करें।

भगवान् सूर्यने कहा—देवि! मैं अपने हजारवें अंशसे तुम्हारे गर्भका बालक होकर प्रकट होऊँगा और तुम्हारे पुत्रके शत्रुओंका नाश करूँगा।

यों कहकर भगवान् भास्कर अन्तर्धान हो गये और देवी अदिति भी अपना समस्त मनोरथ सिद्ध हो जानेके कारण तपस्यासे निवृत्त हो गयीं। तत्पश्चात् वर्षके अन्तमें देवमाता अदितिकी इच्छा पूर्ण करनेके लिये भगवान् सविताने उनके गर्भमें निवास किया। उस समय देवी अदिति यह सोचकर कि मैं पवित्रतापूर्वक ही इस दिव्य गर्भको धारण करूँगी, एकाग्रचित्त होकर कृच्छ्र और चान्द्रायण आदि व्रतोंका पालन करने लगीं। उनका यह कठोर नियम देखकर कश्यपजीने कुछ कुपित होकर कहा—'तू नित्य उपवास करके गर्भके बच्चेको क्यों मारे डालती है।' तब वे भी रुष्ट होकर बोलीं—'देखिये, यह रहा गर्भका बच्चा। मैंने इसे नहीं मारा है, यही अपने शत्रुओंका मारनेवाला होगा।' यों कहकर देवमाताने उसी समय उस गर्भका प्रसव किया। वह उदयकालीन सूर्यके समान तेजस्वी अण्डाकार गर्भ सहसा प्रकाशित हो उठा। उसे देखकर कश्यपजीने वैदिक वाणीके द्वारा आदरपूर्वक उसका स्तवन किया। स्तुति करनेपर उस गर्भसे बालक प्रकट हो गया। उसके श्रीअङ्गोंकी आभा पद्मपत्रके समान श्याम थी। उसका तेज सम्पूर्ण दिशाओंमें व्याप्त हो गया। इसी समय अन्तरिक्षसे कश्यपमुनिको सम्बोधित करके सजल मेघके समान गम्भीर स्वरमें आकाशवाणी हुई—'**मुने!** तुमने अदितिसे कहा था—'**त्वया मारितम् अण्डम्**' (तूने गर्भके बच्चेको मार डाला), इसलिये तुम्हारा यह पुत्र मार्तण्डके नामसे विख्यात होगा और यज्ञभागका अपहरण करनेवाले अपने शत्रुभूत असुरोंका संहार करेगा।' यह आकाशवाणी सुनकर देवताओंको बड़ा हर्ष हुआ और दानव हतोत्साह हो गये। तत्पश्चात् देवताओंसहित इन्द्रने दैत्योंको युद्धके लिये ललकारा। दानवोंने भी आकर उनका सामना किया। उस समय देवताओं और

असुरोंमें बड़ा भयानक युद्ध हुआ। उस युद्धमें भगवान् मार्तण्डने दैत्योंकी ओर देखा, अतः वे सभी महान् असुर उनके तेजसे जलकर भस्म हो गये। फिर तो देवताओंके हर्षकी सीमा नहीं रही। उन्होंने अदिति और मार्तण्डका स्तवन किया। तदनन्तर देवताओंको पूर्ववत् अपने-अपने अधिकार और यज्ञभाग प्राप्त हो गये। भगवान् मार्तण्ड भी अपने अधिकारका पालन करने लगे। ऊपर और नीचे सब ओर किरणें फैली होनेसे भगवान् सूर्य कदम्बपुष्पकी भाँति शोभा पाते थे। वे आगमें तपाये हुए गोलेके सदृश दिखायी देते थे। उनका विग्रह अधिक स्पष्ट नहीं जान पड़ता था।

श्रीसूर्यदेवकी स्तुति तथा उनके अष्टोत्तरशत नामोंका वर्णन

मुनियोंने कहा—भगवन्! आप पुनः हमें सूर्यदेवसे सम्बन्ध रखनेवाली कथा सुनाइये।

ब्रह्माजी बोले—स्थावर-जङ्गम समस्त प्राणियोंके नष्ट हो जानेपर जब समस्त लोक अन्धकारमें विलीन हो गये थे, उस समय सबसे पहले प्रकृतिसे गुणोंकी हेतुभूत समष्टि बुद्धि (महत्तत्त्व)-का आविर्भाव हुआ। उस बुद्धिसे पञ्चमहाभूतोंका प्रवर्तक अहंकार प्रकट हुआ। आकाश, वायु, अग्नि, जल और पृथ्वी—ये पाँच महाभूत हुए। तदनन्तर एक अण्ड उत्पन्न हुआ। उसमें ये सातों लोक प्रतिष्ठित थे। सातों द्वीपों और समुद्रोंसहित पृथ्वी भी उसमें थी। उसीमें मैं, विष्णु और महादेवजी भी थे। वहाँ सब लोग तमोगुणसे अभिभूत एवं विमूढ़ थे और परमेश्वरका ध्यान करते थे। तदनन्तर अन्धकारको दूर करनेवाले एक महातेजस्वी देवता प्रकट हुए। उस समय हमलोगोंने ध्यानके द्वारा जाना कि ये भगवान् सूर्य हैं। उन परमात्माको जानकर हमने दिव्य स्तुतियोंके द्वारा उनका स्तवन आरम्भ किया—

'भगवन्! तुम आदिदेव हो। ऐश्वर्यसे सम्पन्न होनेके कारण तुम देवताओंके ईश्वर हो। सम्पूर्ण भूतोंके आदिकर्ता भी तुम्हीं हो। तुम्हीं देवाधिदेव दिवाकर हो। सम्पूर्ण भूतों, देवताओं, गन्धर्वों, राक्षसों, मुनियों, किन्नरों, सिद्धों, नागों तथा पक्षियोंका जीवन तुमसे ही चलता है। तुम्हीं ब्रह्मा, तुम्हीं महादेव, तुम्हीं विष्णु, तुम्हीं प्रजापति तथा तुम्हीं वायु, इन्द्र, सोम, विवस्वान् एवं वरुण हो। तुम्हीं काल हो। सृष्टिके कर्ता, धर्ता, संहर्ता और प्रभु भी तुम्हीं हो। नदी, समुद्र, पर्वत, बिजली, इन्द्र-धनुष, प्रलय, सृष्टि, व्यक्त, अव्यक्त एवं सनातन पुरुष भी तुम्हीं हो। साक्षात् परमेश्वर तुम्हीं हो। तुम्हारे हाथ और पैर सब ओर हैं। नेत्र, मस्तक और मुख भी सब ओर हैं। तुम्हारे सहस्रों किरणें, सहस्रों मुख, सहस्रों चरण और सहस्रों

नेत्र हैं। तुम सम्पूर्ण भूतोंके आदिकारण हो। भूः, भुवः, स्वः, महः, जनः, तपः और सत्य—ये सब तुम्हारे ही स्वरूप हैं। तुम्हारा जो स्वरूप अत्यन्त तेजस्वी, सबका प्रकाशक, दिव्य, सम्पूर्ण लोकोंमें प्रकाश बिखेरनेवाला और देवेश्वरोंके द्वारा भी कठिनतासे देखे जाने योग्य है, उसको हमारा नमस्कार है। देवता और सिद्ध जिसका सेवन करते हैं, भृगु, अत्रि और पुलह आदि महर्षि जिसकी स्तुतिमें संलग्न रहते हैं तथा जो अत्यन्त अव्यक्त है, तुम्हारे उस स्वरूपको हमारा प्रणाम है। सम्पूर्ण देवताओंमें उत्कृष्ट तुम्हारा जो रूप वेदवेत्ता पुरुषोंके द्वारा जानने योग्य, नित्य और सर्वज्ञानसम्पन्न है, उसको हमारा नमस्कार है। तुम्हारा जो स्वरूप इस विश्वकी सृष्टि करनेवाला, विश्वमय, अग्नि एवं देवताओंद्वारा पूजित, सम्पूर्ण विश्वमें व्यापक और अचिन्त्य है, उसे हमारा प्रणाम है। तुम्हारा जो रूप यज्ञ, वेद, लोक तथा द्युलोकसे भी परे परमात्मा नामसे विख्यात है, उसको हमारा नमस्कार है। जो अविज्ञेय, अलक्ष्य, अचिन्त्य, अव्यय, अनादि और अनन्त है, आपके उस स्वरूपको हमारा प्रणाम है। प्रभो! तुम कारणके भी कारण हो, तुमको बारम्बार नमस्कार है। पापोंसे मुक्त करनेवाले तुम्हें प्रणाम है, प्रणाम है। तुम दैत्योंको पीड़ा देनेवाले और रोगोंसे छुटकारा दिलानेवाले हो। तुम्हें अनेकानेक नमस्कार हैं। तुम सबको वर, सुख, धन और उत्तम बुद्धि प्रदान करनेवाले हो। तुम्हें बारम्बार नमस्कार है।*

इस प्रकार स्तुति करनेपर तेजोमय रूप धारण करनेवाले भगवान् भास्करने कल्याणमयी वाणीमें कहा—'आपलोगोंको कौन-सा वर प्रदान किया जाय?'

देवताओंने कहा—प्रभो! आपका रूप अत्यन्त तेजोमय है, इसका ताप कोई सह नहीं सकता। अतः जगत्के हितके लिये यह सबके सहने योग्य हो जाय।

तब 'एवमस्तु' कहकर आदिकर्ता भगवान् सूर्य सम्पूर्ण लोकोंके कार्य सिद्ध करनेके लिये

---

* आदिदेवोऽसि देवानामैश्वर्याच्च त्वमीश्वरः। आदिकर्तासि भूतानां देवदेवो दिवाकरः॥
जीवनः सर्वभूतानां देवगन्धर्वरक्षसाम्। मुनिकिन्नरसिद्धानां तथैवोरगपक्षिणाम्॥
त्वं ब्रह्मा त्वं महादेवस्त्वं विष्णुस्त्वं प्रजापतिः। वायुरिन्द्रश्च सोमश्च विवस्वान् वरुणस्तथा॥
त्वं कालः सृष्टिकर्ता च हर्ता भर्ता तथा प्रभुः। सरितः सागराः शैला विद्युदिन्द्रधनूंषि च॥
प्रलयः प्रभवश्चैव व्यक्ताव्यक्तः सनातनः। ईश्वरात्परतो विद्या विद्यायाः परतः शिवः॥
शिवात्परतरो देवस्त्वमेव परमेश्वरः। सर्वतःपाणिपादान्तः सर्वतोऽक्षिशिरोमुखः॥
सहस्रांशुः सहस्रास्यः सहस्रचरणेक्षणः। भूतादिर्भूर्भुवः स्वश्च महः सत्यं तपो जनः॥
प्रदीप्तं दीपनं दिव्यं सर्वलोकप्रकाशकम्। दुर्निरीक्षं सुरेन्द्राणां यद्रूपं तस्य ते नमः॥
सुरसिद्धगणैर्जुष्टं भृग्वत्रिपुलहादिभिः। स्तुतं परममव्यक्तं यद्रूपं तस्य ते नमः॥
वेद्यं वेदविदां नित्यं सर्वज्ञानसमन्वितम्। सर्वदेवादिदेवस्य यद्रूपं तस्य ते नमः॥
विश्वकृद्विश्वभूतं च वैश्वानरसुरार्चितम्। विश्वस्थितमचिन्त्यं च यद्रूपं तस्य ते नमः॥
परं यज्ञात्परं वेदात्परं लोकात्परं दिवः। परमात्मेत्यभिख्यातं यद्रूपं तस्य ते नमः॥
अविज्ञेयमनालक्ष्यमध्यानगतमव्ययम्। अनादिनिधनं चैव यद्रूपं तस्य ते नमः॥
नमो नमः कारणकारणाय नमो नमः पापविमोचनाय। नमो नमस्ते दितिजार्दनाय नमो नमो रोगविमोचनाय॥
नमो नमः सर्ववरप्रदाय नमो नमः सर्वसुखप्रदाय। नमो नमः सर्वधनप्रदाय नमो नमः सर्वमतिप्रदाय॥
(३३। ९—२३)

समय-समयपर गर्मी, सर्दी और वर्षा करने लगे। तदनन्तर ज्ञानी, योगी, ध्यानी तथा अन्यान्य मोक्षाभिलाषी पुरुष अपने हृदय-मन्दिरमें स्थित भगवान् सूर्यका ध्यान करने लगे। समस्त शुभ लक्षणोंसे हीन अथवा सम्पूर्ण पातकोंसे युक्त ही क्यों न हो, भगवान् सूर्यकी शरण लेनेसे मनुष्य सब पापोंसे तर जाता है। अग्निहोत्र, वेद तथा अधिक दक्षिणावाले यज्ञ भगवान् सूर्यकी भक्ति एवं नमस्कारकी सोलहवीं कलाके बराबर भी नहीं हो सकते। भगवान् सूर्य तीर्थोंमें सर्वोत्तम तीर्थ, मङ्गलोंमें परम मङ्गलमय और पवित्रोंमें परम पवित्र हैं। अत: विद्वान् पुरुष उनकी शरण लेते हैं। जो इन्द्र आदिके द्वारा प्रशंसित सूर्यदेवको नमस्कार करते हैं, वे सब पापोंसे मुक्त हो सूर्यलोकमें जाते हैं।

मुनियोंने कहा—ब्रह्मन्! हमारे मनमें चिरकालसे यह इच्छा हो रही है कि भगवान् सूर्यके एक सौ आठ नामोंका वर्णन सुनें। आप उन्हें बतानेकी कृपा करें।

ब्रह्माजी बोले—ब्राह्मणो! भगवान् भास्करके परम गोपनीय एक सौ आठ नाम, जो स्वर्ग और मोक्ष देनेवाले हैं, बतलाता हूँ; सुनो। ॐ सूर्य, अर्यमा, भग, त्वष्टा, पूषा (पोषक), अर्क, सविता, रवि, गभस्तिमान् (किरणोंवाले), अज (अजन्मा), काल, मृत्यु, धाता (धारण करनेवाले), प्रभाकर (प्रकाशका खजाना), पृथ्वी, आप (जल), तेज, ख (आकाश), वायु, परायण (शरण देनेवाले), सोम, बृहस्पति, शुक्र, बुध, अङ्गारक (मङ्गल), इन्द्र, विवस्वान्, दीप्तांशु (प्रज्वलित किरणोंवाले), शुचि (पवित्र), सौरि (सूर्यपुत्र मनु), शनैश्चर, ब्रह्मा, विष्णु, रुद्र, स्कन्द (कार्तिकेय), वैश्रवण (कुबेर), यम, वैद्युत (बिजलीमें रहनेवाली) अग्नि, जाठराग्नि, ऐन्धन (ईंधनमें रहनेवाली) अग्नि, तेज:पति, धर्मध्वज, वेदकर्ता, वेदाङ्ग, वेदवाहन, कृत (सत्ययुग), त्रेता, द्वापर, कलि, सर्वामराश्रय, कला, काष्ठा, मुहूर्त, क्षपा (रात्रि), याम (पहर), क्षण, संवत्सरकर, अश्वत्थ, कालचक्र, विभावसु (अग्नि), पुरुष, शाश्वत, योगी, व्यक्ताव्यक्त, सनातन, कालाध्यक्ष, प्रजाध्यक्ष, विश्वकर्मा, तमोनुद (अन्धकारको भगानेवाले), वरुण, सागर, अंश, जीमूत (मेघ), जीवन, अरिहा (शत्रुओंका नाश करनेवाले), भूताश्रय, भूतपति, सर्वलोकनमस्कृत, स्रष्टा, संवर्तक (प्रलयकालीन) अग्नि, सर्वादि, अलोलुप (निर्लोभ), अनन्त, कपिल, भानु, कामद (कामनाओंको पूर्ण करनेवाले), सर्वतोमुख (सब ओर मुखवाले), जय, विशाल, वरद, सर्वभूतनिषेवित, मन, सुपर्ण (गरुड़), भूतादि, शीघ्रग (शीघ्र चलनेवाले), प्राणधारण, धन्वन्तरि, धूमकेतु, आदिदेव, अदितिपुत्र, द्वादशात्मा (बारह स्वरूपोंवाले), रवि, दक्ष, पिता, माता, पितामह, स्वर्गद्वार, प्रजाद्वार, मोक्षद्वार, त्रिविष्टप (स्वर्ग), देहकर्ता, प्रशान्तात्मा, विश्वात्मा, विश्वतोमुख, चराचरात्मा, सूक्ष्मात्मा, मैत्रेय तथा करुणान्वित (दयालु) *—ये अमित तेजस्वी एवं कीर्तन करने

* ॐ सूर्योऽर्यमा भगस्त्वष्टा पूषार्क: सविता रवि:। गभस्तिमानज: कालो मृत्युर्धाता प्रभाकर:॥
पृथिव्यापश्च तेजश्च खं वायुश्च परायणम्। सोमो बृहस्पति: शुक्रो बुधोऽङ्गारक एव च॥
इन्द्रो विवस्वान्दीप्तांशु: शुचि: सौरि: शनैश्चर:। ब्रह्मा विष्णुश्च रुद्रश्च स्कन्दो वैश्रवणो यम:॥
वैद्युतो जाठरश्चाग्निरैन्धनस्तेजसां पति:। धर्मध्वजो वेदकर्ता वेदाङ्गो वेदवाहन:॥
कृतं त्रेता द्वापरश्च कलि: सर्वामराश्रय:। कलाकाष्ठामुहूर्ताश्च क्षपा यामास्तथा क्षणा:॥
संवत्सरकरोऽश्वत्थ: कालचक्रो विभावसु:। पुरुष: शाश्वतो योगी व्यक्ताव्यक्त: सनातन:॥

योग्य भगवान् सूर्यके एक सौ आठ सुन्दर नाम मैंने बताये हैं। जो मनुष्य देवश्रेष्ठ भगवान् सूर्यके इस स्तोत्रका शुद्ध एवं एकाग्र चित्तसे कीर्तन करता है, वह शोकरूपी दावानलके समुद्रसे मुक्त हो जाता और मनोवाञ्छित भोगोंको प्राप्त कर लेता है।

पार्वतीदेवीकी तपस्या, वरदान-प्राप्ति तथा उनके द्वारा ग्राहके मुखसे ब्राह्मण-बालकका उद्धार

मुनियोंने पूछा—प्रभो! दक्षकन्या सतीने क्रोधवश पूर्वशरीरका परित्याग करके फिर गिरिराज हिमालयके घरमें कैसे जन्म लिया? महादेवजीके साथ उनका संयोग कैसे हुआ? तथा उस दम्पतिमें वार्तालाप किस प्रकार हुआ?

ब्रह्माजी बोले—मुनिवरो! पार्वती और महादेवजीकी पवित्र कथा पापोंका नाश करनेवाली और सम्पूर्ण कामनाओंको देनेवाली है; उसे कहता हूँ, सुनो। एक समयकी बात है, महर्षि कश्यप हिमवान्के घरपर पधारे। उस समय हिमवान्ने पूछा—'मुने! किस उपायसे मुझे अक्षय लोक प्राप्त होंगे, मेरी अधिक प्रसिद्धि होगी और सत्पुरुषोंमें मैं पूजनीय समझा जाऊँगा?'

कश्यपने कहा—महाबाहो! उत्तम संतान होनेसे यह सब कुछ प्राप्त हो जाता है। ब्रह्मा और ऋषियोंसहित मेरी प्रसिद्धि तो केवल संतानके ही कारण है। अतः गिरिराज! तुम घोर तपस्या करके गुणवान् संतान—श्रेष्ठ कन्या उत्पन्न करो।

ब्रह्माजी कहते हैं—कश्यपजीके यों कहनेपर गिरिराज हिमालयने नियममें स्थित होकर ऐसी तपस्या की, जिसकी कहीं तुलना नहीं है। उस तपस्यासे मुझे बड़ा संतोष हुआ। तब मैंने उनके पास जाकर कहा—'उत्तम व्रतके पालन करनेवाले गिरिराज! अब मैं तुम्हारी इस तपस्यासे संतुष्ट हूँ। तुम इच्छानुसार वर माँगो।'

हिमालयने कहा—भगवन्! मैं सब गुणोंसे सुशोभित संतान चाहता हूँ। यदि आप मुझपर संतुष्ट हैं तो ऐसा ही वर दीजिये।

गिरिराजकी यह बात सुनकर मैंने उन्हें मनोवाञ्छित वर देते हुए कहा—'शैलेन्द्र! इस तपस्याके प्रभावसे तुम्हारे कन्या उत्पन्न होगी, जिससे तुम सर्वत्र उत्तम कीर्ति प्राप्त करोगे। तुम्हारे यहाँ कोटि-कोटि तीर्थ वास करेंगे। तुम सम्पूर्ण देवताओंसे पूजित होगे तथा अपने पुण्यसे देवताओंको भी पावन बनाओगे। तदनन्तर गिरिराजने समयानुसार अपनी पत्नी मैनाके गर्भसे अपर्णा नामकी एक कन्या उत्पन्न की। अपर्णा बहुत समयतक निराहार रही, उसे उपवाससे रोकते हुए माताने कहा—'बेटी! 'उमा' (ऐसा मत करो)।' उस समय वे मातृस्नेहसे दुःखित हो रही थीं।

कालाध्यक्षः प्रजाध्यक्षो विश्वकर्मा तमोनुदः। वरुणः सागरोंऽशश्च जीमूतो जीवनोऽरिहा॥
भूताश्रयो भूतपतिः सर्वलोकनमस्कृतः। स्रष्टा संवर्तको वह्निः सर्वस्यादिरलोलुपः॥
अनन्तः कपिलो भानुः कामदः सर्वतोमुखः। जयो विशालो वरदः सर्वभूतनिषेवितः॥
मनः सुपर्णो भूतादिः शीघ्रगः प्राणधारणः। धन्वन्तरिर्धूमकेतुरादिदेवोऽदितेः सुतः॥
द्वादशात्मा रविर्दक्षः पिता माता पितामहः। स्वर्गद्वारं प्रजाद्वारं मोक्षद्वारं त्रिविष्टपम्॥
देहकर्ता प्रशान्तात्मा विश्वात्मा विश्वतोमुखः। चराचरात्मा सूक्ष्मात्मा मैत्रेयः करुणान्वितः॥
(३३। ३४—४५)

माताके यों कहनेपर कठोर तपस्या करनेवाली पार्वतीदेवी उमा नामसे ही संसारमें प्रसिद्ध हुईं। पार्वतीकी तपस्यासे तीनों लोक संतप्त हो उठे। तब मैंने उससे कहा—'देवि! क्यों इस कठोर तपस्यासे तुम सम्पूर्ण लोकोंको संताप दे रही हो? कल्याणी! तुम्हींने इस सम्पूर्ण जगत्की सृष्टि की है। स्वयं ही इसे रचकर अब इसका विनाश न करो। जगन्माता! तुम अपने तेजसे सम्पूर्ण लोकोंको धारण करती हो; फिर कौन ऐसी वस्तु है, जिसे तुम इस समय तपस्याद्वारा प्राप्त करना चाहती हो? वह हमें बतलाओ।'

देवीने कहा—पितामह! मैं जिसके लिये यह तपस्या करती हूँ, उसे आप भलीभाँति जानते हैं। फिर मुझसे क्यों पूछते हैं?

तब मैंने पार्वतीसे कहा—'शुभे! तुम जिनके लिये तप करती हो, वे स्वयं ही तुम्हारा वरण करेंगे। भगवान् शङ्कर ही सर्वश्रेष्ठ पति हैं। वे सम्पूर्ण लोकेश्वरोंके भी ईश्वर हैं। हम सदा ही उनके अधीन रहनेवाले किङ्कर हैं। देवि! वे देवताओंके भी देवता, परमेश्वर और स्वयम्भू हैं। उनका स्वरूप बहुत ही उदार है। उनकी समानता करनेवाला कहीं कोई भी नहीं है।'

तत्पश्चात् देवताओंने आकर परम सुन्दरी पार्वतीसे कहा—'देवि! भगवान् शङ्कर थोड़े ही दिनोंमें आपके स्वामी होंगे। अब इसके लिये तपस्या न कीजिये।' यों कहकर देवताओंने गिरिराजकुमारीकी प्रदक्षिणा की और वहाँसे अन्तर्धान हो गये। पार्वती भी तपस्यासे निवृत्त हो गयीं, किंतु अपने आश्रममें ही रहने लगीं। एक दिन जब वे अपने आश्रमपर उगे हुए अशोक-वृक्षका सहारा लेकर खड़ी थीं, देवताओंकी पीड़ा दूर करनेवाले भगवान् शङ्कर पधारे। उनके ललाटमें चन्द्राकार तिलक लगा था, वे बाँहके बराबर नाटा एवं विकृत रूप धारण करके आये थे। उनकी नाक कटी हुई थी, कूबड़ निकला हुआ था और केशोंका अन्तिम भाग पीला पड़ गया था। उनके मुखकी आकृति भी बिगड़ी हुई थी। उन्होंने पार्वतीसे कहा—'देवि! मैं तुम्हारा वरण करता हूँ।' उमा योगसिद्ध हो गयी थीं। आन्तरिक भावकी शुद्धिसे उनका अन्तःकरण शुद्ध हो गया था। वे समझ गयीं कि साक्षात् भगवान् शङ्कर पधारे हैं। तब उनकी कृपा प्राप्त करनेकी इच्छासे पार्वतीने अर्घ्य, पाद्य और मधुपर्कके द्वारा उनका पूजन करके कहा—'भगवन्! मैं स्वतन्त्र नहीं हूँ। घरमें मेरे पिता मालिक हैं। वे ही मुझे देनेमें समर्थ हैं। मैं तो उनकी कन्या हूँ।' यह सुनकर देवाधिदेव भगवान् शङ्करने उस विकृत रूपमें ही गिरिराज हिमालयके पास जाकर कहा—'शैलेन्द्र! मुझे अपनी कन्या दीजिये।' उस विकृत वेषमें अविनाशी रुद्रको ही आया जान गिरिराजको शापसे भय हुआ। उन्होंने उदास होकर कहा—'भगवन्! ब्राह्मण इस पृथ्वीके देवता हैं,

मैं उनका अनादर नहीं करता; किंतु मेरे मनमें पहलेसे जो कामना है, उसे सुनिये। मेरी पुत्रीका स्वयंवर होगा। उसमें वह जिसको वरण करेगी, वही उसका पति होगा।' हिमालयकी यह बात सुनकर भगवान् शङ्करने देवीके पास आकर कहा—'तुम्हारे पिताने स्वयंवर होनेकी बात कही है। उसमें तुम जिसका वरण करोगी, वही तुम्हारा पति होगा। उस समय किसी रूपवान्‌को छोड़कर तुम मुझ-जैसे अयोग्यका वरण कैसे करोगी?'

उनके यों कहनेपर पार्वतीने उनकी बातोंपर विचार करते हुए कहा—'महाभाग! आपको अन्यथा विचार नहीं करना चाहिये। मैं आपका ही वरण करूँगी। इसमें कोई अनोखी बात नहीं है। अथवा यदि आपको मुझपर संदेह है तो मैं यहीं आपका वरण करती हूँ।' यों कहकर पार्वतीने अपने हाथोंसे अशोकका गुच्छा लेकर भगवान् शङ्करके कंधेपर रखा और कहा—'देव! मैंने आपका वरण कर लिया।' भगवती पार्वतीके इस प्रकार वरण करनेपर भगवान् शङ्करने उस अशोक-वृक्षको अपनी वाणीसे सजीव करते हुए-से कहा—'अशोक! तुम्हारे परम पवित्र गुच्छेसे मेरा वरण हुआ है, इसलिये तुम जरावस्थासे रहित एवं अमर रहोगे। तुम जैसा चाहोगे, वैसा रूप धारण कर सकोगे। तुममें इच्छानुसार फूल लगेंगे। तुम सब कामनाओंको देनेवाले, सब प्रकारके आभूषणरूप फूल और फलोंसे सम्पन्न एवं मेरे अत्यन्त प्रिय होगे। तुममें सब प्रकारकी सुगन्ध होगी तथा तुम देवताओंके अधिक प्रिय बने रहोगे।'

यों कहकर जगत्‌की सृष्टि और सम्पूर्ण भूतोंका पालन करनेवाले भगवान् शङ्कर हिमालयकुमारी उमासे विदा ले वहीं अन्तर्धान हो गये। उनके चले जानेपर पार्वतीदेवी भी उन्हींकी ओर मन लगाये एक शिलापर बैठ गयीं, इसी समय देवाधिदेव शिव स्वयं लीला करनेके लिये ब्राह्मण-बालकका रूप धारणकर निकटवर्ती सरोवरमें प्रकट हुए। उस समय उन्हें ग्राहने पकड़ रखा था। वे बोले—'हाय! ग्राहसे पकड़े जानेके कारण मैं अचेत हो रहा हूँ। कोई हो तो मुझे आकर बचाये।' पीड़ित ब्राह्मणकी वह पुकार सुनकर कल्याणमयी देवी पार्वती सहसा उठ खड़ी हुईं और उस स्थानपर गयीं, जहाँ वह ब्राह्मण-बालक खड़ा था। वहाँ पहुँचकर चन्द्रमुखी देवीने देखा, एक बहुत सुन्दर बालक ग्राहके मुखमें पड़ा थरथर काँप रहा है। ग्राहके खींचनेपर वह तेजस्वी बालक बड़ा आर्तनाद करता था। उस ग्राहग्रस्त बालकको देखकर देवी उमा दुःखसे आतुर हो उठीं और बोलीं—'ग्राहराज! यह अपने पिता-माताका एक ही बालक है, इसे शीघ्र छोड़ दो।'

ग्राहने कहा—देवि! छठे दिनपर जो सबसे पहले मेरे पास आ जाता है, उसीको विधाताने मेरा आहार निश्चित किया है। महाभागे! यह बालक आज छठे दिन ब्रह्माजीसे प्रेरित होकर ही मेरे पास आया है, अतः मैं इसे किसी प्रकार न छोड़ूँगा।

देवी बोलीं—ग्राहराज! मैंने हिमालयके शिखरपर जो उत्तम तपस्या की है, उसका पुण्य लेकर इस बालकको छोड़ दो। मैं तुम्हें नमस्कार करती हूँ।

ग्राहने कहा—देवि! आपने थोड़ी या उत्तम जो कुछ भी तपस्या की है, वह सब मुझे दे दें तो शीघ्र ही यह छुटकारा पा जायगा।

देवी बोलीं—महाग्राह! मैंने जन्मसे लेकर अबतक जो पुण्य किया है, वह सब तुम्हें समर्पित है। इस बालकको छोड़ दो।

देवीके इतना कहते ही उनकी तपस्यासे विभूषित हो वह ग्राह दोपहरके सूर्यकी भाँति तेजसे प्रज्वलित हो उठा। उस समय उसकी ओर देखना कठिन हो रहा था। ग्राहने संतुष्ट होकर

विश्वको धारण करनेवाली देवीसे कहा—'महाव्रते! तुमने यह क्या किया? भलीभाँति सोचकर देखो तो सही। तपस्याका उपार्जन बड़े कष्टसे होता है, अतः उसका परित्याग अच्छा नहीं माना गया है। तुम अपनी तपस्या ले लो। साथ ही इस बालकको भी मैं छोड़े देता हूँ।'

देवीने कहा—ग्राह! मुझे अपना शरीर देकर भी यत्नपूर्वक ब्राह्मणकी रक्षा करनी चाहिये। तपस्या तो मैं फिर भी कर सकती हूँ; किंतु यह ब्राह्मण पुनः नहीं मिल सकता। महाग्राह! मैंने भलीभाँति सोचकर तपस्याके द्वारा बालकको छुड़ाया है। तपस्या ब्राह्मणोंसे श्रेष्ठ नहीं है। मैं ब्राह्मणोंको ही श्रेष्ठ मानती हूँ। ग्राहराज! मैं तपस्या देकर फिर नहीं लूँगी। कोई मनुष्य भी अपनी दी हुई वस्तुको वापस नहीं लेता। अतः यह तपस्या तुममें ही सुशोभित हो। इस बालकको छोड़ दो।

पार्वतीके यों कहनेपर सूर्यके समान प्रकाशित होनेवाले ग्राहने उनकी प्रशंसा की, उस बालकको छोड़ दिया और देवीको नमस्कार करके वहीं अन्तर्धान हो गया। अपनी तपस्याकी हानि समझकर पार्वतीने पुनः नियमपूर्वक तपका आरम्भ किया। उन्हें पुनः तपस्या करनेके लिये उत्सुक

जान साक्षात् भगवान् शङ्करने प्रकट होकर कहा—'देवि! अब तपस्या न करो। तुमने अपना तप मुझे ही समर्पित किया है। अतः वही सहस्रगुना होकर तुम्हारे लिये अक्षय हो जायगा।'

इस प्रकार तपस्याके अक्षय होनेका उत्तम वरदान पाकर उमादेवीको बड़ी प्रसन्नता हुई और वे स्वयंवरकी प्रतीक्षा करने लगीं।

पार्वतीजीका स्वयंवर और महादेवजीके साथ उनका विवाह

ब्रह्माजी कहते हैं—तदनन्तर समयानुसार हिमालयके विशाल पृष्ठभागपर पार्वतीका स्वयंवर रचाया गया। उस समय वह स्थान सैकड़ों विमानोंसे घिर रहा था। गिरिराज हिमवान् किसी बातको सोचने-विचारनेमें बड़े निपुण थे। पुत्रीने देवाधिदेव महादेवजीके साथ जो मन्त्रणा की थी, वह उन्हें ज्ञात हो गयी थी; अतः उन्होंने सोचा, यदि मेरी कन्या सम्पूर्ण लोकोंमें निवास करनेवाले देवता, दानव तथा सिद्धोंके समक्ष महादेवजीका वरण करे तो वही वाञ्छनीय पुण्य होगा। उसीमें मेरा अभ्युदय निहित है। यों विचारकर शैलराजने मन-ही-मन महेश्वरका स्मरण करके रत्नोंसे मण्डित प्रदेशमें स्वयंवर रचाया। गिरिराजकुमारीके स्वयंवरकी घोषणा होते ही सम्पूर्ण लोकोंमें निवास करनेवाले देवता आदि सुन्दर वेश-भूषा धारण करके वहाँ आने लगे। हिमवान्की सूचना पाकर मैं भी

देवताओंके साथ वहाँ उपस्थित हुआ। मेरे साथ सिद्ध और योगी भी थे। इन्द्र, विवस्वान्, भग, कृतान्त (यम), वायु, अग्नि, कुबेर, चन्द्रमा, दोनों अश्विनीकुमार तथा अन्यान्य देवता, गन्धर्व, यक्ष,नाग और किन्नर भी मनोहर वेष बनाये वहाँ आये थे। शचीपति इन्द्र उस समाजमें अधिक दर्शनीय जान पड़ते थे। वे अप्रतिहत आज्ञा, बल और ऐश्वर्यके कारण हर्षमग्न हो स्वयंवरकी शोभा बढ़ा रहे थे।

जो तीनों लोकोंकी उत्पत्तिमें कारण, जगत्को जन्म देनेवाली तथा देवता और असुरोंकी माता हैं, जो परम बुद्धिमान् आदिपुरुष भगवान् शिवकी पत्नी मानी गयी हैं तथा पुराणोंमें परा प्रकृति बतायी गयी हैं, वे ही भगवती सती दक्षपर कुपित हो देवताओंका कार्य सिद्ध करनेके लिये हिमवान्के घरमें अवतीर्ण हुई थीं। वे जिस विमानपर बैठी थीं, उसमें सुवर्ण और रत्न जड़े हुए थे। उनके दोनों ओर चँवर डुलाये जा रहे थे। वे सभी ऋतुओंमें खिलनेवाले सुगन्धित पुष्पोंकी माला हाथमें लिये स्वयंवर-सभामें जानेको प्रस्थित हुईं।

इन्द्र आदि देवताओंसे स्वयंवर-मण्डप भरा हुआ था। भगवती उमा माला हाथमें लिये देव-समाजमें खड़ी थीं। इसी समय देवीकी परीक्षा लेनेके लिये भगवान् शङ्कर पाँच शिखावाले शिशु बनकर सहसा उनकी गोदमें आकर सो गये। देवीने उस पञ्चशिख बालकको देखा और ध्यानके द्वारा उसके स्वरूपको जानकर बड़े प्रेमके साथ उसे अङ्कमें ले लिया। पार्वतीका संकल्प शुद्ध था। वे अपना मनोवाञ्छित पति पा गयीं, अतः भगवान् शङ्करको हृदयमें रखकर स्वयंवरसे लौट पड़ीं। देवीके अङ्कमें सोये हुए उस शिशुको देखकर देवता आपसमें सलाह करने लगे कि यह कौन है। कुछ पता न लगनेसे अत्यन्त मोहमें पड़कर वे बहुत कोलाहल करने लगे और वृत्रासुरको मारनेवाले इन्द्रने अपनी एक बाँह ऊँचे उठाकर उस बालकपर वज्रका प्रहार करनेकी चेष्टा की; किंतु शिशुरूपधारी देवाधिदेव शङ्करने उन्हें स्तम्भित कर दिया। अब वे न तो वज्र चला सके और न हिल-डुल सके। तब भग नामवाले बलवान् आदित्यने एक तेजस्वी शस्त्र चलाना चाहा, किंतु भगवान्ने उनकी बाँहको भी जडवत् बना दिया। साथ ही उनका बल, तेज और योगशक्ति भी व्यर्थ हो गयी। उस समय मैंने परमेश्वर शिवको पहचाना और शीघ्र उठकर उनके चरणोंमें आदरपूर्वक मस्तक झुकाया। इसके बाद मैंने उनकी स्तुति करते हुए कहा—'भगवन्! आप अजन्मा और अजर देवता हैं; आप ही जगत्के स्रष्टा, सर्वव्यापक, परावरस्वरूप, प्रकृति-पुरुष तथा ध्यान करनेयोग्य अविनाशी हैं। अमृत, परमात्मा, ईश्वर, महान् कारण, मेरे भी उत्पादक, प्रकृतिके स्रष्टा, सबके रचयिता और प्रकृतिसे भी परे हैं। ये देवी पार्वती भी प्रकृतिरूपा हैं, जो सदा ही आपके सृष्टिकार्यमें सहायक होती हैं। ये प्रकृतिदेवी पत्नीरूपमें प्रकट होकर जगत्के कारणभूत आप परमेश्वरको प्राप्त हुई हैं। महादेव! देवी पार्वतीके साथ आपको नमस्कार है। देवेश्वर! आपके ही प्रसाद और आदेशसे मैंने इन देवता आदि प्रजाओंकी सृष्टि की है। ये देवगण आपकी योगमायासे मोहित हो रहे हैं। आप इनपर कृपा कीजिये, जिससे ये पहले-जैसे हो जायँ।'

तदनन्तर मैंने सम्पूर्ण देवताओंसे कहा—'अरे! तुम सब लोग कितने मूढ़ हो! इन्हें नहीं जानते? ये साक्षात् भगवान् शङ्कर हैं। अब शीघ्र इन्हींकी शरणमें जाओ।' तब वे सब जडवत् बने हुए देवता शुद्धचित्तसे मन-ही-मन महादेवजीको प्रणाम करने लगे। इससे देवाधिदेव महेश्वरने

प्रसन्न होकर उनका शरीर पहले-जैसा कर दिया। तत्पश्चात् देवेश्वर शिवने परम अद्भुत त्रिनेत्रधारी विग्रह धारण किया। उस समय उनके तेजसे तिरस्कृत हो सम्पूर्ण देवताओंने नेत्र बंद कर लिये। तब उन्होंने देवताओंको दिव्य दृष्टि प्रदान की, जिससे वे उनके स्वरूपको देख सकते थे। वह दृष्टि पाकर देवताओंने परम देवेश्वर भगवान् शिवका दर्शन किया। उस समय पार्वतीदेवीने अत्यन्त प्रसन्न हो समस्त देवताओंके देखते-देखते अपने हाथकी माला भगवान्के चरणोंमें चढ़ा दी।

यह देख सब देवता साधु-साधु कहने लगे। फिर उन लोगोंने पृथ्वीपर मस्तक टेककर देवीसहित महादेवजीको प्रणाम किया। इसके बाद देवताओंसहित मैंने हिमवान्से कहा—'शैलराज! तुम सबके लिये स्पृहणीय, पूजनीय, वन्दनीय तथा महान् हो; क्योंकि साक्षात् महादेवजीके साथ तुम्हारा सम्बन्ध हो रहा है। यह तुम्हारे लिये महान् अभ्युदयकी बात है। अब शीघ्र ही कन्याका विवाह करो, विलम्ब क्यों करते हो?'

मेरी बात सुनकर हिमवान्ने नमस्कारपूर्वक मुझसे कहा—'देव! मेरे सब प्रकारके अभ्युदयमें आप ही कारण हैं। पितामह! जब जिस विधिसे विवाह करना उचित हो, वह सब आप ही करायें।' तब मैंने भगवान् शिवसे कहा—'देव! अब उमाके साथ विवाह करें।' उन्होंने उत्तर दिया—'जैसी आपकी इच्छा।' फिर तो हमलोगोंने महादेवजीके विवाहके लिये तुरंत ही एक मण्डप तैयार किया, जो नाना प्रकारके रत्नोंसे सुशोभित था। बहुत-से रत्न चित्र-विचित्र मणियाँ, सुवर्ण और मोती आदि द्रव्य स्वयं ही मूर्तिमान् होकर उस मण्डपको सजाने लगे। मरकतमणिका बना हुआ फर्श विचित्र दिखायी देने लगा। सोनेके खम्भोंसे उसकी शोभा और भी बढ़ गयी थी। स्फटिकमणिकी बनी हुई दीवार चमक रही थी। द्वारपर मोतियोंकी झालरें लटक रही थीं। चन्द्रकान्त और सूर्यकान्तमणि सूर्य और चन्द्रमाके प्रकाश पाकर पिघल रहे थे। वायु मनोहर सुगन्ध लेकर भगवान् शिवके प्रति अपनी भक्तिका परिचय देती हुई मन्द गतिसे बहने लगी। उसका स्पर्श सुखद जान पड़ता था। चारों समुद्र, इन्द्र आदि श्रेष्ठ देवता, देवनदियाँ, महानदियाँ, सिद्ध, मुनि, गन्धर्व, अप्सराएँ, नाग, यक्ष, राक्षस, जलचर, खेचर, किन्नर तथा चारणगण भी उस विवाहोत्सवमें (मूर्तिमान् होकर) सम्मिलित हुए थे। तुम्बुरु, नारद, हाहा और हूहू आदि सामगान करनेवाले गन्धर्व मनोहर बाजे लेकर उस विशाल मण्डपमें आये थे। ऋषि कथाएँ कहते, तपस्वी वेद पढ़ते तथा मन-ही-मन प्रसन्न होकर वे पवित्र वैवाहिक मन्त्रोंका जप करते थे। सम्पूर्ण जगन्माताएँ और देवकन्याएँ हर्षमग्न हो मङ्गलगान कर रही थीं। भगवान् शङ्करका विवाह हो रहा है, यह जानकर भाँति-भाँतिकी सुगन्ध और सुखका विस्तार

करनेवाली छहों ऋतुएँ वहाँ साकार होकर उपस्थित थीं।

इस प्रकार जब सम्पूर्ण भूत वहाँ एकत्रित हुए और नाना प्रकारके बाजे बजने लगे, उस समय मैं पार्वतीको योग्य वस्त्राभूषणोंसे विभूषित कराकर स्वयं ही मण्डपमें ले आया। फिर मैंने भगवान् शङ्करसे कहा—'देव! मैं आपका आचार्य बनकर अग्निमें हवन करूँगा। यदि आप मुझे आज्ञा दें तो विधिपूर्वक इस कार्यका अनुष्ठान आरम्भ हो।' तब देवाधिदेव शङ्करने मुझसे इस प्रकार कहा—'ब्रह्मन्! जो भी शास्त्रोक्त विधान हो, उसे इच्छानुसार कीजिये; मैं आपकी प्रत्येक आज्ञाका पालन करूँगा।' यह सुनकर मेरे मनमें बड़ी प्रसन्नता हुई और मैंने तुरंत ही कुश हाथमें लेकर महादेवजी तथा पार्वतीदेवीके हाथोंको योगबन्धसे युक्त कर दिया। उस समय वहाँ अग्निदेव स्वयं ही हाथ जोड़कर उपस्थित हो गये। श्रुतियोंके गीत और महामन्त्र भी मूर्तिमान् होकर आ गये थे। मैंने शास्त्रीय विधिसे अमृतस्वरूप घृतका होम किया और उस दिव्य दम्पतिके द्वारा अग्निकी प्रदक्षिणा करायी। उसके बाद उनके हाथोंको योगबन्धसे मुक्त किया। इस प्रकार

क्रमशः वैवाहिक विधि पूर्ण की गयी। इस कार्यमें सम्पूर्ण देवताओं, मेरे मानस पुत्रों तथा सिद्धोंका भी सहयोग था। विवाह समाप्त होनेपर मैंने भगवान् शङ्करको प्रणाम किया। योगशक्तिसे ही पार्वती और परमेश्वरका उत्तम विवाह सम्पन्न हुआ। ब्राह्मणो! इस प्रकार मैंने तुम सब लोगोंसे पार्वतीजीके स्वयंवर और महादेवजीके उत्तम विवाहकी कथा कह सुनायी।

देवताओंद्वारा महादेवजीकी स्तुति, कामदेवका दाह तथा महादेवजीका मेरुपर्वतपर गमन

ब्रह्माजी कहते हैं—अमित तेजस्वी महादेवजीका विवाह हो जानेपर इन्द्र आदि देवताओंके हर्षकी सीमा न रही। उन्होंने भगवान् शङ्करको प्रणाम किया और इस प्रकार स्तुति आरम्भ की।

देवता बोले—पर्वत जिनका लिङ्गमय स्वरूप है, जो पर्वतोंके स्वामी हैं, जिनका वेग पवनके समान है, जो विकृत रूप धारण करनेवाले तथा अपराजित हैं, जो क्लेशोंका नाश करके शुभ सम्पत्ति प्रदान करते हैं, उन भगवान् शङ्करको नमस्कार है। नीले रंगकी चोटी धारण करनेवाले अम्बिकापतिको नमस्कार है; वायु जिनका स्वरूप है और जो सैकड़ों रूप धारण करनेवाले हैं, उन भगवान् शिवको प्रणाम है। दैत्योंके योगका नाश करनेवाले तथा योगियोंके गुरु महादेवजीको प्रणाम

है। सूर्य और चन्द्रमा जिनके नेत्र हैं तथा जो ललाटमें भी नेत्र धारण करते हैं, उन भगवान् शङ्करको नमस्कार है। जो श्मशानमें क्रीड़ा करते और वर देते हैं, जिनके तीन नेत्र हैं, उन देवेश्वर शिवको प्रणाम है। जो गृहस्थ होते हुए भी साधु हैं, नित्य जटा एवं ब्रह्मचर्य धारण करनेवाले हैं, उन भगवान् शङ्करको नमस्कार है। जो जलमें तपस्या करते, योगजनित ऐश्वर्य देते, मनको शान्त रखते, इन्द्रियोंका दमन करते तथा प्रलय और सृष्टिके कर्ता हैं, उन महादेवजीको प्रणाम है। अनुग्रह करनेवाले भगवान्को नमस्कार है। पालन करनेवाले शिवको प्रणाम है। रुद्र, वसु, आदित्य और अश्विनीकुमारोंके रूपमें वर्तमान भगवान् शङ्करको नमस्कार है। जो सबके पिता, सांख्यवर्णित पुरुष, विश्वेदेव, शर्व, उग्र, शिव, वरद, भीम, सेनानी, पशुपति, शुचि, वैरिहन्ता, सद्योजात, महादेव, चित्र, विचित्र, प्रधान, अप्रमेय, कार्य और कारण नामसे प्रतिपादित होते हैं, उन भगवान् शिवको प्रणाम है। भगवन्! पुरुषरूपमें आपको नमस्कार है। पुरुषमें इच्छा उत्पन्न करनेवाले आपको प्रणाम है। आप ही पुरुषका प्रकृतिके साथ संयोग कराते हैं और आप ही प्रकृतिमें गुणोंका आधान करनेवाले हैं। आपको नमस्कार है। आप प्रकृति और पुरुषके प्रवर्तक, कार्य और कारणके विधायक तथा कर्मफलोंकी प्राप्ति करानेवाले हैं। आपको नमस्कार है। आप कालके ज्ञाता, सबके नियन्ता, गुणोंकी विषमताके उत्पादक तथा प्रजावर्गको जीविका प्रदान करनेवाले हैं, आपको नमस्कार है। देवदेवेश्वर! आपको प्रणाम है। भूतभावन! आपको नमस्कार है। कल्याणमय प्रभो! आप हमें दर्शन देनेके लिये प्रसन्नमुख एवं सौम्य हो जायँ।

इस प्रकार देवताओंके द्वारा अपनी स्तुति होनेपर सम्पूर्ण जगत्के स्वामी भगवान् उमापतिने कहा—'देवताओ! मैं तुम्हें दर्शन देनेको सदा ही प्रसन्नमुख और सौम्य हूँ। तुम शीघ्र कोई वर माँगो। मैं निश्चय ही उसे दूँगा।'

देवता बोले—भगवन्! यह वर आपके ही हाथमें रहे। जब आवश्यकता होगी, तब हम माँग लेंगे। उस समय आप हमें मनोवाञ्छित वर दीजियेगा।

'एवमस्तु' कहकर महादेवजीने देवताओं तथा अन्य लोगोंको विदा किया और स्वयं प्रमथगणोंके साथ अपने धामको चले गये। ब्राह्मणो! जो इस स्तोत्रका श्रवण या पाठ करता है, वह सम्पूर्ण लोकोंमें जानेकी शक्ति प्राप्त करता और देवराज इन्द्रकी भाँति देवताओंद्वारा पूजित होता है।

महादेवजी अपने धाममें प्रवेश करके जब सुन्दर आसनपर विराजमान हुए, तब वक्र स्वभाववाले क्रूर कामदेवने उन्हें अपने बाणोंसे बींधनेका विचार किया। वह अनाचारी, दुरात्मा और कुलाधम काम सब लोकोंको पीड़ित करनेवाला है। वह नियम तथा व्रतोंका पालन करनेवाले ऋषियोंके कार्यमें विघ्न डाला करता है। उस दिन चक्रवाकका रूप धारण करके अपनी पत्नी रतिके साथ उसका आगमन हुआ था। देवताओंके स्वामी भगवान् शङ्करने अपनेको बींधनेकी इच्छा रखनेवाले आततायी कामदेवको तीसरे नेत्रसे अवहेलनापूर्वक देखा। फिर तो उनके नेत्रसे प्रकट हुई आग सहस्रों लपटोंके साथ प्रज्वलित हो उठी और रतिके स्वामी मदनको उसके साज-शृङ्गारके साथ सहसा दग्ध करने लगी। उस समय जलता हुआ कामदेव बड़े करुण स्वरमें आर्तनाद करने लगा और भगवान् शिवको प्रसन्न करनेके लिये धरतीपर गिर पड़ा। इतनेमें उसके सब अङ्गोंमें आग फैल गयी और सब लोकोंको ताप देनेवाला काम स्वयं ही पृथ्वीपर गिरकर क्षणभरमें मूर्च्छित हो गया। उसकी पत्नी

रति अत्यन्त दुःखित हो करुणामय विलाप करने लगी। उस दुःखिनीने महादेवजी तथा पार्वतीदेवीसे अपने पतिके लिये याचना की। उसके दुःखको जानकर दयालु दम्पतिने उसे सान्त्वना देते हुए कहा—'कल्याणी! कामदेव तो अब निश्चय ही दग्ध हो गया, अब यहाँ इसकी उत्पत्ति नहीं हो सकती; परंतु शरीररहित होते हुए भी यह तुम्हारे सब कार्य सिद्ध करता रहेगा। शुभे! जब भगवान् विष्णु वसुदेवनन्दन श्रीकृष्णके रूपमें इस पृथ्वीपर अवतार लेंगे, उस समय उन्हींके पुत्ररूपमें तुम्हारे पतिका जन्म होगा। इस प्रकार वरदान पाकर कामपत्नी रति खेदरहित एवं प्रसन्न हो अपने अभीष्ट स्थानको चली गयी। इधर भगवान् शङ्कर कामदेवको दग्ध करनेके पश्चात् भगवती उमाके साथ हिमालयपर प्रसन्नतापूर्वक रमण करने लगे।

पार्वतीजीने कहा—भगवन्! देवदेवेश्वर! अब मैं इस पर्वतपर नहीं रहूँगी। अब मेरे लिये दूसरा कोई निवासस्थान बनाइये।

महादेवजी बोले—देवि! मैं तो सदा तुमसे अन्यत्र रहनेको कहता था, किंतु तुम्हें कभी अन्य किसी स्थानका निवास पसन्द नहीं आया। आज स्वयं ही तुम अन्यत्र रहनेकी इच्छा क्यों करती हो? इसका कारण बताओ।

देवीने कहा—देवेश्वर! आज मैं अपने महात्मा पिताके घर गयी थी। वहाँ माताने मुझे एकान्त स्थानमें देख उत्तम आसन आदिके द्वारा मेरा सत्कार किया और कहा—'उमे! तुम्हारे स्वामी दरिद्र हैं, इसलिये सदा खिलौनोंसे खेला करते हैं। देवताओंकी क्रीड़ा ऐसी नहीं होती।' महादेव! आप जो नाना प्रकारके गणोंके साथ विहार करते हैं, यह मेरी माताको पसन्द नहीं है।

यह सुनकर महादेवजी हँस पड़े और देवीको हँसाते हुए बोले—'प्रिये! बात तो ऐसी ही है, इसके लिये तुम्हें दुःख क्यों हुआ? मैं कभी हाथीके चमड़े लपेटता, कभी दिगम्बर बना रहता, श्मशानभूमिमें निवास करता, बिना घर-द्वारका होकर जंगलोंमें और पर्वतकी कन्दराओंमें रहता तथा अपने गणोंके साथ घूमता-फिरता हूँ। इसके लिये तुम्हें मातापर क्रोध नहीं करना चाहिये। तुम्हारी माताने सब ठीक ही कहा है। इस पृथ्वीपर प्राणियोंका माताके समान हितकारी कोई बन्धु-बान्धव नहीं है।'

देवीने कहा—सुरेश्वर! मुझे अपने बन्धु-बान्धवोंसे कोई प्रयोजन नहीं है। आप वही करें, जिससे मुझे सुख हो।

देवीका यह वचन सुनकर देवेश्वर महादेवजीने उन्हें प्रसन्न करनेके लिये उस पर्वतको छोड़ दिया और पत्नी तथा पार्षदोंको साथ ले देवताओं और सिद्धोंसे सेवित सुमेरुपर्वतके लिये प्रस्थान किया।

दक्ष-यज्ञ-विध्वंस

ऋषियोंने कहा—ब्रह्मन्! वैवस्वत मन्वन्तरमें प्रचेताओंके पुत्र प्रजापति दक्षका अश्वमेध-यज्ञ कैसे नष्ट हुआ?

ब्रह्माजी बोले—ब्राह्मणो! महादेवजीने सती-देवीका प्रिय करनेकी इच्छासे जिस प्रकार दक्षके यज्ञका विध्वंस किया था, उसका वर्णन करता हूँ। पूर्वकालकी बात है, महादेवजी मेरुगिरिके ज्योति:स्थल नामक शिखरपर, जो सब प्रकारके रत्नोंसे विभूषित और पलंगकी भाँति फैला हुआ था, विराजमान थे। गिरिराजकुमारी पार्वती सदा उनके पार्श्वभागमें बैठी रहती थीं। आदित्य, वसु, अश्विनीकुमार, गुह्यकोंसहित कुबेर, महामुनि शुक्राचार्य तथा सनत्कुमार आदि महर्षि उनकी सेवामें उपस्थित रहते थे। अत्यन्त भयंकर राक्षस एवं महाबली पिशाच, जो अनेक रूप धारण करनेवाले तथा नाना प्रकारके अस्त्र-शस्त्रोंसे सुसज्जित थे, भगवान् शिवके समीप रहा करते थे। भगवान्‌के पार्षद भी वहाँ मौजूद थे। वे सब अग्निके समान तेजस्वी जान पड़ते थे। महादेवजीकी इच्छासे भगवान् नन्दीश्वर भी वहाँ खड़े रहते थे। नदियोंमें श्रेष्ठ गङ्गाजी मूर्तिमती होकर उनकी सेवामें संलग्न रहती थीं। इस प्रकार परम सौभाग्यशाली देवर्षियों और देवताओंसे पूजित होकर भगवान् शङ्कर वहाँ सदा निवास करने लगे। कुछ कालके बाद प्रजापति दक्षने शास्त्रोक्त विधिके अनुसार यज्ञ करनेकी तैयारी की। उनके उस यज्ञमें इन्द्र आदि सम्पूर्ण देवता स्वर्गसे आकर एकत्रित होने लगे। वे अग्निके समान तेजस्वी देवता दक्षके अनुरोधसे प्रकाशमान विमानोंपर बैठकर गङ्गाद्वारको गये। पृथ्वी, आकाश तथा स्वर्गलोकमें रहनेवाले सभी देवता प्रजापतिके पास हाथ जोड़कर उपस्थित हुए। आदित्य, वसु, रुद्र, साध्य तथा मरुद्गण—ये सब यज्ञमें भाग लेनेके लिये भगवान् विष्णुके साथ वहाँ पधारे थे। ऊष्मप, धूमप, आज्यप तथा सोमप नामवाले देवता भी अश्विनीकुमारोंके साथ वहाँ उपस्थित थे। ये तथा और भी अनेक भूत-प्राणियोंका समुदाय वहाँ एकत्रित हुआ था। जरायुज, अण्डज, स्वेदज तथा उद्भिज्ज भी उस यज्ञमें सम्मिलित थे। देवतालोग अपनी स्त्रियों तथा महर्षियोंके साथ वहाँ पधारे थे।

देवताओंको वहाँ जाते देख गिरिराजकुमारी पार्वतीने भगवान् शङ्करसे पूछा—'भगवन्! ये इन्द्र आदि देवता कहाँ जाते हैं?'

महादेवजी बोले—महाभागे! प्रजापति दक्ष अश्वमेध-यज्ञ करते हैं। उसीमें सब देवता जा रहे हैं।

देवीने पूछा—महाभाग! आप इस यज्ञमें क्यों नहीं जाते? ऐसी कौन-सी रुकावट है, जिससे आपका वहाँ जाना नहीं होता?

महादेवजी बोले—महाभागे! देवताओंने ही यह सब किया है। उन्होंने किसी भी यज्ञमें मेरा भाग नहीं रखा है। पहलेसे जो मार्ग चला आता है, उसीसे अपनेको भी चलना चाहिये।

उमाने कहा—भगवन्! आप सब देवताओंमें श्रेष्ठ हैं। आपके गुण और प्रभाव सबसे अधिक हैं। आप अपने तेज, यश और श्रीके द्वारा अजेय एवं अधृष्य हैं। महाभाग! यज्ञमें आपके भागका जो यह निषेध है, इससे मुझे बड़ा दुःख हुआ है। मेरे शरीरमें कम्प छा गया है।

महादेवजी बोले—देवि! क्या तुम मुझे नहीं जानतीं! आज तुम्हें जो मोह हुआ है, उससे इन्द्र आदि देवताओंसहित सम्पूर्ण त्रिलोकी नष्ट हो सकती है। मैं ही यज्ञका स्वामी हूँ। मेरी ही सब लोग निरन्तर स्तुति करते हैं। मेरे ही संतोषके लिये सब लोग रथन्तर सामका गान करते हैं। ब्राह्मण वेदमन्त्रोंसे मेरा ही यजन करते हैं तथा अध्वर्यु लोग यज्ञमें मेरे ही लिये भागोंकी कल्पना करते हैं।

प्राणोंके समान प्रियतमा पत्नीसे यों कहकर

भगवान् शङ्करने अपने मुखसे क्रोधाग्निजनित एक महाभूतकी सृष्टि की। फिर उससे कहा—'तुम मेरी आज्ञासे दक्षके यज्ञमें जाओ और उसका शीघ्र विनाश करो।' तब उसने रुद्रकी आज्ञासे सिंहका वेष धारण करके दक्षके यज्ञका विनाश कर डाला। उसने अपने कर्मका साक्षी बनानेके लिये अत्यन्त भयंकर भद्रकालीको भी साथ ले लिया था। भगवान्‌का वह क्रोध वीरभद्रके नामसे विख्यात हुआ, जो श्मशानभूमिमें निवास करता है। उसने पार्वतीदेवीके खेदका निवारण किया था। वीरभद्रने अपने रोमकूपोंसे अनेक रुद्रगण उत्पन्न किये, जो रुद्रके समान ही वीर्यवान् और पराक्रमी थे। वे सब सैकड़ों और हजारोंकी संख्यामें झुंड बनाकर उस यज्ञमण्डपमें गये। उनकी किलकिलाहटसे समस्त आकाश गूँज उठा। अग्नि और सूर्यका प्रकाश मन्द पड़ गया। चारों ओर अन्धकार छा गया। उस समय वे समस्त रुद्रगण यज्ञमण्डपमें आग लगाने लगे; किसीने यूपोंको तोड़ डाला, किसीने उन्हें उखाड़ दिया, कोई सिंहनाद करता और कोई वहाँकी सब वस्तुओंको तहस-नहस कर डालता था। कितने ही वायुके समान वेगसे इधर-उधर दौड़ लगाने लगे। यज्ञपात्र चूर-चूर हो गये। वहाँके मण्डप ढह गये। ऐसा जान पड़ता था, आकाशसे तारे टूटकर गिर रहे हैं। कोई यज्ञमें रखे हुए भोज्य पदार्थोंको खाते और सब ओर लोगोंको डराते फिरते थे। कितने ही पर्वताकार भूत देवाङ्गनाओंको उठाकर फेंक देते थे। ऐसे गणोंके साथ प्रतापी वीरभद्रने पहुँचकर देवताओंद्वारा सुरक्षित यज्ञको भद्रकालीके सामने ही भस्म कर डाला। अन्य रुद्रगण सबको भय उपजानेवाली गर्जना करने लगे। कुछ लोगोंने यज्ञका मस्तक काटकर भयंकर नाद किया। तब इन्द्र आदि देवताओं और प्रजापति दक्षने हाथ जोड़कर

पूछा—'बताइये, आप कौन हैं?'

वीरभद्रने कहा—मैं न देवता हूँ, न दैत्य हूँ। न इस यज्ञमें भोजन करने आया हूँ और न कौतूहलवश इसे देखनेको ही मेरा आना हुआ है। मैं इस यज्ञका विध्वंस करनेके लिये आया हूँ। मेरा नाम वीरभद्र है। मैं रुद्रके कोपसे प्रकट हुआ हूँ। ये भद्रकाली हैं। इनका प्रादुर्भाव पार्वतीदेवीके क्रोधसे हुआ है। ये देवाधिदेव महादेवजीके भेजनेसे यज्ञके समीप आयी हैं। राजेन्द्र! तुम देवदेव भगवान् उमापतिकी शरणमें जाओ। उनका क्रोध भी वरदानके ही तुल्य है।

तब प्रजापति दक्ष मन-ही-मन भगवान् शङ्करकी शरणमें गये। उन्होंने प्राण और अपानको हृदयमें रोककर यत्नपूर्वक उनका ध्यान किया। तब भगवान् शिव प्रकट हुए और उन्होंने मुसकराकर पूछा—'कहो, तुम्हारा कौन-सा कार्य सिद्ध करूँ?' तब दक्षने हाथ जोड़कर कहा—'भगवन्! यदि आप मुझपर प्रसन्न हैं अथवा यदि मैं आपका प्रिय एवं कृपापात्र हूँ तो मुझे यह वरदान दें—'जो भी भोजन-सामग्री यहाँ खा-पी ली गयी, नष्ट कर दी गयी, यज्ञका जो सामान चूर-चूर

करके फेंक दिया गया, वह सब बहुत दिनोंसे यत्न करके संचित किया गया था। महेश्वर! आपकी कृपासे यह व्यर्थ न जाय।'

ब्रह्माजीने कहा—भगवान् शङ्करने 'तथास्तु' कहकर दक्षकी कामना पूर्ण की। प्रजापति दक्षने भगवान्‌से वरदान पाकर पृथ्वीपर घुटने टेक दिये और भगवान् शिवका स्तवन आरम्भ किया।

दक्षद्वारा भगवान् शिवकी स्तुति

दक्ष बोले—देवदेवेश्वर! आपको नमस्कार है। अन्धकासुरको मारनेवाले रुद्र! आपको प्रणाम है। देवेन्द्र! आप बलमें श्रेष्ठ और देवता तथा दानवोंद्वारा पूजित हैं।* आप सहस्राक्ष[१], विरूपाक्ष[२] और त्र्यक्ष[३] कहलाते हैं। यक्षराज कुबेरके आप इष्टदेव हैं। आपके हाथ और पैर सब ओर हैं। नेत्र, मस्तक और मुख भी सब ओर हैं। आपके सब ओर कान हैं। आप संसारमें सबको व्याप्त करके स्थित हैं। शङ्कुकर्ण[४], महाकर्ण[५], कुम्भकर्ण[६], अर्णवालय[७], गजेन्द्रकर्ण[८], गोकर्ण[९], शतकर्ण[१०], शतोदर[११], शतावर्त[१२], शतजिह्व[१३],

* दक्ष उवाच—नमस्ते देवदेवेश नमस्तेऽन्धकसूदन। देवेन्द्र त्वं बलश्रेष्ठ देवदानवपूजित॥

१. सहस्रों नेत्रोंवाले, २. विकराल नेत्रोंवाले, ३. तीन नेत्रोंवाले, ४. कीलके समान नुकीले कानोंवाले, ५. बड़े-बड़े कानोंवाले, ६. घड़ेके समान कानोंवाले, ७. समुद्र जिनका निवासस्थान है वे, ८. हाथीके समान कानोंवाले, ९. गायके समान कानोंवाले, १०. सैकड़ों कानोंवाले, ११. सैकड़ों उदरवाले, १२. सैकड़ों भँवरवाले, १३. सैकड़ों जिह्वावाले।

और सनातन हैं। आपको नमस्कार है। गायत्रीके उपासक आपका ही गान करते हैं। सूर्यके भक्त आपकी ही सूर्यरूपसे अर्चना करते हैं। आप देवता और दानवोंके रक्षक, ब्रह्मा तथा इन्द्र हैं। आप मूर्तिमान्, महामूर्ति और जलके भंडाररूप समुद्र हैं। जैसे गोशालामें गौएँ रहती हैं, उसी प्रकार आपमें सम्पूर्ण देवता निवास करते हैं। आपके शरीरमें मैं चन्द्रमा, अग्नि, वरुण, सूर्य, विष्णु, ब्रह्मा तथा बृहस्पतिको देखता हूँ। क्रिया, करण, कार्य, कर्ता, कारण, असत्, सदसत्, उत्पत्ति तथा प्रलय भी आप ही हैं। भव (सृष्टिकर्ता), शर्व, रुद्र (रुलानेवाले), वरद, पशुपति, अन्धकासुरघाती, त्रिजट, त्रिशीर्ष, त्रिशूलधारी, त्र्यम्बक, त्रिनेत्र और त्रिपुरनाशक आप भगवान् शिवको नमस्कार है।

आप चण्ड (अत्यन्त क्रोधी), मुण्ड (सिर मुँड़ाये हुए), प्रचण्ड विश्वको धारण करनेवाले, दण्डी, शङ्कुकर्ण तथा दण्डिदण्ड (दण्डधारियोंको भी दण्ड देनेवाले) हैं। आपको नमस्कार है। आप अर्धचण्डिकेश (अर्द्धनारीश्वर), शुष्क, विकृत, विलोहित, धूम्र और नीलग्रीव हैं। आपको नमस्कार है। आप अप्रतिरूप हैं—आपके समान दूसरा कोई नहीं है। आपको नमस्कार है। आप विरूप (विकराल रूपवाले) होते हुए भी शिव (कल्याणमय) हैं। आप ही सूर्य और उनके स्वामी हैं। आपकी ध्वजा और पताकामें सूर्यके चिह्न हैं। आपको नमस्कार है। प्रमथगणोंके स्वामी आपको नमस्कार है। आपके कंधे वृषभके कंधेके समान मांसल हैं। आपको नमस्कार है। आप हिरण्यगर्भ एवं हिरण्यकवच हैं। आपको नमस्कार है। आप हिरण्य (सुवर्ण)-की चूड़ा धारण करनेवाले और हिरण्यपति हैं। आपको नमस्कार है। आप शत्रुओंके घातक, अत्यन्त क्रोधी तथा पत्तोंके समूहपर शयन करनेवाले हैं। आपको नमस्कार है। आपकी स्तुति की गयी है, इस समय भी आपकी स्तुति की जाती है तथा आप ही स्तुतिस्वरूप हैं। आपको नमस्कार है। आप सर्वस्वरूप, सर्वभक्षी एवं सब भूतोंके अन्तरात्मा हैं। आपको नमस्कार है।*

आप ही होम और मन्त्र हैं। आपकी ध्वजा-पताका श्वेत रंगकी है, आपको नमस्कार है। आप

* सहस्राक्ष विरूपाक्ष त्र्यक्ष यक्षाधिपप्रिय। सर्वतःपाणिपादस्त्वं सर्वतोऽक्षिशिरोमुखः॥
सर्वतः श्रुतिमाँल्लोके सर्वमावृत्य तिष्ठसि। शङ्कुकर्णो महाकर्णः कुम्भकर्णोऽर्णवालयः॥
गजेन्द्रकर्णो गोकर्णः शतकर्णो नमोऽस्तु ते। शतोदरः शतावर्तः शतजिह्वः सनातनः॥
गायन्ति त्वां गायत्रिणो अर्चयन्त्यर्कमर्किणः। देवदानवगोप्ता च ब्रह्मा च त्वं शतक्रतुः॥
मूर्तिमांस्त्वं महामूर्तिः समुद्रः सरसां निधिः। त्वयि सर्वा देवता हि गावो गोष्ठ इवासते॥
त्वत्तः शरीरे पश्यामि सोममग्निजलेश्वरम्। आदित्यमथ विष्णुं च ब्रह्माणं सबृहस्पतिम्॥
क्रिया करणकार्ये च कर्ता कारणमेव च। असच्च सदसच्चैव तथैव प्रभवाप्ययौ॥
नमो भवाय शर्वाय रुद्राय वरदाय च। पशूनां पतये चैव नमोऽस्त्वन्धकघातिने॥
त्रिजटाय त्रिशीर्षाय त्रिशूलवरधारिणे। त्र्यम्बकाय त्रिनेत्राय त्रिपुरघ्नाय वै नमः॥
नमश्चण्डाय मुण्डाय विश्वचण्डधराय च। दण्डिने शङ्कुकर्णाय दण्डिदण्डाय वै नमः॥
नमोऽर्धचण्डिकेशाय शुष्काय विकृताय च। विलोहिताय धूम्राय नीलग्रीवाय वै नमः॥
नमोऽस्त्वप्रतिरूपाय विरूपाय शिवाय च। सूर्याय सूर्यपतये सूर्यध्वजपताकिने॥
नमः प्रमथनाशाय वृषस्कन्धाय वै नमः। नमो हिरण्यगर्भाय हिरण्यकवचाय च॥
हिरण्यकृतचूडाय हिरण्यपतये नमः। शत्रुघाताय चण्डाय पर्णसङ्घशयाय च॥
नमः स्तुताय स्तुतये स्तूयमानाय वै नमः। सर्वाय सर्वभक्षाय सर्वभूतान्तरात्मने॥

ही अनम्य और आप ही नमन करनेके योग्य हैं। आप हर्षमग्न होकर किलकारियाँ भरनेवाले हैं। आपको नमस्कार है। सोते हुए, सोये हुए, सोकर उठे हुए, खड़े हुए और दौड़ते हुए आपको नमस्कार है। कुबड़े और कुटिलरूपमें आपको नमस्कार है। आप सदा ताण्डव नृत्य करनेवाले और मुखसे बाजा बजानेवाले हैं। आपको नमस्कार है। आप बाधा निवारण करनेवाले, लुब्ध एवं गाना-बजाना करनेवाले हैं। आपको नमस्कार है। ज्येष्ठ और श्रेष्ठरूपमें आपको नमस्कार है। बलका मन्थन करनेवाले आपको नमस्कार है। उग्र रूपवाले आपको सदा नमस्कार है। दस भुजाओंवाले आपको नित्य प्रणाम है। हाथमें कपाल धारण करनेवाले आपको नमस्कार है। श्वेत भस्म आपको अधिक प्रिय है। आप भयभीत करनेवाले, भयंकर एवं कठोर व्रत धारण करनेवाले हैं। आपको नमस्कार है!

आपका मुख नाना प्रकारसे विकृत है, जिह्वा तलवारके समान है और दाँत बड़े भयंकर हैं। पक्ष, मास और लवार्ध आदि कालके भेद आपके ही स्वरूप हैं। आपको तूँबी और वीणा बहुत ही प्रिय है। आपको नमस्कार है। आपका रूप घोर और अघोर दोनों ही है। आप घोर और अघोरतर हैं; ऐसे होते हुए भी आप शिव, शान्त तथा अत्यन्त शान्त हैं। आपको नमस्कार है। शुद्ध बुद्धिरूप आपको नमस्कार है। सबको बाँटना आप अधिक पसन्द करते हैं। आप पवन, सूर्य एवं सांख्यपरायण हैं। आप एक प्रचण्ड घण्टा धारण करनेवाले और घण्टा-ध्वनिके समान बोलनेवाले हैं। आपके पास बराबर घण्टा रहा करता है। आप लाखों घण्टेवाले हैं। घण्टोंकी माला आपको अधिक प्रिय है। मैं आपको प्रणाम करता हूँ। आप प्राणोंको दण्ड देनेवाले, नित्य एवं लोहितरूप हैं। आपको नमस्कार है। आप हूं-हूं करनेवाले, रुद्र एवं भगाकारप्रिय हैं। आपको नमस्कार है। आपका कहीं पार नहीं है। आप सदा पर्वतीय वृक्षोंको अधिक पसन्द करते हैं। आपको नमस्कार है। यज्ञोंके अधिपतिरूपमें आपको नमस्कार है। आप भूत एवं प्रस्तुत (वर्तमान)-रूप हैं। आपको नमस्कार है। आप यज्ञवाहक, जितेन्द्रिय, सत्यस्वरूप, भग, तट, तटपर होने योग्य तथा तटिनीपति (समुद्र) हैं। आपको नमस्कार है। आप अन्नदाता, अन्नपति और अन्नके भोगी हैं। आपको नमस्कार है। आपके सहस्रों मस्तक और सहस्रों चरण हैं। आप सहस्रों शूल उठाये रहनेवाले और सहस्रों नेत्रोंवाले हैं। आपको नमस्कार है। आपका वर्ण उदयकालीन सूर्यके समान लाल है। आप बालकरूप धारण करनेवाले हैं। आपको नमस्कार है। आप बालसूर्यस्वरूप हैं और काल आपका खिलौना है। आपको नमस्कार है। आप शुद्ध, बुद्ध, क्षोभण तथा क्षयरूप हैं। आपको नमस्कार है।*

---

* नमो होमाय मन्त्राय शुक्लध्वजपताकिने। नमोऽनम्याय नम्याय नमः किलकिलाय च॥
नमस्त्वां शयमानाय शयितायोत्थिताय च। स्थिताय धावमानाय कुब्जाय कुटिलाय च॥
नमो नर्तनशीलाय मुखवादित्रकारिणे। बाधापहाय लुब्धाय गीतवादित्रकारिणे॥
नमो ज्येष्ठाय श्रेष्ठाय बलप्रमथनाय च। उग्राय च नमो नित्यं नमश्च दशबाहवे॥
नमः कपालहस्ताय सितभस्मप्रियाय च। विभीषणाय भीमाय भीष्मव्रतधराय च॥
नानाविकृतवक्त्राय खड्गजिह्वोग्रदंष्ट्रिणे। पक्षमासलवार्धाय तुम्बीवीणाप्रियाय च॥
अघोरघोररूपाय घोराघोरतराय च। नमः शिवाय शान्ताय नमः शान्ततमाय च॥
नमो बुद्धाय शुद्धाय संविभागप्रियाय च। पवनाय पतङ्गाय नमः सांख्यपराय च॥
नमश्चण्डैकघण्टाय घण्टाजल्पाय घण्टिने। सहस्रशतघण्टाय घण्टामालाप्रियाय च॥

आपके केश गङ्गाजीकी तरङ्गोंसे अङ्कित रहते हैं। आप अपने मस्तकके बाल खुले रखते हैं। आप [संध्यादि] छः कर्मोंमें निष्ठा रखनेवाले हैं तथा [सृष्टि आदि] तीन कर्मोंका निरन्तर पालन करनेवाले हैं। आपको नमस्कार है। आप वर्णों और आश्रमोंके पृथक्-पृथक् धर्मकी विधिपूर्वक प्रवृत्ति करनेवाले हैं। आपको नमस्कार है। आप श्रेष्ठ, ज्येष्ठ तथा पक्षियोंके समान कलकल शब्द करनेवाले हैं। आपको नमस्कार है। आपके नेत्र श्वेत, पीले, काले और लाल रंगवाले हैं। आप धर्म, काम, अर्थ, मोक्ष, क्रथ (संहार), क्रथन (संहारकर्ता), सांख्य, सांख्यप्रधान और योगके अधिपति हैं। आपको नमस्कार है। आप रथ-संचारयोग्य सड़कसे रथपर बैठकर चलते हैं। चौराहा आपका मार्ग है। आपको नमस्कार है। आप काला मृगचर्म ओढ़ते और सर्पका यज्ञोपवीत पहनते हैं। ईशान! आप रुद्रसमुदायरूप हैं। हरिकेश (पीले केशवाले)! आपको नमस्कार है। व्यक्ताव्यक्तस्वरूप अम्बिकानाथ! आप त्रिनेत्रधारीको नमस्कार है। काल और कामदेवके मदको इच्छानुसार चूर्ण करनेवाले तथा दुष्टों और उद्दण्डोंका नाश करनेवाले महेश्वर! आपको नमस्कार है। सबके द्वारा निन्दित और सबके संहारक सद्योजात! आपको नमस्कार है। दूसरोंको उन्मत्त बनानेवाले सैकड़ों आवर्तोंसे युक्त शिव! आपके मस्तकके बाल गङ्गाजीके जलसे भीगे रहते हैं। आपको नमस्कार है। चन्द्रार्धसंयुगावर्त और मेघावर्त नामसे पुकारे जानेवाले! आपको नमस्कार है। आप अन्न-दान करनेवाले, अन्नदाताओंके प्रभु, अन्नभोक्ता और रक्षक हैं। आपको नमस्कार है। आप ही प्रलयकालीन अग्नि हैं। देवदेवेश्वर! आप ही जरायुज, अण्डज, स्वेदज और उद्भिज्ज—ये चार प्रकारके जीव हैं। चराचर जगत्‌की सृष्टि और संहार करनेवाले भी आप ही हैं।

विश्वेश्वर! आप ही ब्रह्मा हैं। जलमें स्थित जो ब्रह्म है, उसे आपका ही स्वरूप बतलाते हैं। आप ही सबकी परम योनि हैं। चन्द्रमा और ज्योतिके भंडार भी आप ही हैं। ब्रह्मवादी महर्षि आपको ही ऋक्, साम तथा ॐकार कहते हैं। सामगान करनेवाले ब्रह्मवेत्ता तथा श्रेष्ठ देवता 'हायि हायि हरे हायि हुवा हाव' आदि साम-ऋचाओंका निरन्तर उच्चारण करते हुए आपका ही यशोगान करते हैं। आप ही यजुर्वेद, ऋग्वेद, सामवेद तथा अथर्ववेदमय हैं। ब्रह्मवेत्ता कल्प और उपनिषदादिके समूहोंसे आपके ही स्वरूपका अध्ययन करते हैं। ब्राह्मण, क्षत्रिय, वैश्य, शूद्र आदि जो-जो वर्ण और आश्रम हैं, वह सब आप ही हैं। बिजलीकी चमक, मेघकी गर्जना, संवत्सर, ऋतु, मास, पक्ष, कला, काष्ठा, निमेष, नक्षत्र और युग—सब आपके ही स्वरूप हैं। बैलोंके ककुद (थूहे) और पर्वतोंके शिखर भी आप ही हैं।* आप मृगोंमें मृगराज सिंह, सर्पोंमें तक्षक और शेषनाग,

---

*तरङ्गाङ्कितकेशाय मुक्तकेशाय वै नमः। नमः षट्कर्मनिष्ठाय त्रिकर्मनियताय च॥
वर्णाश्रमाणां विधिवत्पृथग्धर्मप्रवर्तिने। नमः श्रेष्ठाय ज्येष्ठाय नमः कलकलाय च॥

प्राणदण्डाय नित्याय नमस्ते लोहिताय च। हूंहूंकाराय रुद्राय भगाकारप्रियाय च॥
नमोऽपारवते नित्यं गिरिवृक्षप्रियाय च। नमो यज्ञाधिपतये भूताय प्रस्तुताय च॥
यज्ञवाहाय दान्ताय तथ्याय च भगाय च। नमस्तटाय तट्याय तटिनीपतये नमः॥
अन्नदायान्नपतये नमस्त्वन्नभुजाय च। नमः सहस्रशीर्षाय सहस्रचरणाय च॥
सहस्रोद्यतशूलाय सहस्रनयनाय च। नमो बालार्कवर्णाय बालरूपधराय च॥
नमो बालार्करूपाय कालक्रीडनकाय च। नमः शुद्धाय बुद्धाय क्षोभणाय क्षयाय च॥

समुद्रोंमें क्षीरसागर, मन्त्रोंमें प्रणव, शस्त्रोंमें वज्र और व्रतोंमें सत्य हैं। आप ही इच्छा, राग, द्वेष, मोह, शान्ति, क्षमा, व्यवसाय (दृढ़ निश्चय), धैर्य, लोभ, काम, क्रोध, जय और पराजय हैं। आप गदा, बाण, धनुष, खट्वाङ्ग और मुद्गर धारण करनेवाले हैं। आप ही छेदन, भेदन और प्रहार करनेवाले हैं। नेता और मन्ता (आदर देनेवाले) भी आप ही माने गये हैं। [मनूक्त] दस लक्षणोंवाला धर्म, अर्थ एवं काम भी आपके ही स्वरूप हैं। चन्द्रमा, समुद्र, नदी, छोटा तालाब, सरोवर, लता, बेल, घास, अन्न, पशु, मृग और पक्षी भी आप ही हैं। द्रव्य, कर्म और गुणोंका आरम्भ भी आपसे ही होता है। आप ही समयपर फूल और फल देनेवाले हैं। आदि, अन्त, मध्य, गायत्री और ॐकार भी आप ही हैं।

हरा, लाल, काला, नीला, पीला, अरुण, चितकबरा, कपिल, बभ्रु (भूरा), फाखता और श्याम आदि रंग भी आप ही हैं। आप सुवर्णरेता (अग्नि)-के नामसे विख्यात हैं। आप ही सुवर्ण माने गये हैं। सुवर्ण आपका नाम है और सुवर्ण आपको प्रिय है। आप ही इन्द्र, यम, वरुण, कुबेर, वायु, प्रज्वलित अग्नि, स्वर्भानु (राहु) और भानु (सूर्य) हैं। होता (हवन करनेवाले), होत्र (हवन), होम्य (हवनद्वारा पूज्य), हुत (हवि) और प्रभु भी आप ही हैं। त्रिसौपर्ण ऋचा और यजुर्वेदका शतरुद्रिय आपका ही स्वरूप है। आप पवित्रोंमें पवित्र तथा मङ्गलोंके भी मङ्गल हैं। आप ही प्राण, रजोगुण, तमोगुण तथा सत्त्वगुण हैं। प्राण, अपान, समान, उदान, व्यान, उन्मेष-निमेष (आँखका खोलना-मीचना), भूख, प्यास तथा जृम्भा (जँभाई) हैं। आप लोहिताङ्ग (लाल शरीरवाले), दंष्ट्री (दाढ़ोंवाले), महावक्त्र (बड़े मुखवाले), महोदर (बड़े पेटवाले), शुचिरोमा (पवित्र रोयेंवाले), हरिच्छ्मश्रु (पीली दाढ़ी-मूँछवाले), ऊर्ध्वकेश (ऊपर उठे हुए केशवाले) तथा चलाचल (स्थावर-जङ्गम) हैं। गीत, वाद्य और नृत्य आपके ही अङ्ग हैं। गाना-बजाना आपको बहुत प्रिय है। आप ही मत्स्य, उसे जीवन देनेवाले जल और उसे फँसानेवाले जाल हैं। आपको कोई जीत नहीं सकता। आप

श्वेतपिङ्गलनेत्राय कृष्णरक्तेक्षणाय च। धर्मकामार्थमोक्षाय क्रथाय क्रथनाय च॥
सांख्याय सांख्यमुख्याय योगाधिपतये नमः। नमो रथ्याधिरथ्याय चतुष्पथपथाय च॥
कृष्णाजिनोत्तरीयाय व्यालयज्ञोपवीतिने। ईशान रुद्रसंघात हरिकेश नमोऽस्तु ते॥
त्र्यम्बकायाम्बिकानाथ व्यक्ताव्यक्त नमोऽस्तु ते। कालकामदकामघ्न दुष्टोद्वृत्तनिषूदन॥
सर्वगर्हित सर्वघ्न सद्योजात नमोऽस्तु ते। उन्मादनशतावर्त गङ्गातोयार्द्रमूर्धज॥
चन्द्रार्धसंयुगावर्त मेघावर्त नमोऽस्तु ते। नमोऽन्नदानकर्त्रे च अन्नदप्रभवे नमः॥
अन्नभोक्त्रे च गोप्त्रे च त्वमेव प्रलयानल। जरायुजाण्डजाश्चैव स्वेदजोद्भिज्ज एव च॥
त्वमेव देवदेवेश भूतग्रामश्चतुर्विधः। चराचरस्य स्रष्टा त्वं प्रतिहर्ता त्वमेव च॥
त्वमेव ब्रह्म विश्वेश अप्सु ब्रह्म वदन्ति ते। सर्वस्य परमा योनिः सुधांशो ज्योतिषां निधिः॥
ऋक्सामानि तथोङ्कारमाहुस्त्वां ब्रह्मवादिनः। हायि हायि हरे हायि हुवा हावेति वासकृत्॥
गायन्ति त्वां सुरश्रेष्ठाः सामगा ब्रह्मवादिनः। यजुर्मय ऋङ्मयश्च सामाथर्वयुतस्तथा॥
पठ्यसे ब्रह्मविद्भिस्त्वं कल्पोपनिषदां गणैः। ब्राह्मणाः क्षत्रिया वैश्याः शूद्रा वर्णाश्रमाश्च ये॥
त्वमेवाश्रमसंघाश्च विद्युत्स्तनितमेव च। संवत्सरस्त्वमृतवो मासा मासार्धमेव च॥
कला काष्ठा निमेषाश्च नक्षत्राणि युगानि च। वृषाणां ककुदं त्वं हि गिरीणां शिखराणि च॥

जलव्याल (पानीमें रहनेवाले साँप) और कुटीचर (एकान्तवासी गृहस्थ) हैं। आप ही विकाल (विपरीत काल), सुकाल, दुष्काल तथा कालनाशक हैं। मृत्यु, अक्षय एवं अन्त भी आप ही हैं। आप क्षमा, माया एवं किरणोंका प्रसार करनेवाले हैं।

आप संवर्त (प्रलयकाल), वर्तक (नित्य विद्यमान), संवर्तक (प्रलयकालीन) और बलाहक (मेघ) हैं। आप घण्टा धारण करनेके कारण घण्टाकी, घण्टकी और घण्टी कहलाते हैं। मस्तकपर चोटी धारण करते हैं। खारे पानीका समुद्र आपका ही स्वरूप है।* आप ब्रह्मा हैं। आपके मुखमें कालाग्निका निवास है। दण्ड धारण करनेवाले, सिर मुँड़ाये रहनेवाले तथा त्रिदण्ड धारण करनेवाले यति आपके ही स्वरूप हैं। चारों युग, चारों वेद, चार प्रकारके होता और चौराहा आप ही हैं। चारों आश्रमोंके नेता और चारों वर्णोंकी उत्पत्ति करनेवाले भी आप ही हैं। क्षर (विनाशी),अक्षर (अविनाशी), प्रिय, धूर्त, गणोंद्वारा गणनीय एवं गणपति भी आप ही हैं। आप लाल रंगकी माला और वस्त्र धारण करते हैं। पर्वत एवं वाणीके स्वामी हैं। पार्वतीजीके प्रियतम हैं। शिल्पकारोंके स्वामी, शिल्पियोंमें श्रेष्ठ तथा समस्त शिल्पकारोंके प्रवर्तक हैं। आपने ही भगके नेत्रोंका विनाश किया है। आप अत्यन्त क्रोधी हैं। पूषाके दाँत भी आपने ही तोड़े हैं। स्वाहा, स्वधा, वषट्कार और नमस्कार—सब आप ही हैं। आपको नमस्कार है। आपका व्रत गूढ़ रहता है। आप स्वयं भी गूढ़ हैं तथा गूढ़ व्रतका आचरण करनेवाले महापुरुष सदा आपकी सेवामें रहते हैं। आप ही तरने और तारनेवाले हैं। सब भूतोंमें आप ही संचालकरूपसे स्थित हैं। धाता (धारण करनेवाले), विधाता (विधान करनेवाले), संधाता (जोड़नेवाले), निधाता (बीज डालनेवाले), धारण, धर, तप, ब्रह्म, सत्य, ब्रह्मचर्य तथा आर्जव (सरलता) आपके ही नाम हैं। आप सम्पूर्ण भूतोंके आत्मा, सब भूतोंको उत्पन्न करनेवाले, भूतस्वरूप, भूत, भविष्य तथा वर्तमानके उद्भावक, भूर्लोक, भुवर्लोक, स्वर्लोक,

* सिंहो मृगाणां च पतिस्तक्षकोऽनन्तभोगिनाम्। क्षीरोदो ह्युदधीनां च मन्त्राणां प्रणवस्तथा॥
वज्रं प्रहरणानां च व्रतानां सत्यमेव च। त्वमेवेच्छा च द्वेषश्च रागो मोहः शमः क्षमा॥
व्यवसायो धृतिर्लोभः कामक्रोधौ जयाजयौ। त्वं गदी त्वं शरी चापी खट्वाङ्गी मुद्गरी तथा॥
छेत्ता भेत्ता प्रहर्ता च नेता मन्तासि नो मतः। दशलक्षणसंयुक्तो धर्मोऽर्थः काम एव च॥
इन्दुः समुद्रः सरितः पल्वलानि सरांसि च। लतावल्यस्तृणौषध्यः पशवो मृगपक्षिणः॥
द्रव्यकर्मगुणारम्भः कालपुष्पफलप्रदः। आदिश्चान्तश्च मध्यश्च गायत्र्योङ्कार एव च॥
हरितो लोहितः कृष्णो नीलः पीतस्तथारुणः। कद्रुश्च कपिलो बभ्रुः कपोतो मेचकस्तथा॥
सुवर्णरेता विख्यातः सुवर्णश्चाप्यथो मतः। सुवर्णनामा च तथा सुवर्णप्रिय एव च॥
त्वमिन्द्रश्च यमश्चैव वरुणो धनदोऽनिलः। उत्फुल्लश्चित्रभानुश्च स्वर्भानुर्भानुरेव च॥
होत्रं होता च होम्यं च हुतं चैव तथा प्रभुः। त्रिसौपर्णस्तथा ब्रह्मन् यजुषां शतरुद्रियम्॥
पवित्रं च पवित्राणां मङ्गलानां च मङ्गलम्। प्राणश्च त्वं रजश्च त्वं तमः सत्त्वयुतस्तथा॥
प्राणोऽपानः समानश्च उदानो व्यान एव च। उन्मेषश्च निमेषश्च क्षुत्तृड् जृम्भा तथैव च॥
लोहिताङ्गश्च दंष्ट्री च महावक्त्रो महोदरः। शुचिरोमा हरिच्छ्मश्रुरूर्ध्वकेशश्चलाचलः॥
गीतवादित्रनृत्याङ्गो गीतवादनकप्रियः। मत्स्यो जालो जलोऽजय्यो जलव्यालः कुटीचरः॥
विकालश्च सुकालश्च दुष्कालः कालनाशनः। मृत्युश्चैवाक्षयोऽन्तश्च क्षमा माया करोत्करः॥
संवर्तो वर्तकश्चैव संवर्तकबलाहकौ। घण्टाकी घण्टकी घण्टी चूडालो लवणोदधिः॥

भूत, अग्नि और महेश्वर हैं। ब्रह्मावर्त, सुरावर्त और कामावर्त आपके ही नाम हैं। आपको नमस्कार है। आप कामदेवके विग्रहको दग्ध करनेवाले हैं। कर्णिकार (कनेर) पुष्पोंकी माला आपको अधिक प्रिय है। आप गौओंके नेता, गोप्रचारक (इन्द्रियोंके संचालक) तथा गौओंके स्वामी नन्दीपर सवारी करनेवाले हैं।

तीनों लोकोंकी रक्षा आपके ही हाथोंमें है। गोविन्द (गोरक्षक), गोपालक और गौओंके मार्ग भी आप ही हैं। आपका मुख पूर्ण चन्द्रके समान आह्लादक है। आप सुन्दर मुखवाले हैं। जिनका मुख सुन्दर नहीं है, जो मुखसे रहित हैं, जिनके चार या अनेक मुख हैं तथा जो सदा युद्धमें सम्मुख डटे रहते हैं, वे सब भी आपके ही स्वरूप हैं। आप हिरण्यगर्भ (ब्रह्मा), शकुनि (वाज), धनद (धन देनेवाले), धनके स्वामी, विराट्, अधर्मका नाश करनेवाले, महादक्ष, दण्डधारी तथा युद्धके प्रेमी हैं। खड़े रहनेवाले, स्थिर, स्थाणु, निष्कम्प, अत्यन्त निश्चल, दुर्वारण (कठिनतासे निवारण किये जाने योग्य), दुर्विषह (असह्य), दुस्सह और दुरतिक्रम (दुर्लङ्घ्य) हैं। आपको धारण करना या वशमें लाना कठिन है। आप नित्य दुर्दम्य (कठिनतासे दमन करने योग्य), विजय एवं जय हैं। आप शश (खरगोश)-रूप हैं। चन्द्रमा आपके नेत्र हैं। आप एक ही साथ शीत और उष्ण दोनों ही धारण करते हैं। क्षुधा, तृषा, बुढ़ापा, आधि (मानसिक पीड़ा) और व्याधि भी आप ही हैं। व्याधिके नाशक और पालक भी आप ही हैं। आप सहन करने योग्य, यज्ञरूपी मृगके मारनेवाले व्याध, व्याधियोंके आकर (भंडार) तथा अकर (कुछ भी न करनेवाले) हैं। आप शिखण्डी (मोरपंखधारी), पुण्डरीक (कमलरूप) तथा पुण्डरीकलोचन हैं। दण्डधृक्[1], चक्रदण्ड[2] तथा रौद्रभागाविनाशन[3]— ये सब आपके ही नाम हैं।* आप विष, अमृत, देवपेय, दुग्ध, सोम, मधु, जल तथा सब कुछ पान करनेवाले हैं। बल और अबल सब आप ही हैं।

आप धर्ममय वृषभके शरीरपर सवार होने

---

१. दण्डधारी, २. चक्रद्वारा दण्ड देनेवाले, ३. रुद्रके भागका नाश न होने देनेवाले।

* ब्रह्मा कालाग्निवक्त्रश्च दण्डो मुण्डस्त्रिदण्डधृक्। चतुर्युगश्चतुर्वेदश्चतुर्होत्रश्चतुष्पथः॥
चातुराश्रम्यनेता च चातुर्वर्ण्यकरश्च ह। क्षराक्षरः प्रियो धूर्तो गणैर्गण्यो गणाधिपः॥
रक्तमाल्याम्बरधरो गिरीशो गिरिजाप्रियः। शिल्पीशः शिल्पिनः श्रेष्ठः सर्वशिल्पिप्रवर्तकः॥
भगनेत्रान्तकश्चण्डः पूष्णो दन्तविनाशनः। स्वाहा स्वधा वषट्कारो नमस्कार नमोऽस्तु ते॥
गूढव्रतश्च गूढश्च गूढव्रतनिषेवितः। तरणस्तारणश्चैव सर्वभूतेषु तारणः॥
धाता विधाता संधाता निधाता धारणो धरः। तपो ब्रह्म च सत्यं च ब्रह्मचर्यं तथाऽऽर्जवम्॥
भूतात्मा भूतकृद्भूतो भूतभव्यभवोद्भवः। भूर्भुवः स्वरितश्चैव भूतो ह्यग्निर्महेश्वरः॥
ब्रह्मावर्तः सुरावर्तः कामावर्त नमोऽस्तु ते। कामबिम्बविनिर्हन्ता कर्णिकारस्रजप्रियः॥
गोनेता गोप्रचारश्च गोवृषेश्वरवाहनः। त्रैलोक्यगोप्ता गोविन्दो गोप्ता गोमार्ग एव च॥
अखण्डचन्द्राभिमुखः सुमुखो दुर्मुखोऽमुखः। चतुर्मुखो बहुमुखो रणेष्वभिमुखः सदा॥
हिरण्यगर्भः शकुनिर्धनदोऽर्थपतिर्विराट्। अधर्महा महादक्षो दण्डधारो रणप्रियः॥
तिष्ठन् स्थिरश्च स्थाणुश्च निष्कम्पश्च सुनिश्चलः। दुर्वारणो दुर्विषहो दुःसहो दुरतिक्रमः॥
दुर्धरो दुर्वशो नित्यो दुर्दर्पो विजयो जयः। शशः शशाङ्कनयनः शीतोष्णः क्षुत्तृषा जरा॥
आधयो व्याधयश्चैव व्याधिहा व्याधिपश्च यः। सह्यो यज्ञमृगव्याधो व्याधीनामाकरोऽकरः॥
शिखण्डी पुण्डरीकश्च पुण्डरीकावलोकनः। दण्डधृक् चक्रदण्डश्च रौद्रभागाविनाशनः॥

योग्य हैं, वृषभस्वरूप हैं। आपके नेत्र वृषभके नेत्रोंके समान हैं। आप वृषभके नामसे लोकमें विख्यात हैं। सम्पूर्ण लोक आपका संस्कार (पूजन और अभिषेक) करता है। शिव! चन्द्रमा और सूर्य आपके नेत्र, ब्रह्माजी हृदय, अग्निष्टोम शरीर और धर्मकर्म शृङ्गार हैं। ब्रह्मा, विष्णु तथा प्राचीन ऋषि भी आपके माहात्म्यको यथार्थरूपसे जाननेमें समर्थ नहीं हैं। भगवन्! आपकी कल्याणमयी एवं सूक्ष्म जो मूर्तियाँ हैं, उनका मुझे दर्शन हो। आप उन मूर्तियोंके द्वारा मेरी सब ओरसे रक्षा करें—ठीक वैसे ही, जैसे पिता अपने औरस पुत्रकी रक्षा करता है। अनघ! आपको नमस्कार है। मैं रक्षा करने योग्य हूँ। आप मेरी रक्षा करें। आप भक्तोंपर कृपा करनेवाले भगवान् हैं और मैं सदा ही आपमें भक्ति रखता हूँ।

जो खोटी दृष्टि रखनेवाले अनेक सहस्र पुरुषोंको अपनी मायासे आवृत करके अकेले ही समुद्रके भीतर निवास करते हैं, वे भगवान् प्रतिदिन मेरे रक्षक हों। निद्रासे रहित, प्राणोंको वशमें रखनेवाले, सत्त्वगुणमें स्थित, समदर्शी योगिजन योगाभ्यास करते समय जिनके ज्योतिर्मय स्वरूपका दर्शन करते हैं, उन योगात्माको नमस्कार है। जो प्रलयकाल उपस्थित होनेपर सम्पूर्ण भूतोंको अपना ग्रास बनाकर जलके भीतर शयन करते हैं, उन भगवान् जलशायीकी मैं शरण लेता हूँ। जो रात्रिमें राहुके मुखमें प्रवेश करके चन्द्रमाका अमृत पीते हैं और केतु बनकर सूर्यको भी ग्रस लेते हैं तथा जो अग्नि और सोमस्वरूप हैं, उन भगवान्की मैं शरण लेता हूँ। समस्त देहधारियोंकी देहोंमें स्थित, अँगूठेके बराबर आकारवाले जितने भी जीवात्मा हैं, वे सब आपके ही स्वरूप हैं; अतः वे सदा मेरी रक्षा करें और सदा मुझे तृप्त बनाये रखें। जो अभी उत्पन्न नहीं हुए हैं तथा जो जलके भीतर स्थित हैं, उन सब गर्भोंको जिनसे स्वाहा (पुष्टि) प्राप्त होती है तथा जिनकी कृपासे उन्हें स्वधा (स्वादिष्ट रस)-का आस्वादन सुलभ होता है, जो शरीरके भीतर रहकर स्वयं नहीं रोते और प्राणियोंको रुलाते हैं, जो सबको हर्ष प्रदान करते, किंतु स्वयं हर्षका अनुभव नहीं करते, उन सबको शिवरूपमें सदा-सर्वदा नमस्कार है।

जो समुद्र, नदी, दुर्गम स्थान, पर्वत, गुफा, वृक्षोंकी जड़, गोशाला, अगम्य पथ, गहन वन, चौराहा, सड़क, सभा, गजशाला, अश्वशाला, रथशाला, प्राचीन वाटिका, पुराने घर, पाँचों भूत, दिशा, विदिशा, इन्द्र और सूर्यके मध्य, चन्द्रमा और सूर्यकी किरण तथा रसातलमें जो शिवस्वरूप जीव रहते हैं और उन स्थानोंसे परे जिनकी स्थिति है, उन सबको सब प्रकारसे नमस्कार है, नमस्कार है, नमस्कार है।* भगवन्! आप सर्वस्वरूप, सर्वव्यापी देवता, सम्पूर्ण भूतोंके स्वामी, सबकी

* विषपोऽमृतपश्चैव सुरापः क्षीरसोमपः। मधुपश्चापपश्चैव सर्वपश्च बलाबलः॥
वृषाङ्गवाह्यो वृषभस्तथा वृषभलोचनः। वृषभश्चैव विख्यातो लोकानां लोकसंस्कृतः॥
चन्द्रादित्यौ चक्षुषी ते हृदयं च पितामहः। अग्निष्टोमस्तथा देहो धर्मकर्मप्रसाधितः॥
न ब्रह्मा न च गोविन्दः पुराणऋषयो न च। माहात्म्यं वेदितुं शक्ता याथातथ्येन ते शिव॥
शिवा या मूर्तयः सूक्ष्मास्ते मह्यं यान्तु दर्शनम्। ताभिर्मां सर्वतो रक्ष पिता पुत्रमिवौरसम्॥
रक्ष मां रक्षणीयोऽहं तवानघ नमोऽस्तु ते। भक्तानुकम्पी भगवान् भक्तश्चाहं सदा त्वयि॥
यः सहस्राण्यनेकानि पुंसामावृत्य दुर्दृशाम्। तिष्ठत्येकः समुद्रान्ते स मे गोप्तास्तु नित्यशः॥
यं विनिद्रा जितश्वासाः सत्त्वस्थाः समदर्शिनः। ज्योतिः पश्यन्ति युञ्जानास्तस्मै योगात्मने नमः॥
सम्भक्ष्य सर्वभूतानि युगान्ते समुपस्थिते। यः शेते जलमध्यस्थस्तं प्रपद्येऽम्बुशायिनम्॥

उत्पत्तिके कारण तथा सम्पूर्ण भूतोंके अन्तरात्मा हैं। इसीलिये आपको पृथक् निमन्त्रित नहीं किया गया। देव! भाँति-भाँतिकी दक्षिणावाले यज्ञोंद्वारा आपका ही यजन किया जाता है। आप ही सबके कर्ता-धर्ता हैं, इसलिये आपको मैंने निमन्त्रित नहीं किया। अथवा देव! आपकी सूक्ष्म—दुर्बोध मायासे मैं मोहित था। इसी कारण आपको निमन्त्रण नहीं दिया। देवेश्वर! मुझपर प्रसन्न होइये। आप ही मुझे शरण देनेवाले हैं। आप ही मेरी गति और प्रतिष्ठा हैं, दूसरा कोई नहीं है। ऐसा मेरा दृढ़ विश्वास है।*

इस प्रकार महादेवजीकी स्तुति करके प्रजापति दक्ष चुप हो गये। तब भगवान् शिवने कहा—'उत्तम व्रतका पालन करनेवाले दक्ष! मैं तुम्हारे इस स्तोत्रसे बहुत प्रसन्न हूँ। अधिक कहनेसे क्या लाभ, तुम्हें मेरा सामीप्य प्राप्त होगा।' यों कहकर देवेश्वर महादेवजी अपनी पत्नी और पार्षदोंके साथ अमित तेजस्वी दक्षकी दृष्टिसे ओझल हो गये। जो मनुष्य दक्षद्वारा किये हुए इस स्तोत्रका श्रवण या कीर्तन करता है, उसका तनिक भी अमङ्गल नहीं होता। उसे दीर्घ आयुकी प्राप्ति होती है। जैसे सम्पूर्ण देवताओंमें भगवान् शिव श्रेष्ठ हैं, उसी प्रकार सब स्तोत्रोंमें यह दक्षनिर्मित स्तोत्र श्रेष्ठ है। जो लोग यश, स्वर्ग, देवताओंका ऐश्वर्य, धन, विजय और विद्या आदिकी अभिलाषा रखते हैं, उन्हें यत्नपूर्वक भक्तिके साथ इस स्तोत्रद्वारा भगवान् शिवकी स्तुति करनी चाहिये। रोगी, दु:खी, दीन, भय आदिसे ग्रस्त तथा राज-काजमें नियुक्त मनुष्य इस स्तोत्रके प्रभावसे महान् भयसे मुक्त हो जाता है तथा भगवान् शिवसे इस लोकमें सुख पाकर उसी शरीरसे गणोंका स्वामी बन जाता है। यक्ष, पिशाच, नाग और विनायक उस मनुष्यके घरमें विघ्न नहीं डालते, जिसके यहाँ भगवान् शिवकी स्तुति होती है। दक्षद्वारा किये हुए इस स्तोत्रका पाठ करनेवाला मनुष्य सब पापोंसे मुक्त हो जाता है और मरनेके बाद देवताओंद्वारा पूजित होता है। इस परम गोपनीय स्तोत्रका श्रवण करके पापयोनिवाले मनुष्य तथा वैश्य, स्त्री एवं शूद्र भी रुद्रलोक प्राप्त करते हैं। जो द्विज प्रत्येक पर्वमें ब्राह्मणोंको सदा इस स्तोत्रका श्रवण कराता है, वह नि:संदेह भगवान् शिवके लोकमें जाता है।

प्रविश्य वदनं राहोर्य: सोमं पिबते निशि। ग्रसत्यर्कं च स्वर्भानुर्भूत्वा सोमाग्निरेव च॥
अङ्गुष्ठमात्रा: पुरुषा देहस्था: सर्वदेहिनाम्। रक्षन्तु ते च मां नित्यं नित्यं चाप्याययन्तु माम्॥
येनाप्युत्पादिता गर्भा अपो भागगताश्च ये। तेषां स्वाहा स्वधा चैव आप्नुवन्ति स्वदन्ति च॥
ये न रोदन्ति देहस्था: प्राणिनो रोदयन्ति च। हर्षयन्ति न हृष्यन्ति नमस्तेभ्यस्तु नित्यश:॥
ये समुद्रे नदीदुर्गे पर्वतेषु गुहासु च। वृक्षमूलेषु गोष्ठेषु कान्तारगहनेषु च॥
चतुष्पथेषु रथ्यासु चत्वरेषु सभासु च। हस्त्यश्वरथशालासु जीर्णोद्यानालयेषु च॥
ये तु पञ्चसु भूतेषु दिशासु विदिशासु च। इन्द्रार्कयोर्मध्यगता ये च चन्द्रार्करश्मिषु॥
रसातलगता ये च ये च तस्मात्परं गता:। नमस्तेभ्यो नमस्तेभ्यो नमस्तेभ्यस्तु सर्वश:॥

* सर्वस्त्वं सर्वगो देव: सर्वभूतपतिर्भव:। सर्वभूतान्तरात्मा च तेन त्वं न निमन्त्रित:॥
त्वमेव चेज्यसे देव यज्ञैर्विविधदक्षिणै:। त्वमेव कर्ता सर्वस्य तेन त्वं न निमन्त्रित:॥
अथवा मायया देव मोहित: सूक्ष्मया तव। तस्मात्तु कारणाद्वापि त्वं मया न निमन्त्रित:॥
प्रसीद मम देवेश त्वमेव शरणं मम। त्वं गतिस्त्वं प्रतिष्ठा च न चान्योऽस्तीति मे मति:॥
(४०। ३—१००)

एकाम्रकक्षेत्र तथा पुरुषोत्तमक्षेत्रकी महिमा

लोमहर्षणजी कहते हैं—'महर्षियो! ब्रह्माजीकी कही हुई पवित्र कथा सुनकर उन महर्षियोंको बड़ी प्रसन्नता हुई। उनके शरीरमें रोमाञ्च हो आया। उन्होंने कहा—'ब्रह्मन्! अब आप एकाम्रकक्षेत्रका वर्णन कीजिये।'

ब्रह्माजी बोले—मुनिवरो! वह क्षेत्र सब पापोंको हरनेवाला, पवित्र एवं परम दुर्लभ है। मैं उसका संक्षेपसे वर्णन करूँगा, सुनो। एकाम्रक नामसे विख्यात क्षेत्र वाराणसीके समान कोटि शिवलिङ्गोंसे युक्त एवं शुभ है। उसमें आठ तीर्थ हैं। पूर्व कल्पमें वहाँ एक आमका वृक्ष था। उसीके नामसे वह एकाम्रकक्षेत्रके रूपमें विख्यात हुआ। वह स्थान हृष्ट-पुष्ट मनुष्योंसे भरा रहता है, वहाँ स्त्रियाँ भी रहती हैं और पुरुष भी। उस क्षेत्रमें विद्वानोंकी अधिकता है, वह धन-धान्यसे सम्पन्न स्थान है। घर और गोपुर वहाँकी शोभा बढ़ाते हैं। वहाँ अनेकों व्यवसायी भरे हुए हैं। भाँति-भाँतिके रत्न उस क्षेत्रकी शोभा बढ़ाते हैं। नगर, अटारी, सड़क और राजहंसोंके समान श्वेत महल आदिके द्वारा उसकी बड़ी शोभा होती है। उसके चारों ओर सफेद चहारदीवारी बनी है। शस्त्रोंद्वारा उस पुरकी रक्षा होती है। अनेकों खाइयोंसे वह क्षेत्र अलङ्कृत है। वहाँ प्रतिदिन उत्सवका आनन्द छाया रहता है। नाना प्रकारके बाजोंकी ध्वनि सुनायी पड़ती है। चहारदीवारी और बगीचोंसे युक्त अनेक दिव्य देवमन्दिर सब ओर उस क्षेत्रकी शोभा बढ़ाते हैं। वहाँके ब्राह्मण, क्षत्रिय, वैश्य तथा शूद्र बड़े धार्मिक हैं। वे अपने-अपने धर्मोंमें संलग्न रहते हैं। उस क्षेत्रमें निर्धन, मूर्ख, दूसरोंसे द्वेष रखनेवाले, रोगी, मलिन, नीच, मायावी, रूपहीन, दुराचारी तथा परद्रोही मनुष्य नहीं हैं। वहाँ सर्वत्र सुखपूर्वक सब लोग घूमते-फिरते हैं। वह स्थान सब जीवोंके लिये सुखद है। वहाँ नाना प्रकारके पक्षियोंका कलरव सुनायी पड़ता है। वहाँके उद्यान नन्दनवनके समान एवं सबके सेवन करने योग्य हैं। वहाँके वृक्ष फलोंके भारसे झुके रहते हैं और सभी ऋतुओंमें उनसे फूल झड़ते रहते हैं। दीर्घिका, तड़ाग, पुष्करिणी, वापी तथा अन्यान्य जलाशय सदा कमलवनसे सुशोभित रहते हैं। भाँति-भाँतिके वृक्ष, नाना प्रकारके सुन्दर पुष्प तथा अनेक प्रकारके पवित्र जलाशय सब ओरसे उस स्थानकी शोभा बढ़ाते हैं।

उस क्षेत्रमें साक्षात् भगवान् शङ्कर सब लोकोंका हित करनेके लिये निवास करते हैं। वे भोग और मोक्ष दोनोंके दाता हैं। इस पृथ्वीपर जितने तीर्थ, नदियाँ, सरोवर, पुष्करिणी, तड़ाग, वापी, कूप और सागर हैं, उन सबसे पृथक्-पृथक् जलकी बूँदें संगृहीत करके देवताओंसहित भगवान् शङ्करने उस क्षेत्रमें सम्पूर्ण लोकोंके हितके लिये विन्दुसर नामक तीर्थ स्थापित किया। इसीलिये वह विन्दुसरके नामसे विख्यात है। अगहनके कृष्णपक्षकी अष्टमीको जो वहाँकी यात्रा करता है तथा जो जितेन्द्रिय भावसे विषुवयोगमें श्रद्धाके साथ विधिपूर्वक विन्दुसरोवरमें स्नान करके तिल और जलसे नाम-गोत्रके उच्चारणपूर्वक देवताओं, ऋषियों, मनुष्यों एवं पितरोंका तर्पण करता है, वह अश्वमेध-यज्ञका फल पाता है। जो ग्रहण, विषुवयोग, संक्रान्ति, अयनारम्भ, छियासी युगादि तिथि तथा अन्यान्य शुभ तिथियोंमें वहाँ ब्राह्मणोंको धन आदिका दान करते हैं, वे अन्य तीर्थोंकी अपेक्षा सौगुना फल पाते हैं। जो विन्दुसरोवरके तटपर पितरोंको पिण्डदान देते हैं, वे उन पितरोंकी अक्षय तृप्तिका सम्पादन करते हैं।

स्नानके पश्चात् मौन एवं जितेन्द्रिय भावसे

भगवान् शङ्करके मन्दिरमें प्रवेश करके उनकी पूजा करे। तीन बार शिवकी प्रदक्षिणा करे। घृत और दुग्ध आदिके द्वारा पवित्रतापूर्वक भगवान् शङ्करको स्नान कराकर उनके सब अङ्गोंमें सुगन्धित चन्दन एवं केसर लगाये। तदनन्तर नाना प्रकारके पवित्र पुष्पों तथा बिल्वपत्र, आक और कमल आदिके द्वारा वैदिक एवं तान्त्रिक मन्त्रोंसे तथा केवल नाममय मूल मन्त्रसे गन्ध, पुष्प, चन्दन, धूप, दीप, नैवेद्य, उपहार, स्तुति, दण्डवत्-प्रणाम, मनोहर गीत-वाद्य, नृत्य, जप, नमस्कार, जय-शब्द तथा प्रदक्षिणा समर्पण करते हुए महादेवजीका पूजन करे। इस प्रकार देवाधिदेवका विधिपूर्वक पूजन करनेवाला पुरुष सब पापोंसे मुक्त हो शिवलोकमें जाता है। जो उत्तम बुद्धिवाले पुरुष वहाँ हर समय महादेवजीका दर्शन करते हैं, वे भी पापमुक्त होकर शिवलोकमें जाते हैं। भगवान् शिवसे पश्चिम, पूर्व, दक्षिण, उत्तर—चारों ओर ढाई-ढाई योजनतक वह क्षेत्र भोग एवं मोक्ष प्रदान करनेवाला है। उस उत्तम क्षेत्रमें भास्करेश्वर नामसे प्रसिद्ध एक शिवलिङ्ग है। जो लोग वहाँ कुण्डमें स्नान करके भगवान् सूर्यद्वारा पूजित त्रिनेत्रधारी देवाधिदेव महादेवका दर्शन करते हैं, वे सब पापोंसे मुक्त हो उत्तम विमानपर बैठकर गन्धर्वोंके मुखसे अपनी स्तुति सुनते हुए शिवलोकमें जाते हैं अथवा योगियोंके घरमें वेद-वेदाङ्गोंके पारंगत, सर्वभूतहितकारी श्रेष्ठ द्विजके रूपमें उत्पन्न होते हैं। उस समय वे मोक्षशास्त्रके तात्पर्यको समझनेमें कुशल और सर्वत्र समबुद्धि होते हैं तथा भगवान् शङ्करसे श्रेष्ठ योग प्राप्त करके भव-बन्धनसे मुक्ति पा जाते हैं। द्विजवरो! स्त्री भी श्रद्धापूर्वक वहाँ भगवान् शिवका पूजन करके पूर्वोक्त फलको प्राप्त कर लेती है। मुनिवरो! भगवान् महेश्वरके अतिरिक्त दूसरा कौन ऐसा है, जो उस उत्तम क्षेत्रके सम्पूर्ण गुणोंका वर्णन कर सके। भगवान् शिवका एकाम्रकक्षेत्र वाराणसीके समान शुभ है। जो वहाँ स्नान करता है, वह निश्चय ही मोक्ष प्राप्त कर लेता है।

वहाँ और भी अनेक पवित्र तीर्थ एवं मन्दिर हैं। उनका भी ज्ञान प्राप्त करना चाहिये। समुद्रके उत्तर-तटपर उस प्रदेशमें एक परम गोपनीय मुक्तिदायक क्षेत्र है, जो सब पापोंका नाश करनेवाला है। उस परमदुर्लभ क्षेत्रका विस्तार दस योजन है। वहाँकी भूमिपर सब ओर बालू बिछी हुई है। वह परम पवित्र एवं सम्पूर्ण कामनाओंको देनेवाला है। अशोक, अर्जुन, पुंनाग, मौलसिरी, सरल, कटहल, नारियल, शाखू, ताड़, कैथ, चम्पा, कनेर, आम, बेल, गुलाब, कदम्ब, कचनार, लकुच, नागकेसर, पीपल, छितवन, महुआ, सहिजन, शीशम, आँवला, नीम तथा बहेड़ा आदिके वृक्षोंसे उसकी बड़ी शोभा होती है। वहाँ पक्षियोंके मुखसे निकले हुए अत्यन्त मधुर कलरव कानों और मनको बहुत सुख देते हैं। ऊपर बताये हुए वृक्षोंके अतिरिक्त अन्यान्य मनोहर पुष्पों, लताओं और भाँति-भाँतिके जलाशयोंसे वह क्षेत्र सुशोभित है। अनेकानेक ब्रह्मचारी, गृहस्थ, वानप्रस्थ, संन्यासी तथा स्वधर्मपरायण ब्राह्मणादि वर्णोंसे उस क्षेत्रकी शोभा होती है। वह हृष्ट-पुष्ट मनुष्यों तथा अनेक नर-नारियोंसे भरा हुआ है। वह सम्पूर्ण विद्याओंका स्थान तथा समस्त धर्मों एवं गुणोंका आकर है। इस प्रकार वह परम दुर्लभ क्षेत्र सर्वगुणसम्पन्न है। मुनिवरो! वहाँ भगवान् श्रीकृष्ण पुरुषोत्तम नामसे विख्यात हैं। उत्कल प्रान्तकी सीमा समुद्रकी ओर जहाँतक बतायी गयी है, वह सब स्थान श्रीकृष्णके प्रसादसे अत्यन्त पवित्र है। उस देशमें विश्वात्मा भगवान् पुरुषोत्तम निवास करते हैं। वे जगद्व्यापी जगन्नाथ हैं। उन्हींमें सब कुछ प्रतिष्ठित है। मैं, भगवान् शिव, इन्द्र तथा अग्नि आदि देवता सदा

उस देशमें निवास करते हैं। गन्धर्व, अप्सरा, पितर, देवता, मनुष्य, यक्ष, विद्याधर, सिद्ध, उत्तम व्रतवाले मुनि, बालखिल्य आदि ऋषि, कश्यप आदि प्रजापति, गरुड़, किंनर, नाग, अन्यान्य स्वर्गवासी, अङ्गोंसहित चारों वेद, नाना प्रकारके शास्त्र, इतिहास-पुराण, उत्तम दक्षिणावाले यज्ञ, अनेक पवित्र नदियाँ, पुण्यतीर्थ, मन्दिर, समुद्र तथा पर्वत—सब उस देशमें स्थित हैं। इस प्रकार देवताओं, ऋषियों तथा पितरोंद्वारा सेवित उस पावन प्रदेशमें, जहाँ सब प्रकारके उपभोग सुलभ हैं, निवास करना किसको रुचिकर नहीं प्रतीत होगा। भला, उसके सिवा कौन देश श्रेष्ठ है, उससे बढ़कर दूसरा कौन स्थान है, जहाँ मुक्तिदाता भगवान् पुरुषोत्तम स्वयं ही विराजमान हैं। वे मनुष्य, जो उत्कलदेशमें निवास करते हैं, देवताओंके समान और धन्य हैं। जो समस्त तीर्थोंके राजा समुद्रमें स्नान करके भगवान् पुरुषोत्तमका दर्शन करते हैं, वे मनुष्य स्वर्गमें बसते हैं, यमलोकमें नहीं जाते। जो उत्कलदेशीय पवित्र पुरुषोत्तमक्षेत्रमें निवास करते हैं, उन श्रेष्ठ बुद्धिवाले मनुष्योंका जीवन सफल है; क्योंकि वे देवश्रेष्ठ भगवान् श्रीकृष्णके मुखकमलका दर्शन करते हैं। भगवान्‌का मुखकमल तीनों लोकोंको आनन्द प्रदान करनेवाला है। उनके नेत्र प्रसन्न एवं विशाल हैं। उनकी भौंहें, केश तथा मुकुट सुन्दर हैं, कानोंमें मनोहर कुण्डल शोभा पाते हैं। उनकी मुसकान मनोहर और दन्तपङ्क्ति सुन्दर है। वे सुन्दर नाक, सुन्दर कपोल, सुन्दर ललाट और उत्तम लक्षणोंवाले हैं।

अवन्तीके महाराज इन्द्रद्युम्नका पुरुषोत्तमक्षेत्रमें जाना तथा वहाँकी इन्द्रनीलमयी प्रतिमाके गुप्त होनेकी कथा

ब्रह्माजी कहते हैं—प्राचीन सत्ययुगकी बात है, इन्द्रद्युम्न नामसे विख्यात एक राजा थे, जो इन्द्रके समान पराक्रमी थे। वे सत्यवादी, पवित्र, दक्ष, सर्वशास्त्रविशारद, रूपवान्, सौभाग्यशाली, शूरवीर, दानी, उपभोगमें समर्थ, प्रिय वचन बोलनेवाले, समस्त यज्ञोंका अनुष्ठान करनेवाले, ब्राह्मणभक्त, सत्यप्रतिज्ञ, धनुर्वेद और वेद-शास्त्रमें निपुण, विद्वान् तथा पूर्णिमाके चन्द्रमाकी भाँति सब स्त्री-पुरुषोंके प्रेमपात्र थे। सूर्यकी भाँति उनकी ओर देखना कठिन था। वे शत्रुसमुदायके लिये भयंकर, विष्णुभक्त, सत्त्वगुणसम्पन्न, क्रोधको जीतनेवाले, जितेन्द्रिय, अध्यात्मविद्याके प्रेमी, मुमुक्षु और धर्मपरायण थे। इस प्रकार वे सर्वगुणसम्पन्न राजा इन्द्रद्युम्न समूची पृथ्वीका पालन करते थे। एक समय उनके मनमें भगवान् श्रीहरिकी आराधनाका विचार उत्पन्न हुआ। वे सोचने लगे, 'मैं किस क्षेत्रमें, किस तीर्थमें, किस नदीके तटपर अथवा किस आश्रममें देवाधिदेव भगवान् जनार्दनकी आराधना करूँ!' इस चिन्तामें पड़कर उन्होंने मन-ही-मन समस्त पृथ्वीपर दृष्टिपात किया, समस्त तीर्थों, क्षेत्रों और नगरोंकी ओर देखा; परंतु सबको छोड़कर वे विश्वविख्यात मोक्षदायक पुरुषोत्तमक्षेत्रमें गये। वहाँ उन्होंने बहुत ऊँचा मन्दिर बनवाकर उसमें बलराम, श्रीकृष्ण और सुभद्राकी स्थापना की तथा विधिपूर्वक स्नान, दान, तप, होम और देव-दर्शनरूप पञ्चतीर्थोंका अनुष्ठान करके प्रतिदिन भक्तिपूर्वक श्रीपुरुषोत्तमकी आराधना की और उन्हींकी कृपासे मोक्ष प्राप्त किया।

मुनियोंने पूछा—सुरश्रेष्ठ! राजा इन्द्रद्युम्न मुक्तिदायक पुरुषोत्तमक्षेत्रमें किसलिये गये? और वहाँ जाकर उन्होंने वह त्रिभुवनविख्यात प्रासाद किस प्रकार बनवाया? प्रजापते! उन्होंने श्रीकृष्ण, बलराम

और सुभद्राकी स्थापना कैसे की? ये सब बातें विस्तारपूर्वक बतानेकी कृपा करें।

ब्रह्माजी बोले—द्विजवरो! तुम लोग जो प्राचीन वृत्तान्त पूछ रहे हो, वह सब पापोंको दूर करनेवाला, पवित्र, भोग और मोक्ष देनेवाला तथा शुभ है। इस प्रश्नके लिये तुम्हें साधुवाद देता हूँ। तुम जितेन्द्रिय एवं विशुद्धचित्त होकर सुनो। मैं सत्ययुगके राजा इन्द्रद्युम्नका चरित्र बतलाता हूँ। इस पृथ्वीपर मालवामें अवन्ती (उज्जैन) नामकी नगरी विख्यात है। वही राजा इन्द्रद्युम्नकी राजधानी थी। अवन्ती इस पृथ्वीके मुकुटके समान थी। वहाँ हृष्ट-पुष्ट मनुष्य भरे थे। उसकी चहारदीवारी और दरवाजे दृढ़ बने हुए थे। दरवाजोंपर मजबूत किंवाड़ और सुदृढ़ यन्त्र लगे थे। नगरके चारों ओर अनेकों खाइयाँ बनी हुई थीं। नगरमें बहुत-से व्यापारी बसते थे। नाना प्रकारके बर्तनोंकी अच्छी बिक्री होती थी। रथ चलने लायक सड़कें और बाजार सुन्दर थे। चौराहोंसे चारों ओर जानेके लिये मार्गोंका अच्छी प्रकार विभाग हुआ था। अनेकों घर और गोपुर बने हुए थे। बहुत-सी गलियाँ उस नगरकी शोभा बढ़ाती थीं। राजहंसोंके समान श्वेत और मनोहर महल लाखोंकी संख्यामें बने हुए थे, जो उस पुरीकी श्रीवृद्धि कर रहे थे। अनेकों यज्ञसम्बन्धी उत्सवोंके कारण उस नगरमें आनन्द छाया रहता था। गाने और बजानेकी ध्वनि गूँजती रहती थी। भाँति-भाँतिकी ध्वजा और पताकाओंसे वह पुरी सुशोभित थी। हाथी, घोड़े, रथ और पैदलोंकी सेना सब ओर व्याप्त थी। अनेक प्रकारके सैनिक वहाँ भरे थे। अनेकों जनपदोंके लोग वहाँ बसे हुए थे। ब्राह्मण, क्षत्रिय, वैश्य, शूद्र तथा विद्वान् पुरुषोंसे वह नगरी सुशोभित थी। वहाँ मलिन, मूर्ख, निर्धन, रोगी, अङ्गहीन तथा जुवारी मनुष्योंका अभाव था। वहाँके स्त्री-पुरुष सदा प्रसन्नचित्त दिखायी देते थे। वे सब रत्नोंके दाता तथा सब प्रकारकी सम्पत्तियोंको भोगनेवाले थे। वहाँकी कुलवती स्त्रियाँ सब गुणोंमें आचार्य थीं। वे पतिव्रता, सौभाग्यशालिनी तथा सम्पूर्ण गुणोंसे सम्पन्न थीं। उस नगरमें अनेकों वन, उपवन, पवित्र एवं मनोरम उद्यान, भाँति-भाँतिके पुष्पोंसे सुशोभित दिव्य देवमन्दिर, शाल, ताल, तमाल, बकुल, नागकेसर, पीपल, कनेर, चन्दन, अगर, चम्पा तथा अन्यान्य मनोहर वृक्ष, लता-गुल्म आदि शोभा पाते थे। अनेकों जलाशय उस महापुरीकी शोभा बढ़ा रहे थे। अवन्तीपुरीमें त्रिनेत्रधारी त्रिपुरशत्रु भगवान् शिव महाकाल नामसे प्रसिद्ध होकर रहते हैं। वे समस्त कामनाओंके पूर्ण करनेवाले हैं। वहाँ एक शिवकुण्ड है, जो सब पापोंका नाश करनेवाला है। उसमें विधिपूर्वक स्नान करके देवताओं, ऋषियों और पितरोंका तर्पण करे। फिर शिवालयमें जाकर भगवान् शिवकी तीन बार प्रदक्षिणा करे। तत्पश्चात् स्नान, पुष्प, गन्ध, धूप और दीप आदिके द्वारा भक्तिपूर्वक महाकालका विधिवत् पूजन करे। ऐसा करनेवाला मनुष्य एक हजार अश्वमेध-यज्ञोंका फल पाता है। वह सब पापोंसे मुक्त हो समस्त कामनाओंको पूर्ण करनेवाले विमानोंद्वारा भगवान् शिवके परम धाममें जाता है।

अवन्तीमें शिप्रा नामसे प्रसिद्ध पवित्र नदी है। उसमें विधिपूर्वक स्नान करके देवताओं और पितरोंका तर्पण करनेसे मनुष्य सब पापोंसे मुक्त हो जाता और श्रेष्ठ विमानपर आरूढ़ हो स्वर्गलोकमें नाना प्रकारके भोग भोगता है। वहीं देवाधिदेव भगवान् जनार्दन भी निवास करते हैं, जो गोविन्दस्वामीके नामसे प्रसिद्ध हैं। वे भोग और मोक्ष प्रदान करनेवाले हैं। उनका दर्शन करके मनुष्य अपनी इक्कीस पीढ़ियोंसहित मुक्त हो जाता है। उनके सिवा वहीं विक्रमस्वामीके नामसे भी भगवान् विष्णुका निवास

है। स्त्री अथवा पुरुष, कोई भी उनका दर्शन करके पूर्वोक्त फल प्राप्त कर लेता है। वहाँ इन्द्र आदि देवता और समस्त कामनाएँ पूर्ण करनेवाली देवियाँ भी निवास करती हैं। उन सबकी भक्तिपूर्वक पूजा और प्रणाम करके मनुष्य सब पापोंसे मुक्त हो स्वर्गलोकमें जाता है। इस प्रकार राजाओंमें श्रेष्ठ इन्द्रद्युम्नके द्वारा पालित वह रमणीय पुरी इन्द्रकी अमरावतीके समान नित्य उत्सवके आनन्दसे परिपूर्ण रहती थी। वहाँ दिन-रात इतिहास-पुराण, नाना प्रकारके शास्त्र तथा काव्यचर्चा सुनी जाती थी। इस तरह वह उज्जैनी पुरी सब गुणोंसे सम्पन्न बतायी गयी है, जिसमें पूर्वकालमें परम बुद्धिमान् राजा इन्द्रद्युम्न हुए थे।

उस नगरीमें अपने उत्तम राज्यका उपभोग करते हुए राजा इन्द्रद्युम्न औरस पुत्रोंकी भाँति प्रजाका पालन करते थे। वे सत्यवादी, परम बुद्धिमान्, शूरवीर, समस्त गुणोंके आकर, मतिमान्, धर्मात्मा तथा सम्पूर्ण शस्त्रधारियोंमें श्रेष्ठ थे। उनमें सत्य, शील और इन्द्रिय-संयमके गुण थे। दान, यज्ञ और तपस्यामें उनकी समानता करनेवाला दूसरा कोई राजा नहीं था। वे अपने प्रत्येक यज्ञमें श्रेष्ठ ब्राह्मणोंको सोना, मणि, मोती, हाथी और घोड़े दान किया करते थे। उनके पास अच्छे-अच्छे हाथी, घोड़े, रथ, कम्बल, मृगचर्म, वस्त्र, रत्न और धन-धान्यका कभी अन्त नहीं होता था। इस प्रकार समस्त वैभवसे युक्त और सम्पूर्ण गुणोंसे अलंकृत राजा इन्द्रद्युम्न निष्कण्टक राज्यका उपभोग करते थे। एक बार उनके मनमें यह विचार उत्पन्न हुआ कि मैं भोग और मोक्ष प्रदान करनेवाले सर्वयोगेश्वर श्रीहरिकी आराधना किस प्रकार करूँ। उन्होंने समस्त शास्त्र, तन्त्र, आगम, इतिहास, पुराण, वेदाङ्ग, धर्मशास्त्र, ऋषियोंके बताये हुए नियम तथा सम्पूर्ण विद्यास्थानोंका विचार किया। यत्नपूर्वक गुरुजनोंकी सेवा की और वेदोंके पारगामी ब्राह्मणोंका सत्संग किया। फिर इन्द्रियोंको वशमें करके मोक्षकी इच्छासे विचार किया—'मैं देवाधिदेव सनातन पुरुष पीताम्बरधारी चतुर्भुज शङ्ख-चक्रगदाधर वनमालाविभूषित कमलनयन श्रीवत्सशोभित और मुकुट-अङ्गद आदि आभूषणोंसे अलंकृत श्रीहरिकी आराधना किस प्रकार करूँ? यह विचारकर वे बहुत बड़ी सेनाको साथ ले पुरोहित और भृत्योंके साथ अपनी नगरी उज्जैनीसे बाहर निकले। उनके पीछे रथारूढ़ सैनिक हथियार

हाथमें लिये प्रस्थित हुए। उनके रथ विमानके समान जान पड़ते थे। उनपर ध्वजा-पताकाएँ फहरा रही थीं। रथियोंके पीछे गजयुद्धकी विद्यामें निपुण असंख्य पैदल भी चले, जिनके हाथोंमें धनुष, प्रास और खड्ग शोभा पा रहे थे। वे सब प्रकारके अस्त्र-शस्त्रोंको चलानेमें कुशल, शूरवीर तथा सर्वदा संग्रामकी अभिलाषा रखनेवाले थे। अन्तःपुरकी सब स्त्रियाँ भी वस्त्राभूषणोंसे अलंकृत हो महाराजके

साथ चलीं। उनके नेत्र पद्मपत्रके समान विशाल थे और शस्त्रधारी सैनिक उन्हें घेरकर चलते थे। ब्राह्मण, क्षत्रिय और वैश्योंने भी राजाका अनुसरण किया। अनेक नगरोंके निवासी व्यापारी भी धन, रत्न, सुवर्ण, स्त्री तथा अन्य उपकरणोंके साथ प्रस्थित हुए। अस्त्र, शस्त्र, ताम्बूल, तृण, काष्ठ, तेल, वस्त्र, फल और पत्र आदिकी बिक्री करनेवाले लोग अपनी-अपनी दूकान लेकर राजाके साथ चले। घसियारे, धोबी, ग्वाले, नाई और दर्जी भी हजारोंकी संख्यामें साथ-साथ चल रहे थे। मङ्गल-पाठ करनेवाले, पुराणोंका अर्थ करनेमें प्रवीण कथावाचक, काव्य-रचयिता कवि, विष झाड़नेवाले, गरुड-विद्याके जानकार, भाँति-भाँतिके रत्नोंकी परीक्षा करनेवाले, गज-चिकित्सक, मनुष्य-चिकित्सक, वृक्ष-चिकित्सक, गो-चिकित्सक तथा समस्त पुरवासी राजाके पीछे-पीछे चलने लगे। जैसे दूसरे गाँवको जाते हुए पिताके पीछे पुत्र भी उत्सुक होकर जाने लगते हैं, उसी प्रकार समस्त पुरवासियोंने भी राजा इन्द्रद्युम्नका अनुसरण किया।

इस प्रकार हाथी, घोड़े, रथ और पैदलसहित महान् जनसमुदायके साथ धीरे-धीरे यात्रा करते हुए महाराज इन्द्रद्युम्न दक्षिण समुद्रके तटपर पहुँचे। वहाँ उन्होंने रमणीय समुद्रका दर्शन किया, जो लाखों उत्ताल तरङ्गोंसे व्याप्त होनेके कारण नृत्य करता-सा प्रतीत होता था। उसमें नाना प्रकारके रत्न और भाँति-भाँतिके प्राणी भरे थे। उसमें बड़े जोरका शब्द हो रहा था। वह अगाध समुद्र अत्यन्त भयंकर, अपार तथा मेघमालाके समान श्याम दिखायी देता था। उसीमें भगवान् श्रीहरिके शयनका स्थान है। खारे पानीसे भरा हुआ वह नदियोंका स्वामी सिन्धु परम पवित्र, सब पापोंको दूर करनेवाला तथा सम्पूर्ण मनोवाञ्छित फलोंको देनेवाला है। ऐसे समुद्रको देखकर राजाओंमें श्रेष्ठ इन्द्रद्युम्नको बड़ा विस्मय हुआ। उन्होंने समुद्रके तटपर पहुँचकर एक मनोहर प्रदेशमें, जो सर्वगुणसम्पन्न एवं पवित्र था, निवास किया।

मुनियोंने पूछा—ब्रह्मन्! भगवान् विष्णुके उस परम पवित्र पुरुषोत्तमक्षेत्रमें क्या पहले भगवान्‌की कोई प्रतिमा नहीं थी, जो राजाने सेना और सवारियोंके साथ वहाँ जाकर श्रीकृष्ण, बलराम तथा सुभद्राजीकी स्थापना की?

ब्रह्माजी बोले—महर्षियो! इस विषयमें समस्त पापोंका विनाश करनेवाली प्राचीन कथा सुनो। मैं उसे संक्षेपसे कहूँगा। एक समय समस्त लोकोंकी सृष्टि करनेवाले अविनाशी भगवान् वासुदेवको प्रणाम करके भगवती लक्ष्मीने सब लोगोंके हितके लिये इस प्रकार प्रश्न किया—'भगवन्! आप समस्त लोकोंके स्वामी हैं। मेरे हृदयमें एक संदेह खड़ा हुआ है, उसका इस समय निवारण कीजिये। अत्यन्त आश्चर्यमय मर्त्यलोकको, जो परम दुर्लभ कर्मभूमि है, लोभ और मोहरूपी ग्रहने ग्रस लिया है। वहाँ काम और क्रोधका महासागर लहराता

है। देवेश! उस संसार-सागरसे जिस प्रकार मुक्ति मिल सके, वह उपाय बतलाइये। इस संसारमें मेरे संदेहका निवारण करनेके लिये आपको छोड़कर दूसरा कोई वक्ता नही है।'

देवीका यह वचन सुनकर देवाधिदेव भगवान् जनार्दनने बड़ी प्रसन्नताके साथ यह सारभूत अमृतमय वचन कहा—'देवि! समस्त तीर्थोंमें श्रेष्ठ पुरुषोत्तमक्षेत्र विख्यात तीर्थ है। वह बहुत ही सुन्दर, सुखपूर्वक सेवन करनेयोग्य, अनायास-साध्य तथा उत्तम फल देनेवाला है। तीनों लोकोंमें उसके समान कोई तीर्थ नहीं है। देवेश्वरि! पुरुषोत्तमतीर्थका नाम लेनेमात्रसे मनुष्य सब पापोंसे मुक्त हो जाता है। उसे सम्पूर्ण देवता, दैत्य, दानव तथा मरीचि आदि मुनिवर भी भलीभाँति नहीं जानते। उसको मैंने अबतक गुप्त ही रखा है। इस समय उस तीर्थराजकी महिमाका वर्णन करता हूँ, तुम एकचित्त होकर सुनो!

'दक्षिणसमुद्रके तटपर जहाँ एक वटका महान् वृक्ष खड़ा है, वह अत्यन्त दुर्लभ क्षेत्र है। उसका विस्तार दस योजनका है। वह वट कल्पका संहार होनेपर भी नष्ट नहीं होता। उस वटवृक्षके दर्शनसे तथा उसकी छायाके नीचे चले जानेसे ब्रह्महत्या भी छूट जाती है, फिर अन्य पापोंकी तो बात ही क्या है। जिन्होंने उसकी परिक्रमा की है, उसे मस्तक झुकाया है, वे सब पापरहित होकर भगवान् विष्णुके धामको पहुँच गये हैं। उस वटवृक्षके उत्तर और भगवान् केशवके कुछ दक्षिण जो बहुत बड़ा महल खड़ा है, वह धर्ममय पद है। वहाँ स्वयं भगवान्‌की बनायी हुई प्रतिमाका दर्शन करके पृथ्वीके सब मनुष्य अनायास ही मेरे धाममें चले जाते हैं। प्रिये! इस प्रकार सब लोगोंको वैकुण्ठधाममें जाते देख एक दिन धर्मराज मेरे पास आये और मुझे प्रणाम करके इस प्रकार बोले।'

यमराजने कहा—भगवन्! आपको नमस्कार है। देव! आप सम्पूर्ण लोकोंके स्वामी और समस्त विश्वके पालक हैं। आपको नमस्कार है। आप क्षीर-सागरके निवासी और शेषनागके शरीरकी शय्यापर शयन करनेवाले हैं। आप सबसे श्रेष्ठ, वरेण्य और वरदाता हैं। सबके कर्ता होते हुए भी स्वयं अकृत हैं—आपको किसी दूसरेने नहीं बनाया है। आप प्रभु-शक्तिसे सम्पन्न, सम्पूर्ण विश्वके ईश्वर, अजन्मा, सर्वव्यापी, सर्वज्ञ तथा किसीसे परास्त न होनेवाले हैं। आपका श्रीविग्रह नील कमलदलके समान श्याम है, नेत्र खिले हुए कमलकी शोभा धारण करते हैं। आप सबके ज्ञाता, निर्गुण, शान्त, जगदाधार, अविनाशी, सर्वलोकस्रष्टा तथा सबको सुख देनेवाले हैं। जानने योग्य पुराणपुरुष, व्यक्ताव्यक्तस्वरूप सनातन परमेश्वर, कार्य-कारणके उत्पादक, लोकनाथ एवं जगद्‌गुरु हैं। आपका वक्षःस्थल श्रीवत्सचिह्नसे सुशोभित है। आप वनमालासे विभूषित हैं। आपका वस्त्र पीले रंगका है। आपकी चार बाँहें हैं। आप शङ्ख, चक्र, गदा, हार, केयूर, मुकुट और अङ्गद

धारण करनेवाले हैं। सब लक्षणोंसे सम्पन्न, समस्त इन्द्रियोंसे रहित, कूटस्थ अविचल, सूक्ष्म, ज्योतिः-स्वरूप, सनातन, भाव और अभावसे मुक्त, व्यापक तथा प्रकृतिसे परे हैं। सबको सुख देनेवाले सामर्थ्यशाली ईश्वर हैं। आप भगवान् जगन्नाथको मैं नमस्कार करता हूँ।

भगवान् विष्णु कहते हैं—महाभागे! यमराजको हाथ जोड़े मस्तक झुकाये खड़ा देख मैंने उनसे स्तोत्र कहनेका कारण पूछा—'महाबाहु सूर्यनन्दन! तुम सब देवताओंमें श्रेष्ठ हो। तुमने इस समय मेरी स्तुति किस लिये की है? संक्षेपसे बताओ।'

धर्मराज बोले—भगवन्! इस विख्यात पुरुषोत्तम-तीर्थमें जो इन्द्रनील मणिकी बनी हुई श्रेष्ठ प्रतिमा है, वह सब कामनाओंको देनेवाली है। उसका अनन्य भाव तथा श्रद्धासे दर्शन करके सभी मनुष्य कामनारहित हो आपके श्वेतधाममें चले जाते हैं। अतः अब मैं अपना व्यापार नहीं चला सकता। प्रभो! आप कृपा करके उस प्रतिमाको समेट लीजिये।

धर्मराजका यह वचन सुनकर मैंने उनसे कहा—'यम! मैं सब ओरसे बालूके द्वारा उस प्रतिमाको छिपा दूँगा।' तदनन्तर वह प्रतिमा छिपा दी गयी। अब उसे मनुष्य नहीं देख पाते थे। उसे छिपा देनेके बाद मैंने यमराजको दक्षिण दिशामें भेज दिया।

ब्रह्माजी कहते हैं—पुरुषोत्तमतीर्थमें इन्द्रनीलमयी प्रतिमाके लुप्त हो जानेपर आगे चलकर जो-जो बातें हुईं, उन सबको भगवान् विष्णुने लक्ष्मीदेवीसे विस्तारपूर्वक कह सुनाया।

राजा इन्द्रद्युम्नके द्वारा अश्वमेध-यज्ञ तथा पुरुषोत्तम-प्रासाद-निर्माणका कार्य

मुनियोंने कहा—'भगवन्! अब हम राजा इन्द्रद्युम्नका शेष वृत्तान्त सुनना चाहते हैं। उस श्रेष्ठ तीर्थमें जाकर उन्होंने क्या किया?

ब्रह्माजी बोले—मुनिवरो! सुनो, मैं उस क्षेत्रके दर्शन और राजाके कृत्यका संक्षेपसे वर्णन करता हूँ। उस त्रिभुवनविख्यात पुरुषोत्तमक्षेत्रमें जाकर महाराज इन्द्रद्युम्नने रमणीय स्थानों और नदियोंका दर्शन किया। वहाँ एक बड़ी पवित्र नदी बहती है, जो विन्ध्याचलकी घाटीसे निकली है। वह स्वित्रोत्पलाके नामसे विख्यात, सब पापोंको दूर करनेवाली तथा कल्याणमयी है। उसका स्रोत बहुत बड़ा है। उसकी महत्ता गङ्गाजीके समान है। वह दक्षिणसमुद्रमें मिली है। वह पुण्यसलिला सरिता महानदीके नामसे भी विख्यात है। उसके दोनों किनारोंपर अनेकों गाँव और नगर बसे हुए हैं। वे सभी गाँव अच्छी फसल होनेके कारण

बड़े मनोहर दिखायी देते हैं। वहाँके लोग बड़े हृष्ट-पुष्ट होते हैं और वहाँ रहनेवाले ब्राह्मण, क्षत्रिय, वैश्य तथा शूद्र शान्तभावसे पृथक्-पृथक् अपने धर्मोंमें तत्पर दिखायी देते हैं। ब्राह्मणोंके मुखसे छहों अङ्ग, पद और क्रमसे युक्त वैदिक वाणी निकलती रहती है। कोई अग्निहोत्रमें लगे रहते हैं और कोई उपासनामें। वे समस्त शास्त्रोंके अर्थ समझनेमें कुशल, यज्ञकर्ता एवं प्रचुर दक्षिणा देनेवाले होते हैं। वहाँ चबूतरों, सड़कों, वनों, उपवनों, सभामण्डपों, महलों और देवमन्दिरोंमें महान् जनसमुदाय एकत्रित होकर इतिहास, पुराण, वेद, वेदाङ्ग, काव्य एवं शास्त्रोंकी कथा सुनते रहते हैं। उस देशकी स्त्रियोंको अपने रूप और यौवनपर गर्व होता है। वे सभी उत्तम लक्षणोंसे सम्पन्न होती हैं। उस क्षेत्रमें संन्यासी, वानप्रस्थ, सिद्ध, स्नातक, ब्रह्मचारी, मन्त्रसिद्ध, तपस्यासिद्ध और यज्ञसिद्ध पुरुष निवास करते हैं। इस प्रकार राजाने उस क्षेत्रको परम शोभायमान देखा, इसलिये मनमें यह निश्चय किया कि यहीं रहकर परम देव, परम अपार, परमपद, अनन्त, अपराजित, सर्वेश्वरेश्वर, जगद्गुरु, सनातन भगवान् श्रीविष्णुकी आराधना करूँगा। यहीं भगवान्‌का मानस तीर्थ पुरुषोत्तमक्षेत्र है, यह बात मुझे मालूम हो गयी; क्योंकि यहाँ कल्पवृक्षस्वरूप विशाल वटवृक्ष खड़ा है। यहीं इन्द्रनीलमणिकी बनी हुई मणिमयी प्रतिमा है, जिसे भगवान्‌ने स्वयं छिपा दिया है। क्योंकि यहाँ दूसरी कोई प्रतिमा नहीं दिखायी देती। मैं ऐसा प्रयत्न करूँगा, जिससे सत्यपराक्रमी जगदीश्वर भगवान् विष्णु मुझे प्रत्यक्ष दर्शन दें। मैं अनन्य भावसे भगवान्‌में मन लगाकर यहाँ यज्ञ, दान, तपस्या, होम, ध्यान, पूजन तथा उपवास आदिके द्वारा विधिपूर्वक उत्तम व्रतका पालन करूँगा। साथ ही यहाँ श्रीविष्णु भगवान्‌के मन्दिर बनानेका कार्य भी प्रारम्भ करूँगा।

द्विजवरो! यह सोचकर महाराज इन्द्रद्युम्नने वहाँ भगवान्‌का मन्दिर बनवानेके लिये कार्य आरम्भ किया। उन्होंने ज्योतिषशास्त्रके पारंगत समस्त आचार्योंको बुलाकर बड़ी प्रसन्नताके साथ यत्नपूर्वक भूमिका शोधन कराया। इस कार्यमें ज्ञानसम्पन्न ब्राह्मणों, वेद-शास्त्रके पारंगत अमात्यों, मन्त्रियों तथा वास्तुविद्याके विद्वानोंका भी सहयोग प्राप्त था। उन सबके साथ भलीभाँति विचार करके शुभ दिन और शुभ मुहूर्तमें, जब कि उत्तम चन्द्रमा और नक्षत्रोंका योग था तथा ग्रहोंकी भी अनुकूलता थी, राजाने श्रद्धापूर्वक अर्घ्य दिया। उस समय जय-जयकार तथा मङ्गलमय शब्द हो रहे थे, भाँति-भाँतिके वाद्योंकी मनोहर ध्वनि गूँज रही थी। वेद-मन्त्रोंके गम्भीर घोष और मधुर संगीत हो रहे थे। फूल, लाजा, अक्षत, चन्दन, भरे हुए कलश तथा दीपक आदिके द्वारा पूजा-कार्य सम्पन्न किया गया था। इस प्रकार अर्घ्य-दान दे महाराज इन्द्रद्युम्नने शूरवीर कलिङ्गराज, उत्कलराज और कोसलराजको बुलाकर कहा—'राजाओ! तुम सब लोग एक ही साथ मन्दिरके निमित्त शिला ले आनेके लिये जाओ। अपने साथ प्रधान-प्रधान शिल्पियोंको भी, जो शिला खोदनेके काममें निपुण हों, ले लो। विन्ध्याचल बहुत विस्तृत पर्वत है। वह अनेकों कन्दराओंसे सुशोभित है। उसके सभी शिखरोंको भलीभाँति देखकर सुन्दर-सुन्दर शिलाएँ कटवाओ और उन्हें छकड़ों तथा नावोंपर लादकर ले आओ, विलम्ब न करो।'

इस प्रकार राजाओंको शिलाके लिये जानेकी आज्ञा दे महाराजने अमात्यों और पुरोहितोंसे कहा—'सर्वत्र शीघ्रगामी दूत भेजे जायँ और वे पृथ्वीके समस्त राजाओंके पास जाकर मेरी यह आज्ञा सुना दें—'राजाओ! महाराज इन्द्रद्युम्नकी आज्ञाके

अनुसार तुम सब लोग हाथी, घोड़े, रथ और पैदल सेना तथा अमात्यों एवं पुरोहितोंके साथ चलो।' ऐसी आज्ञा पाकर दूत राजाओंके पास गये और सबको महाराजकी आज्ञा सुना दी। दक्षिण, पश्चिम, उत्तर और पूर्व देशोंके रहनेवाले, दूर और समीप निवास करनेवाले, पर्वत तथा भिन्न-भिन्न द्वीपोंके निवासी नरेश महाराज इन्द्रद्युम्नका आदेश सुनकर रथ, हाथी, घोड़े और पैदल सेनाके साथ बहुत धन लेकर भारी संख्यामें एकत्रित हुए। राजाओंको अमात्यों और पुरोहितोंसहित आया देख महाराजको बड़ी प्रसन्नता हुई। वे बोले—'नृपवरो! मैं आपलोगोंसे कुछ निवेदन करना चाहता हूँ, सुनें। यह भोग और मोक्ष प्रदान

करनेवाला कल्याणमय क्षेत्र है। मैं यहाँ अश्वमेध-यज्ञ करना और भगवान् विष्णुका मन्दिर बनवाना चाहता हूँ; किंतु मैं इसे कैसे पूर्ण कर सकता हूँ, इस चिन्तासे मेरा चित्त व्याकुल हो रहा है। यदि आपलोग भलीभाँति मेरी सहायता करें तो मेरा सब कार्य सम्पन्न हो सकता है।'

महाराज इन्द्रद्युम्नके यों कहनेपर सब राजाओंको बड़ा हर्ष हुआ। उन्होंने महाराजकी आज्ञासे धन, रत्न, सुवर्ण, मणि, मोती, कम्बल, मृगचर्म, सुन्दर बिछौने, हीरे, पुखराज, माणिक, लाल, नीलम, हाथी, घोड़े, रथ, हथिनी, भाँति-भाँतिके द्रव्य, भक्ष्य, भोज्य तथा अनुलेप आदि पदार्थोंकी वर्षा की। राजा इन्द्रद्युम्नने देखा, यज्ञकी सब सामग्री एकत्रित हो गयी है और यज्ञकर्मके ज्ञाता, वेद-वेदाङ्गोंमें पारंगत, शास्त्रज्ञानमें निपुण तथा सब कर्मोंमें कुशल ऋषि, महर्षि, देवर्षि, तपस्वी, ब्रह्मचारी, गृहस्थ, वानप्रस्थ, संन्यासी, स्नातक तथा अग्निहोत्रपरायण ब्राह्मण भी उपस्थित हैं; तब उन्होंने अपने पुरोहितसे कहा—'ब्रह्मन्! कुछ विद्वान् ब्राह्मण, जो वेदोंके पारंगत पण्डित हों, जाकर अश्वमेध-यज्ञकी सिद्धिके लिये उत्तम स्थान देखें।' राजाके यों कहनेपर विद्वान् पुरोहितने यज्ञकर्ममें कुशल ब्राह्मणोंको आगे करके शिल्पियोंके साथ प्रस्थान किया और उस देशमें, जहाँ धीवरोंका गाँव था, विधिपूर्वक यज्ञशाला बनवायी। उसमें गली-कूचे और छतरियाँ भी बनवायी गयीं थीं। सैकड़ों महल बनाये गये थे। सारा यज्ञमण्डप सुवर्ण, रत्न तथा श्रेष्ठ मणियोंसे विभूषित हो इन्द्रभवनके समान रमणीय दिखायी देता था। खंभोंपर सुवर्णसे चित्रकारी की गयी थी। दरवाजे बहुत बड़े-बड़े बने हुए थे। यज्ञके प्रत्येक भवनमें शुद्ध सुवर्णका उपयोग किया गया था। धर्मात्मा पुरोहितने भिन्न-भिन्न देशोंके निवासी राजाओंके लिये अन्त:पुर भी बनवाये थे। नाना देशोंसे आये हुए ब्राह्मणों और वैश्योंके लिये भी उन्होंने अनेक शालाएँ बनवायी थीं। महाराज इन्द्रद्युम्नका प्रिय करनेके लिये समस्त राजा अनेक प्रकारके रत्न लेकर वहाँ आये थे। साथ ही उनकी स्त्रियाँ भी

उत्सवमें सम्मिलित हुई थीं। महाराजने उन समस्त समागत अतिथियोंके लिये ठहरनेके स्थान, शय्या, भाँति-भाँतिके भोज्य पदार्थ, महीन चावल, ईखका रस और गोरस आदि प्रदान किये। उस महायज्ञमें जो भी श्रेष्ठ ब्राह्मण पधारे, उन सबको राजाने स्वागतपूर्वक ग्रहण किया। महातेजस्वी नरेशने दम्भ छोड़कर स्वयं ही सब ब्राह्मणोंका सब तरहसे स्वागत-सत्कार किया। तत्पश्चात् शिल्पियोंने अपनी शिल्प-रचनाका कार्य पूरा करके राजाको यज्ञमण्डप तैयार हो जानेकी सूचना दी। यह सुनकर मन्त्रियोंसहित राजा बहुत प्रसन्न हुए। उनके शरीरमें रोमाञ्च हो आया। यज्ञमण्डप तैयार हो जानेपर महाराजने ब्राह्मण-भोजनका कार्य आरम्भ कराया। प्रतिदिन जब एक लाख ब्राह्मण भोजन कर लेते, तब बारंबार मेघगर्जनाके समान गम्भीर स्वरमें दुन्दुभिकी ध्वनि होने लगती थी। इस प्रकार राजाके यज्ञकी वृद्धि होने लगी। उसमें अन्नका इतना दान किया गया, जिसकी कहीं उपमा नहीं थी। लोगोंने देखा वहाँ दूध, दही और घीकी नदियाँ बह रही हैं। भिन्न-भिन्न जनपदोंके साथ समूचे जम्बूद्वीपके लोग वहाँ जुटे थे। वहाँ कितने ही सहस्र पुरुष बहुत-से पात्र लेकर इधर-उधरसे एकत्र हुए थे। राजाके अनुगामी पुरुष ब्राह्मणोंको तरह-तरहके अनुपान और राजाओंके उपभोगमें आनेवाले भोज्य पदार्थ परोसते थे। यज्ञमें आये हुए वेदवेत्ता ब्राह्मणों तथा राजाओंका महाराजने पूर्ण स्वागत-सत्कार किया। इसके बाद उन्होंने राजकुमारोंसे कहा।

राजा बोले—राजपुत्रो! अब समस्त शुभ लक्षणोंसे युक्त श्रेष्ठ अश्व ले आओ और उसे समूची पृथ्वीपर घुमाओ। विद्वान् और धर्मात्मा ब्राह्मण यहाँ होम करें और यह यज्ञ उस समयतक चालू रहे, जबतक कि भगवान् इसके समीप प्रकट होकर मुझे प्रत्यक्ष दर्शन न दें।

यों कहकर राजाओंमें श्रेष्ठ इन्द्रद्युम्नने बहुत-सा सुवर्ण, करोड़ोंके आभूषण, लाखों हाथी-घोड़े,

अरबों बैल तथा सुवर्णमय सींगोंवाली दुधारू गौएँ, जिनके साथ काँसेके दुग्धपात्र थे, वेदवेत्ता ब्राह्मणोंको दान किये। इसके सिवा बहुमूल्य वस्त्र, हरिणके बालोंसे बने हुए बिछौने, मूँगा, मणि तथा हीरा, पुखराज, माणिक और मोती आदि भाँति-भाँतिके रत्न भी दिये। उस अश्वमेध-यज्ञमें याचकों और ब्राह्मणोंको भाँति-भाँतिके भक्ष्य-भोज्य पदार्थ प्रदान किये गये। मीठे पूवे तथा स्वादिष्ट अन्न सब जीवोंकी तृप्तिके लिये बारंबार दिये जाते थे। वहाँ दिये गये तथा दिये जानेवाले धनका कभी अन्त नहीं होता था। इस प्रकार उस महायज्ञको देखकर देवता, दैत्य, चारण, गन्धर्व, अप्सरा, सिद्ध, ऋषि और प्रजापति— सब-के-सब बड़े विस्मयमें पड़ गये। उस श्रेष्ठ यज्ञकी सफलता देख पुरोहित, मन्त्री तथा राजा—सबको बड़ी

प्रसन्नता हुई। वहाँ कोई भी मनुष्य मलिन, दीन अथवा भूखा नहीं रहा। उस यज्ञमें किसी प्रकारका उपद्रव, ग्लानि, आधि, व्याधि, अकाल-मृत्यु, दंशन, ग्रहपीड़ा अथवा विषका कष्ट नहीं हुआ। इस प्रकार राजाने अश्वमेध-यज्ञ तथा पुरुषोत्तमप्रासाद-निर्माणका कार्य विधिपूर्वक पूर्ण किया।

राजा इन्द्रद्युम्नके द्वारा भगवान् श्रीविष्णुकी स्तुति

ब्रह्माजी कहते हैं—अश्वमेध-यज्ञके अनुष्ठान और प्रासाद-निर्माणका कार्य पूर्ण हो जानेपर राजा इन्द्रद्युम्नके मनमें दिन-रात प्रतिमाके लिये चिन्ता रहने लगी। वे सोचने लगे—कौन-सा उपाय करूँ, जिससे सृष्टि, पालन और संहार करनेवाले लोकपावन भगवान् पुरुषोत्तमका मुझे दर्शन हो। इसी चिन्तामें निमग्न रहनेके कारण उन्हें न रातमें नींद आती न दिनमें। वे न तो भाँति-भाँतिके भोग भोगते और न स्नान एवं शृङ्गार ही करते थे। वाद्य, सुगन्ध, संगीत, अङ्गराग, इन्द्रनील, महानील, पद्मराग, सोना, चाँदी, हीरा, स्फटिक आदि मणियाँ, राग, अर्थ, काम, वन्य पदार्थ अथवा दिव्य वस्तुओंसे भी उनके मनको संतोष नहीं होता था। पत्थर, मिट्टी और लकड़ीमेंसे इस पृथ्वीपर सर्वोत्तम वस्तु कौन है? किससे भगवान् विष्णुकी प्रतिमाका निर्माण ठीक हो सकता है? इस प्रकारकी चिन्तामें पड़े-पड़े उन्होंने पाञ्चरात्रकी विधिसे भगवान् पुरुषोत्तमका पूजन किया और अन्तमें इस प्रकार स्तवन आरम्भ किया—

'वासुदेव! आपको नमस्कार है। आप मोक्षके कारण हैं। आपको मेरा नमस्कार है। सम्पूर्ण लोकोंके स्वामी परमेश्वर! आप इस जन्म-मृत्युरूपी संसार-सागरसे मेरा उद्धार कीजिये। पुरुषोत्तम! आपका स्वरूप निर्मल आकाशके समान है। आपको नमस्कार है। सबको अपनी ओर खींचनेवाले संकर्षण! आपको प्रणाम है। धरणीधर! आप मेरी रक्षा कीजिये। हेमगर्भ (शालग्रामशिला) की-सी आभावाले प्रभो! आपको नमस्कार है। मकरध्वज! आपको प्रणाम है। रतिकान्त! आपको नमस्कार है। शम्बरासुरका संहार करनेवाले प्रद्युम्न! आप मेरी रक्षा कीजिये। भगवन्! आपका श्रीअङ्ग अञ्जनके समान श्याम है। भक्तवत्सल! आपको नमस्कार है। अनिरुद्ध! आपको प्रणाम है। आप मेरी रक्षा करें और वरदायक बनें। सम्पूर्ण देवताओंके निवासस्थान! आपको नमस्कार है। देवप्रिय! आपको प्रणाम है। नारायण! आपको नमस्कार है। आप मुझ शरणागतकी रक्षा कीजिये। बलवानोंमें श्रेष्ठ बलराम! आपको प्रणाम है। लाङ्गलायुध! आपको नमस्कार है। चतुर्मुख! जगद्धाम! प्रपितामह! मेरी रक्षा कीजिये। नील मेघके समान आभावाले घनश्याम! आपको नमस्कार है। देवपूजित परमेश्वर! आपको प्रणाम है। सर्वव्यापी जगन्नाथ! मैं भवसागरमें डूबा हुआ हूँ, मेरा उद्धार कीजिये।*

* वासुदेव नमस्तेऽस्तु नमस्ते मोक्षकारण। त्राहि मां सर्वलोकेश जन्मसंसारसागरात्॥
निर्मलाम्बरसंकाश नमस्ते पुरुषोत्तम। संकर्षण नमस्तेऽस्तु त्राहि मां धरणीधर॥
नमस्ते हेमगर्भाय नमस्ते मकरध्वज। रतिकान्त नमस्तेऽस्तु त्राहि मां शम्बरान्तक॥
नमस्तेऽञ्जनसंकाश नमस्ते भक्तवत्सल। अनिरुद्ध नमस्तेऽस्तु त्राहि मां वरदो भव॥
नमस्ते विबुधावास नमस्ते विबुधप्रिय। नारायण नमस्तेऽस्तु त्राहि मां शरणागतम्॥
नमस्ते बलिनां श्रेष्ठ नमस्ते लाङ्गलायुध। चतुर्मुख जगद्धाम त्राहि मां प्रपितामह॥
नमस्ते नीलमेघाभ नमस्ते त्रिदशार्चित। त्राहि विष्णो जगन्नाथ मग्नं मां भवसागरे॥
(४९। १—७)

प्रलयाग्निके समान तेजस्वी तथा दहकते हुए नेत्रोंवाले महापराक्रमी दैत्यशत्रु नृसिंह! आपको नमस्कार है। आप मेरी रक्षा कीजिये। पूर्वकालमें महावाराहरूप धारणकर आपने जिस प्रकार इस पृथ्वीका रसातलसे उद्धार किया था, उसी प्रकार मेरा भी दुःखके समुद्रसे उद्धार कीजिये। कृष्ण! आपके इन वरदायक स्वरूपोंका मैंने स्तवन किया है। ये बलदेव आदि, जो पृथक्रूपसे स्थित दिखायी देते हैं, आपके ही अङ्ग हैं। देवेश! प्रभो! अच्युत! गरुड़ आदि पार्षद, आयुधोंसहित दिक्पाल तथा केशव आदि जो आपके अन्य भेद मनीषियोंद्वारा बतलाये गये हैं, उन सबका मैंने पूजन किया है। प्रसन्न तथा विशाल नेत्रोंवाले जगन्नाथ! देवेश्वर! पूर्वोक्त सब स्वरूपोंके साथ मैंने आपका स्तवन और वन्दन किया है। आप मुझे धर्म, अर्थ, काम एवं मोक्ष देनेवाला वर प्रदान करें। हरे! संकर्षण आदि जो आपके भेद बताये गये हैं, वे सब आपकी पूजाके लिये ही प्रकट हुए हैं; अतः वे आपके ही आश्रित हैं। देवेश! वस्तुतः आपमें कोई भेद नहीं है। आपके जो अनेक प्रकारके रूप बताये जाते हैं, वे सब उपचारसे ही कहे गये हैं; आप तो अद्वैत हैं। फिर कोई भी मनुष्य आपको द्वैतरूप कैसे कह सकता है। हरे! आप एकमात्र व्यापक, चित्स्वभाव तथा निरञ्जन हैं। आपका जो परम स्वरूप है, वह भाव और अभावसे रहित, निर्लेप, निर्गुण, श्रेष्ठ, कूटस्थ, अचल, ध्रुव, समस्त उपाधियोंसे निर्मुक्त और सत्तामात्र रूपसे स्थित है। प्रभो! उसे देवता भी नहीं जानते, फिर मैं ही कैसे उसे जान सकता हूँ। इसके सिवा आपका जो अपर स्वरूप है, वह पीताम्बरधारी और चार भुजाओंवाला है। उसके हाथोंमें शङ्ख, चक्र और गदा सुशोभित हैं। वह मुकुट और अङ्गद धारण करता है। उसका वक्षः-स्थल श्रीवत्सचिह्नसे युक्त है तथा वह वनमालासे विभूषित रहता है। उसीकी देवता तथा आपके अन्यान्य शरणागत भक्त पूजा करते हैं। देवदेव! आप सब देवताओंमें श्रेष्ठ एवं भक्तोंको अभय देनेवाले हैं। कमलनयन! मैं विषयोंके समुद्रमें डूबा हूँ। आप मेरी रक्षा कीजिये। लोकेश! मैं आपके सिवा और किसीको नहीं देखता, जिसकी शरणमें जाऊँ। कमलाकान्त! मधुसूदन! मुझपर प्रसन्न होइये।*

* प्रलयानलसंकाश नमस्ते दितिजान्तक। नरसिंह महावीर्य त्राहि मां दीप्तलोचन॥
यथा रसातलादुर्वी त्वया दंष्ट्रोद्धृता पुरा। तथा महावराहस्त्वं त्राहि मां दुःखसागरात्॥
तवैता मूर्तयः कृष्ण वरदाः संस्तुता मया। तवेमे बलदेवाद्याः पृथग्रूपेण संस्थिताः॥
अङ्गानि तव देवेश गरुत्माद्यास्तथा प्रभो। दिक्पालाः सायुधाश्चैव केशवाद्यास्तथाच्युत॥
ये चान्ये तव देवेश भेदाः प्रोक्ता मनीषिभिः। तेऽपि सर्वे जगन्नाथ प्रसन्नायतलोचन॥
मयार्चिताः स्तुताः सर्वे तथा यूयं नमस्कृताः। प्रयच्छत वरं मह्यं धर्मकामार्थमोक्षदम्॥
भेदास्ते कीर्तिता ये तु हरे संकर्षणादयः। तव पूजार्थसम्भूतास्ततस्त्वयि समाश्रिताः॥
न भेदस्तव देवेश विद्यते परमार्थतः। विविधं तव यद्रूपमुक्तं तदुपचारतः॥
अद्वैतं त्वां कथं द्वैतं वक्तुं शक्नोति मानवः। एकस्त्वं हि हरे व्यापी चित्स्वभावो निरञ्जनः॥
परमं तव यद्रूपं भावाभावविवर्जितम्। निर्लेपं निर्गुणं श्रेष्ठं कूटस्थमचलं ध्रुवम्॥
सर्वोपाधिविनिर्मुक्तं सत्तामात्रव्यवस्थितम्। तद्देवाश्च न जानन्ति कथं जानाम्यहं प्रभो॥
अपरं तव यद्रूपं पीतवस्त्रं चतुर्भुजम्। शङ्खचक्रगदापाणिमुकुटाङ्गदधारिणम्॥
श्रीवत्सोरस्कसंयुक्तं वनमालाविभूषितम्। तदर्चयन्ति विबुधा ये चान्ये तव संश्रयाः॥
देवदेव सुरश्रेष्ठ भक्तानामभयप्रद। त्राहि मां पद्मपत्राक्ष मग्नं विषयसागरे॥
नान्यं पश्यामि लोकेश यस्याहं शरणं व्रजे। त्वामृते कमलाकान्त प्रसीद मधुसूदन॥
(४९।८—२२)

मैं बुढ़ापे और सैकड़ों व्याधियोंसे युक्त हो भाँति-भाँतिके दु:खोंसे पीड़ित हूँ तथा अपने कर्मपाशमें बँधकर हर्ष-शोकमें मग्न हो विवेकशून्य हो गया हूँ। अत्यन्त भयंकर घोर संसार-समुद्रमें गिरा हुआ हूँ। यह विषयरूपी जलराशिके कारण दुस्तर है। इसमें राग-द्वेषरूपी मत्स्य भरे पड़े हैं। इन्द्रियरूपी भँवरोंसे यह बहुत गहरा प्रतीत होता है। इसमें तृष्णा और शोकरूपी लहरें व्याप्त हैं। यहाँ न कोई आश्रय है, न कोई अवलम्ब। यह सारहीन एवं अत्यन्त चञ्चल है। प्रभो! मैं मायासे मोहित होकर इसके भीतर चिरकालसे भटक रहा हूँ। हजारों भिन्न-भिन्न योनियोंमें बारंबार जन्म लेता हूँ। जनार्दन! मैंने इस संसारमें नाना प्रकारके हजारों जन्म धारण किये हैं। अङ्गोंसहित वेद, नाना प्रकारके शास्त्र, इतिहास-पुराण तथा अनेक शिल्पोंका अध्ययन किया है। यहाँ मुझे कभी असंतोष मिला है, कभी संतोष। कभी धनका संग्रह किया है, कभी हानि उठायी है और कभी बहुत खर्च किये हैं। जगन्नाथ! इस प्रकार मैंने ह्रास-वृद्धि, उदय और अस्त अनेक बार देखे हैं; स्त्री, शत्रु, मित्र तथा बन्धु-बान्धवोंके संयोग और वियोग भी देखनेको मिले हैं। मैंने अनेक पिता देखे हैं और अनेक माताओंका दर्शन किया है। अनेक प्रकारके जो दु:ख और सुख हैं, उनके अनुभवका भी मुझे अवसर मिला है। भाई, बन्धु, पुत्र और कुटुम्बी भी प्राप्त हुए हैं। विष्ठा और मूत्रकी कीचसे भरे हुए स्त्रियोंके गर्भाशयमें भी मैंने निवास किया है। प्रभो! गर्भवासमें जो महान् दु:ख होता है, उसका भी मैंने अनुभव किया है। बाल्यावस्था, युवावस्था और वृद्धावस्थामें जो अनेक प्रकारके दु:ख होते हैं, उनसे भी मैं वञ्चित नहीं रहा। मृत्युके समय, यमलोकके मार्गमें तथा यमराजके घरमें जो दु:ख प्राप्त होते हैं, उनको तथा नरकोंमें होनेवाली यातनाओंको भी मैंने भोगा है। कृमि, कीट, वृक्ष, हाथी, घोड़े, मृग, पक्षी, भैंसे, ऊँट, गाय तथा अन्य वनवासी जन्तुओंकी योनिमें मुझे जन्म लेना पड़ा है। समस्त द्विजातियों और शूद्रोंके यहाँ भी मेरा जन्म हुआ है। देव! धनी क्षत्रियों, दरिद्र तपस्वियों, राजाओं, राजाके सेवकों तथा अन्य देहधारियोंके घरोंमें भी मैं अनेक बार उत्पन्न हो चुका हूँ। नाथ! मुझे अनेकों बार ऐसे मनुष्योंका दास होना पड़ा है, जो स्वयं दूसरोंके दास हैं। मैं दरिद्र, धनी और स्वामी भी रह चुका हूँ।*

---

* जराव्याधिशतैर्युक्तो नानादु:खैर्निपीडित:। हर्षशोकान्वितो मूढ: कर्मपाशै: सुयन्त्रित:॥
पतितोऽहं महारौद्रे घोरे संसारसागरे। विषयोदकदुष्पारे रागद्वेषझषाकुले॥
इन्द्रियावर्तगम्भीरे तृष्णाशोकोर्मिसंकुले। निराश्रये निरालम्बे नि:सारेऽत्यन्तचञ्चले॥
मायया मोहितस्तत्र भ्रमामि सुचिरं प्रभो। नानाजातिसहस्रेषु जायमान: पुन: पुन:॥
मया जन्मान्यनेकानि सहस्राण्ययुतानि च। विविधान्यनुभूतानि संसारेऽस्मिञ्जनार्दन॥
वेदा: साङ्गा मयाधीता: शास्त्राणि विविधानि च। इतिहासपुराणानि तथा शिल्पान्यनेकश:॥
असंतोषाश्च संतोषा: संचयापचया व्यया:। मया प्राप्ता जगन्नाथ क्षयवृद्ध्युदयेतरा:॥
भार्यारिमित्रबन्धूनां वियोगा: संगमास्तथा। पितरो विविधा दृष्टा मातरश्च तथा मया॥
दु:खानि चानुभूतानि यानि सौख्यान्यनेकश:। प्राप्ताश्च बान्धवा: पुत्रा भ्रातरो ज्ञातयस्तथा॥
मयोषितं तथा स्त्रीणां कोष्ठे विण्मूत्रपिच्छले। गर्भवासे महादु:खमनुभूतं तथा प्रभो॥
दु:खानि यान्यनेकानि बाल्ययौवनगोचरे। वार्धके च हृषीकेश तानि प्राप्तानि वै मया॥
मरणे यानि दु:खानि यममार्गे यमालये। मया तान्यनुभूतानि नरके यातनास्तथा॥

मुझे दूसरोंने मारा और मेरे हाथसे दूसरे मारे गये। मुझे दूसरोंने मरवाया और मैंने भी दूसरोंकी हत्या करवायी। मुझे दूसरोंने और मैंने दूसरोंको अनेकों बार दान दिये हैं। जनार्दन! पिता, माता, सुहृद्, भाई और पत्नीके लिये मैंने लज्जा छोड़कर धनियों, श्रोत्रियों, दरिद्रों और तपस्वियोंके सामने दीनतासे भरी बातें की हैं। प्रभो! देवता, पशु-पक्षी, मनुष्य तथा अन्य स्थावर-जङ्गम भूतोंमें ऐसा कोई स्थान नहीं है, जहाँ मेरा जाना न हुआ हो। जगत्पते! कभी नरकमें और कभी स्वर्गमें मेरा निवास रहा है। कभी मनुष्यलोकमें और कभी तिर्यग्योनियोंमें जन्म लेना पड़ा है। सुरश्रेष्ठ! जैसे रहटमें रस्सीसे बँधी हुई घटी कभी ऊपर जाती, कभी नीचे आती और कभी बीचमें ठहरी रहती है, उसी प्रकार मैं कर्मरूपी रज्जुमें बँधकर दैवयोगसे ऊपर, नीचे तथा मध्यवर्ती लोकमें भटकता रहता हूँ। इस प्रकार यह संसार-चक्र बड़ा ही भयानक एवं रोमाञ्चकारी है। मैं इसमें दीर्घकालसे घूम रहा हूँ, किंतु कभी इसका अन्त नहीं दिखायी देता। समझमें नहीं आता, अब क्या करूँ। हरे! हमारी सम्पूर्ण इन्द्रियाँ व्याकुल हो गयी हैं। मैं शोक और तृष्णासे आक्रान्त होकर अब कहाँ जाऊँ। मेरी चेतना लुप्त हो रही है। देव! इस समय व्याकुल होकर मैं आपकी शरणमें आया हूँ। कृष्ण! मैं संसार-समुद्रमें डूबकर दुःख भोगता हूँ। मुझे बचाइये। जगन्नाथ! यदि आप मुझे अपना भक्त मानते हैं तो मुझपर कृपा कीजिये। आपके सिवा दूसरा कोई ऐसा बन्धु नहीं है, जो मेरी चिन्ता करेगा। देव! प्रभो! आप-जैसे स्वामीकी शरणमें आकर अब मुझे जीवन, मरण अथवा योगक्षेमके लिये कहीं भी भय नहीं होता। देव! जो नराधम आपकी विधिपूर्वक पूजा नहीं करते, उनकी इस संसार-बन्धनसे मुक्ति एवं सद्गति कैसे हो सकती है। जगदाधार भगवान् केशवमें जिनकी भक्ति नहीं होती, उनके कुल, शील, विद्या और जीवनसे क्या लाभ है। जो आसुरी प्रकृतिका आश्रय ले विवेकशून्य हो आपकी निन्दा करते हैं, वे बारंबार जन्म लेकर घोर नरकमें पड़ते हैं तथा उस नरक-समुद्रसे उनका कभी उद्धार नहीं होता। देव! जो दुराचारी नीच पुरुष आपपर दोषारोपण करते हैं, वे कभी नरकसे छुटकारा नहीं पाते। हरे! अपने कर्मोंमें बँधे रहनेके कारण मेरा जहाँ कहीं भी जन्म हो, वहाँ सर्वदा आपमें मेरी दृढ़ भक्ति बनी रहे। देव! आपकी आराधना करके देवता, दैत्य, मनुष्य तथा अन्य संयमी पुरुषोंने परम सिद्धि प्राप्त की है; फिर कौन आपकी पूजा न करेगा। भगवन्! ब्रह्मा आदि देवता भी आपकी स्तुति करनेमें समर्थ नहीं हैं, फिर मानव-बुद्धि लेकर मैं आपकी स्तुति कैसे कर सकता हूँ। क्योंकि आप प्रकृतिसे परे परमेश्वर हैं। प्रभो! मैंने अज्ञानके भावसे आपकी स्तुति की है। यदि आपकी मुझपर दया हो तो मेरे इस अपराधको क्षमा करें। हरे! साधु पुरुष अपराधीपर भी क्षमाभाव ही रखते हैं, अतः देवेश्वर! आप भक्तस्नेहके वशीभूत होकर मुझपर

कृमिकीटद्रुमाणां च हस्त्यश्वमृगपक्षिणाम्। महिषोष्ट्रगवां चैव तथान्येषां वनौकसाम्॥
द्विजातीनां च सर्वेषां शूद्राणां चैव योनिषु। धनिनां क्षत्रियाणां च दरिद्राणां तपस्विनाम्॥
नृपाणां नृपभृत्यानां तथान्येषां च देहिनाम्। गृहेषु तेषामुत्पन्नो देव चाहं पुनः पुनः॥
गतोऽस्मि दासतां नाथ भृत्यानां बहुशो नृणाम्। दरिद्रत्वं चेश्वरत्वं स्वामित्वं च तथा गतः॥
(४९। २३—३८)

प्रसन्न होइये। देव! मैंने भक्तिभावित चित्तसे आपकी जो स्तुति की है, वह साङ्गोपाङ्ग सफल हो। वासुदेव! आपको नमस्कार है।*

ब्रह्माजी कहते हैं—राजा इन्द्रद्युम्नके इस प्रकार स्तुति करनेपर भगवान् गरुड़ध्वजने प्रसन्न होकर उनका सब मनोरथ पूर्ण किया। जो मनुष्य भगवान् जगन्नाथका पूजन करके प्रतिदिन इस स्तोत्रसे उनका स्तवन करता है, वह बुद्धिमान् निश्चय ही मोक्ष प्राप्त कर लेता है। जो विद्वान् पुरुष तीनों संध्याओंके समय पवित्र हो इस श्रेष्ठ स्तोत्रका जप करता है, वह धर्म, अर्थ, काम और मोक्ष पाता है। जो एकाग्रचित्त हो इसका पाठ या श्रवण करता अथवा दूसरोंको सुनाता है, वह पापरहित हो भगवान् विष्णुके सनातन धाममें जाता है। यह स्तोत्र परम प्रशंसनीय, पापोंको दूर करनेवाला, भोग एवं मोक्ष देनेवाला, कल्याणमय, गोपनीय, अत्यन्त दुर्लभ तथा पवित्र है। इसे जिस किसी मनुष्यको नहीं देना चाहिये। नास्तिक, मूर्ख, कृतघ्न, मानी, दुष्टबुद्धि तथा अभक्त मनुष्यको कभी इसका उपदेश न दे। जिसके हृदयमें भक्ति हो, जो गुणवान्, शीलवान्, विष्णुभक्त, शान्त तथा श्रद्धापूर्वक अनुष्ठान करनेवाला हो, उसीको इसका उपदेश देना चाहिये।

जो निर्मल हृदयवाले मनुष्य उन परम सूक्ष्म नित्य पुराणपुरुष मुरारि श्रीविष्णुभगवान्का ध्यान करते हैं, वे मुक्तिके भागी हो भगवान् विष्णुमें प्रवेश कर जाते हैं—ठीक उसी तरह, जैसे मन्त्रोंद्वारा यज्ञाग्निमें हवन किया हुआ हविष्य भगवान् विष्णुको प्राप्त होता है। एकमात्र वे

---

* हतो मया हताश्चान्ये घातितो घातितास्तथा। दत्तं ममान्यैरन्येभ्यो मया दत्तमनेकशः॥
पितृमातृसुहृद्भ्रातृकलत्राणां कृतेन च। धनिनां श्रोत्रियाणां च दरिद्राणां तपस्विनाम्॥
उक्तं दैन्यं च विविधं त्यक्त्वा लज्जां जनार्दन। देवतिर्यङ्मनुष्येषु स्थावरेषु चरेषु च॥
न विद्यते तथा स्थानं यत्राहं न गतः प्रभो। कदा मे नरके वासः कदा स्वर्गे जगत्पते॥
कदा मनुष्यलोकेषु कदा तिर्यग्गतेषु च। जलयन्त्रे यथा चक्रे घटी रज्जुनिबन्धना॥
याति चोर्ध्वमधश्चैव कदा मध्ये च तिष्ठति। तथा चाहं सुरश्रेष्ठ कर्मरज्जुसमावृतः॥
अधश्चोर्ध्वं तथा मध्ये भ्रमन् गच्छामि योगतः। एवं संसारचक्रेऽस्मिन् भैरवे रोमहर्षणे॥
भ्रमामि सुचिरं कालं नान्तं पश्यामि कर्हिचित्। न जाने किं करोम्यद्य हरे व्याकुलितेन्द्रियः॥
शोकतृष्णाभिभूतोऽहं कांदिशीको विचेतनः। इदानीं त्वामहं देव विह्वलः शरणं गतः॥
त्राहि मां दुःखितं कृष्ण मग्नं संसारसागरे। कृपां कुरु जगन्नाथ भक्तं मां यदि मन्यसे॥
त्वदृते नास्ति मे बन्धुर्योऽसौ चिन्तां करिष्यति। देव त्वां नाथमासाद्य न भयं मेऽस्ति कुत्रचित्॥
जीविते मरणे चैव योगक्षेमेऽथवा प्रभो। ये तु त्वां विधिवद्देव नार्चयन्ति नराधमाः॥
सुगतिस्तु कथं तेषां भवेत्संसारबन्धनात्। किं तेषां कुलशीलेन विद्यया जीवितेन च॥
येषां न जायते भक्तिर्जगद्धातरि केशवे। प्रकृतिं त्वासुरीं प्राप्य ये त्वां निन्दन्ति मोहिताः॥
पतन्ति नरके घोरे जायमानाः पुनः पुनः। न तेषां निष्कृतिस्तस्माद्विद्यते नरकार्णवात्॥
ये दूषयन्ति दुर्वृत्तास्त्वां देव पुरुषाधमाः। यत्र यत्र भवेज्जन्म मम कर्मनिबन्धनात्॥
तत्र तत्र हरे भक्तिस्त्वयि चास्तु दृढा सदा। आराध्य त्वां सुरा दैत्या नराश्चान्येऽपि संयताः॥
अवापुः परमां सिद्धिं कस्त्वां देव न पूजयेत्। न शक्नुवन्ति ब्रह्माद्याः स्तोतुं त्वां त्रिदशा हरे॥
कथं मानुषबुद्ध्याहं स्तौमि त्वां प्रकृतेः परम्। तथा चाज्ञानभावेन संस्तुतोऽसि मया प्रभो॥
तत्क्षमस्वापराधं मे यदि तेऽस्ति दया मयि। कृतापराधेऽपि हरे क्षमां कुर्वन्ति साधवः॥
तस्मात्प्रसीद देवेश भक्तस्नेहं समाश्रितः। स्तुतोऽसि यन्मया देव भक्तिभावेन चेतसा।
साङ्गं भवतु तत्सर्वं वासुदेव नमोऽस्तु ते॥ (४९। ३९—५९)

देवदेव भगवान् विष्णु ही संसारके दुःखोंका नाश करनेवाले तथा परोंसे भी पर हैं। उनसे भिन्न किसी भी वस्तुकी सत्ता नहीं है। वे ही सबकी सृष्टि, पालन और संहार करनेवाले हैं। वे ही समस्त संसारमें सारभूत हैं। मोक्ष-सुख देनेवाले जगद्गुरु भगवान् श्रीकृष्णमें यहाँ जिनकी भक्ति नहीं होती, उन्हें विद्यासे, अपने गुणोंसे तथा यज्ञ, दान और कठोर तपस्यासे क्या लाभ हुआ। जिस पुरुषकी भगवान् पुरुषोत्तमके प्रति भक्ति है, वही संसारमें धन्य, पवित्र और विद्वान् है। वही, यज्ञ, तपस्या और गुणोंके कारण श्रेष्ठ है तथा वही ज्ञानी, दानी और सत्यवादी है।*

राजाको स्वप्नमें और प्रत्यक्ष भी भगवान्का दर्शन, भगवत्प्रतिमाओंका निर्माण, स्थापन और यात्राकी महिमा

ब्रह्माजी कहते हैं—मुनिवरो! इस प्रकार स्तुति करके राजाने समस्त कामनाओंको पूर्ण करनेवाले सनातन पुरुष जगन्नाथ भगवान् वासुदेवको प्रणाम किया और चिन्तामग्न हो पृथ्वीपर कुश और वस्त्र बिछाकर भगवान्का चिन्तन करते हुए वे उसीपर सो गये। सोते समय उनके मनमें यही संकल्प था कि सबकी पीड़ा दूर करनेवाले देवाधिदेव भगवान् जनार्दन कैसे मुझे प्रत्यक्ष दर्शन देंगे। सो जानेपर देवाधिदेव जगद्गुरु भगवान् वासुदेवने राजाको स्वप्नमें अपने शङ्ख, चक्र और गदा धारण करनेवाले स्वरूपका दर्शन कराया। राजा इन्द्रद्युम्नने बड़े प्रेमसे भगवान्का दर्शन किया। वे शङ्ख और चक्र धारण किये हुए थे। उन्होंने शार्ङ्ग नामक धनुष और बाण भी धारण कर रखे थे। उनका स्वरूप प्रलयकालीन सूर्यके समान देदीप्यमान हो रहा था। वे प्रज्वलित तेजके विशाल मण्डल प्रतीत होते थे। उनका श्रीअङ्ग नीले पुखराजके समान श्याम था। वे गरुड़के कंधेपर विराजमान थे और उनके आठ भुजाएँ शोभा पा रही थीं। दर्शन देकर भगवान्ने उनसे कहा—'राजन्! तुम्हें साधुवाद है। तुम्हारे इस दिव्य यज्ञसे, भक्तिसे और श्रद्धासे मैं बहुत संतुष्ट हूँ। महीपाल! तुम व्यर्थ क्यों

* ये तं सुसूक्ष्मं विमला मुरारिं ध्यायन्ति नित्यं पुरुषं पुराणम्। ते मुक्तिभाजः प्रविशन्ति विष्णुं मन्त्रैर्यथाऽऽज्यं हुतमध्वराग्नौ॥
एकः स देवो भवदुःखहन्ता परं परेषां न ततोऽस्ति चान्यत्। स्रष्टा स पाता स तु नाशकर्ता विष्णुः समस्ताखिलसारभूतः॥
किं विद्यया किं स्वगुणैश्च तेषां यज्ञैश्च दानैश्च तपोभिरुग्रैः। येषां न भक्तिर्भवतीह कृष्णे जगद्गुरौ मोक्षसुखप्रदे च॥
लोके स धन्यः स शुचिः स विद्वान्मखैस्तपोभिः स गुणैर्वरिष्ठः। ज्ञाता स दाता स तु सत्यवक्ता यस्यास्ति भक्तिः पुरुषोत्तमाख्ये॥
(४९। ६८—७१)

सोचमें पड़े हो। राजन्! यहाँ जो जगत्पूज्य सनातनी प्रतिमा है, उसकी प्राप्तिका उपाय तुम्हें बतलाता हूँ। आजकी रात बीतनेपर निर्मल प्रभातमें जब सूर्योदय हो, उस समय अनेक प्रकारके वृक्षोंसे सुशोभित समुद्रके जलप्रान्तमें, जहाँ तरङ्गोंसे प्रेरित महान् जलकी राशि दिखायी देती है, वहीं एक बहुत बड़ा वृक्ष खड़ा है, जिसका कुछ भाग तो जलमें है और कुछ स्थलमें है। वह समुद्रकी लहरोंसे आहत होनेपर भी कम्पित नहीं होता। तुम हाथमें कुल्हाड़ी लेकर लहरोंके बीचसे अकेले ही वहाँ चले जाना। तुम्हें वह वृक्ष दिखायी देगा। मेरे बताये अनुसार उसको पहचानकर निःशङ्कभावसे उस वृक्षको काट डालना। उसे काटते समय तुम्हें कोई अद्भुत वस्तु दिखायी देगी। उसीसे सोच-विचारकर तुम दिव्य प्रतिमाका निर्माण करो। मोहमें डालनेवाली चिन्ता छोड़ दो।'

यों कहकर महाभाग श्रीहरि अदृश्य हो गये। वह स्वप्न देखकर राजाको बड़ा विस्मय हुआ। उस रात्रिको देखते हुए वे भगवान्‌में मन लगा उठ बैठे और वैष्णव मन्त्र एवं विष्णुसूक्तका जप करने लगे। प्रातःकाल उठे और भगवत्स्मरण करते हुए विधिपूर्वक उन्होंने समुद्रमें स्नान किया। फिर ब्राह्मणोंको नगर और गाँव आदि दानमें दे पूर्वाह्ण-कृत्य करके समुद्रके तटपर गये। वहाँ अकेले ही महाराजने समुद्रकी महावेलामें प्रवेश किया और उस तेजस्वी महावृक्षको देखा। वह बहुत ऊँचा था और उससे बड़ी-बड़ी जटाएँ लटक रही थीं। उसे देखकर राजा इन्द्रद्युम्न बहुत प्रसन्न हुए। उन्होंने तीखे फरसेसे उस वृक्षको काट गिराया और उसके दो टुकड़े करनेका विचार किया। फिर उन्होंने जब काष्ठका भलीभाँति निरीक्षण किया, तब एक अद्भुत बात दिखायी दी। विश्वकर्मा और भगवान् विष्णु दोनों ब्राह्मणका रूप धरकर वहाँ आये। उनके कण्ठमें दिव्य हार और शरीरमें दिव्य अङ्गराग शोभा पा रहे थे। वे दोनों अपने तेजसे प्रज्वलित हो रहे थे। राजाके पास आकर उन्होंने पूछा—'महाराज! आप यहाँ कौन-सा कार्य करेंगे? किसलिये इस वनस्पतिको काट गिराया है?'

उन दोनोंकी बात सुनकर राजा बहुत प्रसन्न हुए। उन्होंने मीठी वाणीमें उत्तर दिया—'मैं यहाँ आदि-अन्तसे रहित देवाधिदेव जगदीश्वर भगवान् विष्णुकी आराधनाके लिये प्रतिमा बनवाना चाहता हूँ। इसके लिये स्वयं भगवान्‌ने ही मुझे स्वप्नमें प्रेरित किया है।' राजाकी यह बात सुनकर भगवान् जगन्नाथने हँसकर कहा—'महाराज! आपका विचार बड़ा उत्तम है। इसके लिये आपको साधुवाद है। यह भयंकर संसार-सागर केलेके पत्तेकी भाँति सारहीन है। इसमें दुःखकी ही अधिकता है। काम-क्रोध इसमें पूर्णरूपसे व्याप्त हैं। इन्द्रियरूपी भँवर और कीचड़के कारण यह दुस्तर है। नाना प्रकारके सैकड़ों रोग यहाँ भँवरके समान हैं। यह संसार पानीके बुलबुलेकी भाँति क्षणभङ्गुर है। इसमें रहते हुए जो आपके मनमें भगवान् विष्णुकी आराधनाका विचार उत्पन्न हुआ, यह बहुत ही उत्तम है। महाभाग! आइये, इस वृक्षकी शीतल छायामें हम दोनोंके साथ बैठिये। ये मेरे साथी एक श्रेष्ठ शिल्पी हैं। ये सब प्रकारके शिल्प-कर्ममें साक्षात् विश्वकर्माके समान निपुण हैं। आप किनारा छोड़कर चले आइये। ये मेरे बताये अनुसार प्रतिमा तैयार कर देंगे।'

ब्राह्मणकी बात सुनकर राजा इन्द्रद्युम्न समुद्रका तट छोड़ उनके पास चले गये और वृक्षकी शीतल छायामें बैठे। तदनन्तर ब्राह्मणरूपधारी विश्वात्मा भगवान्‌ने शिल्पियोंमें प्रधान विश्वकर्माको आज्ञा दी—'तुम प्रतिमा बनाओ। भगवान् श्रीकृष्णका

रूप परम शान्त हो। उनके नेत्र पद्मपत्रके समान विशाल होने चाहिये। वे वक्ष:स्थलपर श्रीवत्सचिह्न तथा कौस्तुभमणि और हाथोंमें शङ्ख, चक्र एवं गदा धारण किये हुए हों। दूसरी प्रतिमाका विग्रह दुग्धके समान गौरवर्ण हो। उसमें स्वस्तिकका चिह्न होना चाहिये। वे अपने हाथमें हल धारण किये हुए हों, उनका नाम महाबली अनन्त (बलरामजी) होगा। देवता, दानव, गन्धर्व, यक्ष, विद्याधर और नाग—कोई भी उनका अन्त नहीं जानते; इसलिये वे भगवान् अनन्त कहलाते हैं। तीसरी प्रतिमा भगवान् वासुदेवकी बहन सुभद्रादेवीकी होगी। उनके शरीरका रंग सुवर्णके समान गौर एवं सुन्दर शोभासे युक्त होना चाहिये। उनमें समस्त शुभ लक्षणोंका समावेश होना आवश्यक है।'

भगवान्‌का यह कथन सुनकर उत्तम कर्म करनेवाले विश्वकर्माने तत्काल उत्तम लक्षणोंसे युक्त प्रतिमाएँ तैयार कर दीं। पहले उन्होंने बलभद्रजीकी मूर्ति बनायी। उनका वर्ण शरत्कालके चन्द्रमाकी भाँति श्वेत था। नेत्रोंमें कुछ-कुछ लालिमा थी। उनका शरीर विशाल और मस्तक फणाकार होनेसे विकट जान पड़ता था। वे नील वस्त्र धारण किये बलके अभिमानसे उद्धत प्रतीत होते थे। उन्होंने एक कुण्डल धारण कर रखा था। उनके हाथोंमें गदा और मूसल शोभा पाते थे। उनका स्वरूप दिव्य था। द्वितीय विग्रह साक्षात् भगवान् वासुदेवका था। उनके नेत्र कमलके समान प्रफुल्लित थे। शरीरकी कान्ति नील मेघके समान श्याम थी। उनकी श्याम आभा तीसीके फूलकी-सी प्रतीत होती थी। बड़े-बड़े नेत्र कमल-पत्रकी उपमा धारण करते थे। शरीरपर पीताम्बर शोभा पा रहा था। वक्ष:स्थलमें श्रीवत्सका चिह्न तथा हाथमें चक्र था। इस प्रकार वे सर्वपापहारी श्रीहरि बड़े दिव्य दिखायी देते थे। तीसरी प्रतिमा सुभद्राकी थी, जिनके देहकी दिव्य कान्ति सोनेकी-सी दमक रही थी। नेत्र कमलपत्रके समान विशाल थे। उनका अङ्ग विचित्र वस्त्रसे आच्छादित था। वे हार और केयूर आदि विचित्र आभूषणोंसे सुशोभित थीं। गलेमें रत्नमय हार लटक रहा था। इस प्रकार विश्वकर्माने उनकी बड़ी रमणीय प्रतिमा बनायी। राजा इन्द्रद्युम्नने यह बड़ी ही अद्भुत बात देखी। सब प्रतिमाएँ एक ही क्षणमें बन गयीं। सभी दो दिव्य वस्त्रोंसे आच्छादित थीं। सबका भाँति-भाँतिके रत्नोंसे शृङ्गार किया गया था और सभी अत्यन्त मनोहर एवं समस्त शुभ लक्षणोंसे सम्पन्न थीं। उन्हें देखकर राजा अत्यन्त आश्चर्यमग्न होकर बोले—'आप दोनों ब्राह्मणके रूपमें साक्षात् देवता तो नहीं पधारे हैं? आप दोनोंके कर्म अद्भुत हैं। आपके व्यवहार देवताओंके-से हैं। निश्चय ही आप मनुष्य नहीं जान पड़ते। आप देवता हैं या मनुष्य? यक्ष हैं अथवा विद्याधर! आप ब्रह्मा और विष्णु तो नहीं हैं? दोनों अश्विनीकुमार तो नहीं हैं? आप मायामयरूपसे स्थित हैं। अत: आपके यथार्थ स्वरूपको मैं नहीं जानता। अब आप ही दोनोंकी शरणमें आया हूँ। मेरे सामने अपने स्वरूपको प्रकाशित कीजिये।'

श्रीभगवान् बोले—मैं देवता, यक्ष, दैत्य, देवराज इन्द्र, ब्रह्मा अथवा रुद्र नहीं हूँ। मुझे पुरुषोत्तम समझो। मैं समस्त लोकोंकी पीड़ा दूर करनेवाला अनन्त बल-पौरुषसे सम्पन्न और सम्पूर्ण भूतोंका आराध्य हूँ। मेरा कभी अन्त नहीं होता। जिसका सब शास्त्रोंमें उल्लेख किया जाता है, वेदान्त-ग्रन्थोंमें वर्णन मिलता है, जिसे योगीजन ज्ञानगम्य एवं वासुदेव कहते हैं, वह परमात्मा मैं ही हूँ। स्वयं मैं ही ब्रह्मा, मैं ही विष्णु, मैं ही शिव, मैं

ही देवराज इन्द्र तथा मैं ही जगत्‌का नियन्त्रण करनेवाला यम हूँ। पृथ्वी आदि पाँच भूत, त्रिविध अग्नि, जलाधिप वरुण, धरती और पर्वत भी मैं ही हूँ। संसारमें जो कुछ भी वाणीसे कहा जानेवाला स्थावर-जङ्गम भूत है, वह मेरा ही स्वरूप है। यह चराचर विश्व मेरे अतिरिक्त कुछ भी नहीं है। नृपश्रेष्ठ! मैं तुमपर बहुत प्रसन्न हूँ। सुव्रत! मुझसे वर माँगो। तुम्हारे हृदयमें जो अभीष्ट वस्तु हो, वह तुम्हें दूँगा। जो पुण्यवान् नहीं हैं, उनको स्वप्नमें भी मेरा दर्शन नहीं होता। तुम्हारी तो मुझमें दृढ़ भक्ति है, इसलिये तुमने मेरा प्रत्यक्ष दर्शन किया है।

भगवान् वासुदेवका यह वचन सुनकर राजाके शरीरमें रोमाञ्च हो आया। वे इस प्रकार स्तोत्र-गान करने लगे—'लक्ष्मीकान्त! आपको नमस्कार है। श्रीपते! आपके दिव्य विग्रहपर पीत वस्त्र शोभा पाता है। आप लक्ष्मी प्रदान करनेवाले और लक्ष्मीके स्वामी हैं। श्रीनिवास! आप लक्ष्मीके धाम हैं, आपको नमस्कार है। आप आदिपुरुष, ईशान, सबके ईश्वर, सब ओर मुखवाले, निष्कल एवं सनातन परम देव हैं; आपको मेरा प्रणाम है। आप शब्द और गुणोंसे अतीत, भाव और अभावसे रहित, निर्लेप, निर्गुण, सूक्ष्म, सर्वज्ञ तथा सबके रक्षक हैं। आपका स्वरूप वर्षाकालके मेघके समान श्याम है। आप गौ तथा ब्राह्मणोंके हितमें संलग्न रहते हैं। सबकी रक्षा करते हैं। सर्वत्र व्यापक और सबको उत्पन्न करनेवाले हैं। आप शङ्ख, चक्र, गदा और मूसल धारण करनेवाले देवता हैं। आपके श्रीअङ्गोंकी सुषमा नील कमलदलके समान श्याम है। आप क्षीरसागरके भीतर शेषनागकी शय्यापर शयन करनेवाले हैं। इन्द्रियोंके नियन्ता, सर्वपापहारी श्रीहरि हैं। आपको नमस्कार करता हूँ। आप देवदेवेश्वर, वरदाता, व्यापक, सर्वलोकेश्वर, मोक्षके साधक तथा अविनाशी भगवान् विष्णु हैं; आपको पुनः मेरा प्रणाम है।'

इस प्रकार भगवान्‌का स्तवन करके राजाने हाथ जोड़कर प्रणाम किया और धरतीपर मस्तक टेककर कहा—'नाथ! यदि आप मुझपर प्रसन्न हैं तो मैं यह उत्तम वर माँगता हूँ—देवता, असुर, गन्धर्व, यक्ष, राक्षस, महानाग, सिद्ध, विद्याधर, साध्य, किंनर, गुह्यक, महाभाग ऋषि, नाना शास्त्रोंके प्रवीण विद्वान्, संन्यासी, योगी, वेदतत्त्वका विचार करनेवाले तथा अन्यान्य मोक्षमार्गके ज्ञाता मनीषी पुरुष जिस निर्गुण, निर्मल, एवं शान्त परम पदका ध्यान करते हैं, उस परम दुर्लभ पदको मैं आपके प्रसादसे प्राप्त करना चाहता हूँ।'

श्रीभगवान् बोले—राजन्! तुम्हारा कल्याण हो, सब कुछ तुम्हारी इच्छाके अनुसार होगा। मेरे प्रसादसे तुम्हें अभिलषित वस्तुकी प्राप्ति होगी। नृपश्रेष्ठ! तुम दस हजार नौ सौ वर्षोंतक अपने अखण्ड साम्राज्यका उपभोग करो। इसके बाद उस दिव्य पदको प्राप्त होओगे, जो देवता और असुरोंके लिये भी दुर्लभ है, जिसे पाकर सब मनोरथ पूर्ण हो जाते हैं। जो शान्त, गूढ़, अव्यक्त, अव्यय, परसे भी पर, सूक्ष्म, निर्लेप, निष्कल, ध्रुव, चिन्ता और शोकसे मुक्त तथा कार्य और कारणसे वर्जित ज्ञेय नामक परम पद है, उसका तुम्हें साक्षात्कार कराऊँगा। उस परमानन्दमय पदको पाकर तुम परम पद—मोक्षको प्राप्त हो जाओगे! राजेन्द्र! इस पृथ्वीपर जबतक बादल पानी बरसाते रहेंगे, जबतक आकाश, चन्द्रमा, सूर्य और तारे दीखते रहेंगे, जबतक सात समुद्र तथा मेरु आदि पर्वत मौजूद रहेंगे तथा जबतक द्युलोकमें देवताओंकी सत्ता बनी रहेगी, तबतक

इस भूतलपर सर्वत्र तुम्हारी अक्षय कीर्ति छायी रहेगी। तुम्हारे यज्ञाङ्गसे प्रकट होनेवाला तालाब इन्द्रद्युम्नसरोवरके नामसे प्रसिद्ध तीर्थ होगा, जिसमें एक बार स्नान करके भी मनुष्य इन्द्रलोक प्राप्त कर सकते हैं। जो इस सरोवरके सुन्दर तटपर पिण्डदान करेगा, वह अपनी इक्कीस पीढ़ियोंका उद्धार करके इन्द्रलोकको जायगा और वहाँ विमानपर बैठकर अप्सराओंसे पूजित हो गन्धर्वोंके गीत सुनता हुआ चौदह इन्द्रोंकी आयुपर्यन्त निवास करेगा। सरोवरके दक्षिण भागमें नैर्ऋत्य कोणकी ओर जो बरगदका वृक्ष खड़ा है, उसके समीप केवड़ेके वनसे आच्छादित एक मण्डप है, जो नाना प्रकारके वृक्षोंसे व्याप्त है। आषाढ़के शुक्ल पक्षकी पञ्चमीको महानक्षत्रमें हमारी इन प्रतिमाओंको ले आकर लोग सात दिनोंतक मण्डपमें स्थापित रखेंगे। उस समय बड़ा उत्सव होगा। सोनेके दण्ड लगे हुए चँवर तथा रत्नभूषित व्यजनोंद्वारा सब लोग हमें हवा करेंगे। इस प्रकार मङ्गलपाठपूर्वक हमारी स्थापना होगी। ब्रह्मचारी, संन्यासी, स्नातक, वानप्रस्थ, गृहस्थ, सिद्ध तथा अन्य ब्राह्मण नाना प्रकारके पदोंवाले स्तोत्रों तथा ऋक् ,यजु एवं सामवेदकी ध्वनिसे बलराम और श्रीकृष्णकी स्तुति करेंगे। उस समय जो मनुष्य भक्तिपूर्वक मेरा स्तवन, दर्शन अथवा नमन करेगा, वह श्रीहरिके शोभामय धाममें विराजेगा।

इस प्रकार राजाको वरदान दे विश्वकर्मासहित भगवान् विष्णु वहाँसे अन्तर्धान हो गये। राजाके हर्षकी सीमा न रही। उनका शरीर रोमाञ्चित हो गया। उन्होंने भगवान्के दर्शनसे अपनेको कृतकृत्य माना। तत्पश्चात् श्रीकृष्ण, बलराम और वरदायिनी सुभद्राको मणिकाञ्चनजटित विमानाकार रथोंमें बिठाकर वे बुद्धिमान् नरेश अमात्य और मन्त्रियोंसहित मङ्गलपाठ तथा बाजे-गाजेके साथ ले आये और उन्हें परम मनोहर पवित्र स्थानमें पधराया। फिर शुभ तिथि, शुभ समय, शुभ नक्षत्र और शुभ मुहूर्तमें ब्राह्मणोंके द्वारा उनकी प्रतिष्ठा करायी। उत्तम प्रासादमें वेदोक्त विधिपूर्वक प्रतिष्ठा करके उन सब विग्रहोंको स्थापित किया; फिर भाँति-

भाँतिके सुगन्धित पुष्पोंसे विधिवत् पूजा करके सुवर्ण, मणि, मोती और नाना प्रकारके सुन्दर वस्त्र अर्पण किये। विविध प्रकारके दिव्य रत्न, आसन, ग्राम, नगर, राज्य तथा पुर आदि भी दान किये। इस तरह अनेक प्रकारका दान करके राजाने समुचित रीतिसे राज्य किया और भाँति-भाँतिके यज्ञ करके अनेक बार दान दिये। फिर कृतकृत्य होकर राजाने समस्त परिग्रहोंका त्याग कर दिया और अत्यन्त उत्कृष्ट स्थान—भगवान् विष्णुके परम पदको प्राप्त कर लिया।

मुनियोंने पूछा—सुरश्रेष्ठ! किस समय पुरुषोत्तम-तीर्थकी यात्रा करनी उचित है और प्रभो! किस

विधिसे पञ्चतीर्थोंका सेवन करना चाहिये। स्नान-दानरूप एक-एक तीर्थका और देव-दर्शनका जो पृथक्-पृथक् फल हो, वह सब बताइये।

ब्रह्माजी बोले—जो कुरुक्षेत्रमें अपनी इन्द्रियों और क्रोधको जीतकर बिना खाये-पीये सत्तर हजार वर्षोंतक एक पैरसे खड़ा होकर तपस्या करता है तथा जो ज्येष्ठ शुक्ला द्वादशीको उपवासपूर्वक भगवान् पुरुषोत्तमका दर्शन करता है, वह पहलेकी अपेक्षा अधिक फलका भागी होता है। अतः मुनिवरो! स्वर्गलोककी इच्छा रखनेवाले ब्राह्मण आदिको चाहिये कि वे ज्येष्ठ मासमें प्रयत्न करके इन्द्रिय-संयमपूर्वक भगवान् पुरुषोत्तमका दर्शन करें। श्रेष्ठ मनुष्यको उचित है कि ज्येष्ठ मासमें शुक्ल पक्षकी द्वादशीको विधिपूर्वक पञ्चतीर्थोंका सेवन करके श्रीपुरुषोत्तमका दर्शन करे। जो ज्येष्ठकी द्वादशीको अविनाशी देवता भगवान् पुरुषोत्तमका दर्शन करते हैं, वे विष्णुलोकमें पहुँचकर कभी वहाँसे नीचे नहीं गिरते। अतः ज्येष्ठमें प्रयत्नपूर्वक वहाँकी यात्रा करनी चाहिये और वहाँ पञ्चतीर्थ-सेवनपूर्वक पुरुषोत्तमका दर्शन करना चाहिये। जो अत्यन्त दूर होनेपर भी प्रतिदिन भक्तिपूर्वक भगवान् पुरुषोत्तमका कीर्तन करता है, वह शुद्धचित्त हो भगवान् विष्णुके धाममें जाता है। जो श्रद्धापूर्वक एकाग्रचित्त हो श्रीकृष्णके दर्शनार्थ यात्रा करता है, वह सब पापोंसे मुक्त हो भगवान् विष्णुके लोकमें जाता है। जो दूरसे भगवान् पुरुषोत्तमके प्रासाद-शिखरपर स्थित नीलचक्रका दर्शन करके उसे भक्तिपूर्वक प्रणाम करता है, वह मनुष्य सहसा पापसे मुक्त हो जाता है।

मार्कण्डेय मुनिको प्रलयकालमें बालमुकुन्दका दर्शन और उनका वरदान प्राप्त होना

ब्रह्माजी कहते हैं—मुनिवरो! कल्पके अन्तमें जब महासंहार आरम्भ हुआ, चन्द्रमा, सूर्य और वायुका नाश हो गया, स्थावर-जङ्गम समस्त प्राणी नष्ट होने लगे, उस समयकी बात बतलाता हूँ। पहले प्रलयकालीन प्रचण्ड सूर्यका उदय होता है, फिर मेघोंकी घोर गर्जना होने लगती है। बिजली गिरती है, जिससे वृक्ष और पर्वत टूट-फूट जाते हैं। सारे जगत्‌का संहार हो जाता है। उल्कापात होता रहता है, सरोवरों और नदियोंका सारा जल सूख जाता है। फिर वायुका सहारा पाकर संवर्तक नामक अग्नि समस्त विश्वमें फैल जाती है। ऊपरसे बारह सूर्य तपने लगते हैं। वह आग पृथ्वीको भेदकर रसातलमें भी पहुँच जाती है और देवता, दानव तथा यक्षोंको अत्यन्त भय देने लगती है। पृथ्वीपर जो कुछ रहता है, वह सब जलाकर नागलोकको भी दग्ध करती है और फिर क्रमशः नीचेके समस्त लोकोंको तत्काल नष्ट कर देती है। बीस लाख योजनतक फैली हुई वायु और संवर्तक-अग्नि देवता, असुर, गन्धर्व, यक्ष, नाग और राक्षस—सबको भस्म कर डालती है। ऐसे घोर महाप्रलयके समय परम धर्मात्मा मार्कण्डेय मुनि अकेले ध्यानस्थ होकर बैठे थे। प्रलयाग्निकी लपट उनके पास भी पहुँची। उनके कण्ठ, तालु और ओठ सूख गये। उस महाभयानक अग्निको देखकर वे भयसे विह्वल हो उठे और कोई रक्षक न पा सकनेके कारण इधर-उधर भागने लगे। उन्हें कहीं भी शान्ति नहीं मिली। वे सोचने लगे—क्या करूँ, समझमें नहीं आता; किसकी

शरणमें जाऊँ? किस प्रकार सनातन देव पुरुषेशका

दर्शन करूँ? इस प्रकार एकाग्रभावसे चिन्तन करते-करते वे महाप्रलयके कारणभूत सनातन दिव्य पद पुरुषेश नामक वटराजके पास पहुँच गये। उस दिव्य वटको सामने देख मुनि बड़ी उतावलीके साथ उसके निकट गये और उसकी जड़पर जा बैठे। वहाँ न तो कालाग्निका भय था, न अँगारोंकी वर्षाका। न वहाँ संवर्तक अग्नि आ सकती थी और न वज्रपात आदिका ही डर था।

तदनन्तर विद्युन्मालाओंसे विभूषित गजराजोंके समान कान्तिवाले महामेघ आकाशमें घुमड़ आये। उन्होंने समूचे आकाशको ढक लिया और इतनी वृष्टि की कि पर्वत, वन और आकरोंसहित समस्त पृथ्वी जलराशिमें डूब गयी। सम्पूर्ण दिशाएँ पानीसे भर गयीं। मूसलाधार वृष्टि करके वसुंधराको डुबोनेवाले मेघोंने उस भयंकर संवर्तकाग्निको बुझा दिया। इस प्रकार बारह वर्षोंतक भारी वृष्टि होती रही। समुद्रने अपनी मर्यादा छोड़ दी, पर्वत गल-गलकर बह गये और पृथ्वी पानीमें डूब गयी। तत्पश्चात् प्रचण्ड आँधी उठी। उस प्रबल प्रभञ्जनके वेगसे सारे मेघ छिन्न-भिन्न हो गये। उसके बाद भगवान् विष्णु उस भयंकर वायुको पीकर एकार्णवमें शयन करने लगे। उस समय समस्त स्थावर-जङ्गमका अभाव हो गया था। देवता, असुर, मनुष्य, यक्ष और राक्षस भी नष्ट हो गये थे। उस समय मार्कण्डेय मुनिने विश्रामके अनन्तर श्रीपुरुषोत्तमका ध्यान करनेके पश्चात् जब आँखें खोलीं, तब पृथ्वीको जलमें निमग्न पाया। वह वटवृक्ष, पृथ्वी, दिशा आदि, सूर्य, चन्द्रमा, अग्नि, वायु, देवता, असुर और नाग आदि कोई भी दिखायी नहीं देते थे। मुनिवर मार्कण्डेय भी स्वयं जलमें गोते खाने लगे। तब उन्होंने तैरना आरम्भ किया। वे आर्तभावसे इधर-उधर तैरते हुए भटकने लगे। उन्हें कोई अपना रक्षक नहीं मिलता था। उनके ध्यान करनेसे भगवान् पुरुषोत्तमको प्रसन्नता हुई थी। अतः मुनिको भयसे व्याकुल देख वे कृपापूर्वक बोले—'उत्तम व्रतका पालन करनेवाले बेटा मार्कण्डेय! तुम अभी बालक हो। थक गये होगे। आओ, आओ। शीघ्र मेरे पास चले आओ। अब तुम्हें डरनेकी आवश्यकता नहीं है। मेरे सामने आ गये हो।'

भगवान्की यह बात सुनकर मुनि चिन्तामें निमग्न हो गये। सोचने लगे, क्या मैंने स्वप्न देखा है अथवा मुझपर यह मोह छा गया है? यह विचार आते ही उनके मनमें दुःखनाशक बुद्धिका उदय हुआ। उन्होंने यह निश्चय किया कि मैं भक्तिपूर्वक भगवान् पुरुषोत्तमकी शरणमें जाऊँगा। इस निश्चयके अनुसार मार्कण्डेय मुनि मन-ही-मन भगवान्का स्मरण करते हुए उनकी शरणमें गये। तब उन्होंने जलके ऊपर पुनः उस विशाल वटवृक्षको देखा। उसके ऊपर सुन्दर दिव्य पलंग

बिछा हुआ था, जिसपर बालरूपधारी भगवान् श्रीकृष्ण विराजमान थे। वे कोटि-कोटि सूर्योंके समान तेजस्वी शरीरसे देदीप्यमान हो रहे थे। चार भुजा, सुन्दर अङ्ग, पद्मपत्रके समान विशाल नेत्र, श्रीवत्सचिह्नसे विभूषित वक्ष:स्थल और हाथोंमें शङ्ख, चक्र एवं गदा थे। हृदय वनमालासे आवृत था। वे दिव्य कुण्डल धारण किये हुए थे। गलेमें बहुत-से हार शोभा पाते थे। दिव्य रत्नोंसे उनका शृङ्गार किया गया था। भगवान्‌को इस रूपमें देखकर मार्कण्डेय मुनिके नेत्र आश्चर्यसे खिल उठे। उनका शरीर रोमाञ्चित हो गया। वे

भगवान्‌को प्रणाम करके बोले—अहो! इस भयानक एकार्णवमें यह बालक कैसे निर्भय रहता है। इस प्रकार विचार करते हुए वे इधर-उधर बह रहे थे। उनकी चेतना लुप्त होती जा रही थी। वे अपने उद्धारके लिये व्याकुल हो गये। उस समय उन्हें बड़ा खेद हुआ। इधर वटवृक्षपर सोया हुआ बालक बालसूर्यके समान प्रकाशित हो रहा था। वह अपनी महिमामें ही स्थित था। मार्कण्डेय मुनि उस सम्पूर्ण तेजोमय बालककी ओर देखनेमें भी असमर्थ हो गये। मुनिको अपनी ओर आते देख बालकने हँसते हुए मेघके समान गम्भीर वाणीमें कहा—'बेटा! जानता हूँ, तुम बहुत थक गये हो और अपनी रक्षाके लिये मेरे पास आये हो। अब शीघ्र ही मेरे शरीरमें प्रवेश कर जाओ। यहाँ तुम्हें पूर्ण विश्राम मिलेगा।' बालककी बात सुनकर मार्कण्डेय मुनि कुछ बोल न सके। वे भगवान्‌की मायासे मोहित हो विवश होकर बालकके खुले हुए मुँहमें प्रवेश कर गये। उसके उदरमें प्रवेश करनेपर उन्होंने वहाँ अनेक जनपदोंसे घिरी हुई समूची पृथ्वी देखी। खारे पानी, ईखके रस, घी, दही और मीठे जलके समुद्रोंको देखा। जम्बू, प्लक्ष, शाल्मल, कुश, क्रौञ्च, शाक और पुष्कर नामक द्वीपोंका अवलोकन किया। भारत आदि सम्पूर्ण वर्ष और पर्वतोंका निरीक्षण किया। सब रत्नोंसे सम्पन्न सुवर्णमय मेरुगिरिको भी देखा, जो अनेक प्रकारके रत्नमय शिखरोंसे विभूषित, अनेक कन्दराओंसे युक्त, नाना मुनिजनोंसे व्याप्त, भाँति-भाँतिके वृक्षों और वनोंसे परिपूर्ण, अनेक जीव-जन्तुओंसे सेवित, अनेकानेक आश्चर्योंसे युक्त, बाघ, सिंह, सूअर, चँवरी गाय, भैंसे, हाथी, हरिन, वानर तथा अन्य जीव-जन्तुओंसे सुशोभित एवं अत्यन्त मनोहर था। इन्द्र आदि अनेक देवता, सिद्ध, चारण, नाग, मुनि, यक्ष, अप्सरा तथा अन्य स्वर्गवासियोंसे उस पर्वतकी पूर्ण शोभा हो रही थी। इस प्रकार शोभामय सुमेरु पर्वतको देखते हुए वे बालकके उदरमें भ्रमण करने लगे। उन्होंने क्रमश: हिमवान्, हेमकूट, निषध, गन्धमादन, श्वेत, दुर्धर, नील, कैलास, मन्दरगिरि, महेन्द्र, मलय, विन्ध्य, पारियात्र, अर्बुद, सह्य, शुक्तिमान् तथा मैनाक आदि बहुत-से पर्वतोंको देखा। उन्होंने इस लोकमें जितने भी

चराचर भूत देखे थे, वे सब उन्हें भगवान्‌की कुक्षिमें दृष्टिगोचर हुए। अथवा बहुत कहनेकी क्या आवश्यकता, ब्रह्मासे लेकर कीटपर्यन्त सम्पूर्ण स्थावर-जङ्गम जगत्—भूर्लोक, भुवर्लोक, स्वर्लोक, महर्लोक, जनलोक, तपलोक, सत्यलोक, अतल, वितल, सुतल, पाताल, रसातल और महातलरूप ब्रह्माण्डको उन्होंने बालरूपधारी भगवान्‌के उदरमें देखा। उस समय मार्कण्डेयजीकी सर्वत्र बेरोकटोक गति थी। भगवान्‌की कृपासे उनकी स्मरण-शक्तिका लोप नहीं होता था। वे भगवान्‌के उदरमें सम्पूर्ण जगत्‌का अवलोकन करते हुए घूमते फिरे, किंतु उनके शरीरका कहीं अन्त नहीं मिला। तब वे वरदायक देवता श्रीहरिकी शरणमें गये। इसी समय सहसा वे वायुके वेगसे खिंचकर भगवान्‌के खुले हुए मुखसे बाहर निकल आये।

बाहर निकलनेपर उन्हें पुनः मनुष्योंसे शून्य सारी पृथ्वी एकार्णवके जलमें निमग्न दिखायी दी। साथ ही वटवृक्षकी शाखापर पलंगके ऊपर विराजमान शिशुरूपधारी भगवान्‌का भी दर्शन हुआ, जो सम्पूर्ण जगत्‌को अपने उदरमें लेकर विराजमान थे। उनका वक्षःस्थल श्रीवत्सचिह्नसे सुशोभित, नेत्र पद्मपत्रके समान विशाल और श्रीअङ्ग पीताम्बरसे आच्छादित था। उनकी चार भुजाएँ शोभा पा रही थीं। भगवान्‌ने देखा मार्कण्डेय मुनि मुखसे निकलकर जलमें तैरते हुए अचेत-से हो रहे हैं। तब उन्होंने हँसकर कहा—'बेटा! क्या तुमने मेरे उदरमें रहकर विश्राम कर लिया? वहाँ घूमते समय तुमने क्या-क्या आश्चर्य देखा? मुनिश्रेष्ठ! एक तो तुम मेरे भक्त, दूसरे थके-माँदे और तीसरे मेरे शरणागत हो। अतः तुम्हारा उपकार करनेके लिये मैं तुमसे बातचीत करता हूँ। इधर मेरी ओर देखो तो सही।'

भगवान्‌का यह वचन सुनकर मार्कण्डेय मुनिका रोम-रोम हर्षसे खिल उठा। यद्यपि दिव्य रत्नोंसे अलंकृत तेजोमय भगवान्‌की ओर देखना अत्यन्त कठिन था तो भी उन्होंने उनको देखा। भगवान्‌की कृपासे उन्हें क्षणभरमें नूतन, प्रसन्न एवं निर्मल दृष्टि प्राप्त हो गयी। तब मार्कण्डेयजीने भगवान्‌के देववन्दित चरणोंको, जिनकी अँगुलियाँ और तलवे लाल-लाल थे, मस्तक झुकाकर प्रणाम किया। हर्षसे युक्त और विस्मित होकर बारंबार उनकी ओर देखा तथा हाथ जोड़कर हर्षगद्गद वाणीमें उन परमात्माका स्तवन आरम्भ किया।

मार्कण्डेयजी बोले—मायासे बाल-रूप धारण करनेवाले देवदेव जगन्नाथ! कमलके समान सुन्दर नेत्रोंवाले सुरश्रेष्ठ पुरुषोत्तम! मैं दुःखित होकर आपकी शरणमें आया हूँ। मेरी रक्षा कीजिये। संवर्तक नामक अग्निने मुझे संतप्त कर रखा है। मैं अँगारोंकी वर्षासे भयभीत हो रहा हूँ, मेरा उद्धार कीजिये। देवेश! पुरुषोत्तम! मैंने आपके उदरमें चराचर जगत्‌का अवलोकन किया है। इससे मुझे बड़ा विस्मय हुआ है। मैं विषादग्रस्त तो हूँ ही। मेरी रक्षा कीजिये। पुरुषोत्तम! इस अवलम्बशून्य संसारमें आपके सिवा दूसरा कोई सहारा देनेवाला नहीं है। मुझपर प्रसन्न होइये। सुरश्रेष्ठ! प्रसन्न होइये। विबुधप्रिय! प्रसन्न होइये। देवताओंके नाथ! प्रसन्न होइये। देवताओंके निवासस्थान! प्रसन्न होइये। जगत्‌के कारणोंके भी कारण सर्वलोकेश्वर! मुझपर प्रसन्न होइये। सबकी सृष्टि करनेवाले देव! प्रसन्न होइये। धरणीधर! मुझपर प्रसन्न होइये। जलमें निवास करनेवाले परमेश्वर! मुझपर प्रसन्न होइये। मधुसूदन! मुझपर प्रसन्न होइये। कमलाकान्त! प्रसन्न होइये। त्रिदशेश्वर! प्रसन्न होइये। कंस और केशीका नाश करनेवाले

श्रीकृष्ण! प्रसन्न होइये। अरिष्टासुरका नाश करनेवाले गोविन्द! प्रसन्न होइये। दैत्यनाशक श्रीकृष्ण! प्रसन्न होइये। दानवोंका अन्त करनेवाले वासुदेव! प्रसन्न होइये। मथुरावासी हरे! प्रसन्न होइये। यदुनन्दन! प्रसन्न होइये। इन्द्रके छोटे भाई उपेन्द्र! प्रसन्न होइये। वरदायक अविनाशी देव! प्रसन्न होइये। भगवन्! आप ही पृथ्वी, आप ही जल, आप ही अग्नि और आप ही वायु हैं। जगत्पते! आकाश, मन, अहंकार, बुद्धि, प्रकृति तथा सत्त्वादि गुण भी आप ही हैं। आप सम्पूर्ण विश्वमें व्यापक पुरुष हैं। पुरुषसे भी उत्तम पुरुषोत्तम हैं। प्रभो! आप ही सम्पूर्ण इन्द्रियाँ और उनके शब्द आदि विषय हैं। आप ही दिक्पाल, धर्म, वेद, दक्षिणासहित यज्ञ, इन्द्र, शिव, देवता, हविष्य और अग्नि हैं। वसु, रुद्र, आदित्य और ग्रह भी आपके ही स्वरूप हैं और जितनी भी जातियाँ हैं, जो कुछ भी जीव-नामधारी पदार्थ है, वह सब आप ही हैं। अधिक कहनेकी क्या आवश्यकता, ब्रह्मासे लेकर तिनकेतक जो कुछ भी भूत, भविष्य और वर्तमान चराचर जगत् है, वह आप ही हैं। देव! आपका जो परमस्वरूप है, वह कूटस्थ, अचल एवं ध्रुव है। उसे ब्रह्मा आदि देवता भी नहीं जान पाते। फिर हम-जैसे छोटी बुद्धिवाले मनुष्य कैसे उसका तत्त्व समझ सकते हैं। भगवन्! आप शुद्धस्वभाव, नित्य, प्रकृतिसे परे, अव्यक्त, शाश्वत, अनन्त एवं सर्वव्यापी महेश्वर हैं। आप ही आकाशस्वरूप, परम शान्त, अजन्मा, व्यापक एवं अविनाशी हैं। इस प्रकार आपके निर्गुण एवं निरञ्जन (मायारहित शुद्ध) रूपकी स्तुति कौन कर सकता है। देव! अविनाशी देवदेवेश्वर! मैंने जो विकल एवं अल्पज्ञान होनेके कारण आपके स्तवनकी धृष्टता की है, उसे आप क्षमा करनेकी कृपा करें।

मार्कण्डेयके इस प्रकार स्तुति करनेपर भगवान् बहुत प्रसन्न हुए और मेघके समान गम्भीर वाणीमें बोले—'मुनिश्रेष्ठ! तुम्हारे मनमें जो अभिलाषा हो, उसे कहो। ब्रह्मर्षे! तुम मुझसे जो कुछ चाहोगे, वह सब तुम्हें दूँगा।'

मार्कण्डेयजी बोले—देव! मैं आपको और आपकी मायाको जानना चाहता हूँ। देवेश! आपकी कृपासे मेरी स्मरणशक्ति लुप्त नहीं हुई है। पुण्डरीकाक्ष! आप अव्यय हैं, मैं आपके तत्त्वको समझना चाहता हूँ। इस सम्पूर्ण जगत्को पीकर आप साक्षात् परमेश्वर यहाँ बालरूपसे क्यों रहते हैं? ये सब बातें बतानेकी कृपा करें।

मुनिके इस प्रकार पूछनेपर परम कान्तिमान् देवाधिदेव श्रीहरिने उन्हें सान्त्वना देते हुए कहा—"ब्रह्मन्! देवता भी मुझे ठीक-ठीक नहीं जानते; किंतु तुमपर प्रेम होनेके कारण मैं अपना रहस्य बतलाऊँगा कि कैसे इस जगत्की सृष्टि करता हूँ। ब्रह्मर्षे! तुम पितृभक्त हो और मेरी शरणमें आये हो; इसीलिये तुम्हें मेरे स्वरूपका प्रत्यक्ष दर्शन हुआ है। तुम्हारा ब्रह्मचर्य महान् है। पूर्वकालमें मैंने जलको 'नारा' नाम दिया था, उस 'नारा' में मेरा सदा अयन (निवास) रहता है; इसलिये मैं 'नारायण' कहलाता हूँ। द्विजोत्तम! मैं नारायण ही सबकी उत्पत्तिका कारण, सनातन, अविनाशी, सम्पूर्ण भूतोंका स्रष्टा और संहर्ता हूँ। मैं ही विष्णु, मैं ही ब्रह्मा और मैं ही देवराज इन्द्र हूँ। यक्षराज कुबेर और प्रेतराज यम भी मैं ही हूँ। मैं ही शिव, चन्द्रमा, प्रजापति कश्यप, धाता, विधाता और यज्ञ हूँ। अग्नि मेरा मुख, पृथ्वी चरण, चन्द्रमा और सूर्य नेत्र, द्युलोक मस्तक, आकाश और दिशाएँ कान तथा जल स्वेद है। दिशाओंसहित

आकाश मेरा शरीर और वायु मेरे मनमें स्थित है। मैंने पर्याप्त दक्षिणावाले अनेकों यज्ञोंका अनुष्ठान किया है। पृथ्वीपर वेदके विद्वान् देवयज्ञमें स्थित मुझ विष्णुका ही यजन करते हैं। स्वर्गकी इच्छा रखनेवाले मुख्य-मुख्य क्षत्रिय और वैश्य भी यज्ञके द्वारा मेरी आराधना करते हैं। मैं ही शेषनाग होकर चारों ओरके समुद्रों और मेरुपर्वतसहित समस्त पृथ्वीको अकेला ही धारण करता हूँ। पूर्वकालमें वाराहरूप धारण करके मैंने ही जलमें डूबी हुई इस पृथ्वीका अपनी शक्तिसे उद्धार किया था। द्विजश्रेष्ठ! मैं ही बड़वानल होकर समुद्रका जल पीता और मेघरूपसे उसकी वर्षा करता हूँ। ब्राह्मण मेरा मुख, क्षत्रिय मेरी भुजाएँ, वैश्य जाँघ और शूद्र चरण हैं। ऋग्वेद, यजुर्वेद, सामवेद और अथर्ववेद मुझसे ही प्रकट होते और फिर मुझमें ही प्रवेश कर जाते हैं। ज्ञानपरायण संन्यासी, संयमशील जिज्ञासु तथा काम, क्रोध एवं द्वेषसे रहित, अनासक्त, निष्पाप, सत्त्वस्थ, अहंकारशून्य तथा अध्यात्मतत्त्वके ज्ञाता ब्राह्मण सदा मेरा ही चिन्तन करते हुए उपासना करते हैं। मैं ही संवर्तक ज्योति, मैं ही संवर्तक अग्नि, मैं ही संवर्तक सूर्य और मैं ही संवर्तक वायु हूँ। आकाशमें जो ये तारे दिखायी देते हैं, इन सबको मेरे ही रोम-कूप समझो। रत्नोंसे भरे हुए समुद्र और चारों दिशाओंको मेरे ही स्वरूप जानो। मनुष्य जिस कर्मका अनुष्ठान करके कल्याणके भागी होते हैं, वह भी मेरा ही स्वरूप है। सत्य, दान, उग्र तपस्या और अहिंसा—ये मेरे बनाये हुए विधानके अनुसार ही विहित माने जाते हैं और मेरे ही स्वरूपमें इनकी स्थिति है। जिनकी ज्ञानशक्ति मेरे द्वारा अभिभूत हो जाती है, वे इच्छानुसार चेष्टा नहीं कर पाते। वेदोंका सम्यक् स्वाध्याय करके भाँति-भाँतिके यज्ञोंद्वारा यजन करनेवाले शान्तचित्त एवं क्रोधपर विजय पानेवाले ब्राह्मण मुझे प्राप्त करते हैं। पापाचारी, लोभी, कृपण, अनार्य तथा मनको वशमें न रखनेवाले मनुष्योंको मैं कभी नहीं मिल सकता। जिनके अन्तःकरण शुद्ध हैं, उन्हें प्राप्त होनेवाला महान् फल मुझे ही समझो। कुयोगसेवी मूढ़ मनुष्योंके लिये मैं अत्यन्त दुर्लभ हूँ। संतशिरोमणे! जब-जब धर्मकी हानि और अधर्मका उत्थान होता है तब-तब मैं अपनेको प्रकट करता हूँ।* हिंसापरायण दैत्य तथा भयंकर राक्षस, जो बड़े-बड़े देवताओंके लिये भी अवध्य हैं, जब इस संसारमें जन्म लेते हैं, तब मैं पुण्यात्मा पुरुषोंके घरोंमें अवतार लेता हूँ। मनुष्य-देहमें प्रवेश करके समस्त बाधाओंका शमन करता हूँ। देवता, मनुष्य, गन्धर्व, नाग तथा राक्षसों और स्थावर भूतोंकी अपनी मायासे सृष्टि करके मैं पुनः उनका संहार करता हूँ। फिर कर्मकालमें उनके योग्य शरीरका विचार करके सृष्टि करता हूँ। मेरा स्वरूपभूत धर्म सत्ययुगमें श्वेत रहता है, त्रेतामें श्याम होता है, द्वापर आनेपर लाल हो जाता है और कलियुगमें काला पड़ जाता है। प्रलयकाल आनेपर मैं ही अत्यन्त दारुण कालरूप हो अकेला ही समस्त त्रिलोकीका नाश करता हूँ। उत्पत्ति, पालन और संहार—ये तीन मेरे ही धर्म हैं। मैं सम्पूर्ण विश्वका आत्मा और सब लोकोंको सुख पहुँचानेवाला हूँ। मेरा किसीसे पार्थक्य नहीं है। मैं सर्वव्यापी, अनन्त और इन्द्रियोंका नियन्ता हूँ। मेरे डग बहुत बड़े हैं।

* यदा यदा हि धर्मस्य ग्लानिर्भवति सत्तम॥ अभ्युत्थानमधर्मस्य तदाऽऽत्मानं सृजाम्यहम्।
(५६।३५-३६)

मैं अकेला ही काल-चक्रका संचालन करता हूँ। जो ब्रह्मका रूप है, वह मेरा ही है। वही सम्पूर्ण भूतोंको शान्ति देनेवाला है। उसका उद्यम सम्पूर्ण भूतोंके हितके लिये ही होता है। मुनिश्रेष्ठ! इस प्रकार मेरा आत्मा सम्पूर्ण भूतोंमें संनिहित है। फिर भी मुझे कोई नहीं जानता। भक्तगण सब लोकोंमें सर्वथा मेरा पूजन करते हैं। ब्रह्मन्! मुझमें तुमने जो कुछ भी क्लेशका अनुभव किया है, वह सब तुम्हारे सुखके उदय और कल्याणकी प्राप्तिका कारण है। तुमने लोकमें स्थावर-जङ्गमरूप जो कुछ भी देखा है, वह सब सम्पूर्ण भूतोंको उत्पन्न करनेवाला मेरा आत्मा ही है, जिसे मैंने उस रूपमें प्रकट किया है। मैं ही शङ्ख, चक्र और गदा धारण करनेवाला नारायण हूँ। जबतक एक हजार महायुगोंका समय नहीं बीत जाता, तबतक सम्पूर्ण विश्वको मोहित करके यहाँ जलमें शयन करता हूँ। मुनिश्रेष्ठ! जबतक ब्रह्मा सोकर उठ नहीं जाते, तबतक मैं हर समय यहाँ शिशुरूपमें निवास करता हूँ। विप्रेन्द्र! मुझ ब्रह्मरूपी परमात्माने अनेक बार संतुष्ट होकर तुम्हें वरदान दिया है। समस्त चराचर जगत्का नाश होकर सब कुछ एकार्णवमें मग्न हो जानेपर तुम मेरी ही आज्ञासे यहाँ आ निकले हो। फिर जब मेरे शरीरके भीतर प्रविष्ट हुए हो तब मैंने तुम्हें सम्पूर्ण जगत्का अवलोकन कराया है। वहाँ सम्पूर्ण लोकोंको देखकर तुम विस्मयमें पड़ गये और मुझे समझ नहीं पाये। तब तुरंत ही मैंने तुम्हें अपने मुखसे बाहर निकाल दिया और जो देवता और असुरोंके लिये दुर्ज्ञेय है, उस अपने आत्मतत्त्वका तुमसे वर्णन किया है। ब्रह्मर्षे! जबतक महातपस्वी ब्रह्माजी जागते नहीं तबतक तुम यहीं निर्भय होकर सुखपूर्वक विचरो। उनके जागनेके बाद मैं अकेला ही समस्त भूतों और उनके शरीरोंकी सृष्टि करूँगा।''

इतना कहकर भगवान्ने मुनिवर मार्कण्डेयजीसे पूछा—'मुने! तुमने जिस अभिप्रायसे मेरी स्तुति की है, उसे कहो। मैं तुम्हें शीघ्र ही उत्तम वरदान दूँगा।' भगवान्का यह कल्याणमय वचन सुनकर मार्कण्डेय मुनि सहसा उनके चरणोंमें गिर पड़े और इस प्रकार बोले—'देवेश! मैंने आपके उत्कृष्ट स्वरूपका दर्शन किया, इससे मेरा सारा मोह दूर हो गया। नाथ! अब मैं आपकी कृपासे यह चाहता हूँ कि सम्पूर्ण लोकोंके हित, भिन्न-भिन्न भावनाओंकी पूर्ति तथा शैव और वैष्णवोंके विवाद-निवारणके लिये मैं इस परम उत्तम पवित्र पुरुषोत्तमतीर्थमें भगवान् शिवका बहुत बड़ा मन्दिर बनवाऊँ और उसमें शंकरजीकी प्रतिष्ठा करूँ। इससे संसारके लोग यह जान लेंगे कि विष्णु और शिव एकरूप ही हैं।' यह सुनकर भगवान् जगन्नाथने पुनः महामुनि मार्कण्डेयजीसे कहा—'ब्रह्मन्! तुम मेरी आज्ञासे शीघ्र ही एक मन्दिर बनवाओ और उसमें नाना भावोंकी पूर्ति एवं आराधनाके लिये परम कारणभूत भुवनेश्वर-लिङ्गकी स्थापना करो। उनके प्रभावसे तुम्हारा भगवान् शिवके लोकमें अक्षय निवास होगा। शिवकी स्थापना करनेपर मेरी ही स्थापना होती है। हम दोनोंमें तनिक भी अन्तर नहीं है। हम एक ही तत्त्व दो रूपमें व्यक्त हुए हैं। जो रुद्र हैं, वही विष्णु हैं; जो विष्णु हैं वही महादेव हैं। वायु और आकाशकी भाँति हम दोनोंमें कोई अन्तर नहीं है। जो अज्ञानसे मोहित है, वह इस बातको नहीं जानता कि जो गरुडध्वज हैं, वही वृषभध्वज हैं। अतः ब्रह्मन्! तुम अपने नामसे शिवालय बनवाओ और देवाधिदेव भगवान्से उत्तरकी

ओर एक सुन्दर तीर्थ (सरोवर)-का निर्माण करो। वह तीर्थ मनुष्य-लोकमें मार्कण्डेयह्रदके नामसे विख्यात होगा। उसमें स्नान करनेसे सब पापोंका नाश हो जायगा।'

मार्कण्डेय मुनिसे यों कहकर सर्वव्यापी जनार्दन वहीं अन्तर्धान हो गये।

मार्कण्डेयेश्वर शिव, वटवृक्ष, श्रीकृष्ण, बलभद्र एवं सुभद्राके दर्शन-पूजनका माहात्म्य

ब्रह्माजी कहते हैं— ब्राह्मणो! अब मैं पञ्चतीर्थकी विधि बतलाऊँगा तथा स्नान, दान और देव-दर्शनसे जो फल होता है, उसका वर्णन करूँगा। मार्कण्डेयह्रदमें जाकर मनुष्य उत्तराभिमुख हो तीन बार डुबकी लगाये और निम्नाङ्कित मन्त्रका उच्चारण करे—

संसारसागरे मग्नं पापग्रस्तमचेतनम्।
त्राहि मां भगनेत्रघ्न त्रिपुरारे नमोऽस्तु ते॥
नमः शिवाय शान्ताय सर्वपापहराय च।
स्नानं करोमि देवेश मम नश्यतु पातकम्॥

'भगके नेत्रोंका नाश करनेवाले त्रिपुरशत्रु भगवान् शिव! मैं संसार-सागरमें निमग्न, पापग्रस्त एवं अचेतन हूँ। आप मेरी रक्षा कीजिये। आपको नमस्कार है। समस्त पापोंको दूर करनेवाले शान्तस्वरूप शिवको नमस्कार है। देवेश्वर! मैं यहाँ स्नान करता हूँ। मेरा सारा पातक नष्ट हो जाय।'

यों कहकर बुद्धिमान् पुरुष नाभिके बराबर जलमें स्नान करनेके पश्चात् देवताओं और ऋषियोंका विधिपूर्वक तर्पण करे। फिर तिल और जल लेकर पितरोंकी भी तृप्ति करे। उसके बाद आचमन करके शिव-मन्दिरमें जाय। उसके भीतर प्रवेश करके तीन बार देवताकी परिक्रमा करे। तदनन्तर '**मार्कण्डेयेश्वराय नमः**' इस मूलमन्त्रसे अथवा अघोर[१]मन्त्रसे शंकरजीकी पूजा करके उन्हें प्रणाम करे और निम्नाङ्कित मन्त्र पढ़कर उन्हें प्रसन्न करे—

त्रिलोचन नमस्तेऽस्तु नमस्ते शशिभूषण।
त्राहि मां त्वं विरूपाक्ष महादेव नमोऽस्तु ते॥

'तीन नेत्रोंवाले शंकर! आपको नमस्कार है, चन्द्रमाको भूषणरूपमें धारण करनेवाले! आपको नमस्कार है। विकट नेत्रोंवाले शिवजी! आप मेरी रक्षा कीजिये। महादेव! आपको नमस्कार है।'

इस प्रकार मार्कण्डेयह्रदमें स्नान करके भगवान् शंकरका दर्शन करनेसे मनुष्य सब पापोंसे मुक्त हो शिवके लोकमें जाता है।

वहाँसे कल्पान्तस्थायी वटवृक्षके पास जाकर उसकी तीन परिक्रमा करे। फिर निम्नाङ्कित मन्त्रद्वारा बड़ी भक्तिके साथ उस वटकी पूजा करे—

ॐ नमोऽव्यक्तरूपाय महाप्रलयकारिणे।
महद्रसोपविष्टाय न्यग्रोधाय नमोऽस्तु ते॥
अमरस्त्वं सदा कल्पे हरेश्चायतनं वट।
न्यग्रोध हर मे पापं कल्पवृक्ष नमोऽस्तु ते॥

'अव्यक्तस्वरूप महाप्रलयकारी एवं महान् रससे युक्त आप वटवृक्षको नमस्कार है। हे वट! आप प्रत्येक कल्पमें अमर हैं। आपपर भगवान् श्रीहरिका निवास है। न्यग्रोध! मेरे पाप हर लीजिये। कल्पवृक्ष! आपको नमस्कार है।'

इसके बाद भक्तिपूर्वक परिक्रमा करके उस कल्पान्तस्थायी वटको नमस्कार करे। ऐसा करनेवाला मनुष्य केंचुलसे छूटे हुए सर्पकी भाँति सहसा पापोंसे मुक्त हो जाता है। उस वृक्षकी छायामें

१-ॐअघोरेभ्योऽथ घोरेभ्यो घोरघोरतरेभ्यः सर्वेभ्यः सर्वशर्वेभ्यो नमस्ते अस्तु रुद्ररूपेभ्यः।

पहुँच जानेपर मनुष्य ब्रह्महत्यासे भी मुक्त हो जाता है, फिर अन्य पापोंकी तो बात ही क्या है। भगवान् श्रीकृष्णके अङ्गसे प्रकट हुए ब्रह्मतेजोमय वटवृक्षरूपी विष्णुको प्रणाम करके मानव राजसूय और अश्वमेध-यज्ञसे भी अधिक फल पाता है और अपने कुलका उद्धार करके विष्णुलोकमें जाता है। भगवान् श्रीकृष्णके सामने खड़े हुए गरुड़को जो नमस्कार करता है, वह सब पापोंसे मुक्त हो श्रीविष्णुके वैकुण्ठधाममें जाता है। वटवृक्ष और गरुड़का दर्शन करनेके पश्चात् जो पुरुषोत्तम श्रीकृष्ण, बलभद्र और सुभद्रादेवीका दर्शन करता है, वह परम गतिको प्राप्त होता है। जगन्नाथ श्रीकृष्णके मन्दिरमें प्रवेश करके तीन बार प्रदक्षिणा करे। फिर नाममन्त्रसे बलभद्रजीका भक्तिपूर्वक पूजन करके निम्नाङ्कित रूपसे प्रार्थना करे—

नमस्ते हलधृग्राम नमस्ते मुसलायुध।
नमस्ते रेवतीकान्त नमस्ते भक्तवत्सल॥
नमस्ते बलिनां श्रेष्ठ नमस्ते धरणीधर।
प्रलम्बारे नमस्तेऽस्तु त्राहि मां कृष्णपूर्वज॥

'हलधारण करनेवाले राम! आपको नमस्कार है। मूसलको आयुध रूपमें रखनेवाले! आपको नमस्कार है। रेवतीरमण! आपको नमस्कार है। भक्तवत्सल! आपको नमस्कार है। बलवानोंमें श्रेष्ठ! आपको नमस्कार है। पृथ्वीको मस्तकपर धारण करनेवाले शेषजी! आपको नमस्कार है। प्रलम्बशत्रो! आपको नमस्कार है। श्रीकृष्णके अग्रज! मेरी रक्षा कीजिये।'

इस प्रकार कैलासशिखरके समान आकार और चन्द्रमासे भी कमनीय मुखवाले, नीलवस्त्रधारी, देवपूजित, अनन्त, अजेय, एक कुण्डलसे विभूषित, फणोंके द्वारा विकट मस्तकवाले, महाबली हलधरको प्रसन्न करे। बलरामजीकी पूजाके पश्चात् विद्वान् पुरुष एकाग्रचित्त हो द्वादशाक्षर-मन्त्र '**ॐ नमो भगवते वासुदेवाय**'-से भगवान् श्रीकृष्णकी पूजा करे। जो द्वादशाक्षर-मन्त्रके द्वारा भक्तिपूर्वक सदा भगवान् पुरुषोत्तमकी पूजा करते हैं, वे मोक्षको प्राप्त होते हैं। देवता, योगी तथा सोमपान करनेवाले याज्ञिक भी जिस गतिको नहीं पाते, उसीको द्वादशाक्षर-मन्त्रका जप करनेवाले पुरुष प्राप्त कर लेते हैं। अतः उसी मन्त्रसे भक्तिपूर्वक गन्ध-पुष्प आदि सामग्रियोंद्वारा जगद्गुरु श्रीकृष्णकी पूजा करके उन्हें प्रणाम करे। फिर इस प्रकार प्रार्थना करे—'जगन्नाथ श्रीकृष्ण! आपकी जय हो। सब पापोंका नाश करनेवाले प्रभो! आपकी जय हो। चाणूर और केशीके नाशक! आपकी जय हो। कंसनाशन! आपकी जय हो। कमललोचन! आपकी जय हो। चक्रगदाधर! आपकी जय हो। नील मेघके समान श्यामवर्ण! आपकी जय हो। सबको सुख देनेवाले परमेश्वर! आपकी जय हो। जगत्पूज्य देव! आपकी जय हो। संसारसंहारक! आपकी जय हो। लोकपते नाथ! आपकी जय हो। मनोवाञ्छित फल देनेवाले देवता! आपकी जय हो। यह भयङ्कर संसारसागर सर्वथा निःसार है। इसमें दुःखमय फेन भरा हुआ है। यह क्रोधरूपी ग्राहसे पूर्ण है। इसमें विषयरूपी जलराशि भरी हुई है। भाँति-भाँतिके रोग ही इसमें उठती हुई लहरें हैं। मोहरूपी भँवरोंके कारण यह अत्यन्त दुस्तर जान पड़ता है। सुरश्रेष्ठ! मैं इस घोर संसाररूपी समुद्रमें डूबा हुआ हूँ। पुरुषोत्तम! मेरी रक्षा कीजिये।' इस प्रकार प्रार्थना करके जो देवेश्वर, वरदायक, भक्तवत्सल, सर्वपापहारी, समस्त अभिलषित फलोंके दाता, मोटे कंधे और दो भुजाओंवाले, श्यामवर्ण, कमलपत्रके समान विशाल नेत्रोंवाले, चौड़ी छाती, विशाल भुजा, पीत वस्त्र और सुन्दर मुखवाले, शङ्ख-चक्र-गदाधर, मुकुटाङ्गदभूषित, समस्त शुभ लक्षणोंसे

युक्त और वनमालाविभूषित भगवान् श्रीकृष्णका दर्शन और उन्हें प्रणाम करता है, वह हजारों अश्वमेध-यज्ञोंका और सब तीर्थोंमें स्नान और दान करनेका फल पाता है। सम्पूर्ण वेद, समस्त यज्ञ, सारे दान, व्रत, नियम, उग्र तपस्या और ब्रह्मचर्यके सम्यक् पालनसे जो फल मिलता है, वही भगवान् श्रीकृष्णके दर्शन और वन्दनसे प्राप्त होता है। शास्त्रोक्त आचारका पालन करनेवाले गृहस्थको, वनवासके नियमोंका पालन करनेसे वानप्रस्थको और शास्त्रोक्त रीतिसे संन्यास-धर्मका पालन करनेपर संन्यासीको जो फल प्राप्त होता है, वही श्रीकृष्णका दर्शन और उन्हें प्रणाम करनेवाला मनुष्य प्राप्त कर लेता है। भगवद्दर्शनके माहात्म्यके सम्बन्धमें अधिक कहनेकी क्या आवश्यकता, भगवान् श्रीकृष्णका भक्तिपूर्वक दर्शन करके मनुष्य दुर्लभ मोक्षतक प्राप्त कर लेता है।

तत्पश्चात् भक्तोंपर स्नेह रखनेवाली सुभद्रादेवीका भी नाममन्त्रसे पूजन करके उन्हें प्रणाम करे और हाथ जोड़कर निम्नाङ्कित रूपसे प्रार्थना करे—

नमस्ते सर्वगे देवि नमस्ते शुभसौख्यदे।
त्राहि मां पद्मपत्राक्षि कात्यायनि नमोऽस्तु ते॥

'देवि! तुम सर्वत्र व्याप्त रहनेवाली और शुभ सौख्य प्रदान करनेवाली हो। तुम्हें बारंबार नमस्कार है। पद्मपत्रके समान विशाल नेत्रोंवाली कात्यायनि! मेरी रक्षा करो। तुम्हें नमस्कार है।'

इस प्रकार सम्पूर्ण जगत्को धारण करनेवाली, लोकहितकारिणी, वरदायिनी एवं कल्याणमयी बलभद्रभगिनी सुभद्रादेवीको प्रसन्न करके मनुष्य इच्छानुसार गतिसे चलनेवाले विमानके द्वारा श्रीविष्णुके वैकुण्ठधाममें जाता है।

पुरुषोत्तमक्षेत्रमें भगवान् नृसिंह तथा श्वेतमाधवका माहात्म्य

ब्रह्माजी कहते हैं—इस प्रकार बलराम, श्रीकृष्ण और सुभद्राको प्रणाम करके भगवान्के मन्दिरसे बाहर निकले। तत्पश्चात् जगन्नाथजीके मन्दिरको प्रणाम करके एकाग्रचित्त हो उस स्थानपर जाय, जहाँ भगवान् विष्णुकी इन्द्रनीलमयी प्रतिमा बालूके भीतर छिपी है। वहाँ अदृश्यरूपसे स्थित भगवान्को प्रणाम करके मनुष्य श्रीविष्णुके धाममें जाता है। ब्राह्मणो! जो भगवान् सर्वदेवमय हैं, जिन्होंने आधा शरीर सिंहका बनाकर असुरराज हिरण्यकशिपुका वध किया था, वे भगवान् नृसिंह भी पुरुषोत्तमतीर्थमें निवास करते हैं। जो भक्तिपूर्वक उनका दर्शन करके प्रणाम करता है, वह समस्त पातकोंसे निश्चय ही मुक्त हो जाता है। जो मानव इस पृथ्वीपर भगवान् नृसिंहके भक्त होते हैं, उन्हें पाप कभी छू नहीं सकते और मनोवाञ्छित फलकी प्राप्ति होती है। अतः सब प्रकारसे प्रयत्न करके भगवान् नृसिंहकी शरण ले; क्योंकि वे धर्म, अर्थ, काम और मोक्षरूप फल प्रदान करते हैं।

मुनियोंने कहा—इस पृथ्वीपर भगवान् नृसिंहका माहात्म्य सुखदायक और दुर्लभ है। हम उनका प्रभाव विस्तारके साथ सुनना चाहते हैं। इसके लिये हमें बड़ी उत्कण्ठा है।

ब्रह्माजी बोले—ब्राह्मणो! मैं अजित, अप्रमेय तथा भोग और मोक्ष प्रदान करनेवाले भगवान् नृसिंहका प्रभाव बतलाता हूँ; सुनो। उनके समस्त गुणोंका वर्णन कौन कर सकता है, अतः मैं भी संक्षेपसे ही बतलाऊँगा। इस लोकमें जो कोई दैवी अथवा मानुषी सिद्धियाँ सुनी जाती हैं, वे सब भगवान्के प्रसादसे ही सिद्ध होती हैं। स्वर्ग,

मर्त्यलोक, पाताल, दिशा, जल, गाँव तथा पर्वत— इन सब स्थानोंमें भगवान्के प्रसादसे मनुष्यकी अबाध गति होती है। इस चराचर जगत्में कोई भी ऐसी वस्तु नहीं है, जो भक्तवत्सल भगवान् नृसिंहके लिये असाध्य हो। मुनिवरो! सनातन कल्पराज (पूजाकी सर्वश्रेष्ठ विधि) एवं नरसिंहका तत्त्व, जिसे देवता या असुर भी नहीं जानते, तुम्हें बताता हूँ; सुनो। उत्तम साधकको चाहिये कि साग, जौकी लपसी, मूल, फल, खली अथवा सत्तूसे भोजनकी आवश्यकता पूर्ण करे अथवा दूध पीकर रहे। इन्द्रियोंको काबूमें रखकर धर्मपरायण रहे। वन, एकान्त प्रदेश, पर्वत, नदी-संगम, ऊसर, सिद्धक्षेत्र अथवा नृसिंहके मन्दिरमें जाकर या स्वयं स्थापना करके भगवान्की विधिपूर्वक पूजा करे। शुक्ल पक्षकी द्वादशीको उपवास करके जितेन्द्रियभावसे बीस लाख भगवन्नामका जप करे। ऐसा करनेवाला साधक उपपातक और महापातकोंसे युक्त होनेपर भी मुक्त हो जाता है। पहले भगवान् नृसिंहकी प्रदक्षिणा करके चन्दन और धूप आदिके द्वारा उनकी पूजा करे। मस्तक झुकाकर प्रभुको प्रणाम करे तथा उनके माथेपर कपूर और चन्दन मिले हुए चमेलीके फूल चढ़ावे। इससे सिद्धि प्राप्त होती है। किसी भी कार्यमें भगवान्की गति कुण्ठित नहीं होती। ब्रह्मा, रुद्र आदि देवता भी उनके तेजको नहीं सह सकते। फिर संसारमें सिद्ध, गन्धर्व, मानव, दानव, विद्याधर, यक्ष, किंनर और महानागोंकी तो बात ही क्या है। अन्य साधक जिन असुरोंका नाश करनेके लिये मन्त्र-जप करते हैं, वे सब नृसिंहभक्तोंको सूर्यके समान तेजस्वी देखकर तत्क्षण नष्ट हो जाते हैं। महाबली भगवान् नरसिंह सदा अपने भक्तोंकी रक्षा करते हैं। अतः मुनीश्वरो! समस्त अभिलषित फलोंके दाता महापराक्रमी भगवान् नरसिंहकी सदा भक्तिपूर्वक पूजा करनी चाहिये। ब्राह्मण, क्षत्रिय, वैश्य, स्त्री, शूद्र और अन्त्यज भी सुरश्रेष्ठ नृसिंहका भक्तिपूर्वक पूजन करके कोटिजन्मोंके पाप और दुःखोंसे मुक्त हो जाते हैं। मनोवाञ्छित फल पाते हैं। देव, गन्धर्व एवं इन्द्रका पद भी प्राप्त कर लेते हैं। एक बार भी भगवान् नरसिंहका भक्तिपूर्वक दर्शन करनेसे करोड़ों जन्मोंके पापों और दुःखोंसे छुटकारा मिल जाता है। संग्राम, संकट, दुर्गमस्थान, चोर-व्याघ्र आदिकी पीड़ा, प्राणसंशय, विष, अग्नि, जल, राजभय, समुद्रभय तथा ग्रह-रोग आदिजनित कष्ट प्राप्त होनेपर जो पुरुष भगवान् नरसिंहका स्मरण करता है, वह सब प्रकारकी आपत्तियोंसे छुटकारा पा जाता है। जैसे सूर्योदय होनेपर महान् अन्धकार दूर हो जाता है, उसी प्रकार भगवान् नरसिंहका दर्शन होनेपर सभी उपद्रव नष्ट हो जाते हैं।

अनन्त नामक वासुदेवका भक्तिपूर्वक दर्शन और उन्हें वन्दन करनेपर मनुष्य सब पापोंसे मुक्त हो परम पदको प्राप्त होता है। मैंने, इन्द्रने तथा विभीषणने भी उनकी आराधना की है। फिर कौन मनुष्य उनकी आराधना न करेगा। जो मनुष्य श्वेतगङ्गामें स्नान करके श्वेतमाधव तथा मत्स्यमाधवका दर्शन करता है, वह श्वेतद्वीपमें जाता है।

मुनियोंने कहा—भगवन्! आप श्वेतमाधवके माहात्म्यका पूर्णरूपसे वर्णन कीजिये। साथ ही भगवान्की प्रतिमाका वृत्तान्त भी विस्तारके साथ बतलाइये। भूतलमें विख्यात भगवान्के पवित्र क्षेत्रमें श्वेतमाधवकी स्थापना किसने की थी?

ब्रह्माजी बोले—सत्ययुगमें श्वेत नामके एक बलवान् राजा थे। वे बड़े बुद्धिमान्, धर्मज्ञ, शूरवीर, सत्यप्रतिज्ञ और दृढ़तापूर्वक व्रतका पालन करनेवाले थे। उनके राज्यमें दस हजार वर्षोंतक मनुष्योंकी आयु होती थी और किसी बालककी मृत्यु नहीं

होती थी। इस प्रकार राजा श्वेतके राज्यमें कुछ काल व्यतीत होनेके पश्चात् एक घटना घटित हुई। कपालगौतम नामक एक परम धर्मात्मा ऋषि थे। उनके एक पुत्र हुआ, जो कालवश दाँत निकलनेके पहले ही चल बसा। उसे गोदमें लेकर बुद्धिमान् ऋषि राजाके निकट आये। राजाने ऋषिकुमारको अचेत अवस्थामें सोया देख उसको जीवित करनेके लिये प्रतिज्ञा की।

राजा बोले—यदि यमलोकमें गये हुए इस बालकको मैं सात दिनके भीतर न ला सकूँ तो जलती हुई चितापर चढ़ जाऊँगा।

यों कहकर राजाने लाख नीलकमलोंसे महादेवजीकी पूजा करके उनके मन्त्रका जप आरम्भ किया। जगदीश्वर भगवान् शिव राजाकी अत्यन्त भक्तिका विचार करके पार्वतीजीके साथ उनके सामने प्रकट हुए और बोले—'राजन्! मैं तुमपर बहुत प्रसन्न हूँ।' महादेवजीका यह वचन सुनकर राजा श्वेतने सहसा उनकी ओर देखा। वे सब अङ्गोंमें भस्म रमाये हुए थे। उनके शरीरकी कान्ति शरत्कालीन चन्द्रमा और कुन्दके समान थी। उनके नेत्र विकट थे। व्याघ्रचर्मका वस्त्र और ललाटमें चन्द्रमाकी रेखा थी। उनपर दृष्टि पड़ते ही राजाने सहसा पृथ्वीपर गिरकर उन्हें प्रणाम किया और कहा—'प्रभो! यदि आप मुझपर प्रसन्न हैं, यदि आपकी मुझपर दया है तो कालके वशमें पड़ा हुआ यह ब्राह्मण-बालक पुन: जीवित हो जाय। यही मेरी प्रतिज्ञा है। महेश्वर! आप इसे यथायोग्य आयुसे युक्त और कल्याणका भागी बनायें।'

श्वेतकी यह बात सुनकर महादेवजीको बड़ी प्रसन्नता हुई। उन्होंने सब भूतोंको भय देनेवाले कालको आज्ञा दी और कालने मृत्युके मुखमें पड़े

हुए उस बालकको जीवित कर दिया। इसके बाद वे पार्वतीदेवीके साथ अन्तर्धान हो गये।

तदनन्तर राजाने हजारों वर्षोंतक एकाग्रचित्त होकर राज्य किया। फिर लौकिक धर्मों और वैदिक नियमोंका विचार करके भगवान् केशवकी आराधनाका निश्चित व्रत ग्रहण किया। इसके बाद वे दक्षिणसमुद्रके पुरुषोत्तमक्षेत्रमें गये और जगन्नाथजीके पास ही सुन्दर रमणीय प्रदेशमें एक सुन्दर मन्दिर बनवाया और श्वेतशिलाके द्वारा भगवान् श्वेतमाधवकी प्रतिमा बनवाकर विधिपूर्वक उसकी प्रतिष्ठा की। उस समय ब्राह्मणों, दीनों, अनाथों और तपस्वियोंको दान दे राजाने भगवान् माधवके समीप पृथ्वीपर गिरकर साष्टाङ्ग प्रणाम किया। फिर एक मासतक मौन एवं निराहार रहकर द्वादशाक्षर-मन्त्रका जप किया। जप समाप्त होनेपर भगवान् देवेश्वरकी इस प्रकार स्तुति आरम्भ की।

श्वेत बोले—ॐ वासुदेवको नमस्कार है। सबको

अपनी ओर खींचनेवाले संकर्षणको नमस्कार है। अत्यन्त द्युतिमान् प्रद्युम्न, कभी रुद्ध न होनेवाले अनिरुद्ध तथा नारायणको नमस्कार है। जिनके अनेक रूप हैं, जो विश्वरूप, विधाता, निर्गुण, अतर्क्य, शुद्ध एवं उज्ज्वल कर्मवाले हैं, उनको नमस्कार है। जिनकी नाभिमें कमल है, जो पद्मगर्भ ब्रह्माजीकी उत्पत्तिके कारण हैं, उनको नमस्कार है। जिनका वर्ण कमलके समान है, जो हाथमें भी कमल लिये रहते हैं, उनको नमस्कार है। जिनके नेत्र कमलके समान हैं, जो सहस्त्रों नेत्रोंसे युक्त और शिवस्वरूप हैं, उन्हें नमस्कार हैं। जिनके सहस्त्रों पैर और सहस्त्रों भुजाएँ हैं, उन मन्युरूप परमेश्वरको नमस्कार है। ॐ वराहरूपधारी भगवान्को नमस्कार है। जो वर देनेवाले, उत्तम बुद्धिसे युक्त, वरिष्ठ, वरेण्य, शरणागतरक्षक और अपनी महिमासे कभी च्युत न होनेवाले हैं, उन भगवान्को प्रणाम है। ॐ बालरूपधारी, बाल-कमलके समान कान्तिमान्, बालसूर्य और चन्द्रमारूप नेत्रोंवाले, मनोहर केशोंसे सुशोभित, बुद्धिमान् भगवान् विष्णुको प्रणाम है। केशवको नमस्कार है, नारायणको नित्य नमस्कार है। सर्वश्रेष्ठ माधव एवं गोविन्दको नमस्कार है। ॐ विष्णुको नमस्कार है। हिरण्यरेता अग्निदेवको नित्य नमस्कार है। मधुसूदनको प्रणाम है। शुद्ध स्वरूप एवं किरणोंको धारण करनेवाले भगवान्को नमस्कार है। अनन्तको नमस्कार है। सूक्ष्मस्वरूप एवं श्रीवत्सधारीको प्रणाम है। तीन बड़े-बड़े डगोंवाले तथा दिव्य पीताम्बर धारण करनेवाले वामनको नमस्कार है। भगवन्! आप सृष्टिकर्ता हैं। आपको नमस्कार है। आप ही सबके धारण-पोषण करनेवाले हैं। आपको बारंबार नमस्कार है। गुणस्वरूप एवं निर्गुणको नमस्कार है। वामनरूप भगवान्को नमस्कार है। वामनकर्मा श्रीहरिको प्रणाम है। वामननेत्र प्रभुको नमस्कार है और वामनवाहन माधवको प्रणाम है। रमणीय, पूज्य तथा अव्यक्तस्वरूप भगवान्को नमस्कार है। अतर्क्य, शुद्ध एवं भयहारी हरिको प्रणाम है। जो संसाररूपी समुद्रसे तारनेके लिये नौकाके समान हैं, जो परम शान्त एवं चैतन्यस्वरूप हैं, शिव, सौम्यरूप, रुद्र तथा उद्धारकर्ता हैं, उन भगवान्को नमस्कार है। जो संसारका संहार करनेवाले और उसे भोग प्रदान करनेवाले हैं, समस्त विश्व जिनका स्वरूप है और जो समस्त विश्वकी सृष्टि करनेवाले हैं, उन भगवान्को नमस्कार है। ॐ दिव्यरूप सोम, अग्नि और वायुस्वरूप भगवान्को नमस्कार है। चन्द्रमा और सूर्यकी किरणें जिनके केश हैं, जो गौओं तथा ब्राह्मणोंका हित करनेवाले हैं, उन भगवान्को प्रणाम है। ॐ ऋक्स्वरूप पद और क्रमरूप भगवान्को प्रणाम है। ऋग्वेदके मन्त्रोंद्वारा जिनकी स्तुति होती है, ऋचाओंका जप जिनकी प्राप्तिका साधन है, उन भगवान्को नमस्कार है। ॐ यजुर्वेदको धारण करनेवाले और यजुर्वेदरूपधारी भगवान्को प्रणाम है। जिनका यजुर्वेदके मन्त्रोंसे यजन किया जाता है, जो सबसे सेवित और यजुर्वेदके मन्त्रोंके अधिपति हैं, उन परमात्माको नमस्कार है। ॐ देव श्रीपते! आपको नमस्कार है। सर्वश्रेष्ठ श्रीधरको प्रणाम है। जो लक्ष्मीके प्रियतम, मन और इन्द्रियोंको संयममें रखनेवाले, योगियोंके ध्येय और योगी हैं, उन भगवान्को प्रणाम है। ॐ सामस्वरूप परमात्माको नमस्कार है। जो श्रेष्ठ सामध्वनि हैं, साम (शान्तभाव)-के कारण जो सौम्य प्रतीत होते हैं तथा जो सामयोगके ज्ञाता हैं, उन भगवान्को प्रणाम है। जो साक्षात् सामवेद, सामगान और सामवेदको धारण करनेवाले हैं, जिन्हें सामवेदोक्त यज्ञोंका ज्ञान है, जो सामवेदको

करतलगत किये हुए हैं, उन भगवान्‌को नमस्कार है। जो अथर्वशीर्ष, अथर्वस्वरूप, अथर्वपाद और अथर्वकर हैं अर्थात् जिनका सिर आदि सब कुछ अथर्वमय है, उन परमेश्वरको प्रणाम है। ॐ वज्रशीर्ष (वज्रके समान मस्तकवाले) प्रभुको नमस्कार है। जो मधु और कैटभके घातक, महासागरके जलमें शयन करनेवाले और वेदोंका उद्धार करके लानेवाले हैं, उन भगवान्‌को प्रणाम है। जिनके स्वरूप अत्यन्त दीप्तिमान् हैं, उन भगवान्‌को नमस्कार है। इन्द्रियोंके नियन्ता हृषीकेशको प्रणाम है। प्रभो! आप भगवान् वासुदेवको बारंबार नमस्कार है। नारायण! आपको प्रणाम है। लोकहितकारी श्रीहरिको नमस्कार है। ॐ मोहनाशक तथा विश्वसंहारकारी प्रभुको प्रणाम है। जो उत्तम गतिके दाता और बन्धनका अपहरण करनेवाले हैं, त्रिलोकीमें तेजका आविर्भाव करनेवाले और तेजःस्वरूप हैं, उन भगवान्‌को नमस्कार है। जो योगियोंके ईश्वर, शुद्धस्वरूप, सबके भीतर रमण करनेवाले तथा जगत्‌को पार उतारनेवाले हैं, सुख ही जिनका स्वरूप है, जो सुखरूप नेत्रोंवाले तथा सुकृत धारण करनेवाले हैं, उन भगवान्‌को प्रणाम है। वासुदेव, वन्दनीय और वामदेवको नमस्कार है। जो देहधारियोंके देहकी उत्पत्ति करनेवाले तथा भेददृष्टिको भङ्ग करनेवाले हैं, उन भगवान्‌को नमस्कार है। देवगण जिनके श्रीअङ्गकी वन्दना करते हैं, जो दिव्य मुकुट धारण करनेवाले हैं, उन श्रीविष्णुको प्रणाम है। जो निवासके भी निवास हैं तथा निवासस्थानको व्यवहारमें लाते हैं, उन परमात्माको नमस्कार है। ॐ जो वसु (धन)-की उत्पत्ति करनेवाले और वसुको स्थान देनेवाले हैं, उन्हें प्रणाम है। यज्ञस्वरूप, यज्ञेश्वर एवं योगी भगवान् विष्णुको नमस्कार है। आप संयमी पुरुषोंको योगकी प्राप्ति करानेवाले ईश्वर हैं, आपको प्रणाम है। यज्ञरूप शरीर धारण करनेवाले भगवान् वराहको नमस्कार है। प्रलम्बासुरको मारनेवाले भगवान् संकर्षणको प्रणाम है। जिनकी वाणी मेघके समान गम्भीर है, जो प्रचण्ड वेगयुक्त हल धारण करते हैं, उन बलरामको नमस्कार है। सबको शरण देनेवाले नारायण! आप ही ज्ञानियोंके ज्ञान हैं। आपको नमस्कार है। प्रभो! आपके सिवा नरकसे उद्धार करनेवाला मेरा कोई बन्धु नहीं है। शरणागतवत्सल! मैं सम्पूर्ण भावसे आपके चरणोंमें पड़ा हूँ। केशव! अच्युत! मेरा जो शारीरिक और मानसिक मल है, उसे धोनेवाला आपके सिवा दूसरा कोई नहीं है। भगवन्! मैंने समस्त सङ्ग त्यागकर आपकी शरण ली है। केशव! अब आपके ही साथ मेरा सङ्ग हो। इससे मुझे आत्मलाभ होगा। मुझे यह संसार कष्ट एवं आपत्तियोंका घर तथा दुस्तर जान पड़ता है। मैं आध्यात्मिक आदि तीनों तापोंसे खिन्न हूँ। इसलिये आपकी शरणमें आया हूँ। आपकी मायासे यह समस्त जगत् नाना प्रकारकी कामनाओंद्वारा मोहित हो रहा है। इसमें लोभ आदिका पूरा आकर्षण है। अतः मैंने आपकी शरण ली है। विष्णो! संसारी जीवको तनिक भी सुख नहीं है। यज्ञेश्वर! मनुष्यका मन जैसे-जैसे आपमें लगता जाता है, वैसे-वैसे निष्काम होकर वह परमानन्दको प्राप्त होता रहता है। मैं विवेकशून्य होकर नष्ट हो गया हूँ। सारा जगत् मुझे दुःखी दिखायी देता है। गोविन्द! मेरी रक्षा कीजिये । आप ही संसारसे मेरा उद्धार कर सकते हैं। यह संसार-समुद्र मोहरूपी जलसे परिपूर्ण है। इसके पार जाना असम्भव है। मैं इसमें गलेतक डूबा हुआ हूँ। पुण्डरीकाक्ष! आपके सिवा दूसरा कोई ऐसा नहीं है, जो इससे मेरा उद्धार कर सके।

उस विख्यात दिव्य पुरुषोत्तमक्षेत्रमें राजा श्वेतके इस प्रकार स्तुति करनेपर देवाधिदेव

जगद्गुरु श्रीहरि उनकी भक्तिका विचार करके सम्पूर्ण देवताओंके साथ राजाके सामने आये।

नील मेघके समान श्यामवर्ण, कमल-पत्रके समान बड़ी-बड़ी आँखें, हाथोंमें देदीप्यमान सुदर्शन, बायें हाथमें पाञ्चजन्य शङ्ख तथा अन्य हाथोंमें गदा, शार्ङ्गधनुष और खड्ग—यही उनकी झाँकी थी। भगवान्ने कहा—'राजन्! तुम्हारी बुद्धि बड़ी उत्तम है। तुममें पापका लेश भी नहीं है। मैं तुमपर बहुत प्रसन्न हूँ। तुम अपनी इच्छाके अनुसार कोई उत्तम वर माँगो।'

देवाधिदेव भगवान्का यह अमृतमय वचन सुनकर महाराज श्वेतने मस्तक नवाकर उन्हें प्रणाम किया और उन्हींमें मन लगाये हुए कहा—'भगवन्! यदि मैं आपका भक्त हूँ तो मुझे यह उत्तम वरदान दीजिये। ब्रह्मलोकसे भी ऊपर जो अविनाशी वैकुण्ठधाम है, जिसे निर्मल, रजोगुणरहित, शुद्ध एवं संसारकी आसक्तिसे शून्य बताया गया है, मैं उसीको प्राप्त करना चाहता हूँ। जगत्पते! आपकी कृपासे मेरा यह मनोरथ सफल हो।'

श्रीभगवान् बोले—राजेन्द्र! सम्पूर्ण देवता, मुनि, सिद्ध और योगी भी जिस रमणीय और रोग-शोकरहित पदको नहीं प्राप्त होते, उसे ही तुम प्राप्त करोगे। सम्पूर्ण लोकोंको लाँघकर मेरे लोकमें जाओगे। यहाँ तुमने जो कीर्ति प्राप्त की है, वह तीनों लोकोंमें फैलेगी और मैं सदा ही यहाँ निवास करूँगा। इस तीर्थको देवता और दानव आदि सब लोग श्वेतगङ्गा कहेंगे। जो कुशके अग्रभागसे भी श्वेतगङ्गाका जल अपने ऊपर छिड़केगा, वह स्वर्गलोकमें जायगा। जो यहाँ स्थापित श्वेतमाधव नामकी प्रतिमाका दर्शन और उसे प्रणाम करेगा, वह देह त्यागकर भगवान्का स्मरण करते हुए शान्त पदको प्राप्त होगा।

मत्स्यमाधवकी महिमा, समुद्रमें मार्जन आदिकी विधि, अष्टाक्षर-मन्त्रकी महत्ता, स्नान, तर्पण-विधि तथा भगवान्की पूजाका वर्णन

ब्रह्माजी कहते हैं—श्वेतमाधवका दर्शन करके उनके समीप ही मत्स्यमाधवका दर्शन करे। जो भगवान् पहले एकार्णवके जलमें मत्स्यरूप धारण करके वेदोंका उद्धार करनेके लिये रसातलमें स्थित थे, वे ही मत्स्यमाधव कहलाते हैं। वे भगवान्के आदि अवतार हैं। पहले पृथ्वीका चिन्तन करके उसपर प्रतिष्ठित हुए भगवान्को प्रणाम करे। ऐसा करनेसे मनुष्य सब दुःखोंसे मुक्त हो जाता है और उस वैकुण्ठधाममें जाता है, जहाँ साक्षात् भगवान् श्रीहरि विराजमान रहते हैं। मुनिवरो! इस प्रकार मैंने मत्स्यमाधवके माहात्म्यका वर्णन किया।

मुनियोंने कहा—भगवन्! समुद्रमें जो मार्जन और स्नान-दान आदि किया जाता है, उसका फल बतलाइये।

ब्रह्माजी बोले—मुनिवरो! मार्जनकी विधि सुनो। मार्कण्डेयह्रदका स्नान पूर्वाह्नकालमें उत्तम माना गया है। विशेषतः चतुर्दशीको उसमें किया हुआ स्नान सब पापोंका नाश करनेवाला है। समुद्रका स्नान सब समय उत्तम होता है, विशेषतः पूर्णिमाको उसमें स्नान करनेसे अश्वमेध-यज्ञका फल मिलता है। मार्कण्डेयह्रद, अक्षयवट, श्रीकृष्ण-बलराम, समुद्र तथा इन्द्रद्युम्न—ये पुरुषोत्तमक्षेत्रके पाँच तीर्थ हैं। जब ज्येष्ठ मासकी पूर्णिमाको ज्येष्ठा नक्षत्र हो तब विशेषरूपसे तीर्थराज समुद्रकी यात्रा करनी चाहिये। उस समय मन, वाणी और शरीरसे शुद्ध हो भगवान्‌में मन लगाये रहे और कहीं मनको न ले जाय। सब प्रकारके द्वन्द्वोंसे मुक्त रहे, राग और द्वेषको दूर कर दे। कल्पवृक्ष-वट बहुत रमणीय स्थान है, वहाँ स्नान करके एकाग्र चित्तसे तीन बार भगवान् जनार्दनकी परिक्रमा करे। उनके दर्शनसे सात जन्मोंके पापोंसे छुटकारा मिल जाता है। प्रचुर पुण्य तथा अभीष्ट गतिकी प्राप्ति होती है। प्रत्येक युगके अनुसार वटके नाम और प्रमाण बतलाये जाते हैं। वट, वटेश्वर, कृष्ण तथा पुराणपुरुष—ये सत्य आदि युगोंमें क्रमशः वटके नाम कहे गये हैं। सत्ययुगमें वटका विस्तार एक योजन, त्रेतामें पौन योजन, द्वापरमें आधा योजन और कलियुगमें चौथाई योजनका माना गया है। पहले बताये हुए मन्त्रसे वटको नमस्कार करके वहाँ तीन सौ धनुषकी दूरीपर दक्षिण दिशाकी ओर जाय। वहाँ भगवान् विष्णुका दर्शन होता है। उसे मनोरम स्वर्गद्वार कहते हैं। वहाँ समुद्रके जलसे आकृष्ट सर्वगुणसम्पन्न काष्ठ है, उसे प्रणाम करके पूजन करनेपर मनुष्य सम्पूर्ण रोगों तथा पापग्रह आदिकी पीड़ासे मुक्त हो जाता है।

स्वर्गद्वारसे समुद्रपर जाकर आचमन करे तथा पवित्र भावसे भगवान् नारायणका ध्यान करके उनके अष्टाक्षर-मन्त्रसे अङ्गन्यास और करन्यास करे। मनको भुलावेमें डालनेवाले अन्य बहुत-से मन्त्रोंकी क्या आवश्यकता है, **'ॐ नमो नारायणाय'**— यह अष्टाक्षर-मन्त्र ही सब मनोरथोंको सिद्ध करनेवाला है। नरसे प्रकट होनेके कारण जलको नार कहते हैं। वह पूर्वकालमें भगवान् विष्णुका अयन (निवासस्थान) रहा है, इसलिये उन्हें नारायण कहते हैं। समस्त वेदोंका तात्पर्य भगवान् नारायणमें ही है। सम्पूर्ण द्विज नारायणकी ही उपासनामें तत्पर रहते हैं। यज्ञों और क्रियाओंकी समाप्ति भी नारायणमें ही है। पृथ्वी नारायणपरक है। जल नारायणपरक है। अग्नि नारायणपरक है और आकाश भी नारायणपरक है। वायु और मनके आश्रय भी नारायण ही हैं। अहंकार और बुद्धि दोनों नारायणस्वरूप हैं। भूत, वर्तमान तथा आनेवाले सभी जीव, स्थूल और सूक्ष्म—सब कुछ नारायणस्वरूप है। शब्द आदि विषय, श्रवण आदि इन्द्रियाँ, प्रकृति और पुरुष—सभी नारायणस्वरूप हैं। जल, स्थल, पाताल, स्वर्गलोक, आकाश तथा पर्वत—इन सबको व्याप्त करके भगवान् नारायण स्थित हैं। अधिक कहनेकी क्या आवश्यकता, ब्रह्मा आदिसे लेकर तृणपर्यन्त समस्त चराचर जगत् नारायणस्वरूप है। ब्राह्मणो! मैं नारायणसे बढ़कर यहाँ कुछ नहीं देखता। यह दृश्य-अदृश्य, चर-अचर—सब उन्हींके द्वारा व्याप्त है। जल भगवान् विष्णुका घर है और विष्णु ही जलके स्वामी हैं। अतः जलमें सर्वदा पापहारी नारायणका स्मरण करना चाहिये। विशेषतः स्नानके समय जलमें उपस्थित हो पवित्रभावसे नारायणका

ध्यान करे और हाथ तथा शरीरमें नामाक्षरोंका न्यास करे। ओंकार और नकारका दोनों हाथोंके अँगूठेमें तथा शेष अक्षरोंका तर्जनी आदिके क्रमसे करतल और करपृष्ठोंतक न्यास करे। 'ॐ' कारका बायें और 'न' कारका दायें चरणमें न्यास करे। कटिके बायें भागमें 'मो' का और दायें भागमें 'ना' का न्यास करे। 'रा' का नाभिदेशमें, 'य' का बायीं भुजामें, 'णा' का दाहिनी भुजामें और 'य' का मस्तकपर न्यास करे। नीचे-ऊपर, हृदयमें, पार्श्वभागमें, पीठकी ओर तथा अग्रभागमें श्रीनारायणका ध्यान करके विद्वान् पुरुष कवचका पाठ आरम्भ करे। 'पूर्वमें गोविन्द, दक्षिणमें मधुसूदन, पश्चिमकी ओर श्रीधर, उत्तरमें केशव, अग्निकोणमें विष्णु, नैर्ऋत्यमें अविनाशी माधव, वायव्यमें हृषीकेश, ईशानमें वामन, नीचे वाराह और ऊपर भगवान् त्रिविक्रम मेरी रक्षा करें।'

इस प्रकार कवचका पाठ करके निम्नाङ्कित मन्त्रोंका उच्चारण करे—

त्वमग्निर्द्विपदां नाथ रेतोधाः कामदीपनः।
प्रधानः सर्वभूतानां जीवानां प्रभुरव्ययः॥
अमृतस्यारणिस्त्वं हि देवयोनिरपां पते।
वृजिनं हर मे सर्वं तीर्थराज नमोऽस्तु ते॥

'नाथ! आप अग्नि हैं, मनुष्य आदि सब जीवोंके वीर्यका आधान और कामका दीपन करनेवाले हैं। सम्पूर्ण भूतोंमें प्रधान हैं तथा जीवोंके अविनाशी प्रभु हैं। समुद्र! आप अमृतकी उत्पत्तिके स्थान तथा देवताओंकी योनि हैं। तीर्थराज! आप मेरे सब पाप हर लें। आपको नमस्कार है।'

इस प्रकार विधिवत् उच्चारण करके स्नान करना चाहिये, अन्यथा वह स्नान उत्तम नहीं माना जाता। वैदिक मन्त्रोंसे अभिषेक और मार्जन करके जलमें डुबकी लगा तीन बार अघमर्षण-मन्त्रका जप करे। जैसे अश्वमेध यज्ञ सब पापोंको दूर करनेवाला है, वैसे ही अघमर्षण-सूक्त सब पापोंका नाशक है। स्नानके पश्चात् जलसे निकलकर दो निर्मल वस्त्र धारण करे। फिर प्राणायाम, आचमन एवं संध्योपासन करके ऊपरकी ओर फूल और जल डालकर सूर्योपस्थान करे। उस समय अपनी दोनों भुजाएँ ऊपरकी ओर उठाये रखे। तदनन्तर गायत्री-मन्त्रका एक सौ आठ बार जप करे। गायत्रीके अतिरिक्त सूर्यदेवतासम्बन्धी अन्य मन्त्रोंका भी एकाग्रचित्तसे खड़ा होकर जप करे। फिर सूर्यकी प्रदक्षिणा और उन्हें नमस्कार करके पूर्वाभिमुख बैठकर स्वाध्याय करे। उसके बाद देवता और ऋषियोंका तर्पण करके दिव्य मनुष्यों और पितरोंका भी तर्पण करे। मन्त्रवेत्ता पुरुषको चाहिये कि चित्तको एकाग्र करके तिलमिश्रित जलके द्वारा नामगोत्रोच्चारणपूर्वक पितरोंकी तृप्ति करे। पहले देवताओंका तर्पण करनेके पश्चात् ही द्विज पितरोंके तर्पणका अधिकारी होता है। श्राद्ध और हवनके समय एक हाथसे सब वस्तुएँ अर्पित करे, परन्तु तर्पणमें दोनों हाथोंका उपयोग करना चाहिये। यही सदाकी विधि है। बायें और दायें हाथकी सम्मिलित अञ्जलिसे नाम-गोत्रके साथ 'तृप्यताम्' बोलकर मौनभावसे जल दे।* अपने अङ्गोंमें स्थित तिलके द्वारा देवताओं और पितरोंका तर्पण न करे। वैसे तिलोंके साथ दिया हुआ जल रुधिरके तुल्य होता है। उसे देनेवाला पापका भागी होता है। मुनिवरो! यदि दाता जलमें स्थित होकर पृथ्वीपर जल दे तो वह व्यर्थ होता है, किसीके

---

* श्राद्धे हवनकाले च पाणिनैकेन निर्वपेत्। तर्पणे तूभयं कुर्यादेष एव विधिः सदा॥
अन्वारब्धेन सव्येन पाणिना दक्षिणेन तु। तृप्यतामिति सिञ्चेत्तु नामगोत्रेण वाग्यतः॥
(६०।५५-५६)

पास नहीं पहुँचता। जो मनुष्य स्थलमें खड़ा होकर जलमें जल देता है, उसका दिया हुआ जल भी पितरोंको नहीं मिलता, व्यर्थ जाता है। अतः जलमें कदापि पितरोंको जल न दे, बल्कि वहाँसे निकलकर पवित्र देशमें जलद्वारा तर्पण करना चाहिये। न जलमें, न पात्रमें, न कुपित होकर और न एक हाथसे ही जल दे। जो पृथ्वीपर नहीं दिया जाता, वह जल पितरोंतक नहीं पहुँचता। मैंने पितरोंके लिये अक्षय स्थानके रूपमें पृथ्वी ही दी है, अतः उनकी प्रीति चाहनेवाले पुरुषोंको पृथ्वीपर ही जल देना चाहिये। पितर भूमिपर ही उत्पन्न हुए, भूमिपर ही रहे और भूमिमें ही उनके शरीरका लय हुआ। अतः भूमिपर ही उनके लिये जल देना चाहिये। अग्रभागसहित कुशोंको बिछाकर उसपर मन्त्रोंद्वारा देवताओं और पितरोंका आवाहन करना चाहिये। पूर्वाग्र कुशोंपर देवताओंका और दक्षिणाग्र कुशोंपर पितरोंका आवाहन करना उचित है।

देवताओं और अन्यान्य पितरोंका तर्पण करनेके पश्चात् मौनभावसे आचमन करके समुद्रके तटपर एक हाथका चौकोर मण्डल बनाये। उसमें चार दरवाजे रहें। उसके भीतर कर्णिकासहित अष्टदल कमलकी आकृति बनाये। इस प्रकार मण्डल बनाकर उसमें अष्टाक्षर-मन्त्रकी विधिसे अजन्मा भगवान् नारायणका पूजन करे। अब शरीर-शुद्धिकी उत्तम विधि बतलाता हूँ। चक्ररेखासहित अकारका हृदयमें ध्यान करे। वह तीन शिखाओंसहित प्रज्वलित हो पापोंका दाह करता है और सब पापोंका नाश करनेवाला है, ऐसी भावना करनेके बाद मस्तकमें 'रा' का चिन्तन करना चाहिये। वह चन्द्रमण्डलके मध्यभागमें स्थित और शुक्लवर्णका है तथा अमृतकी वर्षा करके पृथ्वीको आप्लावित कर रहा है, इस प्रकार चिन्तन करनेसे पाप धुल जाते और साधकका शरीर दिव्य हो जाता है। तदनन्तर अपने बायें पैरसे आरम्भ करके क्रमशः सब अङ्गोंमें अष्टाक्षर-मन्त्रका न्यास करे। वैष्णव-पञ्चाङ्गन्यास तथा चतुर्व्यूहन्यास भी करे। साधकको मूलमन्त्रके द्वारा कर-शुद्धि भी करनी चाहिये। इसकी विधि यों है। दोनों हाथोंकी आठ अँगुलियोंमें अँगूठोंद्वारा एक-एक अक्षरका न्यास करना चाहिये। पहले बायें हाथमें, फिर दायें हाथमें। ॐकारसहित शुक्लवर्णा पृथ्वीका बायें पैरमें न्यास करे। नकारका वर्ण श्याम और देवता शम्भु हैं। उसका न्यास दक्षिण पैरमें है। मोकारको कालस्वरूप माना गया है। इसका न्यास कटिके वामभागमें होता है। नाकार सर्वबीजस्वरूप है। उसकी स्थिति कटिके दक्षिणभागमें है। राकार तेजका स्वरूप बताया गया है। उसका स्थान नाभिप्रदेशमें होता है। यकारका देवता वायु है, उसका न्यास बायें कंधेमें है। णाकारको सर्वव्यापी समझना चाहिये। उसकी स्थिति दायें कंधेमें है। यकारकी स्थिति सिरमें है, जहाँ सम्पूर्ण लोक प्रतिष्ठित हैं। तात्पर्य यह कि यकारका न्यास मस्तकमें करना चाहिये।

वैष्णव-पञ्चाङ्गन्यास

'ॐ विष्णवे नमः शिरः', 'ॐ ज्वलनाय नमः शिखा', 'ॐ विष्णवे नमः कवचम्', 'ॐ विष्णवे नमः स्फुरणं दिशोबन्धाय', 'ॐ हुं फट् अस्त्रम्'।*

चतुर्व्यूहन्यास

'ॐ शिरसि शुक्लो वासुदेव इति', 'ॐ आं ललाटे रक्तः संकर्षणो गरुत्मान् वह्निस्तेज आदित्य इति', 'ॐ आं ग्रीवायां पीतः प्रद्युम्नो वायुमेघ इति',

* उक्त मन्त्रोंमेंसे पहले तीन मन्त्रोंको पढ़कर हाथकी अँगुलियोंसे क्रमशः मस्तक, शिखा तथा दोनों बाहु-मूलोंका स्पर्श करे। चौथेसे सब ओर चुटकी बजाये और पाँचवेंको पढ़कर ताली बजाये।

'ॐ आं हृदये कृष्णोऽनिरुद्धः सर्वशक्तिसमन्वित इति।'*

इस प्रकार अपने आत्माका चतुर्व्यूहरूपसे चिन्तन करके कार्य आरम्भ करे।

'मेरे आगे भगवान् विष्णु और पीछे केशव हैं। दक्षिणभागमें गोविन्द और वामभागमें मधुसूदन हैं। ऊपर वैकुण्ठ और नीचे वाराह हैं। बीचकी सम्पूर्ण दिशाओंमें माधव हैं। चलते, खड़े होते, जागते अथवा सोते समय भगवान् नृसिंह मेरी रक्षा करते हैं। मैं वासुदेवस्वरूप हूँ।' इस प्रकार विष्णुमय होकर पूजन आरम्भ करे। अपने शरीरकी भाँति भगवान्के विग्रहमें भी सम्पूर्ण तत्त्वोंका न्यास करे। प्रणवका उच्चारण करके शरीरपर जलके छींटे दे। **'ॐ फट्'** का उच्चारण सब विघ्नोंका निवारण करनेवाला और शुभ माना गया है। वहाँ सूर्य, चन्द्रमा, अग्नि, वायु और आकाश-मण्डलका चिन्तन करे। कमलके मध्यभागमें विष्णुका न्यास करे। फिर हृदयमें ज्योति:स्वरूप ॐकारका चिन्तन करके कमलकी कर्णिकामें ज्योति:स्वरूप सनातन विष्णुकी स्थापना करे। फिर क्रमशः प्रत्येक दलमें अष्टाक्षर-मन्त्रके एक-एक अक्षरका न्यास करे। एक-एक अक्षरके द्वारा तथा समस्त मन्त्रके द्वारा भी पूजन करना अत्यन्त उत्तम माना गया है। सनातन परमात्मा विष्णुका द्वादशाक्षर-मन्त्रसे पूजन करे। इसके बाद भगवान्का पहले हृदयमें ध्यान करके बाहर कर्णिकामें भी उनकी भावना करे। उनके ध्यानका स्वरूप इस प्रकार है। भगवान्की चार भुजाएँ हैं। वे महान् सत्त्वमय हैं, कोटि-कोटि सूर्योंके समान उनके श्रीअङ्गोंकी प्रभा है और वे महायोगस्वरूप, ज्योति:स्वरूप एवं सनातन हैं। इसके बाद मन-ही-मन भगवान्का स्मरण करते हुए मन्त्रोच्चारणपूर्वक उनका आवाहन आदि करे।

आवाहन-मन्त्र

मीनरूपो वराहश्च नरसिंहोऽथ वामनः।
आयातु देवो वरदो मम नारायणोऽग्रतः॥
ॐ नमो नारायणाय नमः।

'मीन, वराह, नरसिंह एवं वामन-अवतारधारी वरदायक देवता भगवान् नारायण मेरे सम्मुख पधारें। सच्चिदानन्दस्वरूप श्रीनारायणको बारम्बार नमस्कार है।'

आसन-मन्त्र

कर्णिकायां सुपीठेऽत्र पद्मकल्पितमासनम्।
सर्वसत्त्वहितार्थाय तिष्ठ त्वं मधुसूदन॥
ॐ नमो नारायणाय नमः।

'यहाँ कमलकी कर्णिकामें सुन्दर पीठपर कमलका आसन बिछा हुआ है। मधुसूदन! सब प्राणियोंका हित करनेके लिये आप इसपर विराजमान हों। सच्चिदानन्दस्वरूप श्रीनारायणको बारम्बार नमस्कार है।'

अर्घ्य-मन्त्र

ॐ त्रैलोक्यपतीनां पतये देवदेवाय हृषीकेशाय विष्णवे नमः। ॐ नमो नारायणाय नमः।

'त्रिभुवनपतियोंके भी पति, देवताओंके भी देवता, इन्द्रियोंके स्वामी भगवान् विष्णुको नमस्कार है। सच्चिदानन्दस्वरूप श्रीनारायणको बारम्बार नमस्कार है।'

पाद्य-मन्त्र

ॐ पाद्यं पादयोर्देव पद्मनाभ सनातन।
विष्णो कमलपत्राक्ष गृहाण मधुसूदन॥
ॐ नमो नारायणाय नमः।

'देव पद्मनाभ! सनातन विष्णो!! कमलनयन

* उक्त चार वाक्योंमेंसे एक-एकका उच्चारण करके क्रमशः मस्तक, ललाट, ग्रीवा और हृदयका स्पर्श करे। इनका भावार्थ संक्षेपसे इस प्रकार है—शुक्लवर्ण वासुदेव मस्तकमें हैं। रक्तवर्ण बलरामजी, गरुड़, अग्नि, तेज और सूर्य ललाटमें स्थित हैं। पीतवर्ण प्रद्युम्न तथा वायुसहित मेघ ग्रीवामें हैं। कृष्णवर्ण अनिरुद्ध सम्पूर्ण शक्तियोंके साथ हृदयमें निवास करते हैं।

मधुसूदन!!! आपके चरणोंमें यह पाद्य (पाँव पखारनेके लिये जल) समर्पित है, आप इसे स्वीकार करें। सच्चिदानन्दस्वरूप श्रीनारायणको बारम्बार नमस्कार है।'

मधुपर्क-मन्त्र

मधुपर्कं महादेव ब्रह्माद्यैः कल्पितं तव।
मया निवेदितं भक्त्या गृहाण पुरुषोत्तम॥
ॐ नमो नारायणाय नमः।

'महादेव! पुरुषोत्तम! ब्रह्मा आदि देवताओंने आपके लिये जिसकी व्यवस्था की थी, वही मधुपर्क मैं भक्तिपूर्वक आपको निवेदन करता हूँ, कृपया स्वीकार कीजिये। सच्चिदानन्दस्वरूप श्रीनारायणको बारम्बार नमस्कार है।'

आचमनीय-मन्त्र

मन्दाकिन्याः सितं वारि सर्वपापहरं शिवम्।
गृहाणाचमनीयं त्वं मया भक्त्या निवेदितम्॥
ॐ नमो नारायणाय नमः

'भगवन्! मैंने गङ्गाजीका स्वच्छ जल, जो सब पापोंको दूर करनेवाला तथा कल्याणमय है, आचमनके लिये भक्तिपूर्वक आपको अर्पित किया है; कृपया ग्रहण कीजिये। सच्चिदानन्दस्वरूप श्रीनारायणको नमस्कार है।'

स्नान-मन्त्र

त्वमापः पृथिवी चैव ज्योतिस्त्वं वायुरेव च।
लोकेश वृत्तिमात्रेण वारिणा स्नापयाम्यहम्॥
ॐ नमो नारायणाय नमः।

'लोकेश्वर! आप ही जल, पृथ्वी तथा अग्नि और वायुरूप हैं। मैं जीवनरूप जलके द्वारा आपको स्नान कराता हूँ। सच्चिदानन्दस्वरूप श्रीनारायणको नमस्कार है।'

वस्त्र-मन्त्र

देवतत्त्वसमायुक्त यज्ञवर्णसमन्वित।
स्वर्णवर्णप्रभे देव वाससी तव केशव॥
ॐ नमो नारायणाय नमः।

'देवतत्त्वसमायुक्त, यज्ञवर्णसमन्वित केशव! मैं सुनहरे रंगके दो वस्त्र आपकी सेवामें समर्पित करता हूँ। सच्चिदानन्दस्वरूप श्रीनारायणको नमस्कार है।'

विलेपन-मन्त्र

शरीरं ते न जानामि चेष्टां चैव न केशव।
मया निवेदितो गन्धः प्रतिगृह्य विलिप्यताम्॥
ॐ नमो नारायणाय नमः।

'केशव! मुझे आपके शरीर और चेष्टाका ज्ञान नहीं है; मैंने जो यह गन्ध (रोली-चन्दन आदि) निवेदन किया है, इसे लेकर अपने अङ्गमें लगा लें। सच्चिदानन्दस्वरूप श्रीनारायणको बारम्बार नमस्कार है।'

यज्ञोपवीत-मन्त्र

ऋग्यजुःसाममन्त्रेण त्रिवृतं पद्मयोनिना।
सावित्रीग्रन्थिसंयुक्तमुपवीतं तवार्पये॥
ॐ नमो नारायणाय नमः।

'भगवन्! ब्रह्माजीने ऋक्, यजुः और सामवेदके मन्त्रोंसे जिसको त्रिवृत् (त्रिगुण) बनाया है, वह सावित्री-ग्रन्थिसे युक्त यज्ञोपवीत मैं आपकी सेवामें अर्पित करता हूँ। सच्चिदानन्दस्वरूप श्रीनारायणको बारम्बार नमस्कार है।'

अलंकार-मन्त्र

दिव्यरत्नसमायुक्त वह्निभानुसमप्रभ।
गात्राणि तव शोभन्तु सालंकाराणि माधव॥
ॐ नमो नारायणाय नमः।

'अग्नि और सूर्यके समान प्रभावाले, दिव्यरत्नविभूषित माधव! इन अलंकारोंको धारण करके आपके श्रीअङ्ग सुशोभित हों। सच्चिदानन्दस्वरूप श्रीनारायणको बारम्बार नमस्कार है।'

'ॐ नमः' यह अष्टाक्षर-मन्त्रके प्रत्येक अक्षरके साथ लगाकर पृथक्-पृथक् पूजा करे अथवा समस्त मूल-मन्त्रका एक ही साथ उच्चारण करके पूजन करे।

धूप-मन्त्र

वनस्पतिरसो दिव्यो गन्धाढ्यः सुरभिश्च ते।
मया निवेदितो भक्त्या धूपोऽयं प्रतिगृह्यताम्॥
ॐ नमो नारायणाय नमः।

'भगवन्! यह धूप सुगन्धद्रव्योंसे मिश्रित वनस्पतिका दिव्य रस है, अतएव अत्यन्त सुगन्धित है; मैंने भक्तिपूर्वक इसे आपकी सेवामें अर्पित किया है, आप इसे स्वीकार करें। सच्चिदानन्दस्वरूप श्रीनारायणको बारम्बार नमस्कार है।'

दीप-मन्त्र

सूर्यचन्द्रमसोर्ज्योतिर्विद्युदग्न्योस्तथैव च।
त्वमेव ज्योतिषां देव दीपोऽयं प्रतिगृह्यताम्॥
ॐ नमो नारायणाय नमः।

'देव! आप ही सूर्य और चन्द्रमाकी, बिजली और अग्निकी तथा ग्रहों और नक्षत्रोंकी ज्योति हैं। यह दीप ग्रहण कीजिये। सच्चिदानन्दस्वरूप श्रीनारायणको बारम्बार नमस्कार है।'

नैवेद्य-मन्त्र

अन्नं चतुर्विधं चैव रसैः षड्भिः समन्वितम्।
मया निवेदितं भक्त्या नैवेद्यं तव केशव॥
ॐ नमो नारायणाय नमः।

'केशव! मैंने [मधुर आदि] छः रसोंसे युक्त चार प्रकारका (भक्ष्य, भोज्य, लेह्य, चोष्य) अन्न आपको भक्तिपूर्वक समर्पित किया है। आप यह नैवेद्य ग्रहण करें। सच्चिदानन्दस्वरूप श्रीनारायणको बारम्बार नमस्कार है।'

पूर्वोक्त अष्टदल कमलके पूर्वदलमें वासुदेवका, दक्षिणदलमें संकर्षणका, पश्चिमदलमें प्रद्युम्नका, उत्तरदलमें अनिरुद्धका, अग्निकोणवाले दलमें वाराहका, नैर्ऋत्यकोणमें नरसिंहका, वायव्यकोणमें माधवका तथा ईशानमें भगवान् त्रिविक्रमका न्यास करे। फिर अष्टाक्षरदेवके सम्मुख गरुडकी स्थापना करे। भगवान्के वामभागमें चक्र और दक्षिणभागमें शङ्खकी स्थापना करे। इसी प्रकार उनके दक्षिणभागमें महागदा कौमोदकी और वामभागमें शार्ङ्ग नामक धनुषको स्थापित करे। दक्षिणभागमें दो दिव्य तरकस और वामभागमें खड्गका न्यास करे। दक्षिणभागमें श्रीदेवी और वामभागमें पुष्टिदेवीकी स्थापना करे। भगवान्के सामने वनमाला, श्रीवत्स और कौस्तुभ रखे। फिर पूर्व आदि चारों दिशाओंमें हृदय आदिका न्यास करे। कोणमें देवदेव विष्णुके अस्त्रका न्यास करे। पूर्व आदि आठ दिशाओंमें तथा ऊपर और नीचे तान्त्रिक मन्त्रोंसे क्रमशः इन्द्र, अग्नि, यम, निर्ऋति, वरुण, वायु, कुबेर, ईशान, अनन्त तथा ब्रह्माजीका पूजन करे। इस प्रकार मण्डलमें स्थित देवेश्वर जनार्दनका पूजन करके मनुष्य निश्चय ही मनोवाञ्छित भोगोंको प्राप्त करता है। इसी विधिसे पूजित मण्डलस्थ भगवान् जनार्दनका जो दर्शन करता है, वह भी अविनाशी विष्णुमें प्रवेश करता है। जिसने उपर्युक्त विधिसे एक बार भी श्रीकेशवका पूजन किया है, वह जन्म-मृत्यु और जरा अवस्थाको लाँघकर भगवान् विष्णुके पदको प्राप्त होता है। '**नमः**' सहित ॐकार जिसके आदिमें और '**नमः**' जिसके अन्तमें है, वह '**ॐ नमो नारायणाय नमः**' यह तेजस्वी मन्त्र सम्पूर्ण तत्त्वोंका मन्त्र कहलाता है। इसी विधिसे प्रत्येकको गन्ध, पुष्प आदि वस्तुएँ क्रमशः निवेदन करनी चाहिये। इसी तरह क्रमशः आठ मुद्राएँ बाँधकर दिखाये। फिर मन्त्रवेत्ता पुरुष '**ॐ नमो नारायणाय**' इस मूलमन्त्रका एक सौ आठ या अट्ठाईस अथवा आठ बार जप करे। किसी कामनाके लिये जप करना हो तो उसके लिये शास्त्रोंमें जितना बताया गया हो, उतनी संख्यामें जप करे अथवा निष्कामभावसे जितना

हो सके, उतना एकाग्रचित्तसे जप करे। पद्म, शङ्ख, श्रीवत्स, गदा, गरुड, चक्र, खड्ग और शार्ङ्गधनुष—ये आठ मुद्राएँ बतलायी गयी हैं। जो लोग शास्त्रोक्त मन्त्रोंद्वारा श्रीहरिकी पूजाका विधान न जानते हों, वे 'ॐ नमो नारायणाय'—इस मूलमन्त्रसे ही सदा भगवान् अच्युतका पूजन करें।

भगवान् पुरुषोत्तमकी पूजा और दर्शनका फल, इन्द्रद्युम्नसरोवरके सेवनकी विधि एवं महिमाका वर्णन तथा ज्येष्ठकी पूर्णिमाको दर्शनका माहात्म्य

ब्रह्माजी कहते हैं—उपर्युक्त प्रकारसे भक्तिपूर्वक भगवान् पुरुषोत्तमकी पूजा करके उनके चरणोंमें मस्तक झुकाये। इसके बाद समुद्रसे प्रार्थना करे—'सरिताओंके स्वामी तीर्थराज! आप सम्पूर्ण भूतोंके प्राण और योनि हैं। आपको नमस्कार है। अच्युतप्रिय! मेरी रक्षा कीजिये।' इस प्रकार उत्तम क्षेत्र समुद्रमें स्नान करके तथा तटपर अविनाशी नारायणकी विधिपूर्वक पूजा करके बलराम, श्रीकृष्ण और सुभद्राको प्रणाम करे। ऐसा करनेवाला पुरुष सब पापोंसे मुक्त हो सब प्रकारके दुःखोंसे छुटकारा पा जाता है और अन्तमें सूर्यके समान तेजस्वी विमानपर, जहाँ दिव्य गन्धर्वोंकी संगीतध्वनि होती रहती है, बैठकर अपनी इक्कीस पीढ़ियोंका उद्धार करके श्रीविष्णुके लोकमें जाता है। ग्रहण, संक्रान्ति, अयनारम्भ, विषुवयोग, युगादि तिथियाँ, व्यतीपात, तिथिक्षय, आषाढ़, कार्तिक तथा माघकी पूर्णिमा और अन्य शुभ तिथियोंमें जो वहाँ ब्राह्मणोंको दान देते हैं, वे अन्य तीर्थोंकी अपेक्षा हजारगुना फल पाते हैं। जो लोग वहाँ विधिपूर्वक पितरोंको पिण्डदान करते हैं, उनके पितर अक्षय तृप्ति-लाभ करते हैं। इस प्रकार मैंने समुद्रमें स्नान करनेका उत्तम फल बतलाया। वह सब पापोंको दूर करनेवाला, पवित्र तथा इच्छानुसार सब फलोंका दाता है। यह पुराण-रहस्य नास्तिकको नहीं बतलाना चाहिये। भूतलमें जितने तीर्थ, नदियाँ और सरोवर हैं, वे सब समुद्रमें प्रवेश करते हैं। इसलिये वह सबसे श्रेष्ठ है। सरिताओंका स्वामी समुद्र समस्त तीर्थोंका राजा है। वह सब तीर्थोंमें श्रेष्ठ और समस्त इच्छित पदार्थको देनेवाला है। जैसे सूर्योदय होनेपर अन्धकारका नाश हो जाता है, उसी प्रकार तीर्थराज समुद्रमें स्नान करनेपर सब पापोंका क्षय हो जाता है। जहाँ साक्षात् भगवान् नारायणका निवासस्थान है, उस तीर्थराज समुद्रके गुणोंका वर्णन कौन कर सकता है। जहाँ निन्यानबे करोड़ तीर्थ रहते हैं, उसकी श्रेष्ठताके विषयमें क्या कहा जा सकता है। इसलिये वहाँ स्नान, दान, होम, जप और देवपूजन आदि जो कुछ भी कर्म किया जाता है, वह अक्षय होता है। वहाँसे उस तीर्थमें जाय, जो अश्वमेध-यज्ञके अङ्गसे उत्पन्न हुआ है। उसका नाम है इन्द्रद्युम्नसरोवर। वह पवित्र एवं शुभ तीर्थ है। बुद्धिमान् पुरुष वहाँ जाकर पवित्र भावसे आचमन करे और मन-ही-मन श्रीहरिका ध्यान करके जलमें उतरे। उस समय इस मन्त्रका उच्चारण करे—

अश्वमेधाङ्गसम्भूत तीर्थ सर्वाघनाशन।
स्नानं त्वयि करोम्यद्य पापं हर नमोऽस्तु ते॥

'अश्वमेध-यज्ञके अङ्गसे प्रकट हुए तथा सम्पूर्ण पापोंके विनाशक तीर्थ! आज मैं तुम्हारे जलमें स्नान करता हूँ। मेरे पाप हर लो। तुमको नमस्कार है।'

इस प्रकार उच्चारण करके विधिपूर्वक स्नान करे और देवताओं, ऋषियों, पितरों तथा अन्यान्य लोगोंका तिल-जलसे तर्पण करके आचमन करे। फिर पितरोंको पिण्डदान दे, पुरुषोत्तमका पूजन करे। ऐसा करनेवाला मनुष्य दस अश्वमेध-यज्ञोंका फल प्राप्त करता है। वह सात पीढ़ी ऊपर और सात पीढ़ी नीचेके पुरुषोंका उद्धार करके इच्छानुसार गतिवाले विमानके द्वारा विष्णुलोकमें जाता है। इस प्रकार पाँच तीर्थोंका सेवन करके एकादशीको उपवास करे। जो मनुष्य ज्येष्ठकी पूर्णिमाको भगवान् पुरुषोत्तमका दर्शन करता है, वह पूर्वोक्त फलका भागी होकर परम धामको जाता है, जहाँसे पुनः उसका लौटना नहीं होता।

मुनियोंने पूछा—पितामह! आप माघ आदि महीनोंको छोड़कर ज्येष्ठमासकी इतनी प्रशंसा क्यों करते हैं? प्रभो! इसका कारण बतलाइये।

ब्रह्माजी बोले—मुनिवरो! सुनो। अन्य मासोंकी अपेक्षा जो ज्येष्ठमासकी बारंबार प्रशंसा करता हूँ, उसका कारण संक्षेपसे बतलाता हूँ। पृथ्वीपर जो-जो तीर्थ, नदियाँ, सरोवर, पुष्करिणी, तड़ाग, वापी, कूप, ह्रद और समुद्र हैं, वे सब ज्येष्ठके शुक्लपक्षकी दशमीसे लेकर पूर्णिमातक एक सप्ताह प्रत्यक्षरूपसे पुरुषोत्तमतीर्थमें जाकर रहते हैं। यह उनका सदाका नियम है। इसलिये वहाँ स्नान-दान, देवदर्शन आदि जो कुछ पुण्य कार्य उस समय किया जाता है, वह अक्षय होता है। द्विजवरो! ज्येष्ठमासके शुक्लपक्षकी दशमी तिथि दस पापोंको हरती है, इसलिये उसे दशहरा कहा गया है। उस दिन जो लोग अपनी इन्द्रियोंको वशमें रखते हुए श्रीकृष्ण, बलराम और सुभद्राका दर्शन करते हैं, वे सब पापोंसे मुक्त हो विष्णुलोकमें जाते हैं। उत्तरायण और दक्षिणायनके आरम्भके दिन श्रीपुरुषोत्तम, बलराम और सुभद्राका दर्शन करनेवाला मानव वैकुण्ठ-धाममें जाता है। जो मनुष्य फाल्गुनकी पूर्णिमाके दिन एकचित्त हो पुरुषोत्तम श्रीगोविन्दको झूलेपर विराजमान देखता है, वह उनके धाममें जाता है। विषुवयोगके दिन विधिपूर्वक पञ्चतीर्थविधिका पालन करके जो श्रीकृष्ण, बलराम तथा सुभद्राका दर्शन करता है, वह सब पापोंसे मुक्त हो विष्णुलोकमें जाता है। जो वैशाख-कृष्णा तृतीयाको चन्दन-चर्चित श्रीकृष्णका दर्शन करता है, वह विष्णु-धाममें जाता है। ज्येष्ठा नक्षत्रसे युक्त ज्येष्ठमासकी पूर्णिमाके दिन जो श्रीपुरुषोत्तमका दर्शन करता है, वह अपनी इक्कीस पीढ़ियोंका उद्धार करके श्रीविष्णुलोकमें जाता है।

जिस दिन राशि और नक्षत्रके योगसे महाज्येष्ठी (ज्येष्ठकी पूर्णिमा) हो, उस दिन यत्नपूर्वक श्रीपुरुषोत्तमतीर्थमें पहुँचना चाहिये। महाज्येष्ठी-पर्वके दिन श्रीकृष्ण, बलराम तथा सुभद्राका दर्शन करके मनुष्य बारह यात्राओंसे भी अधिक फलका भागी होता है। प्रयाग, कुरुक्षेत्र, नैमिषारण्य, पुष्कर, गया, हरिद्वार, कुशावर्त, गङ्गा-सागर-संगम, महानदी, वैतरणी तथा अन्य जितने तीर्थ हैं अथवा अधिक कहनेकी क्या आवश्यकता, पृथ्वीतलके सब तीर्थ, सब मन्दिर, सब समुद्र, सब पर्वत, सब नदी और सब सरोवरोंमें ग्रहणके समय स्नान-दानसे जो फल होता है, वही महाज्येष्ठीको श्रीकृष्णका दर्शन करनेमात्रसे मनुष्य पा लेता है। अतः महाज्येष्ठीको सर्वथा प्रयत्न करके पुरुषोत्तमतीर्थकी यात्रा करनी चाहिये। सुभद्राके साथ श्रीकृष्ण और बलरामका दर्शन करनेवाला मनुष्य अपने समस्त कुलका उद्धार करके भगवान् विष्णुके धाममें जाता है।

ज्येष्ठपूर्णिमाको श्रीकृष्ण, बलराम और सुभद्राके स्नानका उत्सव तथा उनके दर्शनका माहात्म्य

मुनियोंने पूछा—ब्रह्माजी! भगवान् श्रीकृष्णका स्नान किस समय और किस विधिसे होता है? विधिज्ञोंमें श्रेष्ठ! हमें उसकी विधि बताइये।

ब्रह्माजी बोले—मुनियो! श्रीकृष्ण, बलराम और सुभद्राका स्नान परम पुण्यमय और सब पापोंका नाशक है। मैं उसकी विधि आदिका वर्णन करता हूँ, सुनो। ज्येष्ठमासमें पूर्णिमाको ज्येष्ठा नक्षत्र आनेपर वहाँ हर समय श्रीहरिका स्नान होता है। वहाँ सर्वतीर्थमय कूप है, जो अत्यन्त निर्मल और पवित्र माना गया है। उक्त पूर्णिमाको उसमें भगवती गङ्गा प्रत्यक्षरूपसे प्रकट होती हैं। अतः ज्येष्ठकी पूर्णिमाको सुवर्णमय कलशोंसे श्रीकृष्ण, बलभद्र और सुभद्राके स्नानके लिये उस कूपसे जल निकाला जाता है। इसके लिये एक सुन्दर मञ्च बनवाकर उसे पताका आदिसे अलंकृत किया जाता है। वह सुदृढ़ और सुखपूर्वक चलने योग्य बना होता है। वस्त्र और फूलोंसे उसे सजाया जाता है। वह खूब विस्तृत होता है और धूपसे सुवासित किया जाता है। उसपर श्रीकृष्ण और बलरामको स्नान करानेके लिये श्वेत वस्त्र बिछाया जाता है। उसे सजानेके लिये मोतीके हार लटकाये जाते हैं। भाँति-भाँतिके वाद्योंकी ध्वनि होती रहती है। उस मञ्चपर एक ओर भगवान् श्रीकृष्ण और दूसरी ओर भगवान् बलराम विराजते रहते हैं। बीचमें सुभद्रादेवीको पधराकर जय-जयकार और मङ्गलघोषके साथ स्नान कराया जाता है। उस समय ब्राह्मण, क्षत्रिय, वैश्य, शूद्र तथा अन्य जातिके लाखों स्त्री-पुरुष उन्हें घेरे रहते हैं। गृहस्थ, स्नातक, संन्यासी और ब्रह्मचारी—सभी मञ्चपर विराजमान भगवान् श्रीकृष्ण और बलरामको स्नान कराते हैं। पूर्वोक्त सम्पूर्ण तीर्थ अपने पुष्पमिश्रित जलोंमें पृथक्-पृथक् भगवान्को स्नान कराते हैं। फिर शङ्ख, भेरी, मृदङ्ग, झाँझ और घण्टा आदि वाद्योंकी तुमुल ध्वनिके साथ स्त्रियोंके मङ्गलगीत, स्तुतियोंके मनोहर शब्द, जय-जयकार, वीणारव तथा वेणुनादका महान् शब्द समुद्रकी गर्जनाके समान जान पड़ता है। उस समय मुनिलोग वेद-पाठ और मन्त्रोच्चारण करते हैं। सामगानके साथ भाँति-भाँतिकी स्तुतियोंके पुण्यमय शब्द होते रहते हैं। यति, स्नातक, गृहस्थ और ब्रह्मचारी स्नानके समय बड़ी प्रसन्नताके साथ भगवान्का स्तवन करते हैं। श्रीकृष्ण और बलरामके ऊपर रत्न-दण्डविभूषित चँवर डुलाये जाते हैं। आकाशमें यक्ष, विद्याधर, सिद्ध, किंनर, अप्सराएँ, देव, गन्धर्व, चारण, आदित्य, वसु, रुद्र, साध्य, विश्वेदेव, मरुद्गण, लोकपाल तथा अन्य लोग भी भगवान् पुरुषोत्तमकी स्तुति करते हैं—'देवदेवेश्वर! पुराणपुरुषोत्तम! आपको नमस्कार है। जगत्पालक भगवान् जगन्नाथ! आप सृष्टि, स्थिति और संहार करनेवाले हैं। जो त्रिभुवनको धारण करनेवाले, ब्राह्मणभक्त, मोक्षके कारणभूत और समस्त मनोवाञ्छित फलोंके दाता हैं, उन भगवान्को हम प्रणाम करते हैं।' इस प्रकार आकाशमें खड़े हुए देवता श्रीकृष्ण, महाबली बलराम तथा सुभद्रादेवीकी स्तुति करते, गन्धर्व गाते और अप्सराएँ नृत्य करती हैं। देवताओंके बाजे बजते और शीतल वायु चलती है। उस समय आकाशमें उमड़े हुए मेघ पुष्पमिश्रित जलकी वर्षा करते हैं। मुनि, सिद्ध और चारण जय-जयकार करते हैं।

तत्पश्चात् देवतागण मङ्गल-सामग्रियोंके साथ

विधि और मन्त्रयुक्त अभिषेकोपयोगी द्रव्य लेकर भगवान्का अभिषेक करते हैं। इन्द्र, सूर्य, चन्द्रमा, धाता, विधाता, वायु, अग्नि, पूषा, भग, अर्यमा, त्वष्टा, दोनों पत्नियोंसहित विवस्वान्, मित्र, वरुण, रुद्र, वसु, आदित्य, अश्विनीकुमार, विश्वेदेव, मरुद्गण, साध्य, पितर, विद्याधर, पितामह,पुलस्त्य, पुलह, अङ्गिरा, कश्यप, अत्रि, मरीचि, भृगु, क्रतु, हर, प्रचेता, मनु, दक्ष, धर्म, काल, यम, मृत्यु, यमदूत तथा अन्य अनेकों देवता भगवान्का अभिषेक करनेके लिये इधर-उधरसे आते हैं और सुवर्णमय कलशोंमें रखे हुए पुष्प-मिश्रित आकाशगङ्गाके जलसे श्रीकृष्ण, सुभद्रा तथा बलरामजीको स्नान कराते हैं तथा प्रसन्नतापूर्वक इस प्रकार उनकी स्तुति करते हैं—

सम्पूर्ण लोकोंका पालन करनेवाले जगन्नाथ! आपकी जय हो! जय हो!! आप भक्तोंके रक्षक तथा शरणागतवत्सल हैं। सम्पूर्ण भूतोंमें व्यापक आदिदेव! आपकी जय हो। नानात्वके कारणभूत वासुदेव! आप असुरोंके संहारक, दिव्य मत्स्यरूप धारण करनेवाले, समस्त देवताओंमें श्रेष्ठ तथा समुद्रमें शयन करनेवाले हैं। योगिवर! आपकी जय हो, जय हो। सूर्य आपके नेत्र हैं तथा आप देवताओंके राजा हैं। वेदोंमें आप ही सर्वश्रेष्ठ बताये गये हैं। आपने कच्छप-अवतार धारण किया था। आप श्रेष्ठ यज्ञस्वरूप हैं। आपकी नाभिसे कमल उत्पन्न हुआ था, इसलिये आप पद्मनाभ कहलाते हैं। आप पहाड़ोंपर विचरनेवाले तथा योगशायी हैं। आपकी जय हो, जय हो। महान् वेग धारण करनेवाले विश्वमूर्ते! चक्रधर! भूतनाथ! धरणीधर! शेषशायिन्! आपकी जय हो, जय हो। आप पीताम्बरधारी, चन्द्रमाके समान कान्तिमान्, योगमें वास करनेवाले, अग्निमुख, धर्मके आवासस्थान, गुणोंके भंडार, लक्ष्मीके निवासस्थान और गरुडवाहन हैं। आपकी जय हो, जय हो। आप आनन्दनिकेतन, धर्मध्वज, पृथ्वीके आश्रयस्थान और दुर्बोध चरित्रवाले हैं। योगी पुरुष ही आपको जान पाते हैं। आप यज्ञोंमें निवास करनेवाले तथा वेदोंके वेद्य हैं। शान्ति प्रदान करनेवाले और योगियोंके ध्येय हैं। आपकी जय हो, जय हो। आप ही सबका पालन-पोषण करते हैं। ज्ञान आपका स्वरूप है। आप लक्ष्मीनिधि हैं। भाव-भक्तिसे ही आपका ज्ञान होना सम्भव है। मुक्ति आपके हाथमें है। आपका शरीर निर्मल है। आप सत्त्वगुणके अधिष्ठान,समस्त गुणोंसे समृद्धिशाली, यज्ञकर्ता, निर्गुण तथा मोक्ष प्रदान करनेवाले हैं। भूमण्डलको शरण देनेवाले परमेश्वर! आपकी जय हो, जय हो। आप दिव्य कान्तिसे सम्पन्न, समस्त लोकोंको शरण देनेवाले, भगवती लक्ष्मीसे संयुक्त,कमलके-से नेत्रोंवाले, सृष्टिकारक, योगयुक्त, अलसीके फूलकी भाँति श्याम अङ्गोंवाले, समुद्रके भीतर शयन करनेवाले, लक्ष्मीरूपी कमलके भ्रमर तथा भक्तोंके अधीन रहनेवाले हैं। लोककान्त! आपकी जय हो, जय हो। आप परम शान्त, परम सारभूत, चक्र धारण करनेवाले, सर्पोंके साथ रहनेवाले, नीलवस्त्रधारी, शान्तिकारक, मोक्षदायक तथा समस्त पापोंको दूर करनेवाले हैं। आपकी जय हो, जय हो। बलरामजीके छोटे भाई जगदीश्वर श्रीकृष्ण! आपकी जय हो; पद्मपत्रके समान नेत्रोंवाले तथा इच्छानुसार फल देनेवाले प्रभो! आपकी जय हो। चक्र और गदा धारण करनेवाले नारायण! आपका वक्ष:स्थल वनमालासे आच्छादित है। आपकी जय हो। लक्ष्मीकान्त विष्णो! आपको नमस्कार है। आपकी जय हो।

इस प्रकार श्रीकृष्ण, बलराम और सुभद्राका स्तवन, दर्शन और वन्दन करके देवतालोग अपने-अपने स्थानको चले जाते हैं। उस समय जो

मनुष्य मञ्चपर विराजमान पुरुषोत्तम श्रीकृष्ण, बलभद्र और सुभद्राका दर्शन करते हैं, वे अविनाशी पदको प्राप्त होते हैं। सहस्र गो-दान, विधिवत् भूमि-दान, अर्घ्य और आतिथ्यपूर्वक अन्न-दान, विधिवत् वृषोत्सर्ग, ग्रीष्मकालमें जल-दान, चान्द्रायण- व्रतके अनुष्ठान तथा शास्त्रोक्त विधिसे एक मासतक उपवास करनेसे जो फल होता है, वही मञ्चपर विराजमान श्रीकृष्णका दर्शन करनेसे मिल जाता है अथवा अधिक कहनेकी क्या आवश्यकता, सम्पूर्ण तीर्थोंमें व्रत और दानका जो फल बतलाया गया है, वह मञ्चस्थ श्रीकृष्ण, सुभद्रा और बलरामका दर्शन करनेमात्रसे प्राप्त हो जाता है। अत: स्त्री हो या पुरुष, सबको उस समय पुरुषोत्तमका दर्शन करना चाहिये। इससे सब तीर्थोंमें स्नान आदि करनेका फल मिलता है। भगवान्के स्नान किये हुए शेष जलको अपने शरीरपर छिड़कना चाहिये। इससे पुत्रकी इच्छा करनेवाली स्त्रीको पुत्रकी प्राप्ति होती है। सुख चाहनेवालीको सौभाग्य मिलता है। रोगार्त्त नारी रोगसे मुक्त हो जाती है और धनकी अभिलाषा रखनेवाली स्त्रीको धन मिलता है। अत: भगवान् श्रीकृष्णके स्नानावशेष जलको अपने अङ्गोंपर छिड़कना चाहिये। वह सम्पूर्ण अभिलषित वस्तुओंको देनेवाला है। जो स्नानके पश्चात् दक्षिणाभिमुख जाते हुए भगवान् श्रीकृष्णका दर्शन करते हैं, वे निश्चय ही ब्रह्महत्या आदि पापोंसे मुक्त हो जाते हैं। शास्त्रोंमें पृथ्वीकी तीन परिक्रमा करनेका जो फल बताया गया है, वही दक्षिणाभिमुख यात्रा करते हुए श्रीकृष्णका दर्शन करनेसे प्राप्त होता है। अधिक क्या कहा जाय—वेद, शास्त्र, पुराण, महाभारत तथा समस्त धर्मशास्त्रोंमें पुण्यकर्मका जो कुछ भी फल बताया गया है, वह सब सुभद्राके साथ दक्षिणाभिमुख यात्रा करनेवाले भगवान् श्रीकृष्ण और बलरामका दर्शन करनेमात्रसे मिल जाता है।

गुण्डिचा-यात्राका माहात्म्य तथा द्वादश यात्राकी प्रतिष्ठा-विधि

ब्रह्माजी कहते हैं—मुनियो! भगवान् श्रीकृष्ण, बलभद्र और सुभद्रा—ये रथपर विराजमान होकर जब गुण्डिचा*-मण्डपकी यात्रा करते हैं, उस समय जिन्हें उनका दर्शन प्राप्त होता है तथा जो लोग एक सप्ताहतक उक्त मण्डपमें विराजमान श्रीकृष्ण, बलभद्र और सुभद्राकी झाँकी करते हैं, वे विष्णुलोकमें जाते हैं।

मुनियोंने पूछा—जगत्पते! इस यात्राका आरम्भ किसने किया? तथा उसमें सम्मिलित होनेवाले मनुष्योंको क्या फल मिलता है?

ब्रह्माजी बोले—ब्राह्मणो! पूर्वकालमें राजा इन्द्रद्युम्नने भगवान्से प्रार्थना की कि 'मेरे सरोवरके तटपर एक सप्ताहके लिये आपकी यात्रा हो।'

श्रीभगवान् बोले—राजन्! तुम्हारे सरोवरके तटपर सात दिनोंके लिये मेरी यात्रा होगी, वह यात्रा गुण्डिचा नामसे विख्यात और समस्त अभिलषित फलोंको देनेवाली होगी। जो लोग वहाँ मण्डपमें स्थित होनेपर मेरी, बलरामजीकी और सुभद्राकी एकाग्रचित्तसे श्रद्धापूर्वक पूजा करेंगे तथा जो ब्राह्मण, क्षत्रिय, वैश्य, स्त्री और शूद्र पुष्प, गन्ध, धूप, दीप, नैवेद्य, भाँति-भाँतिके उपहार, नमस्कार, परिक्रमा, जय-जयकार, स्तोत्र-गीत तथा मनोहर वाद्योंके द्वारा आराधना करेंगे, उन्हें मेरी कृपासे कोई भी मनोरथ दुर्लभ नहीं रहेगा।

* गुण्डिचा नामक उद्यान-मन्दिर, जो पुरीमें इन्द्रद्युम्नसरोवरके तटपर स्थित है। इसके गुण्डिजा, गुडिवा आदि नाम भी मिलते हैं।

यों कहकर भगवान् वहीं अन्तर्धान हो गये और वे महाराज इन्द्रद्युम्न कृतकृत्य हो गये। अतः सब प्रकारसे प्रयत्न करके गुण्डिचा-मण्डपमें समस्त अभिलषित वस्तुओंको देनेवाले भगवान् पुरुषोत्तमका दर्शन करना चाहिये। वहाँ पुरुषोत्तमका दर्शन करके स्त्री या पुरुष जिन-जिन भोगोंको चाहें, उन्हें प्राप्त कर सकते हैं।

मुनियोंने पूछा—भगवन्! गुण्डिचाकी एक-एक यात्राका पृथक्-पृथक् क्या फल है? उसे करनेसे नर या नारीको कौन-सा फल मिलता है?

ब्रह्माजी बोले—ब्राह्मणो! सुनो। मैं प्रत्येक यात्राका फल बताता हूँ। गुण्डिचामें प्रबोधिनी एकादशीके दिन, फाल्गुनकी पूर्णिमाको तथा विषुवयोगमें विधिपूर्वक यात्रा करके श्रीकृष्ण, बलराम और सुभद्राका दर्शन करनेसे मनुष्य वैकुण्ठ-धाममें जाता है। क्षेत्रोंमें श्रेष्ठ पुरुषोत्तमतीर्थ बड़ा ही पवित्र, रमणीय, मनुष्योंको भोग और मोक्षका दाता तथा सब जीवोंको सुख पहुँचानेवाला है। जो जितेन्द्रिय स्त्री या पुरुष ज्येष्ठमासमें वहाँ शास्त्रोक्त विधिके अनुसार बारह यात्राएँ करके एकाग्रचित्तसे उनकी प्रतिष्ठा करता है और उस समय धन खर्च करनेमें कृपणता नहीं करता, वह भाँति-भाँतिके भोगोंका उपभोग करके अन्तमें मोक्ष-पदको प्राप्त होता है।

मुनियोंने कहा—देव! जगत्पते! हम आपके मुँहसे द्वादश यात्राकी प्रतिष्ठाकी विधि, पूजन, दान और फल सुनना चाहते हैं।

ब्रह्माजी बोले—ब्राह्मणो! जब बारह यात्राएँ पूरी हो जायँ, तब विधिपूर्वक उनकी प्रतिष्ठा करे। वह सब पापोंका नाश करनेवाली है। ज्येष्ठमासके शुक्लपक्षमें एकादशी तिथिको एकाग्रचित्तसे किसी पवित्र जलाशयपर जाकर आचमन करे और इन्द्रियसंयमपूर्वक पवित्र भावसे सब तीर्थोंका आवाहन करके भगवान् नारायणका ध्यान करते हुए विधिवत् स्नान करे। ऋषियोंने स्नान-कर्ममें जिसके लिये जैसी विधि बतलायी है, उसको उसी विधिसे स्नान करना चाहिये। स्नानके पश्चात् नाम, गोत्र और विधिका ज्ञाता पुरुष शास्त्रोक्त विधिसे देवताओं, ऋषियों, पितरों तथा अन्य जीवोंका तर्पण करे। फिर जलसे निकलकर दो स्वच्छ वस्त्र पहने और विधिपूर्वक आचमन करके एक सौ आठ बार गायत्रीका मानसिक जप करे। गायत्री सब वेदोंकी माता, सम्पूर्ण पापोंको दूर करनेवाली तथा परम पवित्र है। इसके सिवा अन्यान्य सूर्यसम्बन्धी मन्त्रोंका भी श्रद्धापूर्वक जप करना चाहिये। तत्पश्चात् तीन बार परिक्रमा करके सूर्यदेवको प्रणाम करे। ब्राह्मण, क्षत्रिय और वैश्य—इन तीन वर्णोंका स्नान और जप वैदिक विधिके अनुसार बताया गया है; किंतु स्त्री और शूद्रोंके स्नान और जपमें वैदिक विधिका निषेध है।

इसके बाद मौन होकर घरमें जाय और हाथ-पैर धोकर विधिवत् आचमन करके श्रीपुरुषोत्तमकी पूजा करे। पहले भगवान्‌को घीसे स्नान कराये। फिर दूधसे; उसके बाद मधु, गन्ध और जलसे; फिर तीर्थके चन्दन और जलसे स्नान कराये। तदनन्तर भक्तिपूर्वक दो उत्तम वस्त्र पहनाये; फिर चन्दन, अगर, कपूर और केसर भगवान्‌के अङ्गोंमें लगाये। पुनः पराभक्तिके साथ कमलसे तथा विष्णुदेवतासम्बन्धी मल्लिका आदि अन्य पुष्पोंसे श्रीपुरुषोत्तमकी पूजा करे। भोग और मोक्षके दाता जगदीश्वर श्रीहरिकी इस प्रकार पूजा करके उनके समक्ष अगर, गूगुल तथा अन्य सुगन्धित पदार्थोंके साथ धूप जलाये। अपनी शक्तिके अनुसार घीसे दीपक जलाकर रखे, घी अथवा तिलके तेलसे अन्य बारह दीपक जलाकर रखे। नैवेद्यके रूपमें

खीर, पूआ, पूड़ी, बड़ा, लड्डू, खाँड़ और फल निवेदन करे। इस प्रकार पञ्चोपचारसे श्रीपुरुषोत्तमका पूजन करके 'ॐ नमः पुरुषोत्तमाय' इस मन्त्रका एक सौ आठ बार जप करे। इसके बाद भक्तिपूर्वक भगवान् पुरुषोत्तमसे इस प्रकार प्रार्थना करे—

नमस्ते सर्वलोकेश भक्तानामभयप्रद।
संसारसागरे मग्नं त्राहि मां पुरुषोत्तम॥
यास्ते मया कृता यात्रा द्वादशैव जगत्पते।
प्रसादात्तव गोविन्द सम्पूर्णास्ता भवन्तु मे॥

'भक्तोंको अभय प्रदान करनेवाले सर्वलोकेश्वर पुरुषोत्तम! आपको नमस्कार है। मैं इस संसार-सागरमें डूबा हुआ हूँ। मेरा उद्धार कीजिये। जगत्पते! गोविन्द! आपके दर्शनके लिये मैंने जो बारहों यात्राएँ की हैं, वे सब आपके प्रसादसे मेरे लिये परिपूर्ण हों।'

इस प्रकार भगवान्‌को प्रसन्न करके साष्टाङ्ग दण्डवत् करे। तत्पश्चात् पुष्प, वस्त्र और चन्दन आदिसे भक्तिपूर्वक गुरुकी पूजा करे। क्योंकि गुरु और भगवान्‌में कोई अन्तर नहीं है। तदनन्तर भाँति-भाँतिके पुष्पोंसे भगवान्‌के ऊपर एक सुन्दर पुष्प-मण्डप बनाये, फिर श्रद्धा और एकाग्रतापूर्वक रात्रिमें जागरण करे। भगवान् वासुदेवकी कथा और गीतकी व्यवस्था रखे। इस प्रकार विद्वान् पुरुष ध्यान, पाठ और स्तुति करते हुए रात्रि व्यतीत करे। तत्पश्चात् निर्मल प्रभात होनेपर द्वादशीको बारह ब्राह्मणोंको निमन्त्रित करे। वे ब्राह्मण स्नातक, वेदोंमें पारंगत, इतिहास-पुराणके ज्ञाता, श्रोत्रिय और जितेन्द्रिय होने चाहिये। इसके बाद स्वयं भी विधिपूर्वक स्नान करके धुला हुआ वस्त्र पहने और इन्द्रियसंयमपूर्वक पहले भगवान्‌को स्नान कराकर उनकी पूजा करे। भगवान्‌की पूजाके बाद ब्राह्मणोंकी भी पूजा करे। उनके लिये बारह गौएँ दान करके श्रद्धा और भक्तिपूर्वक सुवर्ण, छतरी और जूते, धन तथा वस्त्र आदि समर्पित करे। सद्भावसे पूजित होनेपर भगवान् गोविन्द संतुष्ट होते हैं। आचार्यको भी भक्तिपूर्वक गौ, वस्त्र, सुवर्ण, छतरी, जूते तथा काँसेका पात्र अर्पित करे। तदनन्तर ब्राह्मणोंको खीर, पकवान, गुड़ और घीमें बने हुए पदार्थ भोजन कराये। जब वे भोजन करके तृप्त हो जायँ, तब उनके लिये बारह जलसे भरे हुए घट दान करे। उन घड़ोंके साथ लड्डू और यथाशक्ति दक्षिणा भी होनी चाहिये। आचार्यको भी कलश और दक्षिणा निवेदन करे। इस तरह ब्राह्मणोंकी पूजा करके विष्णुतुल्य ज्ञानदाता गुरुकी भी पूर्ण भक्तिके साथ पूजा करे। पूजनके पश्चात् नमस्कार करके यह मन्त्र पढ़े—

सर्वव्यापी जगन्नाथः शङ्खचक्रगदाधरः।
अनादिनिधनो देवः प्रीयतां पुरुषोत्तमः॥

'शङ्ख, चक्र और गदा धारण करनेवाले, सर्वव्यापी, जगन्नाथ एवं आदि-अन्तसे रहित भगवान् पुरुषोत्तम मुझपर प्रसन्न हों।'

यों कहकर ब्राह्मणोंकी तीन बार प्रदक्षिणा करे। इसके बाद मस्तक झुकाकर आचार्यको भक्तिपूर्वक प्रणाम करे। प्रणामके पश्चात् उन्हें विदा करे। फिर अन्य ब्राह्मणोंको भी गाँवकी सीमातक पहुँचा दे। अन्तमें सबको नमस्कार करके लौट आये। फिर स्वजनों, बान्धवों, अन्य उपासकों, दीनों, भिखमंगों और अन्न चाहनेवाले अन्य लोगोंको भोजन कराकर फिर मौन होकर भोजन करे। ऐसा करके समस्त नर-नारी एक हजार अश्वमेध तथा सौ राजसूय-यज्ञोंका फल पाते हैं और ऐसा करनेवाला बुद्धिमान् पुरुष सूर्यके समान तेजस्वी और इच्छानुसार चलनेवाले विमानके द्वारा भगवान् विष्णुके लोकमें जाता है।

तीर्थोंके भेद, वामनका बलिसे भूमिदान-ग्रहण तथा गङ्गाजीका महेश्वरकी जटामें गमन

ब्रह्माजी कहते हैं—द्विजवरो! सब तीर्थों और क्षेत्रोंमें जो जप, होम, व्रत और तपस्या तथा दानके फल प्राप्त होते हैं, उनमेंसे कोई ऐसा नहीं दिखायी देता, जो पुरुषोत्तमक्षेत्रमें रहनेके फलकी समानता कर सके। अब बारंबार अधिक कहनेकी क्या आवश्यकता, वह पुरुषोत्तमक्षेत्र सबसे महान् है—यह बात सत्य है, सत्य है, सत्य है। समुद्रके जलसे घिरे हुए पुरुषोत्तमतीर्थका एक बार भी दर्शन कर लेनेपर तथा ब्रह्मविद्याका एक बार बोध हो जानेपर मनुष्य फिर गर्भमें नहीं आता। जहाँ भगवान् विष्णुका संनिधान है, उस उत्तम पुरुषोत्तमक्षेत्रमें एक वर्ष अथवा एक मासतक भगवान्‌की उपासना करे। ऐसा करनेवाले पुरुषने जप, होम तथा भारी तपस्या की है। वह उस परम धाममें जाता है, जहाँ साक्षात् योगेश्वर श्रीहरि विराजमान रहते हैं।

मुनियोंने कहा—भगवन्! हमें तीर्थकी महिमाका विस्तारपूर्वक श्रवण करनेपर भी तृप्ति नहीं होती। आप पुनः किसी गोपनीय तीर्थका वर्णन करें।

ब्रह्माजी बोले—श्रेष्ठ ब्राह्मणो! पूर्वकालमें देवर्षि नारदने मुझसे यही प्रश्न पूछा था। उस समय मैंने प्रयत्नपूर्वक जो कुछ उनसे कहा था, वही तुम्हें भी बतलाता हूँ।

नारदजीने पूछा—जगत्पते! स्वर्गलोक, मर्त्यलोक और रसातलमें कुल कितने तीर्थ हैं तथा सब तीर्थोंमें सदा कौन सबसे बढ़कर है?

ब्रह्माजी बोले—देवर्षे! स्वर्गलोक, मर्त्यलोक और रसातलमें चार प्रकारके तीर्थ हैं—दैव, आसुर, आर्ष और मानुष। ये तीनों लोकोंमें विख्यात हैं। जम्बूद्वीपमें भारतवर्ष तीर्थभूमि है। वह तीनों लोकोंमें विख्यात है। बेटा! वह कर्मभूमि है, इसलिये उसे तीर्थ कहते हैं। पहले मैंने तुम्हें जो बताये हैं, वे सब तीर्थ भारतवर्षमें ही हैं। हिमालय और विन्ध्यपर्वतके बीचमें छः ऐसी नदियाँ हैं, जिनका प्राकट्य ब्रह्मा, विष्णु तथा शिव—इन देवताओंसे हुआ है। इसी प्रकार दक्षिणसमुद्र तथा विन्ध्यपर्वतके बीचमें भी छः देवसम्भव नदियाँ हैं। ये बारह नदियाँ प्रधानरूपसे बतलायी गयी हैं। गोदावरी, भीमरथी, तुङ्गभद्रा, कृष्णवेणी, तापी और पयोष्णी—ये विन्ध्यपर्वतके दक्षिणकी नदियाँ हैं। भागीरथी, नर्मदा, यमुना, सरस्वती, विशोका और वितस्ता—ये विन्ध्याचल और हिमालय पर्वतसे सम्बन्ध रखनेवाली नदियाँ हैं। इन पुण्यमयी नदियोंको देवतीर्थ बताया गया है। गय, कोल्लासुर, वृत्त, त्रिपुर, अन्धक, हयमूर्धा, लवण, नमुचि, शृङ्गक, यम, पातालकेतु, मय तथा पुष्कर—इनके द्वारा आवृत तीर्थ आसुर कहलाते हैं। प्रभास, भार्गव, अगस्ति, नर-नारायण, वसिष्ठ, भरद्वाज, गौतम और कश्यप—इन ऋषि-मुनियोंद्वारा सेवित तीर्थ ऋषितीर्थ हैं। अम्बरीष, हरिश्चन्द्र, मान्धाता, मनु, कुरु, कनखल, भद्राश्व, सगर, अश्वयूप, नचिकेता, वृषाकपि तथा अरिन्दम आदि मानवोंद्वारा निर्मित तीर्थ मानुष कहलाते हैं। ये सब यश तथा उत्तम फलकी सिद्धिके लिये निर्मित हुए हैं। तीनों लोकोंमें कहीं भी जो स्वतः प्रकट हुए दैव तीर्थ हैं, उन्हें पुण्यतीर्थ कहा गया है। इस प्रकार मैंने तीर्थ-भेद बतलाये हैं।

महादैत्य राजा बलि देवताओंके अजेय शत्रु हुए; उन्होंने धर्म, यश, प्रजापालन, गुरुभक्ति, सत्यभाषण, बल, पराक्रम, त्याग और क्षमाके

द्वारा वह सम्मान प्राप्त किया, जिसकी तीनों लोकोंमें कहीं उपमा नहीं है। उनकी बढ़ती हुई समृद्धि देखकर देवताओंको बड़ी चिन्ता हुई। वे आपसमें सलाह करने लगे कि हम बलिको कैसे जीतें। राजा बलिके शासनकालमें तीनों लोक निष्कण्टक थे। कहींपर आधि-व्याधि अथवा शत्रुओंकी बाधा नहीं थी। अनावृष्टि और अधर्मका तो नाम भी नहीं था। स्वप्नमें भी किसीको दुष्ट पुरुषका दर्शन नहीं होता था। देवताओंको उनकी उन्नति बाणकी तरह चुभती थी। बलिकी कीर्तिरूपी तलवारसे वे टुकड़े-टुकड़े हुए जाते थे तथा उनके शासनरूपी शक्तिसे देवताओंके समस्त अङ्ग विदीर्ण हो रहे थे। अतः उन्हें कभी शान्ति नहीं मिलती थी। देवता उनसे द्वेष करने लगे। उनके यशरूपी अग्निसे जलने लगे। अतः वे व्याकुल होकर भगवान् विष्णुकी शरणमें गये।

देवता बोले—शङ्ख, चक्र और गदा धारण करनेवाले जगन्नाथ! हम पीड़ित हैं। हमारी सत्ता छिन गयी है। आप हमारी ही रक्षाके लिये अस्त्र-शस्त्र धारण करते हैं। आप-जैसे स्वामीके होते हुए हमपर ऐसा दुःख आ पड़ा है। हमारी जो वाणी आपको प्रणाम करती थी, वही एक दैत्यको कैसे नमस्कार करेगी। सुरेश्वर! आपके ऐश्वर्यसे पुष्ट हो अपने ही पराक्रमसे तीनों लोकोंको जीतकर हम स्थिर होंगे। दैत्यको कैसे नमस्कार करें।

देवताओंका यह वचन सुनकर दैत्योंका संहार करनेवाले भगवान्ने देवकार्यकी सिद्धिके लिये इस प्रकार कहा—

श्रीभगवान् बोले—देवताओ! बलि मेरा भक्त है, उसे देवता और असुर कोई भी नहीं मार सकते। जैसे तुमलोग मेरे द्वारा पालन-पोषणके योग्य हो, वैसे बलि भी है। मैं बिना युद्धके ही स्वर्गसे बलिका राज्य छीन लूँगा और बलिको बाँधकर तुम्हारा राज्य तुम्हें लौटा दूँगा।

ब्रह्माजी कहते हैं—'बहुत अच्छा' कहकर देवता स्वर्गमें चले गये। इधर देवताओंके स्वामी भगवान् विष्णुने अदितिके गर्भमें प्रवेश किया। उनके जन्मके समय अनेक प्रकारके उत्सव होने लगे। यज्ञेश्वर यज्ञपुरुष स्वयं ही वामनरूपमें अवतीर्ण हुए। इसी समय बलवानोंमें श्रेष्ठ बलिने अश्वमेध-यज्ञकी दीक्षा ली। प्रधान-प्रधान ऋषि तथा वेद-वेदाङ्गोंके ज्ञाता पुरोहित शुक्राचार्यने उस यज्ञका आरम्भ कराया। स्वयं शुक्र ही यज्ञके आचार्य थे। उस यज्ञमें हविष्यका भाग लेनेके लिये जब सब देवता निकट आये, 'दान दो,' 'भोजन करो', सबका सत्कार करो,' 'पूर्ण हो गया', 'पूर्ण हो गया' इत्यादि शब्द यज्ञमण्डपमें गूँजने लगे, उसी समय विचित्र कुण्डल धारण किये साम-गान करते हुए वामनजी धीरे-धीरे यज्ञशालामें आये। आनेपर वे यज्ञकी प्रशंसा करने लगे। शुक्राचार्यने उन्हें देखते ही समझ लिया कि ये ब्राह्मणरूपधारी वामन देवता वास्तवमें दैत्योंके विनाशक, यज्ञ

और तपस्याके फल देनेवाले और राक्षसकुलका संहार करनेवाले साक्षात् विष्णु हैं। बलवानोंमें श्रेष्ठ महातेजस्वी राजा बलि क्षत्रिय-धर्मके अनुसार विजयी होकर भक्तिपूर्वक धनका दान करते हुए अपनी पत्नीके साथ यज्ञकी दीक्षा लेकर बैठे थे और हविष्यका हवन करते हुए यज्ञपुरुषका ध्यान कर रहे थे। शुक्राचार्यजीने वामनजीको पहचानकर तुरंत ही राजा बलिसे कहा—'राजन्! ये जो बौने शरीरवाले ब्राह्मण तुम्हारे यज्ञमें आये हैं, वे वास्तवमें ब्राह्मण नहीं, यज्ञवाहन यज्ञेश्वर विष्णु हैं। प्रभो! इसमें तनिक संदेह नहीं कि ये देवताओंका हित करनेके लिये बालकरूप धारणकर तुमसे कुछ याचना करने आये हैं। अतः पहले मुझसे सलाह लेकर पीछे इन्हें कुछ देना चाहिये।'

यह सुनकर शत्रुविजयी बलिने अपने पुरोहित शुक्राचार्यसे कहा—'मैं धन्य हूँ, जिसके घरपर साक्षात् यज्ञेश्वर मूर्तिमान् होकर पधारते और कुछ याचना करते हैं। अब इसमें सलाह लेनेके योग्य कौन-सी बात रह जाती है।' यों कहकर पत्नी और पुरोहित शुक्राचार्यके साथ राजा बलि उस स्थानपर आये, जहाँ अदितिनन्दन वामनजी विराजमान थे। राजाने हाथ जोड़कर पूछा—'भगवन्! बताइये, आप क्या चाहते हैं?' तब वामनजीने कहा— 'महाराज! केवल तीन पग भूमि दे दीजिये और किसी धनकी मुझे आवश्यकता नहीं है।' 'बहुत अच्छा' कहकर राजा बलिने रत्नजटित कलशसे जल लिया और वामनजीको भूमि संकल्प करके दे दी। सभी महर्षि और शुक्राचार्य चुपचाप देखते रहे। वामनजीने धीरेसे कहा—'राजन्! स्वस्ति, आप सुखी रहें। मुझे मेरी नापी हुई तीन पग भूमि दे दीजिये।' बलिने 'तथास्तु' कहकर ज्यों ही वामनजीकी ओर देखा, वे विराट्रूप हो गये। चन्द्रमा और सूर्य उनकी छातीके सामने आ गये। उन्हें इस रूपमें देखकर स्त्रीसहित दैत्यराज बलिने विनयपूर्वक कहा—'जगन्मय विष्णो! आप अपनी शक्तिभर पैर बढ़ाइये!'

विष्णु बोले—दैत्यराज! देखो, मैं पैर बढ़ाता हूँ।

बलिने कहा—बढ़ाइये, अवश्य बढ़ाइये।

तब भगवान्ने पृथ्वीके नीचे स्थित कच्छपकी पीठपर पैर रखकर पहला पग बलिके यज्ञमें रखा, किंतु उनका दूसरा पग ब्रह्मलोकतक जा पहुँचा। उस समय उन्होंने बलिसे कहा—'दैत्यराज! मेरा तीसरा पग रखनेके लिये तो स्थान ही नहीं है, कहाँ रखूँ? स्थान दो।'

यह सुनकर बलिने हँसते हुए कहा—'जगन्मय देवेश्वर! आपने ही तो जगत्की सृष्टि की है, मैं तो इसका स्रष्टा नहीं हूँ। यदि यह छोटा या थोड़ा हो गया तो इसमें आपका ही दोष है, मैं क्या करूँ। केशव! फिर भी मैं कभी असत्य नहीं बोलता, अतः मेरे सत्यकी रक्षा करते हुए आप अपना तीसरा पग मेरी पीठपर ही रखिये।'

बलिका यह वचन सुनकर वेदत्रयीरूप देवपूजित भगवान् प्रसन्न होकर बोले—'दैत्यराज! मैं तुम्हारी भक्तिसे बहुत प्रसन्न हूँ। तुम्हारा कल्याण हो, कोई वर माँगो।' तब बलिने जगत्के स्वामी भगवान् त्रिविक्रमसे कहा—'अब मैं आपसे याचना नहीं करूँगा।' तब भगवान्ने स्वयं ही प्रसन्न होकर उन्हें मनोवाञ्छित वर दिया। वर्तमान समयमें रसातलका राज्य, भविष्यमें इन्द्रपद, स्वतन्त्रता तथा अविनाशी यश आदि प्रदान किये। इस प्रकार दैत्यराज बलिको यह सब कुछ देकर भगवान्ने उन्हें पुत्र और पत्नीसहित रसातलमें भेज दिया और इन्द्रको देवताओंका राज्य अर्पित किया। इसी बीचमें उनका जो दूसरा पग मेरे लोकमें पहुँचा था, उसे देखकर मैंने सोचा, 'यह मेरे

जन्मदाता भगवान् विष्णुका चरण है, जो सौभाग्यवश मेरे घरपर आ पहुँचा है। इसके लिये मैं क्या करूँ, जिससे मेरा कल्याण हो? मेरे पास जो यह श्रेष्ठ कमण्डलु है, इसमें भगवान् शंकरका दिया हुआ पवित्र जल है। यह जल उत्तम, वरदायक, शान्तिकारक, शुभद, भोग और मोक्षका दाता, विश्वके लिये मातृरूप, अमृतमय, पवित्र औषध, पावन, पूज्य, ज्येष्ठ, श्रेष्ठ, गुणमय तथा स्मरणमात्रसे लोकोंको पवित्र करनेवाला है। यह जल मैं अपने पिताको अर्घ्यरूपसे अर्पित करूँगा।' यह सोचकर मैंने वह जल भगवान्के चरणोंमें अर्घ्यरूपसे चढ़ा दिया। वह मन्त्रयुक्त अर्घ्यजल भगवान् विष्णुके चरणोंमें गिरकर मेरुपर्वतपर पड़ा और चार भागोंमें बँटकर पूर्व, दक्षिण, पश्चिम तथा उत्तर दिशामें पृथ्वीपर जा पहुँचा। दक्षिणमें गिरे हुए जलको भगवान् शंकरने जटाओंमें रख लिया। पश्चिममें जो जल गिरा, वह फिर कमण्डलुमें ही चला आया। उत्तरमें गिरे हुए जलको भगवान् विष्णुने ग्रहण किया तथा पूर्वमें जो जल गिरा, उसे देवताओं, पितरों और लोकपालोंने ग्रहण किया; अतः वह जल अत्यन्त श्रेष्ठ कहा जाता है। भगवान् विष्णुके चरणोंसे निकलकर दक्षिण दिशामें गया हुआ जल, जो भगवान् शंकरकी जटामें स्थित हुआ, पर्वके समय शुभोदय करनेवाला है। उसके प्रभावका स्मरण करनेसे समस्त अभिलषित वस्तुओंकी प्राप्ति होती है।

गौतमके द्वारा भगवान् शंकरकी स्तुति, शिवका गौतमको जटासहित गङ्गाका अर्पण तथा गौतमी गङ्गाका माहात्म्य

ब्रह्माजी कहते हैं—महामते! भगवान् शंकरकी जटामें जो दिव्य जल आकर स्थित हुआ, उसके दो भेद हुए; क्योंकि उसे पृथ्वीपर उतारनेवाले दो व्यक्ति थे। उस जलके एक भागको तो व्रत, दान और समाधिमें तत्पर रहनेवाले गौतम नामक ब्राह्मणने भगवान् शिवकी आराधना करके भूतलतक पहुँचाया, जो सम्पूर्ण लोकमें विख्यात हुआ; तथा दूसरा भाग बलवान् क्षत्रिय राजा भगीरथने इस पृथ्वीपर उतारा। इसके लिये उन्हें नियमोंका पालन करते हुए तपस्याद्वारा भगवान् शंकरकी आराधना करनी पड़ी थी। इस प्रकार एक ही गङ्गाके दो स्वरूप हो गये।

एक समयकी बात है, महर्षि गौतम कैलासपर्वतपर गये और मौनभावसे कुशा बिछाकर उसपर बैठे; फिर पवित्र होकर इस स्तोत्रका गान करने लगे।

गौतम बोले—भोगकी अभिलाषा रखनेवाले जीवोंको मनोवाञ्छित भोग प्रदान करनेके लिये

पार्वतीसहित भगवान् शंकर उत्तम गुणोंसे युक्त आठ विराट् स्वरूप धारण करते हैं। इस प्रकार विद्वान् पुरुष प्रतिदिन भगवान् महादेवजीकी स्तुति किया करते हैं। महेश्वरका जो पृथ्वीमय शरीर है, वह अपने विषयोंद्वारा सुख पहुँचाने, समस्त चराचर जगत्का भरण-पोषण करने, उसकी सम्पत्ति बढ़ाने तथा सबका अभ्युदय करनेके लिये है। शान्तिमय शरीरवाले भगवान् शिवने जगत्की सृष्टि, पालन और संहार करनेके लिये पृथ्वीके आधारभूत जलका स्वरूप धारण किया है। उनका वह लोक-प्रतिष्ठित रूप सब लोगोंको सुख पहुँचाने तथा धर्मकी सिद्धि करनेका भी हेतु है। महेश्वर! आपने समयकी व्यवस्था करने, अमृतका स्रोत बहाने, जीवोंकी सृष्टि, पालन और संहार करने तथा प्रजाको मोह, सुख एवं उन्नतिका अवसर देनेके लिये सूर्य, चन्द्रमा तथा अग्निका शरीर धारण किया है। ईश! आपने जो वायुका रूप ग्रहण किया है, उसमें भी एक रहस्य है। सब लोग प्रतिदिन बढ़ें, चलें, फिरें, शक्तिका उपार्जन करें, अक्षरोंका उच्चारण कर सकें, जीवन कायम रहे और अनेक प्रकारके आमोद-प्रमोदकी सृष्टि हो, इसीलिये आपका वह रूप है। भगवन्! इसमें तनिक भी संदेह नहीं कि अपने-आपको आप ही ठीक-ठीक जानते हैं। भेद (अवकाश)-के बिना न कोई क्रिया हो सकती है न धर्म हो सकता है, न अपने या परायेका बोध होगा न दिशा, अन्तरिक्ष, द्युलोक, पृथ्वी तथा भोग और मोक्षका ही अन्तर जान पड़ेगा; अतः महेश्वर! आपने यह आकाशरूप ग्रहण किया है। धर्मकी व्यवस्था करनेका निश्चय करके आपने ऋग्वेद, सामवेद, यजुर्वेद, उनकी शाखाओं और शास्त्रोंका विभाग किया है तथा लोकमें भी इसी उद्देश्यसे गाथाओं, स्मृतियों और पुराणोंका प्रसार किया है। ये सब शब्दस्वरूप ही हैं। शम्भो! यजमान, यज्ञ, यज्ञोंके साधन, ऋत्विक्, यज्ञका स्थान, फल, देश और काल—ये सब आप ही हैं। आप ही परमार्थतत्त्व हैं। विद्वान् पुरुष आपके शरीरको यज्ञाङ्गमय बतलाते हैं। केवल वाग्विलास करनेसे क्या लाभ—कर्ता, दाता, प्रतिनिधि, दान, सर्वज्ञ, साक्षी, परम पुरुष, सबका अन्तरात्मा तथा परमार्थस्वरूप सब कुछ आप ही हैं। भगवन्! वेद, शास्त्र और गुरु भी आपके तत्त्वका भलीभाँति उपदेश नहीं कर सके हैं। निश्चय ही आपतक बुद्धि आदिकी भी पहुँच नहीं है। आप अजन्मा, अप्रमेय और शिव-शब्दसे वाच्य हैं, आप ही सत्य हैं। आपको नमस्कार है। किसी समय भगवान् शिवने अपनी प्रकृतिको इस भावसे देखा कि यह मेरी सम्पत्ति है; उसी समय वे एकसे अनेक हो गये, विश्वरूपमें प्रकट हो गये। वास्तवमें उनका प्रभाव अतर्क्य और अचिन्त्य है। भगवान् शिवकी प्रिया शिवा देवी भी नित्य हैं। भव (भगवान् शंकर)-में उनका भाव (हार्दिक अनुराग) पूर्णरूपसे बढ़ा हुआ है; वे इस भव (संसार)-की उत्पत्तिमें स्वयं कारण हैं तथा सर्वकारण महेश्वरके आश्रित हैं। शिवा समस्त शुभ लक्षणोंसे सम्पन्न तथा विश्वविधाता शिवकी विलक्षण शक्ति हैं। संसारकी उत्पत्ति, स्थिति, अन्नकी वृद्धि तथा लय—ये सनातन भाव जहाँ होते रहते हैं, वह एकमात्र पार्वतीदेवीका ही स्वरूप है। वे भगवान् शंकरकी प्राणवल्लभा हैं। उनके लिये कुछ भी असाध्य नहीं है। समस्त जीव जिनके लिये अन्नदान देते और तपस्या करते हैं, वे जगज्जननी माता पार्वती ही हैं। उनकी उत्तम कीर्ति बहुत बड़ी है। वे शिवकी प्रियतमा हैं। इन्द्र भी जिनकी कृपादृष्टि चाहते हैं, जिनका नाम लेनेसे मङ्गलकी प्राप्ति होती है, जो सम्पूर्ण विश्वमें व्याप्त हो इसे निर्मल बनाती हैं, वे

भगवती उमा ही हैं। उनका रूप सदा चन्द्रमाके समान ही मनोरम है। जिनके प्रसादसे ब्रह्मा आदि चराचर जीवोंकी बुद्धि, नेत्र, चेतना और मनमें सदा सुखकी प्राप्ति होती है, वे जगद्गुरु शिवकी सुन्दरी शक्ति शिवा वाणीकी अधीश्वरी हैं। आज ब्रह्माजीका भी मन मलिन हो रहा है, फिर अन्य जीवोंकी तो बात ही क्या—यह सोचकर जगन्माता उमाने अनेक उपायोंसे सम्पूर्ण जगत्को पवित्र करनेके लिये गङ्गाका अवतार धारण किया है। श्रुतियोंको देखकर तथा सब प्रमाणोंसे भगवान् शंकरकी प्रभुतापर विश्वास करके लोग जो धर्मोंका अनुष्ठान करते और उनके फलस्वरूप जो उत्तम भोग भोगते हैं, यह भगवान् सदाशिवकी ही विभूति है। वैदिक अथवा लौकिक कार्य, क्रिया, कारक और साधनोंका जो सबसे उत्तम एवं प्रिय साध्य है, वह अनादि कर्त्ता शिवकी प्राप्ति ही है। जो सर्वश्रेष्ठ ब्रह्म, परप्रधान, सारभूत और उपासनाके योग्य है, जिसका ध्यान तथा जिसकी प्राप्ति करके श्रेष्ठ योगी पुरुष मुक्त हो जाते—पुनः संसारमें जन्म नहीं लेते, वे भगवान् उमापति ही मोक्ष हैं। माता पार्वती! भगवान् शंकर जगत्का कल्याण करनेके लिये जैसे-जैसे अपार मायामय रूप धारण करते हैं, वैसे-ही-वैसे तुम भी उनके योग्य रूप धारण करती हो। इस प्रकार तुममें पातिव्रत्य जाग्रत् रहता है।

गौतमजीके इस प्रकार स्तुति करनेपर वृषभाङ्कित ध्वजावाले साक्षात् भगवान् शिव उनके सामने प्रकट हुए और प्रसन्न होकर बोले—'गौतम! तुम्हारी भक्ति, स्तुति तथा उत्तम व्रतसे मैं बहुत संतुष्ट हूँ। माँगो, तुम्हें क्या दूँ? जो वस्तु देवताओंके लिये भी दुर्लभ हो, वह भी तुम माँग सकते हो।'

गौतमने कहा—जगदीश्वर! समस्त लोकोंको पवित्र करनेवाली इन पावन देवीको, जो आपकी

जटामें स्थित और आपको परम प्रिय हैं, ब्रह्मगिरिपर छोड़ दीजिये। ये समुद्रमें मिलनेतक सबके लिये तीर्थरूप होकर रहें। इनमें स्नान करनेमात्रसे मन, वाणी और शरीरद्वारा किये हुए ब्रह्महत्या आदि समस्त पाप नष्ट हो जायँ। चन्द्रग्रहण, सूर्यग्रहण, अयनारम्भ, विषुवयोग, संक्रान्ति तथा वैधृतियोग आनेपर अन्य पुण्यतीर्थोंमें स्नान करनेसे जो फल मिलता है, वह इनके स्मरणमात्रसे ही प्राप्त हो जाय। ये समुद्रमें पहुँचनेतक जहाँ-जहाँ जायँ, वहाँ-वहाँ आप अवश्य रहें। यह श्रेष्ठ वर मुझे प्राप्त हो तथा इनके तटसे एक योजनसे लेकर दस योजनतककी दूरीके भीतर आये हुए महापातकी मनुष्य भी यदि स्नान किये बिना ही मृत्युको प्राप्त हो जायँ तो वे भी मुक्तिके भागी हों।

ब्रह्माजी कहते हैं—गौतमकी यह बात सुनकर भगवान् शंकर बोले—'इससे बढ़कर दूसरा कोई तीर्थ न तो हुआ है न होगा; यह बात सत्य है, सत्य है, सत्य है और वेदमें भी निश्चित की गयी है कि गौतमी गङ्गा (गोदावरी) सब तीर्थोंसे

अधिक पवित्र हैं।' यों कहकर वे अन्तर्धान हो गये। लोकपूजित भगवान् शिवके चले जानेपर गौतमने उनकी आज्ञासे जटासहित सरिताओंमें श्रेष्ठ गङ्गाको साथ ले देवताओंसे घिरकर ब्रह्मगिरिमें प्रवेश किया। उस समय महाभाग महर्षि, ब्राह्मण तथा क्षत्रिय भी आनन्दमग्न होकर जय-जयकार करते हुए ब्रह्मर्षि गौतमकी प्रशंसा करने लगे।

पवित्र एवं संयत चित्तवाले गौतमने जटाको ब्रह्मगिरिके शिखरपर रखा और भगवान् शङ्करका स्मरण करते हुए गङ्गाजीसे हाथ जोड़कर कहा—'तीन नेत्रोंवाले भगवान् शिवकी जटासे प्रकट हुई माता गङ्गा! तुम सब अभीष्टोंको देनेवाली और शान्त हो। मेरा अपराध क्षमा करो और सुखपूर्वक यहाँसे प्रवाहित होकर जगत्का कल्याण करो। देवि! मैंने तीनों लोकोंका उपकार करनेके लिये तुम्हारी याचना की है और भगवान् शंकरने भी इसी उद्देश्यकी सिद्धिके लिये तुम्हें दिया है। अत: हमारा यह मनोरथ असफल नहीं होना चाहिये।'

गौतमका यह वचन सुनकर भगवती गङ्गाने उसे स्वीकार किया और अपने-आपको तीन स्वरूपोंमें विभक्त करके स्वर्गलोक, मर्त्यलोक एवं रसातलमें फैल गयीं। स्वर्गलोकमें उनके चार रूप हुए, मर्त्यलोकमें वे सात धाराओंमें बहने लगीं तथा रसातलमें भी उनकी चार धाराएँ हुईं। इस प्रकार एक ही गङ्गाके पंद्रह आकार हो गये। गङ्गा देवी सर्वत्र हैं, सर्वभूतस्वरूपा हैं, सब पापोंका नाश करनेवाली तथा सम्पूर्ण अभीष्ट वस्तुओंको देनेवाली हैं। वेदमें सदा उन्हींके यशका गान किया जाता है। जिनकी बुद्धि अज्ञानसे मोहित है, वे मर्त्यलोकके निवासी समझते हैं कि गङ्गा केवल मर्त्यलोकमें ही हैं, पाताल अथवा स्वर्गमें नहीं हैं। भगवती गङ्गा जहाँतक पहुँचकर सागरमें मिली हैं, वहाँतक वे देवमयी मानी गयी हैं। महर्षि गौतमके छोड़नेपर वे पूर्वसमुद्रकी ओर चली गयीं। उस समय देवर्षियोंद्वारा सेवित कल्याणमयी जगन्माता गङ्गाकी मुनिश्रेष्ठ गौतमने परिक्रमा की। इसके बाद उन्होंने देवेश्वर भगवान् त्र्यम्बकका पूजन किया। उनके स्मरण करते ही करुणासिन्धु भगवान् शिव वहाँ प्रकट हो गये। पूजा करके महर्षि गौतमने कहा—'देवदेव महेश्वर! आप सम्पूर्ण लोकोंके हितके लिये मुझे इस तीर्थमें स्नान करनेकी विधि बताइये।'

भगवान् शिव बोले—महर्षे! गोदावरीमें स्नान करनेकी सम्पूर्ण विधि सुनो। पहले नान्दीमुख श्राद्ध करके शरीरकी शुद्धि करे, फिर ब्राह्मणोंको भोजन कराये और उनसे स्नान करनेकी आज्ञा ले। तदनन्तर ब्रह्मचर्यका पालन करते हुए गोदावरी नदीमें स्नान करनेके लिये जाय। उस समय पतित मनुष्योंके साथ वार्तालाप न करे। जिसके हाथ, पैर और मन भलीभाँति संयममें रहते हैं, वही तीर्थका पूरा फल पाता है। भावदोष (दुर्भावना)-का परित्याग करके अपने धर्ममें स्थिर रहे और थके-माँदे, पीड़ित मनुष्योंकी सेवा करते हुए उन्हें यथायोग्य अन्न दे। जिनके पास कुछ नहीं है, ऐसे साधुओंको वस्त्र और कम्बल दे। भगवान् विष्णुकी तथा गङ्गाजीके प्रकट होनेकी दिव्य कथा सुने। इस विधिसे यात्रा करनेवाला मनुष्य तीर्थके उत्तम फलका भागी होता है।

गौतम! गोदावरी नदीमें दो-दो हाथ भूमिपर तीर्थ होंगे। उनमें मैं स्वयं सर्वत्र रहकर सबकी समस्त कामनाओंको पूर्ण करता रहूँगा। सरिताओंमें श्रेष्ठ नर्मदा अमरकण्टकपर्वतपर अधिक उत्तम मानी गयी हैं। यमुनाका विशेष महत्त्व उस स्थानपर है, जहाँ वे गङ्गासे मिली हैं। सरस्वती नदी प्रभासतीर्थमें श्रेष्ठ बतायी गयी हैं। तृष्णा,

भीमरथी और तुङ्गभद्रा—इन तीन नदियोंका जहाँ समागम हुआ है, वह तीर्थ मनुष्योंको मुक्ति देनेवाला है। इसी प्रकार पयोष्णी नदी भी जहाँ तपती (ताप्ती)-में मिली हैं, वह तीर्थ मोक्षदायक है; परंतु ये गौतमी गङ्गा मेरी आज्ञासे सर्वत्र सर्वदा और सब मनुष्योंको स्नान करनेपर मोक्ष प्रदान करेंगी। कोई-कोई तीर्थ किसी विशेष समयमें देवताका शुभागमन होनेपर अधिक पुण्यमय माना जाता है, किंतु गोदावरी नदी सदा ही सबके लिये तीर्थ है। मुनिश्रेष्ठ! दो सौ योजनके भीतर गोदावरी नदीमें साढ़े तीन करोड़ तीर्थ होंगे। ये गङ्गा निम्नाङ्कित नामोंसे प्रसिद्ध होंगी—माहेश्वरी, गङ्गा, गौतमी, वैष्णवी, गोदावरी, नन्दा, सुनन्दा, कामदायिनी, ब्रह्मतेज:समानीता तथा सर्वपापप्रणाशिनी। गोदावरी मुझे सदा ही प्रिय हैं। ये स्मरणमात्रसे पाप-राशिका विनाश करनेवाली हैं। पाँचों भूतोंमें जल श्रेष्ठ है! जलमें भी जो तीर्थका जल है, वह सर्वश्रेष्ठ माना गया है। तीर्थ-जलमें भी भागीरथी गङ्गा श्रेष्ठ हैं और उनसे भी गौतमी गङ्गा उत्कृष्ट मानी गयी हैं; क्योंकि वे भगवान् शंकरकी जटाके साथ लायी गयी थीं। अत: इनसे बढ़कर कल्याणकारी तीर्थ दूसरा कोई नहीं है। मुने! स्वर्ग, पृथ्वी और पातालमें भी गङ्गा सब मनोरथोंको पूर्ण करनेवाली हैं।

ब्रह्माजी कहते हैं—नारद! इस प्रकार साक्षात् भगवान् शंकरने संतुष्ट होकर महात्मा गौतमको गोदावरीका जो माहात्म्य बतलाया था। वही मैंने तुमको सुनाया है।

भागीरथी गङ्गाके अवतरणकी कथा

नारदजीने कहा—सुरश्रेष्ठ! एक ही गङ्गाके आपने दो भेद बतलाये हैं। एक तो वह है, जो गौतम नामक ब्राह्मणके द्वारा लाया गया और दूसरा अंश भगवान् शंकरकी जटामें ही रह गया, जिसे क्षत्रिय राजा भगीरथ ले आये। अत: उसीका प्रसङ्ग मुझे सुनाइये।

ब्रह्माजी बोले—देवर्षे! वैवस्वत मनुके वंशमें राजा इक्ष्वाकुके कुलमें सगर नामके एक अत्यन्त धार्मिक राजा हो गये हैं। वे यज्ञ करते, दान देते और सदा धार्मिक आचार-विचारसे रहते थे। उनके दो पत्नियाँ थीं। वे दोनों ही पतिभक्ति-परायणा थीं, किंतु उनमेंसे किसीको भी संतान न हुई। इसलिये राजाके मनमें बड़ी चिन्ता थी। एक दिन उन्होंने महर्षि वसिष्ठको अपने घर बुलाया और विधिपूर्वक उनकी पूजा करके पूछा—'किस उपायसे मुझे संतान होगी?' उनकी यह बात सुनकर महर्षि वसिष्ठने कुछ कालतक ध्यान किया। उसके बाद राजासे कहा—'राजन्! तुम पत्नीसहित सदा ऋषि-महर्षियोंका सेवन करते रहो।' यों कहकर महर्षि वसिष्ठ अपने आश्रमको चले गये। एक समयकी बात है—राजर्षि सगरके घरपर एक तपस्वी महात्मा पधारे। राजाने उन महर्षिका पूजन किया। इससे संतुष्ट होकर वे बोले—'महाभाग! वर माँगो।' यह सुनकर राजाने पुत्र होनेके लिये प्रार्थना की। मुनि बोले—'तुम्हारी एक पत्नीके गर्भसे एक ही पुत्र होगा, किंतु वह वंशधर होगा; और दूसरी स्त्रीके गर्भसे साठ हजार पुत्र उत्पन्न होंगे।' वरदान देकर जब मुनि चले गये, तब उनके कथनानुसार यथासमय राजाके हजारों पुत्र हुए। राजा सगरने उत्तम दक्षिणासे युक्त बहुतेरे अश्वमेध-यज्ञ किये। फिर एक अश्वमेध-यज्ञके लिये उन्होंने विधिपूर्वक

दीक्षा ग्रहण की और अश्वकी रक्षाके लिये सेनासहित अपने पुत्रोंको नियुक्त किया। अश्व पृथ्वीपर भ्रमण करने लगा। इसी बीचमें कहीं अवसर पाकर इन्द्रने उस अश्वको हर लिया और रक्षकोंको सौंप दिया। राजकुमार घोड़ेको इधर-उधर ढूँढ़ने लगे, परंतु कहीं भी वह उन्हें दिखायी न दिया। तब उन्होंने देवलोकमें जाकर ढूँढ़ा, पर्वतों और सरोवरोंमें खोजा और कितने ही जङ्गल छान डाले; मगर कहीं भी उसका पता न लगा। इसी समय आकाशवाणी हुई—'सगरपुत्रो! तुम्हारा घोड़ा रसातलमें बँधा है और कहीं नहीं है।' यह सुनकर वे रसातलमें जानेके लिये सब ओरसे पृथ्वीको खोदने लगे। क्षुधासे पीड़ित होनेपर वे सूखी मिट्टी खाते और दिन-रात भूमि खोदते रहते। इस प्रकार वे शीघ्र ही रसातलमें जा पहुँचे। सगरके बलवान् पुत्रोंको वहाँ आया सुनकर राक्षस थर्रा उठे और उनके वधका उपाय करने लगे। वे बिना युद्ध किये ही भयभीत हो उस स्थानपर आये, जहाँ महामुनि कपिल सो रहे थे। कपिलजीका क्रोध बड़ा प्रचण्ड था। राक्षसोंने वह घोड़ा ले जाकर तुरंत कपिलजीके सिरहानेकी ओर बाँध दिया और स्वयं चुपचाप दूर खड़े होकर देखने लगे कि अब क्या होता है। इतनेमें ही सगरके पुत्र रसातलमें घुसकर देखते हैं कि घोड़ा बँधा है और पास ही कोई पुरुष सो रहा है। उन्होंने कपिलजीको ही अश्व चुराकर यज्ञमें विघ्न डालनेवाला माना और यह निश्चय किया कि इस महापापीको मारकर हमलोग अपना अश्व महाराजके निकट ले चलें। कोई बोले—'अपना पशु बँधा है, इसे ही खोलकर ले चलें। इस सोये हुए पुरुषको मारनेसे क्या लाभ।' यह सुनकर दूसरे बोल उठे—'हम शूरवीर राजा हैं, शासक हैं। इस पापीको उठायें और क्षत्रियोचित्त तेजसे इसका वध कर डालें।' फिर क्या था, वे मुनिको कटु वचन सुनाते हुए लातोंसे मारने लगे।

इससे मुनिश्रेष्ठ कपिलको बड़ा क्रोध हुआ। उन्होंने सगरपुत्रोंकी ओर रोषपूर्ण दृष्टिसे देखा और भस्म कर डाला। वे सब-के-सब जलकर राख हो गये। नारद! यज्ञमें दीक्षित महाराज सगरको इन सब बातोंका पता न लगा। उस समय तुमने ही जाकर सगरको यह सब समाचार सुनाया। इससे राजाको बड़ी चिन्ता हुई। अब क्या करना चाहिये, यह बात उनकी समझमें न आयी। राजा

सगरके एक दूसरा पुत्र भी था, जिसका नाम असमञ्जा था। वह मूर्खतावश नगरके बालकोंको उठाकर पानीमें फेंक देता था। तब पुरवासियोंने एकत्रित होकर राजा सगरको इस बातकी सूचना दी। पुत्रका यह अन्याय जानकर महाराजको बड़ा क्रोध हुआ। उन्होंने अपने अमात्योंसे कहा—'यह असमञ्जा बालकोंकी हत्या करनेवाला तथा क्षत्रियधर्मका त्यागी है। अतः यह इस देशका

त्याग कर दे।' महाराजका यह आदेश सुनकर अमात्योंने राजकुमारको तुरंत देशनिकाला दे दिया। असमञ्जा वनमें चला गया। अब राजा सगर चिन्ता करने लगे कि 'हमारे सब पुत्र ब्राह्मणके शापसे रसातलमें नष्ट हो गये। एक बचा था, वह भी वनमें चला गया। इस समय मेरी क्या गति होगी?'

असमञ्जाके एक पुत्र था, जो अंशुमान् नामसे विख्यात हुआ। यद्यपि अंशुमान् अभी बालक था तो भी राजाने उसे बुलाकर अपना कार्य बतलाया। अंशुमान्ने भगवान् कपिलकी आराधना की और घोड़ा ले आकर राजा सगरको दे दिया। इससे वह यज्ञ पूर्ण हुआ। अंशुमान्के तेजस्वी पुत्रका नाम दिलीप था। दिलीपके पुत्र परम बुद्धिमान् भगीरथ हुए। भगीरथने जब अपने समस्त पितामहोंकी दुर्गतिका हाल सुना, तब उन्हें बड़ा दुःख हुआ। उन्होंने नृपश्रेष्ठ सगरसे विनयपूर्वक पूछा—'महाराज! उन सबका उद्धार कैसे होगा?' राजाने उत्तर दिया—'बेटा! यह तो भगवान् कपिल ही जानते हैं।' यह सुनकर बालक भगीरथ रसातलमें गये और कपिलको नमस्कार करके अपना सब मनोरथ उन्हें कह सुनाया। कपिल मुनि बहुत देरतक ध्यान करके बोले—'राजन्! तुम तपस्याद्वारा भगवान् शंकरकी आराधना करो और उनकी जटामें स्थित गङ्गाके जलसे अपने पितरोंकी भस्मको आप्लावित करो। इससे तुम तो कृतार्थ होगे ही, तुम्हारे पितर भी कृतकृत्य हो जायँगे।' यह सुनकर भगीरथने कहा—'बहुत अच्छा, मैं ऐसा ही करूँगा। मुनिश्रेष्ठ! बताइये, मैं कहाँ जाऊँ और कौन-सा कार्य करूँ?'

कपिलजी बोले—नरश्रेष्ठ! कैलासपर्वतपर जाकर महादेवजीकी स्तुति करो और अपनी शक्तिके अनुसार तपस्या करते रहो। इससे तुम्हारे अभीष्टकी सिद्धि होगी।

मुनिका यह वचन सुनकर भगीरथने उन्हें प्रणाम किया और कैलासपर्वतकी यात्रा की। वहाँ पहुँचकर पवित्र हो बालक भगीरथने तपस्याका निश्चय किया और भगवान् शंकरको सम्बोधित करके इस प्रकार कहा—'प्रभो! मैं बालक हूँ, मेरी बुद्धि भी बालककी ही है और आप भी अपने मस्तकपर बाल चन्द्रमाको धारण करते हैं। मैं कुछ भी नहीं जानता। आप मेरे इस अनजानपनसे ही प्रसन्न होइये। अमरेश्वर! जो लोग वाणीसे, मनसे और क्रियासे कभी मेरा उपकार करते हैं तथा हितसाधनमें संलग्न रहते हैं, उनका कल्याण करनेके लिये मैं उमासहित आपको प्रणाम करता हूँ। आप देवता आदिके लिये भी पूज्य हैं। जिन पूर्वजोंने मुझे अपने सगोत्र और समानधर्माके रूपमें उत्पन्न किया और पाल-पोसकर बड़ा बनाया, भगवान् शिव उनका अभीष्ट मनोरथ पूर्ण करें। मैं बालचन्द्रका मुकुट धारण करनेवाले भगवान् शंकरको नित्य प्रणाम करता हूँ।'

भगीरथके यों कहते ही भगवान् शिव उनके सामने प्रकट हो गये और बोले—'महामते! तुम निर्भय होकर कोई वर माँगो। जो वस्तु देवताओंके लिये भी सुलभ नहीं है, वह भी मैं तुम्हें निश्चय ही दे दूँगा।' यह आश्वासन पाकर भगीरथने महादेवजीको प्रणाम किया और प्रसन्न होकर कहा—'देवेश्वर! आपकी जटामें जो सरिताओंमें श्रेष्ठ गङ्गाजी विराजमान हैं, उन्हें ही मेरे पितरोंका उद्धार करनेके लिये दे दीजिये। इससे मुझे सब कुछ मिल जायगा।' तब महेश्वरने हँसकर कहा—'बेटा! मैंने तुम्हें गङ्गा दे दी। अब तुम उनकी स्तुति करो।' महादेवजीका वचन सुनकर भगीरथने गङ्गाजीकी प्राप्तिके लिये भारी तपस्या की और मनको संयममें रखकर भक्तिपूर्वक गङ्गाका स्तवन किया। बालक होनेपर भी भगीरथने अबालकोचित

पुरुषार्थ करके गङ्गाजीकी भी कृपा प्राप्त की। महादेवजीसे प्राप्त हुई गङ्गाको पाकर उन्होंने उनकी परिक्रमा की और हाथ जोड़कर कहा—'देवि! महामुनि कपिलके शापसे मेरे पितर

दुर्गतिमें पड़े हुए हैं। माता! आप उनका उद्धार करें।'

देवनदी गङ्गा सबका उपकार करनेवाली हैं। वे स्मरणमात्रसे सब पापोंका नाश कर देती हैं। उन्होंने भगीरथकी प्रार्थना सुनकर 'तथास्तु' कहा और लोकोंका उपकार एवं पितरोंका उद्धार करनेके लिये भगीरथके कथनानुसार सब कार्य किया। राजा सगरके जो पुत्र भस्म होकर रसातलमें पड़े थे, उन्हें अपने जलसे आप्लावित करके गङ्गाजीने उनके खोदे हुए गड्ढेको भर दिया। महामुने! इस प्रकार तुम्हें क्षत्रिया गङ्गाका वृत्तान्त सुनाया। ये माहेश्वरी, वैष्णवी, ब्राह्मी, पावनी, भागीरथी, देवनदी तथा हिमगिरिशिखराश्रया (हिमालयकी चोटीपर रहनेवाली) आदि नामोंसे पुकारी जाती हैं। इस प्रकार महादेवजीकी जटामें स्थित गङ्गाका जल दो स्वरूपोंमें विभक्त हुआ। विन्ध्यगिरिके दक्षिणभागमें जो गङ्गा हैं, उन्हें गौतमी (गोदावरी) कहते हैं और विन्ध्यगिरिके उत्तरभागमें स्थित गङ्गा भागीरथी कहलाती हैं।

वाराहतीर्थ, कुशावर्त, नीलगङ्गा और कपोततीर्थकी महिमा; कपोत और कपोतीके अद्भुत त्यागका वर्णन

नारदजीने कहा—भगवन्! आपके मुखसे कथा सुनते-सुनते मेरे मनको तृप्ति नहीं होती। पहले गौतम ब्राह्मणके द्वारा लायी हुई गङ्गाका वर्णन कीजिये। उनके पृथक्-पृथक् तीर्थोंके फल, पुण्य तथा इतिहासपर भी क्रमशः प्रकाश डालिये।

ब्रह्माजी बोले—नारद! गोदावरीके पृथक्-पृथक् तीर्थों, फलों और माहात्म्योंका पूरा-पूरा वर्णन न तो मैं कर सकता हूँ और न तुम सुननेमें ही समर्थ हो; तथापि कुछ बतलाता हूँ। जहाँ भगवान् त्र्यम्बक गौतमके सामने प्रत्यक्ष प्रकट हुए थे, वह तीर्थ त्र्यम्बकके नामसे प्रसिद्ध है (वही गौतमी गङ्गाका उद्गमस्थान है)। वह भोग और मोक्ष देनेवाला है। दूसरा वाराहतीर्थ है, जो तीनों लोकोंमें विख्यात है। उसका स्वरूप बतलाता हूँ। पूर्वकालकी बात है, सिन्धुसेन नामक राक्षस देवताओंको परास्त करके यज्ञ छीनकर रसातलमें जा पहुँचा। यज्ञके रसातल चले जानेपर पृथ्वीपर उसका सर्वथा अभाव हो गया। देवताओंने सोचा, यज्ञके बिना न तो यह लोक रह जायगा और न परलोक ही; अतः अपने शत्रुके पीछे उन्होंने

रसातलमें भी धावा किया। परंतु इन्द्र आदि देवता सिन्धुसेनको जीत न सके। तब उन्होंने पुराणपुरुष भगवान् विष्णुके पास जाकर यज्ञापहरण आदि राक्षसकी सब करतूत कह सुनायी। भगवान्‌ने उन्हें सान्त्वना देते हुए कहा—'मैं वाराहरूप धारण करके शङ्ख, चक्र और गदा हाथमें ले रसातलमें जाऊँगा और मुख्य-मुख्य राक्षसोंका संहार करके पुण्यमय यज्ञको लौटा लाऊँगा। देवताओ! तुम सब लोग स्वर्गमें जाओ। तुम्हारी मानसिक चिन्ता दूर हो जानी चाहिये।'

गङ्गाजी जिस मार्गसे रसातलमें गयी थीं, उसी मार्गसे पृथ्वीको छेदकर चक्रधारी भगवान् भी रसातलमें पहुँच गये। उन्होंने वाराहरूप धारण करके रसातलवासी राक्षसों और दानवोंका वध किया तथा महायज्ञको मुखमें रखकर रसातलसे निकल आये। उस समय देवता ब्रह्मगिरिपर श्रीहरिकी प्रतीक्षा करते थे। उस मार्गसे निकलकर भगवान् गङ्गास्रोतमें आये और रक्तसे लथपथ हुए अपने अङ्गोंको गङ्गाजीके जलसे धोया। उस स्थानपर वाराह नामक कुण्ड हो गया। इसके बाद भगवान्‌ने मुँहमें रखे हुए महायज्ञको दे दिया। इस प्रकार उनके मुखसे यज्ञका प्रादुर्भाव हुआ, इसलिये वाराहतीर्थ परम पवित्र और सम्पूर्ण अभिलषित वस्तुओंको देनेवाला है। वहाँ किया हुआ स्नान और दान सब यज्ञोंका फल देता है। जो पुण्यात्मा पुरुष वहाँ रहकर अपने पितरोंका स्मरण करता है, उसके पितर सब पापोंसे मुक्त हो स्वर्गमें चले जाते हैं। त्र्यम्बकमें एक कुशावर्त नामक तीर्थ है, उसके स्मरणमात्रसे मनुष्य कृतार्थ हो जाता है। वह समस्त अभीष्ट वस्तुओंको देनेवाला है। कुशावर्त उस तीर्थका नाम है, जहाँ महात्मा गौतमने गङ्गाका कुशोंसे आवर्तन किया था। वे वहाँ गङ्गाको कुशसे लौटाकर ले आये थे। कुशावर्तमें किया हुआ स्नान और दान पितरोंको तृप्ति देनेवाला है। जहाँ नदियोंमें श्रेष्ठ गङ्गा नीलपर्वतसे निकली हैं, वहाँ वे नीलगङ्गाके नामसे विख्यात हैं। मनुष्य शुद्धचित्त होकर नीलगङ्गामें स्नान आदि जो कुछ भी शुभ कर्म करता है, वह सब अक्षय जानना चाहिये। उससे पितरोंको बड़ी तृप्ति होती है।

गोदावरीमें परम उत्तम कपोततीर्थ भी है, जिसकी तीनों लोकोंमें प्रसिद्धि है। मुने! मैं उस तीर्थका स्वरूप और महान् फल बतलाता हूँ, सुनो। ब्रह्मगिरिपर एक बड़ा भयंकर व्याध रहता था। वह ब्राह्मणों, साधुओं, यतियों, गौओं, पक्षियों तथा मृगोंकी हत्या किया करता था। वह पापात्मा बड़ा ही क्रोधी और असत्यवादी था। उसके हाथमें सदा पाश और धनुष मौजूद रहते थे। उस महापापी व्याधके मनमें सदा पापके ही संकल्प उठते थे। उसकी स्त्री और पुत्र भी उसी स्वभावके थे। एक दिन अपनी पत्नीकी प्रेरणासे वह घने जङ्गलमें घुस गया। वहाँ उस पापीने अनेक प्रकारके मृगों और पक्षियोंका वध किया। कितनोंको जीवित ही पकड़कर पिंजड़ेमें डाल दिया। इस प्रकार बहुत दूरतक घूम-फिरकर वह अपने घरकी ओर लौटा। तीसरे पहरका समय था। चैत्र और वैशाख बीत चुके थे। एक ही क्षणमें बिजली कौंधने लगी और आकाशमें मेघोंकी घटा छा गयी। हवा चली और पानीके साथ पत्थरोंकी वर्षा होने लगी। मूसलाधार वर्षा होनेके कारण बड़ी भयंकर अवस्था हो गयी। व्याध राह चलते-चलते थक गया था। जलकी अधिकताके कारण मार्गका ज्ञान नहीं हो पाता था। जल, थल और गड्ढेकी पहचान असम्भव हो गयी थी। उस समय वह पापी सोचने लगा, 'कहाँ जाऊँ, कहाँ ठहरूँ, क्या करूँ? मैं यमराजकी भाँति सब प्राणियोंके प्राण लिया करता हूँ। आज

मेरा भी प्राणान्त कर देनेवाली पत्थरोंकी वृष्टि हो रही है। आसपास कोई ऐसी शिला अथवा वृक्ष नहीं दिखलायी देता, जहाँ मेरी रक्षा हो सके।'

इस प्रकार भाँति-भाँतिकी चिन्तामें पड़े हुए व्याधने थोड़ी ही दूरपर एक उत्तम वृक्ष देखा, जो शाखा और पल्लवोंसे सुशोभित हो रहा था। वह उसीकी छायामें आकर बैठ गया। उसके सब वस्त्र भीग गये थे। वह इस चिन्तामें पड़ा था कि मेरे स्त्री-बच्चे जीवित होंगे या नहीं। इसी समय सूर्यास्त भी हो गया। उसी वृक्षपर एक कबूतर अपनी स्त्री और पुत्र-पौत्रोंके साथ रहता था। वह वहाँ सुखसे निर्भय होकर पूर्ण तृप्त और प्रसन्न था। उस वृक्षपर रहते हुए उसके कई वर्ष बीत चुके थे। उसकी स्त्री कबूतरी बड़ी पतिव्रता थी। वह अपने पतिके साथ उस वृक्षके खोखलेमें रहा करती थी। वहाँ हवा और पानीसे पूरा बचाव था। उस दिन दैववश कपोत और कपोती दोनों ही चारा चुगनेके लिये गये थे, किंतु केवल कपोत ही लौटकर उस वृक्षपर आया। भाग्यवश कपोती भी वहीं व्याधके पिंजड़ेमें पड़ी थी। व्याधने उसे पकड़ लिया था, परंतु अभीतक उसके प्राण नहीं गये थे। कपोत अपनी संतानोंको मातृहीन देखकर चिन्तित हुआ। भयानक वर्षा हो रही थी। सूर्य डूब चुका था, फिर भी वह वृक्षका खोखला कपोतीसे खाली ही रह गया—यह विचारकर कपोत विलाप करने लगा। उसे इस बातका पता नहीं था कि कपोती यहीं पिंजड़ेमें बँधी पड़ी है। कपोतने अपनी प्रियाके गुणोंका वर्णन आरम्भ किया—'हाय! मेरे हर्षको बढ़ानेवाली कल्याणमयी कपोती न जाने क्यों अभीतक नहीं आयी। वही मेरे धर्मकी जननी है—उसके सहयोगसे ही मैं धर्मका सम्पादन कर पाता हूँ। मेरे इस शरीरकी स्वामिनी भी वही है। धर्म, अर्थ, काम और मोक्षकी सिद्धिमें वही सर्वदा मेरी सहायता करती है। मुझे प्रसन्न देखकर वह हँसती है और खिन्न जानकर मेरे दुःखोंका निवारण करती है। उचित सलाह देनेमें वह मेरी सखी है और सदा मेरी आज्ञाके ही पालनमें संलग्न रहती है। सूर्य अस्त हो गया तो भी वह कल्याणी अभीतक नहीं आयी। वह पतिके सिवा दूसरा कोई व्रत, मन्त्र, देवता, धर्म अथवा अर्थ नहीं जानती। वह पतिव्रता है। पतिमें ही उसके प्राण बसते हैं। पति ही उसका मन्त्र और पति ही उसका प्रियतम है। मेरी कल्याणमयी भार्या अभीतक नहीं आयी। क्या करूँ, कहाँ जाऊँ? मेरा यह घर उसके बिना आज जङ्गल-सा दिखायी देता है। उसके रहनेपर भयंकर स्थान भी शोभासम्पन्न और सुन्दर दिखायी देता है। जिसके रहनेपर यह घर वास्तवमें घर कहलाता है, वह मेरी प्रिय भार्या अबतक नहीं आयी। मैं उसके बिना जीवित नहीं रह सकूँगा। अपने प्रिय शरीरको भी त्याग दूँगा। किंतु ये बच्चे क्या करेंगे। ओह! आज मेरा धर्म लुप्त हो गया है।'

इस प्रकार विलाप करते हुए स्वामीके वचन सुनकर पिंजड़ेमें पड़ी हुई कपोती बोली—'खगश्रेष्ठ! मैं यहाँ पिंजड़ेमें बँधी हुई बेबस हो गयी हूँ। महामते! यह व्याध मुझे जालमें फँसाकर ले आया है। आज मैं धन्य हूँ और अनुगृहीत हूँ; क्योंकि पतिदेव मेरे गुणोंका बखान करते हैं। मुझमें जो गुण हैं और जो नहीं हैं, उन सबका मेरे पतिदेव गान कर रहे हैं। इससे मैं निस्संदेह कृतार्थ हो गयी। पतिके संतुष्ट होनेपर स्त्रियोंपर सम्पूर्ण देवता संतुष्ट हो जाते हैं। इसके विपरीत यदि पति असंतुष्ट हो तो स्त्रियोंका अवश्य नाश हो जाता है। प्राणनाथ! तुम्हीं मेरे देवता, तुम्हीं प्रभु, तुम्हीं सुहृद्, तुम्हीं शरण,

तुम्हीं व्रत, तुम्हीं स्वर्ग, तुम्हीं परब्रह्म और तुम्हीं मोक्ष हो।[१] आर्य! मेरे लिये चिन्ता न करो। अपनी बुद्धिको धर्ममें स्थिर करो। तुम्हारी कृपासे मैंने बहुतेरे भोग भोग लिये हैं।'

अपनी प्रिया कपोतीका यह वचन सुनकर कपोत उस वृक्षसे उतर आया और पिंजड़ेमें पड़ी हुई कपोतीके पास गया। वहाँ पहुँचकर उसने देखा, मेरी प्रिया जीवित है और व्याध मृतककी भाँति निश्चेष्ट हो रहा है। तब उसने उसे बन्धनसे छुड़ानेका विचार किया। कपोतीने रोकते हुए कहा —'महाभाग! संसारका सम्बन्ध स्थिर रहनेवाला नहीं है, ऐसा जानकर मुझे बन्धनसे मुक्त न करो। इसमें मुझे व्याधका अपराध नहीं जान पड़ता। तुम अपनी धर्ममयी बुद्धिको दृढ़ करो। ब्राह्मणोंके गुरु अग्नि हैं। सब वर्णोंका गुरु ब्राह्मण है। स्त्रियोंका गुरु उसका पति है और सब लोगोंका गुरु अभ्यागत है। जो लोग अपने घरपर आये हुए अतिथिको वचनोंद्वारा संतुष्ट करते हैं, उनके उन वचनोंसे वाणीकी अधीश्वरी सरस्वती देवी तृप्त होती हैं। अतिथिको अन्न देनेसे इन्द्र तृप्त होते हैं। उसके पैर धोनेसे पितर, उसके भोजन करनेसे प्रजापति, उसकी सेवा-पूजासे लक्ष्मीसहित श्रीविष्णु तथा उसके सुखपूर्वक शयन करनेपर सम्पूर्ण देवता तृप्त होते हैं। अतः अतिथि सबके लिये परम पूजनीय है। यदि सूर्यास्तके बाद थका-माँदा अतिथि घरपर आ जाय तो उसे देवता समझे; क्योंकि वह सब यज्ञोंका फलरूप है। थके हुए अतिथिके साथ गृहस्थके घरपर सम्पूर्ण देवता, पितर और अग्नि भी पधारते हैं। यदि अतिथि तृप्त हुआ तो उन्हें भी बड़ी प्रसन्नता होती है और यदि वह निराश होकर चला गया तो वे भी निराश होकर ही लौटते हैं।[२] अतः प्राणनाथ! आप सर्वथा दुःख छोड़कर शान्ति धारण कीजिये और अपनी बुद्धिको शुभमें लगाकर धर्मका सम्पादन कीजिये। दूसरोंके द्वारा किये हुए उपकार और अपकार दोनों ही साधु पुरुषोंके विचारसे श्रेष्ठ हैं। उपकार करनेवालोंपर तो सभी उपकार करते हैं। अपकार करनेवालोंके साथ जो अच्छा बर्ताव करे, वही पुण्यका भागी बताया गया है।[३]

कपोत बोला—सुमुखि! तुमने हम दोनोंके

---

१. तुष्टे भर्तरि नारीणां तुष्टाः स्युः सर्वदेवताः। विपर्यये तु नारीणामवश्यं नाशमाप्नुयात्॥
त्वं दैवं त्वं प्रभुर्मह्यं त्वं सुहृत्त्वं परायणम्। त्वं व्रतं त्वं परं ब्रह्म स्वर्गो मोक्षस्त्वमेव च॥
(८०।४०-४१)

२. गुरुरग्निर्द्विजातीनां वर्णानां ब्राह्मणो गुरुः॥
पतिरेव गुरुः स्त्रीणां सर्वस्याभ्यागतो गुरुः। अभ्यागतमनुप्राप्तं वचनैस्तोषयन्ति ये॥
तेषां वागीश्वरी देवी तृप्ता भवति निश्चितम्। तस्यान्नस्य प्रदानेन शक्रस्तृप्तिमवाप्नुयात्॥
पितरः पादशौचेन अन्नाद्येन प्रजापतिः। तस्योपचाराद्वै लक्ष्मीर्विष्णुना प्रीतिमाप्नुयात्॥
शयने सर्वदेवास्तु तस्मात्पूज्यतमोऽतिथिः।
अभ्यागतमनुश्रान्तं सूर्योढं गृहमागतम्। तं विद्याद्देवरूपेण सर्वक्रतुफलो ह्यसौ॥
अभ्यागतं श्रान्तमनुव्रजन्ति देवाश्च सर्वे पितरोऽग्नयश्च। तस्मिन् हि तृप्ते मुदवाप्नुवन्ति गते निराशेऽपि च ते निराशाः॥
(८०।४७—५२)

३. उपकारोऽपकारश्च प्रवराविति सम्मतौ। उपकारिषु सर्वोऽपि करोत्युपकृतिं पुनः॥
अपकारिषु यः साधुः पुण्यभाक् स उदाहृतः॥
(८०।५४-५५)

योग्य ही उत्तम बात कही है; किंतु इस विषयमें मुझे कुछ और भी कहना है, उसे सुनो। कोई एक हजार प्राणियोंका भरण-पोषण करता है। दूसरा दसका ही निर्वाह करता है और कोई ऐसा है, जो सुखपूर्वक केवल अपनी जीविकाका काम चला लेता है; किंतु हमलोग ऐसे जीवोंमेंसे हैं, जो अपना ही पेट बड़े कष्टसे भर पाते हैं। कुछ लोग खाई खोदकर उसमें अन्न भरकर रखते हैं। कुछ लोग कोठेभर धानके धनी होते हैं और कितने ही घड़ोंमें धान भरकर रखते हैं; परंतु हमारे पास तो उतना ही संग्रह होता है, जितना अपनी चोंचमें आ जाय। शुभे! तुम्हीं बताओ, ऐसी दशामें इस थके-माँदे अतिथिका आदर-सत्कार मैं किस प्रकार करूँ?

कपोतीने कहा—नाथ! अग्नि, जल, मीठी वाणी, तृण और काष्ठ आदि जो भी सम्भव हो, वह अतिथिको देना चाहिये। यह व्याध सर्दीसे कष्ट पा रहा है।[१]

अपनी प्यारी स्त्रीका कथन सुनकर पक्षिराज कपोतने पेड़पर चढ़कर सब ओर देखा तो कुछ दूरीपर उसे आग दिखायी दी। वहाँ जाकर वह चोंचसे एक जलती हुई लकड़ी उठा लाया और व्याधके आगे रखकर अग्निको प्रज्वलित किया; फिर सूखे काठ, पत्ते और तिनके बार-बार आगमें डालने लगा। आग प्रज्वलित हो उठी। उसे देखकर सर्दीसे दुःखी व्याधने अपने जडवत् बने हुए अङ्गोंको तपाया। इससे उसको बड़ा आराम मिला। कपोतीने देखा व्याध क्षुधाकी आगमें जल रहा है, तब उसने अपने स्वामीसे कहा—'महाभाग! मुझे आगमें डाल दीजिये। मैं अपने शरीरसे इस दुःखी व्याधको तृप्त करूँगी। सुव्रत! ऐसा करनेसे तुम अतिथि-सत्कार करनेवाले पुण्यात्माओंके लोकमें जाओगे।'

कपोत बोला—शुभे! मेरे जीते-जी यह तुम्हारा धर्म नहीं है। मुझे ही आज्ञा दो। मैं ही आज अतिथि-यज्ञ करूँगा।

यों कहकर कपोतने सबको शरण देनेवाले भक्तवत्सल विश्वरूप चतुर्भुज महाविष्णुका स्मरण करते हुए अग्निकी तीन बार परिक्रमा की; फिर व्याधसे यह कहते हुए अग्निमें प्रवेश किया कि 'मुझे सुखपूर्वक उपयोगमें लाओ।' कपोतने अपने जीवनको अग्निमें होम दिया, यह देख व्याध कहने लगा—'अहो! मेरे इस मनुष्य-शरीरका जीवन धिक्कार देने योग्य है, क्योंकि मेरे ही लिये पक्षिराजने यह साहसपूर्ण कार्य किया है।' यों कहते हुए व्याधसे कपोतीने कहा—'महाभाग! अब मुझे छोड़ दो। देखो, मेरे ये पतिदेव मुझसे दूर चले जा रहे हैं।' उसकी बात सुनकर व्याध सहम गया और तुरंत ही पिंजड़ेमें पड़ी हुई कपोतीको उसने छोड़ दिया। तब उसने भी पति और अग्निकी परिक्रमा करके कहा—'स्वामीके साथ चितामें प्रवेश करना स्त्रियोंके लिये बहुत बड़ा धर्म है। वेदमें इस मार्गका विधान है और लोकमें भी सबने इसकी प्रशंसा की है। जैसे साँप पकड़नेवाला मनुष्य साँपको बिलसे बलपूर्वक निकाल लेता है, उसी प्रकार पतिका अनुगमन करनेवाली नारी पतिके साथ ही स्वर्गलोकमें जाती है।'[२]

यों कहकर कपोतीने पृथ्वी, देवता, गङ्गा

१. अग्निरापः शुभा वाणी तृणकाष्ठादिकं च यत्। एतदप्यर्थिने देयं शीतार्तो लुब्धकस्त्वयम्॥ (८०।६०)

२. स्त्रीणामयं परो धर्मो यद्भर्तुरनुवेशनम्। वेदे च विहितो मार्गः सर्वलोकेषु पूजितः॥
व्यालग्राही यथा व्यालं बिलादुद्धरते बलात्। एवं त्वनुगता नारी सह भर्त्रा दिवं व्रजेत्॥ (८०।७५-७६)

तथा वनस्पतियोंको नमस्कार किया और अपने बच्चोंको सान्त्वना देकर व्याधसे कहा—'महाभाग! तुम्हारी ही कृपासे मेरे लिये ऐसा शुभ अवसर प्राप्त हुआ है। मैं पतिके साथ स्वर्गलोकमें जाती हूँ।' यों कहकर वह पतिव्रता कपोती आगमें प्रवेश कर गयी। इसी समय आकाशमें जय-जयकारकी ध्वनि गूँज उठी। तत्काल ही सूर्यके समान तेजस्वी अत्यन्त सुन्दर विमान उतर आया। दोनों दम्पति देवताके समान दिव्य शरीर धारण करके उसपर आरूढ़ हुए और आश्चर्यमें पड़े हुए व्याधसे प्रसन्न होकर बोले—'महामते! हम देवलोकमें जाते हैं और तुम्हारी आज्ञा चाहते हैं। तुम अतिथिके रूपमें हम दोनोंके लिये स्वर्गकी सीढ़ी बनकर

आ गये। तुम्हें नमस्कार है।'

उन दोनोंको श्रेष्ठ विमानपर बैठे देख व्याधने अपना धनुष और पिंजड़ा फेंक दिया और हाथ जोड़कर कहा—'महाभाग! मेरा त्याग न करो। मैं अज्ञानी हूँ। मुझे भी कुछ दो। मैं तुम्हारे लिये आदरणीय अतिथि होकर आया था, इसलिये मेरे उद्धारका उपाय बतलाओ।'

उन दोनोंने कहा—व्याध! तुम्हारा कल्याण हो। तुम भगवती गोदावरीके तटपर जाओ और उन्हींको अपना पाप भेंट कर दो। वहाँ पंद्रह दिनोंतक डुबकी लगानेसे तुम सब पापोंसे मुक्त हो जाओगे। पापमुक्त होनेपर जब पुनः गौतमी गङ्गामें स्नान करोगे, तब अश्वमेध-यज्ञका फल पाकर अत्यन्त पुण्यवान् हो जाओगे। नदियोंमें श्रेष्ठ गोदावरी ब्रह्मा, विष्णु तथा महादेवजीके अंशसे प्रकट हुई हैं। उनके भीतर पुनः गोते लगाकर जब तुम अपने मलिन शरीरको त्याग दोगे, तब निश्चय ही श्रेष्ठ विमानपर आरूढ़ हो स्वर्गलोकमें पहुँच जाओगे।

उन दोनोंकी बात सुनकर व्याधने वैसा ही किया, फिर वह भी दिव्य रूप धारण करके एक श्रेष्ठ विमानपर जा बैठा। कपोत, कपोती और व्याध—तीनों ही गौतमी गङ्गाके प्रभावसे स्वर्गमें चले गये। तभीसे वह स्थान कपोततीर्थके नामसे विख्यात हुआ। वहाँ स्नान, दान, पितरोंकी पूजा, जप और यज्ञ आदि कर्म करनेपर वे अक्षय फलको देनेवाले होते हैं।

दशाश्वमेधिक और पैशाचतीर्थका माहात्म्य

ब्रह्माजी कहते हैं—गोदावरी गङ्गामें कार्तिकेयजीका भी एक तीर्थ है, जो बहुत उत्तम है। वह कौमार-तीर्थके नामसे भी प्रसिद्ध है। उसका नाम सुननेमात्रसे मनुष्य कुलीन और रूपवान् होता है। उसके आगे कृत्तिकातीर्थ है, जिसके श्रवणमात्रसे सोमपानका फल मिलता है। महामुने! अब दशाश्वमेधिक तीर्थका माहात्म्य सुनो। उसके श्रवणमात्रसे अश्वमेध-यज्ञके फलकी

प्राप्ति होती है। विश्वकर्माके पुत्र महाबली विश्वरूप हुए। विश्वरूपके प्रथम नामक पुत्र हुआ। उसके पुत्रका नाम भौवन हुआ। महाबाहु भौवन सार्वभौम राजा हुए। उनके पुरोहित कश्यप थे, जो सब प्रकारके ज्ञानमें निपुण थे। एक दिन महाबाहु भौवनने अपने पुरोहितसे पूछा—'मुने! मैं एक ही साथ दस अश्वमेध-यज्ञ करना चाहता हूँ। वह यज्ञ कहाँ करूँ?' कश्यपने प्रयागका नाम लिया और उन-उन स्थानोंपर यज्ञ करनेको बताया, जहाँ श्रेष्ठ द्विजोंने पूर्वकालमें बड़े-बड़े यज्ञोंका अनुष्ठान किया था। राजाके यज्ञमें बहुत-से ऋषि ऋत्विज हुए। पुरोहितने एक ही साथ दस अश्वमेध-यज्ञ आरम्भ किये, किंतु उनमेंसे एक भी पूर्ण न हुआ। यह देखकर राजाको बड़ी चिन्ता हुई। उन्होंने प्रयाग छोड़कर अन्य स्थानोंमें उन यज्ञोंका आरम्भ किया, किंतु वहाँ भी विघ्न-दोष आ पहुँचे। इस प्रकार अपने यज्ञोंको अपूर्ण देख राजाने पुरोहितसे कहा—'देश और कालके दोषसे अथवा मेरे और आपके दोषसे हमारे दस अश्वमेध-यज्ञ पूर्ण नहीं हो पाते।' यों कहकर दुःखी हुए राजा भौवन अपने पुरोहित कश्यपके साथ बृहस्पतिजीके ज्येष्ठ भ्राता संवर्तके पास गये और इस प्रकार बोले—'भगवन्! मुझे ऐसा कोई उत्तम प्रदेश बतलाइये, जहाँ एक ही साथ आरम्भ किये हुए दस अश्वमेध-यज्ञ पूर्ण हो जायँ।' तब मुनिश्रेष्ठ संवर्तने कुछ कालतक ध्यान करके महाराज भौवनसे कहा—'ब्रह्माजीके पास जाओ। वे ही उत्तम प्रदेश बतायेंगे।'

महाबुद्धिमान् भौवन महात्मा कश्यपको साथ ले मेरे पास आ पहुँचे और मुझसे भी उत्तम देश आदिके विषयमें प्रश्न करने लगे। उस समय मैंने भौवन और कश्यपसे कहा—'राजेन्द्र! तुम गोदावरीके तटपर जाओ। वही यज्ञके लिये पुण्यवान् प्रदेश है। वेदोंके पारगामी विद्वान् ये महर्षि कश्यप ही श्रेष्ठ गुरु हैं। इनकी कृपा और गौतमी गङ्गाके प्रसादसे एक ही अश्वमेधसे अथवा वहाँ स्नान करनेमात्रसे तुम्हारे दस अश्वमेध-यज्ञ सिद्ध हो जायँगे।' यह सुनकर राजा भौवन कश्यपजीके साथ गौतमीके तटपर आये और वहाँ अश्वमेध-यज्ञकी दीक्षा ग्रहण की। वह महायज्ञ आरम्भ होकर जब पूर्ण हो गया, तब राजा इस पृथ्वीका दान करनेको उद्यत हुए। उसी समय आकाशवाणी हुई—'राजन्! तुमने पुरोहित कश्यपजीको पर्वत, वन और काननोंसहित पृथ्वी देनेकी कामना करके सब कुछ दान कर दिया। अब भूमिदानकी अभिलाषा छोड़कर अन्नदान करो। वह महान् फल देनेवाला है। तीनों लोकोंमें अन्नदानके समान दूसरा पुण्यकार्य नहीं है। विशेषतः गङ्गाजीके तटपर श्रद्धाके साथ किये हुए अन्नदानकी महिमा अकथनीय है।*

तुमने जो प्रचुर दक्षिणासे युक्त यह अश्वमेध-यज्ञ किया है, इससे तुम कृतार्थ हो गये। अब इस विषयमें तुम्हें अन्यथा विचार नहीं करना चाहिये। तिल, गौ, धन, धान्य—जो कुछ भी गोदावरीके तटपर दिया जाता है, वह सब अक्षय हो जाता है।

यह सुनकर सम्राट् भौवनने ब्राह्मणोंको बहुत-सा अन्नदान किया। तबसे वह तीर्थ दशाश्वमेधिकके नामसे विख्यात हुआ। वहाँ स्नान करनेसे दस अश्वमेध-यज्ञोंका फल प्राप्त होता है।

उससे आगे पैशाचतीर्थ है, जो ब्रह्मवादी

---

* भूमिदानस्पृहां त्यक्त्वा अन्नं देहि महाफलम् । नान्नदानसमं पुण्यं त्रिषु लोकेषु विद्यते॥
विशेषतस्तु गङ्गायाः श्रद्धया पुलिने मुने।
(८३।२१-२२)

महर्षियोंद्वारा सम्मानित है। यह गोदावरीके दक्षिण-तटपर स्थित है। अब मैं उसका स्वरूप बतलाता हूँ, सुनो। मुनिश्रेष्ठ नारद! ब्रह्मगिरिके पार्श्वभागमें अञ्जन नामसे प्रसिद्ध एक पर्वत है। वहाँ एक सुन्दरी अप्सरा शापभ्रष्ट होकर उत्पन्न हुई। उसका नाम अञ्जना था। उसके सब अङ्ग बहुत सुन्दर थे, किंतु मुँह वानरीका था। केसरी नामक श्रेष्ठ वानर अञ्जनाके पति थे। केसरीके एक दूसरी भी स्त्री थी, जिसका नाम अद्रिका था। वह भी शापभ्रष्ट अप्सरा ही थी। उसके भी सब अङ्ग सुन्दर थे। किंतु मुँह बिल्लीके समान था। अद्रिका भी अञ्जन पर्वतपर ही रहती थी। एक समय केसरी दक्षिणसमुद्रके तटपर गये थे। इसी बीचमें महर्षि अगस्त्य अञ्जन पर्वतपर आये। अञ्जना और अद्रिका दोनोंने महर्षिका यथोचित पूजन किया। इससे प्रसन्न होकर महर्षिने कहा—'तुम दोनों वर माँगो।' वे बोलीं—'मुनीश्वर! हमें ऐसे पुत्र दीजिये, जो सबसे बलवान्, श्रेष्ठ और सब लोगोंका उपकार करनेवाले हों।' 'तथास्तु' कहकर मुनिश्रेष्ठ अगस्त्य दक्षिण दिशामें चले गये। कुछ कालके बाद अञ्जनाने वायुके अंशसे हनुमान्‌जीको जन्म दिया और अद्रिकाके गर्भसे निर्ऋतिके अंशसे पिशाचोंका राजा अद्रि उत्पन्न हुआ। इसके बाद उन दोनों स्त्रियोंने उक्त देवताओंसे कहा—'हमें मुनिके वरदानसे पुत्र तो प्राप्त हुए, किंतु इन्द्रके शापसे हमारा मुख कुरूप होनेके कारण सारा शरीर ही विकृत हो गया है। इसे दूर करनेके लिये हम क्या उपाय करें—इसे आप दोनों बतायें।' तब भगवान् वायु और निर्ऋतिने कहा—'गोदावरीमें स्नान और दान करनेसे तुम्हें शापसे छुटकारा मिल जायगा।' यों कहकर वे दोनों वहीं अन्तर्धान हो गये। तब पिशाचरूपधारी अद्रिने अपने भाई हनुमान्‌जीको प्रसन्न करनेके लिये माता अञ्जनाको लाकर गोदावरीमें नहलाया। इसी प्रकार हनुमान्‌जी भी अद्रिकाको लेकर बड़ी उतावलीके साथ गौतमी गङ्गाके तटपर आये। तबसे वह पैशाच और आञ्जनतीर्थके नामसे विख्यात हुआ। वह समस्त अभीष्ट वस्तुओंको देनेवाला शुभ तीर्थ है। ब्रह्मगिरिसे तिरपन योजन पूर्वकी ओर मार्जार-तीर्थ है। मार्जार-तीर्थसे आगे हनुमत्-तीर्थ और वृषाकपि-तीर्थ है। उसके आगे फेना-संगमतीर्थ बताया गया है, जो समस्त कामनाओंको पूर्ण करनेवाला है। उसका स्वरूप और फल उसीके प्रसङ्गमें बताया जायगा।

क्षुधातीर्थ और अहल्या-संगम-तीर्थका माहात्म्य

ब्रह्माजी कहते हैं—नारद! अब क्षुधातीर्थका वर्णन करता हूँ, एकाग्रचित्त होकर सुनो। वह परम पुण्यमय तीर्थ मनुष्योंकी समस्त कामनाओंको पूर्ण करनेवाला है। पूर्वकालमें कण्व नामसे प्रसिद्ध एक ऋषि थे। वे वेदवेत्ताओंमें श्रेष्ठ और तपस्वी थे। महर्षि कण्व भूखसे पीड़ित होकर अनेक आश्रमोंपर घूमा करते थे। एक दिन वे गौतमके पवित्र आश्रमपर आये। वह आश्रम अन्न और जलसे सम्पन्न था। अपनेको क्षुधासे पीड़ित और गौतमको वैभवशाली देख कण्वका मन विरक्तिसे भर गया। वे सोचने लगे—'गौतम भी एक श्रेष्ठ ब्राह्मण हैं और मैं भी उन्हींकी भाँति तपोनिष्ठ हूँ। बराबरवालेके पास याचना करना कदापि उचित नहीं है। अतः यद्यपि मैं भूखसे व्याकुल हूँ और मेरे शरीरमें पीड़ा भी हो रही है, तथापि गौतमके घरमें भोजन नहीं करूँगा। इस समय गौतमी गङ्गाके तटपर चलूँ और उन्हींसे सम्पत्ति माँगूँ।' ऐसा निश्चय करके महर्षि कण्व परम पावन

गङ्गाजीके तटपर गये और स्नान करके पवित्र एवं संयतचित्त हो कुशासनपर बैठकर गौतमी गङ्गा तथा क्षुधादेवीकी स्तुति करने लगे।

कण्व बोले—भारी पीड़ाओंको हरनेवाली भगवती गङ्गा! तुम्हें नमस्कार है तथा सब लोगोंको पीड़ा देनेवाली क्षुधादेवी! तुमको भी नमस्कार है। महादेवजीकी जटासे प्रकट हुई कल्याणमयी गौतमी! तुम्हें नमस्कार है तथा महामृत्युके मुखसे निकली हुई क्षुधादेवी! तुम्हें भी नमस्कार है। देवि! तुम्हीं पुण्यात्माओंके लिये शान्तिरूपा और दुरात्माओंके लिये क्रोधस्वरूपा हो। नदीके रूपसे सबके पाप-ताप हर लेती हो और क्षुधारूपमें आकर सबको पाप-ताप देती रहती हो। कल्याणकारिणी देवी! तुम्हें नमस्कार है। पापोंका दमन करनेवाली गङ्गा! तुम्हें प्रणाम है। भगवती शान्तिकरी! तुम्हें नमस्कार है। दरिद्रताका विनाश करनेवाली देवी! तुम्हें प्रणाम है!

कण्वके इस प्रकार स्तुति करनेपर उनके सामने दो रूप प्रकट हुए—'एक तो गङ्गाका मनोहर स्वरूप और दूसरी क्षुधाकी भयानक मूर्ति। द्विजश्रेष्ठ कण्वने पुनः हाथ जोड़कर नमस्कार करते हुए कहा—'देवि गोदावरी! तुम सम्पूर्ण मङ्गलोंके लिये भी मङ्गलमयी हो। शुभे! ब्राह्मी, माहेश्वरी, वैष्णवी और त्र्यम्बका—ये सब तुम्हारे ही नाम हैं। तुम्हें नमस्कार है। भगवान् त्र्यम्बकी जटासे प्रकट होकर महर्षि गौतमका पाप नष्ट करनेवाली गोदावरी! तुम सात धाराओंमें विभक्त होकर समुद्रमें मिलती हो। तुम्हें नमस्कार है। क्षुधादेवी! तुम समस्त पापियोंके लिये पापमयी, दुःखमयी और लोभमयी हो। धर्म, अर्थ और कामका नाश करनेवाली भी तुम्हीं हो। तुम्हें बारंबार नमस्कार है।'

कण्वका यह वचन सुनकर गङ्गा और क्षुधा दोनों ही बहुत प्रसन्न हुईं और बोलीं—'सुव्रत! तुम मनोवाञ्छित वर माँगो।' तब कण्वने गङ्गाजीको प्रणाम करके कहा—'देवि! मुझे मनके अनुकूल भोग, वैभव, आयु, धन और मोक्ष प्रदान कीजिये।' गङ्गासे यों कहकर द्विजश्रेष्ठ कण्वने क्षुधादेवीसे कहा—'क्षुधे! तुम तृष्णा एवं दरिद्रतारूपिणी, अत्यन्त पापमयी तथा रूक्ष स्वभाववाली हो। मेरे अथवा मेरे वंशजोंके यहाँ तुम कभी न रहना। जो क्षुधातुर मनुष्य इस स्तोत्रसे तुम्हारी स्तुति करें, उनके दारिद्र्य और दुःखका नाश हो जाय।* जो लोग इस परम पुण्यमय तीर्थमें भक्तिपूर्वक स्नान, दान और जप आदि करें, वे धन-सम्पत्तिके भागी हों।

* मयि मद्वंशजे चापि क्षुधे तृष्णे दरिद्रिणि। याहि पापतरे रूक्षे न भूयास्त्वं कदाचन॥
अनेन स्तवेन ये वै त्वां स्तुवन्ति क्षुधातुराः। तेषां दारिद्र्यदुःखानि न भवेयुर्वरोऽपरः॥
(८५।२०-२१)

जो तीर्थ अथवा अपने घरमें इस स्तोत्रका पाठ करे, उसे दरिद्रता और दु:खसे कभी भय न हो।'

'एवमस्तु' कहकर गङ्गा और क्षुधा दोनों अपने-अपने स्थानको चली गयीं। तबसे उस तीर्थके तीन नाम हो गये—काण्वतीर्थ, गाङ्गतीर्थ और क्षुधातीर्थ। नारद! वह तीर्थ सब पापोंको दूर करनेवाला और पितरोंकी प्रसन्नताको बढ़ानेवाला है।

गोदावरीमें अहल्यासंगम नामक एक तीर्थ है, जो तीनों लोकोंको पवित्र करनेवाला है। मुनिश्रेष्ठ! उस तीर्थकी उत्पत्तिका वृत्तान्त सुनो। पूर्वकालकी बात है, मैंने अत्यन्त कौतूहलवश कुछ सुन्दरी कन्याओंकी सृष्टि की। उनमेंसे एक कन्या सबसे श्रेष्ठ और उत्तम लक्षणोंसे युक्त थी। उसके सब अङ्ग बड़े मनोहर तथा रूप और गुणोंसे सम्पन्न थे। उस समय मेरे मनमें यह विचार हुआ कि कौन पुरुष इस कन्याका पालन-पोषण करनेमें समर्थ है। सोचनेपर महर्षि गौतम ही मुझे समस्त गुणोंमें श्रेष्ठ, तपस्वी, बुद्धिमान्, समस्त शुभ लक्षणोंसे सुशोभित और वेद-वेदाङ्गोंके ज्ञाता प्रतीत हुए। अत: उन्हींको मैंने वह कन्या दे दी और कहा—'मुनिश्रेष्ठ! जबतक यह युवती न हो जाय, तबतक तुम्हीं इसका पालन-पोषण करना। युवावस्था होनेपर पुन: इस साध्वी कन्याको मेरे पास ले आना।' यों कहकर मैंने गौतमको वह कन्या समर्पित कर दी। गौतम अपने तपोबलसे निष्पाप हो चुके थे। उन्होंने विधिपूर्वक उस कन्याका पालन-पोषण किया और युवती होनेपर उसे वस्त्राभूषणोंसे सुसज्जित करके मेरे पास ले आये। उस समय उनके मनमें कोई विकार नहीं था। अहल्याको देखकर इन्द्र, अग्नि और वरुण आदि सब देवता बारी-बारीसे मेरे पास आये और कहने लगे—'सुरेश्वर! यह कन्या मुझे दे दीजिये।' इन्द्रका तो उसके लिये विशेष आग्रह था। महर्षि गौतमकी महत्ता, गम्भीरता और धीरताका विचार करके मुझे बड़ा विस्मय हुआ। मैंने सोचा—'यह सुमुखी कन्या गौतमको ही देने योग्य है और किसीको नहीं। अत: उन्हींको दूँगा।' ऐसा निश्चय करके मैंने देवताओं और ऋषियोंसे कहा—'यह सुन्दरी कन्या उसीको दी जायगी, जो सारी पृथ्वीकी परिक्रमा करके सबसे पहले यहाँ उपस्थित हो जाय; दूसरे किसीको नहीं मिलेगी।

मेरी बात सुनकर सब देवता अहल्याकी प्राप्तिके लिये पृथ्वीकी परिक्रमा करने चले गये। इसी बीचमें कामधेनु सुरभि बच्चा देने लगी। अभी बच्चेका आधा शरीर ही बाहर निकला था। उसी अवस्थामें गौतमने उसे देखा और उसीको पृथ्वीभावसे देखते हुए उसकी परिक्रमा की। साथ ही उन्होंने शिवलिङ्गकी भी प्रदक्षिणा की। इसके बाद सोचा,

सम्पूर्ण देवताओंने अभी पृथ्वीकी एक परिक्रमा भी पूरी नहीं की और मेरे द्वारा दो परिक्रमाएँ पूरी हो गयीं। ऐसा निश्चय करके वे मेरे समीप

आये और मुझे प्रणाम करके बोले— 'कमलासन! विश्वात्मन्! आपको बारंबार नमस्कार है। ब्रह्मन्! मैंने सारी वसुधाकी प्रदक्षिणा कर ली।' मैंने ध्यानके द्वारा सब बातें जानकर गौतमसे कहा—'ब्रह्मर्षे! तुम्हींको यह सुन्दरी कन्या दी जाती है। वास्तवमें तुमने पृथ्वीकी परिक्रमा पूरी कर ली। जो वेदोंके लिये भी दुर्बोध है, उस धर्मका स्वरूप तुम जानते हो। जो गाय आधा प्रसव कर चुकी हो, वह सात द्वीपोंवाली पृथ्वीके तुल्य है। उसकी परिक्रमा कर ली जाय तो समूची पृथ्वीकी परिक्रमा हो जाती है। शिवलिङ्गकी प्रदक्षिणाका भी यही फल है। अतः उत्तम व्रतका पालन करनेवाले गौतम! मैं तुम्हारे धैर्य, ज्ञान और तपस्यासे बहुत संतुष्ट हूँ।' यों कहकर मैंने गौतमको अहल्या सौंप दी। उन दोनोंका विवाह हो जानेपर देवतालोग पृथ्वीकी परिक्रमा करके धीरे-धीरे आने लगे। आनेपर सबने अहल्याके साथ गौतमका विवाह हुआ देखा। इससे उन्हें बड़ा आश्चर्य हुआ। अन्तमें सब देवता स्वर्गमें चले गये, परंतु इन्द्रके मनमें इससे बड़ी ईर्ष्या हुई। मैंने प्रसन्न होकर महात्मा गौतमको रहनेके लिये ब्रह्मगिरि प्रदान किया, जो परम पवित्र, समस्त अभिलषित वस्तुओंको देनेवाला तथा मङ्गलमय है। मुनिश्रेष्ठ गौतम वहाँ अहल्याके साथ विहार करने लगे।

इन्द्रने स्वर्गमें भी गौतमकी पवित्र कथा सुनी। अतः मुनिको, उनके आश्रमको और उनकी सुन्दरी पत्नीको देखनेके लिये वे ब्राह्मणका वेष धारण करके आये। वहाँ आनेपर उन्होंने मनमें पापकी भावना लेकर अहल्याको देखा। उस समय वे अपने-आपको भी भूल गये। देश-कालकी भी सुध न रही और ऋषिके शापका भय भी उन्होंने भुला दिया। उनका हृदय कामके वशीभूत हो रहा था। एक समय महर्षि गौतम मध्याह्नसे पहलेकी क्रिया समाप्त करके शिष्योंके साथ आश्रमसे बाहर गये। उस समय अवसर देखकर इन्द्रने अपने मनके अनुकूल कार्य किया। वे गौतमका रूप धारण करके आश्रममें आये और सर्वाङ्गसुन्दरी अहल्यासे बोले—'प्रिये! मैं तुम्हारे गुणोंसे आकृष्ट हूँ। तुम्हारे रूपका स्मरण करके मेरा मन विचलित हो गया है। पाँव लड़खड़ा रहे हैं।' यों कहकर हँसते-हँसते उन्होंने अहल्याका हाथ पकड़ लिया और आश्रमके भीतर चले गये। अहल्याने उन्हें गौतम ही समझा। यह कोई जार पुरुष है—यह बात उसके ध्यानमें नहीं आयी। वह इन्द्रके साथ सुखपूर्वक रमण करने लगी। इतनेमें ही महर्षि गौतम पुनः अपने शिष्योंके साथ लौट आये। प्रतिदिनका ऐसा नियम था कि जब वे बाहरसे आश्रमपर आते तब प्रियवादिनी अहल्या आगे बढ़कर उनका स्वागत करती, प्रिय लगनेवाली बातें कहती और अपने सद्‌गुणोंसे उन्हें संतुष्ट करती थी। उस दिन अहल्याको न देखकर परम बुद्धिमान् गौतमको ऐसा जान पड़ा मानो कोई बड़ी अद्भुत बात हो गयी। मुनिश्रेष्ठ गौतम द्वारपर खड़े हैं और सब लोग उनकी ओर देखते हैं। अग्निहोत्र और शालाके रक्षक तथा घरमें कामकाज करनेवाले अनुचर उन्हें देखकर बड़े विस्मयमें पड़े और भयभीत होकर बोले—'भगवन्! यह कैसी विचित्र बात है कि आप भीतर और बाहर दोनों जगह देखे जाते हैं। अहो! आपकी तपस्याका ही यह प्रभाव है कि आप अनेक रूप धारण करके विचरते हैं।'

यह सुनकर गौतमके मनमें बड़ा आश्चर्य हुआ। वे सोचने लगे—आश्रमके भीतर कौन गया है। उन्होंने पुकारा—'प्रिये! अहल्ये! आज तुम मुझसे बोलती क्यों नहीं?' महर्षिका वचन सुनकर अहल्याने उस जारसे कहा—'अरे! तू

कौन है, जो मुनिका रूप धारण करके तूने मेरे साथ यह पापकर्म किया है?' यह कहती हुई वह भयके मारे शय्यासे सहसा उठकर खड़ी हो गयी। पापाचारी इन्द्र भी मुनिके भयसे बिलाव बन गया। अहल्या थर-थर काँप रही थी। उसके वेश-भूषा बिगड़ चुके थे। अपनी प्यारी पत्नीको कलङ्कित हुई देख महर्षिने क्रोधमें आकर कहा—'तुमने यह दुःसाहस कैसे किया?' उनके इस प्रकार पूछनेपर देवी अहल्याने लज्जावश कोई उत्तर नहीं दिया। तब मुनि उस जारकी खोज करने लगे। इतनेमें उस बिलावपर उनकी दृष्टि पड़ी। अरे! ठीक-ठीक बता, तू कौन है? यदि झूठ बोलेगा तो मैं तुझे अभी भस्म कर दूँगा।'

इन्द्र हाथ जोड़कर खड़ा हो गया और बोला—'तपोधन! मैं शचीका स्वामी इन्द्र हूँ, मुझसे ही यह पाप हो गया है। मैंने जो कुछ कहा है, वह सत्य है। ब्रह्मन्! कामदेवके बाणोंसे जिनका हृदय विदीर्ण हो चुका है, वे कौन-सा

दुष्कर्म नहीं करते। आप करुणाके सागर हैं, मुझ महापापीको क्षमा करें। साधु पुरुष अपराधीपर भी कठोरता नहीं दिखाते।'

गौतम बोले—इन्द्र! तूने स्त्रीकी योनिमें आसक्त होकर यह पापकर्म किया है, अतः तेरे शरीरमें योनिके सहस्रों चिह्न हो जायँगे।

इसके बाद मुनिने अहल्यासे भी कुपित होकर कहा—'तू सूखी नदी हो जा।'

अहल्या बोली—भगवन्! जो पापिनी स्त्रियाँ मनसे भी दूसरे पुरुषकी कामना करती हैं, वे तथा उनके समस्त पूर्वज भी अक्षय नरकोंमें पड़ते हैं। आप कृपा करके मेरी बातोंपर ध्यान दें। यह इन्द्र आपका रूप धारण करके मेरे पास आया था। ये सब लोग इस बातके साक्षी हैं।

रक्षकोंने कहा—'ऐसी ही बात है। अहल्या ठीक कहती हैं।' मुनिने भी ध्यानके द्वारा सच्ची बातको जान लिया और शान्त होकर अपनी पतिव्रता पत्नीसे कहा—'कल्याणी! नदी होनेपर जब तुम सरिताओंमें श्रेष्ठ गौतमी गङ्गासे मिलोगी, उस समय पुनः अपने स्वरूपको प्राप्त कर लोगी।' महर्षिका वचन सुनकर पतिव्रता अहल्याने वैसा ही किया। गौतमी गङ्गासे मिलनेपर पुनः उसका वही स्वरूप हो गया, जैसा मैंने बनाया था। तत्पश्चात् देवराज इन्द्रने हाथ जोड़कर महर्षि गौतमसे कहा—'मुनिश्रेष्ठ! अपने घरपर आये हुए मुझ पापिष्ठकी रक्षा कीजिये।' यों कहकर इन्द्र उनके चरणोंमें गिर पड़े। यह देख महर्षिने कृपापूर्वक कहा—'पुरंदर! तुम्हारा कल्याण हो। तुम गोदावरीके तटपर जाओ और उसमें स्नान करो। इससे तुम्हारे सारे पाप क्षणभरमें धुल जायँगे। तुम्हारे शरीरमें योनिके जो सहस्रों चिह्न हैं, वे नेत्रोंके रूपमें परिणत हो जायँगे। तुम सहस्राक्ष हो जाओगे। नारद! गौतमीके प्रभावसे ये

दो आश्चर्यजनक बातें मैंने देखी हैं—अहल्या नदी होकर पुनः अपने स्वरूपको प्राप्त हुई और शचीपति इन्द्र सहस्राक्ष हो गये। तबसे वह तीर्थ अहल्या-संगमके नामसे विख्यात हुआ, उसे इन्द्रतीर्थ भी कहते हैं। वह मनुष्योंकी समस्त कामनाओंको पूर्ण करनेवाला है।

जनस्थान, अश्वतीर्थ, भानुतीर्थ और अरुणा-वरुणा-संगमकी महिमा

ब्रह्माजी कहते हैं—उसके बाद विश्वविख्यात जनस्थान नामक तीर्थ है, जिसका विस्तार चार योजनका है। वह स्मरणमात्रसे मनुष्योंको मुक्ति देनेवाला है। पूर्वकालकी बात है, वैवस्वत मनुके वंशमें जनक नामसे प्रसिद्ध एक राजा हुए। उन्होंने वरुणकी पुत्री गुणार्णवाके साथ विवाह किया था। गुणार्णवा धर्म, अर्थ, काम और मोक्षकी सिद्धि करनेवाली थी। जनकमें भी ये ही गुण थे, अतः राजाको अपने गुणोंके अनुरूप सुयोग्य भार्या मिली। विप्रवर याज्ञवल्क्य राजा जनकके पुरोहित थे। एक दिन राजाने अपने पुरोहितसे पूछा—'द्विजश्रेष्ठ! बड़े-बड़े मुनियोंने यह निर्णय किया है कि भोग और मोक्ष दोनों श्रेष्ठ हैं; अन्तर इतना ही है कि भोग अन्तमें विरस हो जाता है और मुक्ति नित्य एवं निर्विकार है। अतः भोगसे भी मुक्तिको ही श्रेष्ठ माना गया है। आप बतायें, भोगसे मुक्तिकी प्राप्ति कैसे होती है? सब प्रकारकी आसक्तियोंका त्याग करनेसे जो मुक्ति प्राप्त होती है, वह तो अत्यन्त दुःखसाध्य है; अतः जिस उपायसे अत्यन्त सुखपूर्वक मुक्ति हो सके, वह बताइये।

याज्ञवल्क्य बोले—राजन्! साक्षात् भगवान् वरुण तुम्हारे गुरुजन, श्वशुर और हितकारी हैं। उन्हींके पास चलकर पूछो। वे तुम्हें हितका उपदेश देंगे।

तदनन्तर याज्ञवल्क्य और जनक दोनों राजा वरुणके पास गये और वहाँ उन्होंने मुक्तिका मार्ग पूछा।

वरुणने कहा—दो प्रकारसे मुक्ति प्राप्त होती है—एक तो कर्म करनेसे और एक कर्म न करनेसे। वेदमें यह मार्ग निश्चित किया गया है कि कर्म न करनेकी अपेक्षा कर्म करना श्रेष्ठ है। धर्म, अर्थ, काम और मोक्ष—ये चारों पुरुषार्थ कर्मसे बँधे हुए हैं। नृपश्रेष्ठ! कर्मद्वारा सब प्रकारके साध्योंकी सिद्धि होती है, इसलिये मनुष्योंको सब तरहसे वैदिक कर्मका अनुष्ठान करना चाहिये। इससे वे इस लोकमें भोग और मोक्ष दोनों प्राप्त करते हैं। अकर्मसे कर्म पवित्र है। कर्म भिन्न-भिन्न आश्रमों और वर्णोंके अनुसार

अनेक प्रकारके होते हैं। वर्णों और आश्रमोंमें भी चार आश्रम कर्मके द्वारा माने गये हैं। उनमें भी गृहस्थाश्रम अधिक पुण्यदायक है। उससे भोग और मोक्ष दोनों प्राप्त हो सकते हैं।* यही मेरा मत है।†

यह सुनकर राजा जनक और बुद्धिमान् याज्ञवल्क्यने वरुणका पूजन किया और पुनः यह बात पूछी—'सुरश्रेष्ठ! आपको नमस्कार है। आप सर्वज्ञ हैं। बताइये, कौन-सा देश और तीर्थ ऐसा है जो भोग तथा मोक्ष प्रदान करनेवाला है?

वरुणने कहा—इस पृथ्वीपर भारतवर्ष और उसमें भी दण्डकवन पुण्यदायक है। इसमें किया हुआ शुभ कर्म मनुष्योंको भोग तथा मोक्ष दोनों प्रदान करता है। तीर्थोंमें गौतमी गङ्गा श्रेष्ठ हैं। वे मुक्तिदायिनी मानी गयी हैं। वहाँ यज्ञ और दान करनेसे मोक्षकी प्राप्ति होगी।

वरुणका यह उपदेश सुनकर याज्ञवल्क्य और जनक उनकी आज्ञा ले अपनी पुरीमें लौट आये, फिर गङ्गातीर्थपर जाकर राजा जनकने अश्वमेध आदि यज्ञ किये और विप्रवर याज्ञवल्क्यने उन यज्ञोंमें आचार्यका कार्य किया। गौतमी गङ्गाके तटपर यज्ञ करनेसे राजाको मोक्षकी प्राप्ति हुई। तत्पश्चात् जनकवंशके बहुत-से राजा क्रमशः वहाँ आकर यज्ञ करते और गोदावरीकी कृपासे मोक्षके भागी होते रहे। तभीसे यह तीर्थ जनस्थानके नामसे विख्यात हुआ। जनकोंका यज्ञस्थान होनेसे उसका नाम जनस्थान पड़ गया। वहाँ स्नान, दान और पितरोंका तर्पण करनेसे तथा उस तीर्थका चिन्तन करने, वहाँ जाने और भक्तिपूर्वक उसका सेवन करनेसे मनुष्य सब अभिलषित वस्तुओंको पाता और मोक्षका भागी होता है।

अरुणा और वरुणा नामकी दो परम पवित्र नदियाँ हैं। उन दोनोंका गोदावरीमें संगम हुआ है, जो बहुत ही पवित्र तीर्थ है। उसकी उत्पत्तिकी कथा सब पापोंका नाश करनेवाली है। उसे बताता हूँ, सुनो। महर्षि कश्यपके ज्येष्ठ पुत्र आदित्य (सूर्य) समस्त लोकोंमें विख्यात हैं। वे तीनों लोकोंके नेत्र हैं। उनकी किरणें अत्यन्त दुस्सह हैं। भगवान् सूर्यके रथमें सात घोड़े जुते होते हैं। सूर्यदेव सम्पूर्ण लोकोंद्वारा पूजित हैं। उनकी पत्नीका नाम उषा है। उषा विश्वकर्माकी पुत्री और त्रिभुवनकी अद्वितीय सुन्दरी है। उसे अपने स्वामीके तीव्र तापका सहन नहीं हो पाता था। वह सदा इसी चिन्तामें पड़ी रहती कि 'मुझे क्या करना चाहिये?' उषाके दो बुद्धिमान् पुत्र थे—वैवस्वत मनु और यम। एक कन्या भी थी, जो परम पवित्र यमुना नदीके रूपमें विख्यात हुई। एक दिन उषाने अपने ही समान रूपवाली अपनी छाया उत्पन्न की और उससे कहा—'तू मेरी-ही-जैसी होकर मेरी आज्ञासे पतिकी सेवा तथा मेरे पुत्रोंका पालन कर। मैं जबतक लौट न आऊँ, तबतक तुम्हीं पतिकी प्रेयसी बनकर रहो; यह रहस्य किसीको न बताना। मेरी संतानोंपर भी यह भेद प्रकट न होने पाये।' छायाने 'बहुत अच्छा' कहकर उषाकी आज्ञा स्वीकार कर ली और उषा घरसे निकल गयी। उसने तपस्याके लिये उत्तरकुरु नामक देशको प्रस्थान किया। वहाँ पहुँचकर उसने घोड़ीका रूप धारण करके कठोर तपस्या आरम्भ की। जब सूर्यदेवको

* गृहस्थ-आश्रममें भोगकी प्राप्ति तो स्वाभाविक है और मोक्षकी प्राप्ति निष्काम धर्मका अनुष्ठान करनेसे होती है।

† अकर्मणः कर्म पुण्यं कर्म चाप्याश्रमेषु च
जात्याश्रितं च राजेन्द्र तत्रापि शृणु धर्मवित्। आश्रमाणि च चत्वारि कर्मद्वाराणि मानद॥
चतुर्णामाश्रमाणां च गार्हस्थ्यं पुण्यदं स्मृतम्। (८८।१३—१५)

इसका पता लगा, तब वे भी घोड़ेका रूप धारण करके उसके पास गये। पतिव्रता उषा परपुरुषकी आशङ्कासे भागकर भारतवर्षमें गौतमीके तटपर आयी। वहाँ उसका पतिके साथ समागम हुआ, जिससे अश्विनीकुमारोंकी उत्पत्ति हुई। वह स्थान अश्वतीर्थ, भानुतीर्थ और पञ्चवटी आश्रमके नामसे विख्यात हुआ। तापी और यमुना दोनों सूर्यकी कन्याएँ थीं। वे गौतमी-तटपर अपने पितासे मिलनेके लिये अरुणा-वरुणा नामक नदियोंके रूपमें आयी थीं। उन दोनोंका जहाँ गङ्गामें संगम हुआ है, वह बहुत उत्तम तीर्थ है। उसमें भिन्न-भिन्न देवताओं और तीर्थोंका पृथक्-पृथक् समागम हुआ है। उक्त संगममें सत्ताईस हजार तीर्थोंका समुदाय है। वहाँ किया हुआ स्नान और दान अक्षय पुण्य देनेवाला है। नारद! उस तीर्थके स्मरण, कीर्तन और श्रवणसे भी मनुष्य सब पापोंसे मुक्त हो धर्मवान् और सुखी होता है।

गारुड़तीर्थ और गोवर्धनतीर्थकी महिमा

ब्रह्माजी कहते हैं—नारद! गारुड नामक तीर्थ सब विघ्नोंकी शान्ति करनेवाला है। उसके प्रभावका वर्णन करता हूँ, ध्यान देकर सुनो। शेषनागके एक महाबली पुत्र था, जो मणिनागके नामसे प्रसिद्ध हुआ। उसे सदा गरुड़का भय बना रहता था, अतः उसने अपनी भक्तिके द्वारा भगवान् शंकरको संतुष्ट किया। प्रसन्न होनेपर भगवान् महेश्वरने कहा—'नाग! कोई वर माँगो।' नागने कहा—'प्रभो! मुझे गरुड़से अभय-दान दीजिये।' भगवान् शिवने कहा—'ऐसा ही होगा। तुम्हें गरुड़से भय न हो।' वरदान पाकर मणिनाग गरुड़से निर्भय हो बाहर निकला। वह क्षीरसागरके समीप, जहाँ भगवान् विष्णु शयन करते हैं, इधर-उधर विचरने लगा। जहाँ गरुड़ निवास करते थे, उस स्थानपर भी वह जाया करता। गरुड़ने उस नागको निर्भय विचरते देख पकड़ लिया और अपने घरमें लाकर डाल दिया।

इसी बीचमें नन्दीने जगदीश्वर भगवान् शिवसे कहा—'देवेश्वर! अब मणिनाग नहीं आता है। जान पड़ता है गरुड़ने उसे खा लिया या बाँध रखा है। यदि वह जीवित होता तो यहाँ आये बिना न रहता।' नन्दीकी बात सुनकर भगवान् शिवने नागकी अवस्थाको जान लिया और कहा—'वह नाग गरुड़के घरमें बँधा पड़ा है। तुम शीघ्र जाकर जगदीश्वर भगवान् विष्णुकी स्तुति करो और गरुड़के द्वारा बन्धनमें डाले हुए नागको मेरे कहनेसे ले आओ।' प्रभुकी बात सुनकर नन्दी स्वयं ही लक्ष्मीपतिके पास उपस्थित हुए और भगवान् शिवकी कही हुई बातें वहाँ निवेदन कीं। तब भगवान् नारायणने प्रसन्न होकर गरुड़से कहा—'विनतानन्दन! मेरी बात मानकर नन्दीको वह नाग लौटा दो।' गरुड़ने नाग देना स्वीकार नहीं किया और गर्वसे कहा—'मैं आपका भृत्य हूँ; मैं नागको लाया, आप उसे नन्दीको दे रहे हैं। स्वामी तो सेवकोंको दिया करते हैं, परंतु आप तो मेरी प्राप्य वस्तुको छीन रहे हैं। मेरी शक्ति आप जानते ही हैं। मेरे ही बलसे तो आपने संग्राममें दैत्योंपर विजय प्राप्त की है।'

भगवान् विष्णुने गरुड़की बात सुनकर सबके सामने हँसकर कहा—'पक्षिराज! ठीक है, तुम्हारे ही बलसे मैंने असुरोंपर विजय पायी है।' फिर भगवान्‌ने क्रोध न करके कहा—'गरुड़! मैं

मानता हूँ तुममें विलक्षण शक्ति है; पर तुम मेरी इस कनिष्ठ अँगुलीको तो वहन करो।' इतना कहकर भगवान्‌ने अपनी अँगुली गरुड़के मस्तकपर रख दी। गरुड़ अँगुलीका भार सह नहीं सके। तब गरुड़ने दीनभावसे लज्जित होकर हाथ जोड़कर प्रार्थना की और कहा—'मैं आपका अपराधी सेवक हूँ। मेरा परित्राण कीजिये।' फिर उन्होंने माता लक्ष्मीसे प्रार्थना की। लक्ष्मीजीने कृपाकुल होकर जनार्दनसे कहा—'नाथ! विपन्न भृत्य गरुड़की रक्षा कीजिये।' तब भगवान्‌ने नन्दीसे कहा—'नन्दिकेश्वर! तुम गरुड़के साथ ही नागको महादेवजीके पास ले जाओ।' 'बहुत अच्छा' कहकर नन्दी गरुड़ और नागके साथ धीरे-धीरे शंकरजीके पास गये और सब समाचार उन्हें कह सुनाया।

तब शंकरजीने गरुड़से कहा—'महाबाहो! तुम लोकपावनी गौतमी गङ्गाके पास जाओ। वे समस्त अभीष्ट वस्तुओंको देनेवाली हैं। उस शान्तिमयी सरितामें स्नान करनेसे तुम्हें समस्त इच्छित वस्तुएँ सौगुनी अथवा सहस्रगुनी होकर मिलेंगी। गरुड़! जो सब प्रकारके पापोंसे सन्तप्त हैं, दुर्दैवसे जिनका उद्योग नष्ट हो गया है, उन प्राणियोंके लिये मनोवाञ्छित फल देनेवाली गोदावरी नदी ही शरण हैं।' भगवान् शिवकी यह बात सुनकर गरुड़ प्रणाम करके चले गये। गोदावरीके तटपर पहुँचकर उन्होंने जलमें स्नान किया और भगवान् शिव तथा विष्णुके चरणोंमें मस्तक झुकाया। फिर उनमें पूर्ववत् वेग आ गया और वे उड़कर भगवान् विष्णुके समीप चले गये। तबसे वह समस्त अभीष्ट वस्तुओंको देनेवाला तीर्थ 'गारुड़तीर्थ' के नामसे प्रसिद्ध हुआ। वत्स नारद! मनुष्य मन और इन्द्रियोंको संयममें रखते हुए वहाँ स्नान आदि जो भी कर्म करता है, वह सब अक्षय तथा शिव और विष्णुको प्रिय लगनेवाला होता है।

उसके आगे सब पापोंका नाश करनेवाला गोवर्धनतीर्थ है। वह पितरोंके लिये पुण्यजनक तथा स्मरणमात्रसे पाप दूर करनेवाला है। नारद! मैंने उसका प्रभाव प्रत्यक्ष देखा है। पूर्वकालमें जाबालि नामसे प्रसिद्ध एक किसान ब्राह्मण रहता था। वह दोपहर हो जानेपर भी हलसे बैलोंको खोलता नहीं था। उनके दोनों बगलमें और पीठपर चाबुक मारता रहता था। उसके दोनों बैल सदा आँखोंसे आँसू बहाते रहते थे। एक दिन कामधेनु गौ जगन्माता सुरभिने नन्दीसे सब हाल कहा। नन्दीने भी खिन्न होकर भगवान् शंकरको सब बातें बतायीं। तब शंकरजीने नन्दीसे कहा—'तुम्हारी प्रत्येक बात सिद्ध हो।'

महादेवजीकी यह आज्ञा पाकर नन्दीने समस्त गोजातिको अपनेमें समेट लिया। स्वर्गलोक और मर्त्यलोककी समस्त गौएँ अदृश्य हो गयीं। तब देवताओंने मेरे पास आकर कहा—'भगवन्!

गौओंके बिना जीवन नहीं रह सकता।' उस समय मैंने देवताओंसे कहा—'जाओ, भगवान् शंकरसे याचना करो।' तदनन्तर उन्होंने भगवान् शंकरकी स्तुति करके उनसे सब हाल कहा। महादेवजीने भी देवताओंको उत्तर दिया—'इस विषयमें नन्दी जानते हैं।' तब सब देवता नन्दिकेश्वरके पास जाकर बोले—'हमें जगत्का उपकार करनेवाली गौएँ दीजिये।' नन्दी बोले—'आपलोग गो-यज्ञ कीजिये, तभी दिव्य और मानस गौएँ प्राप्त होंगी।' तत्पश्चात् गौतमी गङ्गाके तटपर देवताओंने गोयज्ञका आयोजन किया। फिर वहाँसे गौएँ बढ़ने लगीं। तभीसे वह तीर्थ 'गोवर्धन' नामसे प्रसिद्ध हुआ। वह देवताओंकी प्रीति बढ़ानेवाला है। मुनिश्रेष्ठ ! वहाँ किया हुआ केवल स्नान भी सहस्र गो-दानोंका फल देनेवाला है।

श्वेततीर्थ, शुक्रतीर्थ और इन्द्रतीर्थका माहात्म्य

ब्रह्माजी कहते हैं—नारद! श्वेततीर्थ तीनों लोकोंमें विख्यात है। उसके श्रवणमात्रसे मनुष्य सब पापोंसे छुटकारा पा जाता है। पूर्वकालमें श्वेत नामके एक ब्राह्मण थे, जो महर्षि गौतमके प्रिय सखा थे। वे गोदावरीके तटपर रहकर अतिथियोंके स्वागत-सत्कारमें लगे रहते और मन-वाणी तथा क्रियाद्वारा भगवान् शिवका भजन करते थे। वे सदा भगवान् सदाशिवकी पूजा और ध्यान करते रहते थे। शिवके भजनमें ही उनकी आयु पूरी हो गयी। तब यमराजके दूत उन्हें ले जानेके लिये आये, परंतु नारदजी ! वे ब्राह्मण-देवताके घरमें प्रवेश न कर सके। जब ब्राह्मणकी मृत्युका समय व्यतीत हो गया, तब चित्रकने मृत्युसे पूछा—'मृत्यो ! श्वेतका जीवन समाप्त हो चुका है, वह अबतक क्यों नहीं आया? तुम्हारे दूत भी अभीतक नहीं लौटे। ऐसा होना उचित नहीं।' यह सुनकर मृत्युको बड़ा क्रोध हुआ और वे स्वयं ही श्वेतके घरपर पधारे। उनके दूत भयभीत होकर बाहर ही खड़े थे। उन्हें देखकर मृत्युने पूछा—'दूतो! यह क्या बात है?' दूत बोले—'श्वेत भगवान् शिवके द्वारा सुरक्षित हैं। हम उनकी ओर आँख उठाकर देख भी नहीं सकते। जिनके ऊपर भगवान् शंकर प्रसन्न हो जायँ, उन्हें भय कैसा।'

तब मृत्युने अपना फंदा हाथमें लेकर स्वयं ही ब्राह्मणके घरमें प्रवेश किया। ब्राह्मण तो भक्तिपूर्वक भगवान् शिवकी पूजा कर रहे थे। उन्हें न तो मृत्युके आनेका पता था और न यमदूतोंके। श्वेतके समीप पाशधारी मृत्युको खड़ा देख दण्डधारी भैरवने विस्मित होकर पूछा—'मृत्युदेव! यहाँ क्या देखते हो?' मृत्युने उत्तर दिया—'मैं श्वेतको ले जानेके लिये यहाँ आया हूँ, अतः इन्हींको देखता हूँ।' भैरवने कहा—'लौट जाओ।' मृत्युने श्वेतपर अपना फंदा फेंका। यह देखकर भैरव कुपित हो उठे। उन्होंने शिवके दिये हुए दण्डसे मृत्युपर गहरी चोट की। मृत्युदेवता पाश हाथमें लिये हुए ही धरतीपर गिर पड़े। मृत्युको मारा गया देख यमदूत भाग गये। उन्होंने मृत्युके वधका समाचार यमराजसे कहा। यह सुनकर महिषवाहन यमराजको बड़ा क्रोध हुआ। उन्होंने अधिक बलवान् चित्रगुप्त, अपनी रक्षा करनेवाले यमदण्ड, महिष, भूत, वेताल तथा आधि-

व्याधियोंको शीघ्रतापूर्वक चलनेका आदेश दे तुरंत वहाँसे प्रस्थान किया। अपने साथियोंसहित यमराज उस स्थानपर पहुँचे, जहाँ द्विजश्रेष्ठ श्वेत भगवान् शिवकी आराधनामें संलग्न थे।

उस समय यमराज तथा भगवान् शिवके पार्षदोंमें अत्यन्त भयानक संग्राम छिड़ गया। कार्तिकेयने स्वयं ही शक्ति सँभाली और यमराजके दूतोंको विदीर्ण कर डाला। साथ ही दक्षिण-दिशाके स्वामी अत्यन्त बलवान् यमराजको भी मौतके घाट उतार दिया। मरनेसे बचे हुए यमदूतोंने भगवान् सूर्यको यह सब समाचार कह सुनाया। यह अद्भुत बात सुनकर सूर्य समस्त देवताओं और लोकपालोंके साथ मेरे समीप आये। फिर मैं, भगवान् विष्णु, इन्द्र, अग्नि, वरुण तथा अन्य बहुत-से देवता यमराजके पास गये। वे गोदावरीके तटपर मरे पड़े थे। यमराजको सेनासहित मरा देख देवता भयसे व्याकुल हो उठे और हाथ जोड़कर बारंबार भगवान् शिवकी प्रार्थना करने लगे।

देवता बोले—भगवन्! आपको अपने भक्त सदा ही प्रिय हैं तथा आप दुष्टोंका वध किया करते हैं। संसारके आदि स्रष्टा नीलकण्ठ! आपको नमस्कार है, नमस्कार है। ब्रह्मप्रिय! आपको नमस्कार है। देवप्रिय! आपको नमस्कार है। विप्रवर श्वेत आपके भक्त हैं। इनकी आयु क्षीण हो जानेपर भी यम आदि सब लोग इन्हें ले जानेमें समर्थ न हो सके। आपका अपने भक्तोंपर ऐसा महान् प्रेम देखकर हम सबको बड़ा संतोष हुआ। नाथ ! सचमुच ही आप बड़े भक्तवत्सल हैं। जो लोग आप-जैसे दयालु परमेश्वरकी शरणमें आ गये हैं, उन्हें यमराज भी नहीं देख सकता। यह जानकर ही सब लोग पराभक्तिके साथ आपका भजन करते हैं। शंकर! आप ही इस जगत्के स्वामी हैं। क्या यह बात आप भूल गये? आपके बिना यहाँ व्यवस्था करनेमें कौन समर्थ हो सकता है।

इस प्रकार स्तुति करनेवाले देवताओंके समक्ष भगवान् शंकर स्वयं प्रकट हो गये और बोले—'देवताओ! तुम्हें क्या दूँ?'

देवताओंने कहा—देवेश्वर! ये सूर्यके पुत्र धर्म हैं,जो समस्त देहधारियोंका नियन्त्रण करते हैं। इन्हें धर्म और अधर्मकी व्यवस्थामें नियुक्त किया गया है। ये लोकपाल हैं। अपराधी और पापी नहीं हैं। अतः इनका वध नहीं होना चाहिये। इनके बिना ब्रह्माजीका कोई कार्य नहीं चल सकता। इसलिये सेना और वाहनोंसहित यमराजको जीवित कर दीजिये। नाथ ! महात्माओंके सामने की हुई प्रार्थना सफल ही होती है। वह कभी व्यर्थ नहीं जाती।

भगवान् शिव बोले—देवताओ! मेरी बात सुनो—जो मेरे तथा भगवान् विष्णुके भक्त हैं, गौतमी गङ्गाका निरन्तर सेवन करनेवाले हैं, उनके स्वामी हमलोग स्वयं ही हैं। मृत्युका उनके ऊपर कोई अधिकार नहीं है। यमराजको तो कभी उनकी बाततक नहीं चलानी चाहिये। व्याधि-आधिके द्वारा उनका पराभव करना कदापि उचित नहीं है। जो मेरी शरणमें आ जाते हैं, वे तत्काल मुक्त हो जाते हैं। यमराजको तो चाहिये अपने अनुचरोंसहित उन्हें प्रणाम करे।

'बहुत अच्छा' कहकर देवताओंने भगवान् शिवकी बातका अनुमोदन किया। तब भगवान् शिवने अपने वाहन नन्दीसे कहा—'तुम गौतमीका जल लेकर मरे हुए यमराज आदिके शरीरपर छिड़क दो।' आज्ञा पाकर नन्दीने यम आदि सब लोगोंपर गोदावरीका जल छिड़का। इससे वे जीवित होकर उठ बैठे और दक्षिण दिशाकी ओर चले गये। गौतमीके उत्तर-तटपर विष्णु

आदि सब देवता ठहर गये और देवाधिदेव महेश्वरकी पूजा करने लगे। उस समय वहाँ एक लाख बारह हजार तीर्थ एकत्रित हुए थे। इसी प्रकार गोदावरीके दक्षिण-तटपर तीस हजार तीर्थ एकत्रित हुए। यही श्वेततीर्थका पवित्र उपाख्यान है। जहाँ मृत्यु देवता मरकर गिरे थे, वह स्थान मृत्युतीर्थ कहलाता है। वहाँ किया हुआ स्नान और दान सब पापोंका नाश करनेवाला है। उसके माहात्म्यका श्रवण, पठन और स्मरण अन्तःकरणके मलको धोनेवाला और सब लोगोंको भोग तथा मोक्ष प्रदान करनेवाला है।

इसके आगे शुक्रतीर्थ है, जो मनुष्योंको सब प्रकारकी सिद्धि देनेवाला है। वह सब पापोंको शान्त करनेवाला तथा सब प्रकारकी व्याधियोंका नाशक है। अङ्गिरा और भृगु—ये दो परम धर्मात्मा ऋषि हुए हैं। इन दोनोंके दो-दो पुत्र हुए, जो बड़े ही विद्वान् और रूप तथा बुद्धिसे सुशोभित थे। अङ्गिराके पुत्रका नाम था जीव और भृगुके पुत्रका नाम था कवि। ये दोनों अपने माता-पिताके अधीन रहते थे। जब दोनोंका यज्ञोपवीत-संस्कार हो गया, तब उनके पिता परस्पर कहने लगे—'हम दोनोंमेंसे एक ही इन दोनों पुत्रोंका शिक्षक हो। इससे एक ही शासन करेगा और दूसरा सुखसे बैठा रहेगा।' यह सुनकर अङ्गिराने कहा—'मैं कविको भी अपने पुत्रके समान ही पढ़ाऊँगा। वह सुखपूर्वक मेरे यहाँ रहे।'

अङ्गिराकी बात सुनकर भृगुने कहा—'ठीक है' और उन्होंने अपने पुत्र शुक्रको अङ्गिराकी सेवामें सौंप दिया। परन्तु अङ्गिरा उन दोनों बालकोंमें विषम बुद्धि रखते थे। इसलिये दोनोंको पृथक्-पृथक् पढ़ाते थे। बहुत दिनोंतक किसी प्रकार चलता रहा, तब एक दिन शुक्रने कहा—'गुरुदेव! आप मुझे प्रतिदिन विषमभावसे पढ़ाते हैं। गुरुओंके लिये यह उचित नहीं कि वे पुत्र और शिष्यमें भेदभाव समझें। जो लोग विषम बुद्धि रखते हैं, उनके पापकी कोई गणना नहीं है। आचार्य! अब मैंने आपको अच्छी तरह समझ लिया। आपको बारंबार नमस्कार करता हूँ। अब दूसरे किसी गुरुके यहाँ जाऊँगा। मुझे जानेकी आज्ञा दीजिये।'

इस प्रकार गुरु और बृहस्पतिसे पूछकर उनकी आज्ञा ले शुक्र चले गये। उन्होंने सोचा अब पूर्ण विद्या प्राप्त करके ही पिताके पास चलूँ। किन्तु किससे पूछूँ, कौन सबसे श्रेष्ठ गुरु हो सकता है? इन्हीं सब बातोंका विचार करते हुए शुक्रने महाप्राज्ञ गौतमके पास जाकर पूछा—'मुनिश्रेष्ठ! बताइये, कौन मेरा गुरु हो सकता है? जो तीनों लोकोंका गुरु हो, उसीके पास मैं जाऊँगा।'

गौतमने कहा—जगद्गुरु भगवान् शंकर ही गुरु होने योग्य हैं।

शुक्रने पूछा—मैं कहाँ रहकर शङ्करजीकी आराधना करूँ?

गौतम बोले—गौतमी गङ्गामें स्नान करके पवित्र हो स्तोत्रोंद्वारा भगवान् शंकरको संतुष्ट करो। संतुष्ट होनेपर वे जगदीश्वर तुम्हें विद्या प्रदान करेंगे।

गौतमके कहनेसे शुक्र गोदावरीके तटपर गये और वहाँ स्नान करके पवित्र हो भगवान् शिवकी स्तुति करने लगे।

शुक्र बोले—प्रभो ! मैं बालक हूँ। मेरी बुद्धि बालककी ही है और आप बालचन्द्रमाको मस्तकपर धारण करनेवाले हैं। मुझे आपकी स्तुति करनेका कुछ भी ज्ञान नहीं है। केवल आपको नमस्कार करता हूँ। गुरुने मुझे त्याग दिया है। मेरा कोई सुहृद् अथवा सखा नहीं है। आप ही सब प्रकारसे मेरे प्रभु हैं। जगन्नाथ!

आपको नमस्कार है। आप गुरुवालोंके भी गुरु और बड़ोंके भी बड़े हैं। मैं छोटा बच्चा हूँ। मुझपर कृपा कीजिये। जगन्मय ! आपको नमस्कार है। सुरेश्वर! मैं विद्याके लिये आपकी शरणमें आया हूँ। मुझे आपके स्वरूपका कुछ भी ज्ञान नहीं है। आप स्वयं ही कृपा करके मेरी ओर देखें। लोकसाक्षी शिव! आपको नमस्कार है।

शुक्रके इस प्रकार स्तुति करनेपर भगवान् शंकर प्रसन्न होकर बोले—'वत्स! तुम्हारा कल्याण हो। तुम इच्छानुसार वर माँगो, भले ही वह देवताओंके लिये भी दुर्लभ क्यों न हो।' उदारबुद्धि कविने भी हाथ जोड़कर कहा—'नाथ! ब्रह्मा आदि देवताओं तथा ऋषियोंको भी जो विद्या नहीं प्राप्त हुई हो, उसके लिये मैं याचना करता हूँ। आप ही मेरे गुरु और देवता हैं।'

ब्रह्माजी कहते हैं—शुक्रने जब इस प्रकार प्रार्थना की, तब देवश्रेष्ठ भगवान् शिवने उन्हें मृतसंजीवनी विद्या प्रदान की, जिसका ज्ञान देवताओंको भी नहीं था। साथ ही उन्होंने लौकिकी, वैदिकी तथा अन्यान्य विद्याएँ भी दीं। जब साक्षात् भगवान् शंकर ही प्रसन्न हो गये थे, तब क्या बाकी रह जाता। वह महाविद्या पाकर शुक्र अपने पिता और गुरुके पास गये। अपनी विद्यासे पूजित होकर वे दैत्योंके गुरु हुए। किसी समय कुछ कारणवश बृहस्पतिके पुत्र कचने शुक्राचार्यसे मृतसंजीवनी विद्या प्राप्त की। कचसे बृहस्पतिने और बृहस्पतिसे पृथक्-पृथक् देवताओंने उस विद्याको ग्रहण किया। गौतमीके उत्तरतटपर, जहाँ भगवान् महेश्वरकी आराधना करके शुक्रने विद्या पायी थी, वह स्थान शुक्रतीर्थ कहलाता है। मृत्यु-संजीवनीतीर्थ भी उसका नाम है। वह आयु और आरोग्यकी वृद्धि करनेवाला है। वहाँ स्नान, दान आदि जो कुछ भी शुभ कर्म किया जाता है, वह अक्षय पुण्य देनेवाला होता है।

शुक्रतीर्थके बाद इन्द्रतीर्थ है। वह ब्रह्महत्याका विनाश करनेवाला है। उसके स्मरणमात्रसे पाप-राशि तथा क्लेशसमुदायका नाश हो जाता है। नारद ! पूर्वकालकी बात है। जब इन्द्रने वृत्रासुरका वध किया, तब ब्रह्महत्या उनके पीछे लग गयी। उसे देखकर इन्द्रको बड़ा भय हुआ। वे इधर-उधर भागने लगे। किंतु जहाँ-जहाँ वे जाते, ब्रह्महत्या उनका पीछा नहीं छोड़ती थी। तब वे एक बहुत बड़े सरोवरमें प्रवेश करके कमलकी नालमें छिप गये और उसमें तन्तुकी भाँति होकर रहने लगे। ब्रह्महत्या भी उस सरोवरके तटपर एक हजार दिव्य वर्षोंतक बैठी रही। इस बीचमें सब देवता बिना इन्द्रके हो गये थे। उन्होंने आपसमें सलाह की, किस प्रकार इन्द्र प्रकट हों ? उस समय मैंने देवताओंसे कहा—'ब्रह्महत्याके लिये दूसरा स्थान दे दिया जाय और इन्द्रको शुद्ध करनेके लिये गोदावरी नदीमें नहलाया जाय। उसमें स्नान करनेसे इन्द्र पुनः शुद्ध हो जायँगे।'

इन्द्रका प्रथम अभिषेक नर्मदा-तटपर हुआ। वहाँ उनके मलका शोधन होनेके कारण उस देशका नाम मालव पड़ा। तत्पश्चात् वे गौतमी गङ्गाके तटपर लाये गये। वहाँ पुण्या नदीके जलमें गौतमीका जल लाकर उसीसे समस्त देवता, ऋषि, मैं, विष्णु, वसिष्ठ, गौतम, अगस्त्य, अत्रि, कश्यप, अन्यान्य ऋषि, यक्ष तथा पन्नगोंने इन्द्रका अभिषेक किया। तत्पश्चात् मैंने उन्हें अपने कमण्डलुके जलसे भी अभिषिक्त किया। इस प्रकार वहाँ 'पुण्या' और 'सिक्ता' दो नदियाँ हो गयीं और वे दोनों गौतमी गङ्गामें आकर मिलीं। उन दोनोंके संगम मुनियोंद्वारा सेवित विख्यात तीर्थ बन गये। तबसे उस तीर्थको पुण्यासंगम कहते हैं। सिक्तासङ्गमका ही नाम इन्द्रतीर्थ हो गया। वहाँ सात हजार मङ्गलमय तीर्थ निवास करने लगे। उन तीर्थोंमें तथा विशेषत: संगमके जलमें जो स्नान-दान किया जाता है, वह सब अक्षय जानना चाहिये। इसमें अन्यथा विचार करनेकी आवश्यकता नहीं है। जो इस पवित्र उपाख्यानको पढ़ता अथवा सुनता है, वह मन, वाणी, शरीर और क्रियाद्वारा होनेवाले समस्त पापोंसे मुक्त हो जाता है।

पौलस्त्य, अग्नि और ऋणमोचन नामक तीर्थोंका माहात्म्य

ब्रह्माजी कहते हैं—उसके आगे पौलस्त्य-तीर्थ है, जो मनुष्योंको सब प्रकारकी सिद्धि देनेवाला है। मैं उसके प्रभावका वर्णन करता हूँ—वह छिने हुए राज्यकी भी प्राप्ति कराता है। विश्रवा मुनिके ज्येष्ठ पुत्र कुबेर, जो ऋद्धि-सिद्धिसे सम्पन्न और उत्तर दिशाके स्वामी हैं, पहले लङ्काके राजा थे। उनके सौतेले भाई रावण, कुम्भकर्ण और विभीषण बड़े बलवान् थे। यद्यपि वे भी विश्रवाके ही पुत्र थे, तथापि राक्षसपुत्री कैकसीके गर्भसे उत्पन्न होनेके कारण राक्षस कहलाते थे। वे तीनों भाई तपस्या करनेके लिये वनमें गये। वहाँ उन्होंने बड़ी भारी तपस्या की और मुझसे वरदान प्राप्त किया। तदनन्तर अपने मामा मारीचके तथा नाना और माताके कहनेसे रावणने कुबेरसे लङ्काकी राजधानी अपने लिये माँगी। इस बातको लेकर दोनों भाइयोंमें भारी शत्रुता हो गयी। फिर तो देवताओं और दानवोंमें भयंकर युद्ध हुआ। रावणने अपने बड़े भाई कुबेरको युद्धमें हराकर पुष्पक विमान और लङ्कापुरीपर अधिकार जमा लिया तथा तीनों लोकोंमें घोषणा करा दी कि जो मेरे भाईको आश्रय देगा, वह मेरे हाथसे मारा जायगा। कुबेरको कहीं आश्रय न मिला। तब वे अपने पितामह पुलस्त्यके पास गये और उन्हें

प्रणाम करके बोले—'मेरे दुष्ट भ्राताने मुझे लङ्कासे निकाल दिया। बताइये, अब क्या करूँ? अब मेरे

लिये दैव अथवा तीर्थ ही आश्रय या शरण हैं।' पौत्रकी यह बात सुनकर पुलस्त्यने कहा—'बेटा! तुम गौतमी गङ्गामें जाकर भगवान् शंकरकी स्तुति करो। वहाँ गङ्गाके जलमें रावणका प्रवेश नहीं हो सकता। अतः मेरे साथ वहीं चलकर कल्याणमयी सिद्धि प्राप्त करो।'

कुबेरने 'बहुत अच्छा' कहकर उनकी आज्ञा स्वीकार की और पत्नी, पिता, माता तथा वृद्ध महर्षि पुलस्त्यके साथ गौतमी गङ्गाके तटपर गये। वहाँ गङ्गामें स्नान करके पवित्र हो कुबेर भोग-मोक्षके दाता देवदेवेश्वर भगवान् शिवकी स्तुति करने लगे—''शम्भो! आप ही इस चराचर जगत्के स्वामी हैं, दूसरा कोई नहीं। जो लोग आपकी भी अवहेलना करके मोहवश धृष्टता करते हैं, वे शोकके ही योग्य हैं। आप अपनी आठ मूर्तियोंद्वारा सम्पूर्ण जगत्का भरण-पोषण करते हैं। आपकी आज्ञासे ही सब लोग चेष्टा करते हैं, तथापि विद्वान् पुरुष ही आपकी महिमाको कुछ-कुछ जान पाते हैं। अज्ञानी पुरुष आप पुरातन प्रभुको कभी नहीं जान सकता। एक दिन जगदम्बा पार्वतीने अपने शरीरके मैलसे एक पुतला बनाकर रख दिया और परिहासमें आपसे कहा—'देव! यह आपका शूरवीर पुत्र है।' उसपर आपकी कृपादृष्टि हुई और वह विघ्नोंका राजा गणेश बन गया। अहो, महेश्वरकी दृष्टिका कितना अद्‌भुत प्रभाव है! जब कामदेव भस्म हो गया और रति उसके लिये विलाप करने लगी, तब दयामयी माता पार्वतीने आँसू बहाते हुए आपकी ओर देखकर कहा—'भगवन्! इन बेचारोंका दाम्पत्य-सुख छिन गया।' तब आपने उसपर भी कृपा की। कामदेव मनोभव हो गया—वह रतिकी मनोभूमिमें प्रकट हो गया। इस प्रकार उमासहित महादेवजीकी कृपासे रतिने पूर्ण सौभाग्य प्राप्त किया।''

इस प्रकार स्तुति करनेपर भगवान् शंकर कुबेरके सामने प्रकट हुए। उन्होंने वर माँगनेके लिये कहा, किंतु हर्षातिरेकके कारण कुबेरके मुखसे कोई बात नहीं निकली। इसी समय आकाशवाणी हुई। उसने मानो पुलस्त्य, विश्रवा और कुबेरके हार्दिक अभिप्रायको जानकर यह कल्याणमय वचन कहा—'भगवन्! ये लोग धनका प्रभुत्व प्राप्त करना चाहते हैं। इनके लिये भविष्य भूत-सा बन जाय। जिस वस्तुको ये किसीके लिये देना चाहें, वह दी हुईके समान हो जाय तथा जो वस्तु ये स्वयं प्राप्त करना चाहें, वह पहले ही इनके सामने प्रस्तुत हो जाय। ये भगवान् शंकरकी आराधना करके इस बातकी अभिलाषा रखते हैं कि हमारे शत्रु परास्त हों, दुःख दूर हो जाय, दिक्पालका पद प्राप्त हो, धनका प्रभुत्व मिले, अपरिमित दान-शक्ति हो। साथ ही स्त्री और पुत्रका सुख भी बना रहे।'

कुबेरने वह आकाशवाणी सुनकर त्रिशूलधारी भगवान् शंकरसे कहा—'देव! ऐसा ही हो।' 'तथास्तु' कहकर शिवने उस दैवी वाणीका अनुमोदन किया। इस प्रकार पुलस्त्य, विश्रवा और कुबेरका वरदानसे अभिनन्दन करके भगवान् शिव अन्तर्धान हो गये। तबसे उस तीर्थके तीन नाम पड़े—पौलस्त्यतीर्थ, धनदतीर्थ और वैश्रवसतीर्थ। वह समस्त कामनाओंको देनेवाला शुभ तीर्थ है। वहाँ स्नान आदि जो कुछ भी पुण्यकर्म किया जाता है, वह अधिक पुण्यदायक होता है।

पौलस्त्यतीर्थके बाद अग्नितीर्थ है। वह सब यज्ञोंका फल देनेवाला और समस्त विघ्नोंको शान्त करनेवाला है। उस तीर्थका फल सुनो। अग्निके भाई जातवेदा हैं, जो देवताओंके पास हविष्य पहुँचाया करते हैं। एक दिनकी बात है—गोदावरीके तटपर ऋषियोंके यज्ञमण्डपमें यज्ञ हो

रहा था। अग्निके प्रिय भाई जातवेदा देवताओंके हविष्यका वहन कर रहे थे। उसी समय दितिके बलवान् पुत्र मधुने प्रधान-प्रधान ऋषियों और देवताओंके देखते-देखते जातवेदाको मार डाला। उनके मरनेपर देवताओंको हविष्य मिलना बंद हो गया। इधर अपने प्रिय भाई जातवेदाके मारे जानेसे अग्निको बड़ा क्रोध हुआ। वे गौतमी गङ्गाके जलमें समा गये। अग्निके जलमें प्रवेश करनेपर देवता और मनुष्य जीवनका त्याग करने लगे, क्योंकि अग्नि ही उनका जीवन है। अग्निदेव जहाँ जलमें प्रविष्ट हुए थे, उस स्थानपर सम्पूर्ण देवता, ऋषि और पितर आये और यह सोचकर कि बिना अग्निके हम जीवित नहीं रह सकते, उनकी स्तुति करने लगे। इतनेमें ही जलके भीतर उन्हें अग्निका दर्शन हुआ। उन्हें देखकर देवता बोले—'अग्ने! आप हविष्यके द्वारा देवताओंको, कव्य (श्राद्ध)-से पितरोंको तथा अन्नको पचाने और बीजको गलाने आदिके द्वारा मनुष्योंको जीवित कीजिये।'

अग्निने उत्तर दिया—'मेरा छोटा भाई, जो इस कार्यमें समर्थ था, चला गया। आपलोगोंका काम करनेमें जातवेदाकी जो गति हुई है, वह मेरी भी हो सकती है। अतः मुझे आपलोगोंके कार्य-साधनमें उत्साह नहीं है।' तब देवताओं और ऋषियोंने सब प्रकारसे अग्निकी प्रार्थना करते हुए कहा—'हव्यवाहन! हमलोग आपको आयु, कर्म करनेमें उत्साह और सर्वत्र व्यापक होनेकी शक्ति देते हैं। साथ ही प्रयाज और अनुयाज भी देंगे। देवताओंके आप ही श्रेष्ठ मुख होंगे। पहली आहुतियाँ आपको ही मिलेंगी। आप जो द्रव्य हमें देंगे, वही हम भोजन करेंगे।'

इस आश्वासनसे अग्निदेव प्रसन्न हुए। उन्हें इस लोक और परलोकमें व्यापक रहनेकी शक्ति प्राप्त हुई। वे सर्वत्र निर्भय हो गये। जातवेदा, बृहद्भानु, सप्तार्चि, नीललोहित, जलगर्भ, शमीगर्भ और यज्ञगर्भ—इन नामोंसे उन्हींका बोध होने लगा। देवताओंने अग्निको जलसे निकाला और जातवेदा तथा अग्नि दोनोंके पदपर उनका अभिषेक किया। कार्य सिद्ध होनेपर देवता भी अपने-अपने स्थानको चले गये। तभीसे वह स्थान 'वह्नितीर्थ' कहलाता है। वहाँ सात सौ उत्तम तीर्थोंका निवास है। जो जितात्मा पुरुष उन तीर्थोंमें स्नान और दान करता है, उसे अश्वमेध-यज्ञका पूरा फल प्राप्त होता है। वहीं देवतीर्थ, अग्नितीर्थ और जातवेदस्तीर्थ भी हैं। अग्निद्वारा स्थापित अनेक वर्णोंके शिवलिङ्गका भी वहाँ दर्शन होता है। उसके दर्शनसे सब यज्ञोंका फल प्राप्त होता है।

उसके बाद 'ऋणमोचन' नामक तीर्थ है। जिसके महत्त्वको वेदवेत्ता पुरुष जानते हैं। नारद! मैं उसके स्वरूपको बतलाता हूँ, मन लगाकर सुनो। कक्षीवान्का ज्येष्ठ पुत्र पृथुश्रवा था। वह वैराग्यके कारण न तो विवाह करता था और न अग्निहोत्र ही। कक्षीवान्का कनिष्ठ पुत्र भी विवाहके योग्य हो गया था तो भी उसने परिवित्ति* होनेके भयसे विवाह और अग्निहोत्र नहीं किये। तब पितरोंने कक्षीवान्के दोनों पुत्रोंसे पृथक्-पृथक् कहा—'तुम देव-ऋण, ऋषि-ऋण और पितृ-ऋणसे मुक्त होनेके लिये विवाह करो।' ज्येष्ठ पुत्रने कहा, 'नहीं, कैसा ऋण और कौन उससे मुक्त होता है।' छोटे पुत्रने उत्तर दिया, 'बड़े भाईके अविवाहित रहते मेरा विवाह करना उचित नहीं है। अन्यथा परिवित्ति होनेका भय है।' तब

* बड़े भाईकी अविवाहित अवस्थामें विवाह कर लेनेवाला छोटा भाई परिवित्ति कहलाता है। इसे शास्त्रोंमें दोष माना गया है।

पितरोंने उन दोनोंसे कहा—'तुमलोग गौतमी गङ्गामें जाकर स्नान करो। गौतमीका स्नान सब मनोरथोंको सिद्ध करनेवाला है। गौतमी गङ्गा तीनों लोकोंको पवित्र करनेवाली हैं। उनके जलमें श्रद्धापूर्वक स्नान और तर्पण करो। गौतमीका दर्शन, वन्दन और ध्यान करनेसे वे समस्त कामनाएँ पूर्ण करती हैं। वहाँ स्नान करनेके लिये कोई देश, काल और जाति आदिका नियम नहीं है। गौतमीमें स्नान करनेसे बड़े भाईपर कोई ऋण नहीं रहता और छोटा भाई परिवित्ति नहीं होता।'

पितरोंके आदेशसे कक्षीवान्‌का ज्येष्ठ पुत्र पृथुश्रवा गौतमीमें स्नान और तर्पण करके तीनों ऋणोंसे मुक्त हो गया। तबसे वह तीर्थ 'ऋणमोचन' कहलाता है। वहाँ स्नान और दान करनेसे ऋणवान् मनुष्य श्रौत-स्मार्त तथा अन्य ऋणोंसे भी मुक्त होकर सुखी होता है।

सुपर्णा-संगम, पुरूरवस्तीर्थ, पञ्चतीर्थ, शमीतीर्थ, सोम आदि तीर्थ तथा वृद्धा-संगम-तीर्थकी महिमा

ब्रह्माजी कहते हैं—इसके बाद सुपर्णा-संगम तथा काद्रवा-संगम नामक तीर्थ हैं, जहाँ भगवान् महेश्वर गङ्गाके तटपर स्थित हैं। वहीं अग्निकुण्ड, रुद्रकुण्ड, विष्णुकुण्ड, सूर्यकुण्ड, सोमकुण्ड, ब्रह्मकुण्ड, कुमारकुण्ड तथा वरुणकुण्ड भी हैं। उस स्थानपर अप्सरा नामकी नदी गौतमी गङ्गामें मिली है। उस तीर्थके स्मरणमात्रसे मनुष्य कृतकृत्य हो जाता है। वह सब पापोंका निवारण करनेवाला है।

उससे आगे पुरूरवस् नामक तीर्थ है। उसके दर्शनकी तो बात ही क्या, स्मरणमात्रसे ही पापोंका नाश हो जाता है। एक समय राजा पुरूरवा ब्रह्माजीकी सभामें गये। वहाँ देवनदी सरस्वती ब्रह्माजीके पास बैठी हँस रही थीं। उस रूपवती देवीको देखकर राजाने उर्वशीसे पूछा— 'ब्रह्माजीके पास यह रूपवती साध्वी स्त्री कौन है ? यह तो सबसे सुन्दरी युवती है और अपने सौन्दर्यके प्रकाशसे इस सभाको उद्दीप्त कर रही है।' उर्वशीने कहा—'ये कल्याणमयी ब्रह्मकुमारी देवनदी सरस्वती हैं। ये प्रतिदिन आती-जाती रहती हैं।' यह सुनकर राजाको बड़ा विस्मय हुआ। उन्होंने उर्वशीसे कहा—'इसको मेरे पास बुला लाओ।' उर्वशीने जाकर राजाका संदेश सुना दिया। सरस्वतीने स्वीकार कर लिया तथा अपनी प्रतिज्ञाके अनुसार वह पुरूरवाके पास आयी। राजाने सरस्वती नदीके तटपर उसके साथ अनेक वर्षोंतक विहार किया। यह देख मैंने सरस्वतीको शाप दे दिया। मेरे शापके कारण वह मृत्युलोकमें कहीं लुप्त हो गयी है और कहीं दिखायी देती है। जहाँ सरस्वती नदी गङ्गामें मिली है, वहाँ पहुँचकर राजा पुरूरवाने तपस्या की और महादेवजीकी आराधना करके गङ्गाजीके प्रसादसे सम्पूर्ण अभीष्ट प्राप्त कर लिया। तबसे उस स्थानका नाम पुरूरवस्तीर्थ, सरस्वती-संगम और ब्रह्मतीर्थ पड़ गया। वहाँ सिद्धेश्वर नामसे प्रसिद्ध महादेवजी रहते हैं। वह तीर्थ समस्त कामनाओंको देनेवाला है।

उसके सिवा सावित्री, गायत्री, श्रद्धा, मेधा और सरस्वती—ये पाँच पुण्य तीर्थ हैं। वहाँ स्नान और जलपान करनेसे मनुष्य सब पापोंसे मुक्त हो जाता है। ये पाँचों मेरी कन्याएँ हैं, जो नदीरूपमें परिणत हो गयी हैं। जहाँ वे भगवती गङ्गासे मिली हैं, वहीं पाँच तीर्थ हैं। वे पाँच नदियाँ और सरस्वती पवित्र तीर्थ हैं। मनुष्य उनमें स्नान, दान

आदि जो कुछ भी करता है, वह सब अभिलषित वस्तुओंको देनेवाला तथा नैष्कर्म्यसे भी बढ़कर मोक्षका साधक माना गया है।

शमीतीर्थके नामसे जिसकी प्रसिद्धि है, वह भी सब पापोंकी शान्ति करनेवाला है। नारद! उस तीर्थकी कथा सुनाता हूँ, सावधान होकर सुनो। पूर्वकालमें प्रियव्रत नामसे प्रसिद्ध क्षत्रिय राजा हो गये हैं। उन्होंने गोदावरीके दक्षिण-तटपर अश्वमेध-यज्ञकी दीक्षा ली। उस यज्ञके पुरोहित हुए वसिष्ठजी। एक दिन उस यज्ञमें हिरण्यक नामका दानव आया। महर्षि वसिष्ठने अपने ब्रह्मदण्डसे सब दैत्योंको मार भगाया। तदनन्तर पुनः यज्ञ आरम्भ हुआ। दैत्य अपनी सेनाके साथ भाग खड़ा हुआ। वहाँ निम्नाङ्कित तीर्थोंने अश्वमेध-यज्ञके फल दिये—शमीतीर्थ, विष्णुतीर्थ, अर्कतीर्थ, शिवतीर्थ, सोमतीर्थ और वसिष्ठतीर्थ। यज्ञ समाप्त होनेपर देवताओं और ऋषियोंने वसिष्ठ और प्रियव्रतसे कहा—इन तीर्थोंने अश्वमेध-यज्ञका फल दिया है; अतः इनमें स्नान-दान करनेसे मनुष्य अश्वमेध-यज्ञका पुण्य-फल प्राप्त करेगा—इसमें तनिक भी मिथ्या नहीं है।

मुने! गौतमीमें एक स्थानपर अनेक नद-नदियाँ मिली हैं। उन सबके नामपर पृथक्-पृथक् तीर्थ हैं। उन तीर्थोंके नाम ये हैं—सोमतीर्थ, गन्धर्वतीर्थ, देवतीर्थ, पूर्णातीर्थ, शालतीर्थ, श्रीपर्णा-संगम, स्वागता-संगम, कुसुमा-संगम, पुष्टि-संगम, कर्णिका-संगम, वैणवी-संगम, कृशरा-संगम, वासवी-संगम, शिवशर्मा, शिखी, कुसुम्भिका, उपारथ्या, शान्तिजा, देवजा, अज, वृद्ध, सुर और भद्र आदि। ये तथा और भी बहुत-से नद-नदीगण गौतमीमें मिले हैं। पृथ्वीपर जितने तीर्थ हैं, वे सभी देवगिरिपर गये थे। फिर वे ही क्रमशः गङ्गामें आ मिले। कोई नदीरूपमें था और कोई नदरूपमें। किसीका रूप सरोवरके आकारमें था और किसीका स्रोतके आकारमें। वे ही सब तीर्थ पृथक्-पृथक् विख्यात हुए। उन सबमें किया हुआ स्नान, जप, होम, पितृ-तर्पण आदि कर्म समस्त कामनाओंकी पूर्ति करनेवाला और मुक्तिदायक माना गया है। जो इनके नामोंका पाठ अथवा स्मरण करता है, वह सब पापोंसे मुक्त हो भगवान् विष्णुके धाममें जाता है।

वृद्धा-संगम नामक एक प्रसिद्ध तीर्थ है, जहाँ वृद्धेश्वर नामक शिवका निवास है। उस तीर्थकी कथा सब पापोंका नाश करनेवाली है। पूर्वकालमें एक महातपस्वी मुनि थे। उनका नाम वृद्धगौतम था। वे जब बालक थे, तब किसी तरह पिताने उनका यज्ञोपवीतमात्र कर दिया। इसके बाद वे बाहर भ्रमण करनेको चले गये। उन्हें केवल गायत्री-मन्त्र याद था। वे वेदोंका अध्ययन और शास्त्रोंका अभ्यास नहीं कर सके। केवल गायत्रीका जप और अग्निहोत्र नियमपूर्वक कर लेते थे। इतनेसे ही उनका ब्राह्मणत्व सुरक्षित था। विधिपूर्वक अग्निकी उपासना और गायत्री-जप करनेसे उनकी आयु बहुत बढ़ गयी। यों भी उनकी अवस्था अधिक हो चुकी थी। किंतु विवाह न हो सका, कोई उन्हें कन्या देनेवाला नहीं मिला।

गौतम भिन्न-भिन्न तीर्थों, वनों और पवित्र आश्रमोंमें भ्रमण करते रहे। घूमते-घूमते शीत-गिरिपर चले गये और वहीं रहने लगे। वहाँ उन्होंने एक रमणीय गुफा देखी, जो लताओं और वृक्षोंसे घिरी हुई थी। उसमें एक अत्यन्त दुर्बल वृद्धा तपस्विनी रहती थी, उसके सब अङ्ग शिथिल हो गये थे। वह वीतरागा ब्रह्मचारिणी थी और एकान्तमें रहा करती थी। उसे देख मुनिश्रेष्ठ गौतम नमस्कारके लिये खड़े हो गये।

वृद्धाने कहा—आप मेरे गुरु होंगे, अतः

मुझे प्रणाम न करें। जिसे गुरु नमस्कार करता है, उसकी आयु, विद्या, धन, कीर्ति, धर्म और स्वर्ग आदि सब नष्ट हो जाते हैं।

यह सुनकर गौतम बड़े आश्चर्यमें पड़े। वे हाथ जोड़कर बोले—'तुम वृद्धा तपस्विनी हो, गुणोंमें भी मुझसे बढ़ी-चढ़ी हो। मैं बहुत कम पढ़ा-लिखा और अवस्थामें भी छोटा हूँ, फिर तुम्हारा गुरु कैसे हो सकता हूँ।'

वृद्धाने कहा—आर्ष्टिषेणके प्रिय पुत्र ऋतध्वज थे; वे बड़े गुणवान्, बुद्धिमान्, शूरवीर तथा क्षत्रिय-धर्ममें तत्पर रहनेवाले थे। एक दिन वे शिकार खेलनेके लिये वनमें आये और इसी गुफामें आकर विश्राम करने लगे। यहाँ उनपर एक सुन्दरी अप्सराकी दृष्टि पड़ी, उसका नाम सुश्यामा था। वह गन्धर्वराजकी कन्या थी। राजाने भी उसे देखा। दोनोंके मनमें एक-दूसरेसे मिलनेकी इच्छा हुई। ऋतध्वजने सुश्यामाके साथ विहार किया। भोगेच्छा निवृत्त होनेपर राजा उसकी अनुमति ले अपने घर चले गये। तदनन्तर सुश्यामाके गर्भसे मेरा जन्म हुआ। जब माता यहाँसे जाने लगी, तब बोली—'कल्याणी ! जो पुरुष इस गुफामें पहले आ जाय, वही तुम्हारा पति होगा।' तबसे आजतक तुम्हीं यहाँ आये हो। दूसरा कोई पुरुष कभी यहाँ नहीं आया। ब्रह्मन्! और किसीने मेरा वरण नहीं किया है। न मेरी माता है, न पिता। मैं आप ही अपनी मालिक हूँ। अबतक ब्रह्मचर्य-व्रतमें रही। अब पुरुषकी इच्छा रखती हूँ, आप मुझे स्वीकार करें।

गौतम बोले—भद्रे ! मेरी अवस्था तो अभी एक हजार वर्षकी ही है और तुम नब्बे हजार वर्षकी हो गयी हो। मैं बालक और तुम वृद्धा; यह सम्बन्ध योग्य नहीं जान पड़ता।

वृद्धाने कहा—पूर्वकालमें ही आप मेरे पति नियत कर दिये गये हैं। अब दूसरा कोई मेरा पति नहीं हो सकता, विधाताने आपको मुझे दिया है; अतः अब आप मुझे अस्वीकार न करें। मुझमें कोई दोष नहीं है। मैं आपमें भक्ति रखती हूँ; तब भी यदि आप मुझे ग्रहण करना नहीं चाहते तो आपके देखते-देखते अभी अपने प्राण त्याग दूँगी। यदि अभीष्ट वस्तुकी प्राप्ति न हो तो प्राणियोंके लिये मर जाना ही अच्छा है। प्रेमीजनके परित्यागसे जो पातक लगता है, उसका अन्त नहीं है।

वृद्धाकी बात सुनकर गौतमने कहा—'मुझमें न तपस्या है न विद्या। मैं कुरूप और निर्धन हूँ, अतः तुम्हारे लिये योग्य वर नहीं हो सकता। पहले सुन्दर रूप और उत्तम विद्याकी प्राप्ति करके मुझे तुम्हारी बात माननी चाहिये।'

वृद्धाने कहा—ब्रह्मन्! मैंने अपनी तपस्यासे सरस्वतीदेवीको संतुष्ट किया है, साथ ही रूप देनेवाले अग्नि भी मुझपर प्रसन्न हैं; अतः

वागीश्वरी देवी आपको विद्या देंगी और रूपवान् अग्निदेव रूप प्रदान करेंगे।

यों कहकर वृद्धाने सरस्वती और अग्निकी प्रार्थना करके गौतमको विद्वान् और सुरूपवान् बना दिया। तब उन्होंने बड़ी प्रसन्नताके साथ वृद्धाको अपनी पत्नी बनाया और कितने ही वर्षोंतक उसके साथ विहार किया। एक दिन वसिष्ठ और वामदेव आदि महर्षि पुण्यतीर्थोंमें भ्रमण करते हुए उस गुफामें आये। गौतम और उनकी पत्नीने वहाँ आये हुए ऋषि-मुनियोंका विधिवत् स्वागत-सत्कार किया। उनमेंसे कुछ लोगोंने गौतमका उपहास करते हुए पूछा—'बूढ़ी माँ! यह तो बताओ, ये गौतम तुम्हारे पुत्र लगते हैं या पोते? कल्याणी! सच-सच बताना। वृद्ध पुरुषके लिये युवती स्त्री विषके समान है और वृद्धा स्त्रीके लिये युवा पुरुष अमृतके समान। प्रिय और अप्रियका संयोग हमने दीर्घकालके पश्चात् यहीं देखा है।' गौतम और उनकी पत्नी दोनों इस परिहासको सुनकर चुप रह गये। आतिथ्य ग्रहण करके सब महर्षि चले गये। उनकी बातोंको याद करके ये दोनों दम्पति बहुत दुःखी हुए। एक दिन स्त्रीसहित गौतमने मुनिवर अगस्त्यजीसे पूछा—'महर्षे ! कौन-सा देश या तीर्थ ऐसा है, जहाँ जानेसे कल्याणकी प्राप्ति होती है?'

अगस्त्यने कहा—ब्रह्मन् ! मैंने मुनियोंके मुखसे सुना है, गोदावरी नदीमें स्नान करनेसे सब कामनाएँ पूर्ण होती हैं।

अगस्त्यकी यह बात सुनकर गौतम उस वृद्धाके साथ गौतमी-तटपर गये और कठोर तपस्या करने लगे। उन्होंने भगवान् शंकर और विष्णुका स्तवन किया तथा पत्नीके लिये गङ्गाजीको भी संतुष्ट किया।

गौतम बोले—शिव ! जिनका हृदय व्यथित है, ऐसे पुरुषोंके लिये संसारमें पार्वतीसहित आप ही शरण हैं—ठीक वैसे ही, जिस प्रकार मरुभूमिके पथिकोंके लिये वृक्ष ही आश्रय होता है। भगवान् श्रीकृष्ण! आप ही छोटे-बड़े सब भूतोंके पापोंका सर्वथा निवारण करनेवाले हैं, जैसे सूखती हुई खेतीको मेघ ही सींचकर हरा-भरा करता है। सुधामयी तरङ्गोंसे सुशोभित गौतमी! तुम वैकुण्ठरूपी दुर्गमें पहुँचनेके लिये सीढ़ी हो। हम अधोगतिमें पड़कर संतप्त हो रहे हैं, माता! तुम हमारे लिये शरण हो जाओ।

सबको शरण देनेवाली गौतमी गङ्गा गौतमके स्तोत्रसे प्रसन्न होकर बोलीं—'ब्रह्मन् ! तुम मन्त्र पढ़ते हुए मेरे जलसे अपनी पत्नीका अभिषेक करो। इससे यह रूपवती हो जायगी। इसके सभी अङ्ग मनोहर होंगे। नेत्रोंमें भी सुन्दरता आ जायगी तथा यह सब प्रकारके शुभ लक्षणोंसे शोभा पाने लगेगी।'

गङ्गाजीके आदेशसे दोनोंने ऐसा ही किया, अतः उनकी कृपासे दोनों पति-पत्नी सुन्दर रूपवाले हो गये। उनके अभिषेकका जो जल था, वह नदीरूपमें परिणत हो गया। वृद्धा नामसे ही उस नदीकी ख्याति हुई। गौतमने जो शिवलिङ्गकी स्थापना की, वह भी वृद्धाके ही नामपर 'वृद्धेश्वर' कहलाया। वहीं मुनिश्रेष्ठ गौतमने वृद्धाके साथ पूर्ण आनन्द प्राप्त किया। तबसे उस तीर्थका नाम 'वृद्धा-संगम' हो गया। वहाँ किया हुआ स्नान और दान सब मनोरथोंको सिद्ध करनेवाला है।

इलातीर्थके आविर्भावकी कथा

ब्रह्माजी कहते हैं—इलातीर्थके नामसे जिस तीर्थकी प्रसिद्धि है, वह मनुष्योंको सब प्रकारकी सिद्धि देनेवाला, ब्रह्महत्या आदि पापोंको दूर करनेवाला तथा सम्पूर्ण कामनाओंको पूर्ण करनेवाला है। वैवस्वत मनुके वंशमें इल नामक एक राजा हो गये हैं। वे बहुत बड़ी सेना साथ लेकर शिकार खेलनेके लिये वनमें गये। वहाँ उनकी बुद्धिमें कुछ दूसरा ही निश्चय हुआ। उन्होंने अमात्योंसे कहा—'आप सब लोग मेरे पुत्रद्वारा पालित नगरमें चले जायँ। देश, कोश, बल, राज्य तथा मेरे पुत्रकी भी रक्षा करें। महर्षि वसिष्ठ भी हमारे लिये पिताके समान हैं। वे भी अग्निहोत्रकी अग्नियोंको लेकर मेरी पत्नियोंके साथ लौट जायँ। मैं अभी इस वनमें ही निवास करूँगा।' 'बहुत अच्छा' कहकर सब लोग चले गये और राजा धीरे-धीरे रत्नमय हिमालय पर्वतपर जाकर वहीं निवास करने लगे। एक दिन उन्होंने उस पर्वतपर एक गुफा देखी, जो नाना प्रकारके रत्नोंसे विचित्र शोभा पा रही थी। उस गुफामें यक्षोंका राजा समन्यु रहता था। उसके साथ उसकी पतिव्रता पत्नी समा भी रहा करती थी। उस समय वह यक्ष मृगरूप धारण करके अपनी पत्नीके साथ विचर रहा था। भाँति-भाँतिके रत्नोंसे चित्रित, उसका वह विशाल गृह सूना पड़ा था। अतः राजा अपनी भारी सेनाके साथ वहीं ठहर गये। वह यक्ष अधर्मके कोपसे पत्नीके साथ मृगरूप धारण करके रहता था। उसने सोचा—'इस राजाने मेरा घर छीन लिया। मैं इसे जीत सकता नहीं और यह माँगनेपर देगा नहीं। अब क्या करूँ?' इसी चिन्तामें पड़कर वह मृगीरूपधारिणी अपनी पत्नीसे बोला—'कान्ते! इस राजाका मन मृगयाके व्यसनमें आसक्त है। यह कैसे विपत्तिमें फँसे—इसके लिये कोई उपाय सोचो। मेरा विचार है कि तुम मनोहर मृगीका रूप धारण करके इसके सामनेसे निकलो और इसे अपनी ओर आकृष्ट करके किसी तरह अम्बिका-वनमें पहुँचा दो। उसके भीतर प्रवेश करते ही यह राजा स्त्री हो जायगा। भद्रे! यह काम तुम्हीं कर सकती हो। मेरे लिये यह उचित न होगा।'

यक्षिणीने पूछा—नाथ! अम्बिका-वन तो बड़ा सुन्दर है। तुम उसमें क्यों नहीं जा सकते? यदि तुम भी चले जाओ तो क्या दोष होगा? यह हमें ठीक-ठीक बताओ।

यक्षने कहा—एक समय पार्वतीने एकान्तमें बैठे हुए भगवान् शंकरसे कहा—'देवेश्वर! स्त्रियोंकी यह स्वाभाविक इच्छा होती है कि उनकी रतिक्रीड़ा सदा गुप्त रहे। इसलिये मुझे ऐसा नियत स्थान दीजिये, जो आपकी आज्ञासे सुरक्षित हो। मैं स्थान वही चाहती हूँ, जो उमावनके नामसे प्रसिद्ध है। उसमें आप, गणेश, कार्तिकेय और नन्दीके सिवा जो कोई भी प्रवेश करे, वह स्त्री हो जाय।' शंकरजीने प्रसन्न होकर कहा—'ऐसा ही हो।' इसलिये उमाके उस वनमें मुझे नहीं जाना चाहिये।

अपने स्वामीका यह वचन सुनकर इच्छानुसार रूप धारण करनेवाली वह यक्षिणी विशाल नेत्रोंवाली मृगी बनकर राजाके सामने आयी। यक्ष वहीं ठहर गया। राजाने मृगीको देखा। मृगयामें तो उनकी आसक्ति थी ही। मृगीपर दृष्टि पड़ते ही वे अकेले घोड़ेपर जा बैठे और उसका पीछा करने लगे। वह धीरे-धीरे राजाको अम्बिका-वनतक खींच ले गयी। जब घोड़ेपर बैठे-ही-बैठे उमावनमें प्रविष्ट हो गये, तब यक्षिणीने मृगीका

रूप छोड़कर दिव्य रूप धारण कर लिया और अशोक वृक्षके नीचे खड़ी हो राजाको देखकर हँसने लगी। पतिकी कही हुई बातोंको याद करके वह राजासे बोली—'सुन्दरी इला! तुम अकेली अबला घोड़ेपर चढ़कर पुरुषके वेषमें कहाँ जाती हो, किसके पास जाओगी?' उसके मुखसे 'इला' शब्द सुनकर राजा क्रोधसे मूर्च्छित हो उठे और यक्षिणीको डाँटकर मृगीका पता पूछने लगे। यक्षिणीने पुनः कहा—'इले! इले! अपने-आपको अच्छी तरह देख तो लो, फिर मुझे मिथ्यावादिनी या सत्यवादिनी कहना।' तब राजाने देखा—उनकी छातीमें दो ऊँचे-ऊँचे स्तन उभर आये थे। 'यह मुझे क्या हो गया' यह कहते हुए राजा चकित हो गये। उन्होंने यक्षिणीसे पूछा—'सुव्रते! यह मुझे क्या हो गया—इस बातको आप ठीक-ठीक जानती हैं। अतः बताइये। आप कौन हैं? इसका भी परिचय दीजिये।'

यक्षिणी बोली—हिमालयकी श्रेष्ठ गुफामें मेरे पति यक्षराज समन्यु निवास करते हैं। मैं उन्हींकी पत्नी हूँ। जिस शीतल कन्दरामें आप ठहरे हुए हैं, वह हमारा ही घर है। मैं ही मृगी बनकर आपको यहाँतक ले आयी हूँ। यह उमावन है। यहाँके लिये पूर्वकालमें महादेवजी यह वर दे चुके हैं कि जो पुरुष इसमें प्रवेश करेगा, वह स्त्री हो जायगा। अतः आप भी स्त्री हो गये, इससे आपको दुःखी नहीं होना चाहिये। कोई कितना ही प्रौढ़ क्यों न हो, भवितव्यताको कोई नहीं जानता।

इस प्रकार इलाको आश्वासन दे वह सुन्दरी यक्षिणी अन्तर्धान हो गयी। उसने पतिसे सारा हाल कह सुनाया। यक्ष भी यह सुनकर बहुत प्रसन्न हुआ। इधर इला गाती और नृत्य करती हुई उमावनमें ही रहने लगी। वह कर्मकी गतिका स्मरण करती हुई स्त्रीस्वभावके अनुसार ही चेष्टा करती थी। एक दिन जब इला नृत्य कर रही थी, बुधने उसे देखा। वे अपने पिताको नमस्कार करनेके लिये जा रहे थे। इलापर दृष्टि पड़ते ही उन्होंने यात्रा स्थगित कर दी और उसके पास आकर कहा—'देवि! तू स्वर्गमें रहकर मेरी प्रिया भार्या हो जा।' इलाने भक्तिपूर्वक बुधकी आज्ञाका अभिनन्दन करके उसे स्वीकार कर लिया। बुध अपने उत्तम स्थानपर ले जाकर इलाके साथ प्रेमपूर्वक विहार करने लगे। उसने भी सब प्रकारकी सेवाओंसे पतिको संतुष्ट किया। इस प्रकार बहुत समय व्यतीत हो जानेपर बुधने प्रसन्न हो अपनी प्रियासे कहा—'कल्याणी! मैं तुझे क्या दूँ? तेरे मनमें जो प्रिय वस्तु हो, उसे माँग ले।' इला सहसा बोल उठी—'पुत्र दीजिये।'

बुधने कहा—यह मेरा वीर्य अमोघ तथा प्रेमसे प्रकट हुआ है। अतः तेरे गर्भसे विश्वविख्यात क्षत्रिय-पुत्र उत्पन्न होगा। उससे चन्द्रवंशकी वृद्धि होगी। वह तेजमें सूर्य, बुद्धिमें बृहस्पति, क्षमामें पृथ्वी, युद्धसम्बन्धी पराक्रममें भगवान् विष्णु तथा क्रोधमें अग्निके समान होगा।

समय आनेपर महात्मा बुधका पुत्र उत्पन्न हुआ। उस समय देवलोकमें सब ओर जय-जयकारका शब्द गूँज उठा। उसके जन्मोत्सवमें सभी प्रधान-प्रधान देवता आये। मैं भी बड़ी प्रसन्नताके साथ उसमें सम्मिलित हुआ। वह बालक जन्म लेते ही उच्च स्वरसे रोया था। अतः वहाँ एकत्रित हुए देवताओं तथा ऋषियोंने एक-दूसरेसे कहा—'इस बालकने पुरु (अत्यन्त उच्च स्वरसे) रव (शब्द) किया है, अतः इसका नाम पुरूरवा होना चाहिये।' सबने संतुष्ट होकर यही नाम रखा। तदनन्तर बुधने अपने पुत्रको क्षत्रियोचित विद्या पढ़ायी और प्रयोगसहित धनुर्वेदका ज्ञान

कराया। पुरूरवा शुक्लपक्षके चन्द्रमाकी भाँति शीघ्र ही बढ़कर बड़ा हो गया। उसने अपनी माताको दुःखी देख विनीत भावसे नमस्कार करके कहा—'माताजी! बुध मेरे पिता और आपके प्रियतम पति हैं। मुझ-जैसा कर्मठ पुरुष आपका पुत्र है। फिर आपके मनमें चिन्ता किस बातकी है?'

इला बोली—बेटा! ठीक कहते हो। बुध मेरे स्वामी हैं और तुम मेरे गुणाकर पुत्र हो। अतः मुझे पति और पुत्रके लिये कभी चिन्ता नहीं होती। तथापि मेरे मनमें पहलेका ही कुछ दुःख है, जिसका बारंबार स्मरण हो आनेसे मैं चिन्तामें डूब जाती हूँ।

पुरूरवाने कहा—माँ! पहले मुझे अपना वही दुःख बताओ।

तब इलाने पुरूरवाको इक्ष्वाकुवंशका परिचय देते हुए अपने जन्म, नाम, राज्यप्राप्ति, पुत्रजन्म, पुरोहित वसिष्ठ, प्रिय पत्नी, वनमें आगमन, हिमालयकी कन्दरामें निवास, उमावनमें प्रवेश, स्त्रीत्वकी प्राप्ति, बुधसे समागम, प्रेम तथा पुनः पुत्रजन्म आदिसे सम्बन्ध रखनेवाली सब बातें कह सुनायीं। सुनकर पुरूरवाने मातासे पूछा—'मैं क्या करूँ? क्या करनेसे शुभ परिणाम होगा?'

इला बोली—बेटा! तुम्हारे अनुग्रहसे मैं पुरुषत्वकी प्राप्ति, उत्तम राज्य, तुम्हारा तथा अन्य पुत्रोंका अभिषेक, दान देना, यज्ञ करना तथा मुक्तिके मार्गका अवलोकन करना आदि सब कुछ चाहती हूँ। तुम अपने पिता बुधके पास जाकर सब बातें यथार्थरूपसे पूछो। वे सब जानते हैं। तुम्हारे लिये हितकर उपदेश देंगे।

माताके कहनेसे पुरूरवा अपने पिताके पास गये और उन्हें प्रणाम करके उन्होंने अपनी माताका तथा अपना कर्तव्य पूछा।

बुधने कहा—'महामते! मैं राजा इलको जानता हूँ। उनके इला होनेका वृत्तान्त भी मुझसे छिपा नहीं है। उमाके वनमें आना और उस वनके विषयमें भगवान् शंकरकी आज्ञाका हाल भी मुझे मालूम है। बेटा! भगवान् शिव और माता पार्वतीके प्रसादसे इलका शाप दूर हो सकता है। उन दोनोंकी आराधनाके सिवा दूसरा कोई उपाय नहीं है। तुम गोदावरी नदीके तटपर जाओ। वहाँ भगवान् शिव पार्वतीजीके साथ सदा विराजमान रहते हैं। वे ही वरदान देकर शापका नाश करेंगे।

पिताकी बात सुनकर पुरूरवा बहुत प्रसन्न हुए। उन्होंने माताको पुरुषत्व प्राप्त होनेकी इच्छासे हिमालय पर्वत, माता, पिता तथा गुरुको मस्तक झुकाया और तपस्या करनेके लिये तुरंत ही त्रिभुवनपावनी गौतमी गङ्गाकी ओर प्रस्थान किया। पुत्रके पीछे-पीछे इला और बुध भी गये। वे सब लोग गौतमीके तटपर पहुँचे और वहाँ स्नान करके तपस्या करते हुए भगवान्‌की स्तुति करने लगे। पहले बुधने, फिर इलाने, तत्पश्चात् पुरूरवाने देवी पार्वती तथा भगवान् शंकरका स्तवन किया।

बुध बोले—जो अपने शरीरकी केसरसे स्वभावतः सुवर्णके सदृश कान्तिमान् एवं सुन्दर दिखायी देते हैं, कार्तिकेय और गणेशजीके द्वारा जिनकी सदा अर्चना होती रहती है, वे शरणागतवत्सल उमा-महेश्वर मुझे शरण दें।'

इला बोली—संसारके त्रिविध तापरूपी दावानलसे दग्ध होनेवाले देहधारी जिनका चिन्तन करनेसे तत्काल परम शान्तिको प्राप्त होते हैं, वे कल्याणकारी उमा-महेश्वर मुझे शरण दें। देव! मैं आर्त हूँ। मेरे हृदयमें बड़ी पीड़ा है। क्लेश आदिसे मेरी रक्षा करनेवाला आपके सिवा दूसरा कोई नहीं है। शरणागतकी रक्षा करनेवाले आपके जो दोनों परम पवित्र चरण हैं, वे मुझे शरण दें।

पुरूरवा बोले—जिनसे इस जगत्‌की उत्पत्ति

होती है तथा प्रलयकालमें यह सब जिनके ही भीतर लयको प्राप्त होता है, वे संसारको शरण देनेवाले जगदात्मा उमा-महेश्वर मुझे शरण दें। देवताओंके समुदायमें एक महान् उत्सवके अवसरपर गिरिराजकुमारी पार्वतीने महादेवजीसे कहा था— 'ईश! आप मेरे दोनों चरण पकड़ें।' इसपर शिवजीने अत्यन्त प्रीतिवश पार्वतीके जिन दोनों शरणागतपालक चरणोंको ग्रहण किया था, वे मुझे शरण दें।

यह स्तुति सुनकर उमावर महेश्वर प्रकट हो गये। भगवती उमाने कहा—'तुमलोगोंका मनोरथ क्या है? बताओ, मैं उसे पूर्ण करूँगी। तुम्हारा कल्याण हो। तुम सब लोग कृतार्थ हो गये। जो वस्तु देवताओंके लिये भी दुर्लभ हो, वह भी मैं तुम्हें दूँगी।'

पुरूरवा बोले—'जगदम्बिके! राजा इल अज्ञानवश आपके वनमें घुस गये थे। देवेश्वरि! आप उनके उस अपराधको क्षमा करें और पुनः उन्हें पुरुषत्व दें।

पार्वतीने भगवान् शंकरकी सम्मतिके अनुसार 'तथास्तु' कहकर उन सबकी प्रार्थना स्वीकार की। इसके बाद शिवजीने कहा—'राजा इल गौतमी गङ्गामें स्नान करनेमात्रसे पुरुष हो जायँगे।' तब बुधकी पत्नी इलाने गङ्गामें स्नान किया। स्नानके पश्चात् इलाके शरीरसे जो जल चू रहा था, उसके साथ उसके नारीजनोचित सौन्दर्य, नृत्य और संगीत भी गङ्गाकी धारामें मिल गये। वे ही नृत्या, गीता और सौभाग्या नामकी नदियोंके रूपमें परिणत हुए। वे नदियाँ भी गङ्गामें आ मिलीं। इससे वहाँ तीन पवित्र संगम हो गये। उनमें किया हुआ स्नान और दान इन्द्रपदकी प्राप्ति करानेवाला है। शिव और पार्वतीके प्रसादसे पुरुषत्व प्राप्त करनेके पश्चात् राजा इलने महान् अभ्युदयकी सिद्धिके लिये वहाँ अश्वमेध-यज्ञ किया। पुरोहित वसिष्ठ, अपनी पत्नी, पुत्र, अमात्य, सेना और कोशको भी लाकर उन्होंने वह यज्ञ सम्पन्न किया। दण्डक वनमें इलने चतुरङ्गिणी सेनासहित राज्यकी स्थापना की। वहाँ इलके नामसे विख्यात उनका नगर भी है। सूर्यवंशकी परम्परामें जो उन्होंने पहले पुत्र उत्पन्न किये थे, उनको राज्यपर अभिषिक्त करके पीछे स्नेहवश पुरूरवाका भी अभिषेक किया। ये राजा पुरूरवा ही चन्द्रवंशके प्रवर्तक हुए। जहाँ राजाको पुरुषत्वकी प्राप्ति हुई, वहाँ गौतमीके दोनों तटोंपर सोलह हजार तीर्थोंका निवास है। वहाँ इलेश्वर नामक भगवान् शंकरकी भी स्थापना हुई है। उन तीर्थोंमें स्नान और दान करनेसे सम्पूर्ण यज्ञोंका फल प्राप्त होता है।

चक्रतीर्थ और पिप्पलतीर्थकी महिमा, महर्षि दधीचि, उनकी पत्नी गभस्तिनी तथा उनके पुत्र पिप्पलादके त्यागकी अद्भुत कथा

ब्रह्माजी कहते हैं—चक्रतीर्थ ब्रह्महत्या आदि पापोंका नाश करनेवाला है। वहाँ भगवान् शंकर चक्रेश्वरके नामसे निवास करते हैं। उन्हींसे भगवान् विष्णुको चक्र प्राप्त हुआ था। श्रीविष्णुने वहाँ रहकर चक्रके लिये भगवान् शंकरकी आराधना की थी। इसीलिये उसे चक्रतीर्थ कहते हैं। उसके श्रवणमात्रसे मनुष्य सब पापोंसे मुक्त हो जाता है। चक्रतीर्थके बाद पिप्पलतीर्थ है। उसकी महिमाका वर्णन करनेमें शेषनाग भी समर्थ नहीं हैं। नारद! चक्रेश्वर ही पिप्पलेश्वर हैं। उनके नामका कारण

सुनो। दधीचि नामसे विख्यात एक मुनि थे। वे सभी उत्तम गुणोंसे सुशोभित थे। उनकी पत्नी श्रेष्ठ वंशकी कन्या और पतिव्रता थीं। उनका नाम गभस्तिनी था। वे लोपामुद्राकी बहिन थीं। दधीचिकी पत्नी सदा भारी तपस्यामें लगी रहती थीं। दधीचि प्रतिदिन अग्निकी उपासना करते और गृहस्थ-धर्मके पालनमें तत्पर रहते थे। उनका आश्रम गङ्गाके तटपर था। वे देवता और अतिथियोंकी सेवा करते, अपनी ही पत्नीमें अनुराग रखते और शान्तभावसे रहते थे। उनके प्रभावसे उस देशमें शत्रुओं और दैत्य-दानवोंका आक्रमण नहीं होता था।

एक दिनकी बात है—दधीचि मुनिके आश्रमपर रुद्र, आदित्य, अश्विनीकुमार, इन्द्र, विष्णु, यम और अग्नि पधारे। वे दैत्योंको परास्त करके वहाँ आये थे और उस विजयके कारण उनके हृदयमें हर्षकी हिलोरें उठ रही थीं। मुनिवर दधीचिको देखकर सब देवताओंने प्रणाम किया।

दधीचि भी देवताओंको देखकर बहुत प्रसन्न हुए। उन्होंने सबका पृथक्-पृथक् पूजन किया, फिर पत्नीके साथ देवताओंके लिये गृहस्थोचित स्वागत-सत्कारका प्रबन्ध किया। इसके बाद उन्होंने देवताओंसे कुशल पूछी और देवता भी उनसे वार्तालाप करने लगे।

देवता बोले—मुने! आप इस पृथ्वीके कल्पवृक्ष हैं। आप-जैसा महर्षि जब हमलोगोंपर इतनी कृपा रखता है, तब अब हमारे लिये संसारमें कौन-सी वस्तु दुर्लभ होगी। मुनिश्रेष्ठ! जीवित पुरुषोंके जीवनका इतना ही फल है कि वे तीर्थोंमें स्नान, समस्त प्राणियोंपर दया और आप-जैसे महात्माओंका दर्शन करें।* मुने! इस समय स्नेहवश हम आपसे जो कुछ कहते हैं, उसे ध्यान देकर सुनें। हम बड़े-बड़े राक्षसों और दैत्योंको जीतकर यहाँ आये हैं। इससे हम बहुत सुखी हैं। विशेषतः आपका दर्शन करके हमें बड़ी प्रसन्नता हुई है। अब हमें अस्त्र-शस्त्रोंके रखनेसे कोई लाभ नहीं दिखायी देता। हम उन अस्त्रोंका बोझ ढो भी नहीं सकते। हम स्वर्गमें जब इन अस्त्रोंको रखते हैं, तब हमारे शत्रु इनका पता लगाकर वहाँसे हड़प ले जाते हैं। इसलिये हम आपके पवित्र आश्रमपर इन सब अस्त्रोंको रख देते हैं। ब्रह्मन्! यहाँ दानवों और राक्षसोंसे तनिक भी भय नहीं है। आपकी आज्ञासे यह सारा प्रदेश पवित्र और सुरक्षित हो गया है। तपस्याद्वारा आपकी समानता करनेवाला दूसरा कोई है ही नहीं। अब हम कृतार्थ होकर इन्द्रके साथ अपने-अपने स्थानको चले जाते हैं। अब इन आयुधोंकी रक्षा आपके अधीन है।

देवताओंकी यह बात सुनकर दधीचिने कहा—'एवमस्तु'। उस समय उनकी प्यारी पत्नीने उन्हें

* एतदेव फलं पुंसां जीवतां मुनिसत्तम। तीर्थाप्लुतिर्भूतदया दर्शनं च भवादृशाम्॥ (११०। १६)

रोका—'मुने! यह देवताओंका कार्य विरोध उत्पन्न करनेवाला है। अतः इसमें आपको पड़नेकी क्या आवश्यकता है? जो शास्त्रोंका ज्ञान प्राप्त करके परमार्थ-तत्त्वमें स्थित हो चुके हैं, संसारके कार्योंमें जिनकी कोई आसक्ति नहीं है, उन्हें दूसरोंके लिये ऐसा संकट मोल लेनेसे क्या लाभ, जिससे न इस लोकमें सुख है और न परलोकमें। विप्रवर! मेरी बातें ध्यान देकर सुनो। यदि आपने इन आयुधोंको स्थान दे दिया तो इन देवताओंके शत्रु आपसे भी द्वेष करेंगे। यदि इनमेंसे कोई अस्त्र नष्ट हुआ या चोरी चला गया तो ये देवता भी कुपित होकर हमारे शत्रु बन जायँगे। अतः मुनीश्वर! आप वेदवेत्ताओंमें श्रेष्ठ हैं। आपके लिये इस पराये द्रव्यमें ममत्व जोड़ना ठीक नहीं। यदि धन देनेकी शक्ति हो तो याचकको देना ही चाहिये—उसमें कुछ विचार करनेकी आवश्यकता नहीं है। यदि धन देनेकी शक्ति न हो तो साधु पुरुष केवल मन, वाणी तथा शारीरिक क्रियाओंद्वारा दूसरोंका कार्य-साधन करते हैं। प्राणनाथ! पराये धनको अपने यहाँ धरोहरके रूपमें रखना साधु पुरुषोंने कभी स्वीकार नहीं किया है। इसका उन्होंने सदा बहिष्कार ही किया है। अतः आप यह कार्य न कीजिये।'*

अपनी प्यारी पत्नीकी यह बात सुनकर ब्राह्मणने कहा—''भद्रे ! मैं देवताओंकी प्रार्थनापर पहले ही 'हाँ' कह चुका हूँ। अब 'नहीं' कर दूँ तो मुझे सुख नहीं मिलेगा।' पतिका कथन सुनकर ब्राह्मणी यह सोचकर चुप हो गयी कि दैवके सिवा और किसीका किसीपर वश नहीं चल सकता। देवतालोग अपने अत्यन्त तेजस्वी अस्त्र आश्रमपर रखकर मुनीश्वरको नमस्कार करके कृतार्थ हो अपने-अपने लोकमें चले गये। देवताओंके चले जानेपर मुनि अपनी पत्नीके साथ धर्ममें तत्पर हो प्रसन्नतापूर्वक वहाँ रहने लगे। इस प्रकार एक हजार दिव्य वर्ष बीत गये। तब दधीचिने अपनी पत्नीसे कहा—'देवि ! देवता यहाँसे अस्त्र ले जाना नहीं चाहते और दैत्य मुझसे द्वेष करते हैं। अब तुम्हीं बताओ—क्या करना चाहिये?' पत्नीने विनयपूर्वक कहा—'नाथ ! मैंने तो पहले ही निवेदन किया था। अब आप ही जानें और जो उचित हो, सो करें। दैत्योंमें जो बड़े-बड़े वीर, तपस्वी और बलवान् हैं, वे इन अस्त्र-शस्त्रोंको निश्चय ही हड़प लेंगे।' तब दधीचिने उन अस्त्रोंकी रक्षाके लिये एक काम किया—उन्होंने पवित्र जलसे मन्त्र पढ़ते हुए अस्त्रोंको नहलाया। फिर वह सर्वास्त्रमय परम पवित्र और तेजयुक्त जल स्वयं पी लिया। तेज निकल जानेसे वे सभी अस्त्र-शस्त्र शक्तिहीन हो गये, अतः क्रमशः समयानुसार नष्ट हो गये। तदनन्तर देवताओंने आकर दधीचिसे कहा—'मुनिवर ! हमारे ऊपर शत्रुओंका महान् भय आ पहुँचा है। अतः हमने जो अस्त्र आपके यहाँ रख दिये थे, उन्हें इस समय दे दीजिये।' दधीचिने कहा—'आपलोग बहुत दिनोंतक उन्हें लेने नहीं आये। अतः दैत्योंके भयसे हमने उन अस्त्रोंको पी लिया है। अब वे हमारे शरीरमें स्थित हैं। इसलिये जो उचित हो, वह कहें।' यह सुनकर देवताओंने विनीत भावसे कहा—'मुनीश्वर! इस समय तो हम इतना ही कह सकते हैं कि अस्त्र दे दीजिये।' ब्राह्मणने कहा—'सब अस्त्र मेरी

* चेदस्ति शक्तिर्द्रव्यदाने ततस्ते दातव्यमेवार्थिने किं विचार्यम्। नो चेत् सन्तः परकार्याणि कुर्युर्वाग्भिर्मनोभिः कृतिभिस्तथैव॥
परस्वसंधारणमेतदेव सद्भिर्निरस्तं त्यज कान्त सद्यः॥
(११०।२९-३०)

हड्डियोंमें मिल गये हैं। अतः उन हड्डियोंको ही ले जाओ।' उस समय प्रिय वचन बोलनेवाली दधीचिकी पत्नी प्रातिथेयी उनके पास नहीं थीं। देवता उनसे बहुत डरते थे। उन्हें न देखकर दधीचिसे बोले—'विप्रवर! जो कुछ करना हो, शीघ्र करें।' दधीचिने अपने दुस्त्यज प्राणोंका परित्याग करते हुए कहा—'देवताओ! तुम सुखपूर्वक मेरा शरीर ले लो। मेरी हड्डियोंसे प्रसन्नता प्राप्त करो। मुझे इस देहसे क्या काम है।'

यों कहकर दधीचि पद्मासन बाँधकर बैठ गये। उनकी दृष्टि नासिकाके अग्रभागपर स्थिर हो गयी। मुखपर प्रकाश और प्रसन्नता विराज रही थी। उन्होंने हृदयाकाशमें स्थित अग्निसहित वायुको धीरे-धीरे ऊपरकी ओर उठाकर अप्रमेय परम पद ब्रह्मके स्वरूपमें स्थापित कर दिया। इस प्रकार महात्मा दधीचिने ब्रह्मसायुज्य प्राप्त किया। उनका शरीर निष्प्राण हो गया। यह देख

देवताओंने विश्वकर्मासे उतावलीपूर्वक कहा—'अब आप अभी बहुत-से अस्त्र-शस्त्र बना डालिये।' विश्वकर्माने कहा—'देवताओ! यह ब्राह्मणका शरीर है। मैं इसका उपयोग कैसे करूँ। जब केवल इनकी हड्डियाँ रह जायँगी, तभी उनका अस्त्रनिर्माण करूँगा।' तब देवताओंने गौओंसे कहा—'हम तुम्हारा मुख वज्रके समान किये देते हैं। तुम हमारे हितके लिये अस्त्र-शस्त्र निर्माण करनेके उद्देश्यसे दधीचिके शरीरको क्षणभरमें विदीर्ण कर डालो और शुद्ध हड्डियाँ निकालकर दे दो।' देवताओंके आदेशसे गौओंने वैसा ही किया। उन्होंने दधीचिके शरीरको चाट-चाटकर हड्डियाँ निकाल लीं और देवताओंको दे दीं। देवता उत्साहके साथ अपने लोकमें चले गये और गौएँ भी अपने स्थानको लौट गयीं।

तदनन्तर बहुत देरके बाद दधीचिकी सुशीला पत्नी हाथमें जलसे भरा हुआ कलश ले फल और फूलोंसे पार्वती देवीकी अर्चना और वन्दना करके अग्नि, पति तथा आश्रमके दर्शनकी उत्सुकतासे शीघ्रतापूर्वक पैर बढ़ाती हुई आयीं। उस समय उनके गर्भमें बालक आ गया था। आश्रमपर पहुँचनेपर जब उन्होंने अपने स्वामीको नहीं देखा, तब बड़े विस्मयमें पड़कर अग्निसे पूछा—'मेरे पतिदेव कहाँ चले गये?' अग्निने जो कुछ हुआ था, सब सुना दिया। पतिकी मृत्युका दुःखद समाचार सुनकर वे दुःख और उद्वेगसे पृथ्वीपर गिर पड़ीं। उस समय अग्निदेवने ही उन्हें धीरे-धीरे आश्वासन दिया।

प्रातिथेयी बोलीं—मैं देवताओंको शाप देनेमें समर्थ नहीं हूँ, अतः स्वयं ही अग्निमें प्रवेश करूँगी। अब जीवन रखकर क्या होगा। संसारमें जो वस्तु उत्पन्न होती है, वह सब नश्वर है; अतः उसके लिये शोक नहीं होना चाहिये। परंतु मनुष्योंमें वे ही पुण्यके भागी होते हैं जो गौ, ब्राह्मण तथा देवताओंके लिये अपने प्यारे प्राणोंका

उत्सर्ग कर देते हैं।[1] इस परिवर्तनशील संसार-चक्रमें धर्मपरायण तथा शक्तिशाली शरीर पाकर जो प्राणी देवताओं तथा ब्राह्मणोंके लिये अपने प्यारे प्राणोंका त्याग करते हैं, वे ही धन्य हैं। जिसने देह धारण किया है, उसके प्राण एक-न-एक दिन अवश्य जायँगे—यह जानकर जो ब्राह्मण, गौ, देवता तथा दीन आदिके लिये इन प्राणोंका उत्सर्ग करते हैं, वे ईश्वर हैं।[2]

यों कहकर उन्होंने अग्नियोंका यथावत् पूजन किया और अपना पेट चीरकर गर्भके बालकको हाथसे निकाल दिया; फिर गङ्गा, पृथ्वी, आश्रम तथा आश्रमके वनस्पतियों और अन्न आदि ओषधियोंको प्रणाम करके पतिकी त्वचा और लोम आदिके साथ चितामें प्रवेश करनेका विचार किया। उस समय वे बोलीं—'मेरे गर्भका यह बालक पिता-मातासे हीन है, इसके कोई सगोत्र बन्धु भी नहीं हैं; अतः सम्पूर्ण भूतगण, ओषधियाँ तथा लोकपाल इसकी रक्षा करें। जो लोग माता-पितासे हीन बालकको अपने औरस पुत्रोंके समान देखते और उसी भावसे रक्षा करते हैं, वे निश्चय ही ब्रह्मा आदि देवताओंके भी वन्दनीय हैं।'[3]

यों कहकर दधीचिकी पत्नीने बालकको पीपलके समीप रख दिया और स्वामीमें चित्त लगाकर अग्निको प्रणाम किया; फिर अग्निकी परिक्रमा करके यज्ञपात्रोंके साथ ही चितामें प्रवेश किया और पतिसहित दिव्यलोकको चली गयीं। उस समय आश्रमके वनवासी वृक्ष भी रोने लगे। प्रातिथेयी और दधीचिने उनका अपने पुत्रोंकी भाँति पालन किया था। मृग, पक्षी तथा वृक्ष सब रो-रोकर एक-दूसरेसे कहने लगे—'हम पिता दधीचि और माता प्रातिथेयीके बिना जीवित नहीं रह सकते। जो लोग स्वर्गवासी माता-पिताकी संतानोंपर निरन्तर स्वाभाविक स्नेह रखते हैं, वे ही पुण्यात्मा और कृतार्थ हैं।[4] दधीचि और प्रातिथेयी हमें जिस स्नेहपूर्ण दृष्टिसे देखा करते थे, वैसे सगे माता-पिता भी नहीं देखते। हमें धिक्कार है। हम पापी हैं, जो उनके दर्शनसे वञ्चित हो गये। आजसे हम सब लोगोंका यही निश्चय होना चाहिये कि यह बालक ही हमलोगोंके लिये दधीचि और प्रातिथेयी है तथा यह बालक ही हमारा सनातन धर्म हैं।'

यों कहकर वनस्पतियों और ओषधियोंने अपने राजा सोमके पास जाकर उत्तम अमृतकी याचना की। सोमने उन्हें बहुत उत्तम अमृत दिया और वनस्पतियोंने वह लाकर बालकको दे दिया। अमृतसे तृप्त हुआ बालक शुक्लपक्षके चन्द्रमाके समान बढ़ने लगा। पीपलके वृक्षोंने उसका पालन किया था, इसलिये वह पिप्पलादके नामसे प्रसिद्ध हुआ। बड़ा होनेपर पिप्पलादने पीपलके वृक्षोंसे अत्यन्त विस्मित होकर कहा—'लोकमें यह देखा जाता है कि मनुष्योंसे मनुष्य, पक्षियोंसे पक्षी तथा वनस्पतियोंसे वनस्पति उत्पन्न होते हैं; इसमें

१. उत्पद्यते यत्तु विनाशि सर्वं न शोच्यमस्तीति मनुष्यलोके। गोविप्रदेवार्थमिह त्यजन्ति प्राणान् प्रियान् पुण्यभाजो मनुष्याः॥ (११०।६३)

२. प्राणाः सर्वेऽस्यापि देहान्वितस्य यातारो वै नात्र संदेहलेशः। एवं ज्ञात्वा विप्रगोदेवदीनाद्यर्थं चैनानुत्सृजन्तीश्वरास्ते॥ (११०।६५)

३. ये बालकं मातृपितृप्रहीणं सनिर्विशेषं स्वतनुप्ररूढैः। पश्यन्ति रक्षन्ति त एव नूनं ब्रह्मादिकानामपि वन्दनीयाः॥ (११०।७०)

४. स्वर्गमासेदुषोः पित्रोस्तदपत्येष्वकृत्रिमम्। ये कुर्वन्त्यनिशं स्नेहं त एव कृतिनो नराः॥ (११०।७५)

कहीं विषमता नहीं दिखायी देती। परंतु मैं वृक्षका पुत्र होकर हाथ-पैर आदिसे विशिष्ट जीव कैसे हो गया!' उनकी बात सुनकर वृक्षोंने क्रमशः उनके पिता दधीचिकी मृत्यु और पतिव्रता माताके अग्निप्रवेशका सब समाचार कह सुनाया। सुनते ही वे दुःखसे व्याप्त होकर पृथ्वीपर गिर पड़े। उस समय वृक्षोंने धर्म और अर्थयुक्त वचन कहकर उन्हें सान्त्वना दी। आश्वस्त होनेपर उन्होंने ओषधियों और वनस्पतियोंसे कहा— 'जिन्होंने मेरे पिताकी हत्या की है, उनका मैं भी वध करूँगा, अन्यथा जीवित नहीं रह सकता। जो पिताके मित्र और शत्रु होते हैं, उनके साथ पुत्र भी वैसा ही बर्ताव करता है। जो ऐसा करता है, वही पुत्र है। जो इसके विपरीत आचरण करता है, वह पुत्रके रूपमें शत्रु माना गया है।'

वृक्षोंने कहा—महाद्युते! तुम्हारी माताने परलोकमें जाते समय यह उद्गार प्रकट किया था—'जो दूसरोंके द्रोहमें लगे रहते हैं, जो अपने कल्याणकी बातें भूल जाते हैं तथा जो भ्रान्तचित्त होकर इधर-उधर भटकते हैं, वे नरकके गड्ढेमें गिरते हैं।' माताकी कही हुई वह बात सुनकर पिप्पलाद कुपित होकर बोले—'जिसके अन्तःकरणमें अपमानकी आग प्रज्वलित हो रही हो, उसके सामने साधुताकी बातें व्यर्थ हैं।' फिर उन्होंने भगवान् चक्रेश्वर महादेवके स्थानपर जाकर उनसे कहा—'मुझे तो शत्रुओंका नाश करनेके लिये कोई शक्ति दीजिये।' पिप्पलादके इतना कहते ही भगवान् शंकरके नेत्रोंसे भयंकर कृत्या प्रकट हुई। उसकी आकृति बडवा (घोड़ी)-के समान थी। सम्पूर्ण जीवोंका विनाश करनेके लिये उसने अपने गर्भमें भयंकर अग्नि छिपा रखी थी। मृत्युकी लपलपाती हुई जीभके समान वह महारौद्ररूपा भीषण कृत्या पिप्पलादसे बोली— 'बताओ, मुझे क्या करना है?' पिप्पलादने कहा—'देवता मेरे शत्रु हैं। उन्हें खा जा।' फिर तो उस बडवाके गर्भसे महाभयंकर अग्नि प्रकट हुई, जो समस्त लोकोंका प्रलय करनेमें समर्थ थी। देवता उसे देखते ही थर्रा उठे और पिप्पलादद्वारा आराधित पिप्पलेश नामसे प्रसिद्ध भगवान् शिवकी शरणमें आये। उन्होंने भयभीत होकर शिवजीकी स्तुति करते हुए कहा—'शम्भो! आप हमारी रक्षा करें। कृत्या और उससे प्रकट हुई आग हमें बड़ा कष्ट दे रही है। सर्वेश्वर! आप भयभीत मनुष्योंको अभय देनेवाले हैं। शिव! जो सब ओरसे सताये हुए, पीड़ित तथा श्रान्तचित्त प्राणी हैं, उन सबकी आप ही शरण हैं। जगन्मय! आप पिप्पलादको शान्त कीजिये।'

'बहुत अच्छा' कहकर जगदीश्वर शिवने पिप्पलादके पास आकर उससे कहा—'बेटा!

देवताओंका नाश कर दिया जाय तो भी तुम्हारे पिता लौटकर नहीं आयेंगे। उन्होंने देवताओंके कार्यकी सिद्धिके लिये अपने प्राण दिये हैं। संसारमें

उनके समान दीन-दु:खियोंका दयामय बन्धु कौन होगा ! तुम्हारी पतिव्रता माता भी उन्हींके साथ दिव्यलोकमें चली गयीं। यहाँ उनकी समता करनेवाली कौन स्त्री है। क्या लोपामुद्रा और अरुन्धती भी उनकी बराबरी कर सकती हैं? जिनकी हड्डियोंसे सम्पूर्ण देवता सदा विजयी और सुखी बने रहते हैं, वे तुम्हारे पिता कितने शक्तिशाली थे ! उन्होंने जिस उज्ज्वल सुयश-राशिका उपार्जन किया है, उसे तुम्हारी माताने अपने दिव्य त्यागसे अक्षय बना दिया है। तुम उन्हींके पुत्र हो। उनसे बढ़कर तुमने अभीतक कुछ नहीं किया। तुम्हारे प्रताप और भयसे आज देवता स्वर्गसे भ्रष्ट हो चुके हैं। वे सोच नहीं पाते कि हम किस दिशाको भागकर जायँ। तुम उन्हें बचाओ। अमरोंकी रक्षा करो। आर्त्त प्राणियोंकी रक्षासे बढ़कर पुण्य कहीं भी नहीं है। मनुष्यलोकमें जबतक मनोहर यश फैला रहता है, तबतक एक-एक दिनके बदले एक-एक वर्षके क्रमसे दीर्घकालतक स्वर्गलोकमें मनुष्य निर्विकार चित्तसे निवास करते हैं। इस जगत्‌में वे ही मुर्देके समान हैं, जिन्होंने यशका उपार्जन नहीं किया; वे ही अंधे हैं, जिन्होंने शास्त्र नहीं पढ़े। वे ही नपुंसक हैं, जो सदा दान नहीं देते तथा वे ही शोकके योग्य हैं, जो सदा धर्मपालनमें संलग्न नहीं रहते।*

देवाधिदेव महादेवजीका यह वचन सुनकर पिप्पलाद मुनि शान्त हो गये। उन्होंने भगवान् शिवको नमस्कार किया और हाथ जोड़कर कहा—'जो मन, वाणी और क्रियाद्वारा सदा मेरे हितमें संलग्न रहकर मेरा उपकार करते रहते हैं, उनका तथा अन्य लोगोंका हित करनेके लिये मैं देवता आदिके पूजनीय उमासहित भगवान् शंकरको प्रणाम करता हूँ। जिन्होंने मेरी रक्षा की, हमें पाल-पोसकर बड़ा किया, अपना सगोत्र और सहधर्मी बनाया, भगवान् शिव उनके मनोरथ पूर्ण करें। मैं बाल-चन्द्रमाका मुकुट धारण करनेवाले महादेवजीको नित्य प्रणाम करता हूँ। प्रभो! जिन्होंने माता-पिताकी भाँति मेरा भरण-पोषण किया है, उनके नामसे तीनों लोकोंके लिये यह तीर्थ हो। इससे उनका यश होगा और मैं उनके ऋणसे उऋण हो जाऊँगा। पृथ्वीपर देवताओंके जो-जो क्षेत्र और तीर्थ हैं, उन सबकी अपेक्षा इस तीर्थका अधिक माहात्म्य हो। इस बातका यदि देवतालोग अनुमोदन करें तो मैं उनके अपराध क्षमा कर सकता हूँ।'

पिप्पलादने यह बात इन्द्र आदि सम्पूर्ण देवताओंके सामने कही और सबने आदरपूर्वक इसका समर्थन किया। बालक पिप्पलादकी बुद्धि, विनय, विद्या, शौर्य, बल, साहस, सत्यभाषण, माता-पिताके प्रति भक्ति तथा भाव-शुद्धिको जानकर शंकरजीने उनसे कहा—'बेटा! जो तुम्हारा अभीष्ट हो, उसे बताओ। वह तुम्हें अवश्य प्राप्त होगा। तुम अपने मनमें अन्यथा विचार न करना।'

पिप्पलाद बोले—महेश्वर! जो धर्मनिष्ठ पुरुष गङ्गाजीमें स्नान करके आपके चरणकमलोंका दर्शन करते हैं, उन्हें समस्त अभीष्ट वस्तुएँ प्राप्त हों और शरीरका अन्त होनेपर वे शिवके धाममें जायँ। नाथ! मेरे पिता और माता आपके चरणोंमें पड़े थे। ये पीपल और देवता भी आपके स्थानमें आकर सुखी हुए हैं। ये सब लोग सदा आपका दर्शन करें और आपके ही धाम जायँ।

पिप्पलादकी यह बात सुनकर देवताओंको बड़ी प्रसन्नता हुई। वे उनके भयसे मुक्त हो इस

* मृतास्त एवात्र यशो न येषामन्धास्त एव श्रुतवर्जिता ये। ये दानशीला न नपुंसकास्ते ये धर्मशीला न त एव शोच्या:॥ (११० । १५६)

प्रकार बोले—'ब्रह्मन्! तुमने वही किया है, जो देवताओंको अभीष्ट था। देवाधिदेव भगवान् शिवकी आज्ञाका भी पालन किया और पहले वरदान भी दूसरोंके ही लिये माँगा, अपने लिये नहीं; इसलिये हम भी संतुष्ट होकर तुम्हें कुछ देना चाहते हैं। तुम हमसे कोई वर माँगो।'

पिप्पलादने कहा—देवताओ! मैं अपने माता-पिताको देखना चाहता हूँ। मैंने केवल उनका नाम सुना है। संसारमें वे ही प्राणी धन्य हैं, जो माता-पिताके अधीन रहकर उनकी सेवा-शुश्रूषा करते हैं। अपनी इन्द्रियोंको, शरीरको, कुल, शक्ति और बुद्धिको माता-पिताके कार्यमें लगाकर पुत्र कृतकृत्य हो जाता है। यदि मैं उनका दर्शन भी पा जाऊँ तो मेरे मन, वचन, शरीर और क्रियाओंका फल प्राप्त हो जायगा।

पिप्पलाद मुनिका यह कथन सुनकर देवताओंने परस्पर सलाह करके कहा—'ब्रह्मन् ! तुम्हारे माता-पिता दिव्य विमानपर आरूढ़ हो तुम्हें देखनेके लिये आते हैं। तुम भी निश्चय ही उन्हें देखोगे। विषाद छोड़कर अपने मनको शान्त करो। देखो, देखो, वे श्रेष्ठ विमानपर बैठे आ रहे हैं। उनके दिव्य शरीरपर स्वर्गीय आभूषण शोभा पाते हैं।' पिप्पलादने भगवान् शिवके समीप अपने माता-पिताको देखकर प्रणाम किया। उस समय उनके नेत्रोंमें आनन्दके आँसू भर आये थे। वे किसी तरह गद्गद कण्ठसे बोले—'अन्य कुलीन पुत्र अपने माता-पिताको तारते हैं; किंतु मैं ऐसा भाग्यहीन हूँ, जो अपनी माताके उदरको विदीर्ण करनेमें कारण बना।'

उस समय उसके माता-पिताने कहा—'पुत्र ! तुम धन्य हो, जिसकी कीर्ति स्वर्गलोकतक फैली है। तुमने भगवान् शंकरका प्रत्यक्ष दर्शन किया और देवताओंको सान्त्वना दी। तुम-जैसे पुत्रसे पितरोंके उत्तम लोक कभी क्षीण नहीं होते।' इसी समय पिप्पलादके मस्तकपर आकाशसे फूलोंकी वर्षा होने लगी। देवताओंने जय-जयकार किया। पत्नीसहित दधीचिने भी पुत्रको आशीर्वाद दिया और शंकर, गङ्गा तथा देवताओंको नमस्कार करके पिप्पलादसे कहा—'बेटा! विवाह करके भगवान् शिवकी भक्ति और गङ्गाजीका सेवन करो। पुत्रोंकी उत्पत्ति करके विधिपूर्वक दक्षिणासहित यज्ञोंका अनुष्ठान करो और सब प्रकारसे कृतार्थ हो दीर्घकालके लिये दिव्यलोकमें स्थान प्राप्त करो।'

पिप्पलादने कहा—पिताजी! मैं ऐसा ही करूँगा।

तदनन्तर पत्नीसहित दधीचि पुत्रको बारंबार सान्त्वना दे देवताओंकी आज्ञा ले पुनः दिव्यलोकमें चले गये। इसके बाद देवताओंने भगवान् शिवसे कहा—'जगदीश्वर! अब दधीचिकी हड्डियोंकी, हमारी तथा इन गौओंकी पवित्रताके लिये कोई उपाय बताइये।' शिवने कहा—'गङ्गाजीमें स्नान करके सम्पूर्ण देवता और गौएँ पापमुक्त हो सकती हैं। इसी प्रकार दधीचिके शरीरकी हड्डियाँ भी गङ्गाजीके जलमें धोनेसे पवित्र हो जायँगी।' शिवजीकी आज्ञाके अनुसार देवता स्नान करके शुद्ध हो गये और हड्डियाँ धोनेमात्रसे पवित्र हो गयीं। जहाँ देवता पापमुक्त हुए, वह 'पापनाशन' तीर्थ कहलाता है। वहाँका स्नान और दान ब्रह्महत्याका नाश करनेवाला है। जहाँ गौएँ पवित्र हुईं, उस स्थानका नाम 'गोतीर्थ' हुआ। जहाँ दधीचिकी हड्डियाँ पवित्र की गयीं, उसे 'पितृतीर्थ' जानना चाहिये। वह पितरोंकी प्रसन्नताको बढ़ानेवाला है। जिस किसी प्राणीके, वह कितना ही पापी क्यों न हो, शरीरकी राख, हड्डी, नख और रोएँ उस तीर्थमें पड़ जाते हैं, वह तबतक स्वर्गलोकमें निवास करता है जबतक कि चन्द्रमा, सूर्य और

तारोंका अस्तित्व बना रहता है। इस प्रकार उस तीर्थसे तीन तीर्थ प्रकट हुए। उस समय देवताओं और गौओंने पवित्र होकर भगवान् शंकरसे कहा—'हमलोग अपने-अपने स्थानको जायँगे। यहाँ सूर्यदेवकी प्रतिष्ठा की गयी है। इनके प्रतिष्ठित होनेसे सब देवता प्रतिष्ठित हो जायँगे। इसलिये आप हमें आज्ञा दें। सनातन सूर्यदेव स्थावर-जङ्गमरूप जगत्के आत्मा हैं। जहाँ जगज्जननी गङ्गा और साक्षात् भगवान् त्र्यम्बक विराज रहे हैं, वहाँ प्रतिष्ठान नामक तीर्थ भी हो।'

यों कहकर देवताओंने पिप्पलादसे भी अनुमति ली और अपने-अपने निवासस्थानको चले गये। वहाँ जितने पीपल थे, कालान्तरमें अक्षय स्वर्गको प्राप्त हुए। प्रतापी पिप्पलादने उस क्षेत्रके अधिष्ठाता देवताके रूपमें भगवान् शंकरकी स्थापना करके उनका पूजन किया। फिर गौतमकी कन्याको पत्नीरूपमें प्राप्त करके कई पुत्र उत्पन्न किये, लक्ष्मी और यज्ञका उपार्जन किया तथा अन्तमें वे सुहृज्जनोंके साथ स्वर्गलोकको चले गये। तबसे वह क्षेत्र पिप्पलेश्वरतीर्थ कहलाने लगा। वह सब यज्ञोंका फल देनेवाला पवित्र तीर्थ है। उसके स्मरणमात्रसे पापोंका नाश हो जाता है। फिर स्नान, दान और सूर्यके दर्शनसे जो लाभ होता है, उसके लिये तो कहना ही क्या है। वहाँ देवाधिदेव महादेवजीके दो नाम हैं—चक्रेश्वर और पिप्पलेश्वर। इस रहस्यको जानकर मनुष्य सब अभीष्ट वस्तुओंको प्राप्त कर लेता है। देवमन्दिरमें सूर्यकी प्रतिष्ठा होनेसे वह क्षेत्र प्रतिष्ठान कहलाया, जो देवताओंको भी बहुत प्रिय है। यह उपाख्यान अत्यन्त पवित्र है। जो मनुष्य इसका पाठ अथवा श्रवण करता है, वह दीर्घजीवी, धनवान् और धर्मात्मा होता है तथा अन्तमें भगवान् शंकरका स्मरण करके उन्हींको प्राप्त कर लेता है।

नागतीर्थकी महिमा

ब्रह्माजी कहते हैं—नागतीर्थके नामसे जो प्रसिद्ध क्षेत्र है, वह सब अभीष्ट वस्तुओंको देनेवाला तथा मङ्गलमय है। वहाँ भगवान् नागेश्वर निवास करते हैं। उनके माहात्म्यकी विस्तृत कथा भी सुनो। प्रतिष्ठानपुरमें चन्द्रवंशी राजा शूरसेन राज्य करते थे। वे समस्त गुणोंके सागर और बुद्धिमान् थे। उन्होंने अपनी पत्नीके साथ पुत्र उत्पन्न होनेके लिये बड़े-बड़े यत्न किये। दीर्घकालके पश्चात् उन्हें एक पुत्र हुआ, किन्तु वह भयानक आकारवाला सर्प था। राजाने उस पुत्रको बहुत छिपाकर रखा। किसीको इस बातका पता न लगा कि राजाका पुत्र सर्प है। अन्त:पुर अथवा बाहरका मनुष्य भी इस भेदसे परिचित न हो सका। माता-पिताके सिवा धाय, अमात्य और पुरोहित भी यह बात नहीं जानते थे। उस भयंकर सर्पको देखकर पत्नीसहित राजाको प्रतिदिन बड़ा संताप होता था। वे सोचते, सर्परूप पुत्रकी अपेक्षा तो पुत्रहीन रहना ही अच्छा है। वह था तो बहुत बड़ा सर्प, किंतु बातें मनुष्योंकी-सी करता था। उसने पितासे कहा—'मेरे चूडाकरण, उपनयन तथा वेदाध्ययन-संस्कार कराइये। द्विज जबतक वेदका अध्ययन नहीं करता, तबतक शूद्रके समान रहता है।'

पुत्रकी यह बात सुनकर शूरसेन बहुत दु:खी हुए। उन्होंने किसी ब्राह्मणको बुलाकर उसके संस्कार आदि कराये। वेदाध्ययन समाप्त करके सर्पने अपने पितासे कहा—'नृपश्रेष्ठ! मेरा विवाह कर दीजिये। मुझे स्त्री प्राप्त करनेकी इच्छा हो रही है। मेरा विश्वास है, ऐसा किये बिना आपका

कोई भी कार्य सिद्ध न हो सकेगा। पुत्रका यह निश्चय जानकर राजाने अमात्योंको बुलाया और उसके विवाहके लिये इस प्रकार कहा—'मेरा पुत्र युवराज नागेश्वर सब गुणोंकी खान है। वह बुद्धिमान, शूर, दुर्जय तथा शत्रुओंको संताप देनेवाला है। उसका विवाह करना है। मैं बूढ़ा हुआ। अब पुत्रको राज्यका भार सौंपकर निश्चिन्त होना चाहता हूँ। आपलोग मेरे हित-साधनमें तत्पर हो उसके विवाहके लिय प्रयत्न करें।'

राजाकी बात सुनकर अमात्यगण हाथ जोड़कर बोले—'महाराज ! आपके पुत्र सब गुणोंमें श्रेष्ठ हैं और आप भी सर्वत्र विख्यात हैं। फिर आपके पुत्रका विवाह करनेके लिये क्या मन्त्रणा करनी है और किस बातकी चिन्ता।' अमात्योंके यों कहनेपर नृपश्रेष्ठ शूरसेन कुछ गम्भीर हो गये। वे उन अमात्योंको यह बताना नहीं चाहते थे कि मेरा बेटा सर्प है; तथा वे भी इस बातसे अपरिचित ही रहे। राजाने फिर कहा—'कौन कन्या गुणोंमें सबसे अधिक है तथा कौन राजा ऊँचे कुलमें उत्पन्न, श्रीमान् और उत्तम गुणोंके आश्रय हैं?' राजाका यह कथन सुनकर अमात्योंमेंसे एक परम बुद्धिमान् पुरुष, जो महाराजके संकेतको समझनेवाले थे, उनका विचार जानकर बोले—'महाराज! पूर्वदेशमें विजय नामके एक राजा हैं। उनके पास घोड़े, हाथी और रत्नोंकी गिनती नहीं है। महाराज विजयके आठ पुत्र हैं, जो बड़े धनुर्धर हैं। उनकी बहिन भोगवती साक्षात् लक्ष्मीके समान है। राजन्! वह आपके पुत्रके लिये सुयोग्य पत्नी होगी।'

बूढ़े अमात्यकी बात सुनकर राजाने उत्तर दिया—'राजा विजयकी वह कन्या मेरे पुत्रके लिये कैसे प्राप्त हो सकती है, बताओ।'

बूढ़े अमात्यने कहा—'महाराज! आपके मनमें जो बात है, मैं उसे समझ गया। अब आप मुझे कार्य-सिद्धिके लिये जानेकी आज्ञा दें।' महाराज शूरसेनने भूषण, वस्त्र तथा मधुर वाणीसे बूढ़े मन्त्रीका सत्कार करके उन्हें बहुत बड़ी सेनाके साथ भेजा। वे पूर्वदेशमें जाकर महाराज विजयसे मिले और नाना प्रकारके वचनों तथा नीतिजनित उपायोंसे राजाको संतुष्ट किया। मन्त्रीने राजकुमारी भोगवती और युवराज नागका विवाह तय करा दिया। राजा विजयने कन्या देना स्वीकार कर लिया। बूढ़े मन्त्री लौट आये और शूरसेनसे उन्होंने विवाह निश्चित होनेका सब वृत्तान्त सुना दिया। तदनन्तर बहुत समय व्यतीत हो जानेपर वृद्ध मन्त्री अन्य सब सचिवोंको साथ लेकर सहसा राजा विजयके वहाँ पहुँचे और इस प्रकार बोले—'राजन्! महाराज शूरसेनके राजकुमार नाग बड़े ही बुद्धिमान् और गुणोंके समुद्र हैं। वे स्वयं यहाँ आना नहीं चाहते। क्षत्रियोंके विवाह अनेक प्रकारसे होते हैं। अतः यह विवाह शस्त्रों द्वारा हो जाय तो अच्छा है।'

वृद्ध मन्त्रीकी बात सुनकर राजा विजयने उसे सत्य ही माना और भोगवतीका विवाह शस्त्रके साथ ही शास्त्र-विधिके अनुसार सम्पन्न हुआ। विवाहके पश्चात् महाराजने बड़े हर्षके साथ बहुत-सी गौएँ, सुवर्ण और अश्व आदि सामग्री दहेजमें देकर कन्याको विदा किया। साथ ही अपने अमात्योंको भी भेजा। बूढ़े मन्त्री आदि सचिवोंने प्रतिष्ठानमें आकर महाराज शूरसेनको उनकी पुत्रवधू समर्पित कर दी। राजा विजयने जो विनयपूर्ण वचन कहे थे, उनको भी सुनाया और उनकी दी हुई दहेजकी सामग्री—विचित्र आभूषण, दासियाँ तथा वस्त्र आदि निवेदन किये। इन सब कार्योंका सम्पादन करके वे लोग कृतकृत्य हो गये। राजकुमारी भोगवतीके साथ

जो विजयके अमात्य पधारे थे, उनका महाराज शूरसेनने बड़े सम्मानके साथ स्वागत-सत्कार किया। जिसे सुनकर राजा विजयको प्रसन्नता हो, ऐसा बर्ताव करके सबको विदा किया। राजा विजयकी कन्या रूपवती थी। वह सुन्दरी सदा अपने सास-ससुरकी सेवामें संलग्न रहती थी। भोगवतीका पति अत्यन्त भीषण महानाग रत्नोंसे सुशोभित एकान्त गृहमें सुगन्धित पुष्पोंसे बिछी हुई सुखद शय्यापर आराम करता था। उसने अपने माता-पितासे बार-बार कहा—'मेरी पत्नी राजकुमारी मेरे समीप क्यों नहीं आती?' पुत्रकी यह बात सुनकर उसकी माताने धायसे कहा—'तुम भोगवतीसे जाकर कहो, 'तुम्हारा पति एक सर्प है। देखो, इसपर क्या कहती है।' 'बहुत अच्छा' कहकर धाय भोगवतीके पास गयी और एकान्तमें विनीत भावसे बोली—'कल्याणी! मैं तुम्हारे पतिको जानती हूँ। वे देवता हैं। किंतु यह बात किसीपर प्रकट न करना—वे मनुष्य नहीं, सर्पके रूपमें हैं।' धायकी बात सुनकर भोगवतीने कहा—'मनुष्य-कन्याको सामान्यतः मनुष्य ही पति मिला करता है; यदि देवजातिका पुरुष पतिरूपमें प्राप्त हो, तब तो क्या कहना। वह तो बड़े पुण्यसे मिलता है।' धायने भोगवतीकी बात सर्पसे, उसकी मातासे और महाराज शूरसेनसे भी कही। भोगवतीने भी धायको बुलाकर कहा—'तुम्हारा कल्याण हो, मुझे मेरे स्वामीका दर्शन तो कराओ।'

तब धायने उसे ले जाकर अत्यन्त भयानक सर्पका दर्शन कराया। वह सुगन्धित फूलोंसे आच्छादित पलंगपर विराजमान था। एकान्त गृहमें रत्नोंसे विभूषित भयानक सर्पके आकारमें बैठे हुए अपने स्वामीको देखकर भोगवतीने हाथ जोड़कर कहा—'मैं धन्य और अनुगृहीत हूँ, जिसके पति देवता हैं। पति ही स्त्रीकी गति है।' यह सुनकर नागको बड़ी प्रसन्नता हुई। उसने हँसकर कहा—'सुन्दरी! मैं तुम्हारी भक्तिसे संतुष्ट हूँ। बोलो, तुम्हें क्या अभीष्ट वरदान दूँ ? तुम्हारे अनुग्रहसे मेरी सम्पूर्ण स्मरणशक्ति जाग उठी है। मुझे पिनाकधारी देवाधिदेव भगवान् शंकरने शाप दिया है। शेषनागका पुत्र महाबलवान् नाग जो भगवान् शंकरके हाथका कङ्कण बना रहता है, वही मैं तुम्हारा पति हूँ और तुम भी वही पूर्वजन्मकी मेरी पत्नी भोगवती हो। एक दिन भगवान् शंकर एकान्तमें पार्वतीजीके साथ बैठे थे। वहाँ पार्वतीजीने एक बात कही, जिसे सुनकर भगवान् शिव ठठाकर हँस पड़े। उस समय मुझे भी हँसी आ गयी। इससे कुपित होकर भगवान्ने मुझे यह शाप दिया—'तू मनुष्य-योनिमें सर्परूपसे जन्म लेकर ज्ञानी होगा।' कल्याणी! यह शाप सुनकर तुमने और मैंने भी भगवान्को प्रसन्न करनेकी चेष्टा की। तब उन्होंने कहा—'जब तुम गौतमीके तटपर मेरा पूजन करोगे और मैं तुम्हारे अन्तःकरणमें ज्ञानका आधान करूँगा, उस समय तुम भोगवतीके प्रसादसे शापमुक्त हो जाओगे' इसीलिये मुझपर यह संकट आया है। तुम मुझे गौतमीके तटपर ले चलो और मेरे साथ ही भगवान्की पूजा करो। इससे मेरा शाप छूट जायगा और हम दोनों पुनः भगवान् शिवका सांनिध्य प्राप्त करेंगे। कष्टमें पड़े हुए समस्त प्राणियोंके लिये सदा भगवान् शिव ही परम गति हैं।'' पतिकी यह बात सुनकर भोगवती उन्हें साथ ले गौतमी-तटपर गयी और वहाँ गौतमीमें स्नान करके उसने शिवका पूजन किया। इससे प्रसन्न होकर भगवान्ने उस सर्पको दिव्य रूप प्रदान किया। तब वह अपने माता-पितासे पूछकर

शिवलोकमें जानेको उद्यत हुआ। यह जानकर पिताने कहा—'बेटा ! तुम एक ही मेरे पुत्र और युवराज हो; इसलिये इस समस्त राज्यका पालन करो और बहुत-से पुत्र उत्पन्न करके मेरे स्वर्गगमनके पश्चात् शिवलोकमें जाओ।' पिताका यह कथन सुनकर नागराजने कहा—'अच्छा, ऐसा ही करूँगा।' फिर वे इच्छानुसार रूप धारण करके अपनी पत्नीके साथ रहने लगे। पिता, माता और पुत्रोंके साथ उन्होंने उस विशाल राज्यका उपभोग किया और जब पिता स्वर्गलोकमें चले गये, तब अपने पुत्रोंको राज्यपर बिठाकर वे पत्नी और अमात्य आदिके साथ शिवपुरमें गये। तबसे वह तीर्थ नागतीर्थके नामसे विख्यात हुआ। वहाँ भोगवतीके द्वारा स्थापित भगवान् नागेश्वर निवास करते हैं। उस तीर्थमें किया हुआ स्नान और दान सब तीर्थोंका फल देनेवाला है।

मातृतीर्थ, अविघ्नतीर्थ और शेषतीर्थकी महिमा

ब्रह्माजी कहते हैं—गौतमीके तटपर मातृतीर्थके नामसे विख्यात जो उत्तम तीर्थ है, वह मनुष्योंको सब प्रकारकी सिद्धि देनेवाला है। जीव उसके स्मरण करनेमात्रसे समस्त मानसिक चिन्ताओंसे मुक्त हो जाता है। पूर्वकालमें देवताओं और असुरोंके बीच बड़ा भयंकर संग्राम छिड़ा था। उस समय देवतालोग दानवोंको परास्त न कर सके। तब मैं सब देवताओंके साथ शूलपाणि भगवान् शंकरके पास गया और हाथ जोड़कर नाना प्रकारके वाक्योंद्वारा उनका स्तवन करने लगा—'महेश! जिस समय सम्पूर्ण देवताओं और असुरोंने एक-दूसरेसे सलाह करके समुद्रका मन्थन किया और उसमेंसे एक कालकूट विष निकला, उसे खा लेनेमें आपके सिवा दूसरा कौन समर्थ हो सकता था। जिसके सामने दूसरे देवता मस्तक झुकाते हैं तथा जो केवल फूलोंकी मारसे तीनों लोकोंको अपने अधीन करनेमें समर्थ है, वही कामदेव जब आपपर आक्रमण करने चला, तब स्वयं ही नष्ट हो गया। अतः आपसे बढ़कर शक्तिशाली दूसरा कौन है।'

यह स्तुति सुनकर भगवान् शंकर प्रसन्न हो गये और बोले—'देवताओ! बतलाओ, क्या चाहते हो? मैं तुम्हें अभीष्ट वरदान दूँगा।' देवता बोले—'वृषभध्वज! हमपर दानवोंकी ओरसे बड़ा भारी भय उपस्थित हुआ है। आप वहाँ चलकर शत्रुओंका संहार और देवताओंकी रक्षा करें। प्रभो! हम आपसे सनाथ हैं।' देवताओंके इतना कहते ही भगवान् शंकर उस स्थानपर आये, जहाँ दैत्य युद्धके लिये खड़े थे। वहाँ दैत्योंका शंकरजीके साथ घमासान युद्ध छिड़ गया। दैत्य इधर-उधर

भागने लगे। युद्ध करते समय शंकरजीके ललाटसे पसीनेकी बूँदें गिरने लगीं। वे बूँदें जहाँ-जहाँ गिरीं, वहाँ-वहाँ शिवके आकारकी ही माताएँ प्रकट हो गयीं। वे भगवान् महेश्वरसे बोलीं—'आप आज्ञा दें तो हम सब असुरोंको खा जायँ।' तब देवताओंसे घिरे हुए भगवान्ने कहा—'शत्रु जहाँ-जहाँ जायँ, सर्वत्र उनका पीछा करो। इस समय वे मेरे डरसे रसातलमें जा पहुँचे हैं। तुम भी रसातलतक उनके पीछे-पीछे जाओ।' यह आज्ञा पाकर सब माताएँ पृथ्वी छेदकर रसातलमें गयीं और अत्यन्त भयंकर दैत्यों तथा दानवोंका संहार करके फिर उसी मार्गसे देवताओंके पास लौट आयीं। माताओंके जानेसे लौटनेतक देवता गौतमीके तटपर खड़े रहे। लौटनेपर देवताओंने माताओंको वर दिया—'संसारमें जिस प्रकार शिवकी पूजा होती है, उसी प्रकार माताओंकी भी हो।' यों कहकर देवता अन्तर्धान हो गये और माताएँ वहीं रह गयीं। जहाँ-जहाँ वे देवियाँ स्थित हुईं, वह सब स्थान मातृतीर्थ माना जाता है। वे सभी तीर्थ देवताओंके लिये भी सेव्य हैं, फिर मनुष्य आदिके लिये तो बात ही क्या है। शिवजीके कथनानुसार उन तीर्थोंमें किया हुआ स्नान, दान और तर्पण—सब अक्षय होता है। जो मनुष्य मातृतीर्थोंके इस उपाख्यानको प्रतिदिन सुनता, स्मरण रखता और पढ़ता है, वह दीर्घायु और सुखी होता है।

मातृतीर्थके अनन्तर अविघ्नतीर्थ है, जो सब विघ्नोंका नाश करनेवाला है। नारद! वहाँका वृत्तान्त भी बतलाता हूँ, भक्तिपूर्वक सुनो। "एक बार गौतमीके उत्तर-तटपर देवताओंका यज्ञ आरम्भ हुआ, किन्तु विघ्न-दोषके कारण उसकी समाप्ति नहीं हुई। तब सब देवताओंने मुझसे और भगवान् विष्णुसे इसका कारण पूछा। उस समय मैंने ध्यानस्थ होकर कारणका पता लगाया और कहा—'इसमें गणेशजी विघ्न डाल रहे हैं। इसीलिये इस यज्ञकी समाप्ति नहीं हो पाती। अतः सब लोग आदिदेव विनायककी स्तुति करें।' मेरा आदेश पाकर सब देवता गौतमीमें स्नान करके आदिदेव गणेशकी भक्तिपूर्वक स्तुति करने लगे।

देवता बोले—सदा सब कार्योंमें सम्पूर्ण देवता तथा शिव, विष्णु और ब्रह्माजी भी जिनका पूजन, नमस्कार और चिन्तन करते हैं, उन विघ्नराज गणेशकी हम शरण लेते हैं। विघ्नराज गणेशके समान मनोवाञ्छित फल देनेवाला कोई देवता नहीं है, ऐसा निश्चय करके त्रिपुरारि महादेवजीने भी त्रिपुरवधके समय पहले उनका पूजन किया था। जिनका ध्यान करनेसे सम्पूर्ण देहधारियोंके मनोरथ पूर्ण हो जाते हैं, वे अम्बिकानन्दन गणेश इस महायज्ञमें शीघ्र ही हमारे विघ्नोंका निवारण करें। 'देवी पार्वतीके चिन्तनमात्रसे ही गणेशजी-जैसा पुत्र उत्पन्न हो गया। इससे सम्पूर्ण जगत्‌में महान् उत्सव छा गया है।' यह बात उन देवताओंने अपने मुखसे कही थी, जो नवजात शिशुके रूपमें गणेशजीको नमस्कार करके कृतार्थ हुए थे। माताकी गोदमें बैठे हुए और माताके मना करनेपर भी उन्होंने पिताके ललाटमें स्थित चन्द्रमाको बलपूर्वक पकड़कर उनकी जटाओंमें छिपा दिया, यह गणेशजीका बालविनोद था। यद्यपि वे पूर्ण तृप्त थे तो भी अधिक देरतक माताके स्तनोंका दूध इसलिये पीते रहे कि कहीं बड़े भैया कार्तिकेय भी आकर न पीने लगें। उनकी बुद्धिमें बालस्वभाववश भाईके प्रति ईर्ष्या भर गयी थी। यह देखकर भगवान् शंकरने विनोदवश कहा—'विघ्नराज! तुम बहुत दूध पीते हो, इसलिये लम्बोदर हो जाओ।' यों

कहकर उन्होंने उनका नाम 'लम्बोदर' रख दिया। देवसमुदायसे घिरे हुए महेश्वरने कहा—'बेटा! तुम्हारा नृत्य होना चाहिये।' यह सुनकर उन्होंने अपने घूँघुरकी आवाजसे ही शंकरजीको संतुष्ट कर दिया। इससे प्रसन्न होकर शिवने अपने पुत्रको गणेशके पदपर अभिषिक्त कर दिया। जो एक हाथमें विघ्नपाश और दूसरे हाथसे कंधेपर कुठार लिये रहते हैं तथा पूजा न पानेपर अपनी माताके कार्यमें भी विघ्न डाल देते हैं, उन विघ्नराजके समान दूसरा कौन है। जो धर्म, अर्थ और काम आदिमें सबसे पहले पूजनीय हैं तथा देवता और असुर भी प्रतिदिन जिनकी पूजा करते हैं, जिनके पूजनका फल कभी नष्ट नहीं होता, उन प्रथम-पूजनीय गणेशको हम पहले मस्तक नवाते हैं। जिनकी पूजासे सबको प्रार्थनाके अनुरूप सब प्रकारके फलकी सिद्धि दृष्टिगोचर होती है, जिन्हें अपने स्वतन्त्र सामर्थ्यपर अत्यन्त गर्व है, उन बन्धुप्रिय मूषकवाहन गणेशजीकी हम स्तुति करते हैं। जिन्होंने अपने सरस संगीत, नृत्य, समस्त मनोरथोंकी सिद्धि तथा विनोदके द्वारा माता पार्वतीको पूर्ण संतुष्ट किया है, उन अत्यन्त संतुष्ट हृदयवाले श्रीगणेशकी हम शरण लेते हैं।

इस प्रकार देवताओंके स्तवन करनेपर गणेशजीने उनसे कहा—'देवताओ! अब तुम्हारे यज्ञमें विघ्न नहीं पड़ेगा।' जब देवयज्ञ निर्विघ्न पूरा हो गया तब गणेशजीने उन देवताओंसे कहा—'जो लोग इस स्तोत्रसे भक्तिपूर्वक मेरी स्तुति करेंगे, उन्हें कभी दरिद्रता और दुःखका सामना नहीं करना पड़ेगा। जो इस तीर्थमें आलस्य छोड़कर भक्तिपूर्वक स्नान और दान करेंगे, उनके शुभ कार्य निर्विघ्न सिद्ध होंगे। इस बातका आपलोग भी अनुमोदन करें।' उनके इतना कहनेके साथ ही देवताओंने

एक स्वरसे कहा—'ऐसा ही होगा।' यज्ञ समाप्त होनेपर देवता अपने-अपने स्थानको चले गये। तबसे वह तीर्थ 'अविघ्न तीर्थ' कहलाने लगा। वह मनुष्योंकी समस्त कामनाओंको पूर्ण करनेवाला तथा सम्पूर्ण विघ्नोंको मिटानेवाला है।

अविघ्नतीर्थके बाद शेषतीर्थ है, वह भी समस्त अभीष्ट वस्तुओंको देनेवाला है। मैं उसके स्वरूपका वर्णन करता हूँ। रसातलके स्वामी महानाग शेष सम्पूर्ण नागोंके साथ रसातलमें रहनेके लिये गये। परंतु राक्षसों, दैत्यों और दानवोंने, जिनका रसातलमें पहलेसे ही प्रवेश हो चुका था, नागराजको वहाँसे निकाल दिया। तब वे मेरे पास आकर बोले—'भगवन्! आपने राक्षसोंको तथा हमलोगोंको भी रसातल दे रखा है, किंतु दैत्य और राक्षस हमें वहाँ स्थान नहीं देना चाहते; इसलिये आपकी शरणमें आया हूँ।' तब मैंने नागसे कहा—'तुम गौतमीके तटपर जाओ, वहाँ महादेवजीकी स्तुति करनेसे तुम्हारा मनोरथ पूर्ण होगा। उनके सिवा दूसरा कोई तीनों

लोकोंमें ऐसा नहीं है, जो सबके मनोरथ सिद्ध कर सके। मेरे कहनेसे शेषनाग वहाँ गये और गङ्गामें स्नान करके हाथ जोड़कर देवेश्वर महादेवकी स्तुति करने लगे—'तीनों लोकोंके स्वामी भगवान् शंकरको नमस्कार है। जो दक्षयज्ञके विध्वंसक, जगत्के आदि विधाता तथा त्रिभुवनरूप हैं, उन भगवान् शिवको नमस्कार है। जिनके सहस्त्रों मस्तक हैं, उन भगवान् सदाशिवको नमस्कार है। सबका संहार करनेवाले रुद्रदेवको नमस्कार है। भगवन्! आप सोम, सूर्य, अग्नि और जलरूप हैं; आपको नमस्कार है। जो सर्वदा सर्वस्वरूप और कालरूप हैं, उन भगवान् शिवको नमस्कार है। सर्वेश्वर शंकर! मेरी रक्षा कीजिये। सर्वव्यापी सोमेश्वर ! मेरी रक्षा कीजिये। जगन्नाथ ! आपको नमस्कार है। मेरा मनोरथ पूर्ण कीजिये।'

इस स्तुतिसे प्रसन्न होकर महेश्वरने नागराजको मनोवाञ्छित वर दिया, जो देवताओंसे शत्रुता रखनेवाले दैत्य, दानव तथा राक्षसोंके विनाशमें सहायक था। भगवान्ने शेषनागको शूल देकर कहा—'इससे अपने शत्रुओंका संहार करो।' भगवान् शिवकी यह आज्ञा पाकर शेषनाग सर्पोंके साथ रसातलमें गये। वहाँ उन्होंने शूलसे अपने शत्रु दैत्य, दानव तथा राक्षसोंका वध किया और फिर भगवान् शेषेश्वरका दर्शन करनेके लिये वे गौतमी-तटपर लौट आये। नागराज जिस मार्गसे आये थे, उसमें रसातलसे वहाँतक छेद हो गया था। उस बिलसे गौतमी गङ्गाका अत्यन्त पुण्यदायक जल पातालगङ्गामें जा मिला। इस प्रकार उन दोनोंका संगम हुआ। भगवान् शेषेश्वरके सामने एक विशाल कुण्ड बनाकर शेषनागने उसमें हवन किया। उस कुण्डमें सदा अग्निदेव स्थित रहते हैं। उसमें गङ्गाके जलका संगम होनेसे वह जल गरम हो गया। महायशस्वी शेषनाग महादेवजीकी आराधना करके पुनः अपने अभीष्ट स्थान रसातलमें चले गये। तबसे वह तीर्थ नागतीर्थ एवं शेषतीर्थके नामसे प्रसिद्ध हुआ। वह सम्पूर्ण अभीष्ट वस्तुओंको देनेवाला, पवित्र तथा रोग और दरिद्रताका नाशक है। उससे आयु एवं लक्ष्मीकी भी प्राप्ति होती है। वह पवित्र तीर्थ स्नान और दानसे मोक्ष देनेवाला है। जो मनुष्य इस प्रसङ्गका भक्तिपूर्वक श्रवण, पाठ अथवा मनन करता है, उसकी सब कामनाएँ पूर्ण होती हैं। जहाँ शेषेश्वरतीर्थ है और जहाँ शक्ति प्रदान करनेवाले भगवान् शिव हैं, वहाँ गौतमीके दोनों तटोंपर इक्कीस सौ तीर्थ हैं, जो सब प्रकारकी सम्पत्ति देनेवाले हैं।

अश्वत्थ-पिप्पलतीर्थ, शनैश्चरतीर्थ, सोमतीर्थ, धान्यतीर्थ और विदर्भा-संगम तथा रेवती-संगम-तीर्थकी महिमा

ब्रह्माजी कहते हैं—गोदावरीके उत्तर-तटपर अश्वत्थतीर्थ, पिप्पलतीर्थ और शनैश्चरतीर्थ हैं। उनका फल सुनो। पूर्वकालकी बात है—देवताओंने महर्षि अगस्त्यसे अनुरोध किया था कि आप विन्ध्यपर्वतको आदेश देकर ऊपर उठनेसे रोकें। महर्षि अगस्त्य धीरे-धीरे सहस्त्रों मुनियोंके साथ विन्ध्यपर्वतके समीप गये। उन्होंने देखा नगश्रेष्ठ विन्ध्य असंख्य वृक्षोंसे व्याप्त, सैकड़ों शिखरोंसे घिरा हुआ और बहुत ही ऊँचा है। ऊँचाईमें वह मेरुगिरि और सूर्यसे टक्कर ले रहा है। मुनिके आनेपर विन्ध्यपर्वतने उनका आतिथ्य-सत्कार किया। मुनिश्रेष्ठ अगस्त्यने सब ब्राह्मणोंके साथ

विन्ध्यगिरिकी प्रशंसा की और देवताओंका कार्य सिद्ध करनेके लिये इस प्रकार कहा—'पर्वतश्रेष्ठ! मैं तत्त्वदर्शी मुनियोंके साथ तीर्थयात्राके उद्देश्यसे दक्षिण दिशाकी यात्रा करना चाहता हूँ, तुम मुझे जानेका मार्ग दो। मैं तुमसे आतिथ्यमें यही माँगता हूँ—जबतक लौट न आऊँ, तबतक तुम नीचे होकर ही रहना। इसके विपरीत न करना।' विन्ध्यपर्वतने कहा—'बहुत अच्छा। ऐसा ही करूँगा।' महर्षि अगस्त्य उन मुनियोंके साथ दक्षिण दिशामें चले गये। वे धीरे-धीरे गौतमीके तटपर पहुँचकर सांवत्सरिक यज्ञमें दीक्षित हो गये। उन्होंने ऋषियोंके साथ एक वर्षतकके लिये यज्ञ आरम्भ कर दिया।

उन दिनों कैटभके दो पापी पुत्र राक्षस धर्मके कण्टक हो रहे थे। उनका नाम था—अश्वत्थ और पिप्पल। वे देवलोकमें भी प्रसिद्ध थे। ब्राह्मणोंको पीड़ा देना उनका नित्यका काम था। ब्राह्मणोंका कष्ट देख महर्षिगण गोदावरीके दक्षिणतटपर नियमपूर्वक तपस्या करनेवाले सूर्यपुत्र शनैश्चरके पास गये और उनसे उन राक्षसोंके सब अत्याचार कह सुनाये। यह सुनकर शनैश्चर ब्राह्मणके वेशमें रहनेवाले अश्वत्थ नामक राक्षसके पास गये और स्वयं भी ब्राह्मण बनकर उन्होंने उसकी परिक्रमा की। उन्हें परिक्रमा करते देख राक्षसने ब्राह्मण ही समझा और प्रतिदिनकी भाँति माया करके उस पापी राक्षसने उनको भी अपना ग्रास बना लिया। उसके शरीरमें प्रवेश करके शनिने उसकी आँतोंको देखा। शनिकी दृष्टि पड़ते ही वह पापात्मा राक्षस वज्रके मारे हुए पर्वतकी भाँति क्षणभरमें जलकर भस्म हो गया। अश्वत्थको भस्म करके वे ब्राह्मणरूपधारी शनि दूसरे राक्षसके पास गये। वहाँ उन्होंने अपनेको वेदाध्ययन करनेवाले ब्राह्मणके रूपमें उपस्थित किया, मानो वे विनीत शिष्य थे और पिप्पल गुरु। पिप्पलने पहलेकी ही भाँति अन्य शिष्योंके समान शनैश्चरको भी अपना आहार बनाया, किंतु उदरमें प्रवेश करनेपर शनिने उसकी आँतोंपर दृष्टि डाली। उनके देखते ही वह भी जलकर भस्म हो गया। इस प्रकार उन दोनोंको मारकर सूर्यपुत्र शनैश्चरने मुनियोंसे पूछा—'अब मेरे लिये कौन-सा कार्य है? आपलोग बतायें।' मुनियोंको बड़ा हर्ष हुआ। उन्होंने शनिको इच्छानुसार वर देना चाहा। शनैश्चर बोले—'जो मेरे दिनको नियमसे रहकर अश्वत्थका स्पर्श करें, उनके सब कार्य सिद्ध हो जायँ और मेरे द्वारा होनेवाली पीड़ा भी उन्हें न हो। जो मनुष्य अश्वत्थतीर्थमें स्नान करें, उनके भी सब कार्य सिद्ध हो जायँ। जो मानव शनिवारको प्रातःकाल उठकर अश्वत्थका स्पर्श करते हैं, उनकी समस्त ग्रहपीड़ा दूर हो जाय।' तबसे उस तीर्थको अश्वत्थतीर्थ, पिप्पलतीर्थ और शनैश्चरतीर्थ भी कहते हैं। अगस्त्य, सात्रिक, याज्ञिक और सामग आदि सोलह हजार एक सौ आठ तीर्थ वहाँ वास करते हैं। उन तीर्थोंमें किया हुआ स्नान और दान सम्पूर्ण यज्ञोंका फल देनेवाला है।

इसके आगे विख्यात सोमतीर्थ है। उसमें स्नान और दान करनेसे सोमपानका फल मिलता है। ओषधियाँ पूर्वकालसे ही सम्पूर्ण जगत्की माताएँ हैं। उन्हींमें यज्ञ, स्वाध्याय और धर्मकार्य प्रतिष्ठित है। ओषधियोंसे ही समस्त रोगोंका निवारण होता है। उन्हींसे अन्नकी उत्पत्ति और सबके प्राणोंकी रक्षा होती है। एक दिन ओषधियोंने मुझसे कहा—'सुरश्रेष्ठ ! हमलोगोंको एक ऐसा पति दीजिये, जो राजा हो।' उनकी बात सुनकर मैंने कहा—'तुम सबको राजा पतिरूपमें प्राप्त होगा।' तब उन्होंने पुनः प्रश्न किया— 'इसके लिये हमें कहाँ जाना होगा?' मैंने कहा—

'माताओ! तुम गौतमीके तटपर जाओ। गौतमीके प्रसन्न होनेपर तुम्हें लोकपूजित राजाकी प्राप्ति होगी।' यह सुनकर वे वहाँ गयीं और गौतमीकी स्तुति करने लगीं।

ओषधियाँ बोलीं—भगवान् शंकरकी प्रियतमा पुण्यसलिला गौतमी! यदि आप इस भूतलपर न आतीं तो संसारके प्राणी, जो नाना प्रकारकी पापराशियोंसे तिरस्कृत एवं दुःखी हो रहे हैं, क्या करते। नदीश्वरि! भूमण्डलके मनुष्योंके सौभाग्यका अनुमान कौन कर सकता है, जिनके महापातकोंका नाश करनेवाली आप जगन्माता गङ्गा उनके लिये सदा ही सुलभ हैं। तीनों लोकोंकी वन्दनीया जगज्जननी गङ्गा! आपके वैभवको कोई नहीं जानता; क्योंकि कामदेवके शत्रु भगवान् शंकर भी आपको सदा मस्तकपर लिये रहते हैं। मनोवाञ्छित फल देनेवाली माता! तुम्हें नमस्कार है। पापोंका विनाश करनेवाली ब्रह्ममयी देवी! तुम्हें नमस्कार है। भगवान् विष्णुके चरणकमलोंसे निकली हुई गङ्गा! तुम्हें नमस्कार है। भगवान् शंकरकी जटासे प्रकट हुई गौतमी देवी! तुम्हें नमस्कार है।

इस प्रकार स्तुति करनेवाली ओषधियोंसे गङ्गाजीने कहा—'देवियो! बताओ, तुम्हें क्या दूँ?' ओषधियाँ बोलीं—'जगन्माता! हमें अत्यन्त तेजस्वी राजाको पतिरूपमें दीजिये।' गङ्गाजीने कहा—'माता ओषधियो! मैं अमृतरूप हूँ। तुम भी अमृतस्वरूपा हो। अतः तुम्हें तुम्हारे योग्य ही अमृतात्मा सोमको पतिरूपमें देती हूँ।' गौतमीके इस वरदानका देवताओं, ऋषियों, चन्द्रमा तथा ओषधियोंने भी अनुमोदन किया। इसके बाद वे सब अपने-अपने स्थानको चली गयीं। जिस स्थानपर ओषधियोंने समस्त पाप-संतापका निवारण करनेवाले अमृतस्वरूप राजा सोमको पतिरूपमें प्राप्त किया, वह सोमतीर्थके नामसे प्रसिद्ध हुआ। वहाँ स्नान और दान करनेसे पितर स्वर्गमें जाते हैं। जो प्रतिदिन इस प्रसङ्गको पढ़ता, सुनता अथवा भक्तिपूर्वक स्मरण करता है, वह दीर्घायु, पुत्रवान् और धनवान् होता है।

तदनन्तर धान्यतीर्थ है, जो मनुष्योंकी सब अभीष्ट वस्तुओंको देनेवाला है। वह सुकाल उपस्थित करनेवाला, कल्याणप्रद तथा मनुष्योंको सब प्रकारकी आपत्तिसे मुक्त करनेवाला है। राजा सोमको पतिरूपमें पाकर ओषधियाँ बहुत प्रसन्न हुई थीं। उन्होंने सब लोगों तथा गङ्गाजीके सामने यह अभीष्ट वचन कहा—'वेदमें एक पवित्र गाथा है, जिसे वेदोंके विद्वान् जानते हैं। जिस भूमिमें फसल उगी हुई है, वह माताके समान किंवा साक्षात् माता ही है। जो गङ्गाजीके समीप उसका दान करता है, वह समस्त अभिलषित वस्तुओंको प्राप्त कर लेता है। जो मानव खेती लगी हुई भूमि, गौ तथा ओषधियोंको ब्रह्मा, विष्णु एवं शिवरूप ब्राह्मणके लिये भक्तिपूर्वक दान देता है, उसका किया हुआ सब दान अक्षय होता है तथा वह अपने सम्पूर्ण अभीष्टोंको प्राप्त कर लेता है। ओषधियाँ सोम राजाकी प्रिया हैं और सोम भी ओषधियोंके पति हैं—यह जानकर जो ब्रह्मवेत्ता ब्राह्मणको ओषधि (अन्न) दान करता है, वह सम्पूर्ण अभिलषित वस्तुओंको पाता और ब्रह्मलोकमें प्रतिष्ठित होता है। ओषधियाँ राजा सोमसे बातचीत करती हुई कहती हैं—'राजन्! हम ब्रह्मरूपिणी और प्राणरूपिणी हैं। जो हमें ब्राह्मणोंको दान करे, उसे तुम पार लगाओ। स्थावर-जङ्गमरूप जितना भी जगत् है, वह सब हमलोगोंसे व्याप्त है। हव्य, कव्य, अमृत तथा जो कुछ भी भोजनके काम आता है, वह हमारा ही श्रेष्ठ अंश है—यह जानकर जो अन्नका दान करता है, राजन्! उसे पार लगाओ। राजा सोम!

जो भक्तिपूर्वक इस वैदिकी गाथाका श्रवण, स्मरण अथवा पाठ करे, उसे तुम पार लगाओ।'

गङ्गाके किनारे जिस स्थानपर राजा सोमके साथ ओषधियोंने इस वैदिकी गाथाका पाठ किया था, वह धान्यतीर्थ कहलाता है। उस दिनसे उसके कई नाम हो गये—औषध्यतीर्थ, सौम्यतीर्थ, अमृततीर्थ, वेदगाथातीर्थ और मातृतीर्थ। जो मनुष्य इन तीर्थोंमें स्नान, जप, होम, दान, पितृ-तर्पण और अन्न-दान करता है, उसका वह सब कर्म अक्षय फल देनेवाला होता है। वहाँ दोनों तटोंपर एक हजार छः सौ तीर्थ हैं, जो सब पापोंका नाश करनेवाले और सब प्रकारकी सम्पत्ति बढ़ानेवाले हैं।

वहाँ विदर्भा-संगम और रेवती-संगमतीर्थ भी हैं। अब उनका वृत्तान्त बतलाऊँगा। पुराणवेत्ता पुरुष उसे जानते हैं। महर्षि भरद्वाज एक बड़े तपस्वी महात्मा थे। उनकी बहिनका नाम रेवती था। वह कुरूपा थी। उसका स्वर बड़ा विकृत था। प्रतापी भरद्वाज गङ्गाजीके दक्षिण-तटपर बैठकर बड़ी चिन्ता करने लगे कि 'इस भयंकर आकारवाली अपनी बहिनका विवाह किसके साथ करूँ ? कोई भी तो इसे ग्रहण नहीं करता। अहो, किसीके कन्या न हो। कन्या केवल दुःख देनेवाली होती है। जिसके कन्या हो, उस प्राणीकी जीते-जी पग-पगपर मृत्यु होती रहती है।' इस प्रकार वे अपने सुन्दर आश्रमपर तरह-तरहके विचार कर रहे थे। इतनेमें ही कठनामके एक मुनि वहाँ भरद्वाज मुनिका दर्शन करनेके लिये आये। उनकी अवस्था सोलह वर्षकी थी। शरीर सुन्दर था। वे शान्त, जितेन्द्रिय और सद्गुणोंकी खान थे। कठने आते ही भरद्वाजको प्रणाम किया। भरद्वाजने उनका विधिपूर्वक पूजन किया और आश्रमपर पधारनेका कारण पूछा। कठने कहा—'मैं विद्यार्थी हूँ और इसी उद्देश्यसे

आपका दर्शन करने आया हूँ। जो उचित हो, वह कीजिये।' भरद्वाजने कठसे कहा—'महामते! तुम्हारी जो इच्छा हो, पढ़ो। मैं पुराण, स्मृति, वेद तथा अनेक प्रकारके धर्मशास्त्र—सब जानता हूँ। तुम शीघ्र अपनी रुचि बतलाओ। कुलीन, धर्मपरायण, गुरु-सेवक तथा सुनी हुई विद्याको तत्काल धारण करनेवाला शिष्य बड़े पुण्यसे प्राप्त होता है।'

कठने कहा—ब्रह्मन् ! मैं निष्पाप, सेवापरायण, भक्त, कुलीन और सत्यवादी शिष्य हूँ। मुझे अध्ययन कराइये।

'एवमस्तु' कहकर भरद्वाजने कठको सम्पूर्ण विद्या पढ़ायी। विद्या पाकर कठ बड़े प्रसन्न हुए। उन्होंने भरद्वाजसे कहा—'गुरुदेव ! आपको नमस्कार है। मैं आपके मनके अनुकूल दक्षिणा देना चाहता हूँ। आप कोई दुर्लभ वस्तु भी माँग सकते हैं। बताइये, क्या दूँ? जो शिष्य अपने गुरुसे विद्या प्राप्त करके भी उन्हें मोहवश दक्षिणा नहीं देते,

वे जबतक सूर्य और चन्द्रमाकी सत्ता रहती है तबतक नरकमें पड़े रहते हैं।'

भरद्वाजने कहा—यह मेरी बहिन अभी कुमारी है; इसको विधिपूर्वक ग्रहण करो और पत्नी बनाओ। इसके प्रति प्रेमपूर्ण बर्ताव करना, यही मैं दक्षिणा माँगता हूँ।

कठने 'बहुत अच्छा' कहकर गुरुके आदेशसे विधिपूर्वक दी हुई रेवतीका पाणिग्रहण किया और उसके सुन्दर रूपकी प्राप्तिके लिये वहीं रहकर देवेश्वर शङ्करकी आराधना की। रेवतीने भी शिवकी प्रसन्नताके लिये उनका पूजन किया। इससे वह सुन्दर रूपवती हो गयी। उसका प्रत्येक अङ्ग मनोहर दिखायी देने लगा। अब उसके रूपकी कहीं समता नहीं थी। वहाँ रेवतीके स्नान करनेसे जो जलकी धारा प्रकट हुई, वह 'रेवती' नामकी नदी हुई, जो रूप और सौभाग्य प्रदान करनेवाली है। फिर कठने उसकी पुण्यरूपताकी सिद्धिके लिये नाना प्रकारके दर्भों (कुशों)-से अभिषेक किया। इससे 'विदर्भा' नामकी नदी प्रकट हुई। जो मनुष्य रेवती और गङ्गामें श्रद्धापूर्वक स्नान करता है, वह सब पापोंसे मुक्त हो विष्णुलोकमें प्रतिष्ठित होता है। इसी प्रकार जो विदर्भा और गौतमीके संगममें स्नान करता है, उसे तत्काल भोग और मोक्षकी प्राप्ति होती है। वहाँ दोनों तटोंपर सौ उत्तम तीर्थ हैं, जो सब पापोंके नाशक तथा सम्पूर्ण सिद्धियोंके दाता हैं।

पूर्णतीर्थ और गोविन्द आदि तीर्थोंकी महिमा, धन्वन्तरि और इन्द्रपर भगवान्‌की कृपा

ब्रह्माजी कहते हैं—गौतमी गङ्गाके उत्तर-तटपर पूर्णतीर्थ है। वहाँ यदि मनुष्य अनजानमें नहा ले तो भी कल्याणका भागी होता है। पूर्णतीर्थके माहात्म्यका वर्णन कौन कर सकता है, जहाँ स्वयं चक्रधारी भगवान् विष्णु और पिनाकधारी भगवान् शंकर निवास करते हैं। पूर्वकालमें आयुके पुत्र धन्वन्तरि राजा थे। उन्होंने अश्वमेध आदि अनेक प्रकारके यज्ञोंका अनुष्ठान किया, भाँति-भाँतिके दान दिये तथा प्रचुर भोग भोगे। फिर भोगोंकी विषमताका अनुभव करके उन्हें बड़ा वैराग्य हुआ। धन्वन्तरि यह जानते थे कि पर्वतके शिखरपर, गङ्गा नदीके किनारे, समुद्रके तटपर, शिव और विष्णुके मन्दिरमें अथवा विशेषत: किसी पवित्र संगमपर किया हुआ जप, तप, होम—सब अक्षय होता है; इसलिये उन्होंने गङ्गा-सागर-संगमपर भारी तपस्या आरम्भ की।

एक बार राजा धन्वन्तरिने राज्य करते समय एक महान् असुरको रणभूमिसे मार भगाया था। उसका नाम था तम। वह एक हजार वर्षोंतक राजाके भयसे समुद्रमें छिपा रहा। जब उसे मालूम हुआ कि राजा धन्वन्तरि विरक्त होकर वनमें चले आये हैं और उनका पुत्र राज्यसिंहासनपर आसीन हुआ है, तब वह समुद्रसे निकला और उस स्थानपर आया, जहाँ महाराज धन्वन्तरि गङ्गातटका आश्रय ले जप और होममें संलग्न तथा ब्रह्मचिन्तनमें तत्पर थे। उसने सोचा—'इस बलवान् राजाने मुझे अनेक बार नष्ट करनेका प्रयत्न किया है, अत: मैं भी क्यों न अपने इस शत्रुको नष्ट कर डालूँ।' ऐसा निश्चय करके उसने मायासे एक स्त्रीका रूप बनाया और राजाके पास आया। वह मायामयी सुन्दरी तरुणी देखनेमें बड़ी मनोहर थी। उसने हँसते हुए नाचना और गाना आरम्भ किया। उस

सुन्दरीको बहुत समयतक इस अवस्थामें देख राजाने कृपापूर्वक पूछा—'कल्याणी! तुम कौन हो? किसके लिये इस गहन वनमें निवास करती हो और किसे देखकर तुम्हें इतना उल्लास-सा हो रहा है?'

तरुणी बोली—राजन्! आपके रहते संसारमें दूसरा कौन है, जो मेरे उल्लासका कारण हो सके। मैं इन्द्रकी लक्ष्मी हूँ। आपको सब भोगोंसे सम्पन्न देख बारंबार आपके सामने विचरती हूँ। असंख्य पुण्यके बिना मैं सभीके लिये अत्यन्त दुर्लभ हूँ।

उसकी यह बात सुनकर राजाने वह अत्यन्त कठोर तपस्या त्याग दी और मन-ही-मन उसीका चिन्तन करने लगे। उसीके आश्रय तथा उसीके आज्ञा-पालनमें रहने लगे। जब सब तरहसे वे एकमात्र उसीकी शरणमें चले गये तब उनकी भारी तपस्याका नाश करके तम अन्तर्धान हो गया। इसी बीचमें मैं राजाको वर देनेके लिये गया। वे तपोभ्रष्ट एवं विह्वल होकर मृतकके समान रो रहे थे। मैंने अनेक प्रकारकी युक्तियोंसे महाराज धन्वन्तरिको सान्त्वना दी और कहा—राजन्! तुम्हारा शत्रु तम तुम्हें तपस्यासे भ्रष्ट करके कृतकार्य होकर चला गया। तुम्हें शोक नहीं करना चाहिये। प्राय: सभी तरुणी स्त्रियाँ पुरुषको पहले कुछ आनन्द और पीछे भारी संताप देती हैं, फिर वह तो मायामयी थी; अत: उसका संतापप्रद होना क्या आश्चर्यकी बात है।*

तब राजा धन्वन्तरिका भ्रम दूर हुआ। वे हाथ जोड़कर बोले—'ब्रह्मन्! क्या करूँ? तपस्याके पार कैसे जाऊँ?' मैंने उत्तर दिया—'देवाधिदेव जनार्दनकी यत्नपूर्वक स्तुति करो। उससे तुम्हें सिद्धि प्राप्त होगी। भगवान् विष्णु वेदवेद्य पुरातन परमात्मा हैं। उन्होंने ही सम्पूर्ण जगत्‌की सृष्टि की है। तीनों लोकोंमें उनके सिवा दूसरा कोई पुरुष ऐसा नहीं है, जो प्राणियोंके समस्त मनोरथोंकी सिद्धि कर सके।' मेरी आज्ञा मानकर राजा धन्वन्तरि गिरिराज हिमालयपर चले गये और वहाँ दोनों हाथ जोड़कर भक्तिपूर्वक भगवान् विष्णुकी स्तुति करने लगे।

धन्वन्तरि बोले—सर्वत्र व्याप्त रहनेवाले विष्णो! आपकी जय हो। अचिन्त्य परमेश्वर! आपकी जय हो। विजयशील अच्युत! आपकी जय हो। गोपाल! आपकी जय हो। लक्ष्मीके स्वामी, जगन्मय श्रीकृष्ण! आपकी जय हो। भूतपते! आपकी जय हो। नाथ! आपकी जय हो। आप शेषनागकी शय्यापर शयन करनेवाले हैं, आपको नमस्कार है। सर्वव्यापी गोविन्द! आपकी जय हो, जय हो। आप विश्वकी सृष्टि करनेवाले हैं। आपको नमस्कार है। देव! आपकी जय हो, जय हो। आप विश्वका पालन और धारण करनेवाले

* आनन्दयन्ति प्रमदास्तापयन्ति च मानवम् ॥ सर्वा एव विशेषेण किमु मायामयी तु सा। (१२२। २३-२४)

हैं। ईश! आपकी जय हो। आप सदसत्स्वरूप हैं। माधव! आपकी जय हो। आप धर्मनिष्ठ परमात्माको नमस्कार है। कामनाओंको पूर्ण करनेवाले और कामस्वरूप केशव! आपकी जय हो। गुणोंके सागर श्रीराम! आपकी जय हो। आप पुष्टि देनेवाले और पुष्टिके स्वामी हैं। आपकी जय हो, जय हो। कल्याणदाता! आपको नमस्कार है। सम्पूर्ण भूतोंके पालक! आपकी जय हो। भूतेश्वर ! आपकी जय हो। आप मौन धारण करनेवाले हैं। आपको नमस्कार है। कर्मफलोंके दाता! आपकी जय हो। आप ही कर्मस्वरूप हैं। पीताम्बरधारी प्रभो! आपकी जय हो। सर्वेश्वर! आपकी जय हो। आप सर्वस्वरूप हैं। आप मङ्गलरूप प्रभुको नमस्कार है। नाथ! आप सत्त्वगुणके अधिनायक हैं। आपकी जय हो, जय हो। आप सम्पूर्ण वेदोंके ज्ञाता हैं। आपको मेरा नमस्कार है। आप ही जन्मदाता हैं और आप ही जन्म लेनेवाले प्राणियोंके भीतर निवास करते हैं। आपकी जय हो। परमात्मन्! आपको नमस्कार है। मुक्तिदाता! आपकी जय हो। आप ही मुक्ति हैं। भोग प्रदान करनेवाले केशव! आपकी जय हो। लोकप्रद परमेश्वर! आपकी जय हो। पापोंका नाश करनेवाले लोकेश्वर! आपकी जय हो। भक्तवत्सल! आपकी जय हो, जय हो। चक्र धारण करनेवाले आप परमेश्वरको प्रणाम है। मानदाता! आपकी जय हो। आप ही मान हैं। विश्ववन्दित देव! आपकी जय हो। धर्मदाता! आपकी जय हो। आप धर्मस्वरूप हैं। संसारसे पार लगानेवाले परमात्मन्! आपकी जय हो। अन्नदाता! आपकी जय हो, जय हो। आप ही अन्न हैं। वाचस्पते! आपको नमस्कार है। शक्तिदाता! आपकी जय हो, आप ही शक्ति हैं। विजयका वरदान देनेवाले ईश्वर! आपकी जय हो। यज्ञदाता! आपकी जय हो। आप ही यज्ञ हैं। आपके नेत्र पद्मपत्रकी तरह विशाल हैं। आपकी जय हो। दान देनेवाले परमेश्वर! आपकी जय हो। आप ही दान हैं। कैटभका नाश करनेवाले नारायण! आपकी जय हो। कीर्तिदाता! आपकी जय हो। आप ही कीर्ति हैं। मूर्तिदाता! आपकी जय हो। आप ही मूर्ति धारण करनेवाले हैं। सौख्यदाता! आपकी जय हो। आप ही सौख्यस्वरूप हैं। पावनको भी पावन बनानेवाले परमात्मन् ! आपकी जय हो। शान्तिदाता! आपकी जय हो! आप ही शान्ति हैं। भगवान् शंकरकी भी उत्पत्तिके कारण! आपकी जय हो। ज्योतिःस्वरूप! आपकी जय हो। वामन! आपकी जय हो। वित्तेश! आपकी जय हो। धूममयी पताकावाले! आपकी जय हो। सम्पूर्ण जगत्के लिये दातारूप परमेश्वर! आपको नमस्कार है। पुण्डरीकाक्ष! आप ही त्रिलोकीमें रहनेवाले जीवसमुदायका क्लेश निवारण करनेमें दक्ष हैं। कृपानिधे! विष्णो! आप मेरे मस्तकपर अपना वरद हाथ रखिये।

समस्त कामनाओंको पूर्ण करनेवाले शङ्ख-चक्र-गदाधर भगवान् विष्णुने इस प्रकार स्तुति करनेवाले धन्वन्तरिसे वर माँगनेको कहा। तब राजाने विनीत होकर कहा—'मैं देवताओंका राजा होना चाहता हूँ।' 'तथास्तु' कहकर भगवान् वहाँसे अन्तर्धान हो गये और राजा धन्वन्तरिने क्रमशः उन्नति करते हुए देवेन्द्रपद प्राप्त किया। पूर्वजन्ममें किये हुए अनेक कर्मोंके परिणामवश इन्द्रको तीन बार अपने पदसे भ्रष्ट होना पड़ा। वृत्रासुरका वध होनेपर नहुषके द्वारा इन्द्रका पद छीना गया। इसके बाद इन्द्रने सिन्धुसेनकी हत्या कर डाली। अतः उस पापसे भी उनके पदकी हानि हुई। तीसरी बार अहल्याके साथ समागम करनेके कारण तथा अन्य कारणोंसे भी उन्हें

पदभ्रष्ट होना पड़ा। इन्द्र उन बातोंको याद करके चिन्ताजनित संतापसे उदास रहा करते थे। तदनन्तर एक दिन उन्होंने बृहस्पतिजीसे पूछा—'वागीश्वर! क्या कारण है कि बीच-बीचमें मुझे अपने राज्यसे भ्रष्ट होना पड़ता है? इस प्रकार पदभ्रष्ट होनेकी अपेक्षा तो निर्धन हो जाना ही अच्छा है। कर्मोंकी गहन गतिको कौन ठीक-ठीक जानता है। सब पदार्थोंके रहस्यको जाननेमें आपके सिवा और कोई समर्थ नहीं है।'

तब बृहस्पतिजीने इन्द्रसे कहा—'चलकर ब्रह्माजीसे पूछो। वे ही भूत, भविष्य और वर्तमानकी बातें जानते हैं। महामते! जिस कारणसे ऐसा होता है, वह सब वे बता देंगे।' ऐसा निश्चय करके वे दोनों मेरे पास आये और मुझे नमस्कार करके हाथ जोड़कर बोले—'भगवन्! किस दोषसे शचीपति इन्द्र अपने राज्यसे भ्रष्ट होते हैं? नाथ! इस संदेहका निवारण कीजिये।'

उनका यह प्रश्न सुनकर मैंने बहुत देरतक विचार किया। तत्पश्चात् बृहस्पतिसे कहा—'ब्रह्मन्! खण्डधर्म नामक दोषके कारण इन्द्रको राज्यपदसे च्युत होना पड़ता है। देश-काल आदिके दोषसे, श्रद्धा और मन्त्रका अभाव होनेसे, यथावत् दक्षिणा न देनेसे, असत् वस्तुका दान करनेसे और विशेषतः देवता तथा ब्राह्मणोंकी अवहेलनाके पातकसे जो देहधारियोंका अपना धर्म खण्डित हो जाता है, उससे अत्यधिक मानसिक संतापका सामना करना पड़ता है तथा पदकी हानि भी अनिवार्य हो जाती है। क्षोभपूर्ण चित्तसे किया हुआ धर्म भी अनिष्टका ही कारण होता है। उससे कार्यकी सिद्धि नहीं होती। अपना धर्म पूर्ण न होनेपर कौन-सा अनिष्ट नहीं होता।' यों कहकर मैंने उनके पूर्वजन्मका वृत्तान्त भी बतलाया। 'पूर्वजन्ममें इन्द्र राजा आयुके पुत्र धन्वन्तरि थे। उनकी तपस्यामें तम नामक राक्षसने विघ्न डाल दिया, फिर भगवान् विष्णुने उस विघ्नका निवारण किया। इस तरह इनके पूर्वजन्मोंमें ऐसे वृत्तान्त अनेक हो सकते हैं। उन्हींके फलसे इन्हें कभी-कभी अपने राज्यसे वञ्चित रहना पड़ता है।'

मेरी बात सुनकर इन्द्र और बृहस्पति दोनोंको बड़ा आश्चर्य हुआ। उन्होंने फिर मुझसे ही पूछा—'सुरश्रेष्ठ! खण्डधर्मत्व दोषका निवारण कैसे होगा?' तब मैंने पुनः सोचकर कहा—'सुनो; एक उपाय बताता हूँ, जो समस्त दोषोंका हारक, समस्त सिद्धियोंका कारक और दुःखमय संसार-सागरसे समस्त प्राणियोंका तारक है। जिनके चित्तमें संताप रहता है, उनको इसी उपायकी शरण लेनी चाहिये। यह समस्त जीवोंको शान्ति प्रदान करनेवाला है। वह उपाय है—गौतमी देवीके तटपर जाकर भगवान् विष्णु और शिवकी स्तुति करना।' यह सुनकर वे उसी समय गौतमीके तटपर गये और स्नान करके बड़ी प्रसन्नताके साथ भगवान् विष्णु और शिवकी स्तुति करने लगे। इन्द्रने श्रीविष्णुकी स्तुति की और बृहस्पतिने श्रीशिवकी।

इन्द्र बोले—मत्स्य, कूर्म और वाराहरूप धारण करनेवाले भगवान् विष्णुको बारंबार नमस्कार है। नरसिंहदेव तथा वामनको भी नमस्कार है। हयग्रीवरूपधारी भगवान्को नमस्कार है। त्रिविक्रम! आपको नमस्कार है। श्रीराम, बुद्ध और कल्किरूप भगवान्को नमस्कार है। परमेश्वर! आप अनन्त एवं अच्युत हैं। आपको नमस्कार है। परशुरामरूपधारी! आपको नमस्कार है। मैं इन्द्र, वरुण और यम आपके ही स्वरूप हैं। आपको नमस्कार है। त्रिलोकीरूपधारी देवता परमेश्वरको नमस्कार है। भगवन्! आप अपने मुखमें सरस्वतीको धारण करते हैं और सर्वज्ञ हैं। आप लक्ष्मीवान्

हैं। अतएव लक्ष्मीको वक्ष:स्थलपर धारण करते हैं। पाप-ताप आपको छू भी नहीं सकते। आपकी बाँहें, जङ्घा तथा चरण अनेक हैं। कान, नेत्र तथा मस्तक भी बहुत हैं। आप ही वास्तवमें सुखी हैं। आपको पाकर बहुत-से जीव सुखी हो गये। हरे! आप करुणाके सागर हैं। मनुष्योंको तभीतक निर्धनता, मलिनता और दीनताका सामना करना पड़ता है, जबतक वे आपकी शरणमें नहीं जाते।

बृहस्पति बोले—ईश! आप परम सूक्ष्म, ज्योतिर्मय, अनन्त, ओंकारमात्रसे अभिव्यक्त होनेवाले, प्रकृतिसे परे, चित्स्वरूप, आनन्दमय और पूर्णरूप हैं। मुमुक्षु पुरुष आपका स्वरूप ऐसा ही बतलाते हैं। भगवन्! जिनके हृदयमें एक भी कामना नहीं है अथवा जो सम्पूर्ण मनोरथोंको प्राप्त कर चुके हैं, वे भी पञ्चमहायज्ञोंद्वारा आपकी आराधना करते हैं और उसके फलस्वरूप आपके दिव्य धाम अथवा दिव्य स्वरूपमें, जो संसार-सागरसे परे है, प्रवेश कर जाते हैं। शम्भो! वे निष्काम अथवा आप्तकाम पुरुष समत्वबुद्धिके द्वारा सब प्राणियोंमें आपका दर्शन करके क्षुधा-पिपासा, शोक-मोह और जरा-मृत्युरूप छः ऊर्मियोंके प्राप्त होनेपर शान्तभावसे रहते, ज्ञानके द्वारा कर्मफलोंको त्याग देते और ध्यानके द्वारा आपमें प्रवेश कर जाते हैं। मुझमें न जातिके धर्म हैं न वेद-शास्त्रका ज्ञान है। न ध्यानका अभ्यास है और न मैं समाधि ही लगाता हूँ। केवल शान्तचित्त भगवान् शिवको, जो रुद्र, शिव और सोम आदि नामोंसे पुकारे जाते हैं, भक्तिके साथ प्रणाम करता हूँ। भगवन्! आपके चरणोंमें भक्ति रखनेसे मूर्ख मनुष्य भी आपके मोक्षमय स्वरूपको प्राप्त कर लेता है। ज्ञान, यज्ञ, तप, ध्यान तथा बड़े-बड़े फल देनेवाले होम आदि कर्मोंका सर्वोत्तम फल यही है कि भगवान् सोमनाथमें निरन्तर भक्ति बनी रहे। जगदाधार शिव! सब जीवोंके लिये सदा देखे और सुने हुए प्रिय फलकी, स्वर्गकी तथा मोक्षकी प्राप्तिके लिये आपकी यह भक्ति ही सीढ़ी है। धीर पुरुष आपके चरणोंकी प्राप्तिरूपी फलके लिये दूसरी किसी सीढ़ीको नहीं बतलाते। दयालो! इसलिये आपके प्रति मेरी भक्ति बनी रहे। आपके श्रीविग्रहकी सेवाका सौभाग्य प्राप्त होता रहे। दूसरा कोई उपाय नहीं है। ईश्वर! यद्यपि हमलोग पापी हैं, तथापि आप अपनी महिमाकी ओर देखकर हमपर कृपा कीजिये। आप स्थूल, सूक्ष्म, अनादि, नित्य, पिता, माता, असत् और सत्स्वरूप हैं—श्रुतियों और पुराणोंने इस प्रकार जिनका स्तवन किया है, उन परमेश्वर सोमनाथको मैं प्रणाम करता हूँ।

इन दोनोंकी स्तुतियोंसे भगवान् विष्णु और शिव बहुत प्रसन्न हुए और बोले—'तुम दोनों अत्यन्त दुर्लभ अभीष्ट वर माँगो।' तब इन्द्रने

कहा—'भगवन्! मेरा राज्य बार-बार अधिकारमें आता और छिन जाता है। जिस पापके कारण

ऐसा होता है, वह पाप नष्ट हो जाय। यदि आप दोनों देवेश्वर अत्यन्त प्रसन्न हों तो मेरा सब कुछ सदा स्थिर रहे।' यह सुनकर भगवान् शिव और विष्णुने मुसकराते हुए इन्द्रके वाक्यका अनुमोदन किया और इस प्रकार कहा—'यह गोदावरी नदी ब्रह्मा, विष्णु और शिव—इन तीनों देवताओंसे सम्बन्ध रखनेवाला महान् तीर्थ है। यहाँ सबके मनोरथ पूर्ण होते हैं। तुम दोनों यहाँ श्रद्धापूर्वक स्नान करो। इन्द्रके मङ्गलके लिये तथा इनके वैभवकी स्थिरताके लिये बृहस्पति हम दोनोंका स्मरण करते हुए इन्द्रका अभिषेक करें तथा उस समय निम्नाङ्कित मन्त्र भी पढ़ें—

इह जन्मनि पूर्वस्मिन् यत्किंचित् सुकृतं कृतम्।
तत् सर्वं पूर्णतामेतु गोदावरि नमोऽस्तु ते॥

(१२२। ९१)

'गोदावरि! मैंने इस जन्ममें अथवा पूर्वजन्ममें जो कुछ भी पुण्यकर्म किया हो, वह सब पूर्णताको प्राप्त हो। आपको नमस्कार है।'

जो इस प्रकार स्मरण करके गौतमी गङ्गामें स्नान करता है, उसका धर्म हम दोनोंकी कृपासे परिपूर्ण होता है तथा वह साधक अपने पूर्वजन्मके दोषसे भी मुक्त होकर पुण्यवान् हो जाता है।'

इन्द्र और बृहस्पतिने 'बहुत अच्छा' कहकर भगवान्‌की आज्ञा स्वीकार की और दोनों प्रसन्न होकर उस कार्यमें लग गये। देवगुरुने इन्द्रका महाभिषेक किया। उससे एक नदी प्रकट हुई, जो पुण्या और मङ्गला कहलायी। उस नदीके साथ जो गङ्गाजीका संगम हुआ, वह बड़ा ही पवित्र एवं कल्याणकारक है। इन्द्रकी स्तुतिसे प्रसन्न होकर जगन्मय भगवान् विष्णु प्रत्यक्ष प्रकट हुए और उनसे इन्द्रने त्रिलोकीका राज्य प्राप्त किया। अतः ('इन्द्रं गामविन्दयत्'—इस व्युत्पत्तिके अनुसार) भगवान् वहाँ गोविन्दके नामसे विख्यात हुए, क्योंकि इन्द्रने उनसे त्रिलोकमयी गौ प्राप्त की थी। देवगुरु बृहस्पतिने जहाँ इन्द्रके राज्यकी स्थिरताके लिये महादेवजीका स्तवन किया, वहाँ वे सिद्धेश्वर नामसे निवास करते हैं। सिद्धेश्वर नामक शिवलिङ्गकी सम्पूर्ण देवता भी पूजा करते हैं। तबसे वह तीर्थ गोविन्दतीर्थके नामसे विख्यात हुआ। वहीं मङ्गला-संगम, पूर्णतीर्थ, इन्द्रतीर्थ और बार्हस्पत्यतीर्थ भी हैं। उन तीर्थोंमें जो स्नान, दान अथवा किंचिन्मात्र भी पुण्यका उपार्जन किया जाता है, वह सब अक्षय होता है। वहाँका श्राद्ध पितरोंको अत्यन्त प्रिय है। जो मनुष्य प्रतिदिन इस तीर्थके माहात्म्यको सुनता, पढ़ता और स्मरण करता है, उसे खोये हुए राज्यकी प्राप्ति होती है। नारद! वहाँ गौतमीके दोनों तटोंपर सैंतीस हजार तीर्थ रहते हैं, जो सब प्रकारकी सिद्धि देनेवाले हैं।

श्रीरामतीर्थकी महिमा

ब्रह्माजी कहते हैं—नारद! रामतीर्थ भ्रूणहत्याका नाश करनेवाला है। उसकी महिमाके श्रवणमात्रसे मनुष्य सब पापोंसे मुक्त हो जाता है। इक्ष्वाकुवंशमें दशरथ नामके क्षत्रिय राजा हुए, जो सम्पूर्ण विश्वमें विख्यात थे। वे इन्द्रकी ही भाँति बलवान्, बुद्धिमान् और शूरवीर थे तथा बलिकी भाँति अपने पिता-पितामहोंके राज्यका पालन करते थे। महाराज दशरथके तीन रानियाँ थीं—कौसल्या, सुमित्रा और कैकेयी। वे तीनों कुलीन, सौभाग्यशालिनी, रूपवती और सुलक्षणा थीं। राजा दशरथ जब अयोध्याके राजसिंहासनपर आसीन थे और ब्रह्मवेत्ताओंमें श्रेष्ठ वसिष्ठजी उनके

पुरोहितके पदपर प्रतिष्ठित थे, उस समय देशमें न रोग थे न मानसिक चिन्ताएँ। न तो अनावृष्टि होती थी और न अकाल ही पड़ता था। ब्राह्मण, क्षत्रिय, वैश्य तथा शूद्रोंको और चारों आश्रमोंको भी पृथक्-पृथक् बड़ा सुख मिलता था। एक समयकी बात है, देवताओं और दानवोंमें राज्यके लिये युद्ध छिड़ गया। न तो उसमें देवताओंकी जीत होती थी और न दैत्यों एवं दानवोंकी ही। वह युद्ध कई दिनोंतक लगातार चलता रहा। इसी बीचमें आकाशवाणी हुई—'राजा दशरथ जिनका पक्ष ग्रहण करेंगे, वे ही विजयी होंगे, दूसरे नहीं।' यह सुनकर देवता और दानव दोनों अपनी विजयके लिये राजाके पास चले। देवताओंकी ओरसे वायु शीघ्र जा पहुँचे और राजासे बोले—'महाराज! देव-दानव-संग्राममें आपको चलना चाहिये। वहाँ यह आकाशवाणी सुनायी दी है कि जिस ओर राजा दशरथ रहेंगे, उसी पक्षकी जीत होगी; अतः आप देवताओंका पक्ष ग्रहण कीजिये, जिससे देवता विजयी हों।'

वायुकी यह बात सुनकर राजा दशरथने कहा—'वायुदेव! आप सुखपूर्वक पधारें। मैं अवश्य चलूँगा।' वायुके चले जानेपर दैत्यगण राजाके पास आये और बोले—'भगवन्! हमारी सहायता कीजिये। महाराज ! विजय आपपर ही अवलम्बित है, अतः आप दैत्यराजकी सहायता करें।' राजा बोले—'वायुदेवने पहले मुझसे प्रार्थना की है और मैंने देवताओंकी सहायता करनेका वचन दे दिया है; अतः दैत्य और दानव लौट जायँ।' राजा दशरथने वैसा ही किया। स्वर्गमें पहुँचकर उन्होंने दैत्यों, दानवों तथा राक्षसोंके साथ लोहा लिया। उस समय नमुचिके भाइयोंने देवताओंके देखते-देखते तीखे बाण मारकर राजाके रथकी धुरी तोड़ डाली। राजा बड़े वेगसे युद्धमें लगे थे। उन्हें धुरी टूटनेका पता न लगा। नारद! उस युद्धमें रानी कैकेयी भी राजाके पास ही बैठी थी। उसे रथकी अवस्थाका पता लग गया, परंतु उसने राजाको इस बातकी सूचना नहीं दी। धुरी टूटी देख उसने उसकी जगह अपना हाथ ही लगा दिया। यह बड़ा अद्‌भुत कार्य था। रथियोंमें श्रेष्ठ महाराज दशरथने कैकेयीके हाथसे थाँमें हुए रथके द्वारा दैत्यों और दानवोंपर विजय पायी, फिर देवताओंसे अनेक वर पाकर उनकी अनुमति ले वे पुनः अयोध्या लौट आये। आते समय मार्गके बीचमें जब महाराज दशरथने अपनी प्रिया कैकेयीकी ओर दृष्टिपात किया, तब उसका वह साहसपूर्ण कार्य देखकर उन्हें बड़ा विस्मय हुआ। नारद! इस कार्यसे प्रसन्न होकर राजाने कैकेयीको वर दिये। रानी कैकेयीने भी राजाकी आज्ञा स्वीकार करके इस प्रकार कहा—'महाराज! आपके दिये हुए ये वर आपके ही पास रहें [आवश्यकता पड़नेपर ले लूँगी]।'*

राजा दशरथ पुरस्कारमें अनेक आभूषण देकर अपनी प्रिया कैकेयीके साथ अपने नगरको गये। विजयी होनेसे वे बहुत प्रसन्न थे। तदनन्तर बहुत समयके बाद मुनीश्वर ऋष्यशृङ्गकी कृपासे देवताओंकी कार्यसिद्धिके लिये राजा दशरथके चार देवोपम पुत्र हुए। कौसल्यासे राम, कैकेयीसे बुद्धिमानोंमें श्रेष्ठ भरत तथा सुमित्रासे लक्ष्मण और शत्रुघ्न

* स तु मध्ये महाराजो मार्गे वीक्ष्य तदा प्रियाम्। कैकेय्याः कर्म तद् दृष्ट्वा विस्मयं परमं गतः॥
ततस्तस्यै वरान् प्रादात्रींस्तु नारद सा अपि। अनुमान्य नृपप्रोक्तं कैकेयी वाक्यमब्रवीत्॥
त्वयि तिष्ठन्तु राजेन्द्र त्वया दत्ता वरा अमी॥
(१२३।२९—३१)

हुए। वे सभी पुत्र बुद्धिमान्, प्रिय तथा राजाके आज्ञाकारी थे। एक बार महर्षि विश्वामित्र आये और उन्होंने यज्ञकी रक्षाके लिये राजासे राम और लक्ष्मणको माँगा। विश्वामित्र उनके महत्त्वको जानते थे।

राजा दशरथ बोले—मुने! इस बुढ़ापेमें किसी तरह दैवयोगसे मेरे ये बालक उत्पन्न हुए हैं, जो मेरे मनको आनन्द देनेवाले हैं। मैं अपना शरीर और यह राज्य दे दूँगा, किन्तु इन पुत्रोंको न दे सकूँगा।

उस समय वसिष्ठने राजा दशरथसे कहा—'राजन्! रघुवंशियोंने किसीकी प्रार्थनाको ठुकराना नहीं सीखा है।' उनके यों कहनेपर राजाने किसी तरह श्रीराम और लक्ष्मणसे कहा—'पुत्रो! तुम ब्रह्मर्षि विश्वामित्रके यज्ञकी रक्षा करो।' यों कहकर उन्होंने अपने दोनों पुत्र विश्वामित्रजीको सौंप दिये। राम और लक्ष्मणने 'बहुत अच्छा' कहकर राजा दशरथको नमस्कार किया और यज्ञकी रक्षाके लिये विश्वामित्रजीके साथ प्रसन्नतापूर्वक चल दिये। तब महर्षि विश्वामित्रने उन दोनों भाइयोंको माहेश्वरी महाविद्या, धनुर्वेद, शस्त्रविद्या, अस्त्रविद्या, लोकविद्या, रथविद्या, गजविद्या, अश्वविद्या, गदाविद्या तथा मन्त्रद्वारा अस्त्रोंके आवाहन और विसर्जनकी शिक्षा दी। इस प्रकार सम्पूर्ण विद्याएँ प्राप्तकर श्रीराम और लक्ष्मणने वनवासियोंका हित करनेके लिये वनमें ताड़काको मार डाला और हाथमें धनुष लेकर यज्ञकी रक्षा करने लगे। तत्पश्चात् महायज्ञ पूर्ण होनेपर मुनिवर विश्वामित्र दोनों राजकुमारोंके साथ राजा जनकसे मिलने गये। वहाँ लक्ष्मणसहित श्रीरामने राजाओंकी मण्डलीमें अपने गुरुसे सीखी हुई अद्भुत धनुर्विद्याका परिचय दिया। इससे प्रसन्न होकर राजा जनकने अपनी अयोनिजा कन्या लक्ष्मीस्वरूपा सीताका श्रीरामके साथ विवाह कर दिया। इसी प्रकार लक्ष्मण, भरत और शत्रुघ्नका विवाह भी राजा जनकके ही घर हुआ। तदनन्तर दीर्घकाल व्यतीत होनेपर राजा दशरथ समस्त प्रजा और गुरुकी अनुमतिसे श्रीरामको राज्य देने लगे। उस समय मन्थरारूपी दुर्दैवसे प्रेरित होकर रानी कैकेयी ईर्ष्यासे व्याकुल हो उठी। उसने श्रीरामके राज्याभिषेकमें विघ्न डाला और उन्हें वनवास भेजनेके लिये कहा। साथ ही उसने वही राज्य भरतके लिये माँगा, परंतु राजाने स्वीकार नहीं किया। पिताके सत्यकी रक्षाके लिये श्रीराम स्वयं ही घोर जङ्गलमें चले गये। सीता और लक्ष्मणने भी उन्हींका साथ दिया। श्रीरामने अपने सद्गुणोंके कारण सत्पुरुषोंके शुद्ध हृदयमें घर बना लिया था। जब श्रीराम राज्यकी तृष्णासे रहित और वनवासके लिये दीक्षित हो लक्ष्मण और सीताके साथ चले गये, तब राम, लक्ष्मण और गुणशालिनी सीताका स्मरण करके महाराजको बड़ा दुःख हुआ और उन्होंने अपने प्राण त्याग दिये। इधर श्रीरामचन्द्रजी चलते-चलते चित्रकूटमें आये। वहीं उन्होंने तीन वर्ष व्यतीत किये। फिर वहाँसे दक्षिण दिशाकी ओर चलकर वे क्रमशः दण्डकारण्यमें पहुँचे, जो समस्त देशोंमें पवित्र और तीनों लोकोंमें विख्यात है। वह महान् वन दैत्योंसे सेवित होनेके कारण बड़ा भयंकर था। ऋषियोंने भयभीत होकर उसे छोड़ दिया था। श्रीरामने वहाँ दैत्यों और राक्षसोंको मारकर दण्डकवनको ऋषि-मुनियोंके रहनेयोग्य बना दिया। फिर पाँच योजन आगे जाकर वे धीरे-धीरे गौतमीके तटपर पहुँचे। भगवान् शिवकी जो पुञ्जीभूत एवं अनिर्वचनीय पराशक्ति है, वही जलस्वरूपमें प्रकट हुई गौतमी नदी है—ऐसा संत-महात्माओंका कथन है।

गौतमी ब्रह्मा, विष्णु और शिवके लिये भी माननीय तथा वन्दनीय है।

श्रीराम बोले—अहो, गङ्गाका कैसा अद्भुत प्रभाव है! तीनों लोकोंमें इनकी कहीं उपमा नहीं है। हम धन्य हैं कि इन त्रिभुवनपावनी गङ्गाका दर्शन पा सके।

यों कहकर श्रीरामने बड़े हर्षके साथ महादेवजीकी स्थापना की और यत्नपूर्वक षोडशोपचारसे छत्तीस कलाओंवाले महादेवजीकी आवरणसहित पूजा करके हाथ जोड़ उनकी स्तुति करने लगे।

श्रीराम बोले—मैं पुराणपुरुष शम्भुको नमस्कार करता हूँ। जिनकी असीम सत्ताका कहीं पार या अन्त नहीं है, उन सर्वज्ञ शिवको मैं प्रणाम करता हूँ। अविनाशी प्रभु रुद्रको नमस्कार करता हूँ। सबका संहार करनेवाले शर्वको मस्तक झुकाकर प्रणाम करता हूँ। अविनाशी परमदेवको नमस्कार करता हूँ। लोकगुरु उमापतिको प्रणाम करता हूँ। दरिद्रताका विनाश करनेवाले शिवको नमस्कार करता हूँ। रोगोंका अपहरण करनेवाले महेश्वरको प्रणाम करता हूँ। जिनका रूप चिन्तनका विषय नहीं है, उन कल्याणमय शिवको नमस्कार करता हूँ। विश्वकी उत्पत्तिके बीजभूत भगवान् भवको प्रणाम करता हूँ। जगत्का पालन करनेवाले परमात्माको नमस्कार करता हूँ। संहारकारी रुद्रको बारंबार प्रणाम करता हूँ। पार्वतीजीके प्रियतम अविनाशी प्रभुको नमस्कार करता हूँ। नित्य, क्षर-अक्षरस्वरूप शंकरको प्रणाम करता हूँ। जिनका स्वरूप चिन्मय है और अप्रमेय है, उन भगवान् त्रिलोचनको मैं मस्तक झुकाकर बारंबार नमस्कार करता हूँ। करुणा करनेवाले भगवान् शिवको प्रणाम करता हूँ तथा संसारको भय देनेवाले भगवान् भूतनाथको सर्वदा नमस्कार करता हूँ। मनोवाञ्छित फलोंके दाता महेश्वरको प्रणाम करता हूँ। भगवती उमाके स्वामी श्रीसोमनाथको नमस्कार करता हूँ। तीनों वेद जिनके तीन नेत्र हैं, उन त्रिलोचनको प्रणाम करता हूँ। त्रिविध मूर्तिसे रहित सदा शिवको नमस्कार करता हूँ। पुण्यमय शिवको प्रणाम करता हूँ। सत्-असत्से पृथक् परमात्माको नमस्कार करता हूँ। पापोंका अपहरण करनेवाले भगवान् हरको प्रणाम करता हूँ। जो सम्पूर्ण विश्वके हितमें लगे रहते हैं, उन भगवान्को नमस्कार करता हूँ। जो बहुत-से रूप धारण करते हैं, उन भगवान् शंकरको प्रणाम करता हूँ। जो संसारके रक्षक तथा सत् और असत्के निर्माता हैं, उन्हें नमस्कार करता हूँ। जो सम्पूर्ण विश्वके स्वामी हैं, उन विश्वनाथको प्रणाम करता हूँ। हव्य-कव्यस्वरूप यज्ञेश्वरको नमस्कार करता हूँ। सम्पूर्ण लोकोंका सर्वदा कल्याण करनेवाले जो भगवान् शिव आराधना करनेपर उत्तम गति एवं सम्पूर्ण अभीष्ट वस्तुएँ प्रदान करते हैं, उन दानप्रिय इष्टदेवको मैं नमस्कार करता हूँ। भगवान् सोमनाथको प्रणाम करता हूँ। जो स्वतन्त्र न रहकर भक्तोंके पराधीन रहते हैं, उन विजयशील उमानाथको मैं नमस्कार करता हूँ। विघ्नराज गणेश तथा नन्दीके स्वामी पुत्रप्रिय भगवान् शिवको मैं मस्तक झुकाकर प्रणाम करता हूँ। संसारके दुःख और शोकका नाश करनेवाले देवता भगवान् चन्द्रशेखरको मैं बारंबार नमस्कार करता हूँ। जो स्तुति करने योग्य और मस्तकपर गङ्गाको धारण करनेवाले हैं, उन महेश्वरको नमस्कार करता हूँ। देवताओंमें श्रेष्ठ उमापतिको प्रणाम करता हूँ। ब्रह्मा आदि ईश्वर, इन्द्र आदि देवता तथा असुर भी जिनके चरण-कमलोंकी पूजा करते हैं, उन भगवान्को मैं नमस्कार करता हूँ। जिन्होंने पार्वतीदेवीके मुखसे निकलनेवाले वचनोंपर दृष्टिपात करनेके लिये मानो तीन नेत्र धारण कर रखे हैं,

उन भगवान्‌को प्रणाम करता हूँ। पञ्चामृत, चन्दन, उत्तम धूप, दीप, भाँति-भाँतिके विचित्र पुष्प, मन्त्र तथा अन्न आदि समस्त उपचारोंसे पूजित भगवान् सोमको मैं नमस्कार करता हूँ।

तदनन्तर भगवान् शंकरने प्रकट होकर श्रीराम और लक्ष्मणसे कहा—'तुम्हारा कल्याण हो, वर माँगो।'

श्रीराम बोले—सुरश्रेष्ठ! महेश्वर! जो लोग इस स्तोत्रके द्वारा भक्तिपूर्वक आपकी स्तुति करें, उनके सम्पूर्ण कार्य सिद्ध हो जायँ। शम्भो! जिनके पितर नरकके समुद्रमें डूबे हों, उनके वे पितर यहाँ पिण्ड आदि देनेसे पवित्र हो स्वर्गलोकमें चले जायँ। जन्मभरके कमाये हुए मानसिक, वाचिक और शारीरिक पाप यहाँ स्नान करनेमात्रसे तत्काल नष्ट हो जायँ। जो लोग यहाँ याचकोंको भक्तिपूर्वक थोड़ा भी दान दें, वह सब अक्षय होकर दाताओंके लिये उत्तम फल देनेवाला हो।

यह सुनकर शंकरजी बहुत प्रसन्न हुए। उन्होंने 'एवमस्तु' कहकर श्रीरामचन्द्रकी बातका अनुमोदन किया। सुरश्रेष्ठ भगवान् शिवके अन्तर्धान हो जानेपर श्रीराम अपने अनुगामियोंके साथ धीरे-धीरे उस प्रदेशमें गये, जहाँसे गोदावरी नदी प्रकट हुई हैं। तबसे वह तीर्थ श्रीरामतीर्थके नामसे प्रसिद्ध हुआ। जहाँ लक्ष्मणने स्नान और शंकरका पूजन किया, वह लक्ष्मणतीर्थके नामसे प्रसिद्ध हुआ और जहाँ सीताने स्नानादि किया, वह सीतातीर्थके नामसे कहलाया। सीतातीर्थ नाना प्रकारकी समस्त पापराशिको निर्मूल करनेमें समर्थ है। जिसके चरणोंसे त्रिभुवनपावनी गङ्गा प्रकट हुईं, उन्होंने ही जहाँ स्नान किया, उस तीर्थकी विशिष्टताके विषयमें क्या कहा जा सकता है। अतः श्रीरामतीर्थके समान कहीं कोई भी तीर्थ नहीं है।

पुत्रतीर्थकी महिमा

ब्रह्माजी कहते हैं—गौतमी-तटपर जो विख्यात पुत्रतीर्थ है, वह पुण्यतीर्थ कहलाता है। उसकी महिमाके श्रवणमात्रसे मनुष्य सम्पूर्ण अभिलषित वस्तुओंको प्राप्त कर लेता है। नारद! मैं उसके स्वरूपका वर्णन करता हूँ, सावधान होकर सुनो। जब दिति एवं दनुके पुत्र दैत्य और दानवोंका देवताओंद्वारा क्षय होने लगा, तब दिति पुत्र-वियोगके दुःखसे मनमें स्पर्धा लेकर अपनी बहन दनुके पास आयी और इस प्रकार कहने लगी—'भद्रे! हम दोनोंके ही पुत्र क्षीण होते जा रहे हैं। हम संसारमें कौन ऐसा गुरुतर कार्य करें, जिससे हमारा यह संकट दूर हो। देखो, अदितिका वंश कितना संगठित और उत्तम है। उसका कभी क्षय नहीं होता। वह उत्तम राज्य, सुयश और विजय-लक्ष्मीसे सुशोभित है। अदितिकी संतानोंका वैभव और अभ्युदय देखकर मैं दुबली होती जा रही हूँ। सम्भव है, जीवित न रह सकूँ। अदितिके महान् ऐश्वर्यपर दृष्टि डालते ही मैं अवर्णनीय दुरवस्थाका अनुभव करने लगती हूँ। दावानलमें प्रवेश कर जाना भी सुखद है, किंतु स्वप्नमें भी सौतकी समृद्धि नहीं देखी जाती।

दनु बोली—भद्रे! तुम अपने गुणोंसे पतिदेव कश्यपजीको संतुष्ट करो। यदि स्वामी संतुष्ट हो गये तो तुम सम्पूर्ण अभीष्ट वस्तुओंको प्राप्त कर लोगी।

'बहुत अच्छा' कहकर दितिने सब प्रकारसे कश्यपजीको संतुष्ट किया। तब प्रजापति भगवान् कश्यपने दितिसे कहा-'सुव्रते! तुम्हें क्या दूँ? तुम कोई अभीष्ट वर माँगो।' यह सुनकर दितिने स्वामीसे कहा—'नाथ! मुझे ऐसा पुत्र दीजिये, जो

अनेक गुणोंसे सम्पन्न, विश्वविजयी और जगद्वन्द्य हो तथा जिसके जन्म लेनेसे मैं संसारमें वीरजननी कहला सकूँ।' कश्यपजीने कहा—'देवि! मैं तुम्हें एक श्रेष्ठ व्रतका उपदेश करता हूँ, जो बारह वर्षोंतक पालन करनेके बाद फल देता है। उसके बाद आकर तुम्हारे मनके अनुकूल गर्भका आधान करूँगा, क्योंकि व्रत आदिके द्वारा निष्पाप हो जानेपर ही सम्पूर्ण मनोरथ सिद्ध होते हैं।'

पतिका यह वचन सुनकर दितिको बड़ी प्रसन्नता हुई। उसने कश्यपजीको नमस्कार करके उनके बताये हुए व्रतका विधिपूर्वक पालन किया। जो लोग तीर्थोंकी सेवा, सुपात्रोंको दान तथा व्रतका पालन आदि नहीं करते, वे अपनी अभीष्ट वस्तुओंको कैसे प्राप्त कर सकते हैं। दितिका व्रत पूरा होनेपर कश्यपजीने गर्भाधान किया और एकान्तमें अपनी प्रिय पत्नी दितिसे कहा—'शुचिस्मिते! तपस्वी मुनि भी विहित कर्मकी अवहेलना करनेसे मनोवाञ्छित पदार्थ नहीं पा सकते। अत: तुम्हें कोई निन्दित कर्म नहीं करना चाहिये। दोनों संध्याओंके समय सोना, कहीं जाना अथवा बाल खोले रहना निषिद्ध है। संध्याकाल भूतोंसे व्याप्त रहता है। अत: उस समय छींकना, जँभाई लेना तथा भोजन करना भी मना है। ये सब कार्य सदा ओटमें ही करने चाहिये। विशेषत: हँसना तो दूसरोंके सामने हो ही नहीं। संध्याकालमें कभी कमरेके भीतर न रहे। प्रिये! मूसल, ऊखल, सूप, पीढ़ा और ढक्कन आदिको दिन या रातमें कभी न लाँघना। उत्तरकी ओर सिरहाना करके तथा संध्याकालमें कभी न सोना। झूठ न बोलना। दूसरोंके घर न जाना। पतिके सिवा और किसी पुरुषपर कहीं भी दृष्टि न डालना। यदि निरन्तर इन नियमोंका पालन करती रहोगी तो तुम्हारा पुत्र त्रिभुवनके ऐश्वर्यका भागी होगा।' दितिने स्वामीके समक्ष प्रतिज्ञा की—'मैं इन नियमोंका ठीक-ठीक पालन करूँगी।' फिर कश्यपजी देवताओंके यहाँ चले गये। इधर दितिका पुण्यजनित बलवान् गर्भ दिनोंदिन बढ़ने लगा। इन सब बातोंको मय नामक दैत्य अपनी मायाके बलसे जानता था। उसकी इन्द्रसे मित्रता थी। दोनोंमें बड़ा प्रेम था। उसने इन्द्रके पास एकान्तमें जाकर विनयपूर्वक कहा—'दिति और दनुने विशेष अभिप्रायसे कश्यपजीको संतुष्ट किया है। दितिका गर्भ दिनोंदिन बढ़ता है, उसमें नाना प्रकारकी शक्तियाँ हैं।'

नारदजीने पूछा—देवेश्वर! महाबली मय नामक दैत्य तो नमुचिका प्रिय भ्राता है और नमुचि इन्द्रके हाथसे मारा गया था। फिर उसकी अपने भाईके शत्रुसे मित्रता कैसे हुई?

ब्रह्माजी बोले—पूर्वकालमें नमुचि दैत्योंका राजा था, उसका इन्द्रके साथ बड़ा भयंकर वैर हुआ। एक समयकी बात है—इन्द्र युद्ध छोड़कर कहीं जा रहे थे। यह देखकर दैत्यराज नमुचि भी उनके पीछे लग गया। उसे आगे देख इन्द्र भयसे व्याकुल हो गये और ऐरावत हाथीको छोड़कर समुद्रके फेनमें घुस गये। फिर वज्रमें फेन लपेटकर उस फेनसे ही इन्द्रने अपने शत्रुका संहार कर डाला। जब नमुचिकी मृत्यु हो गयी तब उसके छोटे भाई मयने अपने बड़े भाईके घातकका विनाश करनेके लिये बड़ी भारी तपस्या की। उसने अनेक प्रकारकी माया प्राप्त की, जो देवताओंके लिये अत्यन्त भयंकर थी। उसने सम्पूर्ण लोकोंको शरण देनेवाले भगवान् विष्णुसे भी वर प्राप्त किया। मय दानी और प्रियभाषी था। उसने इन्द्रको जीतनेके लिये अग्नि और ब्राह्मणोंका पूजन आरम्भ किया। वह याचकोंको मुँहमाँगी वस्तुएँ देने लगा। वन्दीजन सदा उसकी स्तुति करते थे। इन्द्रने वायुसे अपने मायावी शत्रु मयकी गति-विधि जान ली। तब वे

ब्राह्मणका वेष बनाकर उसके पास गये और बोले—'दैत्यराज! मैं याचक हूँ, मुझे मनोवाञ्छित वर दीजिये। मैंने सुना है—आप दाताओंके सिरमौर हैं। अतः आपके पास आया हूँ।' मयने उन्हें ब्राह्मण जानकर कहा—'दिया हुआ ही समझो। सामने याचकको पाकर दाता यह विचार नहीं करते कि थोड़ा दूँ या अधिक।' उसके यों कहनेपर इन्द्र बोले—'मैं तुम्हारे साथ मित्रता चाहता हूँ।' यह सुनकर मय दैत्यने कहा—'विप्रवर! ऐसे वरसे क्या लाभ। आपके साथ मेरा वैर तो है नहीं।' तब इन्द्रने अपने वास्तविक रूपको प्रकट किया। इन्द्रको पहचानकर मयके मनमें बड़ा विस्मय हुआ। 'सखे! यह क्या बात है? तुम तो वज्रधारी हो। तुम्हारे योग्य यह कार्य नहीं है।' इन्द्रने हँसकर मयको हृदयसे लगाया और कहा—'विद्वान् पुरुष किसी भी उपायसे अपने अभीष्ट कार्यकी सिद्धि करते हैं।' तबसे मयके साथ इन्द्रकी गहरी मैत्री हो गयी। मय सदाके लिये इन्द्रका हितैषी हो गया। उसने इन्द्रभवनमें जाकर सब बातें बतायीं, साथ ही इन्द्रको माया भी प्रदान की। इन्द्रने प्रसन्न होकर पूछा—'मय! बताओ, अब मुझे क्या करना चाहिये?'

मयने कहा—अगस्त्यके आश्रमपर जाओ। वहीं गर्भवती दिति रहती है। उसकी सेवा करते हुए आश्रममें कुछ दिन निवास करो; फिर अवसर देखकर वज्र हाथमें लिये दितिके गर्भमें प्रवेश कर जाओ और वज्रसे उस बढ़ते हुए गर्भके टुकड़े-टुकड़े कर डालो। इससे तुम्हारे उस शत्रुका अस्तित्व ही मिट जायगा।

इन्द्रने 'बहुत अच्छा' कहकर मयकी प्रशंसा की और विनीतकी भाँति माता दितिके पास गये। वहाँ जाकर दैत्यमाताकी सेवा-शुश्रूषामें लग गये। उनके मनमें क्या है, इस बातको दिति नहीं जानती थीं। उनके गर्भमें जो मुनिका अमोघ तेज था, वह किसीके लिये भी दुर्धर्ष था। इन्द्र गर्भके भीतर प्रवेश करनेकी इच्छासे अवसरकी प्रतीक्षा करते हुए बहुत समयतक वहाँ रहे। एक दिन दिति संध्याकालमें उत्तरकी ओर सिरहाना करके सो रही। इन्द्रने मनमें कहा—'यही अच्छा अवसर है।' यों कहकर वे वज्र हाथमें ले दितिके उदरमें प्रवेश कर गये। गर्भमें जो बालक था, वह आयुध लिये मारनेकी इच्छासे आये हुए इन्द्रको देखकर भी भयभीत न हुआ और बोला—'वज्रधारी इन्द्र! मैं तुम्हारा भाई हूँ। तुम मेरी रक्षा क्यों नहीं करते? क्या मुझे मारना चाहते हो? युद्धके बिना अन्य अवसरपर किसीको मारनेसे बढ़कर दूसरा कोई पातक नहीं है। मैं गर्भसे निकलूँ, तब मुझसे युद्ध कर लेना। यहाँ आकर इस प्रकार मारना तुम्हारे लिये उचित नहीं होगा। बड़े लोग विपत्तिमें पड़नेपर भी कुमार्गपर पैर नहीं रखते। मैंने न तो अभी विद्या पढ़ी है, न शस्त्र चलाना सीखा है और न आयुधोंका ही संग्रह किया है। तुम विद्वान् हो। तुम्हारे हाथमें वज्र शोभा पा रहा है। क्या मुझे मारते समय तुम्हें लज्जा नहीं आती? कुलीन पुरुष कभी भी कुत्सित कर्म नहीं करते। मुझे मारनेसे तुम्हें क्या मिलेगा, यश अथवा पुण्य? गर्भमें आये हुए प्राणी इच्छानुसार मारे जा सकते हैं, किंतु इसमें कौन-सा पुरुषार्थ है। भाई! यदि तुम्हें युद्धसे प्रेम है और मुझसे ही भिड़ना चाहते हो तो निःसंदेह चले आओ।' यों कहकर वह बालक भी इन्द्रकी ओर मुक्का तानकर खड़ा हो गया और बोला—'इन्द्र! मुझे मारनेसे तुम बालघाती, ब्रह्मघाती तथा विश्वासघाती कहलाओगे। यही तुम्हें फल मिलेगा। फिर किसलिये मुझे मारनेको उद्यत हुए हो। सम्पूर्ण चराचर जगत् जिसकी आज्ञाके अधीन चल रहा

हो, वह मुझ-जैसे बालककी हत्या करे— इसमें कौन-सा यश और क्या पुरुषार्थ है?'

गर्भका बालक यों ही कहता रहा, किंतु इन्द्रने अपने वज्रसे उस बालकके टुकड़े-टुकड़े कर दिये। सच है, क्रोधान्ध और लोभी मनुष्योंको किसीपर भी दया नहीं आती। इतनेपर भी गर्भस्थ बालककी मृत्यु नहीं हुई। सभी टुकड़े जीवित बालकोंके रूपमें परिणत हो गये और दुःखसे रोते हुए बोले—'क्यों मारते हो, हम तुम्हारे भाई हैं।' किंतु इन्द्रने एक न सुनी, उन खण्डोंके भी टुकड़े-टुकड़े कर डाले। वे भी जीवित होकर बोले—'इन्द्र! हमें न मारो। हम तुमपर विश्वास करते हैं, माताके गर्भमें पड़े हैं और तुम्हारे ही भाई हैं।' परंतु कौन सुनता था। जिनकी बुद्धि द्वेषसे नष्ट हो गयी है, उनके चित्तमें करुणाका एक कण भी नहीं रह जाता। गर्भके सभी टुकड़े हाथ-पैर तथा नूतन जीवसे युक्त हो गये! उनमें किसी प्रकारका विकार नहीं रह गया। उनकी संख्या एकसे बढ़कर उनचास हो गयी। यह देखकर इन्द्रको बड़ा विस्मय हुआ। वे सब-के-सब रो रहे थे। इन्द्रने उन्हें सान्त्वना देते हुए कहा—'मा रुत' (मत रोओ)। इनके ऐसा कहनेसे उनका नाम मरुत् हो गया। वे गर्भमें ही अत्यन्त बलवान् और महापराक्रमी हो गये थे। उन्होंने गर्भके भीतरसे ही मुनिवर अगस्त्यको, जिनके आश्रममें माता टिकी हुई थी, पुकारकर कहा—'मुने! हमारे पिता आपके भाई हैं। वे आपकी मैत्रीका बहुत आदर करते हैं। हम यह भी जानते हैं कि आपके मनमें हमलोगोंके प्रति बड़ा स्नेह है; तथापि आपके रहते हुए यह वज्रधारी इन्द्र ऐसे कार्यमें प्रवृत्त हुआ है, जिसे कोई चाण्डाल भी नहीं करता।' गर्भके बालकोंकी वह पुकार सुनकर अगस्त्य मुनि दौड़े हुए आये। उन्होंने दितिको जगाया। वे गर्भकी वेदनासे पीड़ित थीं। उस समय अगस्त्यने अत्यन्त कुपित होकर शचीपति इन्द्रको शाप दिया—'इन्द्र! संग्राममें शत्रु तुम्हारी पीठ देखेंगे।' दितिने भी गर्भमें समाये हुए इन्द्रको रोषपूर्वक शाप दिया—'तूने बच्चोंको मारकर कोई पुरुषार्थ नहीं किया है; अतः मैं शाप देती हूँ कि तू राज्यसे भ्रष्ट हो जायगा।' इसी समय वहाँ प्रजापति कश्यपजी भी आ पहुँचे। अगस्त्यके मुखसे इन्द्रकी यह कुत्सित चेष्टा सुनकर उन्हें बड़ा दुःख हुआ।

कश्यपजीने कहा—बेटा! गर्भके बाहर निकलो। तुमने यह क्या पाप कर डाला। उत्तम कुलमें उत्पन्न पुरुष कभी पापमें मन नहीं लगाते।

पिताका आदेश सुनकर वज्रधारी इन्द्र गर्भसे बाहर निकले। उस समय लज्जाके मारे उनका मुँह नीचा हो रहा था। वे बोले—'पिताजी! जिस साधनसे मेरा कल्याण हो, वह बताइये। मैं उसे अवश्य करूँगा।' तब कश्यपजी लोकपालोंके साथ मेरे पास आये और सब बातें बताकर पूछने लगे—'दितिके गर्भकी शान्ति, गर्भस्थ बालकोंकी इन्द्रके साथ मित्रता, उन बालकोंकी नीरोगता, इन्द्रकी निर्दोषता तथा अगस्त्यके दिये हुए शापका क्रमशः उद्धार कैसे हो?' तब मैंने कश्यपसे कहा—'प्रजापते! तुम वसुओं, लोकपालों तथा इन्द्रको साथ लेकर शीघ्र ही गौतमी नदीके तटपर जाओ और वहाँ स्नान करके सबके साथ महादेवजीकी स्तुति करो। फिर शिवकी कृपासे सब कल्याण ही होगा।' 'अच्छा, ऐसा ही करूँगा' यों कहकर कश्यप मुनि गौतमी नदीके तटपर गये और देवेश्वर भगवान् शिवकी स्तुति करने लगे। समस्त दुःखोंको दूर करनेके लिये दो ही देवता समर्थ बताये गये हैं—एक तो परम पवित्र गौतमी नदी और दूसरे करुणानिधि शिव।

कश्यप बोले—देवेश्वर शंकर! मेरी रक्षा कीजिये। लोकवन्दित परमेश्वर! मेरी रक्षा कीजिये। सबको पवित्र करनेवाले वागीश! रक्षा कीजिये। सर्पोंका आभूषण पहननेवाले शिव! रक्षा कीजिये। धर्मस्वरूप वृषभपर सवारी करनेवाले देवता! रक्षा कीजिये। तीनों वेद जिनके नेत्र हैं, ऐसे भगवान् त्रिलोचन! रक्षा कीजिये। गोधर* लक्ष्मीश! रक्षा कीजिये। गजचर्मका वस्त्र धारण करनेवाले शर्व! रक्षा कीजिये। त्रिपुरहर! रक्षा कीजिये। अर्द्धचन्द्रसे विभूषित नाथ! रक्षा कीजिये। यज्ञेश्वर सोमनाथ! रक्षा कीजिये। मनोवाञ्छित फलोंके दाता! रक्षा कीजिये। करुणाधाम! रक्षा कीजिये। मङ्गलदाता! रक्षा कीजिये। सबकी उत्पत्तिके हेतुभूत परमात्मन्! रक्षा कीजिये। पालन करनेवाले वासव! रक्षा कीजिये। भास्कर! **वित्तेश**! रक्षा कीजिये। ब्रह्मवन्दित शिव! रक्षा कीजिये। विश्वेश्वर! रक्षा कीजिये। सिद्धेश्वर! रक्षा कीजिये। पूर्ण परमेश्वर! आपको नमस्कार है। करुणासागर शिव! भयंकर संसाररूपी दुर्गम प्रदेशमें विचरनेके कारण जिनका चित्त उद्विग्न हो रहा है, ऐसे जीवोंके लिये आप ही शरण हैं।

इस प्रकार स्तुति करनेवाले कश्यपजीके समक्ष भगवान् शंकर प्रकट हुए और उनसे वर माँगनेके लिये कहा। कश्यपजीने विनीत होकर भगवान् शिवसे इन्द्रकी समस्त चेष्टाओंका विस्तारपूर्वक वर्णन किया। साथ ही यह भी बताया कि मेरे पुत्रोंका जो नाश हो रहा है, उनमें परस्पर शत्रुता बढ़ रही है, इन्द्रको पाप और शापकी प्राप्ति हुई है, यह सब शान्त हो जाय। यह सुनकर भगवान् शंकरने कहा—'आपके जो उनचास पुत्र मरुद्गण हैं, वे सब सौभाग्यशाली और इन्द्रके साथ सदा यज्ञके भागी होंगे। जिस-जिस यज्ञमें इन्द्रका भाग होगा, उसमें उनसे भी पहले मरुद्गणोंका भाग होगा—इसमें तनिक भी संदेह नहीं है। मरुद्गणोंके साथ रहनेपर कभी कोई इन्द्रको जीत नहीं सकता। फिर तो वे ही सदा विजयी रहेंगे।' इतना कहकर शंकरजीने मुनिश्रेष्ठ अगस्त्यसे कहा—'मुने! तुम शचीपति इन्द्रपर क्रोध न करो। महामते! शान्त हो जाओ। मरुद्गण अमर हो गये।' फिर दितिसे भी शिवजीने कहा—'देवि! मेरे एक ऐसा पुत्र हो, जो तीनों लोकोंके ऐश्वर्यसे सुशोभित रहे—इस बातका चिन्तन करती हुई तुम तपस्यामें प्रवृत्त हुई थी। तुम्हारा वह मनोरथ अब सफल हो गया। तुम्हारे ये पुत्र अधिक गुणशाली, बलवान् और शूरवीर हैं। अतः अब तुम अपनी मानसिक चिन्ता छोड़ दो। सुन्दरी! तुम संशयरहित होकर अन्य वर भी माँगो।'

दिति बोलीं—भगवन्! लोकमें यही बड़ी बात समझी जाती है कि माता-पिताको पुत्रका दर्शन हो। विशेषतः माताके लिये यह बहुत ही प्रिय बात है। इसमें भी रूप, सम्पत्ति, शौर्य और पराक्रमसे सम्पन्न एक भी पुत्र हो तो बड़े भाग्यकी बात है । फिर यदि बहुत-से उत्तम और गुणवान् पुत्र प्राप्त हों तो क्या कहना। मेरे पुत्र आपके प्रभावसे विजयी और बली हुए। वे वास्तवमें इन्द्रके भाई और प्रजापतिके पुत्र हैं। देव! जहाँ अगस्त्य और गौतमी गङ्गाके प्रसादके साथ-साथ आपका भी प्रसाद प्राप्त हो, वहाँ शुभ होनेमें क्या संदेह है। यद्यपि मैं कृतार्थ हो गयी, तथापि भक्तिपूर्वक आपसे कुछ निवेदन करती हूँ। देव! मेरी बात सुनें और संसारका कल्याण

* गौ अर्थात् वृषभ (नन्दी)-को धारण करनेसे 'गोधर' और लक्ष्मीस्वरूपा पार्वतीके स्वामी होनेसे 'लक्ष्मीश' हैं। अथवा गोधरका अर्थ भूधर (गिरिराज हिमालय) है, उनकी लक्ष्मीस्वरूपा कन्याके स्वामी होनेके कारण शिव 'गोधर लक्ष्मीश' हैं।

करें। देववन्द्य! संतानकी प्राप्ति संसारमें दुर्लभ है। विशेषत: माताके लिये पुत्रका होना और भी प्रिय है। पुत्र भी यदि गुणवान्, धनवान् और आयुष्मान् हुआ, तब तो कहना ही क्या है। इहलोक और परलोकमें उत्तम फलकी इच्छा रखनेवाले सभी प्राणियोंको गुणवान् पुत्रकी प्राप्ति सदा ही अभीष्ट है। अत: यहाँ स्नान करनेसे इस दुर्लभ फलकी प्राप्ति हो सके—ऐसा अनुग्रह कीजिये।

भगवान् शंकर बोले—नि:संतान होना बहुत बड़े पापका फल है। स्त्री या पुरुष—कोई भी यदि नि:संतान हो तो यहाँ स्नान करनेमात्रसे उसके इस दोषका नाश हो जाता है। जो इस स्तोत्रका पाठ करेगा, उसे यहाँ स्नान करनेका फल प्राप्त होगा। जो तीन मासतक यहाँ स्नान और दान करता है, उसे पुत्रकी प्राप्ति होती है। पुत्रहीन स्त्री यहाँ स्नान करके पुत्र पा सकती है। ऋतुस्नाता स्त्री यदि यहाँ आकर स्नान करे तो उसे अनेकों पुत्र प्राप्त होते हैं। वह तीन महीनेके भीतर ही गर्भवती हो जाती है। जो पितृदोषसे तथा धन अपहरण करनेके दोषसे पुत्र-लाभसे वञ्चित हैं, उनके लिये यह गौतमी नदी परम उद्धारका कारण है। यहाँ पितरोंको पिण्डदान देने, तर्पण करने तथा कुछ सुवर्ण-दान करनेसे निश्चय ही पुत्र होता है। जो धरोहर हड़प लेते, रत्नोंकी चोरी करते तथा पितरोंका श्राद्ध-कर्म छोड़ देते हैं, उनके वंशकी वृद्धि नहीं होती।* जो पाप करके उसका प्रायश्चित्त किये बिना ही मर जाते हैं, उन सबकी यही गति होती है। जो तीर्थोंका सेवन करते हुए जीवन व्यतीत करते हैं, उन्हें श्रेष्ठ संतानकी प्राप्ति होती है। जो दिति और गङ्गाके संगममें स्नान करके अनादि, अपार, अजय, सच्चिदानन्दमय, लिङ्गस्वरूप, ज्योतिर्मय तथा अनामय महादेव भगवान् सिद्धेश्वरका अनेक उपचारोंसे भक्तिपूर्वक पूजन करता है, चतुर्दशी और अष्टमीको इस स्तोत्रद्वारा स्तुति करता है तथा यहाँ गङ्गाके तटपर ब्राह्मणोंको अपनी शक्तिके अनुसार सुवर्ण देता और भोजन कराता है, उसे अनेक पुत्र प्राप्त होते हैं। वह सम्पूर्ण अभिलषित वस्तुओंको प्राप्त करके अन्तमें भगवान् शिवके धाममें जाता है। जो इस स्तोत्रके द्वारा कहीं भी मेरी छ: महीने स्तुति करता है, उसे पुत्र प्राप्त होता है। यदि उसकी स्त्री वन्ध्या हो तो भी वह नि:संदेह पुत्रवती होती है।

तबसे उस तीर्थका नाम पुत्रतीर्थ हो गया। वहाँ स्नान-दान आदि करनेसे समस्त कामनाओंकी पूर्ति होती है। मरुद्गणोंके साथ मैत्री होनेके कारण उसे मित्रतीर्थ भी कहते हैं। यहाँ स्नान करनेसे इन्द्र निष्पाप हुए थे, इसलिये वह इन्द्रतीर्थ या शक्रतीर्थ भी कहलाता है। जहाँ इन्द्रको अपनी खोयी हुई लक्ष्मी प्राप्त हुई, वह कमलातीर्थ कहलाया। ये सब तीर्थ समस्त अभीष्ट पदार्थोंको देनेवाले हैं। भगवान् शिव यह कहकर कि 'यहाँ सब कामनाएँ पूर्ण होंगी' अन्तर्धान हो गये और कश्यप आदि सब लोग कृतकृत्य होकर जैसे आये थे, वैसे लौट गये।

यम, आग्नेय, कपोत और उलूक-तीर्थकी महिमा

ब्रह्माजी कहते हैं—यमतीर्थ पितरोंकी प्रसन्नताको बढ़ानेवाला है। वह प्रत्यक्ष और परोक्ष—सब प्रकारकी अभीष्ट वस्तुओंको देनेवाला है। सम्पूर्ण देवता और मुनि उस तीर्थका सेवन करते हैं। मैं उसके प्रभावका वर्णन करता हूँ, जो सब पापोंका नाश करनेवाला है। एक बलवान् कपोत था, जो

* ये न्यासाद्यपहर्तारो रत्नापह्नवकारकाः। श्राद्धकर्मविहीनाश्च तेषां वंशो न वर्द्धते॥ (१२४।१३०)

अनुह्लादके नामसे विख्यात था। उसकी पत्नी हेति नामकी यक्षिणी थी, जो इच्छानुसार रूप धारण कर सकती थी। अनुह्लाद मृत्युके पुत्रका पुत्र था और हेति मृत्युकी पुत्रीकी पुत्री थी। समयानुसार उन दोनोंके भी अनेक पुत्र-पौत्र हुए। पक्षियोंका राजा उलूक अनुह्लादका प्रबल शत्रु था। गङ्गाके उत्तर-तटपर कपोतका आश्रम था और दक्षिण किनारे पक्षिराज उलूक रहता था। उलूक भी अपने पुत्र-पौत्रोंके साथ निवास करता था। कपोत और उलूक दोनों बहुत समयतक एक-दूसरेके विरोधी होकर युद्ध करते रहे। दोनों ही अपने पुत्र-पौत्रोंको साथ लेकर लड़ते थे। यह बलवान् शत्रुओंके साथ बलवानोंका युद्ध था। उनमेंसे उलूक अथवा कपोत—किसीकी भी जय-पराजय नहीं होती थी। कपोतने यमराज तथा अपने पितामह मृत्युकी आराधना करके याम्यास्त्र प्राप्त किया, अतः वह सबसे अधिक शक्तिशाली हो गया। इसी प्रकार उलूक भी अग्निकी आराधना करके अत्यन्त बलवान् हो गया। वर पाकर दोनों ही उन्मत्त हो गये थे, अतः फिर उनमें बड़ा भयंकर युद्ध छिड़ गया। उसमें उलूकने कपोतके ऊपर आग्नेयास्त्रका प्रहार किया। कपोतने भी उलूकपर यमपाश तथा यमदण्डका प्रयोग किया। कपोतकी स्त्री हेति बड़ी पतिव्रता थी। उस महायुद्धमें अपने स्वामीके निकट अग्निको प्रज्वलित देख वह दुःखसे विह्वल हो गयी। विशेषतः पुत्रोंको अग्निसे आवृत देख उसकी व्याकुलता और भी बढ़ गयी। उसने अग्निदेवके पास जाकर नाना प्रकारकी उक्तियोंसे स्तवन करना आरम्भ किया।

हेति बोली—जिनका रूप और दान प्रत्यक्ष है, सम्पूर्ण पदार्थ जिनके आत्मस्वरूप हैं और देवता जिनके द्वारा हवनीय पदार्थोंका भोजन करते हैं, उन यज्ञभोक्ता स्वाहापति अग्निको मैं नमस्कार करती हूँ। जो देवताओंके मुख, देवताओंके हविष्यको वहन करनेवाले, देवताओंके होता और देवताओंके दूत हैं, उन आदिदेव भगवान् अग्निकी मैं शरण लेती हूँ। जो शरीरके भीतर प्राणरूपमें स्थित हैं और बाहर अन्नदातारूपमें विद्यमान हैं तथा जो यज्ञके साधन हैं, उन धनंजय (अग्निदेव)-की मैं शरण लेती हूँ।*

अग्नि बोले—पतिव्रते! मेरा यह अस्त्र अमोघ है; अतः जिस लक्ष्यपर इसका विश्राम हो सके, उसको बताओ।

कपोतीने कहा—अग्निदेव! आपका अस्त्र मुझपर ही विश्राम करे, मेरे पुत्र और पतिपर नहीं। मुझे मारकर आप सत्यवादी हों। आपको नमस्कार है।

अग्निदेवने कहा—पतिव्रते! तुम्हारे सुवचन और पतिभक्तिसे मैं बहुत संतुष्ट हूँ। तुम्हारे स्वामी और पुत्रोंका अनिष्ट नहीं होगा। मैं उनकी रक्षाका वचन देता हूँ। यह मेरा आग्नेयास्त्र तुम्हारे पतिको, पुत्रोंको तथा तुमको भी नहीं जलायेगा; अतः तुम सुखपूर्वक लौट जाओ।

इसी बीचमें उलूकीने भी अपने पतिको देखा।

---

* रूपं न दानं न परोक्षमस्ति यस्यात्मभूतं च पदार्थजातम्।
अश्नन्ति हव्यानि च येन देवाः स्वाहापतिं यज्ञभुजं नमस्ये॥
मुखभूतं च देवानां देवानां हव्यवाहनम्। होतारं चापि देवानां देवानां दूतमेव च॥
तं देवं शरणं यामि आदिदेवं विभावसुम्।
अन्तःस्थितः प्राणरूपो बहिश्चान्नप्रदो हि यः। यो यज्ञसाधनं यामि शरणं तं धनंजयम्॥
(१२५। १५—१७)

वे यमपाशमें बँधकर यमदण्डसे ताड़ित हो रहे थे। सती-साध्वी उलूकी यह देखकर बहुत दुःखी हुई और भयसे व्याकुल हो यमराजके पास गयी।

उलूकी बोली—देव! मनुष्य आपसे भयभीत होकर भागते हैं, आपसे डरकर ब्रह्मचर्यका पालन करते हैं। आपके ही भयसे धीर पुरुष उत्तम बर्ताव करते हैं और आपके ही डरसे कर्मोंके अनुष्ठानमें लगते हैं। आपसे भय पाकर लोग उपवास करते और गाँव छोड़कर वनमें जाते हैं। आपके ही डरसे सौम्यभाव ग्रहण करते और आपके ही भयसे सोमपान करते हैं। आपसे भयभीत पुरुष ही अन्नदान और गोदानमें प्रवृत्त होते हैं और आपसे डरकर ही मुमुक्षु ब्रह्मवादीकी चर्चा करते हैं।*

इस प्रकार स्तुति करती हुई उलूकीसे दक्षिण दिशाके स्वामी यमराजने कहा—'तुम्हारा कल्याण हो। तुम वर माँगो। मैं तुम्हें मनके अनुकूल वर दूँगा।' यमराजकी यह बात सुनकर पतिव्रता उलूकीने उनसे कहा—'सुरश्रेष्ठ! मेरे स्वामी आपके पाशमें बँधे हैं और आपके ही दण्डसे पीड़ित हो रहे हैं। आप उससे मेरे पति और पुत्रोंकी रक्षा करें।' उसकी यह कातर वाणी सुनकर यमराजको बड़ी दया आयी। उन्होंने बार-बार कहा—'सुमुखि! मेरे ये पाश और दण्ड किसपर पड़ें? इनके लिये स्थान बताओ।' उसने कहा—'जगदीश्वर! आपके पाश मुझे ही बाँधें और आपका दण्ड भी मुझपर ही पड़े।'

यमराजने कहा—शुभे! तुम्हारे पुत्र, पति और तुम सब लोग निश्चिन्त होकर जीवन व्यतीत करो।

यों कहकर यमराजने अपने पाश समेट लिये और अग्निदेवने आग्नेयास्त्रका निवारण कर दिया। इतना ही नहीं, उन दोनों देवताओंने मिलकर कपोत और उलूकमें प्रेम करा दिया। फिर पक्षियोंसे कहा—'तुमलोग इच्छानुसार वर माँगो।' दोनों पक्षी बोले—'भगवन्! हमने आपसके वैरके

कारण आपलोगोंका दुर्लभ दर्शन प्राप्त किया। हम तो पापयोनि पक्षी हैं। वरदान लेकर क्या करेंगे तथापि यदि आपलोग प्रेमपूर्वक वर देना ही चाहते हैं तो हमलोग उस कल्याणमय वरको अपने लिये नहीं चाहते। देवेश्वरो! जो अपने लिये याचना करता है, वह शोकका पात्र है। जो सदा परोपकारके लिये उद्यत रहता है, उसीका जीवन सफल है। अग्नि, जल, सूर्य, पृथ्वी और नाना प्रकारके धान्योंका तथा विशेषतः संत-महात्माओंका

---

* त्वद्भीता अनुद्रवन्ते जनास्त्वद्भीता ब्रह्मचर्यं चरन्ति। त्वद्भीताः साधु चरन्ति धीरास्त्वद्भीताः कर्मनिष्ठा भवन्ति॥
त्वद्भीता अनाशकमाचरन्ति ग्रामादरण्यमभि यच्चरन्ति।
त्वद्भीताः सौम्यतामाश्रयन्ते त्वद्भीताः सोमपानं भजन्ते। त्वद्भीताश्चान्नगोदाननिष्ठास्त्वद्भीता ब्रह्मवादं वदन्ति॥
(१२५।२३-२४)

उपयोग सदा दूसरोंके भलेके लिये ही होता है। क्योंकि ब्रह्मा आदि देवता भी एक दिन मृत्युको प्राप्त होते हैं, देवेश्वरो! यह जानकर स्वार्थ-सिद्धिके लिये परिश्रम करना व्यर्थ है। विधाताने प्राणियोंके जन्मके साथ ही उनके लिये जो विधान रच दिया है, वह कभी बदल नहीं सकता। अतः जीव व्यर्थ ही क्लेश उठाते हैं।* इसलिये हम जगत्‌के कल्याणके लिये ही कुछ याचना करते हैं। हमारी यह याचना सबके लिये गुणदायक है। आप दोनों इसका अनुमोदन करें। गङ्गाके दोनों तटोंपर जो हमारे आश्रम हैं, वे तीर्थरूपमें परिणत हो जायँ। वहाँ कोई पापी या पुण्यात्मा जिस किसी तरह जो कुछ भी स्नान, दान, जप, होम और पितरोंका पूजन आदि करें, वह सब अक्षय पुण्य देनेवाला हो।

यमराज बोले—जो लोग गौतमीके उत्तर-तटपर यमस्तोत्रका पाठ करेंगे, उनके वंशमें सात पीढ़ियोंतक किसीकी अकालमृत्यु नहीं होगी। वे पुरुष सदा सब प्रकारकी सम्पत्तियोंके भागी होंगे। जो जितात्मा पुरुष प्रतिदिन इस स्तोत्रका पाठ करेगा, वह अट्ठासी हजार व्याधियोंसे कभी पीड़ित न होगा। इस तीर्थमें तीन मासतक स्नान करनेसे सती-साध्वी स्त्री गर्भवती होगी। वन्ध्या भी छः महीनेतक स्नान करनेसे गर्भवती होगी। गर्भिणी स्त्री एक सप्ताह स्नान करे तो वह वीर पुत्रकी जननी होगी और उसका पुत्र भी सौ वर्षकी आयुवाला, धनवान्, बुद्धिमान्, शूरवीर तथा पुत्र-पौत्रोंका विस्तार करनेवाला होगा। इस तीर्थमें पिण्ड आदि देनेसे पितरोंकी मुक्ति हो जायगी। कोई भी मनुष्य इसमें स्नान करनेसे मन, वाणी तथा शरीरजन्य पापसे मुक्त हो जायगा।

अग्निदेवने कहा—जो लोग नियमपूर्वक रहते हुए दक्षिण-तटपर मेरे स्तोत्रका पाठ करेंगे, उन्हें मैं आयु, आरोग्य, ऐश्वर्य, लक्ष्मी तथा रूप प्रदान करूँगा। जो कोई मानव कहीं भी इस स्तोत्रका पाठ करेगा अथवा लिखकर भी इसे घरमें रख देगा, उसको तथा उसके घरको कभी भी अग्निसे भय न होगा। जो मनुष्य पवित्र होकर अग्नितीर्थमें स्नान और दान करेगा, उसे निश्चय ही अग्निष्टोम-यज्ञका फल मिलेगा।

तबसे वह तीर्थ याम्यतीर्थ, आग्नेयतीर्थ, कपोततीर्थ, उलूकतीर्थ और हेत्युलूकतीर्थके नामसे विद्वानोंमें प्रसिद्ध हुआ। वहाँ तीन हजार तीन सौ नब्बे तीर्थ हैं और उनमेंसे प्रत्येक तीर्थ मोक्ष देनेवाला है। उन तीर्थोंमें स्नान करनेसे मनुष्य पवित्र होते, पुत्र और धन पाते तथा अन्तमें स्वर्गलोकको जाते हैं।

तपस्तीर्थ, इन्द्रतीर्थ और वृषाकपि एवं अब्जकतीर्थकी महिमा

ब्रह्माजी कहते हैं—तपस्तीर्थ बहुत बड़ा तीर्थ है। वह तपस्याकी वृद्धि करनेवाला, समस्त अभिलषित वस्तुओंका दाता, पवित्र तथा पितरोंकी प्रसन्नताको बढ़ानेवाला है। उस तीर्थमें जो पापनाशक घटना घटी है, उसे बतलाता हूँ; सुनो। ऋषियोंमें अग्नि और जलकी श्रेष्ठताको लेकर परस्पर संवाद

* आत्मार्थं यस्तु याचेत स शोच्यो हि सुरेश्वरौ। जीवितं सफलं तस्य यः परार्थोद्यतः सदा॥
अग्निरापो रविः पृथ्वी धान्यानि विविधानि च। परार्थं वर्तनं तेषां सतां चापि विशेषतः॥
ब्रह्मादयोऽपि हि यतो युज्यन्ते मृत्युना सह। एवं ज्ञात्वा तु देवेशौ वृथा स्वार्थपरिश्रमः॥
जन्मना सह यत्पुंसां विहितं परमेष्ठिना। कदाचिन्नान्यथा तद्वै वृथा क्लिश्यन्ति जन्तवः॥
(१२५।३६—३९)

हुआ। एक पक्ष कहता था, जल श्रेष्ठ है और दूसरे पक्षके लोग अग्निकी श्रेष्ठताका प्रतिपादन करते थे। अग्निकी श्रेष्ठता बतलानेवाले अपनी युक्तियाँ इस प्रकार उपस्थित करते थे—'अग्निके बिना जीवन कहाँ रह सकता है, क्योंकि अग्नि ही जीवरूप है। आत्मा और हविष्य भी वही है। अग्निसे ही समस्त जगत्की उत्पत्ति होती है। अग्निने समस्त विश्वको धारण कर रखा है। अग्नि ही ज्योतिर्मय जगत् है। अतः अग्निसे बढ़कर दूसरा कोई भी अत्यन्त पावन देवता नहीं है। अग्निको ही अन्तर्ज्योति तथा परमज्योति कहते हैं। अग्निके बिना कोई भी वस्तु नहीं है। यह त्रिलोकी अग्निका धाम है। इसलिये पाँचों भूतोंमें अग्निसे श्रेष्ठ दूसरा कोई नहीं है। नारीकी योनिमें पुरुष जो वीर्य स्थापित करता है और उसमें जो देह आदिके निर्माणकी शक्ति होती है, वह सब अग्निकी ही है। अग्नि देवताओंका मुख है; अतः उससे बड़ा कुछ भी नहीं है।'

दूसरे वेदवादी पुरुष जलको श्रेष्ठ मानते थे। उनका कहना था—'जलसे ही अन्नकी उत्पत्ति होती है तथा जलसे ही मनुष्य शुद्ध होता है। जलने ही सबको धारण कर रखा है, अतः जलको माता माना गया है। पुराणवेत्ताओंका कथन है कि जल ही तीनों लोकोंका जीवन है। जलसे ही अमृत उत्पन्न हुआ है और जलसे ही ओषधियाँ होती हैं।' इस प्रकार एक पक्ष अग्निको श्रेष्ठ कहता था और दूसरा पक्ष जलको। यों ही मीमांसा करते हुए एक-दूसरेके विरुद्ध तर्क उपस्थित करनेवाले वेदवादी ऋषि मेरे पास आकर बोले—'भगवन्! आप तीनों लोकोंके प्रभु हैं। बतलाइये, अग्नि श्रेष्ठ है या जल?' मैंने कहा—'दोनों ही इस जगत्में परम पूजनीय हैं। दोनोंसे जगत् उत्पन्न होता है। दोनोंसे हव्य-कव्य और अमृतका प्राकट्य होता है। दोनोंसे ही जीवन है। दोनों ही शरीरको धारण करनेवाले हैं। इनमें परस्पर कोई विशेषता नहीं है। दोनों समानरूपसे ही श्रेष्ठ माने गये हैं।'

मेरे कथनसे यह बात सिद्ध हुई कि दोनों ही श्रेष्ठ हैं, कोई एक नहीं; परंतु वे ऋषि ऐसा ही मानते थे कि इन दोनोंमेंसे एक ही श्रेष्ठ है। अतः उन्हें मेरी बातोंसे संतोष नहीं हुआ। तब वे क्षीरसागरमें शयन करनेवाले शङ्ख-चक्र-गदाधारी भगवान् विष्णुके पास गये और नाना प्रकारके स्तोत्रोंसे उनकी स्तुति करने लगे।

ऋषि बोले—जो भविष्यमें होनेवाला है, जो जन्म ले चुका है तथा जो अभी गुहा (गर्भ)-में प्रविष्ट हुआ है, उस सम्पूर्ण भुवनको जो सदा अपनी ज्ञानदृष्टिमें रखते हैं, यह चित्र-विचित्र रूपोंवाली समस्त त्रिलोकी अन्तमें जिनके भीतर लीन होती है, जिन्हें महर्षिगण अक्षर, सनातन, अप्रमेय तथा वेदवेद्य बतलाते हैं, जिनकी शरणमें गये हुए प्राणी अपने अभीष्ट पदार्थको प्राप्त कर लेते हैं, उन परमार्थवस्तुरूप परमेश्वरकी हम शरण लेते हैं। जगन्निवास! महाभूतमय जगत्में जो भूत सबसे प्रधान और श्रीविष्णुका स्वरूप है, जिसे योगी भी नहीं जान पाते, उसीका प्रतिपादन करनेके लिये ये महर्षिगण यहाँ आये हुए हैं। आप यहाँ सत्यको प्रकट कर दें। जगदीश्वर! आप सम्पूर्ण देहधारियोंके अन्तरात्मा हैं। आप ही सब कुछ हैं। आपमें ही यह सम्पूर्ण जगत् स्थित है तथापि कितने आश्चर्यकी बात है कि प्रकृतिसे प्रभावित होनेके कारण कोई कहीं भी आपकी सत्ताका अनुभव नहीं करते। वास्तवमें आप बाहर और भीतर सब ओर विद्यमान हैं। सम्पूर्ण विश्वके रूपमें आप ही सब ओर उपलब्ध हो रहे हैं।

ऋषियोंके इस प्रकार स्तुति करनेपर जगज्जननी

दैवी वाक् (आकाशवाणी)-ने कहा—'तुमलोग तपस्या, भक्ति और नियमके साथ दोनोंकी आराधना करो। जिसकी आराधनासे पहले सिद्धि प्राप्त हो, वही भूत सबसे श्रेष्ठ कहा जायगा।' 'बहुत अच्छा' कहकर सम्पूर्ण लोकमान्य महर्षि वहाँसे चल दिये। वे थक गये थे। उनका अन्त:करण खिन्न हो रहा था। उन्होंने उत्तम वैराग्यका आश्रय लिया और तपस्या करनेका दृढ़ संकल्प लेकर वे सब लोग त्रिभुवनको पवित्र करनेवाली जगज्जननी गौतमीके तटपर आये और जलदेवता तथा अग्निदेवताकी पृथक्-पृथक् पूजा करनेको उद्यत हुए। जो अग्निके पूजक थे, वे जलके पूजनमें प्रवृत्त हुए। उस समय वहाँ वेदमाता दैवी वाणी सरस्वतीने फिर कहा—'जलसे ही शुद्धि होती है। जो अग्निके पूजक हैं, वे विचार तो करें—बिना जलका पूजन कैसा। जल होनेपर ही मनुष्य सब कर्मोंके अनुष्ठानका अधिकारी होता है। वेदवेत्ता पुरुष जबतक शीतल जलमें श्रद्धापूर्वक स्नान नहीं कर लेता, तबतक अपवित्र, मलिन एवं शुभ कर्मका अनधिकारी रहता है। इसलिये जल सबसे श्रेष्ठ है। उसे माताकी पदवी दी गयी है। अत: जल ही श्रेष्ठ है।'

वेदवादी ऋषियोंने यह आकाशवाणी सुनी। इससे उन्हें निश्चय हो गया कि जल ही श्रेष्ठ है। जिस तीर्थमें यह ऋषिसत्र सम्पन्न हुआ, उसे तपस्तीर्थ और सत्रतीर्थ भी कहते हैं। अग्नितीर्थ और सारस्वततीर्थ भी उसीके नाम हैं। वहाँ चौदह सौ पुण्यदायक तीर्थोंका निवास है। उनमें किया हुआ स्नान और दान स्वर्ग एवं मोक्षकी प्राप्ति करानेवाला है। जहाँ आकाशवाणीने ऋषियोंका संदेह निवारण किया था, वहाँ सरस्वती नामकी नदी प्रकट हुई, जो गङ्गामें मिली है। सरस्वती और गङ्गाके संगमका माहात्म्य बतलानेमें कौन मनुष्य समर्थ हो सकता है।

गौतमी-तटपर इन्द्रतीर्थके नामसे जो प्रसिद्ध तीर्थ है, वही वृषाकपितीर्थ भी है। उसे ही फेना-संगम, हनुमत्तीर्थ तथा अब्जकतीर्थ भी कहते हैं। वहाँ भगवान् त्रिविक्रमका निवास है। उस तीर्थमें स्नान और दान करनेसे संसारमें लौटना नहीं पड़ता। अब वहाँका वृत्तान्त बतलाते हैं। गङ्गाके दक्षिण और उत्तर-तटपर इन्द्रेश्वरतीर्थ है। पूर्वकालमें नमुचि नामक दैत्य देवराज इन्द्रका प्रबल शत्रु था। वह मदसे उन्मत्त रहता था। एक बार इन्द्रके साथ उसका युद्ध हुआ। इन्द्रने फेनसे उसका मस्तक काट डाला। वह वज्ररूपधारी फेन शत्रुका मस्तक काटनेके पश्चात् गङ्गाके दक्षिण-तटपर गिरा और पृथ्वीको छेदकर रसातलमें समा गया। रसातलमें जो गङ्गाजीका जल है, वह सम्पूर्ण विश्वको पवित्र करनेवाला है। वज्रने पृथ्वीको छेदकर जो मार्ग बना दिया था, उसी मार्गसे वह पातालगङ्गाका जल पृथ्वीके ऊपर निकल आया। उसीको फेना नदी कहते हैं। गङ्गाजीके साथ जो उसका पवित्र संगम हुआ है, वह सम्पूर्ण विश्वमें विख्यात है। गङ्गा-यमुनाके संगमकी भाँति वह भी समस्त पापोंका नाश करनेवाला है। वहाँ स्नान करनेमात्रसे हनुमान्‌जीकी उपमाता, जिनका मुख बिलावका-सा हो गया था, उस संकटसे मुक्त हुई थीं। उस तीर्थको मार्जारतीर्थ और हनुमत्तीर्थ भी कहते हैं। उसका उपाख्यान पहले कहा जा चुका है। अब वृषाकपि और अब्जकतीर्थकी कथा सुनो। हिरण्य नामसे विख्यात एक दैत्योंका पूर्वज था, वह तपस्या करके सम्पूर्ण देवताओंसे अजेय हो गया था। हिरण्य बड़ा भयंकर दैत्य था। उसका बलवान् पुत्र महाशनिके नामसे विख्यात था। वह भी देवताओंके लिये सदा दुर्जय था। उसकी स्त्रीका नाम पराजिता था। एक बार महापराक्रमी महाशनिने युद्धके मुहानेपर ऐरावतसहित

इन्द्रको परास्त किया और उन्हें ले जाकर अपने पिताको सौंप दिया। इन्द्रपर विजय पानेके बाद महाशनिने वरुणको जीतनेके लिये उनपर आक्रमण किया; किंतु वरुण बड़े बुद्धिमान् थे, उन्होंने महाशनिको अपनी कन्या ब्याह दी। इधर तीनों लोक बिना इन्द्रके हो गये। तब सब देवताओंने मिलकर सलाह की कि 'भगवान् विष्णु ही पुनः इन्द्रको दे सकते हैं; क्योंकि वे ही दैत्योंके हन्ता हैं। मन्त्रद्रष्टा भी वे ही हैं। अतः वे दूसरेको भी इन्द्र बना देंगे।'

ऐसा निश्चय करके सब देवता भगवान् विष्णुके पास गये और उन्हें सब हाल कह सुनाया। भगवान् विष्णुने कहा—'महादैत्य महाशनि मेरे लिये अवध्य है।' यों कहकर वे महाशनिके श्वशुर वरुणके पास गये और उन्हें इन्द्रके पराभवका समाचार बतलाते हुए बोले—'तुम्हें ऐसा यत्न करना चाहिये, जिससे इन्द्र पुनः अपने पदपर लौट आयें।' भगवान् विष्णुके आदेशसे वरुण शीघ्र ही वहाँ गये। दैत्यने विनयपूर्वक अपने श्वशुरसे वहाँ पधारनेका कारण पूछा। वरुणने कहा—'महाबाहो! कुछ दिन पहले तुमने इन्द्रको परास्त करके रसातलमें बंदी बना लिया है। वे देवताओंके राजा हैं। उन्हें लौटा दो। यदि शत्रुको बाँधकर फिर छोड़ दिया जाय तो वह सत्पुरुषोंके लिये महान् कारण होता है।' 'बहुत अच्छा' कहकर दैत्यराज महाशनिने ऐरावतसहित इन्द्रको लौटा दिया और उनसे यह बात कही—'इन्द्र! आजसे तुम शिष्य हुए और मेरे श्वशुर वरुणजी तुम्हारे गुरु हुए; क्योंकि इन्होंने तुम्हें मुक्ति दिलायी है। अब तुम वरुणके प्रति स्वामिभाव रखकर स्वयं भृत्यका-सा बर्ताव करना, नहीं तो फिर तुम्हें बाँधकर रसातलके कारागृहमें डाल दूँगा।'

इस प्रकार इन्द्रको फटकारकर उसने बारंबार हँसते हुए कहा—'जाओ, जाओ; वरुणजीका सदा आदर करना।' इन्द्र अपने घर आये। वे अपमानपूर्ण लज्जासे काले पड़ गये थे। उन्होंने शत्रुद्वारा तिरस्कृत होनेकी सारी बातें इन्द्राणीको कह सुनायीं और पूछा—'सुमुखि! शत्रुने मुझसे इस तरह कठोर बातें कहीं और मेरे साथ ऐसा अनुचित बर्ताव किया। इससे मेरे हृदयमें आग लग रही है। तुम्हीं बताओ—कैसे अपने हृदयको शीतल करूँ?'

इन्द्राणीने कहा—बलसूदन! मैं दानवोंकी उत्पत्ति, पराजय, माया, वरदान तथा मृत्यु—सब जानती हूँ। महाशनिको तपस्यासे ही यह शक्ति प्राप्त हुई है। तपस्यासे कुछ भी असाध्य नहीं है। यज्ञ-कर्मसे कोई बात असम्भव नहीं है। जगन्नाथ भगवान् विष्णु तथा विश्वनाथ शिवकी भक्तिसे कोई भी कार्य ऐसा नहीं है, जो सिद्ध न हो सके।[१] प्राणनाथ! मैंने और भी एक बहुत सुन्दर बात सुन रखी है। कारण कि स्त्रियाँ ही स्त्रियोंके स्वभावको जानती हैं। प्रभो! भूमि तथा जलकी अधिष्ठात्री देवियोंके द्वारा कोई भी कार्य असाध्य नहीं है। तपस्या अथवा यज्ञ आदि उन्हीं दोनोंके सहयोगसे होते हैं। उसमें भी जो तीर्थभूमि हो, वहीं आप चलें। उस स्थानपर भगवान् विष्णु तथा शिवकी पूजा करके सम्पूर्ण अभीष्ट वस्तुएँ प्राप्त कर लेंगे। मैंने यह भी सुना है कि जो स्त्रियाँ पतिव्रता हैं, वे ही सब कुछ जानती हैं। उन्होंने ही चराचर जगत्‌को धारण कर रखा है।[२] पृथ्वीपर सबसे सारभूत स्थान है दण्डकवन। वहाँ जगज्जननी

१- नासाध्यमस्ति तपसो नासाध्यं यज्ञकर्मणः। नासाध्यं लोकनाथस्य विष्णोर्भक्त्या हरस्य च॥ (१२९।५०)

२- श्रुतमस्ति पुनश्चेदं स्त्रियो याश्च पतिव्रताः। ता एव सर्वं जानन्ति धृतं ताभिश्चराचरम्॥ (१२९।५४)

गङ्गा बहती हैं। वहीं चलकर आप दीन-दु:खियोंकी पीड़ा दूर करनेवाले जगदीश्वर श्रीविष्णु अथवा शिवकी आराधना करें। दु:खके समुद्रमें डूबनेवाले अनाथ मनुष्योंको श्रीशिव तथा श्रीविष्णु अथवा गङ्गाके सिवा दूसरा कोई कहीं भी शरण देनेवाला नहीं है। अत: एकाग्रचित्त होकर पूर्ण प्रयत्न करके आप इनको संतुष्ट करें। मेरे साथ रहकर भक्ति, स्तोत्र तथा तपस्याके द्वारा इनकी आराधना करें। तत्पश्चात् भगवान् शिव और विष्णुके प्रसादसे आप कल्याणके भागी होंगे। बिना जाने किया हुआ कर्म कर्मनिष्ठ पुरुषको एकगुना फल देता है। उसके विधि-विधान और तत्त्वको अच्छी प्रकार जानकर करनेसे सौ-गुना फल मिलता है और पत्नीके साथ उसका अनुष्ठान करनेसे वही कर्म अनन्त फल देनेवाला होता है*। गृहस्थ पुरुषके सब कार्योंमें यहाँ पत्नी ही सहायता करनेवाली है। उसके सहयोग बिना छोटे-से-छोटे कार्य भी सिद्ध नहीं होते। नाथ! पुरुष अकेले जो कर्म करता है, उसका आधा फल ही उसे मिलता है। किंतु पत्नीके साथ जो कर्म किया जाता है, उसका पूरा फल पुरुषको प्राप्त होता है। सुना जाता है— दण्डकारण्यमें सरिताओंमें श्रेष्ठ गौतमी गङ्गा बहती हैं। वे समस्त पापोंका नाश करनेवाली तथा सम्पूर्ण अभिलषित वस्तुओंको देनेवाली हैं। अत: मेरे साथ वहाँ चलिये और महान् फलदायक पुण्यकर्मका अनुष्ठान कीजिये। इससे आप संग्राममें अपने शत्रुओंका संहार करके महान् सुखके भागी होंगे।

'अच्छा, ऐसा ही करूँगा' यों कहकर अपने गुरु बृहस्पति और पत्नी शचीको साथ ले इन्द्र जगज्जननी गौतमीके तटपर गये। दण्डकारण्यके भीतर उनकी पावन धाराका दर्शन करके इन्द्रको बड़ी प्रसन्नता हुई। उन्होंने देवाधिदेव शिवकी प्रसन्नताके लिये तपस्या करनेका विचार किया। पहले गङ्गामें स्नान करके उन्होंने हाथ जोड़कर प्रणाम किया तथा एकमात्र भगवान् शिवके शरण होकर उनका स्तवन आरम्भ किया।

इन्द्र बोले—जो अपनी मायासे सम्पूर्ण चराचर जगत्की सृष्टि, रक्षा और संहार करते हैं, किंतु उसमें आसक्त नहीं होते, जो एक, स्वतन्त्र तथा अद्वैत चिदानन्दस्वरूप हैं, वे पिनाकधारी भगवान् शंकर हमपर प्रसन्न हों। वेदान्तके रहस्योंको भलीभाँति जाननेवाले सनकादि मुनि भी जिनके तत्त्वको ठीक-ठीक नहीं जानते, वे सम्पूर्ण अभीष्ट वस्तुओंके दाता अन्धकासुरविनाशक पार्वतीपति भगवान् शिव हमपर प्रसन्न हों। जब पाप, दरिद्रता, लोभ, याचना, मोह और विपत्ति आदि अनन्त सांसारिक दु:ख प्रकट हुए, उनका प्रभाव फैलने लगा और उनसे सम्पूर्ण जगत् व्याप्त हो गया, तब यह सब अवस्था देखकर देवेश्वर महादेवजी बड़े चकित हुए और देवी पार्वतीसे बोले—'लोकेश्वरि! यह सम्पूर्ण जगत् नष्ट होना चाहता है। तुम इसकी रक्षा करो। लोकमाता उमा! तुम सबको शरण देनेवाली, उत्तम ऐश्वर्यसे युक्त, परम कल्याणमयी तथा सम्पूर्ण जगत्की प्रतिष्ठा हो। वरदायिनि! तुम्हारी जय हो। तुम भोग, समाधि, परम मुक्ति, स्वाहा, स्वधा, स्वस्ति, अनादि सिद्धि, वाणी, बुद्धि तथा अजर-अमर हो। मेरी आज्ञाके अनुसार तीनों लोकोंमें विद्या आदि रूपसे तुम रक्षा करती हो। तुमने ही प्रकृतिरूपसे इस विचित्र त्रिलोकीकी सृष्टि की है।' शंकरजीके यों कहनेपर उनकी प्राणवल्लभा भगवती उमा उनका आलिङ्गन करके प्रेमालाप करने लगीं और थककर भगवान्के

* अज्ञात्वैकगुणं कर्म फलं दास्यति कर्मिण:। ज्ञात्वा शतगुणं तत्स्याद् भार्यया च तदक्षयम्॥ (१२९।५९)

आधे शरीरमें लग गयीं तथा अपने हाथकी अंगुलियोंसे पसीनेका जल पोंछकर फेंका। उस जलसे पहले धर्मका प्रादुर्भाव हुआ। उसके बाद लक्ष्मी प्रकट हुईं। फिर दान, उत्तम वृष्टि, सत्त्व, सरोवर, धान्य, पुष्प, फल, शस्त्र, शास्त्र, गृहोपयोगी अस्त्र, तीर्थ, वन तथा चराचर जगत्का आविर्भाव हुआ। देवि! यह सब पापरहित सृष्टि थी। भगवती उमा! तुम्हारे प्रभावसे संसारमें प्रचुर सुखकी वृद्धि हुई। सदा सब ओर मङ्गलमय कृत्य शोभा पाने लगे। जगदम्ब! तुम सम्पूर्ण जगत्की स्वामिनी हो और हम भयसे डरे हुए हैं। अतः तुम हमारी रक्षा करो। कोई तर्क करते-करते मोहित हो जाते हैं और कोई उसीमें लीन रहते हैं। परन्तु हम तो शिव और शक्तिके सुन्दर अद्वैत रूपको सर्वदा नमस्कार करते हैं।

इस प्रकार स्तुति करनेवाले इन्द्रके समक्ष भगवान् शंकर प्रकट हुए और बोले—'देवराज! तुम क्या चाहते हो? अपना अभीष्ट मनोरथ कहो।' इन्द्रने कहा—'भगवन्! मेरा बलवान् शत्रु महाशनि, जो देखनेमें वज्रके समान भयंकर है, मुझे बाँधकर रसातल ले गया था। वहाँ उसने अनेक बार मेरा तिरस्कार किया और वचनरूपी बाणोंसे बींधता रहा। मेरा यह प्रयत्न उसीका वध करनेके लिये है। आप मुझे वह शक्ति प्रदान कीजिये, जिससे शत्रुका नाश कर सकूँ। जिसने मेरा अपमान किया है, उसका नाश करनेपर ही मैं अपना नया जन्म मानूँगा। विजय और लक्ष्मीकी अपेक्षा कीर्ति ही श्रेष्ठ है।' यह सुनकर शिवने इन्द्रसे कहा—'अकेले मेरे द्वारा तुम्हारे शत्रुका वध नहीं हो सकता। अतः तुम अविनाशी भगवान् जनार्दनकी भी आराधना करो। शची भी ऐसा ही करें। भगवान् नारायण तीनों लोकोंके एकमात्र आश्रय हैं। उनकी अनन्य चित्तसे उपासना करो।'

भगवान् शिवकी आज्ञासे इन्द्र गङ्गाजीके दक्षिण-तटपर मुनीश्वर आपस्तम्बके पास गये और उनको साथ लेकर फेना तथा गङ्गाके पवित्र संगमपर भाँति-भाँतिके वैदिक मन्त्रों एवं तपस्याके द्वारा भगवान् जनार्दनकी स्तुति करने लगे। उनकी स्तुतिसे भगवान् विष्णुको बड़ी प्रसन्नता हुई और वे प्रत्यक्ष प्रकट होकर बोले—'इन्द्र! तुम्हें क्या वरदान दूँ?' वे बोले—'मुझे एक ऐसा वीर दीजिये, जो मेरे शत्रुका वध कर सके।' भगवान्ने कहा—'दे दिया।' फिर तो शिव, गङ्गा तथा विष्णुके प्रसादसे जलके भीतरसे एक पुरुष प्रकट हुआ। उसने भगवान् शिव और विष्णु दोनोंके स्वरूप धारण किये थे। उसके हाथमें चक्र भी था और त्रिशूल भी। उसने रसातलमें जाकर इन्द्रशत्रु महाशनिका वध किया। उसका नाम अब्जक और वृषाकपि हुआ। वह इन्द्रका सखा बन गया। इन्द्र स्वर्गमें रहते हुए भी प्रतिदिन वृषाकपिके पास आते थे। उन्हें अन्यत्र आसक्त देख शचीके हृदयमें प्रणयकोपका उदय हुआ।

तब इन्द्रने हँसकर उन्हें सान्त्वना देते हुए कहा—'प्रिये! मैं अपने शरीरकी शपथ खाकर कहता हूँ—मित्रवर वृषाकपिके सिवा और किसीके घर नहीं जाता। अतः तुम्हें मुझपर संदेह नहीं करना चाहिये। तुम पतिव्रता और मेरी प्रियतमा हो। धर्म करने तथा उचित सलाह देनेमें मेरी सदा सहायता करती हो। साथ ही संतानवती और कुलीन भी हो। फिर तुम्हारे सिवा दूसरी कौन स्त्री मेरी प्रियतमा हो सकती है। तुम्हारे ही उपदेशसे मैं महानदी गौतमी गङ्गाके तटपर गया और वहाँ भगवान् विष्णु, शिव तथा मित्र वृषाकपिके प्रसादसे दुःखसागरके पार हुआ और अब यहाँ राज्यसे च्युत न होनेवाला इन्द्र हूँ। यह

सब तुम्हारे सहयोगका फल है। जहाँ स्वामीके चित्तका अनुसरण करनेवाली पतिव्रता स्त्री हो, वहाँ कौन-सा कार्य असाध्य है। वहाँ तो मोक्ष भी दुर्लभ नहीं है। फिर अर्थ, काम आदिकी तो बात ही क्या है। पत्नी भी परम मित्र है। वह लोक और परलोक दोनोंमें हितकारिणी होती है। पत्नी भी यदि कुलीन, प्रिय बोलनेवाली, पतिव्रता, रूपवती, गुणवती तथा सम्पत्ति और विपत्तिमें समान रूपसे साथ देनेवाली हो तो उसके द्वारा इस त्रिलोकीमें कुछ भी असाध्य नहीं है। प्रिये! तुम्हारी बुद्धिसे ही मुझे यह मङ्गलमय अवसर प्राप्त हुआ है। अब तो तुम जो कहो, वही मुझे करना है; और कुछ नहीं। परलोक और धर्मके लिये उत्तम पुत्रके समान कोई सहायक नहीं है। संकटमें पड़े हुए पुरुषके लिये स्त्रीके समान दूसरी कोई ओषधि नहीं है। नि:श्रेयस-पदकी प्राप्ति तथा पापसे मुक्ति करानेके लिये गङ्गाके समान कोई नदी नहीं है। धर्म, अर्थ, काम और मोक्षकी सिद्धि तथा पापसे छुटकारा पानेके लिये श्रीशिव और श्रीविष्णुके एकत्व-ज्ञानसे बढ़कर दूसरा कोई साधन नहीं है। पतिव्रते! तुम्हारी बुद्धिसे तथा श्रीशिव, श्रीविष्णु और गङ्गाके प्रसादसे मुझे यह सब अभीष्ट वस्तु प्राप्त हुई है। मैं समझता हूँ मेरे मित्रके बलसे अब यह इन्द्रपद स्थिर रहेगा। तीर्थोंमें गौतमी गङ्गा और देवताओंमें भगवान् विष्णु और शिव श्रेष्ठ हैं। इन्हींकी कृपासे मुझे सब मनोवाञ्छित वस्तुएँ प्राप्त हुई हैं। यह त्रिलोकविख्यात तीर्थ मेरी प्रसन्नताको बढ़ानेवाला है। अत: मैं क्रमश: सम्पूर्ण देवताओंसे यह प्रार्थना करता हूँ; महर्षिगण, गङ्गा, विष्णु तथा शिव भी मेरी प्रार्थनाका अनुमोदन करें। देवताओ! गङ्गाके दोनों तटोंपर एक ओर इन्द्रेश्वरतीर्थ है और दूसरी ओर अब्जकतीर्थ। इन्द्रेश्वरमें भगवान् शिव रहते हैं और अब्जकमें साक्षात् भगवान् विष्णु। वे अपनी उपस्थितिसे दण्डकवनको पवित्र करते हैं। इनके बीचमें जो-जो तीर्थ हैं, वे सब पुण्यदायक हैं। उनमें स्नान करनेमात्रसे सबकी मुक्ति होती है। पापी पापसे मुक्त होते हैं और धर्मात्मा पुरुष अपनी पाँच-पाँच पीढ़ीके पितरोंसहित परममोक्षके भागी होते हैं। यहाँ आकर जो लोग याचकोंको तिलभर भी दान करते हैं, वह दान दाताओंके लिये अक्षय होता है तथा मनोवाञ्छित भोग और मोक्ष प्रदान करता है। यहाँ भगवान् श्रीविष्णु और शिवके उपाख्यानको जानकर स्नान करनेसे मुक्ति प्राप्त होती है। यह उपाख्यान धन, यश, आयु, आरोग्य और पुण्यकी वृद्धि करनेवाला है। जो लोग इस तीर्थके माहात्म्यको सुनते और पढ़ते हैं, वे पुण्यके भागी होते हैं। उन्हें यहीं—इसी जीवनमें भगवान् विष्णु और शिवकी स्मृति प्राप्त होती है, जो समस्त पापराशिका संहार करनेवाली है तथा जिसके लिये जितेन्द्रिय एवं मनोजयी मुनि भी प्रार्थना करते रहते हैं।

इन्द्रके इस कथनका अनुमोदन करते हुए देवताओं और ऋषियोंने कहा—'ऐसा ही होगा।'

आपस्तम्बतीर्थ, शुक्लतीर्थ और श्रीविष्णुतीर्थकी महिमा

ब्रह्माजी कहते हैं—आपस्तम्बतीर्थ तीनों लोकोंमें विख्यात है। वह स्मरण करनेमात्रसे समस्त पापराशिका विध्वंस करनेमें समर्थ है। आपस्तम्ब एक मुनि थे। वे परम बुद्धिमान् और महायशस्वी थे। उनकी पत्नीका नाम अक्षसूत्रा था, वह पातिव्रत-धर्मका पालन करनेवाली थी। मुनिके एक पुत्र थे, जो 'कर्की' नामसे विख्यात थे। वे बड़े विद्वान् और तत्त्ववेत्ता थे। एक दिन उनके

आश्रमपर मुनिश्रेष्ठ अगस्त्यजी आये। शिष्योंसहित मुनीश्वर आपस्तम्बने अगस्त्यजीका पूजन किया और इस प्रकार पूछा—'मुनिवर! तीनों देवताओंमें कौन पूज्य है? अनादि और अनन्त कौन है तथा वेदोंमें किसका यशोगान किया गया है? महामुने! यही मेरा संशय है, इसे दूर करनेके लिये आप कुछ उपदेश करें।'

अगस्त्यजी बोले—धर्म, अर्थ, काम और मोक्षकी सिद्धिमें शब्द प्रमाण बतलाया जाता है। उसमें भी वैदिक शब्द सबसे श्रेष्ठ प्रमाण है। वेदके द्वारा जिनका यशोगान होता है, वे परात्पर पुरुष परमात्मा हैं। जो मृत्युके अधीन होता है, उसे अपर (क्षर पुरुष) जानना चाहिये और जो अमृत है, उसे पर (अक्षर पुरुष) कहते हैं। अमृतके भी दो स्वरूप हैं— मूर्त और अमूर्त। जो अमूर्त (निराकार) है, उसे परब्रह्म जानना चाहिये और मूर्तको अपर ब्रह्म कहते हैं। गुणोंकी व्यापकताके अनुसार मूर्तके भी तीन भेद हैं— ब्रह्मा, विष्णु और शिव। ये एक होते हुए भी तीन कहलाते हैं। इन तीनों देवताओंका भी वेद्यतत्त्व एक ही है। उसे ही परब्रह्म कहते हैं। गुण और कर्मके भेदसे एकको ही अनेक रूपोंसे अभिव्यक्ति होती है। लोकोंका उपकार करनेके लिये एक ही ब्रह्मके तीन रूप हो जाते हैं। जो इस परमतत्त्वको जानता है, वही विद्वान् है; दूसरा नहीं। जो इन तीनोंमें भेद बतलाता है, उसे लिङ्गभेदी कहते हैं। उसके लिये कोई प्रायश्चित्त नहीं है।* तीनों देवताओंके रूप एक-दूसरेसे भिन्न और पृथक्-पृथक् हैं। सम्पूर्ण साकार रूपोंमें पृथक्-पृथक् वेद प्रमाण हैं। जो निराकार तत्त्व है, वह एक है। वह उन तीनोंकी अपेक्षा उत्कृष्ट माना गया है।

आपस्तम्ब बोले—इससे मैं किसी निर्णयपर नहीं पहुँच सका। इसमें जो रहस्यकी बात हो, उसे विचारकर बतलाइये।

अगस्त्यजीने कहा—यद्यपि इन देवताओंमें परस्पर कोई भेद नहीं है तथापि सुखस्वरूप शिवसे ही सम्पूर्ण सिद्धियाँ प्राप्त होती हैं। मुने! पराभक्तिके साथ भगवान् शिवकी ही आराधना करो। दण्डकारण्यमें गौतमीके तटपर भगवान् शिव समस्त पापराशिका निवारण करते हैं।

महर्षि अगस्त्यकी यह बात सुनकर आपस्तम्ब मुनिको बड़ी प्रसन्नता हुई। उन्होंने गङ्गामें जाकर स्नान किया और व्रतपालनका नियम लेकर भगवान् शंकरका स्तवन करना आरम्भ किया।

आपस्तम्ब बोले—जो काष्ठोंमें अग्नि, फूलोंमें सुगन्ध, बीजोंमें वृक्ष आदि, पत्थरोंमें सुवर्ण तथा सम्पूर्ण भूतोंमें आत्मारूपसे छिपे रहते हैं, उन भगवान् सोमनाथकी मैं शरण लेता हूँ। जिन्होंने खेल-खेलमें ही इस विश्वकी रचना की, जो तीनों लोकोंके भरण-पोषण करनेवाले तथा उसके रचयिता हैं, सम्पूर्ण विश्व जिनका स्वरूप है और जो सत्-असत्से परे हैं, उन भगवान् सोमनाथकी मैं शरण लेता हूँ। जिनका स्मरण करनेसे देहधारी जीवको दरिद्रताके महान् अभिशाप और रोग आदि स्पर्श नहीं करते तथा जिनकी शरणमें गये हुए मनुष्य अपनी अभीष्ट वस्तुको प्राप्त कर लेते हैं, उन भगवान् सोमनाथकी मैं शरण लेता हूँ। जिन्होंने पहले तीनों वेदोंमें वर्णित धर्मका साक्षात्कार करके उसमें ब्रह्मा आदि देवताओंको नियुक्त किया और इस प्रकार जिन्होंने दो शरीर धारण

---

* लोकानामुपकारार्थमाकृतित्रितयं भवेत्॥
यस्तत्त्वं वेत्ति परमं स च विद्वान्न चेतरः। तत्र यो भेदमाचष्टे लिङ्गभेदी स उच्यते॥
प्रायश्चित्तं न तस्यास्ति यश्चैषां व्याहरेद् भिदम्॥ (१३०। ११—१३)

किये, उन भगवान् सोमनाथकी मैं शरण लेता हूँ। नमस्कार, मन्त्रोच्चारणपूर्वक हवन किया हुआ हविष्य तथा श्रद्धापूर्वक किया हुआ पूजन—ये सब जिनको प्राप्त होते हैं तथा सम्पूर्ण देवता जिनकी दी हुई हविको ग्रहण करते हैं, उन भगवान् सोमनाथकी मैं शरण लेता हूँ। जिनसे बढ़कर दूसरी कोई उत्तम वस्तु नहीं है, जिनसे बढ़कर अत्यन्त सूक्ष्म भी कोई नहीं है तथा जिनसे बढ़कर महान्-से-महान् वस्तु भी दूसरी नहीं है, उन भगवान् सोमनाथकी मैं शरण लेता हूँ। जिनकी आज्ञासे यह विचित्र, अचिन्त्य, नाना प्रकारका और महान् विश्व एक ही कार्यमें संलग्न हो निरन्तर परिचालित रहता है, उन भगवान् सोमनाथकी मैं शरण लेता हूँ। जिनमें ऐश्वर्य, सबका आधिपत्य, कर्तृत्व, दातृत्व, महत्त्व, प्रीति, यश और सौख्य—ये अनादि धर्म हैं, उन भगवान् सोमनाथकी मैं शरण लेता हूँ। जो सदा शरण लेने योग्य, सबके पूजनीय, शरणागतके प्रिय, नित्य कल्याणमय तथा सर्वस्वरूप हैं, उन भगवान् सोमनाथकी मैं शरण लेता हूँ।

इस प्रकार स्तुति करनेपर भगवान् शंकरने प्रसन्न होकर कहा—'मुने! कोई वर माँगो।' आपस्तम्बने कहा—'मेरा और दूसरोंका कल्याण हो। जो मनुष्य यहाँ स्नान करके सम्पूर्ण जगत्के स्वामी आपका दर्शन करें, वे अपनी समस्त अभीष्ट वस्तुओंको प्राप्त करें।' भगवान् शिवने 'एवमस्तु' कहकर इसका अनुमोदन किया। तबसे वह तीर्थ आपस्तम्बके नामसे प्रसिद्ध हुआ। वह अनादि अविद्यामय अन्धकारराशिका उन्मूलन करनेमें समर्थ है।

शुक्लतीर्थ मनुष्योंको सब प्रकारकी सिद्धि प्रदान करनेवाला है। उसके स्मरणमात्रसे सम्पूर्ण अभीष्ट वस्तुओंकी प्राप्ति होती है। भरद्वाज नामसे विख्यात एक बड़े धर्मात्मा मुनि थे। उनकी पत्नीका नाम पैठीनसी था। वह पातिव्रत-धर्मका पालन करती हुई पतिके साथ गौतमीके तटपर निवास करती थी। एक बार मुनिने अग्नि और सोम देवताओंके लिये तथा इन्द्र और अग्नि देवताओंके लिये पुरोडाश (खीर) बनाया। पुरोडाश जब पक रहा था, तब धूँएसे एक पुरुष प्रकट

हुआ, जो तीनों लोकोंको भयभीत करनेवाला था। उसने पुरोडाश खा लिया। यह देखकर मुनिने क्रोधपूर्वक पूछा—'तू कौन है, जो मेरा यज्ञ नष्ट कर रहा है?' ऋषिकी बात सुनकर राक्षसने उत्तर दिया—'मेरा नाम हव्यघ्न (यज्ञघ्न) है। मैं संध्याका पुत्र हूँ। प्राचीनबर्हिष्का ज्येष्ठ पुत्र मैं ही हूँ। ब्रह्माजीने मुझे वरदान दिया है कि तुम सुखपूर्वक यज्ञोंका भक्षण करो। मेरा छोटा भाई कलि भी बलवान् और अत्यन्त भीषण है। मैं काला, मेरे पिता काले, मेरी माँ काली तथा मेरा छोटा भाई भी काला ही है। मैं कृतान्त बनकर यज्ञका नाश

और यूपका छेदन करूँगा।'

भरद्वाजने कहा—तुम मेरे यज्ञकी रक्षा करो, क्योंकि यह प्रिय एवं सनातन धर्म है। मैं जानता हूँ तुम यज्ञका नाश करनेवाले हो तो भी मेरा अनुरोध है कि तुम ब्राह्मणोंसहित मेरे यज्ञकी रक्षा करो।

यज्ञघ्नने कहा—भरद्वाज! तुम संक्षेपसे मेरी बात सुनो। पूर्वकालमें देवताओं और दानवोंके समीप ब्रह्माजीने मुझे शाप दिया। उस समय मैंने लोकपितामह ब्रह्माजीको प्रार्थना करके प्रसन्न किया। तब उन्होंने कहा—'जब श्रेष्ठ मुनि तुम्हारे ऊपर अमृतका छींटा दें, तब तुम शापसे मुक्त हो जाओगे। इसके सिवा और कोई उपाय नहीं है।' ब्रह्मन्! जब आप ऐसा करेंगे, तब आपकी जो-जो इच्छा होगी, वह सब पूर्ण होगी। यह बात कभी मिथ्या नहीं हो सकती।

भरद्वाजने फिर कहा—महामते! तुम मेरे सखा हो। अतः जिस उपायसे यज्ञकी रक्षा हो, वह बताओ। मैं उसे अवश्य करूँगा। देवताओं और दैत्योंने एकत्रित होकर कभी क्षीरसमुद्रका मन्थन किया था। उस समय बड़े कष्टसे उन्हें अमृत मिला। वही अमृत मुझे कैसे सुलभ हो सकता है। यदि तुम प्रेमवश प्रसन्न हो तो जो सुलभ वस्तु हो, वही माँगो। ऋषिकी यह बात सुनकर राक्षसने प्रसन्नतापूर्वक कहा—'गौतमी गङ्गाका जल अमृत है। सुवर्ण अमृत कहलाता है। गायका घी भी अमृत है और सोमको भी अमृत ही माना जाता है। इन सबके द्वारा मेरा अभिषेक करो। अथवा गङ्गाका जल, घी और सुवर्ण—इन तीनों वस्तुओंसे ही अभिषेक करो। सबसे उत्कृष्ट एवं दिव्य अमृत है—गौतमी गङ्गाका जल।'

यह सुनकर भरद्वाज मुनिको बड़ा संतोष हुआ। उन्होंने बड़े आदरके साथ गङ्गाका अमृतमय जल हाथमें लिया और उससे राक्षसका अभिषेक किया। इससे वह महाबली राक्षस शुक्ल वर्णका होकर प्रकट हुआ। जो पहले काला था, वह क्षणभरमें गोरा हो गया। प्रतापी भरद्वाजने सम्पूर्ण

यज्ञ समाप्त करके ऋत्विजोंको विदा किया। इसके बाद राक्षसने पुनः भरद्वाजसे कहा—'मुने! अब मैं जाता हूँ। तुमने मुझे गौर वर्णका कर दिया। तुम्हारे इस तीर्थमें जो लोग स्नान, दान और पूजन आदि करें, उन सबके अभीष्ट फलोंकी सिद्धि हो। इसके स्मरणमात्रसे सब पाप नष्ट हो जायँ।' तबसे वह शुक्लतीर्थके नामसे विख्यात हुआ। दण्डकारण्यमें गौतमी गङ्गाके तटपर वह तीर्थ स्वर्गका खुला हुआ दरवाजा है। वहाँ गङ्गाजीके दोनों तटोंपर सात हजार तीर्थ हैं, जो सब प्रकारकी सिद्धि प्रदान करनेवाले हैं।

श्रीविष्णुतीर्थके नामसे जो विख्यात तीर्थ है, उसका वृत्तान्त सुनो। मुद्गलके पुत्र मौद्गल्य एक प्रसिद्ध महर्षि थे। उनकी पत्नीका नाम जाबाला

था। वह उत्तम पुत्रोंकी जननी थी। मौद्गल्यके पिता मुद्गल ऋषि भी सम्पूर्ण विश्वमें विख्यात थे। उनकी पत्नी भागीरथीके नामसे प्रसिद्ध थी। मौद्गल्य ऋषि प्रात:काल ही गङ्गा-स्नान करते थे। यह उनका नित्यका कार्य था। गङ्गाके तटपर कुश, मिट्टी और शमीके फूलोंसे वे प्रतिदिन भगवान्‌का पूजन करते थे। गुरुके बताये हुए मार्गसे अपने हृदयकमलके भीतर वे प्रतिदिन भगवान् विष्णुका आवाहन करते थे। उनके आवाहन करते ही शङ्ख, चक्र और गदा धारण करनेवाले लक्ष्मीपति जगन्नाथ गरुड़पर आरूढ़ हो तुरंत वहाँ आते थे। फिर मौद्गल्य ऋषिके द्वारा यत्नपूर्वक पूजित होनेपर वे कुछ कालतक उन्हें विचित्र-विचित्र कथाएँ सुनाया करते थे। कथा-वार्तामें जब तीसरे पहरका समय हो जाता, तब भगवान् विष्णु उनसे बार-बार कहते—'बेटा! अब अपने घर जाओ, तुम बहुत थक गये होगे।' इस प्रकार भगवान्‌के आग्रह करनेपर वे घर लौटते थे। उनके जानेपर भगवान् देवताओंके साथ अपने धामको लौटते थे। मौद्गल्य भी प्रतिदिन कुछ लेकर अपने घर आते और पत्नीको अपना उपार्जित धन देते थे। मौद्गल्यकी पत्नी जाबाला बड़ी पतिव्रता थी। उसके स्वामी शाक, फल अथवा मूल—जो कुछ भी ला देते, उसे ही लेकर वह उसका संस्कार करती और पहले अतिथियों, बालकों तथा अपने पतिको परोसती थी। इन सबको भोजन देकर वह पीछे स्वयं अन्न ग्रहण करती। जब सब लोग भोजन कर लेते तब मौद्गल्य मुनि प्रतिदिन रातमें प्रसन्नतापूर्वक श्रीविष्णुके मुखसे सुनी हुई कथाएँ सबको सुनाते थे। इस प्रकार बहुत समय व्यतीत होनेके बाद मौद्गल्य मुनिने पत्नी, पुत्र, भाई, बन्धु और माता-पिताके साथ उत्तम भोग भोगे और अन्तमें मोक्ष भी प्राप्त कर लिया। तबसे वह तीर्थ मौद्गल्यतीर्थ और श्रीविष्णुतीर्थके नामसे प्रसिद्ध हुआ। वहाँका स्नान और दान भोग एवं मोक्ष देनेवाला है। यदि किसी तरह उस तीर्थके नामका श्रवण अथवा उसका स्मरण ही हो जाय तो भगवान् विष्णु प्रसन्न होते हैं और वह मनुष्य पापोंसे मुक्त होकर सुखी हो जाता है। वहाँ गौतमीके दोनों तटोंपर ग्यारह हजार तीर्थ हैं, जो स्नान, दान और जप आदि करनेसे सब पदार्थ देनेवाले हैं।

लक्ष्मीतीर्थ और भानुतीर्थका माहात्म्य

ब्रह्माजी कहते हैं—नारद! विष्णुतीर्थके बाद लक्ष्मीतीर्थ है, जो लक्ष्मीकी वृद्धि और दरिद्रताका नाश करनेवाला है। उसका पवित्र इतिहास बतलाता हूँ, सुनो। पूर्वकालकी बात है—लक्ष्मी और दरिद्रा देवीमें संवाद हुआ। वे दोनों एक-दूसरीका विरोध करती हुई संसारमें आयीं। तीनों लोकोंमें कोई भी वस्तु ऐसी नहीं है, जहाँ ये व्याप्त न हों। दोनों ही कहने लगीं—मैं बड़ी हूँ, मैं बड़ी हूँ। लक्ष्मीने युक्ति दी—'देहधारियोंका कुल, शील और जीवन मैं ही हूँ। मेरे बिना वे जीते हुए भी मृतकके समान हैं।' दरिद्राने भी तर्क उपस्थित किया—'मैं ही सबसे बड़ी हूँ। क्योंकि मुक्ति सदा मेरे ही अधीन है। जहाँ मैं हूँ, वहाँ काम, क्रोध, मद, लोभ और मात्सर्य—ये दोष कभी नहीं रहते। भय, उन्माद, ईर्ष्या और उद्दण्डताका भी अभाव रहता है।' दरिद्राकी बात सुनकर लक्ष्मीने प्रतिवाद किया—'मुझसे अलंकृत होनेपर सभी प्राणी सम्मानित होते हैं। निर्धन

मनुष्य शिवके ही तुल्य क्यों न हो, सबके द्वारा तिरस्कृत होता रहता है। 'मुझे कुछ दीजिये' यह वाक्य मुँहसे निकालते ही बुद्धि, श्री, लज्जा, शान्ति और कीर्ति—ये शरीरके पाँच देवता तुरंत निकलकर चल देते हैं। गुण और गौरव तभीतक टिके रहते हैं, जबतक मनुष्य दूसरोंके सामने हाथ नहीं फैलाता। जब पुरुष याचक बन गया, तब कहाँ गुण और कहाँ गौरव। जीव तभीतक सबसे उत्तम, समस्त गुणोंका भंडार और सब लोगोंका वन्दनीय रहता है, जबतक वह दूसरेसे याचना नहीं करता। प्राणियोंके लिये निर्धनता सबसे बड़ा कष्ट और पाप है। क्योंकि निर्धन मनुष्यको न तो कोई आदर देता, न उससे बात करता और न उसका स्पर्श ही करता है।* अतः दरिद्रे! मैं ही श्रेष्ठ हूँ। तू मेरी बात कान खोलकर सुन ले।'

लक्ष्मीका यह दर्पयुक्त वचन सुनकर दरिद्रा बोली—'लक्ष्मी! मैं बड़ी हूँ—यह बारंबार कहते तुझे लज्जा नही आती? तू श्रेष्ठ पुरुषोंको छोड़कर सदा पापियोंमें ही रमती रहती है। जो तेरा विश्वास करता है, उसके साथ तू वञ्चना करती है। फिर बड़ी-बड़ी डींगें कैसे हाँक रही है। तेरे मिलनेपर मनुष्यको जैसा भारी पश्चात्ताप सहना पड़ता है, वैसा उसे सुख नहीं मिलता। मदिरा पीनेसे भी पुरुषको वैसा भयंकर नशा नहीं होता, जैसा तेरे समीप रहनेमात्रसे विद्वानोंको भी हो जाता है। लक्ष्मी! तू सदा प्रायः पापियोंके साथ ही क्रीड़ा करती है। मैं योग्य और धर्मशील पुरुषोंमें सदा निवास करती हूँ। भगवान् शिव और श्रीविष्णुके भक्त, कृतज्ञ, महात्मा, सदाचारी, शान्त, गुरुसेवा-परायण, साधु, विद्वान्, शूरवीर तथा पवित्र बुद्धिवाले श्रेष्ठ पुरुषोंमें मेरा निवास है। अतः श्रेष्ठता तो सदा मुझमें ही है। तेजस्वी ब्राह्मण, व्रतपरायण संन्यासी तथा निर्भय मनुष्योंके साथ मैं रहा करती हूँ। किंतु तू कहाँ रहती है—यह भी सुन ले। पापपरायण राजकर्मचारी, निष्ठुर, खल, चुगलखोर, लोभी, विकृताङ्ग, शठ, अनार्य, कृतघ्न, धर्मघाती, मित्रद्रोही, अनिष्टकारी तथा हृदयहीन मनुष्योंमें ही तेरा निवास है।

इस तरह विवाद करती हुई वे दोनों मेरे पास आयीं। मैंने उनकी बातें सुनीं और इस प्रकार कहा—'पृथ्वी तथा आप (जल)—ये दोनों देवियाँ मुझसे ही प्रकट हुई हैं। स्त्री होनेके कारण वे ही स्त्रीके विवादको समझ सकती हैं और कोई नहीं। उनमें भी जो कमण्डलुसे प्रकट होनेवाली नदियाँ हैं, वे श्रेष्ठ हैं। उन सरिताओंमें भी गौतमी देवी तो सर्वश्रेष्ठ हैं। अतः वे ही तुम्हारे विवादका निर्णय करेंगी। वे ही सबकी पीड़ाओंको हरनेवाली तथा सबके संदेहका निवारण करनेवाली हैं।' मेरे कहनेसे वे दोनों पृथ्वी और जलके पास गयीं और उन सबको साथ ले गौतमीदेवीके समीप पहुँचीं। भूदेवी और आपोदेवीने गौतमीसे लक्ष्मी और दरिद्राका विवाद स्पष्टरूपसे कह सुनाया। उन दोनोंके विवादको समस्त लोकपाल, पृथ्वी और जल—ये मध्यस्थकी भाँति सुन रहे थे।

उस समय गङ्गाने दरिद्रासे कहा—'ब्रह्मश्री,

---

* देहीति वचनद्वारा देहस्थाः पञ्च देवताः। सद्यो निर्गत्य गच्छन्ति धीश्रीह्रीशान्तिकीर्तयः॥
तावद् गुणा गुरुत्वं च यावन्नार्थयते परम्। अर्थी चेत् पुरुषो जातः क्व गुणाः क्व च गौरवम्॥
तावत्सर्वोत्तमो जन्तुस्तावत्सर्वगुणालयः। नमस्यः सर्वलोकानां यावन्नार्थयते परम्॥
कष्टमेतन्महत्पापं निर्धनत्वं शरीरिणाम्। न मानयति नो वक्ति न स्पृशत्यधनं जनः॥
(१३७।१०—१३)

तप:श्री, यज्ञश्री, कीर्ति, धनश्री, यश:श्री, विद्या, प्रज्ञा, सरस्वती, भोगश्री, मुक्ति, स्मृति, लज्जा, धृति, क्षमा, सिद्धि, तुष्टि, पुष्टि, शान्ति, जल, पृथ्वी, अहंशक्ति, ओषधि, श्रुति, शुद्धि, रात्रि, द्युलोक, ज्योत्स्ना, आशी:, स्वस्ति, व्याप्ति, माया,

उषा, शिवा आदि जो कुछ भी संसारमें विद्यमान है, वह सब लक्ष्मीके द्वारा व्याप्त है। ब्राह्मण, धीर, क्षमावान्, साधु, विद्वान्, भोगपरायण तथा मोक्षपरायण पुरुषोंमें जो-जो रमणीय अथवा सुन्दर है, वह सब लक्ष्मीका ही विस्तार है। अधिक सुननेसे क्या लाभ—समस्त जगत् लक्ष्मीमय ही है। जिस किसी व्यक्तिमें जो कुछ भी उत्कृष्ट वस्तु दिखायी देती है, वह सब लक्ष्मीमय है। लक्ष्मीसे शून्य कोई वस्तु नहीं है। दरिद्रे! क्या तू इन सुन्दरी लक्ष्मीदेवीके साथ स्पर्द्धा करती हुई लज्जित नहीं होती? जा, चली जा यहाँसे।'

तबसे गङ्गाका जल दरिद्राका शत्रु हो गया। तभीतक दरिद्रताका कष्ट उठाना पड़ता है, जबतक गङ्गाजीका सेवन न किया जाय। तबसे लक्ष्मीतीर्थ अलक्ष्मीनाशक हो गया। वहाँ स्नान और दान करनेसे मनुष्य लक्ष्मीवान् तथा पुण्यवान् होता है। महामते! वहाँ देवताओं तथा ऋषि-मुनियोंद्वारा सेवित छ: हजार तीर्थ हैं, जो सब-के-सब सिद्धि प्रदान करनेवाले हैं।

तदनन्तर विख्यात भानुतीर्थ है, जो मनुष्योंको सब प्रकारकी सिद्धि देनेवाला है। वहाँका वृत्तान्त महापातकोंका नाश करनेवाला है। उसे बतलाता हूँ, सुनो। शर्याति नामसे विख्यात एक परम धर्मात्मा राजा थे। उनकी स्त्रीका नाम स्थविष्ठा था। रानी इस भूतलपर अप्रतिम सुन्दरी थी। संयमी पुरुषोंमें श्रेष्ठ विश्वामित्रकुमार ब्रह्मर्षि मधुच्छन्दा राजा शर्यातिके पुरोहित थे। एक समयकी बात है—वीरवर राजा शर्याति अपने पुरोहितको साथ ले दिग्विजयके लिये निकले। सम्पूर्ण दिशाओंपर विजय पाकर लौटते समय राजाने मार्गमें सेनाका पड़ाव डाला। उस समय उन्होंने अपने पुरोहितको उदास देखकर पूछा—'विप्रवर! आप खिन्न क्यों हैं? मैंने पृथ्वीको जीता और बड़े-बड़े राजाओंपर विजय पायी, यह तो महान् हर्षका अवसर है। ऐसे समयमें आप दु:खी क्यों हैं? सच-सच बताइये।' तब मधुच्छन्दाने राजाको सम्बोधित करके कहा—'राजन्! जब एक पहर दिन रहेगा, तब हमलोग यात्रा करेंगे। इसीमें रात आधी बीत जायगी। उधर इस शरीरकी स्वामिनी मेरी प्रियतमा कामके वशीभूत होकर मेरी राह देखती है। उसका स्मरण करके मेरा शरीर सूखा जाता है। कामजनित विकार उत्पन्न होनेपर वह कमलके समान मुखवाली सुन्दरी जीवित तो मिलेगी न?'

यह सुनकर राजा हँस पड़े और पुरोहितसे बोले—'ब्रह्मन्! आप मेरे गुरु और मित्र हैं। फिर अपने-आपको क्यों विडम्बनामें डाल रहे हैं।

संसारका सुख तो क्षणभङ्गुर है। उसमें आप-जैसे महात्माओंकी आस्था कैसी।' मधुच्छन्दा बोले—'राजन्! जहाँ पति-पत्नी दोनों एक-दूसरेके अनुकूल रहते हैं, वहीं धर्म, अर्थ और कामकी वृद्धि होती है। अत: अपनी पत्नीके प्रति यह अनुराग दूषण नहीं, भूषण ही मानना चाहिये।'

तदनन्तर राजा विशाल सेनाके साथ अपने देशमें आये। उन्होंने पत्नीके प्रेमकी परीक्षा करनेके लिये नगरसे यह संदेश भेज दिया—'राजा शर्याति दिग्विजयके लिये गये थे। वहाँ एक राक्षस पुरोहितसहित राजाको मारकर रसातलमें चला गया।' दूतके मुखसे यह संदेश सुनकर रानी इसकी सत्यताका पता लगाने लगीं, किन्तु मधुच्छन्दाकी पत्नीने तुरंत प्राण त्याग दिये। यह एक अद्‌भुत बात हो गयी। दूतोंने उसकी मृत्युका हाल महाराजसे जाकर कहा। साथ ही रानियोंकी चेष्टा भी बतायी। इससे राजाको बड़ा विस्मय और दुःख हुआ; उन्होंने दूतोंसे कहा—'तुमलोग जाकर ब्राह्मणीके शरीरकी रक्षा करो और नगरमें यह बात फैला दो कि राजा अपने पुरोहितके साथ राजधानीमें आ रहे हैं।'

यों कहकर राजा चिन्तासे व्याकुल हो उठे। इसी समय आकाशवाणी हुई—'राजन्! इस पृथ्वीपर गौतमी गङ्गा सब प्रकारके संकटोंकी शान्ति करनेवाली तथा पावन हैं, वे आपका सम्पूर्ण मनोरथ सिद्ध करेंगी।' आकाशवाणी सुनकर शर्याति गौतमीके तटपर गये। उन्होंने ब्राह्मणोंको धन दिया, पितरों और द्विजोंको तृप्त किया और अपने पुरोहितको धनके साथ यह कहकर भेजा—'आप अन्य तीर्थोंमें जाकर धन-दान करें।' राजाका यह सब कार्य पुरोहित नहीं जानते थे। उनके चले जानेपर राजाने सेनाको भी भेज दिया और स्वयं अकेले ही गङ्गातटपर रह गये। उन्होंने गङ्गा, सूर्य तथा देवताओंको सुनाकर कहा—'यदि मैंने दान, होम और प्रजा-पालन किया हो तो इस सत्यके प्रभावसे वह पतिव्रता ब्राह्मणी मेरी आयु लेकर जीवित हो जाय।' यों कहकर राजा अग्निमें प्रवेश कर गये। उसी समय पुरोहितकी पत्नी जीवित हो गयी।

राजगुरु मधुच्छन्दाको जब यह बात मालूम हुई कि 'राजा अग्निमें प्रवेश कर गये, मेरी पतिव्रता पत्नी मरकर फिर जी उठी और उसीके लिये महाराजने अपने जीवनका परित्याग किया है,' तब उनका ध्यान अपने कर्तव्यकी ओर गया। उन्होंने सोचा—'मैं भी अग्निमें प्रवेश करके अपने प्रिय मित्रके पास जाऊँ अथवा यहीं रहकर तपस्या करूँ?' अन्तमें वे इस निश्चयपर पहुँचे कि 'मेरा कर्तव्य तथा पुण्यकार्य यही है कि पहले राजाको जीवित करूँ, उसके बाद प्रियाके पास जाऊँ।' यह विचारकर उन्होंने सूर्यदेवका स्तवन किया, क्योंकि उनके सिवा दूसरा कोई सम्पूर्ण अभीष्ट वस्तुओंको देनेवाला नहीं है।

मधुच्छन्दा बोले—मुक्तिस्वरूप, अमित तेजस्वी भगवान् सूर्यको नमस्कार है। ओंकारके अर्थभूत छन्दोमय देवको नमस्कार है। जो विरूप, सुरूप, त्रिगुण, त्रिमूर्ति, सृष्टि, पालन और संहारके हेतु तथा सबके प्रभु हैं, उन भगवान् सूर्यको नमस्कार है।

इस स्तोत्रसे प्रसन्न होकर भगवान् सूर्यने कहा—'कोई वर माँगो।' मधुच्छन्दा बोले—'देवेश्वर! राजाका जीवनदान दीजिये। प्रिय वचन बोलनेवाली मेरी पत्नीको भी जीवित रखिये और मुझे तथा राजाके लिये भी उत्तम पुत्र प्रदान कीजिये।' जगदीश्वर भगवान् सूर्यने रत्नमय आभूषणोंसे विभूषित राजा शर्यातिको जीवित करके दे दिया, ब्राह्मणकी पत्नीको भी जिलाया तथा और भी श्रेष्ठ एवं कल्याणमय वर प्रदान किये। तदनन्तर राजा प्रसन्न हो पुरोहितके साथ प्रियजनोंसे घिरे हुए सुखपूर्वक अपने देशको गये। उस स्थानपर तीन हजार गुणवान् तीर्थोंका निवास है। मुने! उसी समयसे उस स्थानका नाम भानुतीर्थ, मृतसंजीवनतीर्थ, शर्यातितीर्थ और माधुच्छन्दसतीर्थ हो गया। वह स्मरणमात्रसे पापोंको दूर भगाता है। उन तीर्थोंमें किया हुआ स्नान और दान सम्पूर्ण यज्ञोंका फल देनेवाला है।

खड्गतीर्थ और आत्रेयतीर्थकी महिमा

ब्रह्माजी कहते हैं—गौतमीके उत्तर-तटपर खड्गतीर्थ है, जहाँ स्नान और दान करनेसे मनुष्य मोक्षका भागी होता है। नारद! मैं वहाँका वृत्तान्त बतलाता हूँ। पैलूष नामसे विख्यात एक ब्राह्मण थे, जो कवषके पुत्र थे। वे कुटुम्बके भारसे विवश हो धनके लिये इधर-उधर दौड़ा करते थे, किंतु उन्हें कहींसे भी कुछ नहीं मिलता था। दैव तो अत्यन्त विमुख था ही, पुरुषार्थ भी निष्फल हो गया। इससे पैलूषको बड़ा वैराग्य हुआ। वे सोचने लगे—'यह तृष्णा मुझे बलपूर्वक पापकी ओर खींचती है। तृष्णे! तूने मेरे अज्ञानवश बड़ा अपकार किया है, किंतु अब तुझे दूरसे ही नमस्कार है।' यह सोचकर बुद्धिमान् पैलूषने मन-ही-मन विचार किया—'इस तृष्णाका नाश करनेके लिये क्या होना चाहिये?' फिर उन्होंने अपने पिता कवषसे पूछा—'तात! मैं ज्ञानरूपी खड्गसे क्रोध और लोभका तथा अत्यन्त दुस्तर संसारका कैसे छेदन करूँ? इसका उपाय बतलाइये।'

कवषने कहा—वैदिक श्रुतिका कथन है कि ईश्वरसे ज्ञानकी इच्छा करे; अतः तुम महादेवजीकी आराधना करो। उससे तुम्हें ज्ञान प्राप्त होगा।

'बहुत अच्छा' कहकर पैलूषने ज्ञान-प्राप्तिके उद्देश्यसे महेश्वरकी अर्चना की। इससे संतुष्ट होकर उन्होंने ब्राह्मणको ज्ञान प्रदान किया। ज्ञान प्राप्त होनेपर परम बुद्धिमान् कवषने इस प्रकार मुक्तिदायिनी गाथाका गान किया—'मनुष्यका पहला शत्रु है क्रोध। उसका फल तो कुछ भी नहीं है, उलटे वह शरीरका नाश करता है; अतः ज्ञानरूपी खड्गसे उसका नाश करके परम आनन्दको प्राप्त करे। नाना प्रकारकी तृष्णा बन्धनमें डालनेवाली माया है, वह पाप कराती है; अतः ज्ञानरूपी खड्गसे उसका नाश कर देनेपर मनुष्य सुखसे रहता है।* आसक्ति देवता आदिके लिये भी बहुत बड़ा अधर्म है। आत्मा असङ्ग है, उसके

---

* क्रोधस्तु प्रथमं शत्रुर्निष्फलो देहनाशनः । ज्ञानखड्गेन तं छित्त्वा परमं सुखमाप्नुयात्॥
तृष्णा बहुविधा माया बन्धनी पापकारिणी । छित्त्वैतां ज्ञानखड्गेन सुखं तिष्ठति मानवः॥
(१३९।१३-१४)

लिये भी आसक्ति महान् शत्रु है। ज्ञानरूपी खड्गसे इस आसक्तिका नाश करके शिव-सायुज्य प्राप्त करे। संशय महानाशका कारण है। वह धर्म और अर्थका भी विनाश करनेवाला है। उस संशयका नाश करके जीव अपने परम अभीष्टकी सिद्धि कर सकता है। आशा पिशाचीकी भाँति चित्तमें प्रवेश करती है और सम्पूर्ण सुखोंको भस्म कर डालती है। पूर्ण अहंता (अपरिच्छिन्न आत्मबोध)-रूपी खड्गसे उसका नाश करके जीवन्मुक्ति प्राप्त करनी चाहिये।'

तदनन्तर पैलूष ज्ञान प्राप्त करके गङ्गा-तटपर रहने लगे। ज्ञानरूपी खड्गसे उनका मोह नष्ट हो गया था, अतः उन्होंने मोक्ष प्राप्त कर लिया। तबसे वह स्थान खड्गतीर्थके नामसे प्रसिद्ध हुआ। ज्ञानतीर्थ, कवषतीर्थ, पैलूषतीर्थ और सर्वकामदतीर्थ आदि छः हजार तीर्थ वहाँ वास करते हैं, जो पापराशिके नाशक और अभीष्ट वस्तुओंके दाता हैं।

उसके बाद आत्रेयतीर्थ है। उसीको अन्विन्द्रतीर्थ भी कहते हैं। वह बहुत ही उत्तम है। वह खोये हुए राज्यकी प्राप्ति करानेवाला है। उसका माहात्म्य बतलाता हूँ, सुनो। एक बार गौतमीके उत्तर-तटपर आत्रेय ऋषिने अनेकों ऋत्विज मुनियोंके साथ सत्र आरम्भ किया। उसमें हव्यवाहन अग्नि ही होता थे। इस प्रकार सत्र पूरा होनेपर महर्षिने माहेश्वरी इष्टिका अनुष्ठान किया। इससे अणिमा आदि आठ प्रकारके ऐश्वर्यकी प्राप्ति हुई तथा उनमें सर्वत्र आने-जानेकी शक्ति हो गयी। वे परम मनोहर इन्द्रभवन, स्वर्गलोक तथा रसातलमें अपनी तपस्याके प्रभावसे आने-जाने लगे। एक समय वे इन्द्रलोकमें गये। वहाँ उन्होंने देवताओंसे घिरे हुए इन्द्रको देखा, जो अप्सराओंका उत्तम नृत्य देख रहे थे। सिद्ध और साध्यगण उनकी

स्तुति कर रहे थे। वह सब देखकर पुनः अपने आश्रमपर लौट आये। कहाँ पवित्र गुणोंवाले रत्नोंसे भरी हुई अत्यन्त रमणीय इन्द्रपुरी और कहाँ श्रीहीन, सुवर्णरहित अपना आश्रम! यह देखकर ब्राह्मणको अपने आश्रमसे वैराग्य-सा हो गया। उनके मनमें शीघ्र ही देवताओंका राज्य प्राप्त करनेकी अभिलाषा हुई। तब उन्होंने अपनी प्रियासे कहा—'देवि! अब मैं उत्तम-से-उत्तम फल-मूल भी, चाहे वे कितने ही अच्छे ढंगसे क्यों न बने हों, नहीं खा सकता। मुझे तो स्वर्गलोकके अमृत, परम पवित्र भक्ष्य-भोजन, श्रेष्ठ आसन, स्तुति, दान, सुन्दर सभा, अस्त्र-शस्त्र, मनोहर वस्त्र, अमरावतीपुरी और नन्दनवनकी याद आती है।' यों कहकर महात्मा आत्रेयने तपस्याके प्रभावसे विश्वकर्माको बुलाया और इस प्रकार कहा—'महात्मन्! मैं इन्द्रका पद चाहता हूँ। आप शीघ्र ही यहाँ इन्द्रपुरीका निर्माण कीजिये। इसके विपरीत यदि आपने कोई बात मुँहसे निकाली तो मैं निश्चय ही आपको भस्म कर डालूँगा।'

आत्रेयके यों कहनेपर प्रजापति विश्वकर्माने तत्काल ही वहाँ मेरुपर्वत, देवपुरी, कल्पवृक्ष, कल्पलता, कामधेनु, वज्र आदि मणियोंसे विभूषित, सुन्दर तथा अत्यन्त चित्रकारी किये हुए गृह बनाये। इतना ही नहीं, उन्होंने सर्वाङ्गसुन्दरी शचीकी भी आकृति बनायी, जो कामदेवकी विहारशाला-सी प्रतीत होती थी। क्षणभरमें सुधर्मा सभा, मनोहारिणी अप्सराएँ, उच्चैःश्रवा अश्व, ऐरावत हाथी, वज्र आदि अस्त्र और सम्पूर्ण देवताओंका निर्माण हो गया। अपनी पत्नीके मना करनेपर भी आत्रेयने शचीके समान रूपवाली उस स्त्रीको अपनी भार्या बना लिया। वज्र आदि अस्त्रोंको भी धारण किया। नृत्य और संगीत आदि सब कुछ वहाँ उसी तरहसे होने लगा, जिस प्रकार वह इन्द्रपुरीमें देखा गया था। स्वर्गलोकका सम्पूर्ण सुख पाकर मुनिवर आत्रेयका चित्त बहुत प्रसन्न हुआ। आपातरमणीय विषयोंकी भी भला, किस पुरुषको अपेक्षा नहीं होती। दैत्यों और दानवोंने जब स्वर्गका वैभव पृथ्वीपर उतरा हुआ सुना, तब उन्हें बड़ा क्रोध हुआ। वे परस्पर कहने लगे—'क्या कारण है कि इन्द्र स्वर्गलोकको छोड़कर पृथ्वीपर सुख भोगनेके लिये आया है? हमलोग अभी वृत्रासुरका वध करनेवाले उस इन्द्रसे युद्ध करनेके लिये चलें।' ऐसा निश्चय करके असुरोंने वहाँ आकर महर्षि आत्रेयको और उनके द्वारा निर्मित इन्द्रपुरीको भी घेर लिया। फिर तो उनपर बड़े-बड़े शस्त्रोंकी मार पड़ने लगी। इससे भयभीत होकर आत्रेयने कहा—'मैं इन्द्र नहीं हूँ। मेरी यह भार्या भी शची नहीं है। न तो यह इन्द्रपुरी है और न यहाँ इन्द्रका नन्दनवन है। वृत्रहन्ता, वज्रधारी और सहस्र नेत्रोंवाले इन्द्र तो स्वर्गमें ही हैं। मैं तो वेदवेत्ता ब्राह्मण हूँ और ब्राह्मणोंके साथ ही गौतमीके तटपर निवास करता हूँ। दुर्दैवकी प्रेरणासे मैंने यह कर्म कर डाला, जो न तो वर्तमान कालमें सुख देनेवाला है और न भविष्यमें ही।'

असुर बोले—मुनिश्रेष्ठ आत्रेय! यह इन्द्रका अनुकरण छोड़कर यहाँका सारा वैभव समेट लो, तभी तुम कुशलसे रह सकते हो; अन्यथा नहीं।

आत्रेयने कहा—'मैं अग्निकी शपथ खाकर सच-सच कहता हूँ—आपलोग जैसा कहेंगे, वैसा ही करूँगा।' दैत्योंसे यों कहकर वे पुनः विश्वकर्मासे बोले—'प्रजापते! आपने मेरी प्रसन्नताके लिये जो इन्द्रपदका निर्माण किया था, इसका फिर उपसंहार कर लीजिये और ऐसा करके

मुझ ब्राह्मण मुनिकी शीघ्र रक्षा कीजिये। मुझे फिर अपना वही आश्रम लौटा दीजिये, जहाँ मृग, पक्षी, वृक्ष और जल हैं। मुझे इन दिव्य भोगोंकी कोई आवश्यकता नहीं है। शास्त्रीय मर्यादाका उल्लङ्घन करके प्राप्त की हुई कोई भी वस्तु सुखद नहीं होती।'

'बहुत अच्छा' कहकर प्रजापतिने उस इन्द्रपुरीके वैभवको समेट लिया। उस देशको निष्कण्टक बनाकर दैत्य फिर अपने स्थानको चले गये। विश्वकर्मा भी हँसते-हँसते अपने धामको पधारे। आत्रेय भी अपने शिष्यों और पत्नीके साथ गौतमी-तटपर रहते हुए तपस्यामें संलग्न हो गये। उनका जो यज्ञ चल रहा था, उसमें उन्होंने लज्जित होकर कहा—'अहो! मोहकी कैसी महिमा है कि मेरे चित्तमें भी भ्रान्ति आ गयी। यह क्या मैंने महेन्द्रपद पाया और क्या-क्या उसके लिये किया।'

इस प्रकार लज्जित हुए आत्रेयसे देवताओंने कहा—'महाबाहो! लज्जा छोड़ो। इससे तुम्हारी बड़ी ख्याति होगी। जो लोग इस आत्रेयतीर्थमें स्नान करेंगे, वे भविष्यमें इन्द्र होंगे और इसके स्मरणसे उन्हें सुखकी प्राप्ति होगी।' यों कहकर देवता चले गये और आत्रेय मुनि भी बहुत संतुष्ट हुए।

परुष्णीतीर्थ, नारसिंहतीर्थ, पैशाचनाशनतीर्थ, निम्नभेद-तीर्थ और शङ्खह्रदतीर्थकी महिमा

ब्रह्माजी कहते हैं—परुष्णी नामक तीर्थ तीनों लोकोंमें विख्यात है। उसके पापनाशक स्वरूपका वर्णन करता हूँ, सुनो। एक बार महर्षि अत्रिने ब्रह्मा, विष्णु और महादेवजीकी आराधना की। उन तीनोंके संतुष्ट होनेपर महर्षिने कहा— 'आपलोग मेरे पुत्र हों। साथ ही मेरे एक परम सुन्दरी कन्या भी हो।' इस वरदानके अनुसार वे तीनों देवता उनके पुत्र हुए। महर्षिने जो कन्या उत्पन्न की, उसका नाम आत्रेयी हुआ। अत्रिके तीनों पुत्र क्रमशः दत्त, सोम और दुर्वासाके नामसे प्रसिद्ध हुए। अग्निसे अङ्गिराकी उत्पत्ति हुई थी। अङ्गारसे उत्पन्न होनेके कारण ही उन्हें अङ्गिरा कहते हैं। महर्षि अत्रिने अङ्गिरासे ही अपनी तेजस्वी कन्या आत्रेयीको ब्याह दिया। अङ्गिरामें अग्निकी तीव्रताका प्रभाव था। अतः वे आत्रेयीसे सदा परुष (कठोर) भाषण किया करते थे। आत्रेयी भी सदा पतिकी सेवामें संलग्न रहती थीं। आत्रेयीके गर्भसे महान् बलवान् और पराक्रमी आङ्गिरस नामक पुत्र हुए। अङ्गिरा आत्रेयीको प्रतिदिन कटु वचन सुनाते और आङ्गिरस नामवाले पुत्र सदा अपने पिताको शान्त किया करते थे। एक दिन आत्रेयी पतिके कठोर वाक्यसे उद्विग्न हो उठीं और दीनभावसे हाथ जोड़कर अपने श्वशुर अग्निदेवसे बोलीं—'भगवन् हव्यवाह! मैं अत्रिकी कन्या और आपके पुत्रकी पत्नी हूँ, पुत्रों और पतिकी सेवामें सदा संलग्न रहती हूँ; तो भी पतिदेव मुझे कटु वचन सुनाते और व्यर्थ ही रोषपूर्ण दृष्टिसे देखा करते हैं। सुरश्रेष्ठ! आप मेरे पति-देवताको समझा दें।

अग्नि बोले—कल्याणी! तुम्हारे पति अङ्गिरा ऋषि अङ्गारसे प्रकट हुए हैं। वे जिस प्रकार शान्त हो सकें, वैसी नीति बर्तनी चाहिये। तुम्हारे पति अङ्गिरा जब अग्निमें प्रवेश करें, तब तुम मेरी आज्ञासे जलरूप होकर उन्हें बहा ले जाना।

आत्रेयीने कहा—भगवन्! मैं उनकी कठोर बातें सह लूँगी, किंतु मेरे स्वामी अग्निमें प्रवेश न करें। जो स्त्रियाँ अपने स्वामीसे प्रतिकूल चलती हैं, उनके जीवनसे क्या लाभ। मैं तो इतना ही चाहती थी कि वे शान्तिमय वचन बोलें।

अग्नि बोले—जलमें, शरीरमें तथा स्थावर-जङ्गमरूप जगत्में सर्वत्र मेरा निवास है। मैं

तुम्हारे पतिका नित्य आश्रय हूँ, क्योंकि मैं ही उनका जनक हूँ। जो मैं हूँ, वही वे भी हैं। यह जानकर तुम्हें चिन्ता नहीं करनी चाहिये। एक बात और है—जलको तो तुम माता समझो और अग्निको श्वशुर। इस बातका अपनी बुद्धिसे भलीभाँति निश्चय करके तुम विषाद न करो।

आत्रेयीने कहा— भगवन्! आप जलको माता कहते हैं और मैं आपके पुत्रकी पत्नी हूँ। जननी होकर फिर पत्नी कैसे रह सकूँगी, जलका रूप धारण करनेसे यह विरोध सामने आता है।

अग्नि बोले— स्त्री पहले तो पत्नी होती है। फिर स्वामीका भरण-पोषण करनेसे भार्या बनती है। पुत्रका जन्म देनेपर उसे जाया कहते हैं। इसी प्रकार अपने गुणोंके कारण वह कलत्र कहलाती है। भद्रे! तुम भी यही रूप धारण करती हो। अतः मेरी आज्ञाका पालन करो। जो एक बार पत्नीके गर्भमें आकर पुत्ररूपसे उत्पन्न हो चुका, वह वास्तवमें उसका पुत्र ही है और वह स्त्री भी जननी ही है। अतः वैदिक तत्त्वके विद्वान् कहते हैं कि पुत्र उत्पन्न हो जानेपर नारी पत्नी नहीं रह जाती।

श्वशुरके मुखसे यह वचन सुनकर आत्रेयीने अग्निरूपमें आये हुए अपने पतिको जलसे आप्लावित कर दिया। फिर वे दोनों पति-पत्नी गङ्गाजीके जलसे जा मिले। उस समय दोनोंके स्वरूप शान्त थे। जैसे लक्ष्मीके साथ श्रीविष्णु, उमाके साथ शंकर तथा रोहिणीके साथ चन्द्रमा हैं, उसी प्रकार वे दोनों शोभा पाने लगे। पतिको आप्लावित करती हुई आत्रेयीने जलमय शरीर धारण किया था, अतः वह परुष्णी नदीके नामसे विख्यात हुई और गङ्गामें जा मिली। उसमें स्नान करनेसे सौ गोदानोंका पुण्य प्राप्त होता है। आङ्गिरस नामवाले पुत्रने गङ्गा और परुष्णीके संगमपर बहुत-से यज्ञ किये। वहाँ स्नान-दान आदिसे जो पुण्य होता है, उसका वर्णन नहीं हो सकता।

गङ्गाके उत्तर-तटपर नारसिंह नामक विख्यात तीर्थ है, जो सबकी रक्षा करनेवाला है। उसके प्रभावका वर्णन करता हूँ, सुनो। पूर्वकालमें हिरण्यकशिपु नामक दैत्य हुआ था, जो बलवानोंमें श्रेष्ठ था। तपस्या और पराक्रमकी दृष्टिसे भी वह बहुत बढ़ा हुआ था। देवता भी उसे परास्त नहीं कर पाते थे। उसका पुत्र भगवान्‌का भक्त हुआ। उसके साथ द्वेष करनेके कारण हिरण्यकशिपुका अन्तःकरण मलिन हो गया था। उस समय भगवान् अपनी विश्वरूपताका परिचय देते हुए सभामण्डपके खंभेसे नरसिंहरूपमें प्रकट हुए और उस दैत्यका वध करके उन्होंने उसकी सेनाको भी मार भगाया। क्रमशः युद्धमें समस्त दैत्योंका संहार करके रसातलके शत्रुओंपर विजय पायी। उसके बाद वे स्वर्गलोकमें गये। वहाँ रहनेवाले दैत्योंको परास्त करके वे पुनः पृथ्वीपर आये। यहाँ पर्वत, समुद्र, नदी, ग्राम और वनोंमें नाना रूप धारण करके जो दैत्य निवास करते थे, उन सबका भगवान् नृसिंहने संहार कर डाला। आकाश, वायु तथा ज्योतिर्मय लोकमें पहुँचे हुए दैत्योंको भी जीवित नहीं छोड़ा। उनके नख वज्रपातसे भी कठोर थे। गर्दन और मुखपर बड़े-बड़े बाल थे। उनकी गर्जना सुनकर दैत्यपत्नियोंके गर्भ गिर जाते थे। उन्होंने समस्त राक्षसोंको परास्त किया। भयंकर सिंहनाद, प्रलयाग्निके समान दृष्टि, थप्पड़ और शरीरके धक्केसे समस्त असुरोंको चूर्ण कर डाला।

इस प्रकार अनेक दैत्योंका संहार करके नरसिंहजी गौतमीके तटपर गये, जो उन्हींके चरणकमलोंसे निकली हुई और मन तथा नेत्रोंको आनन्द देनेवाली थी। वहाँ दण्डकारण्यका स्वामी

आम्बर्य नामक दैत्य रहता था, जो देवताओंके लिये भी दुर्जय था। उसके पास बहुत बड़ी सेना थी। भगवान् नृसिंहका उस दैत्यके साथ अत्यन्त भयंकर एवं रोमाञ्चकारी युद्ध हुआ। श्रीहरिने गोदावरीके उत्तरतटपर अपने शत्रुका संहार कर

डाला। वह स्थान तीनों लोकोंमें नारसिंहतीर्थके नामसे विख्यात हुआ। वहाँ किया हुआ स्नान-दान आदि पुण्यकार्य समस्त पापरूपी ग्रहोंका शमन, वृद्धावस्था और मृत्युका निवारण तथा सबकी रक्षा करनेवाला है। जैसे सम्पूर्ण देवताओंमें कोई भी भगवान् विष्णुके समान नहीं है, उसी प्रकार समस्त तीर्थोंमें नारसिंहतीर्थ अनुपम और सर्वोत्तम है। उस तीर्थमें स्नान करके मनुष्य भगवान् नृसिंहका पूजन करे तो उसे स्वर्ग, मर्त्यलोक और पातालका भी कोई सुख दुर्लभ नहीं रहता। बिना श्रद्धा भी जिनका नाम लेनेपर समस्त पापोंका संहार हो जाता है, वे साक्षात् भगवान् नरसिंह ही जहाँ विराजमान हैं, उस तीर्थके सेवनसे प्राप्त होनेवाले फलका कौन वर्णन कर सकता है। जैसे नृसिंहजीसे बड़ा कहीं कोई देवता नहीं है, उसी प्रकार नृसिंहतीर्थके समान कहीं कोई तीर्थ नहीं है।

गङ्गाके उत्तर-तटपर पैशाचनाशनतीर्थ विख्यात है। नारद! वहाँ पूर्वकालमें एक ब्राह्मण पिशाच-योनिसे मुक्त हुआ था। सुयज्ञके पुत्र अजीगर्ति एक विख्यात ब्राह्मण थे। एक समय अकाल पड़नेपर कुटुम्ब-पालनके भारसे दुःखी एवं पीड़ित होकर उन्होंने अपने मझले पुत्र शुनःशेपको वधके लिये क्षत्रियके हाथ बेच दिया। उसके बदलेमें अजीगर्तिको बहुत धन मिला था। शुनःशेप ब्रह्मवेत्ताओंमें श्रेष्ठ था। ऐसे पुत्रको भी अजीगर्तिने धनके लोभसे बेच डाला। आपत्तिमें पड़नेपर विद्वान् पुरुष भी कौन-सा पाप नहीं कर डालता। समय आनेपर अजीगर्तिकी मृत्यु हुई और वे नरकमें डाले गये। क्योंकि इस लोकमें पूर्वजन्मके किये हुए पापोंका भोगके बिना क्षय नहीं होता। अनेक पाप-योनियोंमें पड़नेके पश्चात् अजीगर्ति भयंकर आकारवाले पिशाच हुए। उन्हें निर्जल और निर्जन वनमें सूखे काठपर रहना पड़ता था। गर्मीमें जहाँ दावानल फैल जाता, वही यमराजके दूत उस प्रेतको डाल देते थे। कन्या, पुत्र, पृथ्वी, अश्व तथा गौओंका विक्रय करनेवाले मनुष्य महाप्रलय-कालतक नरकसे छुटकारा नहीं पाते*। अपने किये हुए पापोंके फलस्वरूप भयंकर यमदूतोंद्वारा नरकमें पकाये जानेपर वह प्रेत जोर-जोरसे रोने लगा।

* कन्यापुत्रमहीवाजिगवां विक्रयकारिणः। नरकान्न निवर्तन्ते यावदाभूतसंप्लवम्॥ (१५०।९)

एक दिन अजीगर्तिका मझला पुत्र शुनःशेप मार्गमें कहीं जा रहा था। उसने रोते हुए पिशाचकी कातर वाणी सुनी और पूछा—'आप कौन हैं, जो अत्यन्त दुःखी होकर रोते हैं? अजीगर्तिने बड़े दुःखसे कहा—'मैं शुनःशेपका पिता हूँ। भारी पापकर्म करके भयानक प्रेतयोनिमें पड़ा हूँ। पहले तो बारंबार नरकोंमें यातनाएँ

सहता रहा और अब प्रेतयोनिको प्राप्त हुआ हूँ। जो-जो पापकर्म करनेवाले हैं, उन सबकी यही गति होती है।' यह सुनकर अजीगर्तिके पुत्रको बड़ा दुःख हुआ। उसने कहा—'पिताजी! मैं ही आपका पुत्र शुनःशेप हूँ। हाय, मेरे दोषसे आपकी यह दशा हुई! मुझे बेचनेके कारण आपको इस प्रकार नरकोंमें आना पड़ा है। अब मैं आपको स्वर्गमें पहुँचाऊँगा।' ऐसी प्रतिज्ञा करके उसने गङ्गाजीका चिन्तन किया और पिताको उत्तम लोक प्राप्त करानेकी चेष्टामें संलग्न हो वहाँसे चल दिया। उसने सोचा—'जो सम्पूर्ण दुःखरूपी अग्निसे संतप्त हैं और मोहके महासागरमें डूब रहे हैं, उन देहधारियोंके लिये गङ्गाजीको छोड़कर तीनों लोकोंमें दूसरा कोई सहारा नहीं है। ऐसा निश्चय करके पिताका दुर्गतिसे उद्धार करनेकी कामना लेकर शुनःशेप पवित्र भावसे गौतमीके तटपर गया और वहाँ स्नान करके भगवान् विष्णु और शिवका स्मरण करते हुए उसने प्रेतरूपी दुःखी पिताको जल दिया। जलाञ्जलि देते ही अजीगर्तिने पवित्र होकर परम पुण्यमय दिव्य शरीर धारण कर लिया और विमानपर बैठकर देवसमुदायसे सेवित वैकुण्ठधामको प्रस्थान किया। गङ्गा, भगवान् विष्णु, शिव और ब्रह्माजीके प्रभावसे अजीगर्ति हजारों सूर्योंके समान तेजस्वी रूप धारण करके वैकुण्ठधाममें रहने लगे। तबसे यह स्थान पैशाचनाशनतीर्थके नामसे प्रसिद्ध हुआ। उसके स्मरणमात्रसे मनुष्योंके बड़े-बड़े पाप नष्ट हो जाते हैं। नारद! इस प्रकार मैंने तुमसे इस तीर्थका माहात्म्य सुनाया। यहाँ और भी तीन सौ तीर्थ हैं, जो भोग और मोक्ष प्रदान करनेवाले हैं।

निम्नभेद नामक तीर्थ सब पापोंका नाश करनेवाला है। वह गङ्गाके उत्तर-तटपर है। उसकी प्रसिद्धि तीनों लोकोंमें है। उसके स्मरणमात्रसे सम्पूर्ण पापोंका क्षय हो जाता है। वहीं वेदद्वीप है। उसके दर्शनसे मनुष्य वेदोंका विद्वान् होता है। एक समयकी बात है—परम धर्मात्मा राजा पुरूरवाने उर्वशी नामक अप्सराकी कामना की। मादक नेत्रोंवाली कामिनीको देखकर कौन पुरुष मोहमें नहीं पड़ता। उर्वशी राजाके स्थानपर गयी। उसने राजासे यह शर्त की कि मैं जबतक आपको नग्न न देखूँ, तभीतक आपके पास रह सकती हूँ। उसके रहनेकी यह अवधि स्वीकार करके राजाने उस रमणीया अप्सराको ग्रहण किया। एक दिन जब वह पलंगपर सोयी हुई थी, राजा पुरूरवा

उठे। उसी समय उन्हें नग्न देखकर उर्वशी वहाँसे चली गयी। उसके जानेसे राजाको बड़ा दुःख हुआ। उनका अग्निहोत्र और भोजन छूट गया। वे न किसीकी बात सुनते थे और न किसीकी ओर देखते थे। मृतककी-सी अवस्थामें पड़े रहते थे। उस समय पुरोहितने युक्तियुक्त वचनोंद्वारा उन्हें समझाया—'राजन्! तुम तो बुद्धिमान् हो; क्या तुम्हें मालूम नहीं है कि इन स्त्रियोंका हृदय भेड़ियोंकी तरह कठोर होता है। तुम शोक न करो। महाराज! इस संसारमें कौन ऐसा पुरुष है, जो कामिनियोंसे ठगा न गया हो। वञ्चना, क्रूरता, चञ्चलता और दुश्चरित्रता—ये जिन स्त्रियोंके स्वाभाविक दुर्गुण हैं, वे सुखदायिनी कैसे हो सकती हैं? कालने किसको नहीं मारा। याचक होनेपर किसको गौरव प्राप्त हुआ। धन-सम्पत्तिसे किसका मन भ्रान्त नहीं हुआ और युवती स्त्रियोंने किसको धोखा नहीं दिया।* राजन्! जिनका हृदय मदसे उन्मत्त रहता है, वे युवतियाँ स्वप्न और मायाके समान मिथ्या हैं। वे किसको सुख दे सकती हैं। यह जानकर तुम निश्चिन्त हो जाओ। महामते! भगवान् शंकर, विष्णु तथा गोदावरी नदीको छोड़कर तीनों लोकोंमें दूसरा कोई ऐसा नहीं है, जो दुःखियोंको शरण दे सके।'

पुरोहितका यह कथन सुनकर राजाने यत्नपूर्वक अपने दुःखको दूर किया। वे गोदावरीके मध्यभागमें (जहाँ रेत थी) रहकर भगवान् शिव, विष्णु, ब्रह्मा, सूर्य, गङ्गा तथा अन्यान्य देवताओंकी आराधना करने लगे । जो विपत्तिमें पड़नेपर तीर्थों और देवताओंका सेवन नहीं करता, वह कालके वशमें पड़ा हुआ जीव किस दशाको प्राप्त होगा। राजा पुरूरवा एकमात्र भगवान्के शरण हो उत्सुकतापूर्वक गौतमीका सेवन करने लगे। संसारकी ओरसे उनका मन हट गया और भगवान्के भजनमें उनकी बड़ी श्रद्धा हो गयी। उन्होंने ऋत्विजोंको साथ लेकर बहुत दक्षिणावाले अनेक यज्ञोंका अनुष्ठान किया। तबसे वह स्थान वेदद्वीप और यज्ञद्वीप कहलाने लगा। वहाँ सदा ही पूर्णिमाकी रातमें उर्वशी आया करती है। जो मनुष्य उस द्वीपकी प्रदक्षिणा करता है, उसके द्वारा समुद्रसहित पृथ्वीकी परिक्रमा हो जाती है। जो पुण्यात्मा वहाँ वेदों और यज्ञोंका स्मरण करता है, उसे वेदोंके स्वाध्याय और यज्ञोंके अनुष्ठानका फल मिलता है। उसको ऐलतीर्थ जानना चाहिये। वही पुरूरवस्-तीर्थ है। उसे ही वसिष्ठतीर्थ और निम्नभेदतीर्थ भी कहते हैं। राजा पुरूरवाके किसी भी कार्यमें कुछ भी निम्नता (न्यूनता) नहीं होती थी। एक ही कार्य उनसे निम्नश्रेणीका हुआ, यह कि वे सर्वथा उर्वशीमें आसक्त हो गये थे; परंतु गौतमी गङ्गा और महर्षि वसिष्ठने उनके इस निम्नत्वका भी भेदन कर दिया, इसलिये वह तीर्थ निम्नभेदके नामसे प्रसिद्ध हुआ। वह प्रत्यक्ष और परोक्ष दोनों प्रकारके अभीष्टकी सिद्धि देनेवाला है। जो निम्नभेदतीर्थमें स्नान करके इन देवताओंका दर्शन करता है, उसके इस लोक और परलोकमें कुछ भी निम्न नहीं होता। वह सब प्रकारसे उन्नतिको प्राप्त हो स्वर्गमें इन्द्रकी भाँति सुख भोगता है।

उसके आगे शङ्खह्रद नामक तीर्थ है। वहाँ शङ्ख और गदा धारण करनेवाले भगवान् निवास

* को नाम लोके राजेन्द्र कामिनीभिर्न वञ्चितः। वञ्चकत्वं नृशंसत्वं चञ्चलत्वं कुशीलता॥
इति स्वाभाविकं यासां ताः कथं सुखहेतवः। कालेन को न निहतः कोऽर्थी गौरवमागतः॥
श्रिया न भ्रामितः को वा योषिद्भिः को न खण्डितः।
(१५१। १३—१५)

करते हैं। उस तीर्थमें स्नान करके मनुष्य भवबन्धनसे मुक्त हो जाता है। वहाँका इतिहास बतलाता हूँ, जो भोग और मोक्ष देनेवाला है। पूर्वकालमें सत्ययुगके आरम्भमें ब्रह्माण्डके भीतर अनेक रूपधारी राक्षस उत्पन्न हुए, जो सामवेदका गान करनेवाले थे। वे बलोन्मत्त राक्षस हाथमें आयुध धारण किये मुझे खा जानेके निमित्त आये। उस समय मैंने अपनी रक्षाके लिये जगद्‌गुरु भगवान् विष्णुको पुकारा। उन्होंने अपने चक्रसे राक्षसोंका संहार करके पातालको निष्कण्टक और स्वर्गको शत्रुशून्य बना दिया। फिर उन्होंने अत्यन्त हर्षमें भरकर शङ्ख बजाया, जिससे समस्त राक्षस नष्ट हो गये। श्रीविष्णुके शङ्खके प्रभावसे जिस स्थानपर यह घटना हुई, वह शङ्खतीर्थ कहलाया, जो मनुष्योंके लिये सब प्रकारसे कल्याणकारक, समस्त अभीष्ट वस्तुओंका दाता, स्मरणमात्रसे मङ्गलदायक, आयु और आरोग्यका जनक तथा लक्ष्मी और पुत्रकी वृद्धि करनेवाला है। उसके माहात्म्यके स्मरण अथवा पाठमात्रसे मनुष्य समस्त अभिलषित वस्तुओंको प्राप्त कर लेता है।

किष्किन्धातीर्थ और व्यासतीर्थकी महिमा

ब्रह्माजी कहते हैं—किष्किन्धातीर्थ बहुत विख्यात है। वह मनुष्योंकी सम्पूर्ण कामनाओंको पूर्ण करनेवाला और समस्त पापोंको शान्त करनेवाला है। वहाँ भगवान् शंकर निवास करते हैं। नारद! उस तीर्थके स्वरूपका वर्णन करता हूँ, भक्तिपूर्वक सुनो। पूर्वकालमें दशरथनन्दन भगवान् श्रीरामने किष्किन्धानिवासी वानरोंको साथ लेकर जब समस्त लोकोंको रुलानेवाले रावणको युद्धमें सेना और पुत्रोंसहित मार डाला, तब सीताको पुनः प्राप्त करके अपने भाई लक्ष्मण, महाबली वानर, बलवान् विभीषण और देवताओंके साथ वे स्वस्तिवाचनपूर्वक पुष्पकविमानसे अयोध्याकी ओर लौटे। पुष्पकविमान कुबेरका था। वह शीघ्रगामी और इच्छानुसार चलनेवाला था। भगवान् राम शत्रुओंका संहार करनेवाले और शरणार्थी पुरुषोंको शरण देनेवाले थे। उन्होंने विमानसे अयोध्या लौटते समय मार्गमें लोकपावनी गौतमी गङ्गाको देखा, जो समस्त अभीष्ट वस्तुओंको देनेवाली तथा मन और नेत्रोंके संतापका निवारण करनेवाली हैं। गङ्गाजीका दर्शन करके महाराज

श्रीराम उनके तटपर उतरे और हनुमान् आदि सम्पूर्ण वानरोंको सम्बोधित करके हर्षगद्‌गद वाणीमें कहने लगे—'ये गौतमी गङ्गा सम्पूर्ण जीवोंकी जननी हैं। ये भोग तो देती ही हैं, मोक्ष भी दे सकती हैं। भयंकर पापोंका भी संहार कर

डालती हैं। इनकी समानता करनेवाली दूसरी कौन नदी है, जिन्हें महर्षि गौतमने सबको शरण देनेवाले भगवान् शंकरकी आराधना करके जटासहित प्राप्त किया था। ये सम्पूर्ण अभिलषित फलोंकी जननी और अमङ्गलोंका नाश करनेवाली हैं। ये समस्त संसारको पवित्र करनेमें समर्थ हैं। समस्त सरिताओंकी जननी गङ्गाका आज प्रत्यक्ष दर्शन हुआ। मैं मन, वाणी और शरीरद्वारा सदा ही इन शरणागतवत्सला गङ्गाजीकी शरण लेता हूँ।'

भगवान् श्रीरामका यह वचन सुनकर समस्त वानरोंने गङ्गाजीमें डुबकी लगायी और सम्पूर्ण लौकिक उपहारों तथा अनेक प्रकारके पुष्पोंद्वारा उनकी विधिवत् पूजा की। महाराज श्रीरामचन्द्रजीने श्रीमहादेवजीका यथावत् पूजन करके सर्वभावोपयुक्त वाक्योंद्वारा स्तवन किया। सम्पूर्ण वानरोंने भी प्रसन्न होकर नृत्य और गान किया। भगवान् श्रीरामने अपनी प्रिया जानकी तथा प्रेमी वानरोंके साथ सुखपूर्वक वह रात व्यतीत की। सबेरे उठकर भगवान् अत्यन्त प्रसन्नतापूर्वक गोदावरी देवीकी स्तुति करने लगे। फिर अपने भृत्यगणोंका सम्मान करके वे वहाँ अनिर्वचनीय आनन्दका अनुभव करने लगे। उस निर्मल प्रभातमें सूर्योदय होनेपर विभीषणने दशरथनन्दन श्रीरामसे कहा—'भगवन्! हमलोग इस तीर्थमें रहनेसे अभी तृप्त नहीं हुए। अतः कुछ समय और निवास करें। मेरा विचार है, चार रात और यहाँ ठहरें। फिर सब लोग साथ ही अयोध्या चलेंगे।' विभीषणकी बातका वानरोंने भी अनुमोदन किया। फिर भगवान् शिवकी पूजा करते हुए चार रात और ठहरे। वहाँ महादेवजी सिद्धेश्वरके नामसे प्रसिद्ध थे और उन्हींके प्रभावसे रावण अत्यन्त प्रबल हो गया था। इस प्रकार सब लोग अपने द्वारा स्थापित किये हुए शिवलिङ्गकी पूजा करते हुए पाँच दिनोंतक वहाँ ठहरे रहे। श्रीरामने अपने सम्पूर्ण सहायकोंके साथ शुद्धातिशुद्ध हृदयसे सम्पूर्ण शिवलिङ्गोंको मस्तक झुकाया। किष्किन्धानिवासी सभी वानरोंद्वारा सेवित होनेके कारण वह स्थान किष्किन्धातीर्थ कहलाया। वहाँ स्नान करनेमात्रसे बड़े-बड़े पाप भी नष्ट हो जाते हैं। भगवान्ने गौतमी गङ्गाको भक्तिपूर्वक प्रणाम किया और कहा—'माता गौतमी! मुझपर प्रसन्न होओ।' इस तरह बारंबार कहकर वे विस्मित चित्तसे गोदावरीको देखते और उन्हें प्रणाम करते जाते थे। तबसे विद्वान् पुरुष उस पुण्यमय तीर्थको किष्किन्धातीर्थ कहने लगे। जो इस प्रसङ्गका पाठ, स्मरण अथवा भक्तिपूर्वक श्रवण करता है, उसके पापको भी यह तीर्थ हर लेता है। फिर जो लोग वहाँ स्नान और दान करते हैं, उनके लिये तो कहना ही क्या है।

उसके बाद व्यासतीर्थ और प्राचेतसतीर्थ हैं। उनका माहात्म्य बतलाता हूँ, सुनो। मेरे दस मानस पुत्र हुए, जो जगत्की सृष्टि करनेवाले थे। वे पृथ्वीका अन्त कहाँ है—इस बातका पता लगानेके लिये चले गये। तब मैंने पुनः अन्य पुत्रोंको उत्पन्न किया, किंतु वे भी अपने भाइयोंकी खोज करनेके लिये चले गये। जो पहलेके गये थे, वे तो गये ही थे; ये भी लौटकर नहीं आये। उस समय परम बुद्धिमान् दिव्य आङ्गिरस नामक मुनि उत्पन्न हुए, जो वेद-वेदाङ्गोंके तत्त्वको जाननेवाले और सम्पूर्ण शास्त्रमें प्रवीण थे। वे अङ्गिराकी आज्ञासे पिताको नमस्कार करके तपस्याके लिये उद्यत हुए। गुरुजनोंमें गौरवकी दृष्टिसे माताका स्थान सबसे ऊँचा है तो भी मातासे बिना पूछे ही आङ्गिरसोंने तपस्या करनेका निश्चय कर लिया। इससे कुपित होकर माताने अपने पुत्रोंको शाप दिया—'जो पुत्र मेरी अवहेलना करके तपस्यामें

प्रवृत्त हुए हैं, उन्हें किसी प्रकार सिद्धि नहीं प्राप्त होगी।' आङ्गिरसोंने अनेकों देशोंमें जाकर तपस्या की, किंतु उन्हें कहीं भी सिद्धि न मिली। वे सब इधर-उधर दौड़ते रहे, परंतु सभी स्थानोंमें कोई-न-कोई विघ्न आ जाता था। कहीं राक्षसोंसे, कहीं मनुष्योंसे, कहीं युवती स्त्रियोंसे और कहीं अपने शरीरके ही दोषसे तपस्यामें विघ्न पड़ जाता था। इस प्रकार भटकते हुए सब आङ्गिरस तपस्वियोंमें श्रेष्ठ अगस्त्यजीके पास गये और उन्हें नमस्कार करके विनीत भावसे बोले—'भगवन्! हम अनेक उपायोंसे बारंबार प्रयत्न करते हैं तो भी किस दोषसे हमारी तपस्या सिद्ध नहीं होती? आप तपस्यामें सबसे बढ़े-चढ़े हैं; अतः कोई उपाय हो तो बतायें। ब्रह्मन्! आप ज्ञानियोंमें भी ज्ञानी, वक्ताओंमें भी श्रेष्ठ वक्ता, संयमी पुरुषोंमें भी सबसे अधिक शान्त, दयावान्, प्रियकारी, क्रोधशून्य तथा द्वेषसे रहित हैं। अतः हमने जो पूछा है, उसे बताइये। जो अहंकारी, दयाहीन, गुरु-सेवारहित, असत्यवादी और क्रूर हैं, वे तत्त्वको नहीं जानते।'*

अगस्त्यने थोड़ी देरतक ध्यान किया, उसके बाद उन सब लोगोंसे धीरे-धीरे कहा—'आपलोग शान्तचित्त महात्मा हैं। ब्रह्माजीने आपको प्रजापति बनाया है। अबतक आपलोगोंकी तपस्या पूर्ण नहीं हुई—इसमें कोई-न-कोई कारण अवश्य है। आपलोग उस कारणका स्मरण करें। ब्रह्माजीने पहले जिन मानस पुत्रोंको उत्पन्न किया था, वे चले गये और बहुत सुखी हुए; परंतु जो उनकी खोजमें गये, वे ही फिर आङ्गिरस हुए हैं। वे ही आपलोग हैं, जो समय पाकर इस रूपमें आये हैं। आप धीरे-धीरे प्रयत्न करते रहें तो प्रजापतिसे भी बढ़-चढ़कर हो जायँगे—इसमें तनिक भी संदेह नहीं है। यहाँसे तपस्या करनेके लिये आप त्रिभुवनपावनी गङ्गाके तटपर जायँ। संसारमें शिववल्लभा गङ्गाके सिवा दूसरा कोई सिद्धिका उपाय नहीं है। वहाँ पावन प्रदेशमें आश्रमके भीतर ज्ञानद गुरुकी पूजा करें। वे आपलोगोंके सब संशयोंका निवारण करेंगे।'

तब आङ्गिरसोंने महर्षि अगस्त्यसे पूछा—'ज्ञानद किसको कहते हैं? ब्रह्मा, विष्णु, महेश, आदित्य, चन्द्रमा, अग्नि और वरुण—इनमें कौन ज्ञानद है?' अगस्त्यजीने फिर कहा—'ज्ञानदका स्वरूप बतलाता हूँ' सुनो। जो जल है, वही अग्नि है। जो अग्नि है, वही सूर्य कहलाता है। जो सूर्य है, वही विष्णु है और जो विष्णु है, वही सूर्य। जो ब्रह्मा हैं, वही रुद्र हैं। जो रुद्र हैं, वही सब कुछ हैं। इस प्रकार जिसको एककी सर्वरूपताका ज्ञान हो, उसीको ज्ञानद कहते हैं। देशिक, प्रेरक, व्याख्याकार, उपाध्याय और शरीरका जनक आदि बहुत-से गुरु हैं; किंतु उनमें जो ज्ञानदाता गुरु है, वह सबसे बड़ा है। यहाँ उस ज्ञानकी बात कही गयी है, जिससे भेद-बुद्धिका नाश हो। एकमात्र अद्वितीय शिव ही सब कुछ हैं। विद्वान् ब्राह्मण उन्हींका इन्द्र, मित्र और अग्नि आदि अनेक नामोंसे वर्णन करते हैं। अनेक नाम और अनेक रूपोंमें जो भगवान्‌के तत्त्वका वर्णन किया जाता है, वह अज्ञानीजनोंका उपकार करनेके लिये है।'

मुनिका यह वचन सुनकर वे गाथा-गान करते हुए वहाँसे चले गये। उनमेंसे पाँच तो उत्तर-गङ्गाके तटपर गये और पाँच दक्षिण-गङ्गाके। वहाँ महर्षि अगस्त्यके बताये हुए देवताओंकी विधिपूर्वक पूजा करने लगे। विशेषतः आसनोंपर बैठकर वे तत्त्वका विचार किया करते थे। इससे

* साहंकारा दयाहीना गुरुसेवाविवर्जिताः। असत्यवादिनः क्रूरा न ते तत्त्वं विजानते॥ (१५८।१५)

उनके ऊपर समस्त देवता प्रसन्न हुए और बोले—'विश्वयोनि ब्रह्माजीने युगके आदिमें जो स्रष्टाके पदकी कल्पना की थी, वह इसलिये कि अधर्मोंकी निवृत्ति हो, वेदोंकी स्थापना हो, सम्पूर्ण लोकोंका उपकार हो, धर्म, अर्थ और कामकी सिद्धि हो तथा पुराण, स्मृति, वेद और धर्मशास्त्रोंके अर्थका ठीक-ठीक निश्चय हो। इसके अनुसार तुम सब लोगोंको जगत्-स्रष्टाका पद प्राप्त होगा। तुम सब उस पदके अनुरूप होओगे।' नारद! वे क्रमशः धीरे-धीरे प्रजापति होंगे। जब अधर्म बढ़ेगा, वेदोंका पराभव होगा और उनपर संकट आयेगा, उस समय वेदोंका उद्धार करनेके लिये वे भावी व्यास होंगे। गङ्गाका उत्तम तट ही उनकी तपस्याका उत्तम स्थान होगा और वहाँ शिव, विष्णु, मैं, सूर्य, अग्नि और जल—ये सब उपस्थित रहेंगे। इनसे बढ़कर पवित्र और इनसे श्रेष्ठ कहीं कुछ भी नहीं है। केवल परब्रह्म ही इन सबके आकारोंमें प्रकट हुआ है। सर्वस्वरूप शिव, जो व्यापक तथा सम्पूर्ण भावपदार्थोंका रूप धारण करनेवाले हैं, समस्त प्राणियोंपर कृपा करनेके लिये उस तीर्थमें विशेष रूपसे रहते हैं। उनके साथ सम्पूर्ण देवता भी निवास करते हैं। भगवान् शिव सबपर अनुग्रह करनेवाले हैं। वे आङ्गिरस धर्मव्यास और वेदव्यासके नामसे प्रसिद्ध होंगे। उनका तीर्थ भी व्यासतीर्थके नामसे ही तीनों लोकोंमें विख्यात है। व्यासतीर्थ बहुत ही उत्तम है। उसका जल पापरूपी कीचड़को धोनेवाला, मोहरूप अन्धकार और मदका नाश करनेवाला तथा मनुष्योंको सब प्रकारकी सिद्धि देनेवाला है।

कुशतर्पण एवं प्रणीता-संगम-तीर्थकी महिमा

ब्रह्माजी कहते हैं—नारद! कुशतर्पण एवं प्रणीता-संगम नामक तीर्थ सब लोकोंमें प्रसिद्ध हैं। वे भोग और मोक्ष देनेवाले हैं। मैं उनके पापहारी स्वरूपका वर्णन करता हूँ, सुनो। विन्ध्यपर्वतके दक्षिणभागमें सह्य नामक महान् पर्वत है। उसीके शाखा-पर्वतोंसे गोदावरी और भीमरथी आदि नदियाँ निकली हैं। वहीं विरजतीर्थ और एकवीरा नदी भी है। उस पर्वतकी महिमाका कोई वर्णन नहीं कर सकता। उसी सह्यगिरिके पावन प्रदेशमें जो वृत्तान्त घटित हुआ था, वह गोपनीयसे भी गोपनीय है; साक्षात् वेदमें उसका वर्णन है। उसे देवता, मुनि, पितर और असुर भी नहीं जानते। वही गुह्य रहस्य आज मैं तुम्हारी प्रसन्नताके लिये प्रकट करता हूँ, वह श्रवणमात्रसे सम्पूर्ण अभीष्ट वस्तुओंको देनेवाला है।

जो अव्यक्त एवं अक्षर परमात्मा है, उसे परम पुरुष जानना चाहिये। वही जब प्रकृतिसे संयुक्त होता है, तब क्षर एवं अपर कहलाता है। पुरुष पहले निराकारसे साकाररूपमें प्रकट हुआ। फिर उससे जलकी उत्पत्ति हुई। जलसे पुरुषका प्रादुर्भाव हुआ। फिर जल और पुरुषसे कमल प्रकट हुआ। उस कमलसे मेरी उत्पत्ति हुई। मुने! पृथ्वी, जल, अग्नि, वायु और आकाश—ये पाँच तत्त्व मुझसे पहले एक ही समयमें प्रकट हुए थे। मैंने उत्पन्न होनेपर सबसे पहले इन्हींको देखा और कोई स्थावर-जङ्गम भूत मेरे देखनेमें नहीं आये। उस समय वेद नहीं प्रकट हुए थे। दूसरी कोई वस्तु ही मैंने नहीं देखी। अधिक क्या कहूँ—जिनसे स्वयं मेरी उत्पत्ति हुई, उनको भी मैं न देख सका। उस समय मैं मौन बैठा था। इतनेमें ही

उत्तम आकाशवाणी सुनायी दी—'ब्रह्मन्! तुम स्थावर और जङ्गम जगत्‌की सृष्टि करो।' नारद! यह आकाशवाणी सुनकर मैंने कहा—'कैसे सृष्टि करूँगा, कहाँ सृष्टि करूँगा और किस साधनसे इस जगत्‌की सृष्टि करूँगा?' आकाशवाणीने पुनः उत्तर दिया—'ब्रह्मन्! यज्ञ करो, इससे तुम्हें शक्ति प्राप्त होगी। यज्ञ ही विष्णु है—यह सनातन श्रुतिका कथन है। यज्ञ करनेवालोंके लिये इस लोक और परलोकमें कौन-सी वस्तु असाध्य है।' मैंने फिर पूछा—'कहाँ और किस वस्तुसे यज्ञ करूँ?' पुनः आकाशवाणी सुन पड़ी—'कर्मभूमिमें यज्ञेश्वर यज्ञपुरुषका यजन करो। स्वयं पुरुष ही तुम्हारे यज्ञके साधन होंगे। तुम उन्हींसे उनका यजन करो। यज्ञ, स्वाहा, स्वधा, मन्त्र, ब्राह्मण और हविष्य आदि सब कुछ श्रीहरि ही हैं। उन्हींसे सबकी प्राप्ति होती है।'

नारद! उस समय भागीरथी, नर्मदा, यमुना, तापी, सरस्वती, गौतमी, समुद्र, नद, सरोवर तथा अन्यान्य निर्मल सरिताएँ नहीं थीं। अतः मैंने पूछा—'कर्मभूमि कहाँ है?' आकाशवाणीसे उत्तर मिला—'मेरुगिरिके दक्षिण हिमालय, विन्ध्य और सह्यसे भी दक्षिण जो प्रदेश हैं, उन्हें कर्मभूमि कहते हैं। वह सबके लिये सर्वदा कल्याणका उदय करनेवाली है।' यह सुनकर मैंने मेरुगिरिको त्याग दिया और सह्यगिरिके समीप आकर सोचने लगा—'कहाँ ठहरूँ?' इतनेमें ही फिर आकाशवाणी हुई—'इधर आओ। यहीं रहो और बैठकर यज्ञका संकल्प करो। संकल्प करनेके बाद सम्पूर्ण वेद प्रकट होंगे। फिर वे जो कुछ भी कहें, वही करो।'

तदनन्तर इतिहास, पुराण तथा अन्य जो भी वाङ्मय शास्त्र है, वह मेरे मुखमें स्वतः आ गया और मुझे उसका स्मरण होने लगा। तत्काल ही सम्पूर्ण वेदार्थ भी मुझे ज्ञात हो गया। तब मैंने लोकविख्यात पुरुषसूक्तका स्मरण किया। वेदमें जो यज्ञकी सामग्री बतायी गयी थी, उसके अनुसार ही मैंने उसकी कल्पना की। वेदोक्त प्रकारसे ही यज्ञपात्र भी कल्पित हुए। मैंने जहाँ पवित्रता और संयमपूर्वक बैठकर यज्ञकी दीक्षा ग्रहण की, वह मेरे यज्ञका स्थान मेरे ही नामसे प्रसिद्ध हुआ। वह ब्रह्मगिरि कहलाने लगा। ब्रह्मगिरिसे पूर्वकी ओर चौरासी हजार योजनतक मेरे यज्ञका स्थान है। उस भूमिके मध्यभागमें वेदी थी तथा दक्षिणभागमें गार्हपत्य-अग्निकी स्थापना हुई। इसी प्रकार एक ओर आहवनीय अग्निकी प्रतिष्ठा की गयी। श्रुतिमें यह कहा है कि बिना पत्नीके यज्ञ सिद्ध नहीं होता, इसलिये मैंने शरीरके दो भाग किये। पूर्वार्द्धसे मेरी पत्नी प्रकट हुई, जो यज्ञसिद्धिके लिये सहधर्मिणी बनी। उत्तरार्द्धसे मैं स्वयं पुरुषरूपमें स्थित हुआ। श्रुति भी कहती है **'अर्द्धो जाया'**—पत्नी आधा अङ्ग है। नारद! मैंने वसन्त-ऋतुको उत्तम घृत बनाया। ग्रीष्मसे ईंधनका काम लिया। शरद्-ऋतुको हविष्य बनाया। वर्षाको कुशके स्थानमें रखा। सात छन्द सात परिधि हुए। कला, काष्ठा और निमेष—ये क्रमशः समिधा, पात्र और कुश माने गये। जो अनादि और अनन्त काल है, वही यूपके रूपमें कल्पित हुआ। इसके बाद पशु बाँधनेके लिये रस्सीकी आवश्यकता हुई। सत्त्व आदि तीनों गुण ही रस्सीकी जगह काम आये, किंतु उसमें बाँधनेके लिये पशुका अभाव था। तब मैंने आकाशवाणीसे कहा—'बिना पशुके यह यज्ञ पूर्ण नहीं हो सकता।' उत्तर मिला—'पुरुषसूक्तसे परमपुरुषकी स्तुति करो।'

'बहुत अच्छा'—कहकर मैंने अपने जन्मदाता देवाधि जनार्दनका भक्तिपूर्वक पुरुषसूक्तके मन्त्रोंद्वारा

स्तवन किया। उस समय फिर आकाशवाणी हुई—'ब्रह्मन्! तुम मुझे ही पशु बनाओ।' मैं समझ गया, ये मेरे जन्मदाता अविनाशी पुरुष हैं। मैंने त्रिगुणमयी डोरियोंसे कालयूपके पार्श्वभागमें उन्हें बाँध दिया। सबसे पहले प्रकट हुए पुरुषरूपी पशुका, जो कुशोंपर विराजमान थे, प्रोक्षण किया। इसी समय पुरुषसे ये सब वस्तुएँ प्रकट हुईं—उनके मुखसे ब्राह्मण, भुजाओंसे क्षत्रिय, मुखसे इन्द्र और अग्नि, प्राणसे वायु, कानसे दिशाएँ तथा मस्तकसे सम्पूर्ण स्वर्गलोककी उत्पत्ति हुई। मनसे चन्द्रमा, नेत्रसे सूर्य, नाभिसे अन्तरिक्ष, दोनों जाँघोंसे वैश्य और चरणोंसे शूद्र तथा पृथ्वीका प्राकट्य हुआ। रोमकूपोंसे ऋषि और केशोंसे ओषधियाँ प्रकट हुईं। नखोंसे ग्रामीण तथा जंगली पशु हुए। पायु और उपस्थसे कृमि, कीट एवं पतङ्ग आदिका जन्म हुआ। इनके सिवा जो कुछ भी स्थावर-जङ्गम तथा दृश्य-अदृश्य जगत् है, वह सब पुरुषसे प्रकट हुआ। इसी समय भगवान्‌की दैवी वाणीने पुनः मुझसे कहा—'ब्रह्मन्! सब पूरा हो गया। मनोवाञ्छित सृष्टि उत्पन्न हुई। इस समय जितने पात्र हैं, उन सबकी अग्निमें आहुति कर दो। यूप, प्रणीता, कुश, ऋत्विक्, यज्ञ, स्त्रुवा, पुरुष और पाश—सबका विसर्जन कर दो।'

आकाशवाणीके इतना कहते ही मैंने क्रमशः गार्हपत्य, दक्षिणाग्नि तथा आहवनीयाग्निमें हवन किया। प्रत्येक होममें विश्वकी उत्पत्तिके कारणभूत पुरुषका ध्यान किया। लोककर्त्ता जगन्नाथ भगवान् विष्णु शुक्लरूप धारण करके आहवनीयाग्निमें स्थित हुए, श्यामरूपसे दक्षिणाग्निमें और पीतरूपसे गार्हपत्याग्निमें स्थित हुए। उन सभी देशोंमें भगवान् विष्णुका नित्य निवास है। कोई ऐसा स्थान या वस्तु नहीं है, जहाँ विश्वयोनि भगवान् विष्णु न हों। उस यज्ञमें मन्त्रोंद्वारा मैंने प्रणीतापात्रका भी सम्पादन किया था। वह प्रणीताका जल ही प्रणीता नदीके रूपमें परिणत हुआ। फिर कुशोंसे मार्जन करके प्रणीताका मैंने विसर्जन कर दिया। मार्जन करते समय जो प्रणीताके जलकी बूँदे इधर-उधर गिरीं, वे गुणवान् तीर्थोंके रूपमें प्रकट हुईं। वे तीर्थ स्नान करनेसे यज्ञके फल देनेवाले हैं। देवाधिदेव भगवान् विष्णुने जिसे सदा सुशोभित किया है, वह गौतमी वैकुण्ठ धामपर पहुँचनेके लिये सीढ़ियोंकी पंक्ति है। संमार्जन करनेके बाद जहाँ कुश इस पृथ्वीपर गिरे थे, वह स्थान कुशतर्पण नामक तीर्थ हुआ, जो बहुत पुण्यफल देनेवाला है। मैंने विन्ध्यपर्वतके उत्तर जहाँ यूप खड़ा किया था, वह स्थान भगवान् विष्णुका आश्रय बना तथा वह यूप अक्षयवटके रूपमें परिणत हुआ। वह वृक्ष नित्य एवं कालस्वरूप है और स्मरण करनेमात्रसे यज्ञका पुण्य देनेवाला है। मेरे यज्ञका मुख्य स्थापन यह दण्डकारण्य है। जब यज्ञ पूरा हुआ, तब मैंने भक्तिपूर्वक भगवान् विष्णुको प्रसन्न किया। जिन्हें वेदमें विराट् कहते हैं, जिनसे मूर्तिमान् जगत्‌की उत्पत्ति हुई है तथा जिनसे मेरा जन्म हुआ है, उन देवदेवेश्वर भगवान् विष्णुकी आराधना करके मैंने उनका विसर्जन कर दिया।

नारद! मेरे देवयजनका स्थान चौबीस योजन है। आज भी वहाँ तीन कुण्ड हैं, जो यज्ञेश्वरस्वरूप हैं। तभीसे वह स्थान मेरे देवयजनके नामसे प्रसिद्ध हुआ। वहाँ रहनेवाले जो कीड़े-मकोड़े आदि हैं, वे भी अन्तमें मोक्षके भागी होते हैं। दण्डकारण्य धर्म और मोक्षका बीज बताया जाता है। विशेषतः वह प्रदेश, जिसे गौतमी गङ्गाने स्पर्श किया है, अधिक पुण्यमय हो गया है। प्रणीता-संगम तथा कुशतर्पण-तीर्थमें जो स्नान और दान आदि करते हैं, वे परमपदको प्राप्त होते

हैं। उनके वृत्तान्तका स्मरण, पठन अथवा भक्तिपूर्वक श्रवण भी मनुष्योंकी समस्त कामनाओंको पूर्ण करनेवाला और भोग एवं मोक्षको देनेवाला है। मुने! कुशतर्पणतीर्थ काशीसे भी उत्तम है। चराचर जगत्में इसके समान दूसरा कोई भी तीर्थ नहीं है। इसके स्मरणमात्रसे ब्रह्महत्या आदि पापोंका नाश हो जाता है। नारद! यह तीर्थ इस पृथ्वीपर स्वर्गका द्वार बताया जाता है।

सारस्वत तथा चिच्चिकतीर्थका माहात्म्य

ब्रह्माजी कहते हैं—सारस्वत नामक तीर्थ समस्त अभीष्ट वस्तुओंके साथ भोग और मोक्षको भी देनेवाला है। वह मनुष्योंके सब पापोंका नाशक, समस्त रोगोंको दूर करनेवाला और सम्पूर्ण सिद्धियोंका दाता है। नारद! उसके माहात्म्यका वृत्तान्त विस्तारपूर्वक सुनो। पुष्पोत्कटसे पूर्व और गौतमीके दक्षिणतटपर एक विश्वविख्यात पर्वत है, जिसे शुभ्रगिरि कहते हैं। शाकल्य नामसे प्रसिद्ध एक परम निष्ठावान् मुनि उस पुण्यमय शुभ्र पर्वतपर उत्तम तपस्या कर रहे थे। गौतमीके

तटपर रहकर तपस्या करनेवाले उन श्रेष्ठ ब्राह्मणको सभी भूतगण प्रतिदिन प्रणाम और उनका स्तवन किया करते थे। ऋषियों, गन्धर्वों तथा देवताओंसे सेवित उस परमपवित्र पर्वतपर देवताओं और ब्राह्मणोंको भय पहुँचनेवाला परशु नामक एक राक्षस रहता था। वह यज्ञसे द्वेष रखता, ब्राह्मणोंकी हत्या करता और इच्छानुसार अनेक रूप धारण करके वनमें विचरता रहता था। जहाँ विद्वान् ब्राह्मण शाकल्यमुनि रहते थे, वहाँ भी वह महापापी राक्षस आया करता था। विप्रवर शाकल्य बड़े तेजस्वी थे। पापाचारी परशु प्रतिदिन उन्हें उठा ले जाने अथवा मार डालनेकी चेष्टामें लगा रहता था, किंतु वह अपने उद्योगमें सफल न हो सका। एक दिन द्विजश्रेष्ठ शाकल्य देवताओंकी पूजा करके भोजन करनेकी इच्छासे आश्रमपर आये। इसी समय परशु ब्राह्मणका रूप धारण करके किसी कन्याको साथ लिये वहाँ आया। उसका शरीर शिथिल हो गया था, सिरके बाल पक गये थे और वह अत्यन्त दुर्बल दिखायी देता था। उसने शाकल्यसे कहा—'ब्रह्मन्! आप मुझे और इस कन्याको भोजनार्थी जानिये। मानद! हमलोग आतिथ्यके समयपर आये हैं। आप कृतकृत्य हो गये। इस संसारमें वे ही धन्य हैं, जिनके घरसे अतिथि अपनी अभिलाषाको पूर्ण करके निकलते हैं। जो अतिथि-सत्कार नहीं करते, वे जीते हुए भी मृतकके समान हैं। जो भोजनके लिये बैठकर भी अपने लिये बने हुए

अन्नको अतिथिके लिये दे देता है, उसने मानो पृथ्वीका दान कर दिया।'[१]

यह सुनकर शाकल्यने कहा—'मैं तुम्हें भोजन देता हूँ।' यों कहकर उन्होंने उसे आसनपर बिठाया और विधिवत् पूजा करके भोजन परोसा। परशुने हाथमें आचमनके लिये जल लेकर कहा—'दूरसे थके-माँदे आये हुए अतिथिके पीछे देवता भी आते हैं। जब अतिथि तृप्त होता है, तब वे भी तृप्त हो जाते हैं। यदि अतिथिकी तृप्ति न हुई तो वे भी अतृप्त रह जाते हैं। अतिथि और निन्दक—ये दोनों विश्वके बन्धु हैं। निन्दक तो पाप हर लेता है और अतिथि स्वर्गकी सीढ़ी बन जाता है। जो मार्गसे थककर आये हुए अतिथिको अवहेलनापूर्वक देखता है, उसके धर्म, यश और लक्ष्मीका तत्काल नाश हो जाता है।[२] इसलिये मैं थका-माँदा अभ्यागत आपसे कुछ याचना करता हूँ। आप मुझे अभीष्ट वस्तु देंगे, तभी भोजन करूँगा; अन्यथा नहीं।' शाकल्यने कहा—'उसे दिया हुआ ही समझो। तुम निश्चिन्त होकर भोजन करो।' तब राक्षसोंमें श्रेष्ठ परशुने कहा—'मुने! मैं पके बालोंवाला दुर्बल एवं बूढ़ा ब्राह्मण नहीं, तुम्हारा शत्रु हूँ। तुम्हें मारकर खा जानेका अवसर देखते-देखते मेरे कितने वर्ष व्यतीत हो गये। जैसे थोड़ा जल गर्मीमें सूख जाता है, वैसे ही मेरे सब अङ्ग भूखके मारे सूख रहे हैं। अतः मैं तुम्हारे अनुचरोंसहित तुम्हें ले चलूँगा और अपना आहार बनाऊँगा।'

परशुका यह कथन सुनकर शाकल्यने कहा—'जो उत्तम कुलमें उत्पन्न हुए हैं और जिन्हें सम्पूर्ण शास्त्रोंका ज्ञान है, उनकी की हुई प्रतिज्ञा कभी झूठी नहीं होती। अतः सखे! तुम्हें जैसा उचित जान पड़े, करो। तथापि मेरी एक बात सुन लो; क्योंकि श्रेष्ठ पुरुषोंका कर्तव्य है कि जो मारनेको उद्यत हों, उनसे भी हितकी ही बात कहे। यह बात ध्यानमें रखो कि मैं ब्राह्मण हूँ। मेरा शरीर वज्रके समान कठोर है और भगवान् श्रीहरि मेरी सब ओरसे रक्षा करते हैं। भगवान् विष्णु मेरे पैरोंकी रक्षा करें। देव जनार्दन मेरे मस्तककी, भगवान् वाराह दोनों भुजाओंकी, कूर्मराज पृष्ठभागकी, कृष्ण हृदयकी, नृसिंहजी अँगुलियोंकी, वाणीके अधीश्वर मुखकी, गरुडवाहन नेत्रोंकी, धनेश दोनों कानोंकी और भगवान् भव सब ओरसे मेरे शरीरकी रक्षा करें। नाना प्रकारकी आपत्तियोंमें एकमात्र साक्षात् भगवान् नारायण ही मेरे लिये शरण हैं।'

यों कहकर शाकल्यने कहा—'राक्षसराज! अब तुम्हारी इच्छा हो तो इस समय आलस्य छोड़कर मुझे यहाँसे उठा ले चलो या यहीं सुखपूर्वक खा जाओ।' उनके यों कहनेपर भी वह राक्षस खानेको तैयार हो गया। सच है, पापीके हृदयमें करुणाका एक कण भी नहीं होता। बड़ी-बड़ी दाढ़ें और विकराल मुख बनाये जब वह ब्राह्मणके समीप पहुँचा, तब उन्हें देखकर बोला—'विप्रवर! तुमको तो शङ्ख, चक्र

---

१. त एव धन्या लोकेऽस्मिन् येषामतिथयो गृहात्। पूर्णाभिलाषा निर्यान्ति जीवन्तोऽपि मृताः परे॥
भोजने तूपविष्टे तु आत्मार्थं कल्पितं तु यत्। अतिथिभ्यस्तु यो दद्याद्दत्ता तेन वसुंधरा॥
(१६३।१५-१६)

२. अतिथिश्चापवादी च द्वावेतौ विश्वबान्धवौ। अपवादी हरेत्पापमतिथिः स्वर्गसंक्रमः॥
अभ्यागतं पथि श्रान्तं सावज्ञं योऽभिवीक्षते। तत्क्षणादेव नश्यन्ति तस्य धर्मयशःश्रियः॥
(१६३।२०-२१)

और गदा हाथमें लिये देखता हूँ। तुम्हारे सहस्त्रों चरण, सहस्त्रों मस्तक, सहस्त्रों नेत्र और सहस्त्रों

हाथ हैं। तुम सर्वव्यापी दिखायी देते हो। सम्पूर्ण भूतोंके एकमात्र निवास हो। तुम्हारा स्वरूप छन्दोमय है। तुम जगन्मय हो! इस रूपमें आज मैं तुम्हें देखता हूँ। तुम्हारा पहला शरीर इस समय नहीं है। इसलिये मैं तुमसे प्रार्थना करता हूँ—अब तुम्हीं मुझे शरण दो। महामते! मुझे ज्ञान प्रदान करो और ऐसा कोई तीर्थ बताओ, जो मेरा पापोंसे उद्धार करनेवाला हो। ब्रह्मन्! महापुरुषोंका दर्शन निष्फल नहीं होता, भले ही वह द्वेष अथवा अज्ञानसे ही क्यों न हुआ हो। लोहेका पारसमणिसे प्रसङ्ग या प्रमादसे भी स्पर्श हो जाय तो भी वह उसे सोना ही बनाता है।'*

राक्षसका यह वचन सुनकर शाकल्यको बड़ी दया आयी। वे बोले—'दैत्यराज! तुम्हें शीघ्र ही सरस्वतीका वरदान प्राप्त होगा। इससे तुममें भगवत्स्तवनकी शक्ति आ जायगी। फिर तुम भगवान् जनार्दनकी स्तुति करना। मनोवाञ्छित वस्तुकी प्राप्तिके लिये श्रीनारायणकी स्तुतिके सिवा दूसरा कोई साधन नहीं है।' 'बहुत अच्छा' कहकर परशु त्रिभुवनपावनी गङ्गाके तटपर गया और स्नान करके पवित्र हो गङ्गाजीकी ओर मुँह करके खड़ा हुआ। उसी समय उसने देखा, शाकल्य मुनिके कथनानुसार जगज्जननी सरस्वती सामने खड़ी हैं। उनका रूप दिव्य है। उन्होंने दिव्य चन्दनका लेप कर रखा है। संसारकी जडता दूर करनेवाली जगन्माता जगदम्बा भुवनेश्वरीका दर्शन करके परशुने विनीतभावसे कहा—'देवि! मेरे गुरु शाकल्यने कहा है कि तुम लक्ष्मीकान्त भगवान् गरुडध्वजकी स्तुति करो। आपके प्रसादसे वह शक्ति मुझे प्राप्त हो जाय—ऐसी कृपा कीजिये।' सरस्वतीने 'तथास्तु' कहा। उनकी कृपासे शक्ति पाकर परशुने भगवान् जनार्दनकी भाँति-भाँतिके वचनोंद्वारा स्तुति की। इससे भगवान् श्रीहरि बहुत संतुष्ट हुए। उन कृपासिन्धुने राक्षसको वरदान दिया—'तुम्हारे सब मनोरथ पूर्ण होंगे।'

इस प्रकार शाकल्य मुनि, गौतमी गङ्गा, सरस्वती देवी तथा भगवान् नरसिंहके प्रसादसे वह राक्षस महापापी होनेपर भी स्वर्गलोकमें चला गया। जिनके चरणकमलोंमें सम्पूर्ण तीर्थोंका निवास है, उन शार्ङ्गधनुषधारी भगवान् विष्णुकी कृपाका ही यह फल है। तबसे वह तीर्थ सारस्वत नामसे विख्यात हुआ। वहाँ स्नान और दान करनेसे मनुष्य श्रीविष्णुलोकमें प्रतिष्ठित होता है।

* महतां दर्शनं ब्रह्मज्जायते न हि निष्फलम् । द्वेषादज्ञानतो वापि प्रसङ्गाद्वा प्रमादतः॥
अयसः स्पर्शसंस्पर्शो रुक्मत्वायैव जायते॥
(१६३।३८-३९)

चिच्चिकतीर्थ सब रोगोंका नाश, सब प्रकारकी चिन्ताओंका निवारण और मनुष्योंको सब प्रकारसे शान्तिका दान करनेवाला है। उस तीर्थके स्वरूपका वर्णन करता हूँ। पूर्वोक्त शुभ्रगिरिपर, जहाँ गौतमीके उत्तरतटपर भगवान् गदाधर विराजमान हैं, पक्षियोंका राजा चिच्चिक रहता था। उसीको भेरुण्ड भी कहते हैं। वह मांसाहारी पक्षी सदा उस पर्वतपर ही रहता था। वहाँ नाना प्रकारके फूल और फलोंसे लदे हुए तथा सभी ऋतुओंमें फूलनेवाले वृक्ष व्याप्त थे। श्रेष्ठ ब्राह्मण भी उस पर्वतके शिखरपर निवास करते थे। गौतमी गङ्गासे उस पर्वतकी शोभा और भी बढ़ गयी थी। इस प्रकार वह शुभ्रगिरि विविध गुणोंसे सम्पन्न और अनेकों मुनिजनोंसे घिरा हुआ था। एक दिन पूर्वदेशके राजा पवमान, जो क्षत्रियधर्मपरायण, श्रीसम्पन्न और देवताओं तथा ब्राह्मणोंके रक्षक थे, बहुत बड़ी सेना और पुरोहितके साथ वनमें आये। वनमें घूमते-घूमते थककर किसी समय वे एक वृक्षके नीचे आये, जो गौतमीके तटपर था। बहुत-से पक्षी उस वृक्षपर निवास करते थे। वहाँ पहुँचकर राजाने चिच्चिक पक्षीको देखा, जिसके दो मुँह थे। वह स्थूलकाय और सुन्दर था। उसे चिन्तामें निमग्न देख राजाने पूछा—'तुम दो मुखवाले पक्षीके रूपमें कौन हो? चिन्तित-से दिखायी देते हो। यहाँ तो कोई भी दुःखसे पीड़ित नहीं है। फिर तुम कैसे कष्ट पा रहे हो?'

राजाके इस प्रश्नसे पक्षीका मन कुछ आश्वस्त हुआ। उसने बारंबार लम्बी साँसें लेकर धीरे-धीरे कहा—'राजन्! मुझसे न तो दूसरोंको भय है और न दूसरोंसे मुझे भयकी आशङ्का है। यह पर्वत भाँति-भाँतिके फूलों और फलोंसे भरा है। अनेकानेक मुनि यहाँ निवास करते हैं। फिर भी

यह पर्वत मुझे सूना ही दिखायी देता है। अतः मैं अपने लिये शोक करता हूँ। मुझे न तो यहाँ कुछ सुख मिलता है और न मेरी कभी तृप्ति ही होती है। इतना ही नहीं, मैं निद्रा, विश्राम और शान्तिसे भी वञ्चित हूँ।' दो मुखवाले पक्षीकी यह बात सुनकर राजाको बड़ा विस्मय हुआ। उन्होंने पूछा—'तुम कौन हो? तुमने कौन-सा पाप किया है? और क्यों तुम्हें यह पर्वत सूना दिखायी देता है? यहाँ रहनेवाले प्राणी तो एक मुखसे ही तृप्त रहते हैं। तुम्हारे तो दो मुख हैं। तुम्हें क्यों नहीं तृप्ति होती? तुमने इस जन्ममें अथवा पूर्वजन्ममें कौन-सा पाप किया है? ये सब बातें मुझसे सच-सच बताओ। मैं तुम्हें महान् भयसे बचाऊँगा।'

चिच्चिकने पुनः लंबी साँस लेकर राजासे कहा—'महाराज! मैं तुम्हें अपने पूर्वजन्मका वृत्तान्त सुनाता हूँ, सुनो! पूर्वजन्ममें मैं वेद-वेदाङ्गोंमें पारंगत श्रेष्ठ ब्राह्मण था। उत्तम कुलमें मेरा जन्म हुआ था और अच्छे पण्डितके रूपमें मेरी प्रसिद्धि थी; किंतु मैं सबका कार्य बिगाड़नेवाला

और कलहप्रिय था। लोगोंके मुँहपर कुछ और कहता तथा पीठ-पीछे कुछ और। दूसरोंकी उन्नति देखकर सदा दु:खी होता और माया फैलाकर संसारको ठगा करता था। मैं कृतघ्न, असत्यवादी, परनिन्दाकुशल, मित्रद्रोही, स्वामिद्रोही, गुरुद्रोही, दम्भाचारी और अत्यन्त निर्दय था। मन, वाणी और क्रियाद्वारा बहुत लोगोंको कष्ट पहुँचाता था। दूसरोंकी हिंसा करना ही मेरा सदाका मनोरञ्जन था। स्त्री-पुरुषके जोड़ेमें फूट डाल देना, समूह-के-समूहका विनाश करना, मर्यादा तोड़ना आदि दुष्कर्म मैं बिना विचारे किया करता था। विद्वान् पुरुषोंकी सेवासे दूर ही रहता था। तीनों लोकोंमें मेरे-जैसा पापी दूसरा कोई नहीं था। इसीसे मेरे दो मुँह हो गये। दूसरोंको दु:ख देनेसे मैं स्वयं भी दु:खका भागी हुआ हूँ और इसीलिये यह पर्वत सूना दिखायी देता है। राजन्! और भी धर्मयुक्त वचन सुनो, जिसके पालन किये बिना ब्रह्महत्याके समान पाप लगता है। क्षत्रिय युद्धमें जाकर अथवा युद्धसे अन्यत्र भी यदि भागनेवाले, हथियार रख देनेवाले, अपना विश्वास करनेवाले, युद्धमें पीठ दिखानेवाले, अपरिचित, बैठे हुए तथा 'मैं डरता हूँ' यों कहनेवाले मनुष्यको मार डालता है तो उसे ब्रह्महत्यारा कहते हैं। जो सामने प्रिय बोलता, परोक्षमें कटुवचन कहता, मनमें दूसरी बात सोचता, वाणीसे दूसरी बात कहता और क्रियारूपमें सदा दूसरा ही कार्य करता है, जो गुरुजनोंकी शपथ खाता, द्वेष रखता, ब्राह्मणोंकी निन्दा करता और झूठ-मूठकी विनय दिखाता, वह पापात्मा ब्रह्महत्यारा है। जो द्वेषवश देवता, वेद, अध्यात्मशास्त्र, धर्म और ब्राह्मणके सङ्गकी निन्दा करता है, वह ब्रह्मघाती है।* राजन्! मैं ऐसा ही था तो भी लज्जावश दिखानेके लिये सदाचारी-सा बना रहता था; इससे मुझे पक्षी होना पड़ा है। इस अवस्थामें रहनेपर भी मुझसे कहीं कुछ पुण्यकर्म भी बन गया था, जिससे मुझे स्वत: ही अपने पूर्वजन्मकी बातोंका स्मरण हो आया है।'

चिच्चिककी बात सुनकर राजा पवमानको बड़ा आश्चर्य हुआ। उन्होंने पूछा—'किस कर्मसे तुम्हारी मुक्ति होगी?' उसने कहा—'सुव्रत! गौतमीके उत्तरतटपर गदाधर नामक तीर्थ है। वहीं मुझे ले चलो। वह तीर्थ परम पवित्र और सब पापोंका नाश करनेवाला है। मैंने बड़े-बड़े मुनियोंसे सुना है कि वह सब अभीष्ट वस्तुओंको देनेवाला है। गौतमी गङ्गा तथा भगवान् विष्णुके सिवा दूसरा कोई क्लेशोंका नाश करनेवाला नहीं है। मैं चाहता हूँ 'सर्वतोभावेन' उस तीर्थका दर्शन करूँ। किंतु मेरे प्रयत्नसे यह कभी सम्भव नहीं है। भला, पापियोंको मनोवाञ्छित वस्तुकी प्राप्ति कैसे हो सकती है। वीर! मैं यत्न करनेपर भी उस तीर्थका दर्शन नहीं कर पाता। यह कार्य मेरे लिये अत्यन्त दुष्कर है। तुम्हारी कृपा हो तो मैं भगवान् गदाधरका दर्शन कर सकता हूँ। भगवान् करुणाके सागर हैं। वे बिना बताये ही सबके दु:खोंको जानते हैं। उनका दर्शन कर लेनेपर पुन: मनुष्योंको सांसारिक क्लेशका अनुभव नहीं करना पड़ता।

---

* प्रत्यक्षे च प्रियं वक्ति परोक्षे परुषाणि च। अन्यद्धृदि वचस्यन्यत्करोत्यन्यत्सदैव य:॥
गुरूणां शपथं कर्ता द्वेष्टा ब्राह्मणनिन्दक:। मिथ्या विनीत: पापात्मा स तु स्याद्ब्रह्मघातक:॥
देवं वेदमथाध्यात्मं धर्मब्राह्मणसङ्गतिम्। एतान्निन्दति यो द्वेषात्स तु स्याद्ब्रह्मघातक:॥
(१६४।३३—३५)

राजन्! मैं तुम्हारे प्रसादसे भगवान्‌का दर्शन करते ही स्वर्गलोकको चला जाऊँगा।'

पक्षीके यों कहनेपर राजा पवमानने उसे उठा लिया और ले जाकर उसे गौतमी गङ्गा तथा भगवान् गदाधरका दर्शन कराया। चिच्चिकने स्नान करके त्रैलोक्यपावनी गङ्गासे कहा—'माता गौतमी! तुम तीनों लोकोंको पवित्र करनेवाली हो। मनुष्य जबतक तुम्हारा दर्शन नहीं करता, तभीतक इस लोक और परलोकमें पातकी कहलाता है। यद्यपि मैंने सब प्रकारके पाप किये हैं तो भी अब तुम्हारी शरणमें आया हूँ। मेरा उद्धार करो। तुम भगवान् विष्णुके चरणकमलोंसे निकली हो। संसारके प्राणियोंकी तुम्हारे सिवा कहीं कोई भी गति नहीं है।'

पक्षीका अन्तःकरण श्रद्धासे शुद्ध हो गया था। उसने एकमात्र गङ्गाकी शरण ली और 'गङ्गे! मेरी रक्षा करो' इस प्रकार कहते हुए स्नान किया। तदनन्तर भगवान् गदाधरको प्रणाम करके राजा पवमानसे विदा ले पर्वतनिवासियोंके देखते-देखते वह स्वर्गमें चला गया। पवमान भी अपनी सेनाके साथ अपने नगरको लौट गये। तबसे वेदवेत्ता विद्वानोंने उस तीर्थका नाम पावमानतीर्थ, चिच्चिकतीर्थ और गदाधरतीर्थ रख दिया। उस तीर्थमें किया हुआ पुण्यकर्म कोटि-कोटिगुना हो जाता है।

भद्रतीर्थ, पतत्रितीर्थ और विप्रतीर्थकी महिमा

ब्रह्माजी कहते हैं—भद्रतीर्थ सब प्रकारके अनिष्टोंका निवारण करनेवाला है। वह समस्त पापोंका नाशक तथा परम शान्तिदायक है। विश्वकर्माकी पुत्री उषा भगवान् सूर्यकी पतिव्रता एवं प्रिया भार्या हैं। छाया भी उनकी ही भार्या हैं। छायाके पुत्र शनैश्चर हैं। शनैश्चरकी बहिन विष्टि हुई। उसकी आकृति भयानक थी। वह पापमयी थी। भगवान् सूर्यने सोचा—'यह कन्या किसको दूँ?' वे जिस-जिसको कन्या देना चाहते, वही-वही उसकी भयंकरताका समाचार सुनकर उसे लेना अस्वीकार कर देता और कहता—'ऐसी भार्या लेकर हम क्या करेंगे।' ऐसी अवस्थामें विष्टिने दुःखी होकर अपने पितासे कहा—'पिताजी! धनवान्, विद्वान्, तरुण, कुलीन, यशस्वी, उदार और सनाथ वरको कन्या देनी चाहिये।[1] जो पिता इसके विपरीत आचरण करता है, वह नरकमें पड़ता है। सूर्यदेव! कन्या विद्वानोंके लिये भी धर्मका साधन है। एक ओर पर्वत, वन और काननोंसहित समूची पृथ्वी और दूसरी ओर वस्त्राभूषणोंसे अलंकृत नीरोग कन्या—दोनों एक समान हैं। उस कन्याके दानसे पृथ्वीदानका फल होता है। जो कन्या, अश्व, गौ और तिलकी बिक्री करता है, उसका रौरव आदि नरकोंसे कभी छुटकारा नहीं होता। कन्याके विवाहमें कभी विलम्ब नहीं करना चाहिये। उसमें विलम्ब करनेपर पिताको जो पाप होता है, उसका वर्णन कौन कर सकता है।[2] कन्याके पिता जो उसके लिये दान-पूजन आदि करते हैं, वही सफल

१-श्रीमते विदुषे यूने कुलीनाय यशस्विने। उदाराय सनाथाय कन्या देया वराय वै॥ (१६५।८)

२- एकतः पृथिवी कृत्स्ना सशैलवनकानना।
स्वलंकृतोपाधिहीना सुकन्या चैकतः स्मृता। विक्रीणीते यश्च कन्यामश्वं वा गां तिलान्यपि॥

समझना चाहिये। कन्याओंको जो कुछ दिया जाता है, उसका पुण्य अक्षय होता है।'*

कन्याके यों कहनेपर भगवान् सूर्य बोले—'बेटी! मैं क्या करूँ। तुम्हारी आकृति भयंकर है, इसलिये कोई तुम्हें ग्रहण नहीं करता। स्त्री और पुरुषके विवाह-सम्बन्धमें लोग एक-दूसरेके कुल, रूप, वय, धन, विद्या, सदाचार और सुशीलता आदि देखा करते हैं। मेरे यहाँ सब कुछ है, केवल तुममें गुणोंका अभाव है। क्या करूँ, कहाँ तुम्हारा विवाह करूँ? यदि तुम्हारा ऐसा विचार हो कि जिस किसीके साथ विवाह कर दिया जाय तो तुम अपनी स्वीकृति दो। मैं आज ही तुम्हारा विवाह किये देता हूँ।' यह सुनकर विष्टिने अपने पितासे कहा—'पति, पुत्र, धन, सुख, आयु, रूप और परस्पर प्रेम—ये पूर्वजन्ममें किये हुए कर्मोंके अनुसार प्राप्त होते हैं। जीव पहले जन्ममें जो बुरा-भला कर्म किये रहता है, उसके अनुकूल ही दूसरे जन्ममें उसे फल मिलता है; अतः पिताको तो उचित है कि वह अपने दोषसे मुक्त हो जाय—कन्याका कहीं योग्य वरके साथ विवाह कर दे। फल तो उसे पूर्वजन्मके कर्मोंके अनुसार ही मिलेगा। पिता अपने वंशकी मर्यादाके अनुसार कन्याका दान और विवाह-सम्बन्ध करता है। शेष बातें जो प्रारब्धमें होती हैं, वे मिल जाती हैं।'

कन्याका यह कथन सुनकर भगवान् सूर्यने अपनी लोकभयंकरी भीषण कन्या विष्टिका विवाह विश्वकर्माके पुत्र विश्वरूपसे कर दिया। विश्वरूप भी वैसे ही भयंकर आकारवाले थे। उन दोनोंके

शील और रूपमें समानता थी, अतः सदा आपसमें प्रेम बना रहता था। उस दम्पतिसे गण्ड, अतिगण्ड, रक्ताक्ष, क्रोधन, व्यय और दुर्मुख नामक पुत्र उत्पन्न हुए। इन सबसे छोटा एक पुत्र और हुआ, जिसका नाम हर्षण था। वह पुण्यात्मा, सुशील, सुन्दर, शान्त, शुद्धचित्त तथा बाहर-भीतरसे पवित्र था। एक दिन वह अपने मामाको देखनेके लिये यमराजके घर आया। वहाँ उसने बहुत-से ऐसे जीव देखे, जो स्वर्गकी ही भाँति सुखी थे और बहुतेरे दुःखी भी दिखायी दिये। हर्षणने सनातन धर्मस्वरूप अपने मामाको प्रणाम करके पूछा—'तात! ये कौन सुखी हैं और कौन नरकमें कष्ट भोगते हैं?'

उसके इस प्रकार पूछनेपर धर्मराजने सब बातें ठीक-ठीक बता दीं। उन्होंने कर्मोंकी सम्पूर्ण

न तस्य रौरवादिभ्यः कदाचिन्निष्कृतिर्भवेत्। विवाहातिक्रमः कार्यो न कन्यायाः कदाचन॥
तस्मिन् कृते यत्पितुः स्यात्पापं तत्केन कथ्यते॥ (१६५। १०—१३)

* यत्कन्यायाः पिता कुर्याद् दानं पूजनमीक्षणम्॥
यत्कृतं तत्कृतं विद्यात्तासु दत्तं तदक्षयम्। (१६५। १५-१६)

गतियोंका पूर्णरूपसे निरूपण किया। वे बोले—'जो मनुष्य विहित कर्मका कभी उल्लङ्घन नहीं करते, उन्हें नरक नहीं देखना पड़ता। जो शास्त्र और शास्त्रीय सदाचारको नहीं मानते, बहुश्रुत विद्वानोंका आदर नहीं करते और विहित कर्मोंका उल्लङ्घन करते हैं, वे मनुष्य नरकगामी होते हैं।'* धर्मराजका यह वचन सुनकर हर्षणने पुनः कहा—'सुरश्रेष्ठ! मेरे पिता विश्वरूप बड़े भयंकर हैं। मेरी माता विष्टि भी भयानक ही हैं। मेरे महाबली भ्राता भी वैसे ही हैं। जिस उपायसे उन लोगोंकी बुद्धि शान्त हो, वे सुरूप, निर्दोष और मङ्गलदायक हो जायँ, वह मुझे बताइये। मैं उसे करूँगा, अन्यथा मैं उनके पास लौटकर नहीं जाऊँगा।' हर्षणके यों कहनेपर धर्मराजने उस शुद्ध बुद्धिवाले बालकसे कहा—'हर्षण! तुम वास्तवमें हर्षण ही हो। पुत्र तो बहुत-से होते हैं, किंतु वे सभी कुलका विस्तार करनेवाले नहीं होते। एक ही कोई ऐसा पुत्र होता है, जो समूचे कुलको धारण करता है। जो कुलका आधारभूत, पिता-माताका प्रियकारक और पूर्वजोंका उद्धार करनेवाला है, वही वास्तवमें पुत्र है; अन्य जितने हैं, वे रोग हैं। हर्षण! तुमने मेरे मनके अनुकूल बात कही है। यह तुम्हारे नाना भगवान् सूर्यको भी पसंद आयेगी। अतः तुम गौतमी-तटपर जाओ और वहाँ स्नान करके मनको वशमें रखते हुए प्रसन्नचित्तसे जगद्योनि शान्तस्वरूप भगवान् विष्णुकी स्तुति करो। वे यदि प्रसन्न हो जायँ तो तुम्हारे समस्त मनोरथोंको पूर्ण कर देंगे।'

यह सुनकर हर्षण गौतमी-तटपर गया और स्नान आदिसे पवित्र हो देवेश्वर भगवान् विष्णुकी स्तुति करने लगा। इससे प्रसन्न होकर श्रीहरिने हर्षणको वरदान दिया—'तुम्हारे कुलका कल्याण हो। समस्त अभद्रों (अमङ्गलों)-की शान्ति होकर भद्र (मङ्गल)-का विस्तार हो।' 'भद्रम् अस्तु' कहनेसे हर्षणके पिता भद्र कहलाये और माता विष्टिका नाम भद्रा हुआ। तबसे वह स्थान भद्रतीर्थके नामसे प्रसिद्ध हुआ। वह सब प्रकारसे मङ्गलदायक तथा तीर्थसेवी पुरुषोंको सब प्रकारकी सिद्धि देनेवाला है। वहाँ भद्रपतिके नामसे प्रसिद्ध होकर साक्षात् देवाधिदेव भगवान् जनार्दन श्रीहरि निवास करते हैं, जो मङ्गलके एकमात्र भण्डार हैं।

पतत्रितीर्थ रोगों तथा पापोंका नाश करनेवाला है। उसके स्मरणमात्रसे मनुष्य कृतकृत्य हो जाता है। कश्यपके दो पुत्र हुए— अरुण और गरुड़। उनके कुलमें पक्षियोंमें श्रेष्ठ सम्पाति उत्पन्न हुए। सम्पातिके छोटे भाईका नाम जटायु था। वे दोनों अपने बलसे उन्मत्त और एक-दूसरेसे लाग-डाँट रखनेवाले थे। एक दिन वे दोनों भगवान् सूर्यको नमस्कार करनेके लिये आकाशमें गये। ज्यों ही सूर्यके समीप पहुँचे, दोनोंके पंख जल गये और दोनों थककर पर्वतके शिखरपर गिर पड़े। दोनों भाइयोंको निश्चेष्ट एवं अचेत होकर गिरा देख अरुण उनके दुःखसे दुःखी हो गये और भगवान् सूर्यसे बोले—'भगवन्! ये दोनों पक्षी पृथ्वीपर गिर पड़े हैं। इन्हें आश्वासन दें, जिससे इनकी मृत्यु न हो।' 'तथास्तु' कहकर सूर्यने उनको जीवित कर दिया। गरुड़ भी उनकी अवस्था सुनकर भगवान् विष्णुके साथ वहाँ आये और उन्हें सान्त्वना देकर सुख पहुँचाया। तदनन्तर सब लोग अपने संतापका निवारण करनेके लिये गङ्गातटपर गये। जटायु, अरुण, सम्पाति, गरुड़, सूर्य तथा भगवान् विष्णु—सबने उस प्रचुर

* न मानयन्ति ये शास्त्रं नाचारं न बहुश्रुतान्। विहितातिक्रमं कुर्युर्ये ते नरकगामिनः॥ (१६५। ३६)

पुण्यदायक तीर्थमें प्रवेश किया। तबसे वह तीर्थ पतत्रितीर्थके नामसे विख्यात हुआ। वह विषका नाशक तथा सम्पूर्ण अभीष्ट वस्तुओंको देनेवाला है। साक्षात् सूर्य तथा विष्णु गरुड़ और अरुणके साथ वहाँ गौतमी-तटपर रहते हैं। भगवान् शिवका भी उस तीर्थमें निवास है। इन तीनों देवताओंकी उपस्थितिसे वह तीर्थ बहुत उत्तम हो गया है। जो वहाँ स्नान करके पवित्र हो उन देवताओंको नमस्कार करता है, वह आधि-व्याधिसे मुक्त हो परम सौख्यका भागी होता है।

गौतमीके तटपर विप्रतीर्थ भी बहुत विख्यात है। उसे नारायणतीर्थ भी कहते हैं। उसका उपाख्यान आश्चर्यमें डालनेवाला है। अन्तर्वेदी (गङ्गा-यमुनाके बीचके भूभाग)-में एक ब्राह्मण रहते थे, जो वेदोंके पारंगत विद्वान् थे। उनके कई पुत्र हुए, जो बड़े विद्वान्, गुणवान्, रूपवान् और दयालु थे। उनमें जो सबसे छोटे भाई थे, वे अनेक गुणोंसे सम्पन्न, शान्त, सर्वज्ञ और परम बुद्धिमान् थे। उनका नाम आसन्दिव था। आसन्दिवके पिता उनका विवाह करनेके लिये प्रयत्नशील थे। इसी बीचमें एक दिन रातको ब्राह्मण-कुमार आसन्दिव सोये हुए थे। उस दिन उन्होंने भगवान् विष्णुका स्मरण नहीं किया था। वे उत्तर ओर सिरहाना करके सोये थे और उनका चित्त एकाग्र नहीं था; इसलिये इच्छानुसार रूप धारण करनेवाली एक क्रूर राक्षसी वहाँ आयी और आसन्दिवको उठाकर तुरंत गौतमीके दक्षिण-तटपर चली गयी। वह उस ब्राह्मणके साथ इच्छानुसार रूप धारण करके गोदावरीके दक्षिण किनारेकी भूमिपर विचरती रहती थे। उसके शरीरमें बुढ़ापा आ गया था। एक दिन उस भयानक राक्षसीने ब्राह्मणसे कहा—'विप्रवर! ये गङ्गाजी हैं। तुम अन्य ब्राह्मणोंके साथ मिलकर यहाँ संध्योपासन करो। जो ब्राह्मण समयपर यत्नपूर्वक संध्योपासन नहीं करते, वे ही

देवेश्वरोंद्वारा नीच बताये गये हैं। वे चाण्डालोंसे भी बढ़कर हैं। तुम यहाँ सब लोगोंसे मुझको अपनी जन्मदायिनी माता बतलाना, नहीं तो अभी तुम्हारा नाश हो जायगा। द्विजश्रेष्ठ! यदि मेरी बात मानते रहोगे तो मैं तुम्हें सुख दूँगी और तुम्हारा जो प्रिय कार्य होगा, उसे भी पूर्ण करूँगी। कुछ कालके बाद फिर मैं तुम्हें तुम्हारे देशमें, तुम्हारे घरमें और तुम्हारे गुरुजनोंके पास पहुँचा दूँगी। यह मैं सत्य कहती हूँ।' ब्राह्मणने पूछा—'तुम कौन हो?' कामरूपिणी राक्षसीने कहा—'मेरा नाम कङ्कालिनी है। मैं संसारमें प्रसिद्ध हूँ।' परिचय पाकर मुनिकुमार आसन्दिवका चित्त भयसे व्याकुल हो उठा, परंतु राक्षसीने अनेक प्रकारकी शपथ खाकर उन्हें अपना विश्वास दिलाया। तब ब्राह्मणने कहा—'तुमने जो कुछ कहा है, मैं वैसा ही करूँगा। तुम्हें जो प्रिय लगेगा, वही बात बोलूँगा और वही कार्य करूँगा।'

ब्राह्मणकी बात सुनकर इच्छानुसार रूप धारण करनेवाली राक्षसीने बुड्ढी होनेपर भी मनोहर रूप धारण किया और दिव्य वस्त्राभूषणोंसे विभूषित हो ब्राह्मणको अपने साथ ले इधर-उधर घूमने लगी। वह सर्वत्र यही कहती कि 'यह मेरा पुत्र गुणाकर है।' ब्राह्मणकुमार रूप, सौभाग्य, वय और विद्यासे विभूषित थे और यह वृद्धा भी गुणवती दिखायी देती थी; अतः सब लोग उसे ब्राह्मणकी माता ही समझते थे। वहाँ किसी श्रेष्ठ ब्राह्मणने वस्त्राभूषणोंसे विभूषित अपनी सुन्दरी कन्या उस राक्षसीको आगे करके आसन्दिवको ब्याह दी। ऐसे सुयोग्य पतिको पाकर कन्याने अपनेको कृतार्थ माना। किंतु वे ब्राह्मण अपनी गुणवती पत्नीको देखकर बहुत दुःखी हुए। उन्होंने मन-ही-मन सोचा—'यह पापिनी राक्षसी एक दिन मुझे खा ही जायगी। क्या करूँ? कहाँ जाऊँ? अथवा किससे यह बात कहूँ? मैं भारी संकटमें पड़ा हूँ । कौन यहाँ मेरी रक्षा करेगा? मेरी यह कल्याणमयी पत्नी गुणवती, रूपवती और नयी अवस्थाकी है। इसे भी वह राक्षसी अकस्मात् अपना आहार बना लेगी।'

इसी बीचमें वह बुढ़िया कहीं चली गयी। उस समय अपने पतिको दुःखित जानकर ब्राह्मणकी पतिव्रता पत्नीने एकान्तमें विनीत भावसे पूछा—'नाथ! आप क्यों कष्टमें पड़े हैं? ठीक-ठीक बताइये।' 'ब्राह्मणने सब बातें विस्तारके साथ बता दीं। प्रिय मित्र और कुलीन पत्नीसे कौन-सी बात अकथनीय है। पतिकी बात सुनकर स्त्रीने कहा—'प्राणनाथ! जिसका मन अपने वशमें नहीं है, उसको तो सब ओर भय है। वह घरमें भी निर्भय नहीं है। परंतु जिन्होंने अपने आत्मापर अधिकार प्राप्त कर लिया है, उन्हें किससे भय है? वह भी गौतमी-तटपर, जहाँ कितने ही वैष्णव, विरक्त और विवेकी पुरुष निवास करते हैं। यहाँ स्नान करके पवित्र हो भगवान् नारायणकी स्तुति कीजिये।' यह सुनकर ब्राह्मणने गङ्गामें स्नान किया और गौतमीके तटपर भगवान् नारायणका स्तवन आरम्भ किया—'नाथ ! आप इस जगत्के अन्तरात्मा हैं। मुकुन्द! आप ही इसकी सृष्टि और संहार करनेवाले हैं। अनाथबन्धु नृसिंह! आप ही सबके पालक हैं। मुझ दीनकी रक्षा क्यों नहीं करते?' यह प्रार्थना सुनकर संसारका शोक दूर करनेवाले भगवान् नारायणने सहस्र अरोंवाले तेजोमय सुदर्शनचक्रसे उस पापिनी राक्षसीको मार डाला और उस

ब्राह्मणको अभीष्ट वरदान दे उसे माता-पिताके पास पहुँचा दिया। तबसे वह स्थान विप्रतीर्थ और नारायणतीर्थके नामसे प्रसिद्ध हुआ। वहाँ स्नान, दान और पूजा आदि करनेसे मनोवाञ्छित फलकी सिद्धि होती है।

चक्षुस्तीर्थका माहात्म्य

ब्रह्माजी कहते हैं—चक्षुस्तीर्थ रूप और सौभाग्य देनेवाला है। जहाँ भगवान् योगेश्वर गौतमीके दक्षिण-तटपर निवास करते हैं, वहाँ पर्वतके शिखरपर भौवन नगर विख्यात स्थान है। यहाँ क्षात्र-धर्मपरायण राजा भौवन निवास करते थे। उसी नगरमें वृद्धकौशिक नामके एक ब्राह्मण थे, जिनके वेदवेत्ताओंमें श्रेष्ठ गौतम नामक पुत्र हुआ। गौतमकी एक वैश्यके साथ मित्रता हुई। वैश्यका नाम मणिकुण्डल था। इनमें एक दरिद्र और दूसरा धनी था तो भी दोनों एक-दूसरेके हितैषी थे। एक दिन गौतमने अपने धनी मित्र मणिकुण्डलसे एकान्तमें प्रेमपूर्वक कहा—'मित्र! हमलोग धनका उपार्जन करनेके लिये पर्वतों और समुद्रोंकी यात्रा करें। यदि अनुकूल सुख न प्राप्त हुआ तो समझना चाहिये जवानी व्यर्थ गयी। धनके बिना सौख्य कैसे प्राप्त हो सकता है। अहो! निर्धन मनुष्यको धिक्कार है।' कुण्डलने ब्राह्मणसे कहा—'मेरे पिताने बहुत धन कमाया है। अब अधिक धन लेकर क्या करूँगा।' तब ब्राह्मणने पुनः मणिकुण्डलसे कहा—'जो धर्म, अर्थ, ज्ञान और भोगोंसे तृप्त हो जाय, ऐसा कौन पुरुष प्रशंसनीय माना जाता है। सखे! इन सबकी अधिकाधिक वृद्धि ही समस्त शरीरधारियोंको अभीष्ट होती है। जो प्राणी अपने ही व्यवसायसे जीवन-निर्वाह करते हैं, वे धन्य हैं। जो दूसरेके दिये हुए धनसे संतोष-लाभ करते हैं, वे कष्टसे ही जीते हैं। जो पुत्र अपने बाहुबलका आश्रय लेकर धनका उपार्जन करता है और पिताके धनको हाथसे नहीं छूता, वह संसारमें कृतार्थ होता है।'

धनाभिलाषी ब्राह्मणका यह कथन सुनकर वैश्यने उसे सत्य माना और घरसे रत्न लाकर गौतमको देते हुए कहा—'मित्र! इस धनसे हमलोग सुखपूर्वक देश-देशान्तरोंमें भ्रमण करेंगे और धन कमाकर फिर अपने घरको लौट आयेंगे।' वैश्य तो अपनी सद्भावनाके अनुसार सत्य ही कहता था, किंतु ब्राह्मण उसे धोखा दे रहा था। उसके मनमें पाप था। किंतु वैश्य उसे ऐसा नहीं समझता था। दोनोंने आपसमें सलाह की और माता-पिताको सूचना दिये बिना ही धन कमानेके लिये देश-देशान्तरमें चल दिये। ब्राह्मण सोचने लगा—'जिस किसी उपायसे हो सके, वैश्यका धन ले लूँ। अहो, पृथ्वीपर सहस्रों सुन्दर नगर हैं, जहाँ कामकी अधिष्ठात्री देवी-जैसी अभीष्ट भोग प्रदान करनेवाली युवतियाँ हैं। यदि यत्नपूर्वक धन लाकर उनको दिया जाय तो वे सदा भोगी जा सकती हैं और वही जीवन सफल है। किस प्रकार वैश्यसे अपने हाथमें आये हुए धनको हड़पकर उसका इच्छानुसार उपभोग करूँ?' यह सोचते हुए गौतमने मणिकुण्डलसे हँसते-हँसते कहा—'पापसे ही जीवोंकी उन्नति होती है और वे मनोवाञ्छित सुख प्राप्त करते हैं। संसारमें धर्मात्मा लोग दुःखके ही भागी देखे जाते हैं। अतः एक मात्र दुःख ही जिसका फल है, उस धर्मसे क्या लाभ।'

वैश्यने कहा—ऐसी बात नहीं है। धर्ममें ही सुखकी स्थिति है। पापमें तो केवल दुःख, भय, शोक, दरिद्रता और क्लेश ही रहते हैं। जहाँ धर्म है, वहीं मुक्ति है। भला, अपना धर्म क्या नष्ट हो सकता है?* इस प्रकार विवाद करते हुए दोनोंमें यह शर्त लग गयी कि जिसका पक्ष श्रेष्ठ हो, वह

* नेत्युवाच ततो वैश्यः सुखं धर्मे प्रतिष्ठितम्।
पापे दुःखं भयं शोको दारिद्र्यं क्लेश एव च। यतो धर्मस्ततो मुक्तिः स्वधर्मः किं विनश्यति॥
(१७०।२६)

दूसरेका धन ले ले। वे बोले—'अब चलकर हम दोनों किसीसे पूछें—धर्मात्मा प्रबल होता है या अधर्मी? वेदसे लोकका ही मत श्रेष्ठ है, क्योंकि लोकमें ही धर्मसे सुख होता है।' इस प्रकार विवाद करके दोनों सब लोगोंसे पूछने लगे कि 'पृथ्वीपर धर्म प्रबल है या अधर्म?' यह प्रश्न सामने आनेपर कोई बोले—'जो धर्मके अनुसार चलते हैं, उन्हें दु:ख भोगना पड़ता है और बड़े-बड़े पापी मनुष्य सुखी हैं।' यह निर्णय सुनकर वैश्यने अपना सारा धन ब्राह्मणको दे दिया। मणिमान् धर्मवेत्ताओंमें श्रेष्ठ था। वह बाजी हार जानेपर भी धर्मकी ही प्रशंसा करता रहा। ब्राह्मणने मणिमान्से पूछा—'क्या तुम अब भी धर्मकी प्रशंसा करते हो?' वैश्य बोला—'हाँ।' ब्राह्मण फिर कहने लगा—'वैश्य! मैंने तुम्हारा सारा धन जीत लिया, फिर भी निर्लज्जकी तरह धर्मकी बात क्यों करते हो? देखो, स्वेच्छाचारी होनेपर भी मैंने ही धर्मको जीता है।'

ब्राह्मणकी बात सुनकर वैश्यने मुसकराते हुए कहा—'सखे! जैसे धान्योंमें पुलाक (पैया) और पंखधारी चिड़ियोंमें छोटी मक्खियाँ होती हैं, वैसे ही मैं उन मनुष्योंको भी सारहीन मानता हूँ, जिनमें धर्म नहीं होता। चारों पुरुषार्थोंमें पहले धर्मका नाम आता है। अर्थ और काम उसके बाद आते हैं। वह धर्म मुझमें मौजूद है। फिर तुम कैसे कहते हो कि मैंने जीत लिया।' यह सुनकर ब्राह्मणने पुन: वैश्यसे कहा—'अब दोनों हाथोंकी बाजी लगायी जाय।' वैश्य बोला—'ठीक है।' फिर दोनोंने जाकर पहलेकी ही भाँति लौकिक मनुष्योंसे पूछा, निर्णय ज्यों-का-त्यों रहा। ब्राह्मण बोला—'फिर मेरी विजय हुई।' यों कहकर उसने वैश्यके दोनों हाथ काट डाले और पूछा—'अब धर्मको कैसा मानते हो?' ब्राह्मणके इस प्रकार आक्षेप करनेपर वैश्यने कहा—'मेरे प्राण कण्ठतक आ जायँ तो भी मैं धर्मको ही श्रेष्ठ मानता रहूँगा। धर्म ही देहधारियोंकी माता, पिता, सुहृद् और बन्धु है।' इस तरह दोनोंका विवाद चलता रहा। ब्राह्मण धनवान् हो गया और वैश्य धनके साथ-साथ दोनों बाँहोंसे भी हाथ धो बैठा। इस तरह भ्रमण करते हुए दोनों गौतमी गङ्गाके तटपर आ पहुँचे। जहाँ योगेश्वर श्रीहरिका निवासस्थान है, वहाँ आनेपर फिर दोनोंमें विवाद आरम्भ हो गया। वैश्य गङ्गा, योगेश्वर और धर्मकी ही प्रशंसा करता था। इससे ब्राह्मणको बड़ा क्रोध हुआ। वह वैश्यपर आक्षेप करते हुए बोला—'धन चला गया। दोनों हाथ कट गये। अब केवल तुम्हारे प्राण बाकी हैं। यदि फिर मेरे मतके विपरीत कोई बात मुँहसे निकालोगे तो मैं तलवारसे तुम्हारा सिर काट लूँगा।' वैश्य हँस पड़ा। उसने पुन: गौतमको चुनौती देते हुए कहा—'मैं तो धर्मको ही बड़ा मानता हूँ; तुम्हारी जैसी इच्छा हो, कर लो। जो ब्राह्मण, गुरु, देवता, वेद, धर्म और भगवान् विष्णुकी निन्दा करता है, वह पापाचारी मनुष्य पापरूप है। वह स्पर्श करने योग्य नहीं है। धर्मको दूषित करनेवाले उस दुराचारी पापात्माका परित्याग कर देना चाहिये।'* तब ब्राह्मणने कुपित होकर कहा—'यदि तुम धर्मकी प्रशंसा करते हो तो हम दोनोंके प्राणोंकी बाजी लग जाय।' वैश्यने कहा—'ठीक है।' फिर दोनोंने साधारण लोगोंसे पूछा, किंतु लोगोंने पहले-ही-जैसा उत्तर दिया।

---

* धर्ममेव परं मन्ये यथेच्छसि तथा कुरु। ब्राह्मणांश्च गुरून् देवान् वेदान् धर्मं जनार्दनम्॥
यस्तु निन्दयते पापो नासौ स्पृश्योऽथ पापकृत्। उपेक्षणीयो दुर्वृत्तः पापात्मा धर्मदूषकः॥
(१७०।४५-४६)

उस समय गौतमीके दक्षिण-तटपर भगवान् योगेश्वरके सामने ब्राह्मणने वैश्यको गिरा दिया और उसकी आँखें निकाल लीं। फिर कहा—'वैश्य! प्रतिदिन धर्मकी प्रशंसा करनेसे ही तुम इस दशाको पहुँचे हो। तुम्हारा धन गया, आँखें गयीं और दोनों हाथ काट लिये गये। मित्र! अब तुमसे बिदा लेकर जाता हूँ। फिर कभी बातचीतमें इस तरह धर्मकी प्रशंसा न करना।' यों कहकर गौतम चला गया। उसके जानेपर वैश्यप्रवर मणिकुण्डल धन, बाहु और नेत्रसे रहित होनेके कारण शोकग्रस्त हो गया। तथापि वह निरन्तर धर्मका ही स्मरण करता था। अनेक प्रकारकी चिन्ता करते हुए वह भूतलपर निश्चेष्ट होकर पड़ा था। उसके हृदयमें उत्साह नहीं रह गया था। वह शोक-सागरमें डूबा हुआ था। दिन बीता, रजनीका आगमन हुआ और चन्द्रमण्डलका उदय हो गया। उस दिन शुक्ल पक्षकी एकादशी थी। एकादशीको वहाँ लङ्कासे विभीषण आया करते थे। उस दिन भी आये; उन्होंने पुत्र और राक्षसोंसहित गौतमी गङ्गामें

स्नान किया और योगेश्वर भगवान् विष्णुकी विधिपूर्वक पूजा की। विभीषणका पुत्र भी दूसरे विभीषणके ही समान धर्मात्मा था। उसे लोग वैभीषणि कहते थे। वैभीषणिने वैश्यको देखा और उससे वार्तालाप किया। वैश्यका यथावत् वृत्तान्त जानकर उस धर्मज्ञने अपने पिता लङ्कापति महात्मा विभीषणको बतलाया। लङ्केश्वरने अपने गुणाकर पुत्रसे प्रसन्नतापूर्वक कहा—'बेटा! भगवान् श्रीराम मेरे गुरु—आराध्यदेव हैं और उनके आदरणीय भक्त हनुमान्‌जी मेरे सखा हैं। आजसे बहुत पहले एक कार्य आ पड़नेपर हनुमान्‌जी बहुत बड़ा पर्वत उठा लाये थे, जो सब प्रकारकी ओषधियोंका भण्डार था। उस समय दो ओषधियोंकी आवश्यकता थी—विशल्यकरणी और मृतसंजीवनी। उन दोनों ओषधियोंको लाकर उन्होंने भगवान् श्रीरामको अर्पित किया। जब उनकी आवश्यकता पूर्ण हो गयी, तब वे पुनः उस पर्वतको उठाकर हिमालयपर ले गये और वहीं रख आये। हनुमान्‌जी बड़े वेगसे जा रहे थे, इसलिये विशल्यकरणी नामकी ओषधि गौतमी गङ्गाके तटपर गिर पड़ी थी। जहाँ भगवान् योगेश्वरका स्थान है, वहीं वह ओषधि है। उसे ले आकर तुम भगवान्‌का स्मरण करते हुए इसके हृदयपर रख दो। उससे यह उदारबुद्धि वैश्य अपने सम्पूर्ण अभीष्टोंको प्राप्त कर लेगा।'

वैभीषणि बोला—पिताजी! मुझे शीघ्र ही वह ओषधि दिखा दीजिये। विलम्ब न कीजिये। दूसरोंकी पीड़ा दूर करनेसे बढ़कर तीनों लोकोंमें दूसरा कोई कल्याणकारी कार्य नहीं है।

विभीषणने 'बहुत अच्छा' कहकर पुत्रको वह ओषधि दिखा दी। उसने 'इषे त्वा०' इत्यादि मन्त्रको पढ़कर उस वृक्षकी एक शाखा तोड़ ली और उसे ले आकर वैश्यके हृदयपर रख दिया। उसका स्पर्श होते ही वैश्यके नेत्र और हाथ ज्यों-

के-त्यों हो गये। मणि, मन्त्र और ओषधियोंके प्रभावको कोई नहीं जानता। वैश्यने धर्मका चिन्तन करते हुए गौतमी गङ्गामें स्नान किया और योगेश्वर भगवान् विष्णुको नमस्कार करके पुनः वहाँसे यात्रा की। उसने अपने साथ ओषधिकी टूटी हुई शाखा भी ले ली थी। देश-देशान्तरोंमें भ्रमण करता हुआ मणिकुण्डल एक राजधानीमें पहुँचा, जो महापुरके नामसे विख्यात थी। वहाँके महाबली राजा महाराजके नामसे प्रसिद्ध थे। राजाके कोई पुत्र नहीं था, एक पुत्री थी; उसकी भी आँखें नष्ट हो चुकी थीं। वह कन्या ही राजाके लिये पुत्र थी। राजाने यह निश्चय किया था कि 'देवता, दानव, ब्राह्मण, क्षत्रिय, वैश्य, शूद्र, गुणवान् या निर्गुण—कोई भी क्यों न हो, मैं उसीको यह कन्या दूँगा, जो इसकी आँखें अच्छी कर देगा। मुझे अपने राज्यके साथ ही कन्याका दान करना है।' महाराजने यह घोषणा सब ओर करा दी थी। वैश्यने वह घोषणा सुनकर कहा—'मैं निश्चय ही राजकुमारीकी खोयी हुई आँखें पुनः ला दूँगा।'

राजकर्मचारी शीघ्र ही वैश्यको लेकर गया और महाराजको उसने सब बातें बतायीं। वैश्यने उस काष्ठका स्पर्श कराया और राजकुमारीके नेत्र ठीक हो गये। यह देखकर राजाको बड़ा विस्मय हुआ। उन्होंने पूछा—'आप कौन हैं?' वैश्यने राजासे अपना सब हाल ठीक-ठीक कह सुनाया। फिर बोला—'ब्राह्मणोंके प्रसादसे तथा धर्म, तपस्या, दान, यज्ञ और दिव्य ओषधिके प्रभावसे मुझमें ऐसी शक्ति आयी है।' वैश्यका यह कथन सुनकर महाराजको अत्यन्त आश्चर्य हुआ। वे बोले—'अहो, ये महानुभाव कोई देवता ही होंगे। अन्यथा देवेतर मनुष्यमें ऐसी शक्ति कैसे देखी जाती। अतः इन्हें राज्यके साथ ही अपनी कन्या अवश्य दूँगा।' मनमें ऐसा संकल्प करके राजाने कन्यासहित राज्य वैश्यको दे दिया। मणिकुण्डल राज्यको पाकर भी मित्रके बिना संतुष्ट न हुआ। वह सोचने लगा—'मित्रके बिना न तो राज्य अच्छा है और न सुख ही अच्छा लगता है।' इस प्रकार वह सदा गौतम ब्राह्मणका ही चिन्तन किया करता था। इस पृथ्वीपर उत्तम कुलमें उत्पन्न हुए साधुपुरुषोंका यही लक्षण है कि अहित करनेवालोंके प्रति भी उनके मनमें सदा कारुण्य ही भरी रहती है।*

एक दिन महाराज मणिकुण्डल वनमें गये थे। वहाँ उन्होंने अपने पूर्व मित्र गौतम ब्राह्मणको देखा। पापी जुआरिओंने उसका सब धन छीन लिया था। धर्मज्ञ मणिकुण्डलने अपने ब्राह्मण मित्रको साथ ले लिया, उसका विधिपूर्वक पूजन किया और धर्मका सब प्रभाव भी बतलाया। फिर समस्त पापोंकी निवृत्तिके लिये गौतमको गङ्गामें स्नान कराया। वैश्यके देशमें जो सगोत्र बन्धु-बान्धव थे, उनको तथा गौतम ब्राह्मणके बन्धु-बान्धव वृद्धकौशिक आदिको उन्होंने बुलवाया और सबके साथ देवपूजनपूर्वक गौतमीके तटपर यज्ञ किया। तदनन्तर शरीरका अन्त होनेपर वे स्वर्गलोकमें गये। वह स्थान मृतसंजीवनतीर्थ, चक्षुस्तीर्थ और योगेश्वरतीर्थ कहलाने लगा। वह स्मरणमात्रसे पुण्य देनेवाला, मनको प्रसन्न रखनेवाला और समस्त दुर्भावनाओंका नाश करनेवाला है।

---

* एतदेव सुजातानां लक्षणं भुवि देहिनाम्। कृपार्द्रं यन्मनो नित्यं तेषामप्यहितेषु हि॥ (१७०।८३)

सामुद्र, ऋषिसत्र आदि तीर्थोंकी महिमा तथा गौतमी-माहात्म्यका उपसंहार

ब्रह्माजी कहते हैं—नारद! सामुद्रतीर्थ सब तीर्थोंका फल देनेवाला है। उसके स्वरूपका वर्णन करता हूँ, मन लगाकर सुनो। गौतमके विदा करनेपर पापनाशिनी गङ्गा जब तीनों लोकोंका उपकार करनेके लिये ब्रह्मगिरिसे पूर्व-समुद्रकी ओर चलीं, तब मार्गमें मैंने उनके जलको लेकर कमण्डलुमें धारण किया। परमात्मा शिवने उन्हें मस्तकपर चढ़ाया। वे भगवान् विष्णुके चरणोंसे प्रकट हुई हैं। ब्रह्मर्षि गौतमने मर्त्यलोकमें उनका अवतरण कराया है। वे स्मरणमात्रसे सब पापोंका नाश करनेवाली हैं और गुरुओंकी भी गुरु हैं। समुद्रने जब उन्हें अपनी ओर आते देखा, तब मन-ही-मन विचार किया—'जो सम्पूर्ण जगत्की वन्दनीया और सबकी ईश्वरी हैं, जिन्हें ब्रह्मा तथा शिव आदि देवता भी मस्तक झुकाते हैं, उनके स्वागतमें मुझे कुछ दूर आगेतक जाना चाहिये। नहीं तो मेरे धर्ममें दोष आयेगा। जो अपने घर आते हुए महापुरुषको लेनेके लिये मोहवश स्वयं उपस्थित नहीं होता, उस पापीकी रक्षा करनेवाला दोनों लोकोंमें कोई नहीं है।' यों विचारकर समुद्र मूर्तिमान् हो हाथ जोड़े विनीत भावसे गङ्गाजीके समीप आया और इस प्रकार बोला—'देवि! तुम्हारा यह जल, जो आकाश, पाताल और मर्त्यलोकमें फैला हुआ है, मुझमें आकर मिले—इसके लिये मैं कुछ नहीं कहूँगा। मेरे भीतर रत्न, अमृत, पर्वत, राक्षस और असुर रहते हैं। इनको तथा अन्यान्य भयंकर जलजन्तुओंको भी मैं धारण करता हूँ। मेरे जलमें लक्ष्मीसहित भगवान् विष्णु सदा शयन करते हैं। इस चराचर जगत्में मेरे लिये कुछ भी असम्भव नहीं है। मैं तुम्हारे स्वागतमें यहाँतक आया हूँ। जो अपनेसे बड़ेके आनेपर अहंकारवश आगे बढ़कर उसका स्वागत नहीं करता, वह धर्म आदिसे भ्रष्ट होकर नरकमें पड़ता है।* भगवती गङ्गा! तुमसे एक प्रार्थना करता हूँ। तुम सात धाराओंमें आकर मुझसे मिलो। यदि एक ही धाराके रूपमें आकर मिलोगी तो मैं तुम्हारे दुःसह वेगको धारण न कर सकूँगा।' समुद्रका यह वचन सुनकर गौतमी गङ्गाने कहा—'तुम मेरी यह बात मानो; सप्तर्षियोंकी जो अरुन्धती आदि पत्नियाँ हैं उन सबको उनके पतियोंसहित ले आओ; तब मैं छोटे रूपमें हो जाऊँगी।' 'बहुत अच्छा' कहकर समुद्र सप्तर्षियों और उनकी पत्नियोंको

ले आया। तब गोदावरी देवी सात धाराओंमें विभक्त हो गयीं और उसी रूपमें उनका समुद्रसे

* महत्यभ्यागते कुर्यात्प्रत्युत्थानं न यो मदात्। स धर्मादिपरिभ्रष्टो निरयं तु समाप्नुयात्।

(१७२।११)

संगम हुआ। सप्तर्षियोंके नामपर वे सप्तगङ्गाके नामसे विख्यात हुईं। वहाँ भक्तिपूर्वक जो स्नान, दान, श्रवण, पाठ और स्मरण आदि शुभ कर्म किया जाता है, वह समस्त अभीष्ट वस्तुओंको देनेवाला होता है। पापकी हानि, भोग और मोक्षकी प्राप्ति तथा मनकी प्रसन्नताके लिये तीनों लोकोंमें सामुद्रतीर्थसे बढ़कर दूसरा कोई तीर्थ नहीं है।

सामुद्रतीर्थके अतिरिक्त वहाँ ऋषिसत्रतीर्थ भी है, जहाँ सातों ऋषि तपस्याके लिये बैठे थे और जहाँ भीमेश्वर शिव विराजमान हैं। वहाँका वृत्तान्त इस प्रकार है। सात ऋषियोंने गङ्गाको सात धाराओंमें विभक्त किया। सबसे दक्षिणकी धारा वासिष्ठी कहलायी। उससे उत्तर वैश्वामित्री, उससे उत्तर वामदेवी, बीचकी धारा गौतमी, उससे उत्तर भारद्वाजी, उससे उत्तर आत्रेयी और अन्तिम धारा जामदग्नी है। उन सब ऋषियोंने मिलकर वहाँ बहुत बड़े सत्रका अनुष्ठान किया। इसी बीचमें देवताओंका प्रबल शत्रु विश्वरूप वहाँ आया और ब्रह्मचर्य तथा तपस्याके द्वारा उन ऋषियोंको प्रसन्न करके विनयपूर्वक पूछा—'मुनिवरो! यज्ञ अथवा तपस्या—जिस उपायसे भी मुझे बलवान् पुत्र प्राप्त हो, जिसे देवता भी परास्त न कर सकें, वह उपाय बतलाइये।'

तब परम बुद्धिमान् विश्वामित्रने कहा—'तात! कर्मसे नाना प्रकारके फल प्राप्त होते हैं। तीन कारणोंमें कर्म ही पहला कारण है। दूसरा कारण कर्ता है तथा तीसरे कारणके अन्तर्गत उपादान और बीज आदि अन्य उपकरण हैं। उपादान और बीजको विद्वानोंने कर्म नहीं माना है। जहाँ बहुत-से कारण उपस्थित हों, वहाँ कर्म ही प्रधान कारण सिद्ध होता है। क्योंकि कर्म करनेसे फलकी सिद्धि देखी जाती है और न करनेसे नहीं। अतः फलकी सिद्धि कर्मके ही अधीन है। कर्म भी दो प्रकारके जानने चाहिये—क्रियमाण और कृत। क्रियमाण कर्मका जो-जो साधन है, वह कर्तव्य बताया गया है। विद्वान् पुरुष कर्म करते हुए जो-जो भावना करता है, उसके अनुरूप ही फलकी सिद्धि होती है। यदि बिना भावनाके विधिपूर्वक कर्मका अनुष्ठान करता है तो उसे अन्य प्रकारका फल मिलता है। किंतु भावना करनेपर सम्पूर्ण फल उस भावनाके अनुरूप ही होता है; अतः तप, व्रत, दान, जप और यज्ञ आदि क्रियाएँ कर्मके अनुरूप भाव होनेसे ही अभीष्ट फल देती हैं। भाव भी तीन प्रकारका जानना चाहिये—सात्त्विक, राजस और तामस। जिस भावनाके अनुरूप कर्म होगा, वैसा ही फल मिलेगा। अतः फलकी प्राप्ति कर्मके अनुसार और भावनाके अनुरूप भी होती है; इसलिये कर्मोंकी स्थिति विचित्र है, यों समझकर विद्वान् पुरुषको अपनी इच्छाके अनुकूल भाव भी बनाना चाहिये। फिर उसके अनुरूप कर्म भी करना चाहिये। फल देनेवाला भी जब फल चाहनेवालोंको फल देनेमें प्रवृत्त होता है, तब उसके कर्म और भावनाके अनुसार ही फल देता है। कर्म धर्म, अर्थ, काम और मोक्ष—चारों पुरुषार्थोंका कारण है। यदि निष्कामभावसे कर्म हो तो वह मुक्तिदायक होता है और सकामभावसे होनेपर वही बन्धनका कारण बन जाता है। अपने भावके अनुसार ही कर्म बनता है तथा वही इस लोक और परलोकमें भाँति-भाँतिके फल देता है। भावके अनुकूल कर्म होता और तदनुसार भोग मिलता है; अतः भाव सबसे बढ़कर है। तुम भी भावके अनुसार कर्म करो। फिर जो चाहोगे, प्राप्त कर लोगे।'

बुद्धिमान् विश्वामित्र मुनिका कथन सुनकर विश्वरूपने तामस भावका आश्रय ले दीर्घकालतक तपस्या की। प्रधान-प्रधान ऋषियोंके मना करनेपर

भी उसने अपने क्रोधके अनुरूप देवताओंके लिये भयंकर कार्य किया। भयंकर कुण्ड खोदकर उसमें भयानक अग्निदेवको प्रज्वलित किया और उसीमें बैठकर मन-ही-मन अत्यन्त भयंकर रौद्रपुरुषका आत्मरूपसे चिन्तन किया। उसे इस प्रकार तपस्या करते देख आकाशवाणी हुई—'भीमस्वरूप जगदीश्वर शिवकी महिमाको कौन जानता है। वे सम्पूर्ण जगत्‌की सृष्टि करते हैं तो भी उसकी आसक्तिसे लिप्त नहीं होते।' यों कहकर आकाशवाणी मौन हो गयी। मुनीश्वरगण भगवान् भीमेश्वरको नमस्कार करके अपने-अपने आश्रमको चले गये। विश्वरूप महाभीम (अत्यन्त भयंकर) था। उसके कर्म भी भयंकर थे। उसकी आकृति भी बड़ी भयानक थी। उसके हृदयका भाव भी भयंकर ही था। उसने भीमस्वरूप भगवान् रुद्रका ध्यान करके अग्निमें अपनी आहुति दे दी। तबसे उसके द्वारा आराधित भगवान् शङ्कर भीमेश्वर कहलाते हैं। वहाँ किया हुआ स्नान और दान निस्सन्देह मोक्ष देनेवाला होता है। जो सदा भक्तिपूर्वक इस प्रसङ्गका पाठ और श्रवण करता है तथा देवताओंके स्वामी भीमस्वरूप भगवान् शिवको प्रणाम करता है, उसे भगवान् शिव अपने सर्वपापापहारी चरणोंकी शरणमें लेकर मुक्ति प्रदान करते हैं। यों तो भगवती गोदावरी सर्वत्र और सदा ही सम्पूर्ण पापराशिका विनाश करनेवाली तथा परम पुरुषार्थ (मोक्ष) देनेवाली हैं, तथापि जहाँ वे समुद्रमें मिली हैं, वहाँ उनका माहात्म्य विशेषरूपसे बढ़ा हुआ है। जो पुण्यात्मा प्राणी गोदावरी-सागर-संगममें स्नान कर लेता है, वह अपने पूर्वजोंका दुःसह नरकसे उद्धार करके स्वयं भी भगवान् शिवके धाममें जाता है। जो वेदान्तद्वारा जानने योग्य तथा सबका उपास्य है, साक्षात् वह ब्रह्म ही भीमेश्वरके रूपमें प्रकट है। भीमेश्वरका दर्शन कर लेनेपर जीव फिर भयंकर दुःख देनेवाले संसारमें नहीं प्रवेश करते।

देवताओंकी भी वन्दनीया गङ्गा जब समुद्रमें मिलीं, तब सम्पूर्ण देवता और मुनि उनके पीछे-पीछे स्तुति करते हुए गये। वसिष्ठ, जाबालि, याज्ञवल्क्य, क्रतु, अङ्गिरा, दक्ष, मरीचि, अन्यान्य वैष्णवगण, शातातप, शौनक, देवरात, भृगु, अग्निवेश, अत्रि, मरीचि, मनु, गौतम, कौशिक, तुम्बुरु, पर्वत, अगस्त्य, मार्कण्डेय, पिप्पल, गालव, योगीजन, वामदेव, आङ्गिरस तथा भार्गव—ये समस्त पुराणवेत्ता महर्षि प्रसन्नचित्तसे वैदिक मन्त्रोंद्वारा देवी गोदावरीकी स्तुति करते थे। गोदावरीको समुद्रमें मिली हुई देख भगवान् शिव और विष्णुने भी मुनियोंको प्रत्यक्ष दर्शन दिया। देवताओं और पितरोंने भी सबकी पीड़ा दूर करनेवाले उन दोनों देवताओंका दर्शन और स्तवन किया। आदित्य, वसु, रुद्र, मरुद्गण, लोकपाल—ये सब हाथ जोड़कर भगवान् शिव और विष्णुकी स्तुति करते थे। समुद्र और

गङ्गाके सातों प्रसिद्ध संगमोंपर सदा भगवान् शिव

और विष्णु स्थित रहते हैं। वहाँ महादेवजी गौतमेश्वरके नामसे विख्यात हैं। लक्ष्मीसहित भगवान् विष्णु भी वहाँ नित्य निवास करते हैं। मैंने जो वहाँ शिवकी स्थापना की है, वह शिवलिङ्ग ब्रह्मेश्वरके नामसे प्रसिद्ध है। देवताओंसहित मैंने अपने लिये कारण उपस्थित होनेपर सम्पूर्ण लोकोंके उपकारके लिये भगवान् विष्णुका भी स्तवन किया था। वे विष्णु वहाँ चक्रपाणिके नामसे विख्यात हैं। वहीं ऐन्द्रतीर्थ भी है और उसीको हयग्रीवतीर्थ भी कहते हैं। वहाँ सोमतीर्थ भी है, जहाँ भगवान् शिव सोमेश्वरके नामसे प्रसिद्ध हैं। एक समय इन्द्रने बड़े-बड़े यज्ञोंद्वारा मेरी आराधना करके मेरे प्रसादसे अपना मनोरथ सिद्ध किया था। तबसे मैं भी वहीं सब लोगोंका उपकार करनेके लिये रहता हूँ, विष्णु और शिव तो वहाँ हैं ही। अग्निने जहाँ यज्ञ किया, वह स्थान आग्नेयतीर्थके नामसे प्रसिद्ध है। तदनन्तर आदित्यतीर्थ है, जहाँ वेदमय आदित्य प्रतिदिन मध्याह्नकालमें दूसरा रूप धारण करके मेरा, शिवका तथा विष्णुका दर्शन एवं उपासना करनेके लिये आते हैं। वहाँ मध्याह्नकालमें सब लोग वन्दनीय हैं, क्योंकि न मालूम सूर्य वहाँ किस रूपमें आ जायँ। उसके सिवा पर्वतश्रेष्ठ इन्द्रगोपपर एक दूसरा तीर्थ भी है। वहाँ किसी कारणवश गिरिराज हिमालयने महान् शिवलिङ्गकी स्थापना की थी, अतः उसे अद्रितीर्थ कहते हैं। वहाँ किया हुआ स्नान और दान सम्पूर्ण अभीष्ट वस्तुओंको देनेवाला तथा शुभ है। इस प्रकार गौतमी गङ्गा ब्रह्मगिरिसे निकलकर जहाँ समुद्रमें मिली हैं, वहाँतकके कुछ तीर्थोंका मैंने संक्षेपसे वर्णन किया है। गौतमी गङ्गा वेद और पुराणोंमें भी प्रसिद्ध हैं। ऋषियोंद्वारा भी उनकी बड़ी ख्याति हुई है। सम्पूर्ण विश्वने उनके चरणोंमें मस्तक झुकाया है। उनका प्रभाव अत्यन्त महान् है। नारद! किसमें इतनी शक्ति है, जो गोदावरीकी महिमाका पूरा-पूरा वर्णन कर सके। जो भक्तिपूर्वक उनके गुणगानमें प्रवृत्त हो यथाकथंचित् उनकी महिमाका दिग्दर्शन कराता है, उसके ऐसा करनेमें निःसंदेह कोई अपराध नहीं है; इसलिये मैंने भी लोक-कल्याणके उद्देश्यसे अत्यन्त प्रयास करके गङ्गाके माहात्म्यको संक्षेपसे सूचित किया है। कौन गोदावरीके प्रत्येक तीर्थका प्रभाव बता सकता है। कहीं, किसी स्थानपर, किसी विशेष समयमें कोई उत्तम तीर्थ प्रकट होते हैं; परंतु गौतमीमें सर्वत्र और सदा ही तीर्थोंका वास है। वे मनुष्योंके लिये सब जगह और सब समय पवित्र हैं। उनके गुणोंका वर्णन कौन कर सकता है। उनके लिये तो केवल नमस्कार करना ही उचित जान पड़ता है।

नारदजीने कहा—सुरेश्वर! आप गङ्गाको तीनों देवताओंसे सम्बन्ध रखनेवाली बताते हैं। ब्रह्मर्षि गौतमद्वारा लायी हुई लोकपावनी गङ्गा परम पवित्र और कल्याणमयी हैं। उनके आदि, मध्य और अन्तमें दोनों तटोंपर भगवान् विष्णु, शिव तथा आप व्याप्त हैं। उनकी महिमा सुननेसे मुझे तृप्ति नहीं होती, आप पुनः संक्षेपसे उनका महत्त्व बतलाइये।

ब्रह्माजी बोले—बेटा! गङ्गा पहले मेरे कमण्डलुमें थीं, फिर भगवान्‌के चरणोंसे प्रकट हुईं। उसके बाद महादेवजीके जटा-जूटमें निवास करने लगीं। महर्षि गौतमने अपने ब्रह्मतेजके प्रभावसे यत्नपूर्वक भगवान् शिवकी आराधना की, जिससे ये ब्रह्मगिरिपर आयीं और वहाँसे चलकर पूर्व-समुद्रमें जा मिलीं। भगवती गोदावरी सर्वतीर्थमयी हैं। वे मनुष्योंको मनोवाञ्छित फल देती हैं। उनका प्रभाव सबसे बढ़कर है। मैं तीनों लोकोंमें कोई भी तीर्थ गोदावरीसे बड़ा नहीं मानता। उन्हींके प्रभावसे मनकी सारी अभिलाषा पूर्ण होती है। आज भी

उनकी महिमाका यथावत् वर्णन कोई नहीं कर सकता। सब लोग भक्तिसे सदा उनकी वन्दना करते हैं। वे वस्तुतः साक्षात् ब्रह्म हैं। नारद! मुझे तो यही सबसे बढ़कर आश्चर्यकी बात जान पड़ती है कि मेरी वाणीमें गङ्गाके गुणोंका वर्णन सुनकर भी तीनों लोकोंमें रहनेवाले सब प्राणियोंकी बुद्धि उन्हींकी ओर क्यों नहीं लग जाती।

नारदजीने कहा—भगवन्! आप धर्म, अर्थ, काम तथा मोक्षके ज्ञाता और उपदेशक हैं। आपके वचनोंमें रहस्योंसहित छन्द (वेद), पुराण, स्मृति और धर्मशास्त्र आदि समस्त वाङ्मय प्रतिष्ठित है। अतः आप बताइये—तीर्थ, दान, यज्ञ, तप, देव-पूजन, मन्त्र-जप और सेवामें सबसे श्रेष्ठ क्या है? भगवन्! आप जैसा कहेंगे, वैसा ही होगा। उसके विपरीत कोई बात नहीं हो सकती। अतः मेरे इस संशयका निवारण कीजिये।

ब्रह्माजी बोले—नारद! सुनो, मैं रहस्यमय उत्तम धर्मका वर्णन करता हूँ। चार प्रकारके तीर्थ हैं। चार ही युग हैं। तीन गुण, तीन पुरुष और तीन ही सनातन देवता हैं। स्मृतियोंसहित वेद चार बताये गये हैं। पुरुषार्थ भी चार ही हैं और वाणीके भी चार ही भेद हैं। ये सब समान हैं। धर्म सर्वत्र एक ही है। क्योंकि वह सनातन है। साध्य और साधनके भेदसे उसके अनेक रूप माने गये हैं। धर्मके दो आश्रय हैं—देश और काल। कालके आश्रित जो धर्म है, वह सदा घटता-बढ़ता रहता है। युगोंके अनुसार उसमें एक-एक चरणकी न्यूनता होती जाती है। कालाश्रित धर्म भी देशमें सदा प्रतिष्ठित रहता है। युगोंका क्षय होनेपर भी देशाश्रित धर्मकी हानि नहीं होती। जो धर्म दोनों आश्रयोंसे हीन है, उसका अभाव हो जाता है। अतः देशके आश्रित रहनेवाला धर्म अपने चारों चरणोंके साथ प्रतिष्ठित होता है। देशाश्रित धर्म भिन्न-भिन्न देशोंमें तीर्थरूपसे स्थित रहता है। सत्ययुगमें धर्म देश और काल दोनोंके आश्रित होता है। त्रेतामें उसके एक चरणकी, द्वापरमें दो चरणोंकी और कलियुगमें उसके तीन चरणोंकी हानि होती है। द्वापर और कलिमें क्रमशः आधे और चौथाई रूपमें शेष रहकर धर्म चालू रहता है। कलिमें उसकी संकटमयी स्थिति होती है। जो इस प्रकार धर्मको जानता है, उसके धर्मकी हानि नहीं होती।

जो घरसे तीर्थयात्राके लिये निकलना चाहता है, उसके सामने अनेक प्रकारके विघ्न आते हैं; परंतु जो उन विघ्नोंके मस्तकपर पैर रखकर गङ्गाजीके पास नहीं पहुँचता, उसने अपने जीवनमें क्या फल पाया। गौतमीके प्रभावका कौन वर्णन कर सकता है। साक्षात् सदाशिव भी उसके वर्णनमें असमर्थ हैं। मैंने संक्षेपसे इतिहाससहित गङ्गाके माहात्म्यका प्रतिपादन किया है। चराचर जगत्में धर्म, अर्थ, काम और मोक्षका जो भी साधन है, वह सब इस विस्तृत इतिहासमें मौजूद है। इसमें वेदोक्त श्रुतियोंका सम्पूर्ण रहस्य बताया गया है। जगत्के कल्याणके लिये जो उत्तम साधन, जो उत्तम नामवाला प्राचीन तीर्थ देखा गया है, उसीका वर्णन किया गया है। जो इस माहात्म्यका एक श्लोक अथवा एक पद भी भक्तिपूर्वक पढ़ता और सुनता है अथवा 'गङ्गा-गङ्गा' यों उच्चारण करता है, वह पुण्यका भागी होता है। गङ्गाका यह उत्तम माहात्म्य कलिके कलङ्कका विनाश करनेवाला, सब प्रकारकी सिद्धि और मङ्गल देनेवाला है। संसारमें यह समादरके योग्य है। इसके पढ़ने और सुननेसे मनोवाञ्छित फलकी प्राप्ति होती है। जो सौ योजन दूरसे भी 'गङ्गा-गङ्गा' का उच्चारण करता है, वह सब पापोंसे मुक्त होता और भगवान् विष्णुके धाममें जाता है। तीनों लोकोंमें साढ़े तीन

करोड़ तीर्थ हैं। वे सभी बृहस्पतिके सिंहराशिमें स्थित होनेपर गौतमी गङ्गामें स्नान करनेके लिये आते हैं।[१] बेटा! ये गौतमी मेरी आज्ञासे सदा सब मनुष्योंको स्नान करनेपर मोक्ष प्रदान करेंगी। हजार अश्वमेध और सौ वाजपेय-यज्ञ करनेपर जो फल मिलता है, वह इस माहात्म्यके श्रवणमात्रसे प्राप्त हो जाता है। नारद! जिसके घरमें यह मेरा कहा हुआ पुराण मौजूद है, उसे कलिकालका कोई भय नहीं है। यह उत्तम पुराण जिस किसी मनुष्यके सामने कहने योग्य नहीं है। श्रद्धालु, शान्त एवं वैष्णव महात्माके सामने ही इसका कीर्तन करना चाहिये। यह भोग और मोक्ष देनेवाला तथा पापोंका नाश करनेवाला है। इसके श्रवणमात्रसे मनुष्य कृतकृत्य हो जाता है। जो अपने हाथसे लिखकर यह पुस्तक ब्राह्मणोंको देता है, वह सब पापोंसे मुक्त होकर फिर कभी गर्भमें नहीं आता।

अनन्त वासुदेवकी महिमा तथा पुरुषोत्तमक्षेत्रके माहात्म्यका उपसंहार

मुनि बोले—देव! भगवान्‌की यह कथा सुननेसे हमें तृप्ति नहीं होती। आप पुनः परम गोपनीय रहस्यका वर्णन कीजिये। अनन्त वासुदेवकी महिमाका आपने भलीभाँति वर्णन नहीं किया। अब हम उसीको सुनना चाहते हैं। आप विस्तारपूर्वक बतलायें।

ब्रह्माजीने कहा—मुनिवरो! अनन्त वासुदेवका माहात्म्य सारसे भी अत्यन्त सारतर वस्तु है। वह इस पृथ्वीपर दुर्लभ है। विप्रगण! आदिकल्पकी बात है, मैंने देवशिल्पियोंमें श्रेष्ठ विश्वकर्माको बुलाकर कहा—'तुम पृथ्वीपर भगवान् वासुदेवकी शिलामयी प्रतिमा बनाओ, जिसका दर्शन करके इन्द्र आदि देवता और मनुष्य भक्तिपूर्वक भगवान् वासुदेवकी आराधना करें और उनकी कृपासे निर्भय होकर रहें।' मेरी बात सुनकर विश्वकर्माने तत्काल ही एक सुन्दर और सुदृढ़ प्रतिमा बनायी, जिसके हाथोंमें शङ्ख, चक्र, गदा और पद्म शोभा पा रहे थे। भगवान्‌का वह विग्रह सब प्रकारके शुभ लक्षणोंसे सम्पन्न और अत्यन्त प्रभावशाली था। नेत्र कमलदलके समान विशाल थे। वक्षः-स्थलमें श्रीवत्सका चिह्न सुशोभित था। हृदयदेश वनमालासे आवृत हो रहा था। मस्तकपर मुकुट और भुजाओंमें अङ्गद शोभा पाते थे। कंधे मोटे जान पड़ते थे। कानोंमें कुण्डल झिलमिला रहे थे। श्याम अङ्गपर पीताम्बरकी अपूर्व शोभा थी। इस प्रकार वह प्रतिमा दिव्य थी। स्थापनाका समय आनेपर स्वयं मैंने ही गूढ़ मन्त्रोंद्वारा उसे स्थापित किया।[२] उस समय देवराज इन्द्र ऐरावतपर सवार हो समस्त देवताओंके साथ मेरे लोकमें

---

१. गङ्गा गङ्गेति यो ब्रूयाद्योजनानां शतैरपि। मुच्यते सर्वपापेभ्यो विष्णुलोकं स गच्छति॥
तिस्रः कोट्योऽर्धकोटी च तीर्थानि भुवनत्रये। तानि स्नातुं समायान्ति गङ्गायां सिंहगे गुरौ॥
(१७५।८२-८३)

२. चकार प्रतिमां शुद्धां शङ्खचक्रगदाधराम्॥
सर्वलक्षणसंयुक्तां पुण्डरीकायतेक्षणाम्। श्रीवत्सलक्ष्मसंयुक्तामत्युग्रां प्रतिमोत्तमाम्॥
वनमालावृतोरस्कां मुकुटाङ्गदधारिणीम्। पीतवस्त्रां सुपीनांसां कुण्डलाभ्यामलंकृताम्॥
एवं सा प्रतिमा दिव्या गुह्यमन्त्रैस्तदा स्वयम्। प्रतिष्ठाकालमासाद्य मयासौ निर्मिता पुरा॥
(१७६।८—११)

आये। उन्होंने स्नान-दान आदिके द्वारा भगवत्प्रतिमाको प्रसन्न किया और उसे लेकर वे अपनी अमरावती पुरीमें चले गये। वहाँ इन्द्रभवनमें उसे पधराकर उन्होंने मन, वाणी और शरीरको संयममें रखते हुए दीर्घकालतक भगवान्‌की आराधना की और उन्हींके प्रसादसे वृत्र एवं नमुचि आदि क्रूर राक्षसों तथा भयंकर दानवोंका संहार करके तीनों लोकोंका राज्य भोगा।

द्वितीय युग त्रेता आनेपर महापराक्रमी राक्षसराज रावण बड़ा प्रतापी हुआ। उसने दस हजार वर्षोंतक निराहार और जितेन्द्रिय रहकर अत्यन्त कठोर व्रतका पालन करते हुए भारी तपस्या की, जो दूसरोंके लिये अत्यन्त दुष्कर थी। उस तपस्यासे संतुष्ट होकर मैंने रावणको वरदान दिया—'तुम्हें सम्पूर्ण देवताओं, दैत्यों, नागों और राक्षसोंमेंसे कोई नहीं मार सकेगा। शापके भयंकर प्रहारसे भी तुम्हारी मृत्यु नहीं होगी। तुम यमदूतोंसे भी अवध्य रहोगे।' ऐसा वर पाकर वह राक्षस सम्पूर्ण यक्षों और उनके राजा धनाध्यक्ष कुबेरको भी परास्त करके इन्द्रको भी जीतनेके लिये उद्यत हुआ। उसने देवताओंके साथ बड़ा भयंकर संग्राम किया। उसके पुत्रका नाम मेघनाद था। मेघनादने इन्द्रको जीत लिया, अतः वह इन्द्रजित्‌के नामसे प्रसिद्ध हुआ। तदनन्तर बलवान् रावणने अमरावतीपुरीमें प्रवेश करके देवराज इन्द्रके सुन्दर भवनमें भगवान् वासुदेवकी प्रतिमा देखी, जो अञ्जनके समान श्यामवर्ण और समस्त शुभ लक्षणोंसे सम्पन्न थी। पद्मपत्रके समान विशाल नेत्र, वनमालासे ढके हुए वक्षःस्थलमें श्रीवत्सका सुन्दर चिह्न, मस्तकपर मुकुट, भुजाओंमें भुजबंध, हाथोंमें शङ्ख, चक्र, गदा और पद्म, शरीरपर पीताम्बर, चार भुजाएँ तथा अङ्गोंमें समस्त आभूषण शोभा दे रहे थे। वह प्रतिमा समस्त मनोवाञ्छित फलोंको देनेवाली थी। रावणने यहाँ रखे हुए ढेर-के-ढेर रत्नोंको तो छोड़ दिया और उस सुन्दर प्रतिमाको तुरंत ही पुष्पक विमानसे लङ्कामें भेज दिया।

वहाँ रावणके छोटे भाई धर्मात्मा विभीषण नगराध्यक्ष थे। वे सदा भगवान् नारायणके भजनमें लगे रहते थे। देवराजकी भूमिसे आयी हुई उस दिव्य प्रतिमाको देखकर उनके शरीरमें रोमाञ्च हो आया। उन्हें बड़ा विस्मय हुआ। विभीषणने प्रसन्नचित्तसे मस्तक झुकाकर भगवान्‌को प्रणाम किया और कहा—'आज मेरा जन्म सफल हो गया। आज मेरी तपस्याका फल मिल गया।' यों कहकर धर्मात्मा विभीषण बारंबार भगवान्‌को प्रणाम करके अपने बड़े भाईके पास गये और हाथ जोड़कर बोले—'राजन्! आप वह प्रतिमा देकर मुझपर कृपा कीजिये। मैं उसकी आराधना करके भवसागरसे पार होना चाहता हूँ।' भाईकी बात सुनकर रावणने कहा—'वीर! तुम प्रतिमा ले लो, मैं उसे लेकर क्या करूँगा। मैं तो ब्रह्माजीकी आराधना करके तीनों लोकोंपर विजय पा रहा हूँ।' विभीषण बड़े बुद्धिमान् थे। उन्होंने वह कल्याणमयी प्रतिमा ले ली और उसके द्वारा एक सौ आठ वर्षोंतक भगवान् विष्णुकी आराधना की। इससे उन्होंने अणिमा आदि आठों सिद्धियोंके साथ अजर-अमर रहनेका वरदान प्राप्त कर लिया।

रावण बड़ा पापी और क्रूर राक्षस था। उसने देवता, गन्धर्व, किंनर, लोकपाल, मनुष्य, मुनि और सिद्धोंको भी युद्धमें जीतकर उनकी स्त्रियोंको हर लिया और लङ्का नगरीमें लाकर रखा। फिर सीताके लिये मोहित होकर उसने उनको भी हर लानेका प्रयत्न किया। श्रीरामके सम्मुख जानेमें उसे भय होता था; इसलिये मारीचको सुवर्णमय

मृगके रूपमें भेजकर उन्हें आश्रमसे दूर हटा दिया और सीताको अकेली पाकर हर लिया। इसका पता लगनेपर लक्ष्मणसहित श्रीरामको बड़ा क्रोध हुआ। उन्होंने रावणको मार डालनेका निश्चय किया। इस कार्यमें सुग्रीव सहायक हुए। सुग्रीवका वालीके साथ वैर था, अत: श्रीरामने वालीको मारकर सुग्रीवको किष्किन्धाके राज्यपर अभिषिक्त कर दिया और अङ्गदको युवराज बनाया। फिर हनुमान्, नल, नील, जाम्बवान्, पनस, गवय, गवाक्ष और पाठीन आदि असंख्य महाबली वानरोंके साथ कमलनयन श्रीरामने लङ्काकी यात्रा की। उन्होंने समुद्रमें पर्वतोंकी बड़ी-बड़ी चट्टानें डालकर पुल बँधाया और विशाल सेनाके साथ समुद्रको पार किया। रावणने राक्षसोंको साथ लेकर भगवान् श्रीरामके साथ घोर संग्राम किया। परम पराक्रमी श्रीरघुनाथजीने महोदर, प्रहस्त, निकुम्भ, कुम्भ, नरान्तक, यमान्तक, मालाढ्य, माल्यवान्, इन्द्रजित्, कुम्भकर्ण तथा रावणको मारकर विदेहकुमारी सीताको अग्निपरीक्षाद्वारा शुद्ध प्रमाणित किया और विभीषणको राज्य दे भगवान् वासुदेवकी प्रतिमाको साथ लेकर वे पुष्पक विमानपर आरूढ़ हुए और अनायास ही पूर्वजोंद्वारा पालित अयोध्या नगरीमें जा पहुँचे। भक्तवत्सल श्रीरघुनाथजीने अपने छोटे भाई भरत और शत्रुघ्नको भिन्न-भिन्न राज्योंपर अभिषिक्त किया और स्वयं सम्राट्की भाँति समस्त भूमण्डलके राज्यपर आसीन हुए। उन्होंने अपने पुरातन स्वरूप श्रीविष्णुकी उस प्रतिमाका आराधन करते हुए समुद्रपर्यन्त पृथ्वीका ग्यारह हजार वर्षोंतक पालन किया। उसके बाद वे अपने वैष्णव धाममें प्रवेश कर गये। उस समय श्रीरामने वह प्रतिमा समुद्रको दे दी और कहा—'अपने जल और रत्नोंके साथ तुम इस प्रतिमाकी भी रक्षा करना।'

द्वापर आनेपर जब जगदीश्वर भगवान् विष्णु पृथ्वीकी प्रार्थनासे कंस आदिका वध करनेके लिये बलभद्रजीके साथ वसुदेवजीके कुलमें अवतीर्ण हुए, उस समय नदियोंके स्वामी समुद्रने उस परम दुर्लभ पुण्यमय पुरुषोत्तमक्षेत्रमें सम्पूर्ण लोकोंका हित करनेके लिये उक्त प्रतिमाको प्रकट किया, जो सम्पूर्ण मनोवाञ्छित फलोंको देनेवाली थी। तबसे उस मुक्तिदायक क्षेत्रमें ही देवाधिदेव अनन्त वासुदेव विराजमान हैं, जो मनुष्योंकी समस्त कामनाएँ पूर्ण करनेवाले हैं। जो लोग मन, वाणी और क्रियाद्वारा सदा सर्वेश्वर भगवान् अनन्त वासुदेवकी भक्तिपूर्वक शरण लेते हैं, वे परमपदको प्राप्त होते हैं। भगवान् अनन्तका एक बार दर्शन, भक्तिपूर्वक पूजन और प्रणाम करके मनुष्य राजसूय और अश्वमेध-यज्ञोंसे दसगुना फल पाता है। वह समस्त भोग-सामग्रीसे सम्पन्न छोटी-छोटी घंटियोंसे सुशोभित, सूर्यके समान तेजस्वी और इच्छानुसार चलनेवाले विमानसे वैकुण्ठधाममें जाता है। उस समय दिव्याङ्गनाएँ उसकी सेवामें रहती हैं और गन्धर्व उसके यशका गान करते हैं। वह अपने साथ कुलकी इक्कीस पीढ़ियोंका भी उद्धार कर देता है। मुनिवरो! इस प्रकार मैंने भगवान् अनन्तके सम्बन्धमें कुछ निवेदन किया। कौन ऐसा मनुष्य है, जो सौ वर्षोंमें भी उनके गुणोंका वर्णन कर सके।

इस प्रकार मनुष्योंको भोग और मोक्ष देनेवाले परम दुर्लभ पुरुषोत्तमक्षेत्र तथा अनन्त वासुदेवके माहात्म्यका वर्णन किया गया। पुरुषोत्तमक्षेत्रमें शङ्ख, चक्र, गदा, पद्म और पीताम्बर धारण करनेवाले कमलनयन भगवान् श्रीकृष्ण विराजमान हैं, जिन्होंने कंस और केशीका संहार किया था। जो लोग वहाँ देव-दानव-वन्दित श्रीकृष्ण, बलभद्र और सुभद्राका दर्शन करते हैं, वे धन्य हैं। भगवान्

श्रीकृष्ण तीनों लोकोंके स्वामी तथा सम्पूर्ण अभीष्ट वस्तुओंके दाता हैं। जो सदा उनका ध्यान करते हैं, वे निश्चय ही मुक्त हो जाते हैं। जो सदा श्रीकृष्णमें अनुरक्त रहते हैं, रातको सोते समय श्रीकृष्णका चिन्तन करते हैं और फिर सोकर उठनेके बाद श्रीकृष्णका स्मरण करते हैं, वे शरीर त्यागनेके बाद श्रीकृष्णमें ही प्रवेश करते हैं—ठीक वैसे ही जैसे मन्त्रोच्चारणपूर्वक होम किया हुआ हविष्य अग्निमें लीन हो जाता है।[१] अतः मुनिवरो! मोक्षकी इच्छा रखनेवाले पुरुषोंको पुरुषोत्तमक्षेत्रमें सदा यत्नपूर्वक कमलनयन श्रीकृष्णका दर्शन करना चाहिये। जो मनीषी पुरुष शयन और जागरणकालमें श्रीकृष्ण, बलभद्र तथा सुभद्राका दर्शन करते हैं, वे श्रीहरिके धाममें जाते हैं। जो हर समय भक्तिपूर्वक पुरुषोत्तम श्रीकृष्ण, रोहिणीनन्दन बलभद्र और सुभद्रादेवीका दर्शन करते हैं, वे भगवान् विष्णुके लोकमें जाते हैं। जो वर्षाके चार महीनोंमें पुरुषोत्तमक्षेत्रके भीतर निवास करते हैं, उन्हें सारी पृथ्वीकी तीर्थयात्रासे भी अधिक फल प्राप्त होता है। जो इन्द्रियोंको जीतकर और क्रोधको वशीभूत करके सदा पुरुषोत्तमक्षेत्रमें ही निवास करते हैं, वे तपस्याका फल पाते हैं। मनुष्य अन्य तीर्थोंमें दस हजार वर्षोंतक तपस्या करके जो फल पाता है, उसे पुरुषोत्तमक्षेत्रमें एक ही मासमें प्राप्त कर लेता है। तपस्या, ब्रह्मचर्यपालन तथा आसक्ति-त्यागसे जो फल मिलता है, उसे मनीषी पुरुष वहाँ सदा ही पाते रहते हैं। सब तीर्थोंमें स्नान-दान करनेका जो पुण्य फल बताया गया है, वह मनीषी पुरुषोंको यहाँ सर्वदा प्राप्त होता है। विधिपूर्वक तीर्थसेवन तथा व्रत और नियमोंके पालनसे जो फल बताया गया है, उसे वहाँ इन्द्रियसंयमपूर्वक पवित्रतासे रहनेवाला पुरुष प्रतिदिन प्राप्त करता है। नाना प्रकारके यज्ञोंसे मनुष्य जो फल प्राप्त करता है, वह जितेन्द्रिय पुरुषको वहाँ प्रतिदिन मिला करता है। जो पुरुषोत्तमक्षेत्रमें कल्पवृक्ष (अक्षयवट)-के पास जाकर शरीरत्याग करते हैं, वे निःसंदेह मुक्त हो जाते हैं। जो मानव बिना इच्छाके भी वहाँ प्राणत्याग करता है, वह भी दुःखसे मुक्त हो दुर्लभ मोक्ष प्राप्त कर लेता है। कृमि, कीट, पतङ्ग आदि तथा पशु-पक्षियोंकी योनिमें पड़े हुए जीव भी वहाँ देहत्याग करनेपर परमगतिको प्राप्त करते हैं। जो मनुष्य एक बार भी श्रद्धापूर्वक भगवान् पुरुषोत्तमका दर्शन कर लेता है, वह सहस्रों पुरुषोंमें उत्तम है। भगवान् प्रकृतिसे परे और पुरुषसे भी उत्तम हैं। इसलिये वे वेद, पुराण तथा इस लोकमें पुरुषोत्तम कहलाते हैं। जो पुराण और वेदान्तमें परमात्मा कहे गये हैं, वे ही सम्पूर्ण जगत्का उपकार करनेके लिये पुरुषोत्तमरूपसे विराजमान हैं।[२] पुरुषोत्तमक्षेत्रके भीतर मार्गमें, श्मशानभूमिमें, घरके मण्डपमें, सड़कों और गलियोंमें—जहाँ कहीं इच्छा या अनिच्छासे भी शरीरत्याग करनेवाला मनुष्य मोक्षका भागी होता है। पुरुषोत्तमतीर्थके समान किसी तीर्थका माहात्म्य न हुआ है और न होगा। मैंने उस क्षेत्रके गुणोंका एक अंशमात्र यहाँ बताया है। कौन पुरुष सौ वर्षोंमें भी उसके समस्त गुणोंका

---

१. कृष्णे रताः कृष्णमनुस्मरन्ति रात्रौ च कृष्णं पुनरुत्थिता ये।
ते भिन्नदेहाः प्रविशन्ति कृष्णं हविर्यथा मन्त्रहुतं हुताशम्॥ (१७७।५)

२. प्रकृतेः स परो यस्मात् पुरुषादपि चोत्तमः। तस्माद् वेदे पुराणे च लोकेऽस्मिन् पुरुषोत्तमः॥
योऽसौ पुराणे वेदान्ते परमात्मेत्युदाहृतः। आस्ते विश्वोपकाराय तेनासौ पुरुषोत्तमः॥
(१७७।२२-२३)

वर्णन कर सकता है। मुनिवरो! यदि तुम सनातन मोक्ष पाना चाहते हो तो आलस्य छोड़कर उस पवित्र तीर्थमें निवास करो।

व्यासजी कहते हैं—अव्यक्तजन्मा ब्रह्माजीका यह वचन सुनकर मुनियोंने वहाँ निवास किया और परमपद प्राप्त कर लिया। द्विजवरो! यदि आपलोग भी मोक्ष प्राप्त करना चाहते हों तो परम उत्तम पुरुषोत्तमक्षेत्रमें निवास करें।

कण्डुमुनिका चरित्र और मुनिपर भगवान् पुरुषोत्तमकी कृपा

व्यासजी कहते हैं—मुनिवरो! पुरुषोत्तमक्षेत्र सम्पूर्ण जीवोंके लिये सुखदायी है। वह धर्म, अर्थ, काम और मोक्ष—चारों पुरुषार्थोंका फल देनेवाला है। उस तीर्थमें कण्डु नामके एक महातेजस्वी मुनि रहा करते थे, जो परम धार्मिक, सत्यवादी, पवित्र, जितेन्द्रिय और समस्त प्राणियोंके हितमें तत्पर रहनेवाले थे। उन्होंने इन्द्रियोंको जीतकर क्रोधपर अधिकार प्राप्त कर लिया था। वे वेद-वेदाङ्गोंके पारंगत विद्वान् थे और भगवान् पुरुषोत्तमकी आराधना करके उत्तम सिद्धि प्राप्त कर चुके थे। उनके सिवा और भी बहुत-से मुनि वहाँ उत्तम व्रतका पालन करते हुए सिद्ध हो चुके हैं।

मुनियोंने पूछा—साधुशिरोमणे! कण्डु कौन थे और उन्होंने किस प्रकार वहाँ परमगति प्राप्त की? हम उनका चरित्र सुनना चाहते हैं, बताइये।

व्यासजी बोले—मुनीश्वरो! कण्डुमुनिकी कथा बड़ी मनोहर है। मैं संक्षेपसे ही कहूँगा, सुनो। गोमती नदीके परम मनोरम एकान्त तटपर, जहाँ कन्द, मूल, फल, समिधा, पुष्प और कुश आदिकी अधिकता थी, कण्डुमुनिका आश्रम था। वहाँ सभी ऋतुओंके फल और फूल सुलभ थे। केलोंका उद्यान उस आश्रमकी शोभा बढ़ा रहा था। वहाँ कण्डुमुनिने व्रत, उपवास, नियम, स्नान, मौन और संयम आदिके द्वारा बड़ी भारी एवं अत्यन्त अद्भुत तपस्या की। वे ग्रीष्म-ऋतुमें पञ्चाग्निका ताप सहते, वर्षामें खुली वेदीपर सोते और हेमन्त-ऋतुमें भीगे वस्त्र धारण करके कठोर तपस्या करते थे। मुनिकी तपस्याका बढ़ता हुआ प्रभाव देख देवता, गन्धर्व, सिद्ध और विद्याधरोंको बड़ा विस्मय हुआ। वे कहने लगे—'इनका महान् धैर्य अद्भुत है। इनकी कठोर तपस्या नितान्त आश्चर्यजनक है।' उन्हें तपस्यामें स्थित देख इन्द्रसहित सम्पूर्ण देवता उनके भयसे व्याकुल हो आपसमें परामर्श करने लगे। वे उनकी तपस्यामें विघ्न डालना चाहते थे। त्रिभुवनके स्वामी इन्द्र देवताओंका अभिप्राय जानकर एक सुन्दरी अप्सरासे बोले—'प्रम्लोचे! तुम शीघ्र कण्डुमुनिके आश्रमपर जाओ। मुनि वहाँ तपस्या करते हैं। उनकी तपस्यामें विघ्न डालनेके लिये ही तुम्हें भेजा जाता है। सुन्दरी! तुम शीघ्र ही उनके चित्तमें क्षोभ उत्पन्न कर दो।'

प्रम्लोचा बोली—सुरश्रेष्ठ! मैं सदा आपकी आज्ञाका पालन करती हूँ। किंतु इस कार्यमें तो मेरे जीवनका ही संदेह है। मैं मुनिवर कण्डुसे बहुत डरती हूँ। वे ब्रह्मचर्यव्रतके पालनमें स्थित हैं। अत्यन्त उग्र हैं। उनकी तपस्या बहुत तीव्र है। वे अग्नि और सूर्यके समान तेजस्वी हैं। मुझे अपनी तपस्यामें विघ्न डालने आयी हुई जानकर परम तेजस्वी कण्डुमुनि कुपित हो उठेंगे और दुःसह शाप दे देंगे।

यह सुनकर इन्द्रने कहा—'सुन्दरी! मैं कामदेव,

ऋतुराज वसन्त और दक्षिण समीरको तुम्हारी सहायतामें देता हूँ। इन सबके साथ उस स्थानपर जाओ, जहाँ वे महामुनि रहते हैं।' इन्द्रका यह कथन सुनकर मनोहर नेत्रोंवाली प्रम्लोचा कामदेव आदिके साथ आकाशमार्गसे कण्डुमुनिके आश्रमपर गयी। वहाँ पहुँचकर उसने एक बहुत सुन्दर वन देखा। तीव्र तपस्यामें लगे हुए पापरहित मुनिवर कण्डु भी आश्रमपर ही दिखायी दिये। प्रम्लोचा और कामदेव आदिने देखा—वह वन नन्दनवनके समान रमणीय था। सभी ऋतुओंमें विकसित होनेवाले सुन्दर पुष्प उसकी शोभा बढ़ा रहे थे। नाना प्रकारके पक्षी वृक्षोंपर बैठकर अपने श्रवणसुखद कलरवोंसे उस वनको मुखरित कर रहे थे। अप्सराने क्रमशः सम्पूर्ण वनका निरीक्षण किया। उस परम अद्‌भुत मनोहर काननकी शोभा देख उसके नेत्र आश्चर्य-चकित हो उठे। उसने वायु, कामदेव और वसन्तसे कहा—'अब आपलोग पृथक्-पृथक् मेरी सहायता करें।' उन्होंने 'बहुत अच्छा' कहकर स्वीकृति दे दी। तब प्रम्लोचा बोली—'अब मैं मुनिके पास जाऊँगी। जो इन्द्रियरूपी अश्वोंसे जुटे हुए देहरूपी रथके सारथि बने हुए हैं, उन्हें आज कामबाणसे आहत करके ऐसी दशाको पहुँचा दूँगी कि मनरूपी बागडोर उनके काबूसे बाहर हो जायगी। इस प्रकार उन्हें मैं अयोग्य सारथि सिद्ध कर दिखाऊँगी।' यों कहकर वह उस स्थानकी ओर चल दी, जहाँ मुनि निवास करते थे। मुनिकी तपस्याके प्रभावसे वहाँके हिंसक जीव भी शान्त हो गये थे। नदीके तटपर, जहाँ कोयलकी मीठी तान सुनायी देती थी, वह ठहर गयी। थोड़ी देरतक तो वह खड़ी रही, फिर उसने संगीत छेड़ दिया। इसी समय वसन्तने भी अपना पराक्रम दिखाया। समय नहीं होनेपर भी समस्त काननमें मधु-ऋतुकी मनोहर शोभा छा गयी। कोकिलकी काकलीसे माधुर्यकी वर्षा होने लगी। मलयवायु मनोहर सुगन्ध लिये मन्द-मन्द गतिसे बहने लगी और छोटे-बड़े सभी वृक्षोंके पवित्र पुष्प धीरे-धीरे भूतलपर गिरने लगे। कामने अपने फूलोंका बाण सँभाला और मुनिके समीप जाकर उनके मनको विचलित कर दिया। संगीतकी मधुर ध्वनि सुनकर मुनिके मनमें बड़ा आश्चर्य हुआ। वे कामबाणसे अत्यन्त पीड़ित हो जहाँ सुन्दरी अप्सरा गीत गा रही थी, गये। मुनिने अप्सराको देखा और अप्सराने भी मुनिपर दृष्टिपात किया। उनके नेत्र आश्चर्यसे खिल गये। चादर खिसककर गिर पड़ी। मुनिके मनमें विकलता छा गयी। उनके शरीरमें रोमाञ्च हो आया। वे पूछने लगे—'सुन्दरी! तुम कौन हो? किसकी हो? तुम्हारी मुसकान बड़ी मनोहर है। सुभ्रू! तुम मेरे मनको मोहे लेती हो। सुमध्यमे! अपना सच्चा परिचय दो।'

प्रम्लोचा बोली—मुने! मैं आपकी सेविका हूँ और फूल लेनेके लिये यहाँ आयी हूँ। शीघ्र आज्ञा दीजिये। मैं आपकी क्या सेवा करूँ?

अप्सराकी यह बात सुनकर मुनिका धैर्य छूट गया। उन्होंने मोहित होकर उसका हाथ पकड़ लिया और उसे साथ लेकर अपने आश्रममें प्रवेश किया। यह देख कामदेव, वायु और वसन्त कृतकृत्य हो जैसे आये थे, उसी प्रकार स्वर्गको लौट गये। वहाँ पहुँचकर उन्होंने इन्द्रसे प्रम्लोचा और मुनिकी सारी चेष्टा कह सुनायी। सुनकर इन्द्र और सम्पूर्ण देवताओंका चित्त प्रसन्न हो गया। कण्डुने अप्सराके साथ आश्रममें प्रवेश करते ही अपना रूप कामदेवके समान मनोहर एवं तरुण बना लिया। दिव्य वस्त्र और आभूषण धारण कर लिये। देखनेमें उनकी अवस्था सोलह वर्षोंकी जान पड़ती थी। मुनिकी वह शक्ति

देखकर प्रम्लोचाको बड़ा आश्चर्य हुआ। 'अहो, इनकी तप:शक्ति अद्भुत है!' यों कहकर वह बहुत प्रसन्न हुई। कण्डुमुनि स्नान, संध्या, जप, होम, स्वाध्याय, देवपूजन, व्रत, उपवास, नियम और ध्यान—सब छोड़कर रात-दिन उसीके साथ विहार करने लगे। इसीमें वे आनन्द मानते थे। उनका हृदय कामदेवके वशीभूत हो गया था। अत: वे अपनी तपस्याकी हानि नहीं समझ पाते थे। इस प्रकार कण्डुमुनि उसके साथ सांसारिक विषयभोगमें आसक्त हो सौसे कुछ अधिक वर्षोंतक मन्दराचलकी गुफामें पड़े रहे। एक दिन प्रम्लोचाने महाभाग कण्डुमुनिसे कहा—'ब्रह्मन्! अब मैं स्वर्गमें जाना चाहती हूँ। आप प्रसन्न होकर मुझे जानेकी आज्ञा दें।' मुनिका मन तो उसीमें आसक्त हो रहा था। उसके इस प्रकार पूछनेपर वे बोले—'कल्याणी! कुछ दिन और ठहरो।' तब उसने पुन: सौ वर्षोंसे कुछ अधिक कालतक उन कण्डुमुनिके साथ विषय भोगा। तदनन्तर उसने पुन: जानेकी आज्ञा माँगी, किंतु मुनिने स्वीकार नहीं किया। अत: उसे लगभग दो सौ वर्षोंतक और ठहरना पड़ा। वह जब-जब उनसे देवलोकमें जानेकी आज्ञा माँगती, तब-तब वे उसे यही उत्तर देते—कुछ दिन और ठहरो। प्रम्लोचा एक तो मुनिके शापसे डरती थी। दूसरे उसमें दक्षिणा नायिकाकी स्वाभाविक उदारता थी और तीसरे वह प्रणयभङ्गकी पीड़ाको जानती थी। इसलिये मुनिको छोड़ न सकी। महर्षि कामभोगमें आसक्त हो दिन-रात उसके साथ रमण करते रहे। किंतु तृप्ति न हुई। उसके प्रति नित्य नूतन प्रेम बढ़ता गया।

एक दिन कण्डुमुनि बड़ी उतावलीके साथ आश्रमसे बाहर जाने लगे। अप्सराने पूछा—'कहाँ चले?' मुनिने उत्तर दिया—'शुभे! दिन बीत चला है। संध्योपासन कर लूँ, नहीं तो कर्मका लोप हो जायगा।' प्रम्लोचाको बड़ी प्रसन्नता हुई। उसने हँसकर पूछा—'सब धर्मोंके ज्ञाता महात्माजी! क्या आज ही आपका दिन बीता है? आपकी यह बात सुनकर किसको आश्चर्य न होगा।'

मुनि बोले—कल्याणी! अभी प्रात:काल ही तो तुम इस नदीके सुन्दर तटपर आयी हो। उसी समय मैंने तुम्हें देखा, परिचय पूछा और तुम मेरे साथ आश्रममें आयी। अब वह दिन बीता है और यह संध्याका समय उपस्थित हुआ है। फिर यह परिहास किसलिये? सच्ची बात बताओ।

प्रम्लोचाने कहा—ब्रह्मन् ! यह ठीक है कि मैं प्रात:कालमें ही आयी थी; इसमें तनिक भी मिथ्या नहीं है। किंतु आज तबसे सैकड़ों वर्ष बीत गये।

यह सुनकर मुनिको बड़ा भय हुआ। उन्होंने विशाल नेत्रोंवाली अप्सरासे पूछा—'भीरु! बताओ

तो सही, तुम्हारे साथ निरन्तर रमण करते हुए अबतक मेरा कितना समय बीता है?'

प्रम्लोचा बोली—मुने! मेरे साथ आपके नौ सौ सात वर्ष, छः महीने और तीन दिन बीते हैं।

ऋषिने कहा—शुभे! क्या यह सत्य कहती हो अथवा परिहासकी बात है? मुझे तो ऐसा जान पड़ता है कि तुम्हारे साथ एक ही दिन रहा हूँ।

प्रम्लोचा बोली—ब्रह्मन्! आपके समीप मैं झूठ कैसे बोलूँगी। विशेषतः ऐसे अवसरपर, जब कि आप धर्म-मार्गका अनुसरण करते हुए पूछ रहे हैं।

अप्सराकी बात सुनकर मुनिको बड़ा कष्ट हुआ। वे स्वयं ही अपनी निन्दा करते हुए बोले—'हाय, मुझ दुराचारीको धिक्कार है। हाय, मेरी तपस्या नष्ट हो गयी। ब्रह्मवेत्ताओंका जो धन है, वह चला गया और मेरा विवेक भी छिन गया। जान पड़ता है, मनुष्योंको मोहमें डालनेके लिये ही किसीने युवती नारीकी सृष्टि की है। मुझे तो अपने मनको जीतकर क्षुधा-पिपासा, राग-द्वेष और जरा-मृत्यु—इन छहों ऊर्मियोंसे अतीत परब्रह्मका ज्ञान प्राप्त करना चाहिये। इसके विपरीत जिसने मेरी ऐसी दुर्गति की है, उस कामरूपी महान् ग्रहको धिक्कार है। यह काम नरकग्राममें ले जानेवाला मार्ग है। इसने आज मेरे सम्पूर्ण वेदोंके स्वाध्याय, व्रत और समस्त साधनोंपर पानी फेर दिया।'

इस प्रकार स्वयं ही अपनी निन्दा करके वे धर्मके ज्ञाता मुनि पास ही बैठी हुई उस अप्सरासे बोले—'पापिनी! तेरी जहाँ इच्छा हो, चली जा। तुझे जो करना था, उसे तूने पूरा कर लिया। मैं तुझे अपने क्रोधकी प्रचण्ड आगसे जो भस्म नहीं करता, इसमें एक कारण है—सत्पुरुषोंकी मैत्री सात पग एक साथ चलनेसे ही हो जाती है। मैं तो तेरे साथ चिरकालतक निवास कर चुका हूँ। अथवा तेरा क्या दोष है? तेरी क्या हानि करूँ? सारा दोष तो मेरा ही है, क्योंकि मैं ही ऐसा अजितेन्द्रिय निकला! तू तो इन्द्रका प्रिय करनेके लिये आयी थी और मेरी तपस्याका सत्यानाश कर चुकी। अपने कटाक्षके महामोहमय मन्त्रसे तूने मुझे घृणित बना दिया। अरी, अब जा! जा! चली जा!!'

इस प्रकार मुनिवर कण्डुने जब क्रोधपूर्वक उसे फटकारा, तब वह काँपती हुई आश्रमसे बाहर निकली और आकाशमार्गसे जाने लगी। उसके अङ्ग-अङ्गसे पसीनेकी बूँदें निकल रही थीं और वह वृक्षोंके पल्लवोंसे उन्हें पोंछती जाती थी। ऋषिने उसके उदरमें जो गर्भ स्थापित किया था, वह पसीनेके रूपमें ही बाहर निकल गया। वृक्षोंने उन स्वेद-बिन्दुओंको ग्रहण किया और वायुने इन सबको एकत्रित करके एक गर्भका रूप दिया। फिर चन्द्रमाने अपनी अमृतमयी किरणोंसे उस गर्भको धीरे-धीरे पुष्ट किया। उससे मारिषा नामकी कन्या उत्पन्न हुई, जो वृक्षोंकी पुत्री कहलायी। उसके नेत्र बड़े मनोहर थे। वही प्राचेतसोंकी पत्नी और दक्षकी जननी हुई।

इधर महर्षि कण्डु तपस्या क्षीण होनेपर श्रीविष्णुके निवास-स्थान पुरुषोत्तमक्षेत्रको गये। वहाँ सम्पूर्ण देवताओंसे सुशोभित श्रीहरिका दर्शन किया। ब्राह्मण आदि चारों वर्णों और आश्रमोंके लोग भगवान्की सेवामें उपस्थित थे। पुरुषोत्तमक्षेत्र और भगवान् पुरुषोत्तमका दर्शन करके मुनिने अपनेको कृतकृत्य माना और वहाँ अपनी दोनों बाँहें ऊपर उठाकर एकाग्रचित्तसे ब्रह्मपारस्तोत्रका जप करते हुए वे भगवान्की आराधना करने लगे।

मुनि बोले—व्यासजी! हम परम कल्याणमय ब्रह्मपारस्तोत्रको श्रवण करना चाहते हैं, जिसका जप करते हुए कण्डुमुनिने भगवान् विष्णुकी आराधना की थी।

व्यासजीने कहा—भगवान् विष्णु सबके परम पार (अन्तिम प्राप्य) हैं; वे अपार भवसागरसे पार उतारनेवाले, पर-शब्द-वाच्य, आकाश आदि पञ्च महाभूतोंसे परे और परमात्मस्वरूप हैं। वेदोंकी भी पहुँचसे परे होनेके कारण उन्हें ब्रह्मपार कहते हैं। वे दूसरोंके लिये पारस्वरूप हैं—उन्हें पाकर सब प्राणी सदाके लिये पार हो जाते हैं। वे परके भी पर—इन्द्रिय, मन आदिके भी अगोचर हैं। सबके पालक और सबकी कामनाओंको पूर्ण करनेवाले हैं। वे कारणमें स्थित होते हुए भी स्वयं ही कारणरूप हैं। कारणके भी कारण हैं। परम कारणभूत प्रकृतिके कारण भी वे ही हैं। कार्योंमें भी उन्हींकी स्थिति है। इस प्रकार कर्म और कर्ता आदि अनेक रूप धारण करके वे सम्पूर्ण विश्वकी रक्षा करते हैं। ब्रह्म ही प्रभु है, ब्रह्म ही सर्वस्वरूप है, ब्रह्म ही प्रजापति तथा अपनी महिमासे कभी च्युत न होनेवाला है। वह ब्रह्म अविनाशी, नित्य और अजन्मा है। वही क्षय आदि सम्पूर्ण विकारोंके सम्पर्कसे रहित भगवान् विष्णु है। वे भगवान् पुरुषोत्तम ही अविनाशी, अजन्मा एवं नित्य ब्रह्म हैं। उनके प्रभावसे मेरे राग आदि समस्त दोष नष्ट हो जायँ।

मुनिके उस ब्रह्मपारस्तोत्रका जप सुनकर और उनकी सुदृढ़ पराभक्तिको जानकर भक्तवत्सल भगवान् पुरुषोत्तम बड़े प्रसन्न हुए और उनके पास जाकर बोले—'मुने! तुम्हारे मनमें जो अभिलाषा हो, उसे कहो। मैं तुम्हें वर देनेके लिये आया हूँ। सुव्रत! तुम कोई वर माँगो।' देवाधिदेव भगवान् चक्रपाणिके ये वचन सुनकर मुनिने सहसा आँखें खोल दीं और देखा, भगवान् सामने खड़े हैं। उनका श्रीअङ्ग तीसीके फूलकी भाँति श्याम है। नेत्र पद्मपत्रके समान विशाल हैं। हाथोंमें शङ्ख, चक्र और गदा शोभा पाते हैं। माथेपर मुकुट और भुजाओंमें भुजबन्ध सुशोभित हैं। चार भुजाएँ हैं। अङ्ग-अङ्गसे उदारता टपकती है। सुन्दर शरीरपर पीताम्बर शोभा दे रहा है। श्रीवत्स-चिह्नसे युक्त वक्षःस्थल वनमालासे विभूषित है। श्रीहरि समस्त शुभ लक्षणोंसे युक्त दिखायी देते हैं। उनके अङ्गोंमें सब प्रकारके रत्नमय आभूषण शोभा पाते हैं। श्रीअङ्गमें दिव्य चन्दन लगा है और दिव्य हार उनकी शोभा बढ़ा रहा है।* इस प्रकार भगवान्‌की झाँकी देखकर

* अतसीपुष्पसंकाशं पद्मपत्रायतेक्षणम्। शङ्खचक्रगदापाणिं मुकुटाङ्गदधारिणम्॥
चतुर्बाहुमुदाराङ्गं पीतवस्त्रधरं शुभम्। श्रीवत्सलक्ष्मसंयुक्तं वनमालाविभूषितम्॥
सर्वलक्षणसंयुक्तं सर्वरत्नविभूषितम्। दिव्यचन्दनलिप्ताङ्गं दिव्यमाल्यविभूषितम्॥
(१७८। १२४—१२६)

कण्डुमुनिके शरीरमें रोमाञ्च हो आया। उन्होंने दण्डकी भाँति पृथ्वीपर गिरकर साष्टाङ्ग प्रणाम किया और कहा—'आज मेरा जन्म सफल हुआ, आज मेरी तपस्याका फल मिल गया।' यों कहकर मुनिने भगवान्‌की स्तुति आरम्भ की।

कण्डु बोले—नारायण! हरे! श्रीकृष्ण! श्रीवत्साङ्क! जगत्पते! जगद्बीज! जगद्धाम! जगत्साक्षिन्! आपको नमस्कार है। अव्यक्त विष्णो! आप ही सबकी उत्पत्तिके कारण हैं। प्रकृति और पुरुष दोनोंसे उत्तम होनेके कारण आपको पुरुषोत्तम कहते हैं। कमलनयन गोविन्द! जगन्नाथ! आपको नमस्कार है। आप हिरण्यगर्भ, लक्ष्मीपति, पद्मनाभ और सनातन पुरुष हैं। यह पृथ्वी आपके गर्भमें है। आप ध्रुव और ईश्वर हैं। हृषीकेश! आपको नमस्कार है। आप अनादि, अनन्त और अजेय हैं। विजयी पुरुषोंमें श्रेष्ठ! आपकी जय हो। श्रीकृष्ण! आप अजित और अखण्ड हैं। श्रीनिवास! आपको नमस्कार है। आप ही बादल और धूम—वर्षा और गर्मी करनेवाले हैं। आपका पार पाना कठिन है। आप बड़ी कठिनाईसे प्राप्त होते हैं। दुःख और पीड़ाओंका नाश करनेवाले हरे! जलमें शयन करनेवाले नारायण! आपको नमस्कार है। अव्यक्त परमेश्वर! आप सम्पूर्ण भूतोंके पालक और ईश्वर हैं। भौतिक तत्त्वोंसे आप कभी क्षुब्ध होनेवाले नहीं हैं। सम्पूर्ण प्राणी आपमें ही निवास करते हैं। आप सब भूतोंके आत्मा हैं। सम्पूर्ण भूत आपके गर्भमें स्थित हैं। आपको नमस्कार है। आप यज्ञ, यज्वा, यज्ञधर, यज्ञधाता और अभय देनेवाले हैं। यज्ञ आपके गर्भमें स्थित है। आपका श्रीअङ्ग सुवर्णके समान कान्तिमान् है। पृश्निगर्भ! आपको नमस्कार है। आप क्षेत्रज्ञ, क्षेत्रपालक, क्षेत्री, क्षेत्रहन्ता, क्षेत्रकर्ता, जितेन्द्रिय, क्षेत्रात्मा, क्षेत्ररहित और क्षेत्रके स्रष्टा हैं। आपको नमस्कार है। गुणालय, गुणावास, गुणाश्रय, गुणावह, गुणभोक्ता, गुणाराम और गुणत्यागी—ये सब आपके ही नाम हैं। आपको नमस्कार है। आप ही श्रीविष्णु हैं। आप ही श्रीहरि और चक्री कहलाते हैं। आप ही श्रीविष्णु और आप ही जनार्दन हैं। आप ही वषट्कार कहे गये हैं। भूत, भविष्य और वर्तमानके प्रभु भी आप ही हैं। आप भूतोंके उत्पादक और अव्यक्त हैं। सबकी उत्पत्तिके कारण होनेसे आप 'भव' कहलाते हैं। आप सम्पूर्ण प्राणियोंके भरण-पोषण करनेवाले हैं। आप ही भूतभावन देवता हैं। आपको अजन्मा और ईश्वर कहते हैं।

आप विश्वकर्मा हैं, श्रीविष्णु हैं, शम्भु हैं और वृषभकी आकृति धारण करनेवाले हैं। आप ही शंकर, आप ही शुक्राचार्य, आप ही सत्य, आप ही तप और आप ही जनलोक हैं। आप विश्वविजेता, कल्याणमय, शरणागतपालक, अविनाशी, शम्भु, स्वयम्भू, ज्येष्ठ और परायण (परम आश्रय) हैं। आदित्य, ओंकार, प्राण, अन्धकारनाशक सूर्य,

मेघ, सर्वत्र विख्यात तथा देवताओंके स्वामी ब्रह्मा भी आप ही हैं। ऋक्, यजु: और साम भी आप ही हैं। आप ही सबके आत्मा माने गये हैं। आप ही अग्नि, आप ही वायु, आप ही जल और आप ही पृथ्वी हैं। स्रष्टा, भोक्ता, होता, हविष्य,यज्ञ, प्रभु, विभु, श्रेष्ठ, लोकपति और अच्युत भी आप ही हैं। आप सबके द्रष्टा और लक्ष्मीवान् हैं। आप ही सबका दमन करनेवाले और शत्रुओंके नाशक हैं। आप ही दिन और आप ही रात्रि हैं, विद्वान् पुरुष आपको ही वर्ष कहते हैं। आप ही काल हैं। कला, काष्ठा, मुहूर्त्त, क्षण और लव—सब आपके ही स्वरूप हैं। आप ही बालक, आप ही वृद्ध तथा आप ही पुरुष, स्त्री और नपुंसक हैं। आप विश्वकी उत्पत्तिके स्थान हैं। आप ही सबके नेत्र हैं। आप ही स्थाणु (स्थिर रहनेवाले) और आप ही शुचिश्रवा (पवित्र यशवाले) हैं। आप सनातन पुरुष हैं। आपको कोई जीत नहीं सकता। आप इन्द्रके छोटे भाई उपेन्द्र और सबसे उत्तम हैं। आप सम्पूर्ण विश्वको सुख देनेवाले हैं। वेदोंके अङ्ग भी आप ही हैं। आप अविनाशी, वेदोंके भी वेद (ज्ञेय तत्त्व), धाता, विधाता और समाहित रहनेवाले हैं। आप जलराशि समुद्र हैं। आप ही उसके मूल हैं। आप ही धाता और आप ही वसु हैं। आप वैद्य, आप धृतात्मा और आप इन्द्रियातीत हैं। आप सबसे आगे चलनेवाले और गाँवके नेता हैं। आप ही गरुड़ और आप ही आदिमान् हैं। आप ही संग्रह (लघु) और आप ही परम महान् हैं। अपने मनको वशमें रखनेवाले और अपनी महिमासे कभी च्युत न होनेवाले भी आप ही हैं। आप यम और नियम हैं। आप प्रांशु (उन्नत शरीरवाले) और चतुर्भुज हैं। अन्न, अन्तरात्मा और परमात्मा भी आप ही कहलाते हैं। आप गुरु और गुरुतम हैं, वाम और दक्षिण हैं। आप ही पीपल एवं अन्य वृक्ष हैं। व्यक्त जगत् और प्रजापति भी आप ही हैं। आपकी नाभिसे सुवर्णमय कमल प्रकट हुआ है। आप दिव्य शक्तिसे सम्पन्न हैं। आप ही चन्द्रमा और आप ही प्रजापति हैं। आपके स्वरूपका वर्णन नहीं किया जा सकता। आप ही यम और आप ही दैत्योंके नाशक श्रीविष्णु हैं। आप ही संकर्षण देव हैं। आप ही कर्ता और आप ही सनातन पुरुष हैं। आप तीनों गुणोंसे रहित हैं।

आप ज्येष्ठ, वरिष्ठ और सहिष्णु हैं। लक्ष्मीके पति हैं। आपके सहस्रों मस्तक हैं। आप अव्यक्त देवता हैं। आपके सहस्रों नेत्र और सहस्रों चरण हैं। आप विराट् और देवताओंके स्वामी हैं। देवदेव! तथापि आप दस अंगुलके होकर रहते हैं। जो भूत है, वह आपका ही स्वरूप बताया गया है। आप ही अन्तर्यामी पुरुष, इन्द्र और उत्तम देवता हैं। जो भविष्य है, वह भी आप ही हैं। आप ही ईशान, आप ही अमृत और आप ही मर्त्य हैं। यह सम्पूर्ण संसार आपसे ही अङ्कुरित होता है, अत: आप परम महान् और सबसे उत्तम हैं। देव! आप सबसे ज्येष्ठ हैं, पुरुष हैं और आप ही दस प्राणवायुओंके रूपमें स्थित हैं। आप विश्वरूप होकर चार भागोंमें स्थित हैं। अमृतस्वरूप होकर नौ भागोंके साथ द्युलोकमें रहते हैं और नौ भागोंसहित सनातन पौरुषेय रूप धारण करके अन्तरिक्षमें निवास करते हैं। आपके दो भाग पृथ्वीमें स्थित हैं और चार भाग भी यहाँ हैं। आपसे यज्ञोंकी उत्पत्ति होती है, जो जगत्में वृष्टि करनेवाले हैं। आपसे ही विराट्की उत्पत्ति हुई, जो सम्पूर्ण जगत्के हृदयमें अन्तर्यामी पुरुषरूपसे विराजमान हैं। वह विराट् पुरुष अपने तेज, यश और ऐश्वर्यके कारण सम्पूर्ण भूतोंसे विशिष्ट है। आपसे ही देवताओंका आहारभूत हवनीय घृत

उत्पन्न हुआ। ग्राम्य और जंगली ओषधियाँ तथा पशु एवं मृग आदि भी आपसे ही प्रकट हुए हैं। देवदेव! आप ध्येय और ध्यानसे परे हैं। आपने ही ओषधियोंको उत्पन्न किया है। आप ही सात मुखोंवाले देदीप्यमान विग्रहसे युक्त काल हैं। यह स्थावर और जङ्गम तथा चर और अचर सम्पूर्ण जगत् आपसे ही प्रकट हुआ है और आपमें ही स्थित है। आप अनिरुद्ध, वासुदेव, प्रद्युम्न तथा दैत्यनाशक संकर्षण हैं। देव! आप सम्पूर्ण देवताओंमें श्रेष्ठ और समस्त विश्वके परम आश्रय हैं। कमलनयन! मेरी रक्षा कीजिये। नारायण! आपको नमस्कार है। भगवन्! विष्णो! आपको नमस्कार है। पुरुषोत्तम! आपको नमस्कार है। सर्वलोकेश्वर! आपको नमस्कार है। कमलालय! आपको नमस्कार है। गुणालय! आपको नमस्कार है। गुणाकर! आपको नमस्कार है। वासुदेव! आपको नमस्कार है। सुरोत्तम! आपको नमस्कार है। जनार्दन! आपको नमस्कार है। सनातन! आपको नमस्कार है।

योगिगम्य परमेश्वर! आपको नमस्कार है। योगके आश्रयस्थान! आपको नमस्कार है। गोपते! श्रीपते! मरुत्पते! श्रीविष्णो! आपको नमस्कार है। जगत्पते! आप जगत्‌को उत्पन्न करनेवाले और ज्ञानियोंके स्वामी हैं। आपको नमस्कार है। दिवस्पते! आपको नमस्कार है। महीपते! आपको नमस्कार है। पुण्डरीकाक्ष! आप मधु दैत्यका वध करनेवाले हैं। आपको नमस्कार है, नमस्कार है। कैटभको मारनेवाले नारायण! आपको नमस्कार है। सुब्रह्मण्य! आपको नमस्कार है। पीठपर वेदोंको धारण करनेवाले महामत्स्यरूप अच्युत! आपको नमस्कार है। आप समुद्रके जलको मथ डालनेवाले और लक्ष्मीको आनन्द देनेवाले हैं। आपको नमस्कार है। विशाल नासिकावाले अश्वमुख भगवान् हयग्रीव! महापुरुषविग्रह! आप मधु और कैटभका नाश करनेवाले हैं, आपको नमस्कार है। प्रभो! आप पृथ्वीको ऊपर उठानेके लिये विशाल कच्छपका शरीर धारण करनेवाले हैं, आपने अपनी पीठपर मन्दराचलको धारण किया था। महाकूर्मस्वरूप आप भगवान्‌को नमस्कार है। पृथ्वीका उद्धार करनेवाले महावराहको नमस्कार है। भगवन्! आपने ही पहले-पहल वराहरूप धारण किया था, अतः आप आदिवराह कहलाते हैं। आप विश्वरूप और विधाता हैं, आपको नमस्कार है। आप अनन्त, सूक्ष्म, मुख्य, श्रेष्ठ, परमाणुस्वरूप तथा योगिगम्य हैं। आपको नमस्कार है। जो परम कारण (प्रकृति)-के भी कारण हैं, योगीश्वर-मण्डलके आश्रयस्थान हैं, जिनके स्वरूपका ज्ञान होना अत्यन्त कठिन है, जो क्षीरसागरके भीतर निवास करनेवाले महान् सर्प—शेषनागकी सुन्दर शय्यापर शयन करते हैं तथा जिनके कानोंमें सुवर्ण एवं रत्नोंके बने हुए दिव्य कुण्डल झिलमिलाते रहते हैं, उन आप भगवान् विष्णुको नमस्कार है।

कण्डुमुनिके इस प्रकार स्तुति करनेपर भगवान् विष्णुने प्रसन्न होकर कहा—'मुनिश्रेष्ठ! तुम मुझसे जो कुछ पाना चाहते हो, उसे शीघ्र कहो।'

कण्डु बोले—जगन्नाथ! यह संसार अत्यन्त दुस्तर और रोमाञ्चकारी है। इसमें दुःखोंकी ही अधिकता है। यह अनित्य और केलेके पत्तेकी भाँति सारहीन है। इसमें न कहीं आश्रय है, न अवलम्ब। यह जलके बुलबुलोंकी भाँति चञ्चल है। इसमें सब प्रकारके उपद्रव भरे हुए हैं। यह दुस्तर होनेके साथ ही अत्यन्त भयानक है। मैं आपकी मायासे मोहित होकर चिरकालसे इस संसारमें भटक रहा हूँ, किंतु कहीं भी शान्ति नहीं पाता। मेरा मन विषयोंमें आसक्त है। देवेश! इस संसारके भयसे पीड़ित होकर आज मैं आपकी

शरणमें आया हूँ। श्रीकृष्ण! आप इस भवसागरसे मेरा उद्धार कीजिये। सुरेश्वर! मैं आपकी कृपासे आपके ही सनातन परम पदको प्राप्त करना चाहता हूँ, जहाँ जानेसे फिर इस संसारमें नहीं आना पड़ता।

श्रीभगवान् बोले—मुनिश्रेष्ठ! तुम मेरे भक्त हो। सदा मेरी ही आराधना करते रहो। तुम्हें मेरे प्रसादसे अभीष्ट मोक्षपदकी प्राप्ति होगी। विप्रवर! मेरे भक्त क्षत्रिय, वैश्य, स्त्री, शूद्र तथा अन्त्यज भी परम सिद्धिको प्राप्त होते हैं; फिर तुम-जैसे तपोनिष्ठ ब्राह्मणकी तो बात ही क्या है! चाण्डाल भी यदि उत्तम श्रद्धासे युक्त एवं मेरा भक्त हो तो उसे अभीष्ट सिद्धि प्राप्त होती है; फिर औरोंकी तो चर्चा ही क्या है।*

व्यासजी कहते हैं—यों कहकर भक्तवत्सल भगवान् विष्णु वहीं अन्तर्धान हो गये। उनके चले जानेपर मुनिवर कण्डु बहुत प्रसन्न हुए और समस्त कामनाओंका त्याग करके स्वस्थचित्त हो गये। समस्त इन्द्रियोंको वशमें करके ममता और अहंकारसे रहित हो एकाग्रचित्तसे भगवान् पुरुषोत्तमका ध्यान करने लगे। भगवान्के निर्लेप, निर्गुण, शान्त और सन्मात्र स्वरूपका चिन्तन करते हुए उन्होंने दुर्लभ मोक्ष प्राप्त कर लिया। जो महात्मा कण्डुकी कथाको पढ़ता अथवा सुनता है, वह सब पापोंसे मुक्त हो स्वर्गलोकमें जाता है। मुनिवरो! इस प्रकार मैंने इस कर्मभूमि तथा मोक्षदायक पुरुषोत्तमक्षेत्रका वर्णन किया, जहाँ साक्षात् भगवान् पुरुषोत्तम निवास करते हैं। जो मनुष्य संसारजनित दु:खोंका नाश और मोक्ष प्रदान करनेवाले वरदायक भगवान् श्रीपुरुषोत्तमका भक्तिपूर्वक दर्शन, स्तवन और ध्यान करते हैं, वे समस्त दोषोंसे मुक्त हो भगवान्के अविनाशी धाममें जाते हैं।

मुनियोंका भगवान्के अवतारके सम्बन्धमें प्रश्न और श्रीव्यासजीद्वारा उसका उत्तर

मुनि बोले—पुरुषश्रेष्ठ व्यासजी! आपने भारतवर्ष तथा पुरुषोत्तमक्षेत्रके अद्भुत गुणोंका वर्णन किया। उस क्षेत्रके उत्तम माहात्म्यको सुनकर हमें बड़ी प्रसन्नता हुई है। हमारे मनमें बहुत दिनोंसे एक संदेह है। उसका निवारण करनेवाला आपके सिवा दूसरा कोई नहीं है। हम भूतलपर श्रीकृष्ण, बलदेव और सुभद्राके अवतारका रहस्य सुनना चाहते हैं। वीरवर श्रीकृष्ण और बलभद्र किसलिये अवतीर्ण हुए थे? वे वसुदेवके पुत्र होकर नन्दके घरमें क्यों रहे? यह मर्त्यलोक सर्वथा नि:सार है। इसमें अधिकतर दु:ख ही भरा है। यह पानीके बुलबुलेकी भाँति अत्यन्त चञ्चल—क्षणभङ्गुर है। इसकी भयंकरता इतनी बढ़ी हुई है कि उसका विचार आते ही रोंगटे खड़े हो जाते हैं। ऐसे संसारमें उन्हें जन्म ग्रहण करनेकी क्या आवश्यकता थी? इस भूतलपर अवतीर्ण हो उन्होंने जो-जो लीलाएँ कीं, उनका विस्तारपूर्वक वर्णन कीजिये। उनका सम्पूर्ण चरित्र अद्भुत और अलौकिक है। भगवान् सम्पूर्ण देवताओंके स्वामी एवं सुरश्रेष्ठ हैं और पृथ्वीको उत्पन्न करनेवाले तथा अविनाशी परमात्मा हैं। उन्होंने अपने दिव्य स्वरूपको मनुष्योंके बीचमें कैसे प्रकट किया? जो भगवान् सम्पूर्ण जङ्गम

* मद्भक्ताः क्षत्रिया वैश्याः स्त्रियः शूद्रान्त्यजातिजाः। प्राप्नुवन्ति परां सिद्धिं किं पुनस्त्वं द्विजोत्तम॥
श्वपाकोऽपि च मद्भक्तः सम्यक् श्रद्धासमन्वितः। प्राप्नोत्यभिमतां सिद्धिमन्येषां तत्र का कथा॥
(१७८।१८५-१८६)

प्राणियोंकी गति हैं, वे मानव-शरीरमें कैसे आये? इसे देवता और दैत्य भी बड़े आश्चर्यकी बात मानते हैं। महामुने! आप भगवान् विष्णुके आश्चर्यजनक अवतारकी कथा सुनाइये। भगवान्‌के बल और पराक्रम विख्यात हैं। उनके तेजकी कोई माप नहीं है। वे अपने अलौकिक चरित्रोंके द्वारा आश्चर्यरूप जान पड़ते हैं। आप उनके तत्त्वका वर्णन कीजिये। भगवान् पुरुषोत्तम देवताओंकी पीड़ा दूर करनेवाले और सर्वव्यापी हैं। जगत्‌के रक्षक और सर्वलोकमहेश्वर हैं। संसारकी सृष्टि, पालन और संहार—सब वे ही करते हैं। वे ही सब लोकोंको सुख देनेवाले हैं। वे अक्षय, सनातन, अनन्त, क्षय और वृद्धिसे रहित, निर्लेप, निर्गुण, सूक्ष्म, निर्विकार, निरञ्जन, समस्त उपाधियोंसे रहित, सत्तामात्ररूपसे स्थित, अविकारी, विभु, नित्य, अचल, निर्मल, व्यापक, नित्यतृप्त, निरामय तथा शाश्वत परमात्मा हैं। सत्ययुगमें उनका विशुद्ध 'हरि' नाम सुना जाता है। देवताओंमें वे वैकुण्ठ और मनुष्योंमें श्रीकृष्ण नामसे विख्यात हैं। उन्हीं परमेश्वरकी भूत और भविष्य लीलाओंको, जिनका रहस्य अत्यन्त गहन है, हम सुनना चाहते हैं।

व्यासजी बोले—जो सम्पूर्ण देवताओंके स्वामी, सबकी उत्पत्तिके कारण, पुराणपुरुष, सनातन, अविनाशी, चतुर्व्यूहस्वरूप, निर्गुण, गुणरूप, परम महान्, परम गुरु, वरेण्य, असीम, यज्ञाङ्ग और देवता आदिके प्रियतम हैं, उन भगवान् विष्णुको मैं नमस्कार करता हूँ। जिनसे लघु और जिनसे महान् दूसरा कोई नहीं है, जिन अजन्मा प्रभुने सम्पूर्ण चराचर जगत्‌को व्याप्त कर रखा है, जो आविर्भाव, तिरोभाव, दृष्ट और अदृष्टसे विलक्षण हैं, सृष्टि और संहारको भी जिनका स्वरूप बतलाया जाता है, उन आदिदेव परब्रह्म परमात्माको मैं समाधिके द्वारा प्रणाम करता हूँ। जो सम्पूर्ण विकारोंसे रहित, शुद्ध, नित्य, सदा एकरूप रहनेवाले और विजयी हैं, उन परमात्मा श्रीविष्णुको नमस्कार है। जो हिरण्यगर्भ, हरि, शंकर तथा वासुदेव कहलाते हैं, जिनसे समस्त प्राणियोंका तरण-तारण होता है, जो सृष्टि, पालन और संहार करनेवाले हैं, उन भगवान्‌को नमस्कार है। जो एक होते हुए भी अनेक रूपोंमें प्रकट होते हैं, स्थूल और सूक्ष्म, व्यक्त और अव्यक्त जिनके स्वरूप हैं और जो मोक्षके कारण हैं, उन भगवान् विष्णुको नमस्कार है। जो जगन्मय हैं, जगत्‌की सृष्टि, पालन और संहारके मूल कारण हैं, उन परमात्मा, भगवान् विष्णुको नमस्कार है। जो सूक्ष्मसे भी सूक्ष्मतर, सम्पूर्ण विश्वके आधारभूत, समस्त प्राणियोंके भीतर विराजमान और अपनी महिमासे कभी च्युत न होनेवाले हैं, उन भगवान् पुरुषोत्तमको प्रणाम है। जो वास्तवमें अत्यन्त निर्मल ज्ञानस्वरूप होते हुए भी भ्रमपूर्ण दृष्टिके कारण भिन्न-भिन्न पदार्थोंके रूपमें स्थित दिखायी देते हैं, जिनका आदि नहीं है, जो सम्पूर्ण जगत्‌के ईश्वर, अजन्मा, अक्षय और अविनाशी हैं, उन भगवान् श्रीहरिको नमस्कार करके मैं उनके अवतारकी कथा आरम्भ करता हूँ।

पूर्वकालमें दक्ष आदि श्रेष्ठ मुनियोंके पूछनेपर कमलयोनि भगवान् ब्रह्माने जो कुछ कहा था, वही मैं भी आपलोगोंसे कहूँगा। जो अपने चारों मुखोंसे ऋक्, साम आदि चारों वेदोंका उच्चारण करते हुए तीनों लोकोंको पवित्र करते हैं, जिनका प्रादुर्भाव एकार्णवके जलसे हुआ है, असुरगण जिनके यज्ञोंका लोप नहीं कर पाते, उन भगवान् ब्रह्माजीको प्रणाम करके मैं उन्हींकी कही हुई कथा आरम्भ करता हूँ। जिन्होंने सृष्टिके उद्देश्यसे धर्म आदिको प्रकट किया है, उन अव्यक्तजन्मा ब्रह्माजीके सम्पूर्ण मतका ही मैं वर्णन करूँगा।

तत्त्वदर्शी मुनियोंने जलको 'नार' कहा है। वह नार पूर्वकालमें भगवान्‌का अयन (निवासस्थान) हुआ। इसलिये वे नारायण कहलाते हैं। वे भगवान् नारायण सबको व्याप्त करके स्थित हैं। वे ही सगुण और निर्गुण कहलाते हैं। वे दूर भी हैं और समीप भी। उनकी 'वासुदेव' संज्ञा है। ममताका त्याग करनेपर ही उनका साक्षात्कार होता है। उनमें रूप और वर्ण आदि काल्पनिक भाव नहीं हैं। वे सदा शुद्ध, सुप्रतिष्ठित और एकरूप हैं। जब-जब धर्मकी हानि और अधर्मका उत्थान होता है, तब-तब वे अपने-आपको संसारमें प्रकट करते हैं। पूर्वकालमें उन्हीं प्रजापालक भगवान्‌ने वाराहरूप धारण करके थूथुनसे जलको हटाया और रसातलमें डूबी हुई पृथ्वीको अपनी एक दाढ़से कमलके फूलकी भाँति ऊपर उठा लिया। उन्होंने ही नृसिंहरूप धारण करके हिरण्यकशिपुका वध किया और विप्रचित्ति आदि अन्य दानवोंको भी मार गिराया। फिर वामन अवतार लेकर मायासे बलिको बाँधा और दैत्योंको जीतकर तीनों लोकोंको अपने तीन पगोंसे ही नाप लिया। वे ही भृगु-वंशमें परमप्रतापी जमदग्निकुमार परशुरामके रूपमें उत्पन्न हुए, जिन्होंने पिताके वधका बदला लेनेके लिये क्षत्रियोंका संहार कर डाला। उन्हीं भगवान्‌ने अत्रिकुमार प्रतापी दत्तात्रेयके रूपमें अवतीर्ण हो महात्मा अलर्कको अष्टाङ्गयोगका उपदेश दिया। त्रेतामें दशरथनन्दन श्रीरामके रूपमें प्रकट होकर उन्होंने ही त्रिभुवनको भय देनेवाले रावणका युद्धमें संहार किया।

प्रलयकालमें जब सारी सृष्टि एकार्णवमें निमग्न हो गयी, उस समय देवताओंके भी देवता जगत्पति श्रीविष्णु एक सहस्र युगोंतक शेषनागकी शय्यापर सोते रहे। वास्तवमें वे योगनिद्राका आश्रय ले अपनी योगमहिमामें स्थित हो गये थे। सम्पूर्ण चराचर जगत्‌को उन्होंने अपने उदरमें स्थापित कर रखा था। जनलोकनिवासी सिद्ध और महर्षि उनकी स्तुति करते थे। उसी समय उनकी नाभिसे एक कमल प्रकट हुआ, जो दिशारूपी पत्रोंसे सुशोभित, अग्नि और सूर्यके समान तेजोमय और पर्वतरूपी केसरोंसे अलंकृत था। सुवर्णमय मेरुगिरि उसका किञ्जल्क (केसरका मध्यभाग) था। वह कमल ही पितामह ब्रह्माजीका सुन्दर गृह था। उसीमें चार मुखोंवाले देवाधिदेव ब्रह्माजी प्रकट हुए। उस समय भगवान् विष्णुके कानोंकी मैलसे दो महाबली और महापराक्रमी दानव उत्पन्न हुए, जो ब्रह्माजीको मार डालनेके लिये उद्यत हो गये। उनका नाम मधु और कैटभ था। भगवान्‌ने समुद्ररूपी शयनगृहसे उठकर उन दोनों दुर्धर्ष दैत्योंका वध किया। ये तथा और भी भगवान्‌की असंख्य लीलाएँ हैं, जिनकी मैं गणना नहीं कर सकता। इस समय अजन्मा भगवान्‌के जिस अवतारका प्रसङ्ग चल रहा है, वह मथुरामें हुआ था। इस प्रकार भगवान्‌की जो सात्त्विक मूर्ति है, वही अवतार धारण करती है। वह प्रद्युम्न नामसे विख्यात है और सदा रक्षाकार्यमें संलग्न रहती है। वह भगवान् वासुदेवकी इच्छाके अनुसार देवता, मनुष्य और तिर्यक् योनिमें अवतीर्ण होती है और उसीके अनुकूल स्वभाव बना लेती है। भक्त पुरुषोंद्वारा पूजित होनेपर वह उनकी मनोवाञ्छित कामनाओंको भी पूर्ण करती है। इस तरह मैंने यहाँ भगवान्‌के अवतारका रहस्य बतलाया है। भगवान् विष्णु यद्यपि कृतकृत्य हैं, उन्हें कुछ करना अथवा पाना नहीं है तो भी वे लोक-कल्याणके लिये ही मानवरूपमें प्रकट हुए थे।

भगवान्‌के अवतारका उपक्रम

व्यासजी कहते हैं—मुनिवरो! अब मैं संक्षेपसे श्रीहरिके अवतारका वर्णन करता हूँ, सुनो। भगवान् इस पृथ्वीका भार उतारनेकी इच्छासे अवतार लेते हैं। जब-जब अधर्मकी वृद्धि होती है और धर्मका ह्रास होने लगता है, तब-तब भगवान् जनार्दन अपने स्वरूपके दो भाग करके यहाँ अवतीर्ण होते हैं। साधु पुरुषोंकी रक्षा, धर्मकी स्थापना, दुष्टों तथा अन्य देव-द्रोहियोंका दमन और प्रजावर्गका पालन करनेके लिये वे प्रत्येक युगमें अवतार धारण करते हैं। पहलेकी बात है—यह पृथ्वी अत्यन्त भारसे पीड़ित हो मेरुपर्वतपर देवताओंके समाजमें गयी और ब्रह्मा आदि सब देवताओंको प्रणाम करके खेद एवं करुणामिश्रित वाणीमें अपना सब हाल सुनाने लगी—'सुवर्णके गुरु अग्नि, गौओंके गुरु सूर्य तथा मेरे गुरु सम्पूर्ण लोकोंके वन्दनीय भगवान् नारायण हैं। इस समय ये कालनेमि आदि दैत्य मर्त्यलोकमें जन्म लेकर दिन-रात प्रजाको कष्ट देते रहते हैं। सर्वशक्तिमान् भगवान् विष्णुने जिस कालनेमि नामक महान् असुरका वध किया था, वही अब उग्रसेनकुमार कंसके रूपमें उत्पन्न हुआ है। अरिष्ट, धेनुक, केशी, प्रलम्ब, नरक, सुन्दासुर, अत्यन्त भयंकर बलिकुमार बाणासुर तथा और भी जो महापराक्रमी दुरात्मा दैत्य राजाओंके घरमें उत्पन्न हुए हैं, उनकी मैं गणना नहीं कर सकती। दिव्यमूर्तिधारी देवताओ! इस समय मेरे ऊपर महाबली और गर्वीले दैत्योंकी अनेक अक्षौहिणी सेनाएँ हैं। सुरेश्वरो! मैं आपलोगोंको बताये देती हूँ कि उन दैत्योंके भारी भारसे पीड़ित होनेके कारण अब मुझमें अपनेको धारण करनेकी भी शक्ति नहीं रह गयी है। अतः आपलोग मेरा भार उतारिये।'

पृथ्वीका यह वचन सुनकर सम्पूर्ण देवताओंने उसका भार उतारनेके लिये ब्रह्माजीको प्रेरित किया। तब ब्रह्माजी बोले—'देवताओ! पृथ्वी जो कुछ कहती है, वह सब ठीक है। वास्तवमें मैं,

महादेवजी और तुमलोग—सब भगवान् नारायणके ही स्वरूप हैं। भगवान्‌की जो विभूतियाँ हैं, उन्हींकी परस्पर न्यूनता और अधिकता बाध्य-बाधकरूपसे रहा करती है। इसलिये आओ, हमलोग क्षीरसागरके उत्तम तटपर चलें और वहाँ श्रीहरिकी आराधना करके यह सब वृत्तान्त उनसे निवेदन करें। वे सबके आत्मा हैं, सम्पूर्ण जगत् उनका ही रूप है, वे सदा ही जगत्‌का कल्याण करनेके लिये अपने अंशसे अवतार ले धर्मकी स्थापना करते हैं।'

यों कहकर ब्रह्माजी सम्पूर्ण देवताओंके साथ क्षीरसागरके तटपर गये और एकाग्रचित्त होकर भगवान् गरुड़ध्वजकी स्तुति करने लगे।

ब्रह्माजी बोले—सहस्रमूर्ते! आपको बारंबार नमस्कार है। आपके सहस्रों बाँहें, अनेक मुख और अनेक चरण हैं। आप जगत्‌की सृष्टि, पालन और संहारमें संलग्न रहते हैं। अप्रमेय परमेश्वर! आपको बारंबार नमस्कार है। भगवन्! आप सूक्ष्मसे भी अत्यन्त सूक्ष्म, परम महान् और बड़े-बड़े गुरुओंसे भी अधिक गौरवशाली हैं। आप प्रकृति, समष्टि बुद्धि (महत्तत्त्व), अहंकार तथा वाणीके भी प्रधान मूल हैं। अपरा-प्रकृतिमय सम्पूर्ण जगत् आपका ही स्वरूप है। आप हमपर प्रसन्न होइये। देव! यह पृथ्वी आपकी शरणमें आयी है। इस समय भूतलपर जो बड़े-बड़े असुर उत्पन्न हुए हैं, उनके द्वारा पीड़ित होनेसे इसके पर्वतरूपी बन्धन शिथिल पड़ गये हैं। आप सम्पूर्ण जगत्‌के परम आश्रय हैं। आपकी महिमा अपरम्पार है। अतः यह वसुधा अपना भार उतरवानेके लिये आपकी ही सेवामें उपस्थित हुई है। हमलोग भी यहाँ उपस्थित हुए हैं। ये इन्द्र, दोनों अश्विनीकुमार, वरुण, रुद्र, वसु, आदित्य, वायु, अग्नि तथा अन्य सम्पूर्ण देवता यहाँ खड़े हैं। देवेश्वर! मुझे तथा इन देवताओंको जो कुछ करना हो, उसके लिये आज्ञा दीजिये। आपके ही आदेशका पालन करते हुए हमलोग सदा सम्पूर्ण दोषोंसे मुक्त रहेंगे।

ब्रह्माजीके इस प्रकार स्तुति करनेपर परमेश्वर भगवान् श्रीविष्णुने अपने श्वेत और कृष्ण—दो केश उखाड़े और देवताओंसे कहा—'मेरे ये दोनों केश ही भूतलपर अवतार ले पृथ्वीके भार और क्लेशका नाश करेंगे। सम्पूर्ण देवता भी अपने-अपने अंशसे पृथ्वीपर अवतीर्ण हो पहलेसे उत्पन्न हुए उन्मत्त दैत्योंके साथ युद्ध करें। इसमें संदेह नहीं कि नाना प्रकारके अस्त्र-शस्त्रोंसे चूर्ण होकर सम्पूर्ण दैत्य नष्ट हो जायँगे। वसुदेवकी पत्नी जो देवकीदेवी हैं, उनके आठवें गर्भसे मेरा यह श्याम केश प्रकट होगा। भूतलपर अवतीर्ण हो यह कालनेमिके अंशसे उत्पन्न हुए कंसका वध करेगा।' यों कहकर भगवान् श्रीहरि अन्तर्धान हो गये। अदृश्य हो जानेपर उन परमात्माको प्रणाम करके सम्पूर्ण देवता मेरुपर्वतके शिखरपर चले गये और वहाँसे पृथ्वीपर अवतीर्ण हुए।

एक दिन महर्षि नारदने कंससे जाकर कहा—'देवकीके आठवें गर्भसे भगवान् विष्णु उत्पन्न होंगे, जो तुम्हारा वध करेंगे।' यह सुनकर कंसको बड़ा क्रोध हुआ और उसने देवकी तथा वसुदेवको कारागृहमें बंदी बना लिया। वसुदेवने यह प्रतिज्ञा की थी कि 'देवकीके गर्भसे जो-जो पुत्र उत्पन्न होगा, उसे मैं स्वयं लाकर दे दिया करूँगा।' इसके अनुसार उन्होंने अपना प्रत्येक पुत्र कंसको अर्पित कर दिया। सुना गया है प्रथम उत्पन्न हुए छः गर्भ हिरण्यकशिपुके पुत्र थे, जिन्हें भगवान् विष्णुकी प्रेरणासे योगनिद्राने क्रमशः देवकीके उदरमें स्थापित कर दिया था। योगनिद्रा भगवान् विष्णुकी महामाया है, जिसने अविद्यारूपसे सम्पूर्ण जगत्‌को मोहित कर रखा है। उससे श्रीहरिने कहा—'निद्रे! तू मेरी आज्ञासे जा और पातालवासी छः गर्भोंको एक-एक करके देवकीके गर्भमें पहुँचा दे। ये सब कंसके हाथसे मारे जायँगे। तत्पश्चात् मेरा शेष नामक अंश अपने अंशांशसे देवकीके उदरमें सातवें गर्भके रूपमें प्रकट होगा। वसुदेवजीकी दूसरी भार्या रोहिणी आजकल गोकुलमें रहती हैं। तू प्रसवकालमें वह गर्भ रोहिणीके ही उदरमें डाल देना। उसके विषयमें लोग यही कहेंगे कि 'देवकीका सातवाँ गर्भ भोजराज कंसके डरसे गिर गया।' गर्भका संकर्षण होनेसे रोहिणीका वह वीर पुत्र लोकमें 'संकर्षण' नामसे विख्यात होगा। उसके शरीरका वर्ण श्वेतगिरिके शिखरकी भाँति

गौर होगा। तदनन्तर मैं देवकीके उदरमें प्रवेश करूँगा। उस समय तुझे भी यशोदाके गर्भमें अविलम्ब प्रवेश करना होगा। वर्षा-ऋतुमें श्रावणमासके* कृष्णपक्षकी अष्टमी तिथिको आधी रातके समय मेरा प्रादुर्भाव होगा और तू नवमी तिथिमें यशोदाके गर्भसे जन्म लेगी। उस समय वसुदेव मेरी शक्तिसे प्रेरित होकर मुझे तो यशोदाकी शय्यापर पहुँचा देंगे और तुझे देवकीके पास लायेंगे। फिर कंस तुझे लेकर पत्थरकी शिलापर पछाड़ेगा, किंतु तू उसके हाथसे निकलकर आकाशमें ठहर जायगी। यों करनेपर इन्द्र मेरे गौरवका स्मरण करके तुझे सौ-सौ बार प्रणाम करेंगे और विनीतभावसे अपनी बहिन बना लेंगे। फिर तू शुम्भ-निशुम्भ आदि सहस्रों दैत्योंका वध करके अनेक स्थान बनाकर सारी पृथ्वीकी शोभा बढ़ायेगी। भूति, संनति, कीर्ति, कान्ति, पृथ्वी, धृति, लज्जा, पुष्टि, उषा तथा अन्य जो भी स्त्री-नामधारी वस्तु है, वह सब तू ही है। जो प्रातःकाल और अपराह्णमें तेरे सामने मस्तक झुकायेंगे और तुझे आर्या, दुर्गा, वेदगर्भा, अम्बिका, भद्रा, भद्रकाली, क्षेम्या तथा क्षेमंकरी आदि कहकर तेरी स्तुति करेंगे, उनके समस्त मनोरथ मेरे प्रसादसे सिद्ध हो जायँगे। जो लोग भक्ष्य-भोज्य आदि पदार्थसे तेरी पूजा करेंगे, उन मनुष्योंपर प्रसन्न होकर तू उनकी समस्त अभिलाषाएँ पूर्ण करेगी। वे सब लोग सदा मेरी कृपासे निश्चय ही कल्याणके भागी होंगे; अतः देवि! जो कार्य मैंने तुझे बताया है, उसे पूर्ण करनेके लिये जा।'

भगवान्‌का अवतार, गोकुलगमन, पूतना-वध, शकट-भञ्जन, यमलार्जुन-उद्धार, गोपोंका वृन्दावनगमन तथा बलराम और श्रीकृष्णका बछड़े चराना

व्यासजी कहते हैं—देवाधिदेव श्रीहरिने पहले जैसा आदेश दिया था, उसके अनुसार जगज्जननी योगमायाने देवकीके उदरमें क्रमशः छः गर्भ स्थापित किये और सातवेंको खींचकर रोहिणीके उदरमें डाल दिया। तदनन्तर तीनों लोकोंका उपकार करनेके लिये साक्षात् श्रीहरिने देवकीके गर्भमें प्रवेश किया और उसी दिन योगनिद्रा यशोदाके उदरमें प्रविष्ट हुईं। भगवान् विष्णुके अंशके भूतलपर आते ही आकाशमें ग्रहोंकी गति यथावत् होने लगी। समस्त ऋतुएँ सुखदायिनी हो गयीं। देवकीके शरीरमें इतना तेज आ गया कि कोई उनकी ओर आँख उठाकर देख भी नहीं सकता था। देवतागण स्त्री-पुरुषोंसे अदृश्य रहकर अपने उदरमें श्रीविष्णुको धारण करनेवाली माता देवकीका प्रतिदिन स्तवन करने लगे।

देवता बोले—देवि! तुम स्वाहा, तुम स्वधा और तुम्हीं विद्या, सुधा एवं ज्योति हो। इस पृथ्वीपर सम्पूर्ण लोकोंकी रक्षाके लिये तुम्हारा अवतार हुआ है। तुम प्रसन्न होकर सम्पूर्ण जगत्‌का कल्याण करो। हमारी प्रसन्नताके लिये उन परमेश्वरको अपने गर्भमें धारण करो, जिन्होंने स्वयं सम्पूर्ण जगत्‌को धारण कर रखा है।

* यहाँ श्रावणका अर्थ भाद्रपद समझना चाहिये। जहाँ अमावस्याके बाद शुक्लपक्षसे मासका आरम्भ माना जाता है, वहाँकी मास-गणनाको दृष्टिमें रखकर श्रावण मास कहा गया है। जहाँ कृष्णपक्षसे मासका आरम्भ होता है, वहाँ वह तिथि भाद्रपद मासमें ही होगी।

इस प्रकार देवताओंद्वारा की हुई स्तुतिको सुनती हुई माता देवकीने जगत्की रक्षा करनेवाले कमलनयन भगवान् विष्णुको अपने गर्भमें धारण किया। तदनन्तर वह शुभ समय उपस्थित हुआ, जब कि समस्त विश्वरूपी कमलको विकसित करनेके लिये महात्मा श्रीविष्णुरूपी सूर्यदेवका देवकीरूपी प्रभातवेलामें उदय हुआ। आधी रातका समय था। मेघ मन्द-मन्द स्वरमें गरज रहे थे। शुभ मुहूर्त्तमें भगवान् जनार्दन प्रकट हुए। उस समय सम्पूर्ण देवता फूलोंकी वर्षा करने लगे। विकसित नील कमलके समान श्यामवर्ण, श्रीवत्सचिह्नसे सुशोभित वक्षःस्थलवाले चतुर्भुज बालकको उत्पन्न हुआ देख परम बुद्धिमान् वसुदेवजीने उल्लासपूर्ण वचनोंमें भगवान्का स्तवन किया और

कंससे भयभीत होकर कहा—'शङ्ख, चक्र एवं गदा धारण करनेवाले देवदेवेश्वर! मैंने जान लिया, आप साक्षात् भगवान् हैं; परंतु देव! आप मुझपर कृपा करके अपने इस दिव्य रूपको छिपा लीजिये। आप मेरे भवनमें अवतीर्ण हुए हैं, यह बात जान लेनेपर कंस अभी मुझे कष्ट देगा।'

देवकी बोलीं—जिनके अनन्त रूप हैं, यह सम्पूर्ण विश्व जिनका ही स्वरूप है, जो गर्भमें स्थित होकर भी अपने शरीरसे सम्पूर्ण लोकोंको धारण करते हैं तथा जिन्होंने अपनी मायासे ही बाल-रूप धारण किया है, वे देवदेव प्रसन्न हों। सर्वात्मन्! आप अपने इस चतुर्भुज रूपका उपसंहार कीजिये। दैत्योंका संहार करनेवाले देवेश्वर! आपके इस अवतारका वृत्तान्त कंस न जानने पाये।

श्रीभगवान् बोले—देवि! पूर्वजन्ममें तुमने मुझ-जैसे पुत्रको पानेकी अभिलाषासे जो मेरा स्तवन किया था, वह आज सफल हो गया; क्योंकि आज मैंने तुम्हारे उदरसे जन्म लिया है।

मुनिवरो! यों कहकर भगवान् मौन हो गये तथा वसुदेवजी भी रातमें ही उन्हें लेकर घरसे बाहर निकले। वसुदेवजीके जाते समय पहरा देनेवाले मथुराके द्वारपाल योगनिद्राके प्रभावसे अचेत हो गये थे। उस रातमें बादल वर्षा कर रहे थे। यह देख शेषनागने छत्रकी भाँति अपने फणोंसे भगवान्को ढँक लिया और वे वसुदेवजीके पीछे-पीछे चलने लगे। मार्गमें अत्यन्त गहरी यमुना बह रही थीं। उनके जलमें नाना प्रकारकी सैकड़ों लहरें उठ रही थीं, किंतु भगवान् विष्णुको ले जाते समय वे वसुदेवजीके घुटनोंतक होकर बहने लगीं। वसुदेवजीने उसी अवस्थामें यमुनाको पार किया। उन्होंने देखा—नन्द आदि बड़े-बूढ़े गोप राजा कंसका कर लेकर यमुनाके तटपर आये हुए हैं। इसी समय यशोदाजीने भी योगमायाको कन्यारूपमें जन्म दिया। परंतु वे योगनिद्रासे मोहित थीं; अतः 'पुत्र है या पुत्री' इस बातको जान न सकीं। प्रसूतिगृहमें और भी जो स्त्रियाँ थीं, वे सब निद्राके कारण अचेत पड़ी

थीं। वसुदेवजीने चुपकेसे अपने बालकको यशोदाकी शय्यापर सुला दिया और कन्याको लेकर तुरंत लौट आये। जागनेपर यशोदाने देखा—'मेरे नील कमलके समान श्यामसुन्दर बालक हुआ है।' इससे उन्हें बड़ी प्रसन्नता हुई। वसुदेवजी भी कन्याको लेकर अपने घर लौट आये और देवकीकी शय्यापर उसे सुलाकर पहलेकी भाँति बैठ रहे। इतनेमें ही बालकके रोनेका शब्द सुनकर पहरा देनेवाले द्वारपाल सहसा उठकर खड़े हो गये। उन्होंने देवकीके संतान होनेका समाचार कंससे निवेदन किया। कंसने शीघ्र ही वहाँ पहुँचकर उस बालिकाको उठा लिया। देवकी रुँधे हुए कण्ठसे 'छोड़ो, छोड़ दो इसे' यों कहकर उसे रोकती ही रह गयीं। कंसने उस कन्याको एक शिलापर दे मारा; किंतु वह आकाशमें ही ठहर गयी और आयुधोंसहित आठ बड़ी-बड़ी भुजाओंवाली देवीके रूपमें प्रकट हुई। उसने ऊँचे स्वरसे अट्टहास किया और कंससे रोषपूर्वक कहा—'ओ कंस! मुझे पटकनेसे क्या लाभ हुआ। जो तेरा वध करेंगे, वे प्रकट हो चुके हैं। देवताओंके सर्वस्वभूत वे श्रीहरि पूर्वजन्ममें भी तेरे काल थे। इन सब बातोंपर विचार करके तू शीघ्र ही अपने कल्याणका उपाय कर।' यों कहकर देवी कंसके देखते-देखते आकाशमार्गसे चली गयी। उसके शरीरपर दिव्य हार, दिव्य चन्दन और दिव्य आभूषण शोभा पा रहे थे और सिद्धगण उसकी स्तुति करते थे।

तदनन्तर कंसके मनमें बड़ा उद्वेग हुआ। उसने प्रलम्ब और केशी आदि समस्त प्रधान असुरोंको बुलाकर कहा—'महाबाहु प्रलम्ब! केशी! धेनुक! और पूतना! अरिष्ट आदि अन्य सब वीरोंके साथ तुमलोग मेरी बात सुनो। दुरात्मा देवताओंने मुझे मार डालनेका यत्न प्रारम्भ किया है। किंतु वे मेरे पराक्रमसे भलीभाँति पीड़ित हो चुके हैं। अतः मैं उन्हें वीरोंकी श्रेणीमें नहीं गिनता। दैत्यवीरो! मुझे तो कन्याकी कही हुई बात आश्चर्य-सी प्रतीत होती है। देवता मेरे विरुद्ध प्रयत्न कर रहे हैं—यह जानकर मुझे हँसी आ रही है। तथापि दैत्येश्वरो! अब हमें उन दुष्टोंका और अधिक अपकार करनेकी चेष्टा करनी चाहिये। देवकीके गर्भसे उत्पन्न हुई बालिकाने यह भी कहा है कि 'भूत, भविष्य और वर्तमानके स्वामी विष्णु, जो पूर्वजन्ममें भी मेरी मृत्युके कारण बन चुके हैं, कहीं-न-कहीं उत्पन्न हो गये।' अतः इस भूतलपर बालकोंके दमनका हमें विशेष प्रयत्न करना चाहिये। जिस बालकमें बलकी अधिकता जान पड़े, उसे यत्नपूर्वक मौतके घाट उतार देना चाहिये।'

असुरोंको ऐसी आज्ञा देकर कंस अपने घर गया और विरोध छोड़कर वसुदेव तथा देवकीसे बोला—'मैंने आप दोनोंके इतने बालक व्यर्थ ही मारे। मेरे नाशके लिये तो कोई दूसरा ही बालक

उत्पन्न हुआ है। आपलोग संताप न करें। आपके बालकोंकी भवितव्यता ही ऐसी थी। आयु पूरी होनेपर कौन नहीं मारा जाता।' इस प्रकार सान्त्वना दे कंसने उन दोनोंके बन्धन खोल दिये और उन्हें सब प्रकारसे संतुष्ट किया। तत्पश्चात् वह अपने महलके भीतर चला गया।

बन्धनसे मुक्त होनेपर वसुदेवजी नन्दके छकड़ेके पास आये। नन्द बड़े प्रसन्न दिखायी दिये। मुझे पुत्र हुआ है, यह सोचकर वे फूले नहीं समाते थे। वसुदेवजीने भी कहा—'बड़े सौभाग्यकी बात है कि इस समय वृद्धावस्थामें आपको पुत्र हुआ है। अब तो आपलोगोंने राजाका वार्षिक कर चुका दिया होगा। जिसके लिये यहाँ आये थे, वह काम पूरा हो गया। यहाँ किसी श्रेष्ठ पुरुषको अधिक नहीं ठहरना चाहिये। नन्दजी! जब कार्य हो गया, तब आपलोग क्यों यहाँ बैठे हैं। शीघ्र ही अपने गोकुलमें जाइये। वहाँ रोहिणीके गर्भसे उत्पन्न मेरा भी एक बालक है। उसका भी अपने ही पुत्रकी भाँति लालन-पालन कीजियेगा।'

वसुदेवजीके यों कहनेपर नन्द आदि गोप छकड़ोंपर सामान लादकर वहाँसे चल दिये। उनके गोकुलमें रहते समय रातमें बालकोंकी हत्या करनेवाली पूतना आयी और सोये हुए कृष्णको लेकर अपना स्तन पिलाने लगी। पूतना रातमें जिस-जिसके मुखमें अपना स्तन डालती थी, उस-उस बालकका शरीर क्षणभरमें निर्जीव हो जाता था। श्रीकृष्णने उसके स्तनको दोनों हाथोंसे पकड़कर खूब जोरसे दबाया और क्रोधमें भरकर उसके प्राणोंसहित दूध पीना आरम्भ किया। उस राक्षसीके शरीरकी नस-नाड़ियोंके बन्धन छिन्न-भिन्न हो गये। वह जोर-जोरसे कराहती हुई पृथ्वीपर गिर पड़ी। मरते समय उसका शरीर बड़ा भयंकर हो गया। पूतनाका चीत्कार सुनकर समस्त व्रजवासी भयके मारे जाग उठे। उन्होंने आकर देखा, पूतना मरी पड़ी है और श्रीकृष्ण उसकी गोदमें बैठे हैं। यह देखकर माता यशोदा थर्रा उठीं और श्रीकृष्णको शीघ्र ही गोदमें उठाकर गायकी पूँछ घुमाने आदिके द्वारा अपने बालकके ग्रह-दोषको शान्त किया। नन्दने भी गायका गोबर ले श्रीकृष्णके मस्तकमें लगाया और उनकी रक्षा करते हुए इस प्रकार बोले—'समस्त प्राणियोंकी उत्पत्ति करनेवाले भगवान् श्रीहरि, जिनके नाभिकमलसे सम्पूर्ण जगत् उत्पन्न हुआ है, तुम्हारी रक्षा करें। जिनकी दाढ़के अग्रभागपर रखी हुई यह पृथ्वी सम्पूर्ण जगत्को धारण करती है, वे वराहरूपधारी केशव तुम्हारी रक्षा करें। तुम्हारे गुदाभाग और उदरकी रक्षा भगवान् विष्णु तथा जङ्घा और चरणोंकी रक्षा श्रीजनार्दन करें। जो एक ही क्षणमें वामनसे विराट् बन गये और तीन पगोंसे सारी त्रिलोकीको नापकर नाना प्रकारके अस्त्र-शस्त्रोंसे सम्पन्न दिखायी देने लगे, वे भगवान् वामन तुम्हारी सदा रक्षा करें। तुम्हारे सिरकी गोविन्द तथा कण्ठकी केशव रक्षा करें। मुख, बाहु, प्रबाहु (कोहनीके नीचेका भाग), मन और सम्पूर्ण इन्द्रियोंकी अखण्ड ऐश्वर्यशाली अविनाशी भगवान् नारायण रक्षा करें। भगवान् वैकुण्ठ दिशाओंमें, मधुसूदन विदिशाओं (कोणों)-में, हृषीकेश आकाशमें और पृथ्वीको धारण करनेवाले भगवान् अनन्त पृथ्वीपर तुम्हारी रक्षा करें।'

इस प्रकार नन्दगोपद्वारा स्वस्तिवाचन होनेपर बालक श्रीकृष्ण छकड़ेके नीचे एक खटोलेपर सुलाये गये। गोपोंको मरी हुई पूतनाका विशाल शरीर देखकर अत्यन्त भय और आश्चर्य हुआ। एक दिनकी बात है, मधुसूदन श्रीकृष्ण छकड़ेके नीचे सोये हुए थे। उस समय वे दूध पीनेके लिये जोर-जोरसे रोने लगे। रोते-ही-रोते उन्होंने अपने दोनों पैर ऊपरकी ओर फेंकने आरम्भ किये।

उनका एक पैर छकड़ेसे छू गया। उसके हल्के आघातसे ही वह छकड़ा उलटकर गिर पड़ा। उसपर रखे हुए मटके और घड़े आदि टूट-फूट गये। उस समय समस्त गोप-गोपियाँ हाहाकार करती हुई वहाँ आ पहुँचीं। उन्होंने देखा—'बालक श्रीकृष्ण उतान सोये हुए हैं।' तब गोपोंने पूछा—'किसने इस छकड़ेको उलट दिया?' वहीं कुछ बालक खेल रहे थे। उन्होंने कहा—'इस बच्चेने ही गिराया है।' यह सुनकर गोपोंके मनमें बड़ा आश्चर्य हुआ। नन्दगोपने अत्यन्त विस्मित होकर बालकको गोदमें उठा लिया। यशोदाने भी आश्चर्य-

चकित हो टूटे-फूटे भाँड़ोंके टुकड़ों और छकड़ेकी दही, फूल, फल और अक्षतसे पूजा की।

एक दिन वसुदेवजीकी प्रेरणासे गर्गजी गोकुलमें आये और अन्य गोपोंसे छिपे-छिपे ही उन्होंने उन दोनों बालकोंके द्विजोचित संस्कार किये। उनके नामकरण-संस्कार करते हुए परम बुद्धिमान् गर्गजीने बड़े बालकका नाम 'राम' और छोटेका 'कृष्ण' रखा। थोड़े ही दिनोंमें वे दोनों बालक महाबलवान्के रूपमें प्रसिद्ध हो गये। घुटनोंके बलसे चलनेके कारण उनके दोनों घुटनों और हाथोंमें रगड़ पड़ गयी थी। वे शरीरमें गोबर और राख लपेटे इधर-उधर घूमा करते थे। यशोदा और रोहिणी उन्हें रोक नहीं पाती थीं। कभी गौओंके बाड़ेमें खेलते-खेलते बछड़ोंके बाड़ेमें निकल जाते थे। कभी उसी दिन पैदा हुए बछड़ोंकी पूँछ पकड़कर खींचने लगते थे। वे दोनों बालक एक ही स्थानपर साथ-साथ खेलते और अत्यन्त चपलता दिखाते थे। एक दिन जब यशोदा उन्हें किसी प्रकार रोक न सकीं, तब उनके मनमें कुछ क्रोध हो आया। उन्होंने अनायास ही बड़े-बड़े कार्य करनेवाले श्रीकृष्णकी कमरमें रस्सी कस दी और उन्हें ऊखलसे बाँध दिया। उसके बाद कहा—'ओ चञ्चल! तू बहुत ऊधम मचा रहा था। अब तुझमें सामर्थ्य हो तो जा।' यों कहकर गृहस्वामिनी यशोदा अपने काम-काजमें लग गयीं। जब यशोदा घरके काम-धंधेमें फँस गयीं, तब कमलनयन श्रीकृष्ण ऊखलको घसीटते हुए दो अर्जुन वृक्षोंके बीचसे जा निकले। वे दोनों वृक्ष जुड़वें उत्पन्न हुए थे। उन वृक्षोंके बीचमें तिरछी पड़ी हुई ऊखलीको ज्यों ही उन्होंने खींचा, उसी समय ऊँची शाखाओंवाले वे दोनों वृक्ष जड़से उखड़कर गिर पड़े। वृक्षोंके उखड़ते समय बड़े जोरसे कड़कड़ाहटकी आवाज हुई। उसे सुनकर समस्त व्रजवासी कातरभावसे वहाँ दौड़े आये। आनेपर सबने देखा वे दोनों महावृक्ष पृथ्वीपर गिरे पड़े हैं। उनकी मोटी-मोटी डालियाँ और पतली शाखाएँ भी टूट-टूटकर बिखर गयी हैं। उन दोनोंके बीचमें बालक कृष्ण मन्द-मन्द मुसकरा रहा है। उसके खुले हुए मुखमें थोड़े-से दाँत झलक रहे हैं। उसकी

कमरमें खूब कसकर रस्सी बँधी हुई है। उदरमें दाम (रस्सी) बँधनेके कारण ही श्रीकृष्णकी दामोदरके नामसे प्रसिद्धि हुई।

तदनन्तर नन्द आदि समस्त बड़े-बूढ़े गोप, जो बड़े-बड़े उत्पातोंके कारण बहुत डर गये थे, उद्विग्न होकर आपसमें सलाह करने लगे—'अब हमें इस स्थानपर रहनेकी कोई आवश्यकता नहीं है। किसी दूसरे महान् वनमें चलना चाहिये। यहाँ नाशके हेतुभूत अनेक उत्पात देखे जाते हैं—जैसे पूतनाका विनाश, छकड़ेका उलट जाना और बिना आँधी-वर्षाके ही दोनों वृक्षोंका गिरना आदि। अत: अब हम विलम्ब न करके शीघ्र ही यहाँसे वृन्दावनको चल दें। जबतक कोई भूमिसम्बन्धी दूसरा महान् उत्पात व्रजको नष्ट न कर दे, तबतक ही हमें उसकी व्यवस्था कर लेनी चाहिये।' इस प्रकार वहाँसे चले जानेका निश्चय करके समस्त व्रजवासी अपने-अपने कुटुम्बके लोगोंसे कहने लगे—'शीघ्र चलो, विलम्ब न करो।' फिर तो एक ही क्षणमें छकड़ों और गौओंके साथ सब लोग वहाँसे चल दिये। बछड़ोंके चरवाहे झुंड-के-झुंड एक साथ होकर उन बछड़ोंको चराते हुए चलते थे। व्रजका वह खाली किया हुआ स्थान अन्नके दाने बिखरे होनेके कारण क्षणभरमें कौए आदि पक्षियोंसे व्याप्त हो गया। लीलापूर्वक सब कार्य करनेवाले भगवान् श्रीकृष्णने गौओंके अभ्युदयकी कामनासे अपने शुद्ध अन्त:करणके द्वारा नित्य वृन्दावन धामका चिन्तन किया। अत: अत्यन्त रूक्ष ग्रीष्मकालमें भी वहाँ सब ओर वर्षाकालकी भाँति नयी-नयी घास जम गयी। वृन्दावनमें पहुँचकर वह समस्त गोप-गौओंका समुदाय चारों ओरसे अर्धचन्द्राकार छकड़ोंकी बाड़ लगाकर बस गया।

तत्पश्चात् बलराम और श्रीकृष्ण बछड़ोंकी चरवाही करने लगे। गोष्ठमें रहकर वे दोनों भाई अनेक प्रकारकी बाललीलाएँ किया करते थे। मोरके पंखका मुकुट बनाकर पहनते, जंगली पुष्पोंको कानोंमें धारण करते, कभी मुरली बजाते

और कभी पत्तोंको लपेटकर उन्हींके छिद्रोंसे तरह-तरहकी ध्वनि निकालते थे। दोनों काक-पक्षधारी बालक हँसते-खेलते हुए उस महान् वनमें विचरण करते थे। कभी आपसमें ही एक-दूसरेको हँसाते हुए खेलते और कभी दूसरे ग्वालबालोंके साथ बालोचित क्रीड़ाएँ करते-फिरते थे। इस प्रकार कुछ समय बीतनेपर बलराम और श्रीकृष्ण सात वर्षके हो गये। जो सम्पूर्ण जगत्‌का पालन करनेवाले हैं, वे उस महाव्रजमें बछड़ोंके पालक बने हुए थे। धीरे-धीरे ग्रीष्म-ऋतुके बाद वहाँ वर्षाका समय आया। मेघोंकी घटासे सम्पूर्ण आकाश आच्छादित हो गया। निरन्तर धारावाहिक वृष्टि होनेसे सम्पूर्ण दिशाएँ एक-सी जान पड़ती थीं। पानी पड़नेसे

नयी-नयी घास उग आयी। स्थान-स्थानपर बीरबहूटियोंसे पृथ्वी आच्छादित हो गयी। जैसे पन्नेके फर्शपर लाल मणिकी ढेरी शोभा पाती है, उसी प्रकार बीरबहूटियोंसे ढकी हुई हरी-भरी पृथ्वी सुशोभित होती थी। जैसे नूतन सम्पत्ति पाकर उद्धत मनुष्योंके मन कुमार्गमें प्रवृत्त होने लगते हैं, उसी प्रकार वर्षाके जलसे भरी हुई नदियोंका पानी बाँध तोड़कर तटके ऊपरसे बहने लगा। संध्या होनेपर महाबली राम और श्रीकृष्ण इच्छानुसार व्रजमें लौट आते और अपने समवयस्क ग्वाल-बालोंके साथ देवताओंकी भाँति क्रीड़ा करते थे।

कालिय नागका दमन

व्यासजी कहते हैं—एक दिनकी बात है—श्रीकृष्ण अपने बड़े भाई बलरामजीको साथ लिये बिना ही वृन्दावनके भीतर गये और ग्वाल-बालोंके साथ विचरने लगे। जंगली पुष्पोंका हार पहननेके कारण वे बड़े सुन्दर दिखायी देते थे। घूमते-घूमते श्रीकृष्ण चञ्चल लहरोंसे सुशोभित यमुनाके तटपर गये, जो तटपर लगे हुए फेनोंके रूपमें मानो सब ओर हास्यकी छटा बिखेर रही थी। उस यमुनामें एक कालिय नागका कुण्ड था, जो विषाग्निके कणोंसे दूषित होनेके कारण अत्यन्त भयंकर हो गया था। श्रीकृष्णने उस भयानक कुण्डको देखा। उसकी फैलती हुई विषाग्निसे तटके बड़े-बड़े वृक्ष दग्ध हो गये थे। वायुके आघातसे जो जलमें हिलोर उठती थी और उससे जो जलके छींटे चारों ओर पड़ते थे, उनका स्पर्श हो जानेपर पक्षी जलकर भस्म हो जाते थे। वह महाभयंकर कुण्ड मृत्युका दूसरा मुख था। उसे देखकर भगवान् मधुसूदनने सोचा—'इस कुण्डके भीतर दुष्टात्मा कालिय नाग रहता है, जिसका विष ही शस्त्र है। इसने यहाँ सागरगामिनी यमुनाका सारा जल दूषित कर दिया है। प्याससे पीड़ित मनुष्य अथवा गौएँ इस जलका उपयोग नहीं कर सकते। अतः मुझे नागराज कालियका दमन करना चाहिये, जिससे सदा भयभीत रहनेवाले व्रजवासी यहाँ सुखपूर्वक विचर सकें। मैंने मनुष्यलोकमें इसीलिये अवतार धारण किया है कि इन कुमार्गगामी दुरात्माओंको दण्ड देकर राहपर लाऊँ। वहाँ पास ही बहुत-सी शाखाओंसे सम्पन्न कदम्बका वृक्ष है। उसीपर चढ़कर जीवोंका नाश करनेवाले इस सर्पके कुण्डमें कूदूँगा।'

ऐसा निश्चय करके भगवान्‌ने अच्छी तरह कमर कस ली और वे वेगपूर्वक नागराजके कुण्डमें कूद पड़े। उनके कूदनेसे वह महान् कुण्ड क्षुब्ध हो उठा। पानीकी ऐसी हिलोर उठी कि बहुत दूरके वृक्ष भी भीग गये। सर्पकी विषाग्निद्वारा तपे हुए जलसे भीगनेके कारण वे सभी वृक्ष सहसा जल उठे। चारों दिशाओंमें आगकी लपटें फैल गयीं। उस नागकुण्डमें पहुँचकर श्रीकृष्णने अपनी भुजाओंपर ताल ठोंकी। उसका शब्द सुनकर नागराज उनके पास आया। उसके नेत्र क्रोधसे लाल हो रहे थे। उसके फणोंसे विषाग्निकी लपटें निकल रही थीं। और भी बहुत-से विषैले नाग उसे घेरे हुए थे। सैकड़ों नागपत्नियाँ भी वहाँ उपस्थित थीं, जो मनोहर हार पहनकर बड़ी शोभा पा रही थीं। उनके अङ्गोंके हिलने-डुलनेसे कानोंके चञ्चल कुण्डल झिलमिला रहे थे। सर्पोंने श्रीकृष्णको अपने शरीरमें लपेट लिया और वे विषकी ज्वालासे भरे हुए मुखोंद्वारा उन्हें डसने लगे। श्रीकृष्णको कुण्डमें पड़कर नागके फणोंसे पीड़ित होते देख ग्वाल-बाल व्रजमें दौड़े आये और शोकाकुल

होकर रोते हुए बोले—'व्रजवासियो! श्रीकृष्ण कालियह्रदमें डूबकर मूर्च्छित हो गये हैं। नागराज उन्हें खाये लेता है। तुम जल्दी आओ, विलम्ब न करो।'

यह बात सुनकर मानो गोपोंपर वज्र टूट पड़ा। समस्त गोप और यशोदा आदि गोपियाँ तुरंत कालियह्रदपर दौड़ी आयीं। 'हाय, हाय, प्यारे कृष्ण कहाँ हैं?' इस प्रकार विलाप करती हुई गोपियाँ अत्यन्त व्याकुल हो उठीं और यशोदाके साथ गिरती-पड़ती हुई वहाँ आयीं। नन्दगोप, अन्य गोपगण तथा अद्भुत पराक्रमी बलराम भी श्रीकृष्णको देखनेके लिये तुरंत यमुनातटपर जा पहुँचे। पुत्रका मुँह देखकर नन्दगोप और माता यशोदा दोनों जडवत् हो गये।

अन्यान्य गोपियाँ भी शोकसे आतुर हो रोती हुई श्रीकृष्णकी ओर देखने लगीं। वे भयसे कातर हो गद्‌गद वाणीमें प्रेमपूर्वक बोलीं—'हम सब लोग यशोदाके साथ नागराजके महान् कुण्डमें प्रवेश करें। अब व्रजमें लौटना हमारे लिये उचित नहीं है। भला, सूर्यके बिना दिन और चन्द्रमाके बिना रात कैसी। दूधके बिना गौएँ और श्रीकृष्णके बिना व्रज किस कामका। हम श्रीकृष्णके बिना गोकुलमें नहीं जायँगी।'

गोपियोंके ये वचन सुनकर रोहिणीनन्दन महाबली बलरामने देखा—गोपगण बहुत दुःखी हैं। इनकी आँखें आँसुओंसे भीगी हुई हैं। नन्दजी भी पुत्रके मुखपर दृष्टि लगाये अत्यन्त कातर हो रहे हैं और यशोदा अपनी सुध-बुध खो बैठी हैं। तब उन्होंने अपनी संकेतमयी भाषामें श्रीकृष्णको उनके माहात्म्यका स्मरण दिलाते हुए कहा—'देवदेवेश्वर! तुम क्यों इस प्रकार मानवभाव व्यक्त कर रहे हो। क्या इस बातको नहीं जानते कि तुम इन मानवोंसे भिन्न साक्षात् परमात्मा हो? तुम्हीं इस जगत्‌के केन्द्र हो। देवताओंका आश्रय भी तुम्हीं हो। तुम्हीं त्रिभुवनकी सृष्टि, पालन और संहार करनेवाले त्रयीमय परमेश्वर हो। हम दोनों इस समय यहाँ अवतीर्ण हुए हैं। इस व्रजमें ये गोप-गोपियाँ ही हमारे बान्धव हैं। ये सब-के-सब तुम्हारे लिये दुःखी हो रहे हैं। फिर क्यों अपने इन बन्धुओंकी उपेक्षा करते हो। तुमने मनुष्यभाव अच्छी तरह दिखा लिया। बालोचित चपलता दिखानेमें भी कोई कमी नहीं की। अब यह खेल रहने दो और दाँतोंसे ही अस्त्र-शस्त्रोंका काम लेनेवाले इस दुरात्मा नागका दमन करो।'

बलरामजीके द्वारा इस प्रकार स्मरण दिलाये जानेपर श्रीकृष्णके होठ मन्द मुसकानसे खिल उठे। उन्होंने अँगड़ाई लेकर अपने शरीरको साँपोंके बन्धनसे छुड़ा लिया और दोनों हाथोंसे उसके बीचके फणको नीचे झुकाकर वे उसीपर चढ़ गये और शीघ्रतापूर्वक पैर चलाते हुए नृत्य करने लगे। श्रीकृष्णके चरणोंके आघातसे उस नागके

फणमें कई घाव हो गये। वह जिस फणको ऊपर उठाता, उसीको भगवान् अपने पैरोंसे झुकाकर दबा देते थे। श्रीकृष्णके द्वारा कुचले जानेसे नागको चक्कर आने लगा। वह मूर्च्छित होकर डंडेकी भाँति पृथ्वीपर गिर पड़ा। उसके मस्तक और गर्दन टेढ़े हो गये थे। मुखसे रक्तकी अजस्र धारा बह रही थी। यह देखकर नागराजकी पत्नियाँ भगवान् मधुसूदनकी शरणमें गयीं।

नागपत्नियाँ बोलीं—देवदेवेश्वर! हमने आपको पहचान लिया। आप सबके ईश्वर और सबसे उत्तम हैं। अचिन्त्य परमज्योति:स्वरूप जो ब्रह्म है, उसीके अंशभूत आप परमेश्वर हैं। देवता भी जिन स्वयम्भू प्रभुकी स्तुति करनेमें समर्थ नहीं हैं, उन्हींके स्वरूपका वर्णन हम-जैसी साधारण स्त्रियाँ कैसे कर सकती हैं। सम्पूर्ण पृथ्वी, आकाश, जल, अग्नि और वायुरूप यह ब्रह्माण्ड जिनके छोटे-से अंशका भी अंश है, उस भगवान्की स्तुति हम कैसे कर सकती हैं। जगन्नाथ! हम बड़े कष्टमें पड़ गयी हैं। आप हमपर कृपा करें। यह नाग अब प्राण त्यागना चाहता है। हमें पतिकी भिक्षा दें।

उनके इस प्रकार स्तुति करनेपर कालिय नागको कुछ आश्वासन मिला। यद्यपि उसका शरीर अत्यन्त शिथिल हो गया था तो भी वह धीरे-धीरे बोला—'देवदेव! मुझपर प्रसन्न हों। नाथ! आपमें अणिमा आदि आठ ऐश्वर्य स्वाभाविक हैं। आपसे बढ़कर अन्यत्र कहीं भी उनकी स्थिति नहीं है। ऐसे आप परमेश्वरकी मैं क्या स्तुति करूँगा। आप पर हैं। पर (मूल प्रकृति)-के भी आदि कारण हैं। परकी प्रवृत्ति भी आपसे ही हुई है। परात्मन्! आप परसे भी पर हैं। फिर मैं कैसे आपकी स्तुति कर सकता हूँ। ईश्वर! आपने जाति, रूप और स्वभावसे मुझे जैसा बनाया है, उसके अनुसार ही मैंने यह चेष्टा की है। देवदेव! यदि इन सबके विपरीत कोई चेष्टा करूँ तो मुझे दण्ड देना उचित हो सकता है। क्योंकि आपका ऐसा ही आदेश है तथापि आप जगत्के स्वामी हैं। आपने मुझको जो दण्ड दिया है, उसे मैंने सहर्ष स्वीकार किया; क्योंकि आपसे मिला हुआ दण्ड भी वरदान है। अब मेरे लिये दूसरे वरकी आवश्यकता नहीं है। अच्युत! आपने मेरे बलका नाश किया, मेरे विषको भी हर लिया और पूर्णरूपसे मेरा दमन भी कर दिया। अब एकमात्र जीवन रह गया है। उसे छोड़ दीजिये और कहिये, आपकी क्या सेवा करूँ?'

श्रीभगवान् बोले—'सर्प! अब तुम्हें यहाँ यमुनाजलमें कदापि नहीं रहना चाहिये। अपने भृत्य और परिवारके साथ समुद्रके जलमें चले जाओ। नाग! तुम्हारे मस्तकपर मेरे चरणचिह्न देखकर नागोंके शत्रु गरुड़ तुमपर प्रहार नहीं करेंगे।'

यों कहकर भगवान् श्रीहरिने नागराजको छोड़ दिया। वह भी श्रीकृष्णको प्रणाम करके समुद्रको

चला गया। उसने सबके देखते-देखते सेवक, संतान, बन्धु-बान्धव और पत्नियोंके साथ सदाके लिये वह कुण्ड त्याग दिया। सर्पके चले जानेपर गोपोंने दौड़कर श्रीकृष्णको छातीसे लगा लिया, मानो वे मरकर पुनः लौट आये हों। उनके नेत्रोंसे आँसू निकलकर श्रीकृष्णके मस्तकपर गिरने लगे। कुछ गोप विस्मित होकर श्रीकृष्णकी स्तुति करने लगे। यमुना नदीका जल विषसे रहित हो गया—यह देख समस्त गोपोंको बड़ी प्रसन्नता हुई। गोपियाँ श्रीकृष्णकी मनोहर लीलाओंका गान करने लगीं और ग्वाल-बाल उनके गुणोंकी प्रशंसा करने लगे। उन सबके साथ श्रीकृष्ण व्रजमें आये।

धेनुक और प्रलम्बका वध तथा गिरियज्ञका अनुष्ठान

व्यासजी कहते हैं—एक दिन बलराम और श्रीकृष्ण साथ-साथ गौएँ चराते हुए वनमें विचरने लगे। घूमते-घूमते वे परम रमणीय ताड़के वनमें जा पहुँचे। वहाँ धेनुक नामक दानव गदहेके रूपमें सदा निवास करता था। मनुष्यों और गौओंका मांस ही उसका भोजन था। फलकी समृद्धिसे पूर्ण मनोहर तालवनको देखकर ग्वाल-बाल वहाँके फल लेनेको ललचा उठे और बोले—'भैया राम! ओ कृष्ण! धेनुकासुर सदा इस भूभागकी रक्षा करता है। इसीलिये ये ताड़ोंके सुगन्धित फल लोगोंने छोड़ रखे हैं। हम इन्हें प्राप्त करना चाहते हैं। यदि आपलोगोंको जँचे तो इन फलोंको गिराइये।' ग्वाल-बालोंकी यह बात सुनकर बलराम और श्रीकृष्णने बहुत-से तालफल पृथ्वीपर गिराये। गिरते हुए फलोंका शब्द सुनकर वह गर्दभाकार दुष्ट दैत्य क्रोधमें भरा हुआ आया। आते ही उसने अपने दोनों पिछले पैरोंसे बलरामजीकी छातीमें प्रहार किया। बलरामजीने उसके दोनों पैर पकड़ लिये और उसे आकाशमें घुमाना आरम्भ किया। घुमानेसे आकाशमें ही उसके प्राणपखेरू उड़ गये। फिर वेगसे बलरामजीने उसे एक महान् ताल-वृक्षपर दे मारा। जैसे आँधी बादलोंको उड़ा देती है, उसी प्रकार उस दैत्यने गिरते-गिरते अपने शरीरके आघातसे बहुतेरे फल गिरा दिये। उसके मारे जानेपर और भी बहुत-से गर्दभाकार दैत्य आये, किंतु श्रीकृष्ण और बलभद्रने उन सबको खेल-खेलमें ही उठाकर वृक्षोंपर फेंक दिया। एक ही क्षणमें पके हुए ताड़के फलों और गर्दभाकार दैत्योंके शरीरसे सारी पृथ्वी पट गयी। इससे उस स्थानकी बड़ी शोभा होने लगी। तबसे उस तालवनमें गौएँ बाधारहित होकर नयी-नयी घास चरने लगीं।

अनुचरोंसहित धेनुकासुरके मारे जानेपर वह मनोहर तालवन समस्त गोप-गोपियोंके लिये सुखदायक हो गया। इससे वसुदेवके दोनों पुत्र बलराम और श्रीकृष्ण प्रसन्न हुए। वे दोनों महात्मा छोटे-छोटे सींगोंवाले बछड़ोंकी भाँति शोभा पा रहे थे। कंधेपर गाय बाँधनेकी रस्सी लिये, वनमालासे विभूषित हो वे दूर-दूरतक गौएँ चराते और उनके नाम ले-लेकर पुकारते थे। श्रीकृष्णका वस्त्र सुनहरे रंगका था और बलरामजीका नीले रंगका। उन्हें धारण किये वे दोनों भाई दो इन्द्रधनुषों एवं श्वेत-श्याम मेघोंकी भाँति शोभा पाते थे। लोकमें बालकोंके जो-जो खेल प्रचलित हैं, उन सबके द्वारा परस्पर क्रीड़ा करते हुए वनमें विचरते थे। समस्त लोकनाथोंके नाथ होकर भी वे इस पृथ्वीपर अवतीर्ण हुए और मानवधर्ममें तत्पर रहकर मनुष्ययोनिको गौरवान्वित करते थे।

मानव-जातिके गुणोंसे युक्त भाँति-भाँतिके खेल खेलते हुए वनमें घूमते थे। कभी झूला झूलकर और कभी आपसमें कुश्ती लड़कर महाबली श्रीराम और श्रीकृष्ण व्यायाम करते थे। उन दोनोंको खेलते देख प्रलम्ब नामक दानव उन्हें पकड़ ले जानेकी इच्छासे वहाँ आया। उसने ग्वाल-बालोंके वेषमें अपने वास्तविक रूपको छिपा रखा था। मनुष्य न होते हुए भी मनुष्यका रूप धारण करके दानवोंमें श्रेष्ठ प्रलम्ब ग्वाल-बालोंकी उस मण्डलीमें बेखटके जा मिला। वह राम और कृष्ण दोनोंको उठा ले जानेका अवसर ढूँढ़ने लगा। उसने कृष्णको तो सर्वथा अजेय समझा। अत: रोहिणीनन्दन बलरामको ही मारनेका निश्चय किया।

तदनन्तर उन ग्वाल-बालोंमें हरिणाक्रीडन नामक खेल आरम्भ हुआ। यह बालकोंका वह खेल है, जिसमें दो-दो बालक एक साथ हिरणकी तरह उछलते हुए किसी निश्चित लक्ष्यतक जाते हैं। आगे पहुँचनेवाला विजयी होता है। हारा हुआ बालक विजयीको अपनी पीठपर बिठाकर नियत स्थानतक ले आता है। इस खेलमें सब लोग सम्मिलित हुए। दो-दो बालक एक साथ उछलते हुए चले। श्रीदामाके साथ श्रीकृष्ण, प्रलम्बके साथ बलराम तथा अन्य ग्वाल-बालोंके साथ दूसरे-दूसरे बालक कूद रहे थे। श्रीकृष्णने श्रीदामाको और बलरामने प्रलम्बको जीत लिया। इसी प्रकार श्रीकृष्णपक्षके अन्य बालकोंने भी अपने साथियोंको हरा दिया। अब वे हारे हुए बालक एक-दूसरेको अपनी पीठपर लादे हुए भाण्डीर-वटतक आये और पुन: वहाँसे लौट चले। किन्तु दानव प्रलम्ब बलरामको अपने कंधेपर चढ़ाकर शीघ्र ही उड़ चला। वह चलता ही गया। कहीं रुका नहीं। जब वह बलरामजीका भार नहीं सह सका, तब बड़े क्रोधमें आकर वर्षाकालके मेघकी भाँति उसने अपने शरीरको बढ़ा लिया। बलरामजीने देखा, उस दैत्यका रंग जले हुए पर्वतके समान है। उसके गलेमें बहुत बड़ा हार लटक रहा था। मस्तकपर बहुत बड़ा मुकुट था। आँखें गाड़ीके पहिये-जैसी घूम रही थीं। उसके पैर रखनेसे धरती डगमगाने लगती थी। उसका रूप बड़ा ही भयंकर था। ऐसे राक्षसके द्वारा अपनेको हरे जाते देख बलरामने श्रीकृष्णसे कहा—'कृष्ण! कृष्ण! इधर तो देखो, ग्वाल-बालोंके वेषमें छिपा हुआ कोई दैत्य मुझे हरकर लिये जाता है। इसकी विकराल मूर्ति पर्वतके समान दिखायी देती है। मधुसूदन! बताओ, इस समय मुझे क्या करना चाहिये। यह दुरात्मा बड़ी उतावलीके साथ भागा जाता है।'

यह सुनकर भगवान् श्रीकृष्णके ओठ मन्द मुसकानसे खिल उठे। वे रोहिणीनन्दन बलरामके बल और पराक्रमको जानते थे। अत: उनसे बोले—'सर्वात्मन्! यह क्या बात है, आप तो स्पष्टरूपमें मनुष्यकी-सी चेष्टा करने लगे। आप सम्पूर्ण गुह्य पदार्थोंमें गुह्यसे भी गुह्य हैं। जरा अपने उस स्वरूपका तो स्मरण कीजिये, जो सम्पूर्ण जगत्का कारण, कारणोंका भी पूर्ववर्ती, अद्वितीय आत्मा और प्रलयकालमें भी स्थित रहनेवाला है। विश्वात्मन्! आप और मैं दोनों ही इस संसारके एकमात्र कारण हैं और पृथ्वीका भार उतारनेके लिये यहाँ दो रूपोंमें प्रकट हैं। अप्रमेयात्मन्! आप अपने स्वरूपको स्मरण कीजिये और इस दानवको मार डालिये। तत्पश्चात् मानुष-भावका आश्रय लेकर बन्धुजनोंका हित कीजिये।'

महात्मा श्रीकृष्णके द्वारा इस प्रकार अपने स्वरूपका स्मरण कराये जानेपर महाबली बलरामने हँसकर प्रलम्बासुरको दबाया और क्रोधसे लाल

आँखें करके उसके मस्तकपर एक मुक्का मारा। उनके इस प्रहारसे प्रलम्बके दोनों नेत्र बाहर निकल आये, मस्तिष्क फट गया और वह दैत्य मुँहसे खून उगलता हुआ पृथ्वीपर गिरकर मर

गया। अद्भुत कर्म करनेवाले बलदेवजीके द्वारा प्रलम्बको मारा गया देख ग्वाल-बाल 'बहुत अच्छा हुआ, बहुत अच्छा हुआ' कहते हुए उनकी प्रशंसा करने लगे। इस प्रकार प्रलम्बासुरके मारे जानेपर ग्वाल-बालोंके मुखसे अपनी प्रशंसा सुनते हुए बलरामजी श्रीकृष्णके साथ पुनः गौओंके समूहमें आये।

इस तरह नाना प्रकारकी लीलाएँ करते हुए बलराम और श्रीकृष्ण वनमें विहार करते रहे। इतनेमें ही वर्षा बीत गयी और शरद्-ऋतुका आगमन हुआ। जलाशयोंमें कमल खिलने लगे, आकाश और नक्षत्र निर्मल हो गये। ऐसे समयमें समस्त व्रजवासी इन्द्रोत्सवका आयोजन करने लगे। उन्हें उत्सवके लिये अत्यन्त उत्सुक देख परम बुद्धिमान् श्रीकृष्णने बड़े-बूढ़े गोपोंसे कौतूहलवश पूछा—'यह इन्द्रोत्सव क्या वस्तु है, जिससे आपलोगोंको इतना हर्ष हुआ है?' श्रीकृष्णको अत्यन्त आदरपूर्वक प्रश्न करते देख नन्द गोपने कहा—'बेटा! देवराज इन्द्र मेघ और जलके स्वामी हैं। उन्हींसे प्रेरित होकर मेघ जलमय रसकी वृष्टि करते हैं। उस वृष्टिसे ही अन्न पैदा होता है, जिसे हम तथा अन्य देहधारी खाकर जीवन-निर्वाह करते और देवता आदिको भी तृप्त करते हैं। ये दूध और बछड़ोंवाली गौएँ इन्द्रके बढ़ाये हुए अन्नसे ही संतुष्ट हो हृष्ट-पुष्ट रहती हैं। जहाँ वर्षा करनेवाले मेघ होते हैं, वहाँ बिना खेतीकी भूमि नहीं दिखायी देती, कोई ऋणग्रस्त नहीं रहता और वहाँ एक भी भूखसे पीड़ित मनुष्य नहीं दृष्टिगोचर होता। मेघ सूर्यकी किरणोंद्वारा इस पृथ्वीका जल ग्रहण करते और फिर सम्पूर्ण लोकोंकी भलाईके लिये उसे बरसा देते हैं। अतः वर्षाकालमें सब राजालोग, हम तथा अन्य देहधारी भी बड़ी प्रसन्नताके साथ उत्सव मनाते और देवराज इन्द्रकी पूजा करते हैं।'

इन्द्रपूजाके विषयमें नन्दगोपका ऐसा कथन सुनकर भगवान् दामोदरने इन्द्रको कुपित करनेके उद्देश्यसे कहा—'पिताजी! हमलोग न तो खेती करते हैं और न व्यापारसे ही जीविका चलाते हैं। हमारे देवता तो ये गौएँ ही हैं। क्योंकि हम सब लोग वनवासी हैं। आन्वीक्षिकी, त्रयी, वार्ता और दण्डनीति—ये चार प्रकारकी विद्याएँ हैं। इनमेंसे वार्ताका सम्बन्ध हमलोगोंसे है। अतः उसका वर्णन सुनिये। कृषि, वाणिज्य और पशुपालन—इन तीन वृत्तियोंपर वार्ता अवलम्बित रहती है। कृषि किसानोंकी वृत्ति है और वाणिज्य क्रय-विक्रय करनेवाले वैश्योंकी। हमलोगोंकी सबसे प्रधान वृत्ति है—गोपालन। इस प्रकार ये वार्ताके तीन भेद हैं। उपर्युक्त चार विद्याओंमेंसे

जो जिस विद्यासे निर्वाह करता है, वही उसके लिये महान् देवता है। उसे उसीकी पूजा-अर्चा करनी चाहिये। वही उसके लिये उपकारक है। जो मनुष्य एकका दिया हुआ फल भोगता और किसी दूसरेकी पूजा करता है, वह इस लोक या परलोकमें—कहीं भी कल्याणका भागी नहीं होता। हमारे इस व्रजकी जो प्रख्यात सीमाएँ हैं, उनका पूजन होना चाहिये। सीमाके भीतर वन है और वनके भीतर सम्पूर्ण पर्वत हैं, जो हमारे लिये परम आश्रय हैं। अतः हमें गिरियज्ञ और गोयज्ञ आरम्भ करना चाहिये। इन्द्रसे हमारा क्या लाभ होता है। हमारे लिये तो गौएँ और गिरिराज ही देवता हैं। ब्राह्मण मन्त्रयुक्त यज्ञको प्रधानता देते हैं। किसानोंके यहाँ सीरयज्ञ (हल-पूजन) होता है और हम-जैसे वन एवं पर्वतोंमें रहनेवाले लोग गिरियज्ञ और गोयज्ञका अनुष्ठान करें तो उत्तम है। इसलिये मेरा विचार तो यह है कि आपलोग भाँति-भाँतिकी पूजा-सामग्रियोंसे गिरिराज गोवर्धनकी पूजा करें। सम्पूर्ण व्रजका दूध एकत्र किया जाय और उससे ब्राह्मणों तथा अन्य याचकोंको भोजन कराया जाय। इस प्रकार गोवर्धनका पूजन, होम और ब्राह्मण-भोजन हो जानेपर गौओंका शरद्-ऋतुमें प्राप्त होनेवाले पुष्पोंद्वारा शृङ्गार किया जाय और वे गिरिराजकी परिक्रमा करें। गोपगण! यही मेरी सम्मति है। यदि आपलोग प्रेमपूर्वक यह यज्ञ करेंगे तो इसके द्वारा गौएँ और गिरिराज गोवर्धन प्रसन्न होंगे। साथ ही मुझे भी बड़ी प्रसन्नता होगी।'

श्रीकृष्णका यह वचन सुनकर नन्द आदि व्रजवासियोंके मुख हर्षसे प्रफुल्लित हो उठे। वे बोले—'बहुत ठीक, बहुत ठीक। बेटा! तुमने जो अपना मत प्रकट किया है, वह बहुत सुन्दर है। हमलोग वही करेंगे। अब गिरियज्ञका ही आरम्भ किया जाय।' यों कहकर व्रजवासियोंने गिरियज्ञका

अनुष्ठान किया। गिरिराज गोवर्धनको दही और खीर आदिकी बलि चढ़ायी। सैकड़ों-हजारों ब्राह्मणोंको भोजन कराया। फिर गायों और साँड़ोंकी पूजा की गयी और उनके द्वारा गिरिराजकी परिक्रमा करायी गयी। साँड़ जलसे भरे मेघकी भाँति गर्जना करते थे। भगवान् श्रीकृष्ण दूसरे रूपमें पर्वतके शिखरपर जा बैठे और मैं ही मूर्तिमान् गिरिराज हूँ—यों कहकर गोपोंद्वारा अर्पित किये हुए नाना प्रकारके अन्नोंका भोग लगाने लगे तथा अपने कृष्णरूपसे ही गोपोंके साथ पर्वत-शिखरपर चढ़कर उन्होंने अपने द्वितीय शरीर गिरिराजका पूजन भी किया। तदनन्तर गिरिराजरूपमें प्रकट हुए भगवान् अन्तर्धान हो गये और गोपगण उनसे मनोवाञ्छित वरदान पाकर गिरियज्ञकी समाप्ति करके पुनः अपने व्रजमें लौट आये।

इन्द्रके द्वारा भगवान्‌का अभिषेक, श्रीकृष्ण और गोपोंकी बातचीत, रासलीला और अरिष्टासुरका वध

व्यासजी कहते हैं—इन्द्रयज्ञमें बाधा पड़नेसे देवराज इन्द्रको बड़ा क्रोध हुआ। उन्होंने मेघोंके संवर्तक नामक गणसे कहा—'बादलो! मेरी बात सुनो और मैं जो भी आज्ञा दूँ, उसे बिना विचारे शीघ्र पूरा करो। खोटी बुद्धिवाले नन्दगोपने अन्य ग्वालोंके साथ श्रीकृष्णके बलपर उन्मत्त हो मेरे यज्ञको बंद कर दिया है। इसलिये उनकी जो सबसे बड़ी आजीविका हैं और जिनका पालन करनेके कारण वे गोप कहलाते हैं, उन गौओंको मूसलाधार वृष्टिसे पीड़ित करो। मैं भी पर्वत-शिखरके समान ऊँचे ऐरावतपर सवार हो वायुके संयोगसे तुमलोगोंकी सहायता करूँगा।' देवराजकी ऐसी आज्ञा पाकर मेघोंने गौओंका संहार करनेके लिये बड़ी भयंकर आँधी और वर्षा आरम्भ की। एक ही क्षणमें पृथ्वी, दिशाएँ और आकाश धारावाहिक वृष्टिके कारण एक हो गये। वर्षाके साथ ही वायु भी बड़े वेगसे चल रही थी। इससे काँपती हुई गौएँ प्राण त्यागने लगीं। कुछ गौएँ अपने अङ्कमें बछड़ोंको छिपाकर खड़ी थीं। जलकी तेज धारा बहनेसे कितनी ही गायोंके बछड़े बह गये। बछड़ोंका मुख अत्यन्त दयनीय हो रहा था। वायुके वेगसे उनकी गर्दन काँप रही थी। मानो वे आर्त होकर मन्द स्वरमें श्रीकृष्णसे त्राहि-त्राहिकी पुकार कर रही थीं। भगवान्‌ने देखा—गौओं, गोपियों और ग्वालोंसे भरा हुआ सम्पूर्ण व्रज अत्यन्त पीड़ित हो रहा है। तब उन्होंने उनकी रक्षाके लिये इस प्रकार विचार किया—'जान पड़ता है यह सब देवराज इन्द्रकी करतूत है। अपना यज्ञ बंद होनेसे वे हमलोगोंके विरोधी हो गये हैं। इस समय मुझे समस्त व्रजकी रक्षा करनी चाहिये। यह गोवर्धन पर्वत बड़ी-बड़ी शिलाओंसे युक्त है। इसीको अपने बलसे उखाड़कर मैं व्रजके ऊपर छत्रकी भाँति धारण करूँगा।'

ऐसा निश्चय करके श्रीकृष्णने गोवर्धन पर्वतको उखाड़ लिया और उसे लीलापूर्वक एक ही हाथसे धारण किया। पर्वत उखाड़नेके बाद जगदीश्वर श्रीकृष्णने गोपोंसे कहा—'मैंने वर्षासे बचनेका उपाय कर दिया। तुम सब लोग इसके नीचे आ जाओ और जहाँ वायुका झोंका न लगे, ऐसे स्थानोंमें यथायोग्य बैठ जाओ। किसी प्रकारका भय न करो। पर्वतके गिरनेकी आशङ्का बिलकुल छोड़ दो।' भगवान्‌के यों कहनेपर समस्त गोप छकड़ोंपर बर्तन-भाँड़े लादे गौओंके साथ उसके नीचे आ गये। वर्षाकी धारासे पीड़ित हुई गोपियाँ भी वहीं आ गयीं। श्रीकृष्णने गोवर्धन पर्वतको स्थिरतापूर्वक धारण कर रखा था। वह तनिक

भी हिलता-डुलता नहीं था। व्रजमें रहनेवाले गोप-गोपीजन हर्ष और विस्मयपूर्ण दृष्टिसे उन्हें देखते रहे। वे प्रेमपूर्वक निर्निमेष नेत्रोंसे देखते हुए भगवान्की स्तुति करते रहे। नन्दके व्रजमें मेघोंने लगातार सात रातोंतक वर्षा की। वे इन्द्रकी आज्ञासे गोपोंका विनाश करनेपर तुले थे। परंतु श्रीकृष्ण तबतक उस पर्वतको धारण किये खड़े ही रह गये। इससे गोकुलकी पूर्ण रक्षा हुई और इन्द्रकी प्रतिज्ञा झूठी हो गयी। तब उन्होंने बादलोंको वर्षा करनेसे रोक दिया। बादल हट गये। आकाश स्वच्छ हो गया और इन्द्रका षड्यन्त्र सफल न हो सका। तब समस्त व्रजके लोग प्रसन्नतापूर्वक वहाँसे निकलकर पुनः अपने स्थानपर आये। फिर श्रीकृष्णने भी महापर्वत गोवर्धनको यथास्थान रख दिया। व्रजवासी विस्मित होकर उनकी यह लीला देख रहे थे।

श्रीकृष्णने गोवर्धन पर्वत धारण करके समूचे गोकुलको बचा लिया, यह जानकर इन्द्रको उनके दर्शनकी इच्छा हुई। वे महागज ऐरावतपर आरूढ़ हो व्रजमें आये। वहाँ देवराजने गोवर्धन पर्वतके समीप श्रीकृष्णका दर्शन किया। वे गोप-शरीर धारण करके गौएँ चरा रहे थे। उनका पराक्रम अनन्त था। सम्पूर्ण जगत्के रक्षक भगवान् श्रीकृष्ण वहाँ ग्वाल-बालोंसे घिरे हुए खड़े थे। ऊपर पक्षिराज गरुड़ अन्य प्राणियोंसे अदृश्य रहकर श्रीहरिके मस्तकपर अपने पंखोंसे छाया कर रहे थे। यह देखकर इन्द्र एकान्तमें ऐरावत हाथीसे उतरे और प्रेमसे एकटक देखते हुए भगवान् मधुसूदनसे मुसकराकर बोले—'महाबाहु श्रीकृष्ण! मैं आपके समीप जिस कार्यके लिये आया हूँ, उसे सुनिये। मेरे प्रति कोई अन्यथा विचार नहीं करना चाहिये। परमेश्वर ! आप ही सम्पूर्ण जगत्के आधार हैं और पृथ्वीका भार उतारनेके लिये भूतलपर अवतीर्ण हुए हैं। मेरा यज्ञ बंद होनेसे मेरे मनमें विरोध जाग उठा और मैंने गोकुलका नाश करनेके लिये बड़े-बड़े मेघोंको वर्षा करनेकी आज्ञा दे दी। उन्होंने ही यह संहार मचाया है। परंतु आपने महापर्वत गोवर्धनको उखाड़कर समस्त गौओंको कष्टसे बचा लिया। वीरवर ! आपके इस अद्भुत कर्मसे मुझे बड़ी प्रसन्नता हुई है। कृष्ण! मैं तो अब ऐसा मानता हूँ कि आज ही देवताओंका सारा प्रयोजन सिद्ध हो गया। क्योंकि आपने एक ही हाथसे इस गिरिराजको ऊपर उठा रखा था। श्रीकृष्ण! आपने गोवंशकी बहुत बड़ी रक्षा की है। अतः आपका आदर करनेके लिये मैं गौओंकी प्रेरणासे यहाँ आपके समीप आया हूँ। गौओंके आदेशानुसार आज मैं उपेन्द्रके पदपर आपका अभिषेक करूँगा। आजसे आप गौओंके इन्द्र होकर गोविन्द नामसे विख्यात होंगे।'

यों कहकर इन्द्रने ऐरावत हाथीसे घण्टा उतारा। उसमें पवित्र जल भरा हुआ था। उस दिव्य जलसे उन्होंने श्रीकृष्णका अभिषेक किया।

श्रीकृष्णका अभिषेक होते समय गौओंने तत्काल अपने थनोंसे दूधकी धारा बहाकर वसुधाको भिगो दिया। अभिषेकका कार्य पूरा करके शचीपति इन्द्रने प्रेम और विनयपूर्वक श्रीकृष्णसे फिर कहा—'महाभाग! यह सब तो मैंने गौओंके आदेशसे किया है। अब पृथ्वीका भार उतरवानेकी इच्छासे मैं जो और कुछ बातें निवेदन करता हूँ, उन्हें भी सुनिये। मेरे अंशसे इस पृथ्वीपर एक श्रेष्ठ पुरुष उत्पन्न हुआ है, जिसका नाम अर्जुन है। आप उसकी सदा रक्षा करते रहें। मधुसूदन! अर्जुन वीर पुरुष है। वह इस भूमिका भार उतारनेमें आपकी सहायता करेगा। जैसे अपनी रक्षा की जाती है, वैसे ही आपको अर्जुनकी भी रक्षा करनी चाहिये।'

श्रीभगवान् बोले—देवराज ! मैं जानता हूँ, भरतवंशमें आपके अंशसे अर्जुनकी उत्पत्ति हुई है। मैं जबतक इस भूतलपर रहूँगा, अर्जुनकी रक्षा करूँगा। मेरे रहते अर्जुनको युद्धमें कोई भी जीत न सकेगा। महाबाहु कंस, अरिष्टासुर, केशी, कुवलयापीड और नरकासुर आदि दैत्योंके मारे जानेके पश्चात् महाभारत युद्ध होगा। उसकी समाप्ति होनेपर यह जानना चाहिये कि पृथ्वीका भार उतर गया। अब आप जाइये, पुत्रके लिये चिन्ता न कीजिये। मेरे आगे अर्जुनका कोई भी शत्रु सफल न हो सकेगा। केवल अर्जुनके लिये ही मैं युधिष्ठिर आदि पाँचों भाइयोंको महाभारतके अन्तमें कुन्तीदेवीके समीप सकुशल लौटाऊँगा।

श्रीकृष्णके यों कहनेपर देवराज इन्द्रने उन्हें छातीसे लगाया और ऐरावतपर आरूढ़ हो पुन: स्वर्गको प्रस्थान किया। तदनन्तर श्रीकृष्ण गौओं और ग्वाल-बालोंके साथ पुन: व्रजमें लौट आये। गोपियोंकी आँखें उनके पथपर लगी हुई थीं। उनकी दृष्टिसे वह मार्ग पवित्र हो गया था।

इन्द्रके चले जानेपर गोपोंने अनायास ही अद्भुत कर्म करनेवाले श्रीकृष्णसे प्रेमपूर्वक कहा—'महाभाग ! आपने गोवर्धन पर्वत उठाकर हमारी और गौओंकी बहुत बड़े भयसे रक्षा की है। तात! यह अनुपम बाललीला, समाजमें नीचा समझा जानेवाला ग्वालेका शरीर और आपका दिव्य कर्म—यह सब क्या है? आपने जलमें प्रवेश करके कालिय नागका दमन किया, प्रलम्बको मार गिराया और गोवर्धन पर्वतको हाथपर उठा लिया। इससे हमारे मनमें सन्देह पैदा होता है। अमितपराक्रम श्रीकृष्ण! हम श्रीहरिके चरणोंकी शपथ खाकर सत्य-सत्य कहते हैं कि आपकी इस दिव्य शक्तिको देखते हुए हमें विश्वास नहीं होता कि आप मनुष्य हैं। आप देवता हैं या दानव, यक्ष हैं या गन्धर्व—इन सब बातोंका विचार करनेसे हमारा क्या लाभ है। आप कोई भी क्यों न हों, इस समय हमारे बान्धव हैं। अत: आपको नमस्कार है। हम देखते हैं, स्त्री और बालकोंसहित समस्त व्रजका आपके प्रति प्रेम बढ़ रहा है और यह कर्म भी आपका ऐसा है, जिसे सम्पूर्ण देवता भी नहीं कर सकते। अभी आप बालक हैं, फिर भी आपके बलकी कोई सीमा नहीं है। इधर आपने हमलोगोंमें जन्म लिया है, जो अच्छी श्रेणीमें नहीं गिना जाता। अमेयात्मन्! इन सब बातोंपर विचार करनेसे आप हमारे मनमें शङ्का उत्पन्न कर देते हैं।'

गोपोंकी यह बात सुनकर भगवान् कुछ कालतक प्रेमसे रूठकर चुपचाप बैठे रहे। फिर इस प्रकार बोले—'गोपगण! यदि मेरे साथ सम्बन्ध होनेसे आपको लज्जा नहीं आती हो अथवा यदि मैं आपलोगोंका प्रिय हूँ तो इस प्रकार विचार करनेकी क्या आवश्यकता है। यदि मुझपर आपका प्रेम है अथवा मैं आपकी प्रशंसाका पात्र हूँ तो मेरे प्रति

अपने बन्धु-बान्धवोंके समान ही स्नेह रखिये। मैं न देवता हूँ न गन्धर्व हूँ, न यक्ष हूँ और न दानव ही हूँ। मैं तो आपका बन्धु होकर उत्पन्न हुआ हूँ। अतः यही आपको मानना चाहिये। इसके विपरीत किसी भी विचारको मनमें स्थान नहीं देना चाहिये।'

श्रीहरिका यह वचन सुनकर गोप मौन हो गये। वे यह सोचकर कि कन्हैया हमारी बातें सुनकर रूठ गया है, वहाँसे चुपचाप चले गये।

तदनन्तर एक दिन निशाकालमें श्रीकृष्णने देखा—आकाश स्वच्छ है, शरच्चन्द्रकी मनोरम चाँदनी चारों ओर फैली है, कुमुदिनी खिली है, जिसकी आमोदमय सुगन्धसे सम्पूर्ण दिशाएँ महक रही हैं। वनमें सब ओर भौंरे गूँज रहे हैं, जिससे वह वनश्रेणी अत्यन्त मनोहारिणी जान पड़ती है। प्रकृतिकी यह नैसर्गिक शोभा देखकर उन्होंने गोपियोंके साथ रास करनेका विचार किया। श्रीकृष्णने अत्यन्त मधुर स्वरमें संगीतकी मधुर तान छेड़ दी, जो वनिताओंको बहुत ही प्रिय थी। गीतकी मनोरम ध्वनि सुनकर गोपियाँ घर छोड़कर निकल पड़ीं और बड़ी उतावलीके साथ उस स्थानपर आ पहुँचीं, जहाँ मधुसूदन मुरली बजा रहे थे। वहाँ आकर कोई गोपी तो उनके स्वरमें स्वर मिलाकर धीरे-धीरे गाने लगी। कोई ध्यान देकर सुनती हुई मन-ही-मन भगवान्‌का स्मरण करने लगी। कोई 'कृष्ण-कृष्ण' कहकर लजा गयी। कोई प्रेमान्ध होकर लज्जाको तिलाञ्जलि दे उनके बगलमें खड़ी हो गयी। कोई गोपी बाहर गुरुजनोंको खड़ा देख घरके भीतर ही रह गयी और नेत्र बंद करके तन्मय हो गोविन्दका ध्यान करने लगी। गोपियोंसे घिरे हुए श्रीकृष्ण रासलीलाका रसास्वादन करनेको उत्सुक थे। अतः उन्होंने शरत्कालीन चन्द्रमाकी ज्योत्स्नासे अत्यन्त मनोरम

प्रतीत होनेवाली उस रजनीका सम्मान किया—रास आरम्भ करके उसे गौरव प्रदान किया।

इसी बीचमें श्रीकृष्ण गायब होकर कहीं अन्यत्र चले गये। गोपियोंका शरीर श्रीकृष्णकी चेष्टाओंके अधीन था। वे झुंड-की-झुंड अपने प्रियतमकी खोजके लिये वृन्दावनमें विचरने लगीं। उनके मनमें केवल श्रीकृष्णके दर्शनकी लालसा थी। वे वृन्दावनकी भूमिपर रात्रिमें श्रीकृष्णके चरण-चिह्न देखकर उन्हें चारों ओर ढूँढ़ रही थीं। श्रीकृष्णकी विभिन्न लीलाओंका अनुकरण करती हुई उन्हींमें व्यग्र हो सब गोपियाँ एक ही साथ वृन्दावनमें विचरने लगीं। बहुत खोजनेपर भी जब श्रीकृष्ण नहीं मिले, तब उनके दर्शनसे निराश हो वे सब-की-सब लौटकर यमुनाके तटपर आयीं और उनके मनोहर चरित्रोंका गान करने लगीं। इतनेमें ही श्रीकृष्ण उन्हें आते दिखायी दिये। उनका मुखकमल खिला था। त्रिभुवनके रक्षक और लीलासे ही सब कुछ करनेवाले श्रीकृष्णको आते देख कोई गोपी

अत्यन्त हर्षसे भर गयी। उसके नेत्र प्रसन्नतासे खिल उठे और वह 'कृष्ण-कृष्ण-कृष्ण' की रट लगाने लगी। किसीने भौंहें टेढ़ी करके उनकी ओर देखा और नेत्ररूपी भ्रमरोंके द्वारा उनके मुखकमलकी सौन्दर्य-माधुरीका पान करने लगी। किसी गोपीने गोविन्दको निहारकर अपने नेत्र बंद कर लिये और उन्हींके रूपका ध्यान करती हुई वह योगारूढ़-सी प्रतीत होने लगी।

तब माधवने किसीको प्रिय वचन कहकर और किसीको कुटिल भ्रूभङ्गीसे निहारकर मनाया। सबका चित्त प्रसन्न हो गया। फिर उदार चरित्रोंवाले श्रीकृष्णने रासमण्डली बनायी और समस्त गोपियोंके साथ आदरपूर्वक रासलीला की। उस समय कोई भी गोपी श्रीकृष्णके पाससे हटना नहीं चाहती थी, अतः एक स्थानपर स्थिर हो जानेके कारण रासोचित मण्डल न बन सका। तब श्रीकृष्णने एक-एक गोपीका हाथ पकड़कर रासमण्डलकी रचना की। उस समय उनके हाथका स्पर्श पाकर प्रत्येक गोपीकी आँखें आनन्दसे मुँद जाती थीं। इसके बाद रासलीला आरम्भ हुई। चञ्चल चूड़ियोंकी झनकारके साथ क्रमशः शरद्-ऋतुकी शोभाके रमणीय गीत गाये जाने लगे। उस समय श्रीकृष्ण शरद्-ऋतुके चन्द्रमाका, उनकी चारु-चन्द्रिकाका और मनोहर कुमुद-वनका वर्णन करते हुए गीत गाते थे; किंतु गोपियाँ बारंबार केवल श्रीकृष्णके नामका ही गान करती थीं। श्रीकृष्ण जितने ऊँचे स्वरसे रासके गीत गाते, उससे दुगुने स्वरमें समस्त गोपियाँ 'धन्य कृष्ण ! धन्य कृष्ण!!' का उच्चारण करती थीं। भगवान् जब आगे चलते, तब गोपियाँ उनके पीछे चलती थीं और जब वे पीछेकी ओर घूमकर लौट पड़ते, तब वे उनके सामने मुँह किये पीछे हटती थीं। इस प्रकार वे अनुलोम और प्रतिलोम-गतिसे श्रीहरिका साथ देती थीं। मधुसूदनने उस समय गोपियोंके साथ ऐसा रास किया, जिससे उन्हें उनके बिना एक क्षण भी करोड़ वर्षोंके समान प्रतीत होने लगा। भगवान् श्रीकृष्ण सबके ईश्वर हैं। वे गोपियोंमें, उनके पतियोंमें तथा सम्पूर्ण भूतोंमें भी निवास करते हैं। वे आत्मारूपसे सम्पूर्ण विश्वको व्याप्त करके स्थित हैं। जैसे सब प्राणियोंमें पृथ्वी, जल, अग्नि, वायु, आकाश और आत्मा हैं, उसी प्रकार भगवान् भी सबको व्याप्त करके स्थित हैं।

एक दिन आधी रातके समय जब श्रीकृष्ण रासलीलामें संलग्न थे, अरिष्टासुर नामका उन्मत्त दानव व्रजवासियोंको त्रास देता हुआ वहाँ साँड़के रूपमें आ पहुँचा। उसका शरीर जलपूर्ण मेघके समान काला था। सींग तीखे थे। नेत्र सूर्यकी भाँति तेजस्वी दिखायी देते थे। वह अपने खुरोंके अग्रभागसे पृथ्वीको विदीर्ण किये डालता था और दाँत पीसता हुआ अपने दोनों ओठोंको बार-बार जीभसे चाटता था। उसके कंधोंकी गाँठें अत्यन्त कठोर थीं और उसने क्रोधके मारे अपनी पूँछ ऊपर उठा रखी थी। उसकी गर्दन लंबी और मुख विशाल था। वृक्षोंसे टक्कर लेनेके कारण उसके ललाटमें घावके कई चिह्न थे। साँड़का रूप धारण करनेवाला वह दैत्य गौओंके गर्भ गिरा देता और सबको बड़े वेगसे मारता हुआ सदा वनमें घूमा करता था। उसके नेत्र बड़े भयंकर थे। उसे देखकर समस्त गोप और गोपाङ्गनाएँ अत्यन्त भयसे व्याकुल हो उठीं और 'कृष्ण-कृष्ण' पुकारने लगीं। उनका आर्त्तनाद सुनकर श्रीकृष्णने ताल ठोंकते हुए सिंहके समान गर्जना की। वह शब्द सुनकर दुरात्मा वृषभासुर श्रीकृष्णकी ओर ही दौड़ा। उसकी आँखें श्रीकृष्णके पेटकी ओर लगी थीं और सामने उन्हींकी सीधमें उसने सींगोंका अग्रभाग कर रखा था। उस महाबली

दैत्यको आते देख श्रीकृष्ण अवहेलनापूर्वक हँसने लगे और अपने स्थानसे तिलभर भी पीछे न हटे। ज्यों ही वह दैत्य समीप आया, मधुसूदनने झट उसके दोनों सींग पकड़ लिये और अपने घुटनेसे उसकी कोखमें प्रहार किया। सींग पकड़ लिये जानेसे वह दानव हिल-डुल नहीं पाता था। उसका अहंकार और बल दोनों नष्ट हो चुके थे। श्रीकृष्णने उसकी गर्दनको भीगे हुए कपड़ेकी भाँति निचोड़ डाला और एक सींग उखाड़कर उसीसे उसपर प्रहार किया। इससे वह महादैत्य मुँहसे रक्त वमन करके मर गया। उसके मारे जानेपर गोपोंने भगवान् श्रीकृष्णकी भूरि-भूरि प्रशंसा की—ठीक उसी तरह, जैसे पूर्वकालमें जम्भासुरके मारे जानेपर देवताओंने इन्द्रकी स्तुति की थी।

कंसका अक्रूरको नन्दगाँव जानेकी आज्ञा देना और केशीका वध तथा भगवान्‌के पास नारदका आगमन

व्यासजी कहते हैं—महर्षियो! जब वृषभरूपधारी अरिष्टासुर, धेनुक और प्रलम्ब आदि असुर मारे जा चुके, गोवर्धन पर्वत धारण करके श्रीकृष्णने गोकुलको बचा लिया, उनके द्वारा कालिय नागका दमन, दोनों यमलार्जुन वृक्षोंका भङ्ग, पूतनाका वध और शकट-भङ्ग आदि घटनाएँ हो गयीं, तब देवर्षि नारदने कंसके पास जाकर क्रमशः सब समाचार कह सुनाया। यशोदा और देवकीके बालकोंमें जो अदला-बदली हुई, वहाँसे लेकर अरिष्ट-वधतककी सारी बातें नारदजीके मुखसे सुनकर खोटी बुद्धिवाले कंसने वसुदेवजीके प्रति बड़ा क्रोध किया और समस्त यादवोंकी सभामें अत्यन्त रोषपूर्वक उलाहना देकर उसने यदुवंशियोंकी बड़ी निन्दा की; फिर आगेके कर्तव्यके विषयमें इस प्रकार विचार किया—'बलराम और कृष्ण दोनों अभी बालक हैं। जबतक वे युवा होकर अत्यन्त बलवान् नहीं हो जाते, तबतक ही मुझे उनका वध कर डालना चाहिये। युवा होनेपर तो वे मेरे काबूके बाहर हो जायँगे। यहाँ महापराक्रमी चाणूर और बलवान् मुष्टिक दोनों पहलवान मौजूद हैं। इनके द्वारा मल्लयुद्धमें उन दोनों मतवाले बालकोंको मरवा डालूँगा। धनुषयज्ञ नामक उत्सव देखनेके बहाने दोनोंको व्रजसे बुलाकर ऐसा यत्न करूँगा, जिससे उनका नाश हो जाय।'

इस प्रकार सोच-विचारकर दुष्टात्मा कंसने बलराम और श्रीकृष्णको मार डालनेका निश्चय किया और वीरवर अक्रूरको बुलाकर कहा—'दानपते! तुम मेरी प्रसन्नताके लिये एक बात मानो, यहाँसे रथपर बैठकर नन्दगाँव जाओ। वहाँ वसुदेवके दो पुत्र हैं, जो मेरा विनाश करनेके लिये विष्णुके अंशसे उत्पन्न हुए हैं। वे दोनों दुष्ट बढ़ते जा रहे हैं। चतुर्दशीको धनुषयज्ञका उत्सव

होनेवाला है। उसमें कुश्ती लड़नेके लिये उन दोनोंको बुला लाओ। मेरे दो पहलवान चाणूर और मुष्टिक दाँव-पेचमें बहुत कुशल हैं। इनके साथ यहाँ उन दोनोंकी कुश्ती हो और सब लोग देखें। वसुदेवके दोनों पापी पुत्र अभी बालक ही हैं। द्वारपर आते ही उन दोनोंको महावतकी प्रेरणासे मेरा कुवलयापीड हाथी मार डालेगा। उन दोनोंको मारकर मैं दुष्ट बुद्धिवाले वसुदेव, नन्द और अपने पिता उग्रसेनको भी मौतके घाट उतारूँगा। तत्पश्चात् समस्त गोपोंका गोधन और सारा वैभव छीन लूँगा, क्योंकि वे दुष्ट मेरे वधकी इच्छा करते हैं। दानपते! तुम्हारे सिवा ये सभी यादव बड़े दुष्ट हैं, अतः मैं क्रमशः इनका भी वध करनेके लिये प्रयत्न करूँगा। तदनन्तर यादवोंसे रहित यह समस्त अकण्टक राज्य अकेला ही भोगूँगा। अतः वीर! तुम मेरी प्रसन्नताके लिये वहाँ जाओ। गोपोंसे ऐसा कहना जिससे वे भैंसका घी, दही आदि उपहारकी वस्तुएँ लेकर शीघ्र यहाँ आयें।'

अक्रूरजी बड़े भगवद्भक्त थे। कंसके इस प्रकार आदेश देनेपर उन्हें बड़ी प्रसन्नता हुई। इसी बहाने कल भगवान् श्रीकृष्णके दर्शन तो करूँगा, इस विचारने उन्हें उतावला बना दिया। राजा कंससे 'बहुत अच्छा' कहकर अक्रूरजी शीघ्र ही रथपर सवार हुए और मथुरापुरीसे निकलकर नन्दगाँवकी ओर चल दिये।

इधर कंसका दूत महाबली केशी कंसके ही आदेशसे वृन्दावनमें आया। श्रीकृष्णचन्द्रका वध करना ही उसकी यात्राका उद्देश्य था। उसने घोड़ेका रूप धारण कर रखा था। वह अपनी टापोंसे पृथ्वीको खोदता, गर्दनके बालोंसे बादलोंको उड़ाता तथा वेगसे उछलकर चन्द्रमा और सूर्यके भी मार्गको लाँघता हुआ गोपोंके समीप आया। उसके हींसनेके शब्दसे समस्त गोप और गोपाङ्गनाएँ भयभीत हो भगवान् गोविन्दकी शरणमें गयीं। उनकी त्राहि-त्राहिकी पुकार सुनकर भगवान् श्रीकृष्ण जलपूर्ण मेघकी गर्जनाके समान गम्भीर वाणीमें इस प्रकार बोले—'गोपालगण ! इस केशीसे डरनेकी आवश्यकता नहीं है। आपलोग तो गोप-जातिके हैं। इस तरह भयसे व्याकुल होकर अपने वीरोचित पराक्रमका लोप क्यों कर रहे हैं? अरे! इस दैत्यमें शक्ति ही कितनी है, यह हमारा क्या कर लेगा? यह तो जोर-जोरसे हिनहिनाकर केवल आतङ्क फैला रहा है। इसपर तो दैत्योंकी सेना सवारी करती है। यह दुष्ट अश्व व्यर्थ ही उछल-कूद मचा रहा है।' ग्वालोंसे यों कहकर भगवान्ने उस दैत्यसे कहा—'ओ दुष्ट ! इधर आ। मैं कृष्ण हूँ। जैसे पिनाकधारी वीरभद्रने पूषाके दाँत तोड़ दिये थे, उसी तरह मैं भी तेरे सारे दाँत गिराये देता हूँ।'

यों कहकर भगवान् श्रीकृष्ण केशीके सामने गये। वह दैत्य भी मुँह फैलाकर उनकी ओर दौड़ा। श्रीकृष्णने अपनी बाँहको बढ़ाकर दुष्ट केशीके मुखमें घुसेड़ दिया। उससे टकराकर केशीके

सारे दाँत शुभ्र मेघ-खण्डोंकी भाँति छिन्न-भिन्न

हो गिर गये। श्रीकृष्णकी भुजा केशीके शरीरमें बढ़ती ही चली गयी। जैसे अवहेलनापूर्वक उपेक्षा किया हुआ रोग धीरे-धीरे बढ़कर विनाशका कारण बन जाता है, वैसे ही वह भुजा भी उस दैत्यकी मृत्युका साधन बन गयी। उसके जबड़े फट गये। वह मुखसे फेन और रक्त फेंकने लगा। नस-नाड़ियोंके बन्धन टूट जानेसे उसके दोनों जबड़े बिलग हो गये। वह लीद और पेशाब करता हुआ धरतीपर पैर पटकने लगा। उसका सारा शरीर पसीनेसे तर हो गया और वह थककर प्राणोंसे हाथ धो बैठा। उसकी सारी हलचल समाप्त हो गयी। जैसे बिजली गिरनेसे किसी वृक्षके दो टुकड़े हो जाते हैं, उसी प्रकार श्रीकृष्णकी भुजासे वह महाभयंकर असुर दो टुकड़े होकर गिर पड़ा। केशीको मारनेसे श्रीकृष्णके शरीरमें कोई थकावट नहीं हुई। वे स्वस्थरूपसे हँसते हुए वहीं खड़े रहे। उस दैत्यके मारे जानेसे गोप और गोपियोंको बड़ी प्रसन्नता हुई। वे श्रीकृष्णको सब ओरसे घेरकर आश्चर्यचकित हो उनकी स्तुति करने लगे। इसी समय देवर्षि नारद बड़ी उतावलीके साथ वहाँ आये और बादलोंमें स्थित हो गये। केशीको मारा गया देख वे हर्षसे फूले नहीं समाते थे।

नारदजी बोले—जगन्नाथ ! आपको धन्यवाद है। अच्युत! आपने खेल-खेलमें ही इस केशीको मार डाला। यह देवताओंको बड़ा क्लेश दिया करता था। मधुसूदन ! आपने इस अवतारमें जो-जो महान् कर्म किये हैं, उनसे मेरे चित्तको बड़ा आश्चर्य और संतोष हुआ है। यह अश्वरूपधारी दैत्य जब गर्दनके बालोंको हिलाते और हिनहिनाते हुए आकाशकी ओर देखता था, उस समय देवराज इन्द्र और सम्पूर्ण देवता भी थर्रा उठते थे। जनार्दन! आपने दुष्टात्मा केशीका वध किया है, इसलिये अब लोकमें आप 'केशव' नामसे विख्यात होंगे। आपका कल्याण हो, अब मैं जाऊँगा और परसों कंसके यहाँ आपके साथ जो युद्ध होगा, उसमें फिर सम्मिलित होऊँगा। धरणीधर! उग्रसेनकुमार कंस जब अपने अनुचरोंसहित मारा जायगा, उस समय पृथ्वीका भार आप बहुत कुछ उतार देंगे। उसके बाद भी राजाओंके साथ आपके अनेक युद्ध हमें देखनेको मिलेंगे। गोविन्द! आपने देवताओंका बहुत बड़ा कार्य सिद्ध किया और मुझे भी बहुत आदर दिया। आपका कल्याण हो, अब मैं जाता हूँ।

यों कहकर नारदजी चले गये। तब श्रीकृष्ण अत्यन्त सौम्यभावसे ग्वालोंके साथ गोकुलमें चले आये।

अक्रूरका नन्दगाँवमें जाना, श्रीराम-कृष्णकी मथुरायात्रा, गोपियोंकी कथा, अक्रूरको यमुनामें भगवद्दर्शन, उनके द्वारा भगवान्‌की स्तुति, मथुरा-प्रवेश, रजक-वध और मालीपर कृपा

व्यासजी कहते हैं—अक्रूरजी शीघ्र चलनेवाले रथपर चढ़कर मथुरासे निकले और श्रीकृष्णके दर्शनका लोभ लेकर नन्दगाँवकी ओर चल दिये। मार्गमें सोचने लगे—"अहा! मुझसे बढ़कर सौभाग्यशाली कोई नहीं है, क्योंकि आज मैं अंशसहित अवतीर्ण हुए साक्षात् भगवान् विष्णुका मुख देखूँगा। आज मेरा जन्म सफल हुआ और आनेवाला प्रभात बहुत ही सुन्दर होगा। क्योंकि

मैं विकसित कमलके समान नेत्रोंवाले भगवान् विष्णुके मुखका दर्शन करूँगा। जो स्मरण अथवा ध्यानमें आकर भी मनुष्यके सारे पाप हर लेता है, वही कमल-सदृश नेत्रोंवाला श्रीविष्णुका सुन्दर मुख आज मुझे देखनेको मिलेगा। जिससे सम्पूर्ण वेद और वेदाङ्गोंका प्रादुर्भाव हुआ है तथा जो देवताओंके लिये सर्वश्रेष्ठ आश्रय है, भगवान्के उसी मुखका आज मैं दर्शन करूँगा।[1] ब्रह्मा, इन्द्र, रुद्र, अश्विनीकुमार, वसु, आदित्य तथा मरुद्गण जिनके स्वरूपको नहीं जानते, वे श्रीहरि आज मेरा स्पर्श करेंगे। जो सर्वात्मा, सर्वव्यापी, सर्वस्वरूप, सम्पूर्ण भूतोंमें स्थित, अव्यय एवं व्यापी परमात्मा हैं, वे ही आज मेरे नेत्रोंके अतिथि होंगे। जिन्होंने अपनी योगशक्तिसे मत्स्य, कूर्म, वराह और नरसिंह आदि अवतार ग्रहण किये थे, वे ही भगवान् आज मुझसे वार्तालाप करेंगे। स्वेच्छासे शरीर धारण करनेवाले अविनाशी जगन्नाथ इस समय कार्यवश व्रजमें निवास करनेके लिये मानवरूप धारण किये हुए हैं। जो भगवान् अनन्त अपने मस्तकपर इस पृथ्वीको धारण करते हैं, वे ही जगत्का हित करनेके लिये अवतीर्ण हो आज मुझे 'अक्रूर' कहकर बुलायेंगे। पिता, पुत्र, सुहृद्, भ्राता, माता और बन्धु-बान्धवरूपिणी जिनकी मायाको यह जगत् हटा नहीं पाता, उन भगवान्को बारंबार नमस्कार है। जिनको हृदयमें स्थापित करके मनुष्य इस योगमायारूप फैली हुई अविद्याको तर जाते हैं, उन विद्यास्वरूप परमात्माको नमस्कार है। जिन्हें यज्ञपरायण मनुष्य यज्ञपुरुष, भगवद्भक्त-जन वासुदेव और वेदान्तवेत्ता सर्वव्यापी श्रीविष्णु कहते हैं, उनको मेरा नमस्कार है। जो सम्पूर्ण जगत्के निवासस्थान हैं, जिनमें सत् और असत् दोनों प्रतिष्ठित हैं, वे भगवान् अपने सहज सत्त्वगुणसे मुझपर प्रसन्न हों। जिनका स्मरण करनेपर मनुष्य पूर्ण कल्याणका भागी होता है, उन पुरुषश्रेष्ठ श्रीहरिकी मैं सदाके लिये शरण लेता हूँ।[2]

अक्रूरका हृदय भक्तिसे विनम्र हो रहा था। वे इस प्रकार श्रीविष्णुका चिन्तन करते हुए कुछ दिन रहते नन्दगाँवमें पहुँच गये। वहाँ उन्होंने

---

१. चिन्तयामास चाक्रूरो नास्ति धन्यतरो मया। योऽहमंशावतीर्णस्य मुखं द्रक्ष्यामि चक्रिणः॥
अद्य मे सफलं जन्म सुप्रभाता च मे निशा। यदुन्निद्राब्जपत्राक्षं विष्णोर्द्रक्ष्याम्यहं मुखम्॥
पापं हरति यत्पुंसां स्मृतं संकल्पनामयम्। तत्पुण्डरीकनयनं विष्णोर्द्रक्ष्याम्यहं मुखम्॥
निर्जग्मुश्च यतो वेदा वेदाङ्गान्यखिलानि च। द्रक्ष्यामि यत्परं धाम देवानां भगवन्मुखम्॥
(१९१।२—५)

२. न ब्रह्मा नेन्द्ररुद्राश्विवस्वादित्यमरुद्गणाः। यस्य स्वरूपं जानन्ति स्पृशत्यद्य स मे हरिः॥
सर्वात्मा सर्वगः सर्वः सर्वभूतेषु संस्थितः। यो भवत्यव्ययो व्यापी स वीक्ष्यते मयाऽद्य ह॥
मत्स्यकूर्मवराहाद्यैः सिंहरूपादिभिः स्थितम्। चकार योगतो योगं स मामालापयिष्यति॥
सांप्रतं च जगत्स्वामी कार्यजाते व्रजे स्थितिम्। कर्तुं मनुष्यतां प्राप्तः स्वेच्छादेहधृगव्ययः॥
योऽनन्तः पृथिवीं धत्ते शिखरस्थितिसंस्थिताम्। सोऽवतीर्णो जगत्यर्थे मामक्रूरेति वक्ष्यति॥
पितृबन्धुसुहृद्भ्रातृमातृबन्धुमयीमिमाम्। यन्मायां नालमुद्धर्तुं जगत्तस्मै नमो नमः॥
तरन्त्यविद्यां विततां हृदि यस्मिन्निवेशिते। योगमायामिमां मर्त्यास्तस्मै विद्यात्मने नमः॥
यज्वभिर्यज्ञपुरुषो वासुदेवश्च शाश्वतैः। वेदान्तवेदिभिर्विष्णुः प्रोच्यते यो नतोऽस्मि तम्॥
तथा यत्र जगद्धाम्नि धार्यते च प्रतिष्ठितम्। सदसत्त्वं स सत्त्वेन मय्यसौ यातु सौम्यताम्॥
स्मृते सकलकल्याणभाजनं यत्र जायते। पुरुषप्रवरं नित्यं व्रजामि शरणं हरिम्॥
(१९१।८—१७)

भगवान् श्रीकृष्णको उस स्थानपर देखा, जहाँ गौएँ दुही जा रही थीं। वे बछड़ोंके बीचमें खड़े थे। उनका श्रीअङ्ग विकसित नीलकमलकी आभासे सुशोभित था। नेत्र खिले हुए कमलकी शोभा धारण करते थे। वक्षःस्थलमें श्रीवत्सका चिह्न दिखायी देता था। बड़ी-बड़ी बाँहें, चौड़ी और उभरी हुई छाती, ऊँची नासिका, विलासयुक्त

मुसकानसे सुशोभित मुख, लाल-लाल नख, शरीरपर पीताम्बर, गलेमें जंगली पुष्पोंके हार, हाथमें स्निग्ध नील लता और कानोंमें श्वेत कमलपुष्पके आभूषण—यही उनकी झाँकी थी। उनके दोनों चरण भूमिपर विराजमान थे। श्रीकृष्णका दर्शन करनेके बाद अक्रूरजीकी दृष्टि यदुनन्दन बलभद्रजीपर पड़ी, जो हंस, चन्द्रमा और कुन्दके समान गौरवर्ण थे। उनके शरीरपर नील वस्त्र शोभा पा रहे थे। उनकी कद ऊँची और बाँहें बड़ी-बड़ी थीं। मुख प्रफुल्ल कमल-सा सुशोभित था। नीलाम्बरधारी गौराङ्ग बलभद्रजी ऐसे जान पड़ते थे, मानो मेघमालासे घिरा हुआ दूसरा कैलास पर्वत हो।* उन दोनों भाइयोंको देखकर महाबुद्धिमान् अक्रूरजीका मुखकमल प्रसन्नतासे खिल उठा। सम्पूर्ण शरीरमें रोमाञ्च हो आया और वे मन-ही-मन इस प्रकार कहने लगे—'इन दोनों बन्धुओंके रूपमें यहाँ साक्षात् भगवान् विष्णु विराज रहे हैं। ये ही वह परम धाम और ये ही वह परम पद हैं। अनन्तमूर्ति भगवान् आज ही मेरे हाथका स्पर्श करके उसे शोभासम्पन्न बनायेंगे। इन्हीं भगवान्की अँगुलियोंके स्पर्शसे सम्पूर्ण पाप नष्ट हो जानेके कारण मनुष्य उत्तमोत्तम सिद्धि प्राप्त करते हैं तथा अश्विनीकुमार, रुद्र, इन्द्र और वसु आदि देवता प्रसन्न होकर उन्हें उत्तम वर देते हैं। इन्हीं भगवान्ने दैत्यराजकी सेनाका विनाश करके दैत्यपत्नियोंकी आँखोंका काजल भी छीन लिया। राजा बलिने जिनके हाथमें संकल्पका जल छोड़कर रसातलमें रहते हुए भी मनोहर स्वर्गीय भोग प्राप्त कर लिये तथा देवराज इन्द्रने जिनकी आराधना करके एक मन्वन्तरके लिये देवलोकका अखण्ड साम्राज्य प्राप्त किया, वे ही भगवान् कंसके साथ रहनेके कारण निर्दोष

* स ददर्श तदा तत्र कृष्णमादोहने गवाम्। वत्समध्यगतं फुल्लनीलोत्पलदलच्छविम्॥
प्रफुल्लपद्मपत्राक्षं श्रीवत्साङ्कितवक्षसम्। प्रलम्बबाहुमायामतुङ्गोरस्थलमुन्नसम्॥
सविलासस्मिताधारं बिभ्राणं मुखपङ्कजम्। तुङ्गरक्तनखं पद्भ्यां धरण्यां सुप्रतिष्ठितम्॥
बिभ्राणं वाससी पीते वन्यपुष्पविभूषितम्। सान्द्रनीललताहस्तं सिताम्भोजावतंसकम्॥
हंसेन्दुकुन्दधवलं नीलाम्बरधरं द्विजाः। तस्यानु बलभद्रं च ददर्श यदुनन्दनम्॥
प्रांशुमुत्तुङ्गबाहुं च विकाशिमुखपङ्कजम्। मेघमालापरिवृतं कैलासाद्रिमिवापरम्॥
(१९१। १९—२४)

होते हुए भी दोषके पात्र बने हुए मुझ अक्रूरका क्या आदर न करेंगे? जो साधु पुरुषोंसे बहिष्कृत है उसके जन्मको धिक्कार है। भगवान् श्रीहरि ज्ञानस्वरूप हैं। परिपूर्ण सत्त्वके पुञ्ज हैं। सब प्रकारके दोषोंसे रहित हैं, अव्यक्त हैं और समस्त प्राणियोंके हृदयमें विराजमान हैं। जगत्‌में कौन-सी ऐसी वस्तु है, जो उन्हें ज्ञात न हो। अतः मैं भक्तिसे विनीत होकर आदि, मध्य और अन्तसे रहित, अजन्मा, पुरुषोत्तम, भगवान् विष्णुके अंशावतार तथा ईश्वरोंके भी ईश्वर श्रीकृष्णकी शरणमें जाता हूँ।'

इस प्रकार विचार करते हुए वे भगवान् श्रीकृष्णके पास गये और 'मैं यदुवंशी अक्रूर हूँ'— यों कहकर उनके चरणोंमें पड़ गये। भगवान्‌ने भी ध्वजा, वज्र और कमल आदि चिह्नोंसे सुशोभित अपने करकमलद्वारा उनका स्पर्श किया और उन्हें खींचकर प्रेमपूर्वक गाढ़ आलिङ्गन दिया। फिर बलराम और श्रीकृष्णने उनसे बातचीत की और उन्हें साथ ले अपने भवनमें चले गये। परस्पर प्रणाम आदिके बाद अक्रूरने दोनों भाइयोंके साथ बैठकर भोजन किया और यथायोग्य उनसे सब बातें निवेदन कीं। दुरात्मा दानव कंसने वसुदेव और देवकीको जिस प्रकार धमकाया था, उग्रसेनके प्रति जैसा उसका बर्ताव था और जिस उद्देश्यसे कंसने उन्हें व्रजमें भेजा था, वह सब विस्तारके साथ कह सुनाया। सुनकर भगवान् श्रीकृष्णने कहा—'ये सब बातें मुझे ज्ञात हैं। इस विषयमें जो उचित कर्तव्य है, उसे मैं करूँगा। आप अन्यथा विचार न करें। कंसको मारा गया ही समझें। मैं बलरामजीसहित कल आपके साथ मथुरा चलूँगा। बड़े-बूढ़े गोप भी भेंटकी बहुत-सी सामग्री लेकर जायँगे। वीर! आप किसी प्रकारकी चिन्ता न करें। आरामसे यहाँ रात बितायें। आजसे तीन रातके भीतर ही मैं अनुचरोंसहित कंसको मार डालूँगा।'

तदनन्तर गोपोंको मथुरा चलनेका आदेश दे अक्रूर, श्रीकृष्ण तथा बलरामजी नन्दके घरमें सोये। सबेरा होनेपर महाबली राम और श्रीकृष्ण अक्रूरके साथ मथुरा जानेको तैयार हो गये, यह देख गोपियोंके नेत्रोंमें आँसू भर आये। वे चिन्तासे इतनी दुर्बल हो गयीं कि उनके कंगन और बाजूबंद खिसक-खिसककर गिरने लगे। वे दुःखसे पीड़ित हो लंबी साँस लेती हुई एक दूसरीसे कहने लगीं—'सखी! गोविन्द मथुरा जाते हैं। वहाँ जाकर वे इस गोकुलमें फिर क्यों आने लगे। वहाँ तो अपने कानोंद्वारा नगरकी स्त्रियोंके मधुर वार्तालापका रस पान करेंगे। नगरकी नारियोंके विलासपूर्ण वचनोंमें जब इनका मन आसक्त हो जायगा, तब फिर गाँवोंकी रहनेवाली इन गँवार गोप-गोपियोंकी ओर उनका झुकाव कैसे हो सकेगा। हाय ! श्रीहरि सम्पूर्ण व्रजके प्राण थे। इन्हें छीनकर दुरात्मा और निर्दयी विधाताने हम गोपियोंपर निष्ठुर प्रहार किया है। नगरकी युवतियाँ भावभरी मुसकानके साथ बात करती हैं। उनकी गतिमें लालित्य है। वे कटाक्षपूर्ण नेत्रोंसे देखती हैं। अतः ये हमलोगोंके पास क्यों आने लगे। यह देखो, गोविन्द रथपर बैठकर मथुरा जाते हैं। क्रूर अक्रूरने उन्हें चकमा दिया है। क्या इस निर्दयीको प्रेमीजनोंकी मानसिक वेदनाका अनुभव नहीं है, जो यह हमारे नयनानन्द गोविन्दको अन्यत्र लिये जाता है? गोविन्द भी आज अत्यन्त निष्ठुर हो गये हैं। देखो न, बलरामजीके साथ रथपर बैठकर चले जा रहे हैं। अरी! इन्हें रोकनेमें शीघ्रता करो। ऐं! क्या कहती हो—गुरुजनोंके सामने हमारा कुछ बोलना उचित नहीं है ? अरी! हम तो यों ही विरहकी आगमें जल रही हैं। अब ये गुरुजन हमारा क्या कर लेंगे। हाय ! ये नन्दबाबा आदि

भी जानेको उद्यत हैं। कोई भी श्रीकृष्णको लौटानेका उद्योग नहीं करता। आज मथुरावासिनी युवतियोंके नेत्ररूपी भ्रमर श्रीकृष्णके मुखकमलका मकरन्द पान करेंगे। वे लोग धन्य हैं, जो मार्गमें पुलकित शरीरसे बेरोक-टोक श्रीकृष्णका दर्शन करेंगे। आज गोविन्दका दर्शन पाकर मथुराकी नागरियोंके नेत्रोंमें महान् आनन्द छा जायगा। आज उन

भाग्यशालिनी युवतियोंने कौन-सा शुभ स्वप्न देखा है, जो वे अपने विशाल एवं कमनीय नेत्रोंसे श्रीकृष्णकी रूप-माधुरीका पान करेंगी। अहो! विधाताको किञ्चिन्मात्र भी दया नहीं है। उसने हम गोपियोंको बहुत बड़ी निधिका दर्शन कराकर हमारी आँखें ही निकाल लीं। हमारे प्रति श्रीकृष्णका अनुराग ज्यों-ज्यों शिथिल होता जाता है, त्यों-ही-त्यों हमारे हाथोंके कङ्कण भी शीघ्रतापूर्वक ढीले होते जा रहे हैं। अक्रूरका हृदय बहुत ही क्रूर है। वह घोड़ोंको बहुत जल्दी-जल्दी हाँकता है। हम-जैसी आर्त स्त्रियोंपर उसे छोड़ किसको दया नहीं आयेगी। अरी ! वह देखो, श्रीकृष्णके रथकी धूल बहुत ऊँचेपर दिखायी देती है। हाय! अब वह धूल भी नहीं दिखायी देती। अब वह भगवान्‌को बहुत दूर ले गयी।' इस प्रकार गोपियोंके अत्यन्त अनुरागपूर्वक देखते-देखते बलरामसहित श्रीकृष्णने व्रजके उस भूभागका परित्याग किया। रथके घोड़े बहुत तेज चलनेवाले थे; अतः बलराम, अक्रूर और श्रीकृष्ण दोपहर होते-होते मथुराके समीपवर्ती यमुना-तटपर पहुँच गये।

तब अक्रूरने श्रीकृष्णसे कहा—'आप दोनों भाई यहीं रथपर बैठे रहें। तबतक मैं यमुनाके जलमें नैत्यिक स्नान और पूजन कर लेता हूँ।' श्रीकृष्णने 'बहुत अच्छा' कहकर उनकी बात मान ली। परम बुद्धिमान् अक्रूरने यमुनाके जलमें प्रवेश करके स्नान और आचमन किया। तत्पश्चात् वे परब्रह्मका चिन्तन करने लगे। उन्हें जलके भीतर सहस्रों फणोंसे युक्त बलभद्रजी दिखायी दिये। उनका शरीर कुन्दके समान गौर और नेत्र कमलपत्रके समान विशाल थे। वासुकि तथा डिम्भ आदि बड़े-बड़े नाग उन्हें घेरे हुए स्तुति कर रहे थे। गलेमें सुगन्धित वनमाला उनकी शोभा बढ़ा रही थी। वे दो नील वस्त्र और सुन्दर कर्णभूषण धारण किये मनोहर गेंडुली मारे जलके भीतर विराजमान थे। उनकी गोदमें भगवान् श्रीकृष्ण दृष्टिगोचर हुए, जो सजल मेघके समान श्याम, किञ्चित् लालिमायुक्त विशाल नेत्रोंवाले, चतुर्भुज, सुन्दर और चक्र आदि आयुधोंसे विभूषित थे। उन्होंने दो पीताम्बर धारण कर रखे थे। विचित्र-विचित्र हार उनकी शोभा बढ़ाते थे। इन्द्रधनुष और विद्युन्मालासे विभूषित मेघकी भाँति उनकी विचित्र शोभा हो रही थी। वक्षःस्थलमें श्रीवत्सचिह्न सुशोभित था। भुजाओंमें भुजबन्ध और मस्तकपर मुकुट देदीप्यमान था। कानोंमें कमलपुष्प कुण्डलका काम देता था। सनन्दन आदि पापरहित सिद्ध योगी

नासिकाके अग्रभागपर दृष्टि जमाये मन-ही-मन भगवान्‌का ध्यान करते थे। बलराम और श्रीकृष्णको वहाँ पहचानकर अक्रूर बड़े आश्चर्यमें पड़े। वे सोचने लगे—'दोनों भाई इतना शीघ्र यहाँ कैसे आ गये?'

अक्रूरने कुछ बोलना चाहा, किंतु श्रीकृष्णने उनकी वाणीको स्तम्भित कर दिया। तब वे जलसे निकलकर रथके पास आये, किंतु वहाँ बलराम और श्रीकृष्ण पहलेकी ही भाँति बैठे दिखायी दिये। तब उन्होंने पुनः जलमें डुबकी लगायी। भीतर वही दृश्य दिखायी दिया। गन्धर्व, मुनि, सिद्ध तथा बड़े-बड़े नाग श्रीकृष्ण और बलरामकी स्तुति करते थे। यह सब देखकर दानपति अक्रूरको वास्तविक रहस्यका पता लग गया। वे पूर्ण विज्ञानमय भगवान् अच्युतकी स्तुति करने लगे—

'जिनका सत्तामात्र स्वरूप है, महिमा अचिन्त्य है, जो सर्वत्र व्यापक हैं, जो कारणरूपसे एक, किंतु कार्यरूपसे अनेक हैं, उन परमात्माको बारंबार नमस्कार है। अचिन्त्य परमेश्वर! आप शब्द (वैदिक मन्त्र)-रूप और हविःस्वरूप हैं। आपको नमस्कार है। प्रभो! आप प्रकृतिसे परे विज्ञानस्वरूप हैं। आपको नमस्कार है। आप ही भूतात्मा, इन्द्रियात्मा, प्रधानात्मा, जीवात्मा और परमात्मा हैं। इस प्रकार एक होते हुए भी आप पाँच प्रकारसे स्थित हैं। सर्वधर्मात्मन् महेश्वर! आप ही क्षर और अक्षर हैं। मुझपर प्रसन्न होइये। ब्रह्मा, विष्णु तथा शिव आदि नामोंसे आपका ही वर्णन किया जाता है। भगवन्! आपके स्वरूप, प्रयोजन और नाम आदि सभी अनिर्वचनीय हैं। आप परमेश्वरको मेरा नमस्कार है। नाथ! जहाँ नाम और जाति आदि कल्पनाओंका अस्तित्व नहीं है, वह नित्य, अविकारी और अजन्मा परब्रह्म आप ही हैं। कल्पनाके बिना—कोई व्यावहारिक नाम रखे बिना किसी भी पदार्थका ज्ञान नहीं होता। इसीलिये कृष्ण, अच्युत, अनन्त और विष्णु आदि नामोंसे आपकी स्तुति की जाती है। सर्वात्मन्! आप अजन्मा परमेश्वर हैं। जगत्‌में जितनी कल्पनाएँ हैं, उन सबके द्वारा आपका ही बोध होता है। आप ही देवता हैं, सम्पूर्ण जगत् हैं तथा विश्वरूप हैं। विश्वात्मन्! आप विकार और भेदसे सर्वथा रहित हैं, सम्पूर्ण विश्वमें आपके सिवा दूसरी कोई वस्तु नहीं है। आप ही ब्रह्मा, महादेवजी, सूर्य, धाता, विधाता, इन्द्र, वायु, अग्नि, वरुण, कुबेर और यम हैं। एकमात्र आप ही भिन्न-भिन्न रूप धारण करके अपनी विभिन्न शक्तियोंसे जगत्‌की रक्षा करते हैं। आप ही विश्वकी सृष्टि करते हैं और आप ही प्रलयकालीन सूर्य होकर सम्पूर्ण जगत्‌का संहार करते हैं। अज! यह गुणमय प्रपञ्च आपका ही स्वरूप है। सत्स्वरूप परमेश्वरका वाचक जो ॐकाररूप अक्षर है, वह आपका उत्कृष्ट स्वरूप है। वही सत्, असत् और ज्ञानात्मा है। आपके उस स्वरूपको मेरा प्रणाम है। भगवन्! वासुदेवरूपमें

आपको नमस्कार है। संकर्षण-संज्ञा धारण करनेवाले आपको नमस्कार है। प्रद्युम्न कहलानेवाले आपको नमस्कार है और अनिरुद्ध नामसे पुकारे जानेवाले आपको नमस्कार है।'

इस प्रकार जलके भीतर यदुवंशी अक्रूरने सर्वेश्वर श्रीकृष्णकी स्तुति करके मानसिक धूप और पुष्पोंद्वारा उनका पूजन किया। अन्य विषयोंका चिन्तन छोड़कर मनको उन ब्रह्मभूत परमात्मामें लगा दीर्घकालतक ध्यान किया। तत्पश्चात् समाधिसे विरत हो अपनेको कृतार्थ मानते हुए यमुना-जलसे निकलकर वे पुनः रथके समीप आये। आनेपर उन्होंने बलराम और श्रीकृष्णको पूर्ववत् बैठे देखा। अक्रूरजीके नेत्रोंसे विस्मयका आभास मिलता था। यह देख श्रीकृष्णने उनसे कहा—'अक्रूरजी! आपने यमुनाके जलमें कौन-सी आश्चर्यकी बात देखी है, जो आपके नेत्र आश्चर्यचकित दिखायी देते हैं?'

अक्रूर बोले—अच्युत ! जलके भीतर मैंने जो आश्चर्य देखा है, उसे यहीं अपने सामने मूर्तिमान् बैठा देखता हूँ। यह परम आश्चर्यमय जगत् जिन महात्माका स्वरूप है, उन्हीं आश्चर्यस्वरूप आपके साथ मेरा समागम हुआ है। मधुसूदन! अब इस विषयमें अधिक कहनेकी क्या आवश्यकता। चलिये, मथुरा चलें। मैं कंससे डरता हूँ। जो दूसरोंके टुकड़ोंपर जीवन-निर्वाह करनेवाले हैं, उन मनुष्योंके जन्मको धिक्कार है।

यों कहकर अक्रूरने घोड़ोंको हाँक दिया और सायंकालके समय मथुरापुरीमें जा पहुँचे। मथुराको देखकर अक्रूरने बलराम और श्रीकृष्णसे कहा—'महापराक्रमी वीरो! अब आपलोग पैदल जाइये। रथसे मैं अकेला ही जाऊँगा। मथुरामें पहुँचकर आप दोनों वसुदेवजीके घर न जायँ, क्योंकि आपके ही कारण वह बेचारा बूढ़ा कंसके द्वारा सदा अपमानित होता है।'

यों कहकर अक्रूर मथुरापुरीमें चले गये। राम और श्रीकृष्ण भी पुरीमें पहुँचकर राजमार्गपर आ गये। उस समय नगरके सभी स्त्री-पुरुष आनन्दपूर्ण नेत्रोंसे उन्हें निहारते थे। वे दोनों वीर तरुण हाथियोंकी भाँति लीलापूर्वक चल रहे थे। घूमते-घूमते उन दोनों भाइयोंने कपड़ा रँगनेवाले एक रजकको देखा। उससे अपने शरीरके अनुरूप सुन्दर वस्त्र माँगे। वह राजा कंसका रजक था। राजाकी कृपा पाकर उसका अहंकार बहुत बढ़ गया था। उसने बलराम और श्रीकृष्णके प्रति ललकारकर अनेक आक्षेपयुक्त कटुवचन कहे। उस दुरात्मा रजकका बर्ताव देख श्रीकृष्ण कुपित हो उठे। उन्होंने थप्पड़से मारकर उस रजकका मस्तक पृथ्वीपर गिरा दिया। उसे मारकर राम और कृष्णने उसके सारे वस्त्र छीन लिये और अपनी रुचिके अनुसार पीले एवं नीले वस्त्र धारण करके वे बड़ी प्रसन्नताके साथ मालीके घर गये। उन्हें देखते ही मालीके नेत्र आनन्दसे खिल उठे। वह अत्यन्त विस्मित होकर मन-ही-मन सोचने लगा—'ये दोनों किसके पुत्र हैं? कहाँसे आये हैं? एकके अङ्गपर पीताम्बर शोभा पाता है तो दूसरेके शरीरपर नीलाम्बर। दोनों ही अत्यन्त मनोहर दिखायी देते हैं।' उन्हें देखकर मालीने समझा—दो देवता इस भूतलपर उतरे हैं। उन दोनों भाइयोंके मुखकमल प्रफुल्लित दिखायी देते थे। मालीने दोनों हाथ पृथ्वीपर फैलाकर सिरसे पृथ्वीका स्पर्श करते हुए साष्टाङ्ग प्रणाम किया और कहा—'नाथ! आप दोनों बड़ी कृपा करके मेरे घर पधारे हैं! मैं धन्य हो गया। अब पुष्पोंसे आप दोनोंकी पूजा करूँगा।' यों कहकर उसने रुचिके अनुसार फूल भेंट किये। 'ये सुन्दर हैं, ये मनोहर हैं,' यों कहते हुए उसने उनके मनमें

फूलोंके प्रति आकर्षण पैदा किया और जो-जो उन्हें पसंद आया, वह सब दिया। प्रायः सभी फूल मनोहर, निर्मल और सुगन्धित थे। श्रीकृष्णने भी प्रसन्न होकर मालीको वर दिया— 'भद्र! मेरे अधीन रहनेवाली लक्ष्मी तेरा कभी त्याग न करेगी। सौम्य! तेरे बल और धनकी कभी हानि न होगी। जबतक यह पृथ्वी और सूर्य रहेंगे, तबतक तेरी पुत्र-पौत्र आदि वंश-परम्परा कायम रहेगी। तू बहुत-से भोग भोगकर अन्तमें मेरी कृपासे मुझे स्मरण करते हुए दिव्य लोक प्राप्त करेगा। भद्र! तेरा मन हर समय धर्ममें लगा रहेगा।'

यों कहकर बलरामसहित श्रीकृष्ण मालीद्वारा पूजित हो उसके घरसे चले आये।

कुब्जापर कृपा, कुवलयापीड, चाणूर, मुष्टिक, तोशल और कंसका वध तथा वसुदेवद्वारा भगवान्‌का स्तवन

व्यासजी कहते हैं—तदनन्तर श्रीकृष्णने राजमार्गपर एक कुब्जा स्त्री देखी, जो अङ्गरागसे भरा हुआ पात्र लिये आ रही थी। उसे देखकर श्रीकृष्णने पूछा—'कमललोचने! तू यह अङ्गराग किसके पास लिये जाती है? सच-सच बता।' उनकी बात सुनकर वह श्रीहरिके प्रति अनुरक्त हो गयी और बोली—'प्रिय! क्या आप नहीं जानते, कंसने मुझे अङ्गराग लगानेका कार्य सौंप रखा है? मैं अनेकवक्राके नामसे विख्यात हूँ। मेरे सिवा दूसरे किसीका घिसा हुआ चन्दन कंसको पसंद नहीं आता।'

श्रीकृष्ण बोले—सुमुखि! यह सुन्दर सुगन्धयुक्त अनुलेपन तो राजाके ही योग्य है। हमारे शरीरके योग्य भी कोई अनुलेपन हो तो दो।

यह सुनकर कुब्जाने आदरपूर्वक कहा—'लीजिये न।' फिर उन दोनोंको उनके शरीरके अनुरूप चन्दन आदि अनुलेप प्रदान किया। कुब्जाने ही उनके कपोल आदि अङ्गोंमें पत्रभङ्गीरचनापूर्वक अङ्गराग लगाया। इससे वे दोनों पुरुषरत्न इन्द्रधनुषके साथ शोभा पानेवाले श्वेत-श्याम मेघोंके समान सुशोभित हुए। तत्पश्चात् उल्लापन-विधि (कुब्जत्व दूर करनेकी क्रिया)-के जाननेवाले श्रीकृष्णने उसकी ठोढ़ीमें अपने हाथकी दो उँगलियाँ लगा दीं और उसे उचकाकर ऊपरकी ओर खींचा। साथ ही उसके पैर अपने दोनों पैरोंसे दबा लिये। इस प्रकार केशवने उसके शरीरको सीधा कर दिया। फिर तो वह युवतियोंमें श्रेष्ठ परम सुन्दरी बन गयी और प्रेमसे शिथिल वाणीमें बोली—'प्यारे! आप मेरे घरमें पधारें।' 'अच्छा, तुम्हारे घर आऊँगा' यों कहकर श्रीकृष्णने कुब्जाको विदा किया और बलरामजीके मुँहकी ओर देखकर वे जोरसे हँसे। तदनन्तर पत्रभङ्गी-रचनापूर्वक अङ्गराग

लगाये और पीताम्बर तथा नीलाम्बर धारण किये विचित्र पुष्पोंके हारसे सुशोभित वे दोनों भाई धनुषशालामें गये। वहाँ उन्होंने रक्षकोंसे धनुषके विषयमें पूछा और उनके बतलानेपर उसे उठाकर चढ़ाया। बलपूर्वक चढ़ाते ही वह धनुष टूट गया। उससे बड़े जोरका शब्द हुआ, जिससे सारी मथुरापुरी गूँज उठी। धनुष टूटनेपर रक्षकोंने उनपर आक्रमण किया। तब वे रक्षक-सेनाका संहार करके धनुषशालासे बाहर निकले। कंसको अक्रूरके लौटनेका हाल मालूम हो चुका था। फिर धनुष टूटनेका शब्द सुनकर उसने चाणूर और मुष्टिकसे कहा—'दोनों गोपपुत्र यहाँ आ गये हैं। उन्हें मेरे सामने मल्लयुद्ध करके तुम दोनों अवश्य मार डालना, क्योंकि वे दोनों मेरे प्राण लेनेवाले हैं। यदि युद्धमें उन्हें मारकर तुमने मुझे संतुष्ट किया तो मैं तुम्हारी जो-जो इच्छा होगी, वह सब पूर्ण करूँगा। वे दोनों मेरे शत्रु हैं, अतः न्यायसे अथवा अन्यायसे उनको अवश्य मार डालो। उनके मारे जानेपर इस राज्यपर मेरा और तुम्हारा समान अधिकार होगा।'

इस प्रकार उन दोनों मल्लोंको आदेश दे कंसने हाथीवानको बुलाया और उच्च स्वरसे कहा—'महावत! तू कुवलयापीड हाथीको मतवाला करके रङ्गभूमिके द्वारपर खड़ा रखना। जब दोनों गोपपुत्र मल्लयुद्धके लिये आयें, तब उन्हें द्वारपर ही मरवा डालना।' महावतको यह आज्ञा दे कंसने देखा, रङ्गभूमिमें सब ओर यथायोग्य मञ्च लग गये हैं; तब वह सूर्योदय होनेकी प्रतीक्षा करने लगा। उसकी मृत्यु समीप आ गयी थी। सबेरा होनेपर सब मञ्चोंपर नागरिकगण आ विराजे। जो मञ्च केवल राजाओंके लिये बिछे थे, वहाँ भिन्न-भिन्न स्थानोंके राजा अपने सेवकोंसहित आ बैठे। जो लोग मल्लोंकी जोड़का चुनाव करनेवाले थे, उन्हें कंसने रङ्गभूमिके बीचमें अपने पास ही बिठाया। वह स्वयं भी बहुत ऊँचे मञ्चपर विराजमान था। रनिवासकी स्त्रियोंके लिये अलग मञ्च लगे थे और नगरकी स्त्रियोंके लिये अलग। नन्द आदि गोप दूसरे-दूसरे मञ्चोंपर बैठे थे। अक्रूर और वसुदेव मञ्चोंके किनारे खड़े थे। बेचारी देवकी नगरकी स्त्रियोंमें खड़ी थी। वह सोचती थी, अन्तकालमें भी तो एक बार पुत्रका मुँह देख लूँ।

इसी समय रङ्गभूमिमें तुरही आदि बाजे बज उठे। चाणूर उछलने और मुष्टिक ताल ठोंकने लगा। लोगोंमें हाहाकार मच गया। बलराम और श्रीकृष्ण रङ्गभूमिके द्वारपर आये और महावतसे प्रेरित कुवलयापीड नामक हाथीको मारकर भीतर घुस गये। उस समय उनके अङ्गोंमें हाथीका मद और रक्त लगे हुए थे। उसके बड़े-बड़े दाँतोंको ही उन्होंने अपना आयुध बना लिया था। वे दोनों भाई गर्वपूर्ण लीलामयी चितवनसे निहारते हुए उस महान् रङ्गोत्सवमें इस प्रकार प्रविष्ट हुए, मानो मृगोंके झुंडमें दो सिंह आ गये हों। उनके आते ही रङ्गभूमिमें चारों ओर महान् कोलाहल हुआ। सब लोग विस्मयके साथ कहने लगे—'ये ही कृष्ण हैं, ये ही बलभद्र हैं। ये कृष्ण वे ही हैं, जिन्होंने भयंकर राक्षसी पूतनाका वध किया, छकड़े उलट दिये और दोनों अर्जुन वृक्षोंको उखाड़ डाला। जिन्होंने बालक होते हुए भी कालिय नागके मस्तकपर नृत्य किया, सात रातोंतक गोवर्धन पर्वतको हाथपर रखा और अरिष्ट, धेनुक तथा केशी आदि दुराचारियोंको खेल-खेलमें ही मार डाला, वे ही ये श्रीकृष्ण दिखायी देते हैं और ये जो दूसरे महाबाहु युवतियोंके मन और नयनोंको आनन्द देते हुए लीलापूर्वक आगे-आगे चल रहे हैं, वे श्रीकृष्णके बड़े भाई बलदेवजी हैं। पौराणिक रहस्यको जाननेवाले विद्वान् पुरुष

इन्हीं गोपालके विषयमें यों कहते हैं कि ये शोकसागरमें डूबे हुए यदुवंशका उद्धार करेंगे। निश्चय ही ये सबको जन्म देनेवाले सर्वभूतस्वरूप भगवान् विष्णुके अंश हैं, जो पृथ्वीका भार उतारनेके लिये अवतीर्ण हुए हैं।'

इस प्रकार जब नगरके लोग बलराम और श्रीकृष्णका वर्णन कर रहे थे, उस समय देवकीके हृदयमें स्नेहके कारण उनके स्तनोंसे दूध बहने लगा। वसुदेवजी तो मानो समीप आयी हुई वृद्धावस्थाको छोड़कर युवा हो गये। उनकी दृष्टि अपने दोनों पुत्रोंपर ही लगी हुई थी, मानो वे ही उनके लिये महान् उत्सव हों। रनिवासकी स्त्रियाँ एकटक नेत्रोंसे श्रीकृष्ण और बलरामको निहारती थीं। नगरकी स्त्रियाँ तो उनकी ओरसे दृष्टि ही नहीं हटाती थीं।

स्त्रियाँ आपसमें कहने लगीं—'सखियो! श्रीकृष्णका मुख तो देखो, कैसी कमल-जैसी सुन्दर आँखें हैं। कुवलयापीड हाथीसे युद्ध करनेके कारण जो परिश्रम हुआ है, उससे इनके मुखपर पसीनेकी बूँदें निकल आयी हैं। इन स्वेदबिन्दुओंसे सुशोभित इनका प्रसन्न मुख ऐसा जान पड़ता है, मानो खिले हुए कमलपर ओसके कण शोभा पा रहे हों। इस मनोहर मुखकी झाँकी करके आज अपना जन्म सफल कर लो। अहा! भामिनी! इस बालकके वक्ष:स्थलपर तो दृष्टिपात करो। श्रीवत्स-चिह्नसे इसकी कैसी शोभा हो रही है। यह सम्पूर्ण जगत्का आश्रय है और इसकी दोनों भुजाएँ शत्रुओंका दर्प दलन करनेमें समर्थ हैं। अरी सखी! उधर देखो, मुष्टिक और चाणूरको उछलते-कूदते देख बलभद्रजीके मुखपर मन्द हास्यकी कैसी छटा छा रही है। हाय, सखी! देखो तो सही, ये श्रीकृष्ण चाणूरके साथ युद्ध करने जा रहे हैं। क्या इस सभामें न्याययुक्त बर्ताव करनेवाले बड़े-बूढ़े नहीं हैं? कहाँ तो अभी युवावस्थामें प्रवेश करनेवाले श्रीहरिका सुकुमार शरीर और कहाँ वज्रके समान कठोर एवं विशाल शरीरवाला यह महान् असुर! ये दोनों भाई रङ्गभूमिमें अभी तरुण दिखायी देते हैं। इनके सभी अङ्ग कोमल हैं और चाणूर आदि दैत्य मल्ल बड़े ही भयंकर हैं। युद्धके लिये जोड़का चुनाव करनेवाले लोगोंका यह बहुत बड़ा अन्याय है कि वे मध्यस्थ होकर भी बालक और बलवान्के युद्धकी उपेक्षा करते हैं।'

जब नगरकी स्त्रियाँ इस प्रकार वार्तालाप कर रही थीं, उसी समय भगवान् श्रीहरि अपने पदाघातसे पृथ्वीको कँपाते हुए सब लोगोंके हृदयमें हर्षातिरेककी वृष्टि करने लगे। बलभद्रजी भी ताल ठोंककर मनोहर गतिसे उछलते हुए चल रहे थे। उस समय यह पृथ्वी पग-पगपर उनके पदाघातसे विदीर्ण नहीं हुई—यही बड़े आश्चर्यकी बात थी। तदनन्तर अमितपराक्रमी श्रीकृष्ण चाणूरके साथ कुश्ती लड़ने लगे तथा मल्लयुद्धकी विद्यामें कुशल मुष्टिक दैत्य बलदेवजीके साथ भिड़ गया। श्रीकृष्ण चाणूरके साथ परस्पर भिड़कर, नीचे गिराकर, उछालकर, घूँसे और वज्रके समान कोहनीसे मारकर, पैरोंसे ठोंकरें देकर तथा एक-दूसरेके शरीरको रगड़कर लड़ने लगे। इस तरह उन दोनोंमें बड़ा भारी युद्ध हुआ। उस युद्धमें यद्यपि किसी अस्त्र-शस्त्रका प्रयोग नहीं होता था तो भी वह अत्यन्त घोर एवं भयंकर था। अपने बल और प्राणशक्तिसे ही साध्य था। ज्यों-ज्यों चाणूर श्रीहरिके साथ युद्ध करता, त्यों-ही-त्यों उसकी प्राणशक्ति घटती जाती थी। जगन्मय श्रीकृष्ण भी उसके साथ लीलापूर्वक युद्ध करने लगे। वह परिश्रमसे थक गया था, अत: क्रोधपूर्वक श्रीकृष्णके हाथपर हाथ मार रहा था। कंसने देखा, श्रीकृष्णका बल बढ़ रहा है और चाणूर थकता जा रहा है;

कुपित होकर उसने बाजे बंद करा दिये। इसी समय आकाशमें देवताओंके अनेक प्रकारके बाजे बज उठे। अदृश्य भावसे खड़े हुए देवता हर्षमें भरकर भगवान्‌की स्तुति करते हुए बोले—'केशव! चाणूर दानवको मार डालिये, गोविन्द! आपकी जय हो।'

श्रीकृष्ण देरतक चाणूरके साथ खिलवाड़ करते रहे, फिर उसे मार डालनेके लिये सचेष्ट हुए और दैत्यको उठाकर आकाशमें घुमाने लगे। घुमाते समय ही उसके प्राण-पखेरू उड़ गये। भगवान्‌ने उसे सौ बार घुमाकर पृथ्वीपर पटक दिया। चाणूरके सौ-सौ टुकड़े हो गये। उसके रक्तकी धारासे अखाड़ेमें गहरी कीचड़ हो गयी। महाबली बलदेवजी भी उतनी देरतक मुष्टिकके साथ लड़ते रहे। अन्तमें उन्होंने भी उस दैत्यके मस्तकपर मुक्केका प्रहार किया और छातीमें घुटनेसे आघात करके उसे पृथ्वीपर गिरा दिया। फिर अपने शरीरसे रगड़कर उसका कचूमर निकाल दिया। उसकी जीवन-लीला समाप्त हो गयी। तत्पश्चात् श्रीकृष्णने पुनः महाबली मल्लराज तोशलको बायें घूँसेकी चोटसे मार गिराया। चाणूर, मुष्टिक और तोशलके मारे जानेपर शेष पहलवान भाग खड़े हुए। उस समय श्रीकृष्ण और बलभद्र रंगभूमिमें समवयस्क ग्वालबालोंको साथ ले हर्षमें भरकर उछलने-कूदने लगे। यह देख कंसकी आँखें क्रोधसे लाल हो गयीं। उसने अपने सेवकोंको आज्ञा दी—'इन दोनों ग्वालोंको बलपूर्वक रङ्गशालासे बाहर निकाल दो। पापी नन्दको भी पकड़कर तुरंत बेड़ियोंमें जकड़ दो। वसुदेवको भी उसकी वृद्धताका विचार न रखते हुए कठोर दण्ड देकर मार डालो। ये जो ग्वाल-बाल श्रीकृष्णके साथ उछल रहे हैं, इन सबकी गौएँ छीन लो और इनके घरमें जो कुछ भी धन-सम्पत्ति हो, उसे लूट लो।'

कंसको इस प्रकार आदेश देते देख भगवान् मधुसूदन हँस पड़े। वे उछलकर मञ्चपर जा चढ़े। राजाका मुकुट पृथ्वीपर गिर पड़ा। श्रीकृष्णने उसके केश पकड़ लिये और उसे पृथ्वीपर गिराकर स्वयं भी उसीपर कूद पड़े। वे सम्पूर्ण जगत्‌का भार लेकर उसके ऊपर कूदे थे, इसलिये उसके प्राण निकल गये। उग्रसेनकुमार राजा कंस संसारसे चल बसा। मरनेपर भी श्रीकृष्णने उसके मस्तकके बाल पकड़कर उसके शरीरको रङ्गभूमिमें घसीटा। कंसके पकड़े जानेपर उसका भाई सुनामा क्रोधमें भरकर आया, किन्तु बलभद्रजीने उसे खेलमें ही मार गिराया। मथुराका महाराज कंस श्रीकृष्णके

हाथसे अवहेलनापूर्वक मारा गया, यह देखकर रङ्गभूमिमें आये हुए सब लोग हाहाकार करने लगे। तदनन्तर श्रीकृष्णने शीघ्र जाकर वसुदेव और देवकीके चरण पकड़ लिये। बलदेवजीने भी उनका साथ दिया। वसुदेव और देवकीने श्रीकृष्णको उठाया; और जन्मकालमें उन्होंने जो

बातें कही थीं, उन्हें याद करके स्वयं ही प्रणाम करने लगे।

वसुदेवजी बोले—देवदेवेश्वर! आप मुझपर प्रसन्न होइये। प्रभो ! आप देवताओंमें सर्वश्रेष्ठ हैं। केशव ! आपने हम दोनोंपर कृपा करके ही हम दोनोंका उद्धार किया है। हमारी आराधनासे भगवान्‌ने जो दुराचारी दैत्योंका वध करनेके लिये हमारे घरमें अवतार लिया, इससे हमारा कुल पवित्र हो गया। सर्वात्मन्! आप ही सम्पूर्ण भूतोंके अन्त हैं—आपमें ही सबका लय होता है। आप समस्त प्राणियोंके भीतर विराजमान हैं। आपसे ही भूत और भविष्यकी प्रवृत्ति हुई है। सर्वदेवमय अच्युत! अचिन्त्य परमेश्वर! यज्ञमें आपका ही यजन किया जाता है। परमेश्वर ! आप ही यज्ञ हैं और आप ही यज्ञोंके कर्त्ता-धर्त्ता हैं। आपके प्रति परमात्मभावको हटाकर जो मेरा और देवकीका मन पुत्रस्नेहके कारण आपकी ओर जाता है, यह हमारे लिये अत्यन्त विडम्बना है। कहाँ तो आप सम्पूर्ण भूतोंके कर्त्ता, अनादि और अनन्त परमेश्वर और कहाँ हमारी इस मानवीय जिह्वाका आपको 'पुत्र' कहकर पुकारना! जिनके भीतर समस्त चराचर जगत् प्रतिष्ठित है, वे किसी मनुष्यसे कैसे उत्पन्न हो सकते हैं, किसी नारीके गर्भमें कैसे शयन कर सकते हैं। जगन्नाथ! जिनसे यह सम्पूर्ण संसार उत्पन्न हुआ है, वे आप मायाके सिवा किस युक्तिसे मेरे पुत्र हो सकते हैं। परमेश्वर! आप प्रसन्न हों। इस विश्वकी रक्षा करें। आप मेरे पुत्र नहीं हैं। ईश! ब्रह्मासे लेकर वृक्षपर्यन्त सम्पूर्ण जगत् आपसे ही उत्पन्न हुआ है। परमात्मन्! आप हमारे मनमें मोह क्यों उत्पन्न करते हैं। मेरी दृष्टि मायासे मोहित हो रही थी। आप मेरे पुत्र हैं, यह समझकर मैंने कंससे अत्यन्त भय किया था और शत्रुके भयसे व्याकुल होकर आपको गोकुल ले गया था। गोविन्द! वहाँ रहकर आप मेरे सौभाग्यसे इतने बड़े हुए हैं। रुद्र, मरुद्गण, अश्विनीकुमार और इन्द्रके द्वारा भी जो कार्य सिद्ध नहीं हो सकते, वे भी आपके द्वारा सिद्ध होते देखे गये हैं। ईश! आप साक्षात् श्रीविष्णु हैं। जगत्‌का कल्याण करनेके लिये इस भूतलपर अवतीर्ण हुए हैं। हमारा सारा मोह अब दूर हो गया।

भगवान्‌की माता-पितासे भेंट, उग्रसेनका राज्याभिषेक, श्रीकृष्ण-बलरामका विद्याध्ययन, गुरुपुत्रको यमपुरसे लाना, जरासंधकी पराजय, कालयवनका संहार तथा मुचुकुन्दद्वारा भगवान्‌का स्तवन

व्यासजी कहते हैं—भगवान्‌के अलौकिक कर्म देखकर वसुदेव और देवकीको उनके भगवद्भावका ज्ञान हो गया, यह देख भगवान् श्रीहरिने यदुवंशियोंको मोहनेके लिये वैष्णवी माया फैलायी और कहा—'माता और पिताजी! मैं तथा भैया बलराम बहुत दिनोंसे आपके दर्शनके लिये उत्कण्ठित थे, आज दीर्घ कालके बाद हमें आपका दर्शन मिला है। जिसका समय माता-पिताकी सेवा किये बिना ही बीतता है, उस पुत्रका जीवन व्यर्थ है; वह जननीको कष्ट देनेवाला माना गया है। साधु पुरुषोंमें उसकी निन्दा होती है। तात! जो गुरु, देवता, ब्राह्मण और माता-पिताका पूजन-सत्कार करते हैं, उन्हींका जन्म सफल होता है। पिताजी! हमलोग कंसके बल और प्रतापसे पराधीन हो गये थे; अतः हमारे द्वारा जो अपने कर्तव्यका उल्लङ्घन हुआ है, वह

सब आप क्षमा करें।'

यों कहकर दोनों भाइयोंने माता-पिताको प्रणाम किया। फिर क्रमशः यदुकुलके सभी बड़े-बूढ़ोंका चरणस्पर्श किया। इस प्रकार अपने विनयपूर्ण बर्तावसे समस्त पुरवासियोंके मनमें अपने प्रति स्नेहका संचार कर दिया। कंसके मारे जानेपर उसकी पत्नियाँ और माताएँ शोक और दुःखमें डूब गयीं तथा उसको सब ओरसे घेरकर अनेक प्रकारसे विलाप करने लगीं। उन्हें घबरायी हुई और दुःखी देख श्रीकृष्णने स्वयं भी नेत्रोंसे आँसू बहाते हुए उन सबको सान्त्वना दी, उग्रसेनको कैदसे छुड़ाया और अपने राजपदपर अभिषिक्त कर दिया। राज्यासनपर बैठनेके बाद उग्रसेनने अपने पुत्रके तथा अन्य मरे हुए व्यक्तियोंके पारलौकिक कार्य किये। मृतकोंकी औध्र्वदैहिक क्रिया करनेके पश्चात् जब उग्रसेन पुनः सिंहासन-पर बैठे, तब श्रीकृष्णने उनसे कहा—'महाराज! जो भी आवश्यक कार्य हो, उसके लिये मुझे

निःशङ्क होकर आज्ञा दें। जबतक मैं आपकी सेवामें मौजूद हूँ तबतक आप देवताओंको भी आज्ञा दे सकते हैं, फिर इस पृथ्वीके राजाओंकी तो बात ही क्या है।'

उग्रसेनसे यों कहकर श्रीकृष्ण वायुदेवतासे बोले—"वायो! तुम इन्द्रके पास जाओ और उनसे मेरा यह संदेश कहो—'इन्द्र! तुम अभिमान छोड़कर महाराज उग्रसेनको सुधर्मा सभा दे दो। श्रीकृष्ण कहते हैं, यह राजाके योग्य उत्तम रत्न है; अतः सुधर्मा सभामें यदुवंशियोंका बैठना सर्वथा उचित है।' भगवान्‌के यों कहनेपर वायुदेवने शचीपति इन्द्रसे सब कुछ कहा। इन्द्रने वायुको सुधर्मा सभा दे दी। वह दिव्य सभा सब रत्नोंसे सम्पन्न थी। गोविन्दकी भुजाओंकी छत्र-छायामें रहनेवाले यादव वायुद्वारा लायी हुई उस सभाका उपभोग करने लगे। श्रीकृष्ण और बलभद्र सम्पूर्ण विद्याओंके ज्ञाता तथा पूर्ण ज्ञानस्वरूप थे, तथापि शिष्य और आचार्यकी परम्पराको सुरक्षित रखनेके लिये उन्होंने काश्यगोत्रमें उत्पन्न अवन्तीपुरनिवासी सांदीपनिजीके यहाँ विद्याध्ययनके लिये यात्रा की। बलराम और श्रीकृष्ण दोनों भाई शिष्यता ग्रहण करके निरन्तर गुरु-सेवामें लगे रहते थे। उन्होंने अपने आचरणद्वारा सबको शिष्यके कर्तव्यका उपदेश दिया। चौंसठ दिनोंमें ही रहस्य और संग्रह (अस्त्रोंके उपसंहार)-सहित धनुर्वेदका उन्हें पूर्ण ज्ञान हो गया। यह एक अद्भुत बात थी। उनके अलौकिक और अनहोने कर्मोंको देखकर गुरुने ऐसा समझा कि साक्षात् सूर्य और चन्द्रमा इन दोनोंके रूपमें मेरे यहाँ आये हैं। एक बार बतानेमात्रसे ही सम्पूर्ण अस्त्र-शस्त्रोंका उन्हें ज्ञान हो गया। पूरी विद्या पढ़कर उन्होंने गुरुसे कहा—'भगवन्! आपको क्या गुरुदक्षिणा दी जाय? बताइये।' परम बुद्धिमान् गुरुने भी उनसे अलौकिक कर्मका विचार करके

अपने मरे हुए पुत्रको माँगा, जो प्रभासक्षेत्रमें समुद्रके भीतर डूब गया था। तब बलराम और श्रीकृष्ण हथियार लेकर समुद्रतटपर गये और समुद्रसे बोले—'मेरे गुरुके पुत्रको ले आओ।' समुद्रने हाथ जोड़कर कहा—'भगवन्! मैंने सांदीपनिके पुत्रका अपहरण नहीं किया है। मेरे भीतर पञ्चजन नामका एक दैत्य रहता है, उसका आकार शङ्खका-सा है। उसीने उस बालकको पकड़ लिया था। वह दैत्य आज भी मेरे जलमें मौजूद है।' समुद्रके यों कहनेपर भगवान्‌ने जलमें प्रवेश करके पञ्चजनको मार डाला और उसकी हड्डियोंका उत्तम शङ्ख ग्रहण किया। उसका शब्द सुनकर दैत्योंका बल क्षीण होता, देवताओंकी शक्ति बढ़ती और अधर्मका नाश होता है। तदनन्तर भगवान् श्रीकृष्ण और बलवान् बलरामजी यमपुरीमें गये; वहाँ उन्होंने शङ्ख-नाद किया और वैवस्वत यमको जीतकर गुरुके पुत्रको प्राप्त कर लिया। वह बेचारा वहाँ नरककी यातना भोग रहा था। उसे पहले-जैसा शरीर प्रदानकर दोनों भाइयोंने गुरुको अर्पित किया। तत्पश्चात् वे दोनों बन्धु उग्रसेनद्वारा पालित मथुरापुरीमें चले आये। उनके आगमनसे मथुराके सभी स्त्री-पुरुष प्रसन्न हो गये।

महाबली कंसने जरासंधकी पुत्री अस्ति और प्राप्तिसे विवाह किया था। जरासंध मगधदेशका बलवान् राजा था। वह बहुत बड़ी सेना साथ लेकर अपने दामादको मारनेवाले यदुवंशियोंसहित श्रीकृष्णका वध करनेके लिये क्रोधपूर्वक आया। मथुराके पास पहुँचकर उसने उस पुरीको चारों ओरसे घेर लिया। उसके साथ तेईस अक्षौहिणी सेना थी। बलराम और श्रीकृष्ण थोड़े-से सैनिकोंको साथ ले नगरसे बाहर निकले और उसके बलवान् योद्धाओंके साथ युद्ध करने लगे। उस समय उन्हें अपने पुरातन आयुधोंको ग्रहण करनेकी इच्छा हुई। उनके मनमें ऐसा संकल्प आते ही सुदर्शन चक्र, शार्ङ्गधनुष, बाणोंसे भरा हुआ अक्षय तूणीर और कौमोदकी गदा—ये सभी अस्त्र श्रीकृष्णके हाथमें आ गये। इसी प्रकार बलदेवजीके हाथमें भी उनके अभीष्ट अस्त्र हल और मुसल आ गये। उन दिव्य अस्त्रोंको पाकर श्रीकृष्ण और बलरामने महाराज जरासंधको सेनासहित युद्धमें परास्त कर दिया और फिर वे अपनी पुरीमें लौट आये। दुराचारी जरासंध परास्त होकर भी जीते-जी लौट गया था। अतः श्रीकृष्णने उसे हारा हुआ नहीं समझा। वह पुनः बहुत बड़ी सेनाके साथ मथुरापर चढ़ आया और बलराम तथा श्रीकृष्णसे परास्त होकर भाग खड़ा हुआ। इस प्रकार अत्यन्त दुर्मद मगधराजने श्रीकृष्ण आदि यदुवंशियोंके साथ अठारह बार लोहा लिया। परंतु प्रत्येक युद्धमें उसे यदुवंशियोंद्वारा मुँहकी खानी पड़ी। यद्यपि उसके पास सेना अधिक थी तो भी थोड़ी-सी सेनावाले यादवोंने उसे मार भगाया। इन अनेक युद्धोंमें लड़नेपर भी जो यदुवंशियोंकी सेना सुरक्षित रह गयी, यह चक्रपाणि भगवान् विष्णुके अंशभूत श्रीकृष्णके सामीप्यकी महिमा थी। भगवान् श्रीकृष्ण शत्रुओंपर जो अनेक प्रकारके अस्त्र चलाते थे, यह मनुष्यधर्मका पालन करनेवाले जगदीश्वरकी लीला थी। जो मनसे ही संसारकी सृष्टि और संहार करते हैं, उन्हें शत्रुपक्षका विनाश करनेमें कितने उद्यमकी आवश्यकता है; तथापि मनुष्योंके धर्मका अनुसरण करते हुए बलवानोंसे संधि और हीन बलवालोंके साथ युद्ध करते थे। कहीं साम, दान और कहीं भेदकी नीति दिखाते हुए कहीं-कहींपर दण्डनीतिका भी प्रयोग करते थे और आवश्यकता होनेपर कहीं युद्धसे पलायन भी करते थे। इस प्रकार वे मानव-शरीरकी चेष्टाका अनुसरण करते थे। वास्तवमें यह जगदीश्वरकी

लीला है, जो उनकी इच्छाके अनुसार होती है।

दक्षिणमें एक यवनोंका राजा रहता था, उसने अपने पुत्र कालयवनको अपने राज्यपर अभिषिक्त किया और स्वयं वनमें चला गया। कालयवन बलके मदसे उन्मत्त रहता था। एक बार उसने नारदजीसे पूछा—'पृथ्वीपर बलवान् राजा कौन-कौन-से हैं?' नारदजीने यादवोंको बतलाया। उसने हाथी, घोड़े और रथसहित खरबों म्लेच्छोंकी सेना साथ लेकर यादवोंपर आक्रमणकी तैयारी की। वह प्रतिदिन अविच्छिन्न गतिसे यात्रा करता हुआ मथुराको गया। यादवोंके प्रति उसके हृदयमें बड़ा अमर्ष था। उसके आक्रमणका समाचार जानकर श्रीकृष्णने सोचा—'यदि कालयवनने आकर यादवोंकी सेनाका संहार कर दिया तो अवसर देखकर मगधराज जरासंध भी आक्रमण करेगा और यदि पहले जरासंधने ही आकर हमारी सेनाको क्षीण कर दिया तो बलवान् कालयवन बचे-खुचे सैनिकोंको मार डालेगा। अहो! यदुवंशियोंपर दोनों प्रकारसे संकट उपस्थित है; अतः इससे बचनेके लिये मैं यादवोंके निमित्त अत्यन्त दुर्जय दुर्गका निर्माण करूँगा, जहाँ रहकर स्त्रियाँ भी युद्ध कर सकती हैं, फिर वृष्णियों और यादवोंकी तो बात ही क्या। यदि मैं सोया अथवा बाहर गया होऊँ तो भी उस दुर्गमें रहनेपर दुष्ट शत्रु यादवोंको अधिक कष्ट न दे सकें।' यह सोचकर गोविन्दने समुद्रसे बारह योजन भूमि माँगी और उसीमें द्वारकापुरीका निर्माण किया। उसमें बड़े-बड़े उद्यान शोभा पाते थे। उसकी चहारदीवारी बहुत ऊँची थी। सैकड़ों सरोवरोंसे वह पुरी सुशोभित हो रही थी। उसमें सैकड़ों परकोटे बने हुए थे। वह पुरी इन्द्रकी अमरावती-सी मनोहर जान पड़ती थी। भगवान् श्रीकृष्णने मथुराके निवासियोंको वहाँ पहुँचा दिया और जब कालयवन समीप आ गया, तब वे स्वयं मथुरा लौट आये। मथुराके बाहर कालयवनकी सेनाका पड़ाव था। श्रीकृष्ण अस्त्र-शस्त्र लिये बिना ही मथुरासे बाहर निकले। कालयवनने उन्हें देखा और यह जानकर कि ये ही वासुदेव हैं, बिना अस्त्र-शस्त्रके ही उनका पीछा किया। जिन्हें बड़े-बड़े योगी अपने मनके द्वारा भी नहीं प्राप्त कर सकते, उन्हीं भगवान्को पकड़नेके लिये कालयवन उनके पीछे-पीछे चला। उसके पीछा करनेपर श्रीकृष्ण भी एक बहुत बड़ी गुफामें प्रवेश कर गये, जहाँ महापराक्रमी मुचुकुन्द सोये हुए थे। कालयवनने भी उस गुफामें प्रवेश करके देखा, एक मनुष्य सो रहा है। उसे श्रीकृष्ण समझकर उसे खोटी बुद्धिवाले यवनने लात मारी।

मुचुकुन्दकी आँख खुल गयी और वह यवन राजाकी दृष्टि पड़ते ही उनकी क्रोधाग्निसे जलकर भस्म हो गया।

पूर्वकालमें राजा मुचुकुन्द देवासुर-संग्राममें युद्ध करनेके लिये गये थे। वहाँ उन्होंने बड़े-बड़े

दैत्योंको परास्त किया। युद्ध समाप्त होनेपर उन्हें नींद सताने लगी। तब उन्होंने देवताओंसे दीर्घकालतक निद्रामें पड़े रहनेका वरदान माँगा। देवताओंने कहा—'राजन्! जो तुम्हें सोतेसे उठा देगा, वह तुम्हारे शरीरसे उत्पन्न हुई अग्निसे तत्क्षण जलकर भस्म हो जायगा।' इस प्रकार पापी कालयवनको भस्म करके राजाने मधुसूदनसे पूछा—'आप कौन हैं?' वे बोले—'मैं चन्द्रवंशके भीतर यदुकुलमें उत्पन्न वसुदेव-पुत्र श्रीकृष्ण हूँ।' यह सुनकर उन्होंने सर्वेश्वर श्रीहरिको प्रणाम करके कहा— 'भगवन्! मैंने आपको पहचान लिया। आप श्रीहरिके अंशभूत साक्षात् परमेश्वर हैं। पूर्वकालमें गार्ग्यने कहा था—अट्ठाईसवें द्वापरके अन्तमें यदुकुलमें श्रीहरिका अवतार होगा। वे अवतारधारी श्रीहरि आप ही हैं, इसमें तनिक भी संदेह नहीं है। आप मर्त्यलोकके प्राणियोंका उपकार करनेवाले हैं। आपके इस महान् तेजको मैं नहीं सह सकता। आपकी वाणी महामेघकी गंभीर गर्जनाके समान है। देवासुर-संग्राममें दैत्यपक्षके महान् योद्धा भी आपके जिस महान् तेजको सहन न कर सके, वही तेज आज मेरे लिये भी असह्य है। संसार-सागरमें पड़े हुए जीवके लिये एकमात्र आप ही परमाश्रय हैं, शरणागतोंकी पीड़ा दूर करनेवाले हैं। भगवन्! मुझपर प्रसन्न होइये और मेरे अमङ्गलको हर लीजिये। आप ही समुद्र, पर्वत, नदी, वन, पृथ्वी, आकाश, वायु, जल, अग्नि तथा पुरुष हैं। पुरुषसे भी परे जो व्यापक, जन्म आदि विकारोंसे रहित, शब्द आदिसे शून्य, सदा नवीन तथा वृद्धि और क्षयसे रहित तत्त्व है, वह भी आप ही हैं। देवता, पितर, यक्ष, गन्धर्व, राक्षस, सिद्ध, अप्सरा, मनुष्य, पशु-पक्षी, सर्प, मृग तथा वृक्ष—सब आपसे ही उत्पन्न हुए हैं। इस चराचर जगत्‌में जो कुछ भी भूत या भविष्य, मूर्त्त या अमूर्त्त अथवा स्थूल या सूक्ष्मतर वस्तु है, वह सब आपके सिवा कुछ भी नहीं है। भगवन्! इस संसारचक्रमें आध्यात्मिक आदि तीनों तापोंसे पीड़ित हो सदा भटकते हुए मुझे कभी शान्ति नहीं मिली। नाथ! मैंने मृगतृष्णासे जलकी आशा करके दुःखोंको ही सुख समझकर ग्रहण किया, अतः वे सदा मेरे लिये संतापके ही कारण हुए। प्रभो! राज्य, पृथ्वी, सेना, कोष, मित्र, पुत्र, पत्नी, भृत्य और शब्द आदि विषय—यह सब कुछ मैंने सुख-बुद्धिसे ग्रहण किया; परंतु देवेश्वर! परिणाममें ये सब मेरे लिये संतापप्रद ही सिद्ध हुए हैं। नाथ! देवलोककी उत्तम गतिको प्राप्त देवताओंको भी जब मुझसे सहायता लेनेकी इच्छा हुई, तब वहाँ भी नित्य शान्ति कहाँ है। आप सम्पूर्ण जगत्‌के उद्गम-स्थान हैं। परमेश्वर! आपकी आराधना किये बिना सनातन शान्ति कौन पा सकता है। जिनका चित्त आपकी मायासे मोहित है, वे जन्म-मृत्यु और जरा आदि कष्टोंको भोगकर अन्तमें यमराजका दर्शन करते हैं। तदनन्तर सैकड़ों पाशोंमें आबद्ध हो नरकोंमें अत्यन्त दारुण दुःख भोगते हैं। यह विश्व आपका स्वरूप है। परमेश्वर! मैं अत्यन्त विषयी हूँ और आपकी मायासे मोहित होकर ममताके अगाध गर्त्तमें भटक रहा हूँ। वही मैं आज अपार एवं स्तवन करने योग्य आप परमेश्वरकी शरणमें आया हूँ, जिससे भिन्न दूसरा कोई परम पद नहीं है। मेरा चित्त सांसारिक श्रमसे संतप्त है; अतः मैं निर्वाणस्वरूप आप परमधाम परमात्माकी अभिलाषा करता हूँ।

व्यासजी कहते हैं—परम बुद्धिमान् राजा मुचुकुन्दके इस प्रकार स्तुति करनेपर आदि-अन्तरहित, सर्वभूतेश्वर श्रीहरिने कहा—'नरेश्वर! तुम अपनी इच्छाके अनुसार दिव्य लोकोंमें जाओ और मेरे प्रसादसे उत्तम ऐश्वर्यसे सम्पन्न होकर वहाँके दिव्य भोग भोगो। तत्पश्चात् इस पृथ्वीपर

श्रेष्ठ कुलमें तुम्हारा जन्म होगा। उस समय तुम्हें अपने पूर्वजन्मकी स्मृति बनी रहेगी और मेरी कृपासे तुम मोक्ष प्राप्त कर लोगे।' यह सुनकर राजाने जगदीश्वर भगवान् श्रीकृष्णको प्रणाम किया और गुफासे निकलकर देखा तो सब मनुष्य छोटे-छोटे दिखायी दिये। तब कलियुग आया जान वे तपस्या करनेके लिये गन्धमादन पर्वतपर भगवान् नर-नारायणके आश्रममें चले गये। श्रीकृष्णने भी युक्तिसे शत्रुका वध कराकर मथुरामें आ हाथी, घोड़े और रथसे सुशोभित उनकी सारी सेना अपने अधिकारमें कर ली तथा द्वारकामें ले जाकर राजा उग्रसेनको समर्पित कर दी। अब सम्पूर्ण यादव शत्रुओंके आक्रमणकी आशङ्कासे निर्भय हो गये।

बलरामजीकी व्रजयात्रा, श्रीकृष्णद्वारा रुक्मिणीका हरण तथा प्रद्युम्नके द्वारा शम्बरासुरका वध

व्यासजी कहते हैं—तदनन्तर बलदेवजी अपने बन्धु-बान्धवोंके दर्शनके लिये उत्कण्ठित हो नन्दगाँवमें आये। उस समय सम्पूर्ण गोप और गोपियाँ उनसे पूर्ववत् मिलीं। बलरामजीने सबको आदर देते हुए सबके साथ प्रेमपूर्वक वार्तालाप किया। किन्हींने उनको हृदयसे लगाया। कुछ लोगोंका उन्होंने गाढ़ आलिङ्गन किया तथा कुछ गोप-गोपियोंके साथ बैठकर उन्होंने हास्य-विनोद किया। वहाँ गोपोंने बलरामजीसे अनेकों प्रिय लगनेवाली बातें कहीं। कुछ गोपियाँ उन्हें देखकर प्रेमानन्दमें निमग्न हो गयीं तथा कुछ दूसरी गोपियोंने ईर्ष्यापूर्वक पूछा—'चञ्चल प्रेमरसके आस्वादनमें व्यग्र रहनेवाले नागरी स्त्रियोंके प्रियतम श्रीकृष्ण तो सुखसे हैं न? क्षणिक अनुराग दिखानेवाले श्यामसुन्दर क्या कभी हमारी चेष्टाओंका उपहास करते हुए नगरकी महिलाओंके सौभाग्यका मान नहीं बढ़ाते? क्या श्रीकृष्ण कभी हमारे गीतोंका अनुसरण करनेवाले मधुर स्वरका स्मरण करते हैं? क्या वे एक बार भी अपनी माताको देखनेके लिये यहाँ आयेंगे? अथवा उनकी बात करनेसे हमें क्या लाभ। कोई दूसरी बात करो। यदि हमारे बिना उनका काम चल सकता है तो उनके बिना हमारा भी चल जायगा। हमने उनके लिये पिता, माता, भ्राता, पति और बन्धु-बान्धव—किसको नहीं छोड़ दिया। फिर भी वे कृतज्ञ न हो सके तथापि बलरामजी! क्या श्रीकृष्ण कभी यहाँ आनेके विषयमें भी आपसे बात करते हैं? दामोदर श्रीकृष्णका मन तो नगरकी स्त्रियोंमें आसक्त हो गया है। हमपर अब उनका प्रेम नहीं रहा। अतः अब हमारे लिये उनका दर्शन दुर्लभ ही जान पड़ता है।'

भगवान् श्रीकृष्णने गोपियोंका चित्त आकृष्ट कर लिया था। वे बलभद्रजीको भी 'हे कृष्ण! हे दामोदर!' कहकर पुकारने और जोर-जोरसे हँसने लगीं। तब बलरामजीने श्रीकृष्णके सौम्य, मधुर, प्रेमगर्भित, अभिमानशून्य और अत्यन्त मनोहर संदेश सुनाकर गोपियोंको सान्त्वना दी। फिर गोपोंके साथ प्रेमपूर्वक हास-परिहासयुक्त मनोहर बातें कीं और पहलेकी ही भाँति वे उनके साथ व्रजभूमिमें विचरण करने लगे। दो महीने वहाँ रहकर वे पुनः द्वारकाको चले गये। उनका विवाह राजा रेवतकी कन्या रेवतीसे हुआ। उसके गर्भसे बलरामजीने निशठ और उल्मुक नामक दो पुत्र उत्पन्न किये।

विदर्भ देशमें कुण्डिनपुर नामक एक नगर है, वहाँ राजा भीष्मक राज्य करते थे। उनके पुत्रका

नाम रुक्मी और कन्याका नाम रुक्मिणी था। श्रीकृष्ण रुक्मिणीको प्राप्त करना चाहते थे और मनोहर मुसकानवाली रुक्मिणी भी श्रीकृष्णचन्द्रको पतिरूपमें पानेकी अभिलाषा रखती थी। उन्होंने कुण्डिननरेशसे रुक्मिणीके लिये प्रार्थना भी की, किंतु रुक्मीने द्वेषवश श्रीकृष्णकी प्रार्थना ठुकरा दी। जरासंधकी प्रेरणासे परम पराक्रमी राजा भीष्मकने रुक्मीके साथ मिलकर शिशुपालको अपनी कन्या देनेका निश्चय किया। शिशुपालका विवाह सम्पन्न करनेके लिये जरासंध आदि सभी प्रमुख राजा उसे साथ ले कुण्डिनपुरमें गये। श्रीकृष्ण भी बलभद्र आदि यादवोंके साथ चैद्यनरेशका विवाह देखनेके लिये वहाँ उपस्थित हुए।

विवाह होनेमें एक ही दिनकी देर थी, इसी समय श्रीहरिने बलभद्र आदि बन्धुजनोंपर शत्रुओंके रोकनेका भार रखकर राजकुमारी रुक्मिणीको हर लिया। इससे पौण्ड्रक, दन्तवक्त्र, विदूरथ, शिशुपाल, जरासंध और शाल्व आदि राजा बहुत कुपित हुए। उन्होंने श्रीकृष्णको मार डालनेकी भारी चेष्टा

की, किंतु बलराम आदि यादव वीरोंने सामना करके उन सबको परास्त कर दिया। तब रुक्मीने यह प्रतिज्ञा करके कि 'मैं श्रीकृष्णको युद्धमें मारे बिना कुण्डिनपुरमें प्रवेश नहीं करूँगा,' श्रीकृष्णका पीछा किया; परंतु चक्रपाणि श्रीकृष्णने हाथी, घोड़े, पैदल और रथोंसे युक्त रुक्मीकी चतुरङ्गिणी सेनाका वध करके उसे लीलापूर्वक जीत लिया और पृथ्वीपर गिरा दिया। इस प्रकार रुक्मीको जीतकर मधुसूदनने रुक्मिणीके साथ विधिपूर्वक विवाह किया। रुक्मिणीके गर्भसे बलवान् प्रद्युम्नका जन्म हुआ, जो कामदेवके अंश थे, जिन्हें जन्मके समय ही शम्बरासुरने हर लिया था और जिन्होंने बड़े होनेपर शम्बरासुरका वध किया था।

मुनियोंने पूछा—मुने! शम्बरासुरने वीरवर प्रद्युम्नका अपहरण कैसे किया और महापराक्रमी शम्बर प्रद्युम्नके हाथसे किस प्रकार मारा गया?

व्यासजी बोले—ब्राह्मणो! शम्बरासुर कालके समान विकराल था। उसे यह बात मालूम हो गयी थी कि श्रीकृष्णका पुत्र प्रद्युम्न मेरा वध करेगा; अत: उसने जन्मके छठे दिन ही प्रद्युम्नको सूतिकागृहसे हर लिया और उन्हें ले जाकर समुद्रमें फेंक दिया। वहाँ उस बालकको एक मत्स्यने निगल लिया, किंतु उसकी जठराग्निसे तप्त होनेपर भी बालककी मृत्यु न हो सकी। तदनन्तर मछेरोंने अन्य मछलियोंके साथ उस मत्स्यको भी मारा और असुरोंमें श्रेष्ठ शम्बरासुरको भेंट कर दिया। उसके घरमें मायावती नामकी एक युवती गृहस्वामिनी थी। वह सुन्दरी रसोइयोंका आधिपत्य करती थी। जब मछलीका पेट चीरा गया, तब उसमें मायावतीने एक अत्यन्त सुन्दर बालक देखा, जो जले हुए कामरूपी वृक्षका प्रथम अङ्कुर था। 'यह कौन है? किस प्रकार मछलीके पेटमें आ गया?' इस प्रकार कौतूहलमें पड़ी हुई उस कृशाङ्गी

तरुणीसे नारदजीने कहा—'यह सम्पूर्ण जगत्की सृष्टि, पालन और संहार करनेवाले भगवान् श्रीकृष्णका पुत्र है। इसे शम्बरासुरने सौरीसे चुराकर समुद्रमें फेंक दिया और वहाँ मत्स्यने निगल लिया था। वही यह बालक है, जो आज तुम्हारे हाथ आ गया। सुन्दरी! यह मनुष्योंमें रत्न है। तुम पूर्ण विश्वासके साथ इसका पालन करो।'

देवर्षि नारदके यों कहनेपर मायावतीने उस बालकका पालन किया। उसका अत्यन्त सुन्दर रूप देखकर वह मोहित थी और बचपनसे ही अत्यन्त अनुरागपूर्वक उसकी सेवा करने लगी। जिस समय वह बालक युवावस्थाकी संधिसे सुशोभित हुआ, उस समय वह गजगामिनी बाला प्रद्युम्नके प्रति कामनायुक्त भाव प्रकट करने लगी। मायावतीने महात्मा प्रद्युम्नको सारी माया सिखा दी। उसका मन उन्हींमें रमता था और उसके नेत्र सदा उन्हींको निहारते रहते थे। मायावतीको अपने प्रति आसक्त होते देख कमलनयन प्रद्युम्नने कहा—'तू मातृभावका परित्याग करके यह विपरीत भावना कैसे करती है?' मायावतीने कहा—'तुम मेरे नहीं, भगवान् श्रीकृष्णके पुत्र हो। तुम्हें कालरूपी शम्बरने चुराकर समुद्रमें फेंक दिया था। तुम मुझे मछलीके पेटसे प्राप्त हुए हो। प्रिय! तुम्हारी पुत्रवत्सला माता आज भी तुम्हारे लिये रोती है।'

मायावतीके यों कहनेपर महाबली प्रद्युम्नका चित्त क्रोधसे व्याकुल हो उठा। उन्होंने शम्बरासुरको युद्धके लिये ललकारा और उसकी सारी दैत्यसेनाका संहार करके सातों मायाओंको जीतकर उसके ऊपर आठवीं मायाका प्रयोग किया। उस मायासे प्रद्युम्नने कालरूपी शम्बरको मार डाला और आकाशमार्गसे उड़कर वे मायावतीके साथ अपने पिताके नगरमें आये। अन्तःपुरमें उतरनेपर मायावतीसहित प्रद्युम्नको देखकर श्रीकृष्णकी रानियाँ प्रसन्न हो अनेक प्रकारके संकल्प करने लगीं। रुक्मिणीकी दृष्टि प्रद्युम्नकी ओरसे हटती ही नहीं थी। वे स्नेहमें भरकर कहने लगीं—'यह अवश्य ही किसी बड़भागिनीका पुत्र है। अभी इसकी युवावस्थाका आरम्भ हो रहा है। यदि मेरा पुत्र प्रद्युम्न जीवित होता तो उसकी भी यही अवस्था होती। बेटा! तुमने अपने जन्मसे किस सौभाग्यशालिनी जननीकी शोभा बढ़ायी है? अथवा तुम्हारे प्रति मेरे हृदयमें जैसा स्नेह उमड़ रहा है, उसके अनुसार मैं यह स्पष्टरूपसे कह सकती हूँ कि तुम श्रीहरिके पुत्र हो।'

इसी समय श्रीकृष्णके साथ नारदजी वहाँ आये। उन्होंने अन्तःपुरमें रहनेवाली रुक्मिणी देवीसे प्रसन्नतापूर्वक कहा—'सुभ्रू! यह तुम्हारा पुत्र प्रद्युम्न है। इस समय शम्बरासुरको मारकर यहाँ आया है। कुछ वर्ष पहले शम्बरासुरने ही तुम्हारे पुत्रको सूतिकागृहसे हर लिया था। यह तुम्हारे पुत्रकी सती भार्या मायावती है। यह शम्बरासुरकी पत्नी नहीं है। इसका कारण सुनो। जब शंकरजीके कोपसे कामदेवका नाश हो गया, तब उनके पुनर्जन्मकी प्रतीक्षा करती हुई रतिने अपने मायामय रूपसे शम्बरासुरको मोहित किया। देवि! तुम्हारे पुत्ररूपमें ये कामदेव ही अवतीर्ण हुए हैं और यह उन्हींकी पत्नी रति है। कल्याणी! यह तुम्हारी पुत्रवधू है, इसमें किसी प्रकारकी विपरीत शङ्का न करना।'

यह सुनकर रुक्मिणी और श्रीकृष्णको बड़ा हर्ष हुआ। समस्त द्वारकापुरी 'धन्य! धन्य!' कहने लगी। चिरकालसे खोये हुए पुत्रके साथ माता रुक्मिणीका मिलन देख द्वारकापुरीके सब लोगोंको बड़ा विस्मय हुआ।

श्रीकृष्णकी संतति, अनिरुद्धके विवाहमें रुक्मीका वध, भौमासुरका वध, पारिजात-हरण तथा इन्द्रकी पराजय

व्यासजी कहते हैं—रुक्मिणीने प्रद्युम्नके अतिरिक्त चारुदेष्ण, सुदेष्ण, चारुदेह, सुषेण, चारुगुप्त, भद्रचारु, चारुविन्द, सुचारु और बलवानोंमें श्रेष्ठ चारु नामक पुत्र तथा चारुमती नामकी कन्याको जन्म दिया। रुक्मिणीके सिवा श्रीकृष्णकी सात पटरानियाँ और थीं। उनके नाम ये हैं—कालिन्दी, मित्रविन्दा, राजा नग्नजित्की पुत्री सत्या, जाम्बवान्की कन्या इच्छानुसार रूप धारण करनेवाली रोहिणी देवी (जाम्बवती), अपने शीलसे विभूषित मद्रराजकुमारी भद्रा, सत्राजित्की पुत्री सत्यभामा तथा मनोहर मुसकानवाली लक्ष्मणा। इनके सिवा श्रीकृष्णके सोलह हजार स्त्रियाँ और थीं। महापराक्रमी प्रद्युम्नने रुक्मीकी सुन्दरी कन्याको और उस कन्याने भी श्रीहरिके पुत्र प्रद्युम्नजीको स्वयंवरमें ग्रहण किया। उसके गर्भसे प्रद्युम्नजीके अनिरुद्ध नामक पुत्र हुआ, जो महाबली, महापराक्रमी, युद्धमें कभी रुद्ध (कुण्ठित) न होनेवाला, बलका समुद्र तथा शत्रुओंका दमन करनेवाला था। अनिरुद्धको भी रुक्मीकी पौत्रीने वरण किया। यद्यपि रुक्मी श्रीकृष्णके साथ लाग-डाँट रखता था तो भी उसने अपने दौहित्र अनिरुद्धके साथ पौत्रीका विवाह कर दिया। उस विवाहमें बलराम आदि यदुवंशी श्रीकृष्णके साथ रुक्मीके भोजकट नगरमें गये थे। विवाह हो जानेपर कलिङ्गराज आदिने रुक्मीसे कहा—'राजन्! बलराम जुआ खेलना नहीं जानते, तथापि उन्हें जुएका बड़ा भारी व्यसन है; अत: आज हमलोग उनको जुएसे ही परास्त करें।' 'बहुत अच्छा' कहकर रुक्मीने सभामें बलरामजीके साथ जुएका खेल प्रारम्भ किया। पहले ही दाँवमें बलभद्रजी एक हजार स्वर्णमुद्रा हार गये। उसके बाद भी कई बार उनकी हार हुई। यह देख मूर्ख कलिङ्गराज दाँत दिखाते हुए बलरामजीका उपहास करने लगा। मदोन्मत्त रुक्मीने भी कहा—'बलभद्रको तो द्यूत-विद्याका बिलकुल ज्ञान नहीं है। इसीलिये बार-बार हार खानी पड़ी है। ये व्यर्थ ही घमंडमें आकर अपनेको द्यूत-विद्याका पूर्ण ज्ञाता मानते थे।' तब बलरामजीने क्रोधमें भरकर एक करोड़ स्वर्णमुद्राएँ दाँवपर लगा दीं। रुक्मीने पाँसा फेंका। अबकी बार बलभद्रकी जीत हुई। उन्होंने उच्चस्वरसे कहा—'मैंने जीत लिया।' रुक्मी बोला—'क्यों झूठ बोलते हो। जीत तो मेरी हुई है। तुमने इस दाँवके विषयमें चर्चा अवश्य की थी, परंतु मैंने उसका अनुमोदन तो नहीं किया था। ऐसी दशामें भी यदि तुम्हारी जीत हुई है तो मेरी जीत कैसे नहीं हुई।' इसी समय महात्मा बलरामजीके क्रोधको बढ़ाती हुई आकाशवाणी हुई—'जीत तो बलदेवजीकी ही हुई है। रुक्मी झूठ बोलता है। मुँहसे अनुमोदनसूचक वचन न करनेपर भी जो उसने दाँवको स्वीकार करके पासा फेंका है, इस कर्मसे उसका अनुमोदन सिद्ध हो जाता है।'

इतना सुनते ही बलरामजी क्रोधसे लाल आँखें करके उठ खड़े हुए। उन्होंने जूआ खेलनेके पासेसे ही रुक्मीको मौतके घाट उतार दिया। फिर काँपते हुए कलिङ्गराजको बलपूर्वक धर दबाया और जिन्हें दिखा-दिखाकर वह हँसता था, उन दाँतोंको कुपित होकर तोड़ डाला। फिर सभाभवनके सुवर्णमय विशाल स्तम्भको खींच लिया और क्रोधमें आकर रुक्मीके पक्षमें आये हुए समस्त राजाओंका संहार कर डाला। बलरामजीके कुपित होनेपर सम्पूर्ण राजालोग हाहाकार करते हुए भाग खड़े हुए। बलरामजीके द्वारा रुक्मीको मारा गया सुनकर श्रीकृष्ण चुप रहे। रुक्मिणी और बलराम

दोनोंके संकोचसे वे कुछ बोल न सके। तदनन्तर विवाहके बाद भगवान् श्रीकृष्ण अनिरुद्धसहित यादवोंको साथ ले द्वारका चले आये।

एक दिन त्रिभुवनके स्वामी इन्द्र मतवाले ऐरावतकी पीठपर बैठकर द्वारकामें श्रीकृष्णके पास आये और इस प्रकार बोले—'मधुसूदन! यद्यपि आप इस समय मनुष्यरूपमें स्थित हैं, तथापि आपने रक्षक बनकर देवताओंके सम्पूर्ण दुःख दूर कर दिये हैं। तपस्वीजनोंकी रक्षाके लिये अरिष्ट, धेनुक, प्रलम्ब तथा केशी आदि सब दैत्योंका नाश किया और कंस, कुवलयापीड, बालघातिनी पूतना तथा जितने इस जगत्के उपद्रव थे, उन सबको आपने शान्त कर दिया है। आपके भुजदण्डसे तीनों लोक सुरक्षित होनेके कारण देवता यज्ञोंमें हविष्य ग्रहण करके तृप्त हो रहे हैं। जनार्दन! इस समय मैं जिस उद्देश्यसे आया हूँ, उसे सुनकर उसके प्रतिकारका उपाय करें। भूमिका पुत्र नरक, जो इस समय प्राग्ज्योतिषपुरका स्वामी है, सम्पूर्ण भूतोंका विनाश कर रहा है। जनार्दन! उसने देवताओं, सिद्धों और राजाओंकी कन्याओंका अपहरण करके अपने महलमें कैद कर रखा है। वरुणका छत्र, जिससे जलकी बूँदें चूती रहती हैं, अपने अधिकारमें कर लिया है। मन्दराचलके शिखर मणिपर्वतको भी हरण कर लिया है; इतना ही नहीं, नरकासुरने मेरी माता अदितिके दोनों दिव्य कुण्डल भी, जिनसे अमृत झरता रहता है, हर लिये हैं। अब वह मुझसे ऐरावत हाथी लेना चाहता है। गोविन्द! उसका यह दुराचार मैंने आपसे निवेदन कर दिया। इसके बदलेमें उसके साथ जो कुछ करना चहिये, वह आप स्वयं ही विचारें।'

यह सुनकर भगवान् देवकीनन्दन मुसकराये और इन्द्रका हाथ पकड़कर अपने सिंहासनसे उठे। उन्होंने गरुड़का आवाहन किया। चिन्तन करते ही गरुड़ आ पहुँचे। भगवान् सत्यभामाको बिठाकर स्वयं भी गरुडपर सवार हुए और प्राग्ज्योतिषपुरकी ओर चल दिये। इन्द्र भी द्वारकावासियोंके देखते-देखते ऐरावत हाथीपर सवार हुए और प्रसन्नचित्त हो देवलोकको चले गये। प्राग्ज्योतिषपुरके चारों ओर सौ योजनोंतक भयंकर पाशों (लोहेके कँटीले तारों)-का घेरा बना था। शत्रुओंकी सेनाको रोकनेके लिये वे पाश लगाये गये थे। श्रीहरिने सुदर्शन चक्र चलाकर उन सब पाशोंको काट डाला। तब मुर नामक दैत्यने खड़े होकर भगवान्का सामना किया, किंतु भगवान्ने उसे मार डाला। मुरके सात हजार पुत्र थे, श्रीहरिने चक्रकी धाररूप अग्निसे उन सबको पतंगोंकी भाँति भस्म कर दिया। मुरको मारकर उन्होंने हयग्रीव और पञ्चजनको भी यमलोक पठाया तथा बड़ी उतावलीके साथ प्राग्ज्योतिषपुरपर धावा किया। नरक बहुत बड़ी सेनाके साथ सामने आया। उसके साथ श्रीकृष्णका घोर युद्ध हुआ। उसमें श्रीगोविन्दने सहस्रों दैत्योंका संहार किया। भूमिपुत्र नरक अस्त्र-शस्त्रोंकी वृष्टि कर रहा था। दैत्य-मण्डलका विनाश करनेवाले श्रीहरिने चक्र चलाकर उस असुरके दो टुकड़े कर दिये। नरकके मारे जानेपर भूमि अदितिके दोनों कुण्डल लेकर उपस्थित हुईं और जगदीश्वर श्रीकृष्णसे इस प्रकार बोलीं—'नाथ! आपने वाराहरूप धारण करके जिस समय मुझे उठाया था, उस समय आपका स्पर्श होनेपर मेरे गर्भसे यह पुत्र उत्पन्न हुआ था, अतः इसे आपने ही दिया और आपने ही मार गिराया। ये दोनों कुण्डल लीजिये और नरकासुरकी संतानकी रक्षा कीजिये। प्रभो! मेरा ही भार उतारनेके लिये आप अंशसहित अवतार धारण करके इस लोकमें आये हैं। आप ही कर्ता, विकर्ता (बिगाड़नेवाले) और संहर्ता (नाश करनेवाले) हैं। आप ही अविनाशी कारण हैं और आप ही जगत्स्वरूप हैं। अच्युत! मैं आपकी क्या स्तुति

कर सकती हूँ। आप परमात्मा, जीवात्मा और अविनाशी भूतात्मा हैं। अतः आपकी स्तुति हो ही नहीं सकती। फिर किसलिये असम्भव चेष्टा की जाय। सर्वभूतात्मन्! मुझपर प्रसन्न होइये। नरकासुरने जो अपराध किया है, उसे क्षमा कीजिये। वह आपका पुत्र था, अतः उसे दोषरहित करनेके लिये ही आपने मारा है।'

भूतभावन भगवान् श्रीकृष्णने पृथ्वीकी प्रार्थना सुनकर 'तथास्तु' कहा। नरकासुरके महलमें जो रत्न थे, उन्हें अपने अधिकारमें कर लिया। अन्तःपुरमें जाकर उन्होंने सोलह हजार एक सौ कन्याएँ देखीं। चार दाँतवाले छः हजार हाथी और काम्बोज देशके इक्कीस लाख घोड़े भी देखे। श्रीगोविन्दने उन कन्याओं, हाथियों और घोड़ोंको द्वारकापुरी भेज दिया। वरुणके छत्र और मणिपर्वतपर भी दृष्टि पड़ी। उन्हें भगवान्ने पक्षिराज गरुडपर रख लिया। फिर सत्यभामाके साथ स्वयं भी गरुड़पर सवार हो अदितिको कुण्डल देनेके लिये स्वर्गलोकमें गये।

वरुणके छत्र, मणिपर्वत और पत्नीसहित श्रीकृष्णको पीठपर लिये गरुड़जी मौजसे चले जा रहे थे। स्वर्गके द्वारपर पहुँचकर श्रीकृष्णने शङ्ख बजाया। शङ्खकी आवाज सुनकर सम्पूर्ण देवता अर्घ्यपात्र लिये भगवान्की सेवामें उपस्थित हुए। उनके द्वारा पूजित हो भगवान् श्रीकृष्ण देवमाता अदितिके महलमें गये। वह भव्य भवन श्वेत बादलोंके समान धवल और पर्वत-शिखरके सदृश ऊँचा था। उसमें प्रवेश करके भगवान्ने अदितिको देखा और इन्द्रसहित उनके चरणोंमें प्रणाम किया। फिर दोनों दिव्य कुण्डल उन्हें अर्पित किये और नरकासुरके मारे जानेका समाचार भी कह सुनाया। इससे जगन्माता अदितिको बड़ी प्रसन्नता हुई। उन्होंने भगवान्में मन लगाकर जगदाधार श्रीहरिका इस प्रकार स्तवन किया।

अदिति बोलीं—भक्तोंको अभय देनेवाले कमलनयन परमेश्वर! आपको नमस्कार है। आप सनातन आत्मा, भूतात्मा, सर्वात्मा और भूतभावन हैं। मन, बुद्धि और इन्द्रियोंके प्रेरक हैं। गुणस्वरूप! आप श्वेत, दीर्घ आदि सम्पूर्ण कल्पनाओंसे रहित हैं, जन्म आदि विकारोंसे पृथक् हैं तथा स्वप्न आदि तीनों अवस्थाओंसे परे हैं; आपको नमस्कार है। अच्युत! सन्ध्या, रात्रि, दिन, भूमि, आकाश, वायु, जल, अग्नि, मन, बुद्धि और अहंकार—सब आप ही हैं। ईश्वर! आप ब्रह्मा, विष्णु और शिव नामक अपनी मूर्तियोंसे जगत्की सृष्टि, स्थिति और संहार करनेवाले हैं। आप कर्ताओंके भी अधिपति हैं। यह चराचर जगत् आपकी मायाओंसे व्याप्त है। जनार्दन! अनात्म वस्तुमें जो आत्मबुद्धि होती है, वह आपकी माया है। उसीके द्वारा अहंता और ममताका भाव उत्पन्न होता है। नाथ! इस संसारमें जो कुछ होता है, वह सब आपकी मायाकी ही चेष्टा है। भगवन्! जो मनुष्य अपने धर्ममें तत्पर हो आपकी निरन्तर आराधना करते हैं, वे अपनी मुक्तिके लिये इस सारी मायाको तर

जाते हैं। ब्रह्मा आदि सम्पूर्ण देवता, मनुष्य और पशु—ये सभी श्रीविष्णुमायाके महान् भँवरमें पड़े हुए मोहान्धकारसे आवृत हैं। भगवन्! जो आपकी आराधना करके भोगोंको प्राप्त करना चाहते हैं, वे आपकी मायाद्वारा बँधे हुए हैं। मैंने भी पुत्रकी कामनासे और शत्रुपक्षका नाश करनेके लिये आपकी आराधना की है, मोक्षके लिये नहीं। यह आपकी मायाका ही विलास है। पुण्यरहित मनुष्य यदि कल्पवृक्षसे भी कौपीनमात्र ही लेनेकी इच्छा करे तो यह अपराध उसके अपने ही पापकर्मोंका है। अपनी मायासे सम्पूर्ण जगत्‌को मोहित करनेवाले अविनाशी परमेश्वर! मुझपर प्रसन्न होइये। ज्ञानस्वरूप सम्पूर्ण भूतेश्वर! मेरे अज्ञानका नाश कीजिये। आपके हाथोंमें चक्र, शार्ङ्गधनुष, गदा और शङ्ख शोभा पाते हैं। विष्णो! आपको बारंबार नमस्कार है। परमेश्वर! शङ्ख-चक्र आदि स्थूल चिह्नोंसे सुशोभित आपके इस रूपका मैं दर्शन करती हूँ। आपका जो परम सूक्ष्म स्वरूप है, उसको मैं नहीं जानती। आप मुझपर प्रसन्न होइये।'

देवमाता अदितिके इस प्रकार स्तुति करनेपर भगवान् श्रीकृष्ण हँसकर बोले—'देवि! आप हम सब लोगोंकी माता हैं, अतः आप ही प्रसन्न होकर हमें वरदान दें।'

अदिति बोलीं—एवमस्तु। नरश्रेष्ठ! जैसी आपकी इच्छा है, मैं वही करूँगी। आप मर्त्यलोकमें सम्पूर्ण देवताओं और असुरोंसे अजेय होंगे।

तदनन्तर सत्यभामाने इन्द्राणीसहित अदितिको प्रणाम किया और कहा—'देवि! आप मुझपर भी प्रसन्न हों।' अदितिने कहा—'सुभ्रू! मेरी कृपासे तुम्हें वृद्धावस्था और कुरूपता नहीं स्पर्श कर सकती। तुम्हारी सम्पूर्ण कामनाएँ पूर्ण होंगी।' तत्पश्चात् अदितिकी आज्ञासे देवराज इन्द्रने भगवान् श्रीकृष्णका आदरपूर्वक पूजन किया। श्रीकृष्ण भी सत्यभामाके साथ देवताओंके नन्दनवन आदि सम्पूर्ण उद्यानोंमें घूमने-फिरने लगे। एक स्थानपर भगवान् श्रीकृष्णने पारिजातका वृक्ष देखा, जो परम सुगन्धित मञ्जरियोंसे सुशोभित, शीतलता और आह्लाद प्रदान करनेवाला, ताम्रवर्णके पल्लवोंसे अलंकृत और सुवर्णके समान कान्तिमान् था। अमृतके लिये समुद्रका मन्थन होते समय वह प्रकट हुआ था। उसे देखकर सत्यभामाने श्रीगोविन्दसे कहा—'नाथ! इस वृक्षको आप द्वारका क्यों नहीं ले चलते। आप कहते हैं, सत्यभामा मुझे बड़ी प्रिय है। यदि आपकी यह बात सत्य हो तो मेरे घरके आँगनकी शोभा बढ़ानेके लिये इस वृक्षको ले चलिये।'

सत्यभामाके यों कहनेपर भगवान् श्रीकृष्णने पारिजातको गरुड़पर रख लिया। यह देख उस वनके रक्षकोंने कहा—'गोविन्द! देवराजकी महारानी जो शची हैं, उनका इस पारिजातपर अधिकार है। आप उनके इस प्रिय वृक्षको न ले जाइये। देवताओंने अमृतमन्थनके समय महारानी शचीको विभूषित करनेके लिये ही इस वृक्षको प्रकट किया था। आप इसे लेकर कुशलपूर्वक नहीं जा सकते।

आप अज्ञानवश ही इसे ले जानेकी अभिलाषा करते हैं। भला, इस पारिजातको लेकर कौन कुशलसे जा सकता है। देवराज इन्द्र इसका बदला लेनेके लिये अवश्य आयेंगे। जब वे हाथमें वज्र लेकर आगे बढ़ेंगे, तब सम्पूर्ण देवता भी उनका साथ देंगे; अतः सम्पूर्ण देवताओंके साथ आपको विवाद करनेसे क्या लाभ। अच्युत! जिस कार्यका परिणाम कटु हो, उसकी विद्वान् पुरुष प्रशंसा नहीं करते।'

वनरक्षकोंके यों कहनेपर सत्यभामा देवी अत्यन्त कुपित होकर बोलीं—'शची अथवा देवराज इन्द्र इस पारिजातको लेनेवाले कौन होते हैं। यदि यह अमृतमन्थनके समय समुद्रसे निकला है, तब तो इसपर सम्पूर्ण लोकोंका समान अधिकार है। इसे इन्द्र अकेले कैसे ले सकते हैं। यदि अपने पतिकी भुजाओंके बलका अधिक घमंड होनेके कारण शची इस वृक्षको रोकती है तो तुमलोग शीघ्र शचीके पास जाकर मेरी यह बात कहो—'सत्यभामा अपने पतिपर गर्व करके धृष्टतापूर्वक कहती है कि यदि तुम अपने पतिको अत्यन्त प्रिय हो तो पारिजात वृक्षको लेकर जाते हुए मेरे पतिको उनके द्वारा रोको।'

यह सुनकर रक्षकोंने शचीके पास जा सत्यभामाकी कही हुई सारी बातें ज्यों-की-त्यों सुना दीं। शचीने भी अपने स्वामी देवराज इन्द्रको युद्धके लिये उत्साहित किया। तब इन्द्र पारिजातके लिये सम्पूर्ण देवसेनाको साथ ले श्रीहरिसे युद्ध करनेको उद्यत हुए। जब इन्द्र हाथमें वज्र लेकर युद्ध करनेके लिये खड़े हुए, तब समस्त देवता भी परिघ, खड्ग, गदा और शूल आदि आयुधोंके साथ तैयार हो गये। भगवान् श्रीकृष्णने देखा इन्द्र ऐरावतपर सवार हो देवपरिवारको साथ ले युद्धके लिये उपस्थित हैं; तब उन्होंने पाञ्चजन्य शङ्ख बजाया। उसकी ध्वनिसे सम्पूर्ण दिशाएँ गूँज उठीं। साथ ही उन्होंने सहस्रों और लाखों बाणोंकी वर्षा आरम्भ कर दी। उन बाणोंसे सम्पूर्ण दिशाएँ और आकाश आच्छादित हो गये। यह देख सम्पूर्ण देवता भी अनेक प्रकारके अस्त्र-शस्त्रोंकी वर्षा करने लगे। सम्पूर्ण जगत्के स्वामी भगवान् मधुसूदनने देवताओंके छोड़े हुए एक-एक अस्त्र-शस्त्रके खेल-खेलमें ही हजारों टुकड़े कर डाले। पक्षिराज गरुड़ने वरुणके पाशको खींच लिया और छोटे-छोटे साँपोंके शरीरकी भाँति उसके खण्ड-खण्ड कर डाले। भगवान् देवकीनन्दनने यमराजके चलाये हुए दण्डको गदाकी मारसे टूक-टूक करके पृथ्वीपर गिरा दिया। कुबेरकी शिबिकाको चक्रसे तिल-तिल करके काट डाला। सूर्य और चन्द्रमा उनकी दृष्टि पड़ते ही अपना तेज और प्रभाव खो बैठे। अग्निदेवके सैकड़ों टुकड़े हो गये। आठों वसुओंने भगवान्के बाणोंकी चोट खाकर आठों दिशाओंकी शरण ली। ग्यारह रुद्र भी धराशायी हो गये। उनके त्रिशूलोंके अग्रभाग चक्रकी धारसे छिन्न-भिन्न हो गये। साध्य, विश्वेदेव, मरुद्गण और गन्धर्व शार्ङ्गधनुषधारी भगवान् श्रीकृष्णके बाणोंसे आहत हो सेमरकी रूईके समान आकाशमें उड़ने लगे। गरुड़ तो सदा आकाशमें ही चलनेवाले ठहरे। उन्होंने चोंचसे, पंखोंसे और पंजोंसे भी देवताओं और दानवोंको घायल कर डाला।

तदनन्तर देवराज इन्द्र और भगवान् मधुसूदन एक-दूसरेपर हजार-हजार बाणोंकी वृष्टि करने लगे, मानो दो मेघ परस्पर जलकी धाराएँ बरसाते हों। ऐरावत और गरुडमें घमासान युद्ध होने लगा। जब सब प्रकारके अस्त्र-शस्त्र कटकर गिर गये, तब इन्द्रने वज्र और श्रीकृष्णने सुदर्शन चक्र हाथमें लिया। उन दोनोंको वज्र और चक्र हाथमें लिये देख चराचर जीवोंसहित सम्पूर्ण त्रिलोकीमें

हाहाकार मच गया। अन्ततोगत्वा इन्द्रने वज्रको चला ही दिया, किंतु भगवान् श्रीकृष्णने उसे हाथमें पकड़ लिया। उन्होंने अपना चक्र नहीं छोड़ा। केवल इतना ही कहा, 'खड़ा रह, खड़ा

रह।' देवराजका वज्र व्यर्थ हो गया और उनके वाहनको गरुड़ने क्षत-विक्षत कर डाला; अतः वे रणभूमिसे भागने लगे। उस समय सत्यभामाने कहा—'त्रिलोकीनाथ! आप तो महारानी शचीके पति हैं। आपका युद्धभूमिसे भागना उचित नहीं। पारिजात-पुष्पोंके हारसे सुशोभित एवं प्रेमपूर्वक आयी हुई शचीको यदि आप पहलेकी भाँति विजयी होकर नहीं देखेंगे तो आपके लिये यह देवराजका पद कैसा प्रतीत होगा। इन्द्र! अब अधिक प्रयास करनेकी आवश्यकता नहीं। आप लज्जाका अनुभव न करें। आप यह पारिजात ले जाइये, जिससे देवताओंकी पीड़ा दूर हो। मैं आपके घर गयी थी, किंतु शचीने पतिके गर्वसे उन्मत्त होकर मुझे आदरके साथ नहीं देखा। मैं भी स्त्री ही ठहरी और मुझे भी अपने पतिपर गर्व है, तथा स्त्री होनेके कारण मेरा चित्त भी अधिक गम्भीर नहीं है; इसलिये मैंने आपके साथ युद्ध ठान दिया। यह पारिजात दूसरेका धन है। इसका अपहरण करनेसे मुझे कोई लाभ नहीं।'

सत्यभामाके यों कहनेपर देवराज इन्द्र लौट आये और बोले—'मानिनी! खेदको अधिक बढ़ानेसे क्या लाभ। जो सम्पूर्ण जगत्की सृष्टि, पालन और संहार करनेवाले हैं, उन विश्वरूपधारी परमेश्वरसे युद्धमें हार जानेपर भी मुझे लज्जा नहीं हो सकती। देवि! जिनका आदि, अन्त और मध्य नहीं है, जिनमें सम्पूर्ण जगत्की स्थिति है, जिनसे इसकी उत्पत्ति हुई है और जिन सर्वभूतमय परमेश्वरसे ही इसका संहार होगा, उन सृष्टि, पालन और संहारके कारणभूत परमात्मासे परास्त होनेपर मुझे लज्जा क्यों होने लगी। जिनकी अत्यन्त अल्प और सूक्ष्म मूर्तिको, जो सम्पूर्ण जगत्की जननी है, सब वेदोंके ज्ञाता होनेपर भी दूसरे मनुष्य नहीं जान पाते, जो स्वेच्छासे ही सदा जगत्का उपकार करते हैं, उन अजन्मा, अकर्ता तथा सबके आदिभूत इन सनातन परमेश्वरको जीतनेमें कौन समर्थ हो सकता है।'

व्यासजी कहते हैं—देवराज इन्द्रके इस प्रकार स्तुति करनेपर भगवान् श्रीकृष्णने गम्भीर भावसे हँसकर कहा—'जगत्पते! आप देवराज इन्द्र हैं और हम मनुष्य हैं। आपको मेरे द्वारा किया हुआ यह अपराध क्षमा करना चाहिये। यह रहा आपका पारिजात वृक्ष। इसे इसके योग्य स्थानपर ले जाइये। इन्द्र! मैंने तो केवल सत्यभामाकी बात रखनेके लिये ही इसको ले लिया था। आपने मेरे ऊपर जो वज्र चलाया था, उसे भी लीजिये। यह शत्रुसंहारक अस्त्र आपका ही है।'

इन्द्र बोले—प्रभो! मैं मनुष्य हूँ—यों कहकर आप मुझे क्यों मोहमें डाल रहे हैं। भगवन्! हम

तो आपके इस सगुण-स्वरूपको ही जानते हैं। आपके सूक्ष्म स्वरूपका ज्ञान हमें नहीं है। जगन्नाथ! आप जो कोई भी हों, इस समय जगत्की रक्षामें तत्पर हैं। असुरसूदन! आप संसारका कण्टक दूर कर रहे हैं। श्रीकृष्ण! यह पारिजात आप द्वारकापुरीको ले जायँ। जब आप मर्त्यलोक छोड़ देंगे, तब यह पृथ्वीपर नहीं रहेगा।

'बहुत अच्छा' कहकर भगवान् श्रीहरि भूलोकमें चले आये। उस समय सिद्ध, गन्धर्व तथा ऋषि-महर्षि उनकी स्तुति कर रहे थे। उत्तम पारिजात वृक्ष लेकर श्रीकृष्ण सहसा द्वारकापुरीके ऊपर जा पहुँचे। उन्होंने शङ्ख बजाकर द्वारकावासियोंके हृदयमें हर्ष भर दिया। फिर सत्यभामाके साथ गरुडसे उतरकर पारिजातको उनके आँगनमें लगाया। उसके नीचे जानेपर सब लोगोंको अपने पूर्वजन्मकी बातें याद आ जाती थीं। उसके फूलोंकी सुगन्धसे बारह कोसतककी पृथ्वी सुवासित रहती थी। सम्पूर्ण यादवोंने उस वृक्षके पास जाकर जब अपना मुख देखा, तब उन्होंने अपनेको अमानव—देवतातुल्य पाया।

भगवान् श्रीकृष्णका सोलह हजार स्त्रियोंसे विवाह और उनकी संतति तथा उषाका अनिरुद्धके साथ विवाह

व्यासजी कहते हैं—नरकासुरके सेवकोंने जो हाथी, घोड़े, धन, रत्न तथा स्त्रियोंको द्वारकामें पहुँचाया था, वह सब श्रीकृष्णने ले लिया। शुभ मुहूर्त्त आनेपर जनार्दनने नरकासुरके महलसे लायी हुई समस्त कन्याओंके साथ विवाह किया। एक ही समय श्रीगोविन्दने अनेक रूप धारण करके उन सबका स्वधर्मके अनुसार विधिपूर्वक पाणिग्रहण किया। सोलह हजार एक सौ स्त्रियाँ थीं, अत: भगवान् मधुसूदनने भी उतने ही रूप धारण किये थे। प्रत्येक कन्या यह समझती थी कि भगवान् श्रीकृष्णने केवल मेरा पाणिग्रहण किया है। जगत्की सृष्टि करनेवाले विश्वरूपधारी श्रीहरि रात्रिके समय उन सभी स्त्रियोंके महलोंमें निवास करते थे।

श्रीहरिके रुक्मिणीके गर्भसे उत्पन्न हुए प्रद्युम्न आदि पुत्रोंकी चर्चा पहले की जा चुकी है। सत्यभामाने भानु आदि पुत्रोंको जन्म दिया। जाम्बवतीसे साम्ब आदिका जन्म हुआ। नाग्नजिती (सत्या)-से भद्रविन्द आदि और शैब्या (मित्रविन्दा)-से संग्रामजित् आदि पुत्र उत्पन्न हुए। माद्रीके गर्भसे वृक आदिका जन्म हुआ। लक्ष्मणाने गात्रवान् आदि पुत्र प्राप्त किये। कालिन्दीसे श्रुत आदिकी उत्पत्ति हुई। इसी प्रकार भगवान्की अन्य पत्नियोंके गर्भसे जो पुत्र उत्पन्न हुए थे, उन सबकी संख्या अट्ठासी हजार आठ सौके लगभग थी। रुक्मिणीनन्दन प्रद्युम्न श्रीकृष्णके समस्त पुत्रोंमें श्रेष्ठ थे। प्रद्युम्नसे अनिरुद्ध और अनिरुद्धसे वज्रका जन्म हुआ। अनिरुद्ध संग्राममें कभी रुकते नहीं थे। वे बड़े बलवान् थे। उन्होंने बलिकी पौत्री और बाणासुरकी पुत्री उषाके साथ विवाह किया था। उस विवाहमें भगवान् श्रीकृष्ण तथा शंकरमें बड़ा भयंकर युद्ध हुआ था। उस समय श्रीकृष्णने चक्रसे बाणासुरकी सहस्त्र भुजाएँ काट डालीं।

मुनियोंने पूछा—ब्रह्मन्! उषाके लिये महादेवजी तथा श्रीकृष्णमें युद्ध क्यों हुआ तथा श्रीहरिने बाणासुरकी भुजाओंका उच्छेद क्यों किया? महाभाग! आप यह सम्पूर्ण वृत्तान्त हमें बताइये। इस सुन्दर कथाको सुननेके लिये हमें बड़ा कौतूहल हो रहा है।

व्यासजीने कहा—ब्राह्मणो! बाणासुरकी पुत्री उषाको स्वप्नमें किसी पुरुषने आलिङ्गन किया। उषाका भी उसके प्रति अनुराग हो गया। इतनेमें

ही उसकी नींद खुल गयी। जागनेपर उस पुरुषको न देखनेके कारण उषा उत्कण्ठित होकर बोल उठी—'प्यारे! तुम कहाँ चले गये?' उस समय उसे लज्जाका ध्यान न रहा। बाणासुरके मन्त्री कुम्भाण्डके एक कन्या थी, जिसका नाम चित्रलेखा था। वह उषाकी सखी थी। उसने पूछा—'राजकुमारी! तुम किसे पुकारती हो?' यह सुनकर वह लाजसे गड़-सी गयी। मुँहसे एक शब्द भी बोल न सकी। तब चित्रलेखाने उसे बहुत विश्वास दिलाया और सब बातें उसके मुखसे निकलवा लीं। चित्रलेखाको जब यथार्थ बात मालूम हो गयी, तब उषाने उससे कहा—'पार्वतीदेवीने मुझे इसी प्रकार पतिकी प्राप्ति होनेका वरदान दिया है; अतः तुम उस पुरुषको प्राप्त करनेके लिये जो उपाय हो सके, उसे करो।'

तब चित्रलेखाने एक पटपर प्रधान-प्रधान देवताओं, दैत्यों, गन्धर्वों और मनुष्योंका चित्र लिखकर उषाको दिखाया। उषाने गन्धर्वों, नागों, देवताओं और दैत्योंको छोड़कर मनुष्योंकी ओर दृष्टि दी। उनमें भी अन्धक और वृष्णिवंशोंके लोगोंपर विशेष ध्यान दिया। श्रीकृष्ण और बलरामके चित्रोंको देखकर वह सुन्दरी कुछ लज्जित हो गयी। प्रद्युम्नको देखनेपर उसने लज्जासे आँखें फेर लीं, परंतु अनिरुद्धपर दृष्टि पड़ते ही न जाने उसकी लज्जा कहाँ चली गयी। वह सहसा बोल उठी—'ये ही हैं, ये ही मेरे प्रियतम हैं।' उषाके यों कहनेपर योगगामिनी चित्रलेखा उसे सान्त्वना दे द्वारकापुरीको गयी।

एक बार बाणासुरने भगवान् शंकरको प्रणाम करके कहा था—'देव! युद्धके बिना इन हजार भुजाओंसे मुझे बड़ा खेद हो रहा है; क्या कभी ऐसे युद्धका अवसर आयेगा, जब कि ये मेरी भुजाएँ सफल होंगी?' यदि युद्ध न हो तो इन भुजाओंसे क्या लाभ। फिर तो ये मेरे लिये भाररूप ही सिद्ध होंगी। यह सुनकर महादेवजीने कहा—'जिस समय तुम्हारी मयूर-चिह्नवाली ध्वजा टूट जायगी, उस समय तुम्हें वैसा युद्ध प्राप्त होगा।' इससे बाणासुरको बड़ी प्रसन्नता हुई। वह भगवान् शिवको प्रणाम करके घर चला आया। कुछ कालके बाद उसकी मयूर-ध्वजा टूटकर गिर गयी। यह देखकर उसके हर्षकी सीमा न रही। इसी समय चित्रलेखा अपनी योगविद्याके बलसे अनिरुद्धको बाणासुरके भवनमें ले आयी। अनिरुद्ध कन्याके अन्तःपुरमें उषाके साथ विहार करने लगे। यह बात अन्तःपुरके रक्षकोंको मालूम हो गयी। उन्होंने दैत्यराजसे सब हाल कह सुनाया। बाणासुरने अपने सेवकोंको अनिरुद्धसे युद्ध करनेकी आज्ञा दी, किंतु शत्रुवीरोंका दमन करनेवाले अनिरुद्धने लोहेका परिघ लेकर उन सबको मार डाला। सेवकोंके मारे जानेपर बाणासुर स्वयं ही रथपर आरूढ़ हो अनिरुद्धका वध करनेके लिये उद्यत हुआ। अपनी शक्तिभर युद्ध करनेपर भी जब उसे वीरवर अनिरुद्धजीने परास्त कर दिया, तब वह मन्त्रीकी प्रेरणासे मायाद्वारा युद्ध करने लगा। इस प्रकार उसने यदुनन्दन अनिरुद्धको नागपाशसे बाँध लिया।

उधर द्वारकामें अनिरुद्धकी खोज हो रही थी। समस्त यदुवंशी आपसमें कह रहे थे कि 'अनिरुद्ध सहसा कहाँ चले गये?' उसी समय देवर्षि नारदजी द्वारकामें पहुँचे और उन्होंने बताया कि 'अनिरुद्धको बाणासुरने शोणितपुरमें बाँध रखा है। उन्हें योगविद्यामें चतुर युवती चित्रलेखा अपने साथ ले गयी थी।' यदुवंशियोंको इस बातपर विश्वास हो गया। फिर तो भगवान् श्रीकृष्णने गरुड़का आवाहन किया। वे स्मरण करते ही आ पहुँचे। भगवान् श्रीकृष्ण बलराम और प्रद्युम्नके साथ गरुड़पर आरूढ़ हो बाणासुरके नगरमें गये। पुरीमें प्रवेश करते समय

महाबली प्रमथोंके साथ उनका युद्ध हुआ। श्रीहरि उन सबका संहार करके बाणासुरके भवनके निकट गये। तत्पश्चात् तीन पैर और तीन मस्तकवाले माहेश्वर ज्वरने बाणासुरकी रक्षाके लिये शार्ङ्गधन्वा श्रीकृष्णके साथ युद्ध किया। उसके फेंके हुए भस्मके स्पर्शसे श्रीकृष्णका शरीर संतप्त हो उठा और उससे छू जानेपर बलदेवजीने भी शिथिल होकर अपने नेत्र मूँद लिये। इस प्रकार श्रीकृष्णके साथ युद्ध करते हुए माहेश्वर ज्वरपर शीघ्र ही वैष्णव ज्वरने आक्रमण किया और उसको भगवान्के शरीरसे बाहर निकाल दिया। उस समय भगवान् नारायणकी भुजाओंके आघातसे माहेश्वर ज्वरको बड़ी पीड़ा हुई। वह व्याकुल हो उठा। यह देख पितामह ब्रह्माजीने आकर कहा—'भगवन्! इसे क्षमा कीजिये।' भगवान् बोले—'अच्छा, मैंने क्षमा कर दिया।' यों कहकर उन्होंने वैष्णव ज्वरको अपनेमें ही लीन कर लिया। तब माहेश्वर ज्वरने कहा—'भगवन्! जो मनुष्य आपके साथ मेरे युद्धका स्मरण करेंगे, वे ज्वरहीन हो जायँगे।' यों कहकर वह चला गया।

तदनन्तर भगवान् श्रीकृष्णने पाँच अग्नियोंको जीतकर उन्हें नष्ट कर डाला और दानवोंकी सेनाका खेल-खेलमें ही विध्वंस कर दिया, यह देख बलिकुमार बाणासुर सम्पूर्ण दैत्योंकी सेना साथ ले भगवान्से युद्ध करने लगा। भगवान् शिव तथा कार्तिकेयजीने भी उसका साथ दिया। श्रीहरि तथा शंकरजीमें बड़ा भयंकर युद्ध हुआ। उनके चलाये हुए नाना प्रकारके अस्त्र-शस्त्रोंकी मारसे पीड़ित हो समस्त लोक क्षुब्ध हो उठे। उस महायुद्धको होते देख देवताओंने समझा 'निश्चय ही समस्त संसारके लिये प्रलयकाल आ गया।' तब भगवान् श्रीकृष्णने जृम्भणास्त्रके द्वारा शंकरजीको स्तब्ध कर दिया। वे युद्ध छोड़कर जँभाई लेने लगे। यह देख दैत्य और प्रमथगण चारों दिशाओंमें भाग गये। भगवान् शंकर जृम्भासे विवश हो रथके पिछले भागमें बैठ गये। उस समय वे अनायास ही सब कुछ करनेवाले श्रीकृष्णके साथ युद्ध न कर सके। गरुडने कार्तिकेयकी भुजाओंको क्षत-विक्षत कर दिया। प्रद्युम्नने भी अपने अस्त्र-शस्त्रोंसे उन्हें पीड़ित किया तथा श्रीकृष्णके हुंकारसे उनकी शक्ति नष्ट हो गयी; अतः वे युद्धसे भाग गये।

इस प्रकार जब महादेवजी जँभाई लेने लगे, दैत्यसेना नष्ट हो गयी, कार्तिकेयजी परास्त हो गये और प्रमथों (रुद्रके गणों)-का संहार हो गया, तब श्रीकृष्ण, प्रद्युम्न और बलरामजीके साथ युद्ध करनेके लिये एक विशाल रथपर आरूढ़ हो बाणासुर वहाँ आया। साक्षात् नन्दीश्वर सारथि बनकर उसके घोड़ोंकी बागडोर सँभाले हुए थे। महापराक्रमी बलभद्र और प्रद्युम्नने अनेकों बाणोंसे बाणासुरकी सेनाको बींध डाला। वह सेना वीरधर्मसे भ्रष्ट होकर रणभूमिसे भागने लगी। बाणासुरने देखा उसकी सेनाको बलरामजी हलसे खींचकर मूसलसे मारते हैं और भगवान् श्रीकृष्ण भी उसे अपने बाणोंका निशाना बनाते हैं। तब उसका श्रीकृष्णके साथ घमासान युद्ध छिड़ गया। दोनों एक-दूसरेपर कवचको भी छेद डालनेवाले तेजस्वी बाण छोड़ने लगे। भगवान् श्रीकृष्णने बाणासुरके चलाये हुए बाणोंको अपने सायकोंसे छिन्न-भिन्न कर डाला। फिर बाणासुरने श्रीकृष्णको और श्रीकृष्णने बाणासुरको घायल किया। दोनों एक-दूसरेको जीतनेकी इच्छासे परस्पर अस्त्र-शस्त्रोंकी बौछार कर रहे थे। जब सम्पूर्ण अस्त्र-शस्त्र छिन्न-भिन्न हो गये तब भगवान् श्रीकृष्णने बाणासुरको मारनेका निश्चय किया। उन्होंने सैकड़ों सूर्योंके समान तेजस्वी सुदर्शन चक्र हाथमें लिया और बाणासुरको लक्ष्य करके चला दिया। वे

शत्रुकी भुजाओंको काट डालना चाहते थे। श्रीकृष्णके द्वारा प्रेरित चक्रने क्रमशः उस असुरकी भुजाओंका उच्छेद कर डाला। जब बाणासुरकी भुजाओंका जङ्गल कट गया तब भगवान् श्रीकृष्णने उसका नाश करनेके लिये चक्र हाथमें लिया। वे उसे छोड़ना ही चाहते थे कि भगवान् शंकरको उनका मनोभाव ज्ञात हो गया। तब वे तुरंत कूदकर भगवान्‌के सामने आ गये। उन्होंने देखा भुजाओंके कट जानेसे बाणासुरके शरीरसे रक्तकी धारा गिर रही है। तब शान्तिपूर्वक भगवान्‌की स्तुति करते हुए कहा—'कृष्ण! कृष्ण!! जगन्नाथ!!! मैं आपको जानता हूँ। आप पुरुषोत्तम, परमेश्वर, परमात्मा और आदि-अन्तसे रहित परब्रह्म हैं। आप जो देवता, पशु-पक्षी तथा मनुष्योंकी योनिमें शरीर धारण करते हैं, यह आपकी लीलामात्र है। आपकी चेष्टा दैत्योंका वध करनेके लिये होती है। प्रभो! प्रसन्न होइये। मैंने बाणासुरको अभय दे रखा है। आपको भी मेरी बात असत्य नहीं करनी चाहिये। मेरा आश्रय पानेसे यह दैत्य बहुत बढ़ गया है। वास्तवमें यह आपका अपराधी नहीं है। मैंने ही इसे वरदान दिया था, अतः मैं ही इसके लिये आपसे क्षमा चाहता हूँ।'

भगवान् शंकरके यों कहनेपर भगवान् श्रीकृष्णका मुख प्रसन्न हो गया। बाणासुरके प्रति उनके मनमें कोई अमर्ष नहीं रह गया। उन्होंने शिवजीसे कहा— 'शंकर! यदि आपने इसे वर दे रखा है तो यह बाणासुर जीवित रहे। आपके वचनोंका

गौरव रखनेके लिये हमने अपना चक्र लौटा लिया है। शंकर! आपने जो अभयदान दिया है, वह मैंने भी दिया। आप अपनेको मुझसे पृथक् न देखें। जो मैं हूँ, वही आप हैं और वही यह देवता, असुर तथा मनुष्योंसहित सम्पूर्ण जगत् भी है। जिनका चित्त अविद्यासे मोहित है, वे ही पुरुष भेददृष्टि रखनेवाले होते हैं।'*

यों कहकर भगवान् श्रीकृष्ण अनिरुद्धके पास गये। उनके जाते ही अनिरुद्धको बाँधनेवाले नाग भाग खड़े हुए। गरुड़के पंखोंकी हवा लगनेसे वे सूख गये थे। तदनन्तर पत्नीसहित अनिरुद्धको गरुड़पर चढ़ाकर भगवान् श्रीकृष्ण, बलराम और प्रद्युम्न द्वारकापुरीमें आये।

---

* त्वया यदभयं दत्तं तद्दत्तमभयं मया। मत्तोऽविभिन्नमात्मानं द्रष्टुमर्हसि शंकर॥
योऽहं स त्वं जगच्चेदं सदेवासुरमानुषम्। अविद्यामोहितात्मानः पुरुषा भिन्नदर्शिनः॥
(२०६। ४७-४८)

पौण्ड्रकका वध और बलरामजीके द्वारा हस्तिनापुरका आकर्षण

मुनियोंने कहा—भगवान् श्रीकृष्णने मानव-शरीर धारण करके बहुत बड़ा पराक्रम किया, जो उन्होंने लीलापूर्वक ही इन्द्र, महादेवजी तथा सम्पूर्ण देवताओंको जीत लिया। मुनिश्रेष्ठ! देवताओंकी चेष्टाका विघात करनेवाले भगवान्ने और भी जो कर्म किये थे, वे सब हमसे कहिये। हमें उन्हें सुननेके लिये बड़ा कौतूहल हो रहा है।

व्यासजी बोले—मुनिवरो! बतलाता हूँ; मनुष्यावतारमें श्रीहरिने जो लीलाएँ की थीं, उन्हें आदरपूर्वक सुनो। पुण्ड्रकवंशी वासुदेव नामक एक राजा था। वह 'भगवान् वासुदेव' बन बैठा था। कुछ अज्ञानमोहित मनुष्योंने उससे यह कहा था कि 'आप ही इस पृथ्वीपर वासुदेवके रूपमें अवतीर्ण हुए हैं।' उनकी बातोंमें आकर वह स्वयं भी अपनेको अवतार मानने लगा था। वासुदेव बननेकी धुनमें वह अपने वास्तविक स्वरूपको भूल गया और भगवान् विष्णुके जितने चिह्न हैं, उन सबको धारण करने लगा। इतना ही नहीं, उसने भगवान् श्रीकृष्णके पास अपना दूत भी भेजा और उसके मुखसे कहलाया—'ओ मूढ़! तूने जो चक्र आदि मेरे चिह्न और मेरा वासुदेव नाम धारण किया है, वह सब शीघ्र ही त्याग दे और अपने जीवनकी रक्षाके लिये मेरी शरणमें आ जा।' यह सुनकर भगवान् श्रीकृष्ण हँस पड़े और दूतसे बोले—'तुम जाकर राजा पौण्ड्रकसे मेरी यह बात कहना—'राजन्! मैंने तुम्हारे वचनोंका तात्पर्य भलीभाँति समझ लिया है। अब तुम्हें जो कुछ करना हो, वह करो। मैं अपने चिह्नको साथ लेकर ही तुम्हारे नगरमें आऊँगा और उस चिह्नस्वरूप चक्रको तुम्हारे ऊपर ही छोड़ूँगा, इसमें तनिक भी संदेह नहीं है। तुमने जो आज्ञापूर्वक आनेका संदेश दिया है, उसका मैं अविलम्ब पालन करूँगा। कल सबेरे ही तुम्हारी पुरीमें पहुँच जाऊँगा। तुम्हारे वहाँ आकर मैं वह कार्य करूँगा, जिससे फिर तुमसे कोई भय नहीं रह जायगा।'

श्रीकृष्णके यों कहनेपर दूत चला गया, तब भगवान्ने गरुड़का स्मरण किया। गरुड़ तुरंत आ पहुँचे। भगवान् उनकी पीठपर सवार हुए और पौण्ड्रकके नगरमें गये। श्रीकृष्णके आक्रमणकी बात सुनकर काशिराज अपनी समस्त सेनाओंके साथ पौण्ड्रककी सहायतामें आ गया। तब अपनी और काशिराजकी विशाल सेना लेकर पौण्ड्रक वासुदेव श्रीकृष्णका सामना करनेके लिये गया। भगवान्ने दूरसे ही देखा पौण्ड्रक एक विशाल रथपर बैठा है। उसने अपने हाथोंमें कृत्रिम शङ्ख, चक्र और गदा ले रखे हैं। एक हाथमें कमल भी है। गलेमें वनमालाके स्थानपर एक बहुत बड़ा हार लटक रहा है। शार्ङ्गधनुषकी तरहका एक धनुष भी है। रथपर गरुड़चिह्नसे अङ्कित एक ध्वजा फहरा रही है और उसकी छातीमें श्रीवत्सका कृत्रिम चिह्न भी बना हुआ है। उसने मस्तकपर किरीट, कानोंमें कुण्डल और शरीरपर पीताम्बर धारण कर रखा है। उसे देखकर भगवान् श्रीकृष्ण गम्भीरभावसे हँसे और उसकी सेनाके साथ युद्ध करने लगे। शार्ङ्गधनुषसे छूटे हुए बाणोंसे, गदासे और चक्रकी मारसे उन्होंने काशिराजकी सेनाका संहार कर डाला और अपने समान चिह्न धारण करनेवाले अज्ञानी पौण्ड्रकसे कहा—'पौण्ड्रक! तुमने जो दूतके मुखसे मुझे कहला भेजा था कि तुम अपने चिह्न छोड़ दो, सो अब मैं तुम्हारे आदेशका पालन करता हूँ। लो, यह चक्र छोड़ा; यह गदा छोड़ दी और इस गरुडको भी छोड़ा। यह तुम्हारी भुजापर आरूढ़ हो जाय।' यों कहकर भगवान्ने अपने छोड़े हुए चक्रसे पौण्ड्रकको विदीर्ण

कर डाला। गदाके आघातसे उसे पृथ्वीपर गिरा दिया और गरुडने उसके कृत्रिम गरुडको भी तोड़-फोड़ डाला। पौण्ड्रकके मारे जानेपर वहाँ लोगोंमें हाहाकार मच गया। तब काशिराज अपने मित्रका बदला चुकानेके लिये श्रीकृष्णके साथ युद्ध करने लगे। श्रीकृष्णने शार्ङ्गधनुषद्वारा छोड़े

हुए बाणोंसे काशिराजका मस्तक काटकर उसे काशीपुरीमें फेंक दिया। यह लोगोंके लिये बड़े विस्मयका कार्य था। इस प्रकार पौण्ड्रक और काशिराजको सेवकोंसहित मारकर भगवान् श्रीकृष्ण द्वारकामें चले आये और वहाँ स्वर्गलोकमें स्थित देवताकी भाँति विहार करने लगे।

मुनियोंने कहा—मुने! अब हम परम बुद्धिमान् बलरामजीके शौर्य और पराक्रमका वृत्तान्त सुनना चाहते हैं। आप उसीका वर्णन कीजिये।

व्यासजी बोले—मुनियो! बलरामजी इस पृथ्वीको धारण करनेवाले साक्षात् भगवान् शेष हैं। उनकी महिमा अनन्त है। वे अप्रमेय हैं। उन्होंने जो कार्य किया, उसका वर्णन करता हूँ; सुनो। दुर्योधनकी पुत्री कुमारी लक्ष्मणा स्वयंवरमें जा रही थी। उस समय जाम्बवतीके पुत्र वीरवर साम्बने उसे बलपूर्वक हर लिया। यह देख महापराक्रमी कर्ण, दुर्योधन, भीष्म और द्रोण आदि बहुत कुपित हुए। उन्होंने साम्बको युद्धमें जीतकर कैद कर लिया। यह सुनकर सम्पूर्ण यादवोंने दुर्योधन आदिपर बड़ा क्रोध किया और उनका विनाश कर डालनेके लिये भारी तैयारी की। तब बलरामजीने यादवोंको रोककर कहा—'मैं अकेला ही कौरवोंके यहाँ जाता हूँ। वे मेरे कहनेसे साम्बको छोड़ देंगे।' तदनन्तर बलरामजी हस्तिनापुरमें जाकर बाहरके उद्यानमें ठहर गये, नगरमें नहीं गये। बलरामजीको आया जान दुर्योधन आदि कौरवोंने उन्हें गौ, अर्घ्य और जल भेंट किये। वह सब विधिपूर्वक स्वीकार करके बलरामजीने कौरवोंसे कहा—'राजा उग्रसेनकी आज्ञा है कि तुम सब लोग साम्बको शीघ्र छोड़ दो।'

बलदेवजीकी यह बात सुनकर भीष्म, द्रोण, कर्ण और दुर्योधन आदिके क्रोधकी सीमा न रही। राजा बाह्लीक आदि भी कुपित हो उठे। उन्होंने यदुकुलको राज्यके अधिकारसे वञ्चित जान बलरामजीसे कहा—'बलदेव! तुमने यह कैसी बात कह डाली। कौन ऐसा यदुवंशी है, जो कौरवोंको आज्ञा देगा। यदि उग्रसेन भी कौरवोंको आज्ञा दें, तब तो हमें राजाओंके योग्य श्वेत-छत्र धारण करनेसे क्या लाभ होगा। अतः तुम लौट जाओ। साम्बने अन्यायपूर्ण कार्य किया है, अतः तुम्हारे या उग्रसेनके कहनेसे हम उसे छोड़ नहीं सकते। हमलोग यदुवंशियोंके माननीय हैं। कुकुर और अन्धक-वंशोंके लोग सदा हमको प्रणाम किया करते थे। अब वे ऐसा नहीं करते तो न सही; किंतु स्वामीकी सेवककी ओरसे यह आज्ञा देनेकी बात कैसी। हमने तुमलोगोंको अपने समान आसन और भोजन देकर जो सम्मानित किया,

उससे तुम्हारा अहंकार बहुत बढ़ गया है। इसमें तुम्हारा क्या दोष है। हमने ही प्रेमवश नीति नहीं देखी। बलराम! हमने तुम्हारे लिये जो यह अर्घ्य निवेदित किया है, इसमें केवल प्रेम ही कारण है। हमारे कुलकी ओरसे तुम्हारे कुलको अर्घ्य देना कदापि उचित नहीं है।'

यों कहकर कौरव चुप हो गये। उन्होंने श्रीकृष्णके पुत्रको बन्धनसे मुक्त नहीं किया। इस विषयमें उन सबने एक राय कर ली थी। वे सब-के-सब बलरामजीको वहीं छोड़ हस्तिनापुरमें चले गये। कौरवोंद्वारा किये हुए आक्षेपसे बलरामजीको बड़ा क्रोध हुआ। वे घूरते हुए उठकर खड़े हो गये और पैरकी एड़ीसे उन्होंने पृथ्वीपर प्रहार किया। महात्मा बलरामकी एड़ीके आघातसे पृथ्वी विदीर्ण हो गयी। वे अपनी गर्जनासे सम्पूर्ण दिशाओंको गुँजाकर कम्पित करने लगे। वे आँखें लाल-लाल और भौंहें टेढ़ी करके बोले—'अहो! इन सारहीन दुरात्मा कौरवोंको अपने राजा होनेका इतना मद, इतना अभिमान है! क्या कौरव ही सम्राट्-पदके अधिकारी हैं? हमलोगोंका प्रभुत्व कुछ ही कालके लिये है? क्या बात है, जो ये महाराज उग्रसेनकी अलङ्घनीय आज्ञाको भी नहीं मानते। देवताओं और धर्मके साथ शचीपति इन्द्र भी उनकी आज्ञाकी प्रतीक्षा करते हैं। इन्द्रकी सुधर्मा सभामें इस समय सदा महाराज उग्रसेन ही विराजमान होते हैं। इन कौरवोंका राजसिंहासन तो सैकड़ों मनुष्योंकी जूठन है; उसीपर इनको संतोष है! धिक्कार है इन्हें! आजसे उग्रसेन ही समस्त राजाओंके भी राजा बनकर रहें। अब मैं इस पृथ्वीको कौरवोंसे हीन करके ही द्वारकापुरीको लौटूँगा। कर्ण, दुर्योधन, द्रोण, भीष्म, बाह्लीक, दुःशासन, भूरि, भूरिश्रवा, सोमदत्त, शल तथा अन्यान्य कौरवोंको उनके हाथी, घोड़े और रथोंके सहित मार डालूँगा और वीरवर साम्बको उनकी पत्नीके साथ द्वारकापुरीमें ले जाकर उग्रसेन आदि बन्धु-बान्धवोंका दर्शन करूँगा। अथवा देवराज इन्द्रकी प्रेरणासे हमें शीघ्र ही पृथ्वीका भार उतारना है, इसलिये समस्त कौरवोंके साथ उनके हस्तिनापुर नगरको अभी गङ्गामें डाले देता हूँ।'

यों कहकर क्रोधसे लाल आँखें किये बलभद्रजीने अपने हलका मुख नीचेकी ओर किया और चहारदीवारीकी जड़में धँसाकर खींचा। इससे सम्पूर्ण हस्तिनापुर सहसा डगमगाता-सा जान पड़ा। यह देख समस्त कौरव व्याकुलचित्त होकर हाहाकार करने लगे और बलरामजीके पास आकर बोले—'महाबाहु राम! बलराम!! क्षमा कीजिये, क्षमा कीजिये; मुसलायुध! अपना क्रोध शान्त कीजिये और हमपर प्रसन्न होइये। बलराम! ये पत्नीसहित साम्ब आपकी सेवामें समर्पित हैं। हम आपका प्रभाव नहीं जानते; इसीसे हमलोगोंके द्वारा आपका अपराध हुआ है। अब कृपया उसे क्षमा करें।' यों कहकर कौरवोंने पत्नीसहित साम्बको बलभद्रजीके सामने उपस्थित कर दिया। भीष्म, द्रोण और

कृपाचार्य आदि बलरामजीको प्रणाम करके प्रिय वचन कहने लगे। तब बलवानोंमें श्रेष्ठ बलरामने कहा—'अच्छा, मैंने क्षमा कर दिया।' इस समय भी हस्तिनापुर गङ्गाकी ओर कुछ झुका-सा दिखायी देता है। यह बलवान् और शूरवीर बलरामका ही प्रभाव है। तदनन्तर कौरवोंने बलरामजीके सहित साम्बका पूजन करके बहुत-से दहेज और नववधूके साथ उन्हें द्वारकापुरी भेज दिया।

द्विविदका वध, यदुकुलका संहार, अर्जुनका पराभव और पाण्डवोंका महाप्रस्थान

व्यासजी कहते हैं—मुनियो! बलशाली भगवान् बलरामजीने जो और पराक्रम किया था, वह भी सुनो। द्विविद नामसे प्रसिद्ध एक महापराक्रमी वानर था, जो देवद्रोही दैत्यपति नरकासुरका मित्र था। उसने देवताओंसे वैर बाँध लिया था। वह कहता था—'श्रीकृष्णने देवताओंके कहनेसे ही बलवान् नरकासुरका वध किया है, अतः मैं समस्त देवताओंसे इसका बदला लूँगा।' इस निश्चयके अनुसार वह यज्ञोंका विध्वंस और मर्त्यलोकका विनाश करने लगा। अज्ञानसे मोहित होनेके कारण उसने साधु पुरुषोंकी मर्यादा तोड़ डाली और देहधारी जीवोंका संहार आरम्भ कर दिया। वह चञ्चल वानर देश, नगर और गाँवोंमें आग लगाने लगा। कहीं-कहीं पर्वत गिराकर गाँवों आदिको कुचल डालता था। पर्वतोंको उखाड़कर समुद्रके जलमें डाल देता था और स्वयं भी समुद्रके भीतर घुसकर उसका मन्थन आरम्भ कर देता था। इससे क्षुब्ध होकर समुद्र अपनी सीमा लाँघकर आगे बढ़ जाता और तटपर बसे हुए गाँवों तथा नगरोंको डुबो देता था। वानर द्विविद इच्छानुसार विशाल रूप धारण करके खेतोंमें लोटता, घूमता और खेतीको कुचलकर नष्ट कर डालता था। उस दुरात्माने सम्पूर्ण जगत्के विरुद्ध कार्य आरम्भ कर दिया था। कहीं कोई स्वाध्याय और वषट्कारका नाम लेनेवाला नहीं था। सब संसार अत्यन्त दुःखित हो गया था। एक दिन रैवत पर्वतके उद्यानमें बलभद्रजी तथा महाभागा रेवती विहार कर रहे थे। उनके साथ और भी सुन्दर स्त्रियाँ थीं। बलभद्रजी रमणियोंके बीचमें विराजमान थे और वे उनके सुयशका गान कर रही थीं। इसी समय द्विविद भी वहाँ आया और उनके सम्मुख खड़ा हो उन्हींकी नकल करने लगा। वह दुष्ट वानर उन युवतियोंकी ओर देख-देखकर जोर-जोरसे हँसने लगा। यह देखकर बलभद्रजीने कुपित होकर उसे डाँटा, किंतु उनके डाँटनेकी परवा न करके वह किलकारी मारने लगा। तब बलरामजीने उठकर बड़े रोषके साथ मूसल हाथमें लिया। उधर वानरने भी एक भयंकर शिलाखण्ड उठा लिया और उसे बलभद्रजीपर चलाया; किंतु उन्होंने मूसलसे मारकर उस शिलाके सहस्रों टुकड़े कर दिये। द्विविदने बलरामजीके मूसलका वार बचाकर उनकी छातीमें बड़े वेग और रोषके साथ घूसा मारा। यह देख बलरामजीने भी क्रोधमें भरकर मुक्केसे उसके मस्तकपर प्रहार किया। इससे वह रक्त वमन करता हुआ निर्जीव होकर पृथ्वीपर गिर पड़ा। गिरते समय उसके शरीरके आघातसे उस पर्वत-शिखरके सैकड़ों टुकड़े हो गये, मानो उसपर वज्र गिरा हो। उस समय देवता बलरामजीके ऊपर फूलोंकी वर्षा तथा उनकी भूरि-भूरि प्रशंसा करने लगे और बोले—'वीर! आपने यह बड़ा अच्छा कार्य किया, यह दुष्ट वानर दैत्य-पक्षका सहायक था। इसने सम्पूर्ण जगत्को संकटमें डाल रखा था। सौभाग्यकी बात है कि आज यह मारा गया।'

इस प्रकार इस पृथ्वीको धारण करनेवाले

परम बुद्धिमान् बलरामजीके अनेक अद्भुत पराक्रम हैं, जिनकी कोई गणना नहीं हो सकती।

इस तरह इस जगत्‌का उपकार करनेके लिये बलरामसहित भगवान् श्रीकृष्णने दैत्यों और दुष्ट राजाओंका वध किया। फिर अर्जुनके साथ मिलकर भगवान्‌ने अनेक अक्षौहिणी सेनाओंका वध कराकर इस पृथ्वीका भार उतारा। इस प्रकार सम्पूर्ण दुष्ट राजाओंका संहार करके भूभार उतारनेके पश्चात् उन्होंने ब्राह्मणोंके शापको निमित्त बनाकर अपने कुलका भी संहार कर डाला। अन्तमें स्वयम्भू श्रीकृष्ण द्वारकापुरी छोड़कर अपने अंशभूत बलराम आदिके साथ पुनः अपने आश्रयभूत परम धामको चले गये।

मुनियोंने पूछा—ब्रह्मन्! भगवान्‌ने ब्राह्मणोंके शापको निमित्त बनाकर किस प्रकार अपने कुलका संहार किया?

व्यासजी बोले—एक समयकी बात है—पिण्डारक नामके महातीर्थमें विश्वामित्र, कण्व तथा महामुनि नारद पधारे थे। वहाँ यदुकुलके कुमारोंने उनका दर्शन किया। वे सभी कुमार

यौवनके मदसे उन्मत्त थे, अतः भावीकी प्रेरणासे उन्होंने जाम्बवतीकुमार साम्बको स्त्रीके वेषमें विभूषित किया और मुनियोंको प्रणाम करके विनीत भावसे पूछा—'महर्षियो! यह स्त्री पुत्रकी अभिलाषा रखती है। बताइये, यह अपने पेटसे क्या जनेगी?' वे महर्षि दिव्य ज्ञानसे सम्पन्न थे, तथापि यदुकुमारोंने उनके साथ छल किया। यह देख उत्तम व्रतका पालन करनेवाले उन महर्षियोंने यादवोंके नाशके लिये शाप देते हुए कहा—'यह स्त्री एक मुसल पैदा करेगी, जिससे सम्पूर्ण यदुकुलका संहार हो जायगा।' उनके यों कहनेपर यदुकुमारोंने पुरीमें आकर राजा उग्रसेनको सब हाल कह सुनाया। साम्बके पेटसे मुसल पैदा हुआ। उग्रसेनने उस मुसलके लोहेको कुटवाकर चूर्ण बना दिया और उसे समुद्रमें फेंक दिया। वह चूर्ण एरका नामकी घासके रूपमें उत्पन्न हो गया। मुसलका जो लोहा था, उसे चूर्ण कर देनेपर भी उसका एक टुकड़ा बचा रह गया। उसे यादवगण किसी प्रकार भी चूर्ण न कर सके। उसकी आकृति तोमरके समान थी। वह टुकड़ा भी समुद्रमें फेंक दिया गया, किंतु उसे एक मत्स्यने निगल लिया। उस मत्स्यको मछेरोंने जाल बिछाकर पकड़ लिया। जब उसका पेट चीरा गया, तब वह लोहा निकला और उसे जरा नामक व्याधने ले लिया। भगवान् श्रीकृष्ण इन सभी बातोंको अच्छी तरह जानते थे तो भी उन्होंने विधाताके विधानको बदलना नहीं चाहा। इसी बीचमें देवताओंने भगवान् श्रीकृष्णके पास अपना दूत भेजा। उसने एकान्तमें भगवान्‌को प्रणाम करके कहा—'भगवन्! वसु, अश्विनीकुमार, मरुद्गण, आदित्य, रुद्र तथा साध्य आदि देवताओंके साथ इन्द्रने मुझे दूत बनाकर भेजा है। प्रभो! देवगण आपसे जो निवेदन करना चाहते हैं, वह इस प्रकार है; सुनिये। देवताओंके प्रार्थना करनेपर आपने जो इस पृथ्वीका भार उतारनेके लिये

अवतार लिया था, उसे आज सौ वर्षसे अधिक हो गये। दुराचारी दैत्य मारे गये। पृथ्वीका भार उतर गया। अब देवता आपसे सनाथ होकर स्वर्गमें निवास करें। जगन्नाथ! यदि आपको स्वीकार हो तो अब अपने परमधामको पधारें।'

श्रीभगवान् बोले—'दूत! तुम जो कुछ कहते हो, वह सब मैं जानता हूँ। इसीलिये मैंने यादवोंके संहारका कार्य आरम्भ कर दिया है। यदि यदुवंशियोंका संहार न हो तो यह पृथ्वीपर बहुत बड़ा भार रह जायगा; अतः मैं सात रातके भीतर जल्दी ही इस भारको भी उतार डालूँगा। जिस प्रकार मैंने द्वारकापुरी बसानेके लिये समुद्रसे भूमि माँगी थी, उसी प्रकार उसे वह भूमि लौटा भी दूँगा और यादवोंका संहार करके अपने परमधामको जाऊँगा। देवराज इन्द्र तथा देवताओंको यों मानना चाहिये कि मैं बलरामजीके साथ अब अपने धाममें आ ही गया। इस पृथ्वीके भाररूप जो जरासंध आदि राजा थे, वे मारे गये; तथापि इन यदुवंशियोंका भार उनसे भी बढ़कर है, अतः पृथ्वीके इस महाभारको उतारकर ही मैं देवलोककी रक्षाके लिये अपने धाममें जाऊँगा।'

भगवान् वासुदेवके यों कहनेपर देवदूत उन्हें प्रणाम करके दिव्य गतिसे देवराजके समीप चला गया। इधर द्वारकापुरीमें दिन-रात विनाशके सूचक दिव्य, भौम एवं अन्तरिक्षसम्बन्धी उत्पात होने लगे। उन्हें देखकर भगवान्ने यादवोंसे कहा—'देखो, ये अत्यन्त भयंकर महान् उत्पात हो रहे हैं। इनकी शान्तिके लिये हम सब लोग शीघ्र ही प्रभासक्षेत्रमें चलें।' उस समय महान् भगवद्भक्त उद्धवजीने श्रीहरिको प्रणाम करके कहा—'भगवन्! अब मुझे क्या करना चाहिये? इसके लिये आज्ञा दें। मैं समझता हूँ आप इस समस्त यादवकुलका संहार करना चाहते हैं; क्योंकि मुझे ऐसे निमित्त दिखायी देते हैं, जो इस कुलके विनाशकी सूचना देनेवाले हैं।'

श्रीभगवान् बोले—उद्धव! तुम मेरी कृपासे प्राप्त हुई दिव्य गतिके द्वारा गन्धमादन पर्वतपर परम पवित्र बदरिकाश्रमतीर्थमें चले जाओ। वह श्रीनर-नारायणका स्थान है। वहाँकी भूमि बड़ी पवित्र है। उस तीर्थमें मेरा चिन्तन करते हुए निवास करो, फिर मेरी कृपासे तुम्हें उत्तम सिद्धि प्राप्त होगी। मैं इस कुलका संहार करके अपने धामको जाऊँगा। मेरे त्याग देनेपर समुद्र इस द्वारकापुरीको डुबो देगा।

भगवान्के यों कहनेपर उद्धवजी उन्हें प्रणाम करके नर-नारायणके आश्रममें चले गये। तदनन्तर सम्पूर्ण यादव शीघ्रगामी रथपर आरूढ़ हो बलराम और श्रीकृष्ण आदिके साथ प्रभासक्षेत्रमें गये। वहाँ पहुँचकर कुकुर और अन्धकवंशके सब लोगोंने प्रसन्नतापूर्वक मदिरा-पान किया। पीते समय उनमें परस्पर संघर्ष हो गया, जिससे विनाश करनेवाली कलहाग्नि प्रज्वलित हो उठी। दैवके अधीन होकर उन्होंने एक-दूसरेको शस्त्रोंसे मारना आरम्भ किया। जब शस्त्र समाप्त हो गये, तब पास ही जमी हुई एरका नामकी घास सबने उखाड़ ली। उनके हाथोंमें आनेपर वह एरका वज्रकी भाँति दिखायी देने लगी। उसके द्वारा वे एक-दूसरेपर भयंकर प्रहार करने लगे। प्रद्युम्न, साम्ब, कृतवर्मा, सात्यकि, अनिरुद्ध, पृथु, विपृथु, चारुवर्मा, सुचारु तथा अक्रूर आदि सभी यदुवंशी एरकारूप वज्रसे एक-दूसरेको मारने लगे। श्रीहरिने यादवोंको ऐसा करनेसे रोका; किंतु वे उन्हें अपने विपक्षीका सहायक मानने लगे और उनकी अवहेलना करके परस्पर प्रहार करते ही रहे। इससे भगवान् श्रीकृष्णको भी क्रोध हो आया। अतः उन्होंने भी उनका वध करनेके लिये मुट्ठीभर एरका उखाड़ ली। हाथमें आते ही वह एरका लोहेका मुसल बन गयी। उस मुसलसे भगवान्ने

सहसा समस्त यादवोंका संहार कर डाला तथा अन्य यादव आपसमें ही लड़कर नष्ट हो गये। तदनन्तर भगवान् श्रीकृष्णका जैत्र नामक रथ दारुकके देखते-देखते समुद्रके मध्यवर्ती मार्गद्वारा शीघ्र ही चला गया। उसमें जुते हुए घोड़े उस रथको लेकर उड़ गये। फिर शङ्ख, चक्र, गदा, शार्ङ्गधनुष, दोनों अक्षय तूणीर और खड्ग—ये सभी अस्त्र-शस्त्र भगवान्‌की परिक्रमा करके सूर्यके मार्गसे चले गये। क्षणभरमें वहाँ सम्पूर्ण यदुवंशियोंका संहार हो गया। केवल महाबाहु श्रीकृष्ण और दारुक रह गये। उन दोनोंने घूमते हुए आगे जाकर देखा, बलरामजी एक वृक्षके नीचे आसन लगाकर बैठे हैं और उनके मुँहसे एक विशाल नाग निकल रहा है। वह महाकाय सर्प उनके मुखसे निकलकर सिद्धों और नागोंसे पूजित हो समुद्रकी ओर चला गया। समुद्रने सामने आकर उसे अर्घ्य दिया। तत्पश्चात् वह श्रेष्ठ नागोंसे पूजित हो समुद्रके जलमें प्रवेश कर गया।

इस प्रकार बलरामजीका प्रयाण देखकर श्रीकृष्णने दारुकसे कहा—''तुम द्वारकामें जाकर यह सब वृत्तान्त वसुदेवजी तथा राजा उग्रसेनसे कहो—

'बलरामजी चले गये। यदुवंशियोंका संहार हो गया और मैं भी योगस्थ होकर परमधामको चला जाऊँगा।' ये सब बातें बताकर द्वारकावासी मनुष्यों और उग्रसेनसे यह भी कहना कि 'अब इस सम्पूर्ण द्वारकापुरीको समुद्र डुबो देगा, अतः आपलोग यहाँसे जानेके लिये रथोंको सुसज्जित करके अर्जुनके आगमनकी प्रतीक्षा करें। जब अर्जुन द्वारकासे निकलें तब कोई भी वहाँ न रहे। सब लोग अर्जुनके साथ ही चले जायँ।' दारुक! तुम कुन्तीनन्दन अर्जुनसे भी जाकर मेरी ये बातें कहो— 'द्वारकामें जो मेरी स्त्रियाँ हैं, उनकी वे यथाशक्ति रक्षा करेंगे।' यह कहकर अर्जुनको साथ ले तुम द्वारकामें आना और सबको बाहर निकाल ले जाना। अब यदुकुलमें अनिरुद्धकुमार वज्रनाभ राजा होंगे।''

यह सुनकर दारुकने भगवान् श्रीकृष्णको बारंबार प्रणाम किया और अनेक बार उनकी परिक्रमा करके वह उनके कथनानुसार वहाँसे चला गया। उसने जाकर भगवान्‌की आज्ञाके अनुसार सब कार्य किया। वह अर्जुनको द्वारकामें बुला ले आया और महाबुद्धिमान् वज्रको यदुवंशियोंका राजा बनाया। उधर भगवान् श्रीकृष्णने वासुदेवस्वरूप परब्रह्मको अपने आत्मामें आरोपित करके सम्पूर्ण भूतोंमें उनके व्याप्त होनेकी धारणा की और योगयुक्त होकर अपने एक पैरको दूसरे पैरके घुटनेपर रखकर बैठे। वे ब्राह्मण दुर्वासाके वचनका मान रखना चाहते थे।* उसी समय जरा नामका व्याध उस ओर आ निकला। उसने मुसलके बचे हुए लोहखण्डका बाण बनाकर उसे धारण कर

* महाभारतमें प्रसङ्ग आया है कि एक बार महर्षि दुर्वासा भगवान् श्रीकृष्णके यहाँ पधारे। भगवान्‌ने उनका बड़ा स्वागत-सत्कार किया। दुर्वासाने कहा—'आप मेरी जूठन अपने सारे शरीरमें लगाइये।' भगवान्‌ने ऐसा ही

रखा था। भगवान्‌का चरण उसे मृगके आकारका दिखायी दिया। उसे देखकर वह खड़ा हो गया और उसी तोमरसे उसने भगवान्‌के पैरको बींध डाला। जब वह उनके समीप गया तब वे उसे चार भुजाधारी मनुष्यके रूपमें दृष्टिगोचर हुए। भगवान्‌को देखते ही वह उनके चरणोंमें पड़ गया और बारंबार कहने लगा— 'प्रभो! प्रसन्न होइये। मैंने अनजानमें हरिणके धोखेसे यह अपराध किया है, अतः क्षमा कीजिये।'

तब भगवान्‌ने उससे कहा—'व्याध! तुझे तनिक भी भय नहीं है। तू मेरे प्रसादसे इन्द्रलोकमें चला जा।' भगवान्‌के इतना कहते ही वहाँ विमान आ पहुँचा और वह व्याध उसपर बैठकर भगवान्‌की कृपासे स्वर्गलोकको चला गया। उसके चले जानेपर भगवान् श्रीकृष्णने त्रिविध गतिको पार करके अपने आत्माको अव्यय, अचिन्त्य, अमल, अजन्मा, अजर, अविनाशी, अप्रमेय, अखिलात्मा एवं ब्रह्मभूत अपने ही वासुदेवस्वरूपमें लीन कर लिया।

तत्पश्चात् अर्जुनने सम्पूर्ण यादवोंका विधिपूर्वक प्रेतकर्म (और्ध्वदैहिक संस्कार) किया। फिर वज्र आदि सब लोगोंको साथ ले वे द्वारकासे बाहर निकले। श्रीकृष्णकी हजारों पत्नियाँ भी साथ ही थीं। उन सबकी रक्षा करते हुए कुन्तीनन्दन अर्जुन धीरे-धीरे चले। भगवान् श्रीकृष्णने मर्त्यलोकमें जो सुधर्मा सभा मँगवायी थी, वह और पारिजात वृक्ष दोनों ही पुनः स्वर्गको चले गये। श्रीहरि जिस दिन इस पृथ्वीको छोड़कर अपने धामको पधारे, उसी दिन यह मलिनकाय कलियुग भूतलपर प्रकट हुआ। समुद्रने मनुष्योंसे सूनी द्वारकाको डुबो दिया। केवल भगवान् श्रीकृष्णका मन्दिर वह अब भी नहीं डुबाता। वहाँ भगवान् श्रीकृष्ण नित्य विराजमान रहते हैं। वह परम पवित्र भगवद्धाम सम्पूर्ण पातकोंका नाश करनेवाला है। भगवान् श्रीकृष्णकी लीलाओंसे युक्त उस पवित्र स्थानका दर्शन करनेसे मनुष्य सब पापोंसे मुक्त हो जाता है।

अर्जुन द्वारकावासियोंको साथ ले प्रचुर धन-धान्यसे सम्पन्न पञ्चनद (पंजाब) देशमें जा पहुँचे। वहाँ उन्होंने सब लोगोंके साथ एक स्थानपर पड़ाव डाला। वहाँ बहुत-से लुटेरे रहते थे। उन्होंने देखा एकमात्र धनुर्धर अर्जुन ही बहुत-सी अनाथ स्त्रियोंको साथ लिये जाता है। तब उनके मनमें लोभ उत्पन्न हुआ। लोभसे उनकी विचारशक्ति नष्ट हो गयी, अतः वे अत्यन्त दुर्मद पापाचारी आभीर एकत्रित होकर आपसमें सलाह करने लगे—'भाइयो! यह अर्जुन अकेला हम सब लोगोंकी अवहेलना करके इन अनाथ स्त्रियोंको लिये जाता है। इसके हाथमें केवल धनुष है। इसीके बलपर यह हमें कुछ नहीं समझता। यह हमारे लिये धिक्कारकी बात है। तुम सब लोग बल लगाओ।'

ऐसा निश्चय करके लाठी और ढेले चलानेवाले

किया। किंतु उसे पैरके नीचे नहीं लगाया, इसलिये कि ब्राह्मणकी जूठनका अपमान न हो जाय। दुर्वासाने कहा, 'जहाँ-जहाँ जूठन लगी है, वह सारा अङ्ग दुर्भेद्य होगा और जहाँ नहीं लगी है, वह किसी शस्त्रसे बिंध जायगा।'

डाकू हजारोंकी संख्यामें उन स्त्रियोंपर टूट पड़े। यह देख कुन्तीनन्दन अर्जुनने उनका उपहास-सा करते हुए कहा—'ओ पापियो! यदि तुम्हारी मरनेकी इच्छा न हो तो लौट जाओ।' आभीरोंपर उनकी धमकीका कुछ भी असर न हुआ। उन्होंने अर्जुनके वचनोंकी अवहेलना करके सारा धन लूट लिया। तब अर्जुनने अपने दिव्य गाण्डीव धनुषको चढ़ाना आरम्भ किया; किंतु बलवान् होनेपर भी वे उसे चढ़ा न सके। बड़ी कठिनाईसे किसी तरह उन्होंने धनुषपर प्रत्यञ्चा चढ़ायी भी तो वह पुनः ढीली हो गयी तथा उनके बहुत स्मरण करनेपर भी उन्हें किसी अस्त्र-शस्त्रकी याद न आयी। उन्होंने डाकुओंपर बाण चलाये, किंतु वे बाण उन्हें घायल न कर सके। अग्निदेवके दिये हुए अक्षय बाण उन ग्वालोंके साथ युद्ध करनेमें नष्ट हो गये। अर्जुनकी शक्ति भी क्षीण हो गयी। उस समय अर्जुनके मनमें यह निश्चय हुआ कि 'मैंने अपने बाण-समूहोंसे जो बड़े-बड़े बलवान् राजाओंको परास्त किया है, वह श्रीकृष्णका ही बल था।' बाणोंके नष्ट हो जानेपर अर्जुनने धनुषकी नोकसे डाकुओंको मारना आरम्भ किया, किंतु वे उनके इस प्रहारकी हँसी उड़ाने लगे। वे म्लेच्छ लुटेरे अर्जुनके देखते-देखते वृष्णि और अन्धकवंशकी सुन्दरी स्त्रियोंको लेकर चारों ओर चम्पत हो गये। तब अर्जुनने दुःखी होकर कहा—'हाय! यह बड़े कष्टकी बात हुई। अहो! भगवान् श्रीकृष्णने मुझे अकेला छोड़ दिया।' यों कहकर वे फूट-फूटकर रोने लगे और रोते-रोते ही बोले—'हाय! यह वही धनुष है, वे ही बाण हैं, वही रथ और वे ही घोड़े हैं; किंतु आज सब एक साथ ही नष्ट हो गये। अहो! दैव बड़ा प्रबल है। महात्मा श्रीकृष्णके बिना मुझे सामर्थ्य रहते हुए नीच पुरुषोंसे अपमानित होना पड़ा। वे ही मेरी भुजाएँ, वही मुष्टि और वही मैं अर्जुन; किंतु उन पुण्यपुरुष श्रीकृष्णके बिना आज सब कुछ निःसार हो गया। मेरा अर्जुनत्व और भीमसेनका भीमत्व भगवान्के ही कारण था, तभी तो आज उनके न रहनेपर मुझे आभीरोंने जीत लिया। अन्यथा यह कैसे सम्भव था।' इस प्रकार कहते हुए अर्जुन अपने श्रेष्ठ नगर इन्द्रप्रस्थमें गये। वहाँ उन्होंने यादवकुमार वज्रको यदुवंशियोंका राजा बनाया। तदनन्तर वे वनमें आकर मुझसे मिले और मुझे विनयपूर्वक प्रणाम किया। अर्जुनको अपने चरणोंकी वन्दना करते देख मैंने पूछा—'पार्थ! तुम इस प्रकार अत्यन्त उदास क्यों हो रहे हो? तुमसे किसी ब्राह्मणकी हत्या तो नहीं हो गयी है? अथवा विजयकी आशा भङ्ग होनेसे तुम्हें दुःख हो रहा है? इस समय तुम सर्वथा श्रीहीन हो गये हो। तुमने किसी अगम्या स्त्रीसे रमण तो नहीं किया, जिससे तुम्हारी कान्ति फीकी पड़ गयी है? या कहीं निम्न श्रेणीके मनुष्योंने तुम्हें युद्धमें परास्त कर दिया है?'

मेरे ऐसा प्रश्न करनेपर अर्जुनने लंबी साँस छोड़ते हुए कहा—'भगवन्! सुनिये—जो हमारे तेज, बल, वीर्य, पराक्रम, श्री और कान्ति थे, वे भगवान् श्रीकृष्ण हमलोगोंको छोड़कर चले गये। मुने! जो महान् होकर भी साधारण मनुष्योंकी भाँति हमसे हँस-हँसकर बातें किया करते थे, उन्हींके बिना आज हम तिनकोंके पुतलेकी भाँति सारहीन हो गये हैं। मेरे दिव्यास्त्रों, दिव्य बाणों और गाण्डीव धनुषके जो मूर्तिमान् सार थे, वे भगवान् पुरुषोत्तम हमें छोड़कर चले गये। जिनकी कृपादृष्टिसे लक्ष्मी, विजय, सम्पत्ति और उन्नतिने कभी हमारा साथ नहीं छोड़ा, वे भगवान् गोविन्द हमें छोड़कर चले गये। जिनके प्रभावरूपी अग्निसे भीष्म, द्रोण, कर्ण और दुर्योधन आदि वीर जलकर भस्म हो गये, उन भगवान् श्रीकृष्णने इस भूमण्डलको त्याग दिया। तात! चक्रपाणि गोविन्दके विरहमें केवल मैं ही नहीं, यह सारी पृथ्वी ही यौवन,

श्री और कान्तिसे हीन प्रतीत होती है। जिनकी कृपासे भीष्म आदि वीर आगमें पतङ्गोंकी भाँति मेरे पास आकर भस्म हो गये, आज उन्हीं श्रीकृष्णके बिना मुझे ग्वालोंने हरा दिया। जिनके प्रभावसे मेरा गाण्डीव धनुष तीनों लोकोंमें विख्यात हो चुका था, उन्हीं श्रीहरिके बिना उसे आभीरोंने डंडोंसे तिरस्कृत कर दिया। महामुने! मेरे साथ कई हजार अनाथ स्त्रियाँ थीं और मैं उनकी रक्षाके लिये पूर्ण यत्न कर रहा था तो भी डाकुओंने केवल लाठीके बलपर उन्हें छीन लिया। पितामह! ऐसी अवस्थामें मेरा श्रीहीन होना कोई आश्चर्यकी बात नहीं है। आश्चर्य तो यह है कि मैं नीच पुरुषोंद्वारा अपमानके पङ्कमें साना जाकर भी निर्लज्जतापूर्वक जीवन धारण कर रहा हूँ।'

व्यासजी कहते हैं—द्विजवरो! पाण्डुनन्दन महात्मा अर्जुन अत्यन्त दुःखी और दीन हो रहे थे। उनकी बात सुनकर मैंने कहा—'पार्थ! तुम लज्जा न करो। शोकमें भी न पड़ो। सोचो और समझो; सम्पूर्ण भूतोंमें कालकी ऐसी ही गति है। पाण्डुनन्दन! प्राणियोंकी उन्नति और अवनतिका कारण काल ही है। यह जो कुछ होता है और हुआ है, सब कालमूलक ही है—यह जानकर तुम धैर्य धारण करो। नदी, समुद्र, पर्वत, सम्पूर्ण पृथ्वी, देवता, मनुष्य, पशु, वृक्ष और साँप, बिच्छू आदि सब भूतोंको कालने ही उत्पन्न किया है और कालके द्वारा ही पुनः उनका संहार होगा। यह सारा प्रपञ्च कालस्वरूप ही है—यह जानकर शान्त हो जाओ। धनंजय! तुमने श्रीकृष्णकी जैसी महिमा बतलायी है, वह वैसी ही है। उन्होंने पृथ्वीका भार उतारनेके लिये ही यहाँ अवतार लिया था। जब पृथ्वीपर भार अधिक हो गया और वह दबने लगी, तब वह देवताओंके पास गयी थी। उसीके लिये इच्छानुसार रूप धारण करनेवाले श्रीहरिने अवतार ग्रहण किया था। वह कार्य पूरा हो गया। सम्पूर्ण दुष्ट राजा मारे गये तथा वृष्णि और अन्धकवंशका भी संहार हो गया। अब इस भूतलपर भगवान्के करनेयोग्य कोई कार्य शेष नहीं रह गया था, अतः अवतार-कार्य पूरा करके वे इच्छानुसार अपने धामको चले गये हैं। देवदेव भगवान् श्रीकृष्ण ही सृष्टिके समय संसारकी सृष्टि और पालनके समय पालन करते हैं तथा वे ही संहारकालमें सम्पूर्ण जगत्का संहार करनेमें समर्थ होते हैं, जैसा कि इस समय भी उन्होंने दुष्ट राक्षसोंका संहार किया था। अतः पार्थ! तुम्हें अपनी पराजयसे दुःख नहीं मानना चाहिये; क्योंकि अभ्युदयका समय आनेपर ही पुरुषोंद्वारा बड़े-बड़े पराक्रम होते हैं। जिस समय तुमने अकेले ही भीष्म-जैसे वीरोंका वध किया था, उस समय उनका भी क्या अपनेसे न्यून पुरुषके द्वारा पराभव नहीं हुआ था? किंतु यह पराजय कालकी ही देन थी। भगवान् विष्णुके प्रभावसे जिस प्रकार तुम्हारे द्वारा उनकी पराजय हुई, उसी प्रकार लुटेरोंके हाथसे तुम्हें भी पराजित होना पड़ा। वे जगत्पति भगवान् श्रीकृष्ण भिन्न-भिन्न शरीरोंमें प्रवेश करके संसारका पालन करते हैं और अन्तमें सब जीवोंका संहार कर डालते हैं। जब तुम्हारे अभ्युदयका समय था, तब भगवान् श्रीकृष्ण तुम्हारे सहायक हो गये थे और जब वह समय बीत गया, तब तुम्हारे विपक्षियोंपर भगवान्की कृपादृष्टि हुई है। तुम गङ्गानन्दन भीष्मके साथ सम्पूर्ण कौरवोंका संहार कर डालोगे—इस बातपर पहले कौन विश्वास कर सकता था और फिर तुम्हें आभीरोंसे परास्त होना पड़ेगा—यह बात कौन मान सकता था। परंतु दोनों ही बातें सम्भव हुईं। पार्थ! यह सम्पूर्ण भूतोंमें श्रीहरिकी लीलाका ही विलास है। अतः तुम्हें तनिक भी शोक नहीं करना चाहिये। सम्पूर्ण जगत्के स्वामी भगवान् श्रीकृष्णने ही सम्पूर्ण यादवोंका संहार किया है।

तुमलोगोंका संहार-काल भी समीप ही है; इसीलिये भगवान्‌ने तुम्हारे बल, तेज, पराक्रम और माहात्म्यका पहले ही संहार कर दिया है। जो जन्म ले चुका है, उसकी मृत्यु निश्चित है। जो ऊँचे चढ़ चुका है, उसका नीचे गिरना भी अवश्यंभावी है। संयोगका अवसान वियोगमें ही होता है और संग्रह हो जानेके बाद उसका क्षय होना भी निश्चित बात है। यह समझकर विद्वान् पुरुष हर्ष और शोकके वशीभूत नहीं होते और इतर मनुष्य भी उन्हींके आचरणसे शिक्षा लेकर वैसे ही बनते हैं।* नरश्रेष्ठ! यह समझकर तुम्हें भाइयोंके साथ सारा राज्य छोड़कर तपस्याके लिये वनमें जाना चाहिये। अब जाओ, धर्मराज युधिष्ठिरसे मेरी ये सारी बातें कहो। वीर! परसोंतक अपने भाइयोंके साथ जैसे भी हो सके घरसे प्रस्थान कर दो।'

यह सुनकर अर्जुनने धर्मराजके पास जा अपनी देखी और अनुभव की हुई सारी बातें कह सुनायीं। अर्जुनके मुखसे मेरा संदेश सुनकर समस्त पाण्डव परीक्षित्‌को राज्यपर अभिषिक्त करके वनमें चले गये। मुनिवरो! इस प्रकार मैंने आपलोगोंसे यदुकुलमें अवतीर्ण भगवान् श्रीकृष्णकी सम्पूर्ण लीलाओंका विस्तारपूर्वक वर्णन किया।

श्रीहरिके अनेक अवतारोंका संक्षिप्त वर्णन

मुनियोंने कहा—मुनिश्रेष्ठ! आपने श्रीकृष्ण और बलरामका कैसा अद्भुत माहात्म्य बतलाया! उनकी महिमा अलौकिक है। इस पृथ्वीपर भगवान्‌के माहात्म्यकी चर्चा अत्यन्त दुर्लभ है। महाभाग! आपके मुखसे भगवत्कथा सुनते-सुनते हमें तृप्ति नहीं होती, अतः उनकी लीलाओंका पुनः वर्णन कीजिये। हमने साधु पुरुषोंके मुखसे सुना है कि पुराणोंमें अमिततेजस्वी भगवान् विष्णुके वाराह अवतारका वर्णन है। ब्रह्मन्! भगवान् नारायणने किस प्रकार वाराहरूप धारण किया? और किस प्रकार अपनी दंष्ट्रासे एकार्णवमें डूबी हुई पृथ्वीका उद्धार किया? सबको अपनी ओर आकृष्ट करनेवाले परम बुद्धिमान् भगवान् श्रीहरिकी समस्त लीलाओंका हम विस्तारपूर्वक श्रवण करना चाहते हैं।

व्यासजी बोले—मुनिवरो! तुमलोगोंने मुझपर यह बहुत बड़े प्रश्नका भार रख दिया। मैं यथाशक्ति तुम्हारें प्रश्नोंका उत्तर दूँगा। भगवान् विष्णुकी लीला-कथाका श्रवण करो। भगवान् विष्णुके प्रभावको सुननेमें जो तुम्हारा मन लगा है, यह बहुत बड़े सौभाग्यकी बात है। अतः श्रीविष्णुकी जो-जो लीलाएँ हैं, उन सबका वर्णन सुनो। वेदवेत्ता ब्राह्मण जिन्हें सहस्रमुख, सहस्रनेत्र, सहस्रचरण, सहस्रशिरा, सहस्रकर, अविनाशी देव, सहस्रजिह्व, भास्वान्, सहस्रमुकुट, प्रभु, सहस्रदाता, सहस्रादि, सहस्रबाहु, हवन, सवन, होता, हव्य, यज्ञपात्र, पवित्रक, वेदी, दीक्षा, समिधा, स्रुवा, स्रुक्, सोम, सूर्य, मूसल, प्रोक्षणी, दक्षिणायन, अध्वर्यु, सामग ब्राह्मण, सदस्य, सदन, सभा, यूप, चक्र, ध्रुवा, दर्वी, चरु, उलूखल, प्राग्वंश, यज्ञभूमि, छोटे-बड़े चराचर जीव, प्रायश्चित्त, अर्घ्य, स्थण्डिल, कुश, मन्त्र, यज्ञको वहन करनेवाले अग्निदेव, यज्ञभाग, भागवाहक, अग्राशनभोजी, सोमभोक्ता, हुतार्चि, उदायुध तथा यज्ञमें सनातन प्रभु कहते हैं, उन श्रीवत्सचिह्नविभूषित देवेश्वर

* जातस्य नियतो मृत्युः पतनं च तथोन्नतेः। विप्रयोगावसानस्तु संयोगः संचयः क्षयः॥
विज्ञाय न बुधाः शोकं न हर्षमुपयान्ति ये। तेषामेवेतरे चेष्टां शिक्षन्तः सन्ति तादृशाः॥
(२१२। ८९-९०)

भगवान् विष्णुके सहस्रों अवतार हो चुके हैं और समय-समयपर होते रहते हैं। उनका जो वाराह अवतार है, वह वेदप्रधान यज्ञस्वरूप है। चारों वेद उनके चरण और यूप उनकी दाढ़ें हैं। यज्ञ दाँत और चितियाँ मुख हैं। साक्षात् अग्नि ही उनकी जिह्वा, कुश रोमावलि और ब्रह्म मस्तक है। उनका तप महान् है। दिन और रात्रि उनके नेत्र हैं। वे दिव्यस्वरूप हैं। वेद उनका अङ्ग और श्रुतियाँ आभूषण हैं। हविष्य नासिका, स्रुवा थूथुन और सामवेदका गम्भीर घोष ही उनका स्वर है। वे सत्य धर्मस्वरूप, श्रीसम्पन्न तथा क्रम (गति) और विक्रम (पराक्रम)-के द्वारा सम्मानित हैं। प्रायश्चित्त उनके नख, पशु उनके घुटने तथा यज्ञ उनका स्वरूप है। उद्गाता अन्त्र (आँत), होम लिङ्ग, ओषधि एवं महान् फल बीज हैं। वादी अन्तरात्मा, मन्त्र नितम्ब और सोमरस उनका रक्त है। वेदी कंधा, हविष्य गन्ध तथा हव्य और गव्य उनका प्रचण्ड वेग है। प्राग्वंश (यजमान-गृह) उनका शरीर है। वे परम कान्तिमान् और नाना प्रकारकी दीक्षाओंसे सम्पन्न हैं। दक्षिणा उनका हृदय है। वे महान् योगी और महायज्ञमय हैं। उपाकर्म (वेदोंका स्वाध्याय) उनका हार और प्रवर्ग (एक प्रकारकी होमाग्नि) उनका आभूषण है। नाना प्रकारके छन्द उनके चलनेके मार्ग हैं। गूढ उपनिषद् उनके बैठनेके लिये आसन हैं। पृथ्वीकी छायारूप पत्नी सदा उनके साथ रहती हैं, वे मणिमय शिखरकी भाँति पानीके ऊपर प्रकट हुए। समुद्र, पर्वत, वन और काननोंसहित समस्त पृथ्वी एकार्णवके जलमें डूबी थी। सम्पूर्ण जगत्के आदि कारण और सहस्रों मस्तकोंवाले भगवान्ने वाराहरूपमें प्रकट होकर एकार्णवमें प्रवेश किया तथा सब लोकोंका हित करनेकी इच्छासे पृथ्वीको अपनी दाढ़पर उठा लिया। इस प्रकार समस्त जीवोंके हितैषी भगवान् यज्ञवाराहने समुद्र-जलको धारण करनेवाली समूची पृथ्वीका उद्धार किया।

द्विजवरो! यह वाराह-अवतारका वर्णन हुआ। उसके बाद भगवान्का नरसिंह अवतार हुआ। उस अवतारमें भगवान्ने नरसिंहरूप धारण करके हिरण्यकशिपु नामक दैत्यका वध किया था। प्राचीन

कालके सत्ययुगकी बात है, दैत्योंके आदिपुरुष देवशत्रु बलाभिमानी हिरण्यकशिपुने बड़ी भारी तपस्या की। वह साढ़े ग्यारह हजार वर्षोंतक शम-दम तथा ब्रह्मचर्यका पालन करता हुआ मौनव्रत लेकर जप और उपवासमें संलग्न रहा। उसकी तपस्या और नियम-पालनसे स्वयम्भू भगवान् ब्रह्माजी बहुत प्रसन्न हुए। उन्होंने हंससे जुड़े हुए सूर्यके समान तेजस्वी विमानद्वारा स्वयं आकर दैत्यको वरदान दिया। उनके साथ आदित्य, वसु, मरुद्गण, देवता, रुद्रगण और विश्वेदेव भी थे। ब्रह्मवेत्ताओंमें श्रेष्ठ चराचरगुरु ब्रह्माजीने उस दैत्यसे कहा—'सुव्रत! तुम मेरे भक्त हो। मैं तुम्हारी इस तपस्यासे बहुत प्रसन्न हूँ। तुम्हारा कल्याण हो। तुम कोई वर

माँगो और उसके द्वारा अभीष्ट वस्तु प्राप्त करो।'

हिरण्यकशिपु बोला—लोकपितामह! देवता, असुर, गन्धर्व, यक्ष, नाग और राक्षस मुझे मार न सकें। तपस्वी ऋषि भी क्रोधमें आकर मुझे शाप न दें। किसी अस्त्र या शस्त्रसे, वृक्ष या पर्वतसे अथवा सूखी या गीली वस्तुसे, ऊपर या नीचे—कहीं भी मेरी मृत्यु न हो। जो मेरे सेवक, सेना और वाहनोंसहित मुझे एक ही थप्पड़से मार डालनेमें समर्थ हो, उसीके हाथसे मेरी मृत्यु हो।

ब्रह्माजीने कहा—तात! ये दिव्य और अद्‌भुत वर मैंने तुम्हें दिये। इन सम्पूर्ण अभीष्टोंको तुम निःसन्देह प्राप्त करोगे।

यों कहकर पितामह ब्रह्माजी ब्रह्मर्षिगणोंसे सेवित वैराजपद—ब्रह्मधामको चले गये। तदनन्तर उस वरदानकी बात सुनकर देवता, नाग, गन्धर्व और मनुष्य ब्रह्माजीकी सेवामें उपस्थित हुए और बोले—'भगवन्! इस वरदानसे तो वह असुर हम-लोगोंको सदा ही कष्ट पहुँचाता रहेगा, अतः हमारे ऊपर प्रसन्न हो उसके वधका भी उपाय सोचिये।'

ब्रह्माजीने कहा—देवताओ! उसे अपनी तपस्याका फल अवश्य प्राप्त होगा। उसका भोग समाप्त होनेपर वह साक्षात् भगवान् विष्णुके हाथसे मारा जायगा।

ब्रह्माजीका यह वचन सुनकर सब देवता प्रसन्न हो अपने-अपने दिव्य स्थानोंको चले गये। वर पाते ही दैत्यराज हिरण्यकशिपु अभिमानमें आकर समस्त प्रजाको कष्ट देने लगा। आश्रममें रहनेवाले सत्यधर्मपरायण, जितेन्द्रिय एवं उत्तम व्रतधारी महाभाग मुनियोंको भी उसने सताना आरम्भ कर दिया। स्वर्गके देवताओंको हराकर तीनों लोकोंको अपने अधीन करके वह महाबली असुर स्वयं ही स्वर्गमें रहने लगा। वरदानके मदसे उन्मत्त होकर पृथ्वीपर विचरते हुए उस दानवने दैत्योंको तो यज्ञका भागी बनाया और देवताओंको उससे वञ्चित कर दिया। तब आदित्य, वसु, साध्य, विश्वेदेव और मरुद्गण शरणागतरक्षक सनातन प्रभु महाबली भगवान् विष्णुकी शरणमें गये और इस प्रकार बोले—'देवेश्वर! आप हिरण्यकशिपुके भयसे हमारी रक्षा करें। आप ही हमारे परम देवता, परम गुरु और परम विधाता हैं। सुरश्रेष्ठ! आप ब्रह्मा आदि देवताओंके भी पालक हैं। आपके नेत्र विकसित कमलदलके समान शोभा पाते हैं। आप शत्रुपक्षका नाश करनेवाले हैं। भगवन्! हमें शरण दीजिये और दैत्योंका संहार कीजिये।'

भगवान् वासुदेवने कहा—देवताओ! भय छोड़ो। मैं तुम्हें अभय देता हूँ। तुम शीघ्र ही पहलेकी भाँति स्वर्गलोकको प्राप्त करोगे। मैं वरदानसे उन्मत्त दानवराज हिरण्यकशिपुको, जो देवेश्वरोंके लिये अवध्य हो रहा है, उसके सेवकगणोंसहित मार डालूँगा।

यों कहकर भगवान् उन देवेश्वरोंको विदा करके स्वयं हिरण्यकशिपुके स्थानपर आये। उस समय उन्होंने आधा शरीर मनुष्यका और आधा सिंहका बना रखा था। इस प्रकार नृसिंहदेह धारण किये हाथ-में-हाथ मिलाये हुए आये। उनके शरीरका वर्ण मेघके समान श्याम था। शब्द भी मेघकी गर्जनाके समान ही गम्भीर था। ओज और वेगमें भी वे मेघके ही सदृश थे। मतवाले सिंहके समान उनकी चाल थी। यद्यपि हिरण्यकशिपु बलाभिमानी दैत्योंसे सुरक्षित और अत्यन्त बलशाली था तो भी भगवान्‌ने उसे एक ही थप्पड़से मारकर यमलोक पहुँचा दिया।

यह नृसिंह अवतारकी कथा कही गयी। अब वामन-अवतारका वर्णन सुनो। भगवान्‌का वामनरूप दैत्योंका विनाश करनेवाला था। उस रूपको धारणकर श्रीहरि बलवान् बलिके यज्ञमें गये और वहाँ उन्होंने अपने तीन ही पगोंसे त्रिलोकीको नापकर सम्पूर्ण दैत्योंको क्षुब्ध कर डाला। बलिके हाथसे समूची

पृथ्वी लेकर भगवान्‌ने इन्द्रको दे दी। यही महात्मा श्रीविष्णुका वामन अवतार है। वेदवेत्ता ब्राह्मण भगवान् वामनके यशका सदा गान करते हैं।

तदनन्तर भगवान् विष्णुने दत्तात्रेय नामक अवतार धारण किया। दत्तात्रेयजीमें क्षमाकी पराकाष्ठा थी। उस समय वेद, वेदोंकी प्रक्रिया और यज्ञ—सभी नष्टप्राय हो गये थे। चारों वर्णोंमें संकरता आ गयी थी। धर्म शिथिल हो चला था। अधर्म बड़े जोरोंके साथ बढ़ रहा था। सत्य मिटता जाता था और सब ओर असत्यका बोलबाला था। प्रजा क्षीण हो रही थी और धर्म पाखण्डमिश्रित हो गया था। ऐसे समयमें भगवान् दत्तात्रेयने यज्ञों तथा क्रियाओंसहित वेदोंका पुनरुद्धार किया और चारों वर्णोंको पृथक्-पृथक् करके उन्हें व्यवस्थितरूप दिया। दत्तात्रेयजी परम बुद्धिमान् और वरदायक थे; उन्होंने हैहयराज कार्तवीर्यको यह वर दिया था कि 'राजन्! तुम्हारी ये दो भुजाएँ मेरी कृपासे एक हजार हो जायँगी। वसुधापते! तुम सम्पूर्ण वसुधाका पालन करोगे। जिस समय तुम युद्धमें खड़े होगे, तुम्हारे शत्रु तुम्हें आँख उठाकर देख भी नहीं सकेंगे—तुम उनके लिये अजेय हो जाओगे।'

यह श्रीविष्णुके दत्तात्रेयावतारकी चर्चा की गयी। इसके बाद भगवान्‌ने परशुरामावतार ग्रहण किया। राजा कार्तवीर्य अर्जुन अपनी सहस्र भुजाओंके कारण युद्धमें शत्रुओंके लिये दुर्जय था तो भी परशुरामजीने उसे सेनाके बीचमें मार डाला। राजा अर्जुन रथपर बैठा था, किंतु परशुरामजीने उसे धरतीपर गिरा दिया और छातीपर चढ़कर तीखे फरसेके द्वारा उसकी हजारों भुजाएँ काट डालीं। उस समय कार्तवीर्य बड़े जोर-जोरसे चीखता, चिल्लाता रहा। उन्होंने मेरुगिरिसे विभूषित समस्त पृथ्वीपर करोड़ों क्षत्रियोंकी लाशें बिछा दीं, इक्कीस बार भूतलको क्षत्रियोंसे शून्य कर दिया और अपने समस्त पापोंका नाश करनेके लिये उन्होंने

अश्वमेध-यज्ञका अनुष्ठान किया। उस यज्ञमें भृगुनन्दन परशुरामने कश्यपजीको सारी पृथ्वी दक्षिणारूपमें दे दी। साथ ही बहुत-से हाथी, घोड़े, सुन्दर रथ और गौएँ भी दान कीं। आज भी वे विश्वका कल्याण करनेके लिये घोर तपस्या करते हुए महेन्द्र पर्वतपर निवास करते हैं।

यह सनातन परमात्मा श्रीहरिके परशुरामावतारका परिचय दिया गया। चौबीसवें त्रेतायुगमें भगवान्‌ने दशरथनन्दन कमलनयन श्रीरामके रूपमें अवतार लिया। भगवान् विष्णु उस समय चार रूपोंमें प्रकट हुए थे। उनका तेज सूर्यके समान था। वे लोकमें श्रीरामके नामसे विख्यात हुए और विश्वामित्रके यज्ञकी रक्षाके लिये उनके पीछे-पीछे गये। महायशस्वी श्रीराम सब लोगोंको प्रसन्न रखने, राक्षसोंको मारने और धर्मकी वृद्धि करनेके लिये अवतीर्ण हुए थे। कहते हैं, राजा श्रीराम सदा सब भूतोंका हित करनेके लिये तत्पर रहते थे। वे सम्पूर्ण धर्मोंके ज्ञाता थे। उन्होंने लक्ष्मणको साथ ले चौदह वर्षोंतक वनमें निवास किया था।

उनके साथ उनकी पत्नी सीता भी गयी थीं, जो मूर्तिमती लक्ष्मी थीं। जनस्थानमें निवास करते हुए श्रीरामने देवताओंके अनेक कार्य सिद्ध किये। उन्होंने रावणके द्वारा अपहृत सीताका पता लगाकर उन्हें प्राप्त किया और रावणका वध किया। पुलस्त्यवंशी राक्षसराज रावण देवता, असुर, यक्ष, राक्षस और नागोंके लिये भी अवध्य था। युद्धमें उसको जीतना बहुत ही कठिन था। उसका शरीर कज्जलराशिके समान काला था। उसे कोटि-कोटि राक्षस सदा घेरे रहते थे। वह तीनों लोकोंको मार भगानेवाला, क्रूर, दुर्जय, दुर्धर, गर्वयुक्त, सिंहके समान पराक्रमी और वरदानसे उन्मत्त था। देवताओंके लिये तो उसकी ओर देखना भी कठिन था। ऐसे रावणको भगवान् श्रीरामने सेना और सचिवोंसहित संग्राममें मार डाला। इसके पहले उन्होंने और भी कई अलौकिक कर्म किये थे। अपने मित्र सुग्रीवके लिये उन्होंने महाबली वानरराज वालीको मारा और सुग्रीवको किष्किन्धाके राज्यपर अभिषिक्त किया। मधुका पुत्र लवण नामका दानव मधुवनमें रहता था। वह वीर तो था ही, वर पाकर मतवाला हो उठा था। उसे भगवान्ने शत्रुघ्नके रूपमें जाकर मारा। मारीच और सुबाहु नामक दो बलवान् राक्षस थे, जो शुद्ध अन्त:करणवाले मुनियोंके यज्ञोंमें विघ्न डाला करते थे। उनको और उनके साथी अन्य राक्षसोंको भी युद्धकुशल महात्मा श्रीरामने मार गिराया। विराध और कबन्ध दो बड़े भयंकर राक्षस थे। वे पूर्वजन्ममें गन्धर्व थे, किन्तु शापसे मोहित होकर राक्षसभावको प्राप्त हुए थे। उन्हें भी नरश्रेष्ठ श्रीरामने मारकर शापमुक्त कर दिया। श्रीरामके बाण अग्नि, सूर्यकिरण और विद्युत्के समान तेजस्वी, तपाये हुए स्वर्णसे युक्त विचित्र पंखोंसे सुशोभित तथा महेन्द्र-वज्रके सदृश सारयुक्त थे। उन्हींके द्वारा उन्होंने युद्धमें शत्रुओंका नाश किया। परम बुद्धिमान् महर्षि विश्वामित्रने देवताओंके लिये भी दुर्धर्ष दैत्योंका वध करनेके लिये श्रीरघुनाथजीको अनेक दिव्य अस्त्र-शस्त्र प्रदान किये थे। पूर्वकालमें, जब कि महात्मा राजा जनकके यहाँ यज्ञ हो रहा था, श्रीरामने खेलमें ही महेश्वरके धनुषको तोड़ डाला था। धर्मात्माओंमें श्रेष्ठ श्रीरघुनाथजीने ये सब अलौकिक कर्म करके दस अश्वमेध-यज्ञ भी किये थे, जो बिना किसी विघ्न-बाधाके पूर्ण हुए थे। श्रीरामचन्द्रजीके राज्य करते समय कभी अमङ्गलकी बात नहीं सुनी गयी। हवा तेज नहीं चलती थी। कोई किसीका धन नहीं चुराता था। न कभी विधवाओंके विलाप सुने जाते और न अनर्थकी ही प्राप्ति होती थी। उस समय सब कुछ शुभ-ही-शुभ होता था। प्राणियोंको जल, अग्नि अथवा आँधीसे कभी भय नहीं होता था। बूढ़ोंको बालकोंकी प्रेतक्रिया नहीं करनी पड़ती थी। क्षत्रिय ब्राह्मणोंकी परिचर्या करते थे। वैश्य क्षत्रियोंके प्रति श्रद्धा रखते थे और शूद्र अहंकार छोड़कर ब्राह्मण आदि तीनों वर्णोंकी सेवा करते थे। श्रीरामके राज्यमें स्त्रियाँ अपने पतिके सिवा दूसरे किसी पुरुषमें आसक्त नहीं होती थीं और पुरुष भी अपनी पत्नीको छोड़ किसी दूसरी स्त्रीपर कुदृष्टि नहीं डालते थे। उस समय सारा जगत् जितेन्द्रिय था। पृथ्वीपर डाकुओंका कहीं नाम भी नहीं था। एकमात्र श्रीराम ही सबके स्वामी और संरक्षक थे। उनके शासनकालमें मनुष्य हजारों वर्ष जीवित रहते और वे सहस्रों पुत्रोंके पिता होते थे। किसी भी प्राणीको रोग नहीं सताता था। रामराज्यमें इस भूतलपर देवता, ऋषि और मनुष्य एक साथ एकत्रित होते थे। पुराणवेत्ता पुरुष इस विषयमें एक गाथा कहा करते हैं—''श्रीरघुनाथजीका वर्ण श्याम और अवस्था युवा है, उनके नेत्र कुछ-कुछ लालिमा लिये हुए हैं, मुखसे तेज बरसता रहता है, वे बहुत कम बोलते हैं। उनकी लंबी भुजाएँ

घुटनोंतक पहुँचती हैं। उनका मुख बड़ा सुन्दर है। कंधे सिंहके सदृश हैं। महाबाहु श्रीरामने दस हजार वर्षोंतक राज्य किया। उनके राज्यमें सदा ऋग्वेद, सामवेद और यजुर्वेदका घोष सुनायी देता था। धनुषकी टंकार भी सर्वदा कानोंमें आती रहती थी। 'दान करो और स्वयं भी भोगो' का उपदेश कभी बंद नहीं होता था। दशरथनन्दन श्रीराम सत्त्ववान् और गुणवान् होनेके साथ ही सदा अपने तेजसे देदीप्यमान रहते थे। उनकी सूर्य और चन्द्रमासे भी अधिक शोभा होती थी।''*

यह श्रीरामावतारका वर्णन हुआ। इसके बाद श्रीहरिका अवतार मथुरामें हुआ था। वह श्रीकृष्णके नामसे विख्यात हुआ। भगवान् श्रीकृष्ण समस्त संसारका हित करनेके लिये अवतीर्ण हुए थे।

उन्होंने मानव-शरीर धारण करके शाल्व, शिशुपाल, कंस, द्विविद, अरिष्ट, वृषभ, केशी, दैत्यकन्या पूतना, कुवलयापीड़ हाथी तथा चाणूर और मुष्टिक नामके मल्लोंका वध किया। अद्भुत कर्म करनेवाले बाणासुरकी हजार भुजाएँ काट डालीं। युद्धमें नरकासुरका संहार किया और महाबली कालयवनको भी भस्म करा दिया। भगवान्‌ने अपने तेजसे दुष्ट दुराचारी राजाओंके समस्त रत्न हर लिये और उन्हें मौतके घाट उतार दिया। यह अवतार सम्पूर्ण लोकोंका हित-साधन करनेके लिये हुआ था।

इसके बाद विष्णुयशा नामसे प्रसिद्ध कल्कि-अवतार होनेवाला है। भगवान् कल्कि शम्भल नामक गाँवमें अवतीर्ण होंगे। उनके अवतारका उद्देश्य भी सब लोकोंका हित करना ही है। ये तथा और भी अनेक दिव्य अवतार हैं, जो पुराणोंमें ब्रह्मवादी पुरुषोंद्वारा वर्णित हैं। भगवान्‌के अवतारोंका वर्णन करनेमें देवता भी मोहित हो जाते हैं। पुराण वेदोंकी श्रुतियोंद्वारा समर्थित हैं। इस प्रकार यह अवतार-कथा संक्षेपसे कही गयी। जो सम्पूर्ण लोकोंके गुरु और सदा कीर्तन करनेयोग्य हैं, उन भगवान् विष्णुके अवतारोंका वर्णन किया गया। इसके कीर्तनसे पितरोंको प्रसन्नता होती है। जो हाथ जोड़कर अमितपराक्रमी श्रीविष्णुके अवतारकी कथा सुनता है, उसके पितर भी अत्यन्त तृप्त होते हैं। योगेश्वर भगवान् श्रीहरिकी योगमायाका वर्णन सुनकर मनुष्य सब पापोंसे मुक्त हो जाता है और भगवान्‌की कृपासे शीघ्र ही उसे ऋद्धि, समृद्धि तथा प्रचुर भोगोंकी प्राप्ति होती है। मुनिवरो! इस प्रकार मैंने अमिततेजस्वी श्रीहरिके सर्वपापहारी पवित्र अवतारोंका वर्णन किया।

---

* श्यामो युवा लोहिताक्षो दीप्तास्यो मितभाषितः॥
आजानुबाहुः सुमुखः सिंहस्कन्धो महाभुजः। दशवर्षसहस्राणि रामो राज्यमकारयत्॥
ऋक्सामयजुषां घोषो ज्याघोषश्च महात्मनः। अव्युच्छिन्नोऽभवद्राष्ट्रे दीयतां भुज्यतामिति॥
सत्त्ववान् गुणसम्पन्नो दीप्यमानः स्वतेजसा। अतिचन्द्रं च सूर्यं च रामो दाशरथिर्बभौ॥
(२१३। १५३—१५६)

यमलोकके मार्ग और चारों द्वारोंका वर्णन

मुनि बोले—ब्रह्मन्! आपके मुखसे निकले हुए पुण्यधर्ममय वचनामृतोंसे हमें तृप्ति नहीं होती, अपितु अधिकाधिक सुननेकी उत्कण्ठा बढ़ती जाती है। मुने! आप परम बुद्धिमान् हैं और प्राणियोंकी उत्पत्ति, लय और कर्मगतिको जानते हैं; इसलिये हम आपसे और भी प्रश्न करते हैं। सुननेमें आता है कि यमलोकका मार्ग बड़ा दुर्गम है। वह सदा दुःख और क्लेश देनेवाला है तथा समस्त प्राणियोंके लिये भयंकर है। उस मार्गकी लंबाई कितनी है तथा मनुष्य उस मार्गसे यमलोककी यात्रा किस प्रकार करते हैं? मुने! कौन-सा ऐसा उपाय है, जिससे नरकके दुःखोंकी प्राप्ति न हो?

व्यासजीने कहा—उत्तम व्रतका पालन करनेवाले मुनिवरो! सुनो। यह संसारचक्र प्रवाहरूपसे निरन्तर चलता रहता है। अब मैं प्राणियोंकी मृत्युसे लेकर आगे जो अवस्था होती है, उसका वर्णन करूँगा। इसी प्रसङ्गमें यमलोकके मार्गका भी निर्णय किया जायगा। यमलोक और मनुष्यलोकमें छियासी हजार योजनोंका अन्तर है। उसका मार्ग तपाये हुए ताँबेकी भाँति पूर्ण तप्त रहता है। प्रत्येक जीवको यमलोकके मार्गसे जाना पड़ता है। पुण्यात्मा पुरुष पुण्यलोकोंमें और नीच पापाचारी मानव पापमय लोकोंमें जाते हैं। यमलोकमें बाईस नरक हैं, जिनके भीतर पापी मनुष्योंको पृथक्-पृथक् यातनाएँ दी जाती हैं। उन नरकोंके नाम ये हैं—नरक, रौरव, रौद्र, शूकर, ताल, कुम्भीपाक, महाघोर, शाल्मल, विमोहन, कीटाद, कृमिभक्ष, लालाभक्ष, भ्रम, पीब बहानेवाली नदी, रक्त बहानेवाली नदी, जल बहानेवाली नदी, अग्निज्वाल, महारौद्र, संदंश, शुनभोजन, घोर वैतरणी और असिपत्रवन। यमलोकके मार्गमें न तो कहीं वृक्षकी छाया है न तालाब और पोखरे हैं, न बावड़ी न पुष्करिणी है, न कूप हैं न पौंसले हैं, न धर्मशाला है न मण्डप है, न घर है न नदी एवं पर्वत हैं और न ठहरनेके योग्य कोई स्थान ही है, जहाँ अत्यन्त कष्टमें पड़ा हुआ थका-माँदा जीव विश्राम कर सके। उस महान् पथपर सब पापियोंको निश्चय ही जाना पड़ता है। जीवकी यहाँ जितनी आयु नियत है, उसका भोग पूरा हो जानेपर इच्छा न रहते हुए भी उसे प्राणोंका त्याग करना पड़ता है। जल, अग्नि, विष, क्षुधा, रोग अथवा पर्वतसे गिरने आदि किसी भी निमित्तको लेकर देहधारी जीवकी मृत्यु होती है। पाँच भूतोंसे बने हुए इस विशाल शरीरको छोड़कर जीव अपने कर्मानुसार यातना भोगनेके योग्य दूसरा शरीर धारण करता है। उसे सुख और दुःख भोगनेके लिये सुदृढ़ शरीरकी प्राप्ति होती है। पापाचारी मनुष्य उसी देहसे अत्यन्त कष्ट भोगता है और धर्मात्मा मनुष्य प्रसन्नतापूर्वक सुखका भागी होता है।

शरीरमें जो गर्मी या पित्त है, वह तीव्र वायुसे प्रेरित होकर जब अत्यन्त कुपित हो जाता है, उस समय बिना ईंधनके ही उद्दीप्त हुई अग्निकी भाँति बढ़कर मर्मस्थानोंको विदीर्ण कर देता है। तत्पश्चात् उदान नामक वायु ऊपरकी ओर उठता है और खाये-पीये हुए अन्न-जलको नीचेकी ओर जानेसे रोक देता है। उस आपत्तिकी अवस्थामें भी उसीको प्रसन्नता रहती है, जिसने पहले जल, अन्न एवं रसका दान किया है। जिस पुरुषने श्रद्धासे पवित्र किये हुए अन्तःकरणके द्वारा पहले अन्न-दान किया है, वह उस रुग्णावस्थामें अन्नके बिना भी तृप्तिलाभ करता है। जिसने कभी मिथ्याभाषण नहीं किया, दो प्रेमियोंके पारस्परिक प्रेममें बाधा नहीं डाली तथा जो आस्तिक और श्रद्धालु है, वह सुखपूर्वक मृत्युको प्राप्त होता है।

जो देवता और ब्राह्मणोंकी पूजामें संलग्न रहते, किसीकी निन्दा नहीं करते तथा सात्त्विक, उदार और लज्जाशील होते हैं, ऐसे मनुष्योंको मृत्युके समय कष्ट नहीं होता। जो कामनासे, क्रोधसे अथवा द्वेषके कारण धर्मका त्याग नहीं करता, शास्त्रोक्त आज्ञाका पालन करनेवाला तथा सौम्य होता है, उसकी मृत्यु भी सुखसे होती है। जिन्होंने कभी जलका दान नहीं किया है, उन मनुष्योंको मृत्युकाल उपस्थित होनेपर अधिक जलन होती है तथा अन्नदान न करनेवालोंको उस समय भूखका भारी कष्ट भोगना पड़ता है। जो लोग जाड़ेके दिनोंमें लकड़ी दान करते हैं, वे शीतके कष्टको जीत लेते हैं। जो चन्दन दान करते हैं, वे तापपर विजय पाते हैं तथा जो किसी भी जीवको उद्वेग नहीं पहुँचाते, वे मृत्युकालमें प्राणघातिनी क्लेशमय वेदनाका अनुभव नहीं करते। ज्ञानदाता पुरुष मोहपर और दीपदान करनेवाले अन्धकारपर विजय पाते हैं। जो झूठी गवाही देते, झूठ बोलते, अधर्मका उपदेश देते और वेदोंकी निन्दा करते हैं, वे सब लोग मूर्च्छाग्रस्त होकर मृत्युको प्राप्त होते हैं।

ऐसे लोगोंकी मृत्युके समय यमराजके दुष्ट दूत हाथोंमें हथौड़ी एवं मुद्गर लिये आते हैं; वे बड़े भयंकर होते हैं और उनकी देहसे दुर्गन्ध निकलती रहती है। उन यमदूतोंपर दृष्टि पड़ते ही मनुष्य काँप उठता है और भ्राता, माता तथा पुत्रोंका नाम लेकर बारंबार चिल्लाने लगता है। उस समय उसकी वाणी स्पष्ट समझमें नहीं आती। एक ही शब्द, एक ही आवाज-सी जान पड़ती है। भयके मारे रोगीकी आँखें झूमने लगती हैं और उसका मुख सूख जाता है। उसकी साँस ऊपरको उठने लगती है। दृष्टिकी शक्ति भी नष्ट हो जाती है। फिर वह अत्यन्त वेदनासे पीड़ित होकर उस शरीरको छोड़ देता है और वायुके सहारे चलता हुआ वैसे ही दूसरे शरीरको धारण कर लेता है जो रूप, रंग और अवस्थामें पहले शरीरके समान ही होता है। वह शरीर माता-पिताके गर्भसे उत्पन्न नहीं, कर्मजनित होता है और यातना भोगनेके लिये ही मिलता है; उसीसे यातना भोगनी पड़ती है। तदनन्तर यमराजके दूत शीघ्र ही उसे दारुण पाशोंसे बाँध लेते हैं। मृत्युकाल आनेपर जीवको बड़ी वेदना होती है, जिससे वह अत्यन्त व्याकुल हो जाता है। उस समय सब भूतोंसे उसके शरीरका सम्बन्ध टूट जाता है। प्राणवायु कण्ठतक आ जाती है और जीव शरीरसे निकलते समय जोर-जोरसे रोता है। माता, पिता, भाई, मामा, स्त्री, पुत्र, मित्र और गुरु—सबसे नाता छूट जाता है। सभी सगे-सम्बन्धी नेत्रोंमें आँसू भरे दुःखी होकर उसे देखते रह जाते हैं और वह अपने शरीरको त्यागकर यमलोकके मार्गपर वायुरूप होकर चला जाता है।

वह मार्ग अन्धकारपूर्ण, अपार, अत्यन्त भयंकर तथा पापियोंके लिये अत्यन्त दुर्गम होता है। यमदूत पाशोंमें बाँधकर उसे खींचते और मुद्गरोंसे पीटते हुए उस विशाल पथपर ले जाते हैं। यमदूतोंके

अनेक रूप होते हैं। वे देखनेमें बड़े डरावने और समस्त प्राणियोंको भय पहुँचानेवाले होते हैं। उनके मुख विकराल, नासिका टेढ़ी, आँखें तीन, ठोड़ी, कपोल और मुख फैले हुए तथा ओठ लंबे होते हैं। वे अपने हाथोंमें विकराल एवं भयंकर आयुध लिये रहते हैं। उन आयुधोंसे आगकी लपटें निकलती रहती हैं। पाश, साँकल और डंडेसे भय पहुँचानेवाले, महाबली, महाभयंकर यमकिंकर यमराजकी आज्ञासे प्राणियोंकी आयु समाप्त होनेपर उन्हें लेनेके लिये आते हैं। जीव यातना भोगनेके लिये अपने कर्मके अनुसार जो भी शरीर ग्रहण करता है, उसे ही यमराजके दूत यमलोकमें ले जाते हैं। वे उसे कालपाशमें बाँधकर पैरोंमें बेड़ी डाल देते हैं। बेड़ीकी साँकल वज्रके समान कठोर होती है। यमकिंकर क्रोधमें भरकर उस बँधे हुए जीवको भलीभाँति पीटते हुए ले जाते हैं। वह लड़खड़ाकर गिरता है, रोता है और 'हाय बाप! हाय मैया! हाय पुत्र!' कहकर बारंबार चीखता-चिल्लाता है; तो भी दूषित कर्मवाले उस पापीको वे तीखे शूलों, मुद्गरों, खड्ग और शक्तिके प्रहारों और वज्रमय भयंकर डंडोंसे घायल करके जोर-जोरसे डाँटते हैं। कभी-कभी तो एक-एक पापीको अनेक यमदूत चारों ओरसे घेरकर पीटते हैं। बेचारा जीव दुःखसे पीड़ित हो मूर्च्छित होकर इधर-उधर गिर पड़ता है; तथापि वे दूत उसे घसीटकर ले जाते हैं। कहीं भयभीत होते, कहीं त्रास पाते, कहीं लड़खड़ाते और कहीं दुःखसे करुण क्रन्दन करते हुए जीवोंको उस मार्गसे जाना पड़ता है। यमदूतोंकी फटकार पड़नेसे वे उद्विग्न हो उठते हैं और भयसे विह्वल हो काँपते हुए शरीरसे दौड़ने लगते हैं। मार्गपर कहीं काँटे बिछे होते हैं और कुछ दूरतक तपी हुई बालू मिलती है।

जिन मनुष्योंने दान नहीं किया है, वे उस मार्गपर जलते हुए पैरोंसे चलते हैं। जीवहिंसक मनुष्यके सब ओर मरे हुए बकरोंकी लाशें पड़ी होती हैं, जिनकी जली और फटी हुई चमड़ीसे मेदे और रक्तकी दुर्गन्ध आती रहती है। वे वेदनासे पीड़ित हो जोर-जोरसे चीखते-चिल्लाते हुए यममार्गकी यात्रा करते हैं। शक्ति, भिन्दिपाल, खड्ग, तोमर, बाण और तीखी नोकवाले शूलोंसे उनका अङ्ग-अङ्ग विदीर्ण कर दिया जाता है। कुत्ते, बाघ, भेड़िये और कौए उनके शरीरका मांस नोच-नोचकर खाते रहते हैं। मांस खानेवाले लोग उस मार्गपर चलते समय आरेसे चीरे जाते हैं, सूअर अपनी दाढ़ोंसे उनके शरीरको विदीर्ण कर देते हैं।

जो अपने ऊपर विश्वास करनेवाले स्वामी, मित्र अथवा स्त्रीकी हत्या कराते हैं, वे शस्त्रोंद्वारा छिन्न-भिन्न और व्याकुल होकर यमलोकके मार्गपर जाते हैं। जो निरपराध जीवोंको मारते और मरवाते हैं, वे राक्षसोंके ग्रास बनकर उस पथसे यात्रा करते हैं। जो परायी स्त्रियोंके वस्त्र उतारते हैं, वे मरनेपर नंगे करके दौड़ते हुए यमलोकमें लाये जाते हैं। जो दुरात्मा पापाचारी अन्न, वस्त्र, सोने, घर और खेतका अपहरण करते हैं, उन्हें यमलोकके मार्गपर पत्थरों, लाठियों और डंडोंसे मारकर जर्जर कर दिया जाता है और वे अपने अङ्ग-प्रत्यङ्गसे प्रचुर रक्त बहाते हुए यमलोकमें जाते हैं। जो नराधम नरककी परवा न करके इस लोकमें ब्राह्मणका धन हड़प लेते, उन्हें मारते और गालियाँ सुनाते हैं, उन्हें सूखे काठमें बाँधकर उनकी आँखें फोड़ दी जाती और नाक-कान काट लिये जाते हैं। फिर उनके शरीरमें पीब और रक्त पोत दिये जाते हैं तथा कालके समान गीध और गीदड़ उन्हें नोच-नोचकर खाने लगते हैं। इस दशामें भी क्रोधमें भरे हुए भयानक यमदूत उन्हें पीटते हैं और वे चिल्लाते हुए यमलोकके पथपर अग्रसर होते हैं।

इस प्रकार वह मार्ग बड़ा ही दुर्गम और अग्निके समान प्रज्वलित है। उसे रौरव (जीवोंको रुलानेवाला) कहा गया है। वह नीची-ऊँची भूमिसे युक्त होनेके कारण मानवमात्रके लिये अगम्य है। तपाये हुए ताँबेकी भाँति उसका वर्ण है। वहाँ आगकी चिनगारियाँ और लपटें दिखायी देती हैं। वह मार्ग कण्टकोंसे भरा है। शक्ति और वज्र आदि आयुधोंसे व्याप्त है। ऐसे कष्टप्रद मार्गपर निर्दयी यमदूत जीवको घसीटते हुए ले जाते हैं और उन्हें सब प्रकारके अस्त्र-शस्त्रोंसे मारते रहते हैं। इस तरह पापासक्त अन्यायी मनुष्य विवश होकर मार खाते हुए दुर्धर्ष यमदूतोंके द्वारा यमलोकमें ले जाये जाते हैं। यमराजके सेवक सभी पापियोंको उस दुर्गम मार्गमें अवहेलनापूर्वक ले जाते हैं। वह अत्यन्त भयंकर मार्ग जब समाप्त हो जाता है, तब यमदूत पापी जीवको ताँबे और लोहेकी बनी हुई भयंकर यमपुरीमें प्रवेश कराते हैं।

वह पुरी बहुत विशाल है, उसका विस्तार लाख योजनका है। वह चौकोर बतायी जाती है। उसके चार सुन्दर दरवाजे हैं। उसकी चहारदीवारी सोनेकी बनी है, जो दस हजार योजन ऊँची है। यमपुरीका पूर्वद्वार बहुत ही सुन्दर है। वहाँ फहराती हुई सैकड़ों पताकाएँ उसकी शोभा बढ़ाती हैं। हीरे, नीलम, पुखराज और मोतियोंसे वह द्वार सजाया जाता है। वहाँ गन्धर्वों और अप्सराओंके गीत और नृत्य होते रहते हैं। उस द्वारसे देवताओं, ऋषियों, योगियों, गन्धर्वों, सिद्धों, यक्षों और विद्याधरोंका प्रवेश होता है। उस नगरका उत्तरद्वार घण्टा, छत्र, चँवर तथा नाना प्रकारके रत्नोंसे अलंकृत है। वहाँ वीणा और वेणुकी मनोहर ध्वनि गूँजती रहती है। गीत, मङ्गल-गान तथा ऋग्वेद आदिके सुमधुर शब्द होते रहते हैं। वहाँ महर्षियोंका समुदाय शोभा पाता है। उस द्वारसे उन्हीं पुण्यात्माओंका प्रवेश होता है, जो धर्मज्ञ और सत्यवादी हैं। जिन्होंने गर्मीमें दूसरोंको जल पिलाया और सर्दीमें अग्निका सेवन कराया है, जो थके-माँदे मनुष्योंकी सेवा करते और सदा प्रिय वचन बोलते हैं, जो दाता, शूर और माता-पिताके भक्त हैं तथा जिन्होंने ब्राह्मणोंकी सेवा और अतिथियोंका पूजन किया है, वे भी उत्तरद्वारसे ही पुरीमें प्रवेश करते हैं।

यमपुरीका पश्चिम महाद्वार भाँति-भाँतिके रत्नोंसे विभूषित है। विचित्र-विचित्र मणियोंकी वहाँ सीढ़ियाँ बनी हैं। देवता उस द्वारकी शोभा बढ़ाते रहते हैं। वहाँ भेरी, मृदङ्ग और शङ्ख आदि वाद्योंकी ध्वनि हुआ करती है। सिद्धोंके समुदाय सदा हर्षमें भरकर उस द्वारपर मङ्गल-गान करते हैं। जो मनुष्य भगवान् शिवकी भक्तिमें संलग्न रहते हैं, जो सब तीर्थोंमें गोते लगा चुके हैं, जिन्होंने पञ्चाग्निका सेवन किया है, जो किसी उत्तम तीर्थस्थानमें अथवा कालिञ्जर पर्वतपर प्राण-त्याग करते हैं और जो स्वामी, मित्र अथवा जगत्का कल्याण करनेके लिये एवं गौओंकी रक्षाके लिये मारे गये हैं, वे शूरवीर और तपस्वी पुरुष पश्चिमद्वारसे यमपुरीमें प्रवेश करते हैं। उस पुरीका दक्षिणद्वार अत्यन्त भयानक है। वह सम्पूर्ण जीवोंके मनमें भय उपजानेवाला है। वहाँ निरन्तर हाहाकार मचा रहता है। सदा अँधेरा छाया रहता है। उस द्वारपर तीखे सींग, काँटे, बिच्छू, साँप, वज्रमुख कीट, भेड़िये, व्याघ्र, रीछ, सिंह, गीदड़, कुत्ते, बिलाव और गीध उपस्थित रहते हैं। उनके मुखोंसे आगकी लपटें निकला करती हैं। जो सदा सबका अपकार करनेवाले पापात्मा हैं, उन्हींका उस मार्गसे पुरीमें प्रवेश होता है। जो ब्राह्मण, गौ, बालक, वृद्ध, रोगी, शरणागत, विश्वासी, स्त्री, मित्र और निहत्थे मनुष्यकी हत्या कराते हैं, अगम्या स्त्रीके साथ सम्भोग करते हैं, दूसरोंके धनका अपहरण करते हैं, धरोहर हड़प लेते हैं, दूसरोंको जहर देते और

उनके घरोंमें आग लगाते हैं, परायी भूमि, गृह, शय्या, वस्त्र और आभूषणकी चोरी करते हैं, दूसरोंके छिद्र देखकर उनके प्रति क्रूरताका बर्ताव करते हैं, सदा झूठ बोलते हैं, ग्राम, नगर तथा राष्ट्रको महान् दु:ख देते हैं, झूठी गवाही देते, कन्या बेचते, अभक्ष्य भक्षण करते, पुत्री और पुत्रवधूके साथ समागम करते, माता-पिताको कटुवचन सुनाते तथा अन्यान्य प्रकारके महापातकोंमें संलग्न रहते हैं, वे सब दक्षिण द्वारसे यमपुरीमें प्रवेश करते हैं।*

यमलोकके दक्षिणद्वार तथा नरकोंका वर्णन

मुनियोंने पूछा—तपोधन! पापी मनुष्य दक्षिण-मार्गसे यमपुरीमें किस प्रकार प्रवेश करते हैं? यह हम सुनना चाहते हैं। आप विस्तारपूर्वक बतलाइये।

व्यासजी बोले—मुनिवरो! दक्षिणद्वार अत्यन्त घोर और महाभयंकर है। मैं उसका वर्णन करता हूँ। वहाँ सदा नाना प्रकारके हिंस्र जन्तुओं और गीदड़ियोंके शब्द होते रहते हैं। वहाँ दूसरोंका पहुँचना असम्भव है। उसे देखते ही रोंगटे खड़े हो जाते हैं। भूत, प्रेत, पिशाच और राक्षसोंसे यह द्वार सदा ही घिरा रहता है। पापी जीव दूरसे ही उस द्वारको देखकर त्राससे मूर्च्छित हो जाते हैं और विलाप-प्रलाप करने लगते हैं। तब यमदूत उन्हें साँकलोंसे बाँधकर घसीटते और निर्भय होकर डंडोंसे पीटते हैं। साथ ही डाँटते-फटकारते भी रहते हैं। होशमें आनेपर वे खूनसे लथपथ हो पग-पगपर लड़खड़ाते हुए दक्षिणद्वारको जाते हैं। मार्गमें कहीं तीखे काँटे होते हैं और कहीं छूरेकी धारके समान तीक्ष्ण पत्थरोंके टुकड़े बिछे होते हैं। कहीं कीचड़-ही-कीचड़ भरी रहती है और कहीं ऐसे-ऐसे गड्ढे होते हैं, जिनको पार करना असम्भव-सा होता है। कहीं-कहीं लोहेकी सुईके समान कीलें गड़ी होती हैं। कहीं वृक्षोंसे भरे हुए पर्वत होते हैं, जो किनारोंपर झरने गिरते रहनेसे दुर्गम प्रतीत होते हैं और कहीं-कहीं तपे हुए अँगारे बिछे होते हैं। ऐसे मार्गसे दु:खी होकर पापी जीवोंको यात्रा करनी पड़ती है। कहीं दुर्गम गर्त्त, कहीं चिकने ढेले, कहीं तपायी हुई बालू और कहीं तीखे काँटे होते हैं। कहीं दावानल प्रज्वलित रहता है। कहीं तपी हुई शिला है तो कहीं जमी हुई बर्फ। कहीं इतनी अधिक बालू है कि उस मार्गसे जानेवाला जीव उसमें आकण्ठ डूब जाता है। कहीं दूषित जलसे और कहीं कंडेकी आगसे वह मार्ग भरा रहता है। कहीं सिंह, भेड़िये, बाघ, डाँस और भयानक कीड़े डेरा डाले रहते हैं। कहीं बड़ी-बड़ी जोंकें और अजगर पड़े रहते हैं। भयंकर मक्खियाँ, विषैले साँप और दुष्ट एवं बलोन्मत्त हाथी सताया करते हैं। खुरोंसे मार्गको खोदते हुए तीखे सींगोंवाले बड़े-बड़े साँड़, भैंसे और मतवाले ऊँट सबको

* ये घातयन्ति विप्रान् गा बालं वृद्धं तथाऽऽतुरम्। शरणागतं विश्वस्तं स्त्रियं मित्रं निरायुधम्॥
येऽगम्यागामिनो मूढा: परद्रव्यापहारिण:। निक्षेपस्यापहर्तारो विषवह्निप्रदाश्च ये॥
परभूमिं गृहं शय्यां वस्त्रालङ्कारहारिण:। पररन्ध्रेषु ये क्रूरा ये सदानृतवादिन:॥
ग्रामराष्ट्रपुरस्थाने महादु:खप्रदा हि ये। कूटसाक्षिप्रदातार: कन्याविक्रयकारका:॥
अभक्ष्यभक्षणरता ये गच्छन्ति सुतां स्नुषाम्। मातरं पितरं चैव ये वदन्ति च पौरुषम्॥
अन्ये ये चैव निर्दिष्टा महापातककारिण:। दक्षिणेन तु ते सर्वे द्वारेण प्रविशन्ति वै॥
(२१४। १२३—१२८)

कष्ट देते हैं। भयानक डाइनों और भीषण रोगोंसे पीड़ित होकर जीव उस मार्गसे यात्रा करते हैं।

कहीं धूलिमिश्रित प्रचण्ड वायु चलती है, जो पत्थरोंकी वर्षा करके निराश्रय जीवोंको कष्ट पहुँचाती रहती है; कहीं बिजली गिरनेसे शरीर विदीर्ण हो जाता है; कहीं बड़े जोरसे बाणोंकी वर्षा होती है, जिससे सब अङ्ग छिन्न-भिन्न हो जाते हैं। कहीं-कहीं बिजलीकी गड़गड़ाहटके साथ भयंकर उल्कापात होते रहते हैं और प्रज्वलित अँगारोंकी वर्षा हुआ करती है, जिससे जलते हुए पापी जीव आगे बढ़ते हैं। कभी जोर-जोरसे धूलकी वर्षा होनेके कारण शरीर भर जाता है और जीव रोने लगते हैं। मेघोंकी भयंकर गर्जनासे बारंबार त्रास पहुँचता रहता है। बाण-वर्षासे घायल हुए शरीरपर खारे जलकी धारा गिरायी जाती है और उसकी पीड़ा सहन करते हुए जीव आगे बढ़ते हैं। कहीं-कहीं अत्यन्त शीतल हवा चलनेके कारण अधिक सर्दी पड़ती हैं तथा कहीं रूखी और कठोर वायुका सामना करना पड़ता है; इससे पापी जीवोंके अङ्ग-अङ्गमें बिवाई फट जाती है। वे सूखने और सिकुड़ने लगते हैं। ऐसे मार्गसे, जहाँ न तो राह-खर्चके लिये कुछ मिल पाता है और न कोई सहारा ही दिखायी देता है,पापी जीवोंको यात्रा करनी पड़ती है। सब ओर निर्जल और दुर्गम प्रदेश दृष्टिगोचर होता है। बड़े परिश्रमसे पापी जीव यमलोकतक पहुँच पाते हैं। यमराजकी आज्ञाका पालन करनेवाले भयंकर यमदूत उन्हें बलपूर्वक ले जाते हैं। वे एकाकी और पराधीन होते हैं। साथमें न कोई मित्र होता है न बन्धु। वे अपने-अपने कर्मोंको सोचते हुए बारंबार रोते रहते हैं। प्रेतोंका-सा उनका शरीर होता है। उनके कण्ठ, ओठ और तालू सूखे रहते हैं। वे शरीरसे अत्यन्त दुर्बल और भयभीत हो क्षुधाग्निकी ज्वालासे जलते रहते हैं। कोई साँकलमें बँधे होते हैं। किन्हींको उतान सुलाकर यमदूत उनके दोनों पैर पकड़कर घसीटते हैं और कोई नीचे मुँह करके घसीटे जाते हैं। उस समय उन्हें अत्यन्त दुःख होता है। उन्हें खानेको अन्न और पीनेको पानी नहीं मिलता। वे भूख-प्याससे पीड़ित हो हाथ जोड़ दीनभावसे आँसू बहाते हुए गद्गद वाणीमें बारंबार याचना करते और 'दीजिये, दीजिये' की रट लगाये रहते हैं। उनके सामने सुगन्धित पदार्थ, दही, खीर, घी, भात, सुगन्धयुक्त पेय और शीतल जल प्रस्तुत होते हैं। उन्हें देखकर वे बारंबार उनके लिये याचना करते हैं।

उस समय यमराजके दूत क्रोधमें लाल आँखें करके उन्हें फटकारते हुए कठोर वाणीमें कहते हैं—'ओ पापियो! तुमने समयपर अग्निहोत्र नहीं किया, स्वयं ब्राह्मणोंको दान नहीं दिया और दूसरोंको भी उन्हें दान देते समय बलपूर्वक मना किया; उसी पापका फल तुम्हारे सामने उपस्थित हुआ है। तुम्हारा धन आगमें नहीं जला था, जलमें नहीं नष्ट हुआ था, राजाने नहीं छीना था और चोरोंने भी नहीं चुराया था। नराधमो! तो भी तुमने जब पहले ब्राह्मणोंको दान नहीं दिया है, तब इस समय तुम्हें कहाँसे कोई वस्तु प्राप्त हो सकती है। जिन साधु पुरुषोंने सात्त्विकभावसे नाना प्रकारके दान किये हैं, उन्हींके लिये ये पर्वतोंके समान अन्नके ढेर लगे दिखायी देते हैं। इनमें भक्ष्य, भोज्य, पेय, लेह्य और चोष्य—सब प्रकारके खाद्य पदार्थ हैं। तुम इन्हें पानेकी इच्छा न करो, क्योंकि तुमने किसी प्रकारका दान नहीं दिया है। जिन्होंने दान, होम, यज्ञ और ब्राह्मणोंका पूजन किया है, उन्हींका अन्न ले आकर सदा यहाँ जमा किया जाता है। नारकी जीवो! यह दूसरोंकी वस्तु हम तुम्हें कैसे दे सकते हैं।'

यमदूतोंकी यह बात सुनकर वे भूख-प्याससे पीड़ित जीव उस अन्नकी अभिलाषा छोड़ देते

हैं। तदनन्तर यमदूत उन्हें भयानक अस्त्रोंसे पीड़ा देते हैं। मुद्गर, लोहदण्ड, शक्ति, तोमर, पट्टिश, परिघ, भिन्दिपाल, गदा, फरसा और बाणोंसे उनकी पीठपर प्रहार किया जाता है और सामनेकी ओरसे सिंह तथा बाघ आदि उन्हें काट खाते हैं। इस प्रकारके पापी जीव न तो भीतर प्रवेश कर पाते हैं और न बाहर ही निकल पाते हैं। अत्यन्त दुःखित होकर करुणक्रन्दन किया करते हैं। इस प्रकार वहाँ भलीभाँति पीड़ा देकर यमराजके दूत उन्हें भीतर प्रवेश कराते और उस स्थानपर ले जाते हैं, जहाँ सबका संयमन (नियन्त्रण) करनेवाले धर्मात्मा यमराज रहते हैं। वहाँ पहुँचकर वे दूत यमराजको उन पापियोंके आनेकी सूचना देते हैं

और उनकी आज्ञा मिलनेपर उन्हें उनके सामने उपस्थित करते हैं। तब पापाचारी जीव भयानक यमराज और चित्रगुप्तको देखते हैं। यमराज उन पापियोंको बड़े जोरसे फटकारते हैं और चित्रगुप्त धर्मयुक्त वचनोंसे पापियोंको समझाते हुए कहते हैं—'पापाचारी जीवो! तुमने दूसरोंके धनका अपहरण किया है और अपने रूप और वीर्यके घमंडमें आकर परायी स्त्रियोंका सतीत्व नष्ट किया है। जीव स्वयं जो कर्म करता है, उसका फल भी उन्हें स्वयं ही भोगना पड़ता है—यह जानते हुए भी तुमने अपना विनाश करनेके लिये यह पापकर्म क्यों किया? अब क्यों शोक करते हो। अपने कुकर्मोंसे ही तुम पीड़ित हो रहे हो। तुमने अपने कर्मोंद्वारा जिन दुःखोंका उपार्जन किया है, उन्हें भोगो। इसमें किसीका कुछ दोष नहीं है। ये जो राजालोग मेरे समीप आये हुए हैं, इन्हें भी अपने बलका बड़ा घमंड था। ये अपने घोर दुष्कर्मोंद्वारा यहाँ लाये गये हैं। इनकी बुद्धि बहुत ही खोटी थी।' तत्पश्चात् यमराज राजाओंकी ओर दृष्टिपात करके कहते हैं—'अरे ओ दुराचारी नरेशो! तुमलोग प्रजाका विध्वंस करनेवाले हो। थोड़े दिनोंतक रहनेवाले राज्यके लिये तुमने क्यों भयंकर पाप किया? राजाओ! तुमने राज्यके लोभ, मोह, बल तथा अन्यायसे जो प्रजाओंको कठोर दण्ड दिया है, उसका यथोचित फल इस समय भोगो। कहाँ गया वह राज्य। कहाँ गयीं वे रानियाँ, जिनके लिये तुमने पापकर्म किये हैं। उन सबको छोड़कर यहाँ तुमलोग एकाकी—असहाय होकर खड़े हो। यहाँ वह सारी सेना नहीं दिखायी देती, जिसके द्वारा तुमने प्रजाका दमन किया है। इस समय यमदूत तुम्हारे अङ्ग-अङ्ग फाड़े डालते हैं। देखो तो, उस पापका अब कैसा फल मिल रहा है।'

इस प्रकार यमराजके उपालम्भयुक्त अनेक वचन सुनकर वे राजा अपने-अपने कर्मोंका विचार करते हुए चुपचाप खड़े रह जाते हैं। तब उनके पापोंकी शुद्धिके लिये धर्मराज अपने सेवकोंको इस प्रकार आज्ञा देते हैं—'ओ चण्ड! ओ महाचण्ड! इन राजाओंको पकड़कर ले जाओ और क्रमशः नरककी अग्निमें तपाकर इन्हें पापोंसे मुक्त करो।' धर्मराजकी आज्ञा पाते ही यमदूत राजाओंके दोनों पैर पकड़कर वेगसे घुमाते हुए उन्हें ऊपर फेंक

देते हैं और फिर लौटकर उनके पापोंकी मात्राके अनुसार उन्हें बड़ी-बड़ी शिलाओंपर देरतक पटकते रहते हैं, मानो वज्रसे किसी महान् वृक्षपर प्रहार करते हों। इससे पापी जीवका शरीर जर्जर हो जाता है। उसके प्रत्येक छिद्रसे रक्तकी धारा बहने लगती है। उसकी चेतना लुप्त हो जाती है और वह हिलने-डुलनेमें भी असमर्थ हो जाता है। तदनन्तर शीतल वायुका स्पर्श होनेपर धीरे-धीरे पुनः वह सचेत हो उठता है। तब यमराजके दूत उसे पापोंकी शुद्धिके लिये नरकमें डाल देते हैं। एकसे निवृत्त होनेपर वे दूसरे-दूसरे पापियोंके विषयमें यमराजसे निवेदन करते हैं—'देव! आपकी आज्ञासे हम दूसरे पापीको भी ले आये हैं। यह सदा धर्मसे विमुख और पापपरायण रहा है। यह दुराचारी व्याध है। इसने महापातक और उपपातक—सभी किये हैं। यह अपवित्र मनुष्य सदा दूसरे जीवोंकी हिंसामें संलग्न रहा है। यह जो दुष्टात्मा खड़ा है, अगम्या स्त्रियोंके साथ समागम करनेवाला है, इसने दूसरेके धनका भी अपहरण किया है। यह कन्या बेचनेवाला, झूठी गवाही देनेवाला, कृतघ्न तथा मित्रोंको धोखा देनेवाला है। इस दुरात्माने मदोन्मत्त होकर सदा धर्मकी निन्दा की है, मर्त्यलोकमें केवल पापका ही आचरण किया है। देवेश्वर! इस समय इसको दण्ड देना है या इसपर अनुग्रह करना है, यह बताइये। क्योंकि आप ही निग्रहानुग्रह करनेमें समर्थ हैं। हमलोग तो केवल आज्ञापालक हैं।'

यों निवेदन करके वे दूत पापीको यमराजके सामने उपस्थित कर देते हैं और स्वयं दूसरे पापियोंको लानेके लिये चल देते हैं। जब पापीपर लगाये गये दोषकी सिद्धि हो जाती है, तब यमराज अपने भयंकर सेवकोंको उन्हें दण्ड देनेके लिये आदेश देते हैं। वसिष्ठ आदि महर्षियोंने जिसके लिये जो दण्ड नियत किया है, उसीके अनुसार वे यमकिंकर पापीको दण्ड प्रदान करते हैं। अङ्कुश, मुद्गर, डंडे, आरे, शक्ति, तोमर, खड्ग और शूलोंके प्रहारसे पापियोंको विदीर्ण

कर डालते हैं। अब नरकोंके भयंकर स्वरूपका वर्णन सुनो।

महावीचि नामक नरक रक्तसे भरा रहता है। उसमें वज्रके समान काँटे होते हैं। उसका विस्तार दस हजार योजन है। उसमें डूबा हुआ पापी जीव काँटोंमें बिंधकर अत्यन्त कष्ट भोगता है। गौओंका वध करनेवाला मनुष्य उस भयंकर नरकमें एक लाख वर्षोंतक निवास करता है। कुम्भीपाकका विस्तार सौ लाख योजन है। वह अत्यन्त भयंकर नरक है। वहाँकी भूमि तपाये हुए ताँबेके घड़ोंसे भरी रहनेके कारण अत्यन्त प्रज्वलित दिखायी देती है। वहाँ गरम-गरम बालू और अँगारे बिछे होते हैं। ब्राह्मणकी हत्या तथा पृथ्वीका अपहरण करनेवाले और धरोहरको हड़प लेनेवाले पापी उस नरकमें डालकर प्रलयकालतक जलाये जाते हैं। तदनन्तर रौरव नामक नरक है, जो प्रज्वलित वज्रमय बाणोंसे व्याप्त रहता है। उसका विस्तार

साठ हजार योजनका है। उस नरकमें गिराये हुए मनुष्य जलते हुए बाणोंसे बिंधकर यातना भोगते हैं। झूठी गवाही देनेवाले मनुष्य उसमें ईखकी भाँति पेरे जाते हैं। उसके बाद मञ्जूष नामक नरक है, जो लोहेसे बना हुआ है। वह सदा प्रज्वलित रहता है। उसमें वे ही डालकर जलाये जाते हैं, जो दूसरोंको निरपराध बंदी बनाते हैं। अप्रतिष्ठ नामक नरक पीब, मूत्र और विष्ठाका भंडार है। उसमें ब्राह्मणको पीड़ा देनेवाला पापी नीचे मुँह करके गिराया जाता है। विलेपक नामका घोर नरक लाहकी आगसे जलता रहता है। उसमें मदिरा पीनेवाले द्विज डालकर जलाये जाते हैं। महाप्रभ नामसे विख्यात नरक बहुत ऊँचा है। उसमें चमकता हुआ शूल गड़ा होता है। जो लोग पति-पत्नीमें भेद डालते हैं, उन्हें वहीं शूलसे छेदा जाता है। उसके बाद जयन्ती नामक अत्यन्त घोर नरक है, जहाँ लोहेकी बहुत बड़ी चट्टान पड़ी रहती है। परायी स्त्रियोंके साथ सम्भोग करनेवाले मनुष्य उसीके नीचे दबाये जाते हैं। शाल्मल नरक जलते हुए सुदृढ़ काँटोंसे व्याप्त है। जो स्त्री अनेक पुरुषोंके साथ सम्भोग करती है, उसे उस शाल्मल नामक वृक्षका आलिङ्गन करना पड़ता है। उस समय वह पीड़ासे व्याकुल हो उठती है। जो लोग सदा झूठ बोलते और दूसरोंके मर्मको चोट पहुँचानेवाली वाणी मुँहसे निकालते हैं, मृत्युके बाद उनकी जिह्वा यमदूतोंद्वारा काट ली जाती है। जो आसक्तिके साथ कटाक्षपूर्ण परायी स्त्रीकी ओर देखते हैं, यमराजके दूत बाण मारकर उनकी आँखें फोड़ देते हैं। जो लोग माता, बहिन, कन्या और पुत्रवधूके साथ समागम तथा स्त्री, बालक और बूढ़ोंकी हत्या करते हैं, उनकी भी यही दशा होती है; वे चौदह इन्द्रोंकी आयुपर्यन्त नरक-यातनामें पड़े रहते हैं। महारौरव नामक नरक ज्वालाओंसे परिपूर्ण तथा अत्यन्त भयंकर है, उसका विस्तार चौदह हजार योजन है। जो मूढ़ नगर, गाँव, घर अथवा खेतमें आग लगाते हैं, वे एक कल्पतक उस नरकमें पकाये जाते हैं। तामिस्त्र नरकका विस्तार एक लाख योजन है। वहाँ सदा खड्ग, पट्टिश और मुद्गरोंकी मार पड़ती रहती है। इससे वह बड़ा भयंकर जान पड़ता है। यमराजके दूत चोरोंको उसीमें डालकर शूल, शक्ति, गदा और खड्गसे उन्हें तीन सौ कल्पोंतक पीटते रहते हैं। महातामिस्त्र नामक नरक और भी दुःखदायी है। उसका विस्तार तामिस्त्रकी अपेक्षा दूना है। उसमें जोंकें भरी हुई हैं और निरन्तर अन्धकार छाया रहता है। जो माता, पिता और मित्रकी हत्या करनेवाले तथा विश्वासघाती हैं, वे जबतक यह पृथ्वी रहती है, तबतक उसमें पड़े रहते हैं और जोंकें निरन्तर उनका रक्त चूसती रहती हैं। असिपत्रवन नामक नरक तो बहुत ही कष्ट देनेवाला है। उसका विस्तार दस हजार योजन है। उसमें अग्निके

समान प्रज्वलित खड्ग पत्तोंके रूपमें व्याप्त है। वहाँ गिराया हुआ पापी खड्गकी धारके समान पत्तोंद्वारा क्षत-विक्षत हो जाता है। उसके शरीरमें सैकड़ों घाव हो जाते हैं। मित्रघाती मनुष्य उसमें एक कल्पतक रखकर काटा जाता है। करम्भबालुका नामक नरक दस हजार योजन विस्तीर्ण है। उसका आकार कुएँकी तरह है। उसमें जलती हुई बालू, अँगारे और काँटे भरे हुए हैं। जो भयंकर उपायोंद्वारा किसी मनुष्यको जला देता है, वह उक्त नरकमें एक लाख दस हजार तीन सौ वर्षोंतक जलाया और विदीर्ण किया जाता है।

काकोल नामक नरक कीड़ों और पीबसे भरा रहता है। जो दुष्टात्मा मानव दूसरोंको न देकर अकेला ही मिष्टान्न उड़ाता है, वह उसीमें गिराया जाता है। कुड्मल नरक विष्ठा, मूत्र और रक्तसे भरा होता है। जो लोग पञ्चयज्ञोंका अनुष्ठान नहीं करते, वे उसीमें गिराये जाते हैं। महाभीम नरक अत्यन्त दुर्गन्धयुक्त मांस व रक्तसे पूर्ण है। अभक्ष्य-भक्षण करनेवाले नीच मनुष्य उसमें गिरते हैं। महावट नरक मुर्दोंसे भरा होता है। वह बहुत-से कीटोंसे व्याप्त रहता है। जो मनुष्य अपनी कन्या बेचता है, वह नीचे मुँह करके उसमें गिराया जाता है। तिलपाक नामसे प्रसिद्ध नरक बहुत ही भयंकर बताया गया है। जो लोग दूसरोंको पीड़ा देते हैं, वे उसमें तिलकी भाँति पेरे जाते हैं। तैलपाक नरकमें खौलता हुआ तेल भूमिपर बहता रहता है। जो मित्रों तथा शरणागतोंकी हत्या करते हैं, वे उसीमें पकाये जाते हैं। वज्रकपाट नरक वज्रमयी शृङ्खलासे व्याप्त रहता है। जिन लोगोंने दूध बेचनेका व्यवसाय किया है, उन्हें वहाँ निर्दयतापूर्वक पीड़ा दी जाती है। निरुच्छ्वास नरक अन्धकारसे पूर्ण और वायुसे रहित होता है। जो ब्राह्मणको दिये जानेवाले दानमें रुकावट डालता है, वह निश्चेष्ट करके उसमें डाल दिया जाता है। अङ्गारोपचय नामक नरक दहकते हुए अँगारोंसे प्रज्वलित रहता है। जो लोग देनेकी प्रतिज्ञा करके भी ब्राह्मणको दान नहीं देते, वे उसीमें जलाये जाते हैं। महापायी नरकका विस्तार एक लाख योजन है। जो सदा असत्य बोला करते हैं, उन्हें नीचे मुख करके उसीमें डाल दिया जाता है। महाज्वाल नामक नरक सदा आगकी लपटोंसे प्रकाशित एवं भयंकर होता है। जो मनुष्य पापमें मन लगाते हैं, उन्हें दीर्घकालतक उसीमें जलाया जाता है। क्रकच नामक नरकमें वज्रकी धारकी समान तीखे आरे लगे होते हैं। उसमें अगम्या स्त्रीके साथ समागम करनेवाले मनुष्योंको उन्हीं आरोंसे चीरा जाता है। गुडपाक नरक खौलते हुए गुड़के अनेक कुण्डोंसे व्याप्त है। जो मनुष्य वर्णसंकरता फैलाता है, वह उसीमें डालकर जलाया जाता है।*

क्षुरधार नामक नरक तीखे उस्तुरोंसे भरा रहता है। जो लोग ब्राह्मणोंकी भूमि हड़प लेते हैं, वे एक कल्पतक उसीमें डालकर काटे जाते हैं। अम्बरीष नामक नरक प्रलयाग्निके समान प्रज्वलित रहता है। सुवर्णकी चोरी करनेवाला मनुष्य करोड़ कल्पोंतक उसमें दग्ध किया जाता है। वज्रकुठार नामक नरक वज्रसे व्याप्त है। पेड़ काटनेवाले पापी मनुष्य उसीमें डालकर काटे जाते हैं। परिताप नामक नरक भी प्रलयाग्निसे उद्दीप्त रहता है। विष देने तथा मधुकी चोरी करनेवाला पापी उसीमें यातना भोगता है। कालसूत्र नरक वज्रमय सूतसे निर्मित है। जो लोग दूसरोंकी खेती नष्ट करते हैं, वे उसीमें घुमाये जाते हैं, जिससे उनका अङ्ग छिन्न-भिन्न हो जाता है। कश्मल नरक मुख और

* नरकं गुडपाकेति ज्वलद्गुडह्रदैर्वृतम्॥ निक्षिप्तो दह्यते तस्मिन् वर्णसंकरकृन्नरः। (२१५। १२१-१२२)

नाकके मलसे भरा होता है। मांसकी रुचि रखनेवाला मनुष्य उसमें एक कल्पतक रखा जाता है। उग्रगन्ध नामक नरक लार, मूत्र और विष्ठासे भरा होता है। जो पितरोंको पिण्ड नहीं देते, वे उसी नरकमें डाले जाते हैं। दुर्धर नरक जोंकों और बिच्छुओंसे भरा रहता है। सूदखोर मनुष्य उसमें दस हजार वर्षोंतक पड़ा रहता है। वज्रमहापीड़ नामक नरक वज्रसे ही निर्मित है। जो दूसरोंके धन-धान्य और सुवर्णकी चोरी करते हैं, उन्हें उसीमें डालकर यातना दी जाती है। यमदूत उन चोरोंको छूरोंसे क्षण-क्षणपर काटते रहते हैं। जो मूर्ख किसी प्राणीकी हत्या करके उसे कौए और गृध्रकी भाँति खाते हैं, उन्हें एक कल्पतक अपने ही शरीरका मांस खाना पड़ता है। जो दूसरोंके आसन, शय्या और वस्त्रका अपहरण करते हैं, उन्हें यमदूत शक्ति और तोमरोंसे विदीर्ण करते हैं। जिन खोटी बुद्धिवाले पुरुषोंने लोगोंके फल अथवा पत्ते भी चुराये हैं, उन्हें क्रोधमें भरे हुए यमदूत तिनकोंकी आगमें जला डालते हैं। जो मनुष्य पराये धन और परायी स्त्रीके प्रति सदा दूषित भाव रखता है, यमदूत उसकी छातीमें जलता हुआ शूल गाड़ देते हैं। जो मानव मन, वाणी और क्रियाद्वारा धर्मसे विमुख रहते हैं, उन्हें यमलोकमें बड़ी भयंकर यातना भोगनी पड़ती है। इस प्रकार लाखों, करोड़ों और अरबों नरक हैं, जहाँ पापी मनुष्य अपने कर्मोंका फल भोगते हैं। इस लोकमें थोड़ा-सा भी पापकर्म करनेपर यमलोकमें भयंकर नरकके भीतर घोर यातना सहनी पड़ती है। मूढ़ मनुष्य साधु पुरुषोंद्वारा बताये हुए धर्मयुक्त वचनोंको नहीं सुनते। जब कोई उनसे परलोककी चर्चा करता है, तब वे झट यही उत्तर देते हैं—किसने स्वर्ग और नरकको प्रत्यक्ष देखा है। ऐसे लोग दिन-रात प्रयत्नपूर्वक पाप करते हैं। धर्मका आचरण तो वे भूलकर भी नहीं करते। इस प्रकार जो इसी लोकमें कर्मोंके फलका भोग होना मानते हैं, परलोकके प्रति जिनकी तनिक भी आस्था नहीं है, ऐसे नराधम भयंकर नरकोंमें पड़ते हैं। नरकका निवास अत्यन्त दुःखदायी और स्वर्गवास सुख देनेवाला है। मनुष्य शुभकर्म करनेसे स्वर्ग पाते हैं और अशुभकर्म करके नरकोंमें पड़ते हैं।

धर्मसे यमलोकमें सुखपूर्वक गति तथा भगवद्भक्तिके प्रभावका वर्णन

मुनियोंने कहा—अहो! यमलोकके मार्गमें तो बड़ा भयंकर दुःख होता है। साधुश्रेष्ठ! आपने उन दुःखोंके साथ ही घोर नरकों तथा दक्षिणद्वारका भी वर्णन किया। ब्रह्मन्! उस भयानक मार्गमें कष्टोंसे बचनेका कोई उपाय है या नहीं? यदि है तो बताइये, किस उपायसे मनुष्य यमलोकमें सुखपूर्वक जा सकते हैं?

व्यासजीने कहा—मुनिवरो! जो लोग इस लोकमें धर्मपरायण हो अहिंसाका पालन करते, गुरुजनोंकी सेवामें संलग्न रहते और देवता तथा

ब्राह्मणोंकी पूजा करते हैं, वे स्त्री और पुत्रोंसहित जिस प्रकार उस मार्गसे यात्रा करते हैं, वह बतलाता हूँ। उपर्युक्त पुण्यात्मा पुरुष सुवर्णमय ध्वजाओंसे सुशोभित भाँति-भाँतिके दिव्य विमानोंपर आरूढ़ हो धर्मराजके नगरमें जाते हैं। जो ब्राह्मणोंको

भक्तिपूर्वक नाना प्रकारकी वस्तुएँ दानमें देते हैं, वे उस महान् पथपर सुखसे यात्रा करते हैं। जो ब्राह्मणोंको, ब्राह्मणोंमें भी विशेषत: श्रोत्रियोंको अत्यन्त भक्तिपूर्वक उत्तम रीतिसे तैयार किया हुआ अन्न देते हैं, वे सुसज्जित विमानोंद्वारा धर्मराजके नगरमें जाते हैं। जो सदा सत्य बोलते और बाहर-भीतरसे शुद्ध रहते हैं, वे भी देवताओंके समान कान्तिमान् शरीर धारणकर विमानोंद्वारा यमराजके भवनमें जाते हैं। जो धर्मज्ञ पुरुष जीविकारहित दीन-दुर्बल साधुओंको भगवान् विष्णुके उद्देश्यसे पवित्र गोदान करते हैं, वे मणिजटित दिव्य विमानोंद्वारा धर्मराजके लोकमें जाते हैं। जो जूता, छाता, शय्या, आसन, वस्त्र और आभूषण दान करते हैं, वे दिव्य आभूषणोंसे अलंकृत हो हाथी, रथ और घोड़ोंकी सवारीसे वहाँकी यात्रा करते हैं। उनके ऊपर सोने-चाँदीका छत्र लगा रहता है। जो श्रेष्ठ ब्राह्मणोंको विशुद्ध हृदयसे भक्तिपूर्वक गुड़का रस और भात देते हैं, वे सुवर्णमय वाहनोंद्वारा यमलोकमें जाते हैं। जो ब्राह्मणोंको यत्नपूर्वक शुद्ध एवं सुसंस्कृत दूध, दही, घी और गुड़ दान करते हैं, वे चक्रवाक पक्षियोंसे जुड़े हुए सुवर्णमय विमानोंद्वारा यात्रा करते हैं। उस समय गन्धर्वगण वाद्योंद्वारा उनकी सेवा करते हैं। जो सुगन्धित पुष्प दान करते हैं, वे हंसयुक्त विमानोंसे धर्मराजके नगरको जाते हैं। जो श्रोत्रिय ब्राह्मणोंको श्रद्धापूर्वक तिल, तिलमयी धेनु अथवा घृतमयी धेनु दान करते हैं, वे चन्द्रमण्डलके समान उज्ज्वल विमानोंद्वारा यमराजके भवनमें प्रवेश करते हैं। उस समय गन्धर्वगण उनका सुयश गाते रहते हैं। इस लोकमें जिनके बनवाये हुए कुएँ, बावड़ी, तालाब, सरोवर, दीर्घिका, पुष्करिणी तथा शीतल जलाशय शोभा पाते हैं, वे दिव्य घण्टानादसे मुखरित, सुवर्ण और चन्द्रमाके समान कान्तिमान् विमानोंद्वारा यात्रा करते हैं। मार्गमें उन्हें सुख देनेके लिये दिव्य पंखे

डुलाये जाते हैं। जो लोग समस्त प्राणियोंके जीवनभूत जलका दान करते हैं, वे पिपासासे रहित हो दिव्य विमानोंपर बैठकर सुखपूर्वक उस महान् पथकी यात्रा करते हैं! जिन्होंने ब्राह्मणोंको लकड़ीकी बनी खड़ाऊँ, सवारी, पीढ़ा और आसन दान किये हैं, वे उस मार्गमें सुखसे जाते हैं। वे विमानोंपर बैठकर सोने और मणियोंके बने हुए उत्तम पीढ़ोंपर पैर रखकर यात्रा करते हैं।

जो मनुष्य दूसरोंके उपकारके लिये फल और पुष्पोंसे सुशोभित विचित्र उद्यान लगाते हैं, वे वृक्षोंकी रमणीय एवं शीतल छायामें सुखपूर्वक यात्रा करते हैं। जो लोग सोना, चाँदी, मूँगा तथा मोती दान करते हैं, वे सुवर्णनिर्मित उज्ज्वल विमानोंपर बैठकर यमलोकमें जाते हैं। भूमिदान करनेवाले पुरुष सम्पूर्ण मनोवाञ्छित वस्तुओंसे तृप्त हो उदयकालीन सूर्यके समान तेजस्वी विमानोंपर बैठकर देदीप्यमान शरीरसे धर्मराजके नगरको जाते हैं। जो ब्राह्मणोंके लिये भक्तिपूर्वक उत्तम गन्ध, अगर, कपूर, पुष्प और धूपका दान करते हैं, वे मनोहर गन्ध, सुन्दर वेष, उत्तम कान्ति और श्रेष्ठ आभूषणोंसे विभूषित हो विचित्र विमानोंद्वारा धर्मनगरकी यात्रा करते हैं। दीप-दान करनेवाले मनुष्य अग्निके तुल्य प्रकाशमान होकर सूर्यके समान तेजस्वी विमानोंद्वारा दसों दिशाओंको प्रकाशित करते हुए चलते हैं। जो गृह अथवा रहनेके लिये स्थान देते हैं, वे अरुणोदयकी-सी कान्तिवाले सुवर्णमण्डित गृहोंके साथ धर्मराजके नगरमें जाते हैं। जलपात्र, कुंडी और कमण्डलु दान करनेवाले मानव अप्सराओंसे पूजित हो महान् गजराजोंपर बैठकर यात्रा करते हैं। जो ब्राह्मणोंको सिर और पैरोंमें मलनेके लिये तेल तथा नहाने और पीनेके लिये जल देते हैं, वे घोड़ोंपर सवार होकर यमलोकमें जाते हैं। जो रास्तेके थके-माँदे दुर्बल ब्राह्मणोंको अपने यहाँ ठहराते हैं, वे चकवोंसे जुड़े हुए दिव्य विमानोंपर बैठकर सुखसे यात्रा करते हैं। जो स्वागतपूर्वक आसन देकर ब्राह्मणकी पूजा करता है, वह अत्यन्त प्रसन्न होकर सुखसे उस मार्गपर जाता है।

जो 'पापहरे!' इत्यादिका उच्चारण करके गौको मस्तक झुकाते हैं, वह सुखसे यमलोकके मार्गपर आगे बढ़ता है। जो शठता और दम्भका परित्याग करके एक समय भोजन करते हैं, वे हंसयुक्त विमानोंद्वारा सुखपूर्वक यमलोककी यात्रा

करते हैं। जो जितेन्द्रिय पुरुष एक दिन उपवास करके दूसरे दिन एक समय भोजन करते हैं, वे मोरोंसे जुड़े हुए विमानोंद्वारा धर्मराजके नगरमें जाते हैं। जो नियमपूर्वक व्रतका पालन करते हुए तीसरे दिन एक समय भोजन करते हैं, वे हाथियोंसे जुड़े हुए दिव्य रथोंपर आसीन हो यमराजके लोकमें जाते हैं। जो नित्य पवित्र रहकर इन्द्रियोंको वशमें रखते हुए छठे दिन आहार ग्रहण करते हैं, वे साक्षात् शचीपति इन्द्रके समान ऐरावतकी पीठपर बैठकर यात्रा करते हैं।

जो एक पक्षतक उपवास करके अन्न ग्रहण करते हैं, वे बाघोंसे जुड़े हुए विमानोंद्वारा धर्मराजके नगरमें जाते हैं। उस समय देवता और असुर उनकी सेवामें उपस्थित रहते हैं। जो जितेन्द्रिय रहकर एक मासतक उपवास करते हैं, वे सूर्यके समान देदीप्यमान रथोंपर बैठकर यमलोककी यात्रा करते हैं। जो स्त्री अथवा गौकी रक्षाके लिये युद्धमें प्राणत्याग करता है, वह सूर्यके समान कान्तिमान् शरीर धारण करके देवकन्याओंद्वारा सेवित हो धर्मनगरकी यात्रा करता है।

जो भगवान् विष्णुमें भक्ति रखते हुए जितेन्द्रियभावसे तीर्थोंकी यात्रा करते हैं, वे सुखदायक विमानोंसे सुशोभित हो उस भयंकर पथकी यात्रा करते हैं। जो श्रेष्ठ द्विज प्रचुर दक्षिणावाले यज्ञोंद्वारा भगवान्‌का यजन करते हैं, वे तपाये हुए सुवर्णसदृश विमानोंद्वारा सुखपूर्वक यमलोकमें जाते हैं। जो दूसरोंको पीड़ा नहीं देते और भृत्योंका भरण-पोषण करते हैं, वे सुवर्णनिर्मित उज्ज्वल विमानोंपर बैठकर सुखसे यात्रा करते हैं। जो समस्त प्राणियोंके प्रति क्षमाभाव रखते, सबको अभय देते, क्रोध, मोह और मदसे मुक्त रहते तथा इन्द्रियोंको वशमें रखते हैं, वे महान् तेजसे सम्पन्न हो पूर्ण चन्द्रमाके समान प्रकाशमान विमानपर बैठकर यमराजकी पुरीमें जाते हैं। उस समय देवता और गन्धर्व उनकी सेवामें खड़े रहते हैं। जो सत्य और पवित्रतासे युक्त रहकर कभी भी मांसाहार नहीं करते, वे भी धर्मराजके नगरमें सुखसे ही यात्रा करते हैं। जो एक हजार गौओंका दान करता है और जो कभी मांस भक्षण नहीं करता, वे दोनों समान हैं—यह बात पूर्वकालमें वेदवेत्ताओंमें श्रेष्ठ साक्षात् ब्रह्माजीने कही थी। ब्राह्मणो! सम्पूर्ण तीर्थोंमें स्नान करनेसे जो पुण्य होता है और समस्त यज्ञोंके अनुष्ठानसे जिस फलकी प्राप्ति होती है, वही या उसके समान फल मांस न खानेसे भी प्राप्त होता है।* इस प्रकार दान और व्रतमें तत्पर रहनेवाले धर्मात्मा पुरुष विमानोंद्वारा सुखपूर्वक यमलोकमें जाते हैं, जहाँ सूर्यनन्दन यम विराजमान रहते हैं। धार्मिक पुरुषोंको देखकर यमराज स्वयं ही स्वागतपूर्वक उन्हें आसन देते और पाद्य, अर्घ्य तथा प्रिय वचनोंद्वारा उनका सम्मान करते हैं। वे कहते हैं—'पुण्यात्मा पुरुषो! आपलोग धन्य हैं। आप अपने आत्माका कल्याण करनेवाले महात्मा हैं, क्योंकि आपने दिव्य सुखके लिये शुभकर्मोंका अनुष्ठान किया है। अब इस विमानपर बैठकर उस अनुपम स्वर्गलोकको जाइये, जहाँ समस्त कामनाएँ पूर्ण होती हैं। वहाँ महान् भोगोंका उपभोग करके अन्तमें पुण्य क्षीण होनेपर जो थोड़ा अशुभ कर्म शेष रहेगा, उसका फल यहाँ आकर भोगियेगा।'

धर्मात्मा पुरुष अपने पुण्योंके प्रभावसे धर्मराजको कोमल हृदयवाले अपने पिताके तुल्य देखते हैं, इसलिये धर्मका सदा सेवन करना चाहिये। धर्म मोक्षरूप फलको देनेवाला है। धर्मसे ही अर्थ, काम और मोक्षकी सिद्धि बतायी गयी है। धर्म ही माता-पिता और भ्राता है, धर्म ही अपना रक्षक और सुहृद् है। स्वामी, सखा, पालक तथा धारण-पोषण करनेवाला धर्म ही

* ये च मांसं न खादन्ति सत्यशौचसमन्विताः। तेऽपि यान्ति सुखेनैव धर्मराजपुरं नराः॥
गोसहस्रं तु यो दद्याद्यस्तु मांसं न भक्षयेत्। समावेतौ पुरा प्राह ब्रह्मा वेदविदां वरः॥
सर्वतीर्थेषु यत्पुण्यं सर्वयज्ञेषु यत्फलम्। अमांसभक्षणे विप्रास्तच्च तच्च च तत्समम्॥
(२१६। ६३, ६५-६६)

है।[1] धर्मसे अर्थ, अर्थसे काम और कामसे भोग एवं सुख उपलब्ध होते हैं। धर्मसे ही ऐश्वर्य, एकाग्रता और उत्तम स्वर्गीय गति प्राप्त होती है। विप्रवरो! धर्मका यदि सेवन किया जाय तो वह मनुष्यकी महान् भयसे रक्षा करता है। इसमें तनिक भी संदेह नहीं कि धर्मसे देवत्व और ब्राह्मणत्व भी प्राप्त हो सकते हैं। जब मनुष्योंके पूर्वसंचित पाप नष्ट हो जाते हैं, तब उनकी बुद्धि इस लोकमें धर्मकी ओर लगती है। हजारों जन्मोंके पश्चात् दुर्लभ मनुष्य-जीवनको पाकर जो धर्मका आचरण नहीं करता, वह निश्चय ही सौभाग्यसे वञ्चित है। जो लोग कुत्सित, दरिद्र, कुरूप, रोगी, दूसरोंके सेवक और मूर्ख हैं, उन्होंने पूर्वजन्ममें धर्म नहीं किया है—ऐसा जानना चाहिये। जो दीर्घायु, शूरवीर, पण्डित, भोगसाधनसे सम्पन्न, धनवान्, नीरोग तथा रूपवान् हैं, उन्होंने पूर्वजन्ममें अवश्य ही धर्मका अनुष्ठान किया है। ब्राह्मणो! इस प्रकार धर्मपरायण मनुष्य उत्तम गतिको प्राप्त होते हैं और अधर्मका सेवन करनेवाले लोग पशु-पक्षियोंकी योनिमें जाते हैं।

जो मनुष्य नरकासुरका विनाश करनेवाले भगवान् वासुदेवके भक्त हैं, वे स्वप्नमें भी यमराज अथवा नरकोंको नहीं देखते। जो दैत्यों और दानवोंका संहार करनेवाले आदि-अन्तरहित भगवान् नारायणको प्रतिदिन नमस्कार करते हैं, वे भी यमराजको नहीं देखते। जो मन, वाणी और क्रियाके द्वारा भगवान् अच्युतकी शरणमें चले गये हैं, उनपर यमराजका वश नहीं चलता। वे मोक्षरूप फलके भागी होते हैं। ब्राह्मणो! जो मनुष्य प्रतिदिन जगन्नाथ श्रीनारायणको नमस्कार करते हैं, वे वैकुण्ठधामके सिवा अन्यत्र नहीं जाते। श्रीविष्णुको नमस्कार करके मनुष्य यमदूतोंको, यमलोकके मार्गको, यमपुरीको तथा वहाँके नरकोंको किसी प्रकार नहीं देख पाते। मोहमें पड़कर अनेकों बार पाप कर लेनेपर भी यदि मानव सर्वपापहारी श्रीहरिको नमस्कार करते हैं तो वे नरकमें नहीं पड़ते। जो लोग शठतासे भी सदा भगवान् जनार्दनका स्मरण करते हैं, वे भी देहत्यागके पश्चात् रोग-शोकसे रहित श्रीविष्णुधामको प्राप्त होते हैं। अत्यन्त क्रोधमें आसक्त होकर भी जो कभी श्रीहरिके नामोंका कीर्तन करता है, वह भी चेदिराज शिशुपालकी भाँति सम्पूर्ण दोषोंका क्षय हो जानेसे मोक्षको प्राप्त करता है।[2]

---

१. तस्माद्धर्मः सेवितव्यः सदामुक्तिफलप्रदः। धर्मादर्थस्तथा कामो मोक्षश्च परिकीर्त्यते॥
धर्मो माता पिता भ्राता धर्मो नाथः सुहृत्तथा। धर्मः स्वामी सखा गोप्ता तथा धाता च पोषकः॥
(२१६। ७३-७४)

२. ये नरा नरकध्वंसिवासुदेवमनुव्रताः। ते स्वप्नेऽपि न पश्यन्ति यमं वा नरकाणि वा॥
अनादिनिधनं देवं दैत्यदानवदारणम्। ये नमन्ति नरा नित्यं न हि पश्यन्ति ते यमम्॥
कर्मणा मनसा वाचा येऽच्युतं शरणं गताः। न समर्थो यमस्तेषां ते मुक्तिफलभागिनः॥
ये जना जगतां नाथं नित्यं नारायणं द्विजाः। नमन्ति न हि ते विष्णोः स्थानादन्यत्र गामिनः॥
न ते दूतान्न तन्मार्गं न यमं न च तां पुरीम्। प्रणम्य विष्णुं पश्यन्ति नरकाणि कथंचन॥
कृत्वापि बहुशः पापं नरा मोहसमन्विताः। न यान्ति नरकं नत्वा सर्वपापहरं हरिम्॥
शाठ्येनापि नरा नित्यं ये स्मरन्ति जनार्दनम्। तेऽपि यान्ति तनुं त्यक्त्वा विष्णुलोकमनामयम्॥
अत्यन्तक्रोधसक्तोऽपि कदाचित्कीर्तयेद्धरिम्। सोऽपि दोषक्षयान्मुक्तिं लभेच्चेदिपतिर्यथा॥
(२१६। ८२-८९)

धर्मकी महिमा एवं अधर्मकी गतिका निरूपण तथा अन्नदानका माहात्म्य

मुनियोंने कहा—भगवन्! आप सम्पूर्ण धर्मोंके ज्ञाता तथा सब शास्त्रोंके ज्ञानमें निपुण हैं। कृपया बताइये पिता, माता, पुत्र, गुरु, जातिवाले, सम्बन्धी और मित्रवर्ग—इनमेंसे कौन मरनेवाले प्राणीका विशेष सहायक होता है? लोग तो मृतकके शरीरको काठ और मिट्टीके ढेलेकी भाँति छोड़कर चल देते हैं, फिर परलोकमें कौन उसके साथ जाता है?

व्यासजी बोले—विप्रवरो! प्राणी अकेला ही जन्म लेता, अकेला ही मरता, अकेला ही दुर्गम संकटोंको पार करता और अकेला ही दुर्गतिमें पड़ता है। पिता, माता, भ्राता, पुत्र, गुरु, जातिवाले, सम्बन्धी तथा मित्रवर्ग—इनमेंसे कोई भी मरनेवालेका साथ नहीं देता। घरके लोग मृत व्यक्तिके शरीरको काठ और मिट्टीके ढेलेकी भाँति त्याग देते और दो घड़ी रोकर उससे मुँह मोड़कर चले जाते हैं। वे सब लोग तो त्याग देते हैं, किन्तु धर्म उसका त्याग नहीं करता। वह अकेला ही जीवके साथ जाता है, अतः धर्म ही सच्चा सहायक है। इसलिये मनुष्योंको सदा धर्मका सेवन करना चाहिये। धर्मयुक्त प्राणी उत्तम स्वर्गगतिको प्राप्त होता है, इसी प्रकार अधर्मयुक्त मानव नरकमें पड़ता है; अतः विद्वान् पुरुष पापसे प्राप्त होनेवाले धनमें अनुराग न रखे। एकमात्र धर्म ही मनुष्योंका सहायक बताया गया है। बहुत-से शास्त्रोंका ज्ञाता मनुष्य भी लोभ, मोह, घृणा अथवा भयसे मोहित होकर दूसरेके लिये न करने योग्य कार्य भी कर डालता है। धर्म, अर्थ और काम—तीनों ही इस जीवनके फल हैं। अधर्म-त्यागपूर्वक इन तीनोंकी प्राप्ति करनी चाहिये।*

मुनियोंने कहा—भगवन्! आपका यह धर्मयुक्त वचन, जो परम कल्याणका साधन है, हमने सुना। अब हम यह जानना चाहते हैं कि यह शरीर किन तत्त्वोंका समूह है। मनुष्योंका मरा हुआ शरीर तो स्थूलसे सूक्ष्म—अव्यक्तभावको प्राप्त हो जाता है, वह नेत्रोंका विषय नहीं रह जाता; फिर धर्म कैसे उसके साथ जाता है?

व्यासजी बोले—पृथ्वी, वायु, आकाश, जल, तेज, मन, बुद्धि और आत्मा—ये सदा साथ रहकर धर्मपर दृष्टि रखते हैं। ये समस्त प्राणियोंके शुभाशुभ कर्मोंके निरन्तर साक्षी रहते हैं। इनके साथ धर्म जीवका अनुसरण करता है। जब शरीरसे प्राण निकल जाता है, तब त्वचा, हड्डी, मांस, वीर्य और रक्त भी उस शरीरको छोड़ देते हैं। उस समय जीव धर्मसे युक्त होनेपर ही इस लोक और परलोकमें सुख एवं अभ्युदयको प्राप्त होता है।

मुनियोंने पूछा—भगवन्! आपने यह भलीभाँति समझा दिया कि धर्म किस प्रकार जीवका अनुसरण

---

* एकः प्रसूयते विप्रा एक एव हि नश्यति। एकस्तरति दुर्गाणि गच्छत्येकस्तु दुर्गतिम्॥
असहायः पिता माता तथा भ्राता सुतो गुरुः। ज्ञातिसम्बन्धिवर्गश्च मित्रवर्गस्तथैव च॥
मृतं शरीरमुत्सृज्य काष्ठलोष्टसमं जनाः। मुहूर्तमिव रोदित्वा ततो यान्ति पराङ्मुखाः॥
तैस्तच्छरीरमुत्सृष्टं धर्म एकोऽनुगच्छति। तस्माद्धर्मः सहायश्च सेवितव्यः सदा नृभिः॥
प्राणी धर्मसमायुक्तो गच्छेत्स्वर्गगतिं पराम्। तथैवाधर्मसंयुक्तो नरकं चोपपद्यते॥
तस्मात्पापागतैरर्थैर्नानुरज्येत पण्डितः। धर्म एको मनुष्याणां सहायः परिकीर्तितः॥
लोभान्मोहादनुक्रोशाद्भयाद्वाथ बहुश्रुतः। नरः करोत्यकार्याणि परार्थे लोभमोहितः॥
धर्मश्चार्थश्च कामश्च त्रितयं जीवतः फलम्। एतत्त्रयमवाप्तव्यमधर्मपरिवर्जितम्॥
(२१७। ४—११)

करता है। अब हम यह जानना चाहते हैं कि [शरीरके कारणभूत] वीर्यकी उत्पत्ति कैसे होती है।

व्यासजीने कहा—द्विजवरो! शरीरमें स्थित जो पृथ्वी, वायु, आकाश, जल, तेज और मनके अधिष्ठाता देवता हैं, वे जब अन्न ग्रहण करते हैं और उससे मनसहित पृथ्वी आदि पाँचों भूत तृप्त होते हैं, तब उस अन्नसे शुद्ध वीर्य बनता है। उस वीर्यमें कर्मप्रेरित जीव आकर निवास करता है। फिर स्त्रियोंके रजमें मिलकर वह समयानुसार जन्म ग्रहण करता है। पुण्यात्मा प्राणी इस लोकमें जन्म लेनेपर जन्मकालसे ही पुण्यकर्मका उपभोग करता है। वह धर्मके फलका आश्रय लेता है। मनुष्य यदि जन्मसे ही धर्मका सेवन करता है तो सदा सुखका भागी होता है। यदि बीच-बीचमें कभी धर्म और कभी अधर्मका सेवन करता है तो वह सुखके बाद दुःख भी पाता है। पापयुक्त मनुष्य यमलोकमें जाकर महान् कष्ट उठानेके बाद पुनः तिर्यग्योनिमें जन्म लेता है। मोहयुक्त जीव जिस-जिस कर्मसे जिस-जिस योनिमें जन्म लेता है, उसे बतलाता हूँ; सुनो! परायी स्त्रीके साथ सम्भोग करनेसे मनुष्य पहले तो भेड़िया होता है; फिर क्रमशः कुत्ता, सियार, गीध, साँप, कौआ और बगुला होता है। जो पापात्मा कामसे मोहित होकर अपनी भौजाईके साथ बलात्कार करता है, वह एक वर्षतक नर-कोकिल होता है। मित्र, गुरु तथा राजाकी पत्नीके साथ समागम करनेसे कामात्मा पुरुष मरनेके बाद सूअर होता है। पाँच वर्षोंतक सूअर रहकर मरनेके बाद दस वर्षोंतक बगुला, तीन महीनोंतक चींटी और एक मासतक कीटकी योनिमें पड़ा रहता है। इन सब योनियोंमें जन्म लेनेके बाद वह पुनः कृमियोनिमें उत्पन्न होता और चौदह महीनोंतक जीवित रहता है। इस प्रकार अपने पूर्वपापोंका क्षय करनेके बाद वह फिर मनुष्ययोनिमें जन्म लेता है। जो पहले एकको कन्या देनेकी प्रतिज्ञा करके फिर दूसरेको देना चाहता है, वह भी मरनेपर कीड़ेकी योनिमें जन्म पाता है। उस योनिमें वह तेरह वर्षोंतक जीवित रहता है। फिर अधर्मका क्षय होनेपर वह मनुष्य होता है। जो देवकार्य अथवा पितृकार्य न करके देवताओं और पितरोंको संतुष्ट किये बिना ही मर जाता है, वह कौआ होता है। सौ वर्षोंतक कौएकी योनिमें रहनेके बाद वह मुर्गा होता है। तत्पश्चात् एक मासतक सर्पकी योनिमें निवास करता है। उसके बाद वह मनुष्य होता है। जो पिताके समान बड़े भाईका अपमान करता है, वह मृत्युके बाद क्रौञ्च-योनिमें जन्म लेता है और दस वर्षोंतक जीवन धारण करता है। तत्पश्चात् मरनेपर वह मनुष्य होता है। शूद्रजातीय पुरुष ब्राह्मणीके साथ समागम करनेपर कीड़ेकी योनिमें जन्म लेता है। उससे मृत्यु होनेपर वह सूअर होता है। सूअरकी योनिमें जन्म लेते ही रोगसे उसकी मृत्यु हो जाती है। तदनन्तर वह मूर्ख पूर्वोक्त पापके ही फलस्वरूप कुत्तेकी योनिमें उत्पन्न होता है। उसके बाद उसे मानव-शरीरकी प्राप्ति होती है। मानवयोनिमें संतान उत्पन्न करके वह मर जाता है और चूहेका जन्म पाता है। कृतघ्न मनुष्य मृत्युके बाद जब यमराजके लोकमें जाता है, उस समय क्रूर यमदूत उसे बाँधकर भयंकर दण्ड देते हैं। उस दण्डसे उसको बड़ी वेदना होती है। दण्ड, मुद्गर, शूल, भयंकर अग्निदण्ड, असिपत्रवन, तप्तवालुका तथा कूटशाल्मलि आदि अन्य बहुत-सी घोर यातनाओंका अनुभव करके वह संसारचक्रमें आता और कीड़ेकी योनिमें जन्म लेता है; पंद्रह वर्षोंतक कीड़ा रहनेके बाद मानव-गर्भमें आकर वहाँ जन्म लेनेके पहले ही मर जाता है। इस प्रकार सैकड़ों बार गर्भमें मृत्युका कष्ट भोगकर अनेक बार संसार-बन्धनमें पड़ता है। तत्पश्चात् वह पशु-पक्षियोंकी योनिमें

जन्म लेता है। उसमें बहुत वर्षोंतक कष्ट उठाकर अन्तमें वह कछुआ होता है।

दहीकी चोरी करनेसे मनुष्य बगुला और मेढक होता है। फल, मूल अथवा पुआ चुरानेसे वह चींटी होता है। जलकी चोरी करनेसे कौआ और काँसा चुरानेसे हारीत (हरियल) पक्षी होता है। चाँदीका बर्तन चुरानेवाला कबूतर होता है और सुवर्णमय पात्रका अपहरण करनेसे कृमियोनिमें जन्म लेना पड़ता है। रेशमका कीड़ा चुरानेसे मनुष्य वानर होता है। वस्त्रकी चोरी करनेसे तोतेकी योनिमें जन्म होता है। साड़ी चुरानेवाला मनुष्य मरनेके बाद हंस होता है। रूईका वस्त्र हड़प लेनेवाला मानव मृत्युके पश्चात् क्रौञ्च होता है। सनका वस्त्र, ऊनी वस्त्र तथा रेशमी वस्त्र चुरानेवाला मनुष्य खरगोश होता है। चूर्णकी चोरी करनेसे मनुष्य दूसरे जन्ममें मोर होता है। अङ्गराग और सुगन्धकी चोरी करनेवाला लोभी मनुष्य छछूँदर होता है। उस योनिमें पंद्रह वर्षोंतक जीवित रहनेके बाद जब पापका क्षय हो जाता है, तब वह मनुष्य-योनिमें जन्म ग्रहण करता है। जो स्त्री दूधकी चोरी करती है, वह बगुली होती है। जो नीच पुरुष स्वयं सशस्त्र होकर वैरसे अथवा धनके लिये किसी शस्त्रहीन पुरुषकी हत्या करता है, वह मरनेपर गदहा होता है। गदहेकी योनिमें दो वर्षोंतक जीवित रहनेके बाद वह शस्त्रद्वारा मारा जाता है, फिर मृगकी योनिमें जन्म लेकर सदा उद्विग्न बना रहता है। मृगयोनिमें एक वर्ष बीतनेपर वह बाणका निशाना बन जाता है, फिर मछलीकी योनिमें जन्म ले वह जालमें फँसा लिया जाता है। चार महीने बीतनेपर वह शिकारी कुत्तेके रूपमें जन्म लेता है। दस वर्षोंतक कुत्ता रहकर पाँच वर्षोंतक व्याघ्रकी योनिमें रहता है। फिर कालक्रमसे पापोंका क्षय होनेपर मनुष्य-योनिमें जन्म ग्रहण करता है। जो मनुष्य खलीमिश्रित अन्नका अपहरण करता है, वह भयंकर चूहा होता है। उसका रंग नेवले-जैसा भूरा होता है। वह पापात्मा प्रतिदिन मनुष्योंको डँसता रहता है। घीकी चोरी करनेवाला दुर्बुद्धि मानव कौआ और बगुला होता है। नमक चुरानेसे चिरिकाक नामक पक्षी होना पड़ता है। जो मनुष्य विश्वासपूर्वक रखी हुई धरोहरको हड़प लेता है, वह मृत्युके बाद मछलीकी योनिमें जन्म लेता है। उसके पश्चात् मृत्यु होनेपर फिर मनुष्य होता है। मानव-योनिमें भी उसकी आयु बहुत ही थोड़ी होती है।

ब्राह्मणो! मनुष्य पाप करके तिर्यग्योनिमें जाता है, जहाँ उसे धर्मका कुछ भी ज्ञान नहीं रहता। जो मनुष्य पाप करके व्रतोंद्वारा उसका प्रायश्चित्त करते हैं, वे सुख और दुःख दोनोंसे युक्त होते हैं। लोभ-मोहसे युक्त पापाचारी मनुष्य निश्चय ही म्लेच्छयोनिमें जन्म लेते हैं। जो लोग जन्मसे ही पापका परित्याग करते हैं, वे नीरोग, रूपवान् और धनी होते हैं। स्त्रियाँ भी ऊपर बताये अनुसार कर्म करनेसे पापकी भागिनी होती हैं और पापयोनिमें पड़े हुए पूर्वोक्त पापियोंकी ही पत्नी बनती हैं। द्विजवरो! चोरीके प्रायः सभी दोष बता दिये गये। यहाँ जो कुछ कहा गया है, वह बहुत संक्षिप्त है; फिर कभी कथा-वार्ताका अवसर आनेपर तुमलोग इस विषयको विस्तारपूर्वक सुन सकते हो। पूर्वकालमें देवर्षियोंकी सभामें उनके प्रश्नानुसार ब्रह्माजीने जो कुछ कहा था, वह सब मैंने तुमलोगोंको बतलाया है। ये सब बातें सुनकर तुम धर्मके अनुष्ठानमें मन लगाओ।

मुनि बोले—ब्रह्मन्! आपने अधर्मकी गतिका निरूपण किया, अब हम धर्मकी गति सुनना चाहते हैं। किस कर्मके अनुष्ठानसे मनुष्यकी सद्गति होती है?

व्यासजीने कहा—ब्राह्मणो! जो मोहवश अधर्मका अनुष्ठान कर लेनेपर उसके लिये पुनः सच्चे हृदयसे पश्चात्ताप करता और मनको एकाग्र

रखता है, वह पापका सेवन नहीं करता। ज्यों-ज्यों मनुष्यका मन पाप-कर्मकी निन्दा करता है, त्यों-त्यों उसका शरीर उस अधर्मसे दूर होता जाता है। यदि धर्मवादी ब्राह्मणोंके सामने अपना पाप कह दिया जाय तो वह उस पापजनित अपराधसे शीघ्र मुक्त हो जाता है। मनुष्य जैसे-जैसे अपने अधर्मकी बात बारंबार प्रकट करता है, वैसे-ही-वैसे वह एकाग्रचित्त होकर अधर्मको छोड़ता जाता है।[१] जैसे साँप केचुल छोड़ता है, उसी प्रकार वह पहलेके अनुभव किये हुए पापोंका त्याग करता है। एकाग्रचित्त होकर ब्राह्मणको नाना प्रकारके दान दे। जो मनको ध्यानमें लगाता है, वह उत्तम गतिको प्राप्त करता है।

ब्राह्मणो! अब मैं दानका फल बतलाता हूँ। सब दानोंमें अन्नदानको श्रेष्ठ बतलाया गया है। धर्मकी इच्छा रखनेवाले मनुष्यको चाहिये कि वह सरलतापूर्वक सब प्रकारके अन्नोंका दान करे। अन्न ही मनुष्योंका जीवन है। उसीसे जीव-जन्तुओंकी उत्पत्ति होती है। अन्नमें ही सम्पूर्ण लोक प्रतिष्ठित हैं, अतः अन्नको श्रेष्ठ बताया जाता है। देवता, ऋषि, पितर और मनुष्य अन्नकी ही प्रशंसा करते हैं; क्योंकि अन्नदानसे मनुष्य स्वर्गलोकको प्राप्त होता है। स्वाध्यायशील ब्राह्मणोंके लिये न्यायोपार्जित उत्तम अन्नका प्रसन्नचित्तसे दान करना चाहिये। जिसके प्रसन्नचित्तसे दिये हुए अन्नको दस ब्राह्मण भोजन कर लेते हैं, वह कभी पशु-पक्षी आदिकी योनिमें नहीं पड़ता। सदा पापोंमें संलग्न रहनेवाला मनुष्य भी यदि दस हजार ब्राह्मणोंको भोजन करा दे तो वह अधर्मसे मुक्त हो जाता है। वेदोंका अध्ययन करनेवाला ब्राह्मण भिक्षासे अन्न ले आकर यदि किसी स्वाध्यायशील ब्राह्मणको दान कर दे तो वह संसारमें सुख और समृद्धिका भागी होता है। जो क्षत्रिय ब्राह्मणके धनको हानि न पहुँचाकर न्यायतः प्रजाका पालन करते हुए अन्नका उपार्जन करता है और उसे एकाग्रचित्त होकर श्रोत्रिय ब्राह्मणोंको दान देता है, वह धर्मात्मा है और उस पुण्यके जलसे अपने पापपङ्कको धो डालता है। अपने द्वारा उपार्जित खेतीके अन्नमेंसे छठा भाग राजाको देनेके बाद जो शेष शुद्ध भाग बच जाता है, वह अन्न यदि वैश्य ब्राह्मणको दान करे तो वह सब पापोंसे मुक्त हो जाता है। जो शूद्र प्राणोंको संशयमें डालकर और नाना प्रकारकी कठिनाइयोंको सहकर भी अपने द्वारा उपार्जित शुद्ध अन्नको ब्राह्मणोंके निमित्त दान करता है, वह भी पापोंसे छुटकारा पा जाता है। जो कोई भी मनुष्य श्रेष्ठ वेदवेत्ता ब्राह्मणोंको हर्षपूर्वक न्यायोपार्जित अन्नका दान करता है, उसका पाप छूट जाता है। संसारमें अन्न बलकी वृद्धि करनेवाला है। उसका दान करनेसे मनुष्य बलवान् बनता है। सत्पुरुषोंके मार्गपर चलनेसे सब पाप दूर हो जाते हैं। दानवेत्ता पुरुषोंने जो मार्ग बताया है और जिसपर मनीषी पुरुष चलते हैं, वही अन्नदाताओंका भी मार्ग है। उन्हींसे सनातन धर्म है। मनुष्यको सभी अवस्थाओंमें न्यायोपार्जित अन्नका दान करना चाहिये। क्योंकि अन्न सर्वोत्तम गति है। अन्नदानसे मनुष्य परमगतिको प्राप्त होता है। इस लोकमें उसकी समस्त कामनाएँ पूर्ण होती हैं और मृत्युके बाद भी वह सुखका भागी होता है।[२]

---

१. मोहादधर्मं यः कृत्वा पुनः समनुतप्यते। मनःसमाधिसंयुक्तो न स सेवेत दुष्कृतम्॥
यथा यथा मनस्तस्य दुष्कृतं कर्म गर्हते। तथा तथा शरीरं तु तेनाधर्मेण मुच्यते॥
यदि विप्राः कथयते विप्राणां धर्मवादिनाम्। ततोऽधर्मकृतात्क्षिप्रमपराधात्प्रमुच्यते ॥
यथा यथा नरः सम्यगधर्ममनुभाषते। समाहितेन मनसा विमुञ्चति तथा तथा॥ (२१८। ४—७)

२. अन्नस्य हि प्रदानेन नरो याति परां गतिम्॥ सर्वकामसमायुक्तः प्रेत्य चाप्यश्नुते सुखम्।
(२१८। २६-२७)

इस प्रकार पुण्यवान् मनुष्य पापोंसे मुक्त होता है। अत: अन्यायरहित अन्नका दान करना चाहिये। जो गृहस्थ सदा प्राणाग्निहोत्रपूर्वक अन्न-भोजन करता है, वह अन्नदानसे प्रत्येक दिनको सफल बनाता है। जो मनुष्य वेद, न्याय, धर्म और इतिहासके ज्ञाता सौ विद्वानोंको प्रतिदिन भोजन कराता है, वह घोर नरकमें नहीं पड़ता और संसार-बन्धनमें भी नहीं बँधता, अपितु सम्पूर्ण कामनाओंसे तृप्त हो मृत्युके बाद सुखका भागी होता है। इस प्रकार पुण्यकर्मसे युक्त मनुष्य निश्चिन्त होकर आनन्दका भागी होता है। उसे रूप, कीर्ति और धनकी प्राप्ति होती है। ब्राह्मणो! इस प्रकार मैंने तुम्हें अन्नदानका महान् फल बतलाया। यह सभी धर्मों और दानोंका मूल है।

श्राद्ध-कल्पका वर्णन

मुनियोंने पूछा—भगवन्! अब श्राद्ध-कल्पका विस्तारपूर्वक वर्णन कीजिये। तपोधन! कब, कहाँ, किन देशोंमें और किन लोगोंको किस प्रकार श्राद्ध करना चाहिये—यह बतानेकी कृपा करें।

व्यासजी बोले—मुनिवरो! सुनो, मैं श्राद्ध-कल्पका विस्तारके साथ वर्णन करता हूँ। जब, जहाँ, जिन प्रदेशोंमें और जिन लोगोंद्वारा जिस प्रकार श्राद्ध किया जाना चाहिये, वह सब बतलाता हूँ। अपने कुलोचित धर्मका पालन करनेवाले ब्राह्मण, क्षत्रिय और वैश्योंको उचित है कि वे अपने-अपने वर्णके अनुरूप वेदोक्त विधिसे मन्त्रोच्चारणपूर्वक श्राद्धका अनुष्ठान करें। स्त्रियों और शूद्रोंको ब्राह्मणकी आज्ञाके अनुसार मन्त्रोच्चारणके बिना ही विधिवत् श्राद्ध करना चाहिये। उनके लिये अग्निमें होम आदि वर्जित हैं। पुष्कर आदि तीर्थ, पवित्र मन्दिर, पर्वतशिखर, पावन प्रदेश, पुण्यसलिला नदी, नद, सरोवर, संगम, सात समुद्रोंके तट, लिपे-पुते अपने घर, दिव्य वृक्षोंके मूल और यज्ञ-कुण्ड—ये सभी उत्तम स्थान हैं। इन सबमें श्राद्ध करना चाहिये।

अब श्राद्धके लिये वर्जित स्थान बतलाता हूँ। किरात (किलात), कलिङ्ग (उड़ीसा), कोङ्कण, कृमि, दशार्ण, कुमार्य, तङ्गण, क्रथ, सिन्धु नदीका उत्तर तट, नर्मदाका दक्षिण तट और करतोयाका पूर्व तट—इन प्रदेशोंमें श्राद्ध नहीं करना चाहिये। प्रत्येक मासकी अमावास्या और पूर्णिमाको श्राद्धके योग्य काल बताया गया है। नित्यश्राद्धमें विश्वेदेवोंका पूजन नहीं होता। नैमित्तिक श्राद्ध विश्वेदेवोंके पूजनपूर्वक होता है। नित्य, नैमित्तिक और काम्य—ये तीन प्रकारके श्राद्ध माने गये हैं। इन तीनोंका प्रतिवर्ष अनुष्ठान करना चाहिये। जातकर्म आदि संस्कारोंके अवसरपर आभ्युदयिक श्राद्ध भी करना उचित है। उसमें युग्म ब्राह्मणोंको निमन्त्रित करनेका विधान है। आभ्युदयिक श्राद्ध मातासे आरम्भ होता है। जब सूर्य कन्याराशिपर जाते हैं, तब कृष्णपक्षके पंद्रह दिनोंतक पार्वणकी विधिसे श्राद्ध करना चाहिये। प्रतिपदाको श्राद्ध करनेसे धनकी प्राप्ति होती है। द्वितीया संतान देनेवाली है। तृतीया पुत्रप्राप्तिकी अभिलाषा पूर्ण करती है। चतुर्थी शत्रुका नाश करनेवाली है। पञ्चमीको श्राद्ध करनेसे मनुष्य लक्ष्मीको प्राप्त करता है और षष्ठीको श्राद्ध करके वह पूजनीय होता है। सप्तमीको गणोंका आधिपत्य, अष्टमीको उत्तम बुद्धि, नौमीको स्त्री, दशमीको मनोरथकी पूर्णता और एकादशीको श्राद्ध करनेसे मनुष्य सम्पूर्ण वेदोंको प्राप्त करता है। द्वादशीको पितरोंकी पूजा करनेवाला मानव विजय-लाभ करता है। त्रयोदशीको श्रद्धासहित श्राद्ध करनेवाला पुरुष संतान-वृद्धि, पशु, मेधा, स्वतन्त्रता, उत्तम पुष्टि, दीर्घायु अथवा ऐश्वर्यका भागी होता है—

इसमें तनिक भी संदेह नहीं है। जिसके पितर युवावस्थामें ही मृत्युको प्राप्त हुए अथवा शस्त्रद्वारा मारे गये हों, वे उन पितरोंको तृप्त करनेकी इच्छासे चतुर्दशी तिथिको श्रद्धापूर्वक श्राद्ध करें। जो पुरुष पवित्र होकर अमावास्याको यत्नपूर्वक श्राद्ध करता है, वह सम्पूर्ण कामनाओं तथा अक्षय स्वर्गको प्राप्त करता है।

मुनिवरो! अब पितरोंकी प्रसन्नताके लिये जो-जो वस्तु देनी चाहिये, उसका वर्णन सुनो। जो श्राद्धकर्ममें गुडमिश्रित अन्न, तिल, मधु अथवा मधुमिश्रित अन्न देता है, उसका वह सम्पूर्ण दान अक्षय होता है। पितर कहते हैं—'क्या हमारे कुलमें ऐसा कोई पुरुष होगा, जो हमें जलाञ्जलि देगा, वर्षामें और मघा नक्षत्रमें हमको मधुमिश्रित खीर अर्पण करेगा? मनुष्योंको बहुत-से पुत्रोंकी अभिलाषा करनी चाहिये। यदि उनमेंसे एक भी गया चला जाय अथवा कन्याका विवाह करे या नील वृषका उत्सर्ग करे तो पितरोंको पूर्ण तृप्ति और उत्तम गति प्राप्त हो।' कृत्तिका नक्षत्रमें पितरोंकी पूजा करनेवाला मानव स्वर्गलोकको प्राप्त होता है। संतानकी इच्छा रखनेवाला पुरुष रोहिणीमें श्राद्ध करे। मृगशिरामें श्राद्ध करनेसे मनुष्य तेजस्वी होता है। आर्द्रामें शौर्य और पुनर्वसुमें स्त्रीकी प्राप्ति होती है; पुष्यमें अक्षय धन, आश्लेषामें उत्तम आयु, मघामें संतान और पुष्टि तथा पूर्वाफाल्गुनीमें सौभाग्यकी प्राप्ति होती है। उत्तराफाल्गुनीमें श्राद्ध करनेवाला मनुष्य संतानवान् और श्रेष्ठ होता है। हस्त नक्षत्रमें श्राद्ध करनेसे शास्त्रज्ञानमें श्रेष्ठता प्राप्त होती है। चित्रामें रूप, तेज और संतति मिलती है। स्वातीमें श्राद्ध करनेसे व्यापारमें लाभ होता है। विशाखा पुत्रकी अभिलाषा पूर्ण करनेवाली है। अनुराधामें श्राद्ध करनेसे चक्रवर्ती-पदकी प्राप्ति होती है। ज्येष्ठामें श्राद्धसे प्रभुत्व प्राप्त होता है। मूलमें श्राद्ध करनेवाला पुरुष उत्तम आरोग्य लाभ करता है। पूर्वाषाढ़ नक्षत्रमें यशकी प्राप्ति होती है। उत्तराषाढ़ामें श्राद्धसे शोक दूर होता है। श्रवणमें श्राद्धके अनुष्ठानसे शुभ लोक प्राप्त होते हैं। धनिष्ठामें श्राद्धसे अधिक धनका लाभ होता है। अभिजित्‌में श्राद्धसे वेदोंकी विद्वत्ता प्राप्त होती है। शतभिषामें पितरोंकी पूजा करनेसे वैद्यकके कार्यमें सिद्धि प्राप्त होती है। पूर्वाभाद्रपदामें श्राद्धसे भेड़ और बकरी तथा उत्तराभाद्रपदामें गौएँ प्राप्त होती हैं। रेवतीमें श्राद्धका अनुष्ठान करनेसे जस्ता आदि धातुओंकी तथा अश्विनीमें घोड़ोंकी प्राप्ति होती है। भरणी नक्षत्रमें श्राद्ध करनेवाला पुरुष उत्तम आयु प्राप्त करता है। तत्त्वज्ञ पुरुष उक्त नक्षत्रोंमें श्राद्ध करनेपर ऐसे ही फलोंके भागी होते हैं। अतः अक्षय फलकी इच्छा रखनेवाले पुरुषको कन्याराशिपर सूर्यके रहते उक्त नक्षत्रोंमें काम्य श्राद्धका अनुष्ठान अवश्य करना चाहिये। सूर्यके कन्याराशिपर स्थित रहते मनुष्य जिन-जिन कामनाओंका चिन्तन करते हुए श्राद्ध करते हैं, उन सबको प्राप्त कर लेते हैं। जब सूर्य कन्याराशिपर स्थित हों, तब नान्दीमुख पितरोंका भी श्राद्ध करना चाहिये; क्योंकि उस समय सभी पितर पिण्ड पानेकी इच्छा रखते हैं। जो राजसूय और अश्वमेध-यज्ञोंका दुर्लभ फल प्राप्त करना चाहता हो, उसे कन्याराशिपर सूर्यके रहते जल, शाक और मूल आदिसे भी पितरोंकी पूजा अवश्य करनी चाहिये। उत्तराफाल्गुनी और हस्त नक्षत्रोंपर सूर्यदेवके स्थित रहते जो भक्तिपूर्वक पितरोंका पूजन करता है, उसका स्वर्गलोकमें निवास होता है। उस समय यमराजकी आज्ञासे पितरोंकी पुरी तबतक खाली रहती है, जबतक कि सूर्य वृश्चिक राशिपर मौजूद रहते हैं। वृश्चिक बीत जानेपर भी जब कोई श्राद्ध नहीं करता, तब देवताओंसहित पितर मनुष्यको दुःसह शाप देकर खेदपूर्वक लंबी साँसें लेते हुए अपनी पुरीको लौट जाते हैं।

अष्टका[१], मन्वन्तरा[२] तथा अन्वष्ट[३]का तिथियोंको भी श्राद्ध करना चाहिये। वह मातृवर्गसे आरम्भ होता है[४]।

ग्रहण, व्यतीपात, एक राशिपर सूर्य और चन्द्रमाके संगम, जन्मनक्षत्र तथा ग्रहपीड़ाके अवसरपर पार्वण श्राद्ध करनेका विधान है। दोनों अयनोंके आरम्भके दिन, दोनों विषुव[५] योगोंके आनेपर तथा प्रत्येक संक्रान्तिके दिन विधिपूर्वक उत्तम श्राद्ध करना चाहिये। इन दिनोंमें पिण्डदानको छोड़कर शेष सभी श्राद्ध-सम्बन्धी कार्य करने चाहिये। वैशाखकी शुक्ला तृतीया और कार्तिककी शुक्ला नवमीको संक्रान्तिकी विधिसे श्राद्ध करना उचित है। भादोंकी त्रयोदशी और माघकी अमावास्याको खीरसे श्राद्ध करना चाहिये। जब कोई वेदवेत्ता एवं अग्निहोत्री श्रोत्रिय ब्राह्मण घरपर पधारे, तब उस एक ब्राह्मणके द्वारा भी विधिपूर्वक उत्तम श्राद्ध सम्पन्न करना चाहिये। जिस दिन साधुपुरुषोंद्वारा प्रशंसित श्राद्धके योग्य कोई वस्तु प्राप्त हो जाय, उस दिन द्विजोंको पार्वणकी विधिसे श्राद्ध करना चाहिये। माता और पिताकी मृत्युके दिन प्रतिवर्ष एकोद्दिष्ट श्राद्ध करना चाहिये। यदि पिताके भाई अथवा अपने बड़े भाईकी मृत्यु हो गयी हो और उनके कोई पुत्र नहीं हो तो उनके लिये भी निधनतिथिको प्रतिवर्ष एकोद्दिष्ट श्राद्ध करना उचित है। पार्वण श्राद्धमें पहले विश्वेदेवोंका आवाहन और पूजन होता है। किंतु एकोद्दिष्टमें ऐसा नहीं होता। देवकार्यमें दो और पितृकार्यमें तीन ब्राह्मणोंको निमन्त्रित करना चाहिये अथवा दोनोंमें एक-एक ब्राह्मणको ही निमन्त्रित करे। इसी प्रकार मातामहोंके श्राद्धकार्यमें भी समझना चाहिये।

जो हालका मरा हो, उसके लिये सदा बाहर जलके समीप पृथ्वीपर तिल और कुशसहित पिण्ड और जल देना चाहिये। मृत्युके तीसरे दिन प्रेतका अस्थि-चयन करना उचित है। घरमें किसीकी मृत्यु होनेपर ब्राह्मण दस दिनोंमें, क्षत्रिय बारह दिनोंमें, वैश्य पंद्रह दिनोंमें और शूद्र एक मासमें शुद्ध होता है।* सूतक निवृत्त हो जानेपर घरमें एकोद्दिष्ट श्राद्ध करना बताया गया है। बारहवें दिन, एक मासपर, फिर डेढ़ मासपर तथा उसके बाद प्रतिमास एक वर्षतक श्राद्ध करना चाहिये। वर्ष बीतनेपर सपिण्डीकरण श्राद्ध करना उचित है। सपिण्डीकरण हो जानेपर उसके लिये पार्वण श्राद्धका विधान है। सपिण्डीकरणके बाद मृत व्यक्ति प्रेतभावसे मुक्त होकर पितरोंके स्वरूपको प्राप्त होते हैं। पितर दो प्रकारके हैं—अमूर्त और मूर्तिमान्। नान्दीमुख नामवाले पितर अमूर्त होते हैं और पार्वण श्राद्धके पितर मूर्तिमान् बताये गये हैं। एकोद्दिष्ट श्राद्ध ग्रहण करनेवाले पितरोंकी 'प्रेत' संज्ञा है। इस प्रकार पितरोंके तीन भेद स्वीकार किये गये हैं।

मुनियोंने पूछा—द्विजश्रेष्ठ! मरे हुए पिता आदिका सपिण्डीकरण श्राद्ध कैसे करना चाहिये? यह हमें विधिपूर्वक बताइये।

व्यासजी बोले—ब्राह्मणो! मैं सपिण्डीकरण

१-पौष, माघ, फाल्गुन तथा चैत्रके कृष्णपक्षकी अष्टमियोंको अष्टका कहते हैं। उनमें गृह्योक्त अष्टका-कर्म किये जाते हैं। इसीलिये उनका नाम अष्टका है। २- प्राचीन कालका एक प्रकारका उत्सव, जो आषाढ़ शुक्ल दशमी, श्रावण कृष्ण अष्टमी और भाद्र शुक्ल तृतीयाको होता था। ३- पूर्वोक्त अष्टका तिथियोंके दूसरे दिनकी चारों नवमी तिथियोंको अन्वष्टका कहते हैं। ४- इस श्राद्धको आभ्युदयिक श्राद्ध कहते हैं। इसमें पहले माता, पितामही और प्रपितामहीका आवाहन-पूजन आदि होता है। उसके बाद पिता, पितामह, प्रपितामह और मातामह, प्रमातामह, वृद्धप्रमातामहका पूजन आदि कार्य होता है। ५- जिस समय सूर्य विषुव रेखापर पहुँचते और दिन-रात बराबर होते हैं, उसे विषुव कहते हैं। यह समय वर्षमें दो बार आता है।

* दशाहे ब्राह्मणः शुद्धो द्वादशाहेन क्षत्रियः। वैश्यः पञ्चदशाहेन शूद्रो मासेन शुद्ध्यति॥ (२२०। ६३)

श्राद्धकी विधि बतलाता हूँ, सुनो। सपिण्डीकरण श्राद्ध विश्वेदेवोंकी पूजासे रहित होता है। इसमें एक ही अर्घ्य और एक ही पवित्रकका विधान है। अग्निकरण और आवाहनकी क्रिया भी इसमें नहीं होती। सपिण्डीकरणमें अपसव्य होकर अयुग्म ब्राह्मणोंको भोजन कराना चाहिये। इसमें जो विशेष क्रिया है, उसका वर्णन करता हूँ; एकाग्रचित्त होकर सुनो। सपिण्डीकरणमें तिल, चन्दन और जलसे युक्त चार पात्र होते हैं। उनमेंसे तीन तो पितरोंके लिये रखे और एक प्रेतके लिये। प्रेतके पात्रसे अर्घ्यजल लेकर **'ये समानाः समनसः०'** इत्यादि मन्त्रका जप करते हुए पितरोंके तीनों पात्रोंमें छोड़ना चाहिये। शेष कार्य अन्य श्राद्धोंकी भाँति करना चाहिये। स्त्रियोंके लिये भी इसी प्रकार एकोद्दिष्टका विधान है। यदि पुत्र न हो तो स्त्रियोंका सपिण्डीकरण नहीं होता। पुरुषोंको उचित है कि वे स्त्रियोंके लिये भी प्रतिवर्ष उनकी मृत्युतिथिको एकोद्दिष्ट श्राद्ध करें। पुत्रके अभावमें सपिण्ड और सपिण्डके अभावमें सहोदक इस विधिको पूर्ण करें। जिसके कोई पुत्र न हो, उसका श्राद्ध उसके दौहित्र कर सकते हैं। पुत्रिका[1]-विधिसे ब्याही हुई कन्याके पुत्र तो अपने नाना आदिका श्राद्ध करनेके अधिकारी हैं ही। जिनकी द्व्यामुष्यायण संज्ञा है, ऐसे पुत्र नाना और बाबा दोनोंका नैमित्तिक श्राद्धोंमें भी विधिपूर्वक पूजन कर सकते हैं। कोई भी न हो तो स्त्रियाँ ही अपने पतियोंका मन्त्रोच्चारण किये बिना श्राद्ध कर सकती हैं। वे भी न हों तो राजा मृतकके सजातीय मनुष्योंद्वारा दाह आदि समस्त क्रियाएँ पूर्ण कराये; क्योंकि राजा सब वर्णोंका बन्धु होता है।

ब्राह्मणो! सपिण्डीकरणके बाद पिताके जो प्रपितामह हैं, वे लेपभागभोजी पितरोंकी श्रेणीमें चले जाते हैं। उन्हें पितृपिण्ड पानेका अधिकार नहीं रहता। उनसे आरम्भ करके चार पीढ़ी ऊपरके पितर, जो अबतक पुत्रके लेपभागका अन्न ग्रहण करते थे, उसके सम्बन्धसे रहित हो जाते हैं। अब उनको लेपभागका अन्न पानेका अधिकार नहीं रहता। वे सम्बन्धहीन अन्नका उपभोग करते हैं। पिता, पितामह और प्रपितामह—इन तीन पुरुषोंको पिण्डका अधिकारी समझना चाहिये। इनसे भिन्न अर्थात् पितामहके पितामहसे लेकर ऊपरके जो तीन पीढ़ीके पुरुष हैं, वे लेपभागके अधिकारी हैं। इस प्रकार छः ये और सातवाँ यजमान—सब मिलकर सात पुरुषोंका घनिष्ठ सम्बन्ध होता है—ऐसा मुनियोंका कथन है। यह सम्बन्ध यजमानसे लेकर ऊपरके लेपभागभोजी पितरोंतक माना जाता है। इनसे ऊपरके सभी पितर पूर्वज कहलाते हैं। पूर्वजोंमेंसे जो नरकमें निवास करते हैं, जो पशु-पक्षीकी योनिमें पड़े हैं तथा जो भूत आदिके रूपमें स्थित हैं, उन सबको विधिपूर्वक श्राद्ध करनेवाला यजमान तृप्त करता है। जिससे जिसकी तृप्ति होती है, वह बतलाता हूँ; सुनो। मनुष्य पृथ्वीपर जो अन्न बिखेरते हैं, उससे पिशाचयोनिमें पड़े हुए पितरोंकी तृप्ति होती है। स्नानके वस्त्रसे जो जल पृथ्वीपर टपकता है, उससे वृक्षयोनिमें पड़े हुए पितर तृप्त होते हैं। नहानेपर अपने शरीरसे जो जलके कण पृथ्वीपर गिरते हैं, उनसे उन पितरोंकी तृप्ति होती है, जो देवभावको प्राप्त हुए हैं। पिण्डोंके उठानेपर जो जलके कण पृथ्वीपर गिरते हैं, उनसे पशु-पक्षीकी योनिमें पड़े हुए

१. मनुस्मृतिके अनुसार कन्याका विवाह इस शर्तके साथ भी किया जा सकता है कि उसका पुत्र अपने नानाके श्राद्ध करनेका अधिकारी समझा जाय। विवाहकी यह विधि पुत्रिका-विधि कहलाती है। पुत्रहीन पिता ही पुत्रिका-विधिसे अपनी कन्याका विवाह कर सकता है। उससे उत्पन्न हुआ पुत्र औरस पुत्रकी ही भाँति नानाकी सम्पत्तिका उत्तराधिकारी होता है।

पितरोंकी तृप्ति होती है। कुलमें जो बालक दाँत निकलनेके पहले दाह आदि कर्मके अनधिकारी रहकर मृत्युको प्राप्त होते हैं, वे सम्मार्जनके जलका आहार करते हैं। ब्राह्मणलोग भोजन करके जो हाथ-मुँह धोते हैं और चरणोंका प्रक्षालन करते हैं, उस जलसे अन्यान्य पितरोंकी तृप्ति होती है। ब्राह्मणो! इस प्रकार विधिपूर्वक श्राद्ध करनेवाले पुरुषोंके जो पितर दूसरी-दूसरी योनियोंमें चले गये हैं, वे भी यजमान और ब्राह्मणोंके हाथसे बिखरे हुए अन्न और जलके द्वारा पूर्ण तृप्त होते हैं। मनुष्य अन्यायोपार्जित धनसे जो श्राद्ध करते हैं, उससे चाण्डाल आदि योनियोंमें पड़े हुए पितरोंकी तृप्ति होती है। इस प्रकार यहाँ श्राद्ध करनेवाले भाई-बन्धुओंके द्वारा जो अन्न और जल पृथ्वीपर डाले जाते हैं, उनके द्वारा बहुत-से पितर तृप्त होते हैं। अतः मनुष्यको उचित है कि वह पितरोंके प्रति भक्ति रखते हुए शाकमात्रके द्वारा भी विधिपूर्वक श्राद्ध करे। श्राद्ध करनेवाले लोगोंके कुलमें कोई दुःख नहीं भोगता।

श्राद्धका दान संयमी, अग्निहोत्री, शुद्धचरित्र, विद्वान् एवं विशेषतः श्रोत्रिय ब्राह्मणको देना चाहिये। त्रिणाचिकेत, त्रिमधु, त्रिसुपर्ण, षडङ्गवेत्ता, माता-पिताका भक्त, भानजा, सामवेदका ज्ञाता, ऋत्विक्, पुरोहित, आचार्य, उपाध्याय, मामा, श्वशुर, साला, सम्बन्धी, मण्डल ब्राह्मणका पाठ करनेवाला, पुराणोंका तत्त्वज्ञ, संकल्पहीन, संतोषी और प्रतिग्रह न लेनेवाला—ये श्राद्धमें सम्मिलित करनेयोग्य पंक्तिपावन ब्राह्मण हैं। ऊपर बताये हुए श्रेष्ठ द्विजोंको देवयज्ञ अथवा श्राद्धमें एक दिन पहले ही निमन्त्रण देना चाहिये। उसी समयसे ब्राह्मणों तथा श्राद्धकर्ताको भी संयमसे रहना चाहिये। जो श्राद्धमें दान देकर अथवा श्राद्धमें भोजन करके मैथुन करता है, उसके पितर एक मासतक वीर्यमें शयन करते हैं। जो स्त्रीसहवास करके श्राद्ध करता अथवा श्राद्धमें भोजन करता है, उसके पितर उसीके वीर्य और मूत्रका एक मासतक आहार करते हैं। इसलिये विद्वान् पुरुषको एक दिन पहले ही ब्राह्मणोंके पास निमन्त्रण भेजना चाहिये। यदि पहले दिन ब्राह्मण न मिल सकें तो श्राद्धके दिन भी निमन्त्रण किया जा सकता है। परन्तु स्त्री-प्रसङ्गी ब्राह्मणोंको कदापि निमन्त्रित न करे। यदि समयपर भिक्षाके लिये संयमी यति स्वयं पधारे हों तो उन्हें भी नमस्कार आदिके द्वारा प्रसन्न करके संयतचित्तसे अवश्य भोजन कराये। विद्वान् पुरुष श्राद्धमें योगियोंको भी भोजन कराये। क्योंकि पितरोंका आधार योग है, अतः योगियोंका सदा पूजन करना चाहिये। यदि हजारों ब्राह्मणोंमें एक भी योगी हो तो वह जलसे नौकाकी भाँति यजमान और श्राद्धभोजी ब्राह्मणोंको भी तार देता है। इस विषयमें ब्रह्मवादी विद्वान् पितरोंकी गायी हुई एक गाथाका गान करते हैं। पूर्वकालमें राजा पुरूरवाके पितरोंने उसका गान किया था। वह गाथा इस प्रकार है—'हमारी वंश-परम्परामें कब किसीको ऐसा श्रेष्ठ पुत्र प्राप्त होगा, जो योगियोंको भोजन करानेसे बचे हुए अन्नको लेकर पृथ्वीपर हमारे लिये पिण्ड देगा? अथवा गयामें जाकर पिण्डदान करेगा? या हमारी तृप्तिके लिये सामयिक शाक, तिल, घी और खिचड़ी देगा? अथवा त्रयोदशी तिथि और मघा नक्षत्रमें विधिपूर्वक श्राद्ध करेगा और दक्षिणायनमें हमारे लिये मधु और घीसे मिली हुई खीर देगा?'

इसलिये सम्पूर्ण कामनाओंकी सिद्धि तथा पापसे मुक्ति चाहनेवाले प्रत्येक मनुष्यको उचित है कि वह भक्तिपूर्वक पितरोंकी पूजा करे। श्राद्धमें तृप्त किये हुए पितर मनुष्योंके लिये वसु, रुद्र, आदित्य, नक्षत्र, ग्रह और तारोंकी प्रसन्नताका सम्पादन करते हैं। इतना ही नहीं, वे आयु, प्रजा, धन, विद्या, स्वर्ग, मोक्ष, सुख तथा राज्य भी देते हैं।

पितरोंको पूर्वाह्णकी अपेक्षा अपराह्ण अधिक प्रिय है। घरपर आये हुए ब्राह्मणोंका स्वागतपूर्वक पूजन करके उन्हें पवित्रयुक्त हाथसे आचमन करानेके पश्चात् आसनोंपर बिठाये; फिर विधिपूर्वक श्राद्ध करके उन श्रेष्ठ ब्राह्मणोंको भोजन करानेके पश्चात् भक्तिपूर्वक प्रणाम करे और प्रिय वचन कहकर विदा करे। दरवाजेतक उन्हें पहुँचानेके लिये पीछे-पीछे जाय और उनकी आज्ञा लेकर लौटे। तदनन्तर नित्य-क्रिया करे और अतिथियोंको भोजन कराये। किन्हीं-किन्हीं श्रेष्ठ पुरुषोंका विचार है कि यह नित्यकर्म भी पितरोंके ही उद्देश्यसे होता है। दूसरे लोगोंका कहना है कि इससे पितरोंका कोई सम्बन्ध नहीं है। शेष कार्य सदाकी भाँति करे। किन्हीं-किन्हींका मत है कि पितरोंके लिये पृथक् पाक बनाकर श्राद्ध करना चाहिये। कुछ लोगोंका विचार है कि ऐसा न करके पहले बने हुए पाकसे ही अन्न लेकर सब कार्य पूर्ववत् करना चाहिये।

तदनन्तर श्राद्धकर्ता मनुष्य अपने भृत्य आदिके साथ अवशिष्ट अन्न भोजन करे। धर्मज्ञ पुरुषको इसी प्रकार एकाग्रचित्त होकर पितरोंका श्राद्ध करना चाहिये और जिस प्रकार ब्राह्मणोंको संतोष हो, वैसी चेष्टा करनी चाहिये। अब मैं श्राद्धमें त्याग देने योग्य अधम ब्राह्मणोंका वर्णन करता हूँ। मित्रद्रोही, खराब नखोंवाला, नपुंसक (कायर), क्षयका रोगी, कोढ़ी, व्यापारी, काले दाँतोंवाला, गंजा, काना, अंधा, बहरा, जड, गूँगा, पङ्गु, हिजड़ा, खराब चमड़ेवाला, हीनाङ्ग, लाल आँखोंवाला, कुबड़ा, बौना, विकराल, आलसी, मित्रके प्रति शत्रुभाव रखनेवाला, कलङ्कित कुलमें उत्पन्न, पशु पालन करनेवाला, अच्छी आकृतिसे हीन, परिवित्ति (छोटे भाईके विवाहित होनेपर भी स्वयं अविवाहित रहनेवाला), परिवेत्ता (बड़े भाईके ब्याहसे पहले ही विवाह कर लेनेवाला), परिवेदनिका (बड़ी बहिनके विवाहके पहले ही ब्याह करनेवाली स्त्री)-का पुत्र, शूद्रजातीय स्त्रीका स्वामी और उसका पुत्र—ऐसे ब्राह्मण श्राद्ध-भोजनके अधिकारी नहीं हैं। शूद्रीके पुत्रका संस्कार करानेवाला, अविवाहित, जो दूसरेकी पत्नी रह चुकी हो, ऐसी स्त्रीका पति, वेतन लेकर पढ़ानेवाला, वैसे गुरुसे पढ़नेवाला, सूतकके अन्नपर जीविका-निर्वाह करनेवाला, सोमरसका विक्रय करनेवाला, चोर, पतित, ब्याज लेकर खानेवाला, शठ, चुगलखोर, वेदोंका त्याग करनेवाला, अग्निहोत्रका त्यागी, राजाका पुरोहित, सेवक, विद्याहीन, द्वेष रखनेवाला, वृद्ध पुरुषोंसे शत्रुता रखनेवाला, दुर्धर्ष, क्रूर, मूढ़, मन्दिरकी आयपर जीनेवाला, नक्षत्र बतानेवाला, बाण बनानेवाला और यज्ञके अनधिकारी पुरुषोंसे यज्ञ करानेवाला—ये तथा अन्य जितने भी निन्दित और अधम ब्राह्मण हैं, उन्हें श्राद्धमें सम्मिलित न करे; क्योंकि वे पंक्तिको दूषित करनेवाले हैं। जहाँ दुष्ट पुरुषोंका आदर और साधु पुरुषोंकी अवहेलना होती हो, वहाँ देवताओंका दिया हुआ भयंकर दण्ड तत्काल ऊपर पड़ता है। जो शास्त्र-विधिकी अवहेलना करके मूर्खको भोजन कराता है, वह दाता प्राचीन धर्मका त्याग करनेके कारण नष्ट हो जाता है। जो अपने आश्रयमें रहनेवाले ब्राह्मणका परित्याग करके दूसरेको बुलाकर भोजन कराता है, वह दाता उस ब्राह्मणके शोकोच्छ्वासकी आगमें दग्ध होकर नष्ट हो जाता है।

वस्त्रके बिना कोई क्रिया, यज्ञ, वेदाध्ययन और तपस्या नहीं होती। अतः श्राद्धकालमें वस्त्रका दान विशेष रूपसे करना चाहिये।* जो रेशमी, सूती और बिना कटा हुआ वस्त्र श्राद्धमें देता है, वह उत्तम भोगोंको प्राप्त करता है। जैसे बहुत-सी गौओंमें बछड़ा अपनी माताके पास पहुँच जाता है, उसी प्रकार श्राद्धमें ब्राह्मणोंका भोजन

* वस्त्राभावे क्रिया नास्ति यज्ञा वेदास्तपांसि च। तस्माद्वासांसि देयानि श्राद्धकाले विशेषतः॥ (२२०। १३९)

किया हुआ अन्न जीवके पास, वह जहाँ भी रहता है, पहुँच जाता है। नाम, गोत्र और मन्त्र—ये अन्नको वहाँ ढोकर नहीं ले जाते, अपितु मृत्युको प्राप्त हुए जीवोंतकको तृप्ति पहुँचती है—वे श्राद्धसे तृप्ति लाभ करते हैं। **'देवताभ्यः पितृभ्यश्च महायोगिभ्य एव च। नमः स्वाहायै स्वधायै नित्यमेव नमो नमः।'*** इस मन्त्रका श्राद्धके आरम्भ और अन्तमें तीन बार जप करे। पिण्डदान करते समय भी एकाग्रचित्त होकर इसका जप करना चाहिये। इससे पितर शीघ्र ही आ जाते हैं और राक्षस भाग खड़े होते हैं तथा तीनों लोकोंके पितर तृप्त होते हैं। यह मन्त्र पितरोंको तारनेवाला है। श्राद्धमें रेशम, सन अथवा कपासका नया सूत देना चाहिये। ऊन अथवा पाटका सूत्र वर्जित है। विद्वान् पुरुष जिसमें कोर न हो, ऐसा वस्त्र फटा न होनेपर भी श्राद्धमें न दे; क्योंकि उससे पितरोंको तृप्ति नहीं होती और दाताके लिये भी अन्यायका फल प्राप्त होता है। पिता आदिमेंसे जो जीवित हो, उसको पिण्ड नहीं देना चाहिये, अपितु उसे विधिपूर्वक उत्तम अन्न भोजन कराना चाहिये। भोगकी इच्छा रखनेवाला पुरुष श्राद्धके पश्चात् पिण्डको अग्निमें डाल दे और जिसे पुत्रकी अभिलाषा हो, वह मध्यम अर्थात् पितामहके पिण्डको मन्त्रोच्चारणपूर्वक अपनी पत्नीके हाथमें दे दे और पत्नी उसे खा ले। जो उत्तम कान्तिकी इच्छा रखनेवाला हो, वह श्राद्धके अनन्तर सब पिण्ड गौओंको खिला दे। बुद्धि, यश और कीर्ति चाहनेवाला पुरुष पिण्डोंको जलमें डाल दे। दीर्घ आयुकी अभिलाषावाला पुरुष उसे कौओंको दे दे। कुमारशालाकी इच्छा रखनेवाला मनुष्य वह पिण्ड मुर्गोंको दे दे। कुछ ब्राह्मण ऐसा कहते हैं कि पहले ब्राह्मणोंसे 'पिण्ड उठाओ' ऐसी आज्ञा ले ले; उसके बाद पिण्डोंको उठाये। अतः ऋषियोंकी बतायी हुई विधिके अनुसार श्राद्धका अनुष्ठान करे; अन्यथा दोष लगता है और पितरोंको भी नहीं मिलता।

जौ, धान, तिल, गेहूँ, मूँग, सावाँ, सरसोंका तेल, तिन्नीका चावल और कँगनी आदिसे पितरोंको तृप्त करे। आम, अमड़ा, बेल, अनार, बिजौरा, पुराना आँवला, खीर, नारियल, फालसा, नारंगी, खजूर, अंगूर, नीलकैथ, परवल, चिरौंजी, बेर, जंगली बेर, इन्द्र जौ और भतुआ—इन फलोंको श्राद्धमें यत्नपूर्वक लेना चाहिये। गुड़, शक्कर, खाँड़, गायका दूध, दही, घी, तिलका तेल, सेंधा तथा समुद्र और झीलसे उत्पन्न होनेवाला नमक, पवित्र सुगन्ध, चन्दन, अरगजा तथा केसर भी पितरोंको निवेदन करे। सामयिक शाक, चौलाई, बथुआ, मूली तथा जंगली साग श्राद्धमें देनेयोग्य है। चम्पा, चमेली, बेला, लोध, अशोक, तुलसी, तिलक, शतपत्रा, सुगन्धित शेफालिका, कुब्जक, तगर, बनकेवड़ा और जूही आदि पुष्प श्राद्धमें अर्पण करने योग्य हैं। कमल, कुमुद, पद्म, पुण्डरीक, इन्दीवर, कोकनद और कह्लार भी पितरोंको निवेदन करे। गूगल, चन्दन, श्रीवास (बेल), अगर तथा ऋषिगुग्गुल—ये पितरोंके योग्य धूप हैं। चना और मसूर श्राद्धमें वर्जित हैं। स्त्री, ऊँटनी और भेड़के दूध, दही और घीका परित्याग करे। ताड़, वरुमा, काँकोल, बहुपत्रा (शिवलिंगी), अर्जुनी-फल, नीबू, रक्तबिल्व और सालके फलका भी श्राद्धमें त्याग करे। पितृकर्ममें कस्तूरी, गोरोचन, पद्मचन्दन, कालेयक (काली अगर), हींग, अजवायन और लोहबानकी गन्ध वर्जित है। पालकका साग, बड़ी इलायची, चिरायता, शलजम, गाजर, अमलोनीका साग, चूकाका साग, चनेकी पत्तीका साग, पहाड़ी कन्द, सोवा, सौंफ, पटुआ साग, गन्धशूकर (वाराहीकन्द), हलभृत्य, सरसों, प्याज, लहसुन, शकरकन्द, भैंसाकंद, जिमीकंद,

* देवता, पितर, महायोगी, स्वाहा और स्वधाको सदा बारंबार नमस्कार है।

सुथनी, लौकी, पेहँटुल, कुम्हड़ा, मिर्च, सोंठ, पीपल, बैंगन, केवाँच, बहेड़ा, कच्चे गेहूँका अर्क, सत्तू, बासी अन्न, हींग, कचनार और सहिजन—इन सब वस्तुओंका श्राद्धमें उपयोग न करे। जो अत्यन्त खट्टा, अधिक चिकना, सूक्ष्म, बहुत देरका बना हुआ और नीरस हो तथा जिसमेंसे मदिराकी-सी गन्ध आती हो, ऐसे पदार्थोंको श्राद्धमें न दे। चिरायता, नीम, राई, धनिया, तरबूज और अमलबेद भी श्राद्धमें वर्जित हैं। अनार, छोटी इलायची, नारंगी, अदरख, इमली, अमड़ा और नैपाली धनियाका श्राद्धमें उपयोग करना चाहिये। खीर, सेमर, मूँग, लड्डू, पानक, रसाल (आम) और गोदुग्धको भी श्राद्धमें भक्तिपूर्वक देना चाहिये। जो भी स्वादिष्ट एवं स्निग्ध खाद्य पदार्थ हों, उनका श्राद्धमें उपयोग करना चाहिये। जिनमें खटाई और कडुआपन कम हो, ऐसी ही वस्तुओंका उपयोग करना उचित है। अधिक खट्टे, अधिक नमकीन और अधिक कड़वे पदार्थ असुरोंके भोजन हैं; अतः उनको दूरसे ही त्याग दे। मीठे, स्नेहयुक्त, थोड़े चरपरे और थोड़े खट्टे स्वादिष्ट पदार्थ देवताओंके भोजन हैं। अतः उन्हींका श्राद्धमें उपयोग करे। श्राद्धमें निषिद्ध वस्तु भोजन करानेवाला मनुष्य रौरव नरकमें पड़ता है। अभक्ष्य वस्तुएँ ब्राह्मणोंको कदापि न दे। बेरकी पत्तीका साग, जँभीरी नीबू, सहिजन, कचनार, खली, मसूर, गाजर, सनकी पत्तीका साग, कोदो, तालमखाना, चूकाका साग, कम्बुक, पदमकाठका फल, लौकी, ताड़ी और ताड़ वृक्षके फलका श्राद्धमें भोजन करानेसे मनुष्य नरकमें पड़ता है। जो पितरोंके लिये उक्त निषिद्ध वस्तुएँ अर्पित करता है, वह उन पितरोंके साथ ही पूयवह नामक नरकमें गिरता है। यदि अनजानमें या प्रमादवश एक बार इन निषिद्ध वस्तुओंका भक्षण कर ले तो उसके दोषकी निवृत्तिके लिये प्रायश्चित्त करना आवश्यक है। सात दिनोंतक क्रमशः फल, मूल, दूध, दही, तक्र, गोमूत्र और जौकी लप्सी खाकर रहे। इस प्रकार ब्राह्मणों और विशेषतः भगवान् विष्णुके भक्तोंको उचित है कि वे एक बार भी निषिद्ध आचरण कर लेनेपर इस प्रकार शरीरकी शुद्धि करें। ऊपर बतायी हुई निषिद्ध वस्तुओंका अवश्य त्याग करे। अपनी शक्तिके अनुसार श्राद्धकी सामग्री एकत्रित करके विधिपूर्वक श्राद्ध करना सबका कर्तव्य है। जो अपने वैभवके अनुसार इस प्रकार विधिपूर्वक श्राद्ध करता है, वह मानव ब्रह्मासे लेकर कीटपर्यन्त सम्पूर्ण जगत्को तृप्त कर देता है।

मुनियोंने पूछा—ब्रह्मन्! जिसके पिता तो जीवित हों, किंतु पितामह और प्रपितामहकी मृत्यु हो गयी हो, उसे किस प्रकार श्राद्ध करना चाहिये' यह विस्तारपूर्वक बतलाइये।[१]

व्यासजी बोले—पिता जिनके लिये श्राद्ध करते हैं, उनके लिये स्वयं पुत्र भी श्राद्ध कर सकता है। ऐसा करनेसे लौकिक और वैदिक धर्मकी हानि नहीं होती।[२]

मुनियोंने पूछा—विप्रवर! जिसके पिताकी मृत्यु हो गयी हो और पितामह जीवित हों, उसे किस प्रकार श्राद्ध करना चाहिये? यह बतानेकी कृपा करें।[३]

व्यासजी बोले—पिताको तो पिण्ड दे, पितामहको प्रत्यक्ष भोजन कराये और प्रपितामहको भी पिण्ड दे दे। यही शास्त्रोंका निर्णय है। मरे हुएको पिण्ड देने और जीवितको भोजन करानेका

१- पिता जीवति यस्याथ मृतौ द्वौ पितरौपितुः। कथं श्राद्धं हि कर्तव्यमेतद्विस्तरशो वद॥ (२२०। २०५)
२- यस्मै दद्यात्पिता श्राद्धं तस्मै दद्यात्सुतः स्वयम्। एवं न हीयते धर्मो लौकिको वैदिकस्तथा॥ (२२०। २०६)
३- मृतः पिता जीवति च यस्य ब्रह्मन् पितामहः। स हि श्राद्धं कथं कुर्यादेतत्त्वं वक्तुमर्हसि॥ (२२०। २०७)

विधान है। उस अवस्थामें सपिण्डीकरण और पार्वणश्राद्ध नहीं हो सकता।*

जो मनुष्य श्राद्ध-सम्बन्धी विधिका पालन करता है, वह आयु, धन और पुत्रोंके साथ ही वृद्धिको प्राप्त होता है—इसमें तनिक भी संदेह नहीं है। जो श्राद्धके समय इस पितृमेधविषयक अध्यायका पाठ करता है, उसके दिये हुए अन्नको पितरलोग तीन युगोंतक खाते रहते हैं। इस प्रकार मैंने यहाँ श्राद्ध-कल्पका वर्णन किया। यह पापोंका नाश और पुण्योंकी वृद्धि करनेवाला है। श्राद्धके अवसरपर मनुष्यको संयतचित्त होकर इसका श्रवण और पाठ करना चाहिये।

गृहस्थोचित सदाचार तथा कर्तव्याकर्तव्यका वर्णन

व्यासजी कहते हैं—ब्राह्मणो! इस प्रकार गृहस्थ पुरुष हव्य, कव्य और अन्नसे देवता, पितर तथा अतिथियोंका पूजन करे। सम्पूर्ण भूत, भरण-पोषणके योग्य कुटुम्बीजन, पशु, पक्षी, चींटियाँ, संन्यासी, भिक्षुक, पथिक तथा सदाचारी ब्राह्मण आदि जो भी उपस्थित हों, गृहस्थ पुरुष अपने घरमें सबको संतुष्ट करे। जो नित्य और नैमित्तिक क्रियाओंका उल्लङ्घन करता है, वह पापभोजी है।

मुनि बोले—महर्षे! आपने पुरुषोंके नित्य, नैमित्तिक और काम्य—त्रिविध कर्मोंका वर्णन किया; अब हम सदाचारका वर्णन सुनना चाहते हैं, जिसका अनुष्ठान करके मनुष्य इस लोक और परलोकमें भी सुखका भागी हो।

व्यासजीने कहा—ब्राह्मणो! गृहस्थ पुरुषको सदा ही सदाचारकी रक्षा करनी चाहिये। आचारहीन मनुष्यको न इस लोकमें सुख मिलता है न परलोकमें। जो सदाचारका उल्लङ्घन करके मनमाना बर्ताव करता है, उस पुरुषका कल्याण यज्ञ, दान और तपस्यासे भी नहीं होता। दुराचारी पुरुषको इस लोकमें बड़ी आयु नहीं मिलती, अत: उत्तम आचाररूप धर्मका सदा पालन करना चाहिये। सदाचार बुरे लक्षणोंका नाश करता है। ब्राह्मणो! अब मैं सदाचारका स्वरूप बतलाता हूँ, एकाग्रचित्त होकर उसका पालन करना चाहिये। गृहस्थको धर्म, अर्थ और काम—तीनोंके साधनका यत्न करना चाहिये। उनके सिद्ध होनेपर उसे इस लोक और परलोकमें सिद्धि प्राप्त होती है। मनको वशमें करके अपनी आयका एक चौथाई भाग पारलौकिक कल्याणके लिये संगृहीत करे। आधे भागसे नित्य-नैमित्तिक कार्योंका निर्वाह करते हुए अपना भरण-पोषण करे तथा एक चौथाई भाग अपने लिये मूल पूँजीके रूपमें रखकर उसे बढ़ाये। ब्राह्मणो! ऐसा करनेसे धन सफल होता है। इसी प्रकार पापकी निवृत्ति तथा पारलौकिक उन्नतिके लिये विद्वान् पुरुष धर्मका अनुष्ठान करे। वह इस लोकमें भी फल देनेवाला होता है। ब्राह्ममुहूर्तमें जागे। जागकर धर्म और अर्थका चिन्तन करे। इसके बाद शय्या त्याग कर नित्यकर्मसे निवृत्त हो, स्नान आदिसे पवित्र होकर मनको संयममें रखते हुए पूर्वाभिमुख बैठे और आचमन करके संध्योपासन करे। प्रात:कालकी संध्या उस समय आरम्भ करे, जब तारे दिखायी देते हों। इसी प्रकार सायंकालकी संध्योपासना सूर्यास्तसे पहले ही विधिपूर्वक आरम्भ करे। आपत्तिकालके सिवा और किसी समय उसका त्याग न करे। द्विजो! बुरी-बुरी बातें बकना, झूठ बोलना, कठोर

* पितुः पिण्डं प्रदद्याच्च भोजयेच्च पितामहम्। प्रपितामहस्य पिण्डं वै ह्ययं शास्त्रेषु निर्णय:॥
मृतेषु पिण्डं दातव्यं जीवन्तं चापि भोजयेत्। सपिण्डीकरणं नास्ति न च पार्वणमिष्यते॥
(२२०।२०८-२०९)

वचन मुँहसे निकालना, असत् शास्त्र पढ़ना, नास्तिकवादको अपनाना तथा दुष्ट पुरुषोंकी सेवा करना अवश्य छोड़ देना चाहिये।* मनको वशमें रखते हुए प्रतिदिन सायंकाल और प्रातःकाल हवन करे। उदय और अस्तके समय सूर्यमण्डलका दर्शन न करे। बाल सँवारना, दर्पण देखना, दाँतन करना, आँजन लगाना और देवताओंका तर्पण करना—यह सब कार्य पूर्वाह्णकालमें ही करना चाहिये।

ग्राम, निवासस्थान, तीर्थ और क्षेत्रोंके मार्गमें, जोते हुए खेतमें तथा गोशालामें मल-मूत्र न करे। परायी स्त्रीको नंगी अवस्थामें न देखे। अपनी विष्ठापर दृष्टिपात न करे। रजस्वला स्त्रीका दर्शन, स्पर्श तथा उसके साथ भाषण भी वर्जित है। पानीमें मल-मूत्रका त्याग अथवा मैथुन न करे। बुद्धिमान् पुरुष मल-मूत्र, केश, राख, खोपड़ी, भूसी, कोयले, सड़ी-गली वस्तुएँ, रस्सी तथा केवल पृथ्वीपर और मार्गमें कभी न बैठे। गृहस्थ मनुष्य अपने वैभवके अनुसार देवता, पितर, मनुष्य तथा अन्यान्य प्राणियोंका पूजन करके पीछे भोजन करे। भलीभाँति आचमन करके हाथ-पैर धोकर पवित्र हो पूर्व या उत्तरकी ओर मुँह करके भोजनके लिये आसनपर बैठे और हाथोंको घुटनोंके भीतर करके मौनभावसे भोजन करे। भोजनके समय मनको अन्यत्र न ले जाय। यदि अन्न किसी प्रकारकी हानि करनेवाला हो तो उस हानिको ही बताये, उसके सिवा अन्नके और किसी दोषकी चर्चा न करे। भोजनके साथ पृथक् नमक लेकर न खाय। जूठा अन्न खाना वर्जित है। मनुष्यको चाहिये कि मनको वशमें रखे और खड़े होकर या चलते-चलते मल-मूत्रका त्याग, आचमन तथा किसी वस्तुका भक्षण न करे। जूठे मुँह वार्तालाप न करे तथा उस अवस्थामें स्वाध्याय भी वर्जित है। जूठी अवस्थामें सूर्य, चन्द्रमा और तारोंकी ओर जानबूझकर न देखे। दूसरेके आसन, शय्या और बर्तनका भी स्पर्श न करे।

गुरुजनोंके आनेपर उन्हें बैठनेको आसन दे। उठकर प्रणाम आदिके द्वारा उनका आदर-सत्कार करे। उनके अनुकूल वार्तालाप करे। जाते समय उनके पीछे-पीछे कुछ दूर जाकर पहुँचाये। उनके प्रतिकूल कोई बर्ताव न करे। एक वस्त्र धारण करके भोजन और देवपूजन न करे। बुद्धिमान् पुरुष ब्राह्मणोंसे बोझ न ढुलाये। आगमें मूत्र त्याग न करे। नग्न होकर कभी स्नान और शयन न करे। दोनों हाथोंसे सिर न खुजलाये। बिना कारण बार-बार सिरके ऊपरसे स्नान न करे। सिरसे स्नान कर लेनेपर किसी भी अङ्गमें तेल न लगाये। सब अनध्यायोंके दिन स्वाध्याय बंद रखे। ब्राह्मण, अग्नि, गौ तथा सूर्यकी ओर मुँह करके पेशाब न करे। दिनमें उत्तरकी ओर और रातमें दक्षिणकी ओर मुँह करके मल-मूत्रका त्याग करे। जहाँ ऐसा करनेमें कोई बाधा हो, वहाँ इच्छानुसार करे। गुरुके दुष्कर्मकी चर्चा न करे। यदि वे क्रुद्ध हों तो उन्हें विनयपूर्वक प्रसन्न करे। दूसरे लोग भी यदि गुरुकी निन्दा करते हों तो उसे न सुने। ब्राह्मण, राजा, दुःखसे आतुर मनुष्य, विद्यावृद्ध पुरुष, गर्भिणी स्त्री, रोगसे व्याकुल मनुष्य, गूँगा, अंधा, बहरा, मत्त, उन्मत्त, व्यभिचारिणी स्त्री, उपकारी, बालक और पतित—ये यदि सामनेसे आते हों तो स्वयं किनारे हटकर इनको जानेके लिये मार्ग देना चाहिये। विद्वान् पुरुष देवालय, चैत्यवृक्ष, चौराहा, विद्यावृद्ध पुरुष और गुरु—

* पूर्वां संध्यां सनक्षत्रां पश्चिमां सदिवाकराम्। उपासीत यथान्यायं नैनां जह्यादनापदि॥
असत्प्रलापमनृतं वाक्पारुष्यं च वर्जयेत्। असच्छास्त्रमसद्वादमसत्सेवां च वै द्विजाः॥
(२२१। १८-१९)

इनको दाहिने करके चले। दूसरोंके धारण किये हुए जूते, वस्त्र और माला आदि स्वयं न पहने। चतुर्दशी, अष्टमी, पूर्णिमा तथा पर्वके दिन तैलाभ्यङ्ग एवं स्त्री-सहवास न करे। बुद्धिमान् मनुष्य बाँहों और पिंडलियोंको ऊपर उठाकर न खड़ा हो तथा पैरोंको भी न हिलाये। पैरसे पैरको न दबाये। किसीको चुभती हुई बात न कहे। निन्दा और चुगली छोड़ दे। दम्भ, अभिमान और तीखे व्यवहारका त्याग करे। मूर्ख, उन्मत्त, व्यसनी, कुरूप, हीनाङ्ग और निर्धन मनुष्योंकी खिल्ली न उड़ाये। दूसरेको दण्ड न दे, केवल पुत्र और शिष्यको शिक्षा देनेके उद्देश्यसे दण्ड दिया जा सकता है। आसनको पैरसे खींचकर न बैठे। सायंकाल और प्रात:काल पहले अतिथिका सत्कार करके पीछे स्वयं भोजन करे।

पूर्व या उत्तरकी ओर मुँह करके ही दाँतन करे। दाँतन करते समय मौन रहे। दाँतनके लिये निषिद्ध वृक्ष एवं लताओंका परित्याग करे। उत्तर और पश्चिमकी ओर सिर करके कभी न सोये। दक्षिण या पूर्व दिशाकी ओर ही मस्तक करके सोना चाहिये। जहाँसे दुर्गन्ध आती हो, ऐसे जलमें तथा रात्रिकालमें स्नान न करे। ग्रहणके समय रात्रिमें भी स्नान करना बहुत उत्तम है। इसके सिवा अन्य समयमें दिनमें ही स्नानका विधान है। वस्त्रके छोरसे अथवा वस्त्र हाथमें लेकर उससे शरीरको न मले। बालों और वस्त्रोंको न झटकारे। विद्वान् पुरुष स्नान किये बिना कभी चन्दन न लगाये। एक-दूसरेके वस्त्र और आभूषणोंको अदल-बदलकर न पहने। जिसमें कोर न हो और जो बहुत फट गया हो, ऐसा वस्त्र न पहने। जिसमें कीड़े अथवा बाल पड़े हों, जिसे कुत्तेने देखा अथवा चाट लिया हो अथवा जो सारभाग निकाल लेनेके कारण दूषित हो गया हो, ऐसे अन्नको कभी न खाय। भोजनके साथ अलग नमक रखकर न खाय। बहुत देरके बने हुए सूखे और बासी अन्नको त्याग दे। पिट्ठी, साग, ईखके रस और दूधकी बनी हुई वस्तुएँ भी यदि बहुत दिनोंकी हों तो उन्हें न खाय। सूर्यके उदय और अस्तके समय शयन न करे। बिना नहाये, बिना बैठे, अन्यमनस्क होकर, शय्यापर बैठकर या सोकर, केवल पृथ्वीपर बैठकर, बोलते हुए तथा भृत्यवर्गको दिये बिना कदापि भोजन न करे। मनुष्य स्नान करके सबेरे और शाम दो समय विधिपूर्वक भोजन करे।

विद्वान् पुरुषको कभी परायी स्त्रीके साथ समागम नहीं करना चाहिये। परस्त्रीसंगम मनुष्योंके इष्ट, पूर्त और आयुका नाश करनेवाला है। इस संसारमें परस्त्री-गमनके समान पुरुषकी आयुका विघातक कार्य दूसरा कोई नहीं है।* देवपूजा, अग्निहोत्र, पितरोंका श्राद्ध, गुरुजनोंको प्रणाम तथा भोजन भलीभाँति आचमन करके करना चाहिये। स्वच्छ, फेनरहित, दुर्गन्धशून्य और पवित्र जल लेकर पूर्व या उत्तरकी ओर मुँह करके आचमन करना चाहिये। जलके भीतरकी, घरकी, बाँबीकी, चूहेके बिलकी और शौचसे बची हुई—ये पाँच प्रकारकी मिट्टियाँ त्याग देने योग्य हैं। हाथ-पैर धोकर एकाग्रचित्तसे मार्जन करके घुटनोंको समेटकर तीन या चार बार आचमन करे; फिर दो बार ओठ पोंछकर आँख, कान, मुख, नासिका तथा मस्तकका स्पर्श करे। इस प्रकार जलसे भलीभाँति आचमन करके पवित्र हो देवपूजन तथा श्राद्ध आदिकी क्रिया करनी चाहिये। छींकने, चाटने,

* परदारा न गन्तव्याः पुरुषेण विपश्चिता।
इष्टापूर्तायुषां हन्त्री परदारगतिर्नृणाम्। न हीदृशमनायुष्यं लोके किंचन विद्यते॥
यादृशं पुरुषस्येह परदाराभिमर्शनम्॥ (१२१। ६०—६२)

वमन करने, थूकने तथा अस्पृश्यका स्पर्श करनेपर आचमन, सूर्यका दर्शन अथवा दाहिने कानका स्पर्श करना चाहिये। इनमें पहलेके अभावमें दूसरा उपाय करना चाहिये। पहले उपायके सम्भव होनेपर उपायान्तरका अवलम्बन अभीष्ट नहीं।

दाँत न कटकटाये। अपने शरीरपर ताल न दे। दोनों संध्याओंके समय अध्ययन, भोजन और शयनका त्याग करे। सन्ध्याकालमें मैथुन और रास्ता चलना भी मना है। पूर्वाह्णमें देवताओंका, मध्याह्नमें मनुष्योंका तथा अपराह्णकालमें पितरोंका भक्तिपूर्वक पूजन करना चाहिये। देवकार्य या पितृकार्यमें सिरसे स्नान करके प्रवृत्त होना उचित है। पूर्व या उत्तरकी ओर मुँह करके क्षौर कराये। उत्तम कुलमें उत्पन्न होनेपर भी जो कन्या किसी अङ्गसे हीन या रोगिणी हो, उसके साथ विवाह न करे। ईर्ष्याका परित्याग करे। दिनमें शयन अथवा मैथुन न करे। दूसरोंको कष्ट देनेवाला कार्य न करे। कभी किसी भी जीवको पीड़ा न दे। रजस्वला स्त्री चार रातोंतक सभी वर्णके पुरुषोंके लिये त्याज्य है। यदि कन्याका जन्म अभीष्ट न हो तो उसे रोकनेके लिये पाँचवीं रातमें भी स्त्रीसहवास न करे। छठी रात आनेपर स्त्रीके पास जाय, क्योंकि युग्म रात्रियाँ ही इसके लिये श्रेष्ठ हैं। युग्म रात्रियोंमें स्त्रीसहवास करनेसे पुत्र होता है और अयुग्म रात्रियोंमें गर्भाधान करनेसे कन्या उत्पन्न होती है। पर्व आदिके अवसरपर मैथुन करनेसे विधर्मी संतान होती है और संध्याकालमें गर्भाधान करनेसे नपुंसक उत्पन्न होते हैं। विद्वान् पुरुष क्षौरकर्ममें रिक्ता (चतुर्थी, नवमी और चतुर्दशी) तिथियोंका परित्याग करे। विनयरहित उद्दण्ड पुरुषोंकी बात कभी न सुने। जो अपनेसे नीचा हो, उसे आदरपूर्वक ऊँचा आसन न दे। हजामत बनवाने, वमन होने, स्त्री-प्रसङ्ग करने तथा श्मशानभूमिमें जानेपर वस्त्रसहित स्नान करे। देवता, वेद, द्विज, साधु, सच्चे महात्मा, गुरु, पतिव्रता, वेद, यज्ञ तथा तपस्वीकी निन्दा और परिहास न करे। सदा माङ्गलिक वेष धारण किये रहे। कभी भी अमङ्गलमय वेष न धारण करे। स्वच्छ वस्त्र पहने और श्वेत पुष्पोंकी माला धारण करे। उद्धत, उन्मत्त, मूढ़, अविनीत, शीलहीन, अवस्था और जातिसे दूषित, अधिक अपव्ययी, वैरी, कार्यमें असमर्थ, निन्दित, धूर्तोंका संग करनेवाले, निर्धन, विवाद करनेवाले तथा अन्य अधम पुरुषोंके साथ कभी मित्रता न करे। सुहृद्, यज्ञदीक्षित, राजा, स्नातक तथा श्वशुर— इनके साथ मैत्रीका भाव रखे और जब ये घरपर पधारें तो उठकर खड़ा हो जाय; साथ ही अपने वैभवके अनुसार इनका पूजन करे। प्रतिवर्ष अपने घर आये हुए ब्राह्मणोंका वैभवके अनुसार स्वागत-सत्कार करे।

अपने घरमें यथास्थान देवताओंका भलीभाँति पूजन करके क्रमशः अग्निमें आहुति दे। पहली आहुति ब्रह्माको, दूसरी प्रजापतिको, तीसरी गृह्याओंको, चौथी कश्यपको तथा पाँचवीं अनुमतिको दे। तत्पश्चात् बलिवैश्वदेव करे। देवताओंके लिये पृथक्-पृथक् स्थानका विभाग करके उनके लिये बलि अर्पण करे। उसका क्रम इस प्रकार है। एक पात्रमें पहले पर्जन्य, जल और पृथ्वीको तीन बलियाँ दे; फिर पूर्व आदि प्रत्येक दिशामें वायुको बलि देकर क्रमशः उन-उन दिशाओंके नामसे भी बलि समर्पित करे। तत्पश्चात् मध्यमें क्रमशः ब्रह्मा, अन्तरिक्ष और सूर्यको बलि दे। उनके उत्तरभागमें विश्वेदेवों और विश्वभूतोंको बलि दे। फिर उनके भी उत्तरभागमें उषा और भूतपतिको बलि समर्पित करे। तदनन्तर '**पितृभ्यः स्वधा नमः**' यों कहकर दक्षिण दिशामें अपसव्य होकर पितरोंके लिये बलि दे और वायव्य दिशामें अन्नका शेष भाग तथा जल लेकर '**यक्ष्मैतत्ते निर्णेजनम्**' यह मन्त्र पढ़कर उसे विधिपूर्वक छोड़ दे। फिर देवताओं और ब्राह्मणोंको नमस्कार करे। दाहिने हाथमें अँगूठेके उत्तर ओर जो एक रेखा

होती है, वह ब्राह्मतीर्थके नामसे प्रसिद्ध है; उसीसे आचमन किया जाता है। तर्जनी और अँगूठेके बीचका भाग पितृतीर्थ कहलाता है। नान्दीमुख पितरोंको छोड़कर अन्य सब पितरोंको उसी तीर्थसे जल आदि देना चाहिये। अँगुलियोंके अग्रभागमें देवतीर्थ है। उसीसे देवकार्य करनेका विधान है। कनिष्ठिकाके मूलभागमें कायतीर्थ (प्रजापति-तीर्थ) है। उससे प्रजापतिका कार्य किया जाता है। इस प्रकार इन तीर्थोंसे सदा देवताओं और पितरोंके कार्य करने चाहिये, अन्य तीर्थोंसे कदापि नहीं। ब्राह्मतीर्थसे आचमन उत्तम माना गया है। पितरोंका श्राद्ध और तर्पण पितृतीर्थसे, देवताओंका यज्ञ-यागादि देवतीर्थसे और प्रजापतिका कार्य कायतीर्थसे करना श्रेष्ठ बताया गया है। नान्दीमुख नामवाले पितरोंके लिये पिण्डदान और तर्पण आदि कार्य प्राजापत्यतीर्थसे करने चाहिये।

विद्वान् पुरुष एक साथ जल और अग्नि न ले। गुरु, देवता, पिता तथा ब्राह्मणोंकी ओर पैर न फैलाये। बछड़ेको दूध पिलाती हुई गायको न छेड़े। अञ्जलिसे पानी न पिये। शौचके समय विलम्ब न करे। मुखसे आग न फूँके। ब्राह्मणो! जहाँ ऋण देनेवाला धनी, चिकित्सा करनेवाला वैद्य, श्रोत्रिय ब्राह्मण तथा जलपूर्ण नदी—ये चार न हों, वहाँ निवास नहीं करना चाहिये। जहाँ शत्रुविजयी बलवान् और धर्मपरायण राजा हो, वहीं विद्वान् पुरुषको सदा निवास करना चाहिये। दुष्ट राजाके राज्यमें कहाँ सुख है।* जहाँ पुरवासी परस्पर संगठित और न्यायानुकूल बर्ताव करनेवाले हों तथा सब लोग शान्त एवं ईर्ष्यारहित हों, वहाँका निवास भविष्यमें सुख देनेवाला होता है। जिस राष्ट्रमें किसान बहुत हों, परंतु वे बहुत घमंडी न हों तथा जहाँ सब तरहके अन्न पैदा होते हों, वहीं बुद्धिमान् पुरुषको निवास करना चाहिये। ब्राह्मणो! जहाँ अपनेको जीतनेकी इच्छा रखनेवाला मनुष्य, पहलेका शत्रु और सदा उत्सवमें ही मग्न रहनेवाले लोग—ये तीन सदा मौजूद हों, वहाँ कभी निवास नहीं करना चाहिये। जिस स्थानपर अच्छे स्वभाववाले पड़ोसी हों, दुर्धर्ष राजा हो और सदा खेती उपजानेवाली भूमि हो, वहीं विद्वान् पुरुषको रहना उचित है। विप्रवरो! इस प्रकार मैंने तुमलोगोंके हितके लिये ये सब बातें बतायी हैं।

अब मैं भक्ष्य और भोज्यकी विधिसे सम्बन्ध रखनेवाली बातें बतलाऊँगा। घी अथवा तेलमें पका हुआ अन्न बहुत देरका बना हुआ अथवा बासी भी हो तो वह भोजन करने योग्य होता है। गेहूँ, जौ तथा गोरसकी बनी हुई वस्तुएँ तेल, घीमें न बनी हों, तब भी वे पूर्ववत् ग्रहण करने योग्य हैं। शङ्ख, पत्थर, सोना, चाँदी, रस्सी, कपड़ा,साग, मूल, फल, मणि, हीरा, मूँगा, मोती, पात्र और चमस—इन सबकी शुद्धि जलसे होती है। लोहेके पात्रों एवं हथियारोंकी शुद्धि पानीसे धोने तथा पत्थर यानी शानपर रगड़नेसे होती है। जिस पात्रमें तेल या घी रखा गया हो, उसकी सफाई गर्म जलसे होती है। सूप, मृगचर्म, मूसल, ओखली तथा कपड़ोंके ढेरकी शुद्धि जल छिड़कनेमात्रसे हो जाती है। वल्कल वस्त्रकी शुद्धि जल और मिट्टीसे होती है, मिट्टीके बर्तन दुबारा पकानेसे शुद्ध होते हैं। भिक्षामें प्राप्त अन्न, कारीगरका हाथ, बाजारमें बिकनेके लिये आयी हुई शाक आदि वस्तुएँ, जिसके गुण-दोषका ज्ञान न हो, ऐसी वस्तु और सेवकोंद्वारा बनायी हुई वस्तु सदा शुद्ध मानी जाती है। जो बहता हो तथा जिससे दुर्गन्ध

* तत्र विप्रा न वस्तव्यं यत्र नास्ति चतुष्टयम्। ऋणप्रदाता वैद्यश्च श्रोत्रियः सजला नदी॥
जितामित्रो नृपो यत्र बलवान्धर्मतत्परः। तत्र नित्यं वसेत्प्राज्ञः कुतः कुनृपतौ सुखम्॥
(२२१।१०३-१०४)

न आती हो, ऐसा जल शुद्ध माना गया है। समयानुसार अग्निसे तपाने, बुहारने, गायोंके चलने-फिरने, लीपने, जोतने और जल छिड़कनेसे भूमिकी शुद्धि होती है। बुहारने आदिसे घर शुद्ध होता है। जिसमें बाल या कीड़े पड़ें हो, जिसे गायने सूँघ लिया हो तथा जिसमें मक्खियाँ पड़ी हों, ऐसे पात्रकी शुद्धिके लिये राख, मिट्टी और जलका उपयोग करना चाहिये। ताँबेका बर्तन खटाईसे, राँगा और शीशा जलसे और काँसेके बर्तन राख और जलसे शुद्ध होते हैं। जिस पात्रमें कोई अपवित्र वस्तु पड़ गयी हो, उसे मिट्टी और जलसे तबतक धोये, जबतक कि उसकी दुर्गन्ध दूर न हो जाय। इससे वह शुद्ध होता है। धूल, अग्नि, घोड़ा, गौ, छाया, किरणें, वायु, भूमि, जलके छींटे और मक्खी आदि—ये सब अशुद्ध वस्तुके संसर्गमें आनेपर भी दूषित नहीं होते। बकरे और घोड़ेका मुख शुद्ध माना गया है, किंतु गायका नहीं। बछड़ेका मुँह तथा माताका स्तन भी पवित्र बताया गया है। पेड़से फल गिराते समय पक्षीकी चोंच भी शुद्ध मानी गयी है। आसन, शय्या, सवारी, नदीका तट और तृण—ये सब बाजारमें बिकनेवाली वस्तुओंकी भाँति सूर्य और चन्द्रमाकी किरणों तथा वायुके स्पर्शसे शुद्ध होते हैं। सड़कों और गलियोंमें घूमने-फिरने, स्नान करने, छींक आने, हवा खुलने तथा वस्त्र बदलनेपर विधिपूर्वक आचमन करना चाहिये। पक्की ईंटके बने हुए चबूतरे आदिमें यदि कोई अस्पृश्य वस्तु, गलियोंकी कीचड़ या जल आदि लग जाय तो उसकी शुद्धि केवल वायुके स्पर्शसे हो जाती है।

अनजानमें यदि दूषित अन्न भोजन कर ले तो तीन रात उपवास करनेसे शुद्धि होती है; और यदि जान-बूझकर किया हो तो उसके दोषकी शान्तिके लिये प्रायश्चित्त करनेसे शुद्धि होती है। रजस्वला स्त्री, नवप्रसूता स्त्री, चाण्डाल तथा मुर्दा ढोनेवाले मनुष्योंसे छू जानेपर शुद्धिके लिये स्नान करना चाहिये। मनुष्यकी गीली हड्डीका स्पर्श कर लेनेपर ब्राह्मण स्नान करनेसे शुद्ध होता है और सूखी हड्डीका स्पर्श करनेपर केवल आचमन करके गायका स्पर्श या सूर्यका दर्शन करनेसे वह शुद्ध हो सकता है। थूक और उबटनको न लाँघे। जूठन, मल-मूत्र और पैरोंकी धोवनको घरसे बाहर फेंके। दूसरोंके खुदाये हुए पोखरे आदिमें पाँच लोंदे मिट्टी निकाले बिना स्नान न करे। देवतासम्बन्धी सरोवरों और गङ्गा आदि नदियोंमें सदा ही स्नान करे। असमयमें उद्यान आदिके भीतर कभी न ठहरे। लोकनिन्दित पुरुषों तथा विधवा स्त्रियोंसे कभी वार्तालाप न करे। रजस्वला स्त्री, पतित, मुर्दा, विधर्मी, प्रसूता स्त्री, नपुंसक, वस्त्रहीन, चाण्डाल, मुर्दा ढोनेवाले तथा परस्त्रीगामी पुरुषोंको देखकर विद्वान् पुरुष अपनी शुद्धिके लिये सूर्यका दर्शन करे। अभक्ष्य पदार्थ, भिक्षुक, पाखण्डी, बिल्ली, गदहा, मुर्गा, पतित, जातिबहिष्कृत, चाण्डाल, ग्रामीण सुअर तथा अशौचदूषित मनुष्योंका स्पर्श कर लेनेपर स्नान करनेसे शुद्धि होती है। जिसके घरमें प्रतिदिन नित्यकर्मकी अवहेलना होती है तथा जिसे ब्राह्मणोंने त्याग दिया है, वह नराधम पापभोगी है। नित्यकर्मका त्याग कभी नहीं करना चाहिये। उसे न करनेका विधान तो केवल मरणाशौच और जननाशौचमें ही है। अशौच प्राप्त होनेपर ब्राह्मण दस दिन, क्षत्रिय बारह दिन तथा वैश्य पंद्रह दिनोंतक दान-होम आदि कर्मोंसे अलग रहे। शूद्र एक मासतक अपना कर्म बंद रखे। फिर अशौच निवृत्त होनेपर सब लोग अपने शास्त्रोक्त कर्मोंका अनुष्ठान करें। मृतकका दाह-संस्कार करनेके बाद उसके गोत्रवाले लोगोंको चाहिये कि बाहर जलाशय आदिमें जाकर पहले, चौथे, सातवें और नवें दिन उस प्रेतके लिये जलाञ्जलि दें। दाह-संस्कारके चौथे दिन समान गोत्रवाले

भाई-बन्धुओंको प्रेतकी चितासे उसकी अस्थियोंका संचय करना चाहिये। अस्थिसंचयके बाद उनके अङ्गोंका स्पर्श किया जा सकता है। फिर समानोदक पुरुष अपने सब कर्म कर सकते हैं। जिस दिन मृत्यु हुई हो, उस दिन समानोदक और सपिण्ड दोनोंका स्पर्श किया जा सकता है। धनके लिये चेष्टा करते समय या स्वेच्छासे अथवा शस्त्र, रस्सी, बन्धन, अग्नि, विष, पर्वतसे गिरने तथा उपवास आदिके द्वारा मृत्यु होनेपर और बालक, परदेशी एवं परिव्राजककी मृत्यु होनेपर तत्काल अशौच निवृत्त हो जाता है। कुछ लोगोंके मतमें तीन दिनोंतक अशौच बना रहता है। यदि सपिण्डोंमेंसे एकको मृत्यु होनेके बाद थोड़े ही दिनोंमें दूसरेकी भी मृत्यु हो जाय तो पहलेके अशौचके साथ ही दूसरेका अशौच भी निवृत्त हो जाता है। अतः पहलेके अशौचमें जितने दिन शेष हों, उतने ही दिनोंके भीतर दूसरेका भी श्राद्ध आदि कर्म कर देना चाहिये। जननाशौचमें भी यही विधि देखी गयी है। सपिण्ड तथा समानोदक व्यक्तियोंमें एकके बाद दूसरेका जन्म हो तो इसी प्रकार पहलेके साथ दूसरेका अशौच भी निवृत्त हो जाता है।

पुत्रका जन्म होनेपर पिताको वस्त्रसहित स्नान करना चाहिये। उसमें भी यदि एकके जन्मके बाद दूसरेका जन्म हो जाय तो पहले जन्मे हुए बालकके दिनपर ही दूसरेकी भी शुद्धि बतायी गयी है। अशौचके बाद क्रमशः दस, बारह, पंद्रह और तीस दिन बीतनेपर ब्राह्मण, क्षत्रिय, वैश्य और शूद्र अपने-अपने शास्त्रोक्त कर्मोंका अनुष्ठान करें। अशौच निवृत्त होनेपर प्रेतके लिये एकोद्दिष्ट करना चाहिये और ब्राह्मणोंको दान देना चाहिये। लोकमें जो-जो वस्तु अधिक प्रिय हो और घरमें भी जो वस्तु अत्यन्त प्रिय जान पड़े, उसको अक्षय बनानेकी इच्छा रखनेवाले पुरुषको उचित है कि वह उसे गुणवान् पुरुषको दान दे। अशौचके दिन पूरे हो जानेपर जल, वाहन और आयुधका स्पर्श करके पवित्र हो सब वर्णोंके लोग प्रेतके लिये जलदान और पिण्डदान आदिका कार्य करें; तदनन्तर अपने-अपने वर्ण-धर्मका पालन करें। इससे इस लोक और परलोकमें भी कल्याण होता है। तीनों वेदोंका प्रतिदिन स्वाध्याय करे, विद्वान् बने, धर्मानुसार धनका उपार्जन करे और उसे यत्नपूर्वक यज्ञमें लगाये। जिस कर्मको करते समय आत्मामें घृणा न हो और जिसे महापुरुषोंके सामने प्रकट करनेमें कोई संकोच न हो, ऐसा कर्म निःशङ्क होकर करना चाहिये। ब्राह्मणो! ऐसे आचरणवाले गृहस्थ पुरुषको धर्म, अर्थ और कामकी प्राप्ति होती है तथा इस लोक और परलोकमें भी उसका कल्याण होता है। यह विषय अत्यन्त गोपनीय तथा आयु, धन और बुद्धिको बढ़ानेवाला है। यह सब पापोंका नाशक, पवित्र तथा श्री, पुष्टि एवं आरोग्य देनेवाला है। इतना ही नहीं, यह कल्याणमय प्रसङ्ग मनुष्योंको यश और कीर्ति देनेवाला तथा उनके तेज और बलकी वृद्धि करनेवाला है। मनुष्योंको सदा इसका अनुष्ठान करना चाहिये। यह स्वर्गका सर्वोत्तम साधन है। सम्यक् श्रेयकी इच्छा रखनेवाले ब्राह्मण, क्षत्रिय, वैश्य और शूद्रोंको यत्नपूर्वक इन सब बातोंका ज्ञान प्राप्त करना चाहिये। जो इस विषयको भलीभाँति जानकर नित्य-निरन्तर इसका अनुष्ठान करता है, वह सब पापोंसे मुक्त हो स्वर्गलोकमें प्रतिष्ठित होता है। द्विजवरो! यह मैंने सारसे भी अत्यन्त सारभूत तत्त्वका वर्णन किया है। यह श्रुतियों तथा स्मृतियोंद्वारा प्रतिपादित धर्म है। हर एकको इसका उपदेश नहीं देना चाहिये। जो नास्तिक हो, जिसकी बुद्धि खोटी हो, जो दम्भी, मूर्ख और कुतर्कपूर्ण वार्तालाप करनेवाला हो, ऐसे मनुष्यको कदापि इसका उपदेश नहीं देना चाहिये।

वर्ण और आश्रमोंके धर्मका निरूपण

मुनियोंने कहा—ब्रह्मन्! अब हम वर्णधर्म और आश्रमधर्मका विशेष रूपसे वर्णन सुनना चाहते हैं। विप्रवर! अब उसीका वर्णन कीजिये।

व्यासजी बोले—द्विजवरो! अब मैं क्रमशः ब्राह्मण, क्षत्रिय, वैश्य और शूद्र—इन चारों वर्णोंके धर्मका वर्णन करूँगा। तुमलोग एकाग्रचित्त होकर सुनो। ब्राह्मणको सदा दान, दया, तपस्या, देवयज्ञ और स्वाध्यायमें तत्पर रहना चाहिये। तर्पण और अग्निहोत्र उसका प्रतिदिनका कार्य होना चाहिये। जीविकाके लिये वह अन्य द्विजोंका यज्ञ कराये तथा उन्हें पढ़ाये। यज्ञ करनेके लिये वह जान-बूझकर भी प्रतिग्रह ले सकता है। सब लोगोंका हितसाधन करना और किसीका भी अपने द्वारा अहित न होने देना, यह ब्राह्मणका कर्तव्य है। समस्त प्राणियोंके प्रति मैत्रीका होना, यह ब्राह्मणके लिये सबसे उत्तम धन है।* केवल ऋतुकालमें पत्नीके साथ समागम करना ब्राह्मणके लिये प्रशंसाकी बात है। क्षत्रिय भी अपने इच्छानुसार ब्राह्मणको दान दे, नाना प्रकारके यज्ञोंद्वारा भगवान्का यजन करे और स्वाध्यायमें संलग्न रहे। शस्त्र चलाकर जीवन-निर्वाह करना और पृथ्वीका पालन करना—ये दो क्षत्रियकी मुख्य जीविकाएँ हैं। उनमें भी पृथ्वीकी रक्षा उसके लिये मुख्य आजीविका है। पृथ्वीका पालन करनेसे ही राजा कृतार्थ होते हैं, क्योंकि उसीसे उनके यज्ञ आदि कार्योंकी रक्षा होती है। जो राजा दुष्ट पुरुषोंका दमन और साधु पुरुषोंका पालन करके सब वर्णोंको अपने-अपने धर्ममें स्थापित करता है, वह मनोवाञ्छित लोकोंको प्राप्त होता है। लोकपितामह ब्रह्माजीने वैश्योंके लिये पशुओंका पालन, व्यापार और खेती—ये तीन आजीविकाएँ प्रदान की हैं। वेदोंका अध्ययन, यज्ञ, दान, धर्म तथा नित्य और नैमित्तिक आदि कर्मोंका अनुष्ठान वैश्यके लिये भी उत्तम है। शूद्र द्विजातियोंकी सेवाका कार्य करे और उसीसे अर्थोपार्जन करके अपना जीवन-निर्वाह करे। अथवा खरीद-बिक्री या शिल्पकर्मके द्वारा धन पैदा करके उससे जीविका चलाये। शूद्र भी दान दे और मन्त्रहीन पाक-यज्ञोंद्वारा यजन करे। वह श्राद्ध आदि सब कार्य बिना मन्त्रके कर सकता है। भृत्य आदिका भरण-पोषण करनेके लिये सबके लिये संग्रह आवश्यक है। ऋतुकालके समय अपनी पत्नीके पास जाना, सब प्राणियोंके प्रति दयाभाव रखना, शीत, उष्ण आदि द्वन्द्वोंको सहन करना, अभिमान न रखना, सत्य बोलना, पवित्रतापूर्वक रहना, किसीको कष्ट न पहुँचाना, सबका मङ्गल करना, प्रिय वचन बोलना, सबके प्रति मैत्रीका भाव रखना, किसी वस्तुकी कामना न करना, कृपणता न करना तथा किसीके भी दोष न देखना—ये सभी वर्णोंके लिये सामान्यरूपसे उत्तम गुण बताये गये हैं। चारों आश्रमोंके लिये भी ये सामान्य गुण हैं। ब्राह्मणो! अब ब्राह्मण आदि वर्णोंके उपधर्म बतलाये जाते हैं। आपत्तिकालमें ब्राह्मणके लिये क्षत्रियका कर्म, क्षत्रियके लिये वैश्यका कर्म तथा वैश्य और क्षत्रिय दोनोंके लिये शूद्रका कर्म कर्तव्य बताया गया है। सामर्थ्य रहते इन दोनोंको शूद्रका कर्म नहीं करना चाहिये, परंतु आपत्तिकालमें वही कर्तव्य हो जाता है। आपत्ति न होनेपर कर्म-संकर कदापि न करे। ब्राह्मणो! इस प्रकार मैंने वर्णधर्मका वर्णन किया है।

अब आश्रमधर्मका भलीभाँति वर्णन करता हूँ, सुनो। उपनयन-संस्कार होनेपर ब्रह्मचारी बालक एकाग्रचित्त हो गुरुके घरपर रहते हुए वेदोंका अध्ययन करे। शौच और सदाचारका पालन करते हुए गुरुकी सेवा करे। पवित्र बुद्धिसे व्रतके

* सर्वलोकहितं कुर्यान्नाहितं कस्यचिद् द्विजाः। मैत्री समस्तसत्त्वेषु ब्राह्मणस्योत्तमं धनम्॥ (२२२। ५)

पालनपूर्वक वेदोंकी शिक्षा ग्रहण करे। दोनों संध्याओंके समय एकाग्रचित्त हो सूर्योपस्थान, अग्निहोत्र और गुरुका अभिवादन करे। गुरुदेव खड़े हों तो स्वयं भी खड़ा रहे। वे जाते हों तो पीछे-पीछे जाय और वे बैठे हों तो उनसे नीचे आसनपर बैठे। शिष्यको चाहिये कि वह गुरुके विपरीत कोई आचरण न करे। उन्हींकी आज्ञासे उनके सामने बैठकर एकाग्रचित्तसे वेदका अध्ययन करे। गुरुका आदेश मिलनेपर भिक्षाका अन्न ग्रहण करे। जब आचार्य पहले स्नान कर लें तो स्वयं जलमें प्रवेश करके अवगाहन करे। प्रतिदिन प्रातः-काल आचार्यके लिये समिधा और जल आदि ले आये। जब ग्रहण करनेके योग्य वेदोंका पूर्णरूपसे अध्ययन कर ले, तब विद्वान् पुरुष गुरुदक्षिणा देकर गुरुकी आज्ञा ले गृहस्थाश्रममें प्रवेश करे।

विधिपूर्वक योग्य स्त्रीसे विवाह करके अपने वर्णोचित कर्मद्वारा धनका उपार्जन करे और उसीसे यथाशक्ति गृहस्थका सारा कार्य पूर्ण करे। श्राद्धके द्वारा पितरों, यज्ञद्वारा देवताओं, अन्नसे अतिथियों, स्वाध्यायसे मुनियों, संतानोत्पादनसे प्रजापति, बलिवैश्वदेवसे सम्पूर्ण भूतों और सत्यवचनके द्वारा सम्पूर्ण जगत्का पूजन करे। ऐसा करनेवाला पुरुष अपने कर्मोंद्वारा उपार्जित उत्तम लोकोंमें जाता है। भिक्षापर निर्वाह करनेवाले संन्यासी और ब्रह्मचारी भी गृहस्थोंके ही अवलम्बसे रहते हैं, अतः गार्हस्थ्य-आश्रम श्रेष्ठ माना गया है। जो ब्राह्मण वेदाध्ययन, तीर्थस्नान और पृथ्वीके दर्शनके लिये भूतलपर भ्रमण करते हैं, जिनका कोई घर नहीं है, जो प्रायः निराहार रहते हैं और जहाँ सन्ध्या हो गयी, वहीं डेरा डाल देते हैं, ऐसे लोगोंका सहारा और आधार गृहस्थ ही हैं। पूर्वोक्त द्विज जब घरपर पधारें तो मधुर वाणीसे सदा उनका स्वागत-सत्कार करना चाहिये। उन्हें शय्या, आसन और भोजन देना चाहिये। जिसके घरसे अतिथि निराश होकर लौटता है, वह उसे अपना पाप दे बदलेमें उसका पुण्य लेकर चल देता है।* गृहस्थ पुरुषमें दूसरोंके प्रति अवहेलना, अपनेमें अहंकार, दम्भ, परनिन्दा, दूसरोंपर चोट करनेकी प्रवृत्ति और कटुवचन बोलनेका स्वभाव होना अच्छा नहीं माना गया है। जो गृहस्थ इस प्रकार उत्तम विधिका पालन करता है, वह सब प्रकारके बन्धनोंसे मुक्त हो उत्तम लोकोंमें जाता है। गृहस्थ पुरुष बुढ़ापा आनेपर अपनी स्त्रीका भार पुत्रोंको सौंप दे और स्वयं तपस्याके लिये वनमें चला जाय अथवा स्त्रीको भी साथ ही लेता जाय। वहाँ पत्तियाँ, मूल और फल आदिका आहार करते हुए पृथ्वीपर शयन करे। सिरके बाल, दाढ़ी और मूँछ न कटाये। वानप्रस्थ मुनिके लिये सब लोग अतिथि हैं। वह मृगचर्म, कास और कुश आदिकी कौपीन एवं चादर धारण करे। उसके लिये तीनों समय स्नान करना उत्तम माना गया है। देवपूजन, होम, सम्पूर्ण अतिथियोंका पूजन, भिक्षा और प्राणियोंको बलि-समर्पण—ये सब बातें वानप्रस्थके लिये श्रेष्ठ मानी गयी हैं। वह अपने शरीरमें जंगली फल आदिके तेल लगा सकता है। उसका मुख्य कर्तव्य है तपस्या—शीत और उष्ण आदि द्वन्द्वोंका सहन। जो वानप्रस्थ मुनि नियमपूर्वक रहकर पूर्वोक्त रूपसे अपने कर्तव्यका पालन करता है, वह अग्निकी भाँति अपने सब दोषोंको जला देता और सनातन लोकोंको प्राप्त होता है।

मुनियो! मनीषी पुरुष जो भिक्षुका चतुर्थ आश्रम बतलाते हैं, उसके स्वरूपका वर्णन सुनो। भिक्षुको चाहिये कि पुत्र, धन, स्त्रीके प्रति स्नेहका त्याग करे और ईर्ष्यारहित होकर चतुर्थ आश्रममें जाय। उसीको संन्यास-आश्रम भी कहते हैं। संन्यासीको समस्त त्रैवर्णिक कर्मोंके आरम्भका त्याग करना

* अतिथिर्यस्य भग्नाशो गृहात् प्रतिनिवर्तते। स दत्त्वा दुष्कृतं तस्मै पुण्यमादाय गच्छति॥ (२२२।३६)

चाहिये। वह मित्र और शत्रुमें समान भाव रखे। सब प्राणियोंका मित्र बना रहे। जरायुज और अण्डज आदि किसी भी प्राणीके साथ मन, वाणी और क्रियाद्वारा कभी द्रोह न करे। वह सब प्रकारकी आसक्तियोंको त्याग दे। गाँवोंमें एक रात और नगरमें पाँच रातसे अधिक न रहे। पशु, पक्षी आदिके प्रति न तो उसका राग हो और न द्वेष ही रहे। जीवन-निर्वाहके लिये वह उच्च वर्णवाले मनुष्योंके घरपर भिक्षाके लिये जाय—वह भी ऐसे समयमें जब कि रसोईकी आग बुझ गयी हो और घरके सब लोग खा-पी चुके हों। भिक्षा न मिलनेपर खेद और मिलनेपर हर्ष न माने। भिक्षा उतनी ही ले, जिससे प्राणयात्रा होती रहे। विषयासक्तिसे वह नितान्त दूर रहे। अधिक आदर-सत्कारकी प्राप्तिको घृणाकी दृष्टिसे देखे, क्योंकि अधिक आदर-सत्कार मिलनेपर संन्यासी अन्य बन्धनोंसे मुक्त होनेपर भी बँध जाता है। काम, क्रोध, दर्प, लोभ और मोह आदि जितने दोष हैं, उन सबका त्याग करके संन्यासी ममतारहित हो सर्वत्र विचरता रहे।* जो सम्पूर्ण प्राणियोंको अभय-दान देकर पृथ्वीपर विचरता रहता है, उस देहाभिमानसे मुक्त यतिको कहीं भय नहीं होता। जो ब्राह्मण अग्निहोत्रको भावनाद्वारा शरीरमें स्थापित करके अपने मुखमें भिक्षाप्राप्त अन्नरूपी हविष्य डालकर उस शरीरस्थ अग्निको आहुति देता है, वह उस संचित अग्निके द्वारा उत्तम लोकोंमें जाता है। जो द्विज पवित्र एवं संयत बुद्धिसे युक्त हो शास्त्रोक्त विधिसे मोक्ष-आश्रमका पालन करता है, वह बिना ईंधनकी प्रज्वलित अग्निके सदृश शान्त तेजोमय ब्रह्मलोकमें जाता है।

उच्च वर्णकी अधोगति और नीच वर्णकी ऊर्ध्वगतिका कारण

मुनियोंने पूछा—महाभाग! आप सर्वज्ञ हैं, समस्त प्राणियोंके हितमें तत्पर रहनेवाले हैं। मुने! भूत, भविष्य और वर्तमान—कुछ भी आपसे छिपा नहीं है। महामते! किस कर्मसे उच्च वर्णोंकी नीच गति होती है और किस कर्मसे नीच वर्णोंकी उत्तम गति होती है? यह बतानेकी कृपा करें।

व्यासजी बोले—मुनिवरो! भाँति-भाँतिके वृक्ष और लताओंसे आच्छादित, अनेक प्रकारकी धातुओंसे विभूषित तथा विविध आश्चर्योंसे युक्त हिमालयके रमणीय शिखरपर त्रिपुरासुरका नाश करनेवाले त्रिनेत्रधारी भगवान् शंकर विराजमान थे। वहाँ गिरिराजकुमारी पार्वतीदेवीने देवेश्वर महादेवजीको प्रणाम करके यही प्रश्न किया था। मैं वही प्रसङ्ग यहाँ सुना रहा हूँ, तुम सब लोग ध्यान देकर सुनो।

पार्वतीजीने पूछा—भगवन्! स्वयम्भू भगवान् ब्रह्माने पूर्वकालमें चार वर्णोंकी सृष्टि की। उनमेंसे वैश्य किस कर्मसे शूद्रभावको प्राप्त होता है? अथवा क्या करनेसे क्षत्रिय वैश्य हो जाता है और ब्राह्मण किस कर्मके अनुष्ठानसे क्षत्रिय होता है? देव! इस प्रकार धर्मको प्रतिलोम-दशामें कैसे लाया जा सकता है? ब्राह्मण अथवा क्षत्रिय किस कर्मसे शूद्र होते हैं? भूतनाथ! आप मेरे इस संशयका निवारण कीजिये। क्षत्रिय आदि तीन वर्णोंके लोग, जो जन्मसे ही यहाँ भिन्न वर्णवाले

---

* प्राणयात्रानिमित्तं च व्यङ्गारेऽभुक्तवज्जने। काले प्रशस्तवर्णानां भिक्षार्थी पर्यटेद् गृहान्॥
अलाभे न विषादी स्याल्लाभे नैव च हर्षयेत्। प्राणयात्रिकमात्रः स्यान्मात्रासङ्गाद्विनिर्गतः॥
अतिपूजितलाभांस्तु जुगुप्सेच्चैव सर्वतः। अतिपूजितलाभैस्तु यतिर्मुक्तोऽपि बध्यते॥
कामः क्रोधस्तथा दर्पो लोभमोहादयश्च ये। तांस्तु दोषान् परित्यज्य परिव्राण्निर्ममो भवेत्॥
(२२२।५०—५३)

हैं, कैसे ब्राह्मणभावको प्राप्त हो सकते हैं?

शिवजी बोले—देवि! ब्राह्मणत्वकी प्राप्ति अत्यन्त कठिन है। शुभे! ब्राह्मण स्वभावसे ही ब्राह्मण होता है; इसी प्रकार क्षत्रिय, वैश्य और शूद्र भी स्वभावसे ही वैसे होते हैं—ऐसा मेरा विचार है। ब्राह्मण इस लोकमें पापकर्म करनेसे अपने पथसे भ्रष्ट हो जाता है, उत्तम वर्णको पाकर भी फिर उससे नीचे गिर जाता है। जो ब्राह्मण-धर्मका पालन करते हुए उसीसे जीवन-निर्वाह करता है, वह ब्रह्मभावको प्राप्त होता है; परंतु जो ब्राह्मणत्वका त्याग करके क्षत्रियोचित धर्मोंका सेवन करता है, वह ब्राह्मणत्वसे भ्रष्ट होकर क्षत्रिययोनिमें जन्म लेता है। जो विप्र लोभ और मोहका आश्रय ले अपनी मन्द बुद्धिके कारण दुर्लभ ब्राह्मणत्वको पाकर भी सदा वैश्यकर्मका अनुष्ठान करता है, वह वैश्ययोनिको प्राप्त होता है; अथवा यदि वैश्य शूद्रोचित कर्म करने लगता है तो वह शूद्र हो जाता है। अपने धर्मसे भ्रष्ट हुआ ब्राह्मण शूद्रत्वको प्राप्त होता है। वर्णसे भ्रष्ट या बहिष्कृत होनेपर वह ब्रह्मलोकसे भी गिर जाता है और नरकमें पड़नेके पश्चात् शूद्रयोनिमें जन्म लेता है। महाभागे! क्षत्रिय अथवा वैश्य भी जब अपना-अपना कर्म छोड़कर शूद्रोचित कर्म करने लगते हैं, तब अपने पदसे भ्रष्ट होकर वर्णसंकर हो जाते हैं। ऐसे कर्म-भ्रष्ट ब्राह्मण, क्षत्रिय और वैश्य—तीनों शूद्रभावको प्राप्त होते हैं। जो शूद्र ज्ञान-विज्ञानसे युक्त एवं पवित्र हो अपने धर्मका पालन करते हुए जीवन-निर्वाह करता है, धर्मको जानता और उसके पालनमें तत्पर रहता है, वह धर्मके फलका भागी होता है।*

देवि! ब्रह्माजीने यह एक दूसरी आध्यात्मिक बात बतलायी है, जिसके पालनसे धर्मकामी पुरुषोंको नैष्ठिक सिद्धि प्राप्त होती है। जो मनुष्य क्षत्रियके वीर्य और शूद्रजातीय स्त्रीके गर्भसे उत्पन्न अथवा वर्णसंकर है, उसका अन्न अत्यन्त निन्दित माना गया है। इसी प्रकार एक समुदायका अन्न, श्राद्ध और सूतकका अन्न तथा शूद्रका अन्न कभी नहीं खाना चाहिये। देवि! देवताओं और महात्मा पुरुषोंने शूद्रके अन्नकी सदा ही निन्दा की है। यह श्रीब्रह्माजीके श्रीमुखका कथन होनेके कारण अत्यन्त प्रामाणिक है। जो ब्राह्मण अपने पेटमें शूद्रका अन्न लिये मृत्युको प्राप्त होता है, वह अग्निहोत्री और यज्ञकर्ता होते हुए भी शूद्रोचित गतिको प्राप्त होता है। पेटमें शूद्रान्न शेष रहनेके कारण वह ब्रह्मलोकसे भ्रष्ट हो जाता है। शूद्रान्न-भोजी ब्राह्मण शूद्रत्वको प्राप्त होता है—इसमें अन्यथा विचारके लिये स्थान नहीं है।† ब्राह्मण अपने उदरमें जिसका अन्न शेष रहते प्राण-त्याग करता है और जिसके अन्नसे जीवन-निर्वाह करता है, उसीकी योनिको प्राप्त होता है। जो लोग दुर्लभ ब्राह्मणत्वको अनायास ही पाकर उसकी अवहेलना करते हैं अथवा

* यस्तु शूद्रः स्वधर्मेण ज्ञानविज्ञानवाञ्शुचिः। धर्मज्ञो धर्मनिरतः स धर्मफलमश्नुते॥ (२२३। २१)

† तेन शूद्रान्नशेषेण ब्रह्मस्थानादपाकृतः। ब्राह्मणः शूद्रतामेति नास्ति तत्र विचारणा॥ (२२३। २६)

अभक्ष्य-भक्षण करते हैं, वे ब्राह्मणत्वसे गिर जाते हैं। शराबी, ब्रह्महत्यारा, चोर, व्रत भङ्ग करनेवाला, अपवित्र, स्वाध्याय न करनेवाला, पापी, लोभी, अपकारी, शठ, व्रतहीन, शूद्रीका पति, दोगलेका अन्न खानेवाला, सोमरस बेचनेवाला और नीचसेवी ब्राह्मण ब्राह्मणत्वसे भ्रष्ट हो जाता है। गुरुस्त्रीगामी, गुरुद्वेषी, गुरुनिन्दापरायण तथा ब्रह्मद्रोही ब्राह्मण भी ब्रह्मयोनिसे गिर जाता है।

जो शूद्र सब कर्म शास्त्रीय विधिके अनुसार न्यायपूर्वक करता है, सबका अतिथि-सत्कार करनेके बाद बचा हुआ अन्न भोजन करता है, अपनेसे श्रेष्ठ वर्णवाले पुरुषोंकी सेवा-शुश्रूषामें यत्नपूर्वक लगा रहता है, जो कभी मनमें बुरा नहीं मानता, सदा सन्मार्गपर स्थित रहता है, देवता और द्विजोंका सत्कार करता, सबका आतिथ्य करनेके लिये दृढ़संकल्प रहता, ऋतुकालमें पत्नीके साथ समागम करता, नियमपूर्वक रहकर नियमित भोजन करता और कार्यदक्ष, साधुसेवी तथा अतिथियोंसे बचे हुए अन्नका भोजन करनेवाला होता है, जो कभी भी मांस नहीं ग्रहण करता, ऐसा शूद्र वैश्ययोनिको प्राप्त होता है।

जो वैश्य सत्यवादी, अहंकाररहित, निर्द्वन्द्व, सामवेदका ज्ञाता, पवित्र और स्वाध्यायपरायण होकर प्रतिदिन यज्ञ करता, मन और इन्द्रियोंको संयममें रखता, ब्राह्मणोंका सत्कार करता, किसी भी वर्णके दोष नहीं देखता, गृहस्थोचित व्रतका पालन करते हुए केवल दो समय भोजन करता है, जो आहारपर विजय पाकर निष्काम एवं अहंकारशून्य हो गया है, अग्निहोत्रकी उपासना करते हुए विधिपूर्वक हवन करता है और सबका आतिथ्य-सत्कार करते हुए यज्ञशिष्ट अन्नका भोजन करता है, वह वैश्य पवित्र होकर श्रेष्ठ क्षत्रिय-कुलमें जन्म ग्रहण करता है। क्षत्रियरूपमें उत्पन्न होनेपर वह जन्मसे ही अच्छे संस्कारका होता है। उपनयनके पश्चात् ब्रह्मचर्यव्रतके पालनमें तत्पर हो वह संस्कारसम्पन्न द्विज होता है। वह समय-समयपर दान देता, प्रचुर दक्षिणा देकर वैभवपूर्ण यज्ञ करता और वेदाध्ययन करके स्वर्गकी इच्छासे आहवनीय आदि तीनों अग्नियोंकी सदा उपासना करता है। राजा होनेपर वह संकल्पके जलसे भीगे हाथोंद्वारा दान देता और सदा धर्मपूर्वक प्रजाका पालन करता है। स्वयं सत्यवादी होकर सदा सत्यका ही अनुष्ठान करता है, शुद्धिपर दृष्टि रखता है और धर्मदण्डसे युक्त हो धर्म, अर्थ एवं कामरूप त्रिवर्गका साधन करता है। शरीर और इन्द्रियोंको वशमें रखकर प्रजासे करके रूपमें केवल उसकी आयका छठा भाग ग्रहण करता है। तत्त्वज्ञ राजाको चाहिये कि वह स्वेच्छाचारी होकर विषय-भोगोंका सेवन न करे, अपितु धर्ममें चित्त लगाकर सदा ऋतुकालमें ही पत्नीके पास जाय। नित्य उपवास करनेवाला, नियमपरायण, स्वाध्यायशील तथा पवित्र रहे। सबका अतिथि-सत्कार करे। धर्म, अर्थ और कामका चिन्तन करते हुए सदा प्रसन्न-चित्त रहे। अन्नकी इच्छा रखनेवाले शूद्रोंको भी सदा यही उत्तर दे—'भोजन तैयार है।' स्वार्थ या कामनासे प्रेरित होकर कोई भाव न व्यक्त करे। देवता, पितर और अतिथियोंके लिये सर्वदा साधन-सामग्री उपस्थित रखे। अपने घरमें न्यायानुकूल विधिसे उपासना करे। भिक्षुको भिक्षा दे। दोनों समय विधिपूर्वक अग्निहोत्र करे तथा गौओं और ब्राह्मणोंका हितसाधन करनेके लिये संग्राममें सम्मुख होकर प्राण दे दे। त्रिविध अग्नियोंके सेवन तथा मन्त्रोच्चारणपूर्वक हवन करनेसे पवित्र होकर क्षत्रिय भी जन्मान्तरमें ज्ञान-विज्ञान-सम्पन्न, वेदोंका पारंगत और संस्कारयुक्त ब्राह्मण हो जाता है। इस प्रकार उत्तरोत्तर शुभ कर्म करनेसे धर्मात्मा वैश्य कर्मानुसार क्षत्रिय होता है और नीच कुलमें उत्पन्न शूद्र भी उत्तम कर्म करनेसे संस्कार-सम्पन्न द्विज हो जाता है।

देवि! जन्मसे ब्राह्मण होनेपर भी जो दुराचारी और समस्त वर्णसंकरोंका अन्न भोजन करनेवाला है, वह ब्राह्मणत्वको त्यागकर वैसा ही शूद्र हो जाता है। इसी प्रकार शुद्धात्मा एवं जितेन्द्रिय शूद्र भी शुद्ध कर्मोंके अनुष्ठानसे ब्राह्मणकी भाँति सेवन करने योग्य हो जाता है, यह साक्षात् ब्रह्माजीका कथन है। जो शूद्र अपने स्वभाव और कर्मके अनुसार जीवन बिताता है, उसे द्विजातियोंसे भी अधिक शुद्ध जानना चाहिये—ऐसा मेरा विश्वास है। जन्म, संस्कार, वेदाध्ययन और संतति—ये सब द्विजत्वके कारण नहीं हैं; द्विजत्वका मुख्य कारण तो सदाचार ही है। संसारमें ये सब लोग आचरणसे ही ब्राह्मण माने जाते हैं। उत्तम आचरणमें स्थित होनेपर शूद्र भी ब्राह्मणत्वको प्राप्त हो सकता है।* पार्वती! ब्रह्मस्वभाव सर्वत्र सम है—यह मेरी मान्यता है। जहाँ निर्गुण एवं निर्मल ब्रह्म स्थित है, वहीं द्विजत्व है। देवि! ये जो विमल स्वभाववाले पुरुष हैं, वे ब्रह्मके ही स्थान और भावका दर्शन करानेवाले हैं। प्रजाकी सृष्टि करते समय वरदायक भगवान् ब्रह्माने स्वयं ही ऐसी बात कही थी। ब्राह्मण इस संसारमें एक महान् क्षेत्र है, जो हाथ-पैरोंसे युक्त होकर सर्वत्र विचरता रहता है। इसमें जो बीज पड़ता है, वह परलोकमें फल देनेवाली खेती है। ब्राह्मणको सदा संतुष्ट एवं सन्मार्गका पथिक होना चाहिये। उन्नति चाहनेवाले द्विजको सदा ब्रह्ममार्गका अवलम्बन करके रहना चाहिये। गृहस्थ ब्राह्मणको घरपर रहते हुए प्रतिदिन संहिताके मन्त्रोंका अध्ययन और स्वाध्याय करना चाहिये। वह अध्ययनकी वृत्तिसे ही जीवन-निर्वाह करे। जो ब्राह्मण इस प्रकार सदा सन्मार्गमें स्थित हो अग्निहोत्र और स्वाध्याय करता है, वह ब्रह्मभावको प्राप्त होता है। देवि! ब्राह्मणत्वको प्राप्त करके उसकी यत्नपूर्वक रक्षा करनी चाहिये। यह मैंने तुम्हें बड़ी गोपनीय बात बतलायी है। शूद्र धर्माचरणसे ब्राह्मण होता है और ब्राह्मण धर्मभ्रष्ट होनेपर शूद्रत्वको प्राप्त होता है।

स्वर्ग और नरकमें ले जानेवाले धर्माधर्मका निरूपण

पार्वतीजीने कहा—भगवन्! सर्वभूतेश्वर! देव-दानव-वन्दित विभो! मुझे मनुष्योंके धर्म और अधर्मके विषयमें संदेह है। देव! आप उसका समाधान कीजिये। देहधारी जीव सदा मन, वाणी और क्रियारूप त्रिविध बन्धनोंद्वारा बँधते हैं; फिर किन साधनोंसे और किस प्रकार उनकी मुक्ति होती है? यह बताइये। देव! किस स्वभावसे, कैसे कर्मसे अथवा किन सदाचारों एव सद्गुणोंसे संसारके मनुष्य स्वर्गलोकमें जाते हैं?

शिवजी बोले—देवि! तुम धर्म और अर्थके तत्त्वको जाननेवाली और निरन्तर धर्ममें तत्पर रहनेवाली हो। तुम्हारा प्रश्न सब प्राणियोंके लिये हितकारी और उनकी बुद्धिको बढ़ानेवाला है। मैं उसका उत्तर देता हूँ, सुनो। जो मनुष्य सब प्रकारके

---

* ब्राह्मणो वाप्यसद्वृत्तः सर्वसंकरभोजनः॥
स ब्राह्मण्यं समुत्सृज्य शूद्रो भवति तादृशः। कर्मभिः शुचिभिर्देवि शुद्धात्मा विजितेन्द्रियः॥
शूद्रोऽपि द्विजवत्सेव्य इति ब्रह्माब्रवीत्स्वयम्। स्वभावकर्मणा चैव यत्र शूद्रोऽधितिष्ठति॥
विशुद्धः स द्विजातिभ्यो विज्ञेय इति मे मतिः। न योनिर्नापि संस्कारो न श्रुतिर्न च संततिः॥
कारणानि द्विजत्वस्य वृत्तमेव तु कारणम्। सर्वोऽयं ब्राह्मणो लोके वृत्तेन तु विधीयते॥
वृत्ते स्थितश्च शूद्रोऽपि ब्राह्मणत्वं च गच्छति।　(२२३।५३—५८)

लिङ्गों (बाह्य चिह्नों)-से रहित, सत्य-धर्मके परायण तथा शान्त हैं, जिनके सभी संशय नष्ट हो गये हैं, वे अधर्म या धर्मसे नहीं बँधते। जो प्रलय और उत्पत्तिके तत्त्वज्ञ, सर्वज्ञ, सर्वदर्शी और वीतराग हैं, वे पुरुष कर्मोंके बन्धनसे मुक्त हो जाते हैं। जो मन, वाणी और क्रियाद्वारा किसीकी हिंसा नहीं करते तथा किसीके प्रति आसक्त नहीं होते, वे कर्म-बन्धनमें नहीं पड़ते। जो प्राण-संहारसे दूर रहनेवाले, सुशील, दयालु, प्रिय और अप्रियको समान समझनेवाले तथा जितेन्द्रिय हैं, वे भी कर्मोंसे नहीं बँधते। जो सब प्राणियोंपर दया रखते, सब जीवोंके लिये विश्वासपात्र बने रहते और हिंसापूर्ण बर्तावका त्याग कर देते हैं, वे मनुष्य स्वर्गलोकमें जानेवाले हैं। जो पराये धनके प्रति कभी ममता नहीं रखते और परायी स्त्रियोंसे सदा दूर रहते हैं तथा जो धर्मत: प्राप्त अर्थका ही उपभोग करनेवाले हैं, वे मनुष्य स्वर्गगामी होते हैं। जो परस्त्रियोंके प्रति सदा माता, बहिन और पुत्रीका-सा बर्ताव करते हैं, वे मानव स्वर्गलोकमें जाते हैं। जो केवल अपनी ही स्त्रीके प्रति अनुराग रखते, ऋतुकाल आनेपर ही पत्नीके साथ समागम करते तथा विषय-सुखोंके उपभोगमें कभी आसक्त नहीं होते, वे ही मनुष्य स्वर्गलोकके यात्री होते हैं। जो अपने सदाचारके कारण परायी स्त्रियोंकी ओरसे सदा आँखें बंद किये रहते हैं, इन्द्रियोंको अपने अधीन रखते और शीलकी सदा रक्षा करते हैं, वे मानव स्वर्गगामी होते हैं। यह देवमार्ग है। मनुष्योंको सदा इसका सेवन करना चाहिये। विद्वान् पुरुषोंको सदा उसी मार्गका सेवन करना चाहिये, जो वासनाद्वारा निर्मित न हो, जिसमें किसीका व्यर्थ ही अपकार न होता हो और जहाँ दान, सत्कर्म, तपस्या, शील, शौच तथा दयाभावका दर्शन होता हो। स्वर्गमार्गकी इच्छा रखनेवाले पुरुषोंको इसके विपरीत मार्गका आश्रय नहीं लेना चाहिये।

जो अपने अथवा दूसरेके लिये अधर्मयुक्त बात नहीं कहते और कभी झूठ नहीं बोलते, वे मनुष्य स्वर्गलोकमें जाते हैं। जो जीविका अथवा धर्मके लिये या स्वेच्छासे ही कभी असत्यभाषण नहीं करते, अपितु स्पष्ट, कोमल, मधुर, पापरहित एवं स्वागतपूर्ण वचन बोलते हैं, वे मनुष्य स्वर्गलोकमें जानेके अधिकारी हैं। जो कठोर, कड़वी तथा निष्ठुर बात मुँहसे नहीं निकालते, चुगली नहीं खाते, साधुतासे रहते हैं, कठोर भाषण और परद्रोह त्याग देते हैं तथा सम्पूर्ण भूतोंके प्रति सम एवं जितेन्द्रिय होते हैं, वे मनुष्य स्वर्गलोकमें जाते हैं। जो शठोंसे बात नहीं करते, विरुद्ध कर्मोंको त्याग देते, कोमल वचन बोलते, क्रोध न करके मनोहर वाणी मुँहसे निकालते और कुपित होनेपर भी शान्ति धारण करते हैं, वे मानव स्वर्गगामी होते हैं। देवि! यह वाणीद्वारा पाला जानेवाला धर्म है। शुभ तथा सत्य गुणोंवाले विद्वान् मनुष्योंको सदा इसका सेवन करना चाहिये।

कल्याणि! मानसिक धर्मसे युक्त मनुष्य सदा स्वर्गमें जाते हैं। मैं उनका वर्णन करता हूँ, सुनो। निर्जन वनमें रखे हुए पराये धनपर जब दृष्टि पड़े, उस समय जो मनसे भी उसे लेना नहीं चाहते, वे स्वर्गगामी होते हैं। इसी प्रकार जो परायी स्त्रियोंको एकान्तमें पाकर मनके द्वारा भी कामवश उन्हें नहीं ग्रहण करते, जो शत्रु और मित्रको सदा एक-चित्तसे अपनाते, शास्त्रोंका अध्ययन करते, पवित्र एवं सत्यप्रतिज्ञ होते और अपने ही धनसे संतुष्ट रहते हैं, जिनसे दूसरोंको कष्ट नहीं पहुँचता और जिनके चित्तमें सदा मैत्रीका भाव बना रहता है, जो सब प्राणियोंपर निरन्तर दयाभाव बनाये रहते हैं, वे मनुष्य स्वर्गलोकमें जानेके अधिकारी हैं। जो ज्ञानवान्, क्रियावान्, क्षमावान्, सुहृद्-प्रेमी, धर्माधर्मके ज्ञाता और शुभाशुभ कर्मोंके फल-संग्रहके प्रति उदासीन रहते हैं, जो पापियोंको

त्याग देते, देवताओं और द्विजोंकी सेवामें संलग्न रहते एवं गुरुजनोंके आनेपर खड़े होकर उनका स्वागत करते हैं, वे मानव स्वर्गलोकमें जाते हैं। देवि! जो लोग शुभकर्मोंके फलस्वरूप स्वर्गमार्गपर जाते हैं, उनका मैंने वर्णन किया। अब तुम और क्या सुनना चाहती हो?

पार्वतीजी बोलीं—महेश्वर! मेरे मनमें मनुष्योंके सम्बन्धमें एक और महान् संशय है। अत: आप उसका भलीभाँति समाधान करें। प्रभो! मनुष्य किस कर्मसे इस पृथ्वीपर बड़ी आयु प्राप्त करता है? और किस कर्मसे उसकी आयु क्षीण हो जाती है? आप कर्मोंके परिणामका वर्णन करें।

शिवजी बोले—देवि! कर्मोंका फल जैसे प्राप्त होता है, उसका वर्णन करता हूँ; सुनो। मर्त्यलोकमें सब मनुष्य अपने-अपने कर्मोंका फल भोगते हैं। जो मनुष्य सदा हाथमें डंडा लेकर दूसरोंके प्राणोंका संहार करता, सर्वदा हथियार उठाकर प्राणियोंकी हिंसा किया करता, सब जीवोंके प्रति निर्दय बना रहता, सदा सबको उद्वेगमें डालता, कीट और पतङ्गोंको भी शरण नहीं देता और अत्यन्त निष्ठुरतापूर्ण बर्ताव करता है, वह नरकमें पड़ता है। इसके विपरीत जो धर्मात्मा होता है, उसे अपने स्वरूपके अनुरूप ही गति मिलती है। हिंसक नरकमें और अहिंसक स्वर्गमें जाता है। नरकगामी मनुष्य नरकमें पड़कर अत्यन्त दुस्सह एवं भयंकर यातना भोगता है। जो कोई कभी उस नरकसे निकलता है, वह यदि मनुष्य-योनिमें आता है तो भी वहाँ उसकी आयु बहुत थोड़ी होती है। देवि! जो शुभकर्म करते हुए जीवन व्यतीत करता है, प्राणियोंकी हिंसासे दूर रहता है, जो शस्त्र और दण्डका त्याग करके कभी किसीकी हिंसा नहीं करता, न मरवाता है, न मारता है और न मारनेवालेका अनुमोदन ही करता है, जिसका सभी प्राणियोंके प्रति स्नेह है तथा जो अपने और परायेमें समान भाव रखता है, ऐसा पुरुष सदा देवपदको प्राप्त होता है। देवि! वह अपने शुभ कर्मोंसे प्राप्त देवोचित सुख-भोगोंका प्रसन्नतापूर्वक उपभोग करता है। वह यदि कभी मनुष्यलोकमें आता है तो उसकी बड़ी आयु होती है। यह बड़ी आयुवाले सदाचारी एवं पुण्यात्मा मनुष्योंका मार्ग है। जीवोंकी हिंसाका त्याग करनेसे इसकी प्राप्ति होती है, यह ब्रह्माजीका कथन है।

पार्वतीजीने पूछा—भगवन्! कैसे शील और सदाचारवाला पुरुष किन कर्मों अथवा किस दानसे स्वर्गमें जाता है?

महादेवजी बोले—जो ब्राह्मणका सत्कार करनेवाला तथा दीन-दु:खी और कृपण आदिको भक्ष्य, भोज्य, अन्न, पान एवं वस्त्र देनेवाला है, जो यज्ञमण्डप, धर्मशाला, पौंसला तथा पुष्करिणी बनवाता है, मन और इन्द्रियोंको वशमें करके शुद्धभावसे नित्य-नैमित्तिक आदि कर्म करता है, आसन, शय्या, सवारी, घर, रत्न, धन, खेतकी उपज तथा खेत आदि वस्तुओंका सदा शान्त चित्तसे दान करता है, देवि! ऐसा मनुष्य देवलोकमें जन्म लेता है। वहाँ दीर्घकालतक उत्तम भोगोंका उपभोग करते हुए नन्दन आदि वनोंमें अप्सराओंके साथ प्रसन्नतापूर्वक विहार करता है। देवि! वहाँसे च्युत होनेपर वह मनुष्योंके सौभाग्यशाली कुलमें, जो धन-धान्यसे सम्पन्न होता है, जन्म लेता है। वह मानव समस्त मनोवाञ्छित गुणोंसे युक्त, प्रसन्न, प्रचुर भोग-सामग्रियोंसे सम्पन्न एवं धनवान् होता है। पार्वती! जो दानशील महाभाग प्राणी हैं, ब्रह्माजीने उन्हें सर्वप्रिय बतलाया है। इनके सिवा दूसरे मनुष्य ऐसे हैं, जो देनेमें कृपण होते हैं। वे मूर्ख घरमें रहते हुए भी किसीको अन्न नहीं देते। दीनों, अन्धों, कृपणों, दु:खियों, याचकों और अतिथियोंको देखकर मुँह फेर लेते हैं। उनके याचना करते रहनेपर भी अनसुनी करके पीछे लौट जाते हैं। कभी किसीको धन, वस्त्र, भोग, स्वर्ग, गौ और

भाँति-भाँतिके खाद्य पदार्थ नहीं देते। जो लोभी, नास्तिक और दानरहित होते हैं, वे अज्ञानी मनुष्य नरकमें पड़ते हैं। कालचक्रके परिवर्तनसे उन्हें जब कभी मनुष्य-योनिमें आना पड़ता है, तब वे निर्धन-कुलमें जन्म पाते हैं। बुद्धि भी उनकी बहुत थोड़ी होती है। यहाँ वे भूख-प्यासका कष्ट सहते हैं। सब लोग उन्हें समाजसे बहिष्कृत किये रहते हैं। वे सब भोगोंसे निराश हो पापपूर्ण वृत्तिसे जीवन-निर्वाह करते हैं। उनका जन्म ऐसे कुलमें होता है, जहाँ भोग-सामग्री बहुत थोड़ी होती है; अतः वे अल्पभोगपरायण होते हैं। देवि! इस प्रकार दान न करनेसे मनुष्य निर्धन होते हैं।

उनसे भिन्न अन्य मनुष्य दम्भी और अभिमानी होते हैं। वे मन्दबुद्धि मानव आसन देने योग्य गुरुजनके आनेपर उन्हें पीढ़ातक नहीं देते। जिन्हें स्वयं किनारे हटकर जानेके लिये मार्ग देना उचित है, उनके लिये वे अज्ञानी मार्ग नहीं देते। जो लोग अर्घ्य पाने योग्य हैं, उनका वे विधिपूर्वक पूजन नहीं करते। उन्हें पाद्य अथवा आचमनीय भी नहीं देते। अभीष्ट एवं श्रेष्ठ गुरुजनसे भी प्रेमपूर्वक वार्तालाप नहीं करते। अभिमानके साथ ही बढ़े हुए लोभके वशीभूत होकर वे माननीय पुरुषोंका भी अनादर और बड़े-बूढ़ोंका तिरस्कार करते हैं। देवि! ऐसे स्वभाववाले सभी मनुष्य नरकमें जाते हैं। यदि वे कभी उस नरकसे छुटकारा पाते हैं तो बहुत वर्षोंतक अन्यान्य योनियोंमें भटकनेके बाद घृणित, अज्ञानी, चाण्डाल आदिके निन्दित कुलमें जन्म पाते हैं। गुरुजनों और वृद्ध पुरुषोंको संताप देनेवाले लोगोंकी यही गति होती है।

जो न दम्भी है न मानी है, जो देवता और अतिथियोंका पूजक, लोकपूज्य, सबको नमस्कार करनेवाला, मधुरभाषी, सब प्रकारकी चेष्टाओंसे दूसरोंका प्रिय करनेवाला, समस्त प्राणियोंको सदा प्रिय माननेवाला, द्वेषरहित, प्रसन्नमुख, कोमलस्वभाव, सबसे स्वागतपूर्वक स्नेहमय वचन बोलनेवाला, प्राणियोंकी हिंसा न करनेवाला, श्रेष्ठ पुरुषोंका विधिवत् सत्कारपूर्वक पूजन करनेवाला, मार्ग देने योग्य पुरुषोंको मार्ग देनेवाला, गुरुपूजक और अतिथिको अन्नका अग्रभाग अर्पित करनेवाला है, ऐसा पुरुष स्वर्गमें जाता है। मनुष्य अपने किये हुए कर्मोंका फल स्वयं ही भोगता है। यह साक्षात् ब्रह्माजीका बताया हुआ धर्म है, जिसका मैंने वर्णन किया है।

जिसका आचरण निर्दयतापूर्ण होता है, जो सब प्राणियोंके मनमें भय उपजाता है, हाथ, पैर, रस्सी, डंडा, ढेला, खंभा अथवा अन्य साधनोंसे जीवोंको कष्ट देता है, हिंसाके लिये उद्वेग पैदा करता है, जीवोंपर आक्रमण करता और उन्हें उद्विग्न बनाता है, ऐसे स्वभाव और आचरणवाला मनुष्य नरकमें पड़ता है। वह यदि कालक्रमसे मनुष्य-योनिमें जाता है तो अधम-कुलमें जन्म लेता है, जहाँ उसे नाना प्रकारकी बाधाएँ और क्लेश सहन करने पड़ते हैं। वह अधम मनुष्य अपने किये हुए कर्मोंके फलस्वरूप सब लोकोंका द्वेषपात्र होता है। इसके विपरीत जो सब प्राणियोंको दयापूर्ण दृष्टिसे देखता है, सबके प्रति मैत्रीभाव रखता है, पिताके समान निर्वैर होता है, दयालु होनेके कारण प्राणियोंको न डराता है और न मारता ही है, जिसके हाथ-पैर वशमें होते हैं, जो सम्पूर्ण जीवोंका विश्वासपात्र है, रस्सी, डंडा, ढेला अथवा अस्त्र-शस्त्रोंसे किसी भी जीवको उद्वेग नहीं पहुँचाता, शुभ कर्म करता और सबपर दया रखता है, ऐसे शील और आचरणवाला मनुष्य स्वर्गमें जाता है। वहाँ देवताओंकी भाँति वह दिव्य भवनमें सानन्द निवास करता है। वह यदि पुण्यक्षयके पश्चात् मर्त्यलोकमें आता है तो मनुष्योंमें क्लेशरहित एवं निर्भय होता है। वह सुखसे जन्म लेता और अभ्युदयशील होता है। सुखका भागी तथा उद्वेगशून्य होता है। देवि! यह साधु पुरुषोंका मार्ग है, जहाँ किसी प्रकारकी बाधा नहीं है।

पार्वतीजीने पूछा—भगवन्! कुछ मनुष्य ऊहापोहमें कुशल दिखायी देते हैं; अत: कृपया बताइये—किस कर्मसे मनुष्य बुद्धिमान् होते हैं? तथा जो लोग जन्मसे ही अन्धे, रोगी तथ नपुंसक देखे जाते हैं, उनके वैसे होनेमें क्या कारण है? बतानेकी कृपा करें।

महादेवजी बोले—जो लोग वेदवेत्ता, सिद्ध तथा धर्मज्ञ ब्राह्मणोंसे प्रतिदिन शुभाशुभ कर्म पूछते हैं और अशुभका त्याग करके शुभ कर्मका सेवन करते हैं, वे इस लोकमें सुखसे रहते और अन्तमें स्वर्गगामी होते हैं। ऐसे लोग जब फिर कभी मनुष्य-योनिमें आते हैं, तब बुद्धिमान् होते हैं। जिसका वेदाध्ययन यज्ञानुष्ठानमें सहायक होता है, वह कल्याणका भागी होता है। जो परायी स्त्रियोंपर कुदृष्टि डालते हैं, वे उस दुष्ट स्वभावके कारण जन्मान्ध होते हैं। जो दूषित मनसे परायी स्त्रीको नंगी देखते हैं, वे पापी मनुष्य इस लोकमें रोगसे पीड़ित होते हैं। जो मूर्ख और दुराचारी मानव पशु आदिके साथ मैथुन करते हैं, वे मानव नपुंसक होते हैं। जो पशुओंको बाँधे रखते और गुरुपत्नी-गमन करते हैं, वे मनुष्य भी नपुंसक होते हैं।

पार्वतीजीने पूछा—देवश्रेष्ठ! कौन-सा कर्म अनिन्द्य है? क्या करनेसे मनुष्य कल्याणका भागी होता है?

महादेवजी बोले—जो कल्याणमय मार्गकी इच्छा रखता हुआ सदा ब्राह्मणोंसे उसकी जिज्ञासा करता है, जो धर्मका अन्वेषण और गुणोंकी अभिलाषा करता है, वह स्वर्गमें जाता है। देवि! यदि कभी वह फिर मनुष्य-योनिमें आता है तो मेधावी और धारणाशक्तिसे युक्त होता है। यह सत्पुरुषोंका धर्म सबका कल्याण करनेवाला है, अत: इसीपर चलना चाहिये। यह मैंने मनुष्योंके हितके लिये बतलाया है।

पार्वतीजीने पूछा—भगवन्! कुछ लोग व्रत और तपसे भ्रष्ट एवं राक्षसके समान देखे जाते हैं और कुछ मनुष्य यज्ञपरायण दृष्टिगोचर होते हैं; यह किस कर्मविपाकका फल है?

महादेवजीने कहा—देवि! लोकधर्मके प्रतिपादक शास्त्र और प्राचीन मर्यादाको प्रमाण मानकर जो उसका अनुसरण करते हैं, वे दृढ़संकल्प एवं यज्ञतत्पर देखे जाते हैं। परंतु जो मोहके वशीभूत हो अधर्मको ही धर्म बताते हैं, वे व्रत और मर्यादाका लोप करनेवाले मानव ब्रह्मराक्षस होते हैं। उन्हींमेंसे जो लोग काल-क्रमसे यहाँ फिर मनुष्ययोनिमें जन्म लेते हैं, वे होम और वषट्कारसे शून्य एवं मनुष्योंमें अधम होते हैं। देवि! मैंने तुम्हारे संदेहका निवारण करनेके लिये यह मनुष्योंके शुभाशुभ कर्मका निरूपण किया है।

भगवान् वासुदेवका माहात्म्य

व्यासजी कहते हैं—जगन्माता पार्वती अपने स्वामीकी कही हुई सब बातें आदिसे ही सुनकर बहुत प्रसन्न हुईं। उस समय वहाँ तीर्थयात्राके प्रसङ्गसे जो मुनि उस पर्वतपर गये थे, उन्होंने भी शूलपाणि महादेवजीका पूजन और प्रणाम करके सब लोकोंके हितके लिये प्रश्न किया।

मुनियोंने कहा—त्रिलोचन! आपको नमस्कार है। इस रोमाञ्चकारी महाभयंकर संसारमें अज्ञानी पुरुष चिरकालसे भटक रहे हैं, वे जन्म-मृत्युरूप संसारबन्धनसे किस उपायसे मुक्त हो सकते हैं? बताइये। हम यही सुनना चाहते हैं।

महादेवजी बोले—द्विजो! कर्मबन्धनमें बँधकर दु:ख भोगनेवाले मनुष्योंके लिये मैं भगवान् वासुदेवसे बढ़कर दूसरा कोई उपाय नहीं देखता। जो शङ्ख, चक्र और गदा धारण करनेवाले भगवान् वासुदेवका मन, वाणी और क्रियाद्वारा विधिपूर्वक पूजन करते

हैं, वे परम गतिको प्राप्त होते हैं। जिनका मन जगन्मय भगवान् वासुदेवमें नहीं लगा, उनके जीवनसे और पशुओंकी भाँति चेष्टासे क्या लाभ हुआ।

मुनियोंने कहा—सर्वलोकवन्दित पिनाकधारी भगवान् शंकर! हम भगवान् वासुदेवका माहात्म्य सुनना चाहते हैं।

महादेवजी बोले—सनातन पुरुष श्रीहरि ब्रह्माजीसे भी श्रेष्ठ हैं। उनका श्रीविग्रह श्यामवर्ण है, उनकी कान्ति जाम्बूनद नामक सुवर्णके समान है। वे मेघरहित आकाशमें सूर्यकी भाँति प्रकाशित होते हैं। उनके दस भुजाएँ हैं। वे महातेजस्वी और देवशत्रुओंके नाशक हैं। उनके वक्षःस्थलमें श्रीवत्सका चिह्न शोभा पाता है। वे इन्द्रियोंके नियन्ता और सम्पूर्ण देववृन्दके अधिपति हैं। उनके उदरसे ब्रह्माका और मस्तकसे मेरा प्रादुर्भाव हुआ है। सिरके बालोंसे नक्षत्र और ग्रह तथा रोमावलियोंसे देवता और असुर उत्पन्न हुए। उनके शरीरसे ऋषि और सनातन लोक प्रकट हुए हैं। वे साक्षात् ब्रह्माजी तथा सम्पूर्ण देवताओंके निवासस्थान हैं। वे ही इस सम्पूर्ण पृथ्वीके रचयिता और तीनों लोकोंके स्वामी हैं। स्थावर-जङ्गम भूतोंका संहार करनेवाले वे ही हैं। वे देवताओंके भी देवता और रक्षक हैं। शत्रुओंको ताप देनेवाले, सर्वज्ञ, सर्वस्रष्टा, सर्वव्यापी और सब ओर मुखवाले हैं। तीनों लोकोंमें उनसे बढ़कर दूसरी कोई वस्तु नहीं है। वे सनातन महाभाग गोविन्दके नामसे विख्यात हैं। देवताओंके कार्यकी सिद्धिके लिये मानव-शरीरमें अवतीर्ण होकर वे समस्त भूपालोंका युद्धमें संहार करेंगे। भगवान् विष्णुके बिना देवगण अनाथ हैं। अतः उनके बिना वे संसारमें देव-कार्यकी सिद्धि नहीं कर सकते। सम्पूर्ण भूतोंके नायक भगवान् विष्णु समस्त प्राणियोंद्वारा वन्दित हैं। वे देवताओंके नाथ, कार्य-कारण-ब्रह्मस्वरूप और ब्रह्मर्षियोंको शरण देनेवाले हैं। ब्रह्माजी उनकी नाभिमें हैं और मैं शरीरमें। सम्पूर्ण देवता भी उनके शरीरमें सुखपूर्वक स्थित हैं। वे भगवान् कमलके समान नेत्र धारण करते हैं। उनके गर्भमें श्रीका निवास है। वे सदा लक्ष्मीजीके साथ रहते हैं। शार्ङ्ग नामक धनुष, सुदर्शन चक्र और नन्दक नामक खड्ग उनके आयुध हैं। सम्पूर्ण नागोंके शत्रु गरुड उनकी ध्वजामें विराजमान हैं। उत्तम शील, शौच, इन्द्रियसंयम, पराक्रम, वीर्य, सुदृढ़ शरीर, ज्ञान, सरलता, कोमलता, रूप और बल आदि सभी गुणोंसे वे सुशोभित हैं। उनके पास सम्पूर्ण दिव्यास्त्रोंका समुदाय है। उनके योगमायामय सहस्रों नेत्र हैं। वे विकराल नेत्रोंवाले भी हैं। उनका हृदय विशाल है। वे अपनी वाणीसे मित्रजनोंकी प्रशंसा करते हैं। कुटुम्बी और बन्धुजनोंके प्रेमी हैं। क्षमाशील, अहंकारशून्य और वेदोंका ज्ञान प्रदान करनेवाले हैं। वे भयातुरोंके भयका अपहरण और मित्रोंके आनन्दकी वृद्धि करनेवाले हैं। समस्त प्राणियोंको शरण देनेवाले और दीनोंके पालक हैं। शास्त्रोंके ज्ञाता और ऐश्वर्यसम्पन्न हैं। शरणमें आये हुए मनुष्योंके उपकारी और शत्रुओंको भय देनेवाले हैं। नीतिज्ञ, नीतिसम्पन्न, ब्रह्मवादी, जितेन्द्रिय और उत्कृष्ट बुद्धिसे युक्त हैं।

वे देवताओंके अभ्युदयके लिये महात्मा मनुके वंशमें अवतार लेंगे। उस अवतारमें वे ब्राह्मणोंका सत्कार करनेवाले, ब्रह्मस्वरूप और ब्राह्मणोंके प्रेमी होंगे। यदुकुलमें अवतीर्ण भगवान् श्रीकृष्ण राजगृहमें जरासंधको जीतकर उसकी कैदमें पड़े हुए राजाओंको छुड़ायेंगे। पृथ्वीके समस्त रत्न उनके पास संचित होंगे। वे अत्यन्त पराक्रमी होंगे। भूतलपर दूसरा कोई वीर उन्हें पराक्रमद्वारा परास्त न कर सकेगा। वे विक्रमसे सम्पन्न समस्त राजाओंके भी राजा और वीरमूर्ति होंगे। भगवान् वासुदेव द्वारकामें रहते हुए दुर्बुद्धि दैत्योंको पराजित करके इस पृथ्वीका पालन करेंगे। आप सब लोग

ब्राह्मणों तथा श्रेष्ठ पूजन-सामग्रियोंके साथ भगवान्‌की सेवामें उपस्थित हो सनातन ब्रह्माजीकी भाँति उनका यथायोग्य पूजन करें। जो मेरा तथा पितामह ब्रह्माका दर्शन करना चाहता हो, उसे परम प्रतापी भगवान् वासुदेवका दर्शन अवश्य करना चाहिये। उनका दर्शन होनेसे ही मेरा भी दर्शन हो जाता है—इसमें कोई अन्यथा विचार नहीं करना चाहिये। तपोधनो! भगवान् वासुदेव ही ब्रह्मा हैं, ऐसा जानो। जिनपर कमलनयन भगवान् विष्णु प्रसन्न होंगे, उनपर ब्रह्मासहित सम्पूर्ण देवता भी प्रसन्न हो जायँगे। संसारमें जो मानव भगवान् केशवकी शरण लेगा, उसे कीर्ति, यश और स्वर्गकी प्राप्ति होगी। इतना ही नहीं, वह धर्मात्मा होनेके साथ ही धर्मका उपदेश करनेवाला आचार्य होगा।

महातेजस्वी भगवान् विष्णुने प्रजावर्गका हित करनेकी इच्छासे धर्मानुष्ठानके लिये कोटि-कोटि ऋषियोंको उत्पन्न किया। वे सनत्कुमार आदि ऋषि गन्धमादन पर्वतपर विधिपूर्वक तपस्यामें संलग्न हैं। इसलिये धर्मज्ञ एवं प्रवचन-कुशल भगवान् विष्णु सबके लिये नमस्कार करनेयोग्य हैं। वे वन्दित होनेपर स्वयं वन्दना करते हैं और सम्मानित होनेपर स्वयं भी सम्मान देते हैं। जो प्रतिदिन उनका दर्शन करता है, उसपर वे भी सदा कृपादृष्टि रखते हैं। जो उनकी शरणमें जाता है, उसकी ओर वे भी बढ़ आते हैं। जो उनकी अर्चना करता है, उसकी वे भी सदा अर्चना करते हैं। इस प्रकार आदिदेव भगवान् विष्णु अनिन्द्य हैं। साधु पुरुषोंने उनकी आराधनाके लिये बड़ी भारी तपस्या की है। देवताओंने भी सनातन देव श्रीहरिका सदा ही पूजन किया है। भगवान्‌के अनुरूप निर्भयतासे युक्त हो उनकी शरणमें जाकर उनकी आराधनामें मन लगाया है। सम्पूर्ण द्विजोंको चाहिये कि वे मन, वाणी और क्रियाद्वारा भगवान् देवकी-नन्दनकी सेवामें उपस्थित हो यत्नपूर्वक उनका दर्शन और नमस्कार करें। मुनिवरो! मैंने इसी मार्गका अनुष्ठान किया है। उन सर्वदेवेश्वर भगवान्‌का दर्शन कर लेनेपर सम्पूर्ण देवताओंका दर्शन हो जाता है। उन महावराहरूपधारी सर्वलोकपितामह जगत्पति भगवान् विष्णुको मैं नित्यप्रति प्रणाम करता हूँ। उन्हीं श्रीकृष्णके बड़े भाई हलधर बलरामजी होंगे, जिनका श्वेतगिरिके समान गौर वर्ण होगा। इस पृथ्वीको धारण करनेवाले शेषनाग ही उनके रूपमें अवतीर्ण होंगे। वे भगवान् शेष बड़ी प्रसन्नताके साथ सर्वत्र विचरण करते हैं। वे अपने फणसे पृथ्वीको लपेट करके स्थित हैं। ये जो भगवान् विष्णु कहलाते हैं, वे ही इस पृथ्वीको धारण करनेवाले भगवान् अनन्त हैं। जो बलराम हैं, वही समस्त इन्द्रियोंके स्वामी धरणीधर अच्युत हैं। वे दोनों पुरुषसिंह दिव्य रूप एवं दिव्य पराक्रमी हैं। उन दोनोंका दर्शन और आदर करना चाहिये। वे क्रमशः चक्र और हल धारण करनेवाले हैं। तपोधनो! मैंने तुमलोगोंसे भगवान्‌के अनुग्रहका यह उपाय बताया है, अतः तुम सब लोग प्रयत्नपूर्वक यदुश्रेष्ठ भगवान् वासुदेवका पूजन करो।

श्रीवासुदेवके पूजनकी महिमा तथा एकादशीको भगवान्‌के मन्दिरमें जागरण करनेका माहात्म्य—ब्रह्मराक्षस और चाण्डालकी कथा

मुनियोंने कहा—महर्षे! हमने भगवान् श्रीकृष्णका अद्भुत माहात्म्य सुना। वह सब पापोंको दूर करनेवाला, पुण्यमय, धन्य एवं संसारबन्धनका नाश करनेवाला है। महामुने! श्रीवासुदेवके पूजनमें संलग्न रहनेवाले मनुष्य उनका विधिपूर्वक भक्तिभावसे पूजन करके किस गतिको प्राप्त होते हैं?

व्यासजी बोले—मुनिवरो! तुमने बहुत अच्छी बात पूछी है। यह वैष्णवोंको सुख देनेवाला विषय है, ध्यान देकर सुनो। वैष्णवोंके लिये स्वर्ग और मोक्ष दुर्लभ नहीं हैं। वैष्णव पुरुष जिन-जिन दुर्लभ भोगोंकी अभिलाषा करते हैं, उन सबको प्राप्त कर लेते हैं। जैसे कोई पुरुष कल्पवृक्षके पास पहुँच जानेपर अपनी इच्छाके अनुसार फल पाता है, उसी प्रकार भगवान् श्रीकृष्णसे सम्पूर्ण अभीष्ट वस्तुओंकी प्राप्ति होती है। भक्त मनुष्य श्रद्धा और विधिके साथ जगद्गुरु भगवान् वासुदेवका पूजन करके धर्म, अर्थ, काम और मोक्ष—चारों पुरुषार्थोंके फलस्वरूप स्वयं भगवान्‌को प्राप्त कर लेते हैं। जो लोग सदा भक्तिपूर्वक अविनाशी वासुदेवकी पूजा करते हैं, उनके लिये तीनों लोकोंमें कुछ भी दुर्लभ नहीं है। संसारमें वे मनुष्य धन्य हैं, जो समस्त मनोवाञ्छित फलोंके देनेवाले सर्वपापहारी श्रीहरिका सदा पूजन करते हैं। ब्राह्मण, क्षत्रिय, वैश्य, स्त्री, शूद्र और अन्त्यज—सभी सुरश्रेष्ठ भगवान् वासुदेवका पूजन करके परम गतिको प्राप्त होते हैं।*

दोनों पक्षोंकी एकादशीको उपवासपूर्वक एकाग्रचित्त हो विधिपूर्वक स्नान करके धुले हुए वस्त्र पहने। इन्द्रियोंको अपने काबूमें रखे और पुष्प, गन्ध, धूप, दीप, नैवेद्य, नाना प्रकारके उपहार, जप, होम, प्रदक्षिणा, भाँति-भाँतिके दिव्य स्तोत्र, मनोहर गीत, वाद्य, दण्डवत्-प्रणाम तथा 'जय' शब्दके उच्चारणद्वारा श्रद्धापूर्वक भगवान् विष्णुकी विधिवत् पूजा करे। पूजनके पश्चात् रात्रिमें जागरण करके श्रीकृष्णका चिन्तन करते हुए उनकी कथा-वार्ता करे। अथवा भगवत्सम्बन्धी पदोंका गान करे। यों करनेवाला मनुष्य भगवान् विष्णुके परम धामको जाता है—इसमें तनिक भी सन्देह नहीं है।

मुनियोंने पूछा—महामुने! भगवान् विष्णुके लिये जागरण करके गीत गानेका क्या फल है? उसे बताइये। उसका श्रवण करनेके लिये हमारे मनमें बड़ी उत्कण्ठा है।

व्यासजी बोले—मुनिवरो! भगवान् विष्णुके लिये जागरण करते समय गान करनेका जो फल बताया गया है, उसका क्रमशः वर्णन करता हूँ; सुनो। इस पृथ्वीपर अवन्ती नामसे प्रसिद्ध एक नगरी थी, जहाँ शङ्ख, चक्र और गदा धारण करनेवाले भगवान् विष्णु विराजमान थे। उस नगरीके किनारे एक चाण्डाल रहता था, जो संगीतमें कुशल था। वह उत्तम वृत्तिसे धन पैदा करके कुटुम्बके लोगोंका भरण-पोषण करता था। भगवान् विष्णुके प्रति उसकी बड़ी भक्ति थी। वह अपने व्रतका दृढ़तापूर्वक पालन करता था। प्रत्येक मासकी

* धन्यास्ते पुरुषा लोके येऽर्चयन्ति सदा हरिम्। सर्वपापहरं देवं सर्वकामफलप्रदम्॥
ब्राह्मणाः क्षत्रिया वैश्याः स्त्रियः शूद्रान्त्यजातयः। सम्पूज्य तं सुरवरं प्राप्नुवन्ति परां गतिम्॥
(२२६। १३-१४)

एकादशी तिथिको वह उपवास करता और भगवान्‌के मन्दिरके पास जाकर उन्हें गीत सुनाया करता था। वह गीत भगवान् विष्णुके नामोंसे युक्त और उनकी अवतार-कथासे सम्बन्ध रखनेवाला होता था। गान्धार, षड्ज, निषाद, पञ्चम और धैवत आदि स्वरोंसे वह रात्रि-जागरणके समय विभिन्न गाथाओंद्वारा श्रीविष्णुका यशोगान करता था। द्वादशीको प्रातःकाल भगवान्‌को प्रणाम करके अपने घर आता और पहले दामाद, भानजे और कन्याओंको भोजन कराकर पीछे स्वयं सपरिवार भोजन करता था। इस प्रकार विचित्र गीतोंद्वारा भगवान् विष्णुकी प्रसन्नताका सम्पादन करते हुए उस चाण्डालकी आयुका अधिकांश भाग बीत गया। एक दिन चैत्रके कृष्णपक्षकी एकादशी तिथिको वह भगवान् विष्णुकी सेवा करनेके लिये जंगली पुष्पोंका संग्रह करनेके निमित्त भक्तिपूर्वक उत्तम वनमें गया। क्षिप्राके तटपर महान् वनके भीतर एक बहेड़ेका वृक्ष था। उसके नीचे पहुँचनेपर किसी राक्षसने उस चाण्डालको देखा और भक्षण करनेके लिये पकड़ लिया। यह देख चाण्डालने उस राक्षससे कहा—'भद्र! आज तुम मुझे न खाओ, कल प्रातःकाल खा लेना। मैं सत्य कहता हूँ, फिर तुम्हारे पास लौट आऊँगा। राक्षस! आज मेरा बहुत बड़ा कार्य है, अतः मुझे छोड़ दो। मुझे भगवान् विष्णुकी सेवाके लिये रात्रिमें जागरण करना है। तुम्हें उसमें विघ्न नहीं डालना चाहिये। ब्रह्मराक्षस! सम्पूर्ण जगत्‌का मूल सत्य ही है, अतः मेरी बात सुनो। मैं सत्यकी शपथ खाकर कहता हूँ, पुनः तुम्हारे पास लौट आऊँगा। परायी स्त्रियोंके पास जाने और पराये धनको हड़प लेनेवाले मनुष्योंको जिस पापकी प्राप्ति होती है, ब्रह्महत्यारे, शराबी और गुरुपत्नीगामी तथा शूद्रजातीय स्त्रीसे सम्बन्ध रखनेवाले द्विजको जो पाप होता है, कृतघ्न, मित्रघाती, दुबारा ब्याही हुई स्त्रीके पति, क्रूरतापूर्ण कर्म करनेवाले पुरुष, कृपण तथा वन्ध्याके अतिथिको जो पाप लगता है, अमावस्या, अष्टमी, षष्ठी और दोनों पक्षोंकी चतुर्दशीमें स्त्रीसमागमसे जो पाप होता है, ब्राह्मण यदि रजस्वला स्त्रीके पास जाय अथवा श्राद्ध करके स्त्रीसमागम करे, उससे जो पाप लगता है, मल-भोजन करनेपर जिस पापकी प्राप्ति होती है, मित्रकी पत्नीके साथ सम्भोग करनेवालोंको जो दोष प्राप्त होता है, चुगलखोर, दम्भी, मायावी और मधुघातीको जिस पापकी प्राप्ति होती है, ब्राह्मणको कुछ देनेकी प्रतिज्ञा करके फिर उसे न देनेवालेको जो दोष लगता है, स्त्री-हत्या, बाल-हत्या और मिथ्याभाषण करनेवालेको जिस पापका भागी होना पड़ता है, देवता, वेद, ब्राह्मण, राजा, मित्र और साध्वी स्त्रीकी निन्दा करनेसे जो पाप होता है, गुरुको झूठा कलङ्क देने, वनमें आग लगाने, गौकी हत्या करने, ब्राह्मणाधम होने और बड़े भाईके अविवाहित रहते स्वयं विवाह कर लेनेपर जो पाप लगता है तथा भ्रूणहत्या करनेवाले मनुष्योंको जिस पापकी प्राप्ति होती है—अथवा यहाँ बहुत-से शपथोंका वर्णन करनेसे क्या लाभ। राक्षस! एक भयंकर शपथ सुन लो; यद्यपि वह कहने योग्य नहीं है तो भी कहता हूँ—अपनी कन्याको बेचकर जीविका चलानेवाले, झूठी गवाही देने एवं यज्ञके अनधिकारीसे यज्ञ करानेवाले मनुष्योंको जिस पापका भागी होना पड़ता है तथा संन्यासी और ब्रह्मचारीको कामभोगमें आसक्त होनेपर जिस पापकी प्राप्ति होती है, उक्त सभी पापोंसे मैं लिप्त होऊँ, यदि तुम्हारे पास लौटकर न आऊँ।'

चाण्डालकी यह बात सुनकर ब्रह्मराक्षसको बड़ा विस्मय हुआ। उसने कहा—'जाओ, सत्यके द्वारा अपनी की हुई प्रतिज्ञाका पालन करना।' राक्षसके यों कहनेपर चाण्डाल फूल लेकर भगवान् विष्णुके मन्दिरपर आया। उसने सभी फूल ब्राह्मणको

दे दिये। ब्राह्मणने उन्हें जलसे धोकर उनके द्वारा भगवान् विष्णुका पूजन किया और अपने घरकी राह ली; किंतु चाण्डालने मन्दिरके बाहर ही भूमिपर बैठकर उपवासपूर्वक गीत गाते हुए रातभर जागरण किया। रात बीती, सबेरा हुआ और चाण्डालने स्नान करके भगवान्‌को नमस्कार किया; फिर अपनी प्रतिज्ञा सत्य करनेके लिये वह राक्षसके पास चल दिया। उसे जाते देख किसी मनुष्यने पूछा—'भद्र! कहाँ जाते हो?' चाण्डालने सब बातें कह सुनायीं। तब वह मनुष्य फिर बोला—'यह शरीर धर्म, अर्थ, काम और मोक्ष—चारों पुरुषार्थोंका साधन है; अतः विद्वान् पुरुषको बड़े यत्नसे इसका पालन करना चाहिये। मनुष्य जीवित रहे तो वह धर्म, अर्थ, सुख और श्रेष्ठ मोक्ष-गतिको प्राप्त कर लेता है। जीवित रहनेपर वह कीर्तिका भी उपार्जन करता है। संसारमें मरे हुए मनुष्यकी कोई चर्चा ही नहीं करता।' उसकी बात सुनकर चाण्डालने युक्तियुक्त वचनोंमें उत्तर दिया—'भद्र! मैंने शपथ खायी है, अतः सत्यको आगे करके राक्षसके पास जाता हूँ।' तब उस मनुष्यने फिर कहा—'साधो! तुम ऐसी मूर्खता क्यों करते हो? क्या तुमने मनुजीका यह वचन नहीं सुना है—'गौ, स्त्री और ब्राह्मणकी रक्षाके लिये, विवाहके समय, रतिके प्रसङ्गमें, प्राण-संकटकालमें, सर्वस्वका अपहरण होते समय—इन पाँच अवसरोंपर असत्यभाषणसे पाप नहीं लगता।'*

उस मनुष्यका कथन सुनकर चाण्डालने पुनः उत्तर दिया—'आपका कल्याण हो, आप ऐसी बात मुँहसे न निकालें। संसारमें सत्यका ही आदर होता है। भूतलपर जो कुछ भी सुख-सामग्री है, वह सत्यसे ही प्राप्त होती है। सत्यसे ही सूर्य तपता है, सत्यसे ही जलमें रसकी स्थिति है, सत्यसे ही आग जलती और सत्यसे ही वायु चलती है। मनुष्योंको सत्यसे ही धर्म, अर्थ, काम और दुर्लभ मोक्षकी प्राप्ति होती है; अतः सत्यका परित्याग न करे। लोकमें सत्य ही परब्रह्म है, यज्ञोंमें भी सत्य ही सबसे उत्तम है तथा सत्य स्वर्गसे आया हुआ है; इसलिये सत्यको कभी नहीं छोड़ना चाहिये।'†

यों कहकर वह चाण्डाल उस मनुष्यको चुप कराकर उस स्थानपर गया, जहाँ प्राणियोंका वध करनेवाला ब्रह्मराक्षस रहता था। चाण्डालको आया देख ब्रह्मराक्षसके नेत्र आश्चर्यसे चकित हो उठे।

---

* गोस्त्रीद्विजानां परिरक्षणार्थं विवाहकाले सुरतप्रसङ्गे। प्राणात्यये सर्वधनापहारे पञ्चानृतान्याहुरपातकानि॥ (२२७। ५०)

† सत्येनार्कः प्रतपति सत्येनापो रसात्मिकाः। ज्वलत्यग्निश्च सत्येन वाति सत्येन मारुतः॥
धर्मार्थकामसम्प्राप्तिर्मोक्षप्राप्तिश्च दुर्लभा। सत्येन जायते पुंसां तस्मात् सत्यं न संत्यजेत्॥
सत्यं ब्रह्म परं लोके सत्यं यज्ञेषु चोत्तमम्। सत्यं स्वर्गसमायातं तस्मात् सत्यं न संत्यजेत्॥
(२२७। ५३—५५)

उसने सिर हिलाकर कहा—'महाभाग! तुम्हें साधुवाद! तुम वास्तवमें सत्य वचनका पालन करनेवाले हो। तुम तो सत्यस्वरूप हो। मैं तुम्हें चाण्डाल नहीं मानता। तुम्हारे इस कर्मसे मैं तुम्हें पवित्र ब्राह्मण समझता हूँ। तुम्हारे मुखमें कल्याणका निवास है। अब मैं तुमसे धर्म-सम्बन्धी कुछ बातें पूछता हूँ, बताओ। 'तुमने भगवान् विष्णुके मन्दिरमें कौन-सा कार्य किया?' मातङ्गने कहा—'सुनो, मैंने मन्दिरके नीचे बैठकर भगवान्‌के सामने मस्तक झुकाया और उनका यशोगान करते हुए सारी रात जागरण किया।' ब्रह्मराक्षसने फिर पूछा—'बताओ, तुम्हें इस प्रकार भक्तिपूर्वक विष्णुमन्दिरमें जागरण करते कितना समय व्यतीत हो गया?' चाण्डालने हँसकर कहा—'राक्षस! मुझे प्रत्येक मासकी एकादशीको जागरण करते बीस वर्ष व्यतीत हो गये!' यह सुनकर ब्रह्मराक्षसने कहा—'साधो! अब मैं तुमसे जो कुछ कहता हूँ, वह करो। मुझे एक रातके जागरणका फल अर्पण करो। महाभाग! ऐसा करनेसे तुम्हें छुटकारा मिल जायगा; अन्यथा मैं तीन बार सत्यकी दुहाई देकर कहता हूँ कि तुम्हें कदापि नहीं छोड़ूँगा।' यों कहकर वह चुप हो गया।

चाण्डालने कहा—'निशाचर! मैंने तुम्हें अपना शरीर अर्पित कर दिया है। अतः अब दूसरी बात करनेसे क्या लाभ। तुम मुझे इच्छानुसार खा जाओ।' तब राक्षसने फिर कहा—'अच्छा, रातके दो ही पहरके जागरण और संगीतका पुण्य मुझे दे दो। तुम्हें मुझपर भी कृपा करनी चाहिये।' यह सुनकर चाण्डालने राक्षससे कहा—'यह कैसी बेसिर-पैरकी बात करते हो। मुझे इच्छानुसार खा लो। मैं तुम्हें जागरणका पुण्य नहीं दूँगा।' चाण्डालकी बात सुनकर ब्रह्मराक्षसने कहा—'भाई! तुम तो अपने धर्म-कर्मसे सुरक्षित हो; कौन ऐसा अज्ञानी और दुष्ट बुद्धिका पुरुष होगा, जो तुम्हारी ओर देखने, तुमपर आक्रमण करने अथवा तुम्हें पीड़ा देनेका साहस कर सके। दीन, पापग्रस्त, विषयविमोहित, नरकपीड़ित और मूढ़ जीवपर साधु पुरुष सदा ही दयालु रहते हैं। महाभाग! तुम मुझपर कृपा करके एक ही यामके जागरणका पुण्य दे दो अथवा अपने घरको लौट जाओ।' चाण्डालने फिर उत्तर दिया—'न तो मैं अपने घर लौटूँगा और न तुम्हें किसी तरह एक यामके जागरणका पुण्य ही दूँगा।' यह सुनकर ब्रह्मराक्षस हँस पड़ा और बोला—'भाई! रात्रि व्यतीत होते समय जो तुमने अन्तिम गीत गाया हो, उसीका फल मुझे दे दो और पापसे मेरा उद्धार करो।'

तब चाण्डालने उससे कहा—'यदि तुम आजसे किसी प्राणीका वध न करो तो मैं तुम्हें अपने पिछले गीतका पुण्य दे सकता हूँ; अन्यथा नहीं।' 'बहुत अच्छा' कहकर ब्रह्मराक्षसने उसकी बात मान ली। तब चाण्डालने उसे आधे मुहूर्तके जागरण और गानका फल दे दिया। उसे पाकर ब्रह्मराक्षसने चाण्डालको प्रणाम किया और प्रसन्न होकर तीर्थोंमें

श्रेष्ठ पृथूदकतीर्थकी ओर चल दिया। वहाँ निराहार रहनेका संकल्प लेकर ब्रह्मराक्षसने प्राण त्याग दिया। उस गीतके फलसे पुण्यकी वृद्धि होनेके कारण उसका उस राक्षसयोनिसे उद्धार हो गया। पृथूदकतीर्थके प्रभावसे दुर्लभ ब्रह्मलोकमें जाकर उसने दस हजार वर्षोंतक वहाँ निर्भय निवास किया। अन्तमें वह जितेन्द्रिय ब्राह्मण हुआ और उसे पूर्वजन्मका स्मरण बना रहा। अब चाण्डालकी शेष कथा कहता हूँ, सुनो! राक्षसके चले जानेपर वह बुद्धिमान् एवं संयमी चाण्डाल अपने घर आया। उस घटनासे चाण्डालके मनमें बड़ा वैराग्य हुआ। उसने अपनी पत्नीकी रक्षाका भार पुत्रोंपर डाल दिया और स्वयं पृथ्वीकी परिक्रमा आरम्भ कर दी। कोकामुखसे लेकर जहाँ भगवान् स्कन्दके दर्शन होते हैं, वहाँतक गया। स्कन्दका दर्शन करके वह धारा नगरीमें गया। वहाँ भी प्रदक्षिणा करके वह पर्वतोंमें श्रेष्ठ विन्ध्याचलपर जाकर पापमोचनतीर्थमें पहुँचा। वहाँ उस चाण्डालने स्नान किया, जो सब पापोंको दूर करनेवाला है। फिर पापरहित हो वह उत्तम गतिको प्राप्त हुआ।

श्रीविष्णुमें भक्ति होनेका क्रम और कलि-धर्मका निरूपण

मुनियोंने कहा—महामते! हमने भगवान् श्रीकृष्णके समीप जागरणपूर्वक गीत सुनानेका फल सुना, जिससे वह चाण्डाल परम गतिको प्राप्त हुआ। अब जिस तपस्या अथवा कर्मसे भगवान् विष्णुमें हमारी भक्ति हो सके, वह हमें बताइये। इस समय हम यही विषय सुनना चाहते हैं।

व्यासजी बोले—मुनिवरो! भगवान् श्रीकृष्णकी भक्ति महान् फल देनेवाली है। वह मनुष्यको जिस प्रकार होती है, वह सब क्रमशः बतलाता हूँ; ध्यान देकर सुनो। ब्राह्मणो! यह संसार अत्यन्त घोर और समस्त प्राणियोंके लिये भयंकर है। नाना प्रकारके सैकड़ों दुःखोंसे व्याप्त और मनुष्योंके हृदयमें महान् मोहका संचार करनेवाला है। इस जगत्में पशु-पक्षी आदि हजारों योनियोंमें बारंबार जन्म लेनेके पश्चात् देहधारी जीव कभी किसी प्रकार मनुष्यका जन्म पाता है। मनुष्योंमें भी ब्राह्मणत्व, ब्राह्मणत्वमें भी विवेक, विवेकसे भी धर्मनिष्ठ बुद्धि और बुद्धिसे भी कल्याणमय मार्गोंका ग्रहण होना अत्यन्त दुर्लभ है। मनुष्योंके पूर्वजन्मका संचित पाप जबतक नष्ट नहीं हो जाता, तबतक जगन्मय भगवान् वासुदेवमें उनकी भक्ति नहीं होती। अतः ब्राह्मणो! श्रीकृष्णमें जिस प्रकार भक्ति होती है, वह सुनो। अन्य देवताओंके प्रति मनुष्यकी जो मन, वाणी और क्रियाद्वारा तद्गतचित्तसे भक्ति होती है, उससे यज्ञमें उसका मन लगता है; फिर वह एकाग्रचित्त होकर अग्निकी उपासना करता है। अग्निदेवके संतुष्ट होनेपर भगवान् भास्करमें उसकी भक्ति होती है। तबसे वह निरन्तर सूर्यदेवकी आराधना करने लगता है। भगवान् सूर्यके प्रसन्न होनेपर उसकी भक्ति भगवान् शंकरमें होती है, फिर वह बड़े यत्नके साथ विधिपूर्वक महादेवजीकी पूजा करता है। जब महादेवजी संतुष्ट होते हैं, तब मनुष्यकी भक्ति भगवान् श्रीकृष्णमें होती है। तब वह वासुदेवसंज्ञक अविनाशी भगवान् जगन्नाथका पूजन करके भोग और मोक्ष दोनों प्राप्त कर लेता है।

मुनियोंने पूछा—महामुने! संसारमें जो अवैष्णव मनुष्य देखे जाते हैं, वे श्रीविष्णुका पूजन क्यों नहीं करते? इसका कारण बतलाइये।

व्यासजी बोले—मुनिवरो! इस संसारमें दो प्रकारके भूतसर्ग विख्यात हैं—एक आसुर और दूसरा दैव। पूर्वकालमें इन दोनोंकी सृष्टि ब्रह्माजीने ही की थी। दैवी प्रकृतिका आश्रय लेनेवाले मनुष्य भगवान् विष्णुका पूजन करते हैं और आसुरी प्रकृतिको प्राप्त हुए लोग श्रीहरिकी निन्दा किया

करते हैं। ऐसे लोग मनुष्योंमें अधम हैं। श्रीहरिकी मायासे उनकी बुद्धि मारी गयी है। ब्राह्मणो! वे श्रीहरिको न पाकर नीच गतिमें जाते हैं। भगवान्‌की माया बड़ी गूढ़ है। देवताओं और असुरोंके लिये भी उसका ज्ञान होना कठिन है। वह मनुष्योंके हृदयमें महान् मोहका संचार करती है। जिन्होंने मनको वशमें नहीं किया है, ऐसे लोगोंके लिये उस मायाको पार करना कठिन है।

मुनियोंने कहा—महर्षे! अब हम आपसे जगत्‌के संहारकी कथा सुनना चाहते हैं। कल्पके अन्तमें जो महाप्रलय होता है, उसका वर्णन कीजिये।

व्यासजी बोले—मुनिवरो! कल्पके अन्तमें तथा प्राकृत प्रलयमें जो जगत्‌का संहार होता है, उसका वर्णन सुनो। सत्ययुग, त्रेता, द्वापर और कलि—ये चार युग हैं, जो देवताओंके बारह हजार दिव्य वर्षोंमें समाप्त होते हैं। समस्त चतुर्युग स्वरूपसे एक-से ही होते हैं। सृष्टिके आरम्भमें सत्ययुग होता है तथा अन्तमें कलियुग रहता है। ब्रह्माजी प्रथम कृतयुगमें जिस प्रकार सृष्टिका आरम्भ करते हैं, वैसे ही अन्तिम कलियुगमें उसका उपसंहार करते हैं।

मुनियोंने कहा—भगवन्! कलिके स्वरूपका विस्तारपूर्वक वर्णन कीजिये, जिसमें चार चरणोंवाले भगवान् धर्म खण्डित हो जाते हैं।

व्यासजी बोले—निष्पाप मुनियो! तुम जो मुझसे कलिका स्वरूप पूछते हो, वह तो बहुत बड़ा है; तथापि मैं संक्षेपसे बतलाता हूँ, सुनो। कलियुगमें मनुष्योंकी वर्ण और आश्रमसम्बन्धी आचारमें प्रवृत्ति नहीं होगी। सामवेद, ऋग्वेद और यजुर्वेदकी आज्ञाके पालनमें भी कोई प्रवृत्त न होगा। कलियुगमें विवाहको धर्म नहीं माना जायगा। शिष्य गुरुके अधीन नहीं रहेंगे। पुत्र भी अपने धर्मका पालन नहीं करेंगे। अग्निहोत्रका नियम उठ जायगा। कोई किसी भी कुलमें क्यों न उत्पन्न हुआ हो—जो बलवान् होगा, वही कलियुगमें सबका स्वामी होगा। सभी वर्णोंके लोग कन्या बेचकर जीवन-निर्वाह करेंगे। ब्राह्मणो! कलियुगमें जिस किसीका जो भी वचन होगा, सब शास्त्र ही माना जायगा। कलियुगमें सब देवता होंगे और सबके लिये सब आश्रम होंगे। अपनी-अपनी रुचिके अनुसार अनुष्ठान करके उसमें उपवास, परिश्रम और धनका व्यय करना धर्म कहा जायगा। कलियुगमें थोड़े-से ही धनसे मनुष्योंको बड़ा घमंड होगा। स्त्रियोंको अपने केशोंपर ही रूपवती होनेका गर्व होगा। सुवर्ण, मणि और रत्न आदि तथा वस्त्रोंके भी नष्ट हो जानेपर स्त्रियाँ केशोंसे ही शृङ्गार करेंगी। कलियुगकी स्त्रियाँ धनहीन पतिको त्याग देंगी। उस समय धनवान् पुरुष ही युवतियोंका स्वामी होगा। जो-जो अधिक देगा, उसे-उसे ही मनुष्य अपना मालिक मानेंगे। उस समय लोग प्रभुताके ही कारण सम्बन्ध रखेंगे। द्रव्यराशि घर बनानेमें ही समाप्त हो जायगी। उससे दान-पुण्यादि न होंगे। बुद्धि द्रव्योंके संग्रहमात्रमें ही लगी रहेगी। उसके द्वारा आत्मचिन्तन न होगा। सारा धन उपभोगमें ही समाप्त हो जायगा। उससे धर्मका अनुष्ठान न होगा। कलियुगकी स्त्रियाँ स्वेच्छाचारिणी होंगी। हाव-भाव-विलासमें ही उनकी स्पृहा रहेगी। अन्यायसे धन पैदा करनेवाले पुरुषोंमें ही उनकी आसक्ति होगी। सुहृदोंके निषेध करनेपर भी मनुष्य एक-एक पाईके लिये भी दूसरोंके स्वार्थकी हानि कर देंगे।

ब्राह्मणो! कलियुगमें सब लोग सदा सबके साथ समानताका दावा करेंगे। गायोंके प्रति तभीतक गौरव रहेगा, जबतक कि वे दूध देती रहेंगी। कलियुगकी प्रजा प्रायः अनावृष्टि और क्षुधाके भयसे व्याकुल रहेगी। सबके नेत्र आकाशकी ओर लगे रहेंगे। वर्षा न होनेसे दुःखी मनुष्य

तपस्वी-जनोंकी भाँति मूल-फल और पत्ते खाकर रहेंगे और कितने ही आत्मघात कर लेंगे। कलिमें सदा अकाल ही पड़ता रहेगा। सब लोग सदा असमर्थ होकर क्लेश भोगेंगे। कभी किन्हीं मानवोंको थोड़ा सुख भी मिल जायगा। सब लोग बिना स्नान किये ही भोजन करेंगे। अग्निहोत्र, देवपूजा, अतिथि-सत्कार, श्राद्ध और तर्पणकी क्रिया कोई नहीं करेंगे। कलियुगकी स्त्रियाँ लोभी, नाटी, अधिक खानेवाली, बहुत संतान पैदा करनेवाली और मन्द भाग्यवाली होंगी। वे दोनों हाथोंसे सिर खुजलाती रहेंगी। गुरुजनों तथा पतिकी आज्ञाका भी उल्लङ्घन करेंगी तथा पर्देके भीतर नहीं रहेगी। अपना ही पेट पालेंगी, क्रोधमें भरी रहेंगी। देह-शुद्धिकी ओर ध्यान नहीं देंगी और असत्य एवं कटु वचन बोलेंगी। इतना ही नहीं, वे दुराचारिणी होकर दुराचारी पुरुषोंसे मिलनेकी अभिलाषा करेंगी। कुलवती स्त्रियाँ भी अन्य पुरुषोंके साथ व्यभिचार करेंगी। ब्रह्मचारी लोग वेदोक्त व्रतका पालन किये बिना ही वेदाध्ययन करेंगे। गृहस्थ पुरुष न तो हवन करेंगे और न सत्पात्रको उचित दान ही देंगे। वानप्रस्थ आश्रममें रहनेवाले लोग वनके कन्द-मूल आदिसे निर्वाह न करके ग्रामीण आहारका संग्रह करेंगे और संन्यासी भी मित्र आदिके स्नेह-बन्धनमें बँधे रहेंगे। कलियुग आनेपर राजालोग प्रजाकी रक्षा नहीं करेंगे, अपितु कर लेनेके बहाने प्रजाके ही धनका अपहरण करनेवाले होंगे।* उस समय जिस-जिसके पास हाथी, घोड़े और रथ होंगे, वही-वही राजा होगा और जो-जो निर्बल होंगे, वे ही सेवक होंगे। वैश्यलोग कृषि, वाणिज्य आदि अपने कर्मोंको छोड़कर शूद्र-वृत्तिसे रहेंगे। शिल्प-कर्मसे जीवन-निर्वाह करेंगे। इसी प्रकार शूद्र भी संन्यासका चिह्न धारण करके भिक्षापर जीवन-निर्वाह करेंगे। वे अधम मनुष्य संस्कारहीन होते हुए भी लोगोंको ठगनेके लिये पाखण्ड-वृत्तिका आश्रय लेंगे। दुर्भिक्ष और करकी पीड़ासे अत्यन्त उपद्रवग्रस्त होकर प्रजाजन ऐसे देशोंमें चले जायँगे, जहाँ गेहूँ और जौ आदिकी अधिकता होगी। उस समय वेदमार्गका लोप, पाखण्डकी अधिकता और अधर्मकी वृद्धि होनेसे लोगोंकी आयु बहुत थोड़ी होगी। कलियुगमें पाँच, छः अथवा सात वर्षकी स्त्री और आठ, नौ या दस वर्षके पुरुषोंके ही संतानें होने लग जायँगी। बारह वर्षकी अवस्थामें ही बाल सफेद होने लगेंगे। घोर कलियुग आनेपर कोई मनुष्य बीस वर्षतक जीवित नहीं रहेगा। उस समय लोग मन्दबुद्धि, व्यर्थ चिह्न धारण करनेवाले और दुष्ट अन्तःकरणवाले होंगे; अतः वे थोड़े ही समयमें नष्ट हो जायँगे।

ब्राह्मणो! जब-जब इस जगत्‌में पाखण्ड-वृत्ति दृष्टिगोचर होने लगे, तब-तब विद्वान् पुरुषोंको कलियुगकी वृद्धिका अनुमान करना चाहिये। जब-जब वैदिक मार्गका अनुसरण करनेवाले साधु पुरुषोंकी हानि हो, तब-तब बुद्धिमान् पुरुषोंको कलियुगकी वृद्धिका अनुमान करना चाहिये। जब धर्मात्मा मनुष्योंके आरम्भ किये हुए कार्य शिथिल हो जायँ, तब उसमें विद्वानोंको कलियुगकी प्रधानताका अनुमान करना चाहिये† जब-जब यज्ञोंके अधीश्वर

---

* अरक्षितारो हर्तारः शुल्कव्याजेन पार्थिवाः। हारिणो जनवित्तानां सम्प्राप्ते च कलौ युगे॥ (२२९। ३४)

† यदा यदा हि पाखण्डवृत्तिरत्रोपलक्ष्यते। तदा तदा कलेर्वृद्धिरनुमेया विचक्षणैः॥
यदा यदा सतां हानिर्वेदमार्गानुसारिणाम्। तदा तदा कलेर्वृद्धिरनुमेया विचक्षणैः॥
प्रारम्भाश्चावसीदन्ति यदा धर्मकृतां नृणाम्। तदानुमेयं प्राधान्यं कलेर्विप्रा विचक्षणैः॥ (२२९। ४४—४६)

भगवान् पुरुषोत्तमका लोग यज्ञोंद्वारा यजन न करें, तब-तब यह समझना चाहिये कि कलियुगका बल बढ़ रहा है। द्विजवरो! जब वेदवादमें प्रेम न हो और पाखण्डमें अनुराग बढ़ता जाय, तब विद्वान् पुरुषोंको कलियुगकी वृद्धिका अनुमान करना चाहिये। ब्राह्मणो! कलियुगमें पाखण्डसे दूषित चित्तवाले मनुष्य सबकी सृष्टि करनेवाले जगत्पति भगवान् विष्णुकी आराधना नहीं करेंगे। उस समय पाखण्डसे प्रभावित मनुष्य ऐसा कहेंगे कि 'देवताओंसे क्या लेना है। ब्राह्मणों और वेदोंसे क्या लाभ है। जलसे होनेवाली शुद्धिमें क्या रखा है।'[1] कलियुगमें मेघ थोड़ी वृष्टि करेंगे। खेतीमें बहुत कम फल लगेंगे और वृक्षोंके फल सारहीन होंगे। कलिमें प्रायः लोग घुटनोंतक वस्त्र पहनेंगे। वृक्षोंमें शमीकी ही अधिकता होगी। चारों वर्णोंके सब लोग प्रायः शूद्रवत् हो जायँगे।[2] कलियुगके आनेपर प्रायः छोटे-छोटे धान्य होंगे। अधिकतर बकरियोंका दूध मिलेगा और उशीर (खस) ही एकमात्र अनुलेपन होगा। कलियुगमें अधिकतर सास और ससुर ही लोगोंके गुरुजन होंगे। मुनिवरो! उस समय मनोहारिणी भार्या और साले आदि ही सुहृद् समझे जायँगे। लोग अपने ससुरके अनुगामी होकर कहेंगे कि 'कौन किसकी माता है और कौन किसका पिता। सब जीव अपने कर्मोंके अनुसार ही जन्मते और मरते हैं।'[3] उस समय थोड़ी बुद्धिवाले मनुष्य मन, वाणी और शरीरके दोषोंसे प्रभावित होकर प्रतिदिन बारंबार पाप करेंगे। सत्य, शौच और लज्जासे रहित मनुष्योंके लिये जो-जो दुःखकी बात हो सकती है, वह सब कलिकालमें होगी। संसारमें स्वाध्याय, वषट्कार, स्वधा और स्वाहाका शब्द नहीं सुनायी देगा। उस समय स्वधर्मनिष्ठ ब्राह्मण कोई विरला ही होगा। एक विशेषता अवश्य है, कलियुगमें थोड़ा-सा ही प्रयत्न करनेपर मनुष्य वह उत्तम पुण्यराशि प्राप्त कर सकता है, जो सत्ययुगमें बहुत बड़ी तपस्यासे ही साध्य हो सकती है।

ब्राह्मणो! कलियुग धन्य है, जहाँ थोड़े ही क्लेशसे महान् फलकी प्राप्ति होती है तथा स्त्री और शूद्र भी धन्य हैं। इसके सिवा और भी सुनो। सत्ययुगमें दस वर्षतक तपस्या, ब्रह्मचर्य और जप आदिका अनुष्ठान करनेसे जो फल मिलता है, वह त्रेतामें एक वर्ष, द्वापरमें एक मास तथा कलियुगमें एक दिन-रातके ही अनुष्ठानसे मिल जाता है। इसीलिये मैंने कलियुगको श्रेष्ठ बताया। सत्ययुगमें ध्यान, त्रेतामें यज्ञोंद्वारा यजन और द्वापरमें पूजन करनेसे मनुष्य जिस फलको पाता है, वही कलियुगमें केशवका नाम-कीर्तन करनेमात्रसे मिल जाता है। धर्मज्ञ ब्राह्मणो! इस कलियुगमें थोड़े-से परिश्रमसे ही मनुष्यको महान् धर्मकी प्राप्ति हो जाती है। इसीलिये मैं कलियुगसे अधिक संतुष्ट हूँ।[4]

अब शूद्रोंकी विशेषताका वर्णन सुनो। द्विजोंको

१-किं देवैः किं द्विजैर्वेदैः किंशौचेनाम्बुजन्मना। इत्येवं प्रलपिष्यन्ति पाखण्डोपहता नराः॥ (२२९।५०)

२-जानुप्रायाणि वस्त्राणि शमीप्राया महीरुहाः। शूद्रप्रायास्तथा वर्णा भविष्यन्ति कलौ युगे॥ (२२९।५२)

३-कस्य माता पिता कस्य यदा कर्मात्मकःपुमान्। इति चोदाहरिष्यन्ति श्वशुरानुगता नराः॥ (२२९।५५)

४-धन्ये कलौ भवेद्विप्रास्त्वल्पक्लेशैर्महत्फलम्। तथा भवेतां स्त्रीशूद्रौ धन्यौ चान्यन्निबोधत॥
यत्कृते दशभिर्वर्षैस्त्रेतायां हायनेन तत्। द्वापरे तच्च मासेन अहोरात्रेण तत्कलौ॥
तपसो ब्रह्मचर्यस्य जपादेश्च फलं द्विजाः। प्राप्नोति पुरुषस्तेन कलिः साध्विति भाषितुम्॥
ध्यायन् कृते यजन् यज्ञैस्त्रेतायां द्वापरेऽर्चयन्। यदाप्नोति तदाप्नोति कलौ संकीर्त्य केशवम्॥
धर्मोत्कर्षमतीवात्र प्राप्नोति पुरुषः कलौ। स्वल्पायासेन धर्मज्ञास्तेन तुष्टोऽस्म्यहं कलौ॥
(२२९।६१—६५)

पहले ब्रह्मचर्य-व्रतका पालन करते हुए वेदाध्ययन करना पड़ता है। फिर धर्मतः प्राप्त हुए धनके द्वारा विधिपूर्वक यज्ञ करना पड़ता है। इसमें भी व्यर्थ वार्तालाप, व्यर्थ भोजन और व्यर्थ धन द्विजोंके पतनके कारण होते हैं; इसलिये उन्हें सदा संयमी रहना आवश्यक है। यदि वे सभी वस्तुओंमें विधिका पालन न करें तो उन्हें दोष लगता है। यहाँतक कि भोजन और पान आदि भी उनकी इच्छाके अनुसार नहीं प्राप्त होते। वे समस्त कार्योंमें परतन्त्र होते हैं। इस प्रकार विनीत भावसे महान् क्लेश उठाकर वे उत्तम लोकोंपर अधिकार प्राप्त करते हैं; परन्तु मन्त्रहीन पाक-यज्ञका अधिकारी शूद्र केवल द्विजोंकी सेवा करनेमात्रसे अपने लिये अभीष्ट पुण्यलोकोंको प्राप्त कर लेता है। इसलिये शूद्र अन्य वर्णोंकी अपेक्षा अधिक धन्यवादका पात्र है। स्त्रियाँ क्यों धन्य हैं, इसका कारण बतलाया जाता है। पुरुषोंको अपने धर्मके विपरीत न चलकर सदा ही धनोपार्जन करना, उसे सुपात्रोंको देना और विधिपूर्वक यज्ञ करना आवश्यक है। धनके उपार्जन और संरक्षणमें महान् क्लेश उठाना पड़ता है तथा उसे उत्तम कार्यमें लगानेके लिये मनुष्योंको जो गहरी चिन्ता करनी पड़ती है, वह सबको विदित है। ये तथा और भी बहुत-से क्लेश सहन करके पुरुष क्रमशः प्राजापत्य आदि शुभ लोक प्राप्त करते हैं; परंतु स्त्री मन, वाणी और क्रियाद्वारा केवल पतिकी सेवा करनेमात्रसे उसके समान लोकोंपर अधिकार प्राप्त कर लेती है। वे महान् क्लेशके बिना ही उन्हीं लोकोंमें जाती हैं, जिनमें क्लेश-साध्य उपाय करके पुरुष जाता है; इसलिये तीसरी बार मैंने स्त्रियोंको साधुवाद दिया है। ब्राह्मणो! यह मैंने कलियुग आदिकी श्रेष्ठताका कारण बताया है। अब तुमलोग जिस उद्देश्यसे यहाँ आये हो, उसे पूछो; मैं तुम्हारे इच्छानुसार उसका भी वर्णन करूँगा। जो अपने सद्गुणरूपी जलसे समस्त पापरूपी पङ्कको धो चुके हैं; उनके द्वारा थोड़े ही प्रयत्नसे कलियुगमें धर्मकी सिद्धि हो जाती है। मुनिवरो! शूद्र केवल द्विजोंकी सेवामें तत्पर रहने तथा स्त्रियाँ पतिकी शुश्रूषा करनेमात्रसे अनायास ही पुण्यलोक प्राप्त कर लेती हैं। इसलिये इन तीनोंको ही मैंने परम धन्य माना है। द्विजातियोंको सत्य आदि तीनों युगोंमें धर्मका साधन करते समय अधिक क्लेश उठाना पड़ता है, किंतु कलियुगमें मनुष्य थोड़ी ही तपस्यासे शीघ्र ही सिद्धि प्राप्त कर लेते हैं। मुनिवरो! जो कलियुगमें धर्मका आचरण करते हैं, वे धन्य हैं।* धर्मज्ञो! तुम्हारा जो अभीष्ट विषय था, उसे मैंने बिना पूछे बता दिया; अब और क्या करूँ?

युगान्तकालकी अवस्थाका निरूपण

मुनियोंने कहा—धर्मज्ञ! हमलोग धर्मकी लालसासे अब उस कलिकालके समीप आ पहुँचे हैं, जब कि स्वल्प कर्मके द्वारा हम सुखपूर्वक उत्तम धर्मको प्राप्त कर सकते हैं। अब जिन निमित्तों (लक्षणों)-से धर्मका नाश और त्रास एवं उद्वेग करनेवाले युगान्तकालकी उपस्थिति जानी

* अल्पेनैव प्रयत्नेन धर्मः सिद्ध्यति वै कलौ। नरैरात्मगुणाम्भोभिः क्षालिताखिलकिल्विषैः॥
शूद्रैश्च द्विजशुश्रूषातत्परैर्मुनिसत्तमाः। तथा स्त्रीभिरनायासात् पतिशुश्रूषयैव हि॥
ततस्त्रितयमप्येतन्मम धन्यतमं मतम्। धर्मसंराधने क्लेशो द्विजातीनां कृतादिषु॥
तथा स्वल्पेन तपसा सिद्धिं यास्यन्ति मानवाः। धन्या धर्मं चरिष्यन्ति युगान्ते मुनिसत्तमाः॥
(२२९।७८—८१)

जाय, उसे बतानेकी कृपा करें।

व्यासजी बोले—ब्राह्मणो! युगान्तकालमें प्रजाकी रक्षा न करके केवल कर लेनेवाले राजा होंगे। वे अपनी ही रक्षामें लगे रहेंगे। उस समय प्रायः क्षत्रियेतर राजा होंगे। ब्राह्मण शूद्रोंके यहाँ रहकर जीवन-निर्वाह करेंगे और शूद्र ब्राह्मणोंके आचारका पालन करनेवाले होंगे। युगान्तकाल आनेपर श्रोत्रिय तथा काण्डपृष्ठ (अपने कुलका त्याग करके दूसरे कुलमें सम्मिलित हुए पुरुष) एक पंक्तिमें बैठकर यज्ञकर्मसे हीन हविष्य भोजन करेंगे। मनुष्य अशिष्ट, स्वार्थपरायण, नीच तथा मद्य और मांसके प्रेमी होकर मित्र-पत्नीके साथ व्यभिचार करनेवाले होंगे। चोर राजाकी वृत्तिमें रहकर अपना काम करेंगे और राजा चोरोंका-सा बर्ताव करेंगे। सेवकगण स्वामीके दिये बिना ही उसके धनका उपभोग करनेवाले होंगे। सबको धनकी ही अभिलाषा होगी। साधु-संतोंके बर्तावका कहीं भी आदर न होगा। पतित मनुष्यके प्रति किसीके मनमें घृणा न होगी। पुरुष नकटे, खुले केशवाले और कुरूप होंगे। स्त्रियाँ सोलह वर्षकी आयुके पहले ही बच्चोंकी माँ बन जायँगी। युगान्तमें स्त्रियाँ धन लेकर पराये पुरुषोंसे समागम करेंगी। सभी द्विज वाजसनेयी (बृहदारण्यक उपनिषद्के ज्ञाता) बनकर ब्रह्मकी बात करेंगे। शूद्र तो वक्ता होंगे और ब्राह्मण चाण्डाल हो जायँगे। शूद्र शठतापूर्ण बुद्धिसे जीविका चलाते हुए मूँड़-मुँड़ाकर गेरुआ वस्त्र पहने धर्मका उपदेश करेंगे। युगान्तके समय शिकारी जीव अधिक होंगे, गौओंकी संख्या घटेगी और साधुओंके स्वभावमें परिवर्तन होगा। चाण्डाल तो गाँव या नगरके बीचमें बसेंगे और बीचमें रहनेवाले ऊँचे वर्णके लोग नगर या गाँवसे बाहर बसेंगे। सारी प्रजा लज्जाको तिलाञ्जलि दे उच्छृङ्खलतापूर्ण बर्तावसे नष्ट हो जायगी। दो सालके बछड़े हलमें जोते जायँगे और मेघ कहीं वर्षा करेगा, कहीं नहीं करेगा। शूरवीरके कुलमें उत्पन्न हुए सब लोग पृथ्वीके मालिक होंगे। प्रजावर्गके सभी मानव निम्नश्रेणीके हो जायँगे। प्रायः कोई मनुष्य धर्मका आचरण नहीं करेगा। अधिकांश भूमि ऊसर हो जायगी। सभी मार्ग बटमारोंसे घिरे होंगे। सभी वर्णोंके लोग वाणिज्य-वृत्तिवाले होंगे। पिताके धनको उनके दिये बिना ही लड़के आपसमें बाँट लेंगे, उसे हड़प लेनेकी चेष्टा करेंगे और लोभ आदि कारणोंसे वे परस्परविरोधी बने रहेंगे। सुकुमारता, रूप और रत्नका नाश हो जानेसे नारियाँ बालोंसे ही सुसज्जित होंगी। उनमें वीर्यहीन गृहस्थकी रति होगी। युगान्तकालमें पत्नीके समान दूसरा कोई अनुरागका पात्र नहीं होगा। पुरुष थोड़े हों और स्त्रियाँ अधिक, यह युगान्तकालकी पहचान है। संसारमें याचक अधिक होंगे और एक-दूसरेसे याचना करेंगे। किंतु कोई किसीको कुछ न देगा। सब लोग राजदण्ड, चोरी और अग्निकाण्ड आदिसे क्षीण होकर नष्ट हो जायँगे। खेतीमें फल नहीं लगेंगे। तरुण पुरुष बुड्ढोंकी तरह आलसी और अकर्मण्य होंगे। जो शील और सदाचारसे भ्रष्ट हैं, ऐसे लोग सुखी होंगे। वर्षाकालमें जोरसे आँधी चलेगी और पानीके साथ कंकड़-पत्थरोंकी वर्षा होगी। युगान्तकालमें परलोक संदेहका विषय हो जायगा। क्षत्रिय वैश्योंकी भाँति धन-धान्यके व्यापारसे जीविका चलायेंगे। युगान्तकालमें कोई किसीसे बन्धु-बान्धवका नाता नहीं निभायेगा। प्रतिज्ञा और शपथका पालन नहीं होगा। प्रायः लोग ऋणको चुकाये बिना ही हड़प लेंगे। लोगोंका हर्ष निष्फल और क्रोध सफल होगा। दूधके लिये घरमें बकरियाँ बाँधी जायँगी। इसी प्रकार जिसका शास्त्रमें कहीं विधान नहीं है, ऐसे यज्ञका अनुष्ठान होगा। मनुष्य अपनेको पण्डित समझेंगे और बिना प्रमाणके ही सब कार्य करेंगे। जारज, क्रूर कर्म करनेवाले और शराबी भी ब्रह्मवादी होंगे और अश्वमेध-यज्ञ करेंगे।

अभक्ष्य-भक्षण करनेवाले ब्राह्मण धनकी तृष्णासे यज्ञके अनधिकारियोंसे भी यज्ञ करायेंगे। कोई भी अध्ययन नहीं करेगा। तारोंकी ज्योति फीकी पड़ जायगी, दसों दिशाएँ विपरीत होंगी। पुत्र पिताको और बहुएँ सासको अपना काम करनेके लिये भेजेंगी। इस प्रकार युगान्तकालमें पुरुष और स्त्रियाँ ऐसा ही जीवन व्यतीत करेंगी। द्विजगण अग्निहोत्र और अग्राशन* किये बिना ही भोजन कर लेंगे। भिक्षा दिये बिना और बलिवैश्वदेव किये बिना ही लोग स्वयं भोजन करेंगे। स्त्रियाँ सोये हुए पतियोंको धोखा देकर अन्य पुरुषोंके पास चली जायँगी।

मुनियोंने कहा—महर्षे! इस प्रकार धर्मका नाश होनेपर मनुष्य कहाँ जायँगे? वे कौन-सा कर्म और कैसी चेष्टा करेंगे? वे किस प्रमाणको मानेंगे? उनकी कितनी आयु होगी? और किस सीमातक पहुँचकर वे सत्ययुग प्राप्त करेंगे?

व्यासजी बोले—मुनिवरो! तदनन्तर धर्मका नाश होनेसे समस्त प्रजा गुणहीन होगी। शीलका नाश हो जानेसे सबकी आयु घट जायगी। आयुकी हानिसे बलकी भी हानि होगी। बलकी हानिसे शरीरका रंग बदल जायगा। फिर शरीरमें रोगजनित पीड़ा होगी। उससे निर्वेद (वैराग्य) होगा। निर्वेदसे आत्मबोध होगा और आत्मबोधसे धर्मशीलता आयेगी। इस प्रकार अन्तिम सीमापर पहुँचकर लोगोंको सत्ययुगकी प्राप्ति होगी। कुछ लोग कोई उद्देश्य लेकर धर्मका आचरण करेंगे, कोई मध्यस्थ रहेंगे। कोई बहुत थोड़ी मात्रामें धर्मका आचरण करेंगे और कोई-कोई धर्मके प्रति केवल कौतूहल रखेंगे। कुछ लोग प्रत्यक्ष और अनुमानको ही प्रमाण मानेंगे। दूसरे लोग सबको अप्रमाण ही मानेंगे। कोई नास्तिकतापरायण, कोई धर्मका लोप करनेवाले और कोई द्विज अपनेको पण्डित माननेवाले होंगे। युगान्तकालके मनुष्य वर्तमानपर ही विश्वास करनेवाले, शास्त्रज्ञानसे रहित, दम्भी और अज्ञानी होंगे। इस प्रकार धर्मकी डाँवाडोल परिस्थितिमें श्रेष्ठ पुरुष दान और शीलरक्षामें तत्पर हो शुभ कर्मोंका अनुष्ठान करेंगे। जब जगत्के मनुष्य सर्वभक्षी हो जायँ, स्वयं ही आत्मरक्षाके लिये विवश हों—राजा आदिके द्वारा उनकी रक्षा असम्भव हो जाय, जब उनमें निर्दयता और निर्लज्जता आ जाय, तब उसे कषायका लक्षण समझना चाहिये। (क्रोध-लोभ आदिके विकारको कषाय कहते हैं। युगान्तकालमें वह पराकाष्ठाको पहुँच जाता है।) मुनिवरो! जब छोटे वर्णोंके लोग ब्राह्मणोंकी सनातन वृत्तिका आश्रय लेने लगें, तब वह भी कषायका ही लक्षण है। युगान्तकालमें बड़े-बड़े भयंकर युद्ध, बड़ी भारी वर्षा, प्रचण्ड आँधी और जोरोंकी गर्मी पड़ेगी। यह सब कषायका लक्षण है। लोग खेती काट लेंगे, कपड़े चुरा लेंगे, पानी पीनेका सामान और पेटियाँ भी चुरा ले जायँगे। कितने ही चोर ऐसे होंगे, जो चोरकी सम्पत्तिका भी अपहरण करेंगे। हत्यारोंकी भी हत्या करनेवाले लोग होंगे। चोरोंके द्वारा चोरोंका नाश हो जानेपर जनताका कल्याण होगा। युगान्तकालमें मर्त्यलोकके मनुष्योंकी आयु अधिक-से-अधिक तीस वर्षकी होगी। लोग दुर्बल, विषय-सेवनके कारण कृश तथा बुढ़ापे और शोकसे ग्रस्त होंगे। उस समय रोगोंके कारण उनकी इन्द्रियाँ क्षीण हो जायँगी। फिर धीरे-धीरे लोग साधु पुरुषोंकी सेवा, दान, सत्य एवं प्राणियोंकी रक्षामें तत्पर होंगे। इससे धर्मके एक चरणकी स्थापना होगी। उस धर्मसे लोगोंको कल्याणकी प्राप्ति होगी। लोगोंके गुणोंमें परिवर्तन होगा और धर्मसे लाभ होनेका अनुमान दृढ़ होता जायगा। फिर श्रेष्ठ क्या है, इस बातपर विचार करनेसे धर्म ही श्रेष्ठ दिखायी देगा। जिस

* बलिवैश्वदेव करके अतिथि आदिके लिये पहले ही जो अन्न निकाल दिया जाता है, वह 'अग्राशन' कहलाता है।

प्रकार क्रमशः धर्मकी हानि हुई थी, उसी प्रकार धीरे-धीरे प्रजा धर्मकी वृद्धिको प्राप्त होगी। इस प्रकार धर्मको पूर्णरूपसे अपना लेनेपर सब लोग सत्ययुग देखेंगे। सत्ययुगमें सबका व्यवहार अच्छा होता है और युगान्तकालमें साधु-वृत्तिकी हानि बतायी जाती है। ऋषियोंने प्रत्येक युगमें देश-कालकी अवस्थाके अनुसार पुरुषोंकी स्थिति देखकर उनके अनुरूप आशीर्वाद कहा है। धर्म, अर्थ, काम और मोक्षके साधन, देवताओंकी प्रतिक्रिया, पुण्य एवं शुभ आशीर्वाद तथा आयु—ये प्रत्येक युगमें अलग-अलग होते हैं। युगोंके परिवर्तन भी चिरकालसे चलते रहते हैं। उत्पत्ति और संहारके द्वारा नित्य परिवर्तनशील यह संसार कभी क्षणभरके लिये भी स्थिर नहीं रहता।

नैमित्तिक और प्राकृत प्रलयका वर्णन

व्यासजी कहते हैं—समस्त प्राणियोंका प्रलय नैमित्तिक, प्राकृतिक और आत्यन्तिक भेदसे तीन प्रकारका माना गया है। कल्पके अन्तमें जो ब्राह्म प्रलय होता है, वह नैमित्तिक है। मोक्षको आत्यन्तिक प्रलय कहते हैं और जो दो परार्ध व्यतीत होनेपर हुआ करता है, उसका नाम प्राकृत प्रलय है।

मुनियोंने कहा—भगवन्! हमें शास्त्रोंमें बताये अनुसार परार्धकी संख्याका वर्णन कीजिये, जिसको दूना करनेसे प्राकृत प्रलयका ज्ञान हो सके।

व्यासजी बोले—ब्राह्मणो! एकसे दूसरे स्थानपर क्रमशः दसगुना गिनते चलते हैं, इस प्रकार अठारहवें स्थानतक गिननेपर जो अन्तिम संख्या होती है, उसका नाम परार्ध* है। परार्धको दूना करनेसे जो काल-संख्या होती है, वही प्राकृत प्रलयका समय है। उस समय सम्पूर्ण दृश्य जगत् अपने कारणभूत अव्यक्तमें लीन हो जाता है। मनुष्यका निमेष (पलक गिरनेका काल) मात्रा कहलाता है; क्योंकि एक मात्रावाले अक्षरके उच्चारणमें जितना समय लगता है, उतना निमेषमें भी लगता है। पंद्रह निमेषोंकी एक काष्ठा और तीस काष्ठाकी एक कला होती है। पंद्रह कला एक नाड़ीका प्रमाण है। साढ़े बारह पल ताँबेके बने हुए जलके पात्रसे नाड़ीका ज्ञान होता है। उस पात्रमें चार अंगुल लंबी, चार माशेकी सुवर्णमयी शलाकासे छिद्र किया जाता है। उस छिद्रको ऊपर करके जलमें डुबो देनेपर जितनी देरमें वह पात्र भर जाय, वही एक नाड़ीका समय है। मगधदेशीय मापसे वह पात्र जलप्रस्थ कहलाता है। दो नाड़ीका एक

---

* विष्णुपुराण ६। ३। ४ की विष्णुचित्तीय टीकामें यह संख्या इस प्रकार बतायी गयी है—एक, दश, शत, सहस्र, अयुत, लक्ष, प्रयुत, कोटि, अर्बुद, अब्ज, खर्व, निखर्व, महापद्म, शङ्कु, समुद्र, अन्त्य, मध्य और परार्ध। उक्त श्लोककी ही टीका करते हुए श्रीधर स्वामीने वायुपुराणके कुछ श्लोक उद्धृत किये हैं, जो इस प्रकार हैं—

कोटिकोटिसहस्राणि परार्धमिति कीर्त्यते। परार्धद्विगुणं चापि परमाहुर्मनीषिणः॥
स्थानं दशगुणं विद्यादेकं दश शतं ततः। सहस्रमयुतं तस्मान्नियुतं प्रयुतं ततः॥
अर्बुदं न्यर्बुदं चैव वृन्दं चैव ततः परम्। खर्वं चैव निखर्वं च शङ्खं पद्मं तथैव च॥
समुद्रो मध्यमन्त्यश्च परार्धं परमेव च। एवमष्टादशैतानि पदानि गणनाविधौ॥

अर्थात् 'कोटि कोटि सहस्र १०००००००००००००००० को एक परार्ध कहते हैं। इसको दूना करनेपर एक 'पर' होता है, ऐसा मनीषी पुरुषोंका कथन है। नीचे लिखे अङ्कोंके १८ स्थान उत्तरोत्तर दसगुने जानने चाहिये—एक, दश, शत, सहस्र, अयुत, नियुत, प्रयुत, अर्बुद, न्यर्बुद, वृन्द, खर्व, निखर्व, शङ्ख, पद्म, समुद्र, मध्य, अन्त्य तथा परार्ध। परार्धको दूना करनेसे 'पर' होता है। विष्णुचित्तीय और श्रीधरी टीकाकी संख्याओंके नामोंमें कुछ अन्तर है—जैसे पूर्वगणनाके अनुसार 'नियुत' दस लाखका वाचक है और द्वितीय गणनाकी रीतिसे वह एक लाखका बोध कराता है, इत्यादि।

मुहूर्त्त, तीस मुहूर्त्तका एक दिन-रात और तीस दिन-रातका एक मास होता है। बारह मासका एक वर्ष होता है। देवलोकमें यही एक दिन-रात कहलाता है। ऐसे तीन सौ साठ वर्षोंका देवताओंका एक वर्ष होता है। बारह हजार दिव्य वर्षोंका एक चतुर्युग बताया गया है। एक हजार चतुर्युगको ब्रह्माका एक दिन कहते हैं। यही एक कल्प कहलाता है। द्विजवरो! उस एक कल्पमें चौदह मनु बीत जाते हैं। उसके अन्तमें जो प्रलय होता है, उसको ब्राह्म या नैमित्तिक प्रलय कहते हैं। अब मैं उसके भयंकर स्वरूपका वर्णन करता हूँ। इसके बाद प्राकृत प्रलयका वर्णन करूँगा। एक सहस्र चतुर्युग बीतनेपर यह भूतल प्रायः क्षीण हो जाता है। उस समय सौ वर्षोंतक अत्यन्त घोर अनावृष्टि होती है—वर्षाका अत्यन्त अभाव हो जाता है। मुनिवरो! उस अनावृष्टिके कारण अल्प शक्तिवाले अनेकानेक पार्थिव जीव अत्यन्त पीड़ित होनेसे नष्ट हो जाते हैं। तदनन्तर रुद्ररूपधारी अविनाशी भगवान् विष्णु जगत्का संहार करनेके लिये सम्पूर्ण प्रजाको अपनेमें लीन कर लेनेका यत्न करते हैं। मुनिवरो! उस समय भगवान् विष्णु सूर्यकी सातों किरणोंमें स्थित होकर पृथ्वीका सम्पूर्ण जल सोख लेते हैं। सम्पूर्ण प्राणियों और पृथ्वीमें स्थित समस्त जलको सोखकर वे समूची वसुधाको सुखा डालते हैं। समुद्र, नदी, पर्वतीय नदी, झरने तथा पातालोंमें जो जल होता है, वह सब वे सुखा देते हैं। तत्पश्चात् भगवान्के प्रभावसे और सब जगहके जलका शोषण करनेसे परिपुष्ट हुई वे सूर्यकी सात रश्मियाँ सात सूर्योंके रूपमें प्रकट होती हैं। उस समय ऊपर-नीचे सब ओर जाज्वल्यमान होकर वे सातों सूर्य पाताललोकसहित सम्पूर्ण त्रिलोकीको जला डालते हैं। उन तेजस्वी सूर्योंकी किरणोंसे जलती हुई त्रिलोकी पर्वत, नदी और समुद्र आदिके सहित नीरस हो जाती है। तीनों लोकोंके जल और वृक्ष दग्ध हो जानेके कारण यह पृथ्वी कछुएकी पीठकी भाँति दिखायी देती है।

तदनन्तर भूतसर्गका संहार करनेवाले कालाग्निरुद्र-रूपधारी श्रीहरि शेषनागके श्वासजनित तापसे नीचेके समस्त पातालोंको जलाना आरम्भ करते हैं। सातों पातालोंको भस्म कर डालनेके पश्चात् वह प्रचण्ड अग्नि भूमिपर पहुँचकर सम्पूर्ण भूमण्डलको भी भस्म कर डालती है। फिर भुवर्लोक और स्वर्लोकको जलाकर ज्वाला-मालाओंके महान् आवर्तके रूपमें वह दारुण अग्नि सब ओर चक्कर लगाने लगती है। उस समय प्रचण्ड लपटोंसे घिरी हुई यह सारी त्रिलोकी जलते हुए कड़ाह-सी प्रतीत होती है। तत्पश्चात् भुवर्लोक और स्वर्लोकके निवासी अत्यन्त तापसे संतप्त एवं क्षीणशक्ति होकर कहीं रहनेके लिये स्थान न होनेसे महर्लोकमें चले जाते हैं। वहाँके लोग भी उस महान् तापसे तप्त हो वहाँसे हटकर जनलोकमें प्रवेश करते हैं। मुनिवरो! इसके बाद रुद्ररूपधारी श्रीजनार्दन सम्पूर्ण जगत्को दग्ध करके अपने मुखके निःश्वाससे मेघोंको प्रकट करते हैं। उस समय आकाशमें घोर संवर्तक मेघ उमड़ आते हैं, जो बड़े-बड़े गजराजोंके समान प्रतीत होते हैं। वे बिजलीकी गड़गड़ाहटके साथ भयंकर गर्जना करते हैं। उनका आकार विशाल होता है, अपनी विकट गर्जनासे वे सम्पूर्ण आकाशको व्याप्त कर लेते हैं और मूसलाधार पानी बरसाकर त्रिलोकीके भीतर फैले हुए उस अत्यन्त भयंकर अग्निको पूर्णरूपसे बुझा देते हैं। रथकी धुरीके समान स्थूल धाराओंकी वर्षा करते हुए सम्पूर्ण जगत्को जलसे आप्लावित कर देते हैं। सम्पूर्ण भूतलको जलमग्न करनेके पश्चात् वे भुवर्लोकको भी डुबो देते हैं। उस समय संसारमें सब ओर अन्धकार छा जाता है। चर और अचर सब नष्ट हो जाते हैं। उस अवस्थामें वे महान् संवर्तक मेघ

सौ वर्षोंसे अधिक कालतक वर्षा करते रहते हैं।

द्विजवरो! जब सारा जल सप्तर्षियोंके स्थानतक पहुँचकर स्थिर होता है, उस समय सम्पूर्ण त्रिलोकी एकार्णवमग्न हो जाती है। तदनन्तर भगवान् विष्णुके निःश्वाससे प्रकट हुई वायु उन मेघोंको छिन्न-भिन्न कर देती है और सौ वर्षोंसे अधिक कालतक बहती रहती है। फिर विश्वके आदिकारण, अनादि, अचिन्त्य एवं सर्वभूतमय भूतभावन भगवान् सम्पूर्ण वायुको पीकर एकार्णवके जलमें शेषनागकी शय्यापर आसीन होते हैं। वे आदिकर्ता भगवान् श्रीहरि ब्रह्माजीका रूप धारण करके शयन करते हैं। उस समय जनलोकके सनकादि सिद्ध उनकी स्तुति करते हैं और ब्रह्मलोकके मुमुक्ष उनका चिन्तन करते रहते हैं। वे परमेश्वर अपनी मायामयी दिव्य योगनिद्राका आश्रय ले अपने ही वासुदेव नामक स्वरूपका चिन्तन करते हैं। विप्रवरो! यह नैमित्तिक नामका प्रलय है। इसमें निमित्त यही है कि उस समय ब्रह्मरूपधारी श्रीहरि शयन करते हैं। जबतक सर्वात्मा श्रीहरि जागते हैं, तबतक सारा जगत् सचेष्ट रहता है और जब वे मायामयी शय्यापर शयन करते हैं, उस समय सारा जगत् विलीन हो जाता है। ब्रह्माजीका जो सहस्र चतुर्युगका दिन होता है, एकार्णवमें शयन करनेपर उनकी उतनी ही बड़ी रात्रि होती है। रात्रिके बाद जागनेपर ब्रह्मरूपधारी अजन्मा श्रीविष्णु पुनः सृष्टि करते हैं, यह बात मैं पहले बतला चुका हूँ। यह कल्पका संहार, अन्तर प्रलय अथवा नैमित्तिक प्रलय कहा गया। अब प्राकृत प्रलयका वर्णन सुनो।

अनावृष्टि और अग्नि आदिके द्वारा जब सब प्राणियोंका संहार हो जाता है और सम्पूर्ण लोक तथा समस्त पाताल नष्ट हो जाते हैं, उस समय भगवान् विष्णुकी इच्छासे प्राकृत प्रलयका अवसर उपस्थित होनेपर महत्तत्त्वसे लेकर विशेषपर्यन्त सम्पूर्ण विकारोंका क्षय हो जाता है। पहले भूमिके गन्ध आदि गुणको जल अपनेमें लीन कर लेता है। गन्ध नष्ट हो जानेसे पृथ्वीका लय हो जाता है। गन्धतन्मात्राका नाश हो जानेके कारण सारी पृथ्वी जलरूपमें परिणत हो जाती है। फिर तो जल बड़े वेगसे घोर शब्द करते हुए बढ़ने लगता है और सम्पूर्ण जगत्को व्याप्त कर लेता है। वह कहीं तो स्थिर रहता है और कहीं वेगसे बहता रहता है। इस प्रकार सम्पूर्ण लोक सब ओरसे तरङ्गमालाओंसे युक्त जल-राशिद्वारा व्याप्त हो जाते हैं। तत्पश्चात् जलके गुण रसको तेज पी लेता है। रसतन्मात्राका नाश होनेसे जल अत्यन्त तप्त होकर सूख जाता है। रसका अपहरण होनेसे सम्पूर्ण जल तेजःस्वरूप हो जाता है। इस प्रकार जब तेजसे आवृत होकर जल अग्निकी-सी अवस्थामें पहुँच जाता है, तब अग्नितत्त्व सब ओर फैलकर उस जलको सोख लेता है। उस समय सम्पूर्ण जगत्में धीरे-धीरे आगकी लपटें फैल जाती हैं। जब सारा जगत् ऊपर-नीचे और इधर-उधर अग्निकी ज्वालाओंसे व्याप्त हो जाता है, तब अग्निके प्रकाशक गुण रूपको वायुतत्त्व अपनेमें लीन कर लेता है। सबके कारणस्वरूप वायुमें जब अग्निका प्रकाशक तत्त्व—रूप विलीन हो जाता है, तब रूपतन्मात्राके नष्ट हो जानेसे अग्नितत्त्व रूपहीन हो स्वयं ही शान्त हो जाता है। फिर वायु प्रचण्ड गतिसे चलने लगती है। तेजस्तत्त्वके वायुमें स्थित हो जानेसे जगत्में प्रकाश नहीं रह जाता। तब वायुतत्त्व अपने उद्भव और लयस्थान आकाशका आश्रय ले ऊपर-नीचे, अगल-बगल एवं दसों दिशाओंमें बड़े वेगसे बहने लगता है। तदनन्तर वायुके भी गुण स्पर्शको आकाश ग्रस लेता है। इससे वायु शान्त हो जाती है और केवल आवरणशून्य आकाश रह जाता है। वह रूप, रस, स्पर्श, गन्ध तथा आकारसे रहित परम महान् आकाश सबको व्याप्त करके प्रकाशित होता है। आकाश सब ओरसे

गोल एवं छत्रस्वरूप है। शब्द उसका गुण है। वह शब्दतन्मात्रायुक्त आकाश सम्पूर्ण विश्वको आवृत किये रहता है। तत्पश्चात् आकाशको भूतादि (तामस अहंकार), भूतादिको महत्तत्त्व और इन सबके सहित महत्तत्त्वको मूल प्रकृति अपनेमें लीन कर लेती है। द्विजवरो! न्यूनता और अधिकतासे रहित जो सत्त्वादि तीनों गुणोंकी साम्यावस्था है, उसीको प्रकृति कहते हैं। यही प्रधान भी कहलाती है। प्रधान ही सम्पूर्ण सृष्टिका प्रधान कारण है। ब्राह्मणो! इस प्रकार यह सम्पूर्ण प्रकृति व्यक्ताव्यक्तस्वरूपिणी है। इसमें जो व्यक्त स्वरूप है, वह अव्यक्तमें लीन होता है।

द्विजवरो! प्रकृतिसे भिन्न जो एक सिद्ध, अक्षर, नित्य तथा सर्वव्यापी पुरुष है, वह भी सर्वभूतमय परमात्माका ही अंश है। जो सत्तामात्रस्वरूप, ज्ञेय, ज्ञानात्मा और देहात्मसंघातसे परे है, जिसमें नाम और जाति आदिकी समस्त कल्पनाएँ विलीन हो जाती हैं, वही परब्रह्म, परमधाम, परमात्मा तथा परमेश्वर है। उसीको विष्णु कहते हैं। भगवान् विष्णु ही इस सम्पूर्ण विश्वके रूपमें स्थित हैं। उनको प्राप्त हो जानेपर मनुष्य फिर इस संसारमें नहीं लौटता। मैंने जिस व्यक्ताव्यक्त रूपिणी प्रकृतिका वर्णन किया है, वह तथा पुरुष दोनों ही परमात्मामें लीन होते हैं। वह परमात्मा सबका आधार तथा परमेश्वर है। वेदों और वेदान्तोंमें विष्णुके नामसे उसीकी महिमाका गान किया जाता है। प्रवृत्ति (कर्मयोग) और निवृत्ति (सांख्ययोग)-के भेदसे वैदिक कर्म दो प्रकारके हैं। उन दोनों ही कर्मोंद्वारा मनुष्य यज्ञस्वरूप भगवान्‌की आराधना करते हैं। प्रवृत्तिमार्गके अनुयायी पुरुष ऋक्, यजुः और सामवेदोक्त मार्गोंसे यज्ञोंके स्वामी यज्ञपुरुष भगवान् पुरुषोत्तमका यजन करते हैं तथा निवृत्ति एवं योगमार्गके पथिक ज्ञानयोगके द्वारा ज्ञानात्मा, ज्ञानमूर्ति एवं मुक्तिफलदायक भगवान् विष्णुकी आराधना करते हैं। ह्रस्व, दीर्घ और प्लुत स्वरोंके द्वारा जिस किसी वस्तुका प्रतिपादन किया जाता है और जो वाणीका विषय नहीं है, वह सब अविनाशी भगवान् विष्णु ही हैं। वे ही व्यक्त, वे ही अव्यक्त, वे ही अव्यय पुरुष तथा वे ही परमात्मा, विश्वात्मा और विश्वरूपधारी श्रीहरि हैं। वह व्यक्ताव्यक्त-स्वरूपिणी प्रकृति तथा पुरुष भी उन्हीं अव्याकृत परमात्मामें लीन होते हैं। ब्राह्मणो! मैंने जो परार्धका काल बतलाया है, वह सर्वेश्वर भगवान् विष्णुका दिन कहलाता है। व्यक्त जगत्के अव्यक्त प्रकृतिमें और प्रकृतिके पुरुषमें लीन होनेपर फिर उतने ही कालकी भगवान् विष्णुकी रात्रि होती है। तपोधनो! वास्तवमें नित्यस्वरूप परमात्मा श्रीविष्णुका न तो कोई दिन है और न रात्रि ही; तथापि केवल आरोपसे उनके विषयमें ऐसा कहा जाता है। मुनिवरो! इस प्रकार मैंने तुमसे प्राकृत प्रलयका वर्णन किया।

आत्यन्तिक प्रलयका निरूपण, आध्यात्मिक आदि त्रिविध तापोंका वर्णन और भगवत्तत्त्वकी व्याख्या

व्यासजी कहते हैं—ब्राह्मणो! आध्यात्मिक आदि तीनों तापोंको जानकर ज्ञान और वैराग्य उत्पन्न होनेपर विद्वान् आत्यन्तिक लयको प्राप्त होते हैं। आध्यात्मिक तापके भी दो भेद हैं—शारीरिक और मानसिक। शारीरिक तापके बहुत-से भेद हैं। उनका वर्णन सुनो। शिरोरोग, प्रतिश्याय (पीनस), ज्वर, शूल, भगंदर, गुल्म (पेटकी गाँठ), अर्श (बवासीर), श्वयथु (सूजन), श्वास (दमा), छर्दि (वमन) आदि तथा नेत्ररोग, अतीसार (पेचिश) और कुष्ठ (कोढ़) आदि

शारीरिक कष्टोंके भेदसे दैहिक तापके अनेक भेद हो जाते हैं। अब मानस तापका वर्णन सुनो। काम, क्रोध, भय, द्वेष, लोभ, मोह, विषाद (चिन्ता), शोक, असूया (दोषदृष्टि), अपमान, ईर्ष्या, मात्सर्य तथा पराभव आदिके भेदसे मानस तापके अनेक रूप हैं। ये सभी प्रकारके ताप आध्यात्मिक माने गये हैं। मृग, पक्षी, मनुष्य आदि तथा पिशाच, सर्प, राक्षस और बिच्छू आदिसे मनुष्योंको जो पीड़ा होती है, उसका नाम आधिभौतिक ताप है। शीत, उष्ण, वायु, वर्षा, जल और विद्युत् आदिसे होनेवाले संतापको आधिदैविक कहते हैं। मुनिवरो! इनके सिवा गर्भ, जन्म, बुढ़ापे, अज्ञान, मृत्यु और नरकसे प्राप्त होनेवाले दुःखके भी सहस्रों भेद हैं।

अत्यन्त मलसे भरे हुए गर्भाशयमें सुकुमार शरीरवाला जीव झिल्लीसे लिपटा हुआ रहता है। उसकी पीठ और ग्रीवाकी हड्डियाँ मुड़ी होती हैं। माताके खाये हुए अत्यन्त तापदायक और अधिक खट्टे, कड़वे, चरपरे, गर्म और खारे पदार्थोंसे कष्ट पाकर उसकी पीड़ा बहुत बढ़ जाती है। वह अपने अङ्गोंको फैलाने या सिकोड़नेमें समर्थ नहीं होता। मल और मूत्रके महान् पङ्कमें उसे सोना पड़ता है, जिससे उसके सभी अङ्गोंमें पीड़ा होती है। चेतनायुक्त होनेपर भी वह खुलकर साँस नहीं ले सकता। अपने कर्मोंके बन्धनमें बँधा हुआ वह जीव सैकड़ों जन्मोंका स्मरण करता हुआ बड़े दुःखसे गर्भमें रहता है। जन्मके समय उसका मुख मल-मूत्र, रक्त और वीर्य आदिमें लिपटा रहता है। प्राजापत्य नामक वायुसे उसकी हड्डियोंके प्रत्येक जोड़में बड़ी पीड़ा होती है। प्रबल प्रसूति-वायु उसके मुँहको नीचेकी ओर कर देती है और वह गर्भस्थ जीव अत्यन्त आतुर होकर बड़े क्लेशके साथ माताके उदरसे बाहर निकल पाता है। मुनिवरो! जन्म लेनेके पश्चात् बाह्य वायुका स्पर्श होनेसे अत्यन्त मूर्च्छाको प्राप्त होकर वह बालक अपनी सुध-बुध खो बैठता है। दुर्गन्धयुक्त फोड़ेसे पृथ्वीपर गिरे हुए कीड़ेकी भाँति वह छटपटाता है। उस समय उसे ऐसी पीड़ा होती है, मानो उसके सारे अङ्गोंमें काँटे चुभो दिये गये हों अथवा वह आरेसे चीरा जा रहा हो। उसे अपने अङ्गोंको खुजलानेकी भी शक्ति नहीं रहती। वह करवट बदलनेमें भी असमर्थ होता है। स्तन-पान आदि आहार भी उसे दूसरोंकी इच्छासे ही प्राप्त होता है। वह अपवित्र बिछौनेपर पड़ा रहता है। उस समय उसे खटमल और डाँस आदि काटते हैं तो भी वह उन्हें हटानेमें समर्थ नहीं होता।

इस प्रकार जन्मके समय उसे अनेक दुःख उठाने पड़ते हैं। जन्मके बाद भी वह बाल्यावस्थामें आधिभौतिक आदि अनेक दुःखोंका भागी होता है। अज्ञानान्धकारसे आच्छादित मूढ़ अन्तःकरणवाला मनुष्य यह नहीं जानता कि 'मैं कहाँसे आया हूँ? कौन हूँ? कहाँ जाऊँगा? क्या मेरा स्वरूप है? मैं किस बन्धनसे बँधा हुआ हूँ? क्या इस बन्धनका कुछ कारण भी है या यह अकारण ही प्राप्त हुआ है? मुझे क्या करना चाहिये? और क्या नहीं करना चाहिये? मेरे लिये क्या कहना और क्या न कहना उचित है? मेरे लिये क्या धर्म है? और क्या अधर्म? किसके प्रति कैसा बर्ताव करना उचित है? क्या कर्तव्य है और क्या अकर्तव्य? तथा कौन-सा कार्य गुणयुक्त है और कौन-सा दोषयुक्त?' इस प्रकार पशुके समान मूढ़ तथा शिश्नोदरपरायण मनुष्योंको अज्ञानजनित महान् दुःख प्राप्त होते हैं।

ब्राह्मणो! अज्ञान तामसिक भाव है, अतः अज्ञानी पुरुषोंकी तामसिक कर्मोंके अनुष्ठानमें ही प्रवृत्ति होती है। इससे शास्त्रविहित कर्मोंका लोप हो जाता है। महर्षियोंने शास्त्रविहित कर्मोंके लोपका फल नरक बतलाया है। अतः अज्ञानी पुरुषोंको

इस लोक और परलोकमें भारी दुःख भोगना पड़ता है। वृद्धावस्थासे शरीरके जर्जर हो जानेपर पुरुषका प्रत्येक अङ्ग शिथिल हो जाता है। उसके दाँत कमजोर होकर गिर जाते हैं। शरीरमें झुर्रियाँ पड़ जाती हैं और सब ओर नस-नाड़ियाँ दिखायी देने लगती हैं। नेत्रोंकी दूरस्थ वस्तुओंको देखनेकी शक्ति नष्ट हो जाती है। नेत्रोंकी पुतलियाँ गोलकोंमें समा जाती हैं। नासिकाके छिद्रोंमें बहुत-से रोएँ जमकर बाहर निकल आते हैं। शरीर काँपने लगता है। सब हड्डियाँ दिखायी देने लगती हैं। मेरुदण्ड झुक जाता है। जठराग्नि मन्द पड़ जानेके कारण उसका आहार कम हो जाता है। उससे काम-काज भी कम ही हो पाते हैं। घूमने-फिरने, उठने-बैठने और सोने आदिकी चेष्टा भी बड़ी कठिनाईसे होती है। कानों और नेत्रोंकी शक्ति मन्द पड़ जाती है। सदा लार बहते रहनेसे मुख मलिन हो जाता है। समस्त इन्द्रियाँ काबूके बाहर हो जाती हैं। मनुष्य मृत्युके निकट पहुँच जाता है। उसको उसी समय अनुभव किये हुए सभी पदार्थोंकी स्मृति नहीं रहती। एक बार भी कोई बात कहनेमें उसको बड़ा भारी परिश्रम होता है। वह दमे और खाँसी आदिके कष्टसे रातभर जागता रहता है। वृद्ध पुरुषको दूसरा ही उठाता और दूसरा ही सुलाता है। उसे अपने सेवक, पुत्र और स्त्रीके द्वारा भी अपमानित होना पड़ता है। उसका समस्त शौचाचार नष्ट हो जाता है। फिर भी आहार-विहारके लिये वह लालायित रहता है। उसके परिजन भी उसकी हँसी उड़ाते हैं। सभी बन्धु-बान्धव उसकी ओरसे विरक्त रहते हैं। अपनी युवावस्थाकी चेष्टाओंको वह इस प्रकार स्मरण करता है, मानो वे दूसरे जन्ममें अनुभव की हुई बातें हों; उनके स्मरणसे अत्यन्त संतप्त होकर वह लंबी साँसें लेता है। इस प्रकार वृद्धावस्थामें अनेक दुःखोंको भोगकर वह मृत्युके समय जिन क्लेशोंका अनुभव करता है, उनका वर्णन सुनो।

मृत्युकालमें मनुष्यका कण्ठ और हाथ-पैर शिथिल हो जाते हैं। उसका शरीर काँपता रहता है। उसे बार-बार मूर्च्छा होती है और कभी थोड़ी-सी चेतना भी आ जाती है। उस समय वह अपने सुवर्ण, धान्य, पुत्र, पत्नी, सेवक और गृह आदिके लिये ममतासे अत्यन्त व्याकुल होकर सोचता है—'हाय! मेरे बिना इनकी कैसी दशा होगी।' मर्म विदीर्ण करनेवाले महान् रोग भयंकर आरे तथा यमराजके घोर बाणोंकी भाँति उसके अस्थि-बन्धनोंको काटे डालते हैं। उसकी आँखोंकी पुतलियाँ घूमने लगती हैं, वह बारंबार हाथ-पैर पटकता है; उसके तालू, ओठ और कण्ठ सूखने लगते हैं। गला घुरघुराता है। उदान वायुसे पीड़ित होकर कण्ठ रुँध जाता है। उस अवस्थामें मनुष्य महान् ताप, भूख और प्याससे व्यथित हो यमदूतोंद्वारा दी हुई पीड़ा सहकर बड़े कष्टसे प्राणत्याग करता है। फिर क्लेशसे ही उसे यातनादेहकी प्राप्ति होती है। ये तथा और भी बहुत-से भयंकर दुःख मृत्युके समय मनुष्योंको भोगने पड़ते हैं।

विप्रवरो! नरकमें गये हुए जीवोंको जो पापजनित दुःख भोगने पड़ते हैं, उनकी कोई गणना नहीं है। केवल नरकमें ही दुःखकी परम्परा हो, ऐसी बात नहीं है; स्वर्गमें भी जिसके पुण्यका भोग क्षीण हो रहा है और जो पापके फलभोगसे भयभीत है, उसे शान्ति नहीं मिलती। जीव पुनः-पुनः गर्भमें आता और जन्म लेता है। कभी वह गर्भमें ही नष्ट हो जाता और कभी जन्म लेनेके समय मृत्युको प्राप्त होता है। कभी जन्मते ही, कभी बाल्यावस्थामें और कभी युवावस्थामें ही उसकी मृत्यु हो जाती है। विप्रगण! मनुष्योंके लिये जो-जो वस्तु अत्यन्त प्रीतिकारक होती है, वही-वही उसके लिये दुःखरूपी वृक्षका बीज बन जाती है। स्त्री, पुत्र, मित्र आदि और गृह, क्षेत्र तथा धन आदिसे पुरुषोंको उतना अधिक सुख नहीं मिलता, जितना कि दुःख उठाना पड़ता है। इस प्रकार सांसारिक दुःखरूपी

सूर्यके तापसे संतप्त चित्तवाले मानवोंको मोक्षरूपी वृक्षकी शीतल छायाके सिवा अन्यत्र कहाँ सुख है। अतः विद्वानोंने गर्भ, जन्म और बुढ़ापा आदि स्थानोंमें होनेवाले आध्यात्मिक आदि त्रिविध दुःखसमूहोंको दूर करनेके लिये एकमात्र भगवत्प्राप्तिको ही अमोघ ओषधि बताया है। उससे बढ़कर आह्लादजनक और सुखस्वरूप दूसरी कोई ओषधि नहीं है। अतः बुद्धिमान् पुरुषोंको भगवत्प्राप्तिके लिये सदा ही यत्न करना चाहिये। द्विजवरो! भगवत्प्राप्तिके दो साधन कहे गये हैं—ज्ञान और कर्म। ज्ञान भी दो प्रकारका है—शास्त्र-जन्य और विवेक-जन्य। शास्त्र-जन्य ज्ञान शब्दब्रह्मका और विवेक-जन्य ज्ञान परब्रह्मका स्वरूप है। अज्ञान गाढ अन्धकारके समान है। उसको नष्ट करनेके लिये शास्त्र-जन्य ज्ञान दीपकके समान और विवेक-जन्य ज्ञान साक्षात् सूर्यके सदृश माना गया है।

मुनिवरो! मनुजीने वेदार्थका स्मरण करके इसके विषयमें जो विचार प्रकट किया है, उसे बताता हूँ; सुनो। ब्रह्मके दो स्वरूप जानने योग्य हैं—शब्दब्रह्म और परब्रह्म। जो शब्दब्रह्ममें पारंगत है, वह परब्रह्मको प्राप्त कर लेता है। अथर्ववेदकी श्रुति कहती है कि परा और अपरा—ये दो विद्याएँ जानने योग्य हैं। परा विद्यासे अक्षरब्रह्मकी प्राप्ति होती है तथा ऋग्वेदादि शास्त्र ही अपरा विद्या हैं। वह जो अव्यक्त, जरावस्थासे रहित, अचिन्त्य, अजन्मा, अविनाशी, अनिर्देश्य, अरूप, हस्त-पादादिसे रहित, सर्वव्यापक, नित्य, सब भूतोंका कारण तथा स्वयं कारणरहित है, जिससे सम्पूर्ण व्याप्य वस्तु व्याप्त है, जिसे ज्ञानी पुरुष ही ज्ञानदृष्टिसे देखते हैं, वही परब्रह्म और वही परमधाम है। मोक्षकी अभिलाषा रखनेवाले पुरुषोंको उसीका चिन्तन करना चाहिये। वही भगवान् विष्णुका वेदवाक्योंद्वारा प्रतिपादित परम पद है। जो सम्पूर्ण भूतोंकी उत्पत्ति, प्रलय, आगमन, गमन तथा विद्या और अविद्याको जानता है, उसीको 'भगवान्' कहना चाहिये। त्यागने योग्य त्रिविध गुण आदिको छोड़कर समग्र ज्ञान, समग्र शक्ति, समग्र बल, समग्र ऐश्वर्य, समग्र वीर्य और समग्र तेज ही 'भगवत्' शब्दके वाच्यार्थ हैं। इस दृष्टिसे श्रीविष्णु ही 'भगवान्' हैं। उन परमात्मा श्रीहरिमें सम्पूर्ण भूत निवास करते हैं तथा वे भी सर्वात्मारूपसे सब भूतोंमें स्थित हैं। अतः वे 'वासुदेव' कहे गये हैं। पूर्वकालमें महर्षियोंके पूछनेपर स्वयं प्रजापति ब्रह्माने अनन्त भगवान् वासुदेवके नामकी यह यथार्थ व्याख्या बतलायी थी। सम्पूर्ण जगत्के धाता और विधाता भगवान् श्रीहरि सम्पूर्ण भूतोंमें वास करते हैं और सम्पूर्ण भूत उनमें वास करते हैं; इसलिये उनका नाम 'वासुदेव' है। वे परमात्मा निर्गुण, समस्त आवरणोंसे परे और सबके आत्मा हैं। सम्पूर्ण भूतोंकी, प्रकृति तथा उसके गुण और दोषोंकी पहुँचके बाहर हैं। सम्पूर्ण भुवनोंके बीचमें जो कुछ भी स्थित है, वह सब उनके द्वारा व्याप्त है। समस्त कल्याणमय गुण उनके स्वरूप हैं। उन्होंने अपनी मायाशक्तिके लेशमात्रसे सम्पूर्ण प्राणियोंकी सृष्टि की है। वे अपनी इच्छासे मनके अनुरूप अनेक शरीर धारण करते हैं तथा उन्हींके द्वारा सम्पूर्ण जगत्के कल्याणका साधन होता है। वे तेज, बल और ऐश्वर्यके महान् भंडार हैं। पराक्रम और शक्ति आदि गुणोंकी एकमात्र राशि हैं तथा परसे भी परे हैं। उन परमेश्वरमें सम्पूर्ण क्लेश आदिका अभाव है। वे ईश्वर ही व्यष्टि और समष्टिरूप हैं। वे ही अव्यक्त और व्यक्तस्वरूप हैं। सबके ईश्वर, सबके द्रष्टा, सर्वज्ञ, सर्वशक्तिमान् परमेश्वर नामसे प्रसिद्ध वे ही हैं। जिसके द्वारा दोषरहित, परम शुद्ध, निर्मल तथा एक रूप परमात्माका ज्ञान, साक्षात्कार अथवा प्राप्ति होती है, वही ज्ञान है। जो इसके विपरीत है, उसे अज्ञान बताया गया है।

योग और सांख्यका वर्णन

मुनियोंने कहा—महर्षे! अब हमें योगका उपदेश दीजिये, जो दु:खोंको दूर करनेवाली ओषधि है तथा जिस अविनाशी योगको जानकर हम भगवान् पुरुषोत्तमका संयोग प्राप्त कर सकें।

व्यासजी बोले—विप्रवरो! मैं संसार-बन्धनका नाश करनेवाले योगका वर्णन करता हूँ, सुनो। उसका अभ्यास करके योगी पुरुष परम दुर्लभ मोक्ष प्राप्त कर लेता है। पहले गुरुकी भक्तिपूर्वक आराधना करके बुद्धिमान् पुरुष योगशास्त्र, इतिहास, पुराण और वेदोंका श्रवण करे। तत्पश्चात् आहार, योगके दोष, देश और कालका ज्ञान प्राप्त करके निर्द्वन्द्व एवं परिग्रहशून्य होकर योगका अभ्यास करे। सत्तू, जौका माँड़, मट्ठा, मूल, फल, दूध, जौका हलुआ, खुद्दी और तिलकी खली—इन सब वस्तुओंका भोजन योगकी सिद्धि करनेवाला है। जिस समय मन व्याकुल न हो, कानोंमें किसी प्रकारका शब्द न आता हो, भूख-प्यासका कष्ट न हो, हर्ष, शोक आदि द्वन्द्व, सर्दी, गर्मी तथा वायु बाधा न पहुँचाती हो, ऐसे समयमें योगसाधन करना चाहिये। जहाँ कोई शब्द होता हो तथा जो जलके समीप हो, ऐसे स्थानमें, टूटी-फूटी पुरानी गोशालामें, चौराहेपर, साँप-बिच्छू आदिके स्थानमें, श्मशान-भूमिमें, नदीके तटपर, अग्निके समीप, देववृक्षके नीचे, बाँबीपर, भयदायक स्थानमें, कुएँके समीप तथा सूखे पत्तोंपर कभी योगाभ्यास नहीं करना चाहिये। जो मूर्खतावश इन स्थानोंकी परवा न करके वहीं योग-साधन करता है, उसके सामने विघ्नकारक दोष आते हैं। उन दोषोंका वर्णन करता हूँ, सुनो। बहरापन, जडता, स्मरणशक्तिका लोप, गूँगापन, अन्धापन, ज्वर तथा अज्ञान-जनित दोष—ये सभी उसे प्राप्त होते हैं। अत: योगवेत्ता पुरुषको सदा सब प्रकारसे शरीरकी रक्षा करनी चाहिये; क्योंकि शरीर ही धर्म, अर्थ, काम और मोक्ष—चारों पुरुषार्थोंका साधन है। एकान्त आश्रममें, गूढ स्थानमें, शब्द और भयसे रहित पर्वतीय गुफामें, सूने घरमें, अथवा पवित्र रमणीय तथा एकान्त देवमन्दिरमें बैठकर रातके पहले और पिछले पहरमें अथवा दिनके पूर्वाह्न और मध्याह्नकालमें एकाग्रचित्त होकर योग-साधन करे। भोजन थोड़ा और नियमके अनुकूल हो। इन्द्रियोंपर पूरा नियन्त्रण रहे। सुन्दर आसनपर पूर्वाभिमुख बैठकर योगाभ्यास करना उचित है। आसन सुखद और स्थिर हो। अधिक ऊँचा या अधिक नीचा न हो। योगके साधकको नि:स्पृह, सत्यवादी और पवित्र होना चाहिये। वह निद्रा और क्रोधको अपने वशमें रखे। सम्पूर्ण भूतोंके हितमें तत्पर रहे। सब प्रकारके द्वन्द्वोंको सहन करे। शरीर, चरण और मस्तकको समान स्थितिमें रखे। दोनों हाथ नाभिपर रखकर शान्त हो पद्मासनसे बैठे। दृष्टिको नासिकाके अग्रभागपर लगाकर प्राणायामपूर्वक मौन रहे। मनके द्वारा इन्द्रिय-समुदायको विषयोंकी ओरसे हटाकर हृदयमें स्थापित करे। दीर्घस्वरसे प्रणवका उच्चारण करते हुए मुखको बंद रखे और स्वयं भी स्थिर रहे। योगी पुरुष नेत्र बंद करके बैठे। वह तमोगुणकी वृत्तिको रजोगुणसे और रजोगुणकी वृत्तिको सत्त्वगुणसे आच्छादित करके निर्मल एवं शान्त हृदयकमलकी कर्णिकामें लीन, सर्वव्यापी, निरञ्जन, मोक्षदायक भगवान् पुरुषोत्तमका निरन्तर चिन्तन करे।

योगवेत्ता पुरुष पहले अन्त:करणसहित इन्द्रियों और पञ्चभूतोंको क्षेत्रज्ञमें स्थापित करे और क्षेत्रज्ञको परमात्मामें नियुक्त करे। तत्पश्चात् योगाभ्यास करे। जिस पुरुषका चञ्चल मन समस्त विषयोंका परित्याग करके परमात्मामें लीन हो जाता है, उसके सामने योगसिद्धि प्रकाशित होती है। जब योगयुक्त पुरुषका चित्त समाधिकालमें सब विषयोंसे निवृत्त हो परब्रह्ममें एकीभूत हो जाता है, उस समय वह परमपदको

प्राप्त होता है। जब योगीका चित्त परमानन्दको प्राप्तकर किसी भी कर्ममें आसक्त नहीं होता, उस समय वह निर्वाणपदको प्राप्त होता है। योगी अपने योगबलसे शुद्ध, सूक्ष्म, गुणातीत तथा सत्त्वगुणसम्पन्न पुरुषोत्तमको प्राप्त करके निस्संदेह मुक्त हो जाता है। सम्पूर्ण भोगोंकी ओरसे निःस्पृह, सर्वत्र प्रेमपूर्ण दृष्टि रखनेवाला तथा सब अनात्मपदार्थोंमें अनित्य बुद्धि रखनेवाला योगी ही मुक्त हो सकता है। जो योगवेत्ता पुरुष वैराग्यके कारण इन्द्रियोंके विषयोंका सेवन नहीं करता और निरन्तर अभ्यासयोगमें लगा रहता है, उसकी मुक्तिमें तनिक भी संदेह नहीं है। केवल पद्मासन लगानेसे और नासिकाके अग्रभागपर दृष्टि रखनेसे ही योगकी सिद्धि नहीं होती। वास्तवमें मन और इन्द्रियोंके संयोग—उनकी एकाग्रताको ही योग कहते हैं। मुनिवरो! इस प्रकार मैंने संसार-बन्धनसे मुक्तिके साधनभूत मोक्षदायक योगका वर्णन किया।

मुनि बोले—द्विजश्रेष्ठ! आपके मुखरूपी समुद्रसे निकले हुए वचनामृतका पान करनेसे हमें तृप्ति होती नहीं दिखायी देती। अतः पुनः मोक्षदायक योग और सांख्यका विस्तारपूर्वक वर्णन कीजिये। तपस्या, ब्रह्मचर्य, सर्वस्वत्याग और बुद्धि—जिस उपायसे मन और इन्द्रियोंकी एकाग्रता प्राप्त हो सके, वह बतलानेकी कृपा कीजिये।

व्यासजीने कहा—विद्या, तप, इन्द्रियनिग्रह और सर्वस्वत्यागके बिना कोई भी सिद्धि नहीं पा सकता। सम्पूर्ण महाभूत विधाताकी पहली सृष्टि है। वे प्राणियोंके शरीरमें भरे हुए हैं। पृथ्वीसे देहका निर्माण हुआ है। चिकनाहट और पसीने आदि जलके अंश हैं। अग्निसे नेत्र तथा वायुसे प्राण और अपान उत्पन्न हुए हैं। नाक, कान आदिके छिद्र आकाशतत्त्वके स्वरूप हैं। चरणोंमें विष्णु, हाथोंमें इन्द्र और उदरमें अग्नि देवता भोक्तारूपसे स्थित रहते हैं। कानोंमें श्रोत्र-इन्द्रिय और दिशाएँ हैं। जिह्वामें वाक्-इन्द्रिय और सरस्वती देवताका निवास है। कान, त्वचा, नेत्र, जिह्वा और नासिका—ये पाँच ज्ञानेन्द्रियाँ हैं; उन्हें विषयानुभवका द्वार बतलाया गया है। शब्द, स्पर्श, रूप, रस और गन्ध—ये इन्द्रियोंके विषय हैं। इस महान् आत्माका दर्शन नेत्रों अथवा सम्पूर्ण इन्द्रियोंसे नहीं हो सकता। यह विशुद्ध मनरूपी दीपकसे ही बुद्धिमें प्रकाशित होता है। परमात्मा शब्द, स्पर्श, रूप, रस और गन्धसे हीन, अविकारी तथा शरीर और इन्द्रियोंसे रहित है तो भी शरीरके भीतर ही इसका अनुसंधान करना चाहिये। जो इस विनाशशील शरीरमें अव्यक्तभावसे स्थित परमपूजित परमेश्वरका ज्ञानमयी दृष्टिसे निरन्तर साक्षात्कार करता रहता है, वह मृत्युके पश्चात् ब्रह्मभावको प्राप्त होता है। ज्ञानीजन विद्या-विनयसम्पन्न ब्राह्मणमें तथा गौ, हाथी, कुत्ते और चाण्डालमें भी समभावसे ही देखनेवाले होते हैं।* जिससे यह सम्पूर्ण जगत् व्याप्त है, वह परमात्मा समस्त चराचर प्राणियोंके भीतर निवास करता है। जब जीवात्मा सम्पूर्ण प्राणियोंमें अपनेको और अपनेमें सम्पूर्ण प्राणियोंको स्थित देखता है, उस समय वह ब्रह्मभावको प्राप्त हो जाता है। अपने शरीरके भीतर जैसा आत्मा है, वैसा ही दूसरोंके शरीरमें भी है—जिस पुरुषको निरन्तर ऐसा ज्ञान बना रहता है, वह अमृतत्व (मोक्ष)- को प्राप्त होता है।† जो सम्पूर्ण प्राणियोंका आत्मा होकर सबके हितमें लगा हुआ है, जिसका

---

* विद्याविनयसम्पन्ने ब्राह्मणे गवि हस्तिनि। शुनि चैव श्वपाके च पण्डिताः समदर्शिनः॥ (२३५। २०)

† सर्वभूतेषु चात्मानं सर्वभूतानि चात्मनि। यदा पश्यति भूतात्मा ब्रह्म सम्पद्यते तदा॥
यावानात्मनि वेदात्मा तावानात्मा परात्मनि। य एवं सततं वेद सोऽमृतत्वाय कल्पते॥
(२३५। २२-२३)

अपना कोई मार्ग नहीं है तथा जो ब्रह्मपदको प्राप्त करना चाहता है, उसके मार्गकी खोज करनेमें देवता भी मोहित हो जाते हैं। जैसे आकाशमें चिड़ियोंके और जलमें मछलियोंके चलनेके चिह्न दिखायी नहीं पड़ते, उसी प्रकार ज्ञानियोंकी मतिका भी किसीको पता नहीं चलता।

काल सम्पूर्ण प्राणियोंको पकाता (नष्ट करता) है; किंतु जहाँ काल भी पकाया जाता है—जो कालका भी काल है, उस आत्माको कोई नहीं जानता। परब्रह्म परमात्मा न ऊपर है न नीचे है, न इधर-उधर है और न बीचमें ही; कोई किसी अंशमें उसको ग्रहण कर सकता है। सम्पूर्ण लोक उसके भीतर ही स्थित हैं। उसके बाहर कुछ भी नहीं है। यद्यपि कोई धनुषसे छूटे हुए बाण अथवा मनके समान वेगसे निरन्तर आगेकी ओर दौड़ता रहे तो भी कभी उस परमेश्वरका अन्त नहीं पा सकता। उससे अधिक सूक्ष्म तथा उससे बढ़कर स्थूल दूसरी कोई वस्तु नहीं है। उसके सब ओर हाथ-पैर हैं, सब ओर नेत्र हैं तथा सब ओर सिर, मुख और कान हैं। वह संसारमें सबको व्याप्त करके स्थित है। छोटे-से-छोटा और बड़े-से-बड़ा भी वही है। यद्यपि वह सब प्राणियोंके भीतर निश्चय ही स्थित रहता है तो भी वह किसीको दिखायी नहीं देता।* क्षर और अक्षर—ये पुरुषके दो भेद हैं। सम्पूर्ण भूत तो क्षर (विनाशी) हैं और दिव्य अमृतस्वरूप चेतन आत्मा अक्षर (अविनाशी) है। नौ द्वारोंवाले पुर (शरीर)-का निर्माण करके जितेन्द्रिय तथा नियमपरायण हंस (आत्मा) उसमें वास करता है। समस्त चराचर भूतोंका आत्मा ऐसा ही है। अजन्मा आत्मा भाँति-भाँतिके विकल्पोंका त्याग और शरीरोंका संचय करता है, इसलिये पारदर्शी विद्वानोंने उसे 'हंस' कहा है। 'हंस' नामसे जिस अविनाशी जीवात्माका प्रतिपादन किया गया है, वह कूटस्थ अक्षर ही है। इस प्रकार जो विद्वान् उस अक्षर आत्माको जान लेता है, वह जन्म-मृत्युके बन्धनसे छुटकारा पा जाता है।

ब्राह्मणो! इस प्रकार तुम्हारे पूछनेपर मैंने ज्ञानयुक्त सांख्यका यथावत् वर्णन किया। अब योगकी बातें बताऊँगा, सुनो। इन्द्रिय, मन और बुद्धिकी वृत्तियोंको सब ओरसे रोककर व्यापक आत्माके साथ उनकी एकता स्थापित करना ही योगशास्त्रके मतमें उत्तम ज्ञान है। योगी पुरुषको शम-दमसे सम्पन्न होना चाहिये। वह अध्यात्मशास्त्रका अनुशीलन करे, आत्मामें ही अनुराग रखे, शास्त्रोंका तत्त्व जाने और निष्कामभावसे पवित्र कर्मोंका अनुष्ठान करे। इस प्रकार साधनसम्पन्न होकर योगोक्त उत्तम ज्ञानको प्राप्त करे। काम, क्रोध, लोभ, भय और स्वप्न—ये पाँच योगके दोष हैं; इन्हें विद्वान् पुरुष जानते हैं। इन सभी दोषोंका उच्छेद करके अपनेको योगका अधिकारी बनाये।

धीर पुरुष मनको वशमें रखनेसे क्रोधपर और संकल्पका त्याग करनेसे कामपर विजय पाता है। सत्त्वगुणका सेवन करनेसे वह निद्राका नाश कर सकता है। धैर्यके द्वारा योगी शिश्न और उदरकी रक्षा करे। नेत्रोंकी सहायतासे हाथ और पैरोंकी रक्षा करे। मनके द्वारा नेत्र और कानोंकी तथा कर्मके द्वारा मन और वाणीकी रक्षा करे। प्रमादके त्यागसे भयका और विद्वान् पुरुषोंके सेवनसे दम्भका त्याग करे।† इस प्रकार योगके साधकको आलस्य छोड़कर इन योग-सम्बन्धी

* सर्वतःपाणिपादं तत्सर्वतोऽक्षिशिरोमुखम्। सर्वतःश्रुतिमल्लोके सर्वमावृत्य तिष्ठति॥
तदेवाणोरणुतरं तन्महद्भ्यो महत्तरम्। तदन्तः सर्वभूतानां ध्रुवं तिष्ठन्न दृश्यते॥ (२३५।३०-३१)

† क्रोधं शमेन जयति कामं संकल्पवर्जनात्।
सत्त्वसंसेवनाद्धीरो निद्रामुच्छेत्तुमर्हति। धृत्या शिश्नोदरं रक्षेत्पाणिपादं च चक्षुषा।
चक्षुः श्रोत्रं च मनसा मनो वाचं च कर्मणा। अप्रमादाद् भयं जह्याद् दम्भं प्राज्ञोपसेवनात्॥ (२३५।४०—४२)

दोषोंको जीतनेका प्रयत्न करना चाहिये। वह अग्नि, ब्राह्मण तथा देवताओंको सदा प्रणाम करे। मनपर प्रभाव डालनेवाली हिंसायुक्त उद्दण्डतापूर्ण वाणी न बोले। तेजोमय ब्रह्म ही वीर्य (सबका आदि कारण) है, यह सम्पूर्ण जगत् उसीका कार्य है। समस्त चराचर जगत् उस ब्रह्मके ही ईक्षण (संकल्प)-का परिणाम है। ध्यान, वेदाध्ययन, दान, सत्य, लज्जा, सरलता, क्षमा, शौच, आत्मशुद्धि एवं इन्द्रियसंयम—इनसे तेजकी वृद्धि होती है और पापका नाश होता है।*

योगीको चाहिये कि वह सम्पूर्ण प्राणियोंमें समान भाव रखे; जो कुछ मिल जाय, उसीसे निर्वाह करे। पापरहित, तेजस्वी, मिताहारी और जितेन्द्रिय होकर, काम और क्रोधको वशमें करके ब्रह्मपदका सेवन करे। योगी रातके पहले और पिछले पहरमें मन एवं इन्द्रियोंको एकाग्र करके ध्यानस्थ हो मनको आत्मामें लगावे। जैसे मशकमें एक जगह भी छेद हो जानेपर सारा पानी बह जाता है, उसी प्रकार यदि साधककी पाँच इन्द्रियोंमेंसे एक इन्द्रिय भी विकृत हो विषयोंकी ओर चली जाय तो वह अपनी बुद्धि और विवेक खो बैठता है। जैसे मछुआ पहले जाल काटनेवाली मछलीको पकड़कर पीछे अन्य मछलियोंको पकड़ता है, उसी प्रकार योगवेत्ता साधक पहले अपने मनको वशमें करे। तत्पश्चात् कान, नेत्र, जिह्वा तथा नासिका आदि इन्द्रियोंका निग्रह करे। इन सबको अधीन करके मनमें स्थापित करे और मनको भी संकल्प-विकल्पसे हटाकर बुद्धिमें स्थिर करे। इस प्रकार पाँचों इन्द्रियोंको मनमें और मनको बुद्धिमें स्थापित करनेपर जब ये इन्द्रिय और मन स्थिर हो जाते हैं, उस समय इनकी मलिनता दूर होकर इनमें स्वच्छता आ जाती है। फिर अन्तःकरणमें ब्रह्मका साक्षात्कार हो जाता है। योगी धूमरहित अग्नि, दीप्तिमान् सूर्य तथा आकाशमें चमकती हुई बिजलीकी भाँति आत्माका हृदयदेशमें दर्शन करता है। सब कुछ आत्मामें है और आत्मा सबमें व्यापक है; इसलिये वह सर्वत्र दृष्टिगोचर होता है। जो महात्मा ब्राह्मण मनीषी, धैर्यवान्, महाज्ञानी और सम्पूर्ण प्राणियोंके हितमें तत्पर रहनेवाले हैं, वे ही उस आत्माका दर्शन कर पाते हैं। जो योगी एकान्तमें बैठकर कठोर नियमोंका पालन करते हुए थोड़े समय भी इस प्रकार योगाभ्यास करता है, वह अक्षर ब्रह्मकी समानताको प्राप्त हो जाता है।

योग-साधनामें अग्रसर होनेपर मोह, भ्रम और आवर्त आदि विघ्न प्राप्त होते हैं। दिव्य सुगन्ध आती है, दिव्य वाणीका श्रवण तथा दिव्य रूपोंके दर्शन होते हैं। अद्भुत बातें देखनेमें आती हैं। अलौकिक रस और स्पर्शका अनुभव होता है। इच्छानुकूल सर्दी और गर्मी प्राप्त होती है। वायुकी भाँति आकाशमें चलने-फिरनेकी शक्ति आ जाती है। प्रतिभा बढ़ जाती है और उपद्रवोंका अभाव हो जाता है। योगसे इन सिद्धियोंके प्राप्त होनेपर भी तत्त्ववेत्ता पुरुष उनकी उपेक्षा करके समभावसे ही उन्हें लौटा दे। वह योगका ही अभ्यास बढ़ाये और नियमपूर्वक रहते हुए पहाड़की चोटीपर, शून्य देवमन्दिरमें अथवा वृक्षोंके नीचे बैठकर योगका अभ्यास करे। इन्द्रिय-समुदायको संयममें रखकर एकाग्रचित्त हो निरन्तर आत्माका चिन्तन करता रहे। योगसे मनको उद्विग्न न होने दे। जिस उपायसे चञ्चल मनको रोका जा सके, उसमें तत्परतापूर्वक लग

* ध्यानमध्ययनं दानं सत्यं ह्रीरार्जवं क्षमा।
शौचं चैवात्मनः शुद्धिरिन्द्रियाणां च निग्रहः। एतैर्विवर्धते तेजः पाप्मानं चापकर्षति ॥
(२३५।४५-४६)

जाय और साधनासे कभी विचलित न हो। अपने रहनेके लिये शून्य गृहको स्वीकार करे, क्योंकि वहाँ चित्त एकाग्र रह सकता है। योगका साधक मन, वाणी अथवा क्रियाद्वारा भी कहीं आसक्त न हो। वह सबकी ओरसे उपेक्षाका भाव रखे, नियमित भोजन करे तथा लाभ और अलाभको समान समझे। जो उस योगीकी निन्दा करे और जो उसको मस्तक झुकाये, उन दोनोंके ही प्रति वह समान भाव रखे। वह किसी एककी बुराई या भलाई न सोचे। कुछ लाभ होनेपर हर्षसे फूल न उठे और लाभ न होनेपर चिन्ता न करे। अपितु वायुका सहधर्मी[१] होकर सब प्राणियोंके प्रति समान भाव रखे।[२] इस प्रकार स्वस्थचित्त होकर सर्वत्र समान दृष्टि रखनेवाला साधक यदि छः महीने भी निरन्तर योगके अभ्यासमें लगा रहे तो उसे ब्रह्मका साक्षात्कार हो जाता है। दूसरे लोग धनकी इच्छा या संग्रह करनेके कारण अत्यन्त विकल हैं, यह देखकर उसकी ओरसे विरक्त हो जाय। मिट्टीके ढेले, पत्थर और सुवर्णको समान समझे। इस प्रकार योग-मार्गपर चलनेवाला साधक मोहवश कभी उससे विचलित न हो। कोई नीच वर्णका पुरुष अथवा स्त्री ही क्यों न हो, यदि उसे धर्म करनेकी अभिलाषा हो तो वह भी इस योगमार्गसे परम गतिको प्राप्त कर सकता है। योगी पुरुष अजन्मा, पुरातन, जरावस्थासे रहित, सनातन, इन्द्रियातीत एवं अगोचर ब्रह्मको प्राप्त होते हैं। जो मनीषी पुरुष इस योगकी पद्धतिपर दृष्टिपात करके इसे अपनाते हैं, वे ब्रह्माजीके समान हो उस उत्तम गतिको प्राप्त करते हैं, जहाँसे पुनः इस संसारमें नहीं आना पड़ता।

कर्म तथा ज्ञानका अन्तर, परमात्मतत्त्वका निरूपण तथा अध्यात्मज्ञान और उसके साधनोंका वर्णन

मुनि बोले—महर्षे! यदि वेदकी ऐसी आज्ञा है कि 'कर्म करो' तथा यह भी आदेश है कि 'कर्मका त्याग करो' तो यह बताइये कि मनुष्य ज्ञानके द्वारा कर्म त्याग देनेपर किस गतिको प्राप्त होते हैं तथा कर्म करनेसे उन्हें किस फलकी प्राप्ति होती है? इस बातको हम सुनना चाहते हैं। क्योंकि उक्त दोनों आज्ञाएँ परस्पर विरुद्ध प्रतीत होती हैं।

व्यासजीने कहा—ब्राह्मणो! ज्ञानसे मनुष्य जिस गतिको पाते हैं और कर्मसे उन्हें जैसी गति मिलती है, उसका वर्णन करता हूँ; सुनो। तुम्हारे इस प्रश्नका उत्तर गहन है। शास्त्रमें दो मार्गोंका वर्णन है—एकका नाम प्रवृत्तिधर्म है और दूसरेको निवृत्तिधर्म कहा गया है। प्रवृत्तिमार्गको कर्म और निवृत्तिमार्गको ज्ञान भी कहते हैं। कर्म (अविद्या)- से मनुष्य बन्धनमें पड़ता है और ज्ञानसे मुक्त हो जाता है; इसलिये पारदर्शी यति कर्म नहीं करते। कर्मसे मरनेके बाद जन्म लेना पड़ता है, सोलह तत्त्वोंसे बने हुए शरीरकी प्राप्ति होती है। किंतु ज्ञानसे नित्य, अव्यक्त एवं अविनाशी परमात्मा प्राप्त होते हैं। कुछ मन्दबुद्धि मानव कर्मकी प्रशंसा करते हैं, अतः वे भोगासक्त होकर बारंबार देहके बन्धनमें पड़ते हैं। परंतु जो धर्मके तत्त्वको भलीभाँति समझते हैं तथा जिन्हें उत्तम बुद्धि प्राप्त है, वे

१-सर्वत्र विचरते हुए भी कहीं आसक्त न होना ही वायुका सहधर्मी होना है।

२-यश्चैनमभिनिन्देत यश्चैनमभिवादयेत्। समस्तयोश्चाप्युभयोर्नाभिध्यायेच्छुभाशुभम् ॥
न प्रहृष्येत लाभेषु नालाभेषु च चिन्तयेत्। समः सर्वेषु भूतेषु सधर्मा मातरिश्वनः॥
(२३५।६४-६५)

कर्मकी उसी तरह प्रशंसा नहीं करते, जैसे नदीका पानी पीनेवाला मनुष्य कुएँका आदर नहीं करता। कर्मके फल मिलते हैं—सुख और दुःख, जन्म और मृत्यु। किंतु ज्ञानसे उस पदकी प्राप्ति होती है, जहाँ जाकर मनुष्य सदाके लिये शोकसे मुक्त हो जाता है। जहाँ जन्म, मृत्यु, जरा और वृद्धि उसका स्पर्श नहीं करते, वहाँ केवल अव्यक्त, अचल, ध्रुव, अव्याकृत एवं अमृतस्वरूप परब्रह्मकी ही स्थिति है। उस स्थितिमें पहुँचे हुए मनुष्योंको शीत-उष्ण आदि द्वन्द्व बाधा नहीं पहुँचाते। मानसिक विकार और क्रियाद्वारा भी उन्हें कष्ट नहीं होता। वे समत्वभावसे युक्त, सबके प्रति मैत्री रखनेवाले और सम्पूर्ण प्राणियोंके हितमें रहनेवाले होते हैं।

ब्राह्मणो! देह, इन्द्रिय और मन आदि जो प्रकृतिके विकार हैं, वे क्षेत्रज्ञके ही आधारपर स्थित हैं। वे जड होनेके कारण क्षेत्रज्ञको नहीं जानते, किंतु क्षेत्रज्ञ उन सबको जानता है। जैसे चतुर सारथि अपने वशमें किये बलवान् एवं उत्तम घोड़ोंसे अच्छी तरह काम लेता है, उसी प्रकार क्षेत्रज्ञ भी अपने अधीन किये हुए मन और इन्द्रियोंद्वारा सम्पूर्ण कार्य सिद्ध करता है। इन्द्रियोंकी अपेक्षा उनके विषय (शब्दादि तन्मात्रा) पर—सूक्ष्म और श्रेष्ठ हैं। विषयोंसे मन पर है। मनसे बुद्धि पर है। बुद्धिसे महत्तत्त्व पर है। महत्तत्त्वसे अव्यक्त (मूल प्रकृति) पर है और अव्यक्तसे अविनाशी परमात्मा पर है। अविनाशी परमात्मासे पर कुछ भी नहीं है। वही पराकी सीमा है तथा वही परम गति है। इस प्रकार सम्पूर्ण प्राणियोंके भीतर छिपा हुआ यह परमात्मा सबके जाननेमें नहीं आता। उसे तो सूक्ष्मदर्शी ज्ञानी महात्मा ही अपनी सूक्ष्म एवं श्रेष्ठ बुद्धिसे देखते हैं।*

मनसहित इन्द्रियोंको तथा इन्द्रियोंके साथ उनके विषयोंको भी बुद्धिके द्वारा अन्तरात्मामें लीन करके नाना प्रकारके दृश्योंका चिन्तन न करे। ध्यानके द्वारा मनको विषयोंकी ओरसे हटाकर विवेकके द्वारा उसे स्थिर करे और शान्तभावसे स्थित हो जाय; ऐसा करनेसे साधक परम पदको प्राप्त होता है। जो इन्द्रियोंके वशमें रहता है, वह मानव विवेकशक्तिको खो देता है और अपनेको काम आदि शत्रुओंके हाथमें देकर मृत्युको प्राप्त होता है। इसलिये सब प्रकारके संकल्पोंका नाश करके चित्तको सत्त्वयुक्त बुद्धिमें स्थापित करे। यों करनेसे चित्तमें प्रसाद गुण आता है, जिससे यति पुरुष शुभ और अशुभ दोनोंको जीत लेता है। प्रसन्नचित्त साधक परमात्मामें स्थित होकर अत्यन्त आनन्दका अनुभव करता है। चित्तकी प्रसन्नताका लक्षण यह है कि सदा सुषुप्तिके समान सुखका अनुभव होता रहे अथवा वायुशून्य स्थानमें जलते हुए निष्काम दीपककी लौके समान मन कभी चञ्चल न हो।

जो मिताहारी और शुद्धचित्त होकर रातके पहले तथा पिछले भागमें आत्माको परमात्माके ध्यानमें लगाता है, वही अपने अन्तःकरणमें परमात्माका दर्शन करता है। यह उपदेश सम्पूर्ण वेदोंका रहस्य है। यह परमात्माका बोध करानेवाला शास्त्र है। धर्म और सत्यके सम्पूर्ण उपाख्यानोंमें जो सार वस्तु है, उसका दस हजार वर्षोंतक मन्थन करके यह अमृतमय उपदेश निकाला गया है। जैसे दहीसे मक्खन निकलता और काष्ठसे अग्नि प्रकट होती है, उसी प्रकार मोक्षके लिये विद्वानोंका ज्ञान यहाँ प्रकट किया गया है। इस शास्त्रका उपदेश स्नातकोंको देना चाहिये। जिसका मन शान्त नहीं है, इन्द्रियाँ वशमें नहीं हैं तथा जो तपस्वी नहीं है, उसे इस

* इन्द्रियेभ्यः परा ह्यर्था अर्थेभ्यः परमं मनः। मनसस्तु परा बुद्धिर्बुद्धेरात्मा महान् परः॥
महतः परमव्यक्तमव्यक्तात्परतोऽमृतम्। अमृतान्न परं किंचित्सा काष्ठा सा परा गतिः॥
एवं सर्वेषु भूतेषु गूढात्मा न प्रकाशते। दृश्यते त्वग्र्यया बुद्ध्या सूक्ष्मया सूक्ष्मदर्शिभिः॥
(२३६। २३—२५)

ज्ञानका उपदेश नहीं करना चाहिये। जो वेदका ज्ञाता नहीं है, जिसके मनमें गुरुके प्रति भक्ति नहीं है, जो दोष देखनेवाला, कुटिल, आज्ञाका पालन न करनेवाला, व्यर्थ तर्क-वितर्कसे दूषित और चुगलखोर है, उसे भी इसका उपदेश नहीं देना चाहिये। जो प्रशंसनीय, शान्त, तपस्वी तथा सेवापरायण शिष्य अथवा पुत्र हो, उसीको इस गूढ़ धर्मका उपदेश देना उचित है; दूसरे किसीको नहीं। यदि कोई रत्नोंसे भरी हुई सम्पूर्ण पृथ्वी देने लगे तो भी तत्त्ववेत्ता पुरुष उसकी अपेक्षा इस ज्ञानको ही श्रेष्ठ माने। अतः मैं तुम्हें अत्यन्त गूढ़ अर्थवाले अध्यात्म ज्ञानका उपदेश देता हूँ, जो मानवीय ज्ञानसे बाहर है, जिसे महर्षियोंने ही जाना है तथा जिसका सम्पूर्ण उपनिषदोंमें वर्णन किया गया है। मुनिवरो! तुमलोग जो बात पूछते थे और तुम्हारे हृदयमें जिसके विषयमें संदेह था, वह सब तुमने सुन लिया। मेरे मनमें जैसा निश्चय था, वह सब बता दिया; अब और क्या सुनाऊँ?

मुनियोंने कहा—ऋषिश्रेष्ठ! अब पुनः अध्यात्म ज्ञानका विस्तारपूर्वक वर्णन कीजिये। अध्यात्म क्या है और उसे हम किस प्रकार जानें?

व्यासजी बोले—ब्राह्मणो! अध्यात्मका जो स्वरूप है, उसे बताता हूँ। तुम उसकी व्याख्या ध्यान देकर सुनो। पृथ्वी, जल, तेज, वायु और आकाश—ये पञ्चमहाभूत सम्पूर्ण प्राणियोंके शरीरमें स्थित हैं। शब्द, श्रवणेन्द्रिय और शरीरके सम्पूर्ण छिद्र आकाशसे प्रकट हुए हैं। प्राण, चेष्टा और स्पर्शकी उत्पत्ति वायुसे हुई है। रूप, नेत्र और जठरानल—ये तीन अग्निके कार्य हैं। रस, रसना और चिकनाहट—ये जलके गुण हैं। गन्ध, नासिका और देह—ये पृथ्वीके कार्य हैं। यह पाञ्चभौतिक विकार बताया गया। स्पर्श वायुका, रस जलका, रूप तेजका, शब्द आकाशका और गन्ध भूमिका गुण है। मन-बुद्धि और स्वभाव—ये स्वयोनिज गुण हैं। ये गुणोंकी सीमाको लाँघ जाते हैं, अतः उनसे श्रेष्ठ माने गये हैं। जैसे कछुआ अपने अङ्गोंको फैलाकर फिर सिकोड़ लेता है, उसी प्रकार बुद्धिके द्वारा श्रेष्ठ पुरुष सम्पूर्ण इन्द्रियोंको विषयोंकी ओरसे समेट लेता है। मनुष्यके शरीरमें पाँच इन्द्रियाँ हैं, छठा तत्त्व मन है, सातवाँ तत्त्व बुद्धि है और क्षेत्रज्ञको आठवाँ समझो। आँख देखनेके लिये ही है, मन संदेह करता है, बुद्धि निश्चय करनेके लिये है और क्षेत्रज्ञको साक्षी कहा जाता है। सत्त्व, रज और तम—ये तीनों गुण अपने कारणभूत प्रकृतिसे प्रकट हैं। वे सम्पूर्ण प्राणियोंमें समान भावसे स्थित हैं। उनके कार्योंद्वारा उनकी पहचान करनी चाहिये। जब अन्तःकरण कुछ प्रीतियुक्त-सा जान पड़े, अत्यन्त शान्तिका-सा अनुभव हो, तब उसे सत्त्वगुण जानना चाहिये। जब शरीर और मनमें कुछ संतापका-सा अनुभव हो, तब उसे रजोगुणकी प्रवृत्ति मानना चाहिये। जब अन्तःकरणमें अव्यक्त, अतर्क्य और अज्ञेय मोहका संयोग होने लगे, तब उसे तमोगुण समझना चाहिये। जब अकस्मात् किसी कारणवश अत्यन्त हर्ष, प्रेम, आनन्द, समता और स्वस्थचित्तताका विकास हो, तब उसे सात्त्विक गुण कहते हैं। अभिमान, असत्य-भाषण, लोभ और असहनशीलता—ये रजोगुणके चिह्न हैं। मोह, प्रमाद, निद्रा, आलस्य और अज्ञान आदि दुर्गुण जब किसी तरह प्रवृत्त हों तब उन्हें तमोगुणका कार्य जानना चाहिये।

जैसे जलचर पक्षी जलमें विचरता हुआ भी उससे लिप्त नहीं होता, उसी प्रकार मुक्तात्मा योगी संसारमें रहकर भी उसके गुण-दोषोंसे लिप्त नहीं होता।* इसी प्रकार ज्ञानी पुरुष विषयोंमें आसक्त न होनेके कारण उनका उपभोग करते हुए भी उनके दोषोंसे लिप्त नहीं होता। जो सदा परमात्माके चिन्तनमें ही लगा रहता है, वह पूर्वकृत कर्मोंके बन्धनसे रहित हो सम्पूर्ण प्राणियोंका आत्मा हो

* यथा वारिचरः पक्षी न लिप्यति जले चरन्। विमुक्तात्मा तथा योगी गुणदोषैर्न लिप्यते॥ (२३६। ८२)

जाता है और विषयोंमें कभी आसक्त नहीं होता। गुण आत्माको नहीं जानते, किंतु आत्मा उन्हें सदा जानता रहता है; क्योंकि वह गुणोंका द्रष्टा है। प्रकृति और आत्मामें यही अन्तर है। एक (प्रकृति) तो गुणोंकी सृष्टि करती है, किन्तु दूसरा (आत्मा) ऐसा नहीं करता। वे दोनों स्वभावतः पृथक् होते हुए भी एक-दूसरेसे संयुक्त हैं। जैसे पत्थरमें सुवर्ण जड़ा होता है, जैसे गूलर और उसके कीड़े साथ-साथ रहते हैं तथा जिस प्रकार मूँजमें सींक होती है और ये सभी वस्तुएँ पृथक् होती हुई भी परस्पर संयुक्त रहती हैं, उसी प्रकार प्रकृति और पुरुष भी एक-दूसरेसे संयुक्त रहते हैं।

प्रकृति गुणोंकी सृष्टि करती है और क्षेत्रज्ञ आत्मा उदासीनकी भाँति अलग रहकर समस्त विकारशील गुणोंको देखा करता है। प्रकृति जो इन गुणोंकी सृष्टि करती है, वह सब उसका स्वाभाविक कर्म है। जैसे मकड़ी अपने शरीरसे तन्तुओंकी सृष्टि करती है, वैसे ही प्रकृति भी समस्त त्रिगुणात्मक पदार्थोंको जन्म देती है। किन्हींका मत है कि तत्त्वज्ञानसे जब गुणोंका नाश कर दिया जाता है, तब वे फिर उत्पन्न नहीं होते, उनका सर्वथा बाध हो जाता है। क्योंकि फिर उनका कोई चिह्न नहीं उपलब्ध होता। इस प्रकार वे भ्रम या अविद्याके निवारणको ही मुक्ति मानते हैं। दूसरोंके मतमें त्रिविध दुःखोंकी आत्यन्तिक निवृत्ति ही मोक्ष है। इन दोनों मतोंपर अपनी बुद्धिके अनुसार विचार करके सिद्धान्तका निश्चय करे।

आत्मा आदि और अन्तसे रहित है। उसे जानकर मनुष्य हर्ष और क्रोधको त्याग दे और मात्सर्यरहित होकर विचरण करे। जैसे तैरनेकी कला न जाननेवाले मनुष्य यदि भरी हुई नदीमें कूद पड़ते हैं तो वे डूब जाते हैं, किंतु जो तैरना जानते हैं, वे कष्टमें नहीं पड़ते, वे तो जलमें भी स्थलकी ही भाँति विचरते हैं, उसी प्रकार ज्ञानस्वरूप आत्माको प्राप्त हुआ तत्त्ववेत्ता पुरुष संसार-सागरसे पार हो जाता है। जो सम्पूर्ण प्राणियोंके आवागमनको जानकर सबके प्रति समभाव रखते हुए बर्ताव करता है, वह उत्तम शान्तिको प्राप्त होता है। ब्राह्मणमें इस ज्ञानको प्राप्त करनेकी सहज शक्ति होती है। मन और इन्द्रियोंका संयम तथा आत्माका ज्ञान—ये मोक्षप्राप्तिके लिये पर्याप्त साधन हैं। तत्त्वका ज्ञान प्राप्त करके मनुष्य बुद्ध (ज्ञानी) हो जाता है। बुद्धका इसके सिवा और क्या लक्षण हो सकता है। बुद्धिमान् मनुष्य इस आत्मतत्त्वको जानकर कृतकृत्य हो संसार-बन्धनसे मुक्त हो जाते हैं। अज्ञानी पुरुषोंको परलोकमें जो महान् भय प्राप्त होता है, वह ज्ञानीको नहीं होता। ज्ञानी पुरुषोंको जो सनातन गति प्राप्त होती है, उससे बढ़कर दूसरी कोई गति नहीं है।

मुनि बोले—भगवन्! अब आप उस धर्मका वर्णन कीजिये, जो सब धर्मोंसे श्रेष्ठ है तथा जिससे बढ़कर दूसरा कोई धर्म नहीं है।

व्यासजीने कहा—मुनिवरो! मैं ऋषियोंके द्वारा प्रशंसित प्राचीन धर्मका, जो सम्पूर्ण धर्मोंसे श्रेष्ठ है, वर्णन करता हूँ। तुम एकाग्रचित्त होकर सुनो। जैसे पिता अपने छोटे बालकोंको अपनी आज्ञाके अधीन रखता है, उसी प्रकार मनुष्य बुद्धिके बलसे अपनी प्रमथनशील इन्द्रियोंका यत्नपूर्वक संयम करे। मन और इन्द्रियोंकी एकाग्रता ही सबसे बड़ी तपस्या है, उसे ही सब धर्मोंकी अपेक्षा श्रेष्ठ धर्म जानना चाहिये। पाँचों इन्द्रियोंसहित छठे मनको बुद्धिके द्वारा एकाग्र करके सदा अपने-आपमें ही संतुष्ट रहे, नाना प्रकारके चिन्तनीय विषयोंका चिन्तन न करे।* जिस समय ये इन्द्रियाँ

* मनसश्चेन्द्रियाणां चाप्यैकाग्र्यं परमं तपः। विज्ञेयः सर्वधर्मेभ्यः स धर्मः पर उच्यते॥
तानि सर्वाणि संधाय मनःषष्ठानि मेधया। आत्मतृप्तः सदाऽऽसीत बहुचिन्त्यमचिन्तयन्॥
(२३७।१८-१९)

अपने विषयोंसे हटकर बुद्धिमें स्थित हो जायँगी, उसी समय तुम्हें सनातन परमात्माका दर्शन होगा। धूमरहित अग्निके समान देदीप्यमान उस परम महान् सर्वात्मा परमेश्वरको मनीषी ब्राह्मण ही देख पाते हैं। जलते हुए ज्ञानमय प्रदीपके द्वारा पुरुष अपने अन्त:करणमें ही आत्माका दर्शन करता है। ब्राह्मणो! तुमलोग भी इसी प्रकार आत्माका साक्षात्कार करके संसारसे विरक्त हो जाओ। जैसे साँप केंचुल छोड़ता है, वैसे ही तुम भी सब पापोंसे मुक्त हो जाओगे। इस उत्तम बुद्धिको प्राप्त कर लेनेपर तुम्हारे मनमें चिन्ता तथा वेदना नहीं रहेगी। अविद्या एक भयंकर नदी है, जिसके सब ओर स्रोत हैं; यह लोकोंको प्रवाहित करनेवाली है। पाँचों इन्द्रियाँ इस नदीके भीतर रहनेवाले ग्राह हैं। मानसिक संकल्प-विकल्प ही इसके तट हैं। यह लोभ-मोहरूपी तृण (सेवार आदि)-से आच्छादित रहती है। काम और क्रोधरूपी सर्पोंसे युक्त है। सत्य ही इससे पार करनेवाला पुण्यतीर्थ है। इसमें असत्यका तूफान उठा करता है। क्रोध ही इस श्रेष्ठ नदीकी कीचड़ है। इसका उद्गम-स्थान अव्यक्त है। यह काम-क्रोधसे व्याप्त तथा वेगसे बहनेवाली है। अजितेन्द्रिय पुरुषोंके लिये इसे पार करना अत्यन्त कठिन है। यह नदी संसाररूपी समुद्रमें मिलती है। अपना जन्म ही इस नदीकी उत्पत्तिका कारण है। जिह्वारूपी भँवरके कारण इसको पार करना कठिन है। स्थिर बुद्धिवाले पवित्र मनीषी पुरुष ही इस नदीको पार कर पाते हैं। तुम सब लोग भी इस नदीके पार हो जाओ। इससे पार हो सब बन्धनोंसे मुक्त हुआ पवित्र जितात्मा पुरुष उत्तम बुद्धि पाकर ब्रह्मस्वरूप हो जाता है। वह सब क्लेशोंसे छूट जाता है, उसका अन्त:करण प्रसन्नतासे पूर्ण रहता है तथा वह पापरहित हो जाता है। उसमें हर्ष और क्रोधरूपी विकार नहीं रह जाते। उसकी बुद्धि क्रूर नहीं होती। इस बुद्धिको प्राप्त करके तुमलोग समस्त प्राणियोंकी उत्पत्ति और प्रलयको देख सकोगे। यहाँ बताये हुए धर्मको विद्वानोंने सब धर्मोंसे श्रेष्ठ माना है। वह आत्मज्ञानका उपदेश सम्पूर्ण गुह्य रहस्योंमें भी सबसे अधिक गोपनीय है। जो कोई परम पवित्र, हितैषी तथा भक्त हो, उसीको इसका उपदेश करना चाहिये। ब्राह्मणो! मैंने यहाँ जिस ज्ञानका वर्णन किया है, वह अनायास ही आत्माका साक्षात्कार करानेवाला है। वह आत्मतत्त्व न स्त्री है, न पुरुष है और न नपुंसक ही है। उसमें दु:ख और सुख दोनोंका अभाव है। वह साक्षात् ब्रह्म है। भूत, भविष्य और वर्तमान—सब उसीके रूप हैं। कोई पुरुष हो या स्त्री, जो उस ब्रह्मको जान लेता है, उसे फिर जन्म नहीं लेना पड़ता। विप्रगण! सब प्रकारके मतोंने इस विषयका जैसा प्रतिपादन किया है, उसके अनुकूल ही मैंने भी वर्णन किया है।

मुनि बोले—ब्रह्माजीने उपायसे ही मोक्षकी प्राप्ति बतायी है, बिना उपायके नहीं। अत: हम न्यायानुकूल उपायको ही सुनना चाहते हैं।

व्यासजीने कहा—महाप्राज्ञ मुनिवरो! हमलोगोंमें ऐसी ही निपुण दृष्टि होनी उचित है। उपायसे ही सब पुरुषार्थोंकी खोज करनी चाहिये। मोक्षका एक ही मार्ग है, उसे सुनो। क्षमाके द्वारा क्रोधका नाश करे। इच्छा, द्वेष और कामको धैर्यसे शान्त करे। तत्त्ववेत्ता योगी ज्ञानके अभ्याससे निद्रा तथा भेद-बुद्धिका निराकरण करे। हितकर, सुपक्व और स्वस्थ भोजनसे वह सब प्रकारके उपद्रवोंको मिटाये। विद्वान् पुरुष संतोषसे लोभ और मोहका, तात्त्विक दृष्टिसे विषयोंकी आसक्तिका, दयासे अधर्मका, सबमें अनित्य-बुद्धिके द्वारा स्नेहका तथा योग-साधनासे क्षुधाका निवारण करे। पूर्ण संतोषसे तृष्णाको, उत्थान (उत्तम)-से आलस्यको, निश्चयसे तर्क-वितर्कको, मौनावलम्बनसे बहुत बोलनेकी प्रवृत्तिको, शूरतासे भयको, बुद्धिसे मन और वाणीको तथा ज्ञानदृष्टिसे बुद्धिको जीते। शान्तचित्त हो पवित्र कर्मोंका अनुष्ठान करते हुए इस बातको समझे।

जिसके पाप धुल गये हैं, ऐसा तेजस्वी, मिताहारी तथा जितेन्द्रिय पुरुष काम और क्रोधको अपने वशमें करके ब्रह्ममें प्रवेश करता है। अविवेक और आसक्तिका अभाव, दीनताका त्याग, अविनयसे दूर रहना, चित्तमें उद्वेग न आने देना, स्थिरता धारण किये रहना तथा मन, वाणी और शरीरको संयममें रखना—यह सब मोक्षका प्रसादपूर्ण निर्मल एवं पवित्र मार्ग है।

योग और सांख्यका संक्षिप्त वर्णन

व्यासजी कहते हैं—जिस प्रकार दुर्बल मनुष्य पानीके वेगमें बह जाता है, उसी प्रकार निर्बल योगी विषयोंसे विचलित हो जाता है। किंतु उसी महान् प्रवाहको जैसे हाथी रोक देता है, वैसे योगका महान् बल पाकर योगी भी समस्त विषयोंको रोक लेता है, उनके द्वारा विचलित नहीं होता। योगशक्तिसम्पन्न पुरुष स्वतन्त्रतापूर्वक समस्त प्रजापतियों, मनुओं तथा महाभूतोंमें प्रवेश कर जाते हैं। अमित तेजस्वी योगीके ऊपर क्रोधमें भरे हुए यमराज, काल और भयंकर पराक्रम दिखानेवाली मृत्युका भी जोर नहीं चलता। वह योगबल पाकर अपने हजारों रूप बना सकता और उन सबके द्वारा इस पृथ्वीपर विचर सकता है। फिर तेजको समेट लेनेवाले सूर्यकी भाँति वह उन सभी रूपोंको अपनेमें लीन करके उग्र तपस्यामें प्रवृत्त हो जाता है। बलवान् योगी बन्धन तोड़नेमें समर्थ होता है। उसमें अपनेको मुक्त करनेकी पूर्ण शक्ति होती है।

द्विजवरो! ये मैंने योगकी स्थूल शक्तियाँ बतायी हैं। अब दृष्टान्तके लिये योगसे प्राप्त होनेवाली कुछ सूक्ष्म शक्तियोंका वर्णन करूँगा तथा आत्म-समाधिके लिये जो चित्तकी धारणा की जाती है, उसके विषयमें भी कुछ सूक्ष्म दृष्टान्त बतलाऊँगा। जिस प्रकार सदा सावधान रहनेवाला धनुर्धर वीर चित्तको एकाग्र करके प्रहार करनेपर लक्ष्यको वेध देता है, उसी प्रकार जो योगी मनको परमात्माके ध्यानमें लगा देता है, वह निःसंदेह मोक्ष प्राप्त कर लेता है। जैसे सावधान मल्लाह समुद्रमें पड़ी हुई नावको शीघ्र ही किनारे लगा देता है, उसी प्रकार योगके अनुसार तत्त्वको जाननेवाला पुरुष समाधिके द्वारा मनको परमात्मामें लगाकर देहका त्याग करनेके अनन्तर दुर्गम स्थान (परम धाम)-को प्राप्त होता है। जिस प्रकार सावधान सारथि अच्छे घोड़ोंको रथमें जोतकर धनुर्धर श्रेष्ठ वीरको तुरंत अभीष्ट स्थानपर पहुँचा देता है, वैसे ही धारणाओंमें चित्तको एकाग्र करनेवाला योगी लक्ष्यकी ओर छूटे हुए बाणकी भाँति शीघ्र परम पदको प्राप्त कर लेता है। जो समाधिके द्वारा अपने आत्माको परमात्मामें लगाकर स्थिर भावसे बैठा रहता है, उसे अजर (बुढ़ापेसे रहित) पदकी प्राप्ति होती है। योगके महान् व्रतमें एकाग्रचित्त रहनेवाला जो योगी नाभि, कण्ठ, पार्श्वभाग, हृदय, वक्षःस्थल, नाक, कान, नेत्र और मस्तक आदि स्थानोंमें धारणाके द्वारा आत्माको परमात्माके साथ युक्त करता है, वह पर्वतके समान महान् शुभाशुभ कर्मोंको भी शीघ्र ही भस्म कर डालता है और इच्छा करते ही उत्तम योगका आश्रय ले मुक्त हो जाता है।

निर्मल अन्तःकरणवाले यति परमात्माको प्राप्त करके तद्रूप हो जाते हैं। उन्हें अमृतत्व मिल जाता है, फिर वे संसारमें नहीं लौटते। ब्राह्मणो! यही परम गति है। जो सब प्रकारके द्वन्द्वोंसे रहित, सत्यवादी, सरल तथा सम्पूर्ण प्राणियोंपर दया करनेवाले हैं, उन महात्माओंको ही ऐसी गति प्राप्त होती है।

मुनि बोले—साधुशिरोमणे! दृढ़तापूर्वक व्रतका पालन करनेवाले यति उत्तम स्थानस्वरूप भगवान्‌को प्राप्त होकर क्या निरन्तर उन्हींमें रमण करते रहते हैं? अथवा ऐसी बात नहीं है? यहाँ जो तथ्य हो, उसका यथावत् वर्णन कीजिये। आपके सिवा

दूसरे किसीसे हम ऐसा प्रश्न नहीं कर सकते।

व्यासजीने कहा—मुनिवरो! आपने जो प्रश्न किया है, वह उचित ही है। यह विषय बहुत ही कठिन है। इसमें विद्वानोंको भी मोह हो जाता है। यहाँ भी जो परम तत्त्वकी बात है, उसे बतलाता हूँ; सुनो। इस विषयमें कपिलके सांख्यमतका अनुसरण करनेवाले महात्माओंका विचार उत्तम माना गया है। देहधारियोंकी इन्द्रियाँ भी अपने सूक्ष्म शरीरको जानती हैं; क्योंकि वे आत्माके करण हैं और आत्मा भी उनके द्वारा सब कुछ देखता है। आत्मासे सम्बन्ध न रहनेपर वे काठ और दीवारकी भाँति जड़मात्र हैं तथा महासागरमें उसके तटकी भूमिकी भाँति नष्ट हो जाती हैं। विप्रवरो! जब इन्द्रियोंके साथ देहधारी जीव सो जाता है, तब उसका सूक्ष्म शरीर आकाशमें वायुकी भाँति सर्वत्र विचरता रहता है। वह यथायोग्य वस्तुओंको देखता, स्मरण करता, छूता और पहलेकी ही भाँति उन सबका अनुभव करता है। सम्पूर्ण इन्द्रियाँ स्वयं असमर्थ होनेके कारण विषके द्वारा मारे हुए सर्पोंकी भाँति अपने-अपने गोलकोंमें विलीन रहती हैं। उनकी सूक्ष्म गतिका आश्रय लेकर निश्चय ही आत्मा सर्वत्र विचरता है। सत्त्व, रज, तम, बुद्धि, मन, आकाश, वायु, तेज, जल और पृथ्वी—इन सबके गुणोंको व्याप्त करके क्षेत्रज्ञ आत्मा सम्पूर्ण क्षेत्रोंमें विचरण करता है। जैसे शिष्य महात्मा गुरुका अनुसरण करते हैं, उसी प्रकार इन्द्रियाँ क्षेत्रज्ञ आत्माका अनुसरण करती हैं। सांख्ययोगी प्रकृतिका भी अतिक्रमण करके शुद्ध, सूक्ष्म, परात्पर, निर्विकार, समस्त पापोंसे रहित, अनामय, निर्गुण तथा आनन्दमय परमात्मा श्रीनारायणको प्राप्त होते हैं। विप्रवरो! इस ज्ञानके समान दूसरा कोई ज्ञान नहीं है। इसके विषयमें तुमको संदेह नहीं करना चाहिये। सांख्यज्ञान सबसे उत्कृष्ट माना गया है। इसमें अक्षर, ध्रुव एवं पूर्ण सनातन ब्रह्मका ही प्रतिपादन हुआ है। वह ब्रह्म आदि, मध्य और अन्तसे रहित, द्वन्द्वोंसे अतीत, सनातन, कूटस्थ और नित्य है—ऐसा शान्तिपरायण विद्वान् पुरुषोंका कथन है। इसीसे जगत्की उत्पत्ति और प्रलय आदिरूप सम्पूर्ण विकार होते हैं। गूढ़ तत्त्वोंकी व्याख्या करनेवाले महर्षियोंने शास्त्रोंमें ऐसा ही वर्णन किया है। सम्पूर्ण ब्राह्मण, देवता, वेद तथा सामवेत्ता पुरुष उसी अनन्त, अच्युत, ब्राह्मणभक्त तथा परमदेव परमेश्वरकी प्रार्थना करते और उनके गुणोंका चिन्तन करते रहते हैं।

ब्राह्मणो! महात्मा पुरुषोंमें, वेदोंमें, सांख्य और योगमें तथा पुराणोंमें जो उत्तम ज्ञान देखा गया है, वह सब सांख्यसे ही आया हुआ है। बड़े-बड़े इतिहासोंमें, यथार्थ तत्त्वका वर्णन करनेवाले शास्त्रोंमें तथा इस लोकमें जो कुछ भी ज्ञान श्रेष्ठ पुरुषोंके देखनेमें आया है, वह सब सांख्यसे ही प्राप्त हुआ है। पूर्ण दृष्टि, उत्तम बल, ज्ञान, मोक्ष तथा सूक्ष्म तप आदि जितने भी विषय बताये गये हैं, उन सबका सांख्यशास्त्रमें यथावत् वर्णन किया गया है। सांख्यज्ञानी सदा सुखपूर्वक कल्याणमय ब्रह्मको प्राप्त होते हैं। उस ज्ञानको धारण करके भी मनुष्य कृतार्थ हो जाते हैं। सांख्यका ज्ञान अत्यन्त विशाल और परम प्राचीन है। यह महासागरके समान अगाध, निर्मल और उदार भावोंसे पूर्ण है। इस अप्रमेय ज्ञानको भगवान् नारायण ही पूर्णरूपसे धारण करते हैं। मुनिवरो! यह मैंने तुमसे परम तत्त्वका वर्णन किया। यह सम्पूर्ण पुरातन विश्व भगवान् नारायणसे ही प्रकट हुआ है। वे ही सृष्टिके समय संसारकी सृष्टि और संहारकालमें उसका संहार करते हैं।

क्षर-अक्षर-तत्त्वके विषयमें राजा करालजनक और वसिष्ठका संवाद

मुनियोंने पूछा—महामुने! वह अक्षर-तत्त्व क्या है, जिसको प्राप्त कर लेनेपर जीव पुन: इस संसारमें नहीं आता? तथा क्षर पदार्थ क्या है, जिसको जाननेपर भी आवागमन बना रहता है? क्षर और अक्षरके स्वरूपको स्पष्टरूपसे जाननेके लिये हम आपसे यह प्रश्न करते हैं।

व्यासजीने कहा—मुनिवरो! इस विषयमें राजा करालजनक और वसिष्ठके संवादरूप एक प्राचीन इतिहासका वर्णन करता हूँ। एक समयकी बात है, सूर्यके समान तेजस्वी मुनिवर वसिष्ठ अपने आश्रमपर विराजमान थे। वे परमात्मतत्त्वके प्रतिपादनमें कुशल थे। उन्हें अध्यात्मतत्त्वका निश्चयात्मक ज्ञान था। उस समय राजा करालजनकने उस आश्रमपर पहुँचकर वसिष्ठजीको हाथ जोड़कर प्रणाम किया और विनययुक्त मधुरवाणीमें कहा—'भगवन्! जहाँसे ज्ञानी पुरुषोंको पुन: इस संसारमें नहीं आना पड़ता, उस सनातन ब्रह्मके स्वरूपका मैं वर्णन सुनना चाहता हूँ। इसके सिवा जो क्षर कहा गया है, उसका तथा जिसमें इस जगत्‌का लय होता है, उस अनामय, कल्याणमय, अक्षरतत्त्वका भी ज्ञान प्राप्त करना चाहता हूँ; अत: आप इस विषयका उपदेश करें।'

वसिष्ठजीने कहा—राजन्! सुनो। जिस प्रकार इस जगत्‌का क्षरण (लय) होता है, उसको तथा जिसमें इसका लय होता है, उस अक्षरको भी बतलाता हूँ। देवताओंके बारह हजार वर्षोंका एक चतुर्युग होता है। एक हजार चतुर्युगको ब्रह्माका एक दिन कहते हैं। इसीको कल्प समझो। दिनके ही बराबर ब्रह्माजीकी रात्रि भी होती है, जिसके अन्तमें वे सोकर उठते हैं और इस विशाल विश्वकी सृष्टि करते हैं। वे यद्यपि निराकार हैं तो भी साकार जगत्‌की रचना करते हैं। उनमें अणिमा, लघिमा तथा प्राप्ति आदि शक्तियोंका स्वाभाविक निवास है। वे अविनाशी ज्योतिर्मय परमेश्वर हैं। उनके सब ओर हाथ-पैर हैं, सब ओर नेत्र, मस्तक और मुख हैं तथा सब ओर कान हैं। वे संसारमें सबको व्याप्त करके स्थित हैं। वे ही भगवान् हिरण्यगर्भ हैं। वे ही योगशास्त्रमें महान् और विरञ्चि आदि नामोंसे प्रसिद्ध हैं तथा सांख्यशास्त्रमें भी उनका अनेकों नामोंसे वर्णन आता है। उनके नाना प्रकारके अनेक अद्भुत रूप हैं। वे विश्वके आत्मा और एकाक्षर कहे गये हैं। उन्होंने सम्पूर्ण त्रिलोकीको स्वयं ही धारण कर रखा है तथा वे बहुत-से रूप धारण करनेके कारण विश्वरूप नामसे प्रसिद्ध हैं। वे महातेजस्वी भगवान् अपनी शक्तिसे महत्तत्त्वकी सृष्टि करके फिर अहंकार और उसके अभिमानी देवता प्रजापतिको उत्पन्न करते हैं। राजस, तामस और सात्त्विक भेदसे तीन प्रकारके अहंकारोंसे आकाश, वायु, तेज, जल और पृथ्वी—ये पाँच महाभूत तथा शब्द, स्पर्श, रूप, रस और गन्ध—ये पाँच विषय तथा कान, त्वचा, नेत्र, जिह्वा और नासिका—ये पाँच ज्ञानेन्द्रियाँ तथा वाणी, हाथ, पैर, गुदा और लिङ्ग—ये पाँच कर्मेन्द्रियाँ हैं। मनके सहित इन सबका प्रादुर्भाव हुआ है। ये चौबीस तत्त्व सम्पूर्ण शरीरोंमें मौजूद रहते हैं। इनके स्वरूपको भलीभाँति जानकर तत्त्वदर्शी ब्राह्मण कभी शोक नहीं करते।

नरश्रेष्ठ! यह त्रिलोकी उन्हीं तत्त्वोंसे बनी है। देवता, मनुष्य, यक्ष, भूत, गन्धर्व, किंनर, महानाग, चारण, पिशाच, देवर्षि, निशाचर, दंश, कीट, मशक, दुर्गन्धित कीड़े, चूहे, कुत्ते, चाण्डाल, हिरन, पुक्कस, हाथी, घोड़े, गदहे, व्याघ्र, भेड़िये तथा गौ आदि जितने भी मूर्तिमान् पदार्थ हैं, उन सबमें इन्हीं तत्त्वोंका दर्शन होता है। पृथ्वी, जल और आकाशमें ही प्राणियोंका निवास है; अन्यत्र नहीं। यह सम्पूर्ण जगत् व्यक्त कहलाता है। प्रतिदिन इसका क्षरण (क्षय) होता है, इसलिये इसको क्षर कहते हैं। इससे भिन्न तत्त्व अक्षर कहा गया है।

सम्पूर्ण भूतोंके आत्मा परमेश्वरको ही अक्षर कहते हैं। इस प्रकार उस अव्यक्त अक्षरसे उत्पन्न यह व्यक्त नामवाला मोहात्मक जगत् सदा क्षयशील होनेके कारण 'क्षर' नाम धारण करता है। क्षरतत्त्वोंमें सबसे पहले महत्तत्त्वकी सृष्टि हुई है। यही क्षरका निरूपण है। महाराज! तुम्हारे प्रश्नके अनुसार मैंने क्षर-अक्षरका वर्णन किया। अक्षरतत्त्व पच्चीसवाँ तत्त्व है। वह नित्य एवं निराकार है। उसको प्राप्त कर लेनेपर इस संसारमें लौटना नहीं होता। जो अव्यक्ततत्त्व इस व्यक्त जगत्की सृष्टि करता है, वह प्रत्येक शरीरमें साक्षीरूपसे निवास करता है। चौबीस तत्त्वोंका समुदाय तो व्यक्त है, किंतु उनका साक्षी पच्चीसवाँ तत्त्व परमात्मा निराकार होनेके कारण अव्यक्त है। वही सम्पूर्ण देहधारियोंके हृदयमें निवास करता है। वह चेतनरूपसे सबको चेतना प्रदान करता है। वह स्वयं अमूर्त्त होते हुए भी सर्वमूर्तिस्वरूप है। सृष्टि और प्रलयरूप **धर्मसे** वह सृष्टिस्वरूप भी है और प्रलयस्वरूप भी। वही विश्वरूपमें सबको प्रत्यक्ष दृष्टिगोचर होता है। वह निर्गुण होते हुए भी गुणस्वरूप है। वह परमात्मा करोड़ों सृष्टि और प्रलय करता रहता है, तथापि उसे अपने कर्तृत्वका अभिमान नहीं होता।

अज्ञानी पुरुष तमोगुण, सत्त्वगुण और रजोगुणसे युक्त होकर तदनुकूल योनियोंमें जन्म लेता है। वह ज्ञान न होने, अज्ञानी पुरुषोंका सेवन करने तथा उनके सम्पर्कमें रहनेसे ऐसा अभिमान करने लगता है कि 'मैं बालक हूँ, यह हूँ, वह हूँ और वह नहीं हूँ' इत्यादि। इस अभिमानके कारण वह प्राकृत गुणोंका ही अनुसरण करता है। तमोगुणके सेवनसे वह नाना प्रकारके तामसिक भावोंको प्राप्त होता है। रजोगुणके सेवनसे राजसिक और सत्त्वगुणके आश्रयसे वह सात्त्विक रूप ग्रहण करता है। काले, लाल और श्वेत—ये जो तीन प्रकारके रूप हैं, उन सबको प्राकृत ही जानो। तमोगुणी पुरुष नरकमें पड़ते हैं, रजोगुणी मनुष्यलोकमें आते हैं और सत्त्वगुणका आश्रय लेनेवाले जीव सुखके भागी होकर देवलोकमें जाते हैं। केवल पापसे (पापकी प्रधानतासे) पशु-पक्षियोंकी योनिमें जाना पड़ता है। पुण्य और पाप दोनोंका मेल होनेसे मनुष्यलोककी प्राप्ति होती है तथा केवल पुण्यसे (पुण्यकी प्रधानतासे) जीव देवताका स्वरूप प्राप्त करता है। अव्यक्त परमात्मामें जो स्थिति होती है, उसीको मनीषी पुरुष मोक्ष कहते हैं। वे परमात्मा ही पच्चीसवाँ तत्त्व हैं। ज्ञानसे ही उनकी प्राप्ति होती है।

क्षर-अक्षर तथा योग और सांख्यका वर्णन

जनकने कहा—मुनिश्रेष्ठ! क्षर और अक्षर (प्रकृति और पुरुष) दोनोंका सम्बन्ध तो पत्नी और पतिके सम्बन्धकी भाँति स्थिर जान पड़ता है। जैसे पुरुषके बिना स्त्री तथा स्त्रीके बिना पुरुष संतान नहीं उत्पन्न कर सकते, उसी प्रकार प्रकृति और पुरुष भी सदा एक-दूसरेसे संयुक्त होकर ही सृष्टि करते हैं। ऐसी दशामें पुरुषका मोक्ष असम्भव जान पड़ता है। यदि मोक्षके निकट पहुँचनेवाला (उसके स्वरूपका स्पष्ट बोध करानेवाला) कोई दृष्टान्त हो तो बताइये; क्योंकि आपको सब कुछ प्रत्यक्ष है। हमारे मनमें भी मोक्षकी अभिलाषा है। हम भी उस पदको प्राप्त करना चाहते हैं, जो अनामय, अजेय, बुढ़ापेसे रहित, नित्य, इन्द्रियातीत एवं परम स्वतन्त्र है।

वसिष्ठजी बोले—राजन्! तुम्हारा कहना ठीक है, तुमने वेद और शास्त्रोंका दृष्टान्त देकर अपना प्रश्न उपस्थित किया है। तथापि अभी ग्रन्थका यथार्थ तत्त्व तुम्हारे समझमें नहीं आया है। जो वेद और शास्त्रोंके ग्रन्थोंको रट लेता है किंतु उसके तत्त्वको नहीं समझता, उसका वह रटना

व्यर्थ है। जो याद किये हुए ग्रन्थका अर्थ नहीं जानता, वह तो केवल उसका बोझ ढोता है। उसके तत्त्वका यथार्थ बोध होनेसे ही वह उसके अर्थको ग्रहण कर सकता है। जिसकी बुद्धि स्थूल और मन्द है, अतएव जो ग्रन्थके तत्त्वको ठीक-ठीक जाननेके लिये उत्सुक नहीं है, वह उस ग्रन्थके विषयका निर्णय कैसे कर सकता है। जो मनुष्य ग्रन्थके तत्त्वको जाने बिना ही लोभ अथवा दम्भवश उसपर विवाद करता है, वह पापी नरकमें पड़ता है। इसलिये महाराज! सांख्य और योगके ज्ञाता महात्मा पुरुषोंके मतमें मोक्षका जैसा स्वरूप देखा जाता है, उसे मैं यथार्थरूपसे बतलाता हूँ; सुनो। योगी जिस तत्त्वका साक्षात्कार करते हैं, सांख्यके विद्वान् भी उसीका ज्ञान प्राप्त करते हैं। जो सांख्य और योगको एक समझता है, वही बुद्धिमान् है। जैसे बीजसे बीजकी उत्पत्ति होती है, उसी प्रकार द्रव्यसे द्रव्य, इन्द्रियसे इन्द्रिय और देहसे देहकी प्राप्ति होती है। परंतु परमात्मा तो इन्द्रिय, बीज, द्रव्य और देहसे रहित तथा निर्गुण है; अतः उसमें गुण कैसे हो सकते हैं। जैसे आकाश आदि गुण सत्त्वादि गुणोंसे उत्पन्न होते और उन्हींमें लीन हो जाते हैं, उसी प्रकार सत्त्वादि गुण भी प्रकृतिसे उत्पन्न होकर उसीमें लीन होते हैं। आत्मा तो जन्म-मृत्युसे रहित, अनन्त, सबका द्रष्टा एवं अद्वितीय है। वह सत्त्वादि गुणोंमें केवल आत्माभिमान करनेके कारण ही गुणस्वरूप कहलाता है। गुण तो गुणवान्में ही रहते हैं, निर्गुण आत्मामें गुण कैसे रह सकते हैं। अतः गुणोंके स्वरूपको जाननेवाले विद्वान् पुरुष ऐसा मानते हैं कि जब जीवात्मा इन प्राकृत गुणोंमें अपनेपनका अभिमान करता है, उस समय वह गुणवान्-सा ही होकर भिन्न-भिन्न गुणोंको देखता है। किंतु जब उस अभिमानको छोड़ देता है, उस समय देहादिमें आत्मबुद्धिका परित्याग करके अपने विशुद्ध परमात्मस्वरूपका साक्षात्कार करता है। उस परमात्माको बुद्धि आदिसे परे सांख्ययोगस्वरूप बताया गया है। वह सत्त्वादि गुणोंसे रहित, अव्यक्त, ईश्वर (नियामक), निर्गुण, नित्य तथा प्रकृति और उसके गुणोंका अधिष्ठाता पच्चीसवाँ तत्त्व है। यह सांख्य और योगमें कुशल एवं परम तत्त्वकी खोज करनेवाले विद्वानोंका कथन है। इस प्रकार परस्पर सम्बन्ध रखनेवाले क्षर-अक्षर (प्रकृति-पुरुष)-का स्वरूप बताया गया। सदा एक रूपमें रहनेवाला परमात्मा अक्षर है और नाना रूपोंमें प्रतीत होनेवाला प्राकृत जगत् क्षर कहलाता है। सारांश यह कि एकत्व ही अक्षर है और नानात्वको ही क्षर कहते हैं। जब जीवात्मा पच्चीसवें तत्त्व परमात्मामें स्थित हो जाता है, उस समय उसकी सम्यक् स्थिति बतायी जाती है। एकत्व और नानात्व दोनों रूपोंमें उस परमात्माका ही दर्शन होता है। तत्त्ववेत्ता पुरुष एकत्व और नानात्व दोनोंके पार्थक्यको भलीभाँति जानता है। मनीषी पुरुष तत्त्वोंकी संख्या पच्चीस बतलाते हैं; परंतु उनमें पच्चीसवाँ तत्त्व परमात्मा है, जो तत्त्वोंसे विलक्षण है।

राजन्! योगीका प्रधान कर्तव्य है ध्यान; ध्यान ही योगियोंका सबसे बड़ा बल है। योगविद्याके ज्ञाता विद्वान् पुरुष मनकी एकाग्रता और प्राणायाम—ये ध्यानके दो भेद बतलाते हैं। योगीको सब प्रकारकी आसक्तियोंका त्याग करके मिताहारी और जितेन्द्रिय होना चाहिये। वह रात्रिके पहले और पिछले भागमें मनको परमात्मामें लगाकर अन्तःकरणमें उनका ध्यान करे। मिथिलेश्वर! सम्पूर्ण इन्द्रियोंको मनके द्वारा स्थिर करके मनको भी बुद्धिमें स्थापित कर दे और पत्थरकी भाँति अविचल हो जाय, तभी उसे योगयुक्त कहते हैं। जिस समय उसे सुनने, सूँघने, स्वाद लेने, देखने और स्पर्श करनेका भी भान नहीं रहता, जब मनमें किसी प्रकारका संकल्प नहीं उठता तथा वह काठकी भाँति स्थिर होकर किसी भी वस्तुका अभिमान या सुध-बुध नहीं रखता, उस समय मनीषी पुरुष

उसे अपने स्वरूपको प्राप्त 'योगयुक्त' कहते हैं। ध्याननिष्ठ योगीको अपने हृदयमें धूमरहित अग्नि, किरणमालाओंसे मण्डित सूर्य तथा विद्युत्‌के प्रकाशकी भाँति तेजस्वी आत्माका साक्षात्कार होता है। धैर्यवान्, मनीषी, वेदवेत्ता और महात्मा ब्राह्मण ही उस अजन्मा एवं अमृतस्वरूप ब्रह्मका दर्शन कर पाते हैं। वह ब्रह्म अणुसे भी अणु और महान्‌से भी महान् कहा गया है। सर्वत्र सम्पूर्ण भूतोंमें स्थित होते हुए भी वह किसीको दिखायी नहीं देता। वेदोंके पारगामी तत्त्वज्ञ विद्वानोंने उसे तमसे दूर—अज्ञानान्धकारसे परे बताया है। वह निर्मल एवं लिङ्गरहित है। यही योगियोंका योग है। इसके सिवा योगका और क्या लक्षण हो सकता है। इस प्रकार साधना करनेवाला योगी सबके द्रष्टा अजर-अमर परमात्माका दर्शन करता है। यहाँतक मैंने तुम्हें योग-दर्शनका यथार्थस्वरूप बतलाया।

अब सांख्यका वर्णन करता हूँ, यह विचार-प्रधान दर्शन है। राजन्! प्रकृतिवादी विद्वान् मूल प्रकृतिको अव्यक्त कहते हैं। उससे दूसरा तत्त्व प्रकट हुआ, जो 'महत्तत्त्व' कहलाता है। महत्तत्त्वसे अहंकार नामक तीसरे तत्त्वकी उत्पत्ति सुनी गयी है। सांख्य-दर्शनके ज्ञाता विद्वान् अहंकारसे सूक्ष्म भूतोंका—पञ्च-तन्मात्राओंका प्रादुर्भाव बतलाते हैं। इन आठोंको प्रकृति कहते हैं; इनसे सोलह तत्त्वोंकी उत्पत्ति होती है, जो 'विकृति' कहलाते हैं। पाँच ज्ञानेन्द्रियाँ, पाँच कर्मेन्द्रियाँ, ग्यारहवाँ मन तथा पाँच स्थूलभूत—ये ही सोलह विकार हैं। ये प्रकृति और विकृति मिलकर चौबीस तत्त्व होते हैं। सांख्यदर्शनमें तत्त्वोंकी इतनी ही संख्या मानी गयी है। सांख्यमार्गपर स्थित और सांख्यविधिके ज्ञाता मनीषी पुरुष ऐसा ही कहते हैं। जो तत्त्व जिससे उत्पन्न होता है, उसका उसीमें लय भी होता है। प्रकृति परमात्माके संनिधानसे अनुलोम-क्रमके अनुसार तत्त्वोंकी रचना करती है अर्थात् प्रकृतिसे महत्तत्त्व, महत्तत्त्वसे अहंकार तथा अहंकारसे सूक्ष्म भूत आदिके क्रमसे सृष्टि होती है; किंतु उसका संहार विलोमक्रमसे होता है। अर्थात् पृथ्वीका जलमें, जलका तेजमें और तेजका वायुमें लय होता है; इसी प्रकार सभी तत्त्व अपने-अपने कारणमें लीन होते हैं। जैसे समुद्रसे उठी हुई लहरें फिर उसीमें शान्त हो जाती हैं, उसी प्रकार सम्पूर्ण तत्त्व अनुलोमक्रमसे उत्पन्न होकर विलोमक्रमसे लीन होते हैं। नृपश्रेष्ठ! इस प्रकार प्रकृतिसे ही जगत्‌की उत्पत्ति और उसीमें उसका लय होता है। प्रलयकालमें तो वह एक रूपमें रहती है और सृष्टिके समय नाना रूप धारण करती है। ज्ञान-निपुण पुरुषोंको इसी प्रकार प्रकृतिके एकत्व और नानात्वका ज्ञान प्राप्त करना चाहिये।

प्रकृतिका अधिष्ठाता जो अव्यक्त आत्मा है, उसके विषयमें भी यही बात है। वह भी प्रकृतिसे सम्बन्ध रखनेपर एकत्व और नानात्वको प्राप्त होता है। प्रलयकालमें तो वह भी एक ही रूपमें रहता है, किंतु सृष्टिके समय प्रकृतिको प्रेरित करनेके कारण उसकी ही अनेकतासे वह स्वयं भी अनेक-सा प्रतीत होता है। परमात्मा ही प्रकृतिको प्रसवके लिये उन्मुख करके उसे अनेक रूपोंमें परिणत करता है। प्रकृति और उसके विकारोंको क्षेत्र कहते हैं। चौबीस तत्त्वोंसे भिन्न जो पच्चीसवाँ तत्त्व महान् आत्मा है, वही उस क्षेत्रमें अधिष्ठातारूपसे निवास करता है। वह क्षेत्रको जानता है, इसलिये क्षेत्रज्ञ कहलाता है। क्षेत्रज्ञ प्रकृतिजनित पुर (शरीर)-में शयन करता है, इसलिये उसे पुरुष कहते हैं। वास्तवमें क्षेत्र अन्य वस्तु है और क्षेत्रज्ञ अन्य। क्षेत्र अव्यक्त (प्रकृति) है और क्षेत्रज्ञ उसका ज्ञाता पच्चीसवाँ तत्त्व परमात्मा है। जब पुरुष अपनेको प्रकृतिसे भिन्न जान लेता है, उस समय वह अद्वितीय परमात्मरूपसे स्थित होता है। इस प्रकार मैंने तुम्हें सम्यग् दर्शन (सांख्य)-का यथार्थ वर्णन किया। जो इसे इस प्रकार जानते हैं, वे समस्वरूप ब्रह्मको प्राप्त होते हैं।

महाराज! इस प्रकार मैंने तुमसे शुद्ध, सनातन आदि ब्रह्मके यथार्थ तत्त्वका वर्णन किया है। तुम मात्सर्यका त्याग करके अपनी बुद्धिसे इस तत्त्वको ग्रहण करो। असत्यवादी, शठ, नपुंसक, कुटिल बुद्धिवाले, अपनेको पण्डित माननेवाले तथा दूसरोंको कष्ट पहुँचानेवाले मनुष्यको इसका उपदेश नहीं देना चाहिये। शिष्यको बोध करानेके लिये ही इस तत्त्वका उपदेश करना उचित है। जो श्रद्धालु, गुणवान्, परायी निन्दासे दूर रहनेवाले, विशुद्ध योगी, विद्वान्, वेदोक्त कर्म करनेवाले, क्षमाशील तथा सबके हितैषी हों, वे ही इस ज्ञानके अधिकारी हैं। जितेन्द्रिय तथा संयमी पुरुषको इसका उपदेश अवश्य देना चाहिये। महाराज कराल! तुमने मुझसे आज परब्रह्मका ज्ञान प्राप्त किया है। अब तुम्हारे मनमें तनिक भी भय नहीं होना चाहिये। नरेन्द्र! तुमने मुझसे जैसा प्रश्न किया था, उसके अनुसार ही मैंने तुम्हें यह उपदेश किया है; कोई दूसरी बात नहीं कही है। यह महान् ज्ञान मोक्षवेत्ता पुरुषोंका परम आश्रय है। यह मुझे साक्षात् ब्रह्माजीसे प्राप्त हुआ है।

व्यासजी कहते हैं—मुनिवरो! पूर्वकालमें महर्षि वसिष्ठने जिस प्रकार पच्चीसवें तत्त्वरूप परब्रह्मके स्वरूपका वर्णन किया था, उसी प्रकार मैंने तुम्हें बताया है। यही वह ब्रह्म है, जिसे जान लेनेपर मनुष्य फिर इस संसारमें नहीं आता। यह ज्ञान हिरण्यगर्भ ब्रह्माजीसे महर्षि वसिष्ठको प्राप्त हुआ, वसिष्ठजीसे देवर्षि नारदको मिला और देवर्षि नारदसे मुझको प्राप्त हुआ। वही यह सनातन ज्ञान मैंने तुम सब लोगोंको बताया है; यह परम पद है, इसका श्रवण करके अब तुम्हें शोक नहीं करना चाहिये। जिसने क्षर और अक्षरके भेदको जान लिया, उसे किसी प्रकारका भय नहीं है। जो उन्हें ठीक-ठीक नहीं जानता, उसीको भय है। मूर्ख मनुष्य इस तत्त्वको न जाननेके कारण बारंबार उपद्रवग्रस्त हो मरता और मरनेके बाद पुनः हजारों बार जन्म-मृत्युके कष्ट भोगता है। वह देव, मनुष्य और पशु-पक्षी आदिकी योनियोंमें भटकता रहता है। अज्ञानरूपी समुद्र अव्यक्त, अगाध और भयंकर है। इसमें प्रतिदिन कितने ही प्राणी डूबते चले जा रहे हैं। तुमलोग यह उपदेश सुनकर इस अगाध भवसागरसे पार हो गये हो। अब तुममें रजोगुण और तमोगुणका भाव नहीं रह गया। तुम्हारी शुद्ध सत्त्वमें स्थिति हो गयी है। मुनिवरो! इस प्रकार मैंने सारसे भी सारभूत परमतत्त्वका वर्णन किया। यह परम मोक्षरूप है। इसे जान लेनेपर मनुष्य फिर इस संसारमें लौटकर नहीं आता। जो नास्तिक हो, जिसके हृदयमें गुरु और भगवान्के प्रति भक्ति न हो, जिसकी बुद्धि खोटी और हृदय श्रद्धासे विमुख हो, ऐसे मनुष्यको कभी इसका उपदेश नहीं करना चाहिये।

श्रीब्रह्मपुराणकी महिमा तथा ग्रन्थका उपसंहार

लोमहर्षणजी कहते हैं—द्विजवरो! इस प्रकार पूर्वकालमें महर्षि व्यासने सारभूत निर्दोष वचनोंद्वारा मधुरवाणीमें मुनियोंको यह पुराण सुनाया था। इसमें अनेक शास्त्रोंके शुद्ध एवं निर्मल सिद्धान्तोंका समावेश है। यह सहज शुद्ध है और अच्छे शब्दोंके प्रयोगसे सुशोभित होता है। इसमें यथास्थान पूर्वपक्ष और सिद्धान्तका प्रतिपादन किया गया है। इस पुराणको न्यायानुकूल रीतिसे सुनाकर परम बुद्धिमान् वेदव्यासजी मौन हो गये। वे श्रेष्ठ मुनि भी सम्पूर्ण मनोवाञ्छित फलोंको देनेवाले तथा वेदोंके तुल्य माननीय इस आदि ब्रह्मपुराणको सुनकर बहुत प्रसन्न और विस्मित हुए। उन्होंने मुनिवर श्रीकृष्णद्वैपायन व्यासकी बारंबार प्रशंसा की।

मुनि बोले—मुनिश्रेष्ठ! आपने हमें वेदोंके तुल्य प्रामाणिक तथा सम्पूर्ण अभीष्ट फलोंको देनेवाला सर्वपापहारी श्रेष्ठ पुराण सुनाया है। यह

कितने हर्षकी बात है। हमने भी इस विचित्र पदोंवाले पुराणका अक्षर-अक्षर सुना है। प्रभो! तीनों लोकोंमें ऐसी कोई वस्तु नहीं है, जो आपको विदित न हो। महाभाग! आप देवताओंमें बृहस्पतिकी भाँति सर्वज्ञ हैं, महाप्राज्ञ और ब्रह्मनिष्ठ हैं। महामते! हम आपको नमस्कार करते हैं। आपने महाभारतमें सम्पूर्ण वेदोंके अर्थ प्रकट किये हैं। महामुने! आपके सम्पूर्ण गुणोंका वर्णन करनेमें कौन समर्थ है। जिन्होंने छहों अङ्गोंसहित चारों वेदों तथा सम्पूर्ण व्याकरणोंको पढ़कर महाभारत शास्त्रकी रचना की, उन ज्ञानात्मा भगवान् वेदव्यासको नमस्कार है। प्रफुल्ल कमलदलके समान बड़े-बड़े नेत्रों तथा विशाल बुद्धिवाले व्यासजी! आपको नमस्कार है। आपने (जगत्को प्रकाश देनेके लिये) महाभारतरूपी तेलसे भरे हुए ज्ञानरूपी दीपकको जलाया है।[1]

यों कहकर उन महर्षियोंने व्यासजीका पूजन किया। फिर व्यासजीने भी उन सबका सम्मान किया। तत्पश्चात् वे कृतार्थ होकर जैसे आये थे, उसी प्रकार अपने आश्रमको लौट गये।

मुनिवरो! आपने हमसे जिस प्रकार प्रश्न किया था, उसके अनुसार हमने भी सब पापोंका नाश करनेवाले परम पुण्यमय इस सनातन पुराणका वर्णन किया! श्रीव्यासजीकी कृपासे ही मैंने यह सब कुछ आपलोगोंको सुनाया है। गृहस्थ, संन्यासी और ब्रह्मचारी—सबको ही इस पुराणका श्रवण करना चाहिये। यह मनुष्योंको धन और सुख देनेवाला, परम पवित्र एवं पापोंको दूर करनेवाला है। परम कल्याणकी अभिलाषा रखनेवाले ब्रह्मपरायण ब्राह्मण आदिको संयम और प्रयत्नपूर्वक यह पुराण सुनना चाहिये। इसको सुननेसे ब्राह्मण विद्या, क्षत्रिय संग्राममें विजय, वैश्य अक्षय धन और शूद्र सुख पाता है। पुरुष पवित्र होकर जिस-जिस काम्य वस्तुका चिन्तन करते हुए इस पुराणका श्रवण करता है, उस-उसको निश्चय ही प्राप्त कर लेता है। यह ब्रह्मपुराण भगवान् विष्णुसे सम्बन्ध रखनेवाला है। इससे सब पापोंका नाश हो जाता है। यह सब शास्त्रोंसे विशिष्ट और समस्त पुरुषार्थोंका साधक है।

यह जो मैंने आपलोगोंको वेदतुल्य पुराणका श्रवण कराया है, इसको सुननेसे सब प्रकारके दोषोंसे प्राप्त होनेवाली पापराशिका नाश हो जाता है। प्रयाग, पुष्कर, कुरुक्षेत्र तथा अर्बुदारण्य (आबू)-में उपवास करनेसे जो फल मिलता है, वह इसके श्रवणमात्रसे मिल जाता है। एक वर्षतक अग्निमें हवन करनेसे पुरुषको जो महापुण्यमय फल प्राप्त होता है, वह इसे एक बार सुननेसे ही मिल जाता है। ज्येष्ठमासके शुक्लपक्षकी द्वादशीको यमुनामें स्नान करके मथुरापुरीमें श्रीहरिके दर्शनसे मनुष्य जिस फलका भागी होता है, वह एकाग्रचित्त होकर इस ब्रह्मपुराणकी कथा कहनेसे ही प्राप्त हो जाता है। जो इसका पाठ अथवा श्रवण करता है, वह भी उसी फलको प्राप्त करता है। जो मनुष्य प्रतिदिन श्रद्धापूर्वक इस वेदसम्मित पुराणका पाठ या श्रवण करता है, वह भगवान् विष्णुके धाममें जाता है और जो ब्राह्मण मन और इन्द्रियोंको संयममें रखकर पर्वोंके दिन तथा एकादशी और द्वादशी तिथिको ब्रह्मपुराण बाँचकर दूसरोंको सुनाता है, वह वैकुण्ठ धाममें जाता है।[2] यह पुराण मनुष्योंको यश, आयु, सुख, कीर्ति, बल, पुष्टि

१. नमोऽस्तु ते व्यास विशालबुद्धे फुल्लारविन्दायतपत्रनेत्र। येन त्वया भारततैलपूर्णः प्रज्वालितो ज्ञानमयः प्रदीपः॥ (२४५।११)

२. इदं यः श्रद्धया नित्यं पुराणं वेदसम्मितम्। यः पठेच्छृणुयान्मर्त्यः स याति भुवनं हरेः॥
श्रावयेद्ब्राह्मणो यस्तु सदा पर्वसु संयतः। एकादश्यां द्वादश्यां च विष्णुलोकं स गच्छति॥
(२४५।२७-२८)

तथा धन देनेवाला और अशुभ स्वप्नोंका नाश करनेवाला है। जो प्रतिदिन तीनों संध्याओंके समय एकाग्रचित्त हो श्रद्धापूर्वक इस श्रेष्ठ उपाख्यानका पाठ करता है, वह सम्पूर्ण अभीष्ट वस्तुओंको प्राप्त कर लेता है। इसको पढ़ने और सुननेसे रोगातुर मनुष्य रोगसे, बन्धनमें पड़ा हुआ पुरुष बन्धनसे, भयसे डरा हुआ मानव भयसे तथा आपत्तिग्रस्त पुरुष आपत्तिसे छूट जाता है। इतना ही नहीं; इसके पाठ और श्रवणसे पूर्वजन्मोंके स्मरणकी शक्ति, विद्या, पुत्र, धारणावती बुद्धि, पशु, धैर्य, धर्म, अर्थ, काम और मोक्षको भी मनुष्य प्राप्त कर लेता है। जिन-जिन कामनाओंको मनमें लेकर मनुष्य संयतचित्तसे इस पुराणका पाठ करता है, उन सबकी उसे प्राप्ति हो जाती है—इसमें तनिक भी संदेह नहीं है।[१]

जो मनुष्य एकमात्र भगवान्‌की भक्तिमें चित्त लगाकर पवित्र हो अभीष्ट वर देनेवाले लोकगुरु भगवान् विष्णुको प्रणाम करके स्वर्ग और मोक्ष प्रदान करनेवाले इस पुराणका निरन्तर श्रवण करता है, उसके सारे पाप छूट जाते हैं। वह इस लोकमें उत्तम सुख भोगकर स्वर्गमें भी दिव्य सुखका अनुभव करता है। तत्पश्चात् प्राकृत गुणोंसे मुक्त हो भगवान् विष्णुके निर्मल पदको प्राप्त होता है। इसलिये एकमात्र मुक्तिमार्गकी इच्छा रखनेवाले स्वधर्मपरायण श्रेष्ठ ब्राह्मणोंको, मन और इन्द्रियोंको वशमें रखनेवाले कल्याणकामी उत्तम क्षत्रियोंको, विशुद्ध कुलमें उत्पन्न वैश्योंको तथा धर्मनिष्ठ शूद्रोंको भी प्रतिदिन इस पुराणका श्रवण करना चाहिये। यह बहुत ही उत्तम, अनेक फलोंसे युक्त तथा धर्म, अर्थ एवं मोक्ष प्रदान करनेवाला है। आप सब लोग श्रेष्ठ पुरुष हैं, अतः आपकी बुद्धि निरन्तर धर्ममें लगी रहे। एकमात्र धर्म ही परलोकमें गये हुए प्राणीके लिये बन्धुकी भाँति सहायक है। धन और स्त्री आदि भोगोंका चतुर-से-चतुर मनुष्य भी क्यों न सेवन करे, उनपर न तो कभी भरोसा किया जा सकता है और न वे सदा स्थिर ही रहते हैं। मनुष्य धर्मसे ही राज्य प्राप्त करता है, धर्मसे ही वह स्वर्गमें जाता है तथा धर्मसे ही मानव आयु, कीर्ति, तपस्या एवं धर्मका उपार्जन करता है और धर्मसे ही उसे मोक्षकी प्राप्ति होती है। इस लोकमें तथा परलोकमें भी धर्म ही मनुष्यके लिये माता-पिता और सखा है। इस लोकमें भी धर्म ही रक्षक है और वही मोक्षकी भी प्राप्ति करानेवाला है। धर्मके सिवा कुछ भी काम नहीं आता। यह श्रेष्ठ पुराण परम गोपनीय तथा वेदके तुल्य प्रामाणिक है। खोटी बुद्धिवाले और विशेषतः नास्तिक पुरुषको इसका उपदेश नहीं देना चाहिये। यह श्रेष्ठ पुराण पापोंका नाश तथा धर्मकी वृद्धि करनेवाला है। साथ ही इसे अत्यन्त गोपनीय माना गया है। मुनियो! मैंने आपलोगोंके सामने इसका कथन किया और आपने भी इसे भलीभाँति सुन लिया। अब आज्ञा दीजिये, मैं जाता हूँ।[२]

श्रीब्रह्मपुराण सम्पूर्ण

ॐ तत्सद्ब्रह्मार्पणमस्तु।

---

१. यान् यान् कामानभिप्रेत्य पठेत्प्रयतमानसः। तांस्तान् सर्वानवाप्नोति पुरुषो नात्र संशयः॥ (२४५।३३)

२. धर्मेण राज्यं लभते मनुष्यः स्वर्गं च धर्मेण नरः प्रयाति। आयुश्च कीर्तिं च तपश्च धर्मं धर्मेण मोक्षं लभते मनुष्यः॥
धर्मोऽत्र मातापितरौ नरस्य धर्मः सखा चात्र परे च लोके। त्राता च धर्मस्त्विह मोक्षदश्च धर्मादृते नास्ति तु किंचिदेव॥
इदं रहस्यं श्रेष्ठं च पुराणं वेदसम्मितम्। न देयं दुष्टमतये नास्तिकाय विशेषतः॥
इदं मयोक्तं प्रवरं पुराणं पापापहं धर्मविवर्धनं च। श्रुतं भवद्भिः परमं रहस्यमाज्ञापयध्वं मुनयो व्रजामि॥
(२४५।३७—४०)